3,–

HEYNE BÜCHER

Das Buch

Zwei bewegende, einfühlsame Bücher von Catherine Cookson, der großen Meisterin des Liebesromans.

»Erbin aus Leidenschaft«: Die junge Beatrice, die nach dem Tod ihrer Mutter das Gut Pine Hurst verwaltet, ist leidenschaftlich mit dem alten Familiensitz, dem Ort ihrer Kindheit verbunden. Als ihr Vater unerwartet stirbt, erlebt Beatrice eine böse Überraschung: Sein letzter Wille entspricht keineswegs ihren Vorstellungen. Doch sie kämpft mit allen Mitteln für ihren Lebenstraum, die Herrin von Hurst zu bleiben.

»Goldene Schatten«: Nizza im Februar 1880. Emily Ratcliffe sucht für einige Wochen Erholung an der französischen Riviera. Sie erfüllt mit dieser Reise auf den Kontinent den letzten Wunsch ihrer toten Gönnerin, der angesehenen Londoner Hutmacherin Madam Arkwright. Diese hatte in jenem Hotel, in dem Emily nun residiert, die große Liebe ihres Lebens gefunden. Auch Emily begegnet hier einem Mann, der ihr weiteres Schicksal bestimmt. Aber um ihr Glück zu finden, muß sie noch einen langen und schmerzvollen Weg gehen...

Die Autorin

Catherine Cookson wurde in Tyne Dock, Nordengland, geboren und wuchs - wie so viele ihrer Romanfiguren - in einfachsten Verhältnissen auf. Bereits als Sechzehnjährige schrieb sie Kurzgeschichten, doch der Durchbruch kam erst 1950. Seitdem hat sie fast 90 Romane veröffentlicht, die in zahlreiche Sprachen übersetzt wurden. Durch ihre treue Leserschaft wurde sie eine der erfolgreichsten Schriftstellerinnen der Welt. 1993 wurde ihr der Titel »Dame of the British Empire« verliehen. Catherine Cookson starb im Juni 1998.

Eine Auswahl der im Wilhelm Heyne Verlag vorliegenden Romane Catherine Cooksons: *Fast ein Engel* (01/9398), *Ein Freund fürs Leben* (01/9879), *Die Chronik* (01/10031), *Der Himmel so hoch* (01/10093), *Ein schwerer Weg* (01/10369), *Eine eigenwillige Lady* (01/10572), *Der Mann am Fluß* (01/10776), *Im Wandel der Liebe* (01/13018), *Heimkehr ins Herrenhaus* (01/10878), *Das Band der Liebe* (01/13134).

CATHERINE COOKSON

Erbin aus Leidenschaft
Goldener Schatten

Zwei große Liebesromane

WILHELM HEYNE VERLAG
MÜNCHEN

HEYNE TIPP DES MONATS
Nr. 23/178

Umwelthinweis:
Dieses Buch wurde auf
chlor- und säurefreiem Papier gedruckt.

2.Auflage

Taschenbuchausgabe 10/2001

Printed in Germany 2002
Quellennachweis: s. Anhang
http://www.heyne.de
Umschlagillustration: Gordon Crabb/Agentur Schlück
Umschlaggestaltung: Nele Schütz Design, München
Druck und Bindung: Elsnerdruck, Berlin

ISBN: 3-453-18677-X

Erbin aus Leidenschaft

Teil 1

Die Gartenparty

1

Er schritt die lange Auffahrt hinauf, die zu beiden Seiten so dicht von Kiefern flankiert war, daß sie den Klang der Stimmen und des Lachens dahinter dämpften.

Als er das Ende erreichte, war es ihm, als ob er nach einem Gang durch einen Tunnel ins Tageslicht hinausträte. Die Umgebung zeigte deutlich, warum das Haus Pine Hurst genannt wurde. Er sah es zum erstenmal, denn es gehörte zum Gebiet seines Partners. Es war langgestreckt, aber nicht allzu niedrig. Als sein Blick nach rechts schweifte, erkannte er eine Art Häuschen, das an das Gebäude angebaut war und wie dieses gotisch anmutende Fenster aufwies. An der Stirnseite des Hauptgebäudes befand sich eine Terrasse, deren Treppe sanft zu einer kiesbedeckten Fläche abfiel, die ihrerseits an einen weitläufigen Rasen grenzte.

Es war ein äußerst ansprechendes Haus, mit einer langen Front und schmückenden Kaminen, von denen es, wie er bemerkte, mehrere gab. Das erweckte bei ihm den Eindruck, daß das Haus geräumiger war, als es von außen aussah. Das entfernte Wiehern eines Pferdes verriet ihm die Anwesenheit eines Stalles. Er wandte sich vom Haus ab und blickte zu zwei frisch gestutzten Strauchlöwen hinüber. Diese bewachten niedrige Säulen zu beiden Seiten von vier Stiegen, die nicht, wie erwartet, in einen Rosengarten hinabführten, sondern zu einer ausgedehnten Wiese, auf der unter leuchtenden Sonnenschirmen eine Anzahl von Tischen standen. Einige Leute hatten bereits an den Tischen Platz genommen, andere spazierten umher. Das kleine Paket unter seinem Arm erinnerte ihn, daß dies nicht nur eine Gartenparty, sondern ein Fest zu Ehren des einundzwanzigsten Geburtstages von Miss Beatrice Penrose-Steel war.

Er sah, daß sich ein Mann von einer Gruppe löste und auf ihn zukam. Dies mußte der Gutsherr sein, wie der alte

Cornwallis ihn nannte, in keiner Weise mit seinem Vater, dem verstorbenen Oberst, zu vergleichen.

Simon Steel begrüßte ihn. »Ah! Sie haben uns also gefunden. Wie geht es Doktor Cornwallis?«

»Ist heute nicht in sehr guter Verfassung, fürchte ich. Sein Bein bereitet ihm große Schmerzen.«

»Die Gicht, aber er will es nicht wahrhaben, nicht wahr?«

»Nein, das will er nicht.«

»Aber kommen Sie weiter und lernen Sie meine Tochter kennen.«

Er wurde an einen Tisch geführt, an dem eine junge Frau saß. Augenblicklich bemerkte er die Ähnlichkeit zwischen Vater und Tochter. Sie besaß seinen Teint, dasselbe hellbraune Haar, die grauen Augen, und auch ihr Mund war gleich geschnitten – etwas breit, mit schmalen Lippen. Nur bei der Nase unterschieden sie sich. Während er eine Hakennase hatte, konnte man ihre eher als Stupsnäschen bezeichnen.

»Das ist Doktor Falconer, meine Liebe, Doktor Cornwallis' Vertreter.«

John Falconer warf dem Gastgeber einen scharfen Blick zu. Es drängte ihn danach, ihn zu korrigieren und ›Partner‹ zu sagen, denn Steel war sehr wohl bewußt, daß zwischen Dr. Cornwallis und ihm nun eine Partnerschaft bestand. »Wie geht es Ihnen? Darf ich Ihnen alles Gute zum Geburtstag wünschen?«

»Danke.« Ihre Stimme war hell, und sie lächelte ihn an. »Ich muß Sie darauf aufmerksam machen, daß dieses Geschenk nicht meine Wahl war. Doktor Cornwallis sagte, Sie hätten eine Schwäche für Pralinen«, erklärte er lachend, während er ihr das Päckchen überreichte.

»Ja, das habe ich. Herzlichen Dank.«

Zwei junge Frauen traten an den Tisch heran, und sie erhob sich. »Oh, hier sind meine Schwestern«, sagte sie und deutete auf eine von ihnen. »Das ist meine Schwester Helen … Doktor Falconer.«

Er stand einer jungen Frau mit schimmerndem braunem Haar, einer Nuance dunkleren Augen, alabasterfarbenem

Teint und einem vollen wohlgeformten Mund gegenüber. Sie war groß, beinahe so groß wie er. Er brachte es auf einen Meter achtzig, sie mußte zumindest einen Meter fünfundsiebzig sein, und sie strahlte Haltung aus ... Im Gegensatz zu ihrer Schwester war sie schön.

Seine Aufmerksamkeit wurde durch Beatrices Stimme abgelenkt. »Und das ist Marion.«

Auch Marion war groß, doch weit heller, und obwohl ebenfalls sehr attraktiv, war sie nicht wirklich schön. Sie wirkte ruhig, doch ihre Augen blinzelten ihm zu, als sie ihn ansprach. »Ich nehme an, Sie vertreten ihn wegen seines schlimmen Beins ... Gicht, oder? Nein, nicht Gicht«, fügte sie schalkhaft hinzu und schüttelte ihren Kopf. Er antwortete ihr auf dieselbe Art und schüttelte ebenfalls lachend den Kopf. »Nein, nicht Gicht. Erwähnen Sie niemals das Wort Gicht.«

»Es sollte Ihnen eine Lehre sein, den Portwein zu meiden, Doktor.«

»Ja, diese Lektion lerne ich rasch, Miss ... Marion.«

Sie lachten gemeinsam. »Helen, Leonard ist angekommen«, warf Beatrice rasch ein. »O!« rief das hochgewachsene Mädchen und eilte auf die Treppe zu, an deren oberen Ende ein großer Mann mittleren Alters stand.

Marion lenkte Johns Aufmerksamkeit wieder auf sich. »Was mich betrifft, ist es wohl besser, wenn ich jetzt hineingehe und mich um die Armee kümmere.«

John Falconer sah ihr verwirrt nach, bis Beatrice ihn mit steifer Miene aufklärte. »Sie hat einen Verehrer, und wie Helens Verehrer ist auch er in der Armee. Es tut mir leid, daß ich Sie jetzt nicht herumführen kann ... Aber ah, da ist Rosie. Meine jüngste Schwester Rosie wird Ihnen ein ausgezeichneter Führer sein und Ihnen auch das kleinste Detail zeigen – Rosie!« rief sie einem Mädchen nach, das soeben auf eine Gruppe lachender junger Leute zulief.

Das Mädchen wandte sich um und kam auf sie zu. »Ja, Beatrice?«

»Das ist Doktor Falconer. Würdest du ihn herumführen und ihn allen vorstellen?«

»Oh, ja, gern. Ich habe Sie schon in der Stadt gesehen«, fügte sie mit einem Blick auf John hinzu. »Sie springen für den alten Cornwallis ein, nicht wahr?«

»Ich bin sein Partner.«

»Sein Partner? Oh, entschuldigen Sie. Ich dachte, Sie wären nur einer von diesen, wie nennt man sie bloß? Vertreter?«

Mit strengem Ton wies Beatrice sie zurecht. »Rosie! Benimm dich. Bitte.«

Statt einer Antwort schenkte Rosie John ein fröhliches Lächeln. »Kommen Sie. Ehe Sie sich versehen, werden Sie sich an uns gewöhnen.«

»Da bin ich mir sicher.« Er nickte ihr zu. Sie war ein besonders hübsches Mädchen, nicht älter als sechzehn oder siebzehn und von überquellender Lebensfreude, was sich in ihrem Schritt und ihrer Stimme ausdrückte.

Als sie an der Treppe vorüberkamen, an deren oberen Ende soeben die hochgewachsene, schöne Schwester und der ausgesprochen elegante, freundlich wirkende Mann entlangschlenderten, wurde er mit Flüsterstimme informiert. »Das ist ihr Zukünftiger. Sie werden heiraten. Er ist zwar etwas älter, aber ein netter Mann.«

»Wie?« Er war über den Klang seiner eigenen Stimme erstaunt.

»Ich sagte, sie werden heiraten, und daß er ein ...«

»Aber sie ist so jung«, fiel er ihr rasch ins Wort.

»Ist sie nicht, sie ist zwanzig. Natürlich, wie ich sagte, er ist um einiges älter. Vierzig glaube ich, und das ist wirklich alt, aber er ist nett. Ich bin bald achtzehn und hätte nichts dagegen, ihn zu nehmen.« Sie lachte unbekümmert.

Er schüttelte den Kopf, wie man es bei einem ungezogenen Kind tut. »Das hätte ich nicht gedacht. Ich hätte auf vierundzwanzig getippt.«

Sie warf ihm einen fröhlichen Blick aus den Augenwinkeln zu. »Also, das ist der Rosengarten. Aber da Sie ein Arzt und clever sind, haben Sie das sicher schon vermutet.« Wieder schenkte sie ihm ein unbeschwert mädchenhaftes Lächeln. »Und das sind unsere kunstvoll beschnittenen

Bäume. Ich halte nicht viel davon, Bäume zurechtzutrimmen und zu stutzen. Und Sie?«

Er dachte einen Augenblick nach. »Nein, wenn Sie mich so fragen, ich glaube, ich halte auch nicht viel davon. Ich finde sie grotesk. Sie sind nicht dafür bestimmt, so zu wachsen.«

»Da haben Sie recht.«

Sie ging nun ein Stück vor ihm. »Und das, Sir, ist der Kiefernwald«, erklärte sie. »Wie Sie sehen, befinden sich zu beiden Seiten Kiefern.«

Er lächelte sie breit an. Sie war ein Kobold, aber ein liebenswerter, freundlicher Kobold, wenn er irgend etwas von Charakteren verstand. Anders als die übrigen. Aber eigentlich unterschieden sich alle voneinander. Er dachte wieder an das wunderschöne Mädchen, das einen Mann heiraten würde, der doppelt so alt war wie sie. Er konnte sich nicht daran erinnern, jemals eine Frau wie sie gesehen zu haben.

Sie traten aus dem Wald auf eine Grünfläche hinaus, die sich bis zum Fluß hinunter erstreckte. Der Anblick einer hohen Mauer ließ ihn abrupt stehenbleiben. Er blickte nach rechts, konnte jedoch nicht erkennen, wo sie begann, denn sie verlor sich in den Bäumen. Was er sehen konnte, war, daß sie am Ufer endete. »Das ist eine ziemlich hohe Mauer«, sagte er mit einem Blick auf das Mädchen, das nun wieder neben ihm stand.

»Ja. Das war einmal der Küchengarten. Aber damals war sie noch nicht so hoch. Sie ist wohl um etwa einen Fuß aufgestockt worden.«

»Warum?«

»Oh, Doktor, das ist eine lange, lange Geschichte.«

»Ich mag lange Geschichten. Ich will sie hören.«

»Wirklich?«

Sie legte ihre Arme um einen jungen Baum, und er glaubte, daß sie sich um ihn drehen würde, doch statt dessen lehnte sie ihren Kopf dagegen. »Ich nenne sie ›Klagemauer‹, so wie die der Juden in Jerusalem oder wo auch immer«, erklärte sie.

Er lächelte. »Ja, wo auch immer.«

»Nun, ich war nie besonders gut in Geographie. Einerlei, das war die Mauer unseres alten Küchengartens und, soweit ich weiß, des besten Stück Landes der gesamten sechzig Morgen.«

»Sechzig Morgen?«

»Ja. Aber seit dieses Stück abgetrennt wurde, ist es weniger. Alles geht auf Großvater zurück. Sie müssen wissen, daß er in der Armee war. Er war ein sehr soldatischer Mann. Aber nett.« Obwohl sie noch immer lächelte, lag eine gewisse Traurigkeit in ihrer Stimme, als sie fortfuhr. »O ja, er war auch ein liebenswerter Mann. Und auch Großmutter war liebenswert. Großvater brüllte und schrie oft, und Großmutter hob dann immer mahnend den Finger, so etwa« – sie schwenkte drohend ihren Zeigefinger – »und er wurde sogleich lammfromm. Und sie sagte dann: ›Der Wolf heult wieder‹, und er antwortete, noch immer grollend: ›Nein, das tue ich nicht, das tue ich nicht.‹ Daraufhin lächelte sie stets und sagte: ›Nun, dann war es wahrscheinlich ein Hund, der bellte.‹ Manchmal brüllte er: ›Ach, Needler ist ein Narr.‹ Es war immer Needler oder Oldham oder Connor, und Großmutter neckte ihn dann damit. Sie sagte: ›Es konnte ja nicht James MacIntosh sein.‹ Sie müssen wissen, Großvater mochte James MacIntosh sehr. Robbie ist sein Sohn«, fügte sie mit einem Nicken zur Mauer hinüber hinzu.

Er verstand nicht, doch er wußte, er würde bald aufgeklärt werden.

Sie schritten weiter. »Wissen Sie, Großvater war ein Oberstleutnant oder ein Oberst oder so etwas ähnliches, und er hatte einen Offiziersburschen namens Jamie MacIntosh, der ihn nach Indien begleitete. Da rettete Jamie ihn zum erstenmal. Es war in einer Art von Gefecht. Großvater war umzingelt worden, eingeschlossen, und der tapfere schottische Bursche« – sie war in einen schweren schottischen Akzent verfallen und grinste ihn an – »schoß ihm den Weg frei. Eigentlich glaube ich, daß er einfach laut brüllte. Er war Großvater sehr ähnlich. Er muß sie zu Tode erschreckt haben. Wahrscheinlich liefen sie deshalb davon.

Wie auch immer, so gelang es ihm, Großvater freizubekommen. Er war verwundet, beide waren verwundet, doch Jamie brachte sie zurück. Beim zweiten Mal war es ernster. Soweit ich weiß, war Jamie damals Unteroffizier. Zu dieser Zeit waren sie nicht in Indien, sondern irgendwo sonst im Ausland, und Großvater befehligte eine Kompanie oder so etwas, und sie mußten sich zurückziehen.« Sie drehte sich strahlend zu ihm um. »Man hört immer nur, daß die Briten angreifen, doch niemals, daß sie sich zurückziehen, nicht wahr?«

Er biß sich auf die Lippe und sagte nichts. So fuhr sie fort: »Während ihres Rückzugs wurden sie von den Gurkhas oder wem auch immer verfolgt – auf welcher Seite standen eigentlich die Gurkhas?«

»Das hängt davon ab, wann das alles geschah«, sagte er.

»Oh, einerlei, wer auch immer sie waren, sie schossen Großvater ins Bein. Da sie ihn für tot hielten, marschierten sie einfach über ihn hinweg. Doch der großartige Jamie MacIntosh« – wieder war sie in schottischen Akzent verfallen – »was tat er? Er schleicht sich des nachts auf das Schlachtfeld und sucht meinen Großvater. Aber sie hatten auf Jamie gewartet und schossen ihm den Arm ab.«

»Wirklich!« stieß er mit hochgezogenen Brauen hervor.

»Ja, wirklich, genau ab hier.« Sie deutete auf eine Stelle über ihrem Ellbogen. »Er hatte dann einen Haken. Konnte eine ganze Menge lustiger Dinge mit seinem Haken anstellen. Einerlei, der großartige Jamie wurde ausgezeichnet. War ein richtiger Held. Großvater verlor das Bein zwar nicht, mußte aber am Stock gehen. Ist eigentlich ein Wunder, daß sich Jamie MacIntosh keinen neuen Arm wachsen ließ. Aber zurück zu unserem wundervollen Küchengarten mit der Mauer rundum, die bis hinunter zum Ufer reichte. Es sei das beste Stück Boden des gesamten Grundbesitzes gewesen, sagte der Gärtner, und wundervolle Obstbäume seien an der Wand gewachsen, wo die Sonne sie direkt beschien und das Obst und Gemüse ganz von selbst gediehen. Und am Kopfende dieses Gartens befand sich ein kleines Häuschen. Nun, es war größer als ein übliches Gartenhäuschen, hatte insgesamt acht Räume und Büros, also ist es größer als ein Gartenhäuschen, nicht wahr?« Er nickte zustimmend. »Und es war bereits lange leer gestanden. Was also tat Großvater? Er ließ es für Jamie herrichten. Allerdings mußte er das heimlich tun. Natürlich wußte Großmutter davon, aber Vater nicht. Vater war damals neunzehn Jahre alt und dem Land sehr verbunden. Tatsächlich ist er das heute noch. Doch Großvater überschrieb Jamie das gesamte Grundstück auf der anderen Seite der Mauer. Es bestand aus etwa zehn Morgen bebaubarem Land und Ackerfläche und einem Hof für Tiere. Zumindest für einige. Es gab zwei Weiden, auf denen ein Pferd und einige Schafe umherlaufen konnten. Und wie alle sagten, war es das beste Land des ganzen Besitzes, denn die vielen Kiefernbäume, die überall wuchsen, hatten den Boden mit ihren Wurzeln so durchzogen, daß man die Erde hätte aufbrechen müssen, um daneben einen neuen Küchengarten anzulegen, erzählt man. Hier gab es einst Blumenbeete, Gewächshäuser, einen Weingarten und ähnliches. War viel Arbeit. Wie ich hörte, war mein Vater wütend, doch er konnte nichts tun, denn Großvater hatte es ihm als – hm ...« Sie schnalzte mit der Zunge »... Vermächtnis oder Geschenk überlassen?«

»Ja, man kann Dinge als Vermächtnis oder als Geschenk weitergeben.«

»Nun, auf jeden Fall tat er das. Dann kam der Krieg. Eigentlich ging er erst wirklich los, nachdem Großvater gestorben war. Aber Sie können sehen, daß die Mauer bis ins Wasser hinunterreicht. Großvater zog sich immer seine wasserdichten Fischerstiefel an und watete am Ufer entlang um das Ende der Mauer herum. Das war einfach. Ich tat es ihm nach. Der einzige andere Weg führte über die Hauptstraße und das vordere Tor. Das war eine weite Strecke für Großvater. Als ich noch klein war, pflegte er mich an der Hand zu nehmen, und gemeinsam gingen wir dann zu Robbies Leuten hinüber. Oh, ich vergaß, Ihnen zu erzählen, daß Jamie Annie geheiratet hatte und sie einen Sohn namens Robbie bekamen. Er war zehn, als ich geboren wurde. Ich war das jüngste der Kinder. Mrs. Annie macht wundervolle Pfannkuchen und bestreicht sie dick mit Butter und Honig. Und natürlich wurde mir übel, und so gab es immer wieder Schwierigkeiten. Ich erinnere mich, daß ich bereits mit drei Jahren um die Mauer watete. Robbie war damals zwölf oder dreizehn, doch ich folgte ihm wie ein treuer Hund. Er erschien mir damals ziemlich alt. Dann gab es auch noch die Zeit, als Mary May und Henrietta, zwei Kühe, um die Mauer herum in den Garten spazierten und die Sträucher abfraßen. O Gott! Um den Frieden zu erhalten, ließ Großvater die Gitter und Zäune an der Mauer anbringen und verlängerte sie bis in den Fluß hinein. Natürlich war es nun ein weiterer Weg, denn wir mußten durch das Wasser um die Mauer herumwaten. Doch immer noch gelang es Mary May herüberzukommen. Dann bekam sie ein Kalb, und Klein Mary May folgte ihr.« Sie verstummte und blickte zu der Mauer hinüber. Als sie fortfuhr, klang ihre Stimme tief und traurig. »Das waren damals wundervolle, herrliche Tage. Selbst wenn es schneite, graupelte oder regnete, war es immer, als schiene die Sonne, weil Großvater und Großmutter da waren. Sie waren liebenswerte Menschen. Vor zwei Jahren schien dann alles auf einmal zu geschehen.« Sie wandte sich zu ihm um und blickte ihn direkt an. »Großmutter starb ganz plötzlich. Großvater saß an ihrem Bett, er hatte den Arm um sie gelegt, und sie starb einfach. Zwei Monate später starb auch er. Er konnte nicht ohne sie leben. Von dem Tag an, da sie gestorben war, watete er niemals wieder durch das Wasser. Er ging manchmal über die Straße zu Robbies Tor, denn Jamie war ein Jahr zuvor gestorben, und Großvater vermißte ihn sehr. Aber Robbie war ein guter Ersatz, der Großvaters Geschichten lauschte, wenn er davon erzählte, was ihm und Jamie im Krieg zugestoßen und welch tapferer Mann sein Vater gewesen war. Dann starb drei Monate später Mama, alle in einem Jahr. Das ist nun zwei Jahre her. Nichts ist mehr so wie früher.« Sie sah auf ihre Füße, während sie weitersprach. »Weder Großmutter noch Großvater wollten sterben, ihr gemeinsames Leben war zu glücklich. Doch ich glaube, Mama hatte sich nach dem Tod gesehnt. O ja.« Sie hob den

Kopf, und ihre Stimme wurde zu einem Flüstern. »Ich hätte das nicht sagen sollen, nicht wahr?«

»Warum nicht? Es lastet auf Ihrer Seele, und ich bin Arzt, das ist beinahe so, als wäre ich ein Priester, verstehen Sie? Ich erzähle nichts weiter.«

»Nein?« Das Wort war eine einzige Frage.

»Warum ist nichts mehr wie früher?« hakte er nach.

Sie ging wieder ein Stück voraus. »Beatrice hat alles übernommen«, erklärte sie. »Sie ist nun die Herrin des Hauses. Sie liebt das Haus, müssen Sie wissen. Sie genießt es. Keiner von uns hat Gefühle für das Haus, wie sie und Vater sie haben. Sie ist Vater sehr ähnlich. Und dann gibt es da noch den Krieg zwischen Vater und Robbie. Wenn Sie hier herunterkommen, werden Sie sehen, was ich meine – hier herunter zum Fluß.«

Sie gingen auf die Mauer zu. Als sie sich dem Fluß näherten, stieß das Mädchen einen hohen Schrei aus. »O nein! Mary May. Mary May!« Denn am Waldrand, inmitten eines Drahtverhaus, befand sich eine Kuh.

Er sah, wie sich das Mädchen auf das Gras niederließ, die Schuhe auszog, dann unbefangen ihren Rock hob, sich ihrer Strumpfbänder, die sie über dem Knie trug, und ihrer Strümpfe entledigte. Sie steckte sie in ihre Schuhe, verknotete deren Bänder, hängte sie sich um den Hals und stieg ins Wasser. »Ziehen Sie Ihre Schuhe aus, wenn Sie mitkommen wollen«, forderte Sie ihn auf.

»Ich klettere lieber über die Mauer«, rief er zurück.

»Können Sie das denn?«

»O ja. Ich bin Klettern gewöhnt.«

Er beobachtete, wie sie die Kuh an einem Ohr packte und herumzog. Das Wasser ging ihr bis über die Knie und durchnäßte den Saum ihrer Unterröcke und etwas, das wie die Rüschen ihres Höschens aussah. Während sie unablässig auf die Kuh einsprach, rief sie lauthals nach Robbie.

Er blickte zur Mauer. Hin und wieder stand ein rauher Stein daraus hervor. Er wählte einen aus und zog sich gerade so weit daran hoch, daß er sich strecken und nach der oberen Kante der Mauer greifen konnte. Von dort aus konnte er erkennen, daß er sich direkt über einem Schweinestall befand, aus dem ein Eber fragend zu ihm aufsah. Als er den Weg hinunterblickte, entdeckte er einen jungen Mann. »Nach rechts, dort finden Sie eine Leiter«, rief ihm dieser zu.

Er warf einen Blick nach rechts und bewegte sich dann Zoll für Zoll und unter Schmerzen über die unebene Steinmauer, bis er zu einem Apfelbaumspalier kam, das sich an der Mauer entlangzog. Schließlich entdeckte er die Leiter.

Als er den Boden wieder erreichte, übernahm der junge Mann gerade die Kuh aus Rosies Hand. »Du hättest sie dort lassen sollen«, erklärte er.

»Und zulassen, daß Vater sie erschießt? Denn das hätte er getan, wie du weißt. So gewiß wie Eier Eier sind, hätte er sie erschossen. Das hat er dir beim letzten Mal gesagt.«

»Laß es ihn nur versuchen. Ich ziele selbst gut, und davor habe ich ihn bereits gewarnt.«

»Kannst du am Fluß nicht eine Absperrung anbringen, damit sie überhaupt nicht ins Wasser kommen?«

»Warum? Der Fluß ist öffentliches Gelände.«

»Sei nicht albern, Robbie.«

»Ich bin nicht albern, Rosie. Der Fluß ist tatsächlich öffentliches Gelände. Du kannst es nachlesen.«

»Wirklich?« Sie hatte sich an John gewandt, der sich eben vom Staub befreite und sich fragte, ob seine hintere Hosennaht durchhalten würde, bis er sein Quartier erreichte.

»Ich habe niemals davon gehört. Aber wenn Ihr Freund das sagt, bin ich sicher, daß es sich so verhält«, antwortete er.

»Hallo«, sagte Robbie.

»Hallo, Robbie. Ich habe eine Menge über Sie gehört.«

»Sie sind der neue Doktor?«

»Ja, ich bin der neue Doktor.«

»Nun, ich hoffe, Sie reagieren schneller, wenn man nach Ihnen ruft, als Ihr Boß.«

»Er ist nicht mein Boß, Robbie, er ist mein Partner.«

»Oh, Sie sind Partner? Sie haben sich eingekauft? Gut!

Nun, wird mir jederzeit ein Vergnügen sein, Sie zu sehen. Warten Sie doch einen Augenblick, bis ich die hier eingesperrt habe, und kommen Sie dann auf eine Tasse Tee zum Haus hinauf.«

»Wir sind ... zumindest *ich* bin Gast einer Geburtstagsparty.« Er deutete mit dem Daumen über die Mauer.

»Nun, ein paar Minuten wird man Sie schon nicht vermissen. Kommen Sie, und lernen Sie meine Mutter kennen. Sie klagt immer über irgendwelche Wehwehchen. Sie wird sich freuen, Sie zu sehen.«

Während John den langen Pfad zu einem hübschen Haus am oberen Ende des Grundstücks hinaufwanderte, erkannte er anhand der Vielzahl von Pflanzen, die überall wuchsen, daß dies ein ausgesprochen fruchtbares Stück Land war, und auch, warum der gegenwärtig angrenzende Eigentümer es nicht hatte verlieren wollen. O ja, das konnte er gut verstehen. Doch auf gewisse Weise freute es ihn, daß dieser aufrechte junge Mann in die Fußstapfen seines Vaters trat. Er klang wie sein Vorfahr: ein Mann, den man gerne bei sich hatte, wenn man in die Ecke gedrängt war.

Mrs. Annie MacIntosh trug ihren Namen zu recht. Sie war rundlich, rosig und fröhlich.

»Oh, Sie sind ein gern gesehener Besuch, Doktor«, sprach sie ihn sogleich an. »Wir werden wohl jetzt auch hier ein wenig mehr Aufmerksamkeit bekommen. Man muß erst tot sein und im Sarg liegen, ehe der Alte seine Nase zur Tür hereinsteckt, und auch das tut er nur, um zu sehen, ob man gut verpackt ist.«

John lachte. Er fand es seltsam, daß jedermann seinen Partner als »der Alte« bezeichnete, wo er doch gerade in den Fünfzigern war. Zugegeben, er sah auch ein wenig erschöpft und abgearbeitet aus. Der Krieg hatte seinen Tribut gefordert, und zwar an mehreren Stellen als nur in seinem Bein.

Er nahm in der Küche Platz und kostete Mrs. MacIntoshs heiß servierte, frischgebackene Pfannkuchen. »Zieh deine Schuhe und deine Strümpfe wieder an«, forderte der junge

Mann Rosie auf. »Ich habe noch niemals ein Mädchen gesehen, das sich weniger damenhaft benommen hätte.«

»Ach du! Würdest du besser auf deine Tiere aufpassen, müßte ich mich nicht so oft ausziehen.«

Bei diesen Worten wechselten John und Robbie einen vielsagenden Blick. Es gelang ihnen gerade noch, ein dröhnendes Lachen zurückhalten.

»Sie haben ein hübsches Haus hier, Mrs. MacIntosh«, erklärte John dann.

»Ja, ist nicht schlecht. Und alles dank dem Oberst. Gott möge ihn segnen und in Frieden ruhen lassen. Und daß er das tut, weiß ich sicher, denn er hat seine Gemahlin bei sich. Es war ein großer Verlust, nicht wahr, Rosie?«

»Ja, Mrs. Annie. Ich vermisse die beiden jeden Tag, denn sie waren liebenswerte Menschen.«

»Da bist du nicht die einzige, Kleine. Da bist du nicht die einzige. Nun, Doktor, noch einen Pfannkuchen?«

»Nein, ich danke Ihnen. Von mir wird erwartet, daß ich gehe und noch ein Stückchen Geburtstagstorte esse. Ist es nicht so, Rosie?«

»Das nehme ich an«, antwortete sie und beugte sich, um ihre Schuhbänder zu schnüren. »Und wir sollten schon zurück sein, also kommen Sie«, fügte sie hinzu, sobald sie sich erhoben hatte. Ihr Ton war so ungezwungen, als spräche sie mit einem alten Freund.

»Welche Rückweg wollen Sie nehmen? Ich gehe weder über die Mauer noch durch das Wasser. Sie können das gerne tun, aber ich werde die Straße entlangspazieren.«

»Wer sagt, daß ich durch das Wasser wate? Ich gehe auch über die Straße.«

»Nimm dich in acht«, mahnte Robbie seine Freundin. »Wenn man dich erwischt, gibt es Schwierigkeiten.«

»Ich wurde bisher noch nie erwischt.«

»Sei nicht zu schlau. Geh schon, sieh zu, daß ihr wegkommt.«

John amüsierte das Verhältnis zwischen den beiden. Sie hätten Vater und Tochter oder Bruder und Schwester sein können. Aber wenn er sich nicht täuschte, hatte Robbie etwas anderes mit dem Mädchen im Sinn, obwohl sie davon nichts ahnte, denn sie war noch so jung und kindlich in ihrer unbekümmerten Fröhlichkeit.

Fünf Minuten später durchquerten sie eine Lücke im Zaun um den Kiefernwald, traten auf den Rasen hinaus und schlenderten Seite an Seite, als würden sie soeben ihre Runde beenden. Rosies nächste Bemerkung brachte seine Gedanken zu ihrer Schwester zurück. »Sehen Sie nur«, rief sie, »Beatrice genießt bereits ihre Pralinen. Sie ist verrückt nach Schokolade, aber obwohl sie unablässig Süßes ißt, wird sie niemals fett. Ist eine gute Sache, daß sie keine Schwäche für Wein oder Bier hat, nicht wahr? Das wäre was! Denken Sie nur an die Folgen. O Gott!«

Als sie in sein Lachen einfiel, war es wie eine frische Brise. Es blieb zu hoffen, daß sie sich ihr Wesen erhielte, zumindest für eine Weile.

2

John blickte auf die kombinierte Gartenparty und Geburtstagsfeier als Beginn seines neuen Lebens zurück. Seine medizinische Ausbildung schien in ferner Vergangenheit zu liegen. Es kam ihm vor, als hätten die zwei Jahre, die er im Krankenhaus Visite gemacht hatte, nicht existiert. Seine Mutter war das einzige Herausragende in seiner Vergangenheit. Das erinnerte ihn daran, daß er sie heute hätte besuchen sollen. Aber ein Besuch hätte bedeutet, daß er in aller Eile hin- und zurückhasten hätte müssen, und da heute sein freier Tag war, wollte er ihn für sich selbst, um von der Stadt und den Menschen loszukommen, in der freien Weite der Natur zu wandern und Hügel, wenn schon nicht Berge, zu besteigen. Er wollte einfach nur von allem loskommen. Ja, loskommen … Und das tat er dann auch, mit einem Rucksack, der mit frischgebackenen Brötchen und Sandwiches vom Bäcker und zwei Flaschen Ale gefüllt war.

Es war Mitte Juli, der Himmel tiefblau, und eine leichte

Brise linderte die Hitze. Die Erde fühlte sich hart an unter seinen Schuhen, und da er seine Kappe abgenommen hatte, blies der Wind kühlend durch sein Haar.

Er vermied die Weiler und machte sich auf den Weg zu den Hügeln. Er kannte diese Route. Sie führte langsam aufwärts zu einem nahezu senkrechten Hang, über den er auf ein kleines Plateau kam. Von dort aus konnte er in der Ferne die Kathedrale von Durham erkennen, die sich am Ufer des Wear-Flusses erhob. Linkerhand befand sich Gateshead, und dahinter, auf der anderen Seite des Tyne, lag Newcastle.

Er hatte den Norden des Landes erst vor kurzem kennengelernt. Seine Mutter stammte aus Sussex, und sein Vater war Halbfranzose. Doch die Schwester seiner Mutter, Ada, lebte in Middlesbrough, wo sich auch seine Mutter zur Zeit aufhielt, obwohl ihr die Situation keineswegs zusagte. Da sich ihr Rheuma mit den Jahren verschlimmerte, fühlte er, einerseits aus Liebe zu ihr und andererseits aus Pflicht, daß er sie näher zu sich holen sollte.

Doch heute wollte er nicht daran denken, heute war er frei. Heute gab es keine Magenschmerzen, um die er sich kümmern müßte, keine Gallenleiden, Warzen, wunden Füße, Kopfschmerzen oder ähnliche leichtere Beschwerden; die unheilbaren Leiden waren eine andere Sache.

Er streckte sich auf dem harten Rasen aus, legte die Hände unter den Kopf und beschattete die Augen mit seiner Kappe. Es überraschte ihn nicht, daß seine Gedanken nach Pine Hurst schweiften. Er war wieder auf der Gartenparty und sah sich mit dem jungen Wirbelwind Rosie scherzen. Dann stieg vor seinem Auge das Bild ihrer Schwester Helen auf, die in Kürze heiraten würde. Wieder fragte er sich, warum ihr Gesicht bei ihm einen solchen Eindruck hinterlassen hatte. Ja, sie war wahrlich schön, aber er hatte auch schon früher schöne Mädchen und Frauen jeden Alters getroffen. Ja, jeden Alters, denn jedes Alter hatte seine Schönheit. Doch ihre war anders. Und dann gab es da noch Marion. Marion verwunderte ihn. Wie er erfahren hatte, trug auch sie sich mit der Absicht zu heiraten. Plötzlich wechselten seine Gedanken zu dem Vater. Er war froh darüber, nicht auf dessen Lohnliste zu stehen, denn er konnte diesen wichtigtuerischen, arroganten Menschen nicht ausstehen. Wenn es jemanden gab, der den Gutsherren spielte, war er es. Und doch hatte man ihm seinen Vater als das genaue Gegenteil beschrieben. Er rief sich Rosies Schilderung ihres Großvaters in Erinnerung, die sich genau mit dem deckte, was er von Cornwallis gehört hatte. Wie Rosie es ausgedrückt hatte, mußte er ein liebenswürdiger alter Mann gewesen sein. ›Liebenswürdig‹ schien ihr besonderes Wort für jemanden zu sein, den sie mochte. Aber wie paßte das Mädchen Beatrice in diese Familie? Sie war nun deren Oberhaupt, und in gewisser Weise fühlte er so etwas wie Mitleid mit ihr. Er kannte zwar nicht den Grund dafür, aber so empfand er eben. Sie ähnelte keiner der anderen. Obwohl sie recht hübsch war, wirkte sie nicht besonders anziehend.

Ach ja, seufzte er, sie waren alle dort unten im Tal, und er war hier oben, in Frieden mit Gott und den Elementen. War er das wirklich? Warum hatte er im hintersten Winkel seiner Seele das Gefühl, zu spät eingetroffen zu sein? Zu spät wofür?

Huschte dort ein Kaninchen durch das Gras? Könnte eines diesen Hügel erklommen haben? Warum nicht? Im Lauf der Zeit und der Umstände brachte die Notwendigkeit Leben hervor.

Als eine Traumstimme ›Es tut mir leid‹ zu ihm sagte, antwortete er: »Sie können nichts dagegen tun. Sie wußten doch nichts davon. Ich kam ein Jahr zu spät. Auch mir tut es leid. Diese Dinge passieren aus heiterem Himmel.« Dann legte sich eine warme, weiche, tröstende Leere über ihn, und er ließ sich in sie hinabsinken.

Wie lange er geschlafen hatte, wußte er nicht. Doch er wußte, daß sein Gesicht heiß war. Seine Kappe mußte verrutscht sein, und die glitzernden Sonnenstrahlen lagen auf seinen Augen. Er würde morgen rot sein, denn seine Haut verbrannte leicht. Danach verwandelte sich die Röte nicht in eine hübsche Sonnenbräune, sondern in einen groben Braunton. Seine Mutter pflegte zu sagen, daß es attraktiv aussehe. Das erinnerte ihn daran, daß er sich um seine Mutter kümmern sollte. Er mußte um einige freie Tage bitten.

Als er die Augen langsam öffnete und im Sonnenlicht blinzelte, sah er ein Gesicht, das ihn anlächelte. So schloß er seine Augen wieder.

»Hatten Sie ein angenehmes Schläfchen?«

Er setzte sich so rasch auf, daß sein Rücken spannte und er eine Grimasse zog, als er zur Seite blickte, um Helen Steel anzusehen, die neben ihm saß. Er wollte sich erheben, doch sie hielt ihn mit ihrer Hand zurück.

»Springen Sie nicht auf!« sagte sie lachend. »Ärzte sagen, das sei schlecht für das Herz. Ihnen könnte schwindlig werden.«

Einen Augenblick lang bedeckte er sein Gesicht mit den Händen. »Tut mir leid. Wie lange sind Sie schon hier oben?« murmelte er.

»Oh, lassen Sie mich sehen.« Sie hob eine Hand an die Augen, um sie vor der Sonne zu schützen, und legte den Kopf in den Nacken. »Seit die Zeit und die Umstände Leben hervorbrachten und Ihnen irgend etwas leid tat.«

»Wie lange ist das her?«

Sie zog ihre Uhr hervor und betrachtete sie einen Moment lang. »Zweiundvierzig Minuten, um genau zu sein«, verkündete sie.

»Und Sie sind die ganze Zeit hier gesessen?«

»Nun, wie Sie brauchte auch ich eine Pause nach der Kletterei. Aber es scheint, als hätten Sie sie nötiger als ich; immerhin waren Sie die halbe Nacht auf den Beinen.«

Seine Augen weiteten sich, und er glättete sein Haar, indem er mit der Hand durchfuhr. »Woher wissen Sie, daß ich die halbe Nacht auf war?« fragte er.

»Needler sagte es mir.«

»Needler?«

»Ja. Er brachte Pansy zum Beschlagen, und Sie gaben das Pferd zurück, das Sie von Ben Atkinson, dem Hufschmied, geliehen hatten, denn Isaac Greens Anwesen liegt gute vier Meilen entfernt; es war drei Uhr morgens, und Nancy hatte eine schwierige Geburt.«

»Ich glaube, Needler und Ben Atkinson sollten gemeinsam ins Zeitungsgeschäft einsteigen.«

Sie lachte. »Ein Junge oder ein Mädchen?« fragte sie.

»Beides«, gab er zur Antwort. Sie blickte ihn erstaunt an.

»Doch nicht Zwillinge!«

Er nickte. »Ja, Zwillinge. Somit sind es elf.«

»Gütiger Gott! Und dabei hat sie schon vier verloren.«

Er riß die Augen auf. »Woher wissen Sie, daß sie bereits vier Babys verloren hat?« Doch kaum hatte er die Frage gestellt, nickten sie einander verstehend zu.

»Needler«, sagten sie gleichzeitig.

»Needler sagt, Isaac halte Nancy für ein Kaninchen, und sie fräßen ihr Heu gemeinsam. Er behauptet auch, daß Isaac tagtäglich in der Bibel lese und sich Wort für Wort an sie halte«, erklärte sie lachend.

Er fiel in ihr Lachen ein. »Ich glaube, Needler vergißt, daß er zu einer jungen Lady spricht«, sagte er, wandte seinen Kopf zur Seite und wischte sich die Tränen aus den Augen.

»Sind Sie schockiert?«

»Schockiert? Ich? Nein. Es ist nur eine Überraschung, junge Ladys über gewisse Dinge so gut unterrichtet zu finden.«

»Oh, wir wissen alle gut Bescheid. Großvater sorgte dafür, und das war anständig von ihm. Sie müssen wissen, er nahm uns gewöhnlich nach nebenan mit, wenn die Schweine geboren wurden. Dann sprach er auch mit Mr. Jamie über gewisse Dinge. Und dann gab es auch noch Robbie. Rosie folgt Robbie, seit sie gehen kann, oder besser, seit sie unter dem Zaun hindurchkriechen oder um die Mauer waten kann. Wie bei uns anderen wurde auch ihre Erziehung durch einige Kühe, fünf Ziegen und ein Pony erweitert, das ein wundervolles Fohlen warf, welches aber leider noch am selben Tag starb. Ich kann Ihnen sagen, an diesem Tag gab es in unserem Haus jede Menge Tränen. Selbst Vater konnte dem nicht Einhalt gebieten. Da Sie mit Rosie gesprochen haben, werden Sie wohl bereits über die Auseinandersetzung zwischen Vater und den MacIntoshs Bescheid wissen.«

Er nickte. »Tja, ich habe tatsächlich eine Menge erfahren. Dieser Robbie MacIntosh dürfte ein unternehmungsfreudiger junger Mann sein. Er hat sich da hinter der Mauer eine richtige Miniaturfarm aufgebaut.«

»Ja.« Das Lächeln verschwand aus ihrem Gesicht. »Und sie bleibt immer noch ein Zankapfel. Wie auch immer, wir sind hier.« Sie stützte sich auf ihre Arme zurück und blickte zum Himmel empor. »Ist das nicht der herrlichste Fleck Erde?«

»Ja, das ist er.«

»Wie haben Sie diesen Ort gefunden?«

»Nun, ich klettere gerne.«

»Tatsächlich? Sie klettern auf Berge?«

»Wenn ich einen finden kann, der in der Nähe liegt, ja. Doch die letzten sechzig nahezu senkrechten Fuß hier herauf, halten mich ebenfalls gut in Übung. Wie um Gottes willen haben Sie es geschafft?«

»Auch ich klettere gerne, Sir. Ich komme schon seit – ach, seit vielen Jahren hier herauf. Sogar im Winter. Dann hat man von hier aus einen erstaunlichen Ausblick. Alles erscheint vollkommen klar.«

»Sind Sie durstig«, fragte er, als er sah, daß sie sich mit der Zunge über die Lippen fuhr.

»Ja. Für gewöhnlich nehme ich etwas zum Trinken mit, doch heute nicht. Ich bin in ziemlicher Eile aufgebrochen.« Wieder wich das Lächeln aus ihrem Gesicht.

»Ich kann Ihren Durst stillen, aber ich weiß nicht, ob Sie so etwas trinken? Es ist Bier.«

»Hell oder dunkel?« gab sie zurück und entlockte ihm damit ein fröhliches Lachen. Er griff nach seinem Rucksack und suchte nach der Flasche. »Ich glaube hell. Und es wird warm sein. Ich hätte es in den Schatten legen sollen.«

»Es wäre schwierig geworden, hier oben Schatten zu finden.«

»Hätte ich ein wenig Verstand besessen, hätte ich den Rucksack über den Felsen hinuntergehängt. Dort drüben gibt es einen Baumstumpf«, erklärte er mit einem Nicken. Dann schenkte er in einen Becher Bier und reichte ihn ihr.

Als sie ihn in zwei Zügen geleert hatte und ihn ihm zurückgab, mußte er gegen das plötzlich aufkommende Verlangen ankämpfen, nach ihrer Hand zu greifen und sie an sich zu ziehen. Während er sich selbst einschenkte, schwieg er. Dann nahm er den Karton aus seinem Rucksack. »Nichts, was Sie hier drinnen sehen, stammt von Mrs. Pearson«, erklärte er.

»Sind ihre Kochkünste tatsächlich so schlecht?«

»Noch schlechter. Und das Problem ist, wenn Sie höflich sein wollen und ihr sagen, daß Ihnen etwas schmeckt, bekommen Sie es fünfmal die Woche.«

»Oh, unsere Köchin ist genauso. Ich sagte ihr einmal, daß ich ihre Rosinenkuchen liebe, und seit damals bäckt sie sie extra für mich. Die anderen bekommen Trifle, Äpfel im Schlafrock oder sonst etwas, aber ich bekomme Rosinenkuchen.« Nun ahmte sie die Stimme der Köchin nach. »Denn Miss Helen hat 'ne Vorliebe für Kuchen.« Sie schüttelte den Kopf, ehe sie fortfuhr. »Ich hatte niemals eine Vorliebe für Kuchen, aber ich habe eine gute Verbündete in Janie. Janie Bluett ist das Küchenmädchen, müssen Sie wissen«, erklärte sie mit einem Nicken. »Und Flossie und Biddy, die Hunde, wissen immer, wann es Kuchen gibt. Da bellen sie bereits dankbar, wenn sie mich sehen.«

Sein Blick ruhte auf ihr. »Käse, Tomate oder … feinsten Schinken?« fragte er.

»Ich nehme Schinken. Danke, Sir.«

Er übergab ihr den Karton und fiel in ihre Stimme ein. »Zu Euren Diensten, Madam. Die Schinkensandwiches befinden sich zu meiner Rechten, das wäre also zu Eurer Linken.« Wieder lachten sie gemeinsam.

Er leerte eine Flasche Bier und öffnete die nächste. Sie nahm den Becher von ihm entgegen und setzte ihn an ihre Lippen. »Würde es nicht Aufsehen erregen, wenn ich zur Vordertür hereingerollt käme und mein Vater fragte: ›Wo bist du gewesen, Mädchen?‹, und ich würde lächelnd antworten: ›Ich war mit dem Doktor zusammen, und wir sind auf dem Gipfel des Craig gesessen‹?« fragte sie lachend. »Oh, du meine Güte!«

Sie nahm einen Schluck Bier und gab ihm dann den Becher wieder zurück. »Ich werde meine damenhaften Manieren nochmals ablegen und eingestehen, daß ich diesen Nachmittag in vollen Zügen genieße. Ich kann Ihnen nicht sagen, wann ich das letzte Mal so viel Spaß gehabt habe.«

Er starrte in ihre Augen. Sie schienen auf seinen Blick zu warten. »Wann werden Sie heiraten?« fragte er leise.

Als sie ihm antwortete, war ihre Stimme so gedämpft wie seine: »Nächstes Jahr zu Ostern.«

»Wo werden Sie dann leben?«

»Erst in Hampshire. Wir haben dort ein kleines Haus gemietet.«

»Oh!« Ihre Blicke trennten sich keinen Moment lang, während er fortfuhr. »Ich hoffe, Sie werden sehr glücklich.«

»Ich bin sicher, daß ich das werde. Ja«, nickte sie eindringlich, »das werde ich ganz bestimmt.«

Plötzlich setzte er sich auf und zog seine Uhr heraus. »Gütiger Himmel!« rief er mit lauter Stimme aus. »Wissen Sie, wie spät es ist? Halb fünf, und ich habe um fünf Uhr eine Operation. Ich muß rascher hinunter, als ich heraufgekommen bin.« – Warum hatte er das gesagt? Er hatte heute keine Operation.

Kaum hatte er den Karton und die leeren Flaschen in seinen Rucksack gepackt, erhob er sich hastig und blickte auf sie hinunter. Sie war, mit den Händen um die Knie, sitzen geblieben. »Sie werden noch nicht hinunter gehen«, sagte er, und es war mehr eine Feststellung als eine Frage.

»Nein, wenn es Ihnen nichts ausmacht«, antwortete sie sehr leise. »Ich gehe ohnehin nicht nach Hause zurück, sondern dorthin.« Sie deutete in eine Richtung. »Können Sie das Dach des Hauses unten in dem Tal erkennen?«

»Ja, ich kann es gerade noch ausmachen.«

»Eine Freundin von mir wohnt dort. Eigentlich war ich auf dem Weg zu ihr, als ich den Wunsch verspürte, hier heraufzukommen.«

»Es sieht ziemlich weit aus.«

»Nicht der Luftlinie nach. Vielleicht drei Meilen von hier, aber etwa fünf Meilen von der Stadt.«

Er streckte ihr seine Hand zum Gruß entgegen. »Stehen Sie nicht auf. Bleiben Sie einfach so sitzen«, sagte er. Sie blickte zu ihm empor ohne ein Lächeln im Gesicht. »Danke für den wundervollen Nachmittag«, sagte sie leise. »Ich werde mich immer daran erinnern.«

»So wie ich«, sagte er, wandte sich rasch ab und verschwand über die Kante des Plateaus.

Sobald sein Kopf nicht mehr zu sehen war, blickte sie zu dem Haus in dem fernen Tal hinüber. Dann zog sie wieder die Knie an, legte ihre Arme darum und ließ ihren Kopf darauf niedersinken. Und so saß sie und sagte sich, daß aus Zeit und Umständen Leben entstehe.

3

»Ist Wallaces Farm groß, Robbie?« fragte Rosie.

»Nun, das hängt davon ab, was du groß nennst. Nein, ich würde nicht behaupten, daß sie groß ist. Aber sie ist auch kein Kleinbetrieb wie diese hier. Er hält ein halbes Dutzend Kühe und ein paar Schafe. Und hin und wieder arbeitet er als Hirte, denn das war früher sein Beruf. Warum fragst du?«

»Oh, aus keinem bestimmten Grund.«

»Du fragst niemals ohne Grund. Also, warum willst du das wissen?«

»Tja, ich sah den Sohn, Jackie – heißt er nicht Jackie? Er war in unserem Kiefernwald.«

Robbie unterbrach, womit er sich eben beschäftigte, und wandte sich zu ihr um. »In eurem Kiefernwald? Was tat er dort? Er sollte sich lieber vor deinem Vater in acht nehmen. Besonders wenn er sein Gewehr bei sich hat.« Er lächelte.

»Nun, das fand ich auch.«

»Sammelte er Holz?«

»Nein, er schlenderte bloß herum, sprang dann über die

Umzäunung und ging über das Feld ... Ist Mrs. Wallace eine nette Frau, Robbie?«

»Pah! Nun ...« Er stieß ein kurzes Lachen aus, ehe er fortfuhr. »Das hängt davon ab, was du unter nett verstehst. Nett aussehen, einen netten Charakter? Freundlich?«

»Nun, einfach nett.«

»Tja, sie ist hübsch und auf eine gewisse Art lebhaft. Aber warum denkst du an sie?«

»Nur so.«

»Nur so?« Er kniff die Augen zusammen, während er sie anblickte. Er kannte seine Rosie. Wenn sie eine Frage stellte, dann nur, nachdem sie eine Weile über etwas nachgedacht hatte. Sie wuchs rasch heran, jetzt war sie kein solcher Wildfang mehr. Tatsächlich dürfte diese Phase im Laufe der letzten Monate ein wenig abgeklungen sein. Er widerstand der Versuchung, seinen Arm um ihre Schulter zu legen. »Komm schon, heraus damit«, forderte er sie auf. »Du kennst mich, ich entlocke es dir ohnehin.« Das war eine Taktik, die er angewendet hatte, als sie noch ein wildes Ding gewesen war, aber nun verwandelte sie sich in eine junge Lady. Die jüngste der Steel-Schwestern, die letzte von ihnen. Wie würde er reagieren? Was *konnte* er tun? Er wußte, was eines Tages geschehen würde. Daß er in einer dunklen Nacht eine Kugel in den Rücken bekäme. Er sagte sich immer, daß er sich vor niemandem auf Gottes Erde fürchtete, daß er wie sein Vater wäre. Doch das galt nur, wenn er einem Feind gegenüberstand, den er kannte, bei dem er bis zu einem gewissen Grad wußte, woran er war. Aber bei Simon Steel wußte er nie, was dieser beabsichtigte. Er arbeitete im Dunklen und das auf mehr als nur eine Weise. Konnte es sein, daß sie erfahren hatte, daß ...? Er drehte sich zu ihr um und blickte sie an, doch er konnte ihr Gesicht nicht sehen, denn sie beugte sich eben über das Kalb.

»Da es ein Bulle ist, wirst du es nicht erschießen müssen, nicht wahr?« fragte sie.

»Erschießen?« Seine Stimme war laut. »Gütiger Himmel! Nein. Ihn eher kräftig mästen und für die Zucht einsetzen.«

»Das freut mich. Ich kann den Gedanken nicht ertragen, daß es zum Markt gebracht wird.«

»Meine landen niemals auf dem Markt.«

»Die Hühner und Enten schon.«

»Oh, na ja ...« Er schüttelte den Kopf. »Aber nur, wenn sie alt sind.«

»Ich weiß nicht, wie du ein Huhn, eine Ente oder eine Gans töten kannst, wenn du Tiere doch so liebst.«

»O Rosie! Ich fühle mich gar nicht in der Stimmung, dir eine Lektion über das Leben, und wie man es erträgt, zu geben. Was ich jedoch wissen will, ist, warum du in den letzten Tagen so schlecht gelaunt bist. Stimmt irgend etwas auf der anderen Seite der Mauer nicht?«

»Nein, nur daß Helen bald fortgeht. Und wenn Marion ihr dann folgt, bleibe ich allein zurück.«

»Nur mit mir?«

Sie wandte sich ihm zu und lachte über das Gesicht, daß er zog. »Ja, sind das nicht entsetzliche Aussichten? Nur mit dir!« Dann streckte sie ihm ihre Hand entgegen, als wollte sie ihn wegstoßen. »Du wirst immer da sein. Oder hier«, erklärte sie.

Er antwortete erst nach einem Augenblick. »Ja, Rosie, ich werde immer da sein oder hier ... Wohin gehst du jetzt?«

»Ich werde mich auf den Heimweg machen, es ist bald Teezeit. Aber ich gehe weder über die Hauptauffahrt noch durch den Fluß, sondern spaziere über die Felder und nehme dann den Weg durch den Kiefernwald. Bis zum nächsten Mal.«

Er erwiderte nichts darauf, sondern blieb bloß stehen und sah ihr nach, wie sie bis zum Ende des Anwesens schritt, über die Umzäunung kletterte und dann das Feld überquerte. So verharrte er, bis sie aus seinem Blickfeld verschwunden war.

Irgend etwas stimmte nicht mit ihr, irgend etwas beunruhigte sie. Er kannte seine Rosie. O ja, er kannte seine Rosie. Doch seine Rosie kannte ihn nicht, kein bißchen.

Statt direkt nach Hause zu gehen, wandte sie sich dem Aussichtspavillon zu, der am anderen Ende des Tennisplatzes lag, und setzte sich dort nieder. Sie wünschte, sie hätte jemanden, mit dem sie reden könnte. Aber wem konnte sie in dieser Angelegenheit, die sie so bedrückte, vertrauen? Immerhin konnte sie sich irren. Aber andererseits wußte sie, daß sie sich nicht irrte. Sie steckte ihre Finger zwischen die Lamellen des Stuhls und klammerte sich am Holz fest. Das Leben war nicht schön, wenn es das auch bis vor kurzem gewesen war. Auch wenn sie immer gewußt hatte, daß ihr Vater Robbie haßte und auch Beatrice ihn nahezu ebenso heftig ablehnte, hatte sie damit leben können. Aber diese andere Sache war etwas Neues und Häßliches.

Rasch wandte sie den Kopf, als sie das Geräusch sich nähernder Schritte hinter dem Pavillon vernahm. »Laß uns hier stehenbleiben, Marion«, erklang Helens Stimme, »du weißt ja, Beatrice hat auch im Hinterkopf Augen, zumindest wenn sie auf dem Westende der Terrasse steht. Und wenn sie uns gemeinsam spazierengehen und reden sieht, will sie wissen, worum es ging ... Du sagtest, du hättest gerne eine Doppelhochzeit, Marion?«

»O ja, das ist mein Wunsch, Helen. Alles, nur um hier fortzukommen. Ich erhielt gestern von Harry einen Brief. Er sagte, es bestünden gute Aussichten, daß er Anfang nächsten Jahres nach Indien geschickt wird. Er will hierherkommen und Vater besuchen. Wie du weißt, war ich mir bis vor kurzem über meine Gefühle ihm gegenüber nicht im klaren, aber nach diesem Brief – nun, ich weiß jetzt, daß ich ihn liebe. Und der Gedanke, mit ihm nach Indien zu gehen oder ihm irgendwohin zu folgen oder ihn ganz einfach zu heiraten, wird immer verlockender. Ich sehe, wie sich mir ein neues Leben eröffnet.« Für einen Augenblick herrschte Stille. »Liebst du Leonard?«

Wieder gab es eine Pause, ehe Helen antwortete. »Wer würde Leonard nicht lieben? Er ist so nett, so gut und so fürsorglich.«

»Ja, aber liebst du ihn, Helen?«

»O ja, ich liebe ihn ... Ja!« Die Stimme war lauter geworden. »Ich liebe ihn. Ich werde ihn heiraten, nicht wahr? Also liebe ich ihn.«

Neuerlich verstummten beide. »Würdest du Vater unterbreiten, daß wir eine Doppelhochzeit haben wollen?« fragte Marion schließlich. »Ich werde nächsten Monat neunzehn und bin somit kein Kind mehr. Und ich weiß etwas, was dir, glaube ich, auch bewußt ist. Beatrice wird froh sein, wenn sie uns beide ziehen sieht.«

Rosie wandte sich um und starrte auf die hölzerne Wand, die sie von ihren Schwestern trennte. »Aber was ist mit Rosie? Sie bleibt allein zurück«, hörte sie Helen sagen.

»Nun, möglicherweise gefällt es Rosie nicht, Helen, aber Beatrice wird es auf jeden Fall zusagen. Denn wenn Beatrice irgendeine von uns mag, dann Rosie. Seltsam, ich hatte immer das Gefühl, sie behandelt Rosie wie das Kind, das sie selbst niemals hatte. Sie wird Rosie nicht so einfach gehen lassen. Und Rosie … Irgendwie ist sie immer noch zu jung für ihr Alter.«

»Ach, davon verstehe ich nicht viel. Aber sie ist bald achtzehn, und erinnere dich an die Gartenparty und an Teddy Golding. Er hatte nur Augen für sie, und auch sie mag ihn. Und vergiß nicht, er war seitdem bereits viermal hier. Natürlich hat er sie neulich nicht gesehen, als sie angeblich Masern hatte, die dann doch keine Masern waren. Und er würde in jedem Fall Vaters Einwilligung bekommen, denn die Goldings sind begütert und verfügen über gute Beziehungen. Darüber hinaus ist er im diplomatischen Dienst. Das klingt gut am Teetisch oder im Herrenclub. Einerlei. Was glaubst du, sollen wir unternehmen? Leonard schlug vor, daß wir im Februar heiraten, aber ich schob es bis Ostern hinaus. Er glaubt, nach Übersee versetzt zu werden, und möchte sich versichern, daß ich ihn begleite … Oh, ich glaube, es ist das Richtige für uns beide. Aber wäre es nicht besser, wenn drei von uns am selben Tag zum Altar gingen? Und ich bin mir sicher, daß das möglich wäre, wenn es da nicht noch unsere liebe ältere Schwester gäbe.«

»Ja, das könnte sein«, ließ sich nun wieder Marions Stimme vernehmen. »Ach, wie sie mir wegen des Hauses auf die Nerven geht. Das Haus! Vater ist von dem Land besessen und sie von dem Haus. Sie ist wie eine alte Jungfer. Es würde mich nicht überraschen, sie eines Tages mit einem Staubwedel durch das Haus gehen zu sehen. Wie anders war es doch, als Mutter noch lebte, und wie anders wiederum, als Großvater und Großmutter noch unter uns weilten. Damals war das Leben schön, nicht wahr, Helen?«

»Ja. Zurückblickend war das Leben damals gut. Und wir alle schienen so jung und unbeschwert zu sein. Selbst nach Großvaters Tod konnten wir noch über ihn und Robbie von nebenan lachen. Aber es sollte nicht ewig dauern.«

Als Rosie ein Rascheln im Gras hörte, sprang sie aus dem Pavillon, verharrte einen Augenblick lang auf ihren Zehen und machte dann mit ihren Füßen Geräusche, als käme sie soeben den Kiespfad entlang. Doch als sie um den Pavillon herumging, waren ihre Schwestern nicht mehr da. Helen schritt auf das Haus zu, während Marion sich dem Rosengarten näherte.

Im Pavillon war Rosie traurig und beunruhigt gewesen, doch nun hatte sich noch Verzweiflung hinzugesellt. Helen und Marion wollten das Haus verlassen! Sie waren nicht die einzigen, auch sie wollte von hier fort. O ja, danach sehnte sie sich und sogar noch stärker als die beiden, wenn auch aus anderen Gründen. Sie hatte sich mit Teddy für Samstag verabredet, und sollten seine Absichten in irgendeiner Weise mit dem übereinstimmen, was ihre Schwestern vorhergesagt hatten, würde sie ihn keineswegs zurückweisen. O nein! Und sie würde es auch nicht nur tun, um von hier fortzukommen, sondern weil sie ihn auch mochte. Liebte sie ihn? Ja, sie glaubte, daß sie ihn liebte, und sie würde es ihm am Samstag zu verstehen geben. O ja, das würde sie.

4

Die Kirchenglocken hatten die ganze letzte halbe Stunde lang geläutet. Die Leute kamen auf ihrem Weg zur Kirche an den Fenstern der Ordination vorüber, viele von ihnen in der Absicht zuzusehen, wenn die Steel-Mädchen nach ihrer

Doppelhochzeit aus der Kirche traten. Es war wirklich ein Ereignis. Zwei Schwestern heirateten gemeinsam, und die jüngste Schwester fungierte als Brautjungfer.

Als die Glocken verstummten, lehnte sich John in seinem Lederdrehstuhl zurück und schloß die Augen. Doch auch dann sah er sie noch vor sich. Helen schritt am linken Arm ihres Vaters das Kirchenschiff hinauf und Marion an seinem rechten. Die Bräutigame warteten stehend vor der ersten Kirchenbank.

Er blickte auf die Uhr. Es war halb zehn Uhr morgens. An einem gewöhnlichen Tag würden noch immer Patienten im anderen Raum warten, doch heute wartete nur einer. Er wußte, daß es Ethel Hewitt war, denn ihr Stock klopfte wie üblich ungeduldig auf den Fußboden. Er zwang sich, aus dem Stuhl aufzustehen und die Tür zu öffnen. »Guten Morgen, Ethel. Wollen Sie nicht hereinkommen?«

»Das wurde aber auch Zeit, Doktor, und dabei ist es hier leer.« Sie humpelte an ihm vorüber und nahm auf der anderen Seite des Tisches Platz. »Ist ein Wunder, daß Sie nicht bei all den anderen Verrückten da drüben sind. Die wissen nicht, was auf sie zukommt. Sie glauben, es wäre ein Bett voll von Rosen. Aber warten Sie nur ab, denen werden noch die Augen geöffnet werden. Ob reich oder arm, es ist immer dasselbe.«

»Sie sind eine geborene Pessimistin, Ethel.«

»Nein, von dort stamme ich nicht, Doktor. Wie kommen Sie darauf, so etwas zu sagen? Man hat mich einmal für eine aus Lancaster gehalten, aber ich bin in Durham geboren und aufgewachsen.«

An einem anderen Tag hätte er gelacht, doch nicht heute. »Wie geht es Ihrem Bein?« fragte er.

»Na, es ist noch dran«, erwiderte sie.

»Das ist gut.«

»Warum sind Sie nicht dabei?«

»Ich frage Sie: Wenn ich dort wäre, wie könnte ich mich dann um Sie kümmern? Und überhaupt war es Doktor Cornwallis Aufgabe, an der Feier teilzunehmen. Immerhin brachte er die beiden jungen Ladys zur Welt und ...«

»Ja«, unterbrach sie ihn, »und er wird auch sehen, wie sie wieder daraus verschwinden, allerdings auf andere Art, denn sie wechseln in eine neue Welt. Das wissen Sie doch, nicht wahr? Aber wahrscheinlich nicht, denn Sie sind ja nicht verheiratet – oder doch? Ich war dreimal verheiratet. Sie können mir nichts über die Ehe erzählen. Hätte ich den richtigen Kopf dafür, würde ich eine Geschichte darüber schreiben.«

»Auch ohne den richtigen Kopf könnten sie eine Geschichte schreiben, Ethel. Einerlei, kommen Sie, lassen Sie mich Ihr Bein ansehen ...«

Fünfzehn Minuten später begleitete er Ethel mit den üblichen Warnungen zur Praxistür. »Stützen Sie sich so wenig wie möglich darauf. Und gönnen Sie ihm Ruhe, ansonsten bekommen Sie Schwierigkeiten. Haben Sie gehört, was ich Ihnen gesagt habe?«

»Ja, ich habe es gehört. Aber was erwarten Sie von mir? Soll ich auf einem Bein hüpfen, wenn tagsüber und manchmal auch nachts acht Enkelkinder ein- und ausgehen?«

»Sie sind eine glückliche Frau, wissen Sie?«

Als Ethel auf die Straße hinaustrat, hielt sie einen Augenblick inne, wandte ihm ihren Kopf zu, und ein Lächeln trat auf ihr dünnes, faltiges Gesicht. »Ja, ich weiß, daß ich auf gewisse Weise gesegnet bin. Denn um es klar auszusprechen: Alle meine Enkelkinder lieben mich. Ein oder zwei von ihnen sogar mehr als ihre Mütter und Väter. Ist nicht so, daß ich mir von ihnen alles bieten lasse. Erst versohle ich ihre Kehrseite, aber dann verwöhne ich sie wieder.«

Er hörte, daß sie noch immer kicherte, während sie die leere Straße hinunterhumpelte, die zur Kirche führte.

Doktor Cornwallis hatte die Angewohnheit, laufend zu wiederholen, daß es zwischen der Kirche und seinem Familienhaus kein einziges anderes Haus gebe, das nahezu dreihundert Jahre alt sei. »Nun, dann dürfte es an der Zeit sein, es hier und da ein wenig auszubessern«, hatte John lachend gemeint, als er diese Bemerkung zum erstenmal gehört hatte. Später erkannte er, daß er damit einen großen Fehler begangen hatte, denn sein damaliger Vorgesetzter hatte nahezu eine Woche lang – außer über medizinische Fragen – kein Wort mit ihm gewechselt.

Die Praxis und das Wartezimmer waren vom Hauptgebäude durch einen langen Durchgang abgetrennt. Als John die Tür zum Sprechzimmer schloß, erschien am anderen Ende des Durchgangs die Gestalt einer Frau. Ihr Auftauchen ließ ihn erstarren. Bevor sie ihn erreichte, sprach er sie an: »Sie sind zu spät, Mrs. Wallace. Ich wurde gerufen.«

Sie kam weiter auf ihn zu. »Ich brauche nur etwas für meinen Magen, Doktor«, sagte sie. »Ich ... ich kann nicht ohne etwas gehen.«

»Tja, ich kann mich keinesfalls um Sie kümmern, Mrs. Wallace, Sie sind Doktor Cornwallis Patientin.«

»Ja, ich weiß. Aber der Alte ist auf der Hochzeit, nicht wahr?« Sie lächelte ihn an. »Und ich dachte, Sie würden einspringen. Sehen Sie, ich war seit Tagen nicht ...«

»Dann werden ein paar Stunden mehr auch nicht schaden. Und wie ich sagte, werde ich dringend erwartet.«

Sie stand nun direkt vor ihm und versperrte ihm den Weg. »Ich könnte auch zu Mrs. McDougal gehen, aber den Ärzten gefällt das nicht, nicht wahr?«

»Nun, das liegt bei Ihnen, Mrs. Wallace. Sie wissen, was beim letztenmal geschah, als sie zu Mutter McDougal gingen. Sie hat Ihre Eingeweide kräftig in Schwung gebracht, oder?«

Einen Augenblick lang erwiderte die Frau nichts, doch dann schob sie ihre Brüste mit dem Unterarm hoch, und ihr Benehmen verlor seine einschmeichelnde Note. »Wissen Sie, was Sie sind, Doktor?« fragte sie mit einer Stimme, in der nichts Bittendes mehr lag.

»Nein. Was bin ich, Mrs. Wallace?«

»Sie sind ein Niemand. Sie sind ein Rüpel und hier völlig fehl am Platz. Sie sollten dorthin zurückkehren, woher Sie gekommen sind, denn Sie passen nicht hierher. Sie werden nie hierher passen.« Dabei schürzte sie ihre Lippen und kräuselte ihre Nase, so daß er einen Augenblick lang glaubte, sie würde ihn anspucken. Schließlich wandte sie sich um, stolzierte davon und ließ ihn zurück, wo er stand. In diesem Moment fühlte er, daß sie recht hatte, denn er paßte tatsächlich nicht hierher und sehnte sich danach, dorthin zurückzukehren, wo die Menschen den Mund nicht voller Bosheit hatten. Doch er hatte die Brücken hinter sich abgebrochen. Zu der Last der Praxis war diese große Leere in seinem Inneren gekommen, deren Ursache in zwei kurzen Begegnungen lag, von denen eine lediglich eine Vorstellung gewesen war.

Er straffte die Schultern, trat auf die Straße hinaus und schritt in der der Kirche entgegengesetzten Richtung davon.

Es war sein freies Wochenende, und so nahm er den Zug nach Middlesbrough. Vom Bahnhof brachte ihn ein Fußmarsch von zwei Meilen zum Häuschen seiner Tante, wo ihn seine Mutter bereits erwartete. Sie stand vor dem Tor und rief ihm über die Entfernung hinweg entgegen: »Sieh nur! Keine Stöcke.« Als sie eine Hand von dem stützenden Zaun nahm, schwankte sie und lachte.

»Nein, nur ein langer Zaun«, sagte er, als er sie erreichte und in die Arme schloß. »Aber du siehst gut aus. Fühlst du dich auch so?«

»Ja. Körperlich geht es mir um einiges besser, aber seelisch fühle ich mich schlechter«, erklärte sie lächelnd.

»Komm, gehen wir.« Er hatte seinen Arm um ihre Taille gelegt und führte sie den Pfad zu dem mit Efeu überwachsenen Häuschen hinüber.

»Ich sterbe vor Langeweile, Johnny«, sagte sie leise. »Wären wir in einer Stadt, wäre es nicht so schlimm, aber was sehe ich hier schon? Kühe, Schafe, Ziegen, einen streunenden Fuchs. Oh!« Sie schüttelte den Kopf. »Letzte Woche gab es eine große Aufregung. Ein fahrender Jahrmarkt hielt im Dorf. Ich sah ihn eigentlich nicht wirklich, aber ich hörte die Drehorgel von hier.«

»Wo ist Tante Ada?« fragte er, sobald er das Häuschen betreten und sich umgesehen hatte.

»Sie entschloß sich, in die Stadt zu fahren. Sie wollte irgend etwas Besonderes für das Mittagessen, etwas Außergewöhnliches. Übrigens habe ich Neuigkeiten für dich. Sie wird das Haus verkaufen. Sie beabsichtigt, bei George in Devon zu leben.«

»Nein! Bei George? Aber was ist mit Vera? Wenn sie aufeinandertreffen, sind sie wie Hund und Katze.«

»Das weiß sie, aber ich glaube, diese Hund-und-Katze-Geschichte spielt sich jetzt zwischen George und Vera ab, und sie möchte ihm nahe sein. Ich kann das verstehen.« Sie wandte sich ihm zu und tätschelte, nicht allzu sanft, seine Wange. »Ich würde auch nach Halifax oder Klondike gehen, wenn das bedeutet, daß ich dir nahe bin. Aber glaube nicht, daß ich weich werde, nur weil ich das zum erstenmal offen ausspreche.«

Er küßte sie auf die Wange. »Du hattest deine Chance, in meiner Nähe zu leben, praktisch sogar Tür an Tür, aber dir sagte Fellburn nicht zu.«

»Damals kannte ich es noch nicht, richtig. Und außerdem hatten wir gerade das wunderschöne Sussex verlassen. Erinnerst du dich?«

»Ja, und ich erinnere mich auch noch an deinen ersten Eindruck. Du wolltest an diesem Ort nicht einmal begraben sein, und so nahmst du Tante Adas Angebot, bei ihr zu wohnen, mehr als bereitwillig an.«

Sie entzog sich ihm. »Nun«, erklärte sie, »ab jetzt bin ich bereit, in Fellburn begraben zu werden. Und weißt du was? Sie will, daß ich dieses Haus kaufe. Sie erinnerte mich daran, daß ich so glücklich war hierherzukommen und daß ich angeblich das Land und den Garten lieben würde. Aber sieh dich um. Wie groß ist das? Ist das ein Garten? Ich bräuchte vier dieser Gärten, um daraus eine kleine Parzelle zu machen. Nein, Doktor Falconer, ich habe mich endgültig entschlossen« – ihre Stimme wurde bei diesen Worten sanft – »in deiner Nähe zu sein, Junge. Zumindest nahe genug, um einen kurzen Blick auf dich werfen zu können, wenn du mit deiner kleinen schwarzen Tasche hin und her eilst, auch wenn es nur einmal am Tag durch das Fenster ist.«

Wieder drückte er sie an sich. »Das sind die besten

Neuigkeiten, die ich seit langem höre. Denn um ehrlich zu sein, habe ich jetzt auch langsam genug von Fellburn. Ich werde niemals herausfinden, warum ich mich entschieden habe, mir eine Partnerschaft in einer Praxis zu kaufen, die mich fünf weitere Jahre dort festhält.«

»Du brauchst keine Minute länger zu bleiben, als du willst«, betonte sie mit lauter Stimme. »Ich sagte dir doch, daß wir gut abgesichert sind. Mit diesem Häuschen und diesem Garten würde ich doch nur wie diese Leute aus dem Norden werden. Jedenfalls habe ich für unser Haus weit mehr bekommen, als ich erwartete, und dann haben die Aktien deines Vaters in den letzten Jahren ihren Wert verdoppelt. Du kannst gehen, ihm morgen deinen Anteil auf den Tisch legen und sagen ...«

»Höre auf damit, Mrs. Falconer. Wir haben diese Angelegenheit schon so oft durchgesprochen, daß ihr mittlerweile Haare gewachsen sind. Was dein ist, ist dein, und *mein* Geld werde ich durch meine Arbeit verdienen. Außerdem hast du bereits genug für mich aufgewendet. Also vergiß es. Kein einziges Wort mehr darüber!« Er schwenkte drohend seinen Finger vor ihrem Gesicht. »Aber ich sage dir, ich bin jetzt in der Stimmung, sofort zurückzueilen und zuzusehen, ob ich Zimmer zu mieten finde.«

»O nein! Nein.« Sie schüttelte ihren Kopf. »Ich ziehe in kein Zimmer. Ich will ein Haus, und ich werde ein Haus in einem angenehmen Stadtteil bekommen. Und zwar mit einem Stück Grünland, das ich einen richtigen Garten nenne. Wenn ich aus dem Fenster sehe, will ich etwas sehen, das zu betrachten sich lohnt. Keine gepflasterte Straße oder alte Häuser, die einander wie Betrunkene stützen und einen Großteil von Fellburn auszumachen scheinen.«

Er lächelte. »Da gibt es immer noch Brampton Hill. Die Häuser dort haben reizende Gärten, einige von ihnen sogar zwei oder drei Morgen groß, und sechs bis acht Schlafzimmer, Räumlichkeiten für die Dienerschaft, ein Anrichtezimmer und all dies.«

»Ein solches Haus könnte ich mir nie leisten, Mr. Sarkasmus. Aber vielleicht muß ich das, wenn du nicht in der Lage bist, mir etwas Passendes in deiner Nähe in der Stadt zu finden – freilich nicht direkt in der Stadt, du weißt schon, was ich meine.«

Wieder trat er auf sie zu. »Ja, alte Lady«, sagte er, »ich weiß, was du meinst. Glaubst du, daß ich jetzt, während wir darauf warten, daß Tante Ada mit dem besonderen Etwas für mein Essen zurückkehrt, eine Tasse Tee oder Kaffee bekommen könnte? Ein Tropfen von dem stärkeren Zeug wäre sogar noch besser.«

Sie humpelte vor ihm in die Küche. »Es wird Tee werden. Ärzte sollten nichts Starkes trinken und schon gar nicht am Morgen. Das hättest du bereits von deinem Partner lernen sollen. Übrigens, wie geht es ihm?«

»Wenn er nicht zuviel arbeitet, geht es ihm schlecht, und wenn er es aus irgendeinem Grund auf die Spitze treibt, steht er an der Schwelle des Todes. Aber im Ernst. Wenn er nicht darauf achtet, wird ihn sein Bein ins Grab bringen.«

»Dann solltest du die Praxis kaufen.«

»Mutter!« Er klang schockiert. »Hör auf, ihm den Tod zu wünschen! Er ist wirklich ein anständiger alter Kerl.«

»Er ist ein selbstsüchtiger alter Teufel. Erzähle mir nichts von anständigen Leuten. Die Mehrheit tut nur, was ihr gefällt. Wenn sie von ihrer üblichen Art abweichen, dann nur deshalb, weil sie etwas wollen.«

»Ich weiß nicht, wem du nachgerätst, Mrs. Falconer. Dein Zynismus ist bitter. Großmutter und Großvater waren das netteste Paar überhaupt.«

»Ja, ich weiß, und jedermann liebte sie und dachte, sie wären ein entzückendes altes Paar. Das waren sie auch, in Gesellschaft, oder wenn sie Theater spielten. Aber laß dir gesagt sein, wie alle anderen hatten sie ihre selbstsüchtigen Seiten und gerieten manchmal wie Hund und Katze aneinander. Ich wurde oft genug von ihren Auseinandersetzungen wach. All die Nettigkeit und Freundlichkeit machte mich krank.«

Während John seine Mutter bei der Zubereitung des Tees beobachtete, setzte er sich an den Küchentisch und lachte. Er wußte, daß ihr ihr »Rheuma«, wie sie ihre Arthritis nannte, wahrscheinlich Schmerzen bereitete und daß sie ihm etwas vorspielte. Oh, er war froh darüber, daß sie näher zu ihm zog, denn er brauchte ihre Gesellschaft mehr als sie die seine. Er fühlte eine große Leere in sich. Wenn sie um ihn wäre, sähe sein Leben freundlicher aus. Er fühlte sich gut, bei ihr zu sein. Sie war so lustig und doch auch so sensibel und freundlich. Und diese Eigenschaften konnte er zur Zeit gut gebrauchen.

5

Simon Steel richtete sich vor dem Spiegel in der Halle die Krawatte. Neben ihm stand Beatrice, einen dicken Mantel und eine Tweedkappe mit Ohrenklappen in den Händen. Sie beobachtete, wie ihr Vater seine Finger befeuchtete und über beide Seiten seines schmalen Schnurrbarts strich. Er war ein attraktiver Mann, und sie war stolz auf ihn. »Es ist sehr kalt draußen. Wie weit möchtest du gehen?« fragte sie, während sie ihm in den Mantel half.

»Das hängt davon ab, wie ich mich fühle, Beatrice. Wenn ich die Stadt erreiche, bleibe ich vielleicht und genehmige mir etwas zu essen.«

»Warum nimmst du nicht die Kutsche, Vater?«

Er wandte sich zu ihr um. »Ich bin kein alter Mann, Beatrice. Ich muß nicht jedesmal in der Kutsche fahren, wenn ich ein wenig frische Luft schnappen will. Ich hoffe, diese Notwendigkeit stellt sich auch in den nächsten zwanzig Jahren noch nicht ein.«

»Natürlich nicht, Vater, natürlich nicht. Ich dachte bloß …«

»Ja, du hast nur wieder Mutter gespielt. Und du bist gut in dieser Rolle, Liebes, wirklich sehr gut. Ich muß dir gratulieren.« Während er mit der einen Hand die Kappe entgegennahm, suchte er mit der anderen in seiner Tasche. »Oh, du hast nicht vielleicht ein wenig Wechselgeld?«

»Wechselgeld, Vater?«

»Ja. Gib mir ein paar Sovereigns, sagen wir drei.«

»Aber – aber, Vater …« Sie trat einen Schritt von ihm zurück. »Ich habe gerade genug Haushaltsgeld, um durch die Woche zu kommen, bis ans Monatsende. Und dann sind da noch die Rechnungen, Vater.«

Er schloß die Augen, als fiele es ihm schwer, geduldig zu bleiben. »Du brauchst mich nicht an die Rechnungen zu erinnern. Sie werden am Quartalsende bezahlt, und das ist in drei Wochen. Kann ich nun ein wenig Wechselgeld haben? Du bist die Haushälterin. Ich dachte, wie alle guten Haushälterinnen hättest du es geschafft, ein wenig auf die Seite zu legen.«

»Das – das tue ich, Vater. Aber es ist aufgebraucht.« Fast hätte sie hinzugefügt: *wegen deines Bedarfs an Wechselgeld*. Mit grimmigem Gesicht wandte sie sich ab und ging durch den kurzen Korridor zum Büro. Sie zog eine Zinnschatulle aus der Lade und sah einen Augenblick besorgt darauf hinunter, ehe sie zwei Sovereigns herausnahm. Als sie sie ihrem Vater gab, sah er sie an. Die einzige Bemerkung, die er machte, verletzte sie.

»Du hast die Anlagen einer alten Jungfer.« Dann marschierte er durch die weite Halle, zog die Vordertür auf und ließ sie nicht allzu sanft hinter sich ins Schloß fallen, während sie noch immer dort stand, wo er sie verlassen hatte.

Sie liebte ihren Vater. Sie dachte, sie verstünde ihn. Er war ein wundervoller Mann, freundlich und großzügig. Immer wollte er den Leuten helfen, bat um Geld, nur um es weiterzugeben. Aber manchmal sagte er schmerzende Dinge. Doch auch das verstand sie gut, denn sie war die einzige in der Familie, die ihm nachgeriet. Auch sie sagte Verletzendes, wenn sie sich ärgerte. Und sie war nun verärgert, denn Rosie kam eben zum Ausgehen gekleidet die Treppe herunter. »Wohin gehst du an einem bitterkalten Morgen wie diesem?« schrie sie sie an.

»Warum fragst du nach dem Weg, wenn du ihn kennst, Beatrice? Ich gehe ins Nachbarhaus, dem einzigen Ort, den ich besuchen kann.«

»Ich kann nur sagen, du hast wenig Geschmack. Ich habe

dich gewarnt, oder etwa nicht? Wüßte Vater, wie oft du dorthingehst, kommst du in große Schwierigkeiten. Und du weißt, was er gedroht hat und mit den Tieren tun will, die um den Zaun herüberkommen. Du kannst mir glauben, er wird es in die Tat umsetzen.«

Rosie stand am unteren Ende der Treppe und blickte auf ihre Schwester hinab, während sie mit leiser Stimme sprach. »Wenn er es nicht tut, würdest du es tun, nicht wahr, Beatrice?«

Es entstand eine Pause, ehe Beatrice entschlossen antwortete: »Ja, das würde ich, denn er sitzt auf einem Stück Land, das ihm nicht gehört.«

»Es *gehört* ihm. Es ist das Land seines Vaters. Großvater schenkte es seinem Vater. Er rettete ...«

»Oh, du mußt das nicht wiederholen. Ich habe es satt, mir das anzuhören. Aber ich sage dir nur soviel: Vater sieht zu, ob in dieser Sache etwas getan werden kann. Vielleicht gibt es eine Lücke in dieser Schenkung oder Übereignung.«

Rosie schloß den Kragenknopf ihres Mantels unter dem Kinn. »Das würde dir gefallen, nicht wahr?« fragte sie langsam. »Zuzusehen, wie man ihn hinauswirft, wie er seinen Lebensunterhalt verliert. Sollte das geschehen, würde ich nicht Teddy heiraten, sondern mit ihm gehen.«

Bei diesen Worten lachte Beatrice höhnisch. »Rede keinen Unsinn. Die nächsten drei Jahre lang kannst du gar nichts tun. Du unterstehst Vaters Vormundschaft, bis du einundzwanzig bist. Er könnte dich von überall zurückholen. Da würdest du sehr dumm aussehen. Also schlage dir das aus dem Kopf. Es ist ein Wunder, daß er dir gestattete, dich mit deinem lieben Teddy zu verloben. Ich war überrascht.«

Rosie neigte sich zu ihr und sprach mit leiser Stimme. »Ich werde dir sagen, warum er es erlaubte. Weil Teddy im Ministerium ist, im diplomatischen Dienst, und eine ganze Menge Personen in hohen Rängen kennt, und weil Vater ein Snob erster Güte ist. Und du gerätst ihm nach.«

Während Rosie zur Tür schritt, starrte ihr Beatrice mit offenem Mund nach. Da ging jemand, der sich plötzlich gewandelt hatte. Rosie war nicht länger ihr Liebling, die einzige von ihren Schwestern, die sie mochte. Sie war das kleine Mädchen gewesen, das sie hatte ausschelten und anschließend verwöhnen können, das Kind, dem gegenüber sie Mutter hatte spielen können. Doch das Kind war verschwunden und ebenso das junge Mädchen. Sie legte ihre Hand auf das Treppengeländer, als suchte sie Halt. Sie wußte, was Helen und Marion über sie dachten, aber Rosie hatte immer auf ihrer Seite gestanden. Selbst wenn sie sie wegen ihrer Besuche nebenan bestraft hatte, hatte sie sich niemals gegen sie gewandt oder so zurückgeschlagen wie eben.

Plötzlich verspürte sie das Gefühl eines Verlustes und bäumte sich dagegen auf. Rosie war eine Art Gefährtin gewesen, eine, die wenig zu sagen hatte, aber gut zuhören konnte. Und sie lachte so gern. Selbst wenn sie ihr Vorwürfe gemacht hatte, hatte sie noch gelacht. Beatrice drehte den Kopf und blickte zur Tür; sie hatte sich hinter ihrer Schwester geschlossen, doch nicht mit einem lauten Knall wie hinter ihrem Vater, sondern sanft, als würde sie einen Schlußstrich ziehen. Aber worunter?

Sie sagte sich, daß sie Rosie zumindest wegen ihrer Verbindung zu den Leuten von nebenan nicht mehr tadeln dürfe. Was auch immer sie dachte, sie würde es für sich behalten. Sie wollte nicht auch noch Rosie verlieren. Bevor Rosie sich mit Edward Golding verlobt hatte, hatte Beatrice hin und wieder Befürchtungen gehegt, was zwischen ihr und Robbie MacIntosh geschehen könnte, denn es war von geringer Bedeutung, daß er zehn Jahre älter war. Sie selbst war gegen eine Verlobung mit Edward gewesen, doch an die Alternative mochte sie gar nicht erst denken.

Jetzt ließ sie ihren Blick durch die Halle schweifen. Sie sollte glücklich sein, sehr glücklich, denn sie war die Herrin dieses Hauses, dieses wundervollen, prächtigen Hauses. Sie hatte ihr Zuhause immer geliebt, aber nun war sie regelrecht von ihm besessen. Sie leitete es. Sie besaß es nicht, aber sie leitete es. Von Zeit zu Zeit tauchte eine bestimmte Schreckensvision vor ihr auf. Was, wenn ihr Vater beschloß, wieder zu heiraten? In ihrem Herzen schrie sie angesichts der Konsequenzen auf. Sie würde wahnsinnig werden. Sie könnte es nicht ertragen, wenn eine andere Frau dieses Haus führen sollte. Nicht, daß sie es sich nicht vorstellen könnte, daß ihr Vater eine zweite Ehefrau nähme – es war der Gedanke, daß eine andere Frau Herrin dieses Hauses würde.

Abrupt zog sie ihre Hand vom Treppengeländer zurück. Ihre Röcke schienen von einer Seite zur anderen zu tanzen, als sie sich brüsk umwandte und auf den Salon zuschritt, um Janie Bluetts Morgenarbeit zu kontrollieren.

Statt wie üblich den Weg entlang der Mauer und des Wassers zu wählen, um zu dem kleinen Anwesen zu gelangen, spazierte Rosie durch das Haupttor des Hauses und die Straße hinunter.

Es erschien ihr seltsam, daß sie jedesmal, wenn sie diesen Ort betrat, das Gefühl hatte, in eine andere Welt einzutauchen. Sie atmete tiefer und verspürte das Bedürfnis, sich irgendwo niederzusetzen oder sogar niederzulegen und ihren Körper vollkommen auszustrecken und zu entspannen.

Heute grüßte sie Annie MacIntosh aus dem Teil des Gartens, der für die Tiere abgetrennt war. »Ist das nicht eine herrliche Luft!« rief sie ihr zu. »Wie ich diese Morgen liebe. Ich komme gleich, lauf erst gar nicht herunter.«

Rosie nickte ihr lediglich zu und ging dann direkt in die Küche des Hauses, wo ihr die Wärme augenblicklich wie eine Welle entgegenschlug.

Kaum hatte sie ihren Mantel abgelegt, ließ sie sich in den Korbstuhl rechts neben dem großen offenen Kamin fallen und stieß einen langgezogenen Seufzer aus. Wäre dies die Küche einer riesigen Farm gewesen, hätte sie nicht besser aussehen können, denn von den Eichenbalken der Decke hingen geräucherte Schinken und Sträuße getrockneter Kräuter. Ein langer, mit einer weißen Tischdecke bekleideter Küchentisch stand in der Mitte des Raumes. An einer Wand befand sich die mit chinesischem Porzellan bestückte Anrichte und an der gegenüberliegenden eine gepolsterte

Sitzbank, an deren Ende eine Tür in die lange kühle Speisekammer führte.

Rosie hatte stets das Gefühl, als wäre dies ein tröstlicher Raum, so gänzlich anders als die Küche im Herrenhaus. In diesem Augenblick hatte sie das Bedürfnis, getröstet zu werden.

Die kleine Frau eilte zur Tür herein und ließ einen schweren Korb mit Rosenkohl auf den Tisch sinken. »Meine Fingerkuppen fallen gleich ab«, erklärte sie.

»Wo ist Robbie?«

»Oh, er ist mit einer Fuhre in die Stadt. Der Kohl ist reif und die Karotten auch. Jetzt bleiben nur noch der Rosenkohl und die letzten Kohlsprossen.« Sie hielt mitten im Ausziehen der Fausthandschuhe inne und blickte Rosie forschend an. »Was ist los, Mädchen?«

»Ach, alles, Mrs. Annie. Ich hatte soeben eine Auseinandersetzung mit Beatrice. Im Haus ist es dieser Tage furchtbar. Oh, ich wünschte, ich wäre verheiratet und weit fort.«

Annie MacIntosh legte ihren Kurzmantel ab, ehe sie zwei Tassen und Untertassen von ihrem Geschirregal nahm. »Du möchtest so gerne heiraten?« fragte sie leise, während sie das Porzellan auf ein Tablett stellte.

»Ja. O ja, Mrs. Annie.«

»Und du willst nur heiraten, um das Haus verlassen zu können?«

Rosie antwortete nicht sogleich. Ihren Blick auf ihre liebe ältere Freundin gerichtet, schien sie zu überlegen. »Ich will das Haus verlassen, aber ich mag Teddy«, brachte sie schließlich zögernd hervor.

»Du *magst* Teddy? Was meinst du damit, Mädchen, du *magst* Teddy? Du magst mich und du magst Robbie, aber wenn du jemanden zu heiraten beabsichtigst, solltest du ihn mehr als nur mögen.«

»Nun … Ja, es ist mehr als nur mögen. Ich habe ihn sehr gern.«

»Du hast ihn also sehr gern.«

»Ja.« Rosies Stimme war laut.

»Bedeutet das, daß du in ihn verliebt bist?«

»In ihn verliebt? Ja, ich denke schon.«

»Du denkst schon.«

Mit der Teekanne in der Hand ging Annie zur Kochstelle, goß das Wasser aus dem Kessel hinein, brachte sie dann zum Tisch zurück, setzte den Deckel auf und stülpte einen Teewärmer darüber. Was sie dann sagte, hatte nichts mit Liebe oder Gefühlen zu tun: »Ich habe ein neues Rezept ausprobiert, eine Art Rosinenbrötchen. Es ist mir letzte Nacht eingefallen. Willst du eines kosten?«

Rosie atmete heftig. Sie antwortete nicht, sondern starrte die ältere Frau nur über den Tisch hinweg an. »Sie sind die lustigste Person, die ich kenne, Mrs. Annie«, brachte sie plötzlich lachend und prustend hervor.

»Nun, so viele kennst du auch nicht, Kleines.«

»O doch, das tue ich. Aber die sagen niemals etwas Lustiges.« Sie neigte den Kopf gedankenvoll zur Seite. »Wenn ich so darüber nachdenke, sind die Leute hier herum ziemlich langweilig. Sie reden nur über das Wetter, Geburtstage und Todesfälle. Alle bis auf Doktor Falconer. Ihn mag ich. Er hat mich damals zum Lachen gebracht, als er sagte: ›Weißt du, letzte Nacht träumte ich, ich wäre ein Wurm.‹ Und ich sagte: ›Was auf der Welt hat Sie dazu gebracht zu träumen, Sie wären ein Wurm?‹ ›Nun‹, sagte er, ›ich wurde nach The Hall gerufen, und es war die Art, wie mich der Butler ansah. Sein Name ist Lemas, daher machte ich einen lustigen Reim auf ihn.‹« Wieder lachte sie. »Ich kann mich nicht mehr daran erinnern, aber es war lustig. Ja, ich mag den Doktor.« Sie nahm die Tasse Tee aus Mrs. Annies Hand. »Ich werde eine völlig andere Klasse Menschen kennenlernen, wenn ich heirate«, fügte sie hinzu.

»Nun«, fiel Annie rasch ein, »ich hoffe, sie werden dir gefallen. Aber laß mich dir eines sagen« – nun drohte sie Rosie mit dem Finger – »du hast noch eine Menge zu lernen, und deinen Worten nach wird es schmerzlich sein. Ich würde sagen, feines Plaudern und elegante Konversation machen nicht glücklich. Oft verbergen sie nur Gemeinheit und viele andere Dinge. Und du mußt auch nicht sehr weit gehen, um solche Menschen zu finden.« Als sie nun um den

Tisch herumstapfte, erhob sich Rosie und setzte ihre Tasse ab. »Ich wollte nichts Häßliches sagen, Mrs. Annie. Ich bin nur ... Oh, ich weiß es nicht«, erklärte sie mit gesenktem Kopf.

Als ihre Stimme in Schluchzen überging, nahm Mrs. Annie sie in die Arme. »Nun, nun. Ich verstehe. Hast wohl jetzt eine recht trübe Zeit nebenan. Das hattest du immer, wie auch schon deine Mutter vor dir.«

»Was?« Rosie hob ihren Kopf von Mrs. Annies Schulter, blinzelte und schluckte. »Was? Was meinen Sie, wie auch schon meine Mutter? Meine ... meine Mutter war sehr glücklich!«

»Laß mich dir etwas sagen, Mädchen. Deine Mutter schien nur glücklich zu sein, um euch Mädchen glücklich zu machen. Sie war nicht wirklich eine glückliche Frau. Und das ist alles, was ich dazu sagen werde. Es wird die Zeit kommen, da du mehr über deine Mutter erfahren wirst.«

»Aber wer sollte mir davon erzählen, wenn nicht Sie?«

»Von mir hörst du kein weiteres Wort. Ich habe bereits zuviel gesagt. Es war deine Stimmung, die mich dazu brachte. Ich kann dir nur soviel sagen: Auch deine Schwestern können dich nicht aufklären. Es hat also keinen Sinn, sie zu fragen. Trinke jetzt deinen Tee, denn ich muß wieder hinaus. Mary Ann geht nicht wie ihre Mutter mit ihrem Wurf um. Sie läßt sie nicht richtig trinken. Gehen wir und sprechen wir mit ihr. Sie mag es, wenn man mit ihr spricht. Ziehe dich wieder an.« Abwehrend hob sie die Hand. »Ich kann deinem Gesicht ansehen, daß du Fragen stellen willst. Aber, Mädchen, das hat keinen Sinn. Ich sage kein weiteres Wort. Mir tut jetzt schon leid, was ich gesagt habe. Ich füge nur noch hinzu, daß deine Mutter, wie du weißt, mich oft besuchte, als dein Großvater noch lebte. Und dann sprachen wir miteinander. Und eines Tages werde ich dir erzählen, worüber wir sprachen. Aber nicht heute oder morgen oder übermorgen. Also komm jetzt.«

Rosie folgte der geschäftigen kleinen Person aus dem Haus und durch den Garten zum Tiergehege, wo sich die

Sau mit ihren zwölf Ferkeln auf dem gefrorenen Boden rieb, während ihre Kleinen ihre Zitzen zu finden versuchten.

»Na, Mary Ann«, begann Mrs. Annie. »Bleib liegen und laß sie trinken. Sei ein gutes Mädchen.« Sie griff über die niedrige Mauer, konnte jedoch den Kopf des Schweines nicht erreichen. »Versuch du es, Rosie«, forderte sie das Mädchen auf, ohne ihren Arm zurückzuziehen.

Rosie rollte ihren Ärmel auf, beugte sich über die Mauer, legte ihre Hand ganz behutsam auf das Schwein und redete auf es ein. »Was ist denn, Mary Ann? Hast du Schmerzen im Bauch? Sei ein gutes Mädchen und laß sie frühstücken.«

Als das Schwein grunzte, lächelte Mrs. Annie. »Bleib dabei, Mädchen, sie antwortet. Vielleicht erreichst du mehr als der Tierarzt. Ich dachte bereits daran, ihn heute zu rufen, obwohl ich es hasse, ihm gutes Geld für etwas zu geben, das ich selbst zu tun pflege. Es scheint, als hätte ich in letzter Zeit den Kontakt zu ihr verloren. Aber sie spricht mit dir. Jetzt tut sie es wieder. Oh, sieh nur, alle haben eine bekommen. Das ist gut. Schmerzt dich der Rücken?«

»Nein, nein«, murmelte Rosie. »Ich bleibe so, bis alle gefüttert sind.«

»Wäre schon lustig, wenn ich jedesmal nach dir rufen müßte, wenn sie gesäugt werden wollen«, sagte Annie. »Ich müßte wohl zur Hintertür gehen, nicht wahr? Und sagen, bitte richten Sie Miss Rosie aus, daß sie sich beeilen soll, Mary Ann verweigert ihren Ferkeln das Dinner«, fügte sie kichernd hinzu.

Rosie wurde von Lachen geschüttelt. »Bringen Sie mich nicht zum Lachen, diese Ziegel spießen mich auf. Noch eine Minute, und ich lande dort unten neben ihr.«

»Nimm deine Hand jetzt weg und beobachte, was sie tut.«

Langsam zog Rosie ihre Hand zurück und streckte ihren schmerzenden Rücken. Gemeinsam blickten sie auf die Muttersau hinab, die unbeirrt liegenblieb und ihrer Nachkommenschaft das Trinken weiter gestattete. Mrs. Annie lächelte. »Das werde ich Robbie erzählen. Es wird ihn freuen, denn er machte sich Sorgen um sie. Er versuchte gestern den ganzen Tag, sie dazu zu bewegen, ihren Kleinen einen vollen Magen zu gönnen, aber kaum legte sie sich nieder, war sie schon wieder auf den Beinen. Danke, Mädchen.«

»Gerne geschehen, Madam. Das macht zwei Pfund und sechs Pennys.«

»Willst du es gleich haben, oder willst du warten, bis du es bekommst?«

Sie wandten dem Schweinegatter den Rücken und gingen auf den Kuhstall zu, in dem zwei Kühe friedlich ihr Futter kauten.

»Ich habe sie heute nicht hinausgelassen. Das Gras ist so steifgefroren, daß es ihre Kehlen aufritzen würde.«

Wieder im Hof deutete Mrs. Annie auf die Hühner, die die Erde aufzukratzen versuchten. »Oh, was habe ich gelacht. Die Jüngsten konnten nicht begreifen, warum sie nicht die Böschung hinaufklettern konnten. Ständig rutschten sie auf ihrem Hinterteil wieder herab. Robbie rief mich, damit ich sie sehe. Er säuberte zwar die Treppe, aber sie wollten sie nicht benutzen, sie sind an das Gras gewöhnt.«

Rosie blickte zu dem Hügel hinüber. Er war nicht besonders hoch, doch von der Spitze hatte man eine fantastische Aussicht über das umliegende Land.

»Von dort oben wird heute morgen jede Erhebung ganz klar zu sehen sein«, sagte Mrs. Annie nun, als hätte sie ihre Gedanken erraten. »Ich kann nicht verstehen, warum die Leute sagen, daß der Frost alles flacher erscheinen läßt. Meiner Meinung nach bringt er die Dinge zum Leben. Er verleiht der Landschaft ein neues Gesicht, das sich wieder ändert, wenn Schnee liegt.«

»Ich gehe und sehe es mir an«, sagte Rosie. »O ja, es ist ganz besonders. Es ist wundervoll, ich habe so etwas noch nie zuvor gesehen«, rief sie von der unebenen Spitze hinab. »Weit rechts erscheint die Landschaft rosa, nicht weiß. Das muß wohl am Sonneneinfall liegen.« Sie wandte sich um. »Gütiger Himmel!« stieß sie plötzlich hervor. »Ich kann Col Mount sehen, die Rauchfänge und die Dächer. Das muß nahezu drei Meilen von hier entfernt sein.«

»Mindestens«, rief Mrs. Annie zurück. »Das ist ein extrem harter, strahlender Frost. Nicht jeder Frost ist gleich, mußt du wissen. Die Natur erhält ihr Aussehen von Sonne, Wind und Regen. Ja, so ist das.«

»Himmel! Ich kann Wallaces Farm sehen, als wäre sie nebenan. Gütiger Gott! Die sehen wir niemals von unten. Ich glaube, die Wälder versperren die Sicht.«

Sie hielt ihren Blick auf die Farm gerichtet. Etwas fiel ihr auf – es gab eine Bewegung. Irgend jemand betrat das Feld. Einen Augenblick lang stutzte sie. Diese Feld grenzte an ihren Besitz. Wenn sie sich nicht irrte, führte es in den Wald. Sie schüttelte den Kopf und stieg dann vorsichtig die gesäuberten Stiegen hinab.

»Komm zurück ins Haus und wärme dich auf. Robbie sollte jede Minute hier sein«, sagte Mrs. Annie.

Rosie wollte Mrs. Annie gerade folgen, aber die Erwähnung von Robbie ließ sie innehalten. In gewisser Weise war er in das Gespräch von vorhin über ihren Wunsch, diesen Ort zu verlassen und zu heiraten, verwickelt. Er hatte so eine Art, sie auszuforschen, zu befragen und Dinge aus ihr herauszuholen. Das war schon immer so gewesen. Sie konnte hören, wie er sagte: »Komm schon, Rosie Steel, ich mag keine schöngefärbten Lügen, ich befasse mich lieber mit der blanken Wahrheit.« Und sie hörte im Geiste ihre Antwort: »Du denkst wohl, daß du klug bist, weil du Bücher liest, Robbie MacIntosh. Nun, jedermann mit ein wenig Verstand kann ein paar Worte und Sprüche aus Büchern klauen.«

Nein, sie wollte Robbie heute morgen nicht begegnen. Sie konnte nicht erklären, warum. Und doch hatte sie den Grund bereits erkannt: Er würde der Sache, die sie beunruhigte, auf den Grund gehen. *Aber was beunruhigte sie?* Oh, die Antwort konnte sie sich selbst geben. Daß sie nun, da die Mädchen fort waren, ganz allein nebenan lebte. Aber das sollte sie nicht sagen: Da waren doch noch Beatrice und ihr Vater. Ach, könnte sie doch fortgehen. Sie würde einen Spaziergang machen. »Nein, ich muß zurück«, sagte sie. »Ich glaube, Beatrice wollte meine Hilfe … Eigentlich glaube ich das nicht nur, ich weiß es. Sie ist von dem Haus besessen, wie Sie wissen. Die beiden Mädchen arbeiten wie Sklaven, sie polieren den ganzen Tag, und dann will sie noch, daß ich mit dem Staubtuch herumgehe. Können Sie sich das vorstellen?«

»O ja, das kann ich mir von der Haushälterin Beatrice sehr wohl vorstellen, liebes Kind. Wie ich so höre, ist sie überaus stolz, das Haus zu regieren. Ich denke, die Köchin hat hie und da mehr als genug davon.«

Bei diesen Worten lachte Rosie. »Wir alle haben von Zeit zu Zeit genug davon, das kann ich Ihnen sagen. Und doch, ich weiß nicht, gleichzeitig tut sie mir leid, und auf gewisse Weise mag ich sie.«

»Natürlich tust du das, Liebes, natürlich. Aber sieh zu, daß du dich auf den Weg machst, wenn du noch durch den Wald spazieren willst. Wenn du hinaufblickst, wirst du sehen, daß sich der Himmel verändert. Es würde mich nicht wundern, wenn es Schnee gäbe, auch wenn wir üblicherweise nach einem derartigen Frost Tauwetter bekommen und erst dann Schnee. Aber« – sie lachte – »seit ich aufgehört habe, die Dinge zu leiten, läuft mir das Wetter aus der Hand.«

Rosie stieß sie sanft gegen die Schulter. »Ich gehe durch die Haupteinfahrt«, erklärte sie, ebenfalls lachend, »heute morgen ist es unmöglich, über die Mauer zu klettern. Ich würde von den Trittsteinen abrutschen, die Robbie angebracht hat. Sie bieten eigentlich einen recht unsicheren Halt. Wäre ich kein so guter Kletterer, wäre ich schon ein paarmal auf dem Rücken gelandet.«

»Wahrscheinlich, wahrscheinlich«, sagte Annie und begleitete sie zu dem Feldtor, das zur Straße führte. Nachdem sie Rosie die Wange getätschelt hatte, blieb sie noch eine Weile stehen und sah ihr nach, bis sie in einer Lichtung im Wald verschwand. Und während sie ihr hinterherblickte, dachte sie, daß sie eine wunderbare Frau werden würde und daß sie soeben das Mädchenalter hinter sich gelassen hatte. Wenn sie nur … Ach, wenn sie nur …

Es war herrlich im Wald. Der Pfad sah aus der Ferne wie ein silberner Fluß aus, aber dann, als böge er um eine Ecke, wurde er von einer großen Barriere mit Frost überzogener Kiefern abgeschnitten. Überall um Rosie herum war es still. Sie empfand die tiefe, dichte Stille als tröstend. Selbst das Geräusch ihrer Schritte auf dem Boden störte nicht.

Sie durchschritt nun einen Teil des Waldes, in dem die Bäume, zwischen denen niedriges Buschwerk wuchs, etwas weiter auseinander standen und unter denen überraschenderweise kein Frost die Erde bedeckte.

Dann sah sie etwas, das sie mit offenem Mund innehalten ließ und ihre Augen zum Glänzen brachte. »Oh, wie wunderschön!« stieß sie hervor, als sie sich dem Gegenstand zuwandte, der ihre Aufmerksamkeit auf sich gelenkt hatte. Es war ein ungewöhnlich großer Pilz von etwa zwanzig Zentimeter Höhe. Sie beugte sich darüber, setzte sich dann so, wie sie es bei Robbie gesehen hatte, auf ihre Fersen und betrachtete die verwirrende Schönheit dieses Stückchens Natur. Es war ein Feenschloß. Sie hatte seit Jahren keines mehr gesehen. Giftpilze, o ja, auch große, die Schirmpilze genannt wurden, aber kein Feenschloß. Sie streckte ihre Hand danach aus, hielt dann jedoch inne. Der Pilz war so zart, daß ihn wahrscheinlich schon die leichteste Berührung umstoßen würde. Sie dachte, daß es wohl der größte und schönste Pilz war, den sie jemals gesehen habe. Aus einer runden Basis erhoben sich gestreifte Säulen, die ein kreisförmiges Dach trugen, einen riesigen dunkelrosanen Schirm mit einem Durchmesser von fünfzehn Zentimetern. Die gerippten Tragesäulen waren entweder grün oder cremefarben. Das gesamte Gebilde wurde von einem stacheligen Zaun von etwa fünf Zentimeter hohem silbernem Gras umgeben.

Als Kind hatte Rosie sich immer vorgestellt, ein solches Schloß wäre voll von Feen. Sie pflegte zu ihnen zu sprechen und erzählte ihnen, daß sie sich nicht zu fürchten bräuchten und daß sie niemandem erzählen werde, wo ihr Schloß liege, damit keiner kommen und es zerstören könne. Sie erinnerte sich dunkel, daß eine ihrer Schwestern einst ein Feenschloß umgestoßen hatte, daß sie sie angeschrien und daß ihre Mutter sie dann mit heißer Zimtmilch zu Bett gebracht hatte.

Widerstrebend erhob sie sich und trat ein paar Schritte zurück. Sie nahm sich vor, den Pilz zu zeichnen, sobald sie nach Hause kam. Sie würde diesen Morgen und dieses wundervolle Feenschloß niemals vergessen. Es hatte ihr Herz erleichtert. Der Morgen war herrlich, ach, so herrlich.

Sie blickte sich um und beugte sich dann mit dem letzten Rest ihrer Kindheit – der ihr in einem einzigen Augenblick entrissen werden würde, einem Augenblick, an den sie sich ihr ganzes Leben erinnern würde – über ihr Feenschloß. »Auf Wiedersehen, liebe Leute, bis nächstes Jahr«, flüsterte sie und trat ohne Übergang in die Erkenntnis hinaus, daß das Leben aus bitterer Wahrheit und nicht aus Tagträumen bestand.

Kaum betrat sie den von Wurzeln überwachsenen Pfad, erkannte sie in der Ferne einen Jungen, der sich seltsam zu verhalten schien. Er war auf der gegenüberliegenden Seite aus dem Wald herausgekommen und blickte einige Meter vor sich auf eine Stelle, an der der Weg sich in einer scharfen Kurve dem Sichtfeld entzog. Er hatte den Kopf zur Seite gelegt, als lauschte er auf etwas.

Sie blieb stehen, neugierig geworden. Ihre Augen weiteten sich, als der Junge vom Pfad wieder in den Schutz der Bäume sprang und im selben Moment eine Gestalt um die Ecke kam. Nun öffnete sie erstaunt den Mund. Es war ihr Vater.

Aber das konnte nicht sein. Er hatte gesagt, er gehe in die Stadt. Da sie am Treppenabsatz gestanden hatte, hatte sie gehört, was er Beatrice mitgeteilt hatte. Aber das war eindeutig ihr Vater. Es gab keinen anderen Mann wie ihn.

Sie wollte eben auf ihn zugehen und ihn anrufen, als das Geräusch splitternden Holzes die Stille durchbrach und sie erstarren ließ. Dann sah sie, wie ein dicker Ast auf den Weg ihres Vaters stürzte. Sie stieß einen Schrei aus, hielt das Gesicht abgewandt und verschloß vor dem Geräusch und dem Anblick ihre Augen. Als sie sie wieder öffnete, wurde sie zweier Dinge gewahr. Der Junge, in dem sie den Wallace-Sohn erkannte, verschwand rasch um die Wegbiegung, etwas hinter sich herschleifend. Und der Ast war nicht über den Weg ihres Vaters gefallen, sondern direkt auf ihn gestürzt.

Sie rannte los, unverständliche Hilferufe ausstoßend.

Als sie ihren Vater erreichte, konnte sie vor Blut sein Gesicht nicht erkennen. Sie blickte den Ast entlang. Er war dick, fast wie ein Baum. Himmel! Was sollte sie tun? Sie sah sich um. Und der Junge, vielleicht holte er Hilfe? Nein! Nein! Was dachte sie? Er hatte ein Stück Seil hinter sich hergezogen. Er hatte nach ihrem Vater Ausschau gehalten. O gütiger Gott! Während sie unentwegt »Vater! Vater« rief, versuchte sie den Ast an einem Ende hochzuheben, doch ohne Erfolg. Dann rannte sie den Weg zurück, den sie gekommen war und brüllte mit überschlagender Stimme: »Robbie! Robbie!«

Als sie die Straße erreichte, sah sie Charlie Fenwick, den Kohlenhändler, der eben einen Sack von einem Rollwagen auf seinen Rücken lud. »Mr. Fenwick! Mr. Fenwick!« schrie sie. »Kommen Sie schnell! Bitte! Mein Vater ist verletzt! Ein Baum stürzte auf ihn. Mein Vater ist verletzt!«

»Was ist los, Miss?« Die beiden kohlenverschmierten Hände legten sich ihr auf die Schultern. »Was sagen Sie, Ihr Vater ist verwundet? Wo ist er?«

»Im Wald! Im Wald! Bitte kommen Sie! Da ist überall Blut!«

Ohne sie loszulassen, wandte sich der Mann um und brüllte: »Mrs. Annie! Mrs. Annie!«

Mrs. Annie eilte auf das Tor zu. »O mein Gott!« rief sie. »Was ist mit dem Mädchen? Bist du ...?« Sie beendete den Satz nicht, denn der Kohlenhändler fiel ihr ins Wort. »Sie sagt, ihr Vater sei verletzt, ein Baum sei auf ihn gefallen. Er ist im Wald.«

»Ein *Baum* fiel auf ihn?«

»Ja! Ja!« Rosies Augen weiteten sich. »Ja! Ja! Mrs. Annie«, schrie sie, »er ist voller Blut! Ich konnte den Baum nicht wegheben.«

»Es ist alles in Ordnung, Mädchen, alles in Ordnung. Ich hole nur rasch meinen Mantel. Laß das, Charlie. Wir gehen und sehen, was geschehen ist.«

»O mein Gott!« stieß Charlie Fenwick hervor, als sie die

blutbedeckte, unter dem Ast ausgestreckte Gestalt entdeckten. »Was ist hier passiert? Ach, du meine Güte! Wir müssen versuchen, den Ast von ihm herunterzuheben.«

Gemeinsam hoben sie den verdrehten und zerbrochenen Ast so vorsichtig wie möglich vom Kopf ihres Vaters. Sichtlich widerwillig kniete sich Mrs. Annie auf den gefrorenen Boden. »O mein Gott!« murmelte sie, als sie den Kopf ein wenig bewegte. Dann blickte sie zu den beiden empor. »Ein Stück des Astes steckt in ihm. Wir sollten ihn besser nicht berühren. Wir müssen den Doktor holen und – und einige Männer vom Haus. Ich rufe über die Mauer und hole sie. Irgend jemand müßte in der Nähe sein.« Dann wandte sie sich an Rosie, die mit geweiteten Augen, die Hände vor den Mund geschlagen, dastand. »Komm, mein Liebes. Komm. Charlie wird bei ihm bleiben. Komm schon, komm.«

Es schien, als wäre Rosie angewurzelt, denn Annie mußte sie regelrecht wegziehen. »Charlie wird bei ihm bleiben. Komm schon. Komm«, wiederholte Annie immer wieder.

Schließlich ließ Rosie zu, daß sie weggeführt wurde. Sie fühlte sich kalt und irgendwie seltsam. Sie wünschte, sie wäre krank, schwerkrank. Ihre Brust hob und senkte sich heftig, und ihr schwindelte.

Annie gelang es gerade noch, sie in die Küche zu bringen und zu der flachen steinernen Spüle zu geleiten, wo sie sich endlich übergab. »Das ist es, Liebes! Laß es heraus!« sprach ihr die ältere Frau zu. »Und dann setze dich ans Feuer. Ich muß Hilfe holen. Verstehst du? Verstehst du, Mädchen? Nun, tu schon, was ich dir sage, und setz dich ans Feuer.«

Annie ging aus dem Haus zu dem Holzschuppen, nahm von dort eine kurze Leiter und zog sie hinter sich zur Umzäunung. Von der obersten Sprosse aus konnte sie über die Mauerabdeckung sehen. »Hilfe! Hilfe! Hierher! Hilfe!« rief sie, so laut sie konnte, und sie hatte wahrlich eine weithin hörbare Stimme. »Mr. Steel liegt verwundet im Wald.«

Willie Connor hörte sie als erster. Er wußte nicht, worum es ging, nur soviel, daß jemand aus dem Gebüsch am anderen Ende des Garten um Hilfe rief.

Er lief zur Mauer und entdeckte Annies Gesicht über den Sträuchern. »O Gott im Himmel! Wir kommen!« stammelte er, kaum daß er vernommen hatte, was geschehen war.

»Bring jemanden mit, um ihn zu tragen. Und ruf nach dem Doktor«, waren ihre letzten Worte an ihn.

Rosie saß noch immer in Annies Küche auf der Bank. Robbie stand vor ihr und sprach erregt auf sie ein, während Annie sie umschlungen hielt.

Annie sah zu ihrem Sohn auf, unterbrach ihn jedoch nicht und unterließ es auch, ihn wegen seiner rüden Art zu mahnen. »Vergiß es! Du hast Jackie Wallace nicht im Wald gesehen«, fuhr er Rosie heftig an. »Du hast niemanden im Wald gesehen. Du warst eben auf dem Weg, deinen Vater zu treffen, da stürzte der Baum auf ihn herab. Er war – er war ohnehin verrottet, der Ast war morsch. Also wie soll Jackie etwas damit zu tun haben?«

»Er hat es getan! Ich sah, wie er weglief. Er wartete auf Vater, er wartete auf ihn. Wenn ich es dir doch sage. Und er schleifte irgend etwas hinter sich her. Ich weiß nun, was es war. Es war ein Seil. Ich sage dir …«

»Erzähl mir nichts, Mädchen. Hör mir zu, Rosie. Wenn du deinen Mund aufmachst und sagst, du hast den Jungen gesehen, wird sich in deinem Haus ein Gestank verbreiten, wie du ihn noch niemals gerochen hast. Und du wirst ihn nie wieder aus der Nase bekommen.«

Rosie wandte sich an Annie. »Er wartete auf Vater. Ich sah ihn, er wartete auf ihn. Er – er muß den Ast mit dem Seil heruntergezogen haben. Ich sage doch, ich sah ihn. Ich …«

Nun legte Robbie seine Hände auf ihre Schultern. »Es hat keinen Sinn, dich weiter zu täuschen oder zuzulassen, daß du weiterhin deine Augen verschließt, Miss. Höchstwahrscheinlich war es tatsächlich Jackie. In Ordnung. Und er hatte einen Grund, denn weißt du, wo dein Vater war? Er kam gerade aus dem Bett von Jackies Mutter. Geht das in deinen Kopf hinein? Hör mir zu!« Er legte seine Hände um ihr Gesicht und hielt sie fest, während er ihr in die Augen sah. »Dein Vater war mit Jackies Mutter im Bett. Er ging oft dorthin, und der Junge hatte genug davon. Sie traf sich mit Männern, wenn ihr armer Mann als Hirte unterwegs war. Und alles, was Jackie versuchte, ist, sie abzuschrecken. Er hat Heuschober in Brand gesteckt, Gatter offen gelassen, er hat alles getan, um diese Männer von seiner Mutter fernzuhalten. Aber seine Mutter ist eine Hure. Weißt du, was eine Hure ist? Du weißt nicht, was eine Hure ist, nicht wahr? Eine Hure ist eine leichtlebige Frau, die jedem Mann gestattet, gegen Geld bei ihr zu liegen, nicht aus Liebe, nur des Geldes wegen. Und dein Vater war ein verdorbener Mann. Frag meine Mutter. Deine Mutter hat das jahrelang ertragen, aber sie mußte ihr Gesicht wahren, um euch alle ehrbar großzuziehen, damit man euch nicht von oben herab als die Töchter eines Schürzenjägers betrachtete.«

Rosie versuchte sich aus seinem Griff zu befreien, doch er ließ sie nicht los. Statt dessen faßte er ihre Hände. »Du bleibst jetzt hier sitzen und stellst dich dem Leben. Hör auf, ein kleines Mädchen zu sein. Ich dachte, das hättest du bereits getan, als du mit diesem feinen Mr. Golding zu flirten begonnen hast. Aber selbst das dürfte dich nicht in die Wirklichkeit gebracht haben. Nun, jetzt bist du mittendrin. Dein Vater war auf jede erdenkliche Weise ein Dreckskerl. Und ich sage dir noch etwas. Charlie Fenwick, der Kohlenhändler hier, hat heute nichts an euer Haus geliefert, denn die Rechnungen wurden monatelang nicht bezahlt. Oh! Das öffnet dir wohl leichter die Augen als die Unmoral deines Vaters. Du kannst es nicht glauben, nicht wahr? Er hat bei jedem hier in der Stadt Schulden. Jahrelang schon spielt er und geht zu Huren. Nur um deiner Mutter willen zahlte dein Großvater seine Schulden. Aber schließlich kam auch er an den Punkt, wo er damit aufhören mußte. Dein Großvater schien doch immer ein fröhlicher Mann zu sein, oder? Nun, laß dir gesagt sein, daß er sich seit Jahren verstellte, nur um das zu wahren, was man ›Ansehen‹ nennt. Also, mein Mädchen, wenn du Jackie Wallaces Namen erwähnst, wird das alles herauskommen, und du wirst damit leben müssen. Glaubst du wirklich, dein Verlobter, Mr. Golding, ist stark genug, das zu akzeptieren? Er ist doch im Staatsdienst, nicht wahr? Diplomat, und die sind doch besonders hochnäsig. Die mögen keine Skandale. Möglicherweise gibt es bei ihnen welche, aber sie vertuschen sie gut. Auf gewisse Weise sind sie wie deine Mutter, denn einige von ihnen würden lieber alles ertragen, als zuzulassen, daß ihr Stand besudelt wird.«

Rosie antwortete nicht, doch ihr Widerstand gegen seinen Griff erlahmte. So gab er sie frei und streckte sich. »Denk darüber nach, Rosie«, meinte er leise. »Und wenn du das tust, erinnere dich daran, daß dieser junge Bursche in seinem Versuch, die Ehre seines Vaters zu bewahren, durch die Hölle gegangen ist. Doch sein Vater weiß von der ganzen Sache. In den Kneipen wird über ihn gelacht, aber er ist ein guter Mann. Dave Wallace ist ein stiller, schwer arbeitender Mann. Er hat sie nicht verdient. Und dieser Junge hat jahrelang mitangesehen, was seine Mutter ist, und alles versucht, um es vor seinem Vater zu verbergen. Er wollte nur ihre Besucher abschrecken. Und bei einer ganzen Reihe von ihnen ist ihm das auch gelungen.«

Rosie lehnte ihren Kopf gegen die Rücklehne der Sitzbank. Annie legte wieder den Arm um sie und zog sie fest an sich. Doch sie fühlte bis tief in ihr Herz lediglich Kälte. Sie wußte, daß ihr niemals wieder warm werden würde. Sie konnte es nicht glauben, und doch tat sie es. Das alles erklärte das alte quälende Gefühl, das sie seit langem ihrem Vater entgegenbrachte. Und jetzt erinnerte sie sich auch, wie oft ihre Mutter so verkühlt war, daß ihre Augen tränten. Sie erinnerte sich an viele Dinge und an eine Begebenheit ganz besonders. Einmal war diese Wallace-Frau am Markt an ihr vorübergegangen und hatte gelacht, als sie sie erblickte. Rosie dachte, es wäre etwas seltsam an ihr, denn ihr Hut saß nicht gerade und sie hatte einige Knöpfe ihrer Bluse unter der Brust offengelassen. Aber nein! Nicht ihr Vater und diese Frau ...

»Ich sollte jetzt besser gehen. Beatrice wird mich brauchen«, erklärte sie plötzlich und entzog sich Annies Umarmung.

»In Ordnung«, erwiderte Robbie. »Ich begleite dich bis zum Tor.« Er fügte nicht hinzu, daß er dies tat, weil ihr Vater ihn nun nicht mehr empfangen konnte.

6

John schob sein Fahrrad langsam den Hügel hinauf. Das Licht der Karbidlampe erhellte gerade das Stück Weg direkt vor ihm. Er war müde. Es war ein langer Tag gewesen, und er hatte keine Pause gehabt, seit er um halb acht Uhr morgens mit der Sprechstunde begonnen hatte. Unter den leichter Erkrankten schien jedermann entweder eine schwere Erkältung oder eine Bronchitis zu haben. Und dann war da auch noch die Sache mit Steel gewesen.

Nun war es sieben Uhr abends, und nach dem Tauwetter des Nachmittags gefror der Boden wieder. Er mußte achtgeben. Ein wenig weiter wäre er beinahe in einen Graben geschlittert. Nur sein rascher Griff nach einem kleinen Baum hatte ihn davor bewahrt.

Als eine schwankende Laterne über der Kuppe des Hügels erschien, hob er den Kopf. »Sind Sie es, Doktor?« fragte der Träger der Laterne, sobald er ihn erreichte.

»Oh, hallo, Mr. Wallace. Wird wohl heute nacht wieder frieren.«

»Sie haben wohl nicht meinen Jungen gesehen, oder?« fragte Dave Wallace, ohne auf die Worte des Doktors einzugehen.

»Jackie? Nein. Aber was genau meinen Sie? Erst kürzlich, in den letzten Stunden oder so?«

»Irgendwann. Er wird schon den ganzen Tag vermißt. Ich hatte geglaubt, die Dunkelheit würde ihn zurückbringen.«

»Hat er die Schule geschwänzt?«

»Nein, nein. Er war die ganze letzte Woche nicht in der Schule, weil er sich nicht wohl fühlte.«

»Oh, ach so«, sagte John. »Ja, aber wenn ich darüber

nachdenke, dann habe ich ihn, glaube ich, doch gesehen. Aber das war – lassen Sie mich überlegen, das muß gegen vier Uhr gewesen sein, drüben bei Bishop's Meadow. Ich fragte mich, was er dort wolle, wenn er nicht nach Steinen des alten Farmhauses suchte. Ich erinnere mich, daß ich mir sagte, daß er wohl nicht nach Holz Ausschau hält, denn was das Feuer nicht verzehrt hat, haben die Kinder bereits weggetragen.«

»Bishop's Meadow? Danke, Doktor. Etwa gegen vier Uhr?«

»Ja, ungefähr um diese Zeit. Ist er jemals zuvor so lange fortgeblieben? Ich meine, den ganzen Tag?«

»Nein, niemals! Niemals!« Erst nach einer Weile sprach Dave Wallace weiter. »Ich bin noch nicht so lange vom Weidetrieb zurück. Wie ich hörte« – wieder verstummte er für einen Moment – »ist Mr. Steel verstorben. Von einem stürzenden Baum erschlagen, sagt man.«

»Ja. Eine echte Tragödie. Ein morscher Ast. Nun, Sie wissen ja, wie so etwas bei diesem Wetter passiert. In Sekundenschnelle kann das Holz brechen. Der Wald ist bei einem Frost wie heute morgen der gefährlichste Ort auf Erden.«

»Um welche Uhrzeit geschah das?« fragte Dave Wallace.

»Etwa um die Mitte des Vormittags.«

»Im Wald?«

»Ja. Nicht weit von Ihrer Farm entfernt.«

Ohne etwas zu entgegnen, wandte sich Wallace um und ging davon. John beobachtete die schwankende Laterne, die anzeigte, daß er über einen Graben in ein Feld gesprungen war, das ihn zu Bishop's Meadow führte. Er wollte ihm noch nachrufen, daß er mitkomme und daß Wallace einen Augenblick auf ihn warten solle, doch er war müde und hungrig. Ihm fielen die seltsamen Unfälle ein, die diesem Schürzenjäger oder zumindest seinem Besitz in der Vergangenheit zugestoßen waren. Steel war aus der Richtung der Farm gekommen, der Junge wurde bereits den ganzen Tag vermißt, und Dave Wallace wirkte wie ein gepeinigter Mann. Alles schien zusammenzupassen. Und so war es für ihn keine Überraschung, als er seine eigene Stimme doch noch hörte. »Warten Sie einen Augenblick, Davey, ich komme mit Ihnen.«

Er nahm die Lampe von seinem Fahrrad, legte es in den Graben und übersprang ihn.

Obwohl Dave Wallace seinen Schritt nicht verlangsamte, gelang es John, zu ihm aufzuschließen. »Ist nicht nötig, Doktor. Trotzdem danke.«

Um nach Bishop's Meadow zu gelangen, mußten sie erst über eine Steinmauer klettern und dann einen sanften Hang zu dem ausgebrannten Farmhaus hinabsteigen. Während sie sich ihm näherten, hob John seine Lampe hoch über den Kopf, so daß ihr Licht auf eine türlose, verfallene Mauer schien. Auch ein Großteil des Daches war verschwunden. Die Schiefertafeln waren wohl zum Flicken eines anderen Farmhausdaches verwendet worden. Als er die Lampe wieder sinken ließ, war Dave Wallace bereits durch die Öffnung gestiegen. John konnte erkennen, was seine Laterne enthüllte. Der Junge lag zusammengekrümmt in einer Ecke. Er rührte sich nicht, starrte sie jedoch mit weit aufgerissenen Augen und geöffnetem Mund an.

Sekunden später knieten sie bei ihm. »Es ist alles in Ordnung, Sohn. Alles in Ordnung. Hörst du? Es ist alles in Ordnung«, wiederholte Dave Wallace.

John nahm ein Handgelenk des Jungen und fühlte den Puls. Die Finger waren steif und eiskalt. Er rieb ihm die Hände. Bis auf die bläuliche Farbe war das Gesicht des Knaben totenbleich.

»Das – das wollte ich nicht, Dad.«

»Es ist alles in Ordnung, Junge, alles in Ordnung. Sprich jetzt nicht.«

»Aber er – er ist tot. Das wollte ich nicht, Dad.«

»Ich weiß, daß du das nicht wolltest. Ich weiß es doch.«

»Nur – nur erschrecken ... Ihn nur erschrecken. Der Ast war doch morsch, und es würde weh tun – nicht wirklich ... Das wollte ich nicht, Dad.«

»Komm schon. Steh auf.«

Die beiden Männer versuchten dem Jungen auf die Beine

zu helfen, doch knickten die unter ihm zusammen, und so legten sie ihn wieder auf den Boden und rieben seine durchfrorenen Glieder.

»Wollte … wollte es nicht.«

»Schhhh! Sei jetzt ruhig. Ganz ruhig. Dein Vater weiß, daß das nicht deine Absicht war«, sagte John.

Es war, als würde der Junge erst jetzt den Arzt bemerken. »Bringen … bringen Sie mich nicht weg!« keuchte er mit vor Angst geweiteten Augen.

»Niemand wird dich wegbringen. Das einzige ist …« John tätschelte die Wange des Jungen. »Hör mir zu. Erzähl niemandem davon. Hörst du? Sprich nicht darüber. Was sagte ich?«

»N-n-nicht … nicht … darüber sprechen.«

»So ist es gut. Niemand außer dir weiß davon. Dein Vater weiß nichts und ich auch nicht, nur du. Also sprich nicht davon. Es war ein morscher Ast. Jedermann weiß das. Verstehst du mich?«

»N-n-nicht … nicht darüber sprechen. J-ja, Doktor. Mir ist so heiß. Mir … mir war kalt. Ich habe lange gefroren, Dad. Ich habe gefroren.«

»Du bist gleich zu Hause, Sohn. Komm jetzt, komm hoch.«

Wieder hoben sie ihn, doch obwohl seine Beine auch diesmal einknickten, trugen sie ihn aus dem verlassenen Haus und den Abhang hinauf. Als sie zehn Minuten später die Farm erreichten, konnte der Junge bereits ohne Hilfe gehen, auch wenn er seinen Kopf hängenließ und sein Atem stoßweise ging.

Als Dave Wallace die Tür des Häuschens mit dem Fuß aufstieß, erkannte John, daß er nicht länger ein stiller Mann war.

Der Raum führte in die Küche, wo seine Frau neben dem Tisch stand. »Du hast ihn also gefunden, was?« sagte sie mit einem Kopfnicken. »Hat wieder wie üblich Schwierigkeiten gemacht. Und der Doktor ist bei ihm. Ach du meine Güte! Wir haben wohl heute abend Gesellschaft? Womit haben wir das verdient?«

Dave Wallace antwortete nicht auf die bissigen Bemerkungen seiner Frau. Es war, als bemerkte er sie gar nicht. Statt dessen führten er und John seinen Sohn an der Treppe vorbei durch die Mitte des Raumes in ein Schlafzimmer.

Wäre der Junge dazu in der Lage gewesen, hätte er bemerkt, daß dies das Bett seines Vaters und seiner Mutter war. Doch so ließ er es zu, daß sein Vater und der Arzt ihn entkleideten und mit einem rauhen Handtuch abrieben, ehe sie ihn unter die Decke legten.

»Ich werde in die Praxis zurückgehen. Er braucht Medikamente«, erklärte John mit gedämpfter Stimme. »Könnten Sie noch fünf Minuten bleiben, bevor Sie gehen?« fragte Dave Wallace leise. »Es gibt noch etwas, das ich erledigen muß.«

»Ja, Dave. Gehen Sie nur.«

Dave Wallace verließ leise den Raum und schloß die Türe hinter sich. Dann schritt er ruhig auf den Tisch zu, an dem noch immer seine Frau stand, und versetzte ihr wortlos mit der Faust einen Schlag zwischen die Augen. Als sie hintenüberfiel, packte er sie vorne an der Bluse und zog sie so nahe heran, daß sie seinen Atem spüren konnte. »Du widerliche, schmutzige, gewöhnliche Schlampe! Du bist es nicht wert zu leben. Für zwei Stecknadeln hätte ich dich mit ihm geschickt. Du hast ihm gut gedient, ehe ihn der Baum traf. Nun, ist besser als das Gewehr, das ich für euch beide verwenden wollte, denn es rettet meinen eigenen Hals. Los, du dreckige Hure, sieh zu, daß du die Treppe hinaufkommst, pack deinen Kram, und dann hinaus mit dir. Diesmal gibt es kein Warten, kein Reden, keine Versprechungen. *Hinaus! Hinaus!*« brüllte er. Er schleuderte sie in Richtung der Treppe, so daß sie mit dem Rücken gegen den Pfosten des Geländers stieß und beinahe zu Boden stürzte. »Das … das kannst du nicht tun«, stammelte sie, die Hand an die Stirn gepreßt. »Ich weiß nicht, wohin ich gehen soll!«

»Was? Du weißt nicht, wohin du gehen sollst? Wie wäre es mit deinen Kunden? Ihre Frauen würden dich willkommen heißen, besonders Gladys Knowles. Sie würde dir das Haar vom Kopf reißen, wüßte sie, daß du ihren Mann wieder bedienst. Nun sieh zu, daß du hinaufkommst, ehe ich dich hinauftrete.« Er hob seinen Fuß, als wollte er seine Drohung wahr machen, und so taumelte sie die Treppe hinauf. Er folgte ihr.

Ein riesiger Schrank nahm die Hälfte des Treppenflurs ein. Er riß die Türen auf, nahm eine Segeltuchtasche mit zwei Griffen heraus und schleuderte sie vor ihre Füße. »Da hast du! Pack deinen Kram hinein, und was nicht hineinpaßt, häng dir um den Hals. Aber tu es, und tu es jetzt. Und wenn du dich nicht sputest, werfe ich das ganze verdammte Zeug aus dem Fenster und dich hinterher.«

Einen Augenblick lang blickte sie ihn mit zitternder Unterlippe herausfordernd an. »Wohl plötzlich ein ganzer Kerl«, zischte sie.

»Und es wurde auch Zeit«, brüllte er sie an. »Bei Gott! Es wurde Zeit. Wenn es jemals einen verdammten Narren auf dieser Welt gegeben hat, dann mich. Packe jetzt.« Diesmal hob er den Fuß und stieß gegen die Tasche. »Ich warne dich, ich gebe dir nur fünf Minuten.«

Wütend griff sie nach Blusen, Röcken und Unterwäsche. »Die Tasche ist voll, und ich will noch meine Kleinigkeiten von unten mitnehmen«, erklärte sie, während sie noch einige Dinge von dem unteren Regal einzupacken versuchte.

»O ja, deine Kleinigkeiten. Dein billiger Modeschmuck und dein Schminkzeug. Oh, die bekommst du auf jeden Fall, die wirst du in deinem Gewerbe brauchen.« Er stürzte die Treppe hinunter, griff neben der Küchentür nach einer Basttasche und eilte ins Schlafzimmer. Er stellte die Laterne auf die andere Seite der Kommode und streifte mit dem gekrümmten Arm eine Anzahl eleganter Schatullen in die Tasche. Dann zog er die oberste Lade auf und schüttete ihren Inhalt ebenfalls in die Tasche.

Auch wenn die schreiende Stimme der Frau bis zu ihm vordrang, wandte sich John die ganze Zeit über nicht vom Bett ab, wo er die Gliedmaßen des Jungen warmrieb.

»Ich werde noch mit dir abrechnen, Dave Wallace, du wirst schon sehen. Aber … aber ich habe kein Geld.«

»Hat er dich heute morgen nicht bezahlt? Hinaus mit dir!

Hinaus! Sonst, bei Gott, werde ich dir helfen.« Eine Tür fiel mit lautem Krach ins Schloß.

Dave Wallace kehrte nicht sogleich in das Schlafzimmer zurück. Er hatte das Gefühl, als hätte er eine lange Schlacht hinter sich. Statt dessen lehnte er sich gegen die Tür und ließ den Kopf auf die Brust sinken. So verharrte er einige Minuten. Die Zeit verstrich, und so trat John aus der Schlafzimmertür, ging zu ihm und legte ihm die Hand auf die Schulter. »Kommen Sie. Setzen Sie sich an das Bett. Der Junge braucht Sie dort. Er fragt ständig nach ihnen. Und ich muß fort, aber ich bin bald wieder zurück. Halten Sie ihn nur warm – stecken sie eine Wärmflasche in sein Bett und geben sie ihm etwas Warmes zu trinken.«

Dave Wallace brachte kein Wort des Dankes hervor, ließ sich aber zu dem Bett führen. Dort legte er seinen Arm um seinen Sohn und hob dessen Gesicht an.

Etwa eine Stunde später kehrte John zu dem Häuschen zurück. Er trat leise ein.

Dave Wallace saß noch immer neben dem Bett und hielt die Hand seines Sohnes. Es war ihm deutlich anzusehen, daß er geweint hatte.

7

Vielleicht war das Begräbnis wegen des frisch gefallenen Schnees so spärlich besucht gewesen. Nur einige wenige Trauernde kehrten in das Haus zurück. Unter ihnen befanden sich vier gutgekleidete Herren, deren Anwesenheit der Familie auffiel, da sie ihnen nicht bekannt waren. Sie schienen den Glühwein und das aufgetragene Mahl zu genießen.

Nun war es vier Uhr nachmittags, und das hochaufgeschichtete Holz im Kamin des Empfangszimmers brannte hell. Die Gaskronleuchter füllten den Raum mit Licht, auch wenn es sich auf den Gesichtern der kleinen Gesellschaft nicht widerspiegelte. Beatrices alabasterfarbene Haut hob sich scharf gegen ihr schwarzes Kleid ab. Ihre Augen waren geweitet und ihre Lippen fest geschlossen. Helen, hochgewachsen, wirkte in ihrer Trauerkleidung eleganter denn je zuvor. Neben ihr saß ihr militärisch wirkender Gemahl. Und zuletzt Rosie. Sie saß nicht aufrecht wie die anderen in ihrem Stuhl, sondern lehnte auf einer Seite und hielt ihren Kopf mit der Hand, ihren Ellbogen auf die Stuhllehne gestützt. Auch als Rechtsanwalt Mr. Couson von Couson, Pratt & Sanders, der am Tisch Platz genommen hatte, sprach, hob sie den Kopf nicht.

»Da es keine Legate gibt, sondern nur einen einfachen Brief, ist wenig zu verlesen. Ihr Vater hinterließ kein Testament.« Nun blickte er direkt zu Beatrice. »Es gab einmal eine Art Letzten Willen, doch das war, bevor Ihre Mutter starb. Da er das Haus verpfändete …«

»Was?« Beatrice saß nun an der Kante ihres Stuhls. »Was sagten Sie?«

»Ich sagte, Miss Steel, da Ihr Vater das Haus verpfändete, und obwohl ich hinzufügen möchte, daß kein Testament zu verlesen ist, gibt es doch eine ganze Menge zu erläutern.«

»Das Haus verpfändet? Diese Haus ist nicht verpfändet.«

Der Rechtsanwalt seufzte für alle hörbar auf. Noch immer den Blick auf Beatrice gerichtet, fuhr er geduldig fort. »Dieses Haus, Miss Steel, ist auf einen Betrag von zehntausend Pfund verpfändet. Das ist eine große Summe Geld. Doch die Sicherheit bildet nicht das Haus allein. Auch einige Artikel darin dienen als Sicherheit, einschließlich einer Anzahl von Bildern, die hier aufgelistet sind.« Er klopfte auf ein Dokument auf dem Tisch. »Insgesamt fünf Gemälde, glaube ich, die er für sehr wertvoll hielt. Doch nur zwei sind Originale, eines davon ein Boucher. Unglücklicherweise ist der Rembrandt eine Kopie.«

Beatrice fiel dem Rechtsanwalt ins Wort. »Wovon sprechen Sie?« schrie sie ihn beinahe an.

»Sei einen Augenblick still, Beatrice«, warf Helen ein.

»Für dich ist alles in Ordnung. Du verziehst keine Miene«, wandte sich Beatrice mit erhobener Stimme an ihre Schwester. »Dich geht das ja nichts mehr an, du bist gut weggekommen. Aber auf mir liegt die Verantwortung, und ich höre jetzt …«

»Wollen Sie, daß ich fortfahre, Miss Steel? Oder soll ich die Angelegenheit einem meiner Partner überlassen, und Sie kommen dann in unser Büro?«

Beatrice senkte für einen Augenblick den Kopf. Ihre verschränkten Hände mit den weiß gewordenen Knöcheln drückten sich tief in ihren schwarzen Rock. Es wurde still im Raum. Schließlich nahm Mr. Couson seine Erläuterungen wieder auf. »Ich werde diesen privaten Brief verlesen. Ich kenne seinen Inhalt nicht. Ich weiß lediglich, daß der verstorbene Gentlemen« – das letzte Wort auszusprechen schien ihm schwerzufallen – »ihn in unserer Obhut ließ, damit er nach seinem Tod geöffnet würde.«

Er schnitt das Kuvert auf, entnahm ein einzelnes Blatt, blickte einige Sekunden darauf, ehe er den Kopf hob und von einem zum anderen blickte. Dann las er mit ruhiger Stimme:

Ich vermache mein Anwesen meiner ältesten Tochter, Beatrice Steel, und drücke den Wunsch aus, daß sie Mittel finden möge, es zu erhalten.

Gezeichnet, Simon Arthur Steel

Alle Versammelten blickten auf Beatrice. Sogar Rosie richtete sich auf. Beatrices Lippen waren nicht mehr aufeinandergepreßt, statt dessen öffnete und schloß sich ihr Mund wie der eines auf dem Trockenen liegenden Fisches.

Leonard Morton Spears brach das Schweigen. Auch seine Stimme war ruhig, als er zu dem Rechtsanwalt hinüberblickte und fragte: »Wie hoch ist das Einkommen?«

»Sehr gering, Sir, sehr gering. Eigentlich ist es in der derzeitigen Situation vernachlässigbar.«

»Ist es nicht! Ist es nicht!« schrie Beatrice. »Da gibt es doch Anleihen und Wertpapiere. Vater erhielt jedes Quartal Zinsen.«

»Ihr Vater, Miss Steel, hat in den letzten sechs Monaten ein Darlehen von einer Gesellschaft erhalten, die exorbitant hohe Zinsen verrechnet. Die Bank gestattete ihm keine zweite Hypothek, so war er gezwungen, Geld zu leihen.«

»Aber Mutters Anleihen und Kapitalanlagen und ...« Ihre Stimme sank auf ein Flüstern. In den Augen und der Stimme des Rechtsanwaltes lag Mitleid.

»Ihre Mutter – es tut mir leid, das zu sagen, Miss Steel – mußte eine Anzahl ihrer Aktien und Anleihen verkaufen« – er stockte, schluckte und blickte zu den anderen, ehe er fortfuhr –, »um die Schulden Ihres Vaters zu begleichen.«

»Aber – aber welche Schulden?« fragte Beatrice wimmernd. »Er ging doch nur zwei- oder dreimal die Woche in seinen Club nach Newcastle und fuhr selten nach London.«

»Man muß nicht weit reisen, Miss Steel, um Tausende von Pfund auszugeben, wenn man zum Glücksspiel neigt.«

»Vater neigte zum ...?« Nun wandte sich Beatrice hilfesuchend an Helen. Dann hob sie ihren Blick zu dem Mann an deren Seite. Doch keiner der beiden wußte irgend etwas zu sagen, das sie hätte trösten können. Ihre Augen kehrten wieder zu dem Rechtsanwalt zurück. »Er ... er kann doch nicht all das Geld beim Glücksspiel verloren haben. Er muß doch auch manchmal gewonnen haben.«

»Ja, hin und wieder gewann er ein wenig. Doch soweit mir bekannt ist, war das für ihn nur ein Anreiz, mehr Geld zu setzen, manchmal einige hundert Pfund.«

»Und dann waren da seine Frauen, Beatrice, die Frauen. Davon weißt du wohl nichts, nicht wahr?« Rosies Worte trafen die Versammelten wie Wespenstiche.

Helen erhob sich aus ihrem Stuhl, ging zu Rosie und legte ihr den Arm um die Schultern. »Schhh! Schhh! Rosie, bitte!«

»Nein, Helen! Legen wir doch alles offen. Mr. Couson ist zu höflich. Und ich sage dir noch etwas, Beatrice. An dem Morgen, als er starb, hatte er gerade eine seiner Freundinnen besucht. Und er mußte sie bezahlen, nicht wahr? Und du mußtest ihm zwei Pfund aus der Haushaltskasse geben.«

Alle hatten sich mittlerweile erhoben.

»Du bist doch – du bist doch wahnsinnig, Mädchen!«

Einen Augenblick erwiderte niemand etwas auf diese Bemerkung. Schließlich ließ sich Mr. Couson mit einem Plumps wieder in den Stuhl fallen. »Nein, Miss Steel. Leider hat sie recht. Aber ich war zu höflich, um es so deutlich auszudrücken, wie sie es getan hat. Ihr Zuhause und Ihr Land sind heute aufgrund der Schwächen Ihres verschiedenen Vaters in diesem Zustand.« Als er fortfuhr, wurde seine Stimme lebhafter. »Da ist noch eine Kleinigkeit zu besprechen, aber sie ist wirklich wichtig. Wenn Sie sich bitte wieder setzen.« Er zog eine große Anzahl Papiere zu sich heran, die bisher auf der Seite gelegen hatten, und deutete darauf. »Hier habe ich viele offene Rechnungen, nicht nur von Geschäften im Ort, sondern auch von gewissen – nennen wir sie Gentlemen, die heute ebenfalls hier sind. Zwei sind Direktoren einer Kreditgesellschaft, die anderen sind von einem Glücksspielsyndikat. Ihre Forderungen sind beträchtlich. Aber da ist noch ein Punkt. Da dieser Besitz über keinerlei Geldmittel verfügt, weiß ich nicht, ob diese Männer, rechtlich gesehen, einen Anspruch auf die Bezahlung der Schulden Ihres Vaters erheben können. Ich werde mich darüber informieren. Für die Zinsen des geliehenen Geldes allein wird sich eine Lösung finden. Wie ich fürchte, kommen dazu allerdings noch die Zinsen für die Hypothek. Wenn ich Ihnen einen Rat geben darf und wenn Sie es auf irgendeine Weise zuwege bringen, würde ich mich an ihrer Stelle umgehend um die lokalen Schulden kümmern und auch über eine Verringerung des Personals nachdenken. Überlegen Sie auch, was Sie mit dem Anwesen zu tun gedenken, denn so, wie ich die Lage einschätze, wird es Ihnen unter den von mir genannten Bedingungen nicht möglich sein, Ihr Leben hier fortzuführen.«

»Lassen Sie die Rechnungen für die Schulden im Ort hier, ich werde mich darum kümmern«, sagte Leonard Morton Spears, als der Rechtsanwalt nach seiner Ledertasche griff und die Papiere wegräumte.

»Oh, daß ist nett von Ihnen, Sir. Miss Steel, es gibt noch immer Hoffnung. Es gibt noch etwas, was Sie tun können.« Nun blickte er über den Tisch zu Beatrice, die auf den Fußboden starrte. »Sie besitzen immerhin noch etwa fünfzig Morgen Land, ein Teil davon ungenutzt, wie ich glaube. Nun, ich meine, es ist bloß unbewirtschaftetes Waldland. Vielleicht sollten sie darüber nachdenken, einen Streifen davon zu verkaufen. Heutzutage bekommt man einen guten Preis für Bauland, das heißt, für Häuser für die Oberschicht. Ich bin sicher, die Bank würde Sie dabei unterstützen.«

Beatrice hob den Kopf. »Land verkaufen? Vater würde niemals …«

»Sei still!« Wieder blickten alle ungläubig zu Rosie. »Sprich nicht davon, was Vater getan hätte oder nicht getan hätte. Nach meiner Meinung und der jedes anderen hat er mehr als genug getan. Er hat uns jahrelang getäuscht. Und soweit ich hörte, bereitete er Mutter ein entsetzliches Leben.«

Helen nahm Rosie bei den Schultern und drängte sie zur Tür hinaus. »Komm mit, Liebes! Es ist ja gut, alles in Ordnung! Beruhige dich jetzt, ganz still!«

Beatrices Mund stand wieder offen. Rosie! Wie konnte sie es wagen! Wie konnte sie nur! Es war einerlei, was ihr Vater getan hatte, sie hatte kein Recht, in der Öffentlichkeit so mit ihr zu sprechen. Sie hatte kein Recht! Sie hatte kein Recht! Als hätte sie eine Stimme in ihrem Inneren zur Ruhe gerufen, hielt sie plötzlich inne und ließ sich schwerfällig auf ihren Stuhl sinken.

Ihr Schwager ging zu ihr und legte ihr seine Hand auf die Schulter. »Nimm es nicht zu schwer, Beatrice. Diese Dinge geschehen. Es wird schon wieder, du wirst sehen, es wird schon wieder. Wir tun, was wir können.«

Sie hätte ihren Kopf heben und ihm danken sollen, doch sie vermochte es nicht. Er und Helen – wie unverhohlen sie einander ihre Liebe zeigten. Ach, wie war das Leben doch ungerecht.

Sie erhob sich und verließ den Raum, ohne dem Rechtsanwalt auch nur zuzunicken. Nun wandte sich Leonard an Mr. Couson. »Das ist eine schreckliche Sache. Er war wahrhaftig ein richtiges Schwein. Ich wußte es bereits seit einiger

Zeit. Aber über so etwas spricht man nicht, nicht mit Frauen und schon gar nicht mit seinen Töchtern. Stehen die Dinge wirklich so schlimm?«

»Aus meiner Sicht könnten sie gar nicht schlimmer sein, Sir. Das Haus und das Land sollten verkauft werden. Mit dem, was nach Abzahlung der Schulden bei der Bank übrigbliebe, könnte sich Miss Steel meiner Meinung nach ein eigenes kleines Anwesen kaufen. Aber ich sehe schon, daß das unmöglich ist.«

Leonard nickte dem Mann zu. »Meine Frau sagte immer, daß Beatrice von diesem Haus besessen ist. Darum erwartet sie auch, daß man sie mit Beatrice Penrose-Steel anspricht. Selbst als Kind war es schon ihr ein und alles. Sie war, was man die ›kleine Hausherrin‹ nannte. Aber heute ist sie eine verletzte Frau. Am schwersten wird sie wohl die Enthüllung des Charakters ihres Vaters treffen, denn nach dem wenigen zu urteilen, das ich von beiden kannte, waren sie einander innerlich auf bestimmte Weise ähnlich, natürlich mit Ausnahme der Moral.«

»Ja, mit Ausnahme der Moral. Nun, Sir, ich werde mich auf den Heimweg machen. Um die restlichen Angelegenheiten werde ich mich in meinem Büro kümmern.«

»Das war kein fröhliches Begräbnis«, erklärte er, während er sich erhob und seine Tasche an sich nahm.

Leonard fand zwar, daß dies eine seltsame Bemerkung war, aber er mußte zustimmen: Es war kein fröhliches Begräbnis gewesen.

8

John wandte sich an Helen, die am Fußende des Bettes stand. »Sie wird gut zwölf Stunden schlafen, hoffe ich. Was hat diesen Anfall hervorgerufen?«

Helen ging vom Bett zum Fenster und blickte in den spärlich fallenden Schnee hinaus, ehe sie antwortete. »Hauptsächlich die Enthüllung der Schandtaten meines Vaters: daß das Haus mit einer Hypothek belastet ist, daß er bei einer großen Zahl hiesiger Händler sowie einigen anderen Spielern Schulden hat; daß er sich von einer Kreditgesellschaft Geld geliehen hatte, die überhöhte Zinsen verlangt, und daß er kein Testament hinterlassen hat.«

»Kein Testament?«

»Nur einen Brief. Sehr kurz, zwei Zeilen an Beatrice.« Sie wiederholte die beiden Zeilen nicht, denn sie schienen so unglaublich in ihrer schlichten Forderung, daß Beatrice die Situation bereinigen solle, die er geschaffen hatte.

»Und das hat bei Rosie diesen hysterischen Anfall hervorgerufen?« fragte er ungläubig.

»Nein, nicht nur das«, erwiderte Helen und wandte sich zu ihm um. »Schon bevor der Rechtsanwalt sämtliche Untaten meines Vaters offenlegte, schien sie davon gewußt zu haben. Und es war nicht nur das Geld allein.« Sie ging an ihm vorüber zur Tür.

Er hielt sie zurück, ehe sie sie öffnen konnte. »Seine Liaisons waren nicht nur allgemein bekannt, sondern auch Gesprächsstoff in den Salons, soweit ich hörte«, sagte er leise.

Als sie sich zu ihm umwandte, stand er dicht hinter ihr. »Ich weiß nicht, wie sie davon erfahren konnte«, rief sie mit gedämpfter Stimme. »Und ich begreife auch nicht, warum wir so lange im Dunkeln gelassen wurden, denn offensichtlich litt auch meine Mutter unter seinen Missetaten. Und doch, zurückblickend schien es ein glückliches Haus gewesen zu sein. Immer gab es soviel Frohsinn unter uns Mädchen, und auch mit meiner Mutter … Es ist seltsam, sie allein schien die Atmosphäre unseres Lebens bestimmt zu haben. Sie sorgte dafür, daß wir glücklich waren, und erst als sie starb, veränderte sich alles. Eine nach der anderen hatte dann den Wunsch, dieses Haus zu verlassen. Mit Ausnahme von Beatrice. Marion ging zur selben Zeit weg wie ich. Sie ist jetzt mit ihrem Mann in Indien.«

John erwiderte nichts. Als sie fortfuhr, hielt er seinen Blick weiter auf ihr Gesicht gerichtet. »Und auch Rosie ist am Fortgehen. Jetzt wird es ihr wohl kaum rasch genug gehen.« Sie deutete mit ihrer Hand leicht in Richtung des Bettes und sprach dann mit trauriger Stimme weiter. »Sie war die fröhlichste von uns. Ein Wildfang und eine Plaudertasche. Konnte nie still sein. Aber als ich vor drei Tagen ankam, war ich erstaunt über die Veränderung. Sie war eigenartig, immer nahe daran, in Tränen auszubrechen, und dennoch wollte sie nicht reden. Aber jetzt kennen wir den Grund. Dazu kommt noch, daß sie wohl schon eine ganze Weile unglücklich war. Das entnahm ich ihren Briefen.«

»Sind Sie glücklich?«

»Wie?«

»Ich fragte, ob Sie glücklich sind.«

Einen Augenblick lang hielt sie seinem tiefen, durchdringenden Blick stand. »Ja, ich bin sehr glücklich«, sagte sie langsam. »Ich – ich habe einen wundervollen Ehemann. Er ist ein liebenswerter Mann. Ein wahrlich liebenswerter Mann.«

»Das freut mich.«

Sie blickten noch einmal einander an, bis sie sich umwandte und er einen Schritt zurücktreten mußte, damit sie die Tür öffnen konnte. Ohne ein weiteres Wort folgte er ihr hinaus in den Korridor und über die Treppe hinunter, wo Leonard auf sie wartete. »Teddy ist soeben gekommen. Teddy Golding«, unterrichtete er sie. »Es war ihm nicht möglich, am Begräbnis teilzunehmen, aber er hatte das Gefühl, es wäre seine Pflicht, vorbeizukommen und sein Mitgefühl auszudrücken. Er muß jedoch bereits heute abend wieder fort. Wie geht es ihr? Kann er sie einen Augenblick sehen?«

Seine letzten Worte waren an John gerichtet. Dieser schüttelte den Kopf. »Ich mußte ihr ein Beruhigungsmittel verabreichen, sie war nahezu hysterisch. Morgen früh ist sie wieder in Ordnung, aber ich möchte, daß sie noch ein oder zwei Tage ruht, bis sie den Schock endgültig überwunden hat.«

»Wo ist Teddy?« fragte Helen ihren Mann.

»Beatrice hat ihn in den Empfangssalon geführt. Wir sollten besser nach ihm sehen und ihm die Situation erklären, Liebste. Ich fürchte, Beatrice ist zur Zeit nicht in der Verfassung, irgend jemanden zu unterhalten, es sei denn, indem sie mit ihren Sorgen herausplatzt und die Welt für das Unglück ihres Vaters verantwortlich macht.« Nun wandte er sich wieder an John. »Sie nehmen doch gewiß eine Tasse Tee oder sonst etwas, ehe sie in dieses Wetter hinausgehen.« Er deutete mit dem Kopf zum Fenster. »Das Schneetreiben wird dichter. Kommen Sie mit ins Arbeitszimmer. Dort haben wir ein Feuer, und die Mädchen bringen Ihnen etwas Warmes zu trinken.«

John zögerte, ihm zu folgen. Eigentlich wollte er sich eben damit entschuldigen, daß ein Patient ihn erwarte, doch dann fing er von Helen einen Blick auf, der zu sagen schien: »Bitte, seien Sie freundlich. Er ist ein liebenswerter Mann.«

Einige Minuten später saß er Leonard in einem tiefen Lederstuhl vor dem Kamin gegenüber. Irgendwie war es ihm unmöglich, ein Gespräch zu beginnen. Doch dafür bestand auch keine Notwendigkeit, denn der hochgewachsene, attraktive Soldat erhob sich lachend aus seinem Stuhl. »Erst fragte ich Sie, ob sie etwas Warmes trinken wollen, und nun habe ich vergessen, danach zu klingeln.« Er zog an einer Kordel neben dem Kamin, ehe er wieder Platz nahm. »Wir haben einander eigentlich niemals wirklich kennengelernt, nicht wahr? Was ich meine, ist, wir hatten niemals die Gelegenheit zu sprechen. Und doch weiß ich durch Helen eine Menge über Sie.«

»Durch Helen?« hörte er sich linkisch wiederholen.

»Ja, sie hält Sie für einen hervorragenden Mediziner, der über die richtige Persönlichkeit und all das verfügt, was einen – nun, nicht gerade einen übertrieben fürsorglichen Arzt ausmacht, aber doch einen, der einem Patienten Vertrauen einflößt und ihm versichert, daß er nicht an einem Hustenreiz sterben wird.« Beide lachten ein wenig verlegen.

»Wahrscheinlich ist es dumm, Sie zu fragen, warum Sie sich für die Medizin entschieden haben. Nein, ich nehme die Frage zurück, denn ich weiß nur zu gut, warum Mediziner und besonders Chirurgen diesen Beruf gewählt haben

– des Geldes wegen. Hin und wieder findet man einen, der die Medizin als Berufung, als eine Art Verpflichtung der Menschheit gegenüber ansieht. Diese Art von Ärzten dürften wir hier auf dem Land bekommen.«

»Sie sprechen, als hätten Sie große Erfahrung mit Ärzten.«

»Ja. Unglücklicherweise trifft das zu.«

»Oh.« John hob die Augenbrauen leicht. »Sie waren krank?«

»Ach, früher. Das übliche, was man sich so im Ausland aufschnappt: Malaria, Fieber und dergleichen. Ich habe schon Ärzte gesehen, die Menschen wie Vieh behandelten und wiederum andere, die vor Müdigkeit am Fußende eines Patientenbettes einschliefen. Aber jetzt habe ich einen guten.«

»Wie lange waren sie in der Armee?«

»Seit meinem achtzehnten Lebensjahr.«

»Dann kann ich wohl annehmen, daß es eine Liebesbeziehung ist«, meinte John lachend.

»Oh, gewiß. Fügen Sie noch ein wenig Haß hinzu, dann treffen Sie die Wahrheit exakt. Ich habe Sie gefragt, warum Sie sich für die Medizin entschieden haben, aber Sie gaben mir keine Antwort. Nun überlege ich, ob Sie nicht vielleicht auf dieselbe Weise dazugekommen sind wie ich in die Armee. Weil mein Vater ihr angehörte und ich das Gefühl hatte, in seine Fußstapfen treten zu müssen. War Ihr Vater Arzt?«

»Nein. Er war Steinmetz.«

»Steinmetz?«

»Ja, Steinmetz. Man hätte ihn einen Bildhauer nennen können, denn er konnte mit Stein buchstäblich alles machen. Aber er schien nie glücklicher, als wenn er außen an einem Kirchturm hing und einen Steinblock oder einen Wasserspeier auswechselte oder in einer mehr als zweihundert Jahre alten Handwerkskunst an einer Verkleidung arbeitete.«

Die Tür öffnete sich, und Janie Bluett betrat den Raum. »Glaubst du, wir können ein Tablett Tee und etwas Gebäck dazu bekommen, Janie?« fragte Leonard mit vertrautem, lautem Flüstern.

»Natürlich, Mr. Spears, noch ehe ein Lamm zweimal mit dem Schwanz wedelt«, antwortete sie mit einem Lächeln.

Das Lamm benötigte fünf Minuten, um mit dem Schwanz zu wedeln, doch dann brachte Janie ein großes Tablett mit einem Teeservice und Frances Middleton hinter ihr ein Tablett mit einer Auswahl an kleinen Kuchen und Biscuits.

Leonard bedankte sich bei den beiden herzlich und lächelte John zu. »Was Sanftmut angeht, wird mir oft vorgeworfen, zu schroff zu sein, was ich bei Drückebergern auch tatsächlich bin.« Er wollte eben den Teewärmer von der Kanne nehmen, hielt aber mitten in der Bewegung inne. »Einst haßte ich meinen Vater dafür, daß er mich ermutigt hatte, zur Armee zu gehen, doch an dem Tag, an dem ich meine Uniform erhielt, gab er mir einen Ratschlag: ›Du wirst Männer sehen‹, sagte er, ›die bis zum Äußersten von ihren Vorgesetzten schikaniert werden. Je wichtiger sie sind, desto rücksichtsloser, je lauter ihre Stimme, desto mehr brüllen sie. Bleibe stark. Freunde dich nicht mit Männern an, die nicht deiner Klasse angehören. Auf diese Weise verlierst du nur ihren Respekt. Aber wenn du mit ihnen zu tun hast, behandle sie fair. Erinnere dich, daß es Menschen sind. Erinnere dich, daß du ohne meine Position und die meines Vaters und Großvaters heute einer von ihnen wärest.‹ Aus dieser kleinen Ansprache habe ich mehr gelernt als in all den Jahren in der Schule oder bei einer Tracht Prügel.« Nun deutete er auf das Tablett mit Gebäck. »Sehen Sie nur, was es uns in diesem Fall eingebracht hat.«

John betrachtete ihn eingehend. Er war ein Mann, den man mögen konnte, da bestand kein Zweifel. Und Helen sah in ihm einen liebenswerten Mann. Diesen Ausdruck hatte Rosie bisher so gerne benutzt. Jene Art von Mann, die eine Frau attraktiv fand. Aber liebte Helen ihn wirklich? Sie sagte, sie sei glücklich. Allerdings wäre es wahrlich recht seltsam, wäre eine Frau mit einem solchen Mann nicht glücklich.

In diesem Augenblick öffnete sich die Tür, und Helen trat ein. »Ach, man kann nicht fünf Minuten alleine sein«, rief Leonard aus, stellte dann aber sogleich die Teekanne ab, ging zu ihr, legte ihr seinen Arm um die Schultern und führte sie zu dem Stuhl neben dem Feuer, den er eben verlassen hatte. Dann blickte er von einem zum anderen. »Oh, das ist nett. Es ist, als wären wir einem Kriegsgebiet entflohen.«

Während John die beiden beobachtete, fragte er sich, wie es möglich war, daß er hier saß und diesem Mann zuhörte, den er heimlich beneidet und bisweilen sogar gehaßt hatte.

Teil 2

Beatrice

1

Beatrice saß im Arbeitszimmer am Schreibtisch. Vor ihr lagen Papiere jeder Form und Größe ausgebreitet. Sie stützte den Ellbogen auf den Tisch, legte den Kopf in die Hand und blickte zu der Vitrine gegenüber. Sie sagte sich, daß es wohl keinen anderen Weg gäbe als den, den ihr der Rechtsanwalt angeraten hatte. Sie mußte einen Teil des Landes verkaufen. Vielleicht bis zu zwanzig Morgen. Nach den derzeitigen Preisen würde dies ausreichen, um die Zinsen der Hypothek und die Schulden, die ihr Vater angehäuft hatte, zu bezahlen; zumindest die von der Kreditgesellschaft. Die Spielschulden waren fragwürdig. Mr. Couson hatte sie eine »Angelegenheit der Ehre« genannt. Auch hatte er vorgeschlagen, ihr Personal auf die Hälfte zu reduzieren, doch dagegen hatte sie sich hartnäckig gewehrt. Ihre kleine Dienerschaft bedeutete Ansehen, und das war alles, was sie hatte: das Haus und Ansehen. Und sie würde daran festhalten. Oh, ja, das würde sie.

Wieder begann sie, die Rechnungen durchzusehen. Leonard hatte eine Anzahl davon sofort beglichen, doch danach waren noch mehr ausständige Schulden eingetroffen. Zwei befanden sich darunter, die ihr nahezu das Blut aus den Lippen trieben, denn sie kamen aus einem Modehaus in Newcastle. Zwei getrennte Rechnungen für Damenkleider, die vor achtzehn Monaten ausgestellt worden waren. Obwohl sie wußte, daß sie viele der Eigenschaften ihres Vaters geerbt hatte, hätte sie ihn, wäre er in diesem Augenblick hier gewesen, körperlich angegriffen. Sie konnte ihn auf der anderen Seite des Tisches stehen sehen und seine Stimme hören: »Weißt du, du bist bei den Haushaltsrechnungen ziemlich verschwenderisch. Du solltest besser damit umzugehen lernen.«

In den vergangenen Wochen hatte sie eine weitere harte Lektion gelernt. Sogenannte Freunde schreckten diskret vor dem Wort »Skandal« und allem damit in Verbindung Stehendem zurück. In ihrer Umgebung war allgemein bekannt, daß ihr Vater kein Testament, sondern statt dessen einen Berg von Schulden hinterlassen hatte. Obendrein wurde das, was der Rechtsanwalt nachsichtigerweise seine »Schwäche« genannt hatte, öffentlich, als Dave Wallaces Frau in unordentlichem Zustand und mit zwei blauen Augen im Gasthof eintraf.

Sie lehnte sich in ihrem Stuhl zurück. Im Haus war es sehr still. Sie war allein. Für sie zählten die Angestellten nicht als Bewohner des Hauses.

Rosie war nach Newcastle gefahren, um sich dort mit Edward Golding zu treffen, der beruflich aus London gekommen war. Er würde zwei Tage bleiben. Offensichtlich hatte er Rosie etwas Besonders zu sagen, wahrscheinlich bezüglich des Postens, den er in Newcastle, wo sie leben wollten, zu erhalten hoffte.

Irgend etwas war mit Rosie geschehen, seit sie vom wahren Charakter ihres Vaters Kenntnis erhalten hatte. Obwohl auch Beatrice zutiefst schockiert war, hatte es sie nicht im selben Ausmaß getroffen. Aber natürlich war Rosie immer noch sehr kindlich und würde niemals der Realität des Lebens ins Auge sehen. Verträumt war das richtige Wort für sie. Dennoch war Beatrice froh darüber, daß sie, wenn sie heiratete, in der Nähe lebte, denn ohne sie fühlte sie sich vollkommen allein. Und trotz ihres unbekümmerten Charakters mochte sie sie sogar mehr als Marion oder Helen. O ja, Helen und auch ihr in sie vernarrter Ehemann gingen ihr auf die Nerven. Ja, er war so freundlich gewesen, die Rechnungen zu bezahlen, aber immerhin verfügte er über ausreichende Geldmittel, auch wenn sie früher gedacht hatte, daß er kein reicher Mann war. Doch es gab immerhin verschiedene Grade des Reichtums. Und Helen? O nein, sie konnte Helen heute wie früher nicht ertragen. Sie hatte etwas an sich, daß ihr eine Aura von Überlegenheit verlieh. Vielleicht lag es nur daran, daß sie größer und ziemlich hübsch war. Aber einerlei, irgend etwas an ihr ging ihr unter die Haut und ärgerte sie, sooft sie einander begegneten.

Es klopfte an der Tür. »Herein!« rief sie, und Frances Middleton trat mit einem Silbertablett ein. »Die zweite Post, Miss.«

»Lege sie dort ab.« Beatrice deutete auf eine Ecke des Schreibtischs. Ohne dem Mädchen zu danken, fuhr sie in ihren Schreibarbeiten fort.

Erst später öffnete sie mit einigem Widerwillen die Briefe. Sie wußte, daß der erste eine Rechnung war – Rechnungen hatten besondere Kuverts. Sie hatte gelernt, sie zu erkennen. Den zweiten Umschlag untersuchte sie eingehender. Bevor er hier angelangt war, war er bereits an zwei andere Adressen zugestellt worden. Sie öffnete das Kuvert und erkannte augenblicklich, daß es von einem Rechtsanwaltsbüro stammte. Das Schreiben begann mit:

Sehr geehrter Oberst Steel!

Rasch nahm sie wieder den Umschlag zur Hand. Er war an Oberst Steel adressiert – nicht an ihren Vater, sondern an ihren Großvater. Sie las weiter.

Ich muß Sie davon in Kenntnis setzen, daß Ihre Schwester, Alice Benton Forester, am 17. Februar im erstaunlichen Alter von achtundneunzig Jahren verstorben ist. Wir hatten einige Schwierigkeiten, Ihre Adresse ausfindig zu machen, da sie sich einzig an Ihren Namen zu erinnern schien. Sie hinterließ kein Testament, und die Jahresrente, die für ihre Heimkosten aufgewendet wurde, wurde selbstverständlich eingestellt. Ihr Besitz ist gering: ein Armband und ein Anhänger. Beide nicht besonders wertvoll. Aber wenn Sie es wünschen, werde ich Ihnen diese Stücke zusenden.

Ich habe die Dame bei einigen wenigen Gelegenheiten vor mehreren Jahren getroffen. Sie schien ein sanftes Wesen zu besitzen, wie sich aus ihrem Verhalten dem Pflegepersonal des Heims gegenüber schließen ließ. Dieses informierte mich, daß ihre Krankheit sich seit ihrem vierzigsten Lebensjahr verändert hatte. Ihre einstmals starken Stimmungsschwankungen und hysterischen Ausbrüche, während derer

sie einzig den Wunsch zu verspüren schien, sich zu entkleiden, sowie ihre Anfälle hätten nach und nach abgenommen. Offensichtlich war sie unter dem Personal sehr beliebt.
Sie wird auf dem Friedhof des Ortes beigesetzt, und da ich annehme, daß es Ihnen nicht möglich sein wird, an ihrem Begräbnis teilzunehmen, erwarte ich Ihre Anweisungen, was mit den wenigen Schmuckstücken geschehen soll.
In Erwartung Ihrer Antwort verbleibe ich
Hochachtungsvoll
Thomas Harding.

Beatrices Augen schnellten zu dem Briefkopf: Harding & Bright, Rechtsanwälte. Am unteren Ende fand sich eine Adresse in Falmouth.

Es mußte natürlich jemand sein, der ihnen nur einige wenige Schmuckstücke hinterlassen konnte. Angewidert schob sie den Brief von sich. Es war Tante Ally, von der ihre Großmutter gesprochen und zu der sich Großvater auf die lange Reise nach Cornwall begeben hatte.

Sie wandte ihr Gesicht ab, während sie im Geist verächtlich das Wort »entkleiden« wiederholte. Nun, sie konnten ihre spärlichen Habseligkeiten behalten. Sie würde diesen Brief nicht beantworten. Auch ohne sich noch etwas aufzuhalsen, hatte sie genug um die Ohren. Das nächste wäre wohl die Rechnung für das Begräbnis. Sie kannte Rechtsanwälte. Mr. Couson genügte ihr vollkommen. Rechtsanwälte waren angeblich hilfreich und ordneten die Geschäfte für ihre Mandanten, doch sein einziger Rat hatte darin bestanden, Land zu verkaufen. Selbstverständlich hatte Helen ihr den Vorschlag gemacht, den Anbau zu vermieten, der eigentlich ein eigenes Haus war. Nun, sollte sie ihrem Ratschlag doch selbst folgen und in *ihrem* Haus Untermieter aufnehmen.

Abrupt erhob sie sich aus ihrem Stuhl. »Mehr kann ich heute nicht tun«, erklärte sie und verließ das Zimmer.

In der Halle zögerte sie. Sie hatte die Absicht gehabt, ins Empfangszimmer zu gehen, doch von dort ließen sich Arbeitsgeräusche vernehmen, die ihr sagten, daß eines der

Dienstmädchen dort beschäftigt war. So stieg sie wieder die Treppe hinauf. Auf dem Treppenabsatz hielt sie erneut inne und blickte über das Geländer in die Halle hinunter. Weshalb erschien ihr das Haus heute so leer? Vielleicht weil Rosie nicht hier war. Was würde sie tun, wenn Rosie verheiratet war? Selbstverständlich könnte sie in der Nähe wohnen, aber das war nicht dasselbe, wie in diesem Haus zu leben. Dennoch war es Marions Entscheidung, nach Indien zu gehen, und Helens, in Hampshire zu leben, vorzuziehen. Natürlich hatte Helen gerade diesen Ort gewählt, um in der Nähe des adeligen Verwandten ihres Mannes zu wohnen. Der Grund, den sie genannt hatte, war, daß alle Männer gerne segelten ... Und sie umgab sich gerne mit Männern, nicht wahr?

Beatrice betrat ihr Schlafzimmer, ging schnurstracks auf einen Beistelltisch zu, öffnete eine Schachtel mit Konfekt, nahm eines heraus und steckte es sich in den Mund. Als sie sich bereits abwenden wollte, zögerte sie, griff dann nach der Schachtel und setzte sich damit in einen Stuhl am Fenster, wo sie ein Konfekt nach dem anderen verspeiste. Wann immer sie Kummer hatte, verspürte sie die Lust, etwas Süßes zu essen, und solange sie sich zurückerinnern konnte, hatte Konfekt tröstlich auf sie gewirkt. Plötzlich hielt sie im Kauen inne und stieß die Schachtel von sich. Sie wünschte, Rosie käme zurück.

Ihr Blick streifte durch den Raum. Alles glänzte, doch der Anblick bereitete ihr in ihrer derzeitigen Stimmung keine Befriedigung. Denn sie fühlte etwas Neues, Seltsames. Sie hatte sich niemals vorgestellt, daß sie Menschen um sich brauchte, und sich immer von Gesellschaft ferngehalten. Geplauder und Lachen regten sie auf.

Sie wandte sich um und blickte aus dem Fenster. Die Saatkrähen flogen durch die Nacht zu ihren Schlafplätzen. Sie erhob sich. Sie haßte Saatkrähen und deren unentwegtes Krächzen. Morgen würde sie das Gewehr hervorholen. Obwohl sie nicht über ein so gutes Zielvermögen wie ihr Vater verfügt hatte, würde sie dennoch zumindest einige von ihnen treffen. Als die Vögel das letzte Mal ihre Nester verlegt hatten, hatten sie dafür einen Baum gewählt, der näher am Haus stand.

Das Geräusch der zuschlagenden Vordertür ließ sie herumfahren. Sie lief beinahe die Treppe hinab und erblickte in der Halle Rosie, die eben die Nadeln aus ihrem Hut zog. »Oh, du siehst erfroren aus«, sagte sie, während sie näher an sie herantrat.

»Nein, das bin ich nicht.« Rosie lächelte. »Vom Bahnhof aus nahm ich die Pferdebahn und bin das letzte Stück zu Fuß gegangen. Es war herrlich«, erklärte sie und legte ihren Mantel ab. »Jetzt hätte ich gerne eine Tasse Tee, Beatrice.«

»Ich werde gleich danach läuten. Komm in das kleine Wohnzimmer, die Mädchen sind im Empfangssalon gerade im Einsatz.«

Rosie ließ sich auf das Sofa fallen. »War das Essen mit Teddy nett?« fragte Beatrice.

»Ja, wundervoll. Ich habe Neuigkeiten für dich. Komm und setz dich hierher.« Rosie klopfte auf das Sofakissen neben sich. Kaum hatte Beatrice Platz genommen, griff Rosie nach ihrer Hand. »Ich bin so aufgeregt«, brachte sie hervor und schüttelte den Kopf, bevor sie fortfuhr, »ich kann es nicht glauben. Ich kann es einfach nicht glauben. Vielleicht gehe ich nach Amerika.«

»Was? Amerika?« fragte Beatrice nach einer langen Pause. Ihre Augen weiteten sich, als versuchte sie, Amerika in der Ferne auszumachen.

»Ja, Amerika. Wie du weißt, wollte Teddy die Stellung in Newcastle annehmen, doch er wurde zu Seiner Majestät gerufen« – sie machte eine Bewegung mit der Hand – »so nennt er seinen obersten Vorgesetzten. Nun, das ist ein sehr einflußreicher Mann, und wie Teddy sagte, wird man nur nach oben gerufen, wenn einem die Leviten gelesen werden sollen. Daher dachte er, daß man ihn deswegen geladen habe.« Sie kicherte. »Und was glaubst du? Er fragte ihn, ob er nach Amerika gehen wolle. Offenbar hat einer ihrer Männer drüben einen Herzanfall erlitten und ist verstorben.« Das Lächeln verschwand von ihrem Gesicht, als sie fortfuhr. »Er war noch jung und – und unverheiratet. Und das ist der

Punkt.« Ihr Gesicht hatte sein Strahlen verloren. »Das ist der Punkt. Sie sehen es gerne, wenn ihre jungen Männer unverheiratet hinübergehen, doch sie machen hin und wieder Ausnahmen. Und bevor Teddy sie darauf anspricht, wollte er sichergehen, daß ich ihn heirate.« Rosie biß sich auf die Lippen, um ihr Lächeln zu unterdrücken. »Er bleibt zwei oder drei Tage in Newcastle, denn er will dir einen Besuch abstatten. Nun, da Vater von uns gegangen ist, will er dich an Vaters Stelle um deine Einwilligung bitten. Teddy hält trotz seiner Jugend viel von Förmlichkeiten. Nun, so jung ist er mit vierundzwanzig auch wieder nicht. Er ist im George Inn abgestiegen und würde uns gerne am Abend vor seiner Abreise dort zum Dinner einladen. Oh« – sie schloß ihre Augen fest und schlang die Arme um sich –, »ich bin so glücklich, daß ich zerspringen könnte. Amerika! Amerika!«

Plötzlich öffnete sie die Augen wieder und sah zu ihrer Schwester. »Du freust dich nicht für mich? Ich weiß, daß es entsetzlich ist, dich zu verlassen. Dann werden wir alle unser Zuhause verlassen haben, aber – aber du mußt mich verstehen. Ich war in letzter Zeit sehr unglücklich, seit der Sache mit Vater, und die Gelegenheit zu bekommen wegzugehen …« Sie griff nach Beatrices Händen. »Du könntest deine Ferien bei uns verbringen. Es ist jetzt ganz einfach. Die Schiffe sind sehr schnell. Es dauert nur acht Tage, und du warst noch nie fort von hier. Keiner von uns war das. Nun, Marion ist jetzt in Indien, und das ist wunderbar. Aber Helen ist noch in deiner Nähe. Sie würde dich besuchen, wenn du es zuließest.« Sie zog die Hände ihrer Schwester an ihre Brust und hielt sie fest. »Du bist noch nie gut mit Helen ausgekommen. Wenn du es bloß versuchtest, Beatrice. Sie ist so nett. Und sie denkt an dich, sie sorgt sich um dich. Das hat sie mir gesagt.«

Beatrice entzog ihre Hände dem sanften Griff ihrer Schwester, erhob sich und blickte auf Rosie hinab. »Ich brauche kein Mitgefühl, weder von Helen noch von jemand anderem. Niemand muß sich um mich kümmern. Ich kann recht gut für mich selbst sorgen. Und was dich und die

Neuigkeit angehen, die du mir so einfach hingeworfen hast: nach Amerika gehen! Da denkst du wohl nicht an mich, oder? Ich werde hier allein zurückgelassen, aber das interessiert dich nicht. Nein, das tut es nicht.« Sie wandte sich zum Feuer. »Ich habe noch immer das Haus, und – und das ist alles, was für mich zählt. Das Haus zu besitzen und es zu behalten. Verstehst du das?« Selbst während sie noch sprach, wußte Beatrice, daß das nicht das einzige war, was sie sich in diesem Augenblick wünschte. Sie brauchte Gesellschaft, sie brauchte Rosie. Natürlich wollte sie das Haus. Es war der Mittelpunkt ihres Lebens, aber sie wollte seine Behaglichkeit mit jemandem teilen ... Nun, nicht mit irgend jemandem, aber mit jemandem, der in diesem Haus aufgewachsen war, es schätzen und lieben konnte und umhegte wie – wie ihr Vater es getan hatte, hätte sie beinahe gedacht. Aber in diesen Tagen wollte sie nicht an ihren Vaters denken.

Rosie hatte sich erhoben und stand nun neben ihr. »Du wirst dich doch mit ihm treffen, nicht wahr?« fragte sie mit bittender Stimme. »Morgen nachmittag? Er sagte morgen nachmittag.«

»Ja, natürlich werde ich mich mit ihm treffen. Wie die Dinge rechtlich liegen, bin ich in jedem Fall dein Vormund und könnte seinen Antrag abweisen.«

»Aber das wirst du doch nicht tun, Beatrice! Du weißt doch, wie gerne ich fortginge.«

»Aber warum? Warum? Dies hier ist dein Zuhause.«

Abrupt zog sich Rosie von Beatrice zurück. »Das ist nicht mein Zuhause!« schrie sie. »Ich betrachte es nicht länger als ein Zuhause. Um dir die Wahrheit zu sagen, fühle ich mich auf der anderen Seite der Mauer weit mehr zu Hause.«

»O ja, das könnte ich dir beinahe glauben, bei diesem gewöhnlichen Schweinezüchter und seiner Mu...«

»Wage es nicht, ihn einen gewöhnlichen Schweinezüchter zu nennen! Wenn es jemals einen echten Farmer gegeben hat, dann ihn. Er hat bloß nicht genug Land. Hätte er dies hier« – sie deutete mit dem Arm um sich – »würdest du sehen, was er daraus machen könnte!«

Beatrice starrte ihre Schwester mit weit aufgerissenen Augen an. Sie sah eine junge Frau vor sich, die alles Kindliche abgeschüttelt hatte. Rosie war nicht länger jemand, den sie beherrschen konnte, und das brauchte sie mindestens so sehr wie Gesellschaft. Auch wenn sie sich dessen nicht bewußt gewesen war, war es für sie unentbehrlich, ihre fragwürdige Macht auszuüben.

»Ich gehe nach Amerika, und es gibt nichts, was du dagegen tun kannst«, erklärte Rosie, noch immer erregt, mit lauter Stimme, während sie zur Tür schritt.

Beatrice hob ihren Arm und hielt sich am Kaminsims fest. Alle ihre Muskeln waren gespannt. Nein, es gab nichts, was sie dagegen tun konnte, dachte sie. Plötzlich erschlaffte ihr Körper, und sie stürzte auf das Sofa. Ihre Hände vor das Gesicht geschlagen, stöhnte sie laut auf. Sie fühlte das ungewohnte Bedürfnis zu weinen. Doch schließlich straffte sie ihre Schultern, wischte sich mit ihrem Taschentuch über das Gesicht und holte einige Male tief Atem. Es schien, als resignierte sie vor den Ereignissen, die geschehen würden …

Zehn Minuten später saß sie wieder an ihrem Schreibtisch und räumte auf. Zuletzt nahm sie eine Anzahl geöffneter Briefe, die sie noch nicht beantwortet hatte, und stapelte sie ordentlich aufeinander. Dabei fiel ihr Blick auf das Schreiben, das den Tod einer unbekannten Frau in einem Sanatorium mitteilte.

Aus ihrer Kinderzeit war sie bestens mit einigen Zitaten vertraut: »Ein Stich zur rechten Zeit spart neun«. »Auch aus kleinen Eicheln wachsen große Eichen.« Ihr Blick hing an dem Papier, während sie sich ein weiteres Zitat in Erinnerung rief: »Verzweifelte Situationen erfordern verzweifelte Lösungen.«

Sie nahm das Blatt vom Stapel und las den Brief nochmals. Ihre Augen verweilten auf den Worten:

»Ihre einstmals starken Stimmungsschwankungen und hysterischen Ausbrüche, während derer sie einzig den Wunsch zu verspüren schien, sich zu entkleiden, sowie ihre Anfälle …«

Ihre Finger lagen flach auf dem Brief, als wollte sie ihn auf den Tisch niederdrücken. In Gedanken blickte sie auf das Leben ihrer jüngeren Schwester zurück. Es gab noch eine kleine Hoffnung. Sie würde nicht einmal lügen. Sie griff nach dem Schreiben, faltete es und suchte nach dem Umschlag, den sie bereits in den Papierkorb geworfen hatte. Dann erhob sie sich und atmete wiederum dreimal tief durch, doch diesmal aus einem anderen Grund.

2

Rosie saß Annie gegenüber am Tisch, und Robbie stand hinter seiner Mutter, die Hände auf die Lehne ihres Stuhls gelegt. Beide starrten Rosie ungläubig an. »Amerika?« wiederholte Annie.

»Ja. Ist das nicht wundervoll! O bitte, bitte« – sie streckte den beiden ihre Hand über den Tisch entgegen – »sagt nicht ›das ist weit weg‹ und ›wir werden dich vermissen‹, denn ihr werdet mich nicht halb so sehr vermissen wie ich euch. Aber ich – ich will hier fortgehen.« Die letzten Worte hatte sie fast flüsternd gesagt. »Und irgendwie scheint dies die Antwort auf meine Gebete zu sein. Ich will nicht nur in die nächste Stadt, nach Newcastle oder Durham, ich will fort von hier, meilenweit weg von diesem Haus.«

»Was sagt Beatrice dazu?«

»Oh, sie war aufgebracht und drohte, daß sie mich am Gehen hindern könne, da ich noch nicht einundzwanzig sei. Aber ich glaube, sie akzeptiert es jetzt. Teddy kommt um drei Uhr zum Tee, und ich habe gehört, wie sie der Köchin die Anweisung gab, einige Leckereien zu zaubern.« Sie lächelte schwach. »Das deutet wohl darauf hin, daß sie ihn nicht nur begrüßen und verabschieden wird. Sie ist nach Newcastle gefahren, um mit ihrem Rechtsanwalt wegen des Grundstücksverkaufs zu sprechen. Will sie das Haus behalten, bleibt ihr nichts anderes übrig. Aber sie sagte, sie kommt um ein Uhr zurück. Ich bin innerlich ganz aufgewühlt, Mrs. Annie. Und oh …« – sie blickte zu Robbie – »sieh mich nicht so an. Bitte! Ich hasse den Gedanken, dich verlassen zu müssen, weil du mir soviel bedeutest. Ich meine, ihr beide. Wäret ihr in den letzten Jahren nicht gewesen, hätte ich wohl eine Verzweiflungstat begangen … Vielleicht hätte ich sogar Jimmy Oldham gebeten, mich zu heiraten. Er ist erst ungefähr vierzig. Aber dann hätten sie sich einen anderen Verwalter suchen müssen. Doch wenigstens war er immer nett zu …«

»Sei still! Hör auf, wie eine Stadtdirne zu reden!«

Als Robbie sich umdrehte und die Küche verließ, starrte Rosie ihm mit offenem Mund nach. Dann wandte sie sich an seine Mutter. Annie hatte ihre Augen auf den Tisch gerichtet und trommelte mit den Fingern einen Rhythmus, der in Rosies Ohren lauter und lauter zu klingen schien. Sie blickte, auf eine Erklärung wartend, zu der älteren Frau hinüber. Als sie kam, war es eine einfache Aussage. »Robbie hat dich sehr gern«, sagte Annie.

»Das – das weiß ich«, stammelte Rosie. »Das weiß ich, und auch ich habe ihn sehr gern. Aber ich wollte doch nur meinem Wunsch, hier fortzukommen, einen heiteren Anstrich geben.«

»Ich weiß, Kleines, ich weiß.« Annie griff über den Tisch nach Rosies Hand. »Aber es ist seltsam, wir scheinen niemals die wichtigen Dinge zu sehen, die sich direkt unter unserer Nase befinden. Wir sollten ihre Bedeutung riechen können, doch wir tun es nie. Es braucht – ich weiß nicht was, einen Hurrikan, ein Erdbeben … Ein persönliches Erdbeben, bevor uns die Augen aufgehen.«

Auf Rosies Gesicht spiegelte sich Verwirrung wider. Sie sagte sich, daß Mrs. Annie nicht andeuten konnte, was sie *dachte*, daß sie andeutete, denn immerhin war Robbie achtundzwanzig Jahre alt und – und für sie immer wie ein großer Bruder gewesen, manchmal sogar fast wie ein Vater. Und er war sowohl in seiner Art als auch in seinen Worten immer rauh zu ihr gewesen. Niemals hatte er so sanft mit ihr gesprochen wie Mrs. Annie. Nun, zumindest heute nicht. Als sie noch ein kleines Kind war, hatte er es schon getan. Damals hatte er sie auf seinem Rücken reiten lassen. Aber während der letzten Jahre hatte es Zeiten gegeben, da hatte er kaum ein Wort mit ihr gesprochen. Und sie wußte, daß er mit Peggy Morgan und Mary MacKenzie tanzen gegangen war. Selbstverständlich war Mary MacKenzie inzwischen verheiratet. Aber sie erinnerte sich an eine junge Frau, die ziemlich häufig angerufen hatte und der Mrs. Annie fälschlicherweise auszurichten pflegte, daß er nicht zu Hause sei. Sie war die Tochter eines Lebensmittelhändlers, und Mrs. Annie sagte immer, daß sie hinter Robbies Blut her sei. Irgendwie schien sie sich über diesen Ausdruck zu amüsieren.

Doch nun war nichts mehr amüsant. Einen Augenblick lang machte Rosie der Gedanke, nach Amerika zu gehen, traurig, denn sie würde diese beiden Menschen vermissen. Sie liebte sie. Ja, das war das Wort, sie liebte sie, wie sie kein Mitglied ihrer eigenen Familie geliebt hatte, seit ihre Mutter gestorben war. Nur Helen hatte sie gern. O ja, Helen mochte sie ... Warum saß sie hier, und warum war sie so verwirrt?

»Geh schon, sprich mit ihm«, sagte Annie plötzlich.

»In seiner Stimmung wird er auf mich losgehen.«

»Was erwartest du, Mädchen?«

»Ich erwarte, daß er mir Glück wünscht und meine Freude teilt, wenn ich von diesem Haus fortkomme. Er haßt es ebensosehr wie ich. Eigentlich haßt er es bereits länger. Ich dachte, er würde sich für mich freuen.«

Annie erhob sich vom Tisch und ging zum Herd. »Geh schon, sprich mit ihm«, wiederholte sie.

Langsam stand Rosie auf und verließ den Raum. Sie wußte, wo sie ihn finden würde, und so machte sie sich auf den Weg zum Kuhstall. Als sie die Tür öffnete, sah sie ihn an der gegenüberliegenden Seite. Er rieb eines der Tiere mit einem Bündel Stroh ab. »Robbie.«

Er wandte sich um und sah sie an.

»Es tut mir leid, daß ich dich mit diesen dummen Worten verärgert habe.«

»Vergiß es.« Er drehte sich um und fuhr mit seiner Beschäftigung fort.

»Ich kann es nicht vergessen. Ich gehe vielleicht früher von hier fort, als ich jemals gedacht habe. Und was auch immer geschieht, ich werde dich vermissen. Du weißt nicht, wie sehr ich dich vermissen werde.«

»Warum tust du es dann?« Er hatte sich zu ihr umgewandt, das Strohbündel zu Boden geworfen, und stand nun so nahe vor ihr, daß sein Gesicht ihres beinahe berührte. »Warum tust du es?« wiederholte er fordernd.

Plötzlich wußte sie keine Antwort. Ihre Kehle war wie zugeschnürt. Tränen traten in ihre Augen, und sie mußte schlucken. »Du ... du weißt warum. Du weißt es. Ich muß einfach von hier fort ...«, stieß sie hervor.

»Wenn du fort willst, gibt es auch andere Wege.«

»Kein ... kein anderer hat mich gefragt, ob ich ihn heiraten will ...«

»O mein Gott! Mädchen!« Er hatte seine Arme um sie gelegt und hielt sie nun fest. »Weine nicht, Liebes, weine nicht. Ich verstehe. Ich verstehe.« Seine Stimme sank auf ein Flüstern. »Keiner hat dich gefragt, ob du ihn heiraten willst? Gütiger Gott! Verdammter blinder Narr! Nicht, Liebes, weine nicht. Es ist alles in Ordnung, ich verstehe. Ja, ich verstehe.«

Kaum versiegten ihre Tränen, löste sie sich von ihm. »Es tut mir leid. Es tut mir leid.«

Er sah in ihre Augen und sprach mit sanfter Stimme weiter. »Ich will nur, daß du glücklich bist, Rosie. Alles, was ich mir immer wünschte, mein einziges Ziel in meinem ganzen Leben, seit ich dich von dem Baum herunterholte, war, daß du glücklich bist und dir deine jugendliche Unbeschwertheit bewahrst, die dich von allen anderen unterscheidet. Und ich weiß, daß sie noch immer da ist. Sie ist derzeit nur verborgen. Das Erwachsenwerden überdeckt sie nur ein wenig, aber sie kommt zurück. Du wirst es sehen. Ob in Amerika oder Timbuktu, wo immer du bist, sie wird zurückkommen. Komm jetzt! Hör auf zu weinen. Mam schlägt mich, wenn sie sieht, daß ich dich zum Weinen gebracht habe. Du hattest in letzter Zeit genug Aufregungen. Du sehnst dich nach ein wenig Fröhlichkeit. Glaube mir,

Rosie, glaube mir, alles, was ich mir für dich wünsche, ist, daß du glücklich bist.« Er konnte sich gerade noch davor zurückhalten, hinzuzufügen: *Und ich an deiner Seite. O ja, ich an deiner Seite.*

Er legte den Arm um sie und führte sie aus dem Kuhstall zurück ins Haus. »Du hast doch wohl nicht den letzten Rest dieses harten Zeugs hinuntergegossen, oder?« fragte er seine Mutter, als daß sie wieder in der Küche waren.

»Was meinst du?« fuhr sie ihn an. »Ich trinke keinen Tropfen davon. Aber ich könnte dir jemanden nennen, der das tut.«

»Nun, dann laßt uns auf Amerika trinken, he? Laßt uns auf Amerika trinken.« Er lächelte Rosie an und wandte sich dann an seine Mutter. Einen Augenblick lang befürchtete er, auch sie würde in Tränen ausbrechen, deshalb knurrte er sie an. »Steh hier nicht wie eine ausgestopfte Kleiderpuppe, Frau! Geh und hol die Flasche.«

Während Annie die halbe Flasche Whisky aus der Anrichte im Eßzimmer holte, biß sie sich fest auf die Lippen und sagte sich, daß sie einen Sohn hatte, wie er sich unter einer Million Männer nicht finden ließ.

Als Beatrice in ihrem besten Kleid in den Empfangssalon trat, sprang Rosie von ihrem Stuhl auf. »Oh, wie siehst du hübsch aus, Beatrice. Ich habe dieses Kleid immer gemocht. Es paßt zu dir. Und danke, daß du dich für den Tee umgezogen hast. Ach, du meine Güte! Bei all den Köstlichkeiten, die die Köchin gezaubert hat, könnte man glauben, wir gäben eine Party. Wie spät ist es?«

Beatrice blickte auf die Uhr. »Zehn Minuten vor drei«, antwortete sie. »Ich hoffe, er ist ein Gentleman und kommt pünktlich.«

»O ja, das ist er. Das Festsetzen von Terminen und die Organisation von großen Sitzungen ist Teil seiner Arbeit. Er sagt, zuweilen fühle er sich wie ein Parlamentssekretär. Er brachte mich gestern zum Lachen, als er sagte, er sei stets die Brautjungfer, doch niemals die errötende Braut.«

»Dein Haar hängt über deine Wange.« Beatrice streckte

ihre Hand aus, hob mit einem Finger eine gelockte Strähne aus Rosies Gesicht und legte sie ihr hinter das Ohr. Die Geste war so zärtlich, daß Rosie sich ein wenig vorneigte und ihre Schwester auf die Wange küßte.

»Ich bin nervös, mußt du wissen. Dies wird doch ein formelles Treffen, nicht wahr?« meinte sie und setzte sich wieder.

»Nun, in gewisser Weise ...«

Es wurde drei Uhr.

Es wurde halb vier.

Rosie erhob sich und ging zur Tür. »Er muß den Zug verpaßt haben, vielleicht konnte er aber auch am Bahnhof keine Kutsche bekommen. Ich sagte ihm, er solle eine nehmen.«

»Es gibt genug Zeit. Setz dich wieder. Nichts wird verderben. Die Köchin wird den Tee erst aufgießen, wenn er hier ist. Komm und nimm ein Konfekt.« Beatrice hielt ihr die Schachtel entgegen, und Rosie griff pflichtbewußt zu, obwohl sie sich aus Schokolade nichts machte. Sie hielt das Konfekt zwischen den Fingern, während Beatrice die Süßigkeit verspeiste und eine weitere Praline auswählte, ehe sie die Schachtel auf den Tisch zurückstellte.

»Du wirst deinen ganzen Appetit für den Tee verlieren, wenn du weiterhin dieses Konfekt ißt«, zwang sie sich zu sagen.

»Es ist seltsam«, erklärte Beatrice, »aber sie stören meinen Appetit nie ... Komm und setz dich, Liebes. Dein Hin- und Herlaufen geht mir auf die Nerven.«

Zehn Minuten vor vier Uhr läutete die Glocke, und beide erhoben sich von dem Sofa. Als Beatrice ihren Samtrock glattgestrichen und ihre Taille gerichtet hatte, streckte sie ihre Hand aus und hielt Rosie davon ab, zur Tür zu eilen. »Frances wird sich darum kümmern, Liebes. Nun beruhige dich.«

Sie hörten Stimmen in der Halle. Dann wurde eine Tür geschlossen, und sogleich ließ sich ein Klopfen am Eingang des Empfangssalons vernehmen. Frances trat mit einem Tablett ein, auf dem ein Brief lag. Sie blickte von einer der jungen Frauen zur anderen, ehe sie ihn Rosie übergab. »Er ist für Sie, Miss Rosie.«

Rosie nahm den Brief, brach das Siegel und las:

Meine liebe Rosie!
Unglücklicherweise wurde ich nach London zurückgerufen und muß sogleich abreisen. Ich weiß nicht, was das in bezug auf meine Zukunft in Amerika bedeutet, aber ich werde Dich später wissen lassen, was entschieden wurde.
Du besitzt meine tiefste Zuneigung.
Glaube mir. Immer.
Teddy.

Sie starrte auf das Stück Papier.

Kein ›meine Liebste‹. Kein ›Ich liebe Dich.‹

Kein ›Wie ich es hasse, Dich verlassen zu müssen‹.

Sie konnte es nicht begreifen. Das sah Teddy nicht ähnlich. Sie hatte seine Schreiben aufbewahrt. Es waren warme, liebevolle, sogar leidenschaftliche Briefe. Auf gewisse Weise hatten sie sie in diesen letzten Monaten vor der völligen Verzweiflung bewahrt.

Automatisch reichte sie den Brief an Beatrice weiter. »Ich ... ich kann das nicht verstehen. Ich ... ich kann es wirklich nicht verstehen! Gestern ...« Sie brach mitten im Satz ab. Sie konnte seine gestrige Haltung nicht beschreiben. Bei dem Gedanken, zu heiraten und in ein fremdes Land zu ziehen, war er aufgeregt gewesen wie ein kleiner Junge und hatte bloß über Amerika und ihr zukünftiges Leben dort gesprochen. Natürlich hatte er sie gewarnt, daß es seinen Vorgesetzten nicht gefiel, wenn junge Männer heirateten, bevor sie drüben ihre Pflichten aufgenommen hatten. Dennoch war er sich sicher gewesen, daß alles gutgehen würde. Aber da er diese Frage seinen Vorgesetzten noch nicht vorgelegt hatte, konnte dies hier nichts mit seinem Ersuchen zu tun haben, vor seiner Abreise aus England zu heiraten.

»Gelinde gesagt, halte ich dies für ein sehr schlechtes Benehmen«, erklärte Beatrice, nachdem sie den Brief zweimal gelesen hatte.

»Es muß sehr dringend gewesen sein, sonst hätte man ihn nicht zurückgerufen«, verteidigte Rosie Teddy. »Er ist kein unhöflicher Mann. Eigentlich ist er dazu viel zu förmlich. Das gehört zu seiner Position. Er trifft sich mit so vielen Leuten, da muß er förmlich sein. Er hat mir das alles erklärt.« Schnell setzte sie sich auf das Sofa. Sie fragte sich, wie lange sie auf eine Erklärung würde warten müssen. Er würde seine Vorgesetzten frühestens morgen treffen, dann müßte er ihr schreiben, und sie würde seinen Brief einen Tag später erhalten. Das waren zwei volle Tage des Wartens, sobald sie erst einmal den heutigen hinter sich gebracht hatte. Sie wußte nicht, wie sie das ertragen sollte.

Dann blickte sie zu Beatrice in ihrem besten Kleid und dachte an all die Arbeit, die sie sich wegen dieses besonderen Tees gemacht hatte. Sie wußte, wie sehr sich ihre Schwester bemüht hätte, nett zu sein. »Es tut mir leid. Nach all den Anstrengungen, die du auf dich genommen hast ...«, sagte sie stockend.

»Oh.« Beatrices Ton drückte Sorge aus. »Bitte, beunruhige dich nicht meinetwegen, nur weil ich ein hübsches Kleid angezogen habe. Und was den Tee anbelangt – nun, wir müssen ohnehin etwas essen. Das ist alles bedeutungslos. Aber es tut mir leid, daß du enttäuscht wurdest. Es ist äußerst seltsam. Setz dich, ich läute nach dem Tee.«

»Nein, nein. Bitte nicht, Beatrice. Ich könnte jetzt keinen Bissen hinunterbringen, nicht einmal eine Tasse Tee. Ich werde eine Weile spazierengehen.«

»Wohin?« fragte Beatrice, als Rosie sich abwandte.

Rosie gab keine Antwort. Sie schritt nur langsam auf die Tür zu. »Du gehst doch nicht nach nebenan und erzählst ihnen davon, oder?« ließ sich die Stimme ihrer Schwester deutlicher vernehmen.

Rosie drehte sich um und blickte sie an. »Doch. Genau das werde ich tun. Ich wäre in jedem Fall hinübergegangen, allerdings nach dem Tee, um ihnen von den Hochzeitsvorbereitungen zu berichten. So gehe ich und teile ihnen mit, daß es keine Vorbereitungen geben wird.«

»Du weißt, daß es mir nicht gefällt, wenn du so oft nach nebenan gehst, warum tust du es dann also?«

»Weil sie meine Freunde sind. Sie waren immer meine Freunde und werden es auch weiterhin sein, egal was geschehen mag. Es tut mir leid, dies zu sagen, Beatrice, aber daran kannst du nichts ändern. Ich werde sie immer besuchen, solange sie hier sind und ich sie besuchen kann.«

Nach einer Pause, in der die beiden einander anblickten, wandte sich Rosie um und schloß die Tür leise hinter sich. In der Halle nahm sie ihren alten Mantel und den wollenen Hut von der Garderobe und griff nach ihren Überschuhen, die in einem Regal an der Seitenwand aufbewahrt wurden. Diese Kleidung trug sie immer, wenn sie die Absicht hatte, über die Mauer zu steigen. Doch sie wußte, daß sie heute nicht über die Mauer klettern würde. Heute würde sie durch den Haupteingang gehen …

Fünf Minuten später klopfte es an der Küchentür, und Annie erblickte die Gestalt in dem, wie sie es nannte, »alten Wald-und-Wiesen-Aufzug«. »Was gibt es, Mädchen? Ich dachte, du wärest …«, rief sie überrascht aus, wurde jedoch sofort von Robbie unterbrochen. Er hatte sich rasch vom Tisch erhoben, an dem er soeben seinen Tee eingenommen hatte.

»Willst du ihr nicht den Weg freimachen und sie hereinlassen? Was ist los mit dir?« fuhr er seine Mutter an. Dann wandte er sich an Rosie. »Ist irgend etwas nicht in Ordnung? Ich dachte …«

»Könnte ich eine Tasse Tee bekommen?«

»Ja, Kleines, auch zwei oder drei Tassen. Komm und setz dich ans Feuer.«

Bis Rosie eine Tasse Tee getrunken hatte, wurde kein weiteres Wort gewechselt. Dann blickte sie von Annie zu Robbie, die ihr gegenüber Platz genommen hatten. »Er ist nicht gekommen«, erklärte sie, »er hat dies hier geschickt.« Sie nahm den Brief aus ihrer Bluse und überreichte ihn ihnen.

Robbie las ihn als erster. Schließlich hob er den Kopf, blickte sie an und gab den Brief wortlos an seine Mutter weiter. »Seltsame Geschichte«, sagte Annie, kaum daß sie ihn gelesen hatte. »Bekommst du tatsächlich solche Briefe von ihm? Ich meine, in diesem Ton?«

Rosie senkte den Kopf. »Nein«, brachte sie leise hervor.

»Dafür muß es einen Grund geben«, erklärte Robbie. »Es muß einen Grund geben, und wie er sagt, wird er ihn dich in einigen Tagen wissen lassen. Es sieht so aus, als hätte er diesen Brief unter großem Druck geschrieben, sobald er erfuhr, daß er dich nicht besuchen kommen könnte. Du sagtest, sie hätten ein Büro in Newcastle oder sonst eine Verbindungsstelle dort, und sie arbeiteten entfernt mit der Regierung zusammen, nicht wahr? Bei solchen Dingen weiß man nie, woran man ist, es sind recht komplizierte Geschäfte.« Er erhob sich, ließ sich vor ihr auf den Fersen nieder und nahm ihre Hände in seine. »Es wird sich alles klären. Wenn ich irgend etwas weiß, dann daß dieser Kerl unglaublich viel von dir hält. Ja, das tut er. Wie ich es sehe, hat dies nicht mit – nun, seinen persönlichen Wünschen zu tun, es ist einfach etwas Berufliches.«

»Glaubst du?« Rosie blickte in seine tiefbraunen Augen, deren Ausdruck nun sehr sanft war. »Das Schlimmste ist, daß ich Beatrice bereits auf meiner Seite hatte«, erklärte sie mit brechender Stimme. »Sie hatte ihr bestes Kleid angezogen und den Tee liebevoll vorbereitet. Und sie versuchte wirklich nett zu sein.«

»Das sieht ihr nicht ähnlich«, meinte Robbie grinsend.

»Ja.« Sie nickte. »Deshalb fühle ich mich noch schlechter. All ihre guten Absichten und Bemühungen waren umsonst.«

Er erhob sich aus der Hocke. »Ich muß hinunter. Betsys Fohlen kommt.«

»Aber du erwartetest es doch erst in vierzehn Tagen«, sagte Rosie mit veränderter Stimme.

»Ich weiß. Aber sie kam heute nachmittag in den Stall und da wußte ich, daß mit ihr etwas nicht stimmte. Sie sprach regelrecht mit mir, daher glaube ich, daß sie meine Hilfe benötigt. Vielleicht muß ich sogar den Tierarzt rufen.«

»Darf ich mit dir kommen?«

»Du hast dein gutes Kleid an, Mädchen«, fiel Annie ein.

»Wie Sie sicher bemerkt haben, habe ich auch meinen alten Mantel dabei«, gab Rosie mit einem schiefen Lächeln auf dem Gesicht zurück.

»Ja, das habe ich.«

Robbie half ihr in den Mantel und griff nach ihrem Wollhut. Einen Augenblick lang sah es so aus, als wollte er ihn ihr auf den Kopf setzen, doch dann hielt er mitten in der Bewegung inne und reichte ihn ihr.

Annie beobachtete ihren Sohn wortlos, der nach seinem Mantel und seiner Kappe griff, Rosie schließlich beim Ellbogen ergriff und aus der Tür führte. Ein seltsamer Gedanke schoß ihr durch den Kopf, während sie zwei Sprichwörter kombinierte und in eigene Worte faßte. »Gott ist langsam, aber zuverlässig, und er benutzt viele Irrwege, um seine Wunder zu tun.«

Drei Tage später erhielt Rosie den Brief. Sie nahm ihn in ihr Schlafzimmer hinauf. Sein Inhalt betäubte sie dermaßen, daß sie ihn, nachdem sie ihn zum drittenmal gelesen hatte, auf den Boden segeln ließ. Mit blicklosen Augen saß sie auf ihrem Bett, bis sie ein Klopfen an der Tür hörte und Beatrice eintrat. »Was ist, Liebes?« fragte ihre Schwester. »Hast du Nachricht erhalten?«

Rosie sah sie an, brachte jedoch kein Wort hervor. Sie deutete nur auf den Boden. Beatrice hob den Brief auf und ging des besseren Lichts wegen zum Fenster. »Oh, um Gottes willen! Gütiger Himmel! Es tut mir so leid«, rief sie aus, sobald sie den Brief gelesen hatte. Statt sich jedoch zu der niedergeschlagenen Gestalt auf dem Bett umzuwenden, sprach sie weiter zum Fenster. »Gütiger Himmel! Wie kann so etwas geschehen?« Erst jetzt drehte sie sich zu Rosie um. »Was gedenkst du zu tun? Was kannst du überhaupt tun? Ich ... so etwas hätte ich niemals von ihm erwartet.«

Sie reichte Rosie den Brief, die ihn säuberlich faltete und in seinen Umschlag zurücksteckte. Dann erhob sie sich und schritt an ihrer Schwester vorüber in den Korridor. Dieses

Verhalten verwunderte Beatrice, denn ihre Schwester weinte nicht.

»Wohin gehst du, Liebes?« fragte sie, während sie ihr in den Korridor folgte. Bis sie das untere Ende der Treppe erreichten, erhielt sie keine Antwort. »Laß uns eine Tasse Kaffee trinken und ... und diese Angelegenheit besprechen«, fügte sie hinzu.

Nun ließ sich Rosie zum erstenmal vernehmen. »Was gibt es da zu besprechen? Nichts kann endgültiger sein als dieser Brief.« Sie hielt ihn beinahe bis vor Beatrices Gesicht hoch. Irgendwie alarmiert trat Beatrice einen Schritt zurück.

»Du darfst es nicht zu schwer nehmen«, murmelte sie. »Diese Dinge geschehen. Komm jetzt und ...« Sie verstummte, als sie sah, daß Rosie auf die Garderobe zuging. »Nein! Nein! Du gehst nicht nach nebenan, nicht in diesem Zustand«, rief sie ihr nach. Sie eilte durch die Halle und versuchte Rosie den alten Mantel zu entreißen. »Das ist nicht recht! Zeig doch etwas Würde, Mädchen«, stieß sie hervor. »Man geht nicht los und verbreitet überall seine Probleme wie ein gewöhnlicher Mensch!« Ihre Stimme wurde wieder ein wenig leiser. »So etwas erwartet man von der dienenden Klasse«, fügte sie hastig hinzu. »Aber erinnere dich, wer du bist. Du gehörst zu diesem Haus ...«

»Verdammtes Haus!« brachte Rosie mit drohender Stimme hervor. Beatrice hätte nicht heftiger zusammenzucken können, hätte man eine Waffe auf sie gerichtet.

Als Rosie sie von sich stieß, taumelte Beatrice rücklings gegen die Uhr ihres Großvaters. Es war charakteristisch für sie, daß sie sich erst umdrehte und die Uhr mit beiden Händen vor dem Umstürzen zu bewahren suchte, dann in ihr Messinggesicht blickte, als wollte sie sich vergewissern, daß sie keinen Schaden genommen hatte, ehe sie sich schließlich wieder zu ihrer Schwester umwandte. Diese hatte bereits die Vordertür erreicht. Zu ihrer Überraschung und ihrem Erstaunen stellte Beatrice fest, daß sie Angst hatte. Weshalb nur? Doch sie wußte keine Antwort ...

Als sich Rosie dem Farmhaus näherte, sah sie Robbie,

der eben das Pferd und den Wagen durch das Tor führte. Er bemerkte sie erst, als er das Tier zurückließ und zurückging, um das Tor zu schließen.

Einen Augenblick lang starrt er sie mit offenem Mund an. »Rosie!« war das einzige, das er hervorbrachte. Dann trat er näher an sie heran und blickte in ihr Gesicht. »Geh hinein. Sobald ich sie in den Stall gebracht habe, komme ich nach«, sagte er, ohne eine Frage zu stellen.

In der Küche begrüßte Annie sie auf ähnliche Weise. »Rosie! Was ist mit dir?« fragte sie aufgeregt.

Das Mädchen zog Mantel und Hut aus, warf die beiden Kleidungsstücke über die Lehne eines Küchenstuhls, ließ sich in einer Ecke der Sitzbank nieder und starrte ins Feuer.

Als Annie sich neben sie setzte, wandte sich Rosie nicht zu ihr um. »Was du jetzt brauchst, mein Kind, ist eine Tasse Tee«, erklärte die ältere Frau aufgewühlt und besorgt. Damit erhob sie sich und bereitete das Getränk vor. Es blieb still, bis Robbie hereingestürmt kam, sich neben Rosie setzte und sie auf eine ganz andere Art, als seine Mutter es getan hatte, ansprach.

»Komm schon. Heraus damit! Was ist geschehen? Du hast von ihm gehört?«

Als Antwort griff Rosie in die Tasche ihres Hauskleides und reichte ihm, ohne ihn anzusehen, den Brief.

Er las:

Meine liebe Rosie,
Ich weiß nicht, wie ich diesen Brief beginnen soll, denn in meinem Inneren herrscht Aufruhr. So werde ich einfach die Tatsachen angeben. Meine Vorgesetzten teilten mir mit, daß sie es ihren jungen Mitarbeitern nicht gestatten, sich zu vermählen, ehe sie sich in Übersee niedergelassen haben. Andererseits weiß ich, daß sie mich nicht wirklich hindern können zu heiraten. Sollte ich jedoch diesen Schritt tun, würde man mir meine Beförderung aberkennen. Zudem könnte ich auch in weit untergeordneter Position in ein fernes Land entsandt werden. Soviel mir bekannt ist, wurden bereits Vorkehrungen getroffen, daß ich den durch den un-

erwarteten Tod eines jungen Firmenmitglieds freigewordenen Posten in Amerika übernehmen sollte. Das also ist die Situation, in der ich mich befinde, meine Liebe. Wenn Du diesen Brief erhältst, bin ich bereits auf dem Weg nach Amerika. Aber ich kann Dir versichern, Rosie, es geschieht mit vor Trauer schwerem Herzen, denn Du weißt, daß Dir immer meine tiefste Zuneigung galt. Doch unter den gegebenen Umständen wäre es unfair und unklug, Dich weiter an Dein Versprechen zu binden. Wie ich erklärte, weiß ich nicht, was meine Zukunft in diesem neuen Land bringen wird. Bitte versuche meine Situation zu verstehen, Rosie. Alles, was ich noch sagen kann, ist, daß ich viel zu aufgewühlt bin, um weiterzuschreiben. Aber ich werde Deiner immer mit Zuneigung gedenken und unsere Freundschaft nie vergessen. Verzeihe mir, und wenn Du kannst, meine liebe Rosie, behalte mich in freundlicher Erinnerung.
Teddy

Wortlos starrte Robbie auf den Brief in seiner Hand. »Nun, was steht darin?« verlangte Annie zu wissen. Er händigte ihr das Schreiben aus. Auch sie verfiel in Schweigen, nachdem sie es gelesen hatte. »Dieses Schwein von einem Kerl!« brach es schließlich aus ihr hervor. »Ich habe schon viele Geschichten gehört von Männern, die ihre Braut sitzengelassen haben, aber noch niemals eine gelesen. Er ist ein ...«

»Mutter!« stieß Robbie mit tiefer, kehliger Stimme hervor. Doch anstatt seine Warnung zu beachten, fuhr sie ihn an.

»Ich werde meine Zunge nicht im Zaum halten, weder für dich noch für irgend jemanden sonst. Ich sage es nochmals, er ist ein Schwein!« Nun eilte sie zu Rosie, die mit gesenktem Kopf auf der Bank saß, hob ihr Kinn mit ihren kräftigen Händen und zwang sie, sie anzusehen. »Er ist deine Tränen nicht wert«, erklärte sie.

»Würdest du bitte still sein, Mutter?« Robbie hatte sich erhoben und zog sie von Rosie fort. »Und hör mir ein einziges Mal zu. Ich habe das Gefühl, irgend etwas stimmt hier nicht. In dem Brief liegt mehr, als man auf den ersten Blick erkennen kann. Ich habe diesen jungen Burschen kennengelernt. Der Brief paßt nicht zu ihm.« Er wandte sich wieder an Rosie, die zu ihm emporstarrte. »Wie war er, als du ihn zuletzt sahst? Ich meine, sein Benehmen«, verlangte er zu wissen.

Wie war er? Sie legte ihren Kopf zur Seite, als würde sie nachdenken. Er war wundervoll gewesen, aufregend. Nachdem sie gegessen hatten, hatten sie einen Spaziergang durch den Park gemacht, und er hatte sie in den Schatten einiger Büsche gezogen und geküßt. Oh, wie hatte er sie geküßt! Aber abgesehen davon wußte sie, daß er ehrgeizig war. Sie wußte, daß er nach Amerika wollte, daß dies sein Herzenswunsch war. Er hatte ihr gesagt, daß ein Stern vom Himmel gefallen und direkt in seinen Händen gelandet sei, und das sei sie gewesen. Und nun hatte sich ihm wieder eine Gelegenheit eröffnet, eine, die er sich im Leben nicht hatte vorstellen können. Eine Stellung in Amerika war das Ziel, das alle im Büro verfolgten. Sie würden ihn beneiden, hatte er gesagt, und es würde eine Menge Gerede geben. Doch Gott hatte gesprochen. Dabei hatte er den Kopf gehoben, mit dem Finger gedeutet und gesagt: »Du sollst nach Amerika gehen, Golding. Fitzsimmons starb unglücklicherweise, und du wirst so bald wie möglich seinen Platz einnehmen.«

Sie sah in Robbies Augen. »Er war wie immer, freundlich und ...« – ihr Kopf senkte sich wieder – »... liebevoll.« Als wäre ihre Zunge gelöst worden, wandte sie sich an Annie. »Und ich war auch so aufgeregt. O Mrs. Annie, ich war von dem Gedanken begeistert, das Haus zu verlassen. Niemals wieder hier wohnen zu müssen. Von Beatrice loszukommen, und doch ...« Sie schüttelte rasch den Kopf. »Beatrice hat sich in dieser Angelegenheit wirklich gut benommen. Liebevoller als ich es jemals von ihr erwartet hätte. Aber« – ihre Stimme wurde leiser – »sie ist dennoch Beatrice, und sie hat ihr Haus.« Nach einer Pause fuhr sie aufgewühlter fort. »O ja, ihr Haus. Sie ist besessen von diesem Haus. Das habe ich euch gesagt, nicht wahr? Sie und ihr Federwisch, und man muß dies tun und jenes tun. Was muß man tun und warum?« Sie hatte sich erhoben. »Es wird nicht getan, um glücklicher zu sein, es wird nicht aus dem Wunsch heraus getan, geliebt zu werden. Es wird nicht getan ...« Ihre Stimme überschlug sich. Plötzlich kam etwas wie ein Schluchzen von ihren Lippen, und Tränen traten in ihre Augen. Mutter und Sohn schlangen ihre Arme um das Mädchen, drückten sie wieder auf die Bank nieder und setzen sich neben sie. »Ich ... ich möchte sterben«, stieß sie zwischen Tränen und Schluchzen hervor. »Ich fühle mich so schmutzig, so mißbraucht. Er sprach von Freundschaft.« Ihr Kopf bewegte sich auf ihren Schultern, und keinem der beiden gelang es, sie zu beruhigen. »Es war keine Freundschaft, er hat mir den Hof gemacht.« Sie wandte Robbie ihr Gesicht zu, und er nickte.

»Ja, Liebes«, sagte er sanft, »er hat dir wirklich den Hof gemacht.«

An der Tür ließ sich ein Klopfen vernehmen. »Irgend jemand zu Hause?« fragte eine Stimme, als die Tür aufging. Annie sprang von ihrem Stuhl auf. »Oh, kommen Sie herein, Doktor. Sie sind uns in diesem Augenblick ganz besonders willkommen, das können Sie uns glauben.«

»Was gibt es? Was ist los?« John stellte seine Tasche auf den Tisch und zog sich den Mantel aus, als wäre er zu Hause. Dann ging er zu der Bank und setzte sich neben Rosie. Über ihren gebeugten Kopf hinweg warf er Robbie einen fragenden Blick zu. »Was ist geschehen?«

»Oh, eine ganze Menge, Doktor. Rosie hatte – nun, sie erlitt eine große Enttäuschung. Ich würde gern mit ihnen darüber reden.«

»Nein! Nein!« Rosie hob ihr tränenüberströmtes Gesicht und blickte erst den einen und dann den anderen an. »Laßt es ruhen! Es ist vorüber! Es ist meine Angelegenheit! Ja, es ist vorüber.«

»Ja, Liebes, es ist vorüber. Sorge dich nicht. In Ordnung, wir werden nicht darüber sprechen. Komm schon, trockne deine Augen. Wie wäre es mit einer Tasse Tee, Doktor?«

»Hätte nichts dagegen. Auch nicht gegen zwei. Seit ich heute morgen aufbrach, war ich nicht mehr in der Nähe der

Praxis. Wie ich Ihnen erzählte, habe ich mich nach einem Häuschen für meine Mutter umgesehen, und meine Füße schmerzen bis an die Knie hinauf. Ich werde mir ein Pferd und einen Einspänner besorgen. In Ordnung, in Ordnung, Sie haben mir schon vor langer Zeit dazu geraten.«

Er erhob sich von seinem Platz und ging hinter der Bank vorüber zu Annie, die am Tisch den Tee eingoß. Auf sein Kopfnicken in Rosies Richtung antwortete Annie, indem sie über den Tisch nach dem Brief griff und ihn ihm wortlos überreichte. Während er las, beobachtete sie, wie sich sein Gesichtsausdruck veränderte. Ungläubig schüttelte er schließlich langsam den Kopf. »Nein, nein! Nicht er!« murmelte er.

»Doch, er.«

»Ich kann es nicht glauben.«

»Ich ebensowenig. Aber am schlimmsten ist, daß sie es auch nicht glauben kann.«

John legte den Brief auf den Tisch zurück, setzte sich wieder zu Rosie und drehte sanft ihr Gesicht zu sich. »Hatten Sie irgendeine Ahnung davon?«

Ihre Tränen waren versiegt, doch das trockene Schluchzen in ihrer Kehle unterbrach immer wieder ihre Worte. »Nein … nein, Doktor. Keine … nicht die geringste«, brachte sie stockend hervor.

»Er hat ihr vor drei oder vier Tagen eine Nachricht zukommen lassen, in der er sagte, daß er nicht zum Tee kommen könne«, erklärte Robbie. »Er wollte das Oberhaupt der Familie« – seine Stimme nahm einen spöttischen Klang an – »um ihre Hand bitten, statt dessen schickte er eine Mitteilung, die besagte, daß er nach London zurückgerufen worden sei und ihr schreiben werde. Und nun hat er geschrieben.«

Beide wandten ihren Blick Annie zu, die nun vor Rosie stand. »Komm schon, Kleines, gehen wir ins Wohnzimmer. Da haben wir ein schönes Feuer. Ich weiß nicht, warum ich es angezündet habe, wo wir doch heute erst Samstag haben. Wahrscheinlich nur, um den Raum trocken zu halten, vielleicht habe ich aber auch gewußt, daß wir es noch brauchen würden. Komm jetzt.«

Wieder gehorsam wie ein Kind, ließ Rosie es zu, daß man sie aus der Küche führte, in der die beiden Männer zurückblieben.

»Was halten Sie davon, Doktor?«

»Ich weiß es nicht. Ich kann mir keinen Reim darauf machen, nur daß es höchst eigenartig ist. Es kommt mir seltsam vor.«

»Sie sagen es: seltsam. Aber ich habe die Absicht, der Angelegenheit auf den Grund zu gehen. Dieser Kerl war ebenso in sie verliebt wie ...« Robbie brach ab und ging zum Kamin. »Sie wollten hinzufügen ›wie ich‹«, sagte John leise.

»Das wollte ich nicht sagen«, gab Robbie leicht entrüstet zurück. »Sieht man es denn so deutlich?« fragte er dann mit gedämpfter Stimme.

»Ich bin jetzt seit nahezu zwei Jahren hier und denke, ich müßte blind sein, hätte ich nicht bemerkt, wie die Dinge stehen. Besäßen Sie auch nur ein wenig Verstand, hätten sie sich längst offenbart.«

Robbie wirbelte herum. »Sie war ein Kind! Ich bin zehn Jahre älter als sie. Ich habe sie herumgetragen, seit sie ein Baby war, als ihr Großvater sie mitbrachte, wenn er Tag für Tag zum Plaudern zu meinem Vater kam. Aber überlassen Sie das nur mir. Sie sieht in mir einen Bruder, manchmal dachte ich sogar, einen Vater, aber sonst nichts.«

»Sie haben ihr niemals eine Gelegenheit gegeben. Der Schotte in Ihnen macht Sie widerborstig wie alle ihres Clans. Oh« – John machte eine abwehrende Bewegung mit der Hand – »setzen Sie sich jetzt nicht aufs hohe Roß.«

»Das war nicht meine Absicht, Doktor, aber ... aber ich dachte nicht, daß man es mir so deutlich ansieht.«

»Nun, nicht jedermann bemerkt es. Immerhin haben Sie nicht viele Besucher hier. Auch die Mackays betrachten sie wie ein eigenes Kind. Die Robsons ... Wenn ich mich nicht täusche und er den Mut dazu besäße, hätte Harry ihr schon längst seine Hand angetragen. Aber erst mußten Sie überwunden werden und dann noch der Hausherr von nebenan. Und nun, wo er tot ist, bemerkt man, daß die Lady, Beatrice, schlimmer ist als er. Ihr einziges Ziel besteht darin,

Prestige zu gewinnen. Und dennoch, müssen Sie wissen, tut sie mir leid. Sie hat auch eine andere Seite. Ich habe das erst kürzlich entdeckt. Eine weit sanftere Seite, soweit es Rosie betrifft. Sie mag sie, und wäre sie nicht so von diesem Haus und dem Anwesen besessen, könnte sie eine ziemlich hübsche und interessante Frau sein.«

»Das muß ich erst noch herausfinden, Doktor.«

»Ja, und andere Leute auch. Aber wir haben alle zwei Seiten, das sollten Sie in Erinnerung behalten. Eine davon haben Sie zu lange im Dunkeln gelassen.«

»Und was sollte ich Ihrer Meinung nach nun tun?« fragte Robbie. »Sie wird niemals über ihn hinwegkommen, und wenn doch, dann wird sie diese Zurückweisung ein Leben lang begleiten. Sie wird sich minderwertig fühlen. Sitzengelassene Frauen fühlen sich immer minderwertig.«

»Dann müssen Sie sie wieder in die Höhe bringen, oder wie Sie das nennen. Und sie vergessen lassen, daß sie sich jemals minderwertig fühlte.« Der Ton des Doktors änderte sich ein wenig. »Geben Sie ihr Zeit, und lassen Sie sie anhand kleiner Hinweise wissen, wie Sie fühlen.«

»Ich bezweifle, daß das einen Sinn hat, Doktor. Sie wird mich bis zu ihrem Tod als ihren Bruder, ihren großen beschützenden Bruder betrachten. Wir sind ihr Zufluchtsort und werden es immer blieben. Aber ich werde es versuchen. Was hat Sie übrigens heute hierhergeführt?«

»Etwas, das Sie offenbar übersehen haben. Der Husten Ihrer Mutter. O ja, sie behauptet, es wäre nur ein lästiger Husten, aber daraus kann in diesem furchtbaren Klima, das Sie hier haben, leicht eine Bronchitis werden. Natürlich glaube ich nicht, daß das Wetter hier so schlecht ist wie in Schottland, aber im Winter ist es schlecht genug.«

Robbies Stimme hatte den Klang tiefer Besorgnis angenommen. »Mam hat etwas Schlimmes auf der Brust?«

»Nein, nicht etwas Schlimmes, aber wenn sie es weiter vernachlässigt wie bisher, kann es dazu werden. Sie hat einen bösen Husten, und sie keucht. Haben Sie das nicht gehört? Zudem geht sie bei Wind und Wetter aus dem Haus. Es wäre Ihre Aufgabe, sie davon abzuhalten. Ich lasse Ihnen eine Medizin hier und etwas zum Einreiben. Sie müssen allerdings dafür sorgen, daß sie es auch nimmt.«

Robbie nickte. »Ist schon seltsam, daß man Dinge unter seiner eigenen Nase nicht bemerkt, solange sie nicht riechen.«

»Nun, da gibt es noch etwas, das ich rieche, und das hat mit diesem Brief zu tun. Ich habe einen Cousin im Verwaltungsdienst. Möglicherweise kann er ein wenig Licht in diese Heiratsangelegenheit bringen. In der Zwischenzeit rate ich Ihnen, diese Bruder- und Vaterschaft zu vergessen und für sie noch unentbehrlicher zu werden, als sie es bereits sind. Verstehen Sie mich? Wenn Sie das nicht tun, müssen Sie verrückt sein.«

Robbie stieß ein kurzes Lachen aus. »Sie sind so taktvoll wie ein trächtiges Rhinozeros, Doktor, aber ich habe eine Schwäche für trächtige Rhinozerosse.«

3

»Ich hasse den Gedanken, aber ich werde den Anbau wohl vermieten müssen ... Hast du gehört, was ich sagte?«

»Ja, Beatrice. Du wirst den Anbau vermieten müssen. Meine einzige Frage ist, warum du ihn nicht vor Connors und Taylors Entlassung vermietet hast?«

»Ich entließ sie, weil sie für uns nutzlos geworden waren. Seit wir einen Teil des Landes verkauft haben, ist viel weniger zu bewirtschaften, und William Connor war weit über sechzig, und die Arbeit fiel ihm schwer. Dasselbe gilt für Luke Taylor. Meiner Meinung nach war er schon eine ganze Weile nutzlos. Soweit ich weiß, verbrachte er seine Zeit damit, Bäume zu stutzen.«

»Aber du hast dich doch dagegen gewehrt, das Personal zu reduzieren.«

»Das weiß ich, aber die Umstände haben die Dinge verändert.«

»Warum dann nicht eines der Mädchen, wenn du schon

jemanden entlassen wolltest? Ein Hausmädchen und eine Hausgehilfin sind doch nicht nötig, wenn nur wir beide zu bedienen sind.«

»Auch das könnte ich tun«, stieß Beatrice mit erregter Stimme hervor, »und dich an ihrer Stelle mit dem Staubtuch einsetzen. Du brauchst eine Beschäftigung.«

Rosie war auf dem Sofa im Empfangssalon gesessen, doch nun sprang sie auf. »Du bringst mich niemals dazu, hier zu arbeiten«, fauchte sie heftig zurück. »Du und dein Haus! Das ist alles, woran du denkst, dieses Haus. Und sage mir nicht, wofür du mich einsetzen würdest. Du wirst mich für gar nichts mehr einsetzen. Würde ich dich nicht allein zurücklassen wollen, wäre ich längst zu Helen gegangen. Dort bin ich willkommen.«

»Oh, ich weiß, daß du bei Helen willkommen wärst. Wenn Helen eine Möglichkeit sähe, mich zu verletzen, würde sie es tun.«

»Helen würde niemals jemanden verletzen. Du hast sie dein ganzes Leben lang beneidet. Du haßt die Vorstellung, daß sie glücklich ist und einen Status erreicht hat, den du immer angestrebt hast: Herrin des Hauses. Sie ist die geborene Hausherrin.«

»Eines Tages …« Beatrice wirkte, als würde sie vor Wut ersticken. Doch dann wirbelte sie herum und eilte aus dem Raum.

Rosie sank auf die Bank zurück. Sie konnte es nicht länger ertragen. Sie fragte sich, warum sie das alles auf sich nahm. Doch sie kannte die Antwort. So wie sie nun einmal war, würde sie sich wegen Beatrice unentwegt sorgen, ließe sie sie allein zurück. Denn ihre Schwester hatte niemanden, der sich um sie kümmerte. In all den Jahren hatte sie keinen persönlichen Freund gehabt. Es schien, als hätte sie außer ihrem Vater niemals einen Freund benötigt. Und seit er tot war, hatte sie ihren Halt verloren. Oh, was sollte sie tun? Sie war niedergeschlagen. Manchmal fühlte sie sich so unbedeutend. Teddy … Aber sie wollte nicht an Teddy denken, es würde sie nur noch verzweifelter machen. Monate waren vergangen, ohne daß sie eine Nachricht von ihm bekommen hatte. Mit Ausnahme des Briefes, in dem er sie zurückgewiesen hatte. Da war es wieder, dieses Wort, das sie unablässig quälte: Zurückweisung. Sie wußte nicht, was sie ohne Robbie und Mrs. Annie getan hätte. Oder den Doktor. Ja, er war nett. Sie hatte ihn einige Male getroffen, wenn er nebenan zu Besuch war. Seltsam, Robbies Zuhause »nebenan« zu nennen, wenn es doch in vielerlei Hinsichten tausende Meilen von diesem Haus entfernt war. Wenn sie dort war, mußte sie sich dazu zwingen zurückzukehren.

Und dorthin würde sie jetzt gehen.

Kaum hatte sie diesen Entschluß gefaßt, erhob sie sich rasch von der Couch und lief aus dem Salon in die Halle. Doch als sie an der weit geöffneten Eingangstür vorüberging, sah sie den Mann die Stufen heraufkommen, an den sie eben gedacht hatte. Sie trat auf ihn zu. »Haben Sie sich im Haus geirrt?« fragte sie leise.

»Nein, das glaube ich nicht«, flüsterte er ebenso gedämpft. Er lächelte. »Ich komme auf die Anzeige.«

»Wie? Sie meinen wegen des Anbaus?«

»Ja, wegen des Anbaus. Ich konnte es nicht glauben. Ist sie wirklich bereit, ihn zu vermieten? Oder ist das nicht hier?«

»Doch, es ist hier. Und Sie sind der erste Bewerber, glaube ich. Kommen Sie. Kommen Sie herein.«

Während er über die Türschwelle trat, hob er den Blick zu Beatrice, die eben die Treppe herabstieg. »Guten Tag, Doktor«, sagte sie, doch weder ihr Gesichtsausdruck noch ihre Stimme hießen ihn willkommen.

»Guten Tag.« John fügte weder »Miss Beatrice« noch »Beatrice« hinzu.

»Hat jemand nach Ihnen gerufen?« fragte sie nun.

»Ja.« Er nickte zweimal. Seine Haltung war nun ebenso steif wie ihre. »Eine Anzeige in der Zeitung rief mich. Wie ich las, vermieten Sie einen Teil Ihres Hauses?«

Ihr Gesichtsausdruck veränderte sich ein wenig, nahm jedoch sogleich wieder ihre frühere Förmlichkeit an. »Nicht einen Teil meines Hauses, Doktor, sondern nur den Anbau«, gab sie zurück.

»Gut, Ihren Anbau.«

»Wollen Sie ihn mieten, den Anbau?«

»Tja, das hängt davon ab.«

»So.« Sie nickte ihm zu. »Aber ich sage Ihnen von vornherein, daß ich es nicht zulassen werde, daß Sie hier Sprechstunden abhalten.«

»Ich hatte keinesfalls die Absicht, meine Praxis hier zu eröffnen, Miss Steel« – sein Ton glich nun ihrem – »oder selbst hier zu leben. Ich bin seit längerem auf der Suche nach einem Haus oder einem privaten Apartment für meine Mutter.«

»Oh, nun, es tut mir leid.« Ihre Worte klangen entschuldigend. »Ich dachte bloß ... Sie verstehen.«

John kam ihr nicht höflich zu Hilfe, indem er sagte, daß er verstehe. Statt dessen blickte er zu Rosie, die die ganze Zeit über in der Nähe gestanden hatte.

»Es ist wirklich hübsch, eigentlich ein eigenes Haus«, erklärte das Mädchen.

Der Blick, mit dem Beatrice ihre Schwester bedachte, war nahezu sanft. »Ja, wie Rosie sagt, ist es eigentlich ein eigenes Haus. Es hat einen privaten Eingang und einen Wintergarten. Er ist zwar sehr klein, aber er führt in einen eigenen Garten.«

Als John nun zu Rosie sah, schien eine Bitte in ihren Augen zu liegen. Und tatsächlich dachte sie, wenn seine Mutter hierherkäme und ihm ähnelte, hätte sie eine weitere Person, mit der sie sprechen könnte. Und auch er würde hin und wieder vorbeisehen. Sie hoffte, daß er den Anbau nahm. »Willst du durch das Haus gehen, oder soll ich die Schlüssel für die Vordertür holen?« fragte sie mit einem Blick auf ihre Schwester.

»Oh, wir können durch das Haus gehen.« Beatrice lächelte sogar. »Würden Sie mir folgen?« forderte sie John auf, während sie voranging. John und Rosie wechselten einen Blick, ehe sie ihrer Aufforderung nachkamen.

Er hatte diesen Teil des Hauses noch nie betreten und war über seine Größe erstaunt. Sie befanden sich in einem breiten Korridor, an dessen einer Seite sich Türen befanden und dessen andere Seite von riesigen Fenstern durchbrochen war, die in den Garten hinausblickten.

Als sie eine kleine Halle betraten, deutete Beatrice auf einen Treppenaufgang, der von hier wegführte. »Über diese Stiege erreicht man die Unterkünfte des Personals, aber hier ist die Seitentür zum Anbau. Selbstverständlich kann sie von der anderen Seite dauerhaft verschlossen werden.«

Sie hatten einen kurzen Gang durchquert, an dessen Ende sich eine graugetäfelte Tür befand. Sobald Beatrice sie geöffnet hatte, wich sie beiseite, um ihn eintreten zu lassen. Doch John überließ ihr und Rosie mit einer höflichen Handbewegung den Vortritt.

Sie befanden sich in einer recht großen, quadratischen, gefliesten Eingangshalle. »Es ist ein sehr kompaktes kleines Haus«, erklärte Beatrice. »Insgesamt hat es nur acht Räume. Die drei Schlafzimmer befinden sich oben.«

»Ich fürchte, meine Mutter müßte im Erdgeschoß schlafen«, warf er ein, »sie leidet an Rheuma.«

»Das läßt sich leicht einrichten, denn das Haus war einst für Kinder gedacht, und es gibt auch hier unten ein kleines Badezimmer.«

Beatrice führte ihn durch die Halle in einen Raum. »Dies ist das Wohnzimmer«, erläuterte sie.

John stand inmitten des Raumes und blickte sich um. Die Einrichtung und die Behaglichkeit, die dieses Zimmer ausstrahlte, verwunderten ihn.

Ohne eine Antwort abzuwarten, ging die junge Frau weiter. »Kommen Sie, sehen Sie sich das Speisezimmer an.«

Das Eßzimmer war viel kleiner, doch der Tisch bot sechs Personen Platz. Wieder beeindruckten ihn die Qualität der Möbel und der Vorhänge.

»Dies könnte ein reizendes Schlafzimmer für ihre Mutter werden«, meinte sie, während sie eine weitere Tür öffnete. »Wie Sie sehen, führen die Glastüren zum Wintergarten. Der eigentliche Garten liegt dahinter. Und die oberen drei Schlafzimmer bräuchten nicht vergeudet zu werden. Sie könnte ihre Freunde darin unterbringen.« Beatrice lächelte breit, als sie sich zu Rosie umwandte. »Dafür baute

Großvater den Anbau – damit eine Familie darin wohnen könnte.«

Nun meldete sich Rosie wieder zu Wort, und auch sie lächelte, doch es war jenes traurige Lächeln, das er in letzter Zeit an ihr kennengelernt hatte. »Mutters Cousin liebte es hierherzukommen und eine Weile zu bleiben. Aber er hatte vier Kinder, und das waren vier zu viel für Großvater, denn niemand hielt sie unter Kontrolle.« Sie wandte an Beatrice. »Erinnerst du dich? Sie rutschten immer das Treppengeländer in der Halle hinunter. Wir waren alle jünger als sie, aber wir versuchten, es ihnen soweit wie möglich nachzutun. Marion brach sich beinahe das Genick. Erinnerst du dich? Es war das reinste Chaos.«

»Ja, ich erinnere mich.« Die Schwestern nickten einander freundlich zu. »Ich erinnere mich noch deutlich, wie Großvater Großmutter Vorhaltungen machte.« Beatrice sah John an. »Sie müssen wissen, die Familie verbrachte nahezu zwei Monate im Jahr hier. Und Großmutters Schwager war Architekt. Er brachte den Stein ins Rollen, und Großvater nahm ihn wie ein neues Spielzeug auf.« Sie lachte. »Das war sein einziges Spielzeug außerhalb der Armee.« Ihr Ton änderte sich, als sie fortfuhr. »Die Errichtung des Anbaus kostete eine Menge Geld. Es schmerzte Großvater, daß er nur zwei Jahre lang verwendet wurde. Denn mein Großonkel hatte sich etwas in den Kopf gesetzt. Man nannte es Emigration. Er verfrachtete die gesamte Familie nach Kanada.«

John lachte. »Und seit damals wurde das Haus niemals wieder benutzt?«

»Nein.« Der würdevolle Ton war in Beatrices Stimme zurückgekehrt. »Früher, als wir noch jung waren« – sie blickte zu Rosie und zwang sich zu einem Lächeln – »nun, als wir Kinder waren, wurden hier viele Partys gegeben. Großmutter schien in allen Teilen des Landes Freunde und weit entfernte Verwandte zu haben. So etwas findet man, wenn man ein großes Haus besitzt und eine großzügige Gastfreundschaft anbietet. Einige von ihnen blieben wochenlang. Darum wurde auch die Küche hinzugebaut. Kommen Sie.«

Sie wandte sich um, und Rosie und John folgten ihr durch die Halle bis an das andere Ende, wo eine Tür in eine zwar kleine, aber gut ausgestattete Küche führte.

»Wie Sie sehen, ist sie nicht besonders groß«, begann Beatrice. »Meine Köchin würde die Nase rümpfen, aber sie reicht aus.«

John bemerkte, daß Rosie den Kopf abgewandt hatte. Ob die Worte »meine Köchin« der Grund dafür waren oder nicht, konnte er nicht erkennen.

Beatrice war an den kleinen Herd getreten. »Wenn das Feuer brennt, ist es sehr behaglich hier. Und selbst wenn es nicht brennt, ist es ein netter kleiner Raum mit seinen Regalen und all diesen Küchenutensilien. Und jetzt, nehme ich an, wollen Sie den Garten sehen.«

Sie traten durch den Wintergarten ins Freie. Der am hinteren Ende von hohen Tannenbäumen gesäumte Garten gefiel ihm gut. Er wußte, daß seine Mutter sich darin wohl fühlen würde. Alles hier entsprach ihren Wünschen. So wandte er sich um und blickte Beatrice direkt an. »Jetzt sollten wir über das Geschäftliche sprechen, nicht wahr?«

»Es gefällt Ihnen?«

»O ja. Wem würde es nicht gefallen? Was meine Mutter anbelangt, bin ich ganz sicher.«

»Sie wird wohl ihre eigenen Möbeln mitnehmen wollen, nehme ich an?« fragte Beatrice nach einer kurzen Pause. »Aber das würde auch kein Problem, wir könnten die Möbel von hier auf dem Speicher aufbewahren.«

»Oh, sie hat leider keine Möbel. Die wurden gemeinsam mit unserem Haus verkauft. Sie müssen wissen, meine Mutter dachte, sie würde bis ans Ende ihrer Tage bei ihrer Cousine leben. Aber das klappte nicht. Und so wohnt sie seit einigen Monaten in einer Pension, während ich versuchte, ein geeignetes Quartier zu finden.«

»Würden Sie es also so nehmen, wie es ist?«

»Wie es ist?« Seine Stimme stieg. »O ja! Gewiß.«

Beatrice schien erleichtert. Wieder trat ein Lächeln auf ihre Lippen. »Dann wird es mir eine Freude sein, es ihnen zu überlassen. Selbstverständlich nur zur Miete.«

»Oh, natürlich«, bestätigte er mit einem Nicken.

»Mein einziger Vorbehalt ist, daß Ihre Mutter erst noch kommen und das Haus besichtigen muß.«

»O ja, in der Tat. Wäre Ihnen morgen recht?«

»Jederzeit. Trinken Sie eine Tasse Kaffee mit uns?«

»Gern, danke.« Dann wandte er sich an Rosie. »Sie wissen gar nicht, wie erleichtert ich bin. Monatelang habe ich Häuser besucht, ganz zu schweigen von leeren Wohnungen, die alle mit herrlichen Ausblicken angepriesen waren. Meist war damit die Straße vor dem Haus oder« – er schnitt eine Grimasse – »eine Sackgasse gemeint, wenn auch ohne Verkehr.«

Als sie wieder zum Hauptgebäude zurückkehrten, lächelten alle. Während John die Umgebung betrachtete, dachte er, daß dies der Ort wäre, den er sich auch für sich selbst wünschte, freilich ohne Praxis. Jedenfalls würde das Haus seiner Mutter gewiß gefallen, und von Zeit zu Zeit wäre es auch für ihn ein Zufluchtsort. Er fragte sich, was Beatrice wohl dafür verlangen würde, und so sprach er sie erneut darauf an. »Kommen wir zum geschäftlichen Teil. Wie sind Ihre Vorstellungen?«

Beatrice befeuchtete ihre Lippen und hüstelte, ehe sie zögernd antwortete. »Die … die Miete würde pro Woche zwei Pfund und zehn Schilling betragen.«

Obwohl sein Blick weiter auf sie gerichtet war, war ihm nicht entgangen, daß Rosie bei ihren Worten herumgefahren war. »Aber wenn Sie es nehmen, wie es ist«, sprach sie weiter, »müßte ich weitere zehn Schilling pro Woche verlangen für, wie gesagt, es ist … nun, wie gesagt und wie Sie sehen können, ist es bestens ausgestattet, sogar Bettwäsche ist vorhanden. Sie finden jede Menge Laken und Tücher im Leinenschrank im Korridor. Und alles, was sie mitbringen müssen … sind Nahrungsmittel.«

Er hob die Hand und lächelte. »Das ist in Ordnung. Wirklich. Ich bin einverstanden, und gewiß ist es meine Mutter ebenfalls. Wissen Sie, es wird auf ihren Namen laufen.« Doch noch während er sprach, wiederholte er in Gedanken: ›Drei Pfund die Woche!‹ Außerhalb der Stadt hätte er für nicht einmal drei Pfund die Woche ein feines Haus mit vier Morgen Land haben können. Aber es war ein wundervolles Haus und für seine Mutter ideal.

Er sah und hörte Beatrices erleichterten Seufzer. »Dann wollen wir jetzt eine Tasse Kaffee trinken«, meinte sie schließlich.

Wieder schritt sie voran. Bevor Rosie ihr folgte, wandte sie sich mit einem leichten Kopfschütteln zu John um, das deutlich ausdrückte, daß er ihrer Meinung nach ausgeraubt würde. Später würde er ihr erklären, daß er es sich nicht hätte leisten können, seine Mutter dagegen schon. Sie war finanziell relativ unabhängig. Um ihr zu verstehen zu geben, daß er die Bedeutung ihres Blicks erfaßt hatte, klopfte er ihr auf die Schultern und verzog seine Lippen.

Im Salon des Hauptgebäudes ließ John seinen Blick bewundernd schweifen. Noch wußte er nicht, daß er eine Entscheidung getroffen hatte, die den Lauf seines Lebens verändern sollte.

4

»Drei Pfund die Woche!«

»Ich wiederhole: Warte, bis du es gesehen hast.«

»Aber es ist nur ein Teil eines Hauses – ein Anbau ist ein Teil eines Hauses. Ich wollte etwas Privates.«

»Es ist so privat, wie du es nirgendwo sonst in der Stadt oder der Umgebung finden kannst, sofern du nicht wirklich aufs Land hinausziehst.«

»Das sind mehr als einhundertfünfzig Pfund im Jahr. Mit dieser Summe kannst du innerhalb von drei Jahren ein anständiges Haus kaufen. Und wenn es so großartig ist, wie du sagst – nun, ich will nichts Großartiges, ich will einfach etwas Gemütliches.«

Sie hatten soeben die Kutsche am Tor verlassen und schritten die Seitenauffahrt hinauf. »Mutter, ich sage dir, wenn du dich nicht für dieses Haus entscheidest, mußt du die Haussuche selbst übernehmen, denn ich habe weder die Zeit noch ausreichend Geduld, um weiter nach einem Haus exakt nach deinen Wünschen Ausschau zu halten.«

Ihre Stimme klang entschuldigend. »Es tut mir leid. Es tut mir wirklich leid, mein Lieber. Ich weiß, ich habe dir in letzter Zeit große Schwierigkeiten bereitet, aber ich wollte doch nur etwas … Oh, warum schweige ich nicht, bis ich es gesehen habe, so wie du es vorschlugst. Du sagst, es hat seinen eigenen Privateingang, der nicht mit dem Haus verbunden ist?«

»Ja, und dies ist die private Auffahrt.« Wieder hielt er in seinem langsamen Schritt inne und blickte in ihr Gesicht hinab. »Und wenn sie fünf oder sechs Pfund verlangt hätte, wäre ich noch immer der Meinung gewesen, daß es das wert ist und genau dem entspricht, was du suchst. Zudem ist es eine Art, etwas von dem Geld aus der Bank herauszubekommen. Jedenfalls reichen die Zinsen einiger deiner Anleihen aus, um mehr als nur die Miete zu bezahlen.«

»In Ordnung. Laß uns dieses wundervolle Haus begutachten.«

Kaum waren sie durch ein verziertes Tor in den Garten getreten, blieb sie stehen und blickte sich um. »Oh, nun, dieser Teil ist in Ordnung. Wirklich ganz nett«, erklärte sie.

Ohne etwas darauf zu sagen, führte John sie um die Ecke zur Vorderfront des Anbaus. Nun war der Ausdruck auf ihrem Gesicht eindeutig wohlwollend. Sobald er die Tür aufgeschlossen hatte, trat er zur Seite und ließ ihr den Vortritt in die Halle. »Oh, sehr nett, wirklich sehr nett«, murmelte sie. In diesem Augenblick öffnete sich die Tür des Wohnzimmers, und Beatrice kam ihnen mit einer gefüllten Blumenvase in der Hand entgegen. »Oh, tut mir leid«, stammelte sie. »Ich dachte, Sie würden erst später eintreffen, und so … so habe ich einige Blumen geschnitten, um es hier etwas hübscher zu machen und …«

John unterbrach ihre verlegenen Worte, indem er die beiden Frauen einander vorstellte. »Dies ist meine Mutter, und das« – er deutete mit dem Arm auf Beatrice – »ist Miss Penrose-Steel«.

»Guten Tag!«

Beatrice stellte die Blumen rasch auf einem Beistelltisch ab und streckte der älteren Frau die Hand zum Gruß entgegen. »Ich bin erfreut, Sie kennenzulernen, und hoffe, daß sie hier sehr glücklich sein werden. Ich kann Ihnen versichern, daß sie keine unerwarteten Besucher bekommen werden. Ich bin es gewöhnt, durch das Haus zu gehen, aber Sie können die Tür von der Innenseite verschließen.«

Mrs. Catherine Falconer betrachtete die junge Frau. Ihrer Ansicht nach war sie ein recht steifes Ding mit einer netten Stimme. Sie wirkte älter als die vierundzwanzig Jahre, auf die John sie geschätzt hatte. Eigentlich wirkte sie alt und fähig genug, um die Verantwortung für ein so prachtvolles Haus zu tragen. »Soweit ich es bisher beurteilen kann, Miss Steel, äh … Miss Penrose-Steel«, erklärte sie mit einem Lächeln, »ist es sehr beeindruckend und exakt das, was ich mir wünschte … Ganz besonders der Garten. Und ich sehe, daß es rundum viel Wald gibt. Ich habe immer Sirup und Gelee aus Waldfrüchten gemacht.«

»Oh, das ist interessant. Hier gibt es jede Menge Hagebutten, Weißdorn, Holzäpfel, Brombeeren und Schlehen. Aber jetzt« – sie blickte zu John – »werde ich Sie verlassen. Hätten Sie gerne eine Tasse Kaffee? Ich werde eines der Mädchen beauftragen, Ihnen welchen aus der Küche zu bringen. Danach, so versichere ich Ihnen, werden sie von keinem im Haus gestört, zumindest nicht mehr, als sie selbst wünschen«, fügte sie mit einem Lächeln hinzu.

»Nun, wir werden sehen. Wir werden sehen.« Die Antwort war recht unverbindlich. Dennoch wandte sich Beatrice, noch immer lächelnd, zum Gehen.

John führte seine Mutter in das Wohnzimmer, dessen Anblick ebenso wie der des Speisezimmers und des Arbeitszimmer, das zu ihrem Schlafzimmer umfunktioniert würde, ihr Gesicht noch heller erstrahlen ließ. Als sie schließlich in die Küche kamen, faßte sie ihre Freude in Worte. »Ich hätte nie geglaubt, daß du etwas so Wundervolles für mich finden würdest. Es ist ein richtiges zweites Zuhause. Einfach reizend. Ein wunderschönes kleines Haus.«

»Ja.« Er nickte. »Es ist reizend«.

»Soweit ich verstanden habe, gibt es oben drei Schlafzimmer«, warf sie rasch ein. »Warum kommst du nicht und läßt dich hier nieder?«

Seine Antwort ließ nicht auf sich warten. »Nein, Mutter. Das habe ich dir bereits gesagt. Meine Praxis ist in der Stadt, und ich muß in der Nähe sein. Dazu kommt noch« – nun lächelte er –, »daß ich nicht weiß, ob ein Logiergast in der Miete eingeschlossen ist. Aber ich werde jeden Tag bei dir vorbeisehen. Deinen Worten zufolge wird es dir bei all diesen Früchten ringsum auch nicht an Beschäftigung mangeln.« Er deutete auf das Fenster. »Da gibt es allerdings noch eine Sache, die ich dir sagen muß, dann bin ich fertig. Du brauchst jemanden, der zumindest zwei- oder dreimal die Woche kommt und für dich saubermacht.«

»Ich kann das tun ...«

»Nein, das kannst du nicht, und das wirst du auch nicht. Es gibt genug Frauen in der Stadt, die das Angebot einer Teilzeitarbeit mit Freuden annehmen, wenn sie wissen, daß sie dabei die Hälfte ihrer Zeit mit Teetrinken und einem Schwätzchen mit der Herrin des Hauses am Küchentisch verbringen werden. Einen Rat möchte ich dir jedoch geben, Mrs. Falconer, preise niemals diesen nördlichen Frauen gegenüber die Vorzüge des Südens, ansonsten bist du in kürzester Zeit schlecht angesehen und wirst gefragt, warum du nicht dorthin zurückkehrst. Mir wurde dieser Vorschlag mehr als nur einmal unterbreitet.«

»Das ist nicht wahr!«

»O doch. Als einmal einer der alten Knaben das Bett hüten mußte, blickte er mich an und sagte: ›Ich will meinen eigenen Doktor. Ich warte, bis er wieder hier ist.‹ Ist ein rauher Menschenschlag in dieser Gegend, und dasselbe gilt für die Herrin dieses Hauses.«

»Oh, sie schien aber ausgesprochen nett.«

»Ja, das ist sie von Zeit zu Zeit.«

»Du schränkst es ein. Hattest du mit ihr eine Auseinandersetzung?«

»Nicht was du eine Auseinandersetzung nennen würdest, aber wenn sie will, kann sie eine richtige Kratzbürste sein.«

»Ist ihre Schwester wie sie?«

John lachte. »Rosie? O nein. Sie sind so verschieden wie Tag und Nacht. Die anderen beiden ähneln Rosie sehr, und doch sind sie anders. Aber die Herrin dieses Hauses ist noch einmal anders. Sie unterscheidet sich vollkommen von ihren Schwestern.«

»Nun, ich hatte jedenfalls den Eindruck, daß wir sehr gut miteinander auskommen werden.«

»Wollen wir es hoffen.«

»Du scheinst Zweifel zu haben?«

»Nein, Mutter. Nein, ich habe keine Zweifel, ich drücke lediglich meine Meinung aus, denn wie du weißt, bist du auch hin und wieder ein rauher alter Vogel, wenn etwas nicht nach deinem Willen geht.«

Es klopfte. Die Tür wurde geöffnet, und eines der Hausmädchen trat mit einem Tablett ein. Sie lächelte beide an, ehe sie sich an Catherine Falconer wandte. »Mein Name ist Janie Bluett, Madam. Ich bin die Hausgehilfin. Wenn Sie es mir gestatten, möchte ich Sie im Anbau willkommen heißen. Ich bin so froh, daß Sie das Haus genommen haben, wo Sie doch die Mutter des Doktors sind.« Sie bedachte John mit einem Lächeln, ehe sie fortfuhr. »Ist nett, jemanden hier zu haben. Hat mir immer gefallen, dieser Anbau. Richtig gemütlich hier, Madam.«

»Janie, ich weiß, was du meinst, und ich freue mich auch, hier zu sein. Ich danke dir vielmals für den Kaffee.«

»Gern geschehen, Madam.« Janie nickte den beiden zu, wandte sich um und ging, noch immer mit einem Lächeln auf den Lippen, davon.

»War das nicht nett?«

»Ja, sehr nett, Mutter, aber erwarte so etwas nicht jeden Tag. Du bist hier auf dich gestellt. Dies ist ein Privathaus, und ich bin mir sicher, Miss Beatrice sähe es gerne, wenn es das auch bliebe.«

»Du sprichst, als wäre ich eine neugierige alte Frau«, erklärte seine Mutter.

»Das bist du auch. Komm, trink deinen Kaffee.« John reichte ihre eine Tasse. »Und wisch dir diesen Ausdruck vom Gesicht, denn ich sollte längst fort sein, und wenn du noch willst, daß ich dich zurückfahre und deine Sachen zusammenpacke, solltest du nicht hier an deiner Tasse nippen, als säßest du im Salon.«

Seine Mutter trank einen Schluck und betrachtete ihn eingehend. »Manchmal frage ich mich, warum ich jemals den Wunsch verspürte, dir nahe zu sein.«

»Dasselbe gilt für mich, Mrs. Falconer. Also, trink aus und laß uns gehen, denn bis morgen, wenn du dein neues Leben in deinem privaten Teil des Herrenhauses beginnst, ist noch viel zu tun.«

5

Beatrice war eben im Begriff gewesen, ihr Arbeitszimmer zu verlassen, nachdem sie der Köchin die Anweisungen für den Tag gegeben hatte, die sich kaum von denen des vorherigen unterschieden. Sie hatte nur noch die Papiere auf ihrem Tisch geordnet und sich in diesem Augenblick aus ihrem Stuhl erhoben, um zur Tür zu gehen, als sie von ihrer aufgeregten jüngsten Schwester angehalten wurde. Rosie hielt ihr keuchend eine Zeitung entgegen. »Robbie hat es mir gerade gezeigt. Es war in der gestrigen Zeitung. Sieh nur! Sieh!« Sie deutete auf eine Spalte der gefalteten Seite. Beatrice nahm die Zeitung zur Hand und las:

> »Gestern abend kam es in der Bucht von Plymouth zu einer Tragödie, bei der Sir Frederick Morton Spears und sein Sohn Michael in einer Sturmböe ertranken. Sir Frederick war ebenso wie sein Sohn eine bekannte Persönlichkeit in der Seglerwelt. Mr. Michael Morton Spears war fünfundzwanzig Jahre alt und unverheiratet. Da Sir Frederick keinen weiteren männlichen Er-

ben hinterläßt, fällt der Titel an seinen Cousin, Major Leonard Morton Spears.

Major Leonard Morton Spears und seine Gemahlin Helen waren Gäste von Sir Frederick und sind wie Sir Fredericks zahlreiche Freunde von der Nachricht erschüttert.

Die sterblichen Überreste der beiden Verunglückten wurden vergangene Nacht geborgen. Das Begräbnis findet am Mittwoch, den 3. Oktober, statt.«

Als Beatrice die Hand mit der Zeitung sinken ließ, nahm Rosie sie ihr ab. »Ist es nicht entsetzlich! Einfach entsetzlich! Helen sprach ständig über sie. Sie sagte, sie seien liebenswerte Menschen und daß der Sohn, Michael, sich wahrscheinlich bald verloben würde. Das schrieb sie mir in ihrem letzten Brief.«

»In ihrem letzten Brief? Was meinst du damit?«

Rosie warf den Kopf in den Nacken. »Da du immer wütend wirst, wenn sie mir schreibt, nahm ich ihn aus der Post.«

»Wie konntest du, Rosie! Wie konntest du! Mir, dem Vorstand des Hauses, sollte sie schreiben!«

»Verdammtes Haus!« Als dieser Ausspruch über ihre Lippen kam, machte Rosie beinahe einen Satz rückwärts, doch dann wagte sie es fortzufahren. »Du und das Haus! Das ist alles, woran du denkst. Zwei Menschen sind ertrunken. Leonard muß sich schrecklich fühlen, er sagte mir, er und Sir Frederick seien einander eher Brüder als Cousins gewesen. Sie mochten einander sehr. Und nun ist er tot, und auch sein Sohn ist tot, und alles, was dir dazu einfällt, ist die Frage, warum Helen nicht dir geschrieben habe, wo du doch die Hausherrin bist? Ich werde dir sagen, warum sie dir nicht schreibt. Wegen der Art, wie du sie, als Vater starb, empfingst, und weil ihr noch nie miteinander ausgekommen seid. Was dir jetzt nicht gefällt, ist die Tatsache, daß Helen *Lady* Helen Morton Spears wird, wenn Leonard den Titel erbt. Damit wird sie sich bei dir noch beliebter machen, nicht wahr? Oh, ich werde dich niemals verstehen, Beatrice. Niemals!« Damit wirbelte Rosie herum und verließ den Raum, in dem Beatrice an ihren Tisch gelehnt, die Hände fest um die Tischkante geklammert, zurückblieb.

Lady Helen. Ihre Schwester, Lady Helen. Wie kam sie zu soviel Glück? Jetzt würde es für sie kein Halten mehr geben. Sie würde in die Gesellschaft aufgenommen werden, vielleicht sogar bei Hof vorgestellt. Warum passierte alles Gute immer nur Helen? Warum erlebte sie selbst niemals etwas Aufregendes, etwas, das sie glücklich machte? Sie war erst vierundzwanzig und fand, sie hatte attraktive Züge, ein interessantes Aussehen. Es war nicht fair! Ihre Hände glitten von der Tischkante, und sie mußte sich ihren Weg zu ihrem Stuhl zurück beinahe ertasten. Während sie den Kopf zurücklehnte, versuchte sie sich zu beruhigen müsse, denn wenn sie es zuließ, derartig aus der Fassung zu geraten, würde sie sich tagelang entsetzlich fühlen. Und das würde sich in ihrem Gesicht zeigen, das wußte sie.

Ruhig fragte sie sich, warum sie Helen gegenüber solch starke Ablehnung empfand. Ihre Abneigung steigerte sich nahezu zu Haß. Wegen Helens Schönheit? Nicht ganz. Nein, nicht ganz. In ihrem Wesen war etwas ... diese Unbefangenheit, diese Leichtigkeit, ihr Lachen. Die Art, wie sie sprach. Sie sprach mit jedermann auf dieselbe Weise, mit Hauspersonal, Händlern, so wie Rosie es tat, während sie selbst dies nicht zustande brachte, denn es hätte ihrem Vater mißfallen. Ihr Vater hatte ein ausgeprägtes Bewußtsein für Klasse gehabt. *Klasse.* Sie sprang beinahe von ihrem Stuhl hoch. Warum sah sie immer noch die guten Seiten an ihm? Er hatte sie jahrelang getäuscht. Sie war stolz darauf gewesen, ihm ähnlich zu sein. Nun war es ihr einziger Wunsch im Leben, anders sein zu können, freier und ungezwungener in ihrem Wesen. Aber sie hatte sich in letzter Zeit freier und ungezwungener gefühlt, seit Mrs. Falconer eingezogen war und der Doktor öfters vorbeischaute. Sie konnte sogar mit ihm scherzen. Sie lachten gemeinsam, wenn er seine Mutter neckte, speziell wegen ihres Weines. Mrs. Falconer unterrichtete sie in der Kunst der Weinherstellung. Beatrice hatte nicht gewußt, daß es so viele unterschiedliche Weinsorten aus Heckenfrüchten wie Schlehen, Holunderbeeren und Hagebutten gab. Daneben ließen sich noch verschiedenste Sorten aus Obst und Gemüse – etwa aus Rhabarber und Erdäpfeln – herstellen sowie ein herrlicher Wein aus Pastinake. Die Köchin hatte über die Herstellung von Hagebuttengelee ein wenig die Nase gerümpft, doch glättete sich ihr aufgeplustertes Gefieder wieder, als Mrs. Falconer ihr eine Flasche ihres Haferpflaumenweins vermachte und auch Kostproben ihrer anderen Sorten zukommen ließ.

Insgesamt hatte sie sich in letzter Zeit glücklicher gefühlt, bis Rosie mit dieser Nachricht hereingeplatzt war. Allerdings empfand sie Rosie in zunehmendem Maße als Ärgernis. Aber sie brauchte sie. Sie konnte sich nicht an den Gedanken gewöhnen, allein in dem Haus zu leben, allein zu essen. Ihr einziger Trost war, daß Helen und ihr Ehemann meilenweit entfernt waren und wohl auch nicht die Absicht hatten, zu übersiedeln …

»Hast du von der Schwester gehört, die eine Lady wird?« empfing Mrs. Falconer ihren Sohn, als er sie später am Tag besuchte.

»Ja, Annie hat mir davon erzählt.«

»Was hältst du davon?«

Ja, was hielt er davon? Auf gewisse Weise hatte es seinen letzten Hoffnungen ein Ende bereitet und die zärtlichen Gedanken an Helen, die er noch immer in sich barg, begraben. »Ich denke, sie wird sich des Titels würdig erweisen. Sie war auch vorher eine Lady und wird es immer bleiben.«

Seine Mutter betrachtete ihn eingehend. »Du mochtest sie, nicht wahr?«

»Ich mochte sie alle. Es sind vier außergewöhnliche Schwestern«, gab er rasch zur Antwort.

Catherine streckte ihre Füße den lodernden Holzscheiten entgegen. Dann blickte sie zu ihrem Sohn hinüber, der auf der anderen Seite des Kamins Platz genommen hatte. »Weißt du, obwohl Mrs. Atkinson eine sehr nette Frau ist und, wie du an diesem Haus sehen kannst, auch etwas von ihrer Arbeit versteht und sie mir zusicherte, daß sie bei mir bleibe, solange ich es wünschte, muß ich doch zugeben, daß ich mich hier ein wenig einsam gefühlt hätte, wäre nicht Miss Beatrice mit ihrem Interesse für Wein und all die anderen Dinge. Ich glaube, sie ist das, was man hier ein nettes Mädchen nennt. Ich kann dir nur sagen, ich fühle, daß sie unter ihrem spröden Äußeren einsam ist, denn wenn wir ins Plaudern kommen und sie sich ein wenig löst, ist eine Wärme in ihr, an die noch niemand gerührt hat.«

»Ich freue mich, daß du ihre Gesellschaft so schätzt. Und was ist mit Rosie?«

»Oh, Rosie ist ein reizendes Mädchen. Mit Rosie gibt es keinerlei Schwierigkeiten. Ich glaube, sie ist über diese Enttäuschung hinweg, auch wenn sie manchmal etwas still wird und dann dieser traurige Blick in ihre Augen tritt, als wäre sie verloren. Dann vergesse ich, daß sie eine junge Frau ist, und bekomme das Gefühl, als hätte ich es mit einem Kind zu tun. Doch eine Umarmung und eine Tasse Tee bringen sie gewöhnlich wieder in bessere Stimmung. Sie sagt, ich sei wie ihre Mrs. Annie von nebenan – wohltuend.«

»Ja, so ist Rosie. Sie braucht wohltuende Menschen«, gab John mit einem Lächeln zurück.

»Sie ist ein hübsches Mädchen, und sie spricht fortwährend über diesen Robbie. Ist da etwas zwischen den beiden?«

»Wenn Robbie etwas unternimmt, wird es eines Tages etwas geben. Aber sie betrachtet ihn noch immer als Bruder. Ich glaube nicht, daß sie in bezug auf ihn zur Vernunft kommt, solange ihr nicht klar wird, daß sie ihn verlieren könnte.«

»Ja, das ist oft der Fall. Weißt du was? Ich freue mich auf Weihnachten.«

»Bis dahin sind es noch viele Wochen.«

»Das weiß ich. Aber ich freue mich trotzdem. Ich denke, es wird reizend hier, wenn das Gras mit Schnee bedeckt ist und ein großes Feuer im Kamin flackert.« Sie näherte auch ihre Hände dem Feuer.

»Darauf würde ich nicht wetten«, meinte John lachend. »Wahrscheinlich wird es regnen. Wenn es hier in irgendeiner Form Schnee geben sollte, dann Schneeregen und ein Wind, der dir das Gesicht zerschneidet.«

»Oh, du bist ein Miesmacher! Du gehst doch nicht schon? Du warst nur eine Stunde hier.«

Er blickte auf seine Uhr. »Ich war zwei Stunden und fünfzehn Minuten hier, Mrs. Falconer, und hätte in dieser Zeit ein halbes Dutzend Patienten betreuen können. Steh nicht auf, ich finde selbst hinaus. Wenn es mir möglich ist, sehe ich heute abend noch einmal herein.«

»Tu das.« Ihre Stimme wurde sanft. »Dann fragen wir sie, ob sie auf ein Kartenspiel herüberkommt. Das letzte Mal genoß sie es sehr.«

»In Ordnung – unter einer Bedingung. Ich werde meine Gewinne nicht in die Armensammlung stecken. Du verstehst?«

»Ja, Mr. Scrooge, ich verstehe.«

Während er, noch immer lachend, hinausging, winkte sie ihm nach. Als er sich eben in der Halle seinen Mantel überzog, öffnete sich die Verbindungstür, und Beatrice erschien. »Oh, verzeihen Sie, ich wußte nicht, daß sie hier sind. Ich dachte, Sie würden erst am Abend erwartet«, meinte sie zögernd. Sie wollte umkehren, doch er streckte seine Hand aus und hielt sie zurück.

»Seien Sie nicht albern. Ich glaube, meine Mutter wartet ohnehin bereits auf Sie«, erklärte er mit einer Kopfbewegung in Richtung der Wohnzimmertüre. Er hielt ihre Hand fest und legte auch seine zweite darauf. »Ich danke Ihnen, daß Sie so freundlich zu ihr sind«, sagte er mit gedämpfter Stimme. »Sie ist glücklich über Ihre Gesellschaft, und ich ebenso.«

Eine zarte Röte stieg Beatrice ins Gesicht, und ihre Augenlider flatterten. Sie befeuchtete die Lippen, ehe sie antwortete. »Keine Ursache. Es ist an mir, mich zu bedanken. Sie hat mir etwas genommen, das – nun, sie hat meinem Leben einen Sinn gegeben und ihm etwas von seiner Einsamkeit genommen.«

Sie blickten einander in die Augen. »Rosie verbringt viel Zeit bei den MacIntoshs«, fügte sie mit dünner Stimme hinzu. »Wie Sie wissen, habe ich mich niemals mit ihnen einverstanden erklärt.« Sie schluckte schwer, bevor sie weitersprach. »Aber wir alle brauchen jemanden, nicht wahr?«

Als er ihr zustimmte, war seine Stimme ebenso leise wie ihre. »Ja, Beatrice, Sie haben recht, wir alle brauchen jemanden. Und seien Sie sich meines tiefsten Dankes und meiner Anerkennung für Ihre Freundlichkeit meiner Mutter gegenüber gewiß. Ich habe mir bereits seit einiger Zeit Sorgen um sie gemacht. Ihre Arthritis verschlimmert sich zunehmend, und es wird wahrscheinlich einmal der Tag kommen, an dem sie eine Pflegerin benötigen wird. Sie zwingt sich jetzt, immer wieder herumzuspazieren, doch es wird nicht mehr lange so weitergehen. Selbstverständlich kämpft sie Tag und Nacht gegen diese Tatsache an. Immerhin war sie ihr Leben lang voller Energie. Sie konnte sich im Reiten und Rudern mit jedem Mann messen. Als wir noch im Süden lebten, pflegte sie von Rye aus Tiefseefischen zu gehen.«

»Wirklich?«

»Wirklich.«

»Aber sie spricht niemals davon.«

»Nein, selbstverständlich nicht. In ihrem Herzen ist sie noch immer verärgert, daß dies alles ein Ende gefunden hat. Eigentlich sollte sie die Hälfte ihrer Zeit im Bett verbringen, also werden Sie verstehen, wie dankbar ich Ihnen für Ihre Aufmerksamkeit bin.« Seine Hand löste sich von ihrer. »Oh, meine Liebe! Bitte, weinen Sie nicht!« rief er erschrocken aus.

»Ich weine nicht, nein, nein. Ich bin nur so … nur so albern. Es kommt nicht oft vor … daß sich jemand für etwas, was ich tue, bedankt.«

»Wenn Sie meine Meinung hören wollen, so würde ich dies für das schlechte Benehmen anderer halten. Aber ich bitte Sie, regen Sie sich nicht so auf.«

»Ach, ich bin nur dankbar. Aber ich will nicht, daß Ihre Mutter mich so sieht. Wenn Sie mich bitte entschuldigen.« Noch immer mit bebenden Lippen entfernte sie sich, zog die Tür zum Haus auf und ließ John einigermaßen verwirrt zurück.

Wie seine Mutter gesagt hatte: Es an Miss Beatrice Penrose-Steel auch noch eine andere Seite. Wahrlich, die gab es. Ihre Einsamkeit war nur eine Schutzhülle. Wahrscheinlich hatte sie es niemals zugelassen, daß ihre Schwestern einen Blick auf die Person hinter dieser Hülle warfen. Er setzte seinen Hut auf und trat nachdenklich aus dem Haus. Das Leben war voller Überraschungen. Beharrte sie aus diesem Grund darauf, Penrose-Steel genannt zu werden? Er war bestens mit den Erkrankungen vertraut, die den Körper heimsuchten, doch den geheimen Leiden, die die Seele verletzten, wurde weniger Aufmerksamkeit geschenkt. Oft war Einsamkeit nur eines davon.

6

»Es wird dir guttun fortzukommen, Kleines«, erklärte Annie.

»Ja, es wird wundervoll, Helen wiederzusehen. Sie möchte, daß ich das Haus sehe, bevor es verkauft wird. Wie sie sagte, ist es viel zu groß für sie, aber es ist ein herrlicher Ort am Fluß.«

»Und du sagtest, du reist mit ihrer Freundin?«

»Ja, ich erinnere mich an sie. Eine nette junge Frau. Helen verbrachte früher viel Zeit auf Col Mount. Ich habe vor einigen Jahren einmal eine Botschaft dorthin gebracht. Aber ich nehme nicht an, daß es sich so sehr verändert hat. Es ist ein hübsches Anwesen, das seinen Namen aufgrund seiner Paßlage zwischen zwei Hügeln erhielt.«

»Wird sie dich hier abholen?«

»Nein, wir treffen uns am Bahnhof von Newcastle. Ich glaube, auch sie ist am Übersiedeln. Sie verlor vor einiger Zeit ihren Ehemann.«

»Wie lange wirst du denn bleiben?« mischte sich Robbie ein.

Rosie wandte sich dem jungen Mann zu, der am Ende des Tisches Platz genommen hatte. »Bis Neujahr, also insgesamt etwa zwei Wochen.«

»Was sagte Miss Beatrice zu alldem?«

»Oh.« Rosie blickte von einem zum anderen. »Lange nicht so viel, wie ich dachte. Natürlich gefällt es ihr nicht, daß ich Helen besuche, und ich erwartete eine Auseinandersetzung. Aber sie sagte lediglich: ›Du weißt ja, was ich denke, aber du legst ohnehin keinen Wert auf meine Meinung.‹«

»Das war alles?« Annie hob überrascht die Augenbrauen.

»Ja. Das war alles, Mrs. Annie. Aber ich muß sagen, sie hat sich in letzter Zeit verändert. Seit die Mutter des Doktors den Anbau gemietet hat, hat sie eine neue Aufgabe. Eigentlich verläßt sie den Trakt nie.«

»Oh!« kam es von Annies Lippen.

»Was bedeutet dieses ›oh‹?« fragte Rosie mit einem Lächeln.

»Nur oh. Gibt es da nicht vielleicht einen Hintergedanken?«

»Sie meinen den Doktor?«

»Ja, wen sonst?«

Rosie antwortete nicht sogleich, sondern blickte zuerst zu Robbie und schüttelte dann den Kopf. »O nein«, erklärte sie schließlich mit einer Stimme, als wollte sie sich selbst überzeugen.

»Warum nicht?« fiel Robbie ein. »Wie alt ist sie jetzt, vierundzwanzig? Und er?«

Die Frage war an Rosie gerichtet, doch sie zuckte bloß mit den Schultern. »Das weiß ich nicht. Ich würde ihn auf dreißig schätzen. Aber ich kann mir nicht vorstellen, daß ...«

»Jetzt sag bloß nicht, du könntest dir nicht vorstellen, daß irgend jemand sich ihn sie verliebt.« Annie schwenkte drohend ihren Finger. »Männer tun seltsame Dinge, speziell wenn jemand freundlich zu ihren Müttern ist.« Lachend blickte sie zu ihrem Sohn hinüber. »Ist es nicht an der Zeit, daß auch du seltsame Dinge tust?« fragte sie ihn mit hoher Stimme. »Wie wäre es, wenn du einen Blick auf Battling Bella riskierst. Sie ist eben zum drittenmal Witwe geworden.«

Alle lachten über diesen Vorschlag, und Robbie hob seine Hand und deutete auf seine Mutter. »Würde dich wohl überraschen, wenn ich es täte, nicht wahr? Aber verzweifelte Männer begehen verzweifelte Taten. Und sie hat bereits fünf Kinder, zwei davon im arbeitsfähigen Alter. Ja, wäre eine Überlegung wert. Stell dir nur vor, wieviel Hilfe das für den Hof bedeuten würde.«

Während Rosie dem fröhlichen Hin und Her ihrer beiden Freunde lauschte, dachte sie, daß sie zu Weihnachten eigentlich lieber hierbliebe. Aber das wäre zu nahe bei Beatrice, und es war wunderbar, Helen wiederzusehen. Plötzlich unterbrach ein eigenartiger Gedanke ihre Überlegungen. Beatrice und der Doktor? Nein. Er war zu nett. Er ... er würde sie nicht wollen. Doch wenn sie darüber nachdachte, so hatte Beatrice sich in letzter Zeit tatsächlich verändert. Sie war netter, freundlicher. Aber wenn es wahr wäre, könnte es das Leben im Herrenhaus von Grund auf verwandeln. Und wenn es sie glücklich machte ... Aber der Doktor ... Er war wirklich zu gut für sie. Und warum sollte Beatrice jemanden wie ihn bekommen, wenn sie selbst von Teddy sitzengelassen worden war? Oh, Teddy. Der Name rief kein Gefühl der Zuneigung mehr, sondern eher Haß hervor. Sie hatte seit diesem letzten Brief keine Nachricht von ihm erhalten. Wie in diesem Augenblick gab es Zeiten, da konnte sie das kaum glauben und dachte, sie träume. Aber nein, es war kein Traum. Er hatte sie zurückgewiesen. Das war das richtige Wort, ein altmodisches Wort. Er hatte sie zurückgewiesen, abgelehnt, sitzengelassen. Und das hatte Spuren hinterlassen, denn sie würde sich niemals wieder jung oder fröhlich fühlen. Hin und wieder lachte sie, besonders wenn sie hierherkam. Denn dieses Haus war ihre Zuflucht, diese beiden Menschen hatten ihr das Leben gerettet. Nun, vielleicht nicht ihr Leben, aber doch ihre seelische Gesundheit.

»Besuchst du die Mutter des Doktors oft?«

»Ja, ich sehe immer wieder zu ihr hinein. Sie ist eine sehr nette, fröhliche alte Lady, aber die Arthritis macht ihr zu schaffen, wenn sie sich auch dagegen auflehnt. In den letzten Wochen hat sie richtige Türme von Weinflaschen aufeinander gestapelt und behauptet, daß sie alle zu Weihnachten getrunken würden. Überdies hat sie Beatrice beigebracht, wie man Wein herstellt. Sie wollte es auch mir zeigen, aber … nun, ich war nicht daran interessiert.«

»Wenn du morgen früh den Zehn-Uhr-Zug nimmst, werde ich dich zum Bahnhof bringen.«

»Oh, das ist sehr nett von dir, Robbie. Danke!«

Ohne ein weiteres Wort wandte er sich um, griff nach seiner Mütze und seinem Mantel, die neben der Hintertür hingen, und verließ den Raum.

»Du wirst eine ganze Menge neuer Leute bei Helen kennenlernen«, bemerkte Annie, als sich auch Rosie zum Gehen erhob. »Wird eine andere Welt für dich sein. Wer weiß, vielleicht begegnest du dem einen, der dir gefällt.«

»Ganz bestimmt nicht. Und das will ich auch nicht«, gab Rosie aufgebracht zurück. »Ich … ich werde niemals wieder jemandem in dieser Weise vertrauen. Niemals! Haben Sie gehört, Mrs. Annie? Niemals!«

»Niemals ist eine lange Zeit, Kleines. Ich weiß, wie du dich fühlst, aber es sind schon seltsame Dinge geschehen. Die Zeit wird es weisen. Wie es aussieht, könnte das mit Robbie passieren. Immerhin gibt es wieder zwei Mädchen, die sich für ihn interessieren.«

»Was? Für Robbie?« fragte Rosie erschrocken.

»Warum so überrascht? Wenn er wollte, könnte er jeden Tag heiraten«, erklärte Annie. Ohne ein Wort darauf zu antworten, starrte Rosie die ältere Frau mit großen Augen an.

7

Frances Middleton setzte das große Tablett klappernd auf dem Tisch ab. »Sie haben dem Wein gebührend zugesprochen, das muß ich wohl sagen. Und sie sind so fröhlich wie Kirchenglocken, sie lachen unentwegt.«

»Tja, das werden wir auch«, erklärte die Köchin, »wenn wir diese drei Flaschen hinter uns haben.« Sie deutete auf die Anrichte. »Ist ein gutes Zeug, das die alte Lady herstellt, obwohl sie mich warnte, daß der Wein noch jung sei und noch eine Weile lagern müsse. Ach du meine Güte! Nach einigen Gläschen gestern abend schlief ich wie ein Holzklotz.«

»Das liegt daran, daß du ihn gemischt hast, Köchin«, meldete sich Mary Simmons zu Wort. »Mein Vater sagt, daß nicht so sehr die Menge, sondern das Mischen von Wein betrunken macht.«

»Das sind hausgemachte Weine, Miss Naseweis, nicht das Zeug, das dein Vater trinkt.«

Das Küchenmädchen legte den Kopf leicht zur Seite, doch Janie Bluett winkte ihr beschwichtigend zu. »Nun, wir werden später sehen, wer recht behält, denn was mich anbelangt, so will ich zumindest ein Gläschen von jedem kosten, und je eher, desto besser. Also laßt uns rasch aufräumen und die Nacht genießen. Die Herrin ist wohl noch eine Weile da drin im Einsatz, das kann ich euch sagen.«

»Ich habe noch niemals eine solche Veränderung gesehen.« Frances Middleton nickte mit dem Kopf. »Seit sie die Leitung des Hauses übernahm bis vor einigen wenigen Monaten habe ich noch nie ein Wort des Dankes von ihr gehört. Und jetzt bittet sie tatsächlich um etwas, anstatt es zu befehlen. Als ich heute nachmittag den Tee für sie und die alte Lady hineinbrachte, lachte sie so ausgelassen, ich kann euch nicht sagen, welch ein Anblick das war …«

In diesem Augenblick lachte Beatrice wieder fröhlich auf. »Oh, das glaube ich Ihnen nicht, Mrs. Falconer.«

»Tun Sie es, meine Liebe. Dieser Junge, der hier wie ein Idiot grinst, ging in sein Zimmer hinauf und schlug alles kurz und klein. Er warf sogar sein Spielzeug aus dem Fenster, bloß weil ich in an einem Ausflug der …« Sie schüttelte den Kopf und blickte zu John hinüber. »Was war es doch gleich, die Jugendbrigade oder die Jungen Abstinenzler oder was auch immer? Jedenfalls ließ ich ihn nicht mitgehen. Damals war er erst sechs Jahre alt. Es ging nicht in seinen Kopf hinein, daß er dafür eine Einladung brauchte und daß nur besondere Kinder an diesen Ausflügen teilnahmen. Zu dieser Zeit lebten wir in Tunbridge Wells, und der Ausflug ging nach Hastings, und er war bereits mehrmals in Hastings gewesen. Und dann wurde er einmal von der Schule nach Hause geschickt, weil er einen Jungen gegen das Schienbein getreten hatte und seine Eltern in die Schule gekommen waren und sich beschwert hatten. Damals trat ich für ihn ein, denn er war erst zehn und dieser junge Flegel bereits zwölf und ein richtiger Rabauke.«

»Mutter! Willst du nicht endlich aufhören? Und steck die Korken auf die Flaschen zurück, sonst erinnere ich mich vielleicht noch an die Geschichte einer jungen Frau, die mit kaum mehr als einem Schlüpfer bekleidet vom Pier in Hastings ins Meer sprang.«

»Das habe ich nicht getan. Es war vollkommen anders.«

»Genauso war es. Und was du jetzt brauchst, ist ein sehr starker Kaffee.«

»Oh, ich sage es den Mädchen.«

»Sie tun nichts dergleichen.« John deutete mit dem Finger auf Beatrice, die sich eben vom Sofa erheben wollte. »Ich bin der einzige, der noch sicher auf seinen Füßen steht, also werde *ich* es tun. Und Mutter …« Er wandte sich um und schwenkte drohend seinen Finger in Richtung seiner Mutter, die es sich in einem tiefen Lehnstuhl am Kamin bequem gemacht hatte. »Keine weiteren Verkostungen, hörst du? Ich bin morgen früh um halb neun Uhr wieder im Dienst und weiß, was deine Kostproben meinem Kopf antun. Ich habe sie schon früher erlebt. Laß also die Korken, wo sie sind. Und ich meine, was ich sage.«

»In Ordnung. Wir werden die anderen nach dem Kaffee kosten.«

Nachdem John den Raum verlassen hatte, blieb es für einen Augenblick still. »War das nicht ein reizendes Weihnachtsfest?« bemerkte Catherine Falconer schließlich leise. »Ich habe ihn noch nie so entspannt gesehen. Ich glaube, es hat damit zu tun, daß er mich in diesem entzückenden kleinen Haus untergebracht hat.«

Beatrice antwortete erst nach einigen Sekunden. Sie hob ihre Augen und blickte zur Decke empor. »Es ist das netteste Weihnachtsfest seit – nun, seit ich ein Kind war«, erklärte sie dann mit nachdenklicher Stimme. »Als meine Mutter und mein Vater noch lebten, waren da immer Helen und Marion und Rosie. Sie waren stets so fröhlich und lachten, und irgendwie war es mir nie möglich, an ihrer Freude teilzuhaben. Ich weiß nicht, warum. Manchmal überkam mich das Gefühl, als gehörte niemand zu mir, mit Ausnahme von Vater. Und dann fand ich das alles über ihn heraus.«

»Vergessen Sie es, meine Liebe, vergessen Sie es.« Catherine zog sich unter großen Schmerzen an ihrer Lehne hoch. »Vergessen Sie die Vergangenheit. Sie können die Vergangenheit niemals verändern. Denken Sie statt dessen an die Zukunft. Sie sind eine hübsche junge Frau … Ein hübsches Mädchen, wie man hier sagt.«

Beatrice hob den Kopf rasch von der Rückenlehne des Sofas. »Sie halten mich wirklich für hübsch?« fragte sie.

»Ja, das tue ich. Sie sind wirklich sehr attraktiv.«

»Ich … ich lege etwas Gewicht zu. Ich esse zuviel Schokolade.«

»Dagegen hilft nur, mit dem Schokolade-Essen aufzuhören. Zügeln Sie sich, und blicken Sie in die Zukunft. Sie sind noch jung und haben ihr ganzes Leben vor sich.«

»Ja, das werde ich tun.«

»*Was* werden Sie tun?« fragte John, der eben mit einem Tablett mit drei Tassen Kaffee eintrat. Doch die Antwort erhielt er von seiner Mutter. »Nichts. Laß uns den Kaffee trinken, damit wir die Flaschen wieder entkorken können.«

»O nein, Mutter, das laß bleiben.«

»Wir werden sehen …«

Sie tranken den Kaffee und genehmigten sich dann noch

ein weiteres Glas Pastinake-Wein. Dabei sprachen sie – zumindest Catherine – über die Tage in Tunbridge Wells, Rye und Hastings sowie über ihre Aufenthalte in Eastbourne und Brighton. »Ich glaube, es ist Zeit, schlafen zu gehen«, meinte John, nachdem seine Mutter bereits eine Weile mit geschlossenen Augen in ihrem Stuhl gesessen hatte. »Bevor ich gehe, möchte ich dich unter der Decke sehen.«

»Ich glaube, du hast recht. Es war ein langer und reizender Tag.« Catherine blickte beide an. »Ein ganz besonders reizender Tag«, wiederholte sie. »Aber laß mich, ich schaffe das schon«, erklärte sie, als John ihr auf die Beine half und ihr die Krücken reichte.

Auch Beatrice hatte sich mittlerweile erhoben. »Soll ich Sie begleiten und Ihnen helfen?«

»O nein!« protestierte die ältere Frau lautstark. »Der Tag möge nur kommen, an dem ich jemandes Hilfe benötige, um mich zu entkleiden. Gute Nacht, meine Liebe. Ich sehe Sie morgen.«

»Gute Nacht, Mrs. Falconer, und vielen Dank.«

»Es gibt nichts, wofür Sie sich bei mir bedanken müßten, meine Liebe, es ist an mir, Ihnen zu danken. Aber setzen Sie sich doch wieder.« Sie deutete mit dem Kopf auf ihren Sohn. »In fünfzehn Minuten kannst du dich von mir verabschieden.«

»Gut, in fünfzehn Minuten.«

Sowohl Beatrice als auch der Doktor blieben stehen und blickten der alten Frau nach, die unter großer Anstrengung den Raum verließ. Schließlich wandte sich John zu Beatrice um und streckte seine Hand aus. »Kommen Sie, setzen Sie sich.«

Er berührte sie nicht wirklich, doch sie sah ihn einen Augenblick an, ehe sie wieder in der einen Ecke des Sofas Platz nahm, während er sich in die andere fallen ließ, sich zurücklehnte und seine Beine ausstreckte. »Ich habe sie seit Jahren nicht mehr so glücklich und zufrieden gesehen«, erklärte er. »Der Verlust meines Vaters traf sie schwer, und ich konnte seinen Platz nicht ausfüllen.«

»Oh, aber Sie erfüllen ihr Leben jetzt mit Freude.«

Er wandte den Kopf, um sie anzublicken. Auch sie hatte sich zurückgelehnt und wirkte entspannt. Er hatte sie noch nie so entspannt gesehen, oder sollte er glücklich sagen? In diesen letzten Monaten hatte er sie auf eine Weise kennengelernt, wie er es sich früher nicht hatte vorstellen können. Die junge Hausherrin, an die er sich erinnerte, schien niemals existiert zu haben. Und doch war er sich bewußt, daß auch diese Seite ihres Wesens noch immer vorhanden. Doch ihre bessere, bisher zurückgedrängte Natur war in den Vordergrund getreten und hatte sie in eine attraktive, hübsche junge Frau verwandelt. Ja, sie war tatsächlich hübsch. Sie hatte nicht die sylphenhafte Figur ihrer beiden Schwestern Helen und Rosie, sondern neigte wie Marion zu einer gewissen Molligkeit, doch es war eine gerundete, attraktive Molligkeit. Vor allem hatte er sich niemals vorstellen können, daß er sie eines Tages mögen könnte, und das tat er nun. Außerdem verhielt sie sich seiner Mutter gegenüber so freundlich und aufmerksam. Wenn es nach der Meinung seiner Mutter ging, war sie ein »erstklassiges Mädchen«.

Ihre Stimme unterbrach seine Gedanken. »Ich weiß nicht, ob ich jemals wieder ein Weihnachtsfest wie dieses erleben werde«, meinte sie leise.

»Warum nicht?«

»Oh, ich weiß nicht. Es war in jeder Hinsicht außergewöhnlich. Ich dachte, nur Rosie und ich wären hier, und sie würde die meiste Zeit nebenan verbringen, und ich wäre allein. Als Großvater, Großmutter, Mutter und Vater, Helen, Marion und Rosie noch hier waren, dachte ich, es würde mir nichts ausmachen, allein zu sein. Das Haus schien immer voller Menschen. Manchmal sehnte ich mich regelrecht danach, allein zu sein. Aber nicht in letzter Zeit.« Ihre Stimme war nahezu ein Flüstern. Sie hatte sich an die Vorderkante des Sofas gesetzt und preßte die verschränkten Hände auf die Knie. »Wissen Sie, wie es ist, sich einsam zu fühlen?« fragte sie, während sie ihm langsam den Kopf zuwandte. »Nicht nur allein, sondern einsam und fern von allen anderen?«

Auch er hatte sich aufgerichtet und dachte einen Augenblick lang nach. »Nein, nicht auf diese Weise einsam. Aber, wissen Sie, Beatrice, es gibt in den meisten von uns ein Gefühl, das ich Einsamkeit nenne. Teile in uns sind leer und müssen von etwas erfüllt werden ...« Er schüttelte den Kopf, denn das Wort Liebe wollte nicht über seine Lippen kommen. Zögernd fuhr er fort: »Von etwas wie Freundschaft, Zuneigung. Es tut mir leid, Beatrice, daß Sie so empfanden. Das hätte ich niemals gedacht. Allerdings, wer kennt denn schon die Gefühle eines anderen? Aber seien Sie jetzt bitte nicht traurig, sonst verderben Sie diesen Tag.« Er streckte seine Hand aus und legte sie auf ihre. Plötzlich erinnerte er sich, daß er dasselbe schon früher einmal getan hatte, und daß es sie zum Weinen gebracht hatte. Auch jetzt bewirkte seine Geste, daß sich ihre Augen mit stillen Tränen füllten. »Oh! Bitte! Meine liebe, liebe Beatrice«, rief er aus und rückte näher zu ihr. »Wenn meine Mutter sieht, daß ich Sie zum Weinen gebracht habe, wird sie mich umbringen.«

»Es ist alles in Ordnung. Es ist nur ... weil ich so glücklich bin. Ich fühle mich plötzlich gebraucht.« Ihre Augen suchten seine. »Ich ... ich habe in Ihnen einen Freund gefunden.«

»O ja, Beatrice, darauf können Sie sich verlassen.« Er drückte ihre verschränkten Hände in seinen. Als ihn eine Stimme tief in seinem Inneren mahnte, vorsichtig zu sein, fragte er sich mit fester Stimme: warum? Sie sorgte für seine Mutter. Sie war freundlich, und er hatte sie liebgewonnen. Ja, er hatte sie tatsächlich liebgewonnen. Was gab es denn sonst noch für ihn? Die Vergangenheit war tot. Ganz und gar tot. Eigentlich war sie niemals geboren worden, hatte niemals wirklich das Licht der Welt erblickt, war, weil es bereits zu spät war, von der Zeit im Keim erstickt worden. Was blieb ihm also noch? Wen traf er denn auf den Abendgesellschaften des alten Cornwallis? Gleichaltrige verheiratete Männer mit ihren Ehefrauen, verrückte junge Töchter und hin und wieder eine alte Jungfer. Und er mußte zugeben, daß er die alten Jungfern den verdrehten jungen Mädchen vorzog, besonders im Fall einer Sechzehnjährigen, die mit verschiedensten Leiden in seine Sprechstunde gekommen war, bis ihm nur noch die Wahl geblieben war, entweder tatsächlich unhöflich zu ihr zu sein oder sie an Cornwallis weiterzugeben. Er hatte sich für letzteres entschieden, woraufhin ihre Besuche seltener wurden. Später hörte er, daß die junge Lady behauptete, sie hasse Doktor Falconer und daß er nichts von seinem Beruf verstehe und niemand zu ihm gehen solle. So sah die Leidenschaft der Jugend aus.

Doch hier lagen die Dinge ganz anders. Beatrice war eine ausgesprochen attraktive junge Frau. Zudem war sie auch die Eigentümerin dieses wundervollen Herrenhauses, wenn es auch bis unter das Dach verpfändet war. Darüber hinaus besaß sie Persönlichkeit. Sie war aufmerksam, wie ihre Hinwendung zu seiner Mutter bewies, und eine gute Gesellschafterin. Auch fand er sie sehr belesen, was wohl auf ihre Einsamkeit und ihr Leben abseits der anderen zurückzuführen war. Natürlich zeigten sich auch die Eigenschaften ihres Vaters in ihr. Und sie besaß zweifellos ein Gefühl für das Land und ganz besonders für dieses Haus.

»Ich habe Sie in Verlegenheit gebracht«, drang ihre Stimme leise an sein Ohr. Heftig verneinend schüttelte er den Kopf. »Mich in Verlegenheit gebracht? Seien Sie nicht albern, meine Liebe. Genau das Gegenteil, Sie haben mich zum Nachdenken gebracht, zum Nachdenken über die Zukunft. Aber ...« – er gab ihre Hände frei und zuckte die Schultern – »ich weiß, wie meine Zukunft aussehen wird. Ich werde möglicherweise eines Tages eine eigene Praxis haben, und das wird das Äußerste sein, das ich jemals erreichen werde. Kein Ruhm und keine Ehre für mich. Die werden Ihnen nur zuteil, wenn Sie Menschen aufschlitzen und die richtigen Teile herauszunehmen, ohne daß Sie dabei irgendwelche Instrumente im Inneren vergessen.«

Sie lachten beide, und ihre Köpfe berührten sich beinahe. Aber bei ihren nächsten Worten erstarb das Lächeln auf seinem Gesicht. »Es würde mir nichts ausmachen, wenn Sie keinen einzigen Penny besäßen, weder jetzt noch irgendwann.«

»Oh, Beatrice«, sagte er nach einer langen Pause. Ihr

Kopf sank beinahe auf ihre Brust. »Ich kann nicht dagegen an«, flüsterte sie. »So … so fühle ich für Sie.« Als sie den Kopf hob, rannen Tränen über ihr Gesicht. »So handelt keine junge Lady. Aber, wie ich schon sagte, ich kann nicht dagegen an«, erklärte sie mit belegter Stimme. »Ich nehme an, ich hätte ohne dies niemals den Mut gefunden«, meinte sie und deutete mit trockenem Lächeln auf den Tisch, auf dem sich eine Anzahl Flaschen und Gläser befand. »Bitte, vergessen Sie es. Bis morgen haben wir beide es vergessen. Solange Sie mein Freund bleiben, ist es genug.«

»Beatrice. Sehen Sie mich an«, forderte er sie mit leiser Stimme auf, während er ihr die Hände auf die Schultern legte. »Wollen Sie mich heiraten?« fragte er, als sie schließlich zu ihm aufblickte.

Seine Arme schlossen sich um sie, und sie fiel gegen seine Brust. Tränen strömten aus ihren fest geschlossenen Augen und ihre Kehle war wie zugeschnürt.

»Alles in Ordnung, meine Liebe, alles in Ordnung.« Während er über ihr Haar strich, erfaßte ihn plötzlich eine Welle eines Gefühls, das er nicht näher beschreiben konnte. Leidenschaft war es nicht. War es Liebe? Nein, es war etwas anderes. Vielleicht Mitgefühl. Ja, Mitgefühl. Aber noch ein wenig mehr. Mitleid? Nein, nein. Sie war nicht die Art von Frau, mit der man Mitleid empfinden konnte. Sie war stark, und sie liebte ihn. Es tat so gut, geliebt zu werden. O ja, es tat so gut, geliebt zu werden. Er zog sie näher an sich, und als sie tatsächlich aufstöhnte, hob er ihr Gesicht von seiner Schulter und legte seine Lippen auf ihre. Augenblicklich schlang sie ihre Arme um seinen Nacken und erwiderte seine Umarmung mit solcher Glut, daß er sich angesichts ihres unverhüllten Gefühls klein vorkam. Einen Moment später trennten sie sich.

»Nun, wenn Mutters Schwäche dies herbeigeführt hat, sollten wir darauf trinken«, meinte er, während er ihre Augen trocken tupfte. »Wie wäre es mit einem Gläschen Pastinake-Wein, er ist nicht so stark?«

»Du könntest es morgen bereuen«, sagte sie, während er zum Tisch ging.

»Nein, nein.« Er schüttelte den Kopf. »Ich bin nicht betrunken. Es braucht eine ganze Menge von diesem Zeug, um mich über die Klippe zu bringen. Ich bin seit meiner Knabenzeit daran gewöhnt. Ich gestehe, daß es die Sorgen des Tages ein wenig dämpft, doch betrunken? Nein. Und morgen werde ich mich genauso fühlen.«

»O John. Du wirst niemals begreifen, was du für mich getan hast.«

»Du wirst wahrscheinlich dafür zahlen müssen, meine Liebe. Ich bin übellaunig, wortkarg und zumindest bisher kaum an einem Ort festzuhalten. Wie meine Mutter bereits sagte, findet man mich keine fünf Minuten am selben Platz.«

Beatrice trocknete ihr Gesicht mit ihrem eigenen Taschentuch. »Das alles nehme ich gerne auf mich, Liebster«, erklärte sie lächelnd. Und sie wußte, daß sie das tun würde. Welche Schwächen er auch haben mochte, sie würde sie willkommen heißen, weil er zu ihr gehören würde. Ihr Ehemann. Sie würde eine verheiratete Frau sein, eine Ehefrau. Plötzlich dachte sie an Helen, und eine Welle von Gefühlen, darunter auch Furcht, überkam sie. Doch gleichzeitig empfand sie auch eine gewisse freudige Erregung. Helen hatte einen Mann geheiratet, der doppelt so alt war wie sie. Und wie damals wußte sie auch heute, daß sie mit ihrer Vermählung mit Leonard hauptsächlich von diesem Haus und von ihr fortkommen wollte. Ja, von ihr, denn zwischen ihnen hatte es niemals etwas wie Liebe gegeben. Doch sie heiratete einen jüngeren, gutaussehenden, attraktiven Mann, der überdies noch Arzt war.

Während sie beobachtete, wie John den Fruchtwein in die Gläser füllte, wünschte sie, es wäre bereits morgen, denn seine Reaktion am nächsten Tag würde bestätigen, daß es kein Traum war, daß er nicht bereute, was heute abend geschehen war. Bei diesem Gedanken erstarrte sie. Sie würde ihn nicht vergessen lassen. Er durfte einfach nicht, er hatte ihr sein Wort gegeben. Sie schloß ihre Augen für einen Moment und sagte sich, daß sie sich beruhigen müsse.

»Auf uns.«

Ihre Augen öffneten sich weit. Sie nahm das Glas aus seiner Hand. »Auf uns«, wiederholte sie lächelnd, während die Worte in ihrem Kopf laut und eindringlich widerhallten. »Auf uns. Auf uns. O ja, auf uns.«

8

Rückblickend erinnerte sich Rosie an den Schock, der sie traf, als sie zu Neujahr nach Hause zurückkehrte und von einer strahlenden Beatrice empfangen wurde. Erst war sie über den glücklichen Ausdruck auf dem Gesicht ihrer Schwester und die Fröhlichkeit in ihrer Stimme, als sie sie willkommen hieß, überrascht gewesen. Später hatte Beatrice ihr dann im Arbeitszimmer die Neuigkeit erzählt. Als Rosie zunächst nicht darauf reagierte, war augenblicklich wieder die alte Beatrice zum Vorschein gekommen. »Warum siehst du mich so an? Warum sollte ich mich nicht verlobt haben?« stieß sie aufgebracht hervor.

»D-d-dafür gibt es überhaupt keinen Grund, es war nur … ein Schock, eine Überraschung.«

»Daß John … der Doktor mich lieben sollte?«

Der Doktor liebte sie? Rosie erinnerte sich, daß sie die Worte beinahe laut ausgesprochen hätte, nur hätte sie dann das Wort »sie« gegen »dich« ausgewechselt. »Wir … nun, es kommt so unerwartet«, stammelte sie. »Ich meine, ich hatte keine Ahnung, daß du ihn liebst.«

»Es gibt eine ganze Menge Dinge, die du von mir nicht weißt.«

»Ja, Beatrice, du hast recht«, antwortete Rosie mit zustimmendem Nicken. »Aber ich freue mich für dich«, fügte sie schließlich noch hinzu.

Das weitere Gespräch verlief kühl, und am Ende ging sie hinauf und wechselte ihre Kleidung. Als sie in ihrem alten Mantel und Hut wiederkehrte – was bedeutete, daß sie nach nebenan ging -, blickte Beatrice sie mißbilligend an.

»Was geschehen ist, ändert meine Meinung über unsere Nachbarn und deine ständigen Besuche bei ihnen keineswegs«, erklärte sie unumwunden.

»Auch für mich macht es keinen Unterschied, Beatrice«, war ihre knappe Antwort darauf.

Robbie und Annie hießen sie so herzlich willkommen, daß sie sich endlich wieder wirklich zu Hause fühlte. Als Mrs. Annie sie aufforderte, ihr Neuigkeiten von Helen zu erzählen, antwortete sie, daß sie später über ihren Besuch bei Helen berichten und sie zunächst in die Neuigkeiten von nebenan einweihen werde. Während sie erzählte, starrten die beiden sie ungläubig an. »Der Doktor und Beatrice?« fragte Robbie. »Er ist doch so ein vernünftiger Kerl. Wann ist das denn geschehen?«

»Aus unserem kurzen Gespräch entnahm ich, daß es am Weihnachtsabend passierte.«

»Er muß betrunken gewesen sein«, sagte Annie nickend. »Das ist es. Laß dir gesagt sein, Kleines, du kannst von hausgemachtem Wein betrunkener werden als von wirklich starkem Zeug. Ich sollte das wissen.« Sie nickte erneut, als steckte eine lange Geschichte hinter ihren Worten.

»Nun, eines ist sicher«, meinte Rosie daraufhin, »sie wird nicht mehr allein sein und mich nicht mehr brauchen. Also sollte ich mir irgendeine Arbeit suchen.«

»Arbeit?« Robbie wandte sich erstaunt zu ihr um. »Arbeit? Für welche Art von Arbeit bist du denn geeignet? Du müßtest auf eine dieser Sekretärinnenschulen gehen, um etwas zu lernen.«

»Ich will auf keine Sekretärinnenschule, ich möchte auf eine Farm. Ich habe doch hier genug Erfahrung gesammelt, oder?« Sie blickte von einem zum anderen. »Schon seit Jahren kümmere ich mich um Pferde, Kühe, Schweine und all die kleineren Tiere. Glaubt ihr nicht, daß mich das für einen Job auf einer Farm qualifiziert?«

Robbie und seine Mutter wechselten einen vielsagenden Blick. »Ja. Du hast eine ganze Menge Erfahrung mit einigen Pferden, einigen Kühen und einigen Schweinen gesammelt«, sagte Robbie schließlich.

»Und vergiß nicht eure Haupteinnahmequelle, den Kohl, die Zwiebeln, die Karotten, den Lauch und alles, was sonst noch auf dem Boden wächst. Ganz abgesehen von dem Zeug, das sich an der Wand entlangrankt«, ergänzte Rosie.

Statt einer Antwort auf ihre Aussage brachen Robbie und seine Mutter in schallendes Gelächter aus. Nach einigen Augenblicken fiel Rosie in ihr Lachen ein. »Nun, seht ihr, was ich meine?« fragte sie schließlich.

»Ja, Kleines. Ich verstehe, was du meinst.« Annie setzte sich ihr gegenüber an die andere Seite des Tisches.

»Was ich jetzt sage, habe ich mir nicht eben erst ausgedacht«, erklärte sie und blickte zu ihrem Sohn hinüber. »Ist es nicht so?«

»Wenn du das sagst, was ich vermute, daß du sagen wirst, hast du es dir nicht eben ausgedacht, Mam.«

Annie wandte sich wieder Rosie zu. »Erst gestern hat er« – sie deutete mit ihrem Kopf auf ihren Sohn – »auf dem Markt gefragt, ob es nicht irgend einen jungen Kerl gäbe, den er als Helfer oder eine Art Lehrling einstellen könnte. So ist es doch, nicht wahr?« Wieder blickte sie zu Robbie, der zustimmend nickte.

»Ja, so ist es. Das haben wir uns wirklich nicht einfach so ausgedacht. Tatsächlich fand ich zwei Burschen, die sich heute hier vorstellen werden. Aber was Mutter ausdrücken will, ist, daß es genausogut drei Anwärter sein können. Verstehst du mich?«

Rosie begriff sofort, und ihr Gesicht erhellte sich. »Wirklich?«

»Ja, wirklich. Da ich nur die beiden Pferde habe und sie den Großteil des Winters im Stall verbringen, liegt das Feld dort unten zumindest teilweise brach. Meine Idee ist es nun, mehr Feldfrüchte anzubauen. Die Stadt wächst, und man kauft mir heute ab, was ich bieten kann, und das zu meinem Preis. Die Grundstücke, auf denen heute gebaut wird, waren einst Gartenparzellen. Nun, was sagst du dazu?«

»Oh, das ist großartig«, rief Rosie. Sie griff über den Tisch hinweg nach den Händen der älteren Frau. »Es wäre eine Erleichterung, den ganzen Tag aus dem Haus zu sein und nur nachts zurückkehren zu müssen. Und gewiß leistet sie jetzt auch nicht allzu großen Widerstand. Immerhin« – sie zuckte die Schultern – »hat sie sich verändert. Es zeigt sich sogar in ihrem Gesicht. Ich weiß, daß sie vierundzwanzig ist, zwar sehr alt für vierundzwanzig, doch heute scheint sie jünger als ich.« Dann wandte sie sich mit einem Lächeln an Robbie. »Und werde ich auch bezahlt? Nun, selbstverständlich werde ich bezahlt, aber wieviel werde ich bekommen?«

»Pah! Da ist sie wieder«, meinte er mit einem Nicken zu seiner Mutter, »die Frage des Geldes. Genau das hat mich einer der beiden auf dem Markt auch gefragt. ›Wieviel?‹ Nun, Miss ...« Er blickte sie unverwandt an, während sein Gesicht einen düsteren strengen Ausdruck annahm. »Das hängt von deinen Fähigkeiten ab, Miss Steel. Wenn du unseren Erwartungen gerecht wirst, erhältst du zusätzlich zu deinem Essen zehn Shilling die Woche. Und ich getraue mich zu wetten, daß das dem Doppelten dessen entspricht, was deine Schwester ihrer Köchin bezahlt.«

Rosie antwortete ihm nicht in scherzhafter Weise, sondern senkte ihren Blick. »Wie du weißt, hatte ich noch niemals eigenes Geld. Alles wurde immer für mich gekauft. Manchmal erhielt ich einen Shilling, aber das war zu meinem Geburtstag und nur für Süßigkeiten. Doch seit Vaters Tod habe ich überhaupt kein Geld mehr erhalten. Sie ... Beatrice zahlte widerwillig meine Bahnkarte zu Helen, und ich hatte nichts, mit dem ich Weihnachtsgeschenke hätte kaufen können. Ich fühlte mich entsetzlich. Aber Helen war so nett. Sie war immer nett. Ich ... ich wäre gerne dort geblieben, und das wäre auch möglich gewesen, doch sie mußten in die Schweiz reisen. Leonard fühlt sich nicht wohl, er mußte seinen Abschied bei der Armee nehmen und einige Monate in den Bergen verbringen. Und wißt ihr was?« Sie blickte mit feuchten Augen von einem zum anderen, ehe sie weitersprach. »Helen gab mir fünf Pfund, bevor ich abreiste, und dabei hatte ich von ihnen so viele Geschenke zu Weihnachten erhalten.«

»Weine nicht, Kleines. Weine nicht. Jedenfalls wird Helen immer für dich da sein. Und obwohl wir nur ein armseliger Ersatz sind, hast du auch noch uns.«

Rosies Augen blinzelten heftig, ehe sie antwortete. »O ja, ich habe euch beide. Ohne euch wäre ich nicht hier. Ich wäre fortgelaufen oder hätte sonst etwas Dummes angestellt. Wie ihr wißt, war ich immer ein wenig wirklichkeitsfremd und verrückt, mehr wie ein Junge als ein Mädchen, allerdings wie ein verträumter Junge. Ich träumte unentwegt. Doch das ist endgültig vorbei.«

»Nun, wenn du mit der Arbeit beginnen willst, ist keine Zeit zu vergeuden, Miss«, fiel Annie rasch ein, als sie sah, daß Rosie wieder den Kopf hängen ließ. »Wir bezahlen dich nicht dafür, daß du hier herumsitzt, Tee in dich hineingießt und meine besten Kuchen ißt. Allerdings waren die ohnehin für den Tee bestimmt. Nun, komm schon, erhebe dich und laß uns hinausgehen.«

Das war am Tag ihrer Rückkehr geschehen. Doch heute war ein anderer Tag – heute fand Beatrices und Johns Hochzeit statt.

John stand Doktor Cornwallis gegenüber. Beide waren in dunkle Anzüge gekleidet und trugen eine Nelke im Knopfloch. »Der Tag der Hinrichtung ist also gekommen«, eröffnete Doktor Cornwallis das Gespräch, während er die zwei Schritte auf John zutrat und ihm seine Hand auf die Schulter legte. »Wie fühlen Sie sich?«

»Oh, ausgezeichnet.«

»Ich meine nicht körperlich, ich meine seelisch. Was fühlen Sie bei all dem hier? Für mich war es eine Überraschung, daß sie sich diese Frau aufbürden. Mir erschien sie immer ein wenig zu kratzbürstig.«

»Jeder hat zwei Seiten, Sir.«

»Und Sie haben die gute Seite gesehen?«

»O ja, ich habe die gute Seite gesehen.«

»Und Sie sind zufrieden mit Ihrer Entscheidung?«

»Ja, selbstverständlich.« Eine gewisse Förmlichkeit lag in Johns Stimme.

»Nun, das ist gut zu wissen. Immerhin treffen Sie es auch gar nicht so schlecht. Obwohl ich weiß, daß das Anwesen bis zum Dach in Schulden steckt, ist es doch ein prachtvolles Haus. Es wird sich für Sie lohnen, die Schulden abzuzahlen. Ist im Umkreis von Meilen das beste Haus, mit Ausnahme vielleicht von The Hall, aber das ist so warm wie ein Bierkeller. Eines möchte ich Sie aber dennoch fragen. Warum wollten Sie nicht in der Kirche heiraten?«

»Sie wollte keine kirchliche Trauung, Sir. Sie wollte eine schlichte Zeremonie.« John fügte nicht hinzu, daß sie auch so rasch als möglich hatte heiraten wollen, als könnte sie es nicht erwarten, es hinter sich zu bringen. Im stillen hatte er sich gefragt, ob sie vielleicht seinen Zweifel fühlte. Doch schließlich hatte er diesen Gedanken beiseite geschoben. Sie war ein nettes Mädchen, ein gutes Mädchen, und er mochte sie sehr. Und er mußte irgend jemanden heiraten, denn er wünscht sich eine Familie. Ja, er wünschte sich eine Familie. Und dieses Haus war wie geschaffen für eine Familie. Er konnte bereits sehen, wie es vor Kindern nur so wimmelte. Ja, er wollte eine Familie, und sie wollte Kinder, wie sie ihm recht unverblümt gesagt hatte. Sie freue sich auf Kinder, und es sei ihr egal, wie viele.

»Die Zeit drängt, also vorwärts.« Doktor Cornwallis streckte ihm seine Hand entgegen. »Ich wünsche Ihnen das Allerbeste auf dieser Welt, John. Wir kennen uns bereits lange genug, daß ich zwei Dinge erwähnen kann, die mir an Ihnen gefallen: Sie sind ein aufrechter Kerl und ein verdammt guter Arzt. Und einer, der sich nicht beklagte, wenn Betsy Ann« – er schob den Kopf vor und deutete auf sein Bein – »sich entschloß, daß sie ein wenig Ruhe brauchte. Meinen Dank dafür.«

»Nun, Sir, ich war sehr glücklich hier und hoffe, es auch in Zukunft zu sein und mit ihnen und Betsy Ann noch eine lange Zeit zusammenarbeiten zu dürfen.« Sie lachten, dann stieß der ältere Mann ihn freundschaftlich gegen die Schulter.

»Gehen Sie schon. Ein Leben voller Sorgen, Enttäuschungen und Bedauern erwartet Sie.«

Während John den Weg entlangschritt, wiederholte er die Worte bei sich. »Ein Leben voller Sorgen, Enttäuschungen und Bedauern.« O nein! Das hoffte er nicht. Es würde ein fröhliches Haus werden, und außerdem hatte seine Mutter ein für allemal ein Zuhause gefunden. Sie war von seinem Entschluß begeistert, denn sie fühlte sich zu Beatrice hingezogen, und auch Beatrice hatte ihr gegenüber Zuneigung entwickelt. Ja, das war einer der größten Vorteile, sie mochten einander …

Während Rosie den Mann hinter dem Schreibtisch ansah und ihm zuhörte, wie er jene Worte sprach, die ihre Schwester mit John Falconer, dem liebenswerten Doktor, im Bund der Ehe vereinten, konnte sie nicht fassen, daß dies eine Trauung war. Alles wirkte so kahl, so kümmerlich. Und ganz ohne Gott. Ihr kam ein seltsamer Gedanke. An dieser Zeremonie war nichts Religiöses oder Heiliges, das diese beiden Menschen für das Leben verband. In wenigen Minuten war alles vorüber. Schließlich küßte sie Beatrice und danach John, der sie umarmte. Und wieder dachte sie, was für ein liebenswerter Mann er doch sei. In diesem Augenblick fragte sie sich nicht, was er in ihrer Schwester Beatrice sah, doch der Gedanke schwebte irgendwo in einem verborgenen Winkel ihres Geistes …

Der Eßtisch war wundervoll dekoriert, doch nur zehn Personen hatten um ihn Platz genommen. Dennoch unterhielt man sich laut und fröhlich, wobei das Gespräch meist von Doktor Cornwallis geführt wurde. Um drei Uhr traf schließlich die Kutsche vor dem Tor ein, und die Hochzeitsgesellschaft winkte dem Brautpaar nach, das seine Flitterwochen in St. Leonards verbringen würde, einem Teil von Hastings, der John bestens bekannt und von seiner Mutter vorgeschlagen worden war. Offensichtlich hatte Beatrice keine besonderen Wünsche, was den Ort ihrer Flitterwochen betraf, denn sie hatte seiner Mutter gegenüber lachend erklärt, daß sie sie auch in Bog's End verbringen würde, solange nur John bei ihr sei. Diese Bemerkung hatte ein großes Gelächter hervorgerufen, denn Bog's End war als der übelste, von Gesindel regierte Teil von Fellburn bekannt.

9

Als John um halb acht Uhr abends durch die Verbindungstür aus dem Anbau kam, traf er seine Ehefrau in der Halle. »Warum mußt du immer erst nach nebenan gehen, bevor du nach Hause kommst?« fragte sie in eisigem Ton und mit steinernem Gesicht.

»Ich dachte, das gesamte Haus sei mein Zuhause.« Seine Stimme wirkte müde.

»Sei nicht albern. Du weißt, was ich meine. Das Essen wartet seit halb sieben.«

»Und du, Beatrice, werde ebenfalls nicht albern«, gab er in scharfem Ton zurück. »Wie du weißt, habe ich es dir ein ums andere Mal erklärt. Ich kann nicht einfach so weggehen und ein volles Wartezimmer zurücklassen, wenn der alte Mann es nicht mehr schafft.«

»Du hast doch einen Assistenten.«

»Auch die Praxis des Assistenten ist voll. Und darüber hinaus wurde ich noch zu einem Patienten gerufen.«

»Ständig diese Hausbesuche«, beklagte sie sich, während sie in das Speisezimmer vorausging. »Gestattest du, daß ich erst ins Badezimmer gehe?« fragte er, anstatt ihr zu folgen.

Nachdem er sich die Hände gewaschen hatte, betrachtete er sein Bild im Spiegel. Sein Gesicht hatte sich im Verlauf der letzten achtzehn Monate verändert, sagte er sich. War er denn tatsächlich erst achtzehn Monate verheiratet? Ihm erschien es wie achtzehn Jahre, zumindest das letzte Jahr. Die ersten sechs Monate waren bis zu einem gewissen Punkt recht angenehm gewesen. Er hatte geglaubt, alles über den Sex und die Ehe zu wissen. Immerhin hatte er tagtäglich mit den Auswirkungen davon zu tun. Aber er hatte es noch nicht am eigenen Leib erlebt. Er mußte zugeben, daß ihm ihr ständiges Verlangen während der ersten Monate geschmeichelt hatte, doch dann war es ein wenig langweilig geworden und schließlich ermüdend. Manchmal kam sie ihm geradezu ausgehungert vor. Er wußte nun, daß sie wohl jene Eigenschaft ihres Vaters geerbt hatte, die zu dessen Tod geführt hatte.

Schließlich hatte er sie angefahren. »Nein, nicht heute nacht. Ich bin ein müder Mann. Ich habe einen Zwölfstundentag und kann so nicht mehr weitermachen.«

Noch immer hatte er ihr Bild vor Augen, ihr dunkelrot angelaufenes Gesicht, und wie sie aus dem Bett gesprungen und im Zimmer auf und ab gelaufen war, bis er schließlich aufgestanden war, um sie zu beruhigen. »Versteh mich doch. Es gibt in allem ein gewisses Maß«, hatte er auf sie eingeredet, während er gleichzeitig gedacht hatte, wie entsetzlich es sei, dies einer Frau und noch dazu seiner eigenen Ehefrau sagen zu müssen. Doch sie raubte ihm die Kräfte und gab ihm die Schuld, weil sie kein Kind erwartete. Oft hatte er gedacht, daß sie in ihrer unbeherrschten Gier mindestens einen ganzen Wurf und nicht nur ein oder zwei Kinder hätte hervorbringen müssen. Er wagte nicht, ihr zu erzählen, daß er an diesem Tag nicht direkt von der Arbeit nach Hause gekommen war, sondern erst bei Annie nebenan vorbeigesehen hatte, die, wenn auch nicht im selben Ausmaß wie seine Mutter, von Arthritis geplagt wurde. Aber Annie hatte in letzter Zeit große Schmerzen im linken Arm von der Schulter abwärts bekommen, die dazu geführt hatten, daß sie einen Teil ihrer schweren Arbeit hatte aufgeben müssen. Glücklicherweise hatte sich Rosie zu einer hervorragenden Hilfe entwickelt. Er hatte sie noch niemals so glücklich gesehen. Nun, vielleicht nicht wirklich glücklich, denn das Mädchen würde sich niemals richtig glücklich fühlen, solange sie nicht erkannte, welche Empfindungen Robbie ihr entgegenbrachte, doch sie liebte es, in diesem Haus zu sein. Manchmal sah er sie eine ganze Woche oder länger nicht, denn wenn sie nach Hause kam, ging sie gewöhnlich sofort auf ihr Zimmer, und er war dann entweder noch in seiner Praxis bei der Arbeit oder bei seiner Mutter – mit Beatrice.

Das war noch so eine Sache. Beatrice gestattete es ihm so gut wie nie, mit seiner Mutter allein zu sein. Überdies machte er sich in zunehmendem Maß Sorgen wegen der Tatsache, daß seine Mutter langsam eine andere Seite an ihrer Schwiegertochter zu sehen begann. Erst gestern hatte sie ihn darauf angesprochen. »Die Dinge laufen wohl nicht allzu gut, nicht wahr?« hatte sie gefragt. »Ach, nur die üblichen Eheprobleme«, hatte er geantwortet. »Sie hat sich verändert … vollkommen verändert. Ich habe sie noch nie so erlebt«, hatte seine Mutter daraufhin gemeint.

»Nein, natürlich nicht, Mutter, denn du kanntest sie nicht, wie sie war, bevor du hierherkamst.« Er hätte hinzufügen können, daß seine Mutter sie erst kennengelernt hatte, als die Falle bereits aufgestellt war. Denn da er das Wesen seiner Frau heute besser kannte, wußte er, daß sie gezielt auf den Heiratsantrag hingearbeitet hatte. O ja, heute war ihm das klar. Dennoch, was geschehen war, war geschehen, und er mußte das Beste aus dieser verfahrenen Situation machen. Das Leben mußte weitergehen.

Doch in diesem Augenblick fragte er sich, wie es weitergehen sollte, denn in seinem Inneren fühlte er Wut.

Als sie bereits das halbe Abendessen hinter sich hatten, blickte er zu ihr hinüber. »Warum hast du mir nicht erzählt, daß Helen wieder hierher übersiedelt ist?« fragte er.

Er sah, wie sie an ihrem Bissen schluckte, ehe sie antwortete. »Ich dachte nicht, daß es für dich von Interesse wäre.«

»Daß deine Schwester wieder hier lebt und vorbeikommen könnte?«

»Sie wird nicht vorbeikommen.«

»Nein, ich denke nicht, denn sie weiß ja, wie sie empfangen werden würde.«

»Darf ich fragen, wie du es herausgefunden hast? Wahrscheinlich warst du nebenan bei den Schweinezüchtern und hast mit Rosie gesprochen.«

»Ja, ich habe vorbeigesehen, um meine Freunde zu besuchen – und Rosie, die ich seit mehr als einer Woche nicht gesehen habe, informierte mich, daß sie dir erzählt hätte,

Mrs. Sylvia Davison hätte Col Mount an Helen und Leonard verkauft.«

»Dann kannst vielleicht du mir sagen, warum sie es gekauft hat, wo er sich doch in der Schweiz aufhalten sollte, woraus man schließen kann, daß er die Schwindsucht oder Ähnliches hat, und wo das hiesige Klima für einen Tuberkulosekranken doch gewiß nicht zuträglich ist? Beantworte mir diese Frage: Warum hat sie es gekauft?«

»Das solltest du sie besser selber fragen, wenn du sie siehst. Zumindest werde ich das tun.«

»Das wirst du nicht!« Beatrice hatte sich halb aus ihrem Stuhl erhoben. »Du wirst nicht hingehen und sie besuchen.«

»Warum nicht?«

Es war eigentlich nicht seine Absicht gewesen, sie zu besuchen. Allein der Gedanke, Helen wiederzusehen, war zuviel für ihn. »Sie ist meine Schwägerin, und ich mag Leonard sehr«, hatte er geantwortet. »Wir sollten sie schon der Höflichkeit halber besuchen. Wir könnten gemeinsam gehen.«

Sie knallte ihr Messer und ihre Gabel auf den Tisch, und ihre Lippen bewegten sich kaum, als sie sprach. »Du weißt, wie ich Helen gegenüber empfinde, also wage es nicht, mir vorzuschlagen, daß ich … daß wir sie besuchen.«

Als er sich erhob, war ihm sein Ärger deutlich anzusehen. »Wage es nicht, mir vorzuschreiben, was ich zu tun und zu unterlassen habe. Begreife endlich, ich habe die Absicht, sie und jeden anderen zu besuchen, wann und wo immer es mir gefällt. Ich habe dein Nörgeln satt. Je weniger wir derzeit voneinander sehen, desto besser. Ab jetzt werde ich im Gästezimmer schlafen …«

Bevor er den Satz noch zu Ende bringen konnte, war sie um den Tisch herum zu ihm geeilt. »O nein! Nein, das wirst du nicht!« schrie sie ihm entgegen. »Du wirst mich nicht vor dem Personal bloßstellen.« Doch dann ging ihre befehlende Stimme in ein Flehen über. »Bitte, John, tu das nicht. Tu mir das nicht an. Ich verspreche dir, ich … ich werde nicht …« Sie ließ den Kopf sinken. Es war ihr unmöglich, die Forderungen, die sie an ihn stellte, das Gefühl, das sie verzehrte und das in ihr den Wunsch hervorrief, sich in ihm zu vergraben, ihn zu besitzen, ihn zu ihrem Eigentum zu machen, in Worte zu fassen. O ja, sie wollte, daß er ihr allein gehörte. Selbst seine Gefühle für seine Mutter störten sie mittlerweile. Er verbrachte zuviel Zeit mit seiner Mutter. Wenn sie nicht aufpaßte, würde sie sie am Ende noch ablehnen.

Er streckte seine Hand aus und berührte ihre Schulter. »In Ordnung. Reg dich nicht auf. Wir werden sehen. Belassen wir es dabei. Ich ... ich gehe ins Büro. Ich habe noch etwas zu arbeiten.«

»Bitte! Bitte iß zu Ende.«

»Nein, ich kann nicht. Ich bin nicht wirklich hungrig. Sage Frances, daß sie mir eine Tasse Kaffee bringen soll.«

Wieder senkte sie den Kopf und verharrte unbeweglich, während er an ihr vorüberging und den Raum verließ.

In seinem Arbeitszimmer setzte er sich an den Schreibtisch und blickte auf die ordentliche Reihe von Notizblökken, Papieren, Bleistiften, Federhaltern und Tinte. Alles war an seinem Platz, und es gab Platz für alles. Er schloß die Augen, stützte seinen Ellbogen auf den Tisch und den Kopf auf die Hand. Helen in Col Mount, nur zwanzig Minuten entfernt.

Sein Ellbogen glitt zur Seite, und er hob ruckartig den Kopf. Was machte es für einen Unterschied? fragte er sich. Sie war verheiratet, er war verheiratet. Zudem durfte er nicht vergessen, daß sie mit einem ... liebenswerten Mann verheiratet war. Er hörte noch ihre Stimme, wie sie es gesagt hatte. Und mit wem war er verheiratet? Mit einer Furie, noch dazu einer besitzergreifenden und rätselhaften. Sie barg mehr als zwei Persönlichkeiten in sich. Einerseits die Hausfrau, die sich gerne als Herrin sah, und hin und wieder die gesprächige, angenehme junge Gefährtin, eine Facette ihres Charakters, die vor langer Zeit bereits dem hungrigen, leidenschaftlichen, zuweilen verzehrenden und sogar unanständigen Wesen der Nacht Platz gemacht hatte.

Er sehnte sich nach Liebe und nach körperlicher Befriedigung, doch es gab eine Grenze. Er konnte sich nicht vorstellen, daß dieses Gefühl in ihr lediglich durch ihre Heirat entfacht worden war. Und doch hatte sie keinen Mann vor ihm gehabt. Er hatte von solchen Frauen gehört, ohne jedoch jemals daran zu denken, daß er die Auswirkungen dieser Gier eines Tages selbst erleben würde. Andererseits konnte er sich aber auch nicht vorstellen, dieses Thema Cornwallis gegenüber zur Sprache zu bringen. Gewiß handelte es sich um eine ererbte Eigenschaft, die auf ihren Vater zurückzuführen war.

Doch Helen war nach Col Mount und damit auch wieder in seine Gedanken zurückgekehrt. Er erinnerte sich noch gut daran, wie er mit ihr auf dem Craig gesessen und sie auf das Tal gezeigt hatte, in dem das Haus ihrer Freundin lag. Das Traurige daran war, daß sie beide gewußt hatten, daß sie einander zu spät begegnet waren, nur ein wenig zu spät.

Als er über sich gedämpfte Schritte hörte, hob er die Augen zur Decke. Sie war im Schlafzimmer.

Rasch stand er auf und ging leise durch die Halle den langen Korridor entlang in den Anbau.

Seine Mutter war bereits zu Bett gegangen. So klopfte er an die Schlafzimmertür. »Darf ich eintreten?«

»Ja, mein Lieber, komm nur herein. Hat wohl wieder Streit gegeben?« fragte Catherine, als sie sein Gesicht sah.

Er zog einen Stuhl an ihr Bett heran. »Etwas in dieser Art«, gab er zurück.

Sie betrachtete ihn eingehend und beobachtete, wie er den Kopf sinken ließ. »Möchtest du darüber reden?« fragte sie mit sanfter Stimme. »Irgend etwas geschieht, aber ich kann es nicht ergründen.«

Rasch hob er den Kopf und sah sie an. Ja, er würde liebend gern mit ihr darüber reden. Und er wußte, daß er es tun konnte, denn seine Mutter war eine weise Frau. »Hast du jemals von … nun, von sexbesessenen Frauen gehört oder welche kennengelernt?« fragte er leise.

Er beobachtete, wie sich ihre Augen verschleierten. »Dann hatte ich also recht«, erklärte sie schließlich.

»Was meinst du?«

»Ich habe etwas Derartiges vermutet. O ja, mein Junge, ich habe von Frauen gehört, die einen Mann bei lebendigem Leib verzehren. Und doch, wenn du sie tagsüber siehst, wirken sie so kühl, daß du glauben könntest, die Butter würde nicht in ihrem Mund schmelzen. Erst wenn jemand darüber spricht, erfährst du von diesen Dingen. Bei einigen Männern ist das natürlich, aber wenn es eine Frau trifft, ist es, soweit ich es begreife, weit schlimmer. Möglicherweise glaubst du es nicht, aber die Schwägerin deiner Tante Ada war solch eine Frau. Er mußte sie verlassen. Ich nehme an, man könnte sagen, daß es nicht wirklich ihre Schuld ist. Sie sind einfach so geschaffen.«

Es verging einige Zeit, bevor er nickte.

»Seltsam daran ist« – Catherine schüttelte den Kopf – »daß es zumeist die Stillen, Zurückhaltenden sind, die sich letztlich als diese Art von Frauen herausstellen. Unter anderen Umständen würden sie wahrscheinlich auf der Straße landen – als Prostituierte.«

»O Mutter!«

»Weise das nicht so einfach zurück, Sohn, es ist die Wahrheit. Erinnerst du dich an Farmer Braithwaite, und wie jedermann ihn verdammte, weil er seine arme kleine Frau mit der Farm und den drei Kindern verließ? Nun, auch er hatte seine Gründe. Er erzählte deinem Vater davon. Seine Arbeit und alles andere hatten ihretwegen gelitten.«

»Mrs. Braithwaite?« Johns Augen weiteten sich vor Erstaunen.

»Ja, Mrs. Braithwaite.«

Er blickte zur Seite. Sie war eine schmächtige Frau gewesen, in ihrer Gestalt und Art ganz anders als Beatrice, die herrische Hausfrau. Doch es gab Dinge, von denen man wußte, und solche, von denen man nicht wußte.

»Ich würde eine Zeitlang in einem anderen Zimmer schlafen.«

»Das habe ich ihr angekündigt, doch sie regte sich gleich auf.«

»Nun, vielleicht läßt es sie etwas zur Ruhe kommen. Sie sollte ein Beruhigungsmittel nehmen, verstehst du, eines, das sie sofort einschlafen läßt.«

»Ich kann kaum glauben, daß das jemals geschieht.«

»Nein, ich bei ihr ebensowenig.«

»Weißt du, erst hielt ich sehr viel von ihr. Aber, wie man sieht, lernt man die Menschen erst kennen, wenn man eng mit ihnen zusammenlebt.«

Sie streckte ihre Hand aus. »Es tut mir leid, mein Sohn.«

Er erhob sich, ging zum Fenster und blickte in das Zwielicht hinaus. »Helen lebt jetzt in Col Mount, und Beatrice wußte es, hat mir aber nicht gesagt. Ich habe es von Rosie erfahren.«

»Genauso wie ich.«

Er wandte sich zu ihr um und blickte sie an. »Du wußtest es?«

»Ja, ich wußte es, und ich wußte auch von anderen Dingen. Doch ich dachte, je weniger du davon erfährst, desto besser wäre es für deinen Seelenfrieden.«

»O Mutter!« Wieder nahm er Platz. Er murmelte etwas vor sich hin, und Catherine wiederholte es.

»Ja, es ist wahrlich ein schwieriges Leben, doch es muß gelebt werden, und du mußt einen Weg für dich finden. Übersiedle in ein anderes Schlafzimmer.«

»Nein.« Er schüttelte den Kopf. »Das kann ich noch nicht tun. Sie regte sich zu sehr auf.«

»Nun, das bleibt dir überlassen. Doch wenn ich dich jetzt ansehe, so glaube ich, daß du Schlaf am dringendsten brauchst. Also gib mir einen Kuß und mach dich auf den Weg.«

Er küßte sie, und sie hielten einander für einen Augenblick fest. Dann wandte er sich ab und ging wieder zurück in sein Arbeitszimmer.

Es war bereits nach zwölf Uhr, als er die Treppe hinaufstieg. Sie lag auf der Seite und schien zu schlafen. Als er sich neben sie legte, drehte sie sich nicht zu ihm um. Er stieß einen tiefen Seufzer aus. Dennoch verging noch eine ganze Weile, ehe der Schlaf von ihm Besitz ergriff und ihm die nötige Erholung schenkte, um einen weiteren Tag durchzustehen.

10

John hatte die letzten zwei Tage an einer Vortragsreihe in einem Londoner Spital teilgenommen. Soeben hatte er den Trafalgar Square hinter sich gelassen und schlenderte die Regent Street entlang, als ihm eine Gestalt auffiel, die atemlos zwischen zwei Kutschen hervorgeeilt kam und keuchend auf ihn zulief. »Ich … ich dachte, daß Sie es sind, aber ich war mir nicht sicher.«

Vor John stand ein hochgewachsener, gut gekleideter, sonnengebräunter junger Mann, und einen Augenblick lang konnte er sich nicht erinnern, wer er war. »Sie sind weit weg von Fellburn. Ich hätte niemals jemand von dort hier unten erwartet und … und es ist mein letzter Tag. Ich reise morgen ab.«

Erst in diesem Moment erinnerte John sich. Das war Teddy, Rosies Teddy. Edward Golding, den er das erste Mal an Beatrices einundzwanzigstem Geburtstag auf der Gartenparty getroffen hatte. Doch es war nicht derselbe Teddy, der Rosies Leben ruiniert hatte. Er hatte sich verändert. Der andere hatte mehr seinem Namen entsprochen, er war jung gewesen, sehr jung. Dieser hier war ein erwachsener Mann. Auf die Frage, ob in Fellburn alles in Ordnung sei, antwortete er mit kühler Stimme. »Ja, als ich es vor drei Tagen verließ, war alles wie gewöhnlich.«

Das Lächeln verschwand vom Gesicht des jungen Mannes. »Und wie geht es Rosie?« fragte er mit leiser Stimme.

Der Kerl hatte Nerven, nach Rosie zu fragen. »Es geht ihr gut, und sie genießt offensichtlich ihre Arbeit«, gab er deshalb unverblümt zurück.

»Rosie arbeitet? Geht es ihr denn besser?«

John legte seinen Kopf zur Seite. »Besser? Bis auf ein paar Erkältungen habe ich niemals davon gehört, daß Rosie krank gewesen wäre.«

»Wie? Aber ... aber Sie sind doch ihr Arzt, nicht wahr?«

»Ja, ich bin ihr Arzt.«

»Und Sie sagten, daß sie niemals krank gewesen wäre?«

»Ja, das sagte ich.«

John beobachtete, wie der junge Mann auf die Straße hinausblickte, auf der sich dichter Verkehr wälzte, und sich dann mit der Hand an einem Schaufenster abstützte, als hätte er eben seine Meinung geändert. »Etwas ... etwas weiter vorne gibt es ein Kaffeehaus. Würde es Ihnen etwas ausmachen, wenn wir einen Augenblick miteinander sprächen?« fragte er rasch.

»In Ordnung. Mein Zug geht erst in einer Stunde«, gab John zurück.

Bis sie das Kaffeehaus erreicht und an einem abgelegenen Tisch Platz genommen hatten, sprach keiner von ihnen ein Wort. Sie hatten beinahe das gesamte Lokal für sich allein. Nur zwei weitere Gäste saßen entfernt von ihnen. John bestellte Kaffee. Während sie auf das Getränk warteten, beobachtete er den jungen Mann, der sich mit den Händen durch sein dichtes Haar fuhr.

»Sie sagten, Rosie sei niemals krank gewesen«, wiederholte er nun.

»Genau das sagte ich, bis auf ...« Doch John wurde von dem jungen Mann unterbrochen. »Aber zweimal, als ich anrief, sagte man mir, sie hätte die Masern. Und nach dem Tod ihres Vaters traf ich Sie und ... und Sie ließen mich nicht zu ihr.«

»Nein, ich ließ Sie nicht zu ihr, da ich ihr ein Beruhigungsmittel verabreicht hatte. Sie brauchte es. Sie hatte eben vom wahren Charakter ihres Vaters erfahren. Er hatte sie wegen seiner Frauengeschichten und Spielleidenschaft bis unter das Dach in Schulden zurückgelassen.«

»Aber was ist mit dem Problem, das sie ererbt hat?«

»Ererbt? Was ererbt?«

Der junge Mann griff sich mit der Hand an die Stirn.

»Die Schwester des Großvaters, diejenige, die in der Anstalt starb. Ich … ich sah den Brief und … und er war weitergeleitet worden, und ich konnte nicht …«

»Wovon in Gottes Namen sprechen Sie?« John richtete sich in seinem Stuhl auf.

»Beatrice … Sie kam nach Newcastle und zeigte mir den Brief. Darin stand, daß die alte Tante in der Irrenanstalt gestorben sei. Die Schwester des Großvaters. Der Brief … er erklärte ihren Wahnsinn«, murmelte Edward Golding und schluckte schwer. Er schwieg einen Augenblick lang und befeuchtete sich dann seine Lippen, als fiele ihm das Sprechen schwer. »Sie hatte offenbar Anfälle und litt, wie ich glaube, an einer Art von Hysterie, die sie dazu brachte, sich zu entkleiden. Ja, ich erinnere mich an das Wort, das der Rechtsanwalt verwendete. Sie entkleide sich, hatte er gesagt, und laufe wild umher. Und Beatrice sagte …« Er stützte beide Ellbogen auf den Tisch und faßte sich einen Augenblick lang an den Kopf.

»Sagte was?« forschte John mit gedämpfter Stimme nach.

Ohne seine Haltung zu ändern, sprach der junge Mann beinahe flüsternd weiter. »Rosie habe es geerbt, und das sei der Grund, warum ich sie diese beiden Male, die ich anrief, nicht hätte sehen können. Sie meinte, es sei ihre Pflicht gewesen, mich aufzuklären, da man mir die Nachricht früher oder später zugetragen hätte. Wie sie es darstellte, wäre es für uns beide entsetzlich gewesen, wäre ihre Krankheit in Amerika ausgebrochen. Hier erfahre sie die geeignete Behandlung und könne mit Verständnis rechnen.«

Er starrte John über den Tisch hinweg an, doch John war es unmöglich, auf diese Bemerkung zu antworten. So fuhr der junge Mann fort. »Sie werden sich erinnern, daß Rosie immer sehr fröhlich war. Als ich sie das erste Mal sah, saß sie tatsächlich auf einem Baum. Und sie tanzte und sang ausgelassen.« Wieder schloß er die Augen. »Es schien alles zusammenzupassen. Ich war niedergeschmettert. Ich liebte Rosie damals sehr« – die Worte waren kaum mehr als ein Murmeln – »und tue es auch heute noch. All die letzten Jahre trug ich ihretwegen diesen Schmerz im Herzen.« Schließlich beugte er sich zu John. »Warum? Warum? Warum hat sie das getan?« verlangte er mit nahezu gebieterischer Stimme zu wissen.

Weil sie eine bösartige, betrügerische Frau ist, hätte die Antwort gelautet, die John ihm in diesem Augenblick hätte geben können. Was Beatrice diesem Mann angetan hatte, war schlimm, doch was sie ihm angetan hatte, war Betrug gewesen. Sie hatte ihn in die Ehe gelockt, indem sie ihm eine sanfte Seite vorgespielt hatte, die niemals Teil ihres Charakters gewesen war. Ihre Einsamkeit hatte sein Mitgefühl geweckt. Daß sie sich davor fürchtete, allein zu sein, dürfte wohl auch der Grund gewesen sein, warum sie sich entschlossen hatte, das junge Paar zu trennen und Rosie bei sich zu behalten.

Die Stimme des jungen Mannes unterbrach seine Gedanken. »Ich mußte ihr versprechen, Rosie gegenüber niemals den Grund für die Auflösung unserer Verlobung zu nennen, denn dies hätte ihren Zustand angeblich nur verschlimmert.«

Plötzlich streckte John seine Hand über den Tisch und griff nach dem Handgelenk des jungen Mannes. »Kommen Sie mit mir zurück. Rosie ist dort. Sie ist niemals über Sie hinweggekommen, dessen bin ich mir sicher. Was Sie getan haben, war abscheulich, doch heute weiß ich, daß nicht Sie die Schuld dafür tragen.«

Wieder ließ Edward Golding den Kopf sinken. »Ich ... ich kann nicht. Ich bin verheiratet. Vor einem Monat kam meine Tochter zur Welt.«

Johns Griff lockerte sich. Schließlich gab er die Hand des anderen frei, lehnte sich in seinem Stuhl zurück und starrte auf das gesenkte Haupt seines Gegenübers. »Verheiratet und eine Tochter«, wiederholte er. Nun, es war ganz natürlich, bei jemand anderem Trost zu suchen.

»Diese Frau!« Der junge Mann hatte sich aufgerichtet, und sein ganzer Körper war gespannt. »Ich würde am liebsten zu ihr gehen und sie erdrosseln, ja, wirklich, sie erdrosseln. Warum? Warum hat sie das getan?«

»Weil sie es einfach nicht ertragen hätte, allein zurückgelassen zu werden. Hätten Sie Rosie geheiratet und mit ihr in Newcastle gelebt, hätten Sie wahrscheinlich von alldem nichts gehört. Doch der Gedanke, daß Rosie so weit fort gehen könne, wo sie doch auch ihre beiden anderen Schwestern verlassen hatten, war wohl mehr, als sie zu ertragen in der Lage war. Aber das ist wahrlich keine Entschuldigung. Was sie getan hat, ist verwerflich. Bei Gott, das ist es.«

Nun beugte sich Edward Golding über den Tisch. »Würden Sie es Rosie erzählen? Würden Sie es ihr erklären?« fragte er mit eindringlichem Flüstern. »Sagen Sie ihr, ich habe jeden Tag an sie gedacht, voller Trauer wegen ihrer ...« Er schüttelte den Kopf, als fiele es ihm schwer, das Wort auszusprechen. »... Krankheit. Zeitweise war es unerträglich, daran zu denken. Sie war so hübsch, so fröhlich.« Er nickte. »Darauf bezog sich Beatrice – ihre Fröhlichkeit, das Symptom der Krankheit dieser anderen armen Frau.«

»Haben Sie den Brief tatsächlich gelesen?«

»O ja. Sie übergab ihn mir, ehe sie mit mir sprach. Ich sage Ihnen, ich wurde nahezu rasend vor Verzweiflung. Aber jetzt erkenne ich, daß sie das alles geplant hatte. Ich sollte Rosie nicht wiedersehen. Die Tatsache, daß ich um meine Heiratserlaubnis bitten mußte, paßte ausgezeichnet in ihren Plan. Aber da war noch etwas. Da Rosie so unglücklich schien, meinte Beatrice, daß ... nun, daß sie sich ihres Zustands bewußt sei und daß das der Grund sei, warum sie von zu Hause fort wolle. Daß sie sich von der Heirat eine Heilung ihres Leidens erwarte. Diese andere arme Frau sei niemals vermählt gewesen. Sie behauptete sogar, daß ihr Großvater seelisch etwas unausgeglichen gewesen sei und daß er deshalb seinem Offiziersburschen oder Sergeant, oder was auch immer er war, das Land vermacht habe. Sie wissen schon, der Kerl von nebenan, dessen Sohn heute das Anwesen gehört.«

John schloß seine Augen, und einen Moment lang konzentrierten sich seine Gedanken vollkommen auf seine eigene Situation. Er war mit ihr verheiratet, und sie würde ihn niemals gehen lassen, außer er ließe sich scheiden.

Aber aus welchen Gründen sollte er sich scheiden lassen? Weil seine Gemahlin eine bösartige Frau und eine Intrigantin war?

»Würden Sie etwas für mich tun?«

»Ja, wenn ich kann.«

»Würden Sie es Rosie erzählen? Würden Sie Rosie alles erklären? Es wäre mir eine große Erleichterung, wenn sie wüßte, warum ich sie scheinbar wie ein Hund im Stich gelassen habe. Und ich kann Ihnen sagen, ich fühlte mich damals wahrlich wie der verabscheuungswürdigste Hund.«

Für eine Weile sprach keiner der beiden. »Ist Beatrice noch immer dort, in diesem Haus?« fragte Edward Golding schließlich. »Ich weiß, daß sie Geldprobleme hatte.«

John schloß den obersten Knopf seines Mantels und griff nach seinem Hut und seiner Tasche. »Ja, sie ist noch immer dort. Ich heiratete sie vor achtzehn Monaten, das Ergebnis eines weiteren ihrer Komplotte«, erklärte er, während er sich erhob.

»O mein Gott!« stammelte der junge Mann, der nun auch von seinem Sitz aufgestanden war. »Es … es tut mir leid, aber ich wußte das nicht.«

»Bitte! Sorgen Sie sich nicht mehr als nötig. Ich habe meinen Fehler bereits vor einiger Zeit eingesehen. Kommen Sie, sehen wir zu, daß wir dieses Lokal verlassen.« John griff in seine Manteltasche, holte etwas Kleingeld hervor und legte es auf die Rechnung, die an der Ecke des Tisches zurückgelassen worden war. Auf der Straße blieben sie stehen und blickten einander eine Weile an. »Sind Sie in ihrer Ehe glücklich?« fragte John schließlich leise.

Edward Golding antwortete erst nach einer kurzen Pause. »Ja, auf gewisse Weise, denn sie ist … nun, sie ist ein liebenswertes Mädchen.«

Ein liebenswertes Mädchen, ein liebenswerter Mann. Er konnte hören, wie Helen Rosies Worte benutzte: »Er ist ein liebenswerter Mann.« Doch was bedeutete das: ein liebenswerter Mann, ein liebenswertes Mädchen?

Er hielt dem jungen Mann seine Hand hin. »Sie haben Ihr Leben noch vor sich«, erklärte er, als der andere seine Hand ergriff. »Vergessen Sie diesen Teil. Ich glaube, Rosie könnte möglicherweise mit Robbie ihr Glück finden – Robbie MacIntosh. Er ist der Kerl von nebenan. Sie sieht ihn seit Jahren als ihren Bruder, doch er betrachtet sie auf ganz andere Art. Sie arbeiten nun schon eine Weile gemeinsam. Also, versuchen Sie, sich ihretwegen nicht zu sehr zu beunruhigen. Sehen Sie zu, daß Sie ihr eigenes Leben leben. Das sind Sie Ihrer Frau und Ihrem Kind schuldig.«

Dem jungen Mann schienen die Worte schwer zu fallen. »In gewisser Weise bin ich froh, daß wir einander begegneten«, sagte er schließlich stockend, »aber andererseits wieder nicht, denn jetzt liegt die Last auf Ihnen. Sie müssen wissen, ich … ich hatte keine Ahnung.«

»Denken Sie nicht mehr daran. Ich bin es gewöhnt, mit Problemen umzugehen. Ich werde auch mit diesem fertig.« Kaum hatte er die Worte gesprochen, meldete sich in seinem Inneren eine laute Stimme: »Bei Gott! Das werde ich, ja, das werde ich!« Wut stieg in ihm hoch, doch noch hatte sie ihren Höhepunkt nicht erreicht.

11

John erreichte das Herrenhaus am frühen Abend über die Seitenauffahrt zum Anbau.

Seine Mutter saß lesend im Wohnzimmer. Sobald sie ihn erblickte, legte sie das Buch zur Seite. »Was ist los? Was ist geschehen?« fragte sie anstelle einer Begrüßung.

Er atmete tief ein und sah auf sie hinab, ehe er antwortete. »Eine ganze Menge. Als erstes werde ich die Verbindungstür zum Haus verschließen. Ich möchte nicht, daß sie bei dir ist, und wenn du hörst, was ich zu sagen habe, wirst du es ebensowenig wollen.«

»Gütiger Gott! Setz dich und erzähl, was geschehen ist.«

In kurzen Worten umriß John sein Zusammentreffen mit Teddy Golding.

»Nein! Wie konnte sie das tun!« stammelte Catherine, sobald er geendet hatte, und schlug ihre Hände vor den Mund.

»Sie hat es getan. Aber bleib bitte ruhig und reg dich nicht zu sehr auf.«

»Sie ... Ich sagte es dir, sie hat sich in letzter Zeit verändert.«

»Sie war immer schon anders, Mutter. So wie sie Rosies Zukunft plante, plante sie auch meine. Und das habe ich dir mehr als nur einmal gesagt. Aber es gibt eine Grenze.«

»John! John!« rief Catherine hinter ihm her, als er zur Tür ging. »Bitte! Verlier nicht die Beherrschung«, flehte sie ihn an, als er innehielt und zu ihr zurückblickte. »Bitte! Erinnere dich daran, daß ich auch noch hier bin, und ... und dich brauche.«

Ohne ein weiteres Wort verließ er das Gebäude und schritt durch den Garten zur Vordertür des Herrenhauses. »Wo ist deine Herrin?« rief er, als er Frances auf die Küchentür zugehen sah.

»Oh, Sie sind es, Sir. Sie sind zurück? Oh, nun, sie ist zum Fluß hinunter gegangen. Sie ist sehr verärgert, denn die Zigeuner haben sich wieder auf dem Feld niedergelassen. Früher, müssen Sie wissen, lagerten sie öfters dort, doch jetzt sind sie schon eine ganze Weile nicht mehr hier gewesen. Sie war schon einmal unten und hat sie gewarnt, doch sie beachteten sie nicht und hielten in dem Feld und ...«

Als sie abbrach, wartete er nicht, bis sie fortfuhr, sondern eilte den Korridor hinunter in Beatrices Arbeitszimmer. Dort zog er eine Lade des Schreibtischs nach der anderen auf und durchstöberte die sauber aufgestapelten Papiere, aber ohne den Brief zu finden. Als er eben im Begriff war, den Raum zu verlassen, fiel sein Blick auf eine Dokumentenschachtel auf dem obersten Regal der Nische über dem Kamin. Augenblicklich kehrte er zur Mittellade ihres Schreibtisches zurück, wo sie, wie er wußte, ihre Schlüssel aufbewahrte. Sekunden später stand die Schachtel vor ihm auf dem Tisch, und er entnahm ein Dokument nach dem anderen. Schließlich stieß er auf einen langen weißen Umschlag. Die Überschrift des Briefes zeigte ihm, daß er gefunden hatte, wonach er gesucht hatte. Kaum hatte er das Schreiben gelesen, begriff er, warum es für Beatrice so einfach gewesen war, das Leben ihrer Schwester zu zerstören.

Er schob den Brief wieder in den Umschlag und steckte ihn in seine Tasche. Die restlichen Dokumente legte er in die Schachtel zurück und stellte sie wieder auf das Regal.

Als er die Halle betrat, wartete Frances noch immer auf ihn. »Doktor, Sir«, stieß sie hervor, während sie auf ihn zueilte, »ich … ich habe Ihnen nicht gesagt« – sie fügte nicht hinzu, daß er nicht darauf gewartet hatte, bis sie zu Ende gesprochen hatte –, »daß die Herrin ein Gewehr mitgenommen hat.«

»Was?« Sein Kopf fuhr herum, als wäre er sich erst jetzt ihrer Gegenwart bewußt geworden.

»Sie war wütend und nahm ein Gewehr mit.«

Er rannte an ihr vorüber und direkt über den Rasen, durch den Garten und den Wald zu dem Feld unten am Fluß. Noch bevor er es erreichte, hörte er die Schreie.

Ein alter Mann und eine alte Frau versuchten gemeinsam mit zwei Jugendlichen und einigen Kindern einen gelben Wohnwagen, vor dessen Deichsel ein Pferd gespannt war und an dem hinten ein zweites angebunden war, durch das Tor zu schieben. Alle riefen aufgebracht zu einer Gestalt hinüber, die, ein Gewehr im Anschlag, unter den Bäumen stand.

Er hatte sich Beatrice so rasch von hinten genähert, daß er ihr das Gewehr aus der Hand schlagen konnte, bevor sie ihn bemerkte. Als er anschließend mit ihr kämpfte, hatte er keine Gewissensbisse, ihr einen Faustschlag zu versetzen, der sie rücklings gegen einen Baumstamm taumeln ließ, wo sie ihn einen Moment mit weit aufgerissenen, glasigen Augen und scharlachrotem Gesicht fassungslos anstarrte.

Sobald sich das Gewehr in seinem Besitz befand, rief er dem Mann zu, daß er anhalten solle. »Kommen Sie zurück! Sie können so lange bleiben, wie sie wollen. Sie werden keine weiteren Schwierigkeiten mehr bekommen.«

Alle waren still geworden und blickten zu ihm hinüber.

»Danke, Herr. Danke«, rief der Mann schließlich. »Wird auch bloß für etwa einen Tag sein. Danke, und Gott segne Sie.« Dann führte einer der jüngeren Männer das Pferd und den Wagen auf die Straße, wendete das Gespann und schließlich zogen sie alle gemeinsam wieder auf das Feld.

John beobachtete sie, bis sie die Stelle erreichten, wo das Frühlingswasser in den Wassertrog rann und sich weiter über die Rohrleitung in den Fluß ergoß. Von Robbie hatte er gehört, daß bis zum Tod des Großvaters jedes Jahr dieselbe Zigeunerfamilie diesen Platz aufgesucht hatte und daß er selbst einige der Kinder hatte aufwachsen sehen. Wenn er sich recht erinnerte, hatte der alte Mann sechs Söhne und drei Wagen gehabt. Nun waren es nur einer und zwei kastenförmige Karren, die wahrscheinlich als Schlafquartiere benutzt wurden. Die alte Frau war eine Wahrsagerin, und die Familie verdiente sich ihren Unterhalt, indem sie Wäscheklammern und Körbe herstellte, mit denen die Jüngeren von Tür zu Tür gingen, um sie zum Verkauf anzubieten.

Er wandte sich zu Beatrice um, die sich von dem Baum entfernt hatte und sich mit der Hand den Hinterkopf rieb.

»Wie konntest du es wagen!« kreischte sie. »Wie konntest du!«

»Geh ins Haus!«

Die Röte ihres Gesichts vertiefte sich, wenn das überhaupt noch möglich war. »Was sagtest du?« murmelte sie mit weit aufgerissenen Augen.

»Ich sagte, geh ins Haus! Denn wenn du das nicht tust, werde ich dich hiermit verprügeln. Bei Gott, ich werde dich verprügeln, sofern ich dich nicht erwürge.«

Sie wich einen Schritt zurück. Plötzlich verspürte sie eine tiefe Furcht vor ihm. Er wirkte wie ein Wahnsinniger. Als er auf sie zuging, wollte sie in den Wald fliehen, doch er ergriff sie am Arm und zog sie am Zaun entlang, bis sie ein weiteres Feld erreichten, das zum Fluß hinunterführte. »Du bist wahnsinnig! Du bist wahnsinnig!« brüllte sie, während er sie hinter sich die Böschung hinabschleifte.

Ohne daß er seinen Griff lockerte, erreichten sie das

Flußufer. Dort packte er das Gewehr beim Schaft, wirbelte es über seinen Kopf und schleuderte es in hohem Bogen ins Wasser.

Beatrice hätte nicht empörter sein können. »Das war das Gewehr meines Vaters!«

»Sei still und sieh zu, daß du ins Haus und in dein Zimmer kommst.«

»Was?« Sie entfernte sich Schritt für Schritt von ihm, als würde sie den Boden messen oder als wollte sie einen ausreichenden Abstand zwischen sie legen, damit sie sich umdrehen und fliehen könnte. Und genau das tat sie schließlich. Sie rannte über das Feld in den Wald. Er eilte ihr hinterher, ohne sie auch nur einen Moment aus den Augen zu verlieren.

Als er in die Halle stürmte, schreckten die beiden Dienstmädchen Frances und Janie hoch und traten angesichts seiner Wut einige Schritte zurück. Mit vor Entsetzen geweiteten Augen sahen sie ihm nach, als er, jeweils zwei Stiegen auf einmal nehmend, die Treppe hinaufhastete. Kaum war die Tür mit lautem Krach ins Schloß gefallen, blickten sie einander an, ehe sie zum unteren Treppenabsatz huschten und lauschten.

»Du bösartige, niederträchtige, grauenvolle Kreatur!« brüllte der Doktor. »Wenn irgend jemand den Wahnsinn deiner Großtante erbte, dann du!«

Beatrice stand am Kopfende des Bettes, ihre Hände an den Hals gelegt. Plötzlich dämmerte ihr, daß es nicht ihr Verhalten den Zigeunern gegenüber gewesen war, das ihn so aufgebracht hatte, sondern ... Mit geweiteten Augen und offenem Mund starrte sie ihm entgegen. O nein! O nein! Sie schüttelte abwehrend den Kopf.

»Ja, schüttle deinen Kopf nur«, schrie er, während er auf sie zutrat, »in diesem Augenblick würde ich dir am liebsten das Leben aus dem Leib schütteln. Du bist schlecht. Ich wiederhole es, du bist schlecht. Wie konntest du das Leben deiner Schwester zerstören? Ja, reiß deinen Mund nur noch weiter auf. Pech für dich, daß mir in London Teddy Golding über den Weg lief. Seine erste Frage galt Rosie. Ist sie noch immer zu Hause oder in einer Irrenanstalt? Das sagte er zwar nicht, aber du hast ihn genau das glauben lassen. Daß sie genauso enden würde wie diese Frau, die in dem Brief erwähnt wird.« Er zog den Umschlag aus seiner Tasche. »Ausgezeichnet, setz dich nur, denn du wirst jeden Halt brauchen können, der sich dir bietet. Wenn du schon dabei warst, warum hast du dann dieses Beweismaterial, diesen Brief, nicht verbrannt? Du nahmst ihn als Beweis für deine Lügen, um deine abscheuliche Intrige zu untermauern.«

Mit schweißüberströmtem Gesicht brach er plötzlich ab. Sie starrte ihn an. Ihre Augen waren so weit hervorgetreten, daß sie aus ihren Höhlen zu springen schienen. Eine schwere, beunruhigende Stille breitete sich zwischen ihnen aus. »Marion entkam deinen Klauen und Helen ebenfalls«, erklärte er schließlich. »Und Rosie wollte ihnen folgen, wollte sich von dir befreien, denn sie alle wußten, wer du bist: deines Vaters Tochter. Und du bist doch deines Vaters Tochter, nicht wahr? Wenn es jemals eine Frau gab, die einen dirnenhaften Trieb geerbt hat, bist du es. Du gehörst auf die Straße. Dort kannst du Männer verzehren, wie du es mit mir versucht hast. Du hast mich dazu verleitet, dich zu heiraten. Das ist mir heute so klar wie dein Plan, Rosie bei dir zu behalten. Du hattest Angst vor dem Alleinsein in diesem Mausoleum von Haus, von dem du regelrecht besessen bist. Hast du jemals daran gedacht, es in ein Freudenhaus zu verwandeln und Bordellwirtin zu werden? Denn lasse dir eines gesagt sein: Als du mich einfingst, war deine prüde Fassade bereits nahe daran, in sich zusammenzustürzen. Es ist ein Wunder, daß du dich nicht schon mit Needler oder Oldham auf dem Heuboden gewälzt hast. Jetzt frage ich mich natürlich, warum der junge Arthur Winter so rasch kündigte. Ich kann mich daran erinnern, dich mit ihm eines Tages in der Sattelkammer gesehen zu haben. Als ich die Tür öffnete, fielst du beinahe vornüber, und der Kerl blickte mich nicht nur verlegen, sondern regelrecht verängstigt an. Damals dachte ich mir nichts dabei, doch seitdem ist mir vieles klar geworden. Von jetzt an wirst du dich allerdings nach jemand anderem umsehen müssen, der deine körperlichen Begierden befriedigt, denn ich werde dich nicht wieder berühren, selbst wenn du zu meinen Füßen stirbst. Du riechst nach Abschaum. Du stinkst. Wäre meine Mutter nicht in solch schlechtem Zustand, und hättest du nicht auch sie in die Falle gelockt – o ja, in die Falle gelockt, denn hätte ich etwas davon geahnt, hätte ich niemals zugestimmt, daß sie fünf Jahre Miete im voraus für den Anbau bezahlt! –, wäre ich morgen bereits fort von hier. Doch von jetzt an werde ich dort leben, und wage es ja nicht, dem Anbau nahezukommen, denn nur Gott weiß, wozu ich mich sonst hinreißen ließe. In diesem Augenblick würde ich dir am liebsten meine Faust in dein hinterhältiges, intrigantes Gesicht schlagen.«

Er holte tief Atem, wandte sich um und marschierte in das Ankleidezimmer. Dort zog er eine Lade der Kommode nach der anderen auf und warf seine Kleidung auf das kleine Sofa und über den Sessel. Danach ging er zu einem Wandschrank und holte seine Anzüge hervor. Schließlich öffnete er die Tür und rief nach den Hausmädchen. »Frances! Janie! Kommt hierher!« Es war, als wüßte er, daß beide noch unten am Treppenabsatz standen. »Nehmt alles, was ihr an Anzügen, Mänteln und Wäsche tragen könnt, und bringt es an die Verbindungstür zum Anbau«, befahl er ihnen, sobald sie mit bleichen Gesichtern in der Tür erschienen waren.

Während die beiden Mädchen mit zitternden Händen einige Kleidungsstücke aufhoben, zog er zwei Koffer neben dem Wandschrank hervor und packte die restlichen Hemden und Wäschestücke hinein.

Als die Mädchen nach einigen Minuten, sichtlich bebend, zurückkehrten, sprach er sie mit ruhigerer Stimme an. »Würdet ihr bitte diese beiden Koffer nehmen und sie zu den anderen Sachen bringen? Ich hole nur noch einige Bücher aus dem Gästezimmer. Ich nehme lediglich das, was ich derzeit benötige, die anderen Sachen kann ich später zusammensuchen.«

Keines der beiden Mädchen gab eine Antwort oder nickte. Und so ging er an ihnen vorüber und in das Gästezimmer am Ende des Korridors, wo er auf mehreren Regalen seine Bücher aufbewahrte. Es handelte sich zumeist um medizinische Fachbücher, die deshalb nicht in der Bibliothek im Erdgeschoß aufgestellt waren, weil die meisten Regale dort mit ledergebundenen Bänden gefüllt waren. Er hatte rasch herausgefunden, daß Beatrice es nicht gerne sah, wenn sie durcheinander kamen, denn der Inhalt des gesamten Raums, ebenso wie die in Glasvitrinen verwahrten Erstausgaben, diente hauptsächlich dem Ansehen des Besitzers. Wie es schien, war der alte Oberst mehr Sammler als Leser gewesen. So waren Johns eigene abgegriffene Bücher auf die Regale des Gästezimmers verbannt worden. Er wählte hier und da einen Band, bis er einen Armvoll zusammen hatte, und ging dann damit hinunter.

Im Haus war es sehr still, beinahe als wäre der Tod eingekehrt. Und tatsächlich war etwas gestorben, denn ihre Ehe hatte ihr sicheres Ende gefunden. Anstatt Rosie dies anzutun, hätte Beatrice sie ebensogut töten können. Denn obwohl seit damals viel Zeit vergangen war, trug Rosie noch immer hinter ihrem Lachen jenen Blick, der den Schmerz der Zurückweisung in sich barg. Sobald er seine Habseligkeiten in den Anbau gebracht hatte, würde er zu Rosie gehen und diesen Blick von ihrem Gesicht nehmen …

Als er keine zwanzig Minuten später die Straße zu Robbie entlanghastete, kam ihm Rosie entgegen. Lächelnd trat sie auf ihn zu und begrüßte ihn. »Da bist du also wieder. Ich dachte, du würdest erst später kommen. Ich erhielt heute von Helen einen Brief und bin eben auf dem Weg ins Herrenhaus, um einen Koffer zu packen. Sie kommen heute aus London zurück, und sie bittet mich, einige Zeit bei ihr zu bleiben. Sie macht sich große Sorgen um Leonard. Es scheint, als ginge es ihm nicht besser.« Ein Blick in sein Gesicht ließ sie verstummen. »Was ist los? Ist irgend etwas nicht in Ordnung?«

»Leonard? Was ist mit Leonard?« erkundigte er sich, ohne auf ihre Fragen einzugehen.

»Nun, wie du weißt, war er krank. Darum reisten sie

doch in die Schweiz, wegen seiner Schwindsucht. Aber … aber was ist los? Warum siehst du mich so an? Ist in der Stadt etwas geschehen?«

Er faßte sie am Arm, drehte sie sanft um und ging mit ihr zu Robbies Anwesen zurück. »Ja, in London ist etwas geschehen, und es betrifft dich.«

»Mich?«

»Ja, dich.«

»Aber wie und warum?«

Sie schwieg und beschleunigte ihren Schritt, um nicht hinter ihm zurückzubleiben. Ohne anzuklopfen, öffnete er die Tür zur Küche und schob Rosie vor sich hinein. Robbie und seine Mutter starrten ihn erstaunt an.

»Was ist los? Ist etwas geschehen?« wiederholte Annie mit einem Blick auf John Rosies Worte.

»Ja, Annie, man könnte sagen, es ist etwas geschehen. Aber setzen wir uns.«

Robbie zog einen Stuhl für Rosie hervor und nahm dann neben ihr Platz. Er beobachtete John, ohne Fragen zu stellen.

John beugte sich über den Tisch und ergriff Rosies Hand. »Von jetzt an kannst du diesen Blick von deinem Gesicht nehmen und den Schmerz aus deinem Herzen verbannen: Teddy hat dich niemals zurückgewiesen.«

»Was?« Es war ein kümmerlicher Laut, beinahe ein Wimmern.

»Du hörtest, was ich sagte. Dein lieber Teddy hat dich niemals zurückgewiesen. Die schlichte Wahrheit ist die, daß er von deiner Schwester gewarnt wurde, sich nicht mit einer Frau zu belasten, die irgendwann einmal dem Wahnsinn verfallen würde wie deine Großtante, die scheinbar nackt umherzutanzen pflegte.«

Rosie entzog ihm ihre Hand und legte sie an ihren Hals. »So etwas konnte sie doch nicht tun! Nicht so etwas!« flüsterte sie.

»Sie hat es getan, und zwar mit aller Gründlichkeit.« Nun beschrieb John, wie er Edward Golding begegnet war und was sich dabei herausgestellt hatte.

Als er zu Ende gesprochen hatte, herrschte am Tisch Schweigen. Selbst Annie machte keinerlei Bemerkung zu dem eben Gehörten. »Wo ist er jetzt?« fragte Rosie schließlich leise.

»In London, doch er kehrt morgen nach Amerika zurück.« Er machte eine kurze Pause, ehe er fortfuhr. »Er hat inzwischen eine Frau und ein kleines Baby.«

John sah, wie sich Rosies Augen weiteten. Dann senkte sie ihren Blick auf den Tisch, wo ihre verschränkten Hände lagen. »Nun, das ist heute einerlei«, erklärte sie mit fester Stimme, hob plötzlich ihre Hand und legte sie auf Robbies, die die Tischkante umklammert hielt. Seine Finger schlangen sich um ihre, ohne daß sich der Ausdruck auf seinem Gesicht, der ihr seine Gedanken klarlegte, verändert hätte. Schließlich wandte er sich seiner Mutter zu, doch die Worte, die sie murmelte, waren nicht zu verstehen.

Als sich Rosie unvermittelt erhob, schreckten die drei hoch. »In gewisser Weise hat sie mir einen guten Dienst erwiesen, dennoch werde ich ihr niemals verzeihen, was sie mir angetan hat. Nein. Das verzeihe ich ihr nie. Sie ist bösartig und niederträchtig. Das war sie immer schon. Ich wußte, daß sie es war. Darum wollte ich von ihr loskommen. Es war immer schon etwas in ihr. Wenn irgend jemand Tante Allys Leiden erbte, dann sie«, erklärte sie und nickte John zu.

»Ja, da könntest du recht haben.«

Dann schüttelte sie den Kopf, als wäre ihr plötzlich etwas bewußt geworden. »Aber du bist mit ihr verheiratet, John.«

»Ja, ich bin mit ihr verheiratet, Liebes. Aber überlasse das nur mir. Ich werde bei meiner Mutter im Anbau wohnen, bis ich einen geeigneten Ort gefunden habe. Obwohl sie sie, wie du weißt, dazu verleitete, einen Vertrag für fünf Jahre abzuschließen. Selbstverständlich mit Vorauszahlung. Sie ist auf jede erdenkliche Weise ein intriganter Teufel.«

Rosie wandte sich an Annie. »Wie Sie wissen, war ich eben im Begriff, meinen Koffer zu packen, um zu Helen zu fahren. Wenn es Ihnen nichts ausmacht, würde ich gerne meine restlichen Sachen hierherbringen, denn ich werde niemals wieder mit ihr unter einem Dach wohnen. Ich werde ... ich werde eine Weile bei Helen bleiben und ...«

»O Kleines, warum fragst du? Das hier ist dein wahres Zuhause und war es immer schon. Geh schon und hole deine Koffer. Robbie wird dich begleiten.«

»Nein.« Rosie wandte sich um und blickte zu Robbie. »Ich werde allein gehen.«

Als Antwort ging Robbie zur Hintertür und griff nach seinem Mantel und seiner Mütze. »Ich werde nicht hineingehen. Ich habe kein Verlangen, dieses Haus jemals zu betreten, doch ich werde da sein, um deine Sachen zu tragen«, sagte er.

Rosie blickte ihn an und wandte sich dann an John. »Du tust mir leid«, sagte sie mit leiser Stimme. »Ich ... ich fühle mich frei. Es ist, als hätte ich mein ganzes Leben unter dieser Zurückweisung gelitten, ohne zu wissen, warum, nur daß ich mich dadurch minderwertiger fühlte. Aber du, du bist an sie gebunden.«

»Mach dir deshalb keine Sorgen. Sieh lieber zu, daß du fortkommst und beginn ein neues Leben.« John blickte von einem zum anderen.

Robbie antwortete: »Ja, John, wir werden ein neues Leben beginnen. Es wurde auch Zeit. Doch es liegen noch viele Jahre vor uns, in denen wir die verlorenen aufholen können.« Damit griff er nach Rosies Arm. »Endlich hat sie doch noch erkannt, wie ich fühle.«

Als die beiden hinausgegangen waren, ergriff Annie Johns Hand und schüttelte sie. »Mit aller Ehrlichkeit kann ich sagen, John, daß dies heute der freudigste Tag meines Lebens ist. Mein Junge hat schließlich doch noch sein Glück gefunden, und wenn irgend jemand darauf hingearbeitet und darauf gewartet hat, so war er es.«

»Versuch ruhig zu bleiben«, sagte Robbie leise, als sie die Vordertür des Herrenhauses erreichten. »Je weniger gesagt wird, desto leichter verheilen die Wunden. Außerdem ist dies vielleicht das letzte Mal, daß du ihr begegnen mußt.« Rosie antwortete ihm mit einem knappen Nicken und betrat dann das Haus.

Frances stieg soeben die Treppe herab, und Rosie wartete, bis sie unten ankam, ehe sie sie ansprach. »Wo ist Miss Beatrice?«

»Sie ist … in ihrem Arbeitszimmer, Miss, und sie ist einigermaßen außer sich«, stammelte das Mädchen.

»Würdest du mir beim Packen helfen?«

»Beim Packen?«

»Ja, Frances. Ich verlasse mein Zuhause.« Rosie blickte sich um. »Ich verlasse dieses Haus für immer.«

»O Miss, nicht auch noch Sie!«

»Es muß sein, Frances. Würdest du mir helfen?«

»O ja, Miss, natürlich.« Damit wandte sie sich um und folgte Rosie die Treppe hinauf. Wie vorhin wurden Laden aufgezogen und Kleider in Koffer gepackt. Als schließlich drei Koffer gefüllt waren, nahm Frances zwei von ihnen und Rosie den letzten. Über ihren freien Arm legte sie noch einige lose Kleidungsstücke und verließ dann ohne einen Blick zurück das Zimmer, das seit ihrem zehnten Lebensjahr ihres gewesen war.

Frances hatte eben die beiden Koffer vor dem hochgewachsenen jungen Mann von nebenan abgestellt und war im Begriff, Rosie das dritte Gepäckstück und die losen Kleider abzunehmen, als ihre Herrin im Korridor auftauchte.

Beatrices Haar war in Unordnung, und ein unbeherrschter Ausdruck lag auf ihrem Gesicht. Die Art, wie sie auf Rosie zustürmte, bestätigte nur ihr Erscheinungsbild. »Was tust du da?« brüllte sie sie an.

Sie stieß Frances zur Seite und warf einen feindseligen Blick auf den Mann, der mit den Koffern zu seinen Füßen vor der Schwelle stand, ehe sie die Tür vor ihm zuknallte. »Was hast du vor?« brüllte sie, kaum hatte sie sich umgedreht.

»Du siehst doch, was ich vorhabe. Ich gehe fort.«

»O nein, das wirst du nicht tun. Ich habe viel zuviel für dich durchgemacht, als daß du jetzt …«

»Sei still! Mit deinen Lügen und Intrigen hast du versucht, mein Leben zu zerstören. Du bist niederträchtig. Das warst du immer schon.«

»Hinaus mit dir! Hinaus mit dir!« schrie Beatrice plötzlich das Hausmädchen an, das augenblicklich auf dem Absatz kehrtmachte und durch die Halle auf die Küchentür zulief. Da sie die Tür nicht hinter sich schloß, drang Beatrices erregte Stimme weiter an ihr Ohr.

»Mein Ehemann oder mein vermeintlicher Ehemann ist ein Lügner«, erklärte sie aufgebracht, »er erzählte dir nur die halbe Wahrheit. Was ich tat, tat ich für dich, denn …«

»Du tatest es nicht für mich. Du tatest es, weil du es nicht konntest, allein in diesem abscheulichen Haus zurückzubleiben. Du warst damals nicht verheiratet, und es bestand auch keine Aussicht, daß jemals ein Mann um dich anhalten würde. Ich fragte mich, warum John es tat. Doch heute weiß ich, daß ihn sein Mitleid mit dir dazu bewogen hat. Aber ich fühle kein Mitleid für dich, wenn ich dir auch in gewisser Weise dankbar sein sollte. Der Gedanke, zurückgewiesen worden zu sein, hat mich lange verfolgt, doch nun weiß ich, wem meine wahre Zuneigung gilt. Ich weiß, daß ich Robbie MacIntosh immer schon liebte, und außerdem werde ich ihn heiraten und« – die nächsten Worte schrie sie beinahe – »werde nebenan wohnen! Hörst du?«

Mit einem Schrei, der Rosies Stimme übertönte, stürzte sich Beatrice auf ihre Schwester, so daß diese fast ihr Gleichgewicht verlor. »Niemals! Niemals!« kreischte sie. »Ich sehe dich lieber tot, als daß du diesen primitiven, ungebildeten Bauernlümmel heiratest!«

»Laß mich los!«

»Das werde ich nicht. Du gehst nicht. Lieber sehe ich dich tot.«

Als Rosies geballte Faust zwischen Beatrices Händen, die die Schultern ihrer Schwester umklammerten, hochschoß und auf ihrem Mund landete, lösten sich ihre Finger augenblicklich. Doch Beatrice stürzte nicht, sie taumelte lediglich ein wenig und hob rasch eine Hand an ihre Lippen. Kaum sah sie das Blut an ihrer Hand, stieß sie erstaunt die Luft aus ihren Lungen. Rasend vor Wut stürzte sie sich wieder auf Rosie, und es schien, als wollte sie ihr das Haar vom

Kopf reißen. Doch plötzlich wurden gleichzeitig die Vordertür und die Küchentür aufgestoßen, und Frances und Janie Bluett stürmten herein, um Robbie beizustehen, der sich bemühte, Rosie den wild nach ihr krallenden Fingern ihrer Schwester zu entziehen.

»Miss Beatrice! Miss Beatrice! Hören Sie auf! Hören Sie auf!« Die Mädchen hielten ihre Herrin fest. Blut rann aus ihrem Mund, über ihr Kinn und auf ihre Hände, während die beiden die noch immer Tobende daran hinderten, sich auf Robbie zu stürzen, deren Anblick ihre Wut weiter anfachte. »Hinaus! Hinaus! Hinaus aus meinem Haus!« kreischte sie mit sich überschlagender Stimme.

Den einen Arm um Rosies zitternden Körper gelegt und in der anderen ihren Koffer und ihren Mantel, blieb er stehen und warf Beatrice einen vernichtenden Blick zu. »Ja, ich werde gehen, doch Ihre Schwester kommt endgültig mit mir. Und lassen Sie sich eines gesagt sein, Frau, wenn irgend jemand in ihrer Familie den Wahnsinn geerbt hat, dann Sie!« brüllte er.

Man hätte vermuten können, daß sich Beatrice bei diesen Worten aus dem Griff der Mädchen losreißen würde, doch genau das Gegenteil geschah. Sie sackte schlaff zusammen und zitterte, als hätte sie Schüttelfrost.

Tom Needler war in der Auffahrt erschienen, und Robbie rief: »Würdest du das übrige Gepäck hinunterfahren, Tom?«

»Ja, Junge, ja«, beeilte sich Tom mit vor Entsetzen geweiteten Augen zu versichern. »Sorge dich nicht, ich bringe die Sachen schon zum Tor.«

Rosie blutete aus zwei Kratzern an ihrer rechten Wange. Auch sie wurde von Zitteranfällen geschüttelt, doch war dies auf ihr Schluchzen zurückzuführen.

Am Tor angelangt, rief Robbie über die Schulter zurück: »Laß das Zeug nur hier, Tom. Ich hole es später.«

»Wie ich das sehe, wird sie wohl eine Weile noch nicht nach mir Ausschau halten«, gab Tom Needler zurück. »Also laß die Sachen hier, und ich bringe sie dann direkt zu dir hinüber.«

Rosie war wach, doch sie hatte ihre Augen noch nicht geöffnet. Sie wußte, daß sie in Robbies Bett lag, und ihr war vollkommen klar, was am vergangenen Abend geschehen war. Sie erinnerte sich, daß sie nicht zu weinen hatte aufhören können. Mrs. Annie und Robbie hatten sie gehalten, doch es war ihr nicht möglich gewesen, sich zu beruhigen. Schließlich war John gekommen und hatte die Kratzer in ihrem Gesicht versorgt. Er hatte beruhigend auf sie eingeredet und ihr gesagt, wie glücklich sie in der Zukunft sein werde. Dennoch hatte sie nicht zu schluchzen aufhören können. Dann hatte er ihr etwas zu trinken gegeben, woraufhin sie eingeschlafen war. Als sie nun fühlte, wie jemand ihre Hand von der Tagesdecke hob, öffnete sie die Augen und blickte in Robbies Gesicht. Er hatte sich über sie gebeugt und lächelte sanft zu ihr herab.

»Du hast lange geschlafen. Fühlst du dich besser?«

Sie antwortete nicht gleich, denn sie war sich nicht sicher, ob sie sich besser fühlte. Ihr Gesicht schmerzte. »Ist es so schlimm?« fragte sie leise und hob ihre Hand an die Wunde.

»Schlimm genug«, gab er in seiner unverblümten Art zurück. »Doch John sagt, daß die Wunden nicht besonders tief sind, und das ist gut. Sie werden bald verheilen.«

Es bereitete ihr Schmerzen, ihren Kopf zur Seite zu wenden, um ihn besser sehen zu können. »Es ist vorüber«, sagte sie schließlich mit dünner Stimme.

»Ja, Liebes, es ist vorüber.«

Sie sah, wie er kurz den Kopf sinken ließ und sie dann anblickte. »Ich hörte alles von draußen. Ist es wirklich wahr, was du sagtest?«

»Ja«, sagte sie schlicht ohne das geringste Anzeichen von Schüchternheit. »Ja, Robbie, es ist wahr.«

»Und nicht als Bruder oder …?«

»Nein, nicht als Bruder oder sonst etwas. Aber das hätte ich schon vor Jahren herausfinden können, hätte ich … hätte ich nur ein wenig Verstand gehabt.«

Er hob ihre Hand an seine Brust. »Wie lange empfindest du schon so … für mich?«

»Oh, schon eine ganze Weile. Aber ... aber ich glaube, ich hätte es dir nicht sagen können, denn ich trug immer noch dieses abscheuliche Gefühl der Zurückweisung in mir.«

»O mein Liebes, du hättest doch wissen müssen, daß ich dich niemals zurückweisen würde, denn ich liebe dich mein Leben lang. Ich liebte dich schon, da warst du noch ein Kind. Und dann liebte ich dich als junges Mädchen, und das war eine schmerzliche Zeit, denn ich wußte, wie du mich betrachtetest. Noch schmerzlicher war es, als du eine junge Frau wurdest und heiraten wolltest.«

»O Robbie, Robbie!« Sie hatte sich von dem Kissen erhoben, und ihre Gesichter waren sich nun sehr nahe. »Weißt du, daß du mich niemals geküßt hast?« fragte sie. »Mich getätschelt und umarmt wohl, aber niemals geküßt.«

»O Rosie, Rosie!« Es sah so aus, als wollte er lachen, doch dann legte er seine Lippen in einem sanften Kuß auf ihre. Schließlich löste er sich von ihr. »Das war nur ein Vorgeschmack«, erklärte er. »Sobald es deiner Wange besser geht, werde ich es richtig machen.«

Rosie versuchte zu lächeln. »O Robbie, Robbie. Ich liebe dich. Das tue ich wirklich«, murmelte sie. »Bei Teddy fühlte ich niemals so, das kann ich dir sagen. Rückblickend wirkt es wie ein kindlicher Traum, durch den alle Mädchen hindurch müssen. Du ... du glaubst mir doch?«

»Ich glaube dir, Liebes. O ja, ich glaube dir. Alles, was ich von dir wissen möchte, ist, wie bald du mich heiraten kannst.«

»Wie wäre es mit morgen oder spätestens in einer Woche? Auf jeden Fall so rasch als möglich. Aber ich würde gerne in der Kirche getraut werden«, erklärte sie.

Ihre Worte entlockten ihm ein tiefes kehliges Lachen. »Ich ebenfalls, Liebes. Auch wenn mich die Lady unten einen Heuchler nennen wird«, gab er noch immer lachend zurück. »Aber du hast recht, je rascher wir es hinter uns bringen, desto früher können wir den Winterkohl ernten.«

Das Bett schwankte von ihrem gemeinsamen Lachen, und Annie MacIntosh, die eben hatte eintreten wollen, hielt mit der Hand auf dem Türknopf inne, zögerte einen Augenblick und wandte sich dann langsam wieder zum Gehen. »Endlich, Gott sei es gedankt, und gerade noch im letzten Augenblick«, murmelte sie, die Augen zur Decke gerichtet, kaum daß sie den unteren Treppenabsatz erreicht hatte.

12

Als er das Haus zum erstenmal von der Auffahrt aus erblickte, fragte sich John, warum er ihnen angeboten hatte, sie im Einspänner zu fahren. Robbie hätte Rosie ebensogut mit dem Wagen herbringen können. Es hätte ihr nichts ausgemacht, wie sie hierherkam, solange sie wußte, daß er bei ihr war.

»Es ist ein hübsches Haus. Wirklich reizend«, hörte er leise Robbies Stimme.

»Von innen sieht es besser aus«, gab Rosie zurück. Er lächelte sie an, ohne ein weiteres Wort zu sagen.

John brachte das Pferd am Fuß einer Treppe mit vier niedrigen Stufen zum Stehen. Doch ehe er sich von seinem Sitz erhob, blickte er zu Helen, die nahezu auf seiner Augenhöhe am oberen Ende der Treppe stand. Sein Herz schlug heftig gegen seine Rippen, und der alte Schmerz brach wieder auf. Es war, als bestrafte er sich selbst.

Sie rannte die Treppe hinunter und umarmte erst Rosie, bevor sie sich an Robbie wandte. »Wie schön, dich zu sehen, Robbie.«

John hatte sich nicht von seinem Platz gerührt, und so blickte sie zu ihm empor. »Hallo, John«, sagte sie mit veränderter Stimme.

»Hallo, Helen.« Er zwang sich zu einem Lächeln, während er auf den Kopf des Pferdes deutete. »Wo soll ich es hinbringen?«

»Oh, Henry wird sich darum kümmern. Sieh nur, da kommt er schon.«

Ein kleiner untersetzter Mann erschien. »Würdest du ihn bitte in den Stall bringen, Henry?« fragte sie, auf das Pferd deutend.

»Ja, Madam.« Der Mann grinste breit.

»Ich kann nicht lange bleiben«, erklärte John, während er vom Wagen stieg. »Stell ihn einfach unter, denn ich fürchte, es wird Regen oder ein Gewitter geben«, fügte er mit einem Blick auf den Himmel hinzu.

»Auch gut, Sir, auch gut.« Mit diesen Worten führte der Mann das Pferd und den Einspänner davon.

An Robbies Seite folgte John den beiden Schwestern und betrat zum erstenmal Col Mount.

Er erinnerte sich an den Tag, als Helen ihm das Anwesen vom Craig aus gezeigt hatte, und fand, daß der Name dem Haus nicht gerecht würde. Es war ein strenger Name, wohingegen die Halle mit ihren rosenfarbigen Tapeten, den goldgerahmten Bildern, dem polierten Fußboden, den vereinzelten Teppichen und den in zartem Pink gehaltenen Polstersesseln und Vorhängen keineswegs männlich wirkte. Vielleicht hätten holzgetäfelte Wände und eine breite Eichentreppe besser zu diesem Namen gepaßt.

Sie wurden in den Salon geführt, in dem die weibliche Note sogar noch stärker in den Vordergrund trat. Doch in diesem Augenblick nahm er das nicht wahr, denn sein Blick lag auf dem Mann, der sich aus dem Stuhl erhoben hatte und eben Robbie die Hand schüttelte. Er konnte nicht glauben, daß dies Leonard war, den er über Jahre hinweg beneidet hatte und der ihm immer als hochgewachsene Gestalt mit militärischem Auftreten in Erinnerung gewesen war. Der Mann vor ihm war noch immer groß, doch wirkte er abgezehrt.

»Hallo, Doktor, nett, Sie wiederzusehen. Ist viel Zeit vergangen, seit wir uns das letzte Mal trafen.«

»Ja, Sir.« John wollte fragen, wie es ihm gehe, doch dann entschied er sich anders.

»Nun, laßt uns hier nicht wie Stöcke herumstehen, wie die Köchin sagen würde, setzen wir uns doch … Hallo, meine Liebe.« Er hatte sich zu Rosie umgewandt, doch anstatt sie zu küssen oder zu umarmen, streckte er lediglich seine Hand aus und berührte sanft ihre Wange.

John hatte nicht Platz genommen, und so wiederholte Helen die Worte ihres Ehemanns. »Setz dich doch, John.« Er hatte sich gefragt, warum er, anstatt sich zu setzen, noch immer stocksteif im Raum stand. Doch schließlich schob er es dem Wandel im Anblick des soldatischen Mannes zu, in dessen Gesicht selbst aus der Entfernung der drohende Tod zu erkennen war.

»Ich werde nach dem Tee läuten«, erklärte Helen, sobald er Platz genommen hatte. In diesem Augenblick fiel ihm auf, daß sie sehr verlegen wirkte. Auch sie hatte sich verändert. Sie sah älter aus, aber auch schöner.

Später konnte er sich nicht mehr daran erinnern, was er zum Tee gegessen hatte. Ihm war nur im Gedächtnis geblieben, wie Leonard mit den beiden Hausmädchen Hannah und Betty, die den Tee gebracht hatten, gescherzt hatte, zwei rotwangigen, helläugige Frauen mittleren Alters. Sobald das Teegeschirr abgeräumt worden war, war es zwischen den fünf Personen still geworden, bis Rosie das Schweigen beendete.

»Ich … wir werden heiraten, Robbie und ich«, brachte sie aufgeregt hervor und legte ihre Hand auf Robbies. »Aber das alles kam so plötzlich. Ich überlasse es John, euch davon zu berichten.« Sie wandte sich an ihn. »Erzähl es ihnen John, erzähl ihnen alles. Bitte! Jedes einzelne Wort.«

John fühlte, wie ihm die Röte ins Gesicht stieg. Das hatte er nicht erwartet. Er hatte geglaubt, sie würde die Geschichte auf ihre eigene Art zum Besten geben. »Es sollte wirklich von dir kommen, Rosie«, sagte er deshalb.

»Nein. Bitte, John. Ich kann es nicht. Ich meine …« Als Rosie den Kopf sinken ließ, blickte er von Helen zu Leonard, doch schließlich sprach er. »Nun, es war folgendermaßen. Ich war für vier Tage nach London gefahren, um an einer zweitägigen Vortragsreihe teilzunehmen, als ich regelrecht in ihn hinein lief.« Er hielt kurz inne und fuhr dann vor. »Ich meine Teddy Golding …«

»Teddy Golding?« fragte Helen mit vor Erstaunen hoher Stimme.

»Schhh! Hör weiter zu, Liebste«, ließ sich ihr Ehemann vernehmen, der ihr beruhigend die Hand aufs Knie legte. Als John weitersprach, setzte sie sich wieder und wandte nur hin und wieder den Kopf, um einen Blick auf Rosie zu werfen, der ausdrückte, daß es ihr schwerfiel, das Gehörte zu glauben.

Beinahe am Ende seiner Erzählung angelangt, ließ John die Szene zwischen sich und Beatrice weg. »Ich weiß, ich hätte es für mich behalten können«, erklärte er nun, »doch ich wußte auch, wie Rosie noch immer empfand. Wie sie mir gesagt hatte, war das Gefühl der Zurückweisung manchmal unerträglich, ganz besonders, weil sie den Grund dafür nicht kannte. Teddys Ablehnung war so unvermutet gekommen. Was zwischen ihnen gewesen war, machte sein Handeln für sie unbegreiflich. Allerdings hatte ich noch einen weiteren Grund, ihr davon zu berichten. Wenn sie jemals heiraten sollte, oder, besser gesagt, es zulassen sollte, daß sie geheiratet würde, würde dieses Gefühl immer in ihr bleiben, denn sie hatte ihren Glauben an die Männer verloren.« Er warf einen Blick auf Rosie, die ihn aus tränenverschleierten Augen ansah. »Und es hatte sie davon abgehalten, ihre wahren Gefühle für Robbie zu erkennen.« Er holte tief Atem. »Den Rest kann Rosie euch selbst erzählen, aber ich glaube, ihr Anblick spricht für sich.«

Helen erhob sich, ging zu Rosie, zog sie vom Sofa hoch und umarmte sie. Es fiel ihr sichtlich schwer, die richtigen Worte zu finden. »Es ist schon gut, Helen«, sagte Rosie. »Ich … ich bin in Ordnung. Seit John mir die Wahrheit sagte, ist dieses Stigma von mir abgefallen. Ich fühle mich nicht mehr minderwertig. Doch all dies geschah auf Johns Kosten, es ließ sein Leben aus den Fugen geraten.«

»Du brauchst dir deswegen keine Gedanken zu machen, Rosie, es stimmte schon seit einiger Zeit nicht mehr«, beeilte sich John hinzuzufügen.

»Was wirst du tun?« Er antwortete nicht sogleich auf Helens Frage, doch als er sprach, war sein Blick von ihr abgewandt. »Ich werde sie verlassen. Eigentlich habe ich das bereits getan. Ich bin zu meiner Mutter in den Anbau übersiedelt, und« – es verging einige Zeit, ehe er fortfuhr – »ich werde um eine gerichtliche Trennung ersuchen.«

Wieder legte sich verlegenes Schweigen über die Versammelten. Schließlich blickte Leonard zu Rosie und Robbie und wechselte das Thema. »Wann ist es denn soweit, ich meine mit der Hochzeit?«

»Oh.« Robbie stieß das Kinn nach vorne. »Wenn es nach mir ginge, könnte es schon nächste Woche sein. Aber diese Frau hier« – er blickte auf Rosie – »wünscht sich eine kirchliche Trauung.« Rosie lächelte. »Das Aufgebot wird am Sonntag verkündet«, erklärte sie schlicht.

»Ausgezeichnet. Ich freue mich für euch. Und das gilt auch für Helen, nicht wahr?«

»Ja«, antwortete Helen rasch. »Doch es hätte schon vor Jahren geschehen sollen. Du bist ein sturer Schotte, weißt du das?« Sie deutete mit dem Finger auf Robbie. »Du hättest ihr schon vor Jahren deine Gefühle offenbaren sollen.«

»Helen ...« Leonard faßte nach ihrem Rock und zog sie sanft zu sich. »Jeder Mann hat seine Gründe, und Robbie hatte gewiß auch welche. Nicht jedermann geht so furchtlos wie ich zum Angriff über.« Als John den Blick sah, den sie einander zuwarfen, fühlte er keinen Neid, sondern nur einen leichten Schmerz an jenem bestimmten Platz unter seinen Rippen. »Spielen Sie Bridge?« fragte Leonard schließlich, indem er erneut das Thema wechselte.

»Oh, Bridge?« John schüttelte den Kopf. »Das habe ich seit Jahren nicht mehr gespielt, schon seit meinen College-Tagen nicht mehr.«

»Und wie steht es dann mit Whist?«

»Whist? O ja. Ich habe ein zweihändiges Spiel mit meiner Mutter ausgearbeitet. Es ist ein wenig kompliziert. Man muß dabei ebensoviel überlegen wie beim Schach.«

»Sie spielen Schach?«

»Ja, ich liebe Schach und spiele es, sooft es möglich ist. Aber ich habe wenig Freizeit.« Bevor er weitersprechen konnte, erhob sich Helen.

»Komm mit, Rosie«, sagte sie, »zeigen wir Robbie, wie wir Gemüse anbauen. Auch wir haben hier ein gutes Stück Land.« Robbie grinste. »Ich lerne immer gerne etwas dazu, Miss Helen.« Kaum hatte er die Worte gesagt, warf er rasch einen entschuldigenden Blick auf Leonard. »Oh, es tut mir leid. Es ist nur die Gewohnheit. Ich meine …«

»Vergiß, was du meintest«, fiel ihm Helen rasch ins Wort, »laß einfach das Miss weg, denn du wirst bald mein Schwager sein.« Sie lächelte ihn an. »Und das ist mir von ganzem Herzen willkommen«, fügte sie nach einer Weile hinzu. »Aber kommt jetzt, ihr beiden, bevor es regnet.«

Sobald sie allein waren, blickten die beiden Männer einander an, und es schien, als wartete jeder, daß der andere sprechen würde.

»Ist schon eine widerliche Krankheit«, ließ sich Leonard schließlich mit Bitterkeit in der Stimme vernehmen.

John blinzelte rasch und befeuchtete seine Lippen, ehe er antwortete. »Soweit ich weiß, steht man bereits vor dem Durchbruch.«

»Ja, das sagte man mir auch. Aber in der Zwischenzeit schicken sie einen an die Südküste oder in die Schweiz. Aber was hat das für einen Sinn? Es verlängert nur den Todeskampf.« Wieder wurde es still. »Vielleicht kennen Sie Doktor Peters?« fragte Leonard in verändertem Ton.

»Ja, wir sind uns bei verschiedenen Gelegenheiten begegnet.« John zwang sich zu einem Lächeln. »Er hat sein Revier und Doktor Cornwallis das seine.«

»Haben Sie viele Tuberkulosepatienten?«

»Ein paar. Die Krankheit scheint in bestimmten Familien vorzukommen.«

»Grenzt man diese Menschen aus?«

John hob die Augenbrauen. »Ausgrenzen?« wiederholte er und dachte eine Weile darüber nach. »Ja, ich nehme an, bis zu einem gewissen Grad grenzt man sie aus. Doch das geschieht nicht vorsätzlich. Es ist wohl eher die Angst vor der Krankheit.«

»Ja, Angst.« Leonard nickte. »Das haben wir auch erlebt. Aber wenn es allein um mich ginge, würde es mir nichts ausmachen. Es ist nur ... wegen Helen.« Er setzte sich in seinem Stuhl auf, wandte den Kopf und blickte aus dem Fenster. »Wissen Sie, kurz nach unserer Heirat besuchten wir hier oft Helens Freundin. Damals schien das Haus vor Besuchern, die uns alle eine wundervolle Zeit bereiten wollten, nur so zu wimmeln. Dasselbe geschah auch in der Stadt, besonders nachdem ich unglücklicherweise den Titel geerbt hatte. Doch als ich dies hier bekam« – dabei klopfte er sich gegen die Brust – »schmolzen unsere Freunde und ganz besonders die mit jungen Töchtern und Söhnen bis auf ein oder zwei hier und da wie Schnee in der Sonne dahin. Aber ich glaube, das ist nur natürlich«, fügte er schließlich mit schwachem Lächeln hinzu. »Ich habe mich gefragt, ob ich nicht ebenso handeln würde.« Dabei wandte er sich bedächtig um und blickte zu John. »Doch es geht mir nicht um Gesellschaft für mich, es geht um Helen. Obwohl sie es verbirgt, fühlt sie die Zurückweisung unserer Freunde. Da gab es die Maldons und die Oswalds und die Fenwicks. Die kannte sie schon lange, bevor ich auftauchte. Soweit ich hörte, waren die älteren Mitglieder dieser Familien bereits in ihrem Elternhaus ständige Besucher. Doch heute sieht sie nur noch die Conisbees, die Maguires und selbstverständlich die schneidige Daisy. Oh, ich wüßte nicht, wie sie es ohne Daisy ertrüge. Sie müssen sie kennenlernen.«

Er stieß ein freudloses Lachen aus. »Lena Conisbee ist so taub wie Stein, und er hat eine Stimme wie ein brüllender Stier. Ich freue mich jedesmal auf ihre Besuche, denn es ist unmöglich, nicht zu lachen, wenn sie Fragen beantwortet, die er niemals gestellt hat. Dann brüllt sie, und er brüllt zurück, und schließlich erklärt sie, daß sie nicht taub sei. Die Maguires sind anders, sehr still und etwas zu mitfühlend. Aber auch sie bringen niemals ihre beiden Söhne mit. Was mich betrifft, so verstehe ich das, aber wenn ich daran denke, daß ich Helen all diesem aussetze ...«

»Sie sollten es nicht auf diese Weise betrachten«, fiel ihm John ins Wort. »Ich bin mir sicher, Helen sieht es nicht so. Sie ist in großer Sorge um Sie, das ist alles. Sie denkt bestimmt nicht an sich. Zudem bin ich mir gewiß, daß Ihre Gesellschaft die einzige ist, die sie sich wünscht.«

Leonard betrachtete John lange, ehe er weitersprach. »Würden Sie hin und wieder auf eine Partie Whist, Schach oder was auch immer herüberkommen?«

»Ja, das würde ich sehr gerne. Allerdings ist es eine Frage der Zeit. Da ich zumeist abends Sprechstunde halte und nur einen Tag pro Woche und ein Wochenende pro Monat frei habe, wären mir Nachmittage zwischen halb zwei und fünf Uhr am liebsten.«

»Das wäre ausgezeichnet. Aber was machen Sie nach der Sprechstunde? Oh, ich vergaß, es tut mir leid. Ich werde so selbstsüchtig. Natürlich haben Sie Ihre Mutter bei sich, und soweit ich weiß, steht es mit ihrer Gesundheit auch nicht zum Besten.«

»Nun, sie ist nicht direkt krank, aber die Arthritis in ihren Beinen macht ihr zu schaffen. Sie hat Schwierigkeiten, sich zu bewegen.«

»Denken Sie, sie hätte etwas dagegen, mich einmal kennenzulernen?«

»Etwas dagegen Sie kennenzulernen?« John hatte die Worte gedehnt, doch jetzt wiederholte er sie rasch. »Etwas dagegen, sie kennenzulernen? Mutter? Es wäre ihr ein Vergnügen. Aber unglücklicherweise kann ich sie nicht in den Einspänner verfrachten, er ist zu hoch.«

»Wie wäre es mit einer Kutsche? Ich meine, mit unserer Kutsche. Sie hat zwei ausklappbare Stufen. Ist sie eine große Frau?«

»Nein, ganz das Gegenteil.«

»Dann könnte man sie in die Kutsche heben. Sie ist wirklich bequem.«

John überlegte einen Augenblick. Schließlich lächelte er. »Das würde ihr gewiß gefallen. O ja. Sie kommt niemals hinaus. Ja, das würde ihr gefallen.«

»Nun, dann sollten wir es tun, nicht wahr?« Leonard erwiderte Johns Lächeln. Als sich seine abgehärmten Züge entspannten, sah John darin für einen kurzen Augenblick jenen Mann wieder, den er einst kennengelernt hatte. »Ich danke Ihnen«, sagte er schlicht. »Ich bin so froh, daß Sie gekommen sind. Ich habe das Gefühl, als würde sich nun alles zum Guten wenden.« John konnte nicht erkennen, wie er dies mit seinen Besuchen erreichen sollte, aber er hatte schließlich auch keine Ahnung von den Wünschen des Mannes, die das Gewebe seines Lebens auf ähnliche Weise verändern sollten, wie es die Unterbringung seiner Mutter im Anbau getan hatte, wenn auch mit weit unheilvolleren Folgen.

13

»So hast du am Ende doch noch zurückgefunden, Miss Simmons?«

»Nun, Köchin, es war mein freier Nachmittag«, gab das Küchenmädchen zurück, »und ich wurde auf gewisse Weise« – sie grinste – »aufgehalten.«

»Aufgehalten?« Die Frage kam von Frances, die am unteren Ende des Küchentisches saß und eine Tasse Tee trank. »Aufgehalten. Sie wurde aufgehalten«, wiederholte sie an Janie Bluett gewandt, die ihr gegenüber saß. Dann sah sie wieder zu dem jungen Mädchen hinüber. »Und wer hat dich aufgehalten?«

Mary entledigte sich langsam ihrer kurzen Jacke und zog die Nadel aus ihrem Strohhut. »Die Braut«, gab sie strahlend zurück.

Als sie nicht weitersprach, sondern ihren Mantel an der Küchentür aufhängte, zog die Köchin mit großer Geste einen Stuhl hervor. »Willst du dich nicht setzen, Miss?«

Als das Mädchen ziemlich kühl Platz nahm, brachen die beiden Hausmädchen in Gelächter aus. »Du willst wohl, daß ich dir die Ohren langziehe, nicht wahr?« knurrte die Köchin mit einem Blick auf ihre junge Gehilfin. »Also, fang schon an.«

»Erzähl uns von der Hochzeit«, drängte auch Frances, als Mary noch immer nicht sprechen wollte. »Wie sah sie aus?«

fragte sie, während sie sich gespannt über den Küchentisch beugte.

Augenblicklich war Marys Aufsässigkeit wie weggefegt, und sie lehnte sich, Frances Beispiel folgend, über den Tisch und ergriff fest ihre Hände, als wollte sie ihren Worten Nachdruck verleihen. »Sie sah bezaubernd aus. Wunderschön. Und auch er war so schick. Es war reizend. Ihr Kleid war nicht ganz weiß, müßt ihr wissen, eher cremefarben, und es hatte drei Röcke und war am Oberteil über und über bestickt. Ihre Ärmel reichten bis zu den Ellbogen und endeten in einem Saum von kleinen rosafarbenen Rosen. Es waren dieselben, die sich auch vorne auf ihrem Oberteil befanden. Oh, sie sah einfach entzückend aus.«

»War die Kirche voll?« Mittlerweile hatte sich auch die Köchin gesetzt. »Nein«, antwortete Mary. »Sie war nicht wirklich voll, und es ist auch hauptsächlich Robbie MacIntoshs Verwandtschaft gekommen. Davon ihnen schien es eine ganze Menge zu geben. Aber Miss Rosie hatte nur den Doktor und Miss Helen. Er hat die Braut übergeben. Oh, auch er sah so fein aus. Und Miss Helen!« Sie hielt sich die Hand vor den Mund. »Ich nenne sie noch immer Miss Helen, eigentlich ist sie für mich einfach nicht Lady Spears … Auch sie sah wunderhübsch aus. Sie war schon immer hübsch, nicht wahr? Und als die Orgel so schön spielte und Miss Rosie am Arm von Robbie MacIntosh das Kirchenschiff hinunterging, hätte ich weinen können. Eine Menge Leute erwarteten sie draußen und folgten ihnen hinüber in das *George and Crown*, wo der Hochzeitsempfang gegeben wurde.« Sie blickte von einem zum anderen. »Ich vergaß zu erzählen, daß sie mit Miss Helen und dem Doktor in der Kutsche ankam. Miss Helens Ehemann war nicht dabei. Es heißt, er sei schwer krank.«

»Nun«, unterbrach die Köchin, »wie kam es dazu, daß du aufgehalten wurdest?«

»Tja, Köchin, das war so. Ich ging mit der Menge über die Straße – und ich kann euch sagen, ich fiel beinahe der Länge nach hin von all dem Reis, der auf dem Boden lag. Einerlei, als es nichts mehr zu sehen gab, zerstreuten sich die Leute nach und nach, und ich blieb zurück. Plötzlich kam dieser Kerl auf mich zu und erschreckte mich beinahe zu Tode, als er mich am Arm packte und erklärte, daß ich mitkommen solle, weil die Braut mich sehen wolle. Ich sagte, daß ich nicht hineingehen könne, weil ich nicht festlich genug angezogen sei, aber er sagte bloß, daß sie mit mir sprechen wolle. Dann zog er mich regelrecht hinter sich die Treppe hinauf und durch die Halle in einen Saal, in dem sich viele Leute befanden, und drängte sich bis zu Miss Rosie durch. Sie nahm mich bei der Hand und wißt ihr, was sie sagte?«

Alle warteten mit gespanntem Blick. »Sie sagte: ›Es ist schön, dich zu sehen, Mary. Sag der Köchin und den Mädchen, daß ich mich gefreut hätte, wenn sie heute hier hätten sein können.‹ Ja, das sagte sie«, schloß sie mit Rührung in der Stimme.

Rund um den Tisch blieb es eine Weile still. Die Köchin legte rasch ihre Finger an die Lippen, während Frances und Janie hinter ihrem Schürzenlatz nach Taschentüchern kramten und sich die Augen trocken tupften.

Erst eine ganze Minute später fuhr Mary mit ihrer Erzählung fort. »Miss Rosie sagte dann, daß ich bleiben und etwas essen solle. Jedermann plauderte und lachte, es wurde gestoßen und geschoben. Einige Kellner gingen mit Tabletts voller Weingläser umher, und Robbie MacIntosh nahm eines und gab es mir. Nun, meine Hand zitterte so sehr, daß ich beinahe den Inhalt vergoß, doch er beugte sich zu mir und flüsterte: ›Vergeude das Zeug nicht, Mary, hat eine ganze Menge Geld gekostet.‹ Und als Miss Rosie das hörte, lachte sie laut auf und stieß ihn, der jetzt ihr Ehemann ist, gegen die Schulter, so daß ihre Gläser beinahe überschwappten. Und so standen wir beisammen und lachten aus vollem Hals. Ich konnte es kaum glauben. Dann kam noch seine Mutter, sagte etwas zu mir und lachte ebenfalls herzlich. Und das steckte alle an. Die meisten wußten nicht einmal, worüber sie lachten. Es war einfach herrlich. Und dann kam der Doktor und teilte Rosie mit, daß sie sich an die Tafel setzen könnten. Die Tische hatte man in Form eines Hufeisens aufgestellt. Einerlei, ich wollte gerade zur

Tür gehen, als der Doktor zurückkam und mich fragte, wohin ich denn gehen wolle. Doch er wartete meine Antwort gar nicht erst ab, sondern zog mich durch die Menschenmenge an das eine Ende des Tisches, nahm einen Stuhl, der an der Wand gestanden hatte, und sagte: ›Setz dich und amüsier dich. Heute ist Miss Rosies Ehrentag, verstehst du?‹ Er blickte dabei so feierlich, daß ich ›Ja, Doktor‹ sagte. Da lachte er und wiederholte nochmals, daß ich mich gut amüsieren solle. Dann spazierte er durch all den Lärm und das Geplauder hindurch an das obere Ende des Tisches, und das Mahl wurde aufgetragen. Es war so wundervoll, wirklich so wundervoll. Aber ich glaube, Köchin, du hättest es besser machen können.« Sie nickte ihrer Vorgesetzten taktvoll zu, ehe sie fortfuhr.

»Danach gab es einige Reden und jede Menge Gelächter. Allerdings konnte ich nicht hören, worüber man lachte, denn ich saß zu weit weg. Robbie MacIntosh sagte nicht viel, aber es klang sehr feierlich, bis er zum Schluß in einen schweren schottischen Dialekt verfiel. Da lachten dann wiederum alle. Und dann« – die Worte kamen ihr langsamer über die Lippen –, »dann schnitten sie die Torte an, und seine Hand lag auf ihrer. Ich war ganz überwältigt, es ging mir richtig ans Herz.« Sie blinzelte heftig, sah von einem zum anderen und ließ dann den Kopf auf ihre auf dem Tisch verschränkten Arme sinken und schluchzte. Augenblicklich erhoben sich die anderen mitfühlend.

»Nun komm schon«, forderte sie die Köchin auf. »Geh jetzt auf dein Zimmer, wasch dein Gesicht und beruhig dich wieder. Dann kommst du herunter, und wir trinken gemeinsam eine Tasse Tee.«

Nachdem Mary sich zurückgezogen hatte, blieben die übrigen drei still zurück. »Ich habe den ganzen Tag an *sie* gedacht«, meinte die Köchin schließlich. »Sie muß heute durch die Hölle gegangen sein.«

»Soviel ich weiß, hat sie bereits zwei Schachteln Konfekt verzehrt«, erklärte Janie. »Sie muß ein kleines Vermögen dafür ausgeben. Und doch kürzt sie uns immer wieder die Haushaltsausgaben, ist es nicht so?«

»Ich kann nichts dagegen tun, sie tut mir leid, Köchin«, warf Frances ein, »aber nach dem wenigen, das wir gehört und gesehen haben, hat sie verdient, was sie bekam. Als sie anfangs in den Anbau hinterging, war sie ganz anders. Und sie vertrug sich auch so gut mit Mrs. Falconer. Erinnere dich nur, Köchin, wie sie dich überredete, für die alte Lady besondere Köstlichkeiten zuzubereiten.«

»Ja. Das wissen wir alle«, meldete sich Janie zu Wort. »Aber wenn du mich fragst, war das alles nur der Köder für eine Makrele. Denn es bleibt eine Tatsache, daß sie hinter dem Doktor her war. Für ihn setzte sie ein anderes Gesicht auf als das, das sie Miss Rosie zeigte. Wenn er hier war, war sie wie süßester Honig. Und ich sage euch noch etwas.« Sie lehnte sich über den Tisch zur Köchin. »Wie ich dir schon erzählte, Köchin, habe ich dort oben Dinge gehört, die zuweilen sehr seltsam klangen. So wie ich sie heute kenne, glaube ich, daß sie zu den Frauen gehört, die einen Mann bei lebendigem Leib verzehren.«

»Oh! Janie Bluett, sei still!« rief Frances ihre Arbeitskollegin. »Was du wieder erzählst.«

»Was ich erzähle? Was sagst denn du die ganze Zeit über? Jedenfalls habe ich meine Entscheidung getroffen. Ich suche mir eine andere Stelle. Und wenn du nur ein wenig Verstand hättest, würdest du dasselbe tun, denn meiner Meinung nach ist sie dem Wahnsinn nahe. Und ich sage euch noch etwas, das ihr noch nicht wißt. Als ich vor ein paar Tagen ihre Wäsche in die Lade legte, fühlte ich etwas Hartes. Ich zog es hervor, und es war ein Schal des Doktors, in den von Anfang bis Ende Knoten geschlungen waren. Feste, straffe Knoten.«

»Nein!« Die Köchin biß sich auf die Unterlippe.

»Doch, Köchin«, erklärte Janie bestimmt. »Feste, straffe Knoten. Glaubst du nicht, daß das bedeutet, daß sie ihm etwas antun will? Und ich möchte nicht hier sein, wenn es geschieht.«

Eine an einem Brett an der Wand befestigte Glocke läutete laut, und Frances erhob sich mit einem Seufzer. »Was sie wohl jetzt will?«

Teil 3

Helen

1

»Ich hätte dort sein sollen«, erklärte Leonard. »Ich wäre recht gut imstande gewesen ...«

Doch Helen unterbrach ihn, indem sie sich über ihn beugte und ihn auf die Augenbraue küßte. »Du wärest nicht dazu imstande gewesen, und das weißt du. Also sei nicht albern.«

»Wenn irgend jemand in diesem Haus albern ist, dann bin ich es gewiß nicht. Ich hätte es schaffen können, nicht wahr, John?«

»Nein, das hättest du nicht«, erwiderte John.

»Nun gut.« Leonard hob seine Hand an sein schmales abgezehrtes Gesicht und schüttelte den Kopf. »Ich habe wohl nicht einen einzigen Freund auf dieser Welt.«

»Armer Kerl!« Als Helen sich wieder über ihn beugte und ihn auf die Augenbraue küßte, griff er nach ihrer Hand.

»Sie sahen so fröhlich aus, als sie hereinkamen, nicht wahr? Das Glück in Person«, sagte er.

»Ja, Liebster, das Glück in Person.« Helen biß sich auf die Lippen, und ihre Augen wurden feucht. »Sie sahen sich wieder den Küchengarten an, kann man das glauben?« sagte sie mit vor Lachen zitternder Stimme. »So sehr interessiert sie sich für ihre Zukunft. Ich sehe schon, daß sie aus dem kleinen Stückchen Land noch mehr herausholen werden, als Robbie das schon bisher tat. Seltsam.« Sie richtete sich auf und blickte zu John. »Sie schien nur glücklich, wenn sie nebenan war. Sie liebte das Haus und seine Mutter.«

»Du sagtest, John, Robbies Mutter hat heute zu einem Umtrunk geladen?« fragte Leonard.

»Ja, sie unterhält all seine Freunde. Ihr Cousin und seine Frau wohnen die nächsten vier Tage bei ihr, auch sie sind Schotten.«

»Ich dachte immer, ein Umtrunk wäre eine irische Angewohnheit«, warf Helen ein.

»Nein, es ist die gälische Sitte für einen Unterhaltungsabend. Was diese beiden Nationalitäten anbelangt, würde ich mich allerdings nicht getrauen, eine Wette abzuschließen, wer von ihnen mehr Lärm macht, mehr Whiskey trinkt oder häufiger in eine Rauferei verwickelt ist. Jedoch glaube ich nicht, daß letzteres bei Robbies Mutter der Fall sein wird ... Du gehst doch noch nicht?« fragte Leonard und zog sich ein wenig an der Stuhllehne hoch, als John sich erhob.

»Doch, denn wenn ich noch fünf Minuten länger bliebe, würde ich zum Abendessen eingeladen.«

»Nun, wie du sagtest, mußt du heute nicht mehr in die Praxis zurück.«

»Ja, ich weiß, aber ich habe eine Mutter. Vergiß nicht, in den letzten Wochen bin ich oft erst spät nach Hause gekommen. Die Spieleabende mit dir haben mich ganz schön in Beschlag genommen.«

Leonard lehnte sich zurück, und ein breites Lächeln kam über sein abgezehrtes Gesicht. »O ja. Ich habe gestern abgerechnet. Du mußt gute fünfzehn Schilling verloren haben. Du solltest dabei allerdings nicht außer acht lassen, daß du für diesen Betrag auch Unterricht bekommen hast.«

Helen, an solche spaßhaften Wortgefechte gewöhnt, erhob sich. »Ich rufe das junge Paar zum Abschied herein. Es ist ja ohnehin bereits fast dunkel, und sie werden wohl kaum das Gemüse bei diesem Licht in Augenschein nehmen wollen.«

Sobald die beiden Männer allein waren, streckte Leonard seinen Arm nach John aus und bedeutete ihm näherzukommen. »Ich würde gerne etwas Privates mit dir besprechen«, flüsterte der Kranke, als John sich über ihn beugte.

»Etwas Privates?«

»Ja, etwas Privates. Sie beabsichtigt, am Montag mit den beiden ins Theater zu gehen. Zumindest konnte ich sie dazu überreden. Sie werden also kurz nach fünf Uhr von hier aufbrechen. Könntest du es um diese Zeit schaffen?«

»Ja, natürlich.«

Sie blickten einander einen Moment lang an. Dann schloß Leonard die Augen. »Ich wäre dir sehr dankbar«, erklärte er schließlich.

John wußte nicht, was er dazu sagen sollte, doch hätte er seine Gedanken laut ausgesprochen, hätte er wohl gesagt, daß es an ihm sei, sich zu bedanken. Denn die Besuche hier waren inzwischen der einzige Lichtblick in seinem Leben. Und hätte er vollkommen aufrichtig sein wollen, so hätte er noch hinzugefügt, daß es ihm nicht nur eine Freude war, Helen zu sehen, sondern daß er auch die Freundschaft genoß, die sich erstaunlicherweise zwischen ihm und Leonard entwickelt hatte. Es hatte Zeiten gegeben, da er diesem Mann gedankenlos den Tod gewünscht hatte. Doch das war vorüber. Der Gedanke an sein drohendes Ende war schmerzlich. Er hatte Leonard Spears nicht nur als einen aufrechten Mann kennengelernt, sondern auch in jeder Weise als einen Gentleman ersten Ranges.

So richtete er sich auf und nahm wieder seine Rolle als Arzt ein. »Achte gut auf dich und verhalte dich, wie es dir aufgetragen wurde. Geh nicht nach draußen, solange die Sonne noch nicht kräftig genug scheint.« Er nickte Leonard knapp zu, und als er keine Antwort erhielt, wandte er sich unvermittelt um und verließ den Raum.

Helen war in der Halle. Sie schien auf ihn gewartet zu haben, denn sie hielt seinen Mantel in der Hand und half ihm schweigend hinein. Dann gab sie ihm seinen Hut und seine Handschuhe. »Ich gehe am Montag abend mit Rosie und Robbie in das Theater. Ich ... ich werde also aus dem Weg sein«, erklärte sie mit unsicherer Stimme. »Ich nehme an, er hat dich hierhergebeten, weil er etwas Privates mit dir besprechen will?«

»Ja.«

Sie schlang die Arme um ihren Leib, als würde sie frieren. Dann sah sie ihn durch das Zwielicht hindurch prüfend an. »Ich weiß nicht, was ich anfangen soll, wenn er nicht mehr hier ist. Er ist mein Leben. Er ist nun schon so lange mein Leben. Verstehst du das?«

»Ja, das verstehe ich.«

»So war es nicht von Anfang an.« Sie schluckte schwer. »Damals mochte ich ihn, bewunderte ihn, und zudem war er meine schnellste Fluchtmöglichkeit. Aber das änderte sich rasch. Er ist ein wundervoller Mann.«

»Ja, da stimme ich dir bei.«

»Warum?« murmelte sie, während sie sich von ihm abwandte.

»Unter den gegebenen Umständen ist diese Frage kaum zu beantworten«, sagte er leise.

»Wieviel Zeit, glaubst du, bleibt ihm noch«, fragte sie mit gebrochener Stimme.

Er schwieg eine Weile, ehe er antwortete. »Sein Arzt hat dir gewiß einen Hinweis gegeben.«

»Nein, hat er nicht. Er glaubt, es würde mich zu sehr verletzen. Aber ich habe Augen. Und wie du weißt, ist dies hier das ungeeignetste Klima für ihn. Doch er will nicht nachgeben, er liebt dieses Haus. Er sagt, er möchte, daß ich hier ein Zuhause finde.« Sie warf den Kopf in den Nacken. »Doch wenn er geht, werde auch ich von hier fortgehen, viele Meilen weit, über Ozeane …«

»Nicht«, warf er sanft ein, als ihre Stimme brach. »Er wird es augenblicklich merken, und es wird ihn nur noch mehr aufregen. Du hast bisher viel Beherrschung gezeigt, du darfst sie nicht verlieren. In diesem Augenblick kann ich nur sagen, Helen, daß es niemanden gibt, der lieber daran glauben und sogar dafür beten würde als ich, daß er überlebt.«

Aus dem Augenwinkel bemerkte er Bertram Johnson im Korridor, Leonards Kammerdiener und Pfleger. Seltsam, daß der Mann immer in seiner Nähe aufzutauchen schien. Ohne daß er einen Grund dafür hätte nennen können, fand er ihn nicht sympathisch, auch wenn er seine Aufgabe offensichtlich zufriedenstellend erfüllte und für Leonard unentbehrlich war.

»Ich muß jetzt gehen«, erklärte er und machte eine Bewegung, als wollte er ihre Hand ergreifen. Doch es blieb bei der Absicht, denn schon hatte er sich umgewandt und war in die Nacht hinaus zum Stall gegangen, wo Henry, wie er wußte, sein Pferd und seinen Einspänner bereithielt.

Eine Gedanke, der John an Rosies Hochzeitstag in den Sinn gekommen war, hatte nichts mit dem glücklichen Mädchen oder ihrem Bräutigam zu tun gehabt. Es war etwas, das seine Mutter die vorhergehende Nacht zu ihm gesagt hatte.

Sowohl sie als auch Mrs. Atkinson waren über seine frühe Rückkehr einigermaßen erstaunt gewesen. Und als er Mrs. Atkinson erklärte, daß er nicht mehr ausgehen würde und daß sie gewiß über eine frühe Heimkehr erfreut wäre, hatte sie ihn dankbar beim Wort genommen.

Seine Mutter war noch nicht zu Bett gegangen. Wie sie sagte, hätten ihre Beine an diesem Tag Urlaub genommen und ihre Ersatzstücke dagelassen, denn sie sei den Großteil des Tages nahezu schmerzfrei umhergegangen. Sie beharrte darauf, sich nicht eher zurückzuziehen, bis sie nicht sämtliche Neuigkeiten von ihm erfahren habe.

Sie hatten es sich im Wohnzimmer bequem gemacht. »Ich ärgerte mich heute nachmittag, daß ich nicht selbst dabei war, denn wie ich sagte, war ich den ganzen Tag über auf den Beinen und hätte es sehr wohl schaffen können«, erklärte sie nun. »Woher glaubst du, kommt diese plötzliche Besserung?«

»Sei nicht albern.« Er schüttelte ungeduldig den Kopf. »Du weißt, daß du immer wieder gute Tage hast, auf die schlechte folgen.«

Sie lächelte. »Erzähl es noch mal, ich habe es nicht ganz verstanden.« Er schloß die Augen für einen Moment, und ein breites Lächeln trat auf seine Lippen. »Nun, sprich schon, erzähl mir alles ab dem Zeitpunkt, da sie das Kirchenschiff hinaufgingen«, drängte sie.

»Davon habe ich dir doch bereits berichtet, als ich vor dem Empfang hereinsah.«

»In Ordnung. Dann schildere mir den Empfang.«

Und so erzählte er von dem Empfang und erwähnte auch die junge Mary, über deren Erscheinen sich Rosie so gefreut hatte. Lachend schloß er mit der Bemerkung, daß das junge Paar sich nochmals – und das in tiefstem Zwielicht – den Küchengarten angesehen hatte.

»Dann war es also für alle Beteiligten ein guter Tag?« fragte Catherine, hielt jedoch sogleich inne und neigte den Kopf ein wenig zur Seite. »Das war wohl eine falsche Schlußfolgerung«, fügte sie schließlich mit einer Handbewegung in Richtung des Herrenhauses leise hinzu. »Sie war den ganzen Tag über außer sich. Zweimal hörte ich sie nach den Mädchen schreien. Später sprach Mrs. Atkinson mit Tom Needler. Und der erzählte, daß seine Herrin Jimmy Oldham – das ist, glaube ich, der Gärtner – den Auftrag gab, die Kutsche zu reinigen und sie für eine Ausfahrt vorzubereiten. Wie du weißt, gehört die Kutsche zu Toms Aufgabenbereich. Doch einerlei, wie er sagte, wurde sie seit längerem nicht mehr benutzt, und welchen Sinn macht eine Kutsche ohne Pferd?« Sie hielt inne und blickte ihn an. »Früher liebte ich es, hier zu wohnen, doch wie sich die Dinge entwickelt haben, wünschte ich, ich wäre niemals hierhergekommen. Und du weißt, wenn ich nicht gekommen wäre, befändest du dich heute nicht in diesen Schwierigkeiten.«

John erhob sich rasch. »Wir haben das doch alles schon durchgesprochen. Sieh lieber zu, daß du ins Bett kommst.«

»Wie geht es deinem Patienten heute?« fragte sie, anstatt sich zu erheben.

»Leonard?«

»Ja, Leonard.«

»Er ist nicht mein Patient.«

»Natürlich, das weiß ich, aber immerhin bist du so oft bei ihm, als wäre er es.«

Er sah auf sie hinab. »Mutter, er sucht Gesellschaft. Und wie ich dir erzählte, hat er mir selbst gesagt, daß all ihre sogenannten Freunde bis auf ein oder zwei wie Schnee in der Sonne dahingeschmolzen seien. Nur ein paar davon findet er amüsant. Und kein einziger von ihnen spielt Karten.«

»Ich will dich weder ausfragen, noch dir Vorwürfe machen, John, aber ich sorge mich langsam. Mein Eindruck ist, daß ihm nicht mehr viel Zeit bleibt. Wenn er geht, wird eine große Leere im Leben dieses Mädchens zurückbleiben. Doch auch wenn es dir nicht gefallen wird, was ich jetzt zu sagen habe, werde ich es dennoch tun: Sie gehört nicht zu denen, die sich einem anderen in die Arme werfen, sobald er dahingegangen ist.«

»Mutter!« Er trat zwei Schritte zurück. »Wirklich!« Die Art, wie er das Wort hervorstieß, hätte sie augenblicklich verstummen lassen können, doch statt dessen blickte sie ihm weiter fest in die Augen und fuhr mit ruhiger Stimme fort. »Ich bin nicht blind, und ich bin deine Mutter. Ich erinnere mich, wie du mir von der Gartenparty erzähltest. Du konntest von nichts anderem sprechen. Und dann erzähltest du mir davon, daß sie einen Mann heiraten würde, der nach alt genug sei, um ihr Vater zu sein. Danach nahmst du absichtlich nicht an ihrer Hochzeit teil und gingst wochenlang wie ein brummiger Bär umher. O ja, so war es.« Sie hob ihre Hand. »Erinnere dich daran, daß ich, schon als du noch ein Junge warst, mit deinen Launen fertigwerden mußte, mit deinem endlosen Schweigen, wenn dich etwas bedrückte und du nicht darüber sprechen wolltest? Nun, auch über sie willst du nicht sprechen. Und nun denkst du an beide«, erklärte sie und deutete mit dem Daumen zur Wand.

»Ich denke nicht an beide, Mutter. Wenn Leonard stirbt, wird es niemanden stärker erschüttern als mich. Er ist mein Freund geworden. Ich mag ihn. Tatsächlich empfinde ich sogar mehr für ihn.«

»Zweifellos, zweifellos. Und darüber bin ich auch glücklich, denn er ist ein feiner Mann. Doch bleibt noch immer die Frage, was sie tun wird, wenn er tot ist.«

»Soweit ich hörte, wird sie auf Reisen gehen und loszukommen versuchen.«

»Oh! Nun, auch wenn du mir nicht zustimmen wirst, danke ich Gott dafür, denn du bist noch immer verheiratet, und sie ist die Schwester deiner Frau. Und auch wenn du mich noch so aufgebracht ansiehst, weißt du, daß ich immer offen ausspreche, was ich denke. Doch wie auch immer. Du sagtest, daß er Montag abend mit dir etwas Privates besprechen möchte. Nun, ich frage mich, worum es wohl dabei gehen wird.«

»Ich kann dir nur soviel sagen, Mutter: Worum es sich auch immer handeln mag, du wirst bestimmt nichts von mir erfahren.«

»Nein? Nun, das liegt an dir. Doch erinnere dich an das alte Sprichwort: Taten sprechen lauter als Worte. Aber gut, mein Sohn, wenn du es über dich bringst, mich zu berühren, kannst du mir aus dem Stuhl helfen. Das übrige schaffe ich dann schon.«

Kaum hatte John seine Mutter aus dem Stuhl hochgezogen, entwand sie ihm ihren Arm. »Ich schaffe es schon«, erklärte sie. »Gib mir nur fünfzehn Minuten, das heißt, wenn du mir noch eine gute Nacht wünschen möchtest.«

Sie humpelte auf ihren beiden Stöcken zur Tür. Diesmal beeilte er sich nicht, sie ihr zu öffnen, sondern beobachtete, wie sie den Stock von der rechten Hand in die linke wechselte, sich darauf stützte und mit der freien Hand die Klinke ergriff. Sobald sie über die Schwelle gegangen war, drehte sie sich nochmals um. »Ich danke Ihnen sehr für Ihre Hilfe, Doktor«, sagte sie mit einem Lächeln auf dem Gesicht, »und wenn wir schon von Medizin sprechen, wie du es meist den ganzen Tag über tust, würde ich dir raten, selbst eine in Form von zwei Whiskeys zu dir zu nehmen. Und zwar pur.«

Er stand noch immer mit gesenktem Kopf, so wie sie ihn zurückgelassen hatte. Schließlich wandte er sich um, ließ sich in den Stuhl fallen, aus dem er sich eben erst erhoben hatte, lehnte den Kopf zurück und schloß seine Augen. »Wenn er geht, werde auch ich von hier fortgehen, viele Meilen weit, über Ozeane …«, hörte er wieder ihre Stimme. Und er wußte, daß sie genau das zu tun beabsichtigte.

John hatte sie bereits über die schneidige Daisy lachen hören. Offenbar gehörte sie zu den wenigen Freunden, die nicht davor zurückschreckten, einen an Tuberkulose sterbenden Mann zu besuchen. Wie er aus Erzählungen erfahren hatte, war sie die Witwe eines Bezirkskommissars in Afrika und hatte ihrem Mann weit mehr Schwierigkeiten bereitet als jeder aufständische Stammesführer oder Medizinmann.

John war ihr bisher nicht begegnet, doch nun sollte er sie kennenlernen. Johnson, den er in der Halle getroffen hatte, hatte ihm mitgeteilt, daß Lady Helen und das junge Paar gegen sechs Uhr aufgebrochen seien und daß Mrs. Freeman Wheatland angerufen habe und sich bei Sir Leonard im Salon befinde.

Kaum betrat er den Salon, wandte sich die Frau, die neben der Bambusliege Platz genommen hatte, zu ihm um.

»Oh, hallo, John«, begrüßte ihn Leonard. »Dies ist Mrs. Freeman Wheatland.« Bevor John die Vorstellung erwidern konnte, meldete sich die Frau mit rauher Stimme zu Wort.

»Sei nicht so zurückhaltend, Leonard, sag ihm, wie du mich üblicherweise nennst, selbstverständlich nur hinter meinem Rücken. Die schneidige Daisy May, so nennt er mich, die schneidige Daisy May. Ich war dumm genug, ihm zu verraten, wie Tommy mich zu nennen pflegte. Er war mein Ehemann. Aber setzen Sie sich doch!« Ihre Aufforderung gestattete keinen Widerspruch.

John blickte zu Leonard, dessen Gesicht sich vor Lachen verzog. Er wußte, daß man ihm seine Verblüffung deutlich ansah. So setzte er sich und betrachtete die Besucherin. Das also war die schneidige Daisy. Nun, der Name schien zu ihr zu passen. Er konnte sie sich gut auf dem Rücken eines Pferdes vorstellen, wie sie in vollem Galopp über die Hügel jagte. Sie war eine hochgewachsene hagere, Frau von etwa sechzig Jahren. Kein Fleisch, nur Knorpel, wie seine Mutter sagen würde. Ihr Gesicht wirkte hager und doch auf gewisse Weise anziehend. Es war seltsam, dieses Wort für sie zu verwenden, denn insgesamt gesehen war sie häßlich. Sie hatte extrem lange, knochige Finger und einen Körper, der sich durch breite Schultern auszeichnete. Angesichts der langen Beine, die sie unter dem Rock verbarg, oder zumindest des Teils ihrer Beine, der von den Knien bis zu den Spitzen ihrer festen Wanderschuhe reichte, ließ sich schließen, daß sie John wohl im Stehen überragen würde.

Ihre nächste Bemerkung erschreckte ihn ein wenig. »Ich habe alles über Sie gehört, müssen Sie wissen, aber nicht nur von ihm«, erklärte sie mit einem Nicken zu Leonard, »sondern auch unten in der Stadt. Dort haben Sie richtige Zensoren. Gibt mehr, die für als gegen Sie sind. Wie kommen Sie übrigens mit dem alten Cornwallis aus? Ist schon ein richtiger Gauner, hat sich sein Bein so verletzt, daß es auch gewiß nicht wieder besser wird.«

»Daisy!«

»Ja, liebster Leonard?«

»Gib ihm eine Chance.«

Sie warf den Kopf in den Nacken und lachte aus vollem Hals. Soweit John sehen konnte, hatte sie noch alle ihre Zähne, wenn auch einige stark verfärbt waren.

Nun richtete sie ihre runden, strahlenden Augen auf ihn. »Wenn ich meinen Haferbrei nicht essen wollte, pflegte mein Kindermädchen zu sagen: ›Auch wenn du ihn nicht magst, mußt du dich wohl oder übel damit abfinden. Schnapp ihn dir, bevor er sich dich schnappt.‹«

John erwiderte ihren Blick mit einem Lächeln. Auch wenn du ihn nicht magst, mußt du dich wohl oder übel damit abfinden. Das war eindeutig. Er sah zu Leonard hinüber, der seinen Kopf an der Lehne der Liege abstützte. Seine Augen waren geschlossen, und seine Zähne gruben sich in seine Unterlippe.

»Waren Sie jemals in Afrika?« fragte Daisy.

»Wie?« Die Frage ließ ihn regelrecht in seinem Stuhl herumfahren. »Afrika?« wiederholte er. »Nein, ich war noch nie in Afrika.«

»Nun, meiner Meinung nach haben Sie da nicht viel versäumt. Sie müssen wissen, ich habe dort mein ganzes Fleisch verloren. Früher war ich rund und stämmig. Das glauben Sie wohl nicht, wie?«

John wußte nicht, ob er ›O ja‹ oder ›O nein‹ sagen sollte. Sie wandten sich beide Leonard zu, der noch immer seine Augen geschlossen hielt.

»Erzähl ihm von dem Desinfektionsbad, Daisy«, forderte er seine Besucherin auf.

»Oh, du bist mir einer. Warum sollte ich deinen Gast unterhalten und das, wo er noch dazu ein Doktor ist?« Sie warf John einen flüchtigen Blick zu. »Ich habe noch nie viel von Ärzten gehalten. Medizinmänner sind ihnen bei weitem überlegen.«

»Das bezweifle ich keineswegs.«

»Komm schon, Daisy, erzähle ihm von dem Bad«, wiederholte Leonard.

»Warum? Du hast die Geschichte doch bereits gehört.«

»Ich würde sie gerne noch mal hören.«

John betrachtete ihr Gesicht. Ihre Augen lagen auf Leonard, und plötzlich sah er eine Zärtlichkeit, die wie eine blasse Wolke über ihre trockene, faltige Haut glitt. Ihre runden strahlenden Augen blinzelten kurz, ehe sie wieder in ihre frühere Art verfiel. »Nun, du hast mich darum gebeten«, erklärte sie schließlich, bevor sie sich John zuwandte. »Ich weiß nicht, ob sie die Geschichte überhaupt hören wollen, aber es gab einmal eine Zeit, da war ich ein flottes Mädchen. Ja, so hätte man mich damals hier genannt, ein flottes Mädchen. Können Sie das glauben?«

»O ja.« Diesmal hatte er mit seiner Antwort nicht gezögert. »Ja, ich kann mir vorstellen, daß Sie einmal ein flottes Mädchen waren«, wiederholte er.

Als sie ihn anblickte, lag ein gewisser Zynismus in ihren Augen. »Pah! Das Kolonialministerium ist wohl nicht der einzige Ort, wo man Diplomaten findet. Nun gut. Ich war also die glückliche sechste Tochter eines vielbeschäftigten Vaters, die vier älteren Brüder nicht eingerechnet, und die einzige, die noch nicht verheiratet war. Allerdings war ich in ein Pferd verliebt, und so machte mir das nichts aus ...«

Ein trockenes Husten von Leonard ließ sie abbrechen und zu ihm hinübersehen, ehe sie fortfuhr. »Zu meiner Mutter Mißvergnügen und zur Freude meines Vaters ritt eines Tages ein Thomas Freeman Wheatland in mein Leben. Er war auf Heimaturlaub aus Afrika. Offenbar war er als Assistent des Kommissars in die Kolonien gegangen und hatte diesen Posten, nachdem sein Vorgesetzter in den Ruhestand getreten war, übernommen. Er war schon etwas älter, doch das machte nichts aus, denn er mochte Pferde und fragte mich, ob ich mit ihm nach Afrika gehen würde. Es war eine Entscheidung zwischen Brutus und ihm. Brutus war mein Pferd. Ich hatte ihn als Fohlen bekommen. Was Afrika anbelangte, so wußte ich, daß es sich irgendwo auf einer Landkarte befand, sehr heiß war und daß es dort jede Menge Sand, Kamele, Scheichs, Dung, Fliegen und ähnliches gab. Bevor ich mich versah, war ich verheiratet. Alles, woran ich mich von meinem Hochzeitstag erinnere, ist, daß mein Vater bereits vor der Zeremonie beinahe betrunken war und sich im höchsten Maß erleichtert zeigte, mich endlich loszuwerden. Als ich am nächsten Morgen auf einem Schiff inmitten eines Ozeans erwachte, wußte ich, daß mir die Ehe nicht gefiel. Zu allem Überfluß wurde ich auch noch seekrank.«

Als John sah, wie Leonard seine Hand vor den Mund hielt, hätte er es ihm gerne nachgetan. Seine Augen waren vor Lachen feucht und seine Lippen fest zusammengepreßt.

Im nächsten Moment fuhr Daisy fort. »Wahrscheinlich hatten Sie schon mit Betrunkenen zu tun, Doktor, und vielleicht auch mit solchen, die in eine Schlägerei geraten waren. Und ich bin mir sicher, daß Ihnen der Ausdruck ›einen Schlag in die Magengrube bekommen‹ nicht neu sein wird. Nun, genau das war Afrika für mich, ein Schlag in die Magengrube. Metaphorisch gesprochen, brauchte ich eine ganze Weile, bis ich mich wieder erhob.« Sie griff sich bezeichnend an den Bauch.

»Oh, Mrs. Wheatland«, murmelte John lachend, während er sich mit seinem Taschentuch die Augen trocknete.

»Nennen Sie mich Daisy, das gefällt mir besser«, erwiderte sie. Er kam jedoch nicht dazu.

»Weiter, Daisy, erzähl weiter«, forderte Leonard.

Mit ernstem Gesicht wandte sie sich an John. »Können Sie sich vorstellen, inmitten eines Waldes ausgesetzt zu werden? Kein Weg, nichts, und da verbringen Sie Tag für

Tag. Nicht, daß das Haus nicht komfortabel und die Lichtung rundum nicht gepflegt gewesen wäre, auch gab es Straßen und Pfade, die zu dem einen oder anderen Stamm führten, doch in meinem Inneren fühlte ich mich, als wäre ich in einem Urwald. Von Zeit zu Zeit und ganz besonders, wenn Tommy mich allein zurückließ, fürchtete ich mich zu Tode. Oh, natürlich gab es auch Diener in Überfluß, doch nur einer von ihnen sprach ein paar Brocken Englisch. Manchmal hatten wir auch Gäste, doch was taten sie? Sie saßen auf der Veranda, tranken und unterhielten sich über diesen Stammesführer oder jenen Medizinmann. Das heißt, darüber sprachen sie, wenn ich dabei war. Aber ich habe ein gutes Gehör, und so erfuhr ich, wenn ich scheinbar nicht anwesend war, doch hin und wieder ein Bruchstück eines Skandals. Diese Frau hat ihren Ehemann verlassen, oder eine gewisse Lady hatte einen bestimmten Besucher empfangen. Damals wußte ich noch nicht, daß diese gewisse Lady, die wen auch immer empfangen hatte, die Frau war, die Tommy hatte heiraten wollen. Doch sie hatte ihn abgewiesen, und so hatte er, um den Schmerz seiner verletzten Gefühle zu lindern, Urlaub genommen und war nach England gereist, wo er ein Mädchen fand, das wie der Bodensatz in einem Faß billig zu haben war.

»O nein!« protestierte Leonard, der sich von seiner Liege ein wenig erhoben hatte. »Nein, so darfst du nicht von dir denken, Daisy. Das paßt nicht zu deinem Charakter.«

»Du weißt nichts von diesen Dingen, Leonard. Du hast niemals jenen Punkt der Verzweiflung erreicht, an dem du die Nummer zehn warst, die niemand haben wollte.« Sie wandte sich wieder an John. »Jedenfalls muß jeder in seinem Leben eine Lernphase durchlaufen, und diese ersten fünf Monate waren meine Lehrzeit. Und dann traf ich den Mann von der Leprakolonie.«

Sie nickte John zu. »Ja, von der Leprakolonie«, wiederholte sie. »Ich hatte noch niemals davon gehört, niemand hatte je davon gesprochen. Aber wo hätte ich davon hören sollen, wo ich doch ohnehin mit so wenigen Menschen in Kontakt kam? Das Wort Lepra war tabu. Ich hatte das Gelände des Anwesens verlassen und spazierte eine Art Hauptstraße entlang, als mir dieser Mann entgegenkam, der wie ein heruntergekommener Priester aussah. Er trug einen flachen Hut und ein langes schwarzes Gewand. Doch ich bin weder sentimental noch albern, wenn ich sage, daß er das Gesicht eines Engels hatte. Und er war auch ein Engel. Als er sich selbst als Doktor Frank La-Mode vorstellte, deutete er lachend mit der Hand auf seine Kleidung und meinte, daß diese wohl kaum eine Empfehlung für seinen Namen sei. Das war unser erstes Zusammentreffen. Er schien zu wissen, wer ich war. Im Verlauf der nächsten Wochen traf ich ihn dreimal auf dieser Straße. Jedesmal hatte er zwei Träger bei sich, die über und über mit Paketen und Kisten beladen waren.

Eines nachts fragte ich Tommy, ob er Doktor Frank La-Mode kenne. Der Name ließ ihn in seinem Stuhl hochfahren, und er verlangte zu erfahren, was ich über Frank La-Mode wüßte. Ich antwortete ihm, daß ich nichts von ihm wisse und ihm lediglich zwei- oder dreimal begegnet sei. Kaum hatte ich das gesagt, sprang er auf und wollte wissen, ob ich jemals ›dort‹ gewesen sei. Ich fragte ihn, was er damit meine, und er antwortete: ›In der Leprakolonie natürlich!‹«

John beobachtete, wie sie sich in ihrem Stuhl zurücklehnte. »Eine Leprakolonie?« flüsterte er, als sie nicht weitersprach.

Sie wandte ihm den Kopf zu und nickte. »Eine Leprakolonie. Tommy war ein phlegmatischer Mann. Vielleicht hatte er aufgrund seines Mangels an Leidenschaft oder an jeder Art eines echten Gefühls die wahre Liebe seines Lebens verloren, doch in diesem Augenblick stand ich einem ganz anderen Tommy gegenüber. Er brüllte mich regelrecht an, daß ich unter keinen Umständen diesem Mann zu nahe kommen oder gar die Leprakolonie aufsuchen dürfe. Ich erinnere mich, daß ich mich fragte, wo denn diese Leprakolonie überhaupt liege. Seine Heftigkeit und vollkommen gewandelte Persönlichkeit ließen mich erkennen, daß er sich vor der Leprakolonie fürchtete. Er fürchtete sich vor Lepra.

Sobald ich das begriff, ging irgend etwas in mir vor, denn ich hatte keine Angst vor der Leprakolonie oder der Seuche selbst.«

Sie warf ihre Lippen auf, und ein trauriges Lächeln glitt über ihr Gesicht, ehe sie fortfuhr. »Oh, ich wußte nichts von Leprakranken, nur daß es Unberührbare waren, daß diese Krankheit einem Todesurteil gleichkam und daß man die Kranken irgendwo verbarg. Und doch war da auch dieser Mann, Frank La-Mode, der so gelassen und friedlich wirkte. Ja, das ist das Wort, friedlich. Der Mann, mit dem ich leben mußte, sah nie friedlich aus und seine Bekannten ebensowenig. Sie tranken zuviel, um friedlich zu sein.

Schließlich brüllte er mich an: ›Du sprichst nie wieder mit diesem Mann, hast du mich verstanden? Und du wirst auch niemals in deinem Leben diese Leprakolonie besuchen, hörst du?‹« Sie blickte zu Leonard hinüber. »Wie oft ich die Geschichte auch erzähle, ich kann ihn noch immer schreien hören, Leonard. Doch je mehr er mich anbrüllte, desto mehr lehnte ich mich in meinem Inneren auf.« Sie hatte ihren Kopf auf das Kissen gelegt und blickte zur Decke empor, während sie fortfuhr. »Zwei Wochen später traf ich Frank erneut und sagte ihm ohne Umschweife, daß ich die Kolonie besuchen wolle, seine Kolonie. Und er meinte: ›Gütiger Himmel! Haben Sie denn die Erlaubnis Ihres Ehemanns?‹

Ich antwortete, daß ich die nicht hätte, aber daß es meine Absicht sei, mir die Kolonie auch ohne Erlaubnis anzusehen. ›Ausgezeichnet‹, murmelte er nach einer Weile. ›Können Sie jetzt gleich mitkommen?‹

›Ja‹, antwortete ich. ›Ich habe ohnehin nichts anderes zu tun.‹« Daisy richtete sich in ihrem Stuhl auf und sah zu John hinüber. »Es war eine sehr seltsame Reise. Die Hauptstraße verlor sich allmählich in einem Wald, und wir marschierten weiter und weiter. Ich weiß nicht, wie lange wir so dahinschritten, doch es war ein schmaler Pfad, auf dem zwei Personen nicht nebeneinander gehen konnten. Schließlich kamen wir an eine Holzpalisade. Es war, wie ich mir ein Fort in Amerika vorgestellt hatte – Sie wissen schon, eines, in dem man sich vor den Indianern schützte. Meine erste Begegnung mit Lepra hatte ich, als ein Mann das Tor öffnete, der nur noch einen Finger an seiner Hand hatte. Der Rest war nur eine Ansammlung von Knoten. Dann gingen wir an kleinen Gruppen vorüber, wo jedermann, der dazu in der Lage war, das heißt, der Hände hatte, zu arbeiten schien. Und schließlich schleppten sich einige Gestalten auf Frank zu, aus deren verzerrten Gesichtern Liebe leuchtete.

Sein Haus war aus Bambus gebaut und verfügte über mehrere Zimmer. Daneben befand sich die Praxis, und dort traf ich zwei Frauen, englische Frauen. Ich konnte es nicht glauben. Die eine war groß und stämmig, und die andere war an Händen und Armen gezeichnet, doch auf beider Gesichtern spiegelte sich Franks Gesichtsausdruck wider. Nun, ich will nicht näher darauf eingehen, nur soviel: Ich blieb solange, bis mein Gefühl mir sagte, daß ich gehen müsse, bevor mich Scham überkommt. Frank selbst brachte mich bis an den Waldrand und auf die Hauptstraße zurück. Dort warteten drei unserer Diener auf mich. Sie versuchten, mir nicht zu nahe kommen, und jagten die Straße hinauf, um ihren Herrn zu informieren, daß eine Leprakranke nahte, denn als solche betrachteten sie mich nun.

Tommy wartete inmitten des Anwesens auf mich. Er war vor Wut außer sich und befahl mir, ins Badehaus zu gehen. Ich fragte, warum ich ins Badehaus gehen solle, doch er war so aufgebracht, daß er sich vergaß und mich grob anfuhr. ›Sieh zu, daß du dort hineinkommst, und zieh dich aus!‹ Er sagte nicht, daß ich mich entkleiden solle, er sagte, ich solle mich ausziehen.«

Sie hob die Hand an ihr Gesicht und lachte. »›Warum?‹ fragte ich ihn. ›Weil du ein Bad nehmen wirst‹, gab er zurück.

›Oh, wenn es nur das ist?‹ So ging ich in das Badehaus und entkleidete mich. Doch als ich in das Wasser griff, verätzte ich meine Haut. Ich weiß nicht, was außer Karbolseife noch darin war. Als er kurz darauf hereinkam und mich unbekleidet neben dem Badetrog stehen sah, bewirkte der Anblick meines nackten Körpers, daß er sich abwandte und die Augen schloß. Er schloß tatsächlich seine Augen. Ja, das tat er.« Sie nickte als Bestätigung ihrer Worte. »Dann befahl er mir, in den Trog zu steigen. ›Nie im Leben‹, protestierte ich. ›Das ist nicht nur Karbolseife. Ich weiß nicht, was du da zusammengemischt hast, aber ich steige da nicht hinein.‹ Ich wollte nach meinen Kleidern greifen, doch er kam mir zuvor. Allerdings berührte er sie nicht, sondern schleuderte sie mit einem Stock, den er in der Hand hielt, beiseite. Und was glauben Sie, tat er dann? Er stieß mich mit dem Stock.« Sie verstummte und legte ihre Hand auf ihr Gesicht, ehe sie fortfuhr. »Ich muß immer noch darüber lachen. Dieser würdevolle, großspurige Mann stieß mich mit einem Stock. Doch als er mich an einer gewissen Stelle traf, verlor ich den Boden unter den Füßen und stürzte mit wildem Aufschrei in den Trog. Allerdings tauchte ich nur bis zur Hüfte unter.

Sogleich stand er über mir und brüllte mich an: ›Tauch mit dem Kopf unter! Tauch mit dem Kopf unter!‹ Doch ich war nicht gewillt, das zu tun. So streckte ich statt dessen meine Hände aus, und wie Sie sehen können, sind es recht große Hände, die immer schon sehr stark waren. Das Reiten kräftigt nämlich nicht nur die Gesäßmuskeln, sondern auch die Hände und Arme. Und so griff ich nach seiner Hose und zog daran, was für gewisse Teile seiner Anatomie wohl ziemlich schmerzhaft war. Plötzlich verlor er den Halt, und im nächsten Augenblick landete er mit dem Gesicht voran in voller Kleidung im Badetrog.«

Daisy holte mit weit geöffnetem Mund tief Luft, ehe sie weitersprach. »Es brannte und stach bis in jede Pore meiner Haut. Als ich mich unter ihm herschob und er in dem milchigen Wasser wild um sich schlug, nur um erneut unterzugehen, lachte ich. Einen Augenblick später war ich aus dem Trog geklettert, und auch er folgte nur wenige Sekunden danach.« Sie warf den Kopf in den Nacken. »Kein Liebhaber hätte sich rascher seiner Kleidung entledigen können, um zu seinem Mädchen zu gelangen, als es Thomas Freeman Wheatland in dieser Nacht tat.«

John brüllte vor Lachen, und Leonard hielt sich die Rippen, während ihm die Tränen über die Wangen liefen. »Bitte, Daisy!« flehte er.

»Oh, tut mir leid, Leonard.«

Noch immer nach Luft schnappend und mit Tränen in den Augen, hatte sich John erhoben und beugte sich über Leonard. »Bist du in Ordnung?«

»Ja«, keuchte Leonard, »gib mir nur eine Tablette.« Er deutete auf den Beistelltisch.

»Alles in Ordnung, Daisy«, sagte er, als er wenig später die Sorge in Daisys Gesicht sah. »Du bist wirklich fantastisch. Aber erzähl John den Rest. Das wird uns ein wenig beruhigen.«

»Bist du sicher, daß es dir gut geht?« fragte John. »Soll ich Johnson rufen?«

»Nein. Lachen ist die beste Medizin der Welt. Das solltest du als Arzt doch wissen.« Er wandte seinen Kopf wieder dem langen hageren Gesicht zu. »Fahre fort, Daisy. Erzähl die Geschichte zu Ende.«

Daisy lehnte sich in ihrem Stuhl zurück, verschränkte ihre Arme unter ihren welken Brüsten und hob sie leicht an, ehe sie zu John hinüberblickte. »Am folgenden Tag fand ich einen Brief auf meinem Frühstückstablett. Der Inhalt lautete in etwa folgendermaßen: Sollte ich seine Ehefrau zu bleiben wünschen und nicht in Schande nach Hause zurückgesandt werden wollen oder etwas in der Art, so müsse ich versprechen, ihm in jeder Beziehung zu gehorchen – o ja, er fügte die Worte ›in jeder Beziehung‹ bei. Doch vor allem müsse ich geloben, niemals wieder in die Nähe der Leprakolonie zu gehen oder mit Frank La-Mode zu sprechen. Er schloß mit der Mitteilung, daß er die nächsten vier Tage im Land unterwegs sei und bei seiner Rückkehr meine Antwort erwarte.«

Sie schwieg einen Augenblick, ehe sie weitersprach. »Nun, ich schrieb ihm meine Antwort. Ich erklärte ihm, daß ich bereits vor dem Zwischenfall mit der Leprakolonie die Absicht gehabt hätte, nach England zurückzukehren, und daß es mein Wunsch sei, mich scheiden zu lassen, da ich unsere Ehe als großen Fehler erkannt hätte. Doch nach diesem Säurebad, oder was auch immer es gewesen ist«, erklärte sie mit Kopfnicken in Johns Richtung, »gebe es für mich nur die Entscheidung, nach England zurückzukehren oder in der Leprakolonie zu arbeiten, und daß ich mich nach einigem Nachdenken für letzteres entschlossen hätte. Anzumerken bleibt noch, daß ich mich nach diesem Bad wie gehäutet fühlte und wochenlang aussah, als wäre ich gekocht worden. Zu guter Letzt begann meine Haut sich in einem äußerst schmerzvollen Prozeß zu schälen. Ich schloß den Brief mit den Worten: ›Einige Menschen fürchten den Tod, den sie niemals erleben werden, doch auch sie werden eines Tages sterben.‹ Und so ging ich als Helferin in die Leprakolonie und blieb dort sieben Jahre lang.«

»Nein!« John schüttelte den Kopf. Ein ernster Ausdruck lag auf ihren Gesichtern.

»Doch«, bestätigte Daisy, »und ich kann in aller Aufrichtigkeit sagen, daß es die traurigsten und zugleich glücklichsten Tage meines Lebens waren. Es war schon seltsam, müssen Sie wissen, im zweiten Jahr begann ich Pakete mit Medizin und Erste-Hilfe-Ausrüstungen von Leuten aus anderen Bezirken zu erhalten, die ich zuvor nicht gekannt hatte.«

»Warum sind Sie nach sieben Jahren fortgegangen?« fragte John leise.

»Frank bestand darauf. Mein Körper verlor buchstäblich an Fleisch. Ich war eine üppige Frau gewesen und wurde zu Haut und Knochen, so wie Sie mich heute sehen.« Sie streckte ihre Hände aus. »Und doch steckte ich mich niemals an. Es war eigenartig.«

»Was tat Ihr Ehemann?«

Sie schwieg eine Weile. »Was konnte er schon tun? Er hatte sein Gesicht verloren, und das war entsetzlich. Es tat mir leid, denn die Eingeborenen redeten darüber. Glücklicherweise wurde er nicht von seinem Posten abgezogen, doch er starb ein Jahr, nachdem ich nach England zurückgekehrt war, an Malaria. Zumindest gab man dies als Todesursache an. Allerdings hatte er bereits seit längerem

Schwierigkeiten mit einem gewissen Stamm, dessen Medizinmann sein Feind geworden war. Soviel ich von den Dienern erfahren habe, hatte ihn dieser Mann mit einem Fluch belegt, seinen Tod für einen bestimmten Tag vorhergesagt und ihm in diesem Sinne eine Botschaft zukommen lassen. Und wie mir gesagt wurde, starb er eben an diesem Tag. Sein Assistent verbreitete diese Geschichte, doch eigentlich glaube ich nicht, daß es nur ein Geschichte war. Ich erkenne heute, daß Tommy sich vor dem Tod fürchtete, und habe mir wegen der letzten Worte meines Briefes immer Vorwürfe gemacht. Freilich litt ich zu dieser Zeit unter den schmerzhaften körperlichen Folgen jener Chemikalien, die er dem Bad hinzugefügt hatte. Offenbar war es nicht wirklich eine Säure, denn sonst wäre ich heute nicht hier. Doch selbst Frank, der Arzt war, fand keinen Namen für die Substanzen, die mit der Karbolseife gemischt worden waren. Karbol ist schon schlimm genug, doch glaube ich nicht, daß es mich oder ihn so stark verätzt hätte. Sein Gesicht und seine Hände hatten am meisten abbekommen. Die Kleidung und die Geschwindigkeit, mit der er sich ihrer entledigte, hatten ihn wohl vor Schlimmerem bewahrt, würde ich meinen.«

»Du bist eine wundervolle Frau, Daisy.«

»Versuchen Sie nicht, mir zu schmeicheln, Sir Leonard Morton Spears.« Daisy wandte sich mit gedämpfter Stimme an John. »Wußten Sie, daß Sie in diesem Haus zwar eine Menge süßer Worte, doch niemals einen Drink bekommen?«

Bei diesen Worten lachte Leonard laut auf, griff nach dem kleinen Glöckchen auf dem Teetisch und läutete. Augenblicklich erschien Johnson im Raum.

»Du kennst doch den Geschmack unserer Freunde, nicht wahr, Johnson?« Der Diener blickte mit steifem Lächeln von einem der Gäste zum anderen.

»Portwein für Madam und Whiskey pur für den Doktor«, erklärte er.

»Und was ist mit mir, Johnson?«

Leonards Diener schüttelte den Kopf. »Sie haben die

Wahl zwischen Orangensaft, Apfelsaft und Johannisbeersirup, Sir.«

»Ja, du mußt sie nicht noch mal aufzählen, ich nehme letzteres. Zumindest hat der Sirup etwas Farbe, da kann ich wenigstens meine Fantasie spielen lassen.«

Nachdem der Diener den Raum verlassen hatte, wandte sich John an Daisy. »Reiten Sie noch immer?«

»O ja. Ich habe eine wundervolle Stute. Ihr Name ist Fanny. Allerdings ist das nur die Abkürzung. Sie ist neun Jahre alt.«

»Wenn Fanny nur die Abkürzung ist, wie lautet dann ihr vollständiger Name?« fragte John.

»Fanackapan.«

»Wie bitte?«

»Fanackapan, Fanny, Fan-ack-a-pan.«

John lachte. »Das ist ein seltsamer Name für ein Pferd.«

»Ja, aber an dem Tag, an dem ich sie kaufte, gab es einige Frauen unter den Händlern, und als mein Pferd über den Platz geführt wurde, meinte eine: ›Oh, das ist eine Fanny Fanackapan.‹ Ich hatte diesen Ausdruck noch nie zuvor gehört und seitdem nicht wieder, also kaufte ich sie. Sie war damals ein Jährling. Ach, wie haben wir einander genossen. Sie nimmt einen Zaun wie eine Ballettänzerin.«

Bevor die Drinks gebracht wurden, blickte Daisy zu Leonard. Seine Augen waren halb geschlossen. »Weißt du, was ich tun werde?« fragte sie, während sie sich erhob. »Ich werde meinen Portwein in einem Zug hinuntergießen und zusehen, daß ich von hier fortkomme. Soeben fiel mir ein, daß ich sie im kalten Wind habe stehen lassen. Warum kannst du nicht einen Stall haben wie jeder vernünftige Mann, mit vier Wänden und einer Tür anstatt nur eines Daches?«

Leonard öffnete die Augen und lächelte ihr zu. »Entschuldige dich in meinem Namen bei Fanny. Wenn sie das nächste Mal kommt, werde ich dafür sorgen, daß kein Wind bläst.«

Johnson betrat den Raum mit den Drinks, und wie Daisy angedeutet hatte, leerte sie das Glas in einem Zug. Dann ging sie zu der Liege und beugte sich über Leonard. »Rieche meinen Atem, das wird dir guttun«, erklärte sie. »Und sei ein braver Junge«, fügte sie schließlich mit sanfter Stimme hinzu.

Seine Stimme war beinahe ein Flüstern, als er ihr antwortete. »Bitte komme bald wieder, Daisy.«

»Das werde ich. Gute Nacht! Mögen alle Götter über dir wachen.« Sie richtete sich auf und wandte sich an John. »Gute Nacht, Doktor«, verabschiedete sie sich knapp.

»Gute Nacht, Daisy. Es war mir ein Vergnügen.«

Ohne auf seine Worte zu antworten, verließ sie, gefolgt von Johnson, den Raum. John, der wieder Platz nehmen wollte, wurde von Leonard davon abgehalten. »Bring einen Stuhl hier zu mir«, forderte er ihn auf und deutete neben seine Liege. »Eine bemerkenswerte Frau«, erklärte Leonard, als sich John neben ihm niedergelassen hatte.

»Ja, wahrlich eine bemerkenswerte Frau. Und eine, die über sich selbst lachen kann.«

»Jedes ihrer Worte ist wahr. Aber sie ging nicht auf einige Details ein, die sogar noch überraschender sind. Das Leben hat sie gründlich hin und her gestoßen, o ja, bis auf den Grund, das kann ich dir sagen. Und sie war uns immer eine gute Freundin.«

»Ja, das kann ich mir vorstellen.«

»Aber nach alldem weiß ich nicht, wie ich ausdrücken soll, was ich sagen möchte. Es wird so banal klingen, aber ich muß es sagen. Und es bleibt nicht viel Zeit, nicht wahr?«

John schwieg einen Augenblick, ehe er leise antwortete. »Das hängt von dir ab. Der Wille ist eine mächtige Maschine. Wenn sie weiß, daß dein Antrieb stark genug ist, sie zu leiten, wird sie für dich arbeiten.«

Leonard hatte den Kopf abgewendet und sprach mit gedämpfter Stimme. »Was, glaubst du, hat mich in diesen letzten Wochen am Laufen gehalten? Ich muß jedesmal an meinen Willen appellieren, wenn ich sie betrachte, denn ich weiß, was sie erwartet, sobald die Zeit gekommen ist. Einer Sache bin ich allerdings gewiß, unsere sogenannten Freunde werden nach und nach alle wieder den Weg hierher finden. Die Angst, von der Daisys Ehemann durchdrungen war, steckt auch in ihnen. Daisy wird neben dir die einzige echte Freundin sein, die sie haben wird. Und genau darüber möchte ich mit dir sprechen. Rosie hat einen Ehemann und eine Schwiegermutter, dazu noch eine Aufgabe, die sie sehr interessiert, und sie ist eine Frau. Aber Helen ... nun, Helen ist die Frau eines Mannes.«

John blickte Leonard mit geweiteten Augen und leicht offenstehendem Mund erstaunt an. »Was schaust du so überrascht?«, fragte Leonard lächelnd. »Gewiß ist dir doch bekannt, daß es Frauen und Männer gibt, die die Gesellschaft des anderen Geschlechts mehr brauchen als die ihres eigenen. Nicht, daß sie mehrere Männer bräuchten, aber *einen* schon. Gütiger Gott, ich drücke es wirklich schlecht und viel zu technisch aus. Vielleicht ist es besser, ich sage direkt, was ich zu sagen habe. Wirst du ihr auch weiterhin ein Freund sein? Sie wird eine Witwe sein, und da du nicht ihr Arzt bist, werden deine Besuche möglicherweise zu einigen Gerüchten Anlaß geben. Willst du das riskieren und ihr weiterhin Freund, wenn nicht sogar mehr, sein? Oh!« Er wandte die Augen zur Decke und streckte abweisend die Hände von sich. »Widersprich mir nicht. Ich weiß etwas, und du weißt es auch: Wäre ich damals nicht genau in diesem Augenblick aufgetaucht, hätte ich sie niemals für mich gewonnen. Wenn ihr beide euch früher kennengelernt hättet, wäre alles ganz anders verlaufen. Ich wußte das. Bitte, John, sieh mich nicht so verlegen an. Ich wußte es von Anfang an. Sie sprach immer wieder von dir, nachdem ihr euch damals auf dem Hügel getroffen hattet, und dann vermiedest du es, zu unserer Hochzeit zu kommen. Ab diesem Zeitpunkt erwähnte sie deinen Namen nie wieder. Und dann kam die Zeit, da sie mich lieben lernte. O ja, sie begann mich innig zu lieben. Niemals so stark, wie ich sie liebte, doch sie liebte mich. Von diesem Moment an sprach sie wieder über dich, wenn auch nur beiläufig. Doch als du dann Beatrice heiratetest, war es für sie endgültig vorüber. Sie konnte es einfach nicht glauben, und du verschwandest vollständig aus ihrem Leben. Ich war sehr, sehr glücklich. Doch das Leben spielt einem oft seltsam mit. Ich bin mir bewußt, daß ich etwas sehr Schwieriges von dir verlange, denn du bist noch immer mit Beatrice verheiratet, und so werden deine Besuche bei ihrer Schwester nicht unbemerkt bleiben. Es wird darüber geredet werden. Ich bitte dich aus einem sehr selbstsüchtigen Grund. Ich weiß, daß es, sobald ich aus dem Weg bin, Männer geben wird, die sich um sie bemühen werden. Nicht, daß sie unter normalen Umständen an so etwas denken würde, doch Einsamkeit ist eine Sache für sich. Ich habe es selbst erlebt, also weiß ich, wovon ich spreche. Vielleicht hast auch du auf dein Glück gewartet, und als es an dir vorübergezogen ist, dich der Einfachheit halber mit etwas anderem begnügt. Ich habe gelernt, daß man niemanden für das, was er nach einem Trauerfall tut, verantwortlich machen darf. Selbstverständlich weiß ich, daß Helen keinen schwachen Charakter hat und somit auch nicht allzu leicht beeinflußbar ist, aber dennoch möchte ich, daß sie sich in geeigneter Gesellschaft befindet. Würdest du noch mit Beatrice zusammenleben, hätte ich dich niemals darum ersucht. Empfindest du es als seltsam, daß ich dich darum bitte?«

John antwortete nicht sogleich. »Ja, Leonard, in gewisser Weise schon. Ich kann mir nur vorstellen, wie ich an deiner Stelle reagieren würde. Aber ich habe in keiner Weise deine Größe, denn der Gedanke, daß Helen in der Gesellschaft eines Mannes welche Art von Trost auch immer finden würde, würde mich eifersüchtig machen. Und laß mich dir etwas sagen, Leonard. Ich war eifersüchtig auf dich. O ja, eine lange Zeit über. Doch als ich dich schließlich kennenlernte, erkannte ich, wie weise ihre Wahl gewesen war. Ich könnte niemals darauf hoffen, deine hohen Maßstäbe zu erreichen. Ich kenne mich, und in den Wochen, in denen sich unsere Freundschaft entwickelte, stieg auch meine Bewunderung für dich. Und ich wiederhole es noch mal, ich hätte in keiner Weise die Größe, so zu handeln, wie du es nun tust.«

»Du hast eine sehr geringe Meinung von dir, John, und

sie unterscheidet sich stark von der, die andere von dir haben. Es gibt nicht viele, die ihre Ehe in die Brüche hätten gehen lassen, wie du es durch deine Hilfe für Rosie getan hast.«

»O nein!« John schüttelte heftig den Kopf. »Für meine Ehe gab es schon vorher keine Rettung mehr. Aber du hast recht, daß wir nicht wissen, was im Geist eines Menschen, insbesondere eines einsamen Menschen, vorgeht, und welche Folgen diese Einsamkeit mit sich bringt. Meine Heirat mit Beatrice hat mir das vor Augen geführt. Wenn es jemals einen Menschen mit einer gespaltenen Persönlichkeit gegeben hat, dann sie. Ich will nicht näher darauf eingehen, doch unsere Ehe war bereits lange vor der Sache mit Rosie zerbrochen. Ich trug mich mit dem Gedanken einer gerichtlichen Trennung.«

Nach Johns Worten blieb es eine ganze Weile still. Schließlich wechselte Leonard das Thema. »Diese Tabletten sind wunderbar«, erklärte er mit einem Nicken in Richtung des Tisches, »sie bringen mich ins Leben zurück.« Dann lächelte er. »Ich möchte noch mal auf unser Gespräch über Männer, die Frauen, und Frauen, die Männer brauchen, zurückkommen. Wahrscheinlich würdest du mir nicht glauben, wenn ich behauptete, daß auch Daisy zu diesen Frauen gehört, nicht wahr? Aber so ist es. Bei ihrem Aussehen würde man meinen, daß sie längst aus dem Rennen wäre, doch selbst in ihrem Alter könnte sie bereits morgen eine Reihe männlicher Freunde finden. Sie hatte drei feste Beziehungen zu Männern in ihrem Leben.«

Auf Johns Gesicht spiegelte sich seine Überraschung wider. »O ja, zieh nur die Augenbrauen hoch. Auch sie hat die große Leidenschaft kennengelernt. Ein einziges Mal, wie sie mir gestand, doch diese Erfahrung blieb unauslöschlich.«

»Damit überraschst du mich wirklich, Leonard. Denn sie scheint kaum die Frau, die …«

»Komm!« fiel ihm Leonard ins Wort. »Du bist doch Arzt, da sollten dich die aus der Norm fallenden Dinge des Lebens nicht so sehr überraschen. Aber ich kann deinen

Standpunkt verstehen. Das erste Zusammentreffen mit Daisy kann einen schon ziemlich verwirren. Ihr Tommy gab als Scheidungsgrund Vernachlässigung an und ließ die Ehe auflösen, als sie noch in der Leprakolonie war. So erhielt sie keinerlei finanzielle Unterstützung und war nahezu mittellos, als sie nach England zurückkehrte. Ihren lieben Stephen – Stephen King, allerdings glaubt sie nicht, daß dies sein echter Name war – traf sie zum erstenmal im Krankenhaus. Soweit sie herausfand, besuchte er einsame alte Leute, die keine Freunde hatten. Und sie hatte ganz offensichtlich keine Freunde. Wie sie mir sagte, war es bei ihrem ersten Treffen um sie beide geschehen.«

»Aber was ist mit ihrer Familie? Sie sagte doch, sie habe neun Geschwister.«

»Ja, sie hat neun Brüder und Schwestern, John, aber die sind alle verheiratet und haben Kinder. Und wer von ihnen wäre wohl herbeigeeilt, um sich um diese verrückte Tante Daisy zu kümmern, die sieben Jahre in einer Leprakolonie verbracht hatte und wahrscheinlich selbst noch ansteckend war? Ihre gesamte Familie war ausnahmslos Tommys Meinung. Seltsam.« Plötzlich lächelte er. »Ich denke immer als Tommy an ihn; Freeman Wheatland erscheint mir ein zu gewichtiger Name für einen Mann, den ich für eine wahre Memme halte. Einerlei, um die Geschichte kurz zu halten, und obwohl es bei ihren Besuchen immer ihre Absicht ist, mich zu unterhalten, ist auch sie nicht näher auf diesen Teil ihres Lebens eingegangen. Nur soviel: Sie arbeiteten und lebten zusammen, vier Jahre lang. Ich fragte sie, warum sie ihn niemals geheiratet habe, und sie antwortete mir schlicht, er habe sie eben nicht gefragt. Wovon lebten sie? Ich fragte sie danach, denn sie verbrachten ihre Tage damit, anderen zu helfen. Wie sie mir erklärte, hatte sie das Gefühl, daß er für etwas sühnte, was er als junger Mann getan hatte. Sie vermutete sogar, daß er möglicherweise einige Zeit im Gefängnis verbracht hatte. Doch sie drang nicht in ihn, sie liebte ihn einfach. Offenbar verfügte er über ausreichende Geldmittel, um ihnen einen annehmbaren Lebensstandard bieten zu können, und von Zeit zu Zeit gab er ihr einen Betrag, der ihr Leben absicherte. Woher dieses Geld kam, erfuhr sie nie. Sein Leben war ein Mysterium. Doch das kümmerte sie nicht. Das einzig Wichtige für sie war, daß sie ihn für vier lange glückliche Jahre hatte. Und dann« – Leonard schnippte mit den Fingern – »war er einfach so verschwunden. An einem Tag war er noch da und am nächsten fort. Er ließ genug Geld zurück, so daß sie weitere sechs Monate davon leben konnte, und eine Nachricht, die besagte, daß er sie immer lieben würde.«

»Ach du meine Güte!«

»Ja, genau das sagte ich auch, John. Ich fragte sie, ob sie jemals wieder von ihm gehört habe, und sie antwortete: ›Nie‹. Dann fügte sie noch hinzu, daß er vielleicht nach Irland zu Frau und Kindern zurückgekehrt sein oder das Land verlassen haben könnte. Vielleicht hatte sie aber auch mit ihrer früheren Vermutung recht, daß er eine kriminelle Vergangenheit hatte, die ihm das Auskommen sicherte, als er für seine Vergehen sühnte.«

»Und sie hörte nicht mehr das geringste von ihm, sah niemals irgendwo eine Fotografie oder etwas ähnliches?«

»Nein, nie. Und meiner Ansicht nach ist das auch gut so, denn sie könnte heute nicht so angenehm leben, wäre er bei ihr geblieben. Denn dann hätte sie Mr. Anasby nicht kennengelernt … James Anasby. Ich sagte es schon einmal, John, ihr Leben würde nicht nur ein Buch füllen. O nein, nicht nur eines, denn diese letzte Episode ist einfach zu fantastisch. Wie sie mir erzählte, hatte sie das Glück, eine Stellung als Hilfskrankenpflegerin zu bekommen. Du mußt wissen, sie hat nie eine echte Ausbildung erhalten, auch wenn sie in der Leprakolonie als Pflegerin gearbeitet hatte. Doch an diesem Tag kam sie zu spät und eilte eben durch den vom Personal verwendeten Seiteneingang, als sie sich den Finger einklemmte. Und so stand sie da und rief etwas, was wohl in gewöhnlichem Englisch ›Verdammt noch mal!‹ gelautet hätte. Doch statt dessen stieß sie drei Worte in einem afrikanischen Stammesdialekt aus und war sehr verblüfft, als ihr augenblicklich jemand in derselben

Sprache antwortete. Sie wandte sich um und sah einen Mann in einem Rollstuhl, der von zwei Pflegerinnen begleitet und von einem Mann in grünem Livree geschoben wurde. Erst starrte sie ihn einen Moment lang an, dann sprach sie ihn in demselben Dialekt an. Als nächstes fragte er, wer sie sei.

Sie nannte ihm ihren Namen und sagte ihm auch, daß sie als Hilfspflegerin beschäftigt sei. Letzteres schien ihn zu überraschen. ›Warum um Himmels willen setzt das Kolonialministerium Sie nicht in irgendeiner Weise ein?‹ rief er und erkundigte sich, wie lange sie in Afrika gewesen wäre.

›Oh‹, antwortete sie nach einer kurzen Pause, ›einige Jahre.‹ Dann wandte er sich nach dem Mann in Livree um und forderte ihn auf, ihr eine Visitenkarte zu geben. Sein Diener zog eine Karte aus der Innentasche und überreichte sie ihr. Doch sie sah sie nicht sofort an, sondern betrachtete den Mann im Rollstuhl. Er war bereits älter, gut über sechzig, vermutete sie, und offenbar eine bedeutende Persönlichkeit. Schließlich forderte er sie auf, ihn bald aufzusuchen.

Sie blickte auf die Karte, ohne sie genau zu lesen, und sagte, daß es ihr eine Freude wäre. Es ist noch eine lange und wirklich unglaubliche Geschichte, doch innerhalb eines Monats war sie in seinem prachtvollen Haus als Mischung aus Krankenpflegerin und Gesellschafterin angestellt. Offensichtlich hatte er einen Großteil seines Lebens in jenem Teil Afrikas verbracht, den Daisy kannte. Zweimal war er verheiratet gewesen, doch seine beiden Frauen waren gestorben, und nahe Verwandte schien er nicht zu haben. Sie blieb sieben Jahre bei ihm, lernte nach und nach seine sämtlichen Geschäfte und finanziellen Transaktionen kennen und wurde von ihm wegen ihres ausgezeichneten Urteils hochgeschätzt. Als er starb, hinterließ er ihr die Hälfte seines Besitzes. Sie war damals erst vierundvierzig.«

John schüttelte den Kopf. »Eine wahrhaft erstaunliche Geschichte.«

»In deinem Beruf solltest du an erstaunliche Geschichten gewöhnt sein.«

»Doch nicht von dieser Art, das kann ich dir versichern,

Leonard. Obwohl ich hin und wieder eine Überraschung erlebe. Aber du hast zu lange gesprochen, du bist erschöpft.«

»Ja, John, ich bin jetzt ein wenig müde. Aber auf gewisse Weise bin ich auch froh, daß wir zu einer Vereinbarung gekommen sind. Zumindest hoffe ich das.« Er blickte zu John. »Habe ich zuviel verlangt?« fragte er schließlich leise, als dieser nicht sofort antwortete.

»Nein. Keineswegs.« Doch dann streckte John abwehrend die Hände von sich. »Aber fang nicht wieder davon an. Ich werde nach Johnson läuten. Ich glaube, du wärest gut beraten, früh zu Bett zu gehen, denn die Theaterbesucher werden wohl kaum vor elf Uhr zurückkehren.«

»Oh, ich hatte nicht die Absicht, auf sie zu warten.« Leonard beobachtete, wie John sich erhob und die Glocke läutete. Dann streckte er ihm die Hand entgegen. »Danke«, sagte er schlicht, als John sie ergriff. »Ich werde in meinem eigenen Haus herumkommandiert, Johnson«, erklärte er, sobald sein Diener eintrat, »und da ich das nicht länger ertragen kann, möchte ich dich bitten, den Doktor hinauszubegleiten.«

Die beiden Männer lächelten einander zu, ehe sich John zum Gehen wandte. Johnson half ihm in der Halle in den Mantel und öffnete ihm die Tür, ohne ein einziges Wort zu verlieren. Selbst als John sich mit einem ›Gute Nacht‹ verabschiedete, antwortete er nicht darauf. ›Was für ein starrsinniger Kerl‹, dachte John. Offensichtlich empfand der Diener keinerlei Sympathien für diesen Gast. Doch dieses Gefühl beruhte auf Gegenseitigkeit.

2

Beatrice brach wie jeden Freitag zu ihrem wöchentlichen Stadtbesuch auf. Es war ein strahlend schöner Tag, die Sonne schien, und auf der Hauptstraße wimmelte es vor Kauflustigen.

Sie achtete darauf, nicht immer denselben Süßwarenladen aufzusuchen, um das Konfekt zu kaufen, denn die Leute redeten. O ja, sie redeten. Sie wußte, daß sowohl in als auch außerhalb des Hauses über sie geredet wurde. Daher ging sie manchmal bis zu einem kleinen Laden am Stadtrand, um sich mit dem einzigen Trost zu versorgen, den sie in ihrem Leben fand, wie sie sich selbst sagte. In jedem Fall tat Schokolade ihr gut, denn sie legte langsam an Gewicht zu.

In ihrer Gobelinhandtasche trug sie bereits zwei Schachteln mit je einem Pfund Konfekt und eine mit einem halben Pfund. Früher hatte sie immer eine Ein-Pfund-Schachtel auf die Haushaltsrechnung gesetzt, doch seit sie die Küchenausgaben gekürzt hatte, tat sie das nicht mehr. Ihr vierköpfiges Personal kostete ohnehin zuviel. Johns magerer Zuschuß reichte kaum für ihren Lohn. Auch dagegen mußte sie etwas unternehmen. Zwei Gärtner und Needler, der sich um den Hof kümmerte. Was taten sie die meiste Zeit über? Sie saßen wohl im Gewächshaus und tranken Tee. Oh, sie wußte, was vorging. Sie brauchte sie nur von ihrem Fenster aus zu beobachten.

Heute war sie bis nach Brampton Hill, einem Außenbezirk der Stadt, gegangen, doch hatte sie in dem dortigen Süßwarenladen nur eine halbpfündige Schachtel Konfekt erwerben können, denn wie ihr der Ladeninhaber mitteilte, würden die einpfündigen Packungen nur in der Weihnachtszeit verlangt. Als ihr Blick auf ein Postamt fiel, erinnerte sie sich daran, daß sie keine Briefmarken mehr hatte und daß sie dem Rechtsanwalt schreiben mußte. Sie war noch nie in diesem Postamt gewesen, und es ärgerte sie, daß eine Anzahl von Personen vor ihr darauf wartete, bedient zu werden. Sie stellte sich als Vierte vor dem Schalter für Briefmarken an und trat ungeduldig von einem Fuß auf den anderen. Sie war es nicht gewöhnt, daß man sie warten ließ.

Durch ihre Bewegung stieß ihre Tasche gegen die Frau vor ihr, die sich umdrehte und sie anstarrte. Beatrice erkannte sie augenblicklich. In ihrem Bemühen, mit der Frau nicht in Kontakt zu kommen, raffte sie demonstrativ ihren Rock und trat einen Schritt zurück.

»Geben Sie doch acht! Ich habe ein Kind hier!« protestierte die Frau hinter ihr lautstark.

Als vor ihr Stehende ihre Zwei-Penny-Briefmarken nahm und sich, etwas Unverständliches murmelnd, zum Gehen wandte, zögerte Beatrice einen Augenblick, ehe sie ihren Platz einnahm. Schließlich verlangte sie in hochmütigem Ton nach Sechs-Penny-Marken, die sie sorgfältig gemeinsam mit dem Kleingeld in ihrer Tasche unterbrachte, ehe sie sich umwandte.

Kaum trat sie auf die Straße hinaus, sah sie die Frau vor dem Postamt stehen, als wartete sie auf sie. Als sie an ihr vorübergehen wollte, schnellte plötzlich eine Hand vor und griff nach ihrem Arm.

»Wie können Sie es wagen! Nehmen Sie sofort Ihre Hand weg!« protestierte sie wütend.

»Das werde ich«, knurrte Mollie Wallace, »doch erst, wenn ich gesagt habe, was ich zu sagen habe. Wer, zum Teufel, glauben Sie, daß sie sind, daß Sie es wagen dürfen, mich da drin zu blamieren, indem sie Ihren Rock wegziehen, als hätte ich die Räude? Und das, wo Sie doch nichts anderes sind als die Tochter eines widerlichen alten Bastards, der nicht einmal für sein Vergnügen zahlen konnte! Und wenn ich schon dabei bin, sage ich Ihnen noch etwas. Ihr Mann ist Schuld daran, daß man mich aus dem Haus geworfen hat, denn er hat Jackie zurückgebracht. Doch ich werde es ihm noch zurückzahlen, warten Sie nur darauf. Ich werde es euch allen noch zurückzahlen, euch verarmten Mistkerlen.« Mit diesen Worten ließ sie Beatrices Arm los und versetzte ihr einen Stoß, der Beatrice rücklings gegen die Mauer des Postamtes taumeln ließ.

Es sah so aus, als hätte sie dieser Angriff sprachlos gemacht, dabei hatte lediglich ihre Angst vor einer Szene auf offener Straße sie davor zurückgehalten, ihre Hand zu erheben und dieser widerwärtigen Person ins Gesicht zu schlagen. Dennoch war sie entschlossen, das letzte Wort zu behalten. »Abschaum!« stieß sie hervor, ehe sie sich abwandte. Doch auch diesmal kam ihr Mollie Wallace zuvor.

»An Ihrer Stelle würde ich auf Ihren eigenen Mann aufpassen, Miss. Ja, das würde ich. Bei Gott, das würde ich!« Damit machte sie kehrt und marschierte davon. Und Beatrice blieb, eine Hand am Hals, die andere um den Griff ihrer Tasche geklammert, zurück.

Sie war zuvor erzürnt gewesen, doch als diese Kreatur ihren Mann in so anzüglicher Weise erwähnt hatte, verblaßte ihr Ärger gegenüber der Wut, die sie nun verzehrte. Diese Leute! Diese Frau! Woher wußte sie, was in ihrem Haus vorging? Oh! Warum war sie so einfältig? Natürlich, das Personal klatschte. Sie mußten nur eine Andeutung machen. Sie würde sie entlassen, allesamt.

Sie wollte sich umwenden und davongehen, doch ihre Beine waren zu schwach, und sie zitterte am ganzen Körper. Noch immer waren ihre Gedanken bei ihrem Personal. Sie brauchte sie nicht, schrie alles in ihrem Inneren. Zwei in der Küche und zwei im Haus, und sie als einzige, die bedient werden mußte! Dazu drei im Garten! Sie würde William Connor loswerden. Doch nein, er war der einzige, der die Kunst des Bäumebeschneidens beherrschte. Und auch die Hecke mußte gestutzt werden, ansonsten wirkte der Garten so ungepflegt, und mit einem ungepflegten Garten verlor sowohl das Anwesen an Ansehen.

O Gott! In ihrem Kopf begann sich alles zu drehen. Dieses entsetzliche Gefühl, das sie dazu zwang, sich hinzulegen, stieg in ihr hoch. Sie, die bis vor kurzem niemals die Notwendigkeit verspürt hatte, mitten am Tag zu ruhen. Und wenn sie sich niederlegte, würden sich ihre Gedanken doch nur wieder selbständig machen und um *ihn* kreisen. Gerichtliche Trennung, hatte der Anwalt gesagt. Nun, das würde er nicht erreichen. Niemals! Er war ihr Ehemann und würde es bis zu seinem Tod bleiben. Doch was hatte diese Frau gemeint? Es gab keinen Rauch ohne Feuer. Er konnte doch nicht … Immerhin war Helen verheiratet. Ja, aber mit einem kranken Mann. Ein Tuberkulosekranker hatte keine Hoffnung auf Heilung. Wartete ihr teurer John auf den Tod des Mannes? O ja, sie konnte sehen, wie er das tat. Und dann waren da die Ausfahrten in der Kutsche. Sie hatte beobachtet, wie seine Mutter in Helens Wagen gestiegen war. Es gab keinen Rauch ohne Feuer. Nein, diese Frau wußte etwas. Und wenn diese Frau etwas wußte, dann wußten auch andere davon.

Oh, sie wünschte, sie wäre zu Hause. Sie mußte sich niederlegen. Sie würde eine Kutsche nehmen, ja, sie mußte eine Kutsche bekommen.

Die Kutsche brachte sie bis zum Herrenhaus, wo sie mit ihrer Tasche in der Hand direkt in ihr Schlafzimmer hinaufging. Sie legte ihren Mantel, ihren Hut und ihre Schuhe ab und schlang ein halbes Dutzend Konfekt hinunter, wobei sie sich kaum genug Zeit zum Kauen nahm, ehe sie das nächste in den Mund stecke. Als ihr Körper schließlich steif wurde, und sie plötzlich weder ihre Hände noch ihre Füße bewegen konnte, ließ sie sich auf das Bett fallen. Die ganze Zeit über kreisten ihre Gedanken in ohnmächtiger Wut um die verfahrene Situation, in der sich ihr Leben befand, bis der Anfall vorüber war und sich ihr Körper wieder entspannte. Mit tränenüberströmtem Gesicht schlief sie kurz darauf ein.

Einige Zeit später klopfte Frances leise an die Tür des Schlafzimmers und öffnete sie, um ihre Herrin zu fragen, ob sie eine Tasse Tee wünsche. Wie so oft in letzter Zeit fand sie sie mit offenem Mund schlafend vor, die Lippen von Schokolade verschmiert. Sachte schloß sie die Tür wieder und dachte, daß es wohl eine größere Befriedigung brächte, wäre sie dem Alkohol verfallen.

3

»Gehen Sie heute abend wieder Bridge spielen?«

John wandte sich zu seinem Partner. »Was meinen Sie mit *wieder?*« fragte er nach einer kurzen Pause.

»Nun, gehen Sie nicht oft hinüber, um Bridge zu spielen?«

»Wenn einmal die Woche oft ist, dann ja.«

»Oh! Einmal die Woche.«

»Ja, einmal die Woche. Darf ich fragen, worauf Sie hinauswollen, Doktor?«

»Oh! Nicht in diesem Ton, mein Junge. Aber wie Sie wissen, kenne ich Doktor Peters, und er behandelt Sir Leonard Spears.«

»Ja, das tut er. Auch ich kenne Doktor Peters, und er ist mit meinen Besuchen vertraut und weiß, daß ich ein Freund der Familie bin. Lady Helen ist meine Schwägerin.«

»Ja, Lady Helen ist Ihre Schwägerin. Aber ich fragte bloß, ob Sie heute abend hingehen würden.«

»Warum? Bereitet Ihr Bein Ihnen wieder Schmerzen?«

Doktor Cornwallis warf seinem Partner einen wütenden Blick zu. »Nein, mein Bein schmerzt nicht, und ich habe auch keinen Stachel in der Zunge.«

»Das überrascht mich.«

Bei dieser raschen Antwort, der es an jedem ihm schuldigen Respekt mangelte, hob der alte Mann seine buschigen Augenbrauen bis zu der sich zurückziehenden Linie des Haaransatzes. Doch offenbar fiel ihm keine passende Antwort ein, denn nachdem er heftig in sein Taschentuch geschnaubt hatte, wandte er sich in seinem Drehstuhl um und widmete sich einigen Papieren auf seinem Schreibtisch. John lächelte trocken.

»Gute Nacht, Doktor«, sagte er, ging in den angrenzenden Raum, in dem der junge Doktor Rees den ersten Patienten der Abendsprechstunde erwartete, und beugte sich zu ihm. »Seien Sie auf der Hut«, warnte er ihn leise.

Der junge Mann grinste John an. »Ist es wieder einmal so weit?«

»Ja.«

»Nun, das ist nichts Neues.«

»Es könnte aber heute ein heftiges Gewitter geben.«

»Sollte ich mein Ölzeug anziehen?«

Nach diesen Worten verließ John leise lachend die Praxis. Doch kaum war er auf der Straße, verschwand das Lächeln von seinem Gesicht, denn in seinem Inneren war er verärgert. Die Worte des alten Mannes hatten auf mehr schließen lassen, als er gesagt hatte. Vielleicht hatte Doktor Peters eine harmlose Bemerkung fallen lassen, denn er konnte sich nicht vorstellen, daß er zum Klatsch neigte. Peters war ein ausgesprochen netter, eher zurückhaltender Mann. Doch der alte Teufel da drin zählte eins und zwei zusammen und machte vier daraus. Er liebte Andeutungen auf Skandale und würde sich seine eigene Version zurechtlegen. Unglücklicherweise behielt er zumeist recht, was ihn selbstverständlich zu der Vermutung verleitete, daß er auch diesmal auf der richtigen Spur war. Nun, war er das nicht? Nein! erhob sich lautstarker Protest in John. Wäre Helen nicht Leonards Frau gewesen, hätte er sich dennoch gerne in dessen Gesellschaft aufgehalten und sie nicht nur zum Trost für einen Patienten, sondern auch um seiner selbst willen gesucht. In Leonard Spears' Persönlichkeit lag etwas sehr Beruhigendes, das sich in seinen offenen Ansichten, seinem Verständnis und seiner Toleranz für die menschliche Natur zeigte. Verdammter alter Cornwallis! Zu seinen Eigenschaften gehörte die Fähigkeit, jedem Gesprächspartner einen Dämpfer zu verpassen. Hier und da ein wenig die Tatsachen verdrehen, und schon hatte er ein pikantes Thema für eine Unterhaltung …

»Bleibst du nicht noch zum Essen?« fragte seine Mutter. »Mrs. Atkinson hat ein herrliches Mahl zubereitet.«

»Sieh mal, Mutter …« Er beugte sich über sie. »Wenn ich zum Abendessen bliebe, verginge noch eine ganze Stunde, ehe ich aufbrechen könnte. Und Leonard muß früh zu Bett gehen. Aber er genießt das Spiel so sehr. Es wird nicht allzu spät werden, gegen neun Uhr bin ich wieder zurück.«

»Oh, du brauchst dich nicht zu beeilen. Mrs. Atkinson bleibt zehn, und wie ich dir bereits sagte, macht es ihr nichts aus, auch ein wenig länger zu warten.«

»Das wird nicht notwendig sein, ich bin bis dahin zurück.« John richtete sich auf und warf ihr einen prüfenden Blick zu. »Bist du einsam? Ich meine …«

»Ich weiß genau, was du meinst. Nein, ich bin nicht mehr einsam. Du bist zum Tee, zum Abendessen und nachts hier, wie könnte ich da einsam sein? Nein. Sieh zu, daß du endlich fortkommst. Ich möchte, daß du auch ein wenig Erholung findest.«

Er nickte ihr zu. »Wir werden reden, wenn ich zurückkomme. Ich frage mich, ob wir weiter hierbleiben sollen. Vielleicht sollte ich mich nach einem anderen Quartier umsehen, denn ...«

»Nein, das solltest du nicht. Ich habe für fünf Jahre bezahlt, und es gefällt mir hier. Es ist genau das Richtige für mich. Und wenn du nichts dagegen einzuwenden hast hierzubleiben ...« Sie streckte die Hand nach ihm aus und fuhr mit sanfterer Stimme fort: »Außerdem würde es sie nur noch härter treffen, wenn wir fortsiedelten. Hier bist du zumindest noch in einem Teil des Hauses. Auf diese Weise kann sie ihr Gesicht wahren. Doch wenn wir von hier weggehen, fühlt sie sich vollkommen verlassen. Verstehst du, was ich meine?«

»Ja.« Er nickte ihr zu. »Auch mir ist es so recht. Ich dachte bloß ...«

»Denk nicht an mich, denk nur an dich selbst und daß du viel zu tun hast, mein Junge.« Sie wollte ihn wegschieben, doch er beugte sich über sie und küßte sie, bevor er ging ...

»Guten Abend, Doktor«, begrüßte ihn Hannah Worth, als sie ihm die Tür öffnete.

»Guten Abend, Hannah«, antwortete er und blickte zur Tür des Salons.

»Er hat heute viel gehustet, Doktor, und die Herrin kann ihn nicht überreden, im Bett zu bleiben«, meinte Hannah betrübt.

Sobald er den Salon betrat, wußte John, daß es an diesem Abend kein Bridgespiel geben würde, denn Leonard war die Anstrengung des Tages deutlich anzusehen. »Hallo, Leonard!« sagte er. »Was hast du getan?«

»Mich gegen Frauen gewehrt.« Seine Stimme war heiser

und leise und sein Blick auf Helen und Daisy gerichtet, die neben seiner Liege standen. »Das einzige, woran diese beiden denken können, ist das Bett ... Ich war der Meinung, du wolltest gehen«, wandte er sich an Daisy.

»Ich werde auch gehen, und ich werde es mir zweimal überlegen, ehe ich wiederkomme«, gab sie im selben Tonfall zurück.

»Bevor du gehst, erzähl John doch, was du bei den Oswalds erlebtest.«

»Ich werde nichts dergleichen tun. Ich bin schon fort. Du brauchst mich nicht hinauszubegleiten, Helen. Ich sehe dich morgen ... Hallo, Doktor, und Gute Nacht.«

»Ihnen dasselbe, Daisy«, gab er zur Antwort, worauf sie lachend den Raum verließ.

»Setz dich, John«, forderte ihn Helen auf und zog einen Stuhl neben Leonard.

»Was hast du getan? Wolltest du herumspazieren?« fragte John, nachdem er Platz genommen hatte.

»Natürlich. Was erwartest du?« Leonard sah Helen an. »Erzähl John von Daisys Suppenerlebnis ... Diese Frau tut mir wirklich gut.«

»Ach, du meine Güte! Ich kann es leider nicht so erzählen wie sie«, meinte Helen. »Aber ich werde versuchen, eine Geschichte, die von Daisy sehr ausführlich und amüsant vorgetragen wird, abzukürzen. Ein älteres Ehepaar namens Pratt aus Mittelengland ist in das Haus des alten Swift am See gezogen – ein reizendes Anwesen, und natürlich ließ sich Gladys Oswald die Gelegenheit nicht entgehen, sie sofort zum Dinner einzuladen. Doch zu ihrem Entsetzen schlürfte der alte Mann seine Suppe – offensichtlich hielt er seinen Löffel verkehrt herum. Zu allem Überfluß erzählte er noch eine gewagte Geschichte über eines seiner Fabrikmädchen, was Ralph Bannister veranlaßte, sein Essen wieder auszuspucken. Ganz eindeutig war das Dinner eine Katastrophe. Doch Gladys beging den Fehler, Daisy vor den Pratts zu warnen und ihr zu sagen, daß sie die Absicht habe, dieses Erlebnis ihren Freunden zu erzählen.

Doch Daisy hatte das Paar bereits kennengelernt und mochte die beiden, was sie Gladys auch mitteilte. So brach sie schließlich das ungeschriebene Gesetz, indem sie das gefürchtete Wort aussprach und Gladys fragte, wie ihrer Meinung nach ein Leprakranker seine Suppe esse.«

Helen streckte die Hände von sich. »Wenn man es so erzählt, klingt es kein bißchen amüsant, nicht wahr, Leonard? Aber als Daisy von dieser Begebenheit berichtete, klang es ausgesprochen komisch.«

»Man kann sich kaum vorstellen, daß es in diesem Teil des Landes einen solchen Snobismus gibt. Die Leute wirken so offen und aufgeschlossen«, meinte John. Doch Helen widersprach ihm rasch. »O John! Du kennst sie nicht. Abgesehen von allem anderen, war zum Beispiel mein Vater ein ungeheurer Snob.«

»Und seine älteste Tochter gerät ihm nach«, hätte John hinzufügen können.

Einen Augenblick lang herrschte Stille. »Wir sprechen von furchtbaren Menschen, wo wir doch von den netten reden sollten«, meinte Leonard schließlich. »Erzähl ihm von dem Hochzeitsgeschenk, Helen.«

»Gut.« Helen erhob sich, trat an das Kopfende von Leonards Liege, ergriff seine Hand und hielt sie fest. »Rosie und Robbie müssen es für seltsam gehalten haben, daß wir ihnen kein Hochzeitsgeschenk machten. Aber der Einspänner war noch nicht fertig. Leonard hatte ein Pony und einen Einspänner als Hochzeitsgeschenk für sie ausgewählt, aber Mr. Wilson, der den Einspänner baute und wirklich ein wunderbarer Handwerker ist, wie schon Generationen seiner Familie vor ihm, wurde durch eine starke Bronchitis ans Bett gefesselt und erlaubte weder seinem Sohn noch seinen beiden Gehilfen, den Wagen fertig zu arbeiten. Doch heute morgen war es soweit. Du hättest die strahlenden Gesichter der beiden sehen sollen, als sie mit dem scheckigen Pony vorfuhren. Rosie war zu Tränen gerührt, und auch ihr rauher, bezaubernder Schotte zeigte eine ähnlich heftige Gemütsbewegung.«

»Oh, ich muß gleich morgen früh hinübergehen«, erklärte John. »Aber jetzt werde ich Daisys Beispiel folgen, denn du, Sir Leonard Spears, gehörst heute ins Bett.«

Seltsamerweise widersprach Leonard nicht. »Wirst du morgen vorbeikommen?« fragte er statt dessen.

John hatte sich bereits erhoben. »Ja, aber ich weiß noch nicht, wann ich hier sein kann.«

»Danke.«

Die beiden Männer sahen sich eine Weile an. Schließlich reichte John Helen die Hand. »Bitte, bleib sitzen, ich finde schon selbst hinaus … Gute Nacht.« Er war froh, das Haus endlich verlassen zu können, denn seine Kehle war wie zugeschnürt.

Im offenen Stall traf er auf Henry. »Ich werde gleich anspannen, Sir«, erklärte er, sobald er John sah.

»Danke, Henry.«

»Wie geht es dem Herrn, Doktor? Aus Doktor Peters kann ich nie die Wahrheit herausbekommen. Immer nur ›so gut, wie zu erwarten ist‹, und auch Johnson sagt kein Wort.«

»Nun, die Wahrheit ist, Henry, daß es sehr schlecht um ihn steht.«

»Ja, das dachte ich mir. Es wird ein großer Verlust sein. Oh, ein großer Verlust. Ich arbeitete jahrelang für seinen Cousin Sir Frederick, müssen Sie wissen. Auch er war ein guter Herr, doch kann er sich nicht mit diesem messen. Er behandelt das Personal, als gehörten wir zur Familie. O ja, wir werden ihn vermissen.«

Als John später in die Auffahrt zum Anbau einbog, dachte er über Henrys Gefühle seinem Arbeitgeber gegenüber nach, und daß er, sollte einer seiner Diener an seinem Lebensende eine solche Empfehlung für ihn abgeben können, das Gefühl hätte, kein völlig egoistisches Leben geführt zu haben. Doch er bezweifelte, daß das passieren würde. Er war nicht aus demselben Holz geschnitzt wie Leonard. Von Tag zu Tag verstand er Helens Liebe zu diesem Mann besser.. Sie liebte ihn aufrichtig, und ihr Schmerz wäre gewaltig. Selbst wenn er frei von Beatrice wäre – welche Hoffnung bliebe ihm? Wäre er mutig genug, sich die Wahrheit einzugestehen, müßte er zugeben, daß ihm wenig bis gar keine Hoffnung blieb.

»Du meine Güte! Du bist aber früh zurück!« begrüßte ihn seine Mutter, sobald er eintrat. »Wie geht es ihm heute?«

»Sehr schlecht. Es geht rasch bergab.«

»Wieviel Zeit bleibt ihm noch?«

John antwortete erst nach einigen Sekunden. »Ein paar Tage.«

»Armer Kerl«, sagte sie. »Armer Kerl.«

4

Leonard starb am Samstag morgen um halb drei Uhr. John hatte ihn am Abend zuvor noch gesehen, doch nur für einen Augenblick, denn Doktor Peters und Johnson waren bei ihm gewesen. Als er an seinem Bett gestanden hatte, hatte er kein Wort über die Lippen gebracht und nur seine lange weiße Hand ergriffen und sie eine Weile gehalten. »Ich sehe dich … morgen, John«, hatte Leonard keuchend hervorgestoßen.

»Ja, Leonard. Ich komme morgen vorbei«, hatte er geantwortet. Als er die Hand losgelassen hatte und vom Bett zurückgetreten war, hatte Leonard ihn mit diesem durchdringenden Blick angesehen.

»Danke, John. Danke«, hatte er geflüstert. John hatte gewußt, daß sich der Dank nicht darauf bezogen hatte, daß er morgen vorbeisehen würde. Es war ein letztes Lebewohl gewesen. Er hatte Helen in der Halle getroffen, doch es war ihm nicht möglich gewesen, etwas zu ihr zu sagen. Auch sie hatte kein Wort an ihn gerichtet. So hatten sie einen Blick getauscht, ehe er das Haus verlassen hatte.

Nun stand er wieder in der Halle, aber diesmal traf er auf Rosie. »Er starb um halb drei«, sagte sie.

Er schwieg. »Wie geht es ihr?« fragte er schließlich.

Zum zweitenmal trocknete Rosie ihr Gesicht mit einem

Taschentuch. Schließlich schluckte sie. »Ruhig, seltsam ruhig«, erklärte sie dann. »Seit Leonard die Augen geschlossen worden sind, sitzt sie bei ihm. Aber das ist nicht vernünftig. Und sie hat noch keine Träne vergossen.«

Nein, sie würde nicht weinen, denn es gab Qualen, die sich nicht sofort in Tränen auflösen ließen. »Sag ihr, daß ich später vorbeikommen werde«, trug er Rosie auf.

Und er kam später vorbei und auch am nächsten und übernächsten Tag. Und bei jedem seiner Besuche war er erstaunt über ihr Benehmen, denn sie schien vollkommen beherrscht.

»Es ist nicht recht«, hatte Rosie zu ihm gesagt. »Sie tut, als wäre jeder Tag ein gewöhnlicher Tag. Sie gibt dem Personal ihre Anweisungen und empfängt den Leichenbestatter. Es ist seltsam. Als der Anwalt kam und meinte, daß er sich um alles kümmern werde, dankte sie ihm und erklärte, daß sie es selbst erledigen könne.«

Als Leonard zwei Tage später bestattet wurde, brach Helen mit der Sitte, daß es für eine Ehefrau nicht angemessen wäre, am Begräbnis ihres Gemahls teilzunehmen. Sie blieb sogar noch am offenen Grab stehen, als alle bereits gegangen waren. Allerdings vergoß sie auch hier keine Träne, was von den Trauergästen sehr wohl bemerkt wurde.

Viele Menschen hatten an der Trauerfeier teilgenommen, und etliche von ihnen kehrten anschließend in das Haus zurück. »Mit denen werde ich kurzen Prozeß machen«, erklärte Daisy angesichts einiger Gäste. »Sie haben sich für ihren Besuch etwas zu viel Zeit gelassen.«

Sie hatte die Aufgabe übernommen, jene Trauernden zu empfangen, die noch vor kurzem Angst gehabt hatten, dem Haus zu nahe zu kommen. Nun stand sie in der Halle und gab Phrasen von sich wie: Lady Spears danke ihnen für ihre Anwesenheit, aber gewiß würden sie es verstehen, daß sie jetzt allein sein wolle. Nur eine Dame beharrte auf ihrem Recht, die Hinterbliebene zu sehen. Doch Daisy verwendete deutlichere Worte, geleitete sie energisch zur Tür und drängte sie auf die Treppe hinaus. »Du kommst um Jahre zu spät, Claire«, erklärte sie frei heraus. »Sie will dich weder jetzt noch zu irgendeinem anderen Zeitpunkt sehen. Habe ich mich klar ausgedrückt?«

»Ja, so klar, wie es nur ein herzloser Mensch wie du tun kann«, erwiderte die Frau und stieg, getröstet durch die Tatsache, daß sie das letzte Wort behalten hatte, in ihre Kutsche.

Zwei Tage nach dem Begräbnis kehrte Rosie nach Hause zurück. Sie war einigermaßen ratlos wegen Helens Reaktion auf den Tod ihres Mannes und teilte das John auch mit. Sie erwähnte gleichfalls, daß Helen sich offenbar in Mrs. Wheatlands Gesellschaft wohler fühle, und fragte ihn, ob ihm Mrs. Wheatland nicht auch seltsam vorkomme. Zeitweise schien niemand deren Redestrom stoppen zu können, und dann wiederum verharre sie stundenlang, ohne ein Wort zu sagen. Doch Helen mache das offensichtlich nichts aus.

John begriff, daß Rosie ein wenig verärgert war, weil Helen die Gesellschaft dieser eigenartigen Frau ihrer eigenen vorzog. Und er verstand beide. Helen umgab sich lieber mit Daisy, da diese, selbst wenn sie noch so amüsant war, Leben, schmerzerfülltes Leben ausstrahlte, wohingegen Rosie trotz all ihrer mitfühlenden Tränen, ihrer tröstenden Worten und ihres unnatürlich feierlichen Gesichtsausdrucks ihre wiedergewonnene Lebensfreude nicht verbergen konnte.

Johnson traf ihn in der Halle. »Ihre Ladyschaft ist im Salon, Sir.«

»Danke, Johnson«, erwiderte er. »Was werden Sie nun tun? Ich meine, werden Sie sich um eine andere Stelle bemühen?« fragte er nach kurzem Schweigen.

»Oh, das ist bereits geregelt, Sir. Ihre Ladyschaft bat mich zu bleiben und forderte mich auf, mich um das Anwesen zu kümmern, solange sie fort ist. Ich werde Ihrer Ladyschaft melden, daß Sie hier sind, Sir.«

Er würde Ihrer Ladyschaft melden, daß er hier war. Das war das erste Mal, daß er angekündigt werden mußte. Aber natürlich war er es gewohnt gewesen, daß eines der Mädchen ihm die Tür öffnete. Er merkte, daß er tatsächlich eine Abneigung gegen diesen Mann empfand. Irgend etwas an ihm ging ihm unter die Haut. Doch Helen hatte ihre Vorkehrungen bereits getroffen, und ganz offensichtlich war alles geregelt, zumindest was den Haushalt betraf. Wie Rosie ärgerte er sich ein wenig.

Als Johnson ihn mit den Worten ›Doktor Falconer, Mylady‹ ankündigte, hätte er ihn am liebsten beiseite gestoßen.

Helen saß auf dem Sofa. »Bitte bleib sitzen«, sagte er, während er auf sie zuschritt. Doch er nahm nicht sofort Platz, sondern entledigte sich erst seines Mantels und legte ihn gemeinsam mit seinem Hut über einen Stuhl. »Ihr Butler hat ein Training nötig, Madam«, meinte er ironisch. »Er verabsäumte es, mir meine Überkleider abzunehmen.«

»Oh.« Sie neigte ihren Kopf ein wenig. »Er ist nicht mein Butler, John. Um ehrlich zu sein« – sie schenkte ihm ein mattes Lächeln – »ich weiß nicht, wie ich ihn bezeichnen soll.«

»Nein? Nun, er informierte mich, beinahe noch bevor ich über die Schwelle trat, daß du ihn mit der Leitung des Hauses beauftragt hättest, solange du nicht hier seist ... Steht es hiermit fest? Du gehst fort?«

»Nimm Platz, John.« Sie deutete auf einen Stuhl ihr gegenüber. Als er sich gesetzt hatte, fuhr sie fort. »Alles geschah in großer Eile. Ich erhielt gestern einen Brief von Leonards Cousine in Paris. Sie ist eine alte Dame, und ich glaube, er erwähnte sie dir gegenüber einmal und sagte, sie zähle zu den Menschen, die in ihrem ganzen Leben nie an sich selbst gedacht hätten. Nun, sie schrieb mir und entschuldigte sich, daß es ihr nicht möglich gewesen sei, am Begräbnis teilzunehmen. Immerhin ist sie weit über siebzig. Aber sie drückte gleichzeitig den Wunsch aus, daß ich sie besuche. Es ist ein sehr netter Brief gewesen, sehr bewegend. Und so schrieb ich augenblicklich zurück und nahm ihre Einladung an, denn ...« Sie lehnte sich vor und machte mit der Hand eine bittende Geste in seiner Richtung. »John, ich muß fort von hier. Ich ... ich breche zusammen, wenn ich hierbleibe. Es ist nur vorübergehend.«

»Was meinst du mit vorübergehend, Helen?«

Sie schloß die Augen. »Ich weiß es nicht. Einige Monate. Ich ... ich kann nicht fassen, daß er von uns gegangen ist, John. Solange ich hier bin, kann ich das nicht.«

»So wirst du also fortgehen, um ihn loszuwerden, die Erinnerung auslöschen, als hätte er niemals gelebt?«

Er hatte erwartet, daß sie ihm heftig widersprechen würde, doch zu seiner Überraschung stimmte sie ihm zu. »Ja, etwas in dieser Art, denn ich ertrage diesen Schmerz nicht. Ich wußte, daß es schlimm werden würde, und ich hatte mich lange darauf vorbereitet, zumindest glaubte ich das. Doch jetzt fühle ich diese riesige ... grenzenlose Leere. Es gibt nichts und niemanden, an den ich mich wenden kann.«

»Niemanden?« Tiefe Trauer lag in seiner Stimme. Sie wandte den Kopf von ihm ab und biß sich auf die Unterlippe. »Ich ... ich dachte, du würdest es verstehen.«

Seine Stimme sank auf ein Murmeln. »Ja, das tue ich, Liebste. Ja, das tue ich. Auch ich fühle den Schmerz über seinen Verlust, aber natürlich läßt er sich nicht mit deinem vergleichen. Ja, ich verstehe dich wirklich.«

Sie lehnte sich zurück, nahm ihr Taschentuch aus ihrer Manschette und tupfte sich die Lippen. In ihren Augen fand sich nicht das geringste Anzeichen für Tränen. Sie waren trocken und strahlend und blickten ihn unverwandt an. »Wenn es irgend jemanden gäbe, der mich dazu bewegen könnte hierzubleiben, bist du es, John ... und Daisy«, erklärte sie leise. »Die anderen« – sie hob verächtlich ihr Kinn – »strömen nun, da die Infektionsgefahr gebannt ist, täglich herein. Aber als ich der teuren Gwendoline Fenwick erklärte, daß ich nicht wisse, ob ich mich nicht vielleicht angesteckt hätte, und daß es eine überaus leicht übertragbare Krankheit sei, konnte ich richtig sehen, wie sie in ihrem umfangreichen Kleid zusammenzuckte. Nun«, meinte sie mit einem Nicken, »sie ist wohl eine von denjenigen, die ich nicht mehr wiedersehen werde.«

»Wann beabsichtigst du abzureisen?«

»In den nächsten zwei Tagen.«

»Und du reist allein?«

»Ja, John.« Sie nickte. »In den nächsten Tagen.«

»Ich ... ich verstehe.« Sein Ton war scharf. »Aber ich fragte mich, ob Daisy dich vielleicht begleiten würde.«

»Ja, ich habe überlegt, sie darum zu bitten, doch ihr Leben ist gefüllt mit ihren Leprakomitees und Wohltätigkeitsveranstaltungen. Ich möchte ihre Arbeit in keiner Weise belächeln, aber der Punkt ist, daß sie niemals eine Andeutung machte, daß sie mich begleiten wolle. Doch ich weiß, daß ich ihre Gesellschaft nur allzu bereitwillig angenommen hätte, hätte sie sie mir angeboten, denn wie Leonard zu sagen pflegte, ist sie eine für schwierige Fälle. Dieser Ausdruck geht auf Leonards indischen Korporal zurück, der die Männer für gefährliche Missionen auswählte, indem er auf einen Soldaten deutete und sagte: ›Den hier, das ist einer für schwierige Fälle.«

John mußte dieser Beschreibung von Daisy zustimmen. »Weißt du«, begann er nach einer kurzen Pause, »daß Leonard mich bat ... nun, dein Freund zu sein, dir in jeder Weise behilflich zu sein, wenn du mich brauchst?«

»Ja, ich weiß«, stieß sie hastig hervor. »Ja, ich weiß, John, und wir werden später einmal darüber sprechen. Ich weiß, daß ich keinen besseren Freund haben könnte, und auch ihm war das bewußt.« Sie nickte bekräftigend mit dem Kopf. »Wir werden später darüber sprechen, irgendwann.« Dann erhob sie sich rasch, sichtlich aufgewühlt.

»Sehe ich dich noch vor deiner Abreise?« fragte er schließlich.

»Ja, natürlich. Es werden noch einige Tage vergehen, ehe sämtliche Vorbereitungen getroffen sind.«

»Und du wirst Johnson die Leitung des Haushalts überlassen?«

»Ja.« In ihren weitgeöffneten Augen lag ein flehender Blick. »Was soll ich denn sonst tun? Ich kann doch nicht aus dem Haus gehen und erwarten, daß du oder Daisy das Personal beaufsichtigen. So gut sie auch sind – und sie sind einfach wundervoll –, brauchen sie doch jemanden, der sie überwacht, jemanden, der gewöhnt ist, Anordnungen zu treffen und Befehle zu erteilen.« Sie schwieg eine Weile, ehe sie fortfuhr. »Er ist ein wenig überheblich und sehr auf seine Position bedacht, das weiß ich, aber ich glaube, einen Mann diese Schlags zu haben, dem ich vertrauen kann, ist immer noch besser, als einen Hausmeister anzustellen. Denkst du nicht auch?«

»Ja, ich schätze, du hast recht.«

Wieder blickten sie einander an. Helen begann nervös den Saum ihres Taschentuchs zu glätten und hatte es bereits zu einem sauberen Viereck ausgebreitet, ehe sie weitersprach. »Ich wollte es dir sagen, John – ich wollte es dir schon früher sagen. Es ist nur, daß ich … Es tut mir so leid, daß dein Leben … deine Ehe in die Brüche ging. Du verdienst ein glückliches Zuhause.«

Er fühlte, wie er errötete. Seine Stimme klang plötzlich tief, als er ihr leise antwortete. »Ich habe ein gutes Leben mit meiner Mutter.«

»Oh, John, es tut mir so leid, daß ich davon gesprochen habe. Ich wollte nur …«

Die Farbe wich langsam aus seinen Wangen. Er streckte ihr seine Hand entgegen, und sie ergriff sie. »Sorge dich nicht, Helen, ich verstehe. Man könnte sagen, es war mein eigener Fehler, denn meine Ehe kam aufgrund meiner Vorliebe für hausgemachten Wein zustande.« Er hoffte, das Thema so leichthin beenden zu können, und lächelte. Doch im nächsten Moment begannen Helens Lider zu beben, und ihre Lippen zitterten. »Bitte, reg dich nicht auf, Helen. Glaube mir, mein Leben verläuft genau, wie ich es mir wünsche«, log er tapfer. »Ich habe es zu dem gemacht, was es heute ist, und bin mit meinem Werk zufrieden. Beatrice stört mich in keiner Weise. Wir sehen einander nicht, und dadurch kommt es auf keiner Seite zu einem Ärgernis. Aber ich werde jetzt gehen, ich sehe morgen noch mal vorbei.« Er ließ ihre Hand los und griff nach seinem Hut und Mantel, die er über dem Stuhl abgelegt hatte. »Und wenn du gepackt hast und abfahrbereit bist, bringe ich dich zum Bahnhof. Das heißt, wenn ...« Er zog seinen Mantel über, ehe er den begonnenen Satz vollendete. »Das heißt, wenn du versprichst, mir zu schreiben.«

Sie schluckte schwer, ehe sie antwortete. »O ja, John. Ja, ich werde dir schreiben.«

»Beabsichtigst du, in Paris zu bleiben?«

»Oh, das werde ich erst wissen, wenn ich da bin und die alte Dame, wie Leonard sie zu nennen pflegte, kennengelernt habe.«

»Und wenn dir die alte Dame nicht gefällt, ziehst du weiter?«

»Ja. Wahrscheinlich reise ich dann weiter.«

»Hast du schon ein bestimmtes Ziel?«

»Ich würde Italien gern besuchen, Rom. Aber auch Österreich zieht mich an.«

»Und das ganz allein?« Er wirkte besorgt. So wie sie aussah, wäre sie eine Beute für Männer jeder Art. Doch er konnte absolut nichts dagegen tun. Seine Stimme klang fast wie gewöhnlich, als er fragte: »Ich sehe dich dann morgen?«

»Ja, John.«

Ohne ein weiteres Wort wandte er sich zum Gehen.

Er hatte einige Hausbesuche zu erledigen, doch als er in die Stadt fuhr, erinnerte er sich daran, daß er eine Flasche Medizin für einen Bronchitispatienten vorbereitet, sie jedoch nicht in seine Tasche gepackt hatte. Als er die Tür zur Praxis öffnete, war er überrascht, Doktor Cornwallis dort anzutreffen.

»Oh! Ich dachte, Sie wären auf Krankenbesuch.«

»Ich bin auf dem Weg zu einem Kranken. Wollten Sie etwas?«

»Ja, ich wollte mir einen Ersatz dafür holen.« Cornwallis hielt eine Spritze hoch. »Doktor Rees hat Hände wie ein Schlachter. Er hat im letzten Monat zwei davon zerbrochen. Die werde ich ihm vom Lohn abziehen.« Er wollte an John vorübergehen, überlegte es sich dann anders, blieb vor ihm stehen und sah ihm direkt ins Gesicht. »Mußte Ihre Frau heute morgen besuchen«, erklärte er. Als er keine Antwort erhielt, fuhr er fort: »Hat sie sich jemals darüber beschwert, daß sie sich nicht wohl fühle, als .... nun, als sie noch mit ihr zusammenlebten?«

»Ich lebte nicht mit ihr, Doktor, ich war mit ihr verheiratet.«

»Ach, wir wollen hier keine Haarspalterei betreiben«, meinte Cornwallis mit einer Stimme, aus der sich ein gewisser Ärger heraushören ließ. »Ich frage Sie, ob sie je im landläufigen Sinne Anfälle hatte?«

»Ich war mir keiner Anfälle bewußt.«

»Nun, ich war nicht dort, als es geschah, aber es wirkte wie ein Anfall. Ich weiß nur, daß sie, als ich eintraf, steif wie ein Brett war.«

»Was meinen Sie mit ›steif wie ein Brett‹? Sie ist doch nicht tot?«

»Nein, sie ist nicht tot. Doch wenn meine Diagnose zutrifft, leidet sie an einer Art Neurose. Hat mit ihrem Gemütszustand zu tun.«

Hat mit ihrem Gemütszustand zu tun, wiederholte John für sich. Der Mann erklärte ihm das Wesen einer Neurose, als wäre er ein Laie. Dennoch war es für ihn nicht wirklich eine Überraschung.

»Wollen Sie wissen, was ich glaube?«

»Nein, Doktor, aber ich bin sicher, daß Sie es mir erzählen werden.«

»Oh!« Doktor Cornwallis wandte sich John mit gerötetem Gesicht zu. »Ihre Art ärgert mich, John. Manchmal fühle ich mit Ihnen, denn ich weiß, daß Sie an eine Frau gebunden sind, deren Verhalten alles andere als normal ist. Aber manchmal, so wie in diesem Augenblick, wenn Sie sich wie ein junge Dachs aufführen, möchte ich Sie am liebsten in den ... Hintern treten. Und das nicht nur bildlich gesprochen, schlimmes Bein hin oder her.«

John senkte den Kopf und biß sich auf die Lippen. Er hatte ein nahezu unüberwindliches Bedürfnis zu lachen, während er zusah, wie Cornwallis sich bemühte, mit festem Schritt in sein Arbeitszimmer zu humpeln. Kaum hatte sich die Tür hinter ihm geschlossen, lehnte John sich gegen die

Wand und legte die Hand an die Stirn. Und das nicht nur bildlich gesprochen, schlimmes Bein hin oder her, wiederholte er in Gedanken. Er konnte nicht anders, er mochte den alten Knaben, Schnüffler hin oder her. Warum war er tatsächlich gekommen? Hier gab es nichts, was nicht mit seinem Beruf zu tun gehabt hätte. Und doch war er clever genug gewesen, die Spritze zu erwähnen. Oh, er war schon ein verschlagener alter Kerl.

John trat an seinen Apothekenschrank und nahm die Flasche heraus, die er vergessen hatte. Doch er verließ den Raum nicht sogleich wieder, sondern lehnte sich gegen die Marmorplatte und starrte in die Leere. Neurasthenie? Anfälle? Steif wie ein Brett? Nun, das überraschte ihn nicht. Wahrscheinlich hatte sie erst Zustände, bevor sie diesen Anfall bekam. Er hatte auf eine seelische Unausgeglichenheit geschlossen. Oh, dem würde er beipflichten, doch auch das wäre keinesfalls Neurasthenie. Er blickte auf die Flasche in seiner Hand. Wie lange wäre er noch an sie gefesselt? Eine gerichtliche Trennung war immerhin auch nur eine Trennung. Was sollte er mit seinem Leben beginnen? Würde er es sechs Tage die Woche zwischen dem Anbau und diesem kleinen Kämmerchen verbringen? Und was blieb ihm an den Abenden? Bei seiner Mutter zu sitzen, jetzt, da er keine Besuche mehr machen konnte.

Ab morgen oder übermorgen würde er nicht einmal mehr die Gelegenheit haben, einen kurzen Blick auf sie zu werfen. Frankreich, Italien, Österreich. Und Männer, überall Männer, und auch sie war nur ein Mensch. Sie dachte nicht an so etwas, denn sie war der Überzeugung, sie würde den Schmerz über ihren Verlust niemals überwinden. Doch Liebe war eine Krankheit, und wie bei anderen Krankheiten auch war es möglich, sie zu heilen und dem Patienten neuen Auftrieb zu geben. Das konnte auch ihr leicht passieren, wenn sie an einen mitfühlenden, raffinierten Kerl geriet ... Um Gottes willen! Er mußte hier weg und an die Arbeit.

Als er in den Korridor hinaustrat, öffnete sich die gegenüberliegende Tür, und *diese Frau* trat heraus. Sie wirkte abgezehrt und schmutzig. Er erinnerte sich, vorige Woche in der Zeitung eine Notiz gelesen zu haben, daß sie wegen Prostitution verurteilt worden war, wobei man ihr die Wahl zwischen einer Geldstrafe von fünf Pfund oder zehn Tagen Gefängnis gelassen hatte. Sie hatte die Strafe gezahlt. Er dachte an ihren Ehemann und ihren Sohn und welche Auswirkung diese Nachricht wohl auf sie gehabt haben mochte.

Seit der Nacht, in der ihr Mann sie aus dem Haus gejagt hatte, hatte er sie nicht mehr gesehen. Und doch, als er sie nun betrachtete, fühlte er Mitleid für sie. Sie war eine bedauernswerte Kreatur. Wenn ihre körperlichen Bedürfnisse sie in dieses Elend getrieben hatten, konnte er sie mit Beatrice vergleichen, denn wenn es jemand gab, der wahrhaftig von den Begierden des Fleisches besessen war, so war dies Beatrice.

Er trat einen Schritt zurück, um sie vorübergehen zu lassen. Dabei wandte sie ihm ihr Gesicht zu, und ein Lächeln glitt über ihre stark geschminkten Lippen. »Danke«, sagte sie.

So schlicht das Wort auch war, wußte er doch, daß es nicht aus Höflichkeit, sondern im Hohn ausgesprochen worden war. Er wartete einige Zeit, ehe er ihr auf die Straße hinaus folgte.

Während er die Zügel des Pferdes von der Eisenstange nahm, war er sich bewußt, daß sie ihn mit diesem rätselhaften Lächeln auf dem Gesicht beobachtete. »Einen fröhlichen Tag, Doktor«, rief sie ihm spöttisch zu, als er in den Einspänner stieg.

5

Sieben Wochen waren vergangen, und er hatte drei Briefe von Helen erhalten. Einen aus Paris und zwei aus Italien. Doch seit Eintreffen ihres letzten Schreibens waren bereits vierzehn Tage vergangen. Dennoch hatte er diese Wochen nicht vollkommen ohne Gesellschaft verbracht, denn Daisy hatte ihn zu sich eingeladen, und sie hatten einander gut kennengelernt. In diesem Augenblick saß er in ihrem Salon, und sie beantwortete nicht ganz aufrichtig eine Frage, die er ihr gestellt hatte. »Oh, vielleicht einmal die Woche«, erklärte sie. Sie konnte ihm schwerlich mitteilen, daß sie regelmäßig zwei Briefe wöchentlich erhielt, denn er hatte ihr soeben gesagt, daß er seit zwei Wochen nichts mehr von Helen gehört hatte.

Er streckte die Hand aus und strich über das breite Blatt einer Pflanze. »Glauben Sie, das Reisen hilft ihr?« fragte er.

»Nein.«

Er fuhr scharf herum. »Sie glauben es nicht?«

»Nein, absolut nicht. Sie kann weder ihren Schmerz lindern noch den Aufruhr ihrer Gefühle besänftigen, indem sie von Zug zu Zug, von Land zu Land und von Hotel zu Hotel hastet. Ihre einzige Hoffnung besteht darin, einen Sinn in ihrem Leben zu finden. Etwas ähnliches wie meine Leprakolonie.« Sie grinste ihn an. »Aber wie ich es sehe, besteht wenig Möglichkeit, daß sie jemals erlebt, wie es ist, aus einem Karbolbad zu springen«, erklärte sie und brach in Gelächter aus. Er stimmte ein. »Allerdings sorge ich mich nicht um sie. Irgend etwas wird ihr den Weg weisen, dem sie folgen muß. Das geschieht immer, wenn wir nur lange genug darauf warten. Doch einige von uns müssen länger darauf warten als andere. Wie Sie zum Beispiel, John.«

Er legte den Kopf fragend zur Seite, forschte aber nicht nach, was sie damit meinte, denn ihre nächste Bemerkung ließ ihn leicht erschrocken hochfahren. »Wie lange lieben Sie sie schon?«

Seltsamerweise störte ihn ihre Direktheit weniger, als es der Fall gewesen wäre, wenn irgend jemand anderes ihn darauf angesprochen hätte. Daisy war eine sehr einfühlsame Frau, die hinter all ihrer Fröhlichkeit ein gehöriges Maß an Weisheit verbarg. Dennoch hatte die Frage ihn verwirrt, und er mußte seinen Blick von ihrem zerfurchten Gesicht und ihren wissenden Augen abwenden. So betrachtete er eine Weile ihren wundervollen Salon und sah sie erst wieder an, als sie fortfuhr. »Sie brauchen sich keine Sorgen zu machen, es ist nicht so offensichtlich. Nur Leonard wußte es.«

Die Beine des Korbstuhls kratzten über den mit einem Steinmosaik belegten Boden, als er scharf herumfuhr. Doch schon hielt sie abwehrend die Hand hoch. »Alles in Ordnung. Regen Sie sich nicht auf, er hat es mir gegenüber mit keinem Wort erwähnt. Ich erkannte aus der Art, wie er über Sie sprach – und das tat er mit großer Zuneigung –, daß er sich Ihrer Gefühle bewußt war und dies offenbar schon seit langer Zeit. Ich glaube sogar, schon bevor er sich hier niederließ. Also, jetzt können Sie meine Frage beantworten: Wann entdeckten Sie ihre Liebe zu Helen?«

John holte tief Atem und blickte auf seine Füße. »Als ich sie das erste Mal auf der Party zu Beatrices einundzwanzigstem Geburtstag sah. Wir sprachen nur wenige Minuten miteinander, denn Leonard war eben eingetroffen. Dann sahen wir uns eines Nachmittags auf dem Gipfel des Craig wieder. Ich war in der Sonne eingeschlafen, und als ich wieder aufwachte, war sie da. Sie hatte sich neben mir niedergelassen und mich beobachtet. Und wir hatten eine Art von Picknick.« Er zögerte und strich sich mit den Fingern durchs Haar, ehe er fortfuhr. »Seit diesem Tag lebe ich mit der schmerzlichen Tatsache, daß sie verheiratet ist. Als ich ihre Schwester ehelichte, glaubte ich, Helen aus meinen Gedanken verdrängen zu können.« Er wandte sich um und nickte Daisy vielsagend zu. »Das war der größte Fehler meines Lebens. Doch darauf sollten wir nicht näher eingehen.«

Einige Sekunden lang schwiegen sie. »Wie lange, glauben Sie, wird sie wirklich fortbleiben?« fragte er schließlich.

»Ich weiß es nicht, John. Falls Sie nicht auf ein Karbolbad stößt, kann sie sich bereits morgen zur Rückkehr entschließen.«

Er unterließ es, »Wirklich?« zu sagen, und wartete stattdessen darauf, daß sie weitersprach. »In den Briefen, die ich von ihr erhalte, erkenne ich eine Unrast, die mich glauben läßt, daß ihr bisheriges Reisen ihre Gefühle nicht tatsächlich besänftigt hat. Wie Sie wissen, weinte sie nicht, als Leonard starb, und auch in den darauffolgenden Tagen gab es kein Anzeichen von Tränen. Es ist ein schlechtes Zeichen, wenn Menschen nicht weinen. Ihre Gefühle zehren sie wie der Krebs von innen auf. Und ich kann nicht glauben, daß sie ihren Empfindungen in irgendeinem fremden Hotelzimmer freien Lauf gelassen hätte. Es wird wohl eine lange Zeit vergehen, John, ehe sie wirklich wieder in das Leben zurückkehrt. Wie Sie wissen, gingen ihre Gefühle für Leonard sehr tief. Ich weiß nicht, was es war, als sie einander kennenlernten, und ich bin mir sicher, daß sie damals noch nichts von der Liebe wußte, zumindest nicht von der Art von Liebe, die er ihr entgegenbrachte, aber sie lernte rasch.«

Daisy lehnte den Kopf gegen das Kissen des Korbstuhls und starrte zu der gläsernen Kuppel empor. »Ich pflegte Menschen wie Helen, die in der Lage waren, eine solche Liebe zu entwickeln, zu beneiden. Doch schon seit vielen Jahren tue ich das nicht mehr, denn Sie müssen zugeben, John, daß die Art von Liebe, die Sie für sie empfinden, hauptsächlich aus Schmerz besteht. Was mich betrifft, so habe ich mich nicht an der Lepra angesteckt, aber doch an einer Form der Liebe, die in meinem Fall aus verschiedenen Zutaten zusammengemischt ist. Heute habe ich einen Ersatz dafür, wie man ihn aus dem Geben und Empfangen von Freundschaft und dem Gefühl einer tiefen Zuneigung zu einigen wenigen Menschen erfährt. Allerdings muß ich gestehen, daß es, was Leonard anbelangt, leicht Liebe hätte werden können. Einerlei, wollen Sie zum Essen bleiben?«

Er hatte sich rasch erhoben und blickte auf sie hinab. »Nein«, erklärte er rundheraus. »Das will ich nicht, denn es würde bedeuten, daß ich die ganze Nacht hier hängenbliebe und Mrs. Atkinson mich bei meiner Rückkehr in Hut und Mantel an der Tür empfangen würde. So wünsche ich Ihnen eine gute Nacht, Mrs. Daisy, bis wir uns wiedersehen, was voraussichtlich schon morgen oder übermorgen der Fall sein wird.«

»Gute Nacht, John, und vielen Dank«, antwortete sie schlicht.

6

Eine weitere Woche war vergangen. John hatte eben die Untersuchung einer Frau in den späten Fünfzigern beendet und bereitete eine Flasche Medizin für sie vor.

»Sie sind eine dumme Person, Emily Green«, erklärte er, während er sie über den Tisch hinweg ansah. »Gehen Sie nach Hause und legen Sie sich ins Bett. Ich werde morgen nach Ihnen sehen. Und ich sage Ihnen« – dabei schwenkte er drohend den Finger vor ihr – »vergessen Sie Ihren Mann. Ihm geht es nicht halb so schlecht wie Ihnen.«

»Ach, Doktor, sagen Sie nicht so etwas.«

»Doch, das tue ich. Er hat nur eine leichte Silikose, wie sie die meisten Männer in den Minen hier herum haben. Aber, ich sage es ganz deutlich: Heute haben Sie eine Bronchitis, doch wenn Sie nicht tun, was ich Ihnen aufgetragen habe, kann sich daraus noch etwas viel Schlimmeres entwickeln; also bleiben Sie im Bett.«

»Aber wer kümmert sich dann um …?«

»Die können sich selbst versorgen. Ihr Mann hat immer noch seine Hände und Füße, und immerhin ist er damit in der Lage, ins Pub hinunterzugehen, nicht wahr?«

»Oh, Doktor! Was hat er denn für ein Leben? Ich meine …«

»Kümmern Sie sich nicht darum, welches Leben er hat. Was ist mit Ihrem Leben? Was ist mit ihren Töchtern? Kann nicht eine von ihnen kommen und den Haushalt übernehmen?«

»Die beiden haben selber Familie, Doktor. Und sie kümmern sich darum. Es sind gute Mädchen, hin und wieder sehen sie vorbei.«

»Ja, sie kommen, damit ihre Mutter ihnen Tee kocht und Brot für sie bäckt. Oh, ich weiß, was in Ihrem Haus vorgeht. Ich habe es oft genug besucht.«

Er erhob sich und sprach in ruhigerem Ton weiter. »Ich meine es ernst, Emily. Sehen Sie endlich zu, daß Sie ins Bett kommen, und bleiben Sie dort. Tun Sie das nicht, so enden Sie noch im Krankenhaus, wo Sie dann eine ganze Weile verbringen müssen. Verstehen Sie, was ich Ihnen sagen will?«

Sie ließ den Kopf sinken. »Ja, Doktor«, murmelte sie schließlich.

Er wußte, daß sie ihn verstanden hatte, denn immerhin hatte sie bereits einen sechsundzwanzigjährigen Sohn an Tuberkulose verloren und erst kürzlich ihre jüngste Tochter im Alter von neun Jahren.

Sie erhob sich und lächelte müde. »Ich tue, was Sie sagen, Doktor, und überlasse sie sich selbst. Um Ihnen die Wahrheit zu sagen, erkläre ich ihnen schon seit Monaten, daß es eines Tages soweit kommen würde, daß sie sich selbst um alles würden kümmern müssen.«

»Gut, Emily. Die Bronchitis ist erst im Anfangsstadium und kann leicht geheilt werden. Ich werde mit Ihrem Mann sprechen, wenn ich morgen vorbeisehe. Und machen Sie sich seinetwegen keine Sorgen. Es ist erstaunlich, was Männer zustande bringen, wenn sie müssen. Und Sie wissen doch, was man sagt: Hunger ist der beste Koch.«

Ihr Lächeln vertiefte sich. »Danke, Doktor. Danke. Sie sind ein sehr guter Mann.«

Nachdem sie gegangen war, setzte John sich und schüttelte den Kopf. Frauen und Männer. Ihrem Mann ging es nicht halb so schlecht wie ihr. Er hustete ein wenig und machte viel Aufhebens, wenn er spuckte. Doch es gab eine Reihe von Männern, die weit stärker an derselben Krankheit litten. Er seufzte und drückte auf eine Glocke. Als er im Vorzimmer einen Tumult hörte, erhob er sich rasch wieder, nur um erstaunt festzustellen, daß Daisy in der geöffneten Tür stand.

»Es wird nur einen Augenblick dauern, das verspreche

ich«, erklärte sie einem wartenden Patienten. »Ich habe lediglich eine Nachricht für den Doktor.«

»Was in aller Welt ist los?« verlangte er zu wissen.

»Sie ist zurück!«

Er schwieg einen Moment. »Helen?«

»Nun, wer sonst sollte zurückkommen? War denn noch jemand fort? Helen? Natürlich Helen!«

»Wann?«

»Letzte Nacht. Sie kam gegen acht Uhr zu mir. Ich konnte es nicht glauben. Spazierte einfach so herein.« Sie trat einen Schritt zurück. »Ich dachte, Sie würden es gerne wissen«, fügte sie sanft hinzu.

»O Daisy.« Er streckte die Hand nach ihr aus und faßte sie am Arm. »Irgend etwas hat sie zurückgebracht.«

»Ja, soviel steht fest. Aber was es ist, hat sie mir nicht verraten. Vielleicht sagt sie es Ihnen. Sie werden sie doch aufsuchen, nehme ich an?« fragte sie grinsend.

»Ich sehe bei ihr vorbei, sobald meine Krankenbesuche beendet sind.«

»Gut! Aber nun muß ich gehen. Der Kerl im Vorzimmer schlägt mich, wenn ich noch eine Minute länger bleibe. Er schnaubte so sehr, daß ich vorschlug, er solle sich einen Ring durch die Nase ziehen lassen.«

Sie zog die Tür auf und lächelte den erwähnten Mann, den sie bei weitem überragte, an. »Ich danke Ihnen vielmals«, erklärte sie mit süßlicher Stimme. »Das war ausgesprochen freundlich von Ihnen. Ich bin Ihnen sehr verbunden.«

»Schon in Ordnung«, gab der Mann besänftigend zur Antwort und sah der eigenartigen Frau nach, die den Gang nahezu entlanghüpfte. Dann trat er in das Sprechzimmer. »Ein seltsamer Vogel, diese Frau«, bemerkte er, zu John gewandt, der nicht wußte, was er dazu sagen sollte.

Er war an diesem Morgen so oft dringend zu einem Patienten gerufen worden, daß er erst gegen drei Uhr nachmittags in Col Mount eintraf.

Johnson öffnete ihm die Tür. »Oh! Guten Tag, Doktor«,

sagte er nach einer kurzen Pause. »Sie ... Sie wünschen, Lady Spears zu sehen?«

Das arrogante Auftreten des Dieners war John in diesem Augenblick zuviel. »Johnson, ich bin wohl nicht so weit gefahren, um *Sie* zu besuchen. Wollen Sie mir jetzt sagen, wo Lady Spears ist?«

Johnson richtete sich zu seiner vollen Größe auf. »Ihre Ladyschaft befindet sich auf ihrem Zimmer«, erklärte er in hochmütigem Ton.

»Wären Sie dann so freundlich, Ihr mitzuteilen, daß Sie Besuch bekommen hat? Ich warte im Salon.« Damit durchquerte John die Halle und ging in den Salon. Er ließ die Tür absichtlich offen, und als er den Kamin erreichte und sich umdrehte, sah er, daß Johnson noch immer auf demselben Fleck stand. Schließlich zog er die Schultern hoch, als hätte man ihn beleidigt und stieg die Treppe empor.

John ärgerte sich über sein Benehmen wie schon so oft und fragte sich gleichzeitig, warum er nicht über ihn lachte.

Kurz darauf hörte er Helens Schritte auf der Treppe. Als sie eintrat, schloß sie die Tür hinter sich. Mit ausgestreckten Händen eilte er auf sie zu. Sie ergriff seine Hände und lächelte ihn an. »Wie gut es tut, dich zu sehen, John.«

Einen Augenblick lang war er sprachlos. »Und wie gut es tut, dich wiederzusehen, meine Liebe«, wiederholte er schließlich ihre Worte.

Sie lächelte ihn herzlich an. »Komm, setz dich und beginne mit deinen Fragen.«

Sie ließ sich auf dem Sofa nieder, und er nahm in einem Stuhl daneben Platz. »Ich muß mich erst fassen. Die Überraschung hat mich regelrecht benommen gemacht«, erklärte er. »Aber gut, ich beginne. Woher kommst du?«

»Aus Paris, meinem Ausgangsort.«

»Ich dachte, du würdest erst nach Rom und dann nach Österreich reisen?«

»Ich war in Rom und habe auch Österreich besucht. Doch danach kehrte ich nach Paris zurück.«

»Um bei der alten Dame zu wohnen?«

»O nein! Ich hatte geglaubt, solche Gestalten gäbe es nur in Romanen. Tag für Tag schminkte und puderte sie sich, und ständig waren zwei Dienstmädchen um sie bemüht.«

»Wie alt ist sie?«

»Etwa achtzig, und sie verfügt noch immer über einen messerscharfen Verstand, mit dem sie ihren Haushalt regiert. Sie wollte, daß ich bei ihr bleibe, nein, eigentlich *wollte* sie es nicht, sie *forderte* es. Ihr gefiel die Stimme ihrer Sekretärin nicht. Die arme Seele mußte ihr täglich mehrere Stunden lang vorlesen, und es war ihr Wunsch, daß ich diese Aufgabe übernehme. Als ich es wagte, ihren Vorschlag lachend abzulehnen, flüchtete sie sich in einen Wutanfall. O du meine Güte!«

»Dann bliebst du also nicht in ihrem Haus?«

»O nein! Gott sei Dank nicht. Ich zog in ein nahegelegenes Hotel.«

»Und wie verbrachtest du deine Zeit?«

»Ach, ich absolvierte dieselben Besichtigungstouren wie jeder Tourist: Louvre, Tuilerien und selbstverständlich Notre-Dame und die Märkte. O ja, die Märkte.«

»Ganz allein?« In Johns Stimme lag Überraschung.

»Ja, ganz allein, nur von einem ausgesprochen hilfsbereiten Kutscher geführt, den ich während meines Aufenthalts tageweise anheuerte. Insgesamt zwei Wochen lang. Er schlug immer vor, was ich am nächsten Tag besichtigen sollte. Ein wirklich netter, zuvorkommender Mann. Er nannte sich selbst meinen Beschützer, denn er konnte nicht verstehen, warum ich allein reiste.«

»Und brauchtest du Schutz? Auch wenn das natürlich eine ziemlich dumme Frage ist.«

»Ja, in gewisser Weise schon.« Sie lachte, als sie weitersprach. »Es gab einen bestimmten Gentleman, der mich recht hartnäckig verfolgte, bis mein Beschützer, der nach einem meiner Kulturbesuche auf mich wartete, erklärte, daß wir uns beeilen müßten, da mein Mann jeden Augenblick am Bahnhof eintreffen würde. Zudem wäre Monsieur nicht gerade für seine Geduld berühmt. Jedenfalls lautete so meine ungefähre Übersetzung seines Vorortfranzösischs. Wenn ich darauf anspiele, daß er aus den Vororten kam, so muß ich erklären, daß er in einer Gegend beheimatet war, die man das ›Ende von Paris‹ nennt. Doch seinen Aussagen zufolge gab es nichts, das er über Herren oder auch Damen jeder Art nicht wußte.« Das Lächeln verschwand von ihrem Gesicht. »Wie dir bekannt ist, wollte Leonard nicht, daß ich Trauerkleidung trage oder die Spiegel im Haus verhülle. Aber ich glaube, ersteres hätte mir auf meinen Reisen geholfen.«

Wieder umspielte ein Lächeln ihre Lippen. »Übrigens erfuhr ich erst abends, als ich mich von meinem Beschützer trennte, daß der Name, den er meinem ›Ehemann‹ gegeben hatte und den wir so eilig vom Bahnhof hätten abholen müssen, der eines bekannten Boxers war. Dies geschah einen Tag, bevor ich abreiste, und es tat mir leid, mich von ihm verabschieden zu müssen. Weißt du, er ließ sogar seine Kutsche stehen, um mich zum Zug zu begleiten.«

»War er ein väterlicher Mann?«

»Nein, John, das war er nicht. Er war kaum älter als ich. Ich würde sagen, etwa Mitte Dreißig. Aber er hatte eine Frau und fünf Kinder.«

»Oh. Sind schon ein romantisches Volk, diese Franzosen.«

»Ja, John, das sind sie.«

»Bist du froh, wieder zurückzusein?« fragte er schließlich.

Das Lächeln auf ihrem Gesicht verblaßte. »Das weiß ich noch nicht. Ich weiß nur, daß ich kommen mußte.«

»Was meinst du damit?«

»Wieder kann ich dir keine klare Antwort geben, aber irgend etwas ist geschehen. Vielleicht glaubst du mir nicht und wirst sogar behaupten, es wäre nur Einbildung oder eine aufbrechende, unterbewußte Sehnsucht … Es passierte, als ich an dem kleinen Tisch vor dem Fenster in meinem Hotelzimmer saß. Die Aussicht war reizend. Das Hotel lag an einer Hauptstraße, doch die Sonne schien auf einige Platanen, und eine ganze Menge Leute waren auf der Straße. Alles sah so strahlend und fröhlich aus.« Sie blickte ihn offen an. »Ich erinnere mich noch, daß ich dachte, was für eine herrliche Stadt Paris ist und warum ich nicht bleibe, statt nach Spanien weiterzureisen. Ich zog meinen Baedeker zu mir, denn zumindest in Gedanken hatte ich bereits alle Vorbereitungen für Spanien getroffen, als …«

Sie verstummte und blickte auf ihre fest ineinander verschlungenen Finger, die auf ihrem braunen Rock lagen, ehe sie fortfuhr. »Als … Es war so wirklich … Als ich fühlte, daß Leonard hinter mir stand. Ich hatte das Gefühl, daß ich meine Hand nur so auszustrecken mußte« – sie hob ihren Arm rasch über den Kopf – »um sein Gesicht zu berühren. Er pflegte oft hinter mir zu stehen, wenn ich an meiner Frisierkommode saß. Aber ich wußte, daß er da war, und ein Frösteln überlief mich von Kopf bis Fuß. Schließlich schien es, als legte er mir seine Hände auf die Schultern und« – wieder stockte sie – »und seine Stimme war so klar in meinem Kopf zu hören, als hätte er laut gesprochen. ›Kehre nach Hause zurück‹, sagte er. ›Keine weiteren Reisen mehr. Du wirst mich nicht vergessen, indem du weiterziehst.‹ Und weißt du, was …« Ihre Lider bebten. Dann sah sie John wieder mit festem Blick an und sprach weiter. »Weißt du, was ich tat, John? Ich antwortete ihm laut, ich meine, wirklich mit lauter Stimme. Ich sagte: ›Ich will dich nicht vergessen. Ich will dich niemals vergessen.‹ Und er sagte: ›Das weiß ich, meine Liebe, und ich will auch nicht, daß du mich vergißt. Die Zeit wird deinen Schmerz lindern, aber nur, wenn du nach Hause zurückkehrst und … und dort bleibst.‹ Du kannst mir glauben, John, daß er sich vollkommen klar ausdrückte, als er sagte, daß ich, was auch immer geschehen möge, dort bleiben solle. Auf gewisse Weise war es furchterregend, als … als stünde mir etwas bevor.«

John hatte ihre Hände ergriffen. »Ich bin mir gewiß, daß dir nichts Schlimmes passieren wird, und ich glaube dir, was du mir sagtest. Seine Gefühle für dich waren sehr stark, und er wußte, daß du dem Schmerz nach seinem Tod zu entfliehen versuchen würdest. Doch indem du dies tatest, hieltest du ihn auf der Erde gefangen. Und du weißt, was man sagt: Zwischen Himmel und Erde gibt es mehr, als sich diese Welt jemals erträumen kann.«

Sie entzog ihm ihre Hände und erhob sich. Er rührte sich nicht, sondern beobachtete sie, während sie zum Kamin ging und ihre Hand nach dem Sims ausstreckte. »Du hast recht«, flüsterte sie nahezu unhörbar, »es gibt tatsächlich unbegreifliche Dinge. Es war so wirklich, ich … ich drehte mich um und erwartete, ihn oder seinen Geist oder sonst etwas hinter mir zu sehen, das mir bestätigen würde, daß er wahrhaftig hiergewesen war. Doch da war nichts. Von diesem Augenblick an drängte es mich zurückzukehren.« Sie wandte sich John wieder zu. »Und da bin ich. Es tut so gut, dich wiederzusehen und auch Daisy. Ihr seid die einzigen Freunde, die ich habe, das heißt, die einzigen echten Freunde. Wenn ich mit dir oder Daisy zusammen bin, kann ich ganz und gar ich selbst sein. Das kann ich bei niemand anderem, nicht einmal bei Rosie. Nein, nicht einmal bei Rosie. Ich … ich hätte ihr niemals erzählen können, was ich dir gesagt habe. Ich liebe Rosie, weil sie meine Schwester ist, und obwohl sie heute verheiratet ist, sehe ich in ihr noch immer das kleine Mädchen. Allerdings hat das Schicksal auch sie in gewisser Weise hart angefaßt.«

»Ja«, nickte er, »o ja, auch sie hat schon einiges ertragen müssen, und sie ist auch nicht mehr das kleine Mädchen, sondern eine junge Hausherrin, und wie ich glaube, wird es nicht mehr lange auf sich warten lassen, bis ihre Figur verkünden wird, daß sie bald auch eine junge Mutter sein wird.«

»Wirklich? Ist das wirklich wahr? Oh, das ist wundervoll.«

»Ja, auch sie denkt so darüber. Und Robbie natürlich ebenfalls. Da es in seinem Bekanntenkreis keine andere junge verheiratete Frau gibt, die jemals ein Kind geboren hat, wird seine Gemahlin die erste sein, bei der er das erleben wird.«

»Oh, ich muß sie besuchen«, erklärte Helen mit einem Lächeln.

»Das würde ihr gefallen. Ja, sieh einfach bei ihr vorbei. Ich weiß, daß du ihr ein- oder zweimal geschrieben hast, aber sie glaubt – ähnlich wie ich noch gestern um diese Zeit –, daß du dich in Timbuktu, Borneo, im Kongo oder an sonst einem Ort aufhältst.«

»Möchtest du eine Tasse Tee?« fragte Helen unvermutet leise.

»Ja, sehr gerne.«

Sie zog an der Klingelschnur. »Wir hätten gerne Tee, Johnson«, sagte sie, sobald ihr Diener die Tür öffnete.

John erschien das Benehmen des Mannes furchteinflößend, und so wandte er sich, nachdem sich die Tür hinter ihm geschlossen hatte, an Helen. »Ich muß gestehen, daß ich diesen Kerl nicht leiden kann.«

»Ja«, lachte Helen, »er ist ein wenig hochmütig, nicht wahr? Doch er war Leonard gegenüber sehr aufmerksam. Und natürlich war er davor auch schon in Fredericks Diensten. Doch wenn ich darüber nachdenke, so kann das nicht allzu lange gewesen sein, denn er nahm Beechams Platz ein, der wirklich ein ausgesprochen liebenswerter Butler war. Er hat tatsächlich schon seit seiner Kindheit für die Familie gearbeitet. Aber da ich so lange nicht zu Hause war, mußte ich mich auf ihn verlassen, und er hat seine Aufgabe gut erfüllt. Sämtliche Bücher sind in Ordnung. Er beharrte regelrecht darauf, daß ich sie heute morgen mit ihm gemeinsam durchsehe.« Sie überlegte einen Augenblick, ehe sie mit etwas zurückhaltender Stimme fortfuhr. »Er wollte, daß ich sehe, daß er die Kosten für den Haushalt gesenkt hat. Gewiß hat der Köchin das gar nicht gefallen, und auch Mrs. Dolly Jones liebt ihr Essen, wie alle. Und da sie dafür arbeiten und ich das Gefühl habe, daß es ihnen auch zusteht, mußte ich Johnson auf höfliche Weise mitteilen, daß in dieser Beziehung keine Notwendigkeit zum Sparen besteht und daß die Köchin ihre Anweisungen wie üblich selbst geben soll. Es war ein ermüdender Vormittag. Wahrscheinlich wurde ich auch seinetwegen vom Personal in und außerhalb des Hauses mit offenen Armen willkommen geheißen.«

»Es freut mich zu hören, daß ich nicht der einzige bin, der ihn offenbar nicht ausstehen kann.«

Johnson ließ sich nicht herab, den Tee selbst zu servieren. Hannah Worth, mit einem Lächeln auf den Lippen, schob den Teewagen herein. »Guten Tag, Doktor«, grüßte sie.

»Guten Tag, Hannah. Wie geht es heute?«

»Wunderbar. Ganz wunderbar, nun, da die Herrin wieder zurück ist«, erklärte sie mit einem Seitenblick auf Helen. »Einfach wunderbar.«

Johnson richtete sich, wenn das überhaupt noch möglich war, noch gerader auf. »Überlaß das mir«, sagte er bestimmt zu dem Mädchen. »Ich werde das Eingießen übernehmen.«

»Das ist überhaupt nicht nötig, Johnson, danke«, meinte Helen.

Johnson schien zu seufzen, bevor er sich umwandte und mit gemessenem Schritt den Raum verließ.

»Würdest du nicht gerne deine Mutter an einem der nächsten Abende mitbringen, John?« fragte Helen, während sie den Tee eingoß. »Die Fahrt in der Kutsche bereitete ihr keine allzu großen Schwierigkeiten.«

»Oh, das würde ihr gefallen. Ja, sag uns nur die Zeit, und wir werden hier sein.«

»Ach, kommt, wann ihr wollt; ich beabsichtige nicht, Besuche zumachen. Und die einzige andere Person, die ich um mich haben möchte, ist Daisy. Also benachrichtige mich, wann immer deine Praxis es dir erlaubt, und Henry wird rechtzeitig mit dem« – sie lachte – »Beförderungsmittel zur Stelle sein.«

John konnte kaum glauben, daß er tatsächlich mit ihr hier saß, Tee trank und hervorragende Sandwiches verzehrte. Daisy hatte gemeint, daß viel Zeit vergehen werde, ehe Helen wieder zum Leben erwachen werde, doch ihr derzeitiges Verhalten ließ den Schluß zu, daß sie damit schon vor einer ganzen Weile begonnen hatte. Selbstverständlich fragte er sich nun, in welcher Weise ihre Rückkehr sein Leben beeinflussen würde, denn sowohl Beatrice als auch das Gesetz tauchten drohend in seinen Gedanken auf.

7

Nachdem der letzte Patient gegangen war, ordnete John die Papiere auf seinem Tisch, packte sie in eine Mappe und erhob sich seufzend. »Soviel dazu!« erklärte er. Dann ging er in den Waschraum hinüber und wusch sich die Hände. Einen Augenblick lang betrachtete er sein Bild in dem kleinen Spiegel über dem Waschtisch, während er seine Krawatte richtete und sein Haar zurückstrich.

Er hatte in letzter Zeit Gewicht verloren. Sein Gesicht wirkte abgespannt. War er wirklich erst zweiunddreißig Jahre alt? Wenn er sich selbst auf der Straße begegnen würde, würde er sich auf vierzig schätzen.

Plötzlich hörte er, wie sich die Vordertür öffnete. »Sind Sie da, John?« ertönte die Stimme seines Praxisvorstands. Er zögerte einen Moment, ehe er antwortete. »Ja, Doktor. Hier drin.«

Der alte Cornwallis hatte ihn John genannt, das war seltsam. Soweit er sich erinnern konnte, hatte er ihn bisher nur zweimal beim Vornamen gerufen. Das erste Mal, als er ihm dafür dankte, daß er die Praxis drei Wochen lang ganz alleine geführt hatte, während Cornwallis sich seines Beines wegen im Krankenhaus hatte aufhalten müssen. Doch das war im ersten Jahr kurz nach seiner Ankunft gewesen. Und das zweite Mal, als er ihm sein Mitgefühl wegen seiner in die Brüche gegangenen Ehe ausgedrückt hatte, kurz nachdem er zu Beatrice ins Herrenhaus gerufen worden war.

Als John in sein Ordinationszimmer zurückkam, fand er den Doktor im Patientenstuhl vor.

»Hätten Sie eine Minute Zeit?« fragte Cornwallis.

»Ja, selbstverständlich.«

»Sie sollten sich besser setzen«, meinte sein Partner und deutete auf seinen Stuhl auf der anderen Seite des Tisches.

John nahm Platz und wartete.

»Wissen Sie, ob es irgend jemanden außer ihrer Frau gibt, der es auf Sie abgesehen hat?«

Das war eine seltsame Frage. John wandte langsam den Kopf von einer Seite zur andern, als müsse er nachdenken. »Wahrscheinlich gibt es ein paar, aber bisher hat sich noch niemand gezeigt. Warum fragen Sie?«

»Deswegen.« Der Doktor zog einen Brief aus der Tasche und reichte ihn ihm über den Tisch hinweg.

John erkannte, daß das Schreiben an Doktor Cornwallis adressiert war, und zögerte einen Augenblick, ehe er das Papier aus dem Umschlag nahm. Kaum hatte er die ersten Worte gelesen, weiteten sich seine Augen.

Sehr geehrter Herr!
Ich glaube, Sie sollten davon in Kenntnis gesetzt werden, daß Ihr Assistent, Doktor John Falconer, Schande über Ihre Praxis bringt und Ihre Patienten vertreibt. Seit einiger Zeit schon sorgt er durch seine allzu häufigen Besuche bei einer verwitweten Dame in der Stadt für Gerede. Wie mir gut bekannt ist, ist er ein verheirateter Mann. Doch um die Angelegenheit noch zu verschlimmern und die Situation in den Augen der anständigen Bürger dieser Stadt noch weiter auf die Spitze zu treiben, ist diese Dame die Schwester seiner Gemahlin. Es ist in gewissen Kreisen bekannt, daß diese Dame versuchte ihn zurückzuweisen, und daß sein Drängen sie belästigt. Wie ich anfangs schon erwähnte, leidet auch Ihre Praxis darunter, denn besonders die Frauen werden sich weigern, sich von einem sittenlosen Mann behandeln zu lassen.
Unterzeichnet: ein Freund.

John blickte über den Rand des Papiers zu seinem Partner. »Das klingt nicht nach Beatrice«, erklärte Cornwallis.

»Nein. Das stammt nicht von Beatrice.«

»Haben Sie eine Ahnung, wer über Ihr Privatleben so gut

Bescheid wissen könnte, wie hier angedeutet wird?« Er nickte in Richtung des Briefes, den John auf den Tisch gelegt hatte. Es verging eine volle Minute, ehe John antwortete.

»Ich habe einen starken Verdacht«, meinte er schließlich. »Aber ich kann dies niemandem zuschreiben, solange ich keine Beweise dafür habe. Allerdings stimme ich mit Ihnen insofern überein, als das nicht Beatrices Stil ist. Sie würde es mir ins Gesicht sagen, wahrscheinlich sogar in aller Öffentlichkeit.«

»Ja, das dachte ich auch.« Doktor Cornwallis erhob sich aus dem Stuhl, beugte sich vor und zog den Brief unter Johns Hand hervor. »Man kann nur wenig gegen so etwas tun, außer mit der betroffenen Dame darüber zu besprechen. Hat sie irgendwelche persönlichen Freunde, denen sie sich anvertraut haben könnte?«

»Nur eine Freundin und die kennen Sie: Mrs. Daisy Wheatland.«

»O ja. Ich kenne Mrs. Wheatland, und die können wir streichen. Meiner Ansicht nach ist das die Hand eines Mannes. Zu nüchtern für eine Frau, würde ich behaupten.«

»Die Hand eines Mannes. Ja.« John nickte. Er hatte das sichere Gefühl zu wissen, wem diese Hand gehörte. Und er fragte sich, was sich dieser Mann über das, was er bereits erreicht hatte, hinaus noch erhoffte.

»Nun, da Sie jetzt wissen, woran Sie sind, sollten Sie auf der Hut sein. Übrigens, wie geht es Lady Helen?« Doktor Cornwallis lachte kurz auf. »Ich weiß, daß ich eine ganze Menge Fragen stelle, aber ich sprach letzte Woche mit Peters und er schien zu glauben, daß sie unter großer Anspannung leide. Offenbar hat sie ihrem Kummer nach dem Verlust ihres Mannes niemals freien Lauf gelassen, was er für schlecht hält und ich übrigens auch. Tränen sind sowohl für den Körper als auch für die Seele ein Segen. Hält man sie zurück, gerät man in Schwierigkeiten. Ich bin immer glücklicher, wenn sich eine Frau die Augen ausweint.« Er grinste. »Allerdings liegt in Tränen etwas Widersprüchliches. Vom medizinischen Standpunkt sind sie ein ausgezeichnetes

Heilmittel, aber man sollte es nicht zu lange anwenden. Es kann leicht zur Gewohnheit werden.« Er ging auf die Tür zu. »Heute morgen bin ich in sehr philosophischer Stimmung, wie Sie bemerkt haben werden, Doktor.«

Als John darauf nichts erwiderte, sondern unverwandt auf den Tisch hinabstarrte, wandte sich der Ältere ruckartig um. »Haben Sie nicht gehört, was ich sagte? Ich bin heute morgen sehr philosophisch.«

»Ja, Doktor. Ich hörte, was Sie sagten, und ich weiß Ihre Philosophie zu schätzen.«

»Gut! Nun, ich muß los. Aber nehmen Sie sich diese Angelegenheit nicht zu sehr zu Herzen. Wenn Sie meinen Rat haben wollen, verändern Sie Ihr Leben nicht. Das ist seltsam, nicht wahr? Ich denke, die Person, die den Brief schrieb, schleift ihre Axt und wird, wenn Sie lange genug abwarten, auch mit der Axt in der Hand zum Vorschein kommen ... Oh, ich sollte jetzt besser gehen, wenn ich noch länger bleibe, höre ich mich noch sagen, daß ich sah, wie sie den Baum fällte. Und was würde das andeuten? Ach, du meine Güte!« Er verließ den Raum und schloß geräuschvoll die Tür hinter sich.

John blieb am Schreibtisch stehen. Er mußte nicht abwarten, um herauszufinden, wer der Verfasser dieses Schreibens war. O nein! Dann blickte er zur Tür. Cornwallis hatte sich sehr anständig verhalten. Im Grunde war er ein freundlicher aufmerksamer Mann, obwohl diese Eigenschaften von einer dicken Schicht Egoismus überdeckt waren. Aber darüber konnte man hinwegsehen. Er hatte ihn wieder John genannt – das zeigte, daß er sich um ihn sorgte, und dafür war John dankbar. Ja, er empfand ihm gegenüber ein tiefes Gefühl der Dankbarkeit. Er zuckte die Schultern, eine nervöse Reaktion, die nicht seinen wahren Gemütszustand widerspiegelte – Wut.

Früher hatte John einfach die Tür öffnen und hineinspazieren können, doch in letzter Zeit sah er sich gezwungen, die Glocke zu läuten. Auch wenn ihn das ärgerte, hatte er es nie angesprochen.

Als ihm heute die Tür geöffnet wurde, erkannte er, daß Johnson überrascht war, ihn zu sehen. Nachdem er wortlos an ihm vorübergegangen war, Hut und Mantel über einen Stuhl in der Halle geworfen hatte und nun auf die Tür zum Salon zuschritt, hörte er hinter sich Johnsons Stimme. »Ihre Ladyschaft erwartet heute keinen Besuch …«

Er fuhr so rasch herum, daß er beinahe mit dem Mann zusammenstieß. »Ich weiß, wen Ihre Ladyschaft erwartet und wen nicht«, erklärte er. Er war eben im Begriff, die Tür zum Salon zu öffnen, als Helen aus dem Arbeitszimmer am Ende des Korridors kam. John trat einen Schritt zur Seite und wartete, bis sie wortlos in den Salon gegangen war. Dann schloß er nicht allzu sanft die Tür, eilte zum Sofa, wo sie Platz genommen hatte, und setzte sich neben sie. »Was ist los, Helen? Was ist, meine Liebe?«

»O John!«

Ihre Lider bebten und die Worte kamen hastig von ihren Lippen. »Irgend jemand verleumdet uns. Zumindest dich durch mich, und … und ich kann das nicht ertragen.«

»Woher weißt du das?«

»Der Brief.«

»Welcher Brief?«

»Im Arbeitszimmer, auf … auf dem Schreibtisch.«

Er war nicht überrascht, Johnson nur wenige Fuß von der Tür entfernt vorzufinden. »Wagen Sie es nicht, dort hineinzugehen, Mann!« brüllte er ihn mit donnernder Stimme an. »Hören Sie mich! Wagen Sie es nicht, diesen Raum zu betreten! Ich werde mich in einer Minute mit Ihnen befassen.«

Im Arbeitszimmer fand er den Brief offen auf dem Tisch liegend vor und erkannte augenblicklich, daß er von demselben Schreiber verfaßt war wie der an Doktor Cornwallis.

Johnson stand, wo er ihn verlassen hatte. Sein Gesicht war totenblaß, der Mund zu einer Linie zusammengepreßt. Diesmal eilte John wortlos an ihm vorüber, ließ die Tür jedoch wieder mit lautem Knall hinter sich ins Schloß fallen.

Nun las er den Brief, den Arm um Helens Schultern gelegt.

Madam,
Es sollte Ihnen zur Kenntnis gebracht werden, daß Sie die Karriere eines gewissen Arztes in dieser Stadt zerstören. Seine fortwährenden Besuche bei Ihnen verursachen einen großen Skandal, und sein Partner ist im höchsten Maße besorgt über die Auswirkungen auf seine Praxis. Es wäre für alle Beteiligten vorteilhaft, Madam, wenn Sie die Verbindung zu dieser Person abbrächen, denn Ihr Name wird bereits als der einer leichten Dame genannt. Ich wende mich ausschließlich aus Sorge um Ihr Wohlergehen an Sie.
Unterzeichnet: ein Freund

»Mein Gott!«

»Wer würde so etwas tun, John? Wir haben nichts Schlechtes getan, und dennoch fühle ich mich schuldig. Ich fühle mich die ganze Zeit über schuldig. Ich spreche mit Leonard, und er sagt mir, daß alles in Ordnung sei, so wie es sein sollte. Aber ich kann es nicht glauben. O John, ich fühle mich so verloren. Seit meiner Rückkehr scheine ich in hundert Stücke zerbrochen zu sein. Aber deine Karriere und …«

»Vergiß meine Karriere. Dieser Brief hat nichts zu bedeuten. Doktor Cornwallis erhielt heute morgen ein ähnliches Schreiben, ganz offensichtlich von demselben Mann.«

»Du … du weißt von wem?«

»Ja, ich weiß von wem, und es wird sein Ende finden.« Diese Bemerkung wühlte Helen nur noch tiefer auf. »Es wird dich doch nicht abhalten, mich zu besuchen, John, oder?« fragte sie mit flehentlicher Stimme, die Hand an die Kehle gelegt.

»Wie kannst du nur so etwas fragen! Nichts und niemand wird mich jemals davon abhalten, in deiner Nähe zu sein.«

»Wir haben doch nichts Schlechtes getan! Bevor Leonard

starb, sagte er mir, was ich zu tun hätte. Doch ich wollte nicht zuhören, ich konnte nicht zuhören ... John! John!« Sein Name löste sich wie ein hoher, durchdringender Schrei von ihren Lippen, als litte sie Todesqualen. Ihr Gesicht war feucht, Tränen schossen aus ihren Augen und flossen über ihre Nase hinab, Speichel lief aus ihrem Mund.

Er schlang seine Arme fest um sie und drückte sie an sich. »Weine nur! So ist es gut, weine, meine Liebste. Weine nur, mein Liebling.«

Er hatte nicht gemerkt, daß die Tür geöffnet worden war. »Wie können Sie es wagen, Sir! Sie haben Madam völlig aufgebracht«, ließ sich eine Stimme vernehmen.

John erstickte fast vor Wut, als er herumfuhr und den Mann anschrie. »Hinaus mit Ihnen, bevor ich...« Beinahe hätte er gesagt: »Bevor ich Sie töte!« Johnson wich zurück und hastete an den beiden Dienstmädchen vorüber, die in der Tür aufgetaucht waren. »Hannah!« rief John, »bring deiner Herrin Riechsalz, Betty, hol meine Tasche aus dem Einspänner.«

Einige Minuten später, nachdem er Helen das Riechsalz unter die Nase gehalten und sie dazu bewegt hatte, eine Tablette zu schlucken, wandte er sich, nun wieder ruhiger, an Betty. »Bitte setze Kaffee auf, Betty, und sage Henry, daß er zu Doktor Peters fahren und ihn fragen soll, ob er so freundlich wäre, sobald als möglich bei Ihrer Ladyschaft vorbeizukommen.« Sobald sie allein waren, legte er seinen Arm wieder um ihre Schultern.

»Wer ... wer würde so etwas tun ... solche Briefe schreiben?« stieß Helen leise hervor.

»Da mußt du nicht in der Ferne suchen, meine Liebe. Ich glaube, du könntest dir denken, daß es Johnson war.«

Sie sog scharf die Luft ein, ehe sie den Namen wiederholte. »Johnson? Nein, ihn hatte ich nicht in Verdacht. Aber wenn ich jetzt darüber nachdenke ... Er verhielt sich in letzter Zeit wirklich seltsam. Ich erzählte dir nicht, daß ...«

»Das mußt du auch nicht, meine Liebe, sprich nicht weiter.«

Sie zog ein Taschentuch aus ihrer Manschette und trocknete sich die Augen. »Ihm … ihm steht noch Lohn zu«, murmelte sie.

»Wie bezahlst du ihn? Halbjährlich?«

»Nein, monatlich.«

»Wieviel?«

»Ein Pfund die Woche.«

»Ein Pfund die Woche! Tatsächlich? Und dazu noch Kost und Logis? Er muß sich wie Gott in Frankreich gefühlt haben. Doch die Tatsache, daß er monatlich bezahlt wird, erleichtert die Angelegenheit. Bezahle ihm sein Monatsgehalt und ein weiteres Monatsgehalt anstelle der Kündigungsfrist.«

»Ich … ich kann es nicht ertragen, ihn jetzt zu sehen.«

»Das ist auch nicht nötig. Ich werde mich um ihn kümmern. Hast du Bargeld im Haus?«

»Du findest welches in der Schreibtischlade im Arbeitszimmer. Der Schlüssel …« Sie schluckte und mußte sich an der Armlehne des Sofas hochziehen, ehe sie weitersprechen konnte. »Der Schlüssel ist in meiner Handtasche.«

»Lehn dich zurück und beruhige dich. Wo ist deine Handtasche?«

»Im Schlafzimmer.«

»Ich schicke Betty, sie zu holen, sobald sie mit dem Kaffee kommt.«

Erst später, als John aus Helens Handtasche den Schlüssel genommen hatte, bemerkte er, daß Johnson noch immer auf demselben Platz in der Halle stand. Ohne ihn eines Blickes zu würdigen, ging er an ihm vorüber in das Arbeitszimmer.

Doch kaum war er verschwunden, eilte Johnson zu Helen in den Salon, die sich bei seinem Anblick eng in die Ecke des Sofas drückte. »Madam, Sie müssen mich anhören«, sprach er auf sie ein, während er sich über sie beugte. »Der Herr … der Herr ließ Sie in meiner Obhut zurück. Ja, das tat er. Er sagte mir, was ich zu tun hätte, und trug mir auf, mich um Sie zu kümmern und …«

Als hätte sie plötzlich ungeahnte Kräfte bekommen, streckte Helen ihre Hände aus und stieß ihn von sich. »Er

… er hat nichts dergleichen getan«, schrie sie ihn an. »Sie vergessen sich! Sie waren sein Diener und … und das waren Sie auch für mich. Nicht mehr. Bitte! Bitte gehen Sie! Hinaus!«

»Madam, Sie müssen mich anhören. Dieser Mann wird Ihnen nichts als Schwierigkeiten bereiten. Ich bin hier, um Sie zu beschützen, mich um Sie zu kümmern und …«

Johnson konnte sich gerade noch halb umdrehen, bevor er fühlte, daß er am Kragen gepackt und mit solcher Kraft gegen den Sofatisch geschleudert wurde, daß dieser umkippte und der Kaffee mit ihm. Das Geräusch erstickte Helens Schrei, doch nicht den der beiden Mädchen und der Köchin, die sich in der Tür drängen. Und als John mit der Faust ausholte, dem Diener seitlich am Kopf einen Hieb versetzte und Johnson seinerseits Anstalten machte zurückzuschlagen, eilte die Köchin herbei und warf ihren gedrungenen Körper gegen ihn.

»Wagen Sie es nicht, Mister!« brüllte sie.

»Es ist in Ordnung, Köchin! Alles in Ordnung. Geben Sie ihm den Weg frei.«

John konnte sehen, daß Johnson keinerlei Furcht vor ihm zeigte, ganz im Gegenteil, seine Haltung war regelrecht herausfordernd. Er atmete zweimal tief durch, ehe er wieder sprechen konnte. »Da ist Ihr Geld«, erklärte John und schleuderte dem Mann einen Chamoislederbeutel entgegen. Als der Beutel zu Boden fiel und Johnson sich nicht sogleich bückte, um ihn aufzuheben, fuhr John fort: »Es ist der Lohn für diesen Monat und ein Monatslohn anstelle einer Kündigungsfrist. Und jetzt suchen Sie Ihre Sachen zusammen und verschwinden aus diesem Haus. Und wagen Sie es nicht, sich hier jemals wieder blicken zu lassen. Aber eines sage ich Ihnen: Es ist sehr wahrscheinlich, daß Sie sich vor Gericht verantworten müssen, denn das ist der Ort, an dem sich Verleumder und anonyme Briefeschreiber wiederfinden.«

Dann rief John nach Hannah. »Bitte geh und hol die Männer herein.« Daraufhin wandte er sich noch mal an Johnson. »Ich gebe Ihnen genau zehn Minuten, um Ihre Sachen zu packen. Zehn Minuten«, wiederholte er und deutete auf die Tür.

Es vergingen einige Sekunden, ehe Johnson sich bückte und mit einem feindseligen Blick auf John den Beutel aufhob. Dann verließ er den Raum. Benommen blieb John zurück.

Die Köchin und Betty sammelten die Splitter ein. »Komm, gehen wir ins Arbeitszimmer«, forderte John Helen schließlich auf. Schweigend folgte sie ihm. Doch kaum hatte sie sich gesetzt, klopfte es an der Tür, und Hannah trat ein.

»Die Männer sind jetzt hier, Doktor«, meldete sie.

»Erhole dich ein wenig, Helen. In fünf Minuten ist es vorüber«, versuchte er Helen zu beruhigen.

In der Halle warteten zwei der Männer, die außerhalb des Hauses beschäftigt waren. »Ich werde euch sofort erklären, warum ich nach euch schicken ließ.« John wandte sich an Hannah. »Wo ist sein Zimmer? Er hat seine zehn Minuten bekommen.«

Doch kaum hatte er das letzte Wort ausgesprochen, erschien Johnson durch eine Tür am Ende des Ganges, eine große Tasche und einen kleinen Koffer in der Hand. Er trug einen grauen Anzug und einen Mantel und hatte auch bereits den Hut aufgesetzt. Wieder ganz in seiner Rolle als Butler sprach er Arthur Bell in herrischem Ton an. »Ich brauche eine Transportgelegenheit in die Stadt, Bell.«

»Schweigen Sie, und sehen Sie zu, daß Sie hinauskommen!« fuhr John ihn grimmig an. »Es gibt eine Pferdelinie, die um zwei Uhr am Haus vorüberfährt. Das wird Ihnen genug Zeit lassen, sich wieder zu beruhigen.« Er wandte sich wieder an die beiden Männer. »Diesem Mann hier ist es nicht gestattet, sich, unter welchem Vorwand auch immer, in der Nähe des Hauses oder des Grundstücks aufzuhalten. Sollte er auf irgendeine Weise versuchen die Herrin zu sehen, erteile ich euch die Anweisung, augenblicklich die Polizei zu rufen. Ich jedenfalls werde mich in Kürze selbst mit ihr in Verbindung setzen, denn Johnson ist der Verfasser anonymer Briefe, die mich verleumden.«

Johnson hatte sein Gepäck aufgenommen und ging auf die Tür zu, wo er sich noch einmal umdrehte. »Ich kann Sie dafür anzeigen. Das müssen Sie erst noch beweisen.«

»Oh, ich kann es beweisen, und dafür benötige ich nicht einmal Schriftexperten.«

Am Fuß der kurzen Treppe angelangt, wandte sich Johnson noch ein letztes Mal um und warf John einen wütenden Blick zu. »Auf jeden Fall werden Sie niemals gewinnen ... niemals«, knurrte er.

Am ganzen Körper gespannt, beobachtete John, wie Johnson die Auffahrt hinabschritt. Sie werden niemals gewinnen ... niemals, wiederholte er dessen seltsame Worte im stillen. Auch wenn er zugeben mußte, daß sie vielleicht der Wahrheit entsprachen, fragte er sich, was Johnson aus der von ihm selbst geschaffenen Situation zu gewinnen erhofft hatte.

Doch weshalb fragte er sich das? Eine einsame Witwe war so sehr auf ihren Diener angewiesen gewesen, daß sie ihr Haus in seiner Obhut zurückgelassen hatte. Er hatte sich geschmeichelt gefühlt, für sie unentbehrlich geworden zu sein, und geglaubt, daß sie sich ihm, wenn er ein wenig nachhalf, vielleicht eines Tages ganz zuwenden würde. Auch früher war es vorgekommen, daß sich Herrschaften über die Regeln ihrer Klasse hinweggesetzt hatten, indem sie jemanden aus der Dienerschaft geheiratet hatten.

Der Mann besaß eine gewisse Kaltblütigkeit. Kein Wunder, daß er in John das Haupthindernis auf seinem Weg gesehen hatte.

Henrys Stimme drang an sein Ohr. »Sorgen Sie sich nicht, Doktor, wir werden uns um ihn kümmern. Und es wird uns ein Vergnügen sein.«

Als John in das Arbeitszimmer gehen wollte, kam die Köchin eben aus dem Salon. »Eine Kanne starker Tee wäre in diesem Augenblick sehr willkommen«, meinte er.

»Die bekommen Sie in einer Minute, Doktor«, erwiderte sie.

»Sagen Sie den Mädchen, daß Sie das Bett ihrer Herrin

bereiten. Denn dorthin sollte sie so rasch als möglich«, fügte er hinzu.

»Ja, Doktor, da stimme ich Ihnen bei. Nach all den Aufregungen ist sie gewiß außer sich.«

Helen hatte sich im Arbeitszimmer regelrecht in ihrem Lederstuhl zusammengekauert. Alle Farbe war aus ihrem Gesicht gewichen. »Es ist vorbei. Er ist fort«, sagte John, während er neben ihr Platz nahm und ihre Hand ergriff. »Du wirst nicht mehr von ihm belästigt werden. Ich habe dem Personal die entsprechenden Anweisungen gegeben.«

Sie blickte ihn an. »Ich ... ich erkenne jetzt, daß ich mich seit längerem ein wenig vor ihm fürchtete. Als er meinte, daß wir diese oder jene Bestellung unterlassen sollten, da fühlte ich ... Nun, ich fragte mich, was es denn ausmachte. Er kümmerte sich eben um diese Dinge. Und auch wenn ich wußte, daß etwas nicht stimmte und das Personal unglücklich war, war ich doch selbst so in mein eigenes Leid und meine Schuld verstrickt und ...«

John legte eine Hand an ihre Wange. »Hör mir zu, Helen«, bat er, »vergiß dieses Wort ... Leid ja, aber keine Schuld. Es gibt nichts, für das du dich schuldig fühlen müßtest. Obwohl ich deine Empfindungen verstehe, denn wie du weißt, sitze ich im selben Boot. Das verstehst du doch, nicht wahr, meine Liebe?«

Sie blickte ihn einen Moment lang durchdringend an, bevor sie antwortete. »Ja, John. Aber das half nicht. Es verstärkte mein Gefühl nur noch.«

»Hör mich an, Helen. Leonard wußte, daß dies geschehen würde. Zumindest wußte er, wie ich für dich empfand. Dessen bin ich mir sicher. Und was deine Gefühle ihm gegenüber betraf, war er sich deiner Liebe gewiß. O ja, er war sich deiner Liebe vollkommen gewiß. Doch er wußte auch, welche Wirkung sein Tod auf dich ausüben würde, nicht nur das Alleinsein, sondern auch die Einsamkeit, das Gefühl, niemals wieder lieben zu können, niemals wieder lieben zu dürfen. All das wußte er. Manchmal sprachen wir sehr offen miteinander, und er gab mir den Auftrag, in deiner Nähe zu bleiben, mich um dich zu kümmern, auch wenn es nur als Freund wäre. Er wußte, daß die Tatsache, daß ich verheiratet bin, meine Gefühle für dich nicht auslöschte. Und da meine Ehe zerbrochen ist, empfand ich wahrhaftig keine Schuldgefühle, daß ich dich liebe. Die Schuld, die ich auf mich geladen habe, besteht darin, daß ich nicht in der Lage war, meine Gefühle so kurz nach Leonards Dahinscheiden zu verbergen. Und doch bin ich mir auch hier wieder sicher, daß er genau wußte, was geschehen würde, und daß er es darüber hinaus auch genau so wünschte. Glaube mir, meine Liebe, aufgrund seiner selbstlosen, ewigen Liebe für dich wollte er, daß es passiert ... Bitte, weine nicht mehr. Du hast bereits genug geweint, jede weitere Träne könnte dich krank machen. Ah, da kommt der Tee.«

Er erhob sich rasch, als Betty das Tablett auf dem Teetisch abstellte. »Ich kümmere mich schon darum, Betty. Danke«, sagte er. »Gib mir nur fünf Minuten, damit ich auch noch eine Tasse hinunterstürzen kann, und komm dann zurück und hilf deiner Herrin ins Bett.«

»O nein! Nein!«

John drehte sich zu Helen um, die heftig protestierte. »Doch. Doktor Peters wird in Kürze hier eintreffen, und das Bett ist genau der Ort, wo er dich vorzufinden wünscht.«

Als Betty den Raum verließ, goß er eine Tasse Tee ein und trug sie zu Helen hinüber. »Trink sie aus. Auch wenn der Tee nicht wirklich hilft, werden dir ein paar Tage Bettruhe doch gewiß guttun.«

»Ein paar Tage Bettruhe! Nein, John. Ich bin schon wieder ganz in Ordnung.«

»Du bist nicht in Ordnung, und laß es dir gesagt sein, morgen wirst du dich noch schlechter fühlen. Dieser Weinanfall brach einen Damm in deinem Kopf, und jetzt wird die Reaktion einsetzen. In jedem Fall mußt du Doktor Peters' Anweisungen folgen. Ich weiß nicht, ob ich morgen vorbeisehen kann, denn Rosies Zeit ist nahe.«

»O ja, natürlich.«

»Ich glaube, sie wollen, daß ich dabei bin. Nicht daß Doktor Cornwallis den Job nicht besser erledigen könnte, aber sie haben sich nun einmal für einen Amateur entschieden. Ich muß dich jetzt den Mädchen überlassen, meine Liebe«, erklärte er und trank hastig seine Tasse Tee. »Das ist nicht nur zu deinem Besten, sondern auch zu meinem«, fügte er schließlich mit leiser Stimme hinzu. Er ergriff ihre Hand und drückte sie einen Augenblick lang gegen seine Wange, bevor er sich schnell abwandte und den Raum verließ.

In der Halle schien sein Aufbruch sowohl Hannah als auch Betty zu überraschen. »Sie gehen schon, Doktor?« fragte Betty.

»Ja, ich gehe, Betty. Ich habe meinen Besuch bereits überzogen«, erklärte er mit einem Lächeln. »Wenn Doktor Peters kommt, willst du ihm dann bitte mitteilen, daß ich morgen im Laufe des Tages bei ihm vorbeikommen werde, Hannah?«

»Ja, das werde ich tun, Doktor.«

»Kümmere dich um deine Herrin«, trug er Betty auf, während er seinen Hut aus ihrer Hand entgegennahm.

»Sie werden doch morgen nach ihr sehen, Doktor, nicht wahr?« fragte Hannah.

»Ich weiß es noch nicht. Ich habe einen arbeitsreichen Tag vor mir, und ich erwarte ein Baby«, erklärte er den beiden kichernden Hausmädchen. »Ja, lacht nur, aber ich bin ein wenig besorgt. Immerhin ist es mein Erstes. Was ich sagen wollte, ist: es ist *ein* Erstes.«

»O Doktor!« Betty legte ihre Hand über den Mund.

Daß er das Haus mit einem Lachen in den Ohren verließ, war ein gutes Vorzeichen, dachte er, bis er sich an Johnsons Worte erinnerte: Sie werden niemals gewinnen, Doktor.

8

»So ist es gut, meine Liebe. Komm schon, weiter so mein Mädchen … Ah, da kommt er … sie … oder es. Ach du meine Güte! Gutes Mädchen! Gutes Mädchen!« Als Rosies Körper im Bett zusammensank, übergab John der Hebamme das feuchte, schreiende Baby. »Der hat jetzt schon Lungen wie ein Schotte!«

»Gütiger Himmel!« Annie MacIntosh streckte ihrem Enkel die Arme entgegen. »Wischen Sie ihm die Augen aus«, forderte die Hebamme sie auf.

»Ich weiß. Ich weiß«, gab sie mit kräftiger Stimme zurück und rief nach Robbie.

Die Tür wurde im selben Augenblick aufgestoßen, und Robbie eilte, ohne einen Blick auf das Baby in den Armen seiner Mutter zu werfen, auf das Bett zu, in dem Rosie mit von Schweiß und Lächeln bedecktem Gesicht lag.

Als er sich über sie beugte, fuhr sie ihm mit der Hand durch das Haar. »Ein Junge, Robbie. Du hast einen Sohn.«

Er gab keine Antwort, sondern ließ statt dessen seinen Kopf sinken, preßte sein Gesicht an ihres und schlang seine Arme um ihre Schultern. So hob er sie hoch und hielt sie wortlos fest, bis John dazwischenging.

»Setz sie ab und tritt zur Seite. Sie muß sich erst wieder erholen, sie hatte eine schwere Zeit. Obwohl ich glaube, daß ein erstes Baby noch niemals so leicht kam. Sie sind gut weggekommen, Mrs. MacIntosh, wußten Sie das?«

Rosie wandte John ihr Gesicht zu. »Bin ich das, John? Mir erschien es nicht so.«

»Nun, ich gebe dir mein Wort darauf. Und Sie, Sir, wollen Sie nun endlich einen Blick auf Ihren Sohn werfen, oder soll ich ihn zurückschicken?«

Die Hebamme begann zu kichern, und Annie trat vor und überreichte das Baby seinem Vater.

Robbie blickte auf das Kind hinunter, das zu ihm emporblinzelte. Seine Lippen bewegten sich rasch, als wollte es sprechen. Ein dichtes Büschel Haar saß mitten auf seinem Scheitel.

»Gib ihn mir, mein Sohn. Was ist nur mit dir los?« Seine Mutter nahm ihm das Baby wieder ab und blickte ihm einigermaßen erstaunt nach, als er fluchtartig den Raum verließ. »Das ist nicht außergewöhnlich«, erklärte die Hebamme, die sich gerade um Rosie kümmerte. »Sie dürfen nicht vergessen, Mrs. MacIntosh, daß Ihr Sohn eben einem Baby das Leben geschenkt hat, und für ihn war das wirklich Schwerarbeit.«

Alle, einschließlich Rosie, lachten. »Alles in Ordnung, Mrs. McQueen?« fragte John schließlich.

»Ja, Doktor. Bei mir ist alles in Ordnung. Überlassen Sie das übrige nur mir.«

»Dann werde ich jetzt gehen und ein wenig aufräumen«, erklärte er und verließ das Zimmer. Im Erdgeschoß traf er in der Küche auf Robbie, der sich hastig vom Tisch erhob und sein Gesicht abwandte. John ging zu ihm und legte ihm die Hand auf die Schulter. »Schäm dich nicht für diesen Augenblick, sondern bewahre ihn als etwas auf, an das du dich immer erinnern wirst.«

»Ich habe so lange auf sie gewartet«, erklärte Robbie, »ich dachte schon, es würde nie geschehen. Und jetzt erscheint mir alles zu gut, um wahr zu sein.«

»Wir können beide etwas zu trinken gebrauchen. Wie wäre es mit einem Kaffee mit Schuß?« Nachdem John sich Hände und Arme gewaschen hatte, hielt er sein Gesicht unter die Pumpe der Spüle. Als er sich wieder aufrichtete und abtrocknete, merkte er, daß er sehr müde war. Es waren hektische vierundzwanzig Stunden gewesen. Erst hatte er mit Johnson gerungen und ihn davongejagt. Kaum eine Stunde später war er zu einem Verkehrsunfall gerufen worden, bei dem ein Pferd Amok gelaufen war, nachdem einige junge Rowdys ihm in die Hinterbeine gestochen hatten. Zwei Personen waren dabei schwer verletzt worden. Dann war er in seine überfüllte Praxis zurückgekehrt und hatte noch mal mit Doktor Cornwallis gesprochen und ihn über die Vorfälle in Col Mount informiert.

»Trotzdem würde ich an Ihrer Stelle von jetzt an vorsichtig sein, John«, hatte ihm der alte Mann mit gütiger Stimme geraten. »Vergessen Sie nicht, daß Madame Beatrice auch noch eine gewichtige Rolle spielt.«

Erst gegen acht Uhr abends war er nach Hause zurückgekehrt, wo er die Ereignisse des Tages seiner Mutter erzählt hatte.

»Kann es deiner Praxis schaden?« hatte sie sichtlich erregt gefragt.

»Was würde das schon ausmachen?« hatte er geantwortet. »Aber es ist viel wahrscheinlicher, daß gerade die Frauen kommen werden, um diesen Casanova zu besichtigen.«

Das hatte sie zum Lachen gebracht. »Damit hast du wohl recht.«

Im Bett schließlich hatte er Zeit gehabt, über das nachzudenken, was für ihn das wichtigste Erlebnis des Tages gewesen war, nämlich daß Helen geweint und daß ihre Tränen alles in ihr aufgebrochen hatten. Er war kaum eingeschlafen, als Robbie an die Tür klopfte. Und nun hatten Rosie und Robbie einen Sohn, und auch Robbie hatte geweint. Wann würde er weinen? Auf diese Frage fand er keine Antwort.

9

Als Beatrice das Büro des Rechtsanwalts verließ, schwor sie sich, daß er sie zum letztenmal dazu gebracht hatte, ihn aufzusuchen. Wenn sie noch einen seiner Ratschläge annahm, würde ihr Land in Viertelmorgenstücke zerfallen. Zum zweitenmal hatte sie ihre Unterschrift unter die Verkaufsakte über einen Viertelmorgen an jenen Baumeister gesetzt. Es machte nichts, daß es sich nur um ungenutztes Waldland handelte. Immerhin war es Land, und Land war alles, was sie besaß. Sie hatte ihm erklärt, daß sie nicht die Absicht habe, es weiter zu verringern.

Als er auf sie zugekommen war und gesagt hatte, wie sehr er sich freue, daß sie es habe einrichten können, hätte sie am liebsten gerufen, warum er sich bezüglich der Schulden nicht an ihren Mann wende. Der solle sich um den Unterhalt für das Haus und die Ländereien kümmern. Sie hatte nur noch einen Gärtner. Doch wenn sie das getan hätte, hätte sie den Rechtsanwalt darauf gestoßen, daß sie nicht in der Lage war, ihrem Gemahl die Angelegenheit zu übergeben, da sie getrennt lebten. Andererseits hatte sie das sichere Gefühl, daß er sich dessen bereits bewußt war.

Ihr Verstand arbeitete in diesen Tagen seltsam. Sie konnte sich auf nichts anderes konzentrieren, als daß ihr Ehemann nur eine Armeslänge von ihr entfernt lebte. Sie wußte, in welchem Zimmer er schlief, oder zumindest zwischen welchen beiden er die Wahl hatte, da das dritte zu klein war. Die Fenster lagen an der Rückseite des Hauses und blickten auf den Wald hinaus. Beinahe genau darunter befand sich die niedrige Buchsbaumhecke, die den Garten des Anbaus vom Gelände des Herrenhauses trennte. In diesem Teil des Waldes standen die Bäume sehr dicht. Dennoch hatte sie sich nicht zum erstenmal in der Dunkelheit hindurchgezwängt, zu jenen beiden Fenstern hinaufgeblickt und gerade noch das Verlangen gezügelt, einen Ziegelstein durch das Glas zu schleudern.

Sie spazierte die Northumberland Street hinunter, und ihr Ärger ebbte langsam ab, als sie plötzlich jenes Gefühl der Müdigkeit überkam, das oft einem Anfall voranging. »O mein Gott! Nicht hier!« rief sie laut aus.

Doktor Cornwallis hatte ihr Tabletten gegeben, die sie nehmen sollte, wenn sie sich so fühlte. Einige davon trug sie in ihrer Handtasche. Sie blieb stehen und drehte sich zur Ecke eines riesigen Schaufensters, während sie in ihrer Tasche wühlte und eine kleine Kartonschatulle herausnahm. Als sie den Deckel öffnete, fielen einige Pillen zu Boden. »Das macht gar nichts. Nimm nur eine!« sagte sie sich, statt sich zu schimpfen.

Kaum hatte sie eine Tablette geschluckt, atmete sie tief durch, wandte sich vom Schaufenster ab und ging weiter. Sie dachte, daß es wohl besser sei, nach Hause zu gehen, aber was würde dann aus ihrem Einkauf? Da gab es doch diesen herrlichen Süßwarenladen – wo lag er nur? Kurz darauf fand sie den Laden, dessen Auslage über und über mit Pralinenschachteln und anderen Süßigkeiten dekoriert war, in einer der Nebenstraßen. Als sie ihn mit drei einpfündigen Schachteln voll feiner Konfekt wieder verließ, war sie sehr zufrieden mit sich. Bisher waren zwei Pfund ihr Limit gewesen. Das Gefühl der Befriedigung war so groß, daß sie zum Bahnhof eilte.

Der Zug war überfüllt. Es schien, als wäre jedermann in Newcastle einkaufen gewesen wäre. Da sie sich keine Fahrkarte für die erste Klasse leisten konnte, mußte sie sich damit zufrieden geben, neben Menschen jedes Typs und jeder Größe zu sitzen.

Glücklicherweise fand sie einen Platz am Fenster, und so blickte sie hinaus und versuchte, die Ohren gegen die Stimmen und Geräusche rundum zu verschließen.

Der Zug fuhr über den Fluß zwischen Newcastle und Gateshead, der so dicht von Schiffen und Booten unterschiedlichster Größe und Gestalt befahren war, daß man ihn kaum erkennen konnte. Sie fragte sich nicht, woher sie kamen oder wohin sie fuhren, sondern verglich im Geist die Reisebedingungen, die sie jetzt ertragen mußte, mit denen, die zu Lebzeiten ihres Großvaters und sogar noch ihres Vaters für die Familie üblich gewesen waren. Wenn sie Lust gehabt hatten, in Newcastle Einkäufe zu erledigen, war immer eine Kutsche bereitgestanden.

Sie schüttelte den Kopf, als sie in Gedanken hinzufügte, daß sie damals noch sehr, sehr jung gewesen war.

In Gateshead leerte sich der Wagen bis auf eine andere Person und sie selbst. Doch gerade als sich der Zug wieder in Bewegung setzte, wurde die Tür aufgerissen. Eine Frau sprang in das Abteil und ließ sich in den gegenübergelegenen Fenstersitz fallen. Der Bahnbeamte warf die Türe zu, und der Zug gewann an Geschwindigkeit. Das gleichförmige Rattern der Räder hallte so laut in Beatrices Kopf wider, daß sie am liebsten die Hände auf ihre Ohren gelegt hätte, während sie ihre neue Zugbegleiterin betrachtete.

Die eben zugestiegene Frau starrte sie an.

Beatrices Kopf schnellte zum Fenster zurück. Die Räder schienen »Die Frau! Die Frau!« zu rufen. Gleichförmig und immer wieder »Die Frau!«

Bebend holte sie tief Atem und ermahnte sich, Ruhe zu bewahren. Es blieben noch zwei Stationen bis Fellburn. Ihre

Haltestelle war High Fellburn, und sie betete, daß die andere Reisende bis dahin im Abteil bliebe. An der nächsten Station stieg niemand aus.

Als der Zug wieder anfuhr, hielt Beatrice ihr Gesicht zum Fenster gewandt, bis sie bemerkte, daß die Frau ihren Hut richtete und ihre Handtasche und die kleinen Pakete zusammensammelte. Sie wußte, daß sie dasselbe tun und auf den nächsten Zug warten sollte. Doch sie blieb hochaufgerichtet sitzen und bewegte kaum einen Muskel. Sie ahnte aus irgendeinem Grund, daß die Person ihr gegenüber reden würde, sobald sie allein wären. Sie würde etwas über John erfahren. Es erschien ihr seltsam, daß diese Kreatur ihn ebenso sehr hassen mußte, wie sie es tat, aber offensichtlich machte sie ihn für ihre jetzigen Lebensumstände verantwortlich.

Was sie vorausgesehen hatte, geschah. Die andere Reisende verließ den Zug, und die Tür fiel krachend hinter ihr ins Schloß. Kaum setzte sich der Zug in Bewegung, begann auch Mollie Wallace zu sprechen, anfangs noch ziemlich freundlich.

»Komisch, welche Leute man im Zug trifft.«

Beatrice richtete ihre Aufmerksamkeit weiterhin auf das Fenster, während die Stimme fortfuhr. »Im Zug fangen die Menschen gerne zu plaudern an, speziell jene, die allein leben. Einsame Menschen haben mir immer schon leid getan, ganz besonders, wenn sie von ihren Männern verstoßen worden sind. Ich weiß alles darüber, denn auch ich wurde von meinem Mann verstoßen. Aber ich brauche mich nicht über zu wenig Gesellschaft beklagen. Die Männer und ich kommen in jeder Beziehung gut miteinander aus. Aber wie ich hörte, führen Sie das Leben einer Einsiedlerin. Ihr Haus hat aber auch etwas von einer Festung an sich. Sie gehen selten aus, und niemand kommt zu Ihnen, mit Ausnahme der Händler. Und Händler … ja, wenn man die richtigen Händler hat, braucht man keine Zeitung.«

Nun blieb es eine Weile still. Tatsächlich dauerte das Schweigen so lange an, daß Beatrice sich beinahe umgewandt hätte, um zu sehen, ob die Frau eingeschlafen wäre.

Doch plötzlich ließ sich ihre Stimme wieder vernehmen. Ein leicht trauriger Unterton klang darin an. »Davey, mein Mann, war ein anständiger Bursche. Ein wenig weich, ja, vielleicht ein wenig zu weich, als daß man mit ihm etwas hätte anfangen können, aber im Grunde ein anständiger und fleißiger Mann.« Ihr Tonfall hatte sich geändert. Jetzt richtete sie ihre Worte mit lauter anklagender Stimme an Beatrice. »Aber Ihr Mann, mit seiner Ausbildung und Karriere, ist ein Mistkerl erster Klasse. Wissen Sie das? Schamlos verkehrt er offen in zwei Häusern und zeigt klar und deutlich, wer in dem einen der Herr ist, indem er mit dem Butler kämpft und ihn hinauswirft, nur weil der Kerl versucht hatte, seine Herrin, Ihre teure Schwester, zu schützen, als sie es auf dem Sofa trieben. Sie ist genauso schlecht wie er. Dann rief er noch das gesamte Personal zusammen und erzählte ihnen alles mögliche.«

Beatrice hatte das Gefühl, ersticken zu müssen. Unwillkürlich fuhr sie sich mit der Hand an die Kehle, konnte sich aber nicht davon abhalten, die Frau, die zu ihr herübersah, anzustarren.

»Das ist die Wahrheit und direkt von der Quelle, aus dem Mund des Butlers«, erklärte Mollie Wallace und nickte bekräftigend mit dem Kopf. »Sie fragen sich, woher ich davon weiß? Oh, na gut, das werde ich Ihnen sagen. Ich komme zwar einigermaßen herum, doch ich mußte nicht einmal mein Zimmer verlassen, um diese Geschichte zu hören, denn die Tochter meiner Wirtin arbeitet in der Küche von The Hall und hält ihre Ohren offen. Zufällig ist der zweite Diener von dort eine Art Freund des Butlers Ihrer teuren Schwester. Sie trafen sich hin und wieder in ihrer Freizeit im Red Lion. Und an dem Tag, an dem Ihr teurer Gemahl den Kerl hinauswarf und dabei ein paar Möbelstücke in Stücke schlug, trafen sie sich wieder, und der Kerl erzählte ihm die ganze Geschichte. Der Ehemann ihrer Schwester hatte den Butler, der auch sein Kammerdiener gewesen ist, gebeten, ein Auge auf seine Frau zu haben. Aber offensichtlich hat er seine Aufgabe nicht mit dem nötigen Nachdruck erfüllt. Dennoch erschien ihm Ihr teurer Gemahl von ihrer ersten Begegnung an verdächtig. Und als kein Tag verging, an dem der gute Doktor nicht über die Türschwelle gekommen wäre, und er ihn einmal sogar auf ihrem Sofa erwischte, faßte er sich Mut und sagte ihm, was er von ihm hielt. Das Ergebnis war, daß der große Doktor ihn hinauswarf. Oh, ich kann Ihnen sagen, es schwirrte nur so in der Stadt, als die Sache herauskam. Und jetzt heißt es, daß er praktisch sogar dort lebt. Hin und wieder sieht er bei seiner Mutter vorbei, die ja am Ende Ihres Hauses wohnt, aber das ist alles. Und letzten Sonntag, aber das glaube ich, wissen Sie, waren sie in der Kirche. Sie als Taufpatin und er als Taufpate des Babys ihrer anderen Schwester. Und welchen Namen, glauben Sie, gab man dem Kind? John. Ist das nicht nett? Anschließend gab es eine ausgelassene Party in diesem winzigen Schweinestall neben Ihrem Haus. Ein Wunder, daß Sie nichts von dem fröhlichen Treiben gehört haben.«

Unbewußt war Beatrice an das Ende der Bank gerückt. Ihre Finger hatten sich wie Klauen in den Sitz gekrallt, und ihre ganze Haltung drückte deutlich ihre Absicht aus.

»Wenn Sie das versuchen, Missis, werden Sie keine Gelegenheit mehr haben, dieses Abteil zu verlassen«, warnte Mollie Wallace, nachdem sich Beatrice plötzlich erhoben hatte. »Ich kann mich gut verteidigen«, fügte sie hinzu, »besser als Sie, die Sie nichts anderes als der Speichel ihres dreckigen alten Vaters sind. Und ich werde Ihnen jetzt etwas erzählen. Ich mußte schon verdammt schlecht bei Kasse sein, um ihn ranzulassen, denn er war das widerlichste Schwein, daß jemals auf dieser Erde herumspazierte.«

Als der Zug in diesem Augenblick hielt, waren beide überrascht. Mollie Wallace zog ihren in der Taille anliegenden Mantel zurecht, setzte den Hut fest auf den Kopf und griff nach ihrer Handtasche, die auf dem Sitz lag. »Was ich so von Ihnen sehe, sind Sie das genaue Ebenbild ihres Alten. Und ich würde es nicht zulassen, daß Ihr Rock mich berührt, hören Sie? Würde ich ihn nicht aus tiefstem Herzen hassen, würde ich sagen, daß Sie bekommen haben, was Sie verdienen. Auf gewisse Weise entschädigen Sie mich für das, was ich von diesem widernatürlichen alten Schwein, Ihrem Vater, ertragen mußte.«

Die Tür wurde aufgerissen und mit lautem Knall wieder zugeworfen. Einen Augenblick lang erschien das Gesicht der Frau am Fenster, und der Haß, der darin zu lesen war, hätte der Ausdruck in Beatrices Antlitz sein können.

Als der Zug wieder anfuhr, fiel sie in die Ecke des Abteils. Sie schlug die Hände vor das Gesicht und stöhnte auf. Ihr war bewußt, daß sie diese furchtbare Schmährede nur deshalb ertragen hatte, weil sie etwas über John hatte erfahren wollen. Denn niemals wurde ihr auch nur ein Wort über ihn zugetragen. Da sie sich immer zu gut gewesen war, mit der Dienerschaft zu sprechen, hatte sie bisher lediglich gewußt, daß er bei seiner Mutter im Anbau wohnte, in der Stadt seine Praxis versorgte und Helen besuchte.

Doch diese Frau hatte angedeutet, daß diese Besuche alles andere als vergeblich waren. Trotzdem würde sie sich nie von ihm scheiden lassen. Und selbst wenn sie es täte, hatte sie genug aus den Gesetzbüchern herausgelesen, um zu wissen, daß sie niemals heiraten konnten. Sie hatte das Gefühl, die beiden in der Falle zu haben. Aber dieses drekkige Weib hatte ihr einen Schlag versetzt. John hatte mit dem Butler gekämpft, der sie zusammen erwischt hatte … O Gott! Sie würde einen ihrer Anfälle bekommen. O nein! Nein! Sie mußte durchhalten. Durchhalten! Einige Konfekt essen! Ja, das war es, sie mußte einige Konfekt essen.

Beatrice steckte ihre Hand in die Tasche und riß den Deckel der Schachtel mit solcher Wucht auf, daß einige Pralinen auf den Boden fielen. Doch sie achtete nicht darauf, sondern nahm zwei Konfekt, steckte sie in den Mund, schluckte sie, ohne sie richtig gekaut zu haben, und griff nach den nächsten beiden.

Als der Zug in High Fellburn hielt, hatte sie acht Konfekt verzehrt. Außerhalb des Bahnhofs rief sie eine Kutsche. Zwanzig Minuten später betrat sie das Haus.

Frances traf sie in der Halle und wollte eben fragen, ob sie einen angenehmen Tag verbracht habe, als ihr Blick auf das Gesicht ihrer Herrin fiel. »O Madam!« stieß sie hervor, nahm ihr rasch die Tasche ab und half ihr aus Hut und Mantel. »Kommen Sie«, sagte sie fürsorglich.

Beatrice ließ sich die Treppe hinauf in ihr Schlafzimmer führen, wo sie direkt auf das Bett zuging und sich auf die Kante setzte. »Legen Sie sich eine Weile nieder, Madam«, forderte Frances sie auf, während sie ihr die Schuhe auszog.

Doch Beatrice mußte nicht dazu aufgefordert werden, denn sobald Frances eine Decke über sie gezogen hatte, verfiel sie in jene seltsame Stille, die dem unheimlichen Gefühl voranging, das sie schließlich in Vergessenheit sinken ließ.

10

»John?«

»Ja, meine Liebe?«

»Ich muß sagen, ich bin beunruhigt.«

»Weswegen denn?«

»Wegen ihr.«

Catherine deutete mit dem Kopf in Richtung der Mauer. »Sie streift umher.«

»Was meinst du mit ›sie streift umher‹, Mutter?«

»Es begann vor einigen Wochen. Ich dachte, ich würde träumen oder ein normales Geräusch hören. Aber es war schon ziemlich spät, du hattest dich bereits vor einiger Zeit nach oben in dein Zimmer zurückgezogen, und auch die Dienstmädchen von nebenan waren schon vor Stunden zu Bett gegangen. Das erste Mal war es wie ein … nun, wie das Scharren eines Hundes an der Tür. Wie du weißt, schließt die Tür an die Wand meines Schlafzimmers an. Dann hörte ich ein Gemurmel, und ich wußte, daß sie es war. Ich konnte nicht verstehen, was sie sagte, aber ihre Stimme stieg und fiel. Manchmal wirkte es, als ob sie flüsterte. Doch da ich es hören konnte, muß es lauter gewesen sein als ein Flüstern. In der darauffolgenden Nacht dachte ich, daß ich vielleicht nur geträumt hätte, denn ich hörte nicht den geringsten Laut. Doch in der nächsten Nacht war es wieder da. Es war, als ob sie mit ihren Nägeln an der Tür kratzte. Während der letzten zwei Wochen geschah es sechsmal. Auch gestern nacht tat sie es wieder. Ich war im Garten und sah das jüngere Hausmädchen, Mary. Sie kam herbei, lehnte sich über die Hecke und fragte mich, wie es mir gehe. Nachdem ich ihr geantwortet hatte, gab ich die Frage zurück. Sie antwortete, daß sie es nicht wisse. ›Alles steht auf dem Kopf‹, war der Ausdruck, den sie gebrauchte. Offensichtlich hatte Janie Bluett einen Tag zuvor ihre Kündigung eingereicht, und Mary erklärte, daß sie es nebenan ebenfalls nicht länger aushalte. Wie es scheint, denkt die Köchin ähnlich. Sie versprach Mary, sie mitzunehmen, sobald sie eine neue Anstellung gefunden habe. Das ist also die Lage.«

»Möchtest du von hier wegziehen?«

Seine Mutter seufzte, ehe sie antwortete. »Ich hätte nie geglaubt, mich das jemals sagen zu hören, denn ich liebte dieses kleine Haus. Aber ich gestehe, daß sie mir angst macht. Wer hätte vermutet, daß sie sich so verändern würde?«

John überlegte eine Weile. »Ich nehme nicht an, daß ich gleich ein geeignetes Quartier für dich finden werde«, erklärte er schließlich, »doch eines der großen Häuser auf dem Brampton Hill ist in ein Pflegeheim umgewandelt worden. Doktor Cornwallis hat einen Patienten dort. Er sagt, die Zimmer seien angenehm und komfortabel. Würdest du dorthin gehen?«

Sie schwieg einen Augenblick. »Ein Pflegeheim? Nun, ich habe immer gesagt, daß ich niemals in ein Pflegeheim gehen würde, aber ich glaube, ich wäre glücklich, hier wegzukommen, solange es nur für eine Weile ist. Allerdings dürfte es nicht für allzu lange sein, John, denn ich muß in einem Haus leben, in dem ich ausreichend Platz habe, um herumzuhumpeln. Ich könnte es nicht ertragen, den ganzen Tag in einem Zimmer eingeschlossen zu sein.«

»Das weiß ich, meine Liebe, das weiß ich. Jedenfalls werde ich morgen früh mit dem Alten sprechen und dann hinausfahren und mir das Haus ansehen. Und bitte sorge dich nicht! Es gibt niemanden, der uns davon abhalten könnte, zu jedem beliebigen Zeitpunkt unsere Sachen zusammenzupacken und zu gehen. Also beruhige dich wieder. Und wenn du das Kratzen wieder hörst, klopf einfach mit deinem Stock an die Decke.« Er nahm einen ihrer Stöcke, die gegen das Fußende ihres Bettes gelehnt waren, und probierte die Länge aus. »Du wirst aufstehen müssen. Aber tu es, wenn sie wieder beginnt. Und jetzt entspann dich wieder. Ich werde noch eine Stunde wach sein, um noch etwas nachzulesen – was mich daran erinnert, daß sich noch eine Anzahl meiner medizinischen Bücher im Gästezimmer befindet. Ich muß versuchen, Frances zu kontaktieren, damit sie sie für mich herausschmuggelt. Aber wahrscheinlich siehst du die kleine Mary früher als ich Frances. Könntest du ihr das bitte ausrichten, wenn du sie morgen auf der anderen Seite der Hecke siehst? Bitte sie, die Bücher herunterzubringen und vor die Tür zu legen.«

»Und was, wenn ich sie weder morgen noch in den nächsten Tagen sehe?«

»Nun, das wäre Pech. Dann müßte ich die Tür aufschließen und Frances in der Küche aufsuchen. Und wenn sie nicht da ist, eines der anderen Mädchen bitten, ihr die Nachricht zu überbringen.«

»Und riskieren, daß du Beatrice triffst?«

»Oh, wenn sie ihre Streifzüge nachts durchführt, wird sie wohl tagsüber kaum in diesen Teil des Hauses kommen. Doch das werden wir noch sehen. Beruhige dich erst einmal.« Er beugte sich zu ihr und küßte sie. Dann ging er in das Wohnzimmer. Doch er las nicht. Die medizinischen Fachbücher und Magazine blieben unberührt auf dem Tisch liegen, während er nahezu eine Stunde, in seinem Stuhl sitzend, über die Zukunft nachdachte …

Er hatte einen leichten Schlaf, und das Einschlafen fiel ihm oft schwer. Diese Nacht bildete keine Ausnahme. Tatsächlich lag er bereits länger als eine halbe Stunde hellwach im Bett. Er starrte in die Dunkelheit. Seine Gedanken kreisten um Helen und um die Frage, welche Zukunft sie wohl hätten, als ihn das Geräusch von splitterndem Glas und der Aufprall eines Gegenstands auf dem Messingfußteil seines Bettes hochfahren ließ. Augenblicklich sprang er aus dem Bett und blieb einen Moment lang wie erstarrt stehen, ehe seine Hände auf dem Nachttischchen nach den Streichhölzern für die Gaslampe suchten. Doch während er das tat, schreckte ihn noch mal das Klirren zerbrechenden Glases.

Er schlüpfte in seine Pantoffeln, huschte über den mit Splittern bedeckten Boden zu dem zerbrochenen Fenster und spähte durch die seitliche Scheibe zum Fenster des anderen Schlafzimmers. Außerhalb des Hauses gab es mehr Licht als in seinem Schlafzimmer, und so entdeckte er den dunklen Umriß einer Gestalt, die im Wald verschwand. Sie war verrückt, aber dennoch listig, denn sie wußte, daß er weder mit geschlossenen Vorhängen noch mit geschlossenen Läden schlief, und da das Haus abgelegen war, benutzte er die Jalousien nicht und schloß auch nicht die Vorhänge. Er liebte es, mit dem Licht des anbrechenden Morgens aufzuwachen.

Er ging zu dem Tisch und den Streichhölzern zurück und entzündete die Gaslampe.

»John! John!« ertönte die aufgeregte Stimme seiner Mutter.

»Alles in Ordnung«, rief er zurück. »Ich komme in einer Minute.«

Nun sah er nach dem Gegenstand, der das Bettgestell getroffen hatte. Da lag er. Er hob ihn auf. Es war ein halber neuer Ziegelstein mit scharfen Kanten. Während er ihn untersuchte, sah er sie im Geist deutlich vor sich, wie sie durch den Wald zu der Baustelle geeilt war und diesen Stein geholt hatte.

Nun ging er in das zweite Schlafzimmer hinüber. Wieder mußte er über Glassplitter steigen. Auch hier fand er einen halben Ziegelstein, doch diesmal näher am Ziel, denn er lag auf der Tagesdecke. Hätte er in diesem Bett gelegen, dann hätte nur ein Meter gefehlt, und der Stein hätte ihn, wie es ihre Absicht gewesen war, am Kopf getroffen.

Er trug die beiden Ziegelsteine hinunter, wo er seine Mutter, auf ihre beiden Stöcke gestützt, vorfand. »Sie ist wahnsinnig, John. Sie ist wahnsinnig!« stieß sie hervor, als er ihr die beiden Steine zeigte.

»Geh wieder zu Bett«, forderte er sie auf, während er die Steine beiseite legte. »Ich werde auf dem Sofa schlafen. Beruhige dich, du zitterst ja. Es ist alles in Ordnung.«

»So wie sich deine Hand anfühlt, bist du auch nicht gerade ruhig.«

Ohne darauf zu antworten, half John seiner Mutter wieder ins Bett.

»Ich werde uns eine Tasse Tee aufbrühen«, erklärte er.

Einige Minuten später saß er an ihrem Bett und trank den Tee. »Das hat den Schlußpunkt unter die ganze Angelegenheit gesetzt. Ich weiß zwar nicht, wo du ab jetzt schlafen wirst, doch gewiß nicht mehr hier. Also sieh zu, daß Mrs. Atkinson morgen unsere Sachen zusammenpackt.«

»Die ganze Speisekammer ist voll, und es gibt noch mindestens zwanzig Flaschen Wein«, sagte sie.

Wäre es ihm in diesem Augenblick möglich gewesen zu lachen, hätte er es getan. Da sprach die Hausfrau aus ihr. »Vergiß die Speisekammer und den Wein«, erwiderte er schroff, »und wenn du die Flaschen wirklich mitnehmen willst, wickle sie in Papier oder alte Kleidungsstücke und pack sie in Kartons. Ich werde Doktor Cornwallis fragen, ob ich sie in der Praxis lagern kann.«

Er nahm ihr die leere Teetasse ab. »Aber jetzt lege dich nieder und versuche ein wenig zu schlafen. Du wirst morgen ausgeruht sein müssen, denn es wird ein anstrengender Tag«, erklärte er auf dem Weg hinaus. »Vor allem für mich«, fügte er leise hinzu.

»Nehmen Sie doch eine Tasse Tee«, forderte ihn Doktor Cornwallis auf.

»Nein, danke. Ich hatte bereits sechs. Es tut mir leid, Ihr Frühstück gestört zu haben.«

»Oh, ich war schon fertig. Aber Ziegelsteine durch ihr Fenster zu werfen? Sie meint es ernst. Sieht aus, als würde sie in zunehmendem Maße verwirrter, wenn nicht sogar wahnsinnig, aber ...«

»Meiner Ansicht nach ist sie geisteskrank … Könnte sie für unzurechnungsfähig erklärt werden?«

»Weil sie Ziegelsteine durch Ihr Fenster wirft? Nein, deswegen nicht. Sie ist nicht geisteskrank. Doch es zeigt sich deutlich, daß sie ihre nervöse Energie in Anfällen entlädt, die oft zu epileptischen Krämpfen führen. Das ist ihr bereits einmal geschehen.«

»Wann haben Sie sie zuletzt gesehen?«

»Oh, ich wurde vor zwei Wochen zu ihr gerufen. Sie habe Einkäufe erledigt und sei völlig außer sich nach Hause zurückgekehrt, erzählte mir das Dienstmädchen. Und doch kann ich mir in ihrem Fall nicht absolut sicher sein. Ebensowenig kann ich verbindlich erklären, daß es Hysterie ist, denn eine Vielzahl von Symptomen dieser Krankheit zeigt sich bei ihr nicht. Leider kann ich nichts mit Gewißheit feststellen, das zu einer Entmündigung beitragen würde. Wie alle Personen in ihrem Zustand, ist sie raffiniert. Wenn ich einen Kollegen hinzuziehe, was, wie Sie wissen, in solchen Fällen notwendig ist, so hätte dieser es nach einem Gespräch mit ihr schwer, sie schwarz auf weiß für geisteskrank zu erklären. Nein, Sie müssen einen anderen Weg finden, von ihr loszukommen. Doch wenn sie nichts von einer Scheidung wissen will, weiß ich mir auch keinen Rat. Aber warten Sie …« Er hob eine Hand und schwenkte einen Finger, als wollte er John ermahnen. »Moment. Mir fällt etwas ein. Es hat mit Geisteskrankheit in der Ehe zu tun. Vor einigen Jahren gab es einen Fall …« Er schüttelte den Kopf. »Ich werde es nachschlagen. Hier sollte irgendwo ein Gesetzbuch sein. Aber Sie können auch in die Bibliothek gehen. Ich nehme an, Sie besitzen nicht zufällig juristische Bücher?«

»Seltsamerweise doch. Drei. Eines davon ist bereits etwa vierzig Jahre alt. Während meiner Studienzeit kaufte ich ein Bündel Bücher bei einer Versteigerung, da sich ein medizinisches Fachbuch darunter befand, das ich mir damals neu nicht leisten konnte. Ja, ich glaube, ich besitze drei. Ich werde nachsehen, sobald ich nach Hause komme.«

»Tun Sie das. Das ist schon ein Ansatz. Es geht um Geisteskrankheit in der Ehe. Und wenn Sie sich wegen einer Unterkunft für ihre Mutter umsehen wollen, werde ich mir Ihre Patienten mit Doktor Rees teilen.«

»Haben Sie vielen Dank. Ich weiß das zu schätzen. Ich dachte an das neue Pflegeheim in Brampton Hill, von dem Sie gesprochen haben.«

»O das, da haben Sie kein Glück. Als ich gestern dort einen Patienten besuchte, erzählte mir die Leiterin, daß es bereits eine Warteliste gibt.«

»Schade, es klang recht vielversprechend.«

»Wo werden Sie selbst wohnen?«

»Gewiß nicht wieder bei Mrs. Pearson. Aber sorgen Sie sich nicht, für mich finde ich schon etwas.«

»Bis es soweit ist, kann ich Ihnen oben ein Bett anbieten, wenn Sie wollen.«

Es vergingen einige Sekunden, ehe John auf die Einladung antwortete. »Das ist sehr freundlich von Ihnen, Doktor. Und wenn ich nichts finde, werde ich mit Freude darauf zurückkommen.«

»Sie würden mir keine Umstände machen. Allerdings könnten Sie einige schlaflose Nächte haben, denn wenn ich nicht schnarche – und das kann ich bis hinauf zum hohen C –, dann singe ich«, erklärte er grinsend. »Wenn ich schnarche, bin ich nüchtern, doch wenn ich singe, ist das ein Anzeichen, daß ich etwas von meiner Medizin eingenommen habe.«

John mußte lächeln. »Nun, wenn ich etwas von derselben Medizin bekomme, könnten wir ein Duett singen. Immerhin sagt man mir eine gute Baritonstimme nach.«

»Ich bezweifle, daß es jemals dazu kommen wird, denn Sie würden meine Medizin nicht vertragen. Sie sind nicht dafür gebaut. Aber gehen Sie jetzt, und halten Sie mich auf dem Laufenden. Übrigens, haben Sie heute Krankenbesuche zu machen?«

»Drei, aber die kann ich auf dem Weg erledigen.«

»Gut.«

Damit trennten sie sich. John machte sich auf die Suche nach einer möblierten Unterkunft. Gegen zwölf Uhr fühlte er sich etwas verzweifelt, denn seine Bemühungen waren ergebnislos geblieben. So lenkte er seinen Wagen nach Col Mount zu Helen, wie er es schon den ganzen Morgen über hatte tun wollen.

Kurz bevor er eintraf, war Daisy zu Besuch gekommen, und die beiden Frauen saßen eben bei einem leichten Mittagessen, zu dem sie ihn einluden. Er nahm gerne an, denn außer einer Scheibe Toast hatte er den ganzen Vormittag über noch nichts gegessen.

Als sie im Salon Kaffee tranken, blickte Daisy ihn durchdringend an. »Irgend etwas beschäftigt Sie heute mehr als üblich«, erklärte sie.

Er lächelte. »Wie kommen sie darauf?«

»Sie haben sich heute nicht die Zeit genommen, sich zu rasieren.«

Erstaunt riß er die Augen auf und griff sich ans Kinn. »Ich habe mich rasiert.«

»Ja, hier und dort. Aber Sie haben zwei Stellen unter Ihren Ohren ausgelassen.«

Als Helen in Lachen ausbrach, stimmte er mit ein. Doch dann brach er unvermittelt ab. »Es ist ein Wunder, daß ich mich überhaupt rasiert habe, denn es war eine sehr unruhige Nacht.«

»Was meinst du damit?« fragte Helen und sah ihn forschend an.

Er antwortete nicht sogleich, sondern stellte erst seine Tasse auf dem Teetischchen ab. »Wir müssen das Haus verlassen«, erklärte er ohne Umschweife. »Meine Mutter fürchtet sich zu Tode. Sie erzählte mir erst gestern, was in letzter Zeit geschehen war. Beatrice hatte in der Dunkelheit an der Tür gekratzt und hindurchgesprochen. Da ich oben war, hörte ich nichts davon. Aber letzte Nacht hörte ich sie sehr wohl, weil zwei Ziegelsteine durch die Fenster der Schlafzimmer geflogen kamen. Da sie nicht wußte, in welchem Zimmer ich schlief, ging sie lieber kein Risiko ein.«

»O nein!« Helen schüttelte den Kopf. »Sie muß ...« Sie brach ab.

John nickte und vollendete den Satz. »Ja, sie ist wahnsinnig, dessen bin ich mir sicher. Und sie ist es schon seit einiger Zeit.«

»Weiß Doktor Cornwallis davon?«

»Natürlich. Aber er sagt, es sei schwierig, das nachzuweisen. Er stimmt nicht mit mir überein. Jedenfalls habe ich den gesamten Vormittag wieder nach einem Haus gesucht. Meine Mutter und Mrs. Atkinson sind bereits am Packen. Ich hatte gehofft, meine Mutter in dem neuen Pflegeheim auf dem Brampton Hill unterbringen zu können, doch Doktor Cornwallis sagte mir, daß dort derzeit nichts frei sei. So habe ich wieder meine Runden gezogen, doch bisher ohne Erfolg.«

Als Helen die Hand nach ihm ausstreckte und eben sprechen wollte, kam ihr Daisy zuvor. »Ich kenne zwei Orte, zwischen denen sie wählen könnte.«

»Ja?« Johns Stimme klang erwartungsvoll.

»Ja«, bestätigte Daisy nickend. »Entweder mein Haus oder hier.«

»Ja.« Helen und Daisy warfen einander einen Blick zu. »Hier«, erklärte Helen. »Ich würde mich freuen, sie bei mir haben, John.«

»O nein, das würde dir zu viele Umstände machen. Sie braucht jemanden, der sich um sie kümmert, und sie benötigt zumindest zwei Zimmer.«

»Sieh doch nur, wie viele Räume es in diesem Haus gibt, und alle sind sie leer! Oben gibt es acht Schlafzimmer.«

»Aber sie kann keine Treppen steigen«, wandte Daisy ein.

Helens Stimme war ungewohnt laut, als sie antwortete. »Das weiß ich. Aber da ist noch das Spielzimmer, das nicht benützt wird. Man könnte ein reizendes Schlafzimmer daraus machen. Und der Rauchsalon daneben könnte in ein hübsches Wohnzimmer umgestaltet werden. Außerdem führt er in den Wintergarten. Sie wäre auch niemandem im Weg, denn die Räume liegen am Ende des Korridors. Und ich würde mich freuen, sie hierzuhaben.«

»O nein.« John schüttelte den Kopf. »Ich will nicht, daß du soviel Zeit aufwendest.«

»Reden Sie keinen Unsinn.« John wandte sich scharf zu Daisy um. »Sie weiß doch ohnehin nicht, was sie mit ihrer Zeit anfangen soll«, erklärte sie. »Sie langweilt sich zu Tode. Ich habe versucht, sie in die Arbeit des Komitees einzuführen, doch ihr Gesichtsausdruck schreckt die anderen ab.«

»O Daisy, wie kannst du so etwas sagen? Ich habe dieses alberne Lächeln einen ganzen Nachmittag durchgehalten, nur um dir zu gefallen. Und genau wie ich von dir instruiert wurde, habe ich stundenlang von Dingen gesprochen, von denen ich nicht die geringste Ahnung habe.«

»Nun gut, dann tu jetzt etwas, von dem du eine Ahnung hast und gib deinem Personal den Auftrag, die Räume herzurichten. Ich helfe dabei. Und was Sie anbelangt, John, fahren Sie zu Ihrer Mutter, und sagen Sie ihr, daß alles arrangiert sei und daß sie sich nicht weiter sorgen müsse. Übrigens, wo wollen Sie wohnen?«

»Doktor Cornwallis bot mir ein Bett an, bis ich etwas gefunden habe.«

»Sie könnten jederzeit bei mir wohnen. Das wäre nett. Denken Sie darüber nach. O ja, ein Mann ganz allein für mich. Teilen Sie dem alten Cornwallis mit, daß sie eine Unterkunft gefunden haben. Sagen Sie ihm, sie hätten ein unmoralisches oder verbotenes Angebot erhalten, oder wie auch immer Sie es nennen wollen, aber in jedem Fall ein Angebot. Sie müssen wissen, daß ich dieses Angebot nicht jedem Mann mache«, erklärte Daisy mit vielsagendem Nicken.

John ging zwei Schritte auf sie zu und nahm ihr faltiges Gesicht in seine Hände. »Ich werde Ihnen etwas verraten, Daisy«, erklärte er sanft, »und es ist die Wahrheit: Wäre mein Herz nicht schon anderweitig vergeben, hätte ich diese Gelegenheit allen Ernstes mit Freude ergriffen.«

Als er sah, wie ihre hellen Augen kurz aufleuchteten und ein zartes Rosa über ihr Gesicht glitt, nickte er ihr zur Bestätigung seiner Worte zu. Dann wandte er sich zu Helen um, auf deren Gesicht ein sanftes, wissendes Lächeln lag. »Danke, meine Liebe. Auch wenn es nicht angemessen klingt, so kann ich dir in diesem Moment nicht sagen, wie erleichtert ich mich fühle.«

»Um welche Uhrzeit soll ich ihr den Wagen schicken?« fragte Helen leise.

Als er zögerte, antwortete Daisy an seiner Stelle. »Nach Einbruch der Dunkelheit, damit Beatrice ihn nicht erkennt. Was sagen Sie dazu, John?«

»Ja, Sie haben recht, Daisy.«

»Zu welcher Zeit auch immer, ich werde kommen und ...«

»Nein. Bitte nicht, Helen.«

»Ich stimme ihm zu«, erklärte Daisy. »Es wäre besser, du trätest nicht in Erscheinung. Aber ich kann vorbeisehen und helfen.«

»Danke, Daisy. Danke.«

»Also sehen wir uns um sieben?«

»Ja, das wäre fein.« Er blickte von einer zur anderen. »Ich ... ich weiß nicht, wie ich euch danken soll. Als ich hier ankam, war ich am Ende meiner Weisheit, und nun fühle ich mich ...« Er brach ab und schüttelte den Kopf. »Ich werde jetzt gehen«, murmelte er.

Als er aus dem Zimmer eilte, wollte Helen ihm folgen, doch Daisy hielt sie mit einer abwehrenden Geste zurück. »Es ist besser, er bleibt jetzt allein, meine Liebe. Er ist an seiner Belastungsgrenze.«

Um kurz nach sechs Uhr kehrte er zum zweitenmal in den Anbau zurück, wo er zu seiner Überraschung seine Mutter zum Ausgehen gekleidet vorfand. »Wo in aller Welt hast du gesteckt?« fragte sie in scharfem Ton. »Ich habe dich den ganzen Nachmittag über nicht gesehen.«

Er antwortete ihr ebenso schroff. »Mutter, da draußen gibt es Kranke zu betreuen.«

Als er sich neben sie setzte, begannen ihr die Tränen über die Wangen zu rollen. »O mein lieber Junge. Es tut mir leid. Trotz der guten Nachricht hatte ich den ganzen Tag über entsetzliche Angst.«

»Sei nicht albern. Unser Leben wird sich zum Besseren verändern.«

»Hast du etwas gegessen?« fragte sie, während sie seine Hand drückte.

»Mutter! Ich sagte dir bereits, daß ich mit Helen und Daisy zu Mittag gegessen habe. Daisy wird auch bald hier sein. Angekleidet bist du ja schon, aber hast du auch alles gepackt?«

»Ja, bis auf die Bücher, die Frances noch von oben zu bringen versprochen hat. Mrs. Atkinson mußte zum Zahnarzt, die Schmerzen brachten sie beinahe um den Verstand. Sie wollte bei dir vorbeisehen, aber wahrscheinlich warst du unterwegs. Ich nehme an, das Alleinsein hat mich so nervös gemacht.«

Beide fuhren hoch, als es an der Tür klopfte. »Doktor«, ließ sich eine leise Stimme vernehmen.

»Das wird Frances wegen der Bücher sein«, sagte er.

Er eilte durch die Halle, öffnete die Tür und stand Frances gegenüber. Sie hatte eine Anzahl Bücher in den Händen. »Ein paar sind noch oben, Doktor, aber ich konnte nicht mehr tragen. Jedenfalls ist sie soeben fortgegangen. Wahrscheinlich macht sie einen Fußmarsch, denn sie hat ihren Spazierstock mitgenommen.«

John warf einen kurzen Blick auf die Bücher und bemerkte, daß es hauptsächlich nichtmedizinische Werke waren. »Geht sie üblicherweise um diese späte Stunde spazieren?«

»Sie geht zu jeder Tages- und Nachtzeit spazieren, Doktor.«

»Dann komme ich mit dir.«

Sie liefen gemeinsam den Gang entlang und durch die Halle und die Treppe hinauf in das Gästezimmer. Als John hastig eine Anzahl medizinischer Fachbücher vom Regal nahm, fielen die übrigen zu Boden. »Bring die restlichen bitte hinüber, Frances«, bat er das Dienstmädchen über die Schulter, während er auf die Tür zuging.

Am oberen Ende der Treppe erstarrte er. Er hatte das Gefühl, sein Herz würde in seinem Leib zerspringen, so erschrocken war er, als er Beatrice auf sich zukommen sah. Beatrice hielt überrascht inne und blinzelte kräftig, als könnte sie nicht glauben, was oder wen sie da sah. Schließlich stieg sie die letzten Stufen hinauf, indem sie einen Fuß mit festem Schritt vor den anderen setzte.

Als sie den Treppenflur erreichte, mußte er zurücktreten. Wie ein Schuljunge, der bei einem Diebstahl ertappt worden war, begann er zu stammeln. »Ich … ich holte meine … meine medizinischen Bücher.«

»O ja, deine medizinischen Bücher. Und ich bin zurückgekommen, um mir einige Konfekt zu holen. Ich war hungrig.« Das Lächeln auf ihrem Gesicht ließ ihn erschauern. »Irgend etwas sagte mir: ›Beatrice, geh zurück. Du brauchst Energie.‹ Wußtest du, daß Schokolade Energie spendet, John?«

Er nickte, während er sich um sie herum zur obersten Stufe schob. Er wußte, daß Frances irgendwo neben ihr stand. Dann wandte er sich um und stieg die Treppe hinab. Da er beide Hände für die Bücher brauchte, konnte er sich nirgendwo festhalten.

Später erinnerte er sich nicht mehr, ob er erst Frances Schrei oder seinen eigenen hörte, als der Fuß ihn brutal im Rücken traf. Er fühlte, wie er in die Luft geschleudert wurde, und sah die Bücher davonfliegen, als hätten sie Flügel bekommen. Doch den Schrei, den er ausstieß, als er auf der Treppe aufprallte, hörte er ebensowenig wie Frances' Aufkreischen und das entsetzte Keuchen von Janie Bluett und der Köchin.

Die Schreie hatten Catherine Falconer hochfahren lassen. Augenblicklich griff sie nach ihrem Stock und humpelte durch den Gang vom Anbau auf die Gruppe schreiender Menschen in der Halle zu.

»Sie haben ihn hinuntergestoßen, Madam. Sie haben ihn hinuntergestoßen«, schrie Frances mit sich überschlagender Stimme.

»Sei still, oder ich schlage dich damit. Er fiel! Er fiel die Treppe hinunter!« kreischte Beatrice zurück.

»O mein Gott!« stieß Mrs. Falconer entsetzt hervor, als sie ihren Sohn reglos, einen Fuß unter dem Körper und den anderen in seinem seltsamen Winkel abstehend, liegen sah.

Blut troff aus einem seiner Hosenbeine. »Was hast du getan?« schrie sie Beatrice an.

»Er fiel! Er ist tot!«

»Nein! Er ist nicht tot, Madam, er atmet noch.«

»Nun, wohl nicht mehr lange. Bleib, wo du bist, Mädchen!« Beatrice drohte Janie Bluett mit dem Stock.

»Du bist wahnsinnig! Hol einen Arzt. Ich befehle dir, einen Arzt für meinen Sohn zu rufen.«

»›Ich befehle dir!‹ sagt sie. Das ist *mein* Haus. Mein Haus, Mrs. Falconer. Ihr Sohn ist widerrechtlich eingedrungen. Und seien Sie vorsichtig, was Sie zu mir sagen, sonst ergeht es Ihnen ebenso. Ich habe Sie satt. Ja, ich habe Sie hinter Ihrer geschlossenen Tür satt. Aber es ist vorbei. O ja, es ist für euch beide vorbei.« Dann brüllte sie Frances an, die am oberen Ende der Treppe vorüberzuhuschen versuchte. »Ich habe dich gewarnt, Mädchen! Ich werde dich mit dem Stock schlagen!« Sie brachte den Stock bis auf wenige Zentimeter vor Frances Gesicht. Das Mädchen kreischte auf. »Sie sind wahnsinnig! Sie sind wahnsinnig! Und Sie haben ihn gestoßen. Sie haben ihn die Treppe hinabgestoßen!«

Als der Stock brutal auf Frances Arm heruntersauste, sprang das Mädchen zurück und stürzte mit einem Schrei auf Janie Bluett zu.

»O Beatrice! Beatrice!« flehte Mrs. Falconer. »Bitte schick nach einem Arzt!«

»Ja, Herrin, bitte lassen Sie jemanden einen Arzt holen«, fiel die Köchin mit beschwichtigender Stimme ein.

Ohne sie zu beachten, brüllte Beatrice Catherine an: »Seien Sie still, ich habe Sie gewarnt, oder ich werde Sie von Ihren wackeligen Krücken stoßen.« Sie wollte eben auf Catherine Falconer zugehen, als eine hastige Bewegung hinter ihr sie herumfahren ließ. Der Anblick von Mary Simmons, die den Gang hinablief, stürzte sie einen Moment lang in ein Dilemma. »Das war es, alte Frau! Auf Ihre gebrechlichen Knie! Er wäre wohl überrascht, das zu sehen, nicht war? Immerhin haben Sie ihn ja jahrelang an Ihrer Seite gehalten, indem Sie vorgaben, nicht gehen zu können. Ich rate Ihnen, sich nicht von der Stelle zu rühren. Und für euch gilt dasselbe«, erklärte sie und stieß den drei Frauen, die sich dicht zusammengedrängt hatten, den Stock entgegen. »Das wird noch eine lange Nacht werden. Er wird wohl gegen drei Uhr morgens sterben, nicht? Drei Uhr. Es ist sehr still um drei Uhr. Wart ihr jemals mitten in der Nacht um drei Uhr außer Haus? Selbst die Vögel rascheln nicht in den Bäumen, und auch die Krähen fürchten sich, einen Laut von sich zu geben. Wußtet ihr das? Wußtet ihr das? Denn die Welt ist um drei Uhr morgens tot und nimmt das Sterben mit sich. Sie nimmt das Sterben mit sich. O ja. Also werde ich mich wie die alte Frau auf den Boden setzen ...«

Mary Simmons lief die Auffahrt hinunter. Sie mußte Hilfe holen. Mr. MacIntosh von nebenan. Sie mußte Mr. MacIntosh holen.

Das junge Mädchen stieß einen gellenden Schrei aus, als sich eine Frau aus der Kurve der Auffahrt löste. Beinahe wäre sie in sie hineingelaufen. Die Unbekannte ergriff sie an der Schulter. Als eine freundliche Stimme sie ansprach, beruhigte Mary sich.

»Was ist los?« Daisy zog das Mädchen aus dem Schatten der Bäume in einen schmalen Streifen, der vom Mondlicht erhellt wurde. »Was ist los, Kleines?« fragte sie, während sie das Gesicht des Mädchens musterte.

»Oh, Madam, Madam, sie ... sie ist wahnsinnig geworden. Sie hat den Doktor getötet. Hat ihn die Treppe hinuntergestoßen und läßt es nicht zu, daß Doktor Cornwallis gerufen wird. Ich ... ich bin auf dem Weg zu Mr. MacIntosh von nebenan. Sie sind alle in der Halle, aber sie läßt sie nicht fort. Die Köchin und alle. Sie hat einen Stock.«

»Es ist alles in Ordnung, Kleines. Lauf zu Mr. MacIntosh und sag ihm, daß er rasch kommen soll. Meine Kutsche steht auf der Straße. Richte dem Fahrer aus, daß es einen Unfall gegeben hat und daß Miss Daisy ihm aufträgt, Doktor Cornwallis zu holen. Hast du alles behalten?«

»Ja, Madam. Ich sage Ihrem Fahrer, daß er Doktor Cornwallis rufen soll, und ich ... ich hole Robbie, ich meine, Mr. MacIntosh.«

»Genau. Gutes Mädchen. Jetzt beeil dich. Rasch!« Daisy lief das letzte Stück der Auffahrt hinauf. Die Tür zum Anbau stand offen. Sie trat nicht sofort ein, sondern hielt inne und lauschte auf den Klang der Stimmen, die schnell zu steigen und zu fallen schienen. Dann schlich sie auf Zehenspitzen durch die Halle auf die Tür zu, die in den Gang führte. Als sie hineinspähte, erkannte sie in der Halle eine Gestalt, die die Arme schwenkte. Jetzt konnte sie auch ihre Stimme deutlich vernehmen.

»Was sagen Sie, Mrs. Falconer? Sie haben eine letzte Bitte? Oh, Leute, die bald sterben werden, äußern immer noch eine letzte Bitte. Wenn er noch sprechen könnte, würde er auch noch eine letzte Bitte vorbringen, nicht wahr? Ihr Sohn würde eine letzte Bitte aussprechen, und es wäre wohl der Wunsch, Helen noch einmal zu sehen. Ist es nicht so? Und täte er es, wüßte er genau, was ich antworten würde.« Sie hielt inne, ehe sie mit fortfuhr: »Ich würde ihm sagen, daß Helen ihn nur über seine *Leiche* sehen würde. Nur über seine Leiche.«

»Er blutet, Beatrice. Du kannst ihn bluten sehen.«

»O ja, Mrs. Falconer, ich kann ihn bluten sehen, und jetzt strömt auch aus seinem Mund Blut. Ich denke, daß er noch eine ganze Weile bluten wird. Dann wird er plötzlich zu bluten aufhören, denn Tote bluten nicht, ist es nicht so? Nun, ich glaube jedenfalls nicht, daß sie es tun. Ich glaube, ich habe irgendwo gelesen, daß sie es nicht tun.«

»Er wird nicht sterben. Er wird nicht sterben!« rief Catherine. »Und das Blut kommt nicht aus seinem Mund, es kommt aus seiner Nase.«

»Nun, wo auch immer es herkommt, es wird aufhören.«

Daisy zog ihre Schuhe aus und huschte rasch den Gang hinunter. Sie hätte eines jener Urwaldtiere sein können, die sie in Afrika kennengelernt hatte, so lautlos näherte sie sich. Als sie im Gang erschien, schrien die beiden zusammengedrängten Frauen auf. Die Köchin, die sich auf der anderen Seite von John befand, rang nach Atem. Dann geschah alles sehr rasch. Die Schreie der Frauen vermischten sich, als Daisy auf Beatrice zusprang und ihr die Arme auf den

Rücken drehte. Beatrice schrie vor Schmerz laut auf, als sie, mit Daisy auf dem Rücken, zu Boden stürzte. Aber auch Daisy war die Anstrengung anzusehen, denn sie rang einen Augenblick nach Atem.

»Jemand soll ihr Hände und Füße zusammenbinden! Rasch!« rief sie der Köchin zu.

Die drei Frauen blickten verzweifelt um sich. »Ihre Schürzenbänder!« ertönte Daisys Stimme wieder. »Nehmen Sie Ihre Schürzenbänder!«

Die Köchin riß sich die Schürze von ihrem wohlgerundeten Leib und löste mit einer raschen Bewegung die gekreuzten Leinenbänder von dem Schürzenteil. Daisy hatte sich aufgerichtet und kniete auf Beatrices strampelnden Beinen. »Bindet ihr die Hände zusammen!« rief sie den Mädchen zu, was diese nur allzu bereitwillig taten. Während Daisy das Band festzurrte, banden sie Beatrices Knöchel mit dem anderen.

Nachdem sie Beatrice auf den Rücken gedreht hatten, starrte sie mit weit geöffneten Mund auf Daisy. »Sie! Sie! Sie!« stieß sie immer wieder hervor.

»Zieht sie auf den Stuhl.«

Die Köchin schleifte die gebundene Gestalt nicht gerade sanft auf einen geschnitzten Stuhl aus Mooreiche zu, zog sie mit Hilfe der beiden Mädchen hoch und ließ sie auf die Sitzfläche fallen. Ein Stöhnen entrang sich Beatrices Kehle, als ihre gebundenen Hände gegen die Lehne schlugen.

Daisy beugte sich über Mrs. Falconer. »Kommen Sie, meine Liebe, setzen Sie sich, setzen Sie sich. Wir haben bereits nach dem Doktor geschickt.«

Das Wort Doktor drang in Beatrices Bewußtsein, und sie begann zu schreien: »Nein … kein Arzt darf hierherkommen! Nein!« Sie warf sich in ihrem Stuhl vor und zurück. Daisy blickte auf Frances, die sichtlich zitterte.

»Nimmt sie Schlaftabletten?«

»Ja, Madam.«

»Hol sie.«

Diese Anweisung entlockte Beatrice einen weiteren Aufschrei.

»Wie ich hörte, ißt sie gern Schokolade«, meinte Daisy, als Frances ihr eine Minute später die Tabletten übergab.

»O ja, Madam, ja, schachtelweise. Eine offene Schachtel steht im Salon.«

»Hol auch die.«

Mit der Schokolade in der Hand näherte sich Daisy der sich windenden Gestalt und beugte sich über sie. »Öffne deinen Mund«, befahl sie ihr, was Beatrice dazu veranlaßte, ihr Kiefer fest zu schließen. Schließlich packte Daisy ihre Nase und drückte sie zu. Als sich der Mund öffnete, warf sie eine Schlaftablette hinein, die Beatrice augenblicklich wieder ausspuckte. Daisy nahm eine weitere Tablette aus Frances zitternden Fingern, griff dann nach einem Konfekt, preßte die Nase zu und stieß beides gleichzeitig in den geöffneten Mund. Diesmal schlossen sich die Kiefer sofort. Sobald sie hörte, daß Beatrice schluckte, wiederholte sie den Vorgang.

Beatrice starrte mit einem so zornigen Blick zu ihr empor, daß Daisy sich abwandte und zu John hinüberging. Voller Mitleid sah sie auf seinen verdrehten Körper hinab und schlug ihre Hand vor den Mund. »O mein Gott!« murmelte sie mit geschlossenen Augen. »O mein lieber John. Was hat sie dir angetan?«

»Könnten Sie nicht … ein wenig gerade richten?« fragte Mrs. Falconer stammelnd.

»Nein, es ist besser, ihn so zu lassen, bis der Doktor kommt. Und der ist bereits auf dem Weg.«

Catherine Falconer blickte sie forschend an. »Wie kann er …?«

»Das Hausmädchen. Ich trug ihr auf, meinen Fahrer zu schicken. Sie selbst ist zu Robbie gelaufen«, antwortete Daisy.

Es war, als hätten diese Worte Robbie herbeigerufen, denn in diesem Augenblick betrat er das Haus. Er blieb wie gebannt stehen und blickte von der sich windenden Gestalt im Stuhl auf den verdrehten Körper auf dem Boden. »Gott im Himmel!« stieß er hervor.

»Ich würde ihn nicht anrühren, bis der Doktor kommt«,

meinte Daisy, als Robbie sich neben der verrenkten Gestalt niederkniete. »Er blutet heftig, und ich weiß nicht, woher das kommt.«

Robbie nickte und blickte dann in das bleiche Gesicht des Mannes, der ihm ein solcher Freund gewesen war. Es fiel ihm schwer, die richtigen Worte zu finden, um seine Gefühle auszudrücken.

»Sie stieß ihn hinunter! Sie trat den Doktor in den Rükken. Ja, das tat sie!« rief Frances hysterisch. Die Köchin ermahnte sie und zog das Mädchen dann resolut an sich.

»Er wird wohl ins Krankenhaus gebracht werden müssen«, meinte Robbie und sah Daisy an. »Wir werden einen Krankenwagen benötigen. Haben Sie nach einem geschickt?«

»Nein.« Daisy schüttelte den Kopf.

»So.« Er erhob sich, ohne seinen Blick von John abzuwenden. »Er darf nicht zu lange so liegenbleiben. Der Arzt wird frühestens in zwanzig Minuten hier eintreffen. Das heißt, wenn er in der Praxis ist. Ich werde gehen und mich darum kümmern.« Während er aus der Halle lief, stieß die gefesselte Gestalt im Stuhl ein unheimliches Lachen aus.

»Zu spät, zu spät ...«, ertönte ihre schläfrige Stimme.

Und das waren nahezu dieselben Worte, die Doktor Cornwallis murmelte, als er fünfundzwanzig Minuten später das Haus betrat. »Allmächtiger ...!« stöhnte er, sobald er vorsichtig das Hosenbein aufgeschnitten hatte. Denn er blickte er auf einen Knochen, der aus dem Fleisch hervorstach.

Mrs. Falconer stieß einen langgezogenen Schrei aus. »Bringen Sie sie in einen anderen Raum!« trug Cornwallis Daisy hastig auf. Als er nach der schlaffen Hand griff und einen unregelmäßigen Puls fühlte, ließ er sich äußerlich nichts anmerken, doch innerlich überschlugen sich seine Gedanken. Er schüttelte den Kopf. Wieder blickte er auf Daisy. »Wir brauchen einen Krankenwagen.

»Robbie ... Mr. MacIntosh ... holt einen.«

Cornwallis wandte sich der zusammengesunkenen Gestalt auf dem Stuhl zu. »Wie ist es dazu gekommen?«

»Mit einiger Anstrengung«, antwortete Daisy schlicht. Ihre linke Hand bewies das, denn sie hatte sie sich bei dem Sturz auf den Boden verstaucht.

Mühsam erhob sich Cornwallis. »Jetzt hätte er jeden Beweis, der für eine Auflösung seiner Ehe nötig wäre, doch nun könnte es bereits zu spät sein«, erklärte er düster.

Fünf Minuten danach traf der Krankenwagen ein. Die Sanitäter legten John nach Doktor Cornwallis' Anweisungen vorsichtig auf die Trage, ohne seine Glieder zu strecken.

»Ich folge Ihnen«, erklärte Cornwallis, ehe er sich Beatrice zuwandte, deren Kinn auf die Brust gesunken war. »Ich habe ihr zwei Schlaftabletten gegeben«, meinte Daisy, als er ihr einen fragenden Blick zuwarf.

»Oh, sehr klug, war wohl das Beste. Wie viele sagten Sie, zwei?«

»Ja.«

»Sie wird wohl bis morgen früh schlafen. Dann komme ich vorbei und sehe nach ihr. Aber ich werde nicht allein kommen. Egal, wer noch dabei war – ich will, daß dieses Mädchen« – er deutete auf Frances – »als Zeugin der Ereignisse bleibt.«

»Auch ich komme«, gab Daisy zurück.

Er nickte. »Gut«, murmelte er, bevor er ging.

Als Daisy Mary entdeckte, die sich vorsichtig durch den Gang schob, winkte sie sie herbei. »Es ist alles in Ordnung, mein Liebes.« Sie klopfte ihr auf die Schulter. »Gutes Mädchen!«

»Das hast du gut gemacht, Mary«, meinte die Köchin, als sie aus dem Salon trat und ihre Küchenhilfe erblickte. »Wir haben das Sofa für die Herrin vorbereitet, Madam«, fügte sie, an Daisy gewandt, hinzu.

»Gut«, meinte Daisy. »Bevor ich gehe, binde ich sie los. Aber was werden Sie tun?«

»Ich werde die Nacht bei meiner Schwester verbringen, Madam, und ich nehme auch Mary und Janie mit. Wir hatten bereits den Entschluß gefaßt, von hier fortzugehen, und Janie hat sogar schon eine neue Stellung gefunden. Sie kann morgen dort beginnen. So bleibt nur noch Frances.«

Die Aufmerksamkeit aller richtete sich auf Frances, die den Kopf schüttelte. »Wenn du keine anderen Pläne hast, Frances, wäre ich für deine Hilfe sehr dankbar«, meinte Catherine Falconer leise. »Ich werde jemanden um mich brauchen. Das heißt …« Sie wandte sich an Daisy. »Falls Lady Spears mit dieser Vereinbarung einverstanden ist«.

»O ja. Darauf kann ich Ihnen mein Wort geben«, antwortete Daisy augenblicklich. »Das wäre also geregelt. Wie mir die Köchin sagte, hat der Gärtner heute seinen freien Tag. Da er gleich in seine Kammer bei den Stallungen zurückkehren wird, wird er vor morgen früh nichts von den heutigen Vorfällen erfahren. Und sie ebensowenig, sobald wir sie auf das Sofa gelegt haben. Also können wir abschließen und gehen.«

11

Die Sonne ging gerade auf, als Beatrice erwachte. Doch da sie sich seltsam fühlte, blieb sie noch eine Weile gemütlich auf der Couch liegen. Erst mit der Zeit spürte sie den Schmerz in ihrem Kopf ebenso wie in ihrem Körper und besonders in den Armen und Gelenken. Langsam zog sie sich hoch, um sich aufzusetzen. Plötzlich begriff sie, daß sie sich im Salon befand und daß der Gasleuchter immer noch brannte. Was war geschehen?

Als öffnete sich eine Tür in ihrem Gedächtnis, konnte sie sich wieder an alles erinnern. Eines nach dem anderen rollten eine Reihe von Bildern rasch vor ihren Augen ab. Sie hatte ihn getötet. Ihr Fuß hatte ihn in den Rücken getroffen. Oh, genau wie sein im Blut liegender Körper, aus dem das Leben entströmte, hatte ihr das ein Gefühl der Freude bereitet. Doch der Augenblick ihrer Hochstimmung wurde rasch von der Erinnerung an jenes seltsame Wesen überdeckt, das sie angesprungen und gefesselt hatte. Sie hob die Hand an die Lippen, denn sie konnte noch die Berührung der Frau fühlen, die ihr die Schokolade in den

Mund gesteckt hatte, damit sie die Tabletten schluckte. Es mußten Schlaftabletten gewesen sein. Deshalb hatte sie so lang geschlafen. Aber warum hatte Frances sie nicht nach oben gebracht, und warum hatte sie diese Lichter nicht ausgemacht?

Sie erhob sich vom Sofa und starrte aus dem Salon in die Halle. Wo waren sie alle? Wo waren nur die Diener? Es mußte noch sehr früh sein. Ja, es war bestimmt noch sehr früh. Sie würde sie wecken. Sie brauchte etwas zu trinken, denn ihre Kehle war wie ausgedörrt.

Noch immer schwankend, als wäre sie betrunken, betrat sie die Küche, wo das Feuer ausgegangen war. Sie verließ sie wieder. »Köchin! Köchin! Frances!« rief sie. Da sie keine Antwort erhielt, eilte sie zu den Quartieren der Bediensteten, nur um offene Türe vorzufinden. Das Licht des Morgens fiel in leere Zimmer und hier und da einen Schrank mit offenstehenden Schubladen.

Sie kehrte in die Halle zurück, wo sie am unteren Ende der Treppe stehenblieb. Große dunkle Flecken zeigten sich auf den polierten Brettern. Als sie niederkniete und ihre Finger über getrocknetes Blut streifen ließ, überkam sie wieder dieses ekstatische Gefühl. Sie hatte ihn getötet! Sie hatte gewußt, daß sie es eines Tages tun würde. Er war in ihrem Haus gestorben. Doch wann sie ihn weggebracht hatten, wußte sie nicht. Der Anblick seines Gesichts und seiner verrenkten Glieder, aus denen das Blut hervorgeströmt war, hatten ihr gesagt, daß sein Körper zerstört war. Jener Körper, den er ihr nicht mehr hatte geben wollen. Und nun, da sie es getan hatte, würde man kommen, um sie abzuholen. Man würde behaupten, sie wäre wahnsinnig. Nun, vielleicht war sie ein wenig verrückt, doch wieder auch nicht so verrückt, um anderen das letzte Wort über ihr Leben zu überlassen. Ihr Leben gehörte nur ihr, und dies war ihr Haus. O ja, dies war ihr Haus. Aber, was würde geschehen, wenn sie starb? Denn *er* würde sie wohl nicht mehr beerben. Aber ihre Schwester. Ja, die teure Helen. Allein der Gedanke ließ sie erschauern.

Sie lief in den Salon, warf sich auf das Sofa und krallte

ihre Finger in die Kissen. »O nein. Nein! Niemals! Niemals!« schrie sie laut. Denn was würde sie damit anfangen? Da Helen wußte, wie sehr Beatrice das Haus geliebt hatte, würde es ihr Freude bereiten, all diese wundervollen Möbelstücke und danach das Haus selbst zu verkaufen. Vielleicht würde sie es sogar in Wohnungen für einfache Leute umwandeln, oder auch ...

Sie hatte sich wieder erhoben und lief von einem Zimmer ins nächste: das Eßzimmer, das Arbeitszimmer, das Billardzimmer, der Rauchsalon, der früher das Zimmer ihres Vaters und heilig gewesen war.

Der Rauchsalon, der Rauchsalon, wiederholte sie immer wieder, während sie die Treppe hinauf und in ihr Schlafzimmer eilte, wo sie sich, nach Luft ringend, am Fußteil ihres Bettes festhielt. Sie schwitzte. Ihr Körper verlangte nach Erleichterung, wollte frei sein. Frei. Sie riß sich die Kleider vom Leib, bis sie in ihrem Korsett aus Walfischbein an sich hinabblickte. »Später, später, zuerst die Läden schließen«, sagte sie sich.

Sie rannte die Treppe hinab. Im Salon lehnte sie sich aus einem Fenster und zog an dem Laden, um ihn freizubekommen, denn er war weit gegen die Wand geschoben. Sie waren seit Jahren nicht mehr benutzt worden. Als sie es endlich geschafft hatte, die drei Läden des Salons zu schließen, keuchte sie schwer.

Sie benötigte eine volle halbe Stunde, um die Fensterläden in den übrigen Räumen des Erdgeschosses zu schließen. Die einzigen Fenster ohne Läden waren in der Küche. Und bis auf eines waren alle von außen verbarrikadiert. Nur durch die Ritzen in den Läden drang das Licht des frühen Morgens herein. Das gesamte Erdgeschoß mit Ausnahme des Salons, in dem noch immer der Gasleuchter brannte, war dunkel.

Beatrice setzte sich auf die dritte Stufe der Treppe und schlang wie ein Kind, das sich etwas Schlaues ausdachte, die Arme um die Knie. Dann lachte sie. Doch es war kein kindliches Lachen, denn etwas in ihrem Inneren schrie auf. Sie würde sie täuschen. Alle. Aber besonders *sie*. *Sie* würde dieses Haus, ihr prachtvolles Haus, ihr Kind, niemals bekommen. Es war immer ihr Kind gewesen. Als sie noch sehr jung gewesen war, war das Haus ihr Puppenhaus; als junges Mädchen hatte sie wegen des Todes ihrer Mutter das Ziel ihres Lebens erreicht. Von diesem Moment an hatte sie das Haus mit Stolz gepflegt. Dies war ihr Haus und würde es immer sein. Es würde nie ihrer Schwester gehören, denn die hatte es während ihrer Jugend abgelehnt und als erwachsene Frau sogar gehaßt.

Sie erhob sich und ging in die Halle hinunter. Sie fühlte sich glücklich, hatte Lust zu tanzen. In letzter Zeit hatte sie hin und wieder getanzt. Obwohl es groß war, fand sie das Schlafzimmer beengend. Aber noch nicht tanzen. Noch nicht. Sie mußte noch etwas tun.

Sie lief in die Küche. Irgendwo bewahrten sie Petroleum auf. Ja, im Bootshaus. Dort lagerte, seit die Gasleitung einmal undicht gewesen war und sie das Haus mit Petroleumlampen hatten erleuchten müssen.

Der Kanister war voll und schwer. Dennoch gelang es ihr, ihn bis in die Küche zu tragen und auf einen Tisch zu heben. Sie nahm zwei Messingkrüge mit weiter Öffnung vom Regal und füllte sie aus dem Kanister. Fröhlich, als trüge sie Bierkrüge, eilte sie im Salon von Fenster zu Fenster und besprenkelte die Vorhänge mit dem Petroleum. Sobald sie damit fertig war, tat sie dasselbe mit dem Sofa und den Stühlen. Schließlich ging sie in den übrigen Zimmern und im Anbau ebenso vor. Den Anbau besprenkelte sie besonders gut.

Den letzten Krug mit Petroleum verwendete sie für die Stufen und die Vorhänge ihres Schlafzimmers.

Hatte sie alle Türen versperrt? Ja.

Der Tag war noch nicht voll angebrochen, als sie wieder hinabeilte, einige Fackeln aus Papier rollte und, im Anbau beginnend, einen Raum nach dem anderen in Brand steckte. Dann lief sie durch die sonderbaren Figuren hindurch, die von den Flammen und dem Rauch gebildet wurden, die Treppe hinauf und in ihr Schlafzimmer. Dort riß sie sich das Korsett und das Hemdchen vom Leib und zog Schuhe und Strümpfe aus. Die Arme über den Kopf erhoben, tanzte sie durch das Zimmer.

Vor dem Drehspiegel blieb sie stehen und streckte ihrem Spiegelbild die Hand entgegen. »Es ist ein schöner Körper, ein junger Körper, aber er wollte ihn nicht haben, nicht wahr? Ich hätte ihn jemand anderem geben sollen, so wie es Mrs. Wallace tat«, rief sie. Seltsamerweise empfand sie in diesem Augenblick keinerlei Feindseligkeit dieser Frau gegenüber, sondern vielmehr ein Gefühl trauriger Eifersucht.

Sie wollte nicht wie Tante Ally abgeschoben werden. Sie hob die Hände über den Kopf und wiegte sich, als würde sie tanzen. Plötzlich überkam sie ein Hustenanfall. »Ich friere«, wimmerte sie. »Ich muß meinen Schlafmantel anziehen«.

In dem Augenblick, in dem sie den Fußteil des Bettes erreichte, über dem ihr Schlafmantel hing, erschütterte eine Explosion das gesamte Haus. Sie wurde hochgeschleudert und landete flach auf dem Boden unter dem Fenster.

Als Robbie mit der Feuerwehr kam, stand das Haus bereits bis zum Dach in Flammen. Rosie und Tom Needler starrten hilflos in das Feuer. »Meine ... meine Schwester, sie muß noch im Haus sein. Bitte!« rief Rosie, sobald der Brandleiter aus dem Wagen gestiegen war. Tränen strömten über ihre Wangen.

»In Ordnung, Miss.« Er wandte sich um, blickte zum Haus hinüber und schüttelte den Kopf. »Wir tun, was wir können.«

Das Haus glomm noch, als Mrs. Beatrice Falconers Leiche am nächsten Tag unter dem Fenster ihres Zimmers gefunden wurde. Sie lag ausgestreckt über mehreren verkohlten Balken.

Die Zeitungen berichteten in großen Schlagzeilen über die Tragödie des Ehemanns und der Ehefrau. Ein besonders eifriger Journalist enthüllte, daß Dr. Falconer während des Brandes im Krankenhaus der Stadt um sein Leben rang.

12

Helen und Rosie standen an Beatrices Grab. Auch wenn sie keine Tränen vergossen, erfüllten die Umstände von Beatrices Tod sie doch mit Mitleid. Daß sie ihren eigenen Tod geplant hatte, stand nunmehr fest. Wie Dr. Cornwallis es ausgedrückt hatte, war das Haus die Liebe ihres Lebens gewesen, die sie mit ins Grab genommen hatte. Doch erst, nachdem sie ihren Ehemann getötet hatte, wie sie glaubte. Die Aussagen des Hauspersonals und auch von Mrs. Freeman Wheatland, die Beatrice offenbar hatte niederringen müssen, um sie unter Kontrolle zu bringen, hatten diese Tatsache bestätigt.

Als sich die beiden Frauen vom Grab abwandten, legte Helen ihrer Schwester den Arm um die Schulter, denn sie wußte, daß dieses junge Mädchen, inzwischen eine junge Frau, mehr Grund hatte, Beatrice zu hassen als sie. Beatrice hatte herzlos versucht, ihr Leben zu zerstören, und dabei auch dem Leben jenes Mannes eine andere Wendung gegeben, der ihr Gemahl hätte sein können. Und doch konnte niemand glücklicher sein als Rosie mit ihrem reizenden Baby und Robbie, der sie zärtlich liebte.

Sobald sie aus dem Friedhof auf die Straße hinaustraten, blieben sie stehen und blickten einander an. »Ich muß wieder ins Krankenhaus«, erklärte Helen.

»Robbie sagte, er sei bei Bewußtsein?«

»Ja, das ist er.«

»Ich werde heute abend vorbeisehen«, erklärte Rosie.

»Tu das, meine Liebe«, erwiderte Helen.

Gemeinsam wandten sie sich ab und gesellten sich zu den am Kirchentor versammelten Trauergästen.

Dr. Cornwallis stand neben Johns Bett und sprach nicht über ihn oder mit ihm, sondern zu ihm. »Ich weiß, daß Sie verstehen können, was ich sage, mein Junge, also hören Sie mir zu. Wie ich Ihnen sagte, sind Sie wieder in Ordnung. Ihr Rücken blieb unverletzt; obwohl er einige starke Quetschungen abbekommen hat, sind keine Knochen gebrochen.

Sie hatten Glück. Bei Gott, Sie hatten Glück. Ihr Bein ist zertrümmert, doch nach der Operation wird es wohl wieder in Ordnung kommen. Das andere Bein heilt bereits recht gut. Aber hören Sie mir jetzt zu.« Der alte Mann beugte sich tiefer über John, während er mit leiser eindringlicher Stimme weitersprach. »Sie müssen eine Entscheidung treffen. Sie wissen, was ich meine. In fünfundsiebzig Prozent aller Fälle können Sie wählen, ob sie gehen oder bleiben wollen. Nun gibt es eine Menge, das sie hierhalten könnte. Da draußen sitzt dieses Mädchen, diese Frau, diese Lady, die beinahe krank ist vor Sorge um Sie. Verstehen Sie, was ich sage? Ja, Sie müssen es verstehen, denn Ihr Kopf ist heil geblieben. Sie hatten eine Gehirnerschütterung, aber keine ernstliche Verletzung. Diese apathische Haltung tut Ihnen nicht gut. Sie haben sich die Idee in den Kopf gesetzt, niemals wieder gehen zu können, nicht wahr? Nun, Sie werden wieder gehen können. In jedem Fall will ich Sie wieder in meiner Praxis haben. Der junge Rees ist zwar ganz gut, aber er ist nicht mit Ihnen zu vergleichen. Auch hatte ich noch nicht erkannt, daß Sie beliebter sind als ich: all die Leute, die hier hereinspazieren und sich nach Ihnen erkundigen! Ich bin wegen meiner Praxis und meiner Patienten eifersüchtig auf Sie, aber es gibt einfach zu viele Kranke. Also tun Sie, was ich Ihnen gesagt habe. Treffen Sie eine Entscheidung. Und wenn meine neueste Nachricht Sie nicht zum Hierbleiben bewegen kann, dann kann es gar nichts.« Seine Stimme wurde noch leiser. »Ich habe mich erkundigt und mein Anwalt ebenso. Vor kurzem wurde ein Gesetz verabschiedet, das es einem Mann gestattet, die Schwester seiner verstorbenen Gemahlin zu heiraten. Sie haben also freie Bahn.«

Johns Lider flatterten. Er hatte das Gefühl, als wären sie zugeklebt. Ohne zu antworten, sah er seinen teuren Freund an. Er konnte sich nur undeutlich an die jüngsten Ereignisse erinnern. Irgend jemand hatte ihm gesagt, daß Beatrice das Haus in Brand gesteckt habe und darin umgekommen sei. Aber er schien es noch nicht wirklich begriffen zu haben, denn da war sie wieder, ebenso wie damals, als sie am oberen Ende der Treppe gestanden und zu ihm hinabgeblickt hatte. Und er konnte noch ihren Fuß in seinem Rücken fühlen. Aber Dr. Cornwallis hatte gesagt, daß sie tot sei, das Haus nicht länger existiere – und daß er frei sei. Aber frei wofür? Doch nicht, um ein Leben als Krüppel im Rollstuhl zu führen und eine Bürde für Helen zu sein. O nein. Sie hatte schon einmal mit einem kranken Mann gelebt und würde das mit ihm nicht noch einmal ertragen müssen. Dr. Cornwallis hatte es klar ausgedrückt, alles lag an ihm. Er konnte bleiben oder gehen. Nun, er hatte seine Entscheidung getroffen.

13

Daisy blickte Helen über das Krankenhausbett hinweg an. »Wußtest du, daß sie heute eingewachsene Zehennägel mit Zigarren heilen können?«

Helen schloß die Augen, ließ den Kopf sinken und biß sich auf die Lippen, während sie Johns Hand drückte. »Nein, davon habe ich noch nichts gehört, Daisy«, antwortete sie.

»Nun, ich auch nicht, bis ich auf dem Oberdeck eines dieser neumodischen elektrischen Züge saß. Dort saßen zwei Frauen vor mir, von denen eine der anderen von dieser Zigarrenkur erzählte.«

»Ach«, meinte John, »also, was geschieht mit dieser Zigarre, Daisy?«

»Es ist die Wahrheit, und ich werde sie dir Wort für Wort erzählen. Eine sagte zur anderen: ›Dieser eingewachsene Zehennagel bringt mich noch um den Verstand‹, worauf die andere erklärte: ›Ich sagte dir doch, du solltest einen dieser Fußspezialisten aufsuchen‹. ›Und ihm eine halbe Krone zahlen?‹ erwiderte die erste. ›Das tue ich in meinem Leben nicht. Aber ich werde May Thorpes Rezept ausprobieren. Sie sagt, es funktioniert. Alles, was du tun mußt, ist, den Nagel gerade abzuschneiden – nicht irgendwie rund, verstehst du, einfach gerade. Dann nimmst du ein Stückchen von einer Zigarre, nur ein kleines Stück, aber es muß Tabak sein, denn da ist Nikotin drin, das hilft. Du schneidest ein kleines Stück ab und klemmst es unter die Kante des Nagels, den du gerade beschnitten hast.‹ Hör mir zu«, drängte Daisy, »es ist die Wahrheit. Sie erklärte, daß man den Nagel erst gerade abschneidet und danach ein kleines Stückchen einer Zigarre zwischen den Nagel und das Fleisch klemmt. Und dann, ich gebe es offen zu, bin ich vor Lachen in Tränen ausgebrochen, denn dann sagte die andere, daß man die Zehe anzünden müsse.«

Das Bett wurde von Johns Lachen erschüttert. »Daisy! Bitte!« flehte er.

»Das habe ich mir nicht ausgedacht, glaub mir, genau das ist passiert.«

Tränen des Lachens rannen über Helens Gesicht. »Wie kommt es, daß diese lustigen Dinge immer dir zustoßen, Daisy, und nie mir oder sonst jemandem?« fragte sie lachend.

»Nun, du hörst nicht zu. Das ist der springende Punkt, du mußt zuhören.«

John legte seinen Kopf auf das Kissen zurück und schloß die Augen. Von allen Segnungen des Lebens, die einem im Vorübergehen erwiesen wurden, war Daisy eine. Sie war es gewesen, die seine Situation während dieser schmerzvollen Monate etwas erträglicher gemacht hatte. Und seltsam genug, die Berührung ihrer Hand hatte ihm an Tagen, an denen die Schmerzen ihn zu überwältigen schienen, Linderung gebracht. Dieses liebenswerte Wesen besaß neben ihrer Gabe, die Menschen zum Lachen zu bringen, auch noch auf geheimnisvolle Weise die Kraft einer Heilerin.

»Ich muß gehen. Es gibt noch eine Menge zu tun. Ich bin morgen bei einer Hochzeit.«

»Eine Hochzeit?« fragte John. »Kenne ich das Brautpaar?«

Daisy antwortete nicht sogleich, sondern kniff die Augen zusammen. »Nun, nicht wirklich. Nein, nicht wirklich«, erklärte sie und blickte dann zu Helen hinüber. »Ich werde dich in einer halben Stunde abholen. Aber merk dir, ich werde nicht wieder hereinkommen. Warte am Tor auf mich. Er raubt dir zuviel Zeit« – sie deutete mit dem Kopf in Richtung des Bettes, ohne John anzusehen – »und du hast noch andere Dinge zu erledigen.«

»Ja, Liebste, ich habe noch andere Dinge zu tun, und ganz besonders heute«, entgegnete Helen mit einem Lächeln.

Während Daisy lachend davonging, blickte John Helen fragend an. »Was bedeutet ›ganz besonders heute‹?« Seine Augen ruhten mit sanftem Ausdruck auf ihr.

Sie erwiderte seinen Blick nicht, sondern sah auf seine Hand hinab, die sie in ihrer hielt und an ihren Körper drückte. »Ich muß Vorbereitungen für die Hochzeit treffen«, sagte sie leise.

»Die Hochzeit? Die, von der Daisy sprach?«

»Ja.«

»Kennst du das Brautpaar?«

»Ja, ich kenne das Brautpaar.«

»Was ist los?« fragte er, als sie seinem Blick weiterhin auswich. »Hier stimmt doch etwas nicht. Oh, erzähl mir nicht« – er legte sein Kinn auf die Brust – »erzähl mir nicht, daß der alte Cornwallis Mrs. Newton einen Antrag gemacht hätte.«

Sie hob rasch den Kopf. »Doktor Cornwallis und Mrs. Newton? Nein, nein. Ich wußte nicht einmal, daß sie befreundet sind.«

»Sie sind einander schon seit Jahren zugetan. Zumindest treffen sie sich einmal die Woche zu einem Kartenspiel und einem Glas Wein. Sie verträgt genausoviel wie er.«

»Wirklich?«

»Ja, wirklich. Aber wenn er es nicht ist, wer dann?«

Endlich blickte Helen ihm direkt in die Augen. »Nein John, nicht Doktor Cornwallis, aber ein anderer Doktor. Du.«

»Ich? Wovon in aller Welt sprichst du, Helen?«

Sie legte ihm die Hand auf die Schulter und drückte ihn in die Kissen zurück. »Bitte reg dich nicht auf. Hör mich an. Sehen wir den Tatsachen doch offen ins Auge. Ich habe lange genug gewartet und möglicherweise vergehen noch drei weitere Monate, ehe du wieder aufstehen und ein Kirchenschiff hinaufgehen kannst. So wurde alles vorbereitet.« Sie versetzte ihm einen leichten Schlag auf die Schulter. »Sei still und laß mich weitersprechen. Ich habe mir deinen Protest in dieser Sache lange genug angehört. Deshalb wurde vereinbart, daß wir morgen in der Kapelle des Krankenhauses heiraten. Hast du die Aufregung unter den Krankenschwestern nicht bemerkt? Es geht schon die ganze Woche so. Sie haben dich umsorgt und gepflegt, dir gestern sogar zweimal den Friseur geschickt, weil du dich über deinen Bartwuchs beklagtest.« Sie tippte ihm ans Kinn.

»Nein, Helen, auf keinen Fall ... Im Ernst, ich stimme dem nicht zu. Du hast dich in deinem Haus bereits um einen Invaliden gekümmert. Ich bin entschlossen, dir dies nicht ein zweites Mal anzutun. Ich werde dich mit größter Freude zum Altar führen, doch erst dann, wenn ich hier auf halbwegs anständige Weise hinausspazieren kann.«

Helen setzte sich auf die Bettkante. »Warum nicht?« fragte sie herausfordernd.

»Es ist nicht nötig, das noch mal zu besprechen. Erstens weiß ich, daß ich stärker bin, und zudem mag es zwar undankbar klingen, aber manchmal tut es mir leid, daß sie mich am Leben erhalten haben.«

»O John! Was du da sagst, ist entsetzlich. Du weißt, was ich für dich empfinde.«

»Es tut mir leid, Liebes«, erwiderte John, während er nach ihrer Hand griff. »Aber sieh mich doch an.« Er deutete auf das Fußende des Bettes. »Laß uns den Tatsachen ins Auge sehen. Ich werde niemals wieder richtig gehen können. Dieses Bein war so zertrümmert, daß ich mich noch immer frage, wie es ihnen gelang, es zu retten. Doch jetzt, da sie es gerettet haben, ist es von keinem großen Nutzen für mich. Ich werde niemals viel Gewicht darauf legen können. Ich werde erst Krücken und später, wenn ich Glück habe, Stöcke benutzen müssen. Die Stöcke werden mich mein ganzes Leben begleiten. Beatrice hat ganze Arbeit geleistet. Ich kann mir vorstellen, daß sie es genossen hat.«

»Oh, wie ich es hasse, wenn du dich selbst bemitleidest«, sagte Helen und entzog ihm ihre Hand.

»Ich bemitleide mich nicht selbst, auch wenn ich zugeben muß, daß ich dafür ausreichende Gründe hätte. Aber es ist kein Selbstmitleid, es sind die einfachen Tatsachen.«

»Und du wirst mich morgen nicht heiraten?«

Er schloß seine Augen fest. »O Helen. Helen«, flüsterte er mit schmerzerfüllter Stimme.

Eine ganze Weile herrschte ihnen, ehe Helen wieder das Wort ergriff. »Alle freuen sich auf morgen und deine Mutter ganz besonders. Aber natürlich auch Daisy. Robbie willigte ein, dein Trauzeuge zu sein, und Doktor Cornwallis wird mich dir übergeben. Alles ist vorbereitet. Reverend Cuthbert von Saint Gailes wird die Zeremonie feiern. Alle haben so schwer gearbeitet.«

John senkte den Kopf. »Ich liebte dich schon davor, und ich habe das Gefühl, als hätte ich dich immer schon geliebt. Aber ich hätte niemals geglaubt, daß ich dich jemals so lieben würde, wie ich es in diesem Augenblick tue«, murmelte er. Als er seinen Kopf wieder hob, waren seine Augen feucht. Seine Hand schloß sich fest um ihre. »O Helen …«

Als sie sich über ihn beugte, zog er sie in seine Arme und küßte sie lange und leidenschaftlich. Schließlich stieß er sie beinahe von sich. »Und wie stellst du dir vor, daß ich in die Kirche komme?«

»Alles ist bereits geregelt, Sir. Bis ins kleinste Detail. Du wirst in einem bequemen Korbstuhl geführt werden.«

»Gütiger Gott! In einem Korbstuhl zu unserer Hochzeit.« Er biß sich auf die Lippen und schüttelte den Kopf. »Weißt du eigentlich, daß du die wundervollste Frau der Welt bist?« fragt er mit sanfter Stimme. »Nein, nicht die wundervollste Frau, das wundervollste Mädchen, jenes Mädchen, das auf dem Gipfel des Craig neben mir saß, über meinen Schlaf wachte und mit mir warmes Bier trank, ehe es plötzlich aus meinem Leben verschwand und mich niedergeschmettert zurückließ.«

Wieder breitete sich zwischen ihnen Stille aus, denn keiner von ihnen wollte in diesem Augenblick an Leonard denken.

»Aber auch jemand anderes wird morgen eine Überraschung erleben«, fuhr Helen, wieder fröhlicher, fort.

»Und wer?«

»Rosie und Robbie.«

»Eine Überraschung für die beiden? Was meinst du?«

»Das Land. Es ging von Gesetzes wegen nicht auf dich über, da Doktor Cornwallis bereits vor dem Feuer die Annullierung deiner Ehe in die Wege geleitet hatte. Deshalb wurde das Anwesen uns drei Mädchen übertragen, und Marion stimmte meinem Vorschlag zu, daß wir es an Robbie abtreten. Er wird somit über fünfzig Morgen Land verfügen. Rosie ist im siebten Himmel.«

»Nein!«

»Doch.« Sie nickte bekräftigend.

»O Helen, das ist wundervoll. Er wollte immer schon eine Farm besitzen. Er wird einen ausgezeichneten Farmer abgeben.«

»Darüber freust du dich mehr als über unsere Hochzeit«, tadelte ihn Helen, als er sie wieder in den Arm nahm.

»Ja, da hast du recht. Das freut mich sogar noch mehr«, erklärte er rundheraus.

Wieder hielten sie einander umschlungen. Schließlich nahm er ihr Gesicht in seine Hände. »Weißt du, was ich soeben erkannte?« fragt er. »Ich weiß jetzt, daß ich bis zu diesem Augenblick noch niemals in meinem Leben wirklich glücklich war«, fuhr er sanft fort, da sie den Kopf schüttelte. »Meine Arbeit hat mir zwar das, was man Befriedigung nennt, gebracht, aber auch gleichzeitig Langeweile und Enttäuschung. Doch jetzt weiß ich, daß wir, komme, was wolle, unser Leben gemeinsam verbringen werden. Auch wenn erst der morgige Tag unseren Bund besiegeln wird, hat es sich in meinem Inneren bereits verwirklicht. Ich danke dir, meine liebe, liebe Helen.«

Sie umfaßte sein Gesicht mit ihren Händen und blickte in seine Augen. »Weißt du, daß du ein liebenswerter Mann bist?«

Bei diesen Worten durchströmte John eine Freude, die sogar noch stärker war als das Gefühl der Liebe, das er für Helen empfand. Er erinnerte sich an jene Nacht, als er Henry mit dem Gedanken verlassen hatte, daß wohl niemals jemand nach seinem Tod so von ihm sprechen würde, wie Henry von Leonard gesprochen hatte.

Doch er lebte und würde morgen heiraten, und Helen hatte ihn einen liebenswerten Mann genannt.

Goldener Schatten

ERSTES BUCH

DIE ANFÄNGE

TEIL EINS
– 1879 –

– 1 –

Emily Pearson ließ ihren Blick durch das leere Zimmer schweifen und fragte sich angesichts der vielen Möbel, die sich draußen auf dem Pferdekarren stapelten, wie sie sich in der Enge des kleinen Häuschens überhaupt hatte bewegen können.

Das war's, dachte sie, nahm dann den Schlüssel aus ihrer Handtasche, warf einen letzten Blick zurück und ging zur Tür. Tat es ihr leid, dieses Haus zu verlassen? Nein. Nein, gewiß nicht, obwohl sie in diesem Haus geboren worden war und darin sechzehn glückliche Jahre verbracht hatte, bis ihre Mutter starb. Und auch die anschließenden zwei Jahre hatte sie einigermaßen zufrieden dort verlebt. Dann hatte sie Jimmy Pearson geheiratet und die Hochzeitsnacht in dem Schlafzimmer dort drüben verbracht.

Die Ehe mit Jimmy war schrecklich gewesen, das Leben mit ihm so ganz anders verlaufen, als Emily es sich ausgemalt hatte. Von Zärtlichkeit hatte sie geträumt, von gemeinsamen Abenden vor dem Kaminfeuer, wo er ihr von seiner Arbeit in Parkers Warenhaus berichten und sie ihn mit kurzweiligen Geschichten über ihre Kundinnen in Madam Arkwrights Hutsalon unterhalten würde. Aber nichts dergleichen. Seine Kehle sei trocken, pflegte er zu sagen, er müsse sie erst ölen, bevor er sprechen könne. Zugegeben, er hatte sie ein paarmal aufgefordert, ihn ins Pub zu begleiten. Aber das bedeutete, in einer Runde von Frauen zu sitzen, mit denen sie sich nicht unterhalten konnte. Es war, als sprächen sie eine andere Sprache. Nach ihrem zweiten Besuch dort hatte sie ihm erklärt, daß sie keine Lust habe, sich mit diesen liederlichen Frauenzimmern zu langweilen, während er sich nebenan an der Bar vollaufen lasse, zu der nur Männer Zutritt hatten.

Am Morgen danach betrat sie den Hutsalon, The Bandbox, wie er hieß, zum erstenmal mit einer geschwollenen

Wange. Und an diesem Morgen war ihr Mrs. Arkwright zum erstenmal nicht als Chefin, sondern als Mutter entgegengetreten und hatte sie für ihre Torheit gerügt, sich von diesem gewöhnlichen Individuum einwickeln zu lassen, das dieser Warenhausverkäufer in ihren Augen nun mal sei. Habe sie sie nicht oft genug gewarnt, betonte sie, daß dieser Mann weit unter ihrem Niveau liege? Ihre Mutter habe sie doch gut erzogen, und auch sie habe sich alle Mühe gegeben, ihr Stil beizubringen, und nun lasse sie sich behandeln wie eine Hafennutte!

Diese Szene stand ihr jetzt wieder ganz deutlich vor Augen: Mrs. Arkwright, bislang stets die Gelassenheit in Person, die sie bei den Schultern gepackt und gesagt hatte: »Wenn er noch einmal die Hand gegen dich erhebt, dann nimm den nächstbesten Gegenstand und schlag zurück. Zunächst probieren sie es nur, und dann wird es zur Gewohnheit. Wenn du dich jetzt nicht gegen ihn wehrst, dann wirst du, ehe das Jahr zu Ende ist, nicht mehr aus den Augen schauen können. Ich kenne diese Sorte Mann.«

Und sie hatte recht gehabt. Nur wenige Tage später, als sie sich weigerte, ihm fünf Shilling für eine todsichere Wette zu geben, schlug er wieder zu. Doch diesmal war sie gewappnet. Noch ehe seine Hand ihre Wange berührte, hatte sie den Kerzenständer gepackt, der auf dem Kaminsims stand, und ihm damit auf die Fingerknöchel geschlagen, und zwar mit einer solchen Wucht, daß er mit einem lauten Aufschrei zurückwich. In seinem Gesicht spiegelte sich Schmerz, aber auch Verblüffung, als er sie daraufhin mit großen Augen anstarrte. Sein stilles, fügsames junges Frauchen, das ihm bislang bedingungslos gehorcht hatte, wie er vor seinen Freunden gerne angab, hatte doch tatsächlich die Stirn, sich ihm entgegenzustellen. Schlimmer noch, sie erklärte ihm tatsächlich, was passieren würde, wenn er es noch einmal wagen sollte, sie zu schlagen. Sie würde ihm ihren Lohn nicht mehr abliefern, sagte sie, und verlangte zudem einen Teil des seinen als Beitrag zum Haushaltsgeld ...

Emily lehnte sich gegen die Tür, schloß die Augen und

ließ die Szene noch einmal Revue passieren. Das war der befriedigendste Augenblick in ihrer Ehe gewesen, der Moment, der sie vom Mädchen zur Frau machte, und zwar endgültiger, als es das Ehebett vermocht hatte.

Nach diesem Abend war das Leben an seiner Seite beinahe unerträglich geworden. Es kam die Zeit, da er nachts nicht nach Hause kam. Aber darüber war sie im Grunde nicht allzu unglücklich. Diese Nächte waren für sie willkommene Ruhepausen, die ihr auch der bronzene Kerzenständer nicht hatte gewähren können. Und dann kam der Tag, da er ihr erklärte: »Jetzt kannst du sehen, wo du bleibst. Ich verlasse dich.« Und als diese Erklärung ohne Antwort blieb, hatte er gebrüllt: »Was glaubst du überhaupt, wer du bist? Dein alter Herr war doch bloß ein kleiner Heizer auf einem abgewrackten Kahn.« Darauf bekam er eine Antwort. »Mein Vater war Zweiter Offizier auf einem Frachtschiff und ein Gentleman.«

Ja, sie hatte ihren Vater als Gentleman in Erinnerung. Er ertrank, als sie fünf Jahre alt war. Sie hatte ihn eigentlich nur zweimal gesehen und jedesmal laut geschrien, wenn sie dieser fremde Mann auf den Arm nehmen wollte.

»Dein Vater war ein echter Gentleman«, hatte ihre Mutter immer wieder zu ihr gesagt und dadurch in ihrer Vorstellung das Bild eines schneidigen Schiffsoffiziers geprägt, der durch die Rente, die ihre Mutter nach seinem Tod bezog, quasi mit dazu beigetragen hatte, daß sie dieses Haus hatten kaufen können.

In besagter Nacht hatte ihr Mann auch die Sprache auf die Besitzrechte an diesem Haus gebracht. »Wenn du dieses Haus verkaufst, dann bekomme ich meinen Anteil, daß das klar ist. Was der Frau gehört, gehört auch dem Mann. Genaugenommen kann ich dieses Haus auch über deinen Kopf hinweg verkaufen, wenn ich will. Und das werde ich auch, wenn du mir krumm kommst.«

Aber da sie, was die Gesetze anbelangte, völlig unbewandert war, hatte sie sich einstweilen ruhig verhalten. Sie wollte zuerst mit Mrs. Arkwright über die Angelegenheit sprechen.

Und als sie ihr dann erzählte, daß ihr Mann sie verlassen habe, hatte diese ganz spontan ausgerufen: »Gott sei Dank, daß du den los bist! Aber laß dich nicht auf eine Trennung ein, verlang die Scheidung.«

Scheidung! Das gab es nur in bessergestellten Kreisen. Doch mit Hilfe ihrer mütterlichen Ratgeberin hatte sie die Scheidung durchsetzen können. Drei Jahre hatte die Prozedur gedauert, doch schließlich gab die Tatsache, daß er mit seiner neuen Lebensgefährtin inzwischen drei Kinder hatte, den Ausschlag, und machte zudem endgültig seine Vorstellung zunichte, daß er auf ihren Besitz einen rechtlichen Anspruch erheben könnte.

Daß die Anwaltskosten den größten Teil des Erlöses, den sie mit dem Verkauf des Hauses erzielte, verzehrt hatten, machte ihr insofern wenig Kopfzerbrechen, als Mrs. Arkwright ihr inzwischen in ihrem Haus eine Wohnung angeboten hatte. Und damit nicht genug, hatte sie sie als gleichberechtigte Partnerin in den Hutsalon aufgenommen. Und was das für eine Partnerschaft war! Und was für ein Haus! Was für Häuser, genauer gesagt!

Emily machte die Tür auf, trat auf die Straße, drehte den Schlüssel im Schloß und murmelte dabei: »Leb wohl. Leb wohl, altes Haus. Du hast deinen Zweck erfüllt.«

Ohne einen Blick zurückzuwerfen, ging sie die Straße hinunter zur Droschkenstation und bestieg die nächste Pferdekutsche. Versonnen starrte sie während der Fahrt aus dem Fenster, wie sie es so oft tat, ohne die Straßen und Häuserfronten, die an ihr vorbeizogen, wahrzunehmen, so vertraut war ihr diese Wegstrecke in den vielen Jahren geworden. Als sie mit ihrer Mutter das erste Mal Mrs. Arkwrights Hutsalon aufgesucht hatte, war es nur ein Katzensprung gewesen zum Bertram Close, wo sich der Hutsalon damals befand. Doch kurze Zeit später zog Mrs. Arkwright mit ihrem Salon in die Maddock Street um und etablierte sich zwei Jahre später im Frontlea House am Willington Place, Ecke Barclay Street. Der neue Salon verfügte über ein kleines Schaufenster und bildete den Anfang einer Reihe gut eingeführter Ladengeschäfte. Nebenan gab es eine exklusive Blumen-Boutique, einige Häuser weiter einen Laden, der Briefmarken und Münzen an Sammler verkaufte, und am Ende der Straße ein Hutgeschäft für Herren, über dessen Besitzer und Kunden Madam sich bisweilen köstlich amüsierte.

Nachdem Mrs. Arkwright vier Jahre im Frontlea House Nummer 35 ihren Hutsalon betrieben hatte, unterschrieb sie zur allgemeinen Verwunderung der Anwohner nicht nur einen Pachtvertrag auf 99 Jahre für dieses Haus, sondern mietete auch noch das angrenzende Gebäude dazu, in dem Konteradmiral Proggett bis zu seinem Tod gewohnt hatte.

Ließ sich mit Hüten so viel Geld verdienen? fragten sich die Leute damals verwundert. Und die Gerüchteküche wußte zu berichten, daß die Damengarderobe, die Mrs. Arkwright ebenfalls in ihren Räumen zum Verkauf anbot, nicht ganz . . . neuwertig war.

Von der Droschkenstation bis zum Hutsalon war es nur ein kurzer Fußweg. Emily öffnete die Haustür, die in demselben Dunkelgrün gestrichen war wie die Fenstersimse zu beiden Seiten des Eingangs und das eiserne Geländer, das den schmalen Vorgarten begrenzte. Sie durchquerte eine kleine Diele und ging auf die Milchglastür zu, die in das eigentliche Empfangsfoyer führte. Besucher, die zum erstenmal Mrs. Arkwrights Hutsalon besuchten, hielten angesichts dieses L-förmig geschnittenen, außergewöhnlich großen Raumes erstaunt inne. Von den beiden Längsseiten gingen etliche Türen ab, und am Ende der Halle befand sich eine ausladende Treppe, die in die oberen Räumlichkeiten führte.

Die Wände des Foyers waren mit einer dunkelroten Stofftapete verkleidet, und vor den beiden hohen Fenstern neben der Eingangstür bauschten sich graue Seidenvorhänge. Dasselbe Grau wiederholte sich in den schweren Brokatbezügen der drei Sofas und zweier zierlicher Sessel, die den Besuchern als Sitzgelegenheit dienten. Den Mittelpunkt der Halle bildete ein großer, runder Tisch, und an gut sichtbaren Standorten, die dem Besucher zwangsläufig ins Auge fallen mußten, waren die neuesten Hutmodelle auf schlanken Holzständern dekoriert.

Emily blieb für einen Moment stehen und sah sich um. Aus zwei der angrenzenden Räume drang leises Stimmengemurmel, was bedeutete, daß dort Kundinnen bedient wurden; spezielle Kundschaft in diesem Fall – solche, die ihre Bestellung auch prompt bezahlte.

Gerade als sie sich anschickte weiterzugehen, öffnete sich die Tür zu ihrer Linken, und sie hörte eine lachende Stimme sagen: »Er wird mich umbringen. Ich höre ihn schon sagen: ›Du kannst doch nicht drei Hüte auf einmal tragen!‹ Nun, ich werde einfach die ganze Schuld auf Sie schieben, Miß Esther ... Oh, da ist ja Mrs. Pearson«, flötete die üppige, für die Tageszeit viel zu elegant gekleidete Dame, die nun mit raschelnden Röcken auf Emily zugesegelt kam und dabei unaufhörlich weiterschnatterte. »Stellen Sie sich vor, wegen eines winzigen Hütchens bin ich gekommen, und mit drei Tellerhüten gehe ich nach Hause. Aber schließlich kann ich mich ja nicht ohne Hut auf der Straße blicken lassen, nicht wahr? Sie sehen großartig aus, Mrs. Pearson. Wo stecken Sie denn immer? Und Madam Arkwright?« Vertraulich beugte sie sich zu Emily und erklärte, indem sie die Lippen zu einer Schnute schürzte: »Neuerdings erhasche ich nur noch einen Blick auf Madam, wenn ich meine Rechnungen bezahle.«

»Aber Mrs. Fairbairn. Madam ist stets entzückt, Sie zu empfangen, das wissen Sie doch. Schließlich sind Sie ihre älteste und beste Kundin.«

»Die älteste, das will ich doch nicht hoffen, meine Liebe«, meinte sie eine Spur indigniert und wedelte mit der Hand vor Emilys Nase herum, worauf diese sofort um ein entschuldigendes Lächeln bemüht war: »Das ist doch nur so eine Redewendung, gnädige Frau. Sie waren eine der ersten Damen, die ich kennenlernte, als ich bei Madam anfing, und Sie sind seither keinen Tag älter geworden.«

»Genau dasselbe sagt Wilson Fairbairn auch immer,

und ich glaube ihm kein Wort. Aber ich höre es trotzdem gern. Auf Wiedersehen, meine Liebe. Sie sorgen doch dafür, daß meine Hüte morgen fertig sind, nicht wahr?«

»Aber gewiß, gnädige Frau.« Emily begleitete Mrs. Fairbairn nach draußen. »Ah, da ist ja Benson«, krähte diese, als sie durch die Eingangstür trat, und fügte dann verschmitzt hinzu: »Er haßt es, die Kutsche um den Block zu führen. Sei nicht gut für die Pferde, sagt er. Und gerade deshalb bleibe ich mit Absicht immer ein wenig länger, müssen Sie wissen.«

Emily beobachtete erstaunt, wie die füllige Dame leichtfüßig wie ein junges Mädchen die drei Stufen zur Straße hinuntertrippelte, in der Kutsche Platz nahm und ihr dann zum Abschied noch einmal huldvoll zuwinkte.

Esther McCann hatte im Foyer auf Emily gewartet und meinte nun zu ihr: »Donnerwetter, das ist vielleicht eine Marke. Aber irgendwie mag ich sie. Kürzlich hörte ich, daß die Firma ihres Gatten in Schwierigkeiten steckt. Ob sie das wohl weiß?«

»Denke ich schon. Aber wie ich sie einschätze, hat sie bestimmt beschlossen, keine Notiz davon zu nehmen«, entgegnete Emily und nickte nachdenklich mit dem Kopf. »Und wie läuft es hier?«

»Ganz gut soweit. Lady Steele war da.«

»Lady Steele? Wie nett . . . was wollte sie denn? Hüte?«

»Ja, einen vorläufig. Es ist schon komisch mit diesen Titeln. Da ist Lady Steele, die keinen Penny in der Tasche hat und dennoch versucht, ihren Standard zu halten und die Liebenswürdigkeit in Person ist, und dann die andere, diese Lady Wearmore . . . Ich kann diese Person nicht ausstehen.«

»Da bin ich ganz deiner Meinung, Esther . . . Wo ist denn Madam?«

»Na, wo wohl? Nebenan, wie immer. Es wird wunderschön, nicht wahr?«

»Ja, großartig«, sagte Emily und senkte dann die Stimme. »Bevor Lena und du heute abend nach Hause geht, möchte Madam noch ein Wort mit euch reden. Lena soll doch die Änderungen übernehmen, und du wirst ihr dabei zur Hand gehen. Aber zusätzlich brauchen wir noch zwei Kräfte für die Werkstatt hier, und darüber möchte sie mit euch sprechen.«

Esther McCann nickte. »Ja, darüber habe ich mit Lena auch schon gesprochen. Wir sind übereingekommen, daß wir lieber die Änderungen oben machen wollen, als weiter hier unten zu arbeiten. Nicht daß Sie denken . . .«, fügte sie mit veränderter Stimme hinzu, ». . . daß es uns hier nicht gefällt, aber Sie wissen schon, was ich meine.«

»Ja, ich weiß, was du meinst. Mir wäre es auch lieber so. Hüte sind nun mal mein Beruf; damit kenne ich mich aus, und dabei sollte ich bleiben. Was sagst du dazu?«

»Vollkommen richtig!«

Emily lächelte still vor sich hin, als sie durch den kurzen Flur und die neue Verbindungstür in das kürzlich erworbene Nachbarhaus ging. Diese Tür führte zunächst in einen bis in Schulterhöhe holzvertäfelten, unmöblierten Raum, von dem aus sie die Diele betrat. Diese war ebenfalls holzvertäfelt, hier jedoch vom Boden bis zur Decke, und mit einem Sideboard, einem Hutständer und drei Stühlen ausgestattet. Sie öffnete die Tür zum Salon. Die bewußt spärliche Einrichtung dieses Raumes sollte dem Besucher ein Gefühl von Weite vermitteln, das die blaßblauen Stofftapeten noch wirkungsvoll unterstrichen.

Da sie Mrs. Arkwright im Salon nicht vorfand, ging sie weiter ins Eßzimmer. Auch hier waren die Wände panelliert, aber nur bis zur Höhe der Stuhllehnen. Dieser Raum wirkte als einziger bereits bewohnt und strahlte, vielleicht wegen der silbernen Vorlegeplatten, die in einem Rosenholzregal standen, eine gewisse Behaglichkeit aus.

Emily verzichtete darauf, hinunter in die Küche zu schauen, wo sie um diese Uhrzeit sicherlich Mary Pollock, die Köchin, antreffen würde, die nur sehr widerstrebend ihr neues Reich bezogen hatte. Statt dessen drehte sie sich um und ging auf die Treppe zu, die in die oberen Räume führte.

Die Treppenstufen sowie der Treppenabsatz waren noch nicht mit Teppichen ausgelegt, und als sie gerade weiter ins Dachgeschoß hochsteigen wollte, hörte sie eine gedämpfte Stimme sagen: »Hier oben wirst du mich nicht finden, Emily.«

Lächelnd stieß sie die Tür zu Mrs. Arkwrights Schlafzimmer auf. »Wie konnten Sie wissen, daß ich es bin?«

»Inzwischen kenne ich deinen Schritt. Und zudem würde außer dir keiner mehr auf dem Speicher nach mir suchen. Du meine Güte, was die Leute alles wegwerfen! Stell dir vor, dort oben stehen doch tatsächlich zwei original Sheraton-Stühle. Die Mäuse haben sich zwar an den Sitzpolstern gütlich getan, aber was macht das schon? Ein Stückchen Stoff, und sie sind wieder wie neu . . . Na, was guckst du so? Weil ich endlich meine alte Zinntruhe aufgemacht habe? Was da wohl drin sein mag, das interessiert dich schon seit Jahren, nicht wahr? Und vor dir hat es schon deine Mutter beschäftigt. Warum sie wohl immer in meinem Schlafzimmer stand, mit einem Chenilletuch zugedeckt, habt ihr euch gefragt, stimmt's? Ja, ja, ich weiß Bescheid«, nickte die alte Dame mit wissender Miene und fuhr dann fort: »Nun, langer Rede kurzer Sinn, ich habe diese Truhe jahrelang aufbewahrt, quasi als Warnung für mich, nicht überkandidelt zu werden. Eines Tages, als ich ein bißchen Glück hatte, wollte ich sie ausmisten und den ganzen Kram wegwerfen. Das habe ich auch getan, sie ausgemistet und dann den Deckel zugeklappt. Und nun steht sie da und starrt mich an. Und weißt du, was sie mir sagt?«

Emily lächelte schüchtern und schüttelte den Kopf, ohne zu antworten.

»Sie sagt: ›Setz einen Teufel aufs Pferd, und es reitet direkt in die Hölle.‹ Und genau das habe ich nur zu oft bei Leuten erlebt, die zu ein bißchen Geld gekommen sind. Die vergessen dann mit einemmal ihre Vergangenheit und ihre alten Freunde. Aber genug jetzt von mir. Wie ist es bei dir gelaufen?«

»Reibungslos. Die Möbel haben tatsächlich alle auf den Wagen gepaßt.«

»Das will ich meinen. Es war sehr töricht von dir, alles für nur fünf Pfund herzugeben. Fünfundzwanzig waren die Sachen allemal wert. Da waren ein, zwei wirklich gute Stücke dabei. Das Roßhaarsofa zum Beispiel, das ich deiner Mutter einmal geschenkt habe.«

Emily enthielt sich wohlweislich einer Bemerkung, denn dieses Sofa mit der stacheligen Füllung hatte ihnen jahrelang das Leben schwergemacht, zumal sie es nicht hatten weggeben können, weil sie immer damit rechnen mußten, daß Mrs. Arkwright doch einmal auf Besuch kam.

»Na, auf jeden Fall ist diese Episode deines Lebens nun endlich abgeschlossen«, sagte Mrs. Arkwright, die sich aus ihrer gebückten Haltung erhob und auf einem Stuhl neben der Truhe Platz nahm. »Sauber und gründlich. Das hättest du übrigens schon vor Jahren machen sollen. Ach, im Grunde hättest du dir diese Episode überhaupt ganz sparen können. Das habe ich dir immer gesagt. Aber du wolltest ja nicht auf mich hören.«

»Nein, wollte ich nicht«, pflichtete ihr Emily bei. »Aber ich habe meine Lektion gelernt, wie Sie mir immer prophezeit haben.«

»Ich wollte nur dein Bestes. Wirst du weiterhin seinen Namen tragen?«

»Nein. Ich nehme wieder meinen Mädchennamen an.«

»Das ist gut. Aber laß dich nicht mit Fräulein Ratcliffe anreden. Bleib bei Frau, und behalte auch deinen Ehering an. Der wird dich beschützen.«

Darüber mußte Emily lachen. »Wovor denn?«

»Stell dich nicht dümmer als du bist, meine Liebe. Und erzähl mir nicht, daß du dich nicht zuweilen im Schaufenster und in dem großen Spiegel betrachtest. Mit deiner Figur ...«

»Mit welcher Figur? Sie haben mir doch jahrelang eingeredet, ich hätte keine. Körbchen sollte ich mir zulegen, haben Sie gesagt«, kicherte sie und deutete auf ihre Brüste, »... damit da überhaupt eine Wölbung sichtbar wird.«

»Ja, das stimmt, manchmal bin ich nicht sehr feinfühlig.

Aber glaub mir, der Tag wird kommen, und zwar recht bald, da die breiten Achterdecks und die Fregatten mit ihren Oberweiten wie Schlachtschiffe in Seenot geraten, wie der alte Konteradmiral gesagt hätte. Ach, der Gute würde sich im Grab umdrehen, wenn er uns hören könnte«, lachte sie und verschluckte sich beinahe. »Weißt du noch, wie er immer mit zackiger Stimme Befehle brüllte, wenn er zu tief ins Glas geschaut hatte? Henry hieß doch der arme Kerl, den er dann zur Schnecke machte, erinnerst du dich?«

Emily lachte so herzlich, daß sie sich die Tränen aus den Augenwinkeln wischen mußte. »Und geflucht hat er wie ein Landsknecht. Aber wenn man ihn auf der Straße traf, war er ein Gentleman vom Scheitel bis zur Sohle.«

»Ja«, nickte Mrs. Arkwright. »Er war ein Gentleman. Einmal hat er mir sogar die Hand geküßt, stell dir vor. Damals, als ich nebenan den Salon eröffnete und ihn zu einem Besuch einlud, damit er sich davon überzeugen konnte, daß er eine respektable Nachbarin bekommen hatte.«

Mrs. Arkwright hielt einen Augenblick inne, bevor sie dann mit nüchterner Stimme fortfuhr: »Und das hier ist ein anderer Gentleman . . . oder war es.« Sie reichte Emily eine Fotografie. »Du hast ihn noch nie gesehen, nicht wahr?«

Emily betrachtete das Bild. Es zeigte einen großen, sehr gutaussehenden Mann mit einem schmalen Oberlippenbart und vollem blonden Haar. Auf ihren fragenden Blick hin erklärte Mrs. Arkwright: »Er war in der Tat ein Gentleman, ein Ehrenmann par excellence. Und zwar in jeder Hinsicht. Und dabei so sanftmütig und freundlich. Das war mein Gemahl, mein Oscar.«

»Er sieht wirklich sehr . . . gut aus, sehr elegant«, erwiderte Emily leise.

»Ich werde dir jetzt etwas erzählen. Setz dich.« Mrs. Arkwright deutete auf den Sessel neben sich. »Das wollte ich schon seit langem tun, denn du weißt ja so gut wie nichts über meine Vergangenheit, stimmt's?«

»Überhaupt nichts, um ehrlich zu sein«, gab Emily zu und schüttelte bedächtig den Kopf.

»Nun, meine Liebe. Ich war einmal Zofe. Ja, eine Zofe. Das hat sich ganz zufällig ergeben. Man hatte mich mit zwölf Jahren in Stellung geschickt. Die Familie gehörte zum gehobenen Mittelstand, war aber nicht von Adel. Nein, nein, die kamen nur durch ihr Geld zu Stand und Ehren.« Dabei verzog sie mißbilligend das Gesicht. »Unmöglich, daß man durch Geld allein in die Mittelschicht aufsteigen kann. Pah! Pah!« machte sie, und Emily beeilte sich, ihr zuzustimmen. »Wirklich unmöglich. Das sollte von Gesetzes wegen verboten werden.«

»Du sprichst mir aus der Seele. Um ein Haar wäre es auch tatsächlich dazu gekommen. Aber lassen wir das. Wie gesagt, mit zwölf ging ich in Stellung, arbeitete in der Küche und war mit siebzehn zweites Hausmädchen. Dann starb die Herrin – der Herr war schon einige Jahre vorher gestorben –, und zurück blieb deren einzige Tochter, Miß May. Sie war damals dreißig, ein richtiges spätes Mädchen und prüde bis in die Knochen. Eines Tages fuhr sie zu Freunden zum Tee. Unterwegs geriet sie jedoch in einen schweren Sturm und ließ sich wieder nach Hause fahren. Doch dort erwartete sie ein noch viel größerer Sturm, in Gestalt ihrer Kammerzofe, die sich mit einem der Lakaien vergnügte. Und wo, glaubst du, trieben sie es?« fragte Mrs. Arkwright mit gespannter Miene, die sie einige Sekunden lang hielt, bevor sie Emily aufklärte. »In Miß Mays Bett! O Gott, was für ein Tag! Ohnmachtsanfälle und Gezeter, im Haus war der Teufel los. Miß Elsie Wilson machte sich davon, so schnell sie konnte, aber schließlich mußte sich ja jemand um Miß May kümmern. Ich war wie gesagt zweites Hausmädchen. Das erste, Jane Battle, kam nicht in Frage, denn die hatte ständig eine Rotznase, und Miß May konnte ihren Anblick nicht ertragen. An wem, glaubst du, blieb es schlußendlich hängen, die Gnädigste zu beruhigen? An ihrer ergebenen Dienerin. Und so fing alles an. Sie mochte mich, und ich mochte sie – trotz ihrer Grillen. Drei Jahre später, auf einer Gartenparty bei Freunden, kreuzte ein Major der Indischen Armee ihren Weg, den man wegen eines Fußleidens in die Heimat entlassen hatte. Er war um die Vierzig, sie inzwischen dreiunddreißig. Obwohl allgemein bekannt war, daß Miß May sich bis dahin noch nie für einen Mann interessiert hatte, verliebte sie sich rettungslos in diesen Major und er in sie, und zwei Jahre später waren sie verheiratet.«

Sie drehte lächelnd das Bild ihres Gatten zwischen den Fingern und fuhr mit einem bedeutungsvollen Blick auf Emily fort: »Wie heißt es in der Bibel so schön? Es begab sich also . . . daß sie ihre Flitterwochen in Südfrankreich verbrachten. Und es begab sich ebenfalls, daß der Major seinen Offiziersburschen mitnahm und die Lady ihre Kammerzofe.« Mrs. Arkwright tippte sich mit dem Zeigefinger auf die Brust. »Und dieser Bursche war Oscar. Weißt du, Emily«, seufzte sie leise und legte die Fotografie zu den anderen zurück, ohne jedoch den Blick davon abzuwenden, »es gibt Zeiten im Leben, von denen man sagt, es seien die glücklichsten gewesen. Und in diesem Monat in diesem hübschen Hotel außerhalb von Nizza haben Oscar und ich uns verliebt. Er war zwölf Jahre älter als ich, es war ähnlich wie beim Major und der Lady, nur war ich damals dreiundzwanzig.«

Sie unterbrach sich für eine Weile, als müsse sie sich die längst vergangenen Tage noch einmal ins Gedächtnis rufen, bevor sie weitererzählte. »Ach, war das eine wunderschöne Zeit. Nach dem Dienst gingen wir lachend und plaudernd am Strand spazieren. Wir beide hatten immer etwas zu lachen. Und das Hotel, so gemütlich, und so nettes Personal. Wirklich, das waren wunderschöne Ferien, und eine Woche nach unserer Rückkehr nach England machte Oscar mir einen Heiratsantrag. Er mußte natürlich zuerst den Major fragen, aber der war einverstanden. Nicht so jedoch Miß May. Komisch, für mich blieb sie immer Miß May, denn die Heirat hatte sie kaum verändert. Sie gab sich weiterhin gouvernantenhaft, wenn du verstehst, was ich meine. Anfangs sagte sie, ich könne nicht bleiben, jetzt, da ich verheiratet war und möglicherweise

Kinder bekommen würde, aber auf der anderen Seite wollte sie mich auch nicht verlieren. Na, offenbar hat der Major ein gutes Wort für mich eingelegt, denn sie behielt mich schließlich doch in ihrem Dienst. Ich höre sie noch heute sagen . . .« Mrs. Arkwright hob ihr Kinn und kräuselte die Lippen. »›Mabel‹, sagte sie. ›Ich hoffe, du hältst es nicht für nötig, eine Familie zu gründen.‹ Komische Ausdrucksweise, nicht wahr? Und wir bekamen tatsächlich keine Kinder, obgleich es an Versuchen nicht gemangelt hat.«

Sie sah Emily jetzt wieder an. »Aber sie bekam ein Baby, die Ärmste, mit achtunddreißig, und starb dann bei der Geburt. Das Baby lebte noch zwölf Tage. Er war ein hübscher Junge. Der Major zerbrach schier an seinem Leid, denn er hatte Miß May wirklich sehr geliebt. Und von da an drehte sich unser Leben nur noch um den Herrn, der es nicht ertragen konnte, uns nicht in seiner Nähe zu wissen. Er sprach von nichts anderem mehr als von seiner Frau, obwohl er nie wieder ihren Namen in den Mund nahm. Offenbar war er der Meinung, daß ich sehr viel über sie wisse; ja, er glaubte sogar, ich sei mit ihr aufgewachsen. Unglücklicherweise hatte Miß May keine Angehörigen mehr.

Ich war zweiunddreißig, als der Major starb, und Oscar vierundvierzig. Wir lebten damals in Northumberland im Geburtshaus des Majors. Little Manor hieß es, kein großes, dafür aber ein sehr gemütliches Haus, das weit außerhalb des Dorfes lag. Doch bei der Beerdigung folgten alle Dorfbewohner geschlossen dem Trauerzug, denn der Major genoß großes Ansehen bei den Leuten dort. Nun, was Oscar und mich betraf, wir wußten in jenen Tagen nicht, was aus uns werden sollte. Wir fühlten uns ganz verloren. Und dann wurde das Testament verlesen . . .«

Sie lehnte sich in ihrem Sessel zurück und schenkte Emily wieder einen bedeutungsvollen Blick. »Das Leben geht mitunter schon recht seltsame Wege. Wenn man glaubt, es geht nicht mehr weiter, öffnet sich irgendwo eine Tür, und plötzlich steht man mitten im hellen Sonnenschein. Und genauso erging es uns. Wir machten uns Sorgen um unsere Zukunft, mußten eine neue Stellung finden, besaßen außer unserer Uniform so gut wie nichts, denn wir hatten kaum etwas sparen können bei dem niedrigen Lohn, den wir bekamen. Schön, insgeheim rechneten wir damit, daß uns der Major eine kleine Summe hinterlassen würde. Aber viel konnte es nicht sein, dachten wir, denn der Major hatte in recht bescheidenen Verhältnissen gelebt. Nun gut, eines Tages saßen wir alle im Salon, wo der Notar das Testament des Majors verlas. Jeder Angestellte sollte die Summe von hundert Pfund erhalten, so verlangte es der Letzte Wille, und alle schienen damit zufrieden. Der Notar verlas daraufhin die Namen der Angestellten, aber unsere waren nicht darunter. Jeweils eintausend Pfund gingen an seinen Neffen und seinen Cousin. Dann nahm der Notar das nächste Blatt zur Hand und las: ›Meinem treuen Diener und Freund Oscar Arkwright vermache ich fünfhundert Pfund und alles, was ich an Schmucksachen besitze; seine Frau Mabel Arkwright, die sich nach dem Tod meiner Gattin so liebevoll um mich gekümmert hat, soll zweihundert Pfund erhalten.‹ Siebenhundert Pfund für uns beide, stell dir das vor! Dazu seine Taschenuhr nebst Uhrkette, die Manschettenknöpfe und allerlei Kleinkram, alles außer seinen Medaillen. Die gingen zusammen mit dem Rest seines Vermögens an sein Regiment. Und weißt du, was Oscar und ich taten, als wir hörten, was er uns hinterlassen hat? Wir fingen beide hemmungslos an zu weinen. Oscar schluchzte freilich nicht laut los, aber die Tränen liefen auch ihm in Bächen über die Wangen. Und so war unsere Zukunft gesichert.«

Mrs. Arkwright unterbrach sich und holte tief Luft. »Ich wollte dir diese Geschichte schon lange erzählen. Und es gibt auch einen Grund, warum ich sie dir jetzt erzähle, aber davon später.«

»Oh, Mrs. Arkwright«, flüsterte Emily gerührt, indem sie sich erhob. Sie ging auf die ältere Frau zu, nahm deren Hände in die ihren und drückte sie herzlich. »Danke. Ich freue mich so, daß Sie mir das erzählt haben. Ich muß zugeben, daß ich mich zuweilen gefragt habe, wie Ihr Leben wohl verlaufen sein mochte und wie Sie das hier angefangen haben. Das klingt ja wie ein Märchen.«

»Nein, nein, meine Liebe, das war kein Märchen. Das war harte Arbeit, von Anfang an. Oscar fragte mich damals, was ich nun zu tun gedenke, und ich sagte ihm, daß ich gerne einen Hutsalon eröffnen würde. Oscar war sofort Feuer und Flamme für meine Idee. Also kauften wir unseren ersten Laden, und damit begann dann die eigentliche Arbeit. Deine Mutter war eine meiner ersten Putzmacherinnen; und dann kamst auch schon du. Nun, den Rest der Geschichte kennst du ja. Und am Ende habe ich doch noch bekommen, wovon ich so lange geträumt habe – ein eigenes Haus. Und das richten wir uns jetzt ganz gemütlich ein, du und ich.« Sie hob die Hand, strich sanft über Emilys Wange, und ihre Stimme nahm plötzlich einen beinahe flehenden Tonfall an, als sie sagte: »Du wirst doch bei mir wohnen, nicht wahr, meine Liebe?«

»Aber selbstverständlich. Es ist doch alles schon ausgemacht. Wo sollte ich denn sonst hin? Ich habe doch niemand außer Ihnen.«

»Haha!« machte Mrs. Arkwright und versetzte Emily einen recht groben Klaps. »Ich werde mich hüten zu sagen, daß du frei und ungebunden bist. Aber du bist ungebunden, und hübsch, sehr hübsch sogar. Und wenn es demnächst die Runde macht, daß du wieder zu haben bist, dann werden die Männer wie die Schakale ums Haus schleichen.«

»Ach, Unsinn. Und vergessen Sie nicht, was Sie einmal über mich gesagt haben.« Jetzt war die Reihe an Emily, den Zeigefinger zu erheben. »›Du bist nur hübsch, wenn du lächelst. Du solltest dir diesen steifen, überheblichen Gesichtsausdruck verkneifen.‹ Das waren Ihre Worte.«

»Ja, ganz recht, das habe ich gesagt«, gab Mrs. Arkwright zu. »In erster Linie, weil ich mir Gedanken gemacht habe, wie das auf die Kundschaft wirkt. Und ich habe dir auch gepredigt, daß du niemals die Kundinnen mit deiner Kleidung ausstechen noch dich ihnen überlegen zeigen darfst.«

»Das weiß ich alles, den Ratschlag haben Sie mir schon vor Jahren gegeben. Inzwischen habe ich noch eine Menge dazugelernt.«

»Ja, das hast du, meine Liebe . . . Aber nun haben wir genug salbadert. Was hältst du von einer schönen Tasse Tee? Nein, warte, ich wollte dir ja noch etwas anderes zeigen.« Sie deutete auf einen alten, holländischen Kleiderschrank. »Mach mal auf. Dort drin liegt ein Hut. Mal sehen, ob man damit noch etwas anfangen kann.«

Emily öffnete die Schranktür und hielt unwillkürlich die Luft an, als ihr Blick auf den Hut fiel, der in einem der Fächer lag. Vorsichtig nahm sie ihn heraus und fragte: »Haben Sie den oben im Speicher gefunden?«

»Ja, in einer verstaubten Hutschachtel.«

»Gütiger Himmel! Und ich dachte immer, Strohhüte ohne Garnitur seien langweilig. Aber dieser hier ist eine Wucht! Und diese seltsame Farbe! Wie sie die wohl hingekriegt haben?«

»Das ist eine Mischung aus Weiß, Gelb und Hellbraun, würde ich sagen.«

»Er ist tatsächlich aus Stroh, aber dabei so steif.«

»Nun, den haben sie getaucht, nehme ich an, ansonsten wäre er nicht mehr so stabil. Na, was sagst du dazu?«

Emily besah sich den Hut ausgiebig von allen Seiten, bevor sie antwortete. »Ein sehr außergewöhnlicher Hut. Wunderschön. Und diese Farbe . . . so eine Farbe habe ich noch nie gesehen. Eine Art Maisgelb, aber viel zarter.«

»Blaßgold würde ich es nennen.«

»Ja, richtig«, nickte Emily. »Blaßgold. Die Krempe ist ein bißchen verbogen, aber das ist ja verständlich, wenn er jahrelang in einer Schachtel lag. Ein Wunder, daß das Material nicht gebrochen ist.«

»Hm, das habe ich mir auch schon gedacht«, nickte Mrs. Arkwright. »Aber die Krempe läßt sich mit Dampf wieder geradebiegen. Womit sollen wir ihn denn garnieren?«

»Sie möchten ihn garnieren? Irgendwie finde ich ihn so

nackt ganz schön«, kicherte Emily und fügte, als ihr bewußt wurde, was sie gesagt hatte, noch rasch hinzu: »Er sieht doch nackt aus, nicht wahr?«

»Ja, das tut er wirklich«, bestätigte Mrs. Arkwright und stimmte in Emilys Kichern ein. »Womit sollen wir ihn denn nun garnieren?«

»Wüßte ich im Augenblick nicht zu sagen. Komisch, aufgeputzt kann ich mir diesen Hut gar nicht vorstellen.«

»Gut, aber nackt läßt er sich wohl kaum verkaufen.«

Ganz spontan ging Emily auf die Frisiertoilette zu, nahm vor dem Spiegel Platz und setzte den Strohhut auf. Eine Weile betrachtete sie aufmerksam ihr Spiegelbild, drehte sich dann langsam auf dem Hocker, um sich Mrs. Arkwright zu präsentieren. »Lieber Himmel!« rief diese aus. »Der ist ja wie für dich gemacht. Die Farbe paßt genau zu deinem Teint.«

»Sie haben doch immer moniert, mein Teint sei so farblos.«

»Deshalb ja. Mit dem Hut kommt er jetzt erst so richtig zur Geltung, finde ich. Nun, sei's drum, wir werden ihn bestimmt los. Am besten drapieren wir ihn auf dem Ständer gegenüber vom Eingang. Aber ein bißchen Garnitur würde ihm dennoch nicht schaden, meine ich.«

»O nein«, protestierte Emily und sprang auf. »Bitte, putzen Sie ihn nicht auf.«

»Das ist doch Unsinn«, erwiderte Mrs. Arkwright und rutschte bis zur Stuhlkante vor. »Kein Mensch in diesem Laden kann einen nackten Hut verkaufen; ohne Bänder, ohne Blumen oder Federn. Wie stellst du dir das denn vor?«

»Dann kreieren Sie einfach eine neue Mode.«

»Das würde dir so passen, wie? Nein, nein, irgend etwas muß auf den Hut.«

Emily nahm den Hut ab, setzte ihn auf die Hand und gab ihm einen leichten Schubs mit dem Finger, so daß er sich drehte. Dann murmelte sie leise, als spräche sie zu sich selbst: »Eine schlichte Schleife aus mattgrüner Seide, hinten gebunden, das könnte ich mir gerade noch vorstellen. Aber die Bänder dürfen nicht über die Krempe hängen und sich nur ganz schmal an die Krone schmiegen.«

Die beiden Frauen standen sich nun gegenüber und begutachteten den Hut, der sich immer noch auf Emilys Finger drehte. Und dann sagte Mrs. Arkwright ebenso leise: »Ja, ich glaube, du hast recht. Es muß ein zartes Grün sein, eine Art Apfelgrün. Und er muß einen Namen haben – der Hut, meine ich.«

»›Der Goldene Strohhut‹, wie finden Sie das?«

»Hm, nicht schlecht«, nickte Mrs. Arkwright. »Ja, Goldener Strohhut. Das ist gut. Willst du eine Wette darauf abschließen, wie lange es dauert, bis er in einer Schachtel den Laden verläßt?«

»Gut, ich wette zwei Shilling, daß er in einem Monat verkauft ist.«

»Und ich setze fünf Shilling dagegen, daß er in drei Monaten noch immer am Ständer hängt.«

»Abgemacht. Aber keine Garnitur; nur eine einfache Schleife, ja?«

»Ganz wie Sie befehlen: Nur eine Schleife. Hm, Moment mal ... Was ist, wenn einer Kundin der Hut tatsächlich zusagt, sie ihn aber unbedingt bestücken lassen will?«

»Nun, dann müssen wir sie eben vom Gegenteil überzeugen, und zwar durch Blicke und das bewährte Schweigen, das lauter tönt als tausend Worte, wenn sie uns nach unserer Meinung fragt.«

»Sie haben Ihre Hausaufgaben gemacht, wie ich sehe, Mrs. Ratcliffe.«

»Was Hüte betrifft ... ja, da kenne ich mich aus. Und das habe ich hauptsächlich Ihnen zu verdanken, Madam Arkwright.«

»Jetzt aber raus mit dir«, rief diese und schob Emily sanft zur Tür. »Ich könnte hier verdursten, und keiner bringt mir eine Tasse Tee. Laß uns nach unten gehen. Aber ohne den Hut.« Mrs. Arkwright griff nach dem Strohhut und ließ ihn mit einem gezielten Wurf auf ihr Bett segeln. »Ich habe das unbestimmte Gefühl, daß ich meine fünf Shilling verlieren werde. Es wird mir noch leid tun, daß ich den Hut überhaupt gefunden habe. Nun geh schon, der Hut wird inzwischen nicht davonlaufen.«

– 2 –

»Was ist es, Doktor?«

»Ein Herzanfall.«

»O mein Gott!« Emily schüttelte langsam den Kopf. »Das ist eine ernste Sache.«

»In vielen Fällen ja, aber sie wird es überstehen. Sie muß sich nur schonen. Gibt es in der unteren Etage einen Raum, den man ihr als Schlafzimmer einrichten könnte? Wegen der Stufen, verstehen Sie?«

Emily dachte einen Augenblick nach. »Doch, natürlich, das Arbeitszimmer. Es ist zwar eine Art Durchgangszimmer zum Nachbarhaus, aber man könnte daraus ein hübsches Schlafzimmer machen.«

»Gut, würden Sie sich darum kümmern?«

»Aber selbstverständlich«, erwiderte Emily und erkundigte sich dann zaghaft: »Wird sie wieder gesund? Ich meine . . .«

»Ich weiß, was Sie meinen. Und Sie können beruhigt sein, Madam wird wieder gesund, wenn sie sich vorsieht. Das hier war so etwas wie eine Warnung. Alle Herzanfälle sind Warnungen. Das nächste Mal kommt sie möglicherweise nicht so glimpflich davon. Und da sie sehr anfällig ist für Bronchitis, sollte sie sich besonders schonen . . . Hat sie sich in letzter Zeit über etwas Sorgen gemacht?«

»Nicht daß ich wüßte.«

Sie standen unten in der Diele, und nachdem der Arzt sich eine Weile interessiert umgeschaut hatte, meinte er: »Ich werde nie begreifen, warum sie dieses Haus auch noch mit dazunehmen mußte. Waren die Räumlichkeiten nebenan denn nicht schon ausreichend genug? Möchte Madam jetzt auch noch zur Großgrundbesitzerin avancieren?«

Emily, die den Doktor wegen seiner brüsken Art und seiner unverhohlenen Neugier nie recht hatte leiden können, sah ihm geradewegs ins Gesicht und antwortete, ohne direkt auf seine Frage einzugehen. »Madam wollte endlich ein privates Zuhause haben, abseits von dem Kommen und Gehen, das in einem Geschäftshaus unvermeidbar ist, und wo sie nicht ständig an ihre Arbeit erinnert wird.«

»Na ja, so wie es aussieht, hat sie diese Arbeit ja weit gebracht. Hüte. Erstaunlich, wieviel Geld man mit Hüten verdienen kann. Reiner Firlefanz, wenn Sie mich fragen: Manche der Damen sehen aus, als züchteten sie Blumen auf ihren Köpfen oder kämen gerade von der Jagd. Neulich sah ich eine, die trug tatsächlich einen ausgestopften Vogel auf ihrer Haube spazieren.« Er hatte inzwischen den Mantel angezogen, nahm jetzt seinen Hut von der Garderobe und sagte abschließend: »Manche Leute verstehen es eben, von der Eitelkeit anderer zu profitieren. Nun, sehen Sie zu, daß die Patientin sich ruhig hält. Ich schaue morgen wieder vorbei.«

Emily öffnete ihm die Tür. Sie sagte weder »Auf Wiedersehen« oder »Vielen Dank, Doktor«, sondern erwiderte nur kühl sein Abschiedsnicken. Doch zu ihrer Überraschung wandte er sich noch einmal zu ihr um. »Sie mögen mich nicht, nicht wahr? Aber seien Sie beruhigt, da sind Sie nicht die einzige.« Damit drehte er sich auf dem Absatz um und stieg in seine Kutsche.

Emily mußte an sich halten, daß sie die Tür nicht laut zuknallte, als sie wieder nach drinnen ging. Er hatte recht, sie konnte ihn wirklich nicht ausstehen. Dr. Smeaton hätte sich nie so benommen. Sein junger Kollege hatte noch viel zu lernen, was den Umgang mit Menschen anbelangte. Sie erinnerte sich noch genau an seine erste Visite hier, als er im Foyer nebenan gestanden und auf den Hutständer gestarrt hatte, auf dem der Goldene Strohhut zwischen zwei anderen, überreich bestückten Modellen hing. »Was ist denn mit dem passiert?« hatte er zynisch bemerkt. »Den hat man wohl vergessen anzuziehen.«

Ihre Wette hatte Emily verloren. Nur eine einzige Dame hatte den Strohhut aufprobiert und ihn dann gleich wieder mit dem vernichtenden Kommentar abgenommen: »Ich kann mir nicht vorstellen, daß dieser Hut überhaupt einer Frau steht, selbst mit Garnitur. Nein, diese ungewöhnliche Form; er ist viel zu groß und im Vergleich zu der Krone völlig unproportioniert.«

Warum es ihr ausgerechnet dieser Strohhut so angetan hatte, konnte Emily selbst nicht recht verstehen. Und als die drei Monate verstrichen waren und Mrs. Arkwright ihre Wette gewonnen hatte, hatte diese sich großzügig gezeigt. »Du kannst deine fünf Shilling behalten; und den Hut auch. Den schenke ich dir. Wie gesagt, es scheint, als habe man ihn eigens für dich gearbeitet, obwohl er schon etliche Jahre alt ist. Ich wundere mich nur, daß man ihn nicht bestückt, aber dennoch so sorgfältig verpackt hat.«

Jetzt lag dieser Hut in einer großen Schachtel in Emilys Schlafzimmer. Immer wieder einmal nahm sie ihn heraus und probierte ihn vor ihrem Spiegel auf. Und je öfter sie das tat, desto mehr verliebte sie sich in diesen Strohhut und fragte sich, warum Hüte immer so überladen sein müssen. Gut, die Modelle aus Filz für den Winter waren schlichter, nur eine Feder und ein paar Bänder, doch neuerdings verlangten die Damen auch in dieser Jahreszeit mehr Garnitur. Dabei fiel ihr der neueste Modeschrei ein, das Korsett, und sie dachte bei sich, daß der Erfinder dieses Folterinstruments ein Nachfahre der spanischen Inquisitoren sein mußte.

Als sie diese Ansicht einmal in Gegenwart von Madam Arkwright kundgetan hatte, erklärte diese lachend: »Oh, ich weiß schon, wie du darauf kommst. Du hast die Bücher gelesen, die unten im Bücherschrank stehen. Du bist schon ein merkwürdiges Mädchen, und ein überaus witziges dazu. *The Ladies' Journal* schiebst du beiseite und steckst deine Nase lieber in diese Art von Literatur.«

Später an diesem Tag hatte Emily sich im Spiegel betrachtet und gedacht: »Ja, wahrscheinlich finden mich die anderen tatsächlich merkwürdig.« Aber was an ihr witzig sein sollte, das ging ihr nicht ein. Im Gegenteil, sie hegte eher düstere Gedanken, quälte sich mit einer Unmenge von Fragen, unter anderem nach dem Grund für ihr Gefühl von Einsamkeit, das ihr um so unbegreiflicher war, als sie den ganzen Tag über von den verschiedensten Menschen umgeben war. Was sie allerdings begriff, war, daß sie an dieses Geschäft gebunden war, an dieses Haus und an Mrs. Arkwright. Und war das so schlimm? Diese Frage hatte sie sich nie beantwortet, fiel ihr jetzt auf, sondern sich statt dessen stets hastig auf ihre täglichen Aufgaben gestürzt.

Auch jetzt machte sie sich wieder an ihre täglichen Pflichten. Zunächst einmal ging sie nach oben zu Mrs. Arkwright. »Ich kann diesen Menschen nicht ausstehen«, erklärte sie ihr unumwunden. »Und wissen Sie, was er gesagt hat?«

»Nein, was denn?«

»Nun, er streckte mir sein Gesicht entgegen, etwa so«, sie beugte sich über das Bett, »und sagte: ›Sie mögen mich nicht, nicht wahr?‹«

»Das hat er nicht getan!« wehrte Mrs. Arkwright lachend ab.

»Doch, hat er. Und dann ist er von dannen stolziert.«

»Nicht zu glauben! Und hat er sonst noch etwas gesagt? Über mich, meine ich. Kann ich mir einen Sarg bestellen?«

»Ja, in fünfzehn bis zwanzig Jahren, würde ich mal sagen. Aber mit der Wahl des Holzes sollten Sie noch warten.«

»Er glaubt wohl, ich simuliere, wie?«

Emily wurde wieder ernst. »Nein, das glaubt er nicht. Sie hatten einen Herzanfall, und wenn Sie nicht noch einen haben wollen, dann müssen Sie sich jetzt wirklich schonen, Madam. Und noch etwas. Er hat angeordnet, daß Sie von jetzt ab unten schlafen. Kein Treppensteigen mehr.« Sie hob die Hand, um etwaige Proteste abzuwehren. »Ist ja nur vorübergehend. Ich werde Molly Stock Bescheid sagen, daß sie das Arbeitszimmer für Sie herrichtet.«

»Das wirst du hübsch bleibenlassen.«

»Nein, das wird so gemacht, Mrs. Arkwright. Jeder Widerstand ist zwecklos.«

Mabel Arkwright ließ schmollend den Kopf sinken, und als kein weiterer Kommentar von ihr folgte, setzte sich Emily zu ihr aufs Bett, nahm ihre Hand und sagte sanft: »Es ist ja nicht für ewig. Das Arbeitszimmer liegt gleich neben dem Laden, und so kann ich immer mal schnell bei Ihnen rein und raus huschen und Sie über alles auf dem laufenden halten. Und wenn Sie wieder bei Kräften sind, dann sind es nur wenige Schritte, und Sie können uns nebenan wieder herumkommandieren.«

»Richtig!« sagte sie. »Jemand muß hier ein eisernes Regiment führen. Du bist nicht energisch genug.«

»Nun, vielleicht nicht in Ihrer Gegenwart. Aber Sie sollten mich mal sehen, wenn ich alleine bin. Im Augenblick ist es jedoch gar nicht nötig, jemandem Beine zu machen. Die Arbeiterinnen machen ihre Sache bestens; Sie haben wirklich Glück gehabt. Die Damen sind alle sehr betroffen. Sie können sich gar nicht vorstellen, daß Sie tatsächlich krank sind. Für sie ist es, als läge der liebe Gott mit Masern darnieder.«

Emily sprang von der Bettkante auf und rang flehend die Hände: »Bitte, lachen Sie nicht so, Madam!« Aber sie mußte selbst kichern. »Ich sollte nicht solche dummen Witze machen.«

Mabel Arkwright hatte die Hände auf die Brust gelegt und brachte mit erstickter Stimme heraus: »Lachen ist immer noch die beste Medizin. Du bist wirklich manchmal zu komisch. Kein Mensch würde hinter der damenhaften Pose, die du zur Schau trägst, solche Sprüche von dir erwarten.«

»Das kommt von meiner gewöhnlichen Herkunft.«

»Unsinn. Deine Mutter war nicht gewöhnlich. Ihren Schilderungen nach zu urteilen war dein Vater ein Gentleman wie mein Oscar ... Emily?«

»Ja, Madam?«

»Warum passieren einem solche Dinge wie jetzt? Gerade habe ich ein Haus gefunden, wie ich es mir immer erträumt habe. Es ist zwar nicht vergleichbar mit Miß Mays Haus, zugegeben, aber es besitzt ein gewisses Flair von ... nun, ich weiß nicht recht, wie ich sagen soll.«

»Von Raffinesse?«

»Ja, ja«, nickte Mrs. Arkwright. »Raffinesse, das ist der richtige Ausdruck. Aber ohne Schnickschnack. Du hast mir einmal gesagt, du könntest verschnörkelte Kaminsimse, Büffelhörner an der Wand und winzige Beistelltischchen, auf denen man nicht einmal eine Nadel flach hinlegen kann, nicht leiden.«

»Das habe ich gesagt?«

»Ganz recht. Deine Mutter hat vor Jahren einmal in einem dieser großen Häuser am Strand eine Bestellung ausgeliefert. Die Besitzer waren nicht zu Hause, und das Dienstmädchen hat dich und deine Mutter voller Stolz durchs Haus geführt. Und du fandest es entsetzlich.«

»Daran kann ich mich nicht mehr erinnern.«

»Du warst damals auch erst vierzehn. Aber ich habe deine Worte nicht vergessen und hier im Haus als erstes die Schnörkel vom Kaminsims schlagen lassen. Und so gerne ich auch die Wände mit Büffelhörnern dekoriert hätte, ich habe es mir wohlweislich verkniffen, wie du siehst.«

Sie lachten beide wieder, aber etwas verhaltener diesmal. Dann streckte Mrs. Arkwright ihre Hand aus, legte sie auf Emilys Wange und zog sie zu sich herab, um ihr einen Kuß zu geben. »Das habe ich noch nie getan«, sagte sie mit belegter Stimme. »Aber man soll gewisse Dinge nicht aufschieben, noch Worte zurückhalten, die man aussprechen möchte, denn man weiß nie, wie lange man noch Gelegenheit dazu hat. Deshalb sage ich jetzt, was ich dir schon lange sagen wollte: Seit du vor wenigen Monaten dein Leben grundlegend geändert hast und nun bei mir wohnst, fühle ich mich so wohl und zufrieden, wie ich mich seit dem Tod meines lieben Oscars nie mehr gefühlt habe. Ich habe die Tochter bekommen, die ich nie hatte. Zu wissen, daß du bis zum Ende meiner Tage bei mir bist, das bedeutet mir mehr, als du dir wahrscheinlich vorstellen kannst.«

Emily war es unmöglich zu sprechen. Sie preßte die Lippen aufeinander und hastete zur Tür. Dort holte sie Mrs. Arkwrights Stimme ein, die nun wieder den alten, etwas bissigen Klang angenommen hatte. »Aber ich bin erst zweiundsechzig, und es kann gut sein, daß du dich noch zehn oder fünfzehn Jahre mit mir rumplagen mußt. Denk an das alte Mädchen und den alten Knaben am Ende der Straße, die jeden Tag bei Wind und Wetter darauf bestehen, daß man sie im Korbstuhl durch den Park schiebt. Die sind angeblich schon über achtzig. Dir steht also noch einiges bevor.«

Emily drehte sich noch einmal um und entgegnete feixend: »Ach wo, in diesem Fall werde ich ein ganzes Heer von Pflegern engagieren, während ich im Park nach Männern Ausschau halten werde, wie es jeder geschiedenen Frau in meinem Alter zukommt. So, jetzt bleiben Sie hübsch liegen und brüten über meine Worte nach.«

Unter beiderseitigem Gekicher verließ Emily das Schlafzimmer und blieb dann vor ihrer eigenen Zimmertür einige Sekunden lang stehen. Zehn, fünfzehn Jahre ... das könnte passieren, dachte sie und hatte plötzlich eine Zukunft vor Augen, die sich zwischen Hüten und einer täglich tiefer in die Senilität abgleitenden Mrs. Arkwright abspielte.

Doktor Montane, der am nächsten Tag zur Visite kam, erklärte, er sei mit dem Zustand der Patientin zufrieden. Sie dürfe in ihr neues Schlafzimmer umziehen, müsse allerdings noch eine Woche das Bett hüten.

Als er sich von Mrs. Arkwright verabschiedete, fragte ihn diese: »Wie wär's mit einem Täßchen, Doktor?«

»Kaffee?« Er drehte sich zu ihr um, und auf seinem Gesicht erschien ein kleines Lächeln. »Gerne, da sage ich nicht nein. Bei der Kälte.«

»Kaffee mit Schuß dann?«

»Mit Schuß?« Seine Brauen machten einen Satz, und seine vollen Lippen kräuselten sich zu einer Schnute. »Nein, vielen Dank. Nicht zu dieser Tageszeit. Nach dem

Dinner ist das etwas anderes. Da lasse ich mich gern zu einem Täßchen mit Schuß überreden.«

Er lächelte jetzt, als er sich zu Emily umwandte, die ihm die Tür aufhielt. Auf seine Frage »Schätzen Sie Kaffee mit Schuß?« antwortete sie: »Ja, hin und wieder.«

»Ts, ts, wer hätte das gedacht«, nuschelte er, winkte Mrs. Arkwright noch einmal zu und verließ mit Emily das Schlafzimmer. Auf der Treppe sagte Emily zu ihm: »Wenn Sie mir in den Salon folgen möchten, lasse ich Ihnen dort den Kaffee servieren, ohne Schuß.«

»Oha! Die Dame gibt sich aber sehr steif.«

»Wie bitte?«

»Sie haben schon richtig verstanden. Sie geben sich sehr steif, sagte ich, verschmähen jedoch selbst ein Täßchen mit Schuß nicht. Na ja, Leben heißt lernen.«

»In diesem Fall kann ich Ihnen nur ein langes Leben wünschen, Doktor, denn Sie haben noch sehr viel zu lernen – besonders Takt.«

»Was Sie nicht sagen«, murmelte er, während sie den Salon betraten. Die nächste Bemerkung, die er machte, schien an niemand Besonderen gerichtet zu sein: »Hm, ein bißchen anders als zu Lebzeiten des Admirals. Definitiv war hier weiblicher Geschmack am Werk, aber ohne Plüsch und Troddeln. Mutet beinahe doch ein wenig männlich an, was meinen Sie?« Als er keine Antwort erhielt, stellte er fest, daß er sich allein im Raum befand.

Emily war bereits unten in der Küche. »Mary, kochen Sie dem Doktor bitte eine Tasse Kaffee. Schwarz und stark. Alice soll sie ihm dann in die Bibliothek bringen.«

»Oh! Doktor Montane ist hier?«

»Ja, ist er. Und jeder scheint sich darüber zu freuen.«

»Sie mögen ihn nicht, hab' ich recht, Miß?«

»Nein, ich mag ihn nicht, Mary.«

»Seltsam. Wo er doch einen so guten Ruf hat. So sagt man wenigstens. Behandelt die Armen ganz umsonst.«

»Mein Gott, dann gehört ihm ja ein Orden ans Revers geheftet! Sie sollten nicht alles glauben, was die Leute so reden, Mary.«

Die Köchin ließ ein kehliges Kichern hören und meinte: »Er bekommt seinen Kaffee, aber ein Kännchen Sahne darf ich ihm doch dazustellen, oder? Und wie geht es Madam?«

»Recht gut. Wir werden sie nachher nach unten bringen.«

»Ach, welch ein Segen! Endlich Schluß mit dem ewigen Treppensteigen. Alice ist schon ganz fußlahm. Übrigens, ich wollte einmal mit Ihnen reden, Miß. Wir sollten noch ein zweites Mädchen einstellen. Die arme Alice springt von morgens bis abends hier im Haus herum wie eine Katze mit verbrühten Pfoten.«

»Ja, das ist mir auch schon aufgefallen. Ich werde mit Mrs. Arkwright darüber sprechen, Mary.«

»Vielen Dank, Miß. Das werden wir Ihnen nicht vergessen. Madam ist in Sachen Personal gerne etwas sparsam.«

Sie tauschten einen wissenden Blick, der keine Antwort erforderte. Emily verließ die Küche. Mary hat recht, dachte sie bei sich, als sie die Marmorstufen hochstieg. Mrs. Arkwright war, was das Personal anbelangte, tatsächlich recht knauserig, obwohl sie ansonsten sehr großzügig war, auch mit den Löhnen. Dafür verlangte sie allerdings auch exzellente Arbeit. In ihrem ersten Lehrjahr hatte sie keinen Lohn erhalten, dafür aber täglich einen Teller gute Suppe. Später hatte sich ihr Lohn jährlich gesteigert. Heute verdiente sie 50 Pfund im Jahr, aß und wohnte gratis und bekam, was noch mehr zählte, ihre Garderobe und Hüte von Mrs. Arkwright geschenkt. Sie konnte sich glucklich schätzen, ja, sehr glücklich sogar.

Auf dem Weg nach oben zu Mrs. Arkwright entschied sie, dem Doktor noch rasch Bescheid zu sagen, daß der Kaffee unterwegs sei. Sie fand ihn vor dem Geschirrschrank stehen. »Dresdner Porzellan, nicht wahr? Und ein komplettes Teeservice von Spode«, erklärte er, ohne sich umzuwenden.

»Ja, so sagte man mir.«

»So, so. Sagte man Ihnen. Sie selbst verstehen wohl nichts von Porzellan, wie?«

»Niemand versteht irgend etwas von bestimmten Dingen, bevor man ihn nicht darüber aufgeklärt hat. Das fängt im Kindesalter an. Kindern muß man doch auch erst alles beibringen, oder etwa nicht?«

»Da haben Sie recht. Aber manche Kinder sind klüger als andere. Manche schlucken nicht alles, was man ihnen eintrichtert, sondern fragen nach. Wenn man mir zum Beispiel gesagt hätte, daß dies ein Spode-Service sei, so hätte ich wissen wollen, wo die Manufaktur liegt und wie genau es hergestellt wird. Nicht nur schlucken – nachfragen muß man.«

»Ja, ja. Das stimmt wohl. Und Sie gehören gewiß zu den Menschen, die immer und überall nachhaken.«

»Und Sie haben bestimmt einen anderen Tick.«

»Was?«

»Oh, Sie sagen ›*Was?*‹ und nicht ›*Wie bitte?*‹. Junge Damen fragen höflich ›Wie bitte?‹, ›Was?‹ sagen nur gewöhnliche Leute, und so sehen Sie mir gar nicht aus ... Vorsicht! Aus dem Weg!« rief er und wedelte mit der Hand. »Das Tablett!«

Emily hatte Alice nicht reinkommen hören und trat rasch einen Schritt zur Seite, ohne den Blick von ihrem unverschämten Gegenüber zu wenden.

Alice stellte das Tablett auf dem Tisch ab und verkündete dann mit einem strahlenden Lächeln: »Die Köchin hat Ihnen ein paar Scones dazugelegt. Ganz frisch aus dem Ofen, Herr Doktor.«

»Bestellen Sie der Dame meinen besten Dank. Das war überaus aufmerksam von ihr. Zumal ich heute auf mein Frühstück verzichten mußte, da ich einem neuen, glücklichen Erdenbürger auf die Welt geholfen habe. Wenn es nach der Mutter gegangen wäre, dann wäre es nie dazu gekommen. Richten Sie ihr das aus.«

»Das werde ich, Herr Doktor. Das werde ich.«

Lächelnd verließ Alice die Bibliothek, und auch der junge Doktor lachte. Emilys Wangen nahmen hingegen eine rötliche Färbung an. Dieser ungehobelte Kerl hatte es offenbar darauf angelegt, sie zu schockieren. Mit der Erwähnung dieser Geburt glaubte er wohl, die sensiblen Gefühle einer jungen Frau verletzen zu können. Ihrer Meinung nach hätte dieser Rüpel niemals Arzt sein dürfen; oder zumindest nicht praktizieren dürfen, solange er nicht wußte, wie man mit Menschen umgeht. Aber abgesehen von seinen ungehobelten Manieren gab es noch etwas, was ihr an diesem Mann aufstieß.

Sie merkte, daß sie rot geworden war, und das ärgerte sie nur noch mehr. Bemüht, sich nichts anmerken zu lassen, erwiderte sie betont lässig: »Nun, ich denke, wenn Ihre Patientin so lange in den Wehen gelegen hat, dann wäre es doch Ihre Pflicht gewesen, sie in ein Krankenhaus zu bringen, wo sich Spezialisten ihrer annehmen und eventuell eine Steißgeburt hätten einleiten können.«

Einen Augenblick lang fühlte Emily sich dem Doktor überlegen, denn seine Brauen hatten wieder einen erstaunten Satz gemacht, und sein Mund stand offen. Doch dann meinte er herablassend: »Man höre und staune, da spricht ja doch ein menschliches Wesen! Und Sie lesen Zeitung; speziell die Artikel, die nicht für die Augen von jungen Damen bestimmt sind. Ja, ja. Wir leben, um zu lernen. Ich weiß, daß junge Damen so was gerne heimlich lesen, aber freimütig darüber sprechen, das würden sie niemals wagen!«

»Ich bin nicht eine Ihrer jungen Damen, Doktor. Ich bin eine arbeitende Frau. Und was immer Sie gegen junge Damen aus dem Mittelstand einzuwenden haben, dies hier ist jedenfalls der falsche Ort, um diesen Spleen auszuleben, und auch das falsche Geschäft, möchte ich betonen. Ich habe mit siebzehn geheiratet. Seit einiger Zeit bin ich geschieden. Mit vierzehn habe ich angefangen zu arbeiten ... ein ganzes Jahr lang nur für einen Teller Suppe täglich. Und als ich ein kleines Mädchen war, hat mich meine Mutter in einen zugigen Speicher mitgeschleppt, wo sie gemeinsam mit anderen Frauen an einem Tisch saß und nähte, bis ihr das Blut von den Fingerkuppen tropfte, während die Kleinkinder in Waschkörben neben ihnen auf dem Boden lagen. Wenn die Kinder alt genug waren, mußten sie verknotete Garne entwirren. Ich habe mein ganzes Leben lang gearbeitet, und das unter sehr gewöhnlichen Menschen. Und ich habe hier im Salon mit vielen Damen des gehobenen Mittelstandes zu tun. Aber der Person, für die Sie mich anscheinend halten, bin ich bislang noch nicht begegnet.«

Eine ganze Weile herrschte Schweigen zwischen ihnen. Dann sagte Emily betont kühl: »Ich an Ihrer Stelle würde den Kaffee trinken, bevor er noch ganz kalt wird.«

Doktor Montane trat vom Schrank weg und erwiderte ebenso kühl: »Während Sie hoffen, daß ich daran ersticke, wie?«

»Ja, so etwas in der Art«, zischte sie und ließ den Doktor stehen.

Nachdem Emily die Tür nicht gerade sanft hinter sich ins Schloß gezogen hatte, blieb sie noch einen Moment stehen und lauschte dem bellenden, tiefen Gelächter des Besuchers. Man hätte glauben können, da drinnen lachte ein Schrank von einem Mann. Aber der Doktor war eher mittelgroß und sehr schmal gebaut. Und eine der unangenehmsten Personen, die Emily je begegnet waren.

– 3 –

Es war um die Osterzeit des Jahres 1879. Der Umzug in ihr neues Schlafzimmer im Erdgeschoß bekam Mrs. Arkwright ausgesprochen gut, konnte sie doch jetzt durch die Verbindungstür bequem das Foyer nebenan erreichen und die Arbeitsräume aufsuchen, wo Amity Lockhart, Margie Monkton und Jean Felton Berge von Federn, Seidenblumen und Bändern auf die unterschiedlichsten Hüte und Hauben drapierten.

Man hatte zwei neue Lehrmädchen eingestellt, Molly Stock und Sarah Hubbart, die hauptsächlich unten arbeiteten, aber auch oben in der Änderung mithalfen, in der jetzt Esther McCann und Lena Broadbent das Sagen hatten ... Und da Mrs. Arkwright das Treppensteigen verboten war – in ihren privaten Gemächern wie auch im Geschäft nebenan –, sah sie sich genötigt, in ›ihrem‹ Haus einen Raum einzurichten, wohin die Mädchen vorübergehend die fertigen Hüte brachten, damit sie diese begutachten und, was oft der Fall war, Verbesserungsvorschläge machen konnte. Außerdem wurden in diesen Raum die Zofen gebeten, die Madam seit Jahren in regelmäßigen Abständen aufsuchten. Anfangs waren es nur vier gewesen, doch inzwischen waren es neun, die sie meistens in den Abendstunden besuchten, wenn ihre Herrschaft ausgegangen war. Und Madam bezahlte sie gut für die abgelegten Abendkleider, Kostüme und Wäsche ihrer Herrinnen, die sie ihr brachten. Es gab Zeiten, da sie einige von ihnen beinahe ein ganzes Jahr nicht sah, doch wenn die Ballsaison vorüber war und auch die Empfänge am Hof ein Ende fanden, dann füllte sich auch ihr Lager wieder.

Es war vielleicht ein etwas seltsames Talent, doch Mabel Arkwright vermochte auf Anhieb zu sagen, wie oft ein Kleidungsstück getragen worden war. Sie brauchte nur kurz an dem jeweiligen Teil zu riechen, um dann festzustellen: »Nicht mehr als dreimal« oder »Einmal«.

Sie war der Ansicht, daß es keine Rolle spielte, wie häufig eine Dame badete oder wieviel Parfum sie benutzte, ihr körpereigener Geruch blieb immer an dem Kleidungsstück haften, und das um so intensiver, je öfter sie dieses getragen hatte. Gelegentlich befahl sie den Mädchen nach einer kurzen Inspektion: »Wirf es weg, so wie es ist. Auf diese Quelle werden wir in Zukunft verzichten.«

Jetzt, unter den herrschenden Umständen, war es Emily, die sich um die Kundinnen kümmerte, die unter dem Vorwand kamen, sich einen Hut aussuchen zu wollen, sich dann aber bald hinter vorgehaltener Hand erkundigten, ob Madam nicht zufällig ein passendes Kleid zu dem entsprechenden Hut anzubieten hätte? Und Emily führte diese Damen dann in ein Ankleidezimmer, das speziell zu diesem Zweck eingerichtet worden war.

Dieser Nebenerwerb hätte sich jedoch mit Sicherheit nicht so vortrefflich entwickelt, wenn Madam nicht peinlichst darauf geachtet hätte, niemals zwei Damen gleichzeitig in diesen Raum zu bitten, der außer einem Hocker, zwei Schränken und einem großen Drehspiegel keinerlei Luxus bot.

Außerhalb der Werkstatt ereigneten sich nur selten Vorkommnisse, die Anlaß zur Heiterkeit boten und über die man später herzlich lachen durfte. Doch gestern hatte sich eine dieser seltenen Gelegenheiten geboten, in Gestalt einer neuen Kundin, die sich Hüte hatte ansehen wollen und in Begleitung eines reiferen Herrn gekommen war. Molly Stocks Beschreibung dieses Paares war sehr treffend gewesen: hohlköpfig, höchstens achtzehn, sehr hübsch und sehr gewöhnlich, so die knappe Charakterisierung der jungen Frau. Was ihren Begleiter anbelangte, so beschrieb sie ihn als gutbetucht und in den besten Jahren. Das Mädchen habe einen Trauring am Finger stecken gehabt, aber wenn die beiden verheiratet seien, sagte Molly, so fresse sie einen Besen.

Nachdem das Paar mit ihrem Kutscher, der die fünf Hutschachteln schleppte, den Salon verlassen hatte, waren Molly und Sarah in schallendes Gelächter ausgebrochen und hatten so lange gelacht, bis ihnen die Tränen über die Wangen kullerten.

Und was dachte Mrs. Arkwright darüber? Nun, sie erklärte Emily dazu folgendes: »Sie haben fünf Hüte gekauft, und solange sie bei ihm bleibt, kommen sie auch wieder. Als Mann von Welt hat er sie wahrscheinlich deshalb zu uns geführt, weil wir etwas abseits liegen. Er kann ja mit ihr schlecht irgendeinen Salon an der Bond Street aufsuchen, wenn er nicht Gefahr laufen will, dort der Gattin seines besten Freundes – oder schlimmer noch, seiner eigenen – über den Weg zu laufen.« Und dann hatte sie noch nachdenklich hinzugefügt: »Fünf Hüte auf einmal. Wo sie die wohl alle tragen wird?«

»Vielleicht im Bett«, hatte Emily mit einem kleinen Lächeln geantwortet, woraufhin beide herzlich zu lachen anfingen. Und als Emily dann noch hinzufügte: »Hinterher wird sie sie wahrscheinlich wegwerfen müssen«, lachten auch sie Tränen.

Das Leben war schön. Lustig und schön.

Und am Tag darauf gab es noch einmal einen Anlaß zum Lachen; zumindest begann die Geschichte mit einem Lacher, trug dann aber in der Folge dazu bei, daß Emily, wenn auch widerwillig, ihre festgefahrene Meinung über eine bestimmte Person revidieren mußte.

Doktor Montane, der einmal wöchentlich nach Mrs. Arkwright sah, brachte an diesem Nachmittag neben seiner Arzttasche eine runde, in braunes Packpapier eingewickelte Schachtel mit.

Nachdem er mit der Untersuchung fertig war, musterte er Mrs. Arkwright mit einem scharfen Blick und wollte wissen: »Haben Sie etwas getan, was Sie nicht hätten tun sollen?«

»Ich wüßte nicht, was ich nicht tun sollte, außer Treppensteigen.«

»Und das haben Sie getan, nicht wahr?«

»Nein. Dazu besteht doch kein Anlaß.«

»Dann waren Sie spazieren?«

»Ich war auch nicht spazieren. Letzten Sonntag war ich das letztemal aus. Da haben Emily und ich eine Kutsche gemietet und sind ganz stilvoll ausgefahren; durch den Park und die Mall entlang.«

»So, so! Und haben nach Ehemännern Ausschau gehalten, wie?«

»Nun werden Sie mal nicht unverschämt, junger Mann. Lassen Sie sich eines gesagt sein: Emily hat es nicht nötig, sich auf der Straße einen Mann zu angeln. Die stehen draußen auf der Treppe Schlange.«

Er schwieg eine Weile und murmelte dann: »Ja, das kann ich mir denken.«

»Und Sie, sind Sie verheiratet, Doktor?«

»Nein, bin ich nicht.«

»Werden Sie denn bald heiraten?«

»Nun«, begann er und blickte nachdenklich zur Zimmerdecke hoch. »Nicht daß ich wüßte. Aber ich hoffe es. Ja, irgendwann möchte ich schon heiraten.«

»Ach, übrigens. Warum haben Sie mich vorhin nach den Treppen gefragt?«

»Weil Sie sich wieder überanstrengt haben. Wenn es nicht das Treppensteigen war, dann liegt es vielleicht an Ihrer Ernährung. Essen Sie viel Fett?«

»Ich liebe Fett. Was ist denn ein Braten ohne Fettschwarte? Eine fade Angelegenheit, oder?«

»Darf ich Sie dann fragen, wie es mit Wein steht?«

»Nein, dürfen Sie nicht, mein junger Freund. Aber ich sage es Ihnen trotzdem. Hin und wieder schätze ich ein Glas Portwein und einen guten Schluck Whisky, und ich bin zu alt, um diese Gewohnheit abzulegen.«

»Nun, das bleibt selbstverständlich Ihnen überlassen. Wer bin ich, Ihnen etwas zu verbieten? Die Sache ist nur die: Ich verliere ungern einen Patienten. Aus ganz persönlichen Gründen – ich bin auf das Honorar angewiesen.«

Mrs. Arkwright biß sich auf die Lippen, blinzelte verschmitzt und meinte dann: »Sie gehen ein wenig zu weit, junger Mann. Lassen Sie uns lieber in den Salon gehen, dort steht gewiß schon der Kaffee für Sie bereit – ohne Schuß allerdings.«

»Wie schade!« Er machte ein betrübtes Gesicht und griff nach seiner Arzttasche und der Pappschachtel.

Als sie den Salon betraten, war Emily gerade am Gehen. »Ach, Mrs. Ratcliffe«, hielt er sie auf. »Ich benötige Ihren Rat. Hätten Sie vielleicht eine Minute Zeit für mich?«

Emily warf Mrs. Arkwright einen schnellen Blick zu, bevor sie antwortete. »Aber wirklich nur eine. Und ich bin wirklich sehr gespannt, mit welchem Rat ich Ihnen dienen könnte!«

»Nun, mit einem Rat in Sachen Hüte. Was dachten Sie denn?«

»Hüte? Damenhüte?«

»Selbstverständlich. Wenn *ich* einen Hut brauche, dann suche ich meinen Hutmacher auf.«

»Ja, natürlich. Selbstverständlich«, murmelte Emily verlegen und sah dabei zu Boden. Der Doktor hatte inzwischen die Schachtel auf einem Tisch abgestellt und das braune Packpapier entfernt. Nun klappte er den Deckel auf und brachte eine abgetragene, altmodische Haube zum Vorschein. »Die habe ich nur wegen der Größe mitgebracht«, erklärte er und sah die beiden Damen abwechselnd an. »Ich hätte gerne etwas Moderneres. Wie ich aus kundigem Munde erfahren habe, werden Hüte im allgemeinen jetzt kleiner und schlichter getragen. Was denken Sie darüber, meine Damen?«

»Da sind Sie falsch unterrichtet«, warf Mrs. Arkwright mit scharfer Stimme ein. »Es gibt Hüte für die unterschiedlichsten Gelegenheiten, die die unterschiedlichsten Größen, Formen und Dekorationen verlangen. Bei Pferderennen, Regatten und ähnlichen Veranstaltungen werden große Hüte getragen, besonders im Sommer und an sonnigen Tagen. Und wie Sie vielleicht wissen, wetteifern die Damen bei diesen Gelegenheiten untereinander, wer den größten und am reichsten bestückten Hut trägt. Bei Jagden und Landpartien werden jedoch kleine Modelle bevorzugt. Und in der Stadt tragen die Damen oder Ladys, wenn sie ihren Geschäften nachgehen, kleine, schlichte Hüte. Hauben hingegen sind von Natur aus klein.«

»Aha, ich verstehe«, nickte er beflissen. »Man hat mich anscheinend tatsächlich falsch unterrichtet. Aber meine Tante . . . und ihre Familie leben auf dem Lande, müssen Sie wissen.«

Es war Emily, die jetzt neugierig nachhakte. »Sie benötigen eine Haube für Ihre Tante?«

Der Doktor wandte sich mit einer recht brüsken Bewegung zu ihr um. »Ganz recht, Mrs. Ratcliffe. Für meine Tante. Da ich noch nicht verheiratet bin, auch nicht verlobt, und mir eine Mätresse nicht leisten kann, dürfen Sie versichert sein, daß diese Haube für meine Tante gedacht ist.«

Mrs. Arkwright zuckte nur leicht mit den Schultern, und als sie Emily ansah, die plötzlich energisch das Kinn vorstreckte, beschied sie ihr: »Nun, du hast danach gefragt, Emily.«

»Keineswegs. Und ich betrachte es als sehr ungehörig, daß der Herr Doktor es für nötig befindet, mir mitzuteilen, daß er weder verheiratet noch verlobt ist und auch keine . . .« – sie dehnte das Wort in die Länge – »Mä-tres-se hat.« Emily konzentrierte sich ganz auf Mrs. Arkwright und tat so, als sei der Doktor gar nicht anwesend. Der jedoch machte jetzt zwei rasche Schritte auf sie zu und sagte leise: »Glauben Sie mir, es lag nicht in meiner Absicht, Sie zu brüskieren.«

»Sie haben mich nicht brüskiert. Meinen Sie, die Erwähnung einer Mätresse brächte mich in Verlegenheit?«

»Aber nein«, beeilte er sich zu erwidern. »Um die Wahrheit zu sagen, ich glaube überhaupt nicht, daß man Sie mit irgend etwas in Verlegenheit bringen kann. Ich wollte Ihnen nur klarmachen, daß ich bei der Wahl einer passenden Haube für meine Tante tatsächlich auf Ihre Hilfe angewiesen bin. Sie ist neunundfünfzig und recht exzentrisch, wage ich zu behaupten. Sehen Sie, sie hat diese Haube in den letzten zwölf Jahren so gut wie nie abgesetzt. Man munkelt sogar, sie habe sie mitunter auch im Bett getragen.«

Mrs. Arkwright kicherte leise, und auch Emily konnte sich ein Grinsen nicht verkneifen. »Meine Tante ist die Halbschwester meines Vaters«, fuhr er fort. »Sie hat immer bei uns gelebt, soweit ich mich entsinnen kann. Wir waren neun Kinder zu Hause; ich bin der Jüngste.« Er wandte sich an Mrs. Arkwright. »Und der Versager in der Familie, wenn Sie so möchten. Denn welcher normale Mensch studiert schon Medizin, wenn er nicht vorhat, eine Praxis in der Harley Street zu eröffnen oder ein angesehener Chirurg zu werden? Ich bin das typische schwarze Schaf. Aber eine Qualität besitze ich in den Augen meiner Familie: Ich bin der einzige, der mit Tante Phoebe fertig wird; in den meisten Beziehungen jedenfalls. Ob sie täglich ihre Unterwäsche wechselt, das entzieht sich meiner Kenntnis. Aber ich weiß, daß es den vereinten Kräften meiner drei Schwestern, meiner Mutter und zweier Dienstmädchen bedarf, Tante Phoebe ihr Lieblingskleid vom Leib zu reißen und es im Ofen zu verbrennen. Sie schläft nämlich häufig in ihren Kleidern.«

»Sie belieben zu scherzen, Doktor!«

Er schüttelte langsam den Kopf und meinte dann mit einem Seufzer zu Mrs. Arkwright: »Nein, leider nicht. So ist Tante Phoebe. Ich habe sie nicht nur einmal mit dieser Haube auf dem Kopf im Bett gesehen. Und wie Sie wohl selbst bemerkt haben werden«, er hielt mit spitzen Fingern die Bänder der Haube hoch. »Die stehen vor Dreck. Sie wischt sich nämlich immer die Finger daran ab. Aber denken Sie bitte nicht, meine Tante sei nicht ganz richtig im Kopf. Sie ist über alle täglichen Vorkommnisse bestens informiert und in geschichtlichen Dingen besser bewandert als ich; und sie spielt hervorragend Klavier – nur nach Gehör.« Der Doktor stimmte in das Gelächter der beiden Damen ein und fuhr schmunzelnd fort: »Doch leider ist sie auch oft der Anlaß für Unstimmigkeiten bei uns im Haus. Besonders mein Vater hat es nicht leicht mit ihr. An den Wochenenden würde er sich gerne von seiner Arbeit am Gericht erholen. Aber glauben Sie, meine Tante ließe ihn einen Augenblick in Ruhe? Nein, dann muß er mit ihr die Fälle durchdiskutieren, mit denen er gerade befaßt ist. Ja, ja, so ist sie.«

»Ihr Vater ist Sir Arthur Montane, der große Richter?« rief Mrs. Arkwright aus.

»Ja, er ist Sir Arthur Montane, der Richter. Aber nicht der große Richter. Er ist nämlich eher klein von Statur. Nun, zugegeben, er hat einen großen Kopf und viel Verstand und noch mehr guten Menschenverstand.«

»Sehr interessant. Und er ist ein *Sir*, sagten Sie?«

»Ja, er ist ein Sir.«

»Aha, dann sind Sie also der Sohn von Sir Arthur Montane.«

»Unglücklicherweise ja. Ich sage das deshalb, weil die Leute von mir als seinem Sohn stets so Großartiges erwarten. Und ich fürchte, für manche bin ich eine arge Enttäuschung.«

»Reden Sie keinen Unsinn!« beschwichtigte ihn Mrs.

Arkwright mit einer Handbewegung. »Wenn Sie auf Komplimente aus sind, dann sind Sie bei mir falsch. Aber ich muß zugeben, daß ich Sie für einen ausgezeichneten Arzt halte. Und dasselbe höre ich auch von meinen Kundinnen, die Sie sofort ins Parlament wählen würden, wenn wir Frauen ein Stimmrecht hätten. Es ist allgemein bekannt, daß Sie die Leute unten am Fluß betreuen, während der alte Smeaton sich nur an die betuchten Patienten hält. Mich wundert ohnehin, daß er Sie hierhergelassen hat.«

Er schwieg eine Weile und sagte dann mit leiser Stimme: »Sie sind gut unterrichtet, Mrs. Arkwright. Aber glauben Sie nicht, ich sei ein Nestbeschmutzer, wenn ich Ihnen jetzt sage, daß meine Sympathien mehr bei den Menschen liegen, die nicht in der Lage sind, mein Honorar zu bezahlen. Und Sie«, damit deutete er auf Emily, »kommen Sie mir jetzt bloß nicht mit dem Spruch, ich würde mich als Retter der Armen aufspielen.«

»Das lag nicht in meiner Absicht«, wehrte sie ab.

»Gut, aber gedacht haben Sie es bestimmt. Ich kenne Sie, Mrs. Ratcliffe. Aber lassen Sie mich Ihnen versichern, daß es außer mir noch etliche andere Leute gibt, die sich um den sogenannten Abschaum der Menschheit kümmern. Waren Sie schon einmal in der Park Lane oder der Catherine Street? Nein, natürlich nicht. Ich würde Ihnen auch nicht empfehlen, ohne männliche Begleitung dort herumzuspazieren, selbst am hellichten Tag nicht. Nun, man wird Sie nicht gleich umbringen, aber Sie würden dieses Viertel mit Sicherheit ohne Ihren Schmuck und Ihre Barschaft verlassen, und etliche Leute würden sich endlich einmal wieder satt essen können.«

»Sie sollten wirklich im Parlament sitzen.«

»Ja, das weiß ich. Und da säße ich wohl auch, wenn es nach den Frauen ginge, wie Mrs. Arkwright vorhin erwähnte. Ich wollte, es ginge viel öfter nach den Frauen. Ja, wirklich.«

»Sie werden es nie zu Wohlstand bringen.«

»Ach, das weiß man nie«, sagte er nun wieder zu Mrs. Arkwright gewandt. »Nicht mit meinem Beruf, nein. Aber ich habe so meine Pläne. Ich werde eine reiche Frau ehelichen, die genug Geld besitzt, um mich mit gutem Portwein und guten Zigarren zu versorgen – ich schätze ein Glas guten Port genau wie Sie, gnädige Frau –, und mit dem Rest ihres Vermögens werde ich Horden von Kindern aufs Land und an die See schicken und hungrige Mäuler stopfen. Nebenbei werde ich dafür sorgen, daß schwangere Frauen die nötige Behandlung bekommen und daß mein Vater die Engelmacherinnen ins Gefängnis steckt, die in dreckigen Hinterzimmern bei verzweifelten Frauen Abtreibungen vornehmen und sie dabei nicht selten umbringen.«

Sie standen sich alle drei gegenüber, ließen die Augen von einem zum anderen schweifen, jeder in seine eigenen Gedanken vertieft, bis der Doktor schließlich das Schweigen brach. »Nun, zurück zu dieser Haube. Ich habe meiner Familie versprochen, eine neue mitzubringen. Wenn nicht, schreit meine Tante Phoebe Zeter und Mordio.«

»Ich kann es immer noch nicht glauben. Das ist wirklich die lustigste Geschichte, die ich seit Jahren gehört habe. Wir machen es so, Doktor: Sie nehmen einen Augenblick Platz und trinken eine Tasse Kaffee, und in der Zwischenzeit werden wir eine hübsche Haube für Tante Phoebe aussuchen. Komm, Emily.«

Emily rührte sich zunächst nicht, sondern starrte weiterhin diesen schrecklichen, unverschämten . . . aber auch sehr menschlichen jungen Mann an, der sie immer wieder bis aufs Blut zu reizen verstand.

Doch dann faßte sie sich wieder und folgte Mrs. Arkwright durch die Verbindungstür in die Werkstatt im Haus nebenan. Auf dem Weg dorthin hielt diese unvermittelt inne, legte Emily die Hand auf den Arm und sah ihr in die Augen. »Er ist einer unter Millionen. Und er mag dich. Darüber solltest du einmal nachdenken«, sagte Mrs. Arkwright mit ernster Stimme.

»*Was?*« rief Emily und schüttelte die Hand ab. »Das soll wohl ein Witz sein! *Er?* Ich . . . ich kann ihn nicht ausstehen. Und dann sein Geschwätz . . .«

»Das war kein Geschwätz. Der steht zu seinen Worten. Ich kenne die Männer. Du wärst dumm, wenn du dir diese Gelegenheit entgehen ließest.«

»*Reden Sie keinen Unsinn, Madam Arkwright!* Er sucht eine reiche Frau, das hat er selbst gesagt, eine, die seine Ideen verwirklicht. Im Grunde braucht er gar keine Frau; was er braucht, ist ein dickes Bankkonto.«

»*Wer redet jetzt Unsinn, Mädchen?* Letzteres war doch nur ein Vorwand. Außerdem, wer sagt denn, daß du eines Tages nicht auch reich sein wirst?« Sie standen sich einen Augenblick reglos gegenüber und starrten sich an, bevor Emily mit flehender Stimme ausrief: »Oh, bitte. Bitte nicht! Versuchen Sie mich nicht damit zu ködern. Ich möchte nichts von Ihnen. Sie haben mir schon genug gegeben. Verschenken Sie alles an Menschen, die Ihnen nahestehen. Ich habe zwei gesunde Hände; ich kann überall arbeiten. Ich ... nun, da wir schon so offen darüber sprechen, ich würde gerne nebenan weitermachen ... nur mit einem etwas kleineren Salon. Aber bitte, machen Sie mir keine Versprechungen. Ich würde sowieso nichts annehmen. Und wegen dem schon gar nicht. Niemals! Dieser Doktor wäre der letzte Mann auf der Welt, den ich heiraten würde. Das können Sie mir glauben.«

»Ja, im Moment denkst du so, aber die Zeiten ändern sich. Komm jetzt, laß uns eine Haube für Tante Phoebe aussuchen. Ich lechze schon nach der Fortsetzung ihrer Geschichte. Seit Jahren habe ich mich nicht mehr so köstlich amüsiert ... Und wenn ich erst daran denke, daß sein Vater Sir Arthur Montane ist, der Richter! Seltsam, nicht wahr, wo er doch irgendwie recht einfach wirkt, obwohl er Arzt ist. Ich meine, man merkt ihm seine gute Familie nicht an. Er sei ein schwarzes Schaf, sagt er, aber ich glaube, er ist ein Rebell. Diese Familien haben immer einen, der aus der Reihe tanzt.«

Kurz vor der Tür zur Werkstatt blieb Mrs. Arkwright noch einmal stehen und musterte Emily mit einem eindringlichen Blick. »Ich bitte dich, versuch wenigstens, ihn einmal anders zu sehen. Glaube mir, es wäre eine große

Beruhigung für mich zu wissen, daß du dein Leben mit einem Mann wie ihm verbringst.«

»Und wer, wenn ich fragen darf, soll sich dann um Sie und das Geschäft kümmern?«

»Er könnte doch hier wohnen.«

Emily schloß die Augen und holte tief Luft, bevor sie einwarf: »Und wir würden in Saus und Braus leben – von seinen nichtzahlenden Patienten. Haben Sie darüber auch schon einmal nachgedacht?«

Mrs. Arkwright stellte sich sofort auf Emilys Gedankengänge ein und beugte sich näher zu ihr hin. »Und hast du schon daran gedacht, daß du in eine adlige Familie einheiraten würdest? Daß du einen Richter zum Schwiegervater bekommst? Darüber solltest du einmal gründlich nachdenken«, sagte sie betont ruhig, worauf Emily ebenso ruhig antwortete: »Möchten Sie hören, was ich über die ganze Sache denke? Ich denke, Sie haben einen Hau. Und je eher Sie vollends überschnappen und man Sie in eine Zwangsjacke steckt, desto lieber wäre es mir. Aber sollten wir uns jetzt nicht endlich um diese Haube kümmern?«

Im Salon trafen sie auf Mrs. Glenda Brompton, die gerade einen ausladenden Hut aufprobierte und sie mit einem lauten »Mrs. Arkwright, wie schön, Sie zu sehen« begrüßte und in derselben Lautstärke weiterkrähte: »Oh, Mrs. Ratcliffe, was sagen Sie, steht mir dieses Modell? Üppige Hüte sollen ja aus der Mode kommen, schreibt die *West End Gazette*, und üppige Oberweiten ebenfalls. Flach ist jetzt der letzte Schrei. Aber wie ich neulich schon zu Lady Knowle sagte . . .« Sie nickte von einer zur anderen. »Was soll da nur unsere liebe Queen machen, hm? Die Ärmste ist ja wirklich gestraft mit ihrer Figur. Aber wenn sie entscheidet, daß ein großer Busen unanständig ist, nun, dann ist er es wohl. Aber wie loswerden? Sie, Mrs. Ratcliffe, haben damit anscheinend keine Probleme, nicht wahr?«

»Wenn Sie uns bitte entschuldigen, Mrs. Brompton. Wir müssen eine Haube für Sir Arthur Montanes Schwester Phoebe aussuchen. Sie ist eine gute Freundin von uns, müssen Sie wissen ... Ich hoffe, Miß Stock wird etwas Passendes für Sie finden. Dieses Modell ist, wenn Sie mich fragen, ein wenig zu pompös für Sie. Probieren Sie doch einmal etwas Schlichteres. Miß Stock, sorgen Sie bitte dafür, daß Mrs. Brompton zu ihrer Zufriedenheit bedient wird, ja?«

»Jawohl, Mrs. Ratcliffe. Jawohl.«

Als Mrs. Arkwright und Emily kurz darauf die Werkstatt betraten, ruhten die emsigen Hände der drei Mädchen für eine Weile, und ihre Münder blieben offenstehen, als sie Madam zu Emily sagen hörten: »Du bist vielleicht ein Miststück.«

»Ja, ich weiß. Und es hat mir richtig Spaß gemacht.«

»Wir werden sie als Kundin verlieren.«

»Nun, das kann ich verkraften. Ich kann diese Person auf den Tod nicht leiden.«

»Was schon die zweite heute wäre. So kann man keine Geschäfte machen.«

»Ich habe auch keineswegs die Absicht, mit der ersten Person Geschäfte zu machen, und was die zweite betrifft«, damit deutete Emily in Richtung Salon, »so verdrießt es mich, daß sich die armen Mädchen mit so einer Schreckschraube herumärgern müssen.«

»Geschäfte machen bedeutet, sich mit allen Arten von Menschen zu arrangieren.«

»Sie sind eine Heuchlerin, Mrs. Arkwright. Sie warten doch schon seit Jahren auf eine Gelegenheit, dieser Dame eins auszuwischen, habe ich recht?«

»Ja, mag sein. Aber zuerst mußte ich mir mein Polster verdienen.«

»Sie Ärmste. Aber das haben Sie ja nun hinter sich. Ich dachte wirklich, Sie säßen jetzt so gut im Sattel, daß Sie es sich leisten könnten, kein Blatt mehr vor den Mund zu nehmen.«

»Wissen Sie was, verehrte Mrs. Ratcliffe? Ich nehme meinen Vorschlag von vorhin zurück. Er ist viel zu gut für dich.« Damit drehte sie sich zu den drei Mädchen um. »Ihr könnt den Mund wieder zumachen. Und eure Ohren ebenfalls. Ihr habt nichts gehört, verstanden? Und jetzt bringt mir alle Hauben, die wir haben. Ich suche eine für eine neunundfünfzigjährige Dame namens Phoebe.«

Amity, Margie und Jean schauten zwar noch etwas betreten drein, kramten dann aber eilig in Schubladen und Schränken und legten alles, was sie an fertigen oder halbfertigen Modellen finden konnten, auf den langen, polierten Tisch. Mit einemmal jedoch hielten sie gleichzeitig in ihren Tätigkeiten inne und starrte noch eine Spur verdutzter auf Emily, die sich in einen Sessel hatte fallen lassen und beinahe hysterisch lachte, um sich dann ebenfalls wie auf Kommando zu Mrs. Arkwright umzudrehen, die laut prustend in einen anderen Sessel gesunken war. Es dauerte dann auch nicht lange, bis die anderen drei zunächst noch verhalten kicherten, dann aber nicht minder hemmungslos in das Gelächter einstimmten, das immer mehr anschwoll und bald bis in die obersten Räume drang. Und kurz darauf ging auch schon die Tür auf, und Lena Broadbent und Esther McCann kamen hereingestürmt. Zunächst bestaunten auch sie die Szene mit offenen Mündern und erkundigten sich dann, ebenfalls kichernd, was denn hier so lustig sei.

Es war Jean Felton, die mit ausgestrecktem Finger auf Mrs. Arkwright zeigte und dann unter Glucksen und Prusten heraussprudelte: »Es scheint, sie lachen sich über eine Haube für eine gewisse Phoebe kaputt.«

»Was? Über eine Haube für eine gewisse Phoebe?«

Diese verwunderte Feststellung löste bei Mrs. Arkwright und Emily eine erneute Lachsalve aus. Die Tränen liefen wieder, bis Mrs. Arkwright plötzlich ganz still wurde, den Kopf in den Nacken legte, den Mund weit aufriß und nur noch leise röchelte. »Emily! Emily!«

Emily sprang sofort auf, und ihr entsetztes »O mein Gott!« ließ das Gelächter augenblicklich verstummen. »Doktor Montane ist im Salon. Ruft ihn! Schnell!« rief sie aufgeregt.

Er kam sofort, fühlte Mrs. Arkwright den Puls, legte seine Hand auf ihr Herz, sprach aber nicht mit ihr, sondern fragte Emily: »Gibt es hier im Haus etwas, das man als Bahre verwenden könnte?«

»Nicht ... ins Hospital«, flüsterte Mrs. Arkwright.

Mit einem Blick auf ihr blasses Gesicht entgegnete der Doktor freundlich: »Gut, einverstanden. Aber nicht bewegen.«

Emily blickte die fünf anwesenden Frauen eine nach der anderen fragend an, aber die schüttelten nur den Kopf. Doch dann hatte Esther eine Idee. »Die Bügelbretter ... aber die sind zu kurz.«

Doktor Montane kontrollierte noch einmal den Puls und wandte sich wieder an Emily. »Haben Sie nicht vielleicht einen leichten Korbstuhl?«

»Ja, natürlich«, nickte Emily und sagte dann zu den Mädchen: »In meinem Zimmer oben stehen zwei. Bringt bitte den mit der hohen Lehne runter.«

Amity und Molly, die gerade aus dem Verkaufsraum zurückkamen, machten noch in der Tür kehrt und kümmerten sich um den Stuhl.

Als Mrs. Arkwright wieder etwas zu sagen versuchte, machte der Doktor eine abwehrende Handbewegung: »Sie dürfen jetzt nicht sprechen.«

»Vor lauter ... Lachen ... sterben ... das ist gut.«

»Sie werden nicht sterben. Aber bitte, sprechen Sie jetzt nicht.«

Als die Mädchen mit dem Korbstuhl zurückkamen, warf Doktor Montane einen zweifelnden Blick darauf. »Der Stuhl scheint mir recht schwer zu sein«, meinte er. »Eine kurze Strecke könnte ich Sie schon allein tragen, aber nicht so weit.« Er sah Emily an. »Wenn ich Madam hier oben nehme, könnten Sie und eine der Damen vielleicht die Beine stützen?«

»Aber selbstverständlich. Komm, hilf mir, Esther.«

»Ich werde Sie jetzt hochheben, Mrs. Arkwright«, erklärte der Doktor seiner Patientin mit ruhiger Stimme. »Sie brauchen keine Angst zu haben. Gleich liegen Sie in Ihrem Bett.« Er umfaßte ihren Oberkörper mit beiden Armen. »So, lehnen Sie sich ganz entspannt zurück.«

Zu dritt trugen sie die Patientin aus der Werkstatt, vorbei an der nach Luft schnappenden Mrs. Brompton und in ihr provisorisches Schlafzimmer. Nachdem sie sie aufs Bett gelegt hatten, standen Emily und Esther eine Weile unschlüssig herum, bis Emily den Doktor fragte: »Sollen wir sie ausziehen?«

»Nein, damit warten Sie besser noch ein wenig«, entgegnete er und drehte sich zu Esther um. »Würden Sie bitte so freundlich sein und mir meine Arzttasche bringen?«

Sie standen nebeneinander vor dem Bett, als er Emily zuflüsterte: »Wie ist es denn zu dem Anfall gekommen?«

»Zuerst gab es eine kleine Auseinandersetzung, und dann haben wir fürchterlich gelacht.«

»Eine Auseinandersetzung zwischen Ihnen beiden?«

»Ja, ganz richtig.«

»Das kann ich mir gar nicht vorstellen.«

»Nun, ich war etwas ruppig zu einer Kundin. Absichtlich. Eine äußerst unangenehme Person. Mrs. Arkwright gab mir recht, war aber selbst so klug, ihre Meinung für sich zu behalten.«

»Und das hat zu einem Streit geführt?«

»Ja, aber das war nicht alles. Es gab noch einen anderen Punkt.«

»Und der hatte mit Ihrer Einstellung mir gegenüber zu tun, stimmt's?«

»*Was?*« Trotz ihrer leisen Stimme klang der Ausruf scharf.

»Sie haben mir vorhin kein Wort geglaubt . . .«

Weiter kam Doktor Montane nicht, denn in diesem Augenblick kehrte Esther mit seiner Arzttasche zurück. Er nahm sie ihr mit einem gemurmelten »Vielen Dank« ab, holte ein Glasfläschchen heraus und schüttelte zwei Pillen auf seine Hand. Dann trat er wieder an Mrs. Arkwrights Bett, beugte sich über sie und sagte: »So, die nehmen Sie jetzt ein, dann werden Sie sich gleich besser fühlen«, worauf diese wieder lamentierte: »Aber . . . nicht . . . ins Hospital.«

»Nein, gnädige Frau. Selbst wenn ich darauf bestünde, würde es Ihre Beschützerin sicher nicht zulassen.« Dann wandte er sich mit einer raschen Drehung Emily zu. »Wir sollten sie jetzt entkleiden.«

»Oh, dabei wird mir Esther helfen.«

»Ganz wie Sie wünschen«, sagte er und trat vom Bett weg. Er schrieb ein Rezept aus und verließ, nachdem er es neben ein Fläschchen mit weißen Pillen auf Mrs. Arkwrights Nachttisch gelegt hatte, leise das Schlafzimmer. Er ging in den Salon, um die Haube zu holen. Und als er mit der Schachtel zurückkehrte, hatten Esther und Emily Mrs. Arkwright gerade ein frisches Nachthemd übergezogen. Er fühlte nochmals ihren Puls und meinte dann zu Emily: »Er ist schon viel stabiler. Sie wird jetzt eine Weile schlafen. Ach, kann ich Sie noch einen Augenblick sprechen?«

Emily nickte kurz, und Esther meinte: »Dann gehe ich jetzt auch. Rufen Sie mich nur, wenn Sie mich brauchen.«

»Vielen Dank, Esther«, sagte Emily, drehte sich noch einmal zu Mrs. Arkwright um und verließ dann mit dem Doktor das Schlafzimmer.

»Wird sie wieder gesund werden?«

»Ja und nein«, lautete seine Antwort. »Das kommt ganz auf sie selbst an. Zunächst glaubte ich ja an Überanstrengung. Aber nachdem sie mir erklärt hatte, daß sie nicht vorhabe, in Zukunft auf fette Braten und ihr Glas Port oder Whisky zu verzichten, fällt es mir schwer, eine positive Prognose zu stellen. Wenn sie so weitermacht, ist mit einem weiteren Anfall zu rechnen, der unter Umständen auch der letzte sein könnte.«

Emily atmete tief ein und aus, bevor sie mit einem Anflug von Unsicherheit in der Stimme sagte: »Dann war also der Streit vorhin und das Gelächter nicht der Auslöser?«

»Nein, da können Sie ganz beruhigt sein. Aber abgesehen davon, daß ich die Ursache für den Streit war, möchte ich doch gerne wissen, worüber Sie so gelacht haben?«

Emily wurde ein wenig verlegen. »Im nachhinein ist es

gar nicht mehr so lustig, aber vorhin fanden wir es wirklich zu komisch. Es ging um die Haube und den Namen Phoebe ... so kurz nach unserem hitzigen Wortgefecht. Die Mädchen wußten gar nicht, worüber wir uns so amüsierten, aber sie haben einfach mitgelacht. Lachen ist bekanntlich ansteckend.«

»Nun«, begann er, und über sein Gesicht huschte ein kleines Lächeln. »Madam wollte uns ja vorhin auch erklären, daß lachend zu sterben ein guter Weg sei, aus dieser Welt zu scheiden. Und das ist auch schon passiert.«

»Wirklich?«

»O ja. Ich würde auch gerne so sterben, aber ich sehe leider keinen Grund zum Lachen in diesen Tagen.«

Als er nicht weitersprach, sondern Emily nur unverwandt anstarrte, entschuldigte sich diese verlegen. »Ich ... ich muß mich um die Haube kümmern«, stammelte sie.

»Nicht nötig. Ich nehme die alte wieder mit. Wahrscheinlich würde sie eine neue sowieso nicht aufsetzen. Ich komme später noch einmal darauf zurück. Aber jetzt muß ich mich beeilen. Es warten noch einige Patienten auf mich. Gegen elf Uhr schaue ich noch einmal vorbei. Bis dahin wird Mrs. Arkwright wieder wach sein. In der Zwischenzeit sollte jemand an ihrem Bett wachen. Ich habe ein paar Tabletten und ein Rezept auf ihren Nachttisch gelegt. Nach elf können Sie mich jederzeit erreichen. Falls Sie vorher Hilfe benötigen, wenden Sie sich bitte an Dr. Smeaton. Und ... und machen Sie sich keine Sorgen.«

Bevor er zurück ins Schlafzimmer ging, drehte er sich noch einmal um. »Sie sollten sich selbst schonen, denn es kann einige Zeit dauern, bis Mrs. Arkwright wieder auf den Beinen ist.« Er machte eine Pause und erkundigte sich dann: »Hat sie leichten Zugang zu alkoholischen Getränken?«

»Ja ... doch. Aber ich kann ihr doch nichts verbieten ...«

»Nein, natürlich nicht. Das ist ihre Sache. Und bei ihrem dominanten Charakter wird sie sich diese kleinen Freuden nicht versagen. Aber diese Schlückchen in Ehren haben bereits ihren Tribut gefordert. Wie gesagt, es liegt ganz an ihr. Aber Sie sollten wirklich versuchen, sich nicht allzu große Sorgen zu machen. Schließlich ist sie nicht mehr die Jüngste.«

Emily biß sich auf die Lippen. »Das ist richtig. Aber sie ist der einzige Mensch, den ich habe und der mir etwas bedeutet.«

Doktor Montane warf ihr einen eindringlichen Blick zu. »Dann kann sich Mrs. Arkwright wirklich glücklich schätzen. So etwas erlebe ich nicht oft bei alten Menschen«, sagte er mit sanfter Stimme, wandte sich dann ab und ging hinüber ins Schlafzimmer.

Emily blieb stehen, wo sie war. Als er mit seiner Tasche und der Hutschachtel kurz darauf zurückkehrte, begleitete Emily ihn zur Haustür und öffnete sie für ihn. Ohne ein weiteres Wort ging er an ihr vorbei die Stufen hinunter.

Mit dem Zuschlagen der Haustür wies Emily etwaige freundliche Gefühle für den Doktor entschieden von sich und brummte auch wie zur Bekräftigung vor sich hin: »Den heiraten? Niemals!« Mit Jimmy hatte sie wahrlich genug Ärger gehabt. Das wollte sie nicht noch einmal durchmachen. Und laut sagte sie zu sich selbst: »Ich tue alles für sie, aber das nicht!«

– 4 –

»Jetzt setz dich mal hin, Mädchen. Seit Tagen jagst du hier herum wie so ein schwarzer Brummer.«

»Aha, und Sie wollen jetzt wohl den Fliegenfänger spielen, wie? Aber ich sage Ihnen gleich, ich lasse mich nicht von Ihnen mit einer Diskussion über mein zukünftiges Leben einfangen. Meine Zukunft liegt allein in meiner Hand, Mrs. Arkwright.«

»Und in der Hand Gottes . . .«

»Oh, das weiß ich nicht. Wenn ich so zurückblicke, da bin ich mir gar nicht so sicher, ob Er meine Existenz überhaupt zur Kenntnis genommen hat – und ich die Seine. Hören Sie, meine Teuerste, es ist zwei Uhr, und Sie haben noch keinen Mittagsschlaf gehalten; und ich muß mich ums Geschäft kümmern.«

»Das weiß ich doch, Emily. Darüber wollte ich mit dir ja gerade sprechen.«

Ihr veränderter Tonfall ließ Emily aufhorchen. »Mit dem Geschäft ist alles in Ordnung. Machen Sie sich Gedanken darüber, was sie in den Zeitungen schreiben? Daß die wirtschaftliche Lage so schlecht ist und wir bald irische Verhältnisse haben werden? Immerhin verkaufen wir noch Hüte.«

»Das stimmt. Aber nicht mehr so viele, und vor allem mit weniger Garnitur. Je einfacher, desto billiger, scheint die Devise zu sein.« Und mehr zu sich selbst fügte sie hinzu: »Erstaunlich, wie sich Dinge in nur einem Jahr verändern können.«

»Sie sind nicht die einzige, die so denkt. Das ganze Land ist verunsichert angesichts der Veränderungen in letzter Zeit. Mr. Disraeli kommt und geht. Heute lehnen sie ihn ab und setzen die Liberalen ein, und morgen sind die wieder draußen, und er kommt zurück. Und beide macht man für die schlechten Erträge verantwortlich. Ja, dafür schiebt man allen außer Gott, Irland und Palmerston die Schuld in die Schuhe . . . oh, dieser Palmerston!«

»Ich wundere mich, daß du noch die Zeit findest, Zeitung zu lesen.«

»Das kann ich auch nur, wenn Sie ruhen. Das heißt, wenn Sie richtig schlafen.«

»Bald werde ich sehr lange schlafen, meine Liebe!«

Diese Worte und die Art, wie sie ausgesprochen wurden, ließen Emily augenblicklich verstummen. Sie sah ihre gute Freundin an, die auf einem Berg von Kissen ruhte, und war im nächsten Augenblick an ihrer Seite. Sie nahm Mabels Hand. »Bitte, reden Sie nicht so«, sagte sie leise. »Das tut mir weh. Wenn Sie den Anweisungen des Doktors folgen und Diät halten würden, wären Sie schon bald wieder auf den Beinen.«

»Papperlapapp! Du weißt so gut wie er, daß das alles nur eine Frage der Zeit ist. Komm, nimm dir einen Stuhl und setz dich zu mir. Ich habe dir etwas zu sagen – etwas Neues, etwas, das du noch nicht von mir gehört hast.«

»Das wäre eine nette Abwechslung.«

Nachdem Emily sich einen Stuhl herangezogen hatte, nahm Mrs. Arkwright wieder Emilys Hand. »Hör mir gut zu«, sagte sie, »und vor allem, unterbrich mich nicht. Kein ›Ach was!‹ oder ähnliches. Nun ... ich weiß, daß du mich vermissen wirst, wenn ich einmal nicht mehr bin.« Der Druck auf Emilys Hand wurde für einen Augenblick stärker. »Und dein Leben wird sich von Grund auf ändern. Freilich, du wirst weiterhin das Geschäft führen, aber ich werde eine Lücke hinterlassen. Und da du meinen Vorschlag, was deine Zukunft mit einer gewissen Person betrifft, aus tiefster Seele abzulehnen scheinst, wirst du ganz auf dich allein gestellt sein. Und bei deiner Position und deinem Aussehen werden die Männer dich jagen wie Freiwild. Nun gut. Aber was ich mich frage, ist, warum ich seit drei Nächten immer von Nizza träume? Ich sehe uns in der Kutsche den Strand entlang zum Hotel fahren. Eigentlich war es eher ein großes Landhaus. Und in meinem Traum sah dieses Hotel genauso aus wie damals: die breite, weiße Treppe, die zu der langgezogenen Veranda führte; die weiß lackierten Fensterläden, die teilweise von den Ranken des wilden Weins überwuchert wurden, der an der Hauswand wuchs; und die Gärten, die sich bis hinunter zum Strand erstreckten, an dem sich die Wellen mit weißen Schaumkronen brachen. Alles schien weiß oder grün zu sein; und das Meer *war* grün. Nun«, unterbrach sie sich und wandte Emily das Gesicht zu. »Alles war so real, wie ich es damals erlebt habe. Nur eines ist seltsam: Obwohl diese vier Wochen dort die glücklichsten meines Lebens waren und ich seither unzählige Male daran gedacht habe, habe ich doch noch nie davon geträumt. In der ersten Nacht bin ich nach diesem Traum aufgewacht, recht aufgeregt, muß ich zugeben, aber ich habe mich gleichzeitig gewundert, warum ich Oscar nicht gesehen habe, oder Miß May und den Major. Komisch, ich habe nur das Haus, den Garten und das Meer gesehen. In der zweiten Nacht dann habe ich Leute gesehen, die dort herumgingen, immer paarweise. Und gestern war mein Traum dann sehr lebendig. Zuerst schien die Sonne so grell, daß ich gar nichts sehen konnte; ich wußte nur, daß das Haus da war, und der Garten und das Meer. Dann verschwand die Sonne, und ich konnte das Haus genau erkennen. Aber diesmal sah es anders aus: die Fensterläden waren nicht mehr weiß, sondern grün, ebenso wie die Veranda. Nur die Treppe war noch weiß. Zum erstenmal betrat ich nun das Haus und spürte, wie mich ein Frösteln überkam. Und dann«, jetzt lächelte sie, »sah ich Oscar. Er sah genauso aus wie damals. Er kam auf mich zugelaufen und hat mich in die Arme geschlossen, aber dann hat er sich umgeschaut und gefragt: ›Wo ist Emily?‹ Und weißt du, was ich geantwortet habe? ›Sie kommt mit dem nächsten Boot‹, habe ich gesagt, ›Sie wird morgen hier sein.‹ Dann bin ich aufgewacht.«

Sie sahen sich eine Weile schweigend an, bis Mrs. Arkwright sagte: »Nun, was hältst du davon?«

»Ich weiß nicht, was ich sagen soll. Ich finde es nur wirklich recht seltsam, daß Sie nach so vielen Jahren von diesem Ort träumen.«

»Ja, das habe ich mir auch gedacht. Und mir kommt es vor, als wolle dieser Traum mir etwas sagen. Heute morgen lag ich eine ganze Weile lang wach und habe nachgedacht. Und jetzt möchte ich dich um etwas bitten, etwas, das du für mich tun kannst; etwas, das dir nicht weh tut und dich auch sonst nicht aus der Bahn wirft. Also, wenn die Zeit gekommen ist und du allein bist, würdest du dann vielleicht Ferien machen wollen? Ich habe das starke Gefühl, daß du diesen Ort aufsuchen solltest. Oh, oh«, machte sie und erhob den Zeigefinger. »Komm mir nicht damit, daß du nicht allein reisen könntest. Heutzutage reisen Frauen allein in der ganzen Welt herum: nach Afrika, Indien, sogar nach Timbuktu.«

»Ich wollte nichts dergleichen sagen. Fahre ich denn nicht alleine in ganz London herum?«

»Das ist nicht dasselbe, meine Liebe, sobald du den Kanal überquert hast, ist alles anders. Aber dennoch, du weißt, eine junge Dame reist nie ohne Begleitung, männlich oder weiblich.«

»Nun, eine Dame bin ich nicht, oder?«

»Ich weiß, was du meinst. Aber fang nicht damit an, mir das Wort im Mund herumzudrehen. Wie ist es, wirst du tun, worum ich dich gebeten habe?«

»Ja, meine liebe Mabel. Irgendwann einmal werde ich das tun, denn dieser Ort interessiert mich, wenn ich ehrlich bin, schon seit Sie mir das erste Mal davon erzählt haben.«

»Gut, aber du wirst doch als Frau reisen und nicht als Fräulein, nicht wahr?«

»Aha, das also auch noch.« Emily zog ein Gesicht. »Sie glauben, dann sind die Männer nicht wie die Geier hinter mir her?«

»Na, von einem Fräulein erwarten sie jedenfalls neben Geld und gutem Aussehen auch noch Jungfräulichkeit.«

Als Emily von ihrem Stuhl hochschoß und entrüstet »Oh, Sie sind eine schreckliche Person!« ausrief, winkte Mrs. Arkwright nur ab: »Nun spiel nur nicht die Schockierte.«

»Ich spiele nicht, ich *bin* schockiert.«

»Aber natürlich. Genauso schockiert, wie Steve Montane reagieren würde, wenn ich so was zu ihm gesagt hätte.«

»Woher kennen Sie denn seinen Vornamen?«

»Er hat ihn mir freiwillig genannt, stell dir vor. Und ich finde, er paßt zu ihm. Und ich sage dir noch etwas, meine Teuerste: Bis vor kurzem habe ich mir gewünscht, noch einmal jung zu sein, weil er der einzige Mann ist, der Oscars Platz einnehmen könnte. So, darüber kannst du jetzt einmal in aller Ruhe nachdenken. Da hast du was zu knabbern.«

»Ja, in der Tat.«

»Ach, übrigens, wenn ich schon auf das verzichten muß, was mir meiner Meinung nach guttäte, wäre es dann wenigstens möglich, eine Tasse Tee zu bekommen?«

Auf dem Weg nach draußen warf Emily kurz über die Schulter zurück: »Ich werde mich darum kümmern, falls ich Zeit habe.«

Esther kam gerade die Treppe herunter, und als sie Emily sah, nahm sie die letzten vier Stufen auf einmal. »Hätten Sie vielleicht eine Minute Zeit, Miß?« rief sie ihr leise entgegen. »Da oben ist eine neue Kundin. Die, die Mrs. Darcy empfohlen hat, Sie wissen schon. Aber sie hat ihr anscheinend die Regeln nicht erkärt. Bei uns wird nicht gehandelt. Dieses Kleid würde sie woanders nicht für diesen Preis bekommen. Und jetzt beschwert sie sich, daß es nur einen Überrock hat und nicht zwei oder mehr, wie es jetzt Mode ist.«

»Ich komme gleich hoch. Will Madam nur noch rasch eine Tasse Tee holen.« Emilys Tonfall veranlaßte Esther zu der besorgten Frage: »Fühlen Sie sich wohl? Sie sehen so müde aus. Demnächst klappen Sie auch noch zusammen, und was wird dann aus uns? Seit Wochen gönnen Sie sich keine Minute Ruhe. Warum engagieren Sie denn keine Pflegerin? Jede Nacht neben Madam auf der Couch zu schlafen, das ist Ihrer Gesundheit gewiß nicht förderlich.«

»Ich fühle mich durchaus wohl, Esther.«

»Nun, dann haben mir meine Augen wohl einen Streich gespielt, denn Sie sehen alles andere als wohl aus. Was Sie brauchen, ist Urlaub. Wirklich, wenn das hier alles vorbei ist, dann müssen Sie unbedingt ausspannen. Ich komme hier schon mit allem zurecht, außer mit dieser speziellen Sorte Kundschaft.« Sie deutete nach oben. »Ich hätte mich schon durchgesetzt, aber die Dame bestand vehement darauf, die Besitzerin zu sprechen, oder . . . die junge Frau, wie sie sagte, nicht die ›junge Lady‹. Sie ist eine von der Sorte, Sie wissen schon.«

»Ich komme sofort«, sagte Emily und ging in Richtung Küche. Plötzlich jedoch blieb sie stehen und wandte sich noch einmal zu Esther um. »Moment noch. Du gehst jetzt hinauf und sagst dieser Dame, daß die junge Frau unabkömmlich ist und dich beauftragt hat, ihr auszurichten, daß dieses Kleid nicht mehr zum Verkauf steht. Dann verabschiedest du sie mit den Worten ›Guten Tag, Madam‹. Das wirkt, du wirst sehen.«

»Jawohl. Genau das werde ich ihr sagen.«

Emily setzte daraufhin ihren Weg fort, blieb dann aber vor der Küchentür noch einmal stehen und lehnte seufzend den Kopf an den Türrahmen. Urlaub. Ach ja, Urlaub. Im Augenblick wäre sie schon dankbar für einen ruhigen Ort ohne eine Menschenseele weit und breit, wo sie endlich einmal ungestört eine Nacht durchschlafen konnte. Noch nie war sie so müde und erschöpft gewesen, und der nächste, der ihr sagte, sie sehe müde aus und brauche Urlaub, dem würde sie sich an die Brust werfen und losheulen . . .

Nun, sie warf sich nicht an dessen Brust, als Steve Montane am nächsten Morgen zur Visite kam und sie unten in der Diele mit den Worten abfing: »Ich sage jetzt etwas, und es ist mir gleichgültig, was Sie über mich denken, aber je früher sie geht, desto besser für sie. Das war der vierte Anfall in sechs Monaten. Ein Wunder, daß sie überhaupt noch lebt. Aber den nächsten wird sie nicht überstehen, das ist sicher. Und dann klappen Sie uns zusammen. Sie müssen darauf bestehen, daß sie eine Pflegerin einstellt, oder besser noch zwei. Sie hat genug Geld, und es ist reiner Egoismus, wenn sie es nicht tut. O ja, das kenne ich bei alten Leuten. Madam neigt auch dazu, und sie saugt Sie aus. Ja, im wahrsten Sinne des Wortes. Sie saugt Sie aus, das können Sie nicht abstreiten.« Emily stand da und ermahnte sich immer wieder im stillen: nicht weinen. Um Gottes willen, bloß nicht weinen! Nicht vor ihm! Außerdem hat er ja recht. Diesmal hat er wirklich recht.

Doch als er dann sagte: »Wissen Sie was? Sie sollten jetzt auf Ihr Zimmer gehen, sich auf Ihr Bett werfen und sich einmal so richtig ausheulen«, da bekam sie einen regelrechten Lachkrampf, der bestimmt in einem hysterischen Anfall geendet hätte, wenn sie sich nicht mit aller Gewalt zusammengenommen hätte.

Und wie sie so dastand, die Hand auf den Mund gepreßt, da warf er ihr ein Lächeln zu und meinte: »Sie lachen, das ist gut so. Lachen Sie, soviel Sie können, aber werden Sie nicht hysterisch dabei.« Damit drehte er sich auf dem Absatz um und ließ sie mit offenem Mund stehen.

Er hätte sich gewundert, wenn er hätte sehen können, was sie als nächstes tat. Sie ging tatsächlich auf ihr Zimmer, warf sich aber nicht aufs Bett, sondern setzte sich ans Kopfende und vergrub ihr Gesicht in den Kissen. Warum konnte dieser Mensch nur ihre Gedanken so deutlich lesen, als stünden sie ihr auf der Stirn geschrieben? Vielleicht, weil sie ihn so verabscheute? Andererseits war er, zumindest was seine Arbeit betraf, ein sehr gewissenhafter und zuvorkommender Mann, das mußte sie zugeben. Aber bisher hatte er sie noch bei jeder Unterhaltung ins Unrecht gesetzt; zumindest hatte er bisher nicht den Versuch unternommen, ihre richtige Seite zu entdecken. Aber was machte das schon? Nun, was die Pflegerin betraf, da hatte er recht. Aber wollte sie wirklich, daß sich ein anderer um ihre Freundin kümmerte? Nein, denn sie schuldete ihr so viel; und sie wurde gebraucht. Und dieses Gefühl, gebraucht zu werden, das ließ sich nicht so einfach wegwischen.

Emily setzte sich wieder auf und ließ ihren Blick nachdenklich durch das Zimmer schweifen. Sie hatte schon immer gebraucht werden wollen. Ja, im Leben gebraucht zu werden erschien ihr sogar noch wichtiger, als geliebt zu werden. Denn wenn man gebraucht wird, dann gibt man, wohingegen man nimmt, wenn man geliebt wird. Ließ sich dieses Geben und Nehmen denn nicht verbinden? Ihr Verstand sagte ihr, daß sie damit zuviel verlangte; solche Partnerschaften gab es nur höchst selten. Es gab gewiß nicht viele Mrs. Disraelis oder Queen Victorias . . . und dennoch . . . ja, dennoch . . .

Du liebe Güte! Wenn sie jetzt nicht sofort aufstand und ihrer Arbeit nachging, dann würde sie genau das tun, was er ihr prophezeit hatte. Mit einem Satz sprang Emily vom Bett und murmelte auf dem Weg zur Tür: *»Dieser Mann!«*

– 5 –

Bis Ende November verließ Mrs. Arkwright ihr Bett nicht mehr, sie dämmerte dahin und starb dann an einem Sonntagmorgen um sechs Uhr.

Emily war allein mit ihr, hielt sie bis zum letzten Atemzug in den Armen, und als es vorüber war, legte sie sie sanft zurück auf die Kissen, nahm die leblose Hand in die ihre und flüsterte: »Ruhe sanft, meine liebste Freundin. Und wo immer du jetzt bist, wo immer du auch hingehst, sollst du wissen, daß meine Liebe und mein Dank dich begleiten werden.«

Sie kreuzte ihr die Arme über der Brust, bedeckte aber nicht ihr Gesicht. Sie sah keine Veranlassung dazu, denn die Verstorbene sah so friedlich und entspannt aus wie nie zuvor.

Als sie sich anschickte, das Schlafzimmer zu verlassen, wunderte sie sich, daß sie nicht weinte. Nein, sie hatte nicht das Bedürfnis zu weinen; die Gefühle, die sie im Moment bewegten, verlangten keine Tränen. Warum das so war, wußte sie nicht.

Sie ging hinüber ins Geschäftshaus und hinauf ins Dachgeschoß, wo sich die Zimmer der Angestellten befanden, klopfte an eine Tür und rief: »Esther! Esther!«

»Ja? Ich bin auf. Kommen Sie herein.«

Da Esther sich gerade den Morgenmantel überzog, sagte Emily mit ruhiger Stimme: »Zieh dich besser gleich richtig an. Nimm dir eine Droschke und hol Doktor Montane.«

»Geht es ihr schlechter?«

»Sie ist gerade gestorben.«

»O Gott, nein! Nein . . . ach, was rede ich? Damit haben wir doch schon seit Tagen gerechnet. Jetzt ist die arme Seele endlich erlöst . . . Wie geht es Ihnen? Sind Sie wohlauf?«

»Ja, Esther. Es geht mir gut.«

»Bin sofort fertig . . . Ist sie . . . leicht gestorben?«

»Leicht? Nein, das kann man nicht sagen.«

»Arme Seele ... Aber Sie ruhen sich jetzt aus«, fuhr sie fort, während sie sich ein Paar lange Schlüpfer anzog. »Die Köchin und ich werden uns um alles kümmern. Ich weiß da Bescheid. Habe meiner Mutter geholfen, meinen Vater zu beerdigen, und kurz darauf habe ich auch sie begraben müssen. Überlassen Sie nur alle weiteren Wege uns.«

»Danke, Esther. Das nehme ich gerne an.«

Auf dem Treppenabsatz drehte Emily die Gaslampe an und wiederholte die Prozedur auch bei den beiden Wandleuchten unten im Foyer, bevor sie ins Untergeschoß ging, um die Köchin zu wecken, deren Zimmer sich neben der Küche befand. Ihr Dienst begann sonntags erst um halb sieben, doch sie stand schon in der Küche und hatte Teewasser aufgesetzt. Nachdem Emily sie über Madams Ableben informiert hatte, meinte diese: »Es tut mir leid um Madam, aber um Ihretwegen bin ich froh, Miß. Sie wären nämlich die nächste gewesen, die flachgelegen hätte. Die letzten Monate haben Sie ja geschuftet wie ein Pferd.«

In der Halle traf Emily wieder auf Esther, die dabei war, die Gaslampen herunterzudrehen. »Was tust du da, Esther? Ich habe sie gerade aufgedreht.«

»Aber Miß, es gehört sich nicht, die Lampen so hell brennen zu lassen, wenn jemand im Haus gestorben ist.«

»Dreh sie wieder hoch. Madam hätte es so gewollt. Und wenn man sie fortgebracht hat, dann zieh auch wieder die Rolläden hoch. Das hat sie ausdrücklich verlangt.«

»Na gut ... in manchen Beziehungen hatte Madam eben recht merkwürdige Ansichten, wenn ich so sagen darf. Es wird Gerede geben wegen der Rolläden, denn manche Leute hier halten sie einen Monat lang halb geschlossen, wenn jemand gestorben ist.«

»Wir sind eben nicht *manche Leute*, hätte Madam jetzt geantwortet.«

Esther wandte sich mit einem Schulterzucken ab. »Ich gehe gleich zu Fuß zum Haus des Doktors, das ist auch nicht viel weiter als bis zur Droschkenstation.«

»Danke, Esther.«

Madam war wirklich etwas wunderlich gewesen. Ja,

Esther hatte schon recht: Mrs. Arkwright hatte fraglos eine Menge Marotten gehabt. Aber es waren nette Marotten gewesen, und zum Teil hatte sie recht fortschrittliche Ansichten gehegt. Erst letzte Woche hatte sie zu Emily gesagt: »Ich wünsche kein Trauerhaus, wenn ich gestorben bin, hörst du? Ich weiß, ich war immer hinterher, daß kein Gas verschwendet wird, doch bei manchen Leuten muß man das sein, sonst treiben sie einen in den Ruin. Aber ich selbst habe immer Helligkeit und Heiterkeit geschätzt: bei Hüten ebenso wie in Häusern. Tu mir also den Gefallen und bahre mich im Hellen auf. Ich will auch keine Trauerflore an Fenstern und Türen. Und sobald sie mich zur Haustür hinausgetragen haben, zieh bitte die Rolläden hoch.«

Und sie hatte ihr geantwortet: »Bitte, Madam! Nun werden Sie bloß nicht morbid.« Worauf Madam meinte: »Morbid? Das sehe ich aber ganz anders. Und es wird die Zeit kommen, da viele andere auch so denken werden wie ich. Es wird Veränderungen geben, glaube mir. Aber die werden erst wirksam werden, wenn die alte Dame an der Spitze denselben Weg gegangen ist, der mir bald bevorsteht.« Sie hatte die Worte nicht einfach so dahingesagt, ihnen aber doch so viel Leichtigkeit beigemessen, daß Emily kichernd erwidert hatte: »Vor ein paar Jahren hätte man Sie für diesen Ausspruch in den Tower geworfen; und so alt ist die Queen übrigens auch noch nicht.«

»Nein, aber einige ihrer Ideen. Ich kann sie ja verstehen. Sie ist nie über Alberts Tod hinweggekommen, weil sie nicht für ihren Lebensunterhalt arbeiten mußte. Ich mußte das, und deshalb habe ich Oscars Tod auch leichter überwunden.«

Emily ging jetzt in den Salon und hielt ein Streichholz an die Glühstrümpfe des dreiarmigen Deckenleuchters. Dann nahm sie den Blasebalg und brachte die nur noch leicht glühenden Holzscheite im Kamin wieder richtig zum Lodern. Daraufhin ließ sie sich in dem Lehnstuhl nieder und starrte gedankenverloren zu dem anderen Kamin hinüber, der sich an der Wand gegenüber befand, vor dem sie so manchen Abend mit ihrer Freundin und Wohltäterin gesessen hatte. Sie hatten über Kundinnen geplaudert, Madam hatte sie bisweilen in die geheimsten Skandale diverser angesehener Familien eingeweiht, und wenn sie etwas ganz Wichtiges zu sagen hatte, dann hatte sie sich immer ganz vorne auf die Stuhlkante gesetzt.

Scheinbar hatte dieses Sitzen auf der Stuhlkante Madam geholfen, ihren Argumenten mehr Nachdruck zu verleihen, besonders bei Diskussionen über aktuelle Zeitungsberichte, die sich auf ›die da oben‹ bezogen. Ob nun die Tories oder die Liberalen, es war die Dummheit beider politischer Parteien, die so oft ihren Unmut erregt hatte. Doch selbst das Unvermögen dieser Parteien konnte sie nicht für eine dritte Partei erwärmen, die sich gerade zu formieren begann. Das Hauptanliegen des Labour Representation Committee, wie sich diese Partei nannte, war die Rückkehr von Vertretern der Arbeiterklasse ins Unterhaus. Emily klangen die erzürnten Worte von Madam noch deutlich in den Ohren: »Pah! Abgeordnete aus der Arbeiterklasse! Man braucht eine gewisse Bildung zum Regieren.« O ja, einen gerechten Lohn sollten die Arbeiter ihrer Meinung nach schon erhalten, doch was das Regieren anbelangte, hakte sie dieses Thema meist mit dem Hinweis ab: »Darüber brauchen wir uns nicht den Kopf zu zerbrechen, denn dazu wird es ohnehin nie kommen.«

Seltsam, hatte Emily sich oft gedacht. Diese Frau hatte sich vom einfachen Stubenmädchen zur Chefin eines florierenden Unternehmens und Besitzerin zweier Häuser hochgearbeitet. Doch wenn irgend jemand zu ihr gesagt hätte: »Ihrer Argumentation nach dürften Sie, gnädige Frau, die Sie selbst aus der Arbeiterklasse stammen, auch nicht über genügend Köpfchen verfügen, um dieses Geschäft zu führen oder Grundbesitz zu erwerben«, so hätte diese Person ihre heilige Wut zu spüren bekommen. Und wenn jemand gewagt hätte zu behaupten: »Ihr Oscar wäre nie ins Unterhaus gekommen, weil er sich nicht richtig auszudrücken verstand«, wäre ihr Zorn gnadenlos gewesen.

Wie Esther richtig gesagt hatte: Madam hatte so ihre Eigenheiten. Aber sie würde diese Eigenarten vermissen. O ja. Und wie!

Es klopfte, und gleich darauf stand Alice Milton käsebleich mit einer Tasse Tee in der Hand im Türrahmen. »Ich hab' ihn nach nebenan bringen wollen, Miß, und da hab' ich den Schock meines Lebens gekriegt. Die Köchin hat mir nichts gesagt. Ich hatte verschlafen, wissen Sie. O Gott, beinahe hätte ich ihn fallen lassen, Ihren Tee. Jetzt schwimmt die Untertasse. Tut mir leid, ich bin morgens immer so tolpatschig.«

»Nicht so schlimm, Alice. Stell den Tee dort auf den Tisch. Übrigens, wie alt bist du denn jetzt?«

»Siebzehn, Miß.«

»Erst siebzehn?«

»Ja, Miß. Mit zehn habe ich hier angefangen, halbtags.«

»Ach ja. Aber bald darauf hast du doch ganztags gearbeitet.«

»Mit zwölf dann.«

Emily nahm erst einen Schluck Tee, bevor sie weitersprach. »Hast du irgendein Ziel? Ich meine, was würdest du beruflich denn gerne werden?«

»Ach, Miß.« Die Frage kam Alice seltsam vor, ebenso der Zeitpunkt, und was sie außerdem wunderte, war, daß Miß Emily anscheinend keine Träne vergossen hatte. Sie sah an sich herunter auf ihre Hausschlappen, die unter dem blauen Kleid und der weißen Schürze hervorlugten, und sagte dann verschämt kichernd: »Als ich der Köchin einmal erzählte, was ich gerne werden möchte, da schalt sie mich eine dumme Gans und meinte, dann könnte sie sich ebenso wünschen, die Leibköchin der Queen Victoria zu werden.«

»Ja, und was möchtest du nun gerne werden?«

Wieder senkte Alice den Blick und starrte auf ihre Schlappen. Und dann kam die Antwort so leise, daß Emily sie bitten mußte, lauter zu sprechen. »Oder ist es so schlimm?«

»Nein, aber verrückt, weil ich so was noch nie gemacht

habe und wahrscheinlich auch nie machen kann. Als ich angefangen habe, den *Family Friend* zu lesen, da kam mir der Gedanke. Da war nämlich auch so ein Mädchen wie ich, und . . . die hat es im Leben doch zu was gebracht.«

»Aha, ist sie eine Prinzessin geworden?«

»Aber nein, Miß. Sie ist . . . Zofe geworden.«

»Zofe? Und das möchtest du auch gerne werden?«

»Ja«, kicherte sie. »Doch dazu wird es nie kommen. Leider! Aber jetzt entschuldigen Sie mich bitte, ich muß mich sputen. Die Köchin würde mir eins mit der Pfanne überbraten, wenn sie hören könnte, mit welch närrischen Ideen ich Sie belästige. Ach, Ihr Tee ist bestimmt schon kalt. Soll ich Ihnen einen frischen bringen?«

»Nein danke, Alice. Vielen Dank.«

Komisch, daß sie sich gerade jetzt über so etwas mit Alice unterhielt. Was war denn nur los mit ihr? Seit sie das Schlafzimmer der Verstorbenen verlassen hatte, fühlte sie sich irgendwie anders. Leichter konnte sie eigentlich nicht sagen, doch zuerst hatte sie sich mit Esther unterhalten und eben ausgiebig mit Alice geplaudert. Dabei hatte sie bis heute kaum Notiz von Alice genommen. Gut, sie hatte ihr immer etwas zu Weihnachten geschenkt oder auch einmal eine Kleinigkeit zwischendurch, aber ansonsten war das Küchenpersonal Mrs. Arkwrights Angelegenheit gewesen. Wie sie war auch Alice groß und schlank und wirkte älter, als sie war. Das machte die harte Arbeit, überlegte Emily. Aber warum dachte sie überhaupt über dieses Mädchen nach, ausgerechnet an diesem Morgen, während Mrs. Arkwright dort oben tot in ihrem Zimmer lag?

Eigentlich hätte sie schon längst angezogen sein müssen, denn der Doktor konnte jeden Augenblick eintreffen. Doch statt dessen saß sie hier im Morgenrock herum und verspürte nicht die geringste Lust, sich aus dem Stuhl zu erheben. Es war Sonntag, und das Feuer brannte so behaglich im Kamin. Sonntag war immer ein ruhiger Tag. Ach, am liebsten hätte sie sich einfach zurückgelehnt und den ganzen Tag verschlafen. Wie lange war es her, seit sie eine ganze Nacht hatte durchschlafen können? Sechs Monate?

Oder acht? Ostern hatte es angefangen, und jetzt war es fast Dezember. Ja, seit acht Monaten hatte sie jede Nacht neben Mrs. Arkwrights Bett auf der Couch geschlafen, aber nie mehr als zwei, drei Stunden. Gut, die Couch war recht bequem gewesen, aber natürlich nicht so bequem wie ihr eigenes Bett und außerdem zu kurz. Sie hatte sich mit einem Stuhl behelfen müssen, den sie ans Ende der Couch geschoben hatte, damit sie ihre Beine ausstrecken konnte. Nicht daß die Patientin sie nachts um etwas gebeten hätte, aber wann immer sie wach war, hatte Emily sich bemüßigt gefühlt, ihr eine Tasse Tee oder ein Glas Wasser zu bringen, die Kissen aufzuschütteln oder ein paar Worte mit ihr zu wechseln. Und tagsüber hatte sie dann ihre eigentliche Arbeit in Anspruch genommen: die Werkstatt, Kundinnen, die zu betreuen oder besänftigen waren, Besuche in den jeweiligen Fabriken, um Bänder, Federn oder Blumen und die Rohmaterialien wie Stroh und Filze zu bestellen und die Farben auszusuchen, die so klangvolle Namen trugen wie ›Herbstlaub‹, ›Sommergrün‹ oder ›Apfelgrün‹; und natürlich die verschiedenen Schwarztöne. Die Sonne konnte Farben verstärken und zum Leuchten bringen, aber Schwarz blieb Schwarz. Schwarz war die Nacht, der Tod . . . und der Tod war nur ein langer, langer Schlaf. Sie fühlte sich so wohl, so unendlich entspannt. Mrs. Arkwright war auf ihrem Weg. Esther und die Köchin kleideten sie gerade für ihre letzte Reise an. Sie mußte sich um nichts mehr kümmern. Sie konnte schlafen . . .

Sie wollte sich ausstrecken, doch etwas störte sie; ihre Füße lagen nicht mehr auf dem Stuhl. Durch halbgeöffnete Lider blickte sie auf ihre Füße, die jetzt auf einer Fußbank ruhten. Anscheinend hatte sie sich diese noch herangezogen, bevor sie für eine Minute oder zwei eingenickt war. Sie mußte endlich aufstehen und sich anziehen. Du liebe Zeit, sie war immer noch im Morgenmantel! Aber sie fühlte sich so wohl, nur ihr Nacken war etwas steif. Bevor sie die Augen wieder schloß, glaubte sie, jemanden gesehen zu haben. Wahrscheinlich Alice, die gekommen war, um die Teetasse mitzunehmen. Ach je! Sie streckte sich. Ihr ganzer Körper war verkrampft. Sie mußte aufstehen. Sie rieb sich die Augen, streckte die Arme und Finger, und dann gelang es ihr schließlich, die Augen aufzuschlagen.

»Bleiben Sie liegen«, hörte sie die Stimme von Doktor Montane sagen.

»Es . . . es tut mir leid. Ich muß eingenickt sein. Ich wollte mich schon lange ankleiden.«

»Sie brauchen sich nicht zu entschuldigen. Bleiben Sie einfach liegen und entspannen Sie sich wieder.«

Emily richtete sich in ihrem Stuhl auf. »Waren Sie bei ihr?«

»Ja. Es ist alles getan. Aber Sie sollten jetzt nach oben gehen, ein Bad nehmen, die Kleider wechseln und dann ausgiebig frühstücken.«

Emily starrte ihn an. Er sah anders aus. Er klang anders. Als sie sich dann aus dem Stuhl erhob, war er sofort an ihrer Seite, stützte sie am Ellbogen und meinte freundlich: »Nach dem langen Liegen müssen Sie ja ganz steif sein.«

»Was meinen Sie mit lang? Ich habe mich nur hingesetzt . . .«

Als ihr Blick auf die französische Uhr mit der Glaskuppel fiel, die auf dem Kaminsims stand, traute sie ihren Augen nicht. Viertel vor elf! Erschrocken fuhren ihre Hände in die Höhe und streiften dabei die Kristallvase, die auf dem kleinen Tischchen neben dem Stuhl stand und nun gefährlich wankte. Ein rascher Griff des Doktors rettete jedoch die Vase vorm Umfallen. »Sie sind kurz vor sieben Uhr eingeschlafen. Diese Ruhepause haben Sie sich aber auch redlich verdient, wenn Sie mich fragen.«

»Aber unter diesen Umständen . . .«

»Eine ganz natürliche Reaktion, unter diesen Umständen.«

»Seit wann sind Sie schon hier?«

»Seit Sie mich rufen ließen.«

Sie wollte etwas sagen, senkte dann aber nur den Blick und murmelte: »Entschuldigung.«

»Aber wofür denn? Dies hier ist ein hübscher Raum

zum Ausruhen. Und zufällig ist heute mein freier Tag; kein Grund also, sich zu entschuldigen. Wissen Sie, beinahe wäre ich selbst eingenickt«, sagte er und deutete mit dem Finger auf den anderen Lehnstuhl. »Gut, dann werde ich jetzt gehen. Tun Sie, was ich Ihnen gesagt habe. Am Nachmittag schaue ich noch mal vorbei, denn es sind gewisse Vorbereitungen zu treffen, bei denen ich Sie selbstverständlich gerne beraten werde.«

»Danke.«

»Darf ich noch etwas hinzufügen?«

Ihre Lebensgeister schienen ein wenig zu erwachen, als sie schalkhaft erwiderte: »Gibt es denn eine Möglichkeit, Sie daran zu hindern?«

»Nein, ich fürchte nicht. Also, wenn das hier alles vorüber ist, sollten Sie sich Urlaub nehmen. Das war's, was ich Ihnen sagen wollte. Aber nicht nur ein paar Tage, sondern mindestens einen Monat. Und Sie sollten irgendwohin weit weg fahren, wo Sie niemand erreichen kann. Über das Geschäft brauchen Sie sich, glaube ich, keine Sorgen zu machen. Das läuft ohnehin von allein, wie mir scheint.«

Sie soll Urlaub machen, und das Geschäft läuft von allein. Mit ersterem war sie einverstanden, aber daß das Geschäft auch ohne sie läuft... ach Gott, sie war viel zu müde, um sich mit ihm anzulegen. Dieser Doktor war wirklich der taktloseste Mann, dem sie je begegnet war...

Die Beerdigung fand vier Tage später statt, und Emily war überrascht, wie viele Leute dem Trauerzug folgten. Ein Zeichen dafür, welches Ansehen Madam in diesem Teil der Stadt genossen hatte.

Der Doktor hatte versucht, Emily dazu zu überreden, nicht an der Beerdigung teilzunehmen. Er wolle nicht den Eindruck vermitteln, als habe er etwas dagegen, daß Frauen an derartigen Ereignissen teilnehmen, sagte er, aber seiner Ansicht nach sei sie im Augenblick gesundheitlich zu schwach, um auf dem kalten Friedhof zu stehen, zumal Schnee in der Luft liege.

Nach der Beerdigung wurden die Sargträger mit heißer Suppe, kaltem Roastbeef und Portwein oder Bier bewirtet.

Unter den Trauergästen, die sich oben im Eßzimmer versammelt hatten, befanden sich neben zahlreichen Geschäftsfreunden und Kunden auch der Doktor und Mrs. Arkwrights Anwalt. Man hatte sie zuerst in den Salon geführt, wo eine Auswahl an alkoholischen Getränken bereitstand, und dann gebeten, sich an dem Büfett im Eßzimmer zu bedienen. Es war nicht zu übersehen, daß ein Großteil der Gäste überaus verblüfft die auf einem langen Tisch angerichteten belegten Schnittchen, die Käse- und Wurstplatten und das Gebäck beäugte, genau wie es die Köchin prophezeit hatte. »Normalerweise reicht man bei dieser Gelegenheit ein warmes Essen, das selbstverständlich im Sitzen eingenommen wird«, hatte sie Emily am Tag zuvor erklärt. Und zu Alice hatte sie gesagt: »Was um Himmels willen hat sich die Miß dabei gedacht? Das hier ist schließlich ein Leichenschmaus und nicht eine dieser neumodischen Partys, die die feinen Herrschaften neuerdings veranstalten, wo man im Stehen ißt, wie ich gehört habe. Ja, ja, die Zeiten ändern sich. Und denk an meine Worte, Alice, auch in diesem Haus wird es bald Veränderungen geben.«

Die Köchin war nicht die einzige, die Veränderungen befürchtete, denn die Miß hatte sich in letzter Zeit so merkwürdig verhalten, und man munkelte, daß sie bald der Madam folgen würde, wenn sie so weitermachte und so still und teilnahmslos ihre Tage verbrachte. Natürlich hatte jeder Verständnis für ihren Gemütszustand, aber nicht dafür, daß sie wie abwesend durchs Haus schlich und die meiste Zeit des Tages in dem Lehnstuhl im Salon verbrachte. Am Schlafmangel konnte es kaum liegen, denn die letzten zwei Tage war sie nicht vor neun Uhr aufgestanden. Esther hatte Emilys Aufgaben übernommen und sich um die Bestellungen gekümmert. Und als Emily dann auf diesem unüblichen Trauermahl bestanden hatte, waren sich alle im Haus einig, daß sie nicht nur unter dem schmerzlichen Verlust litt, sondern daß auch irgend etwas anderes mit ihr nicht stimmte.

Als die Gäste aufbrachen, stand Emily auch nicht an der

Tür, um sie zu verabschieden und die Kondolationen entgegenzunehmen, wie es angezeigt gewesen wäre. Es waren der Doktor und der Anwalt, die diese Pflicht übernahmen.

Anschließend waren alle Angestellten gebeten worden, sich im Salon zu versammeln. Und da saßen sie nun, der Doktor an Emilys Seite, und warteten gespannt auf die Worte des Anwalts, der seine Papiere auf dem niedrigen Tisch vor der Couch ausgebreitet hatte.

Emilys Blick war starr auf den Anwalt gerichtet, den sie als freundlichen Herrn kennengelernt hatte, ihn aber jetzt kaum wahrnahm. Sie dachte an Mabel, die sich damals genauso gefühlt haben mußte wie sie jetzt, als der alte Major gestorben war und ihr und Oscar ein kleines Vermögen hinterließ und sie beide vor Glück und Rührung geweint hatten. Ob *sie* wohl auch weinen würde? Sie hoffte es, denn sie wollte weinen. Die Trauer, die sie in sich trug, war wie ein harter Felsbrocken, der jedem ihrer Gefühle bisher standgehalten hatte. Aber im Augenblick spürte sie ohnehin fast nichts, sie hoffte nur, daß Mabel nicht eine ihrer Angestellten vergessen hatte, die ihr so gute Dienste geleistet hatten, manche über viele Jahre hinweg.

Die sonore Stimme des Anwalts fesselte schließlich doch Emilys Aufmerksamkeit, als dieser das Testament vorzulesen begann. »Zweihundert Pfund an Esther McCann; je einhundert Pfund an Lena Broadbent und Mary Pollock; je fünfzig Pfund erhalten Amity Lockhart, Margie Monkton, Jean Felton und Alice Milton.«

Das laute Luftschnappen, das Emily hinter ihrem Rükken vernahm, konnte nur von Alice stammen, die ihre Träume in Erfüllung gehen sah.

»Molly Stock und Sarah Hubbard hinterlasse ich jeweils fünfundzwanzig Pfund; allen anderen, die in den vergangenen Monaten in meine Dienste getreten sind, jeweils zehn Pfund. Doktor Montane, dem ich für seine Betreuung an dieser Stelle meinen tiefsten Dank aussprechen möchte, soll eintausend Pfund erhalten.«

Der Mann an Emilys Seite ließ einen verhaltenen Seufzer hören, aber Emily wandte sich ihm nicht zu, sondern hielt ihren Blick weiterhin auf den Anwalt gerichtet, als dieser fortfuhr: »Meiner besten Freundin, die viele Jahre wie eine Tochter für mich war und die ich von Herzen liebe, vermache ich Frontlea House 34, in der Hoffnung, daß sie dort auch zukünftig wohnen wird, und Frontlea House 35, in dem sie hoffentlich mein Geschäft weiterführen wird. Zudem soll sie mein restliches Barvermögen erhalten und die Wertpapiere, die sich nach der letzten Schätzung im Januar 1879 auf rund dreißigtausend Pfund belaufen.«

Im Raum war es plötzlich totenstill.

Der Felsbrocken in Emilys Brust blieb unberührt; sie hatte noch immer keine Tränen, wohl aber verspürte sie ein überwältigendes Gefühl von Verwunderung und Bestürzung. Die beiden Häuser, das Geschäft und dreißigtausend Pfund! Das war doch nicht möglich! Daß Madam ihr etwas hinterlassen würde, damit hatte sie gerechnet; allerdings in der Größenordnung der Summe, die der Major ihr damals vermacht hatte. Aber nein, sie hatte ihr die Früchte ihrer lebenslangen Arbeit hinterlassen, und die ihres Gatten. Emily hatte keine rechte Vorstellung von Mrs. Arkwrights finanziellem Hintergrund gehabt. Ließ sich mit Hüten wirklich so viel Geld verdienen? Unglaublich! Und der Anwalt hatte außerdem von Wertpapieren gesprochen. Ja, Mrs. Arkwright war eine gewiefte Geschäftsfrau gewesen: großzügig einerseits und knauserig andererseits. Und sie mußte regelmäßig Geld angelegt haben. Dreißigtausend Pfund! Sie brauchte nie mehr zu arbeiten. Nie mehr einen Finger rühren. Und sie konnte schlafen, soviel sie wollte. Ja, schlafen – einfach nur schlafen.

Nach der Stille herrschte plötzlich helle Aufregung um sie herum. Der Doktor stand vor ihr und sagte: »Tausend Pfund! Ich kann's noch gar nicht glauben. Und Ihre Zukunft, Miß Emily, die ist ein für allemal gesichert. Kommen Sie, meine Liebe.« Er half ihr aufstehen und führte sie an den ganzen Angestellten vorbei, die in Gruppen zusammenstanden und lautstark ihrer Freude Ausdruck gaben. Es war Alice Milton, die ihr mit ausgestreckter Hand entgegentrat. Emily schüttelte die angebotene Hand und hörte sich dabei sagen: »Der erste Schritt zur Zofe«, was bei den anderen ein unterdrücktes Kichern hervorrief. Ja, sie werden sich bestimmt über die hochtrabenden Träume der kleinen Alice wundern, dachte sie, denn von allen Anwesenden hier schien diese am ungeeignetsten für eine solche Position zu sein.

Sie waren jetzt in der kleinen Bibliothek am Ende des Foyers, und Montane bat Esther, ihnen ein Glas Sherry und Kekse zu bringen.

Als die Tür hinter ihr ins Schloß gefallen war, beugte er sich über Emily, die er in einen Stuhl genötigt hatte, brachte sein Gesicht nahe an das ihre und bemerkte freundlich: »Im Moment fühlen Sie gar nichts, nicht wahr?«

Und sie nickte wie ein Kind.

»Völlig unbeteiligt; nicht einmal die Tatsache, daß Sie jetzt eine reiche Frau sind, hat Sie berührt, hab' ich recht?«

Und wieder bewegte sie nur den Kopf, diesmal von rechts nach links.

»Schön, dann sage ich Ihnen jetzt etwas: Sie sind im Augenblick nicht krank, nicht im üblichen Sinn, aber Sie brauchen eine Ruhepause, und zwar eine recht lange. Verstehen Sie mich? Kein Geschäft, keine Arbeit ... Sie müssen sich die nächsten Wochen absolut schonen. Hören Sie mir bitte genau zu. Denn wenn Sie meinen Rat nicht befolgen – und das meine ich jetzt sehr ernst –, dann werden Sie mit Sicherheit krank werden, sehr krank. Haben Sie mich verstanden?«

Ja, sie hatte ihn verstanden, irgendwie. Sie sah ihn an. Er schien sich um sie zu sorgen ... Gut, aber schließlich war er Arzt, und Mabel hatte ihm tausend Pfund vermacht. Das war sehr nett von ihr. Und was hatte sie ihr hinterlassen? So viel, so ungeheuer viel. Sie sollte ihr dankbar sein, sehr, sehr dankbar. Aber in ihr schien nichts zu sein, das dieses Gefühl von Dankbarkeit wachrief. Es war verrückt, aber im Augenblick hatte sie nur einen Wunsch: sich hinzulegen, einfach nur hinlegen.

Emily merkte wohl, daß der Doktor sich von ihr abgewandt hatte und mit jemandem sprach. Sie hörte sich »Entschuldigung« murmeln, und dann spürte sie nur noch, wie etwas Dunkles sie einhüllte, das sie nicht benennen konnte, das ihr aber angst machte.

Einige Zeit später fand sie sich in ihrem Zimmer wieder. Daß Esther ihr beim Entkleiden behilflich war, kam ihr lächerlich vor, aber andererseits wußte sie, daß sie es selbst nicht geschafft hätte. Was war nur los mit ihr?

»Muß ich sterben, Esther?«

»Was sagten Sie, Miß?«

»Sterben. Werde ich sterben?«

»Du meine Güte! Ich habe noch nie gehört, Miß, daß jemand vor Freude darüber, daß ihm das Schicksal so gnädig war wie Ihnen gerade, gestorben ist . . . So, aber jetzt müssen Sie sich hinlegen. Alice holt Ihnen eine Wärmflasche für die Füße. Und hier ist auch der Doktor.«

Er hatte sich wieder tief über sie gebeugt. »Es wird Ihnen bald bessergehen«, beruhigte er sie. »Aber jetzt schlafen Sie erst einmal. Ja, schlafen Sie sich so richtig aus.«

Und damit schlief sie ein.

– 6 –

Später vermochte Emily nie genau zu beschreiben, wie sie sich in den Wochen nach Mrs. Arkwrights Tod gefühlt hatte. In der ganzen Zeit hatte sie einzig und allein das unendliche Bedürfnis gehabt zu schlafen und sich zuweilen gewundert, warum man sie weckte. Daß sie es war, die mit einem Löffel gefüttert wurde, wollte sie um nichts in der Welt wahrhaben. So etwas konnte ihr nicht passieren. Niemals.

Die Zeit ging vorüber, und es folgten lange Wochen, in denen sie nur im Bett lag und das Kommen und Gehen bekannter Gesichter beobachtete. Sie war nie allein, und wenn Esther sie fragte: »Wie geht es Ihnen heute morgen?«, dann formte sich zwar in ihrem Geist die Antwort »Danke, gut, Esther«, aber diese auszusprechen, dazu war sie nicht in der Lage. Der Doktor jedoch fragte sie nie, wie es ihr ginge. Er sprach überhaupt sehr selten mit ihr in diesen Tagen. Wohl aber legte er ihr des öfteren die Hand auf die Stirn und strich ihr übers Haar, was ihr seltsam vorkam. Doch sie wehrte sich nicht dagegen, denn ihr war alles so gleichgültig. Sie registrierte auch die Anwesenheit von zwei Krankenschwestern, eine für den Tag, die andere für die Nacht. Gegen die Nachtschwester hatte sie nichts einzuwenden, denn diese schien ebenfalls gerne zu schlafen, aber die Tagschwester machte sie mit ihrer Hektik nervös. Sie war immer dankbar, wenn sich die junge Alice an ihr Bett setzte und erklärte: »Sie ist beim Kaffeetrinken«, oder »Sie ißt gerade zu Abend«, und dabei ihre Hand nahm und diese sanft streichelte. Manchmal sagte Alice auch so unverständliche Dinge wie: »Kommen Sie, Miß. Na, kommen Sie.« Wohin sollte sie denn bloß kommen?

Und dann kam der Morgen, an dem sie völlig irritiert war. Die Schwester bestand mit Nachdruck darauf, ihr das Gesicht und die Hände zu waschen. Das konnte sie doch nun wirklich allein! Und als die Schwester jovial hinzusetzte: »So, nun müssen wir nur noch die kleinen Füßchen waschen«, da ging plötzlich mit ihr der Gaul durch. Sie konnte dieses fürsorgliche Getue nicht mehr ertragen und schlug nach der Frau. Diese versuchte dem Schlag auszuweichen, und als sie dabei beinahe die Waschschüssel vom Nachttisch gestoßen hätte, rief sie mit einer theatralischen Geste: »Ach, herrjemine! Fein! Fein! Das ist doch schon etwas!«

Emily mochte die Frau nicht. Sie behandelte sie wie ein Kleinkind. Wo war nur Esther? Was war denn hier überhaupt los? O ja, sie wußte, daß sie nicht ganz auf dem Damm war, aber sie war doch nur müde. Und jetzt ging die Schwester endlich hinaus, und Alice kam herein. Sie mochte Alice.

Und wie üblich nahm Alice ihre Hand, streichelte und tätschelte sie, und als sie wieder sagte: »Na, kommen Sie, Miß«, hörte Emily sich sagen: »Wohin denn, Alice? Wohin?«

Oh, sie konnte ihre Gedanken wieder artikulieren! Aber sie hatte Alice erschreckt, denn das Mädchen sprang wie von der Tarantel gestochen auf. Sie war schon fast an der Tür, als sie wieder kehrtmachte, noch einmal nach ihrer Hand griff und ausrief: »Endlich, Miß! Jetzt werden Sie bald gesund sein.«

»J . . . a. Alice. Wie . . . wie . . . spät ist . . . es denn?«

»Ach, Miß! Moment –« Alice drehte sich um und sah auf die Kaminuhr. »Zwanzig vor elf, Miß. Zwanzig vor elf. Du meine Güte, ich bin ja so froh! Ich muß es sofort den anderen erzählen. Jetzt werden es doch noch fröhliche Weihnachten werden. Und die Köchin hat heute morgen erst gesagt: ›Hier wird nichts dekoriert, solange es ihr so schlechtgeht.‹ Und sie hat Sie damit gemeint, Miß. Und der Doktor wird auch gleich kommen. Mein Gott, wird der sich freuen! Die Köchin sagt, wenn sie so einen Doktor hätte, würde sie sich auch ins Bett legen. Ach, was rede ich da . . .? Sie lächeln, Miß. Fühlen Sie sich jetzt wieder besser?«

Emily überlegte sich die Frage genau und antwortete dann: »Ja. Ja, ich fühle mich besser. Nur noch ein bißchen müde.«

»Das sollten Sie nicht. Sie haben wirklich genug geschlafen.«

»Ja . . . ja. Ich fühle mich tatsächlich . . . ein wenig . . . gestärkt.«

Als die Tür aufging und Esther hereinkam, rief ihr Alice aufgeregt entgegen: »Sie hat gesprochen! Esther, sie hat gesprochen.«

»Bist du sicher?«

»Aber natürlich bin ich sicher.«

Esther hielt kurz inne und warf Alice einen strengen Blick zu. »Achte auf deinen Ton«, beschied sie ihr und beugte sich dann über Emily. »Wie geht es Ihnen, meine Liebe?«

»Es geht mir gut, Esther.«

Esther richtete sich wieder auf, sah Alice an und seufzte. »Dem Himmel sei Dank! Ich dachte schon, das würden wir nicht mehr erleben. Geh nach unten und sag der Schwester Bescheid. Ach, nein. Bleib hier, der Doktor muß jeden Augenblick kommen. Und wenn die erst einmal angefangen hat, ihm Bericht zu erstatten, wie sie es nennt, dann kommt der Ärmste überhaupt nicht mehr zu Wort. Horch, hier ist er schon. Geh jetzt wieder hinunter an deine Arbeit. Ich werde mich um den Doktor kümmern.

Alice und Montane begegneten sich im Flur, und als er sie mit »Guten Morgen, Alice« begrüßte, antwortete sie in dem gewohnt unterwürfigen Tonfall: »Guten Morgen, Doktor.«

»Alice sagt, sie hat gesprochen«, sprudelte Esther heraus, als der Doktor das Schlafzimmer betrat.

»Ja? Wann denn?«

»Gerade eben. Sie hat mit ihr geredet, sagt sie.«

»Nun, wenn sie tatsächlich gesprochen hat, Esther«, warf er ein, während er seine Arzttasche abstellte, »dann sollten wir uns nicht über ihren Kopf hinweg unterhalten und auch nicht über sie sprechen, sondern mit ihr.«

»Ja, Doktor. Gewiß, Doktor«, pflichtete Esther ihm hastig bei und überließ ihm den Platz an Emilys Bett.

Er sah Emily direkt in die Augen. »Dann geht es uns also besser, wie?«

»Ja, es geht uns besser.«

Er drehte sich für einen Moment von ihr weg und ließ einen tiefen Seufzer hören. Wieder zu ihr gewandt, meinte er erleichtert: »Das ist gut. Sehr gut. Jetzt sind wir auf einem anderen Weg.«

Erst redete Alice davon, sie solle irgendwohin kommen, und jetzt sprach auch der Doktor von einem Weg. Aber wohin bloß?

»Möchten Sie den Kaffee hier nehmen, Doktor?«

»Ja, danke, Esther. Sehr gern.«

Als sie allein waren, zog er sich einen Stuhl heran und setzte sich zu Emily ans Bett. Eine ganze Weile sprach er kein Wort, sondern strich ihr nur sanft übers Haar, und Emily überlegte, daß sie das demnach wohl doch nicht geträumt hatte. »Nur nichts überstürzen«, meinte er dann mit ruhiger Stimme. »Bleiben Sie einfach noch liegen und ruhen Sie sich aus.«

»Bin ich krank gewesen?«

»Ja . . . ja, Sie sind krank gewesen.«

»Und was hatte ich?«

»Nun, Sie litten an Erschöpfung. An totaler Erschöpfung, würde ich sogar sagen. Aber dieser Zusammenbruch ist nicht allein das Ergebnis der monatelangen Pflege, die Sie Mrs. Arkwright haben angedeihen lassen, sondern rührt auch von der Überlastung früherer Jahre her. Der Körper vergißt nichts. Irgendwann fordert er seinen Tribut. Nun, Sie müssen jetzt einfach noch ein bißchen Geduld haben; bleiben Sie liegen, lassen Sie sich bedienen und . . .«

»Waschen auch?«

Seine Mundwinkel kräuselten sich zu einem Lächeln. »Sie nimmt ihre Pflichten wohl sehr genau, wie? Ja, das ist mir auch schon aufgefallen . . . ach, es ist schön, daß Sie wieder zurückgekehrt sind.«

»Zurückgekehrt?«

»Ja, von Ihrem langen Schlummer.«

»Wie lang?«

»Oh, lassen Sie mich nachdenken. Drei Wochen sind es jetzt.«

»Was!« Erschrocken fuhr Emily in die Höhe, sank dann aber gleich wieder mit schmerzverzerrter Miene in die Kissen zurück und wiederholte, indem sie sich mit der Hand an die Stirn griff: »Drei Wochen? Ich habe . . . drei Wochen habe ich so dagelegen?«

»Ja. Und es wird noch einmal drei Wochen dauern, meine Liebe, bis Sie wieder völlig auf den Beinen sind. Ich denke, ich kann Ihnen ruhig sagen, daß Sie sehr schwer krank waren.«

»Von welcher Krankheit sprechen Sie?«

»Nun, anscheinend möchten Sie die Wahrheit hören,

und wenn ich Sie mir so ansehe, glaube ich, daß Sie sie auch verkraften können. Also gut, Sie standen kurz vor einem totalen Zusammenbruch.«

»Einem Nervenzusammenbruch?«

»Ja, ganz richtig. Sie waren körperlich und psychisch völlig erschöpft. Hin und wieder muß auch die beste Maschine geölt und überholt werden, was einer Ruhepause gleichkommt. Und wenn Sie Ihrer Maschine, wenn ich so sagen darf, eine Verschnaufpause gegönnt hätten, dann wäre es gar nicht erst so weit gekommen. So, genug geredet für heute. Sie bleiben jetzt hübsch hier liegen und tun, was ich Ihnen gesagt habe ... mit Ausnahme, sich waschen zu lassen.«

Emily blickte in sein lächelndes Gesicht, das ihr plötzlich so verändert vorkam. Aber irgendwie erschien er ihr schon seit geraumer Zeit verändert. Dunkel erinnerte sie sich daran, sein Gesicht in unterschiedlichem Licht gesehen zu haben: einmal von der Sonne beschienen, ein anderes Mal im sanften Schein der Gaslampe. Und sie konnte sich vage an seine leise Stimme erinnern, wenn er Esther oder Alice Anweisungen gegeben hatte, zum Beispiel den Docht der Lampe herunterzudrehen, oder wenn er mit ihr gesprochen hatte. Was hatte er zu ihr gesagt? Sie wußte es nicht mehr, und im Augenblick war sie auch viel zu müde, um weiter darüber nachzudenken. Jedenfalls würde sie nicht sterben. Sie war jetzt sicher, daß sie wieder aufwachen würde, wenn sie jetzt einschlief.

In den nächsten Tagen nahm ihr Schlafbedürfnis stetig ab, und es kam der Tag, da sie zum erstenmal das Bett verließ und beinahe hingefallen wäre.

»Eile mit Weile«, pflegte der Doktor zu sagen, und »nicht so schnell, die jungen Pferde«. Das war auch etwas, was sie irritierte: Er liebte es, sich in Sprichwörtern oder Zitaten auszudrücken. Ja, auch wenn es ihr schwerfiel, sie mußte zugeben, daß er offenbar sehr belesen war ...

Erst am Weihnachtsabend war Emily so weit wieder hergestellt, daß sie es wagen konnte, ihr Zimmer zu verlassen und nach unten zu gehen, wo sie von einem fröhlichen Empfangskomitee erwartet wurde. Der Anblick des gesamten Personals, ihres Personals jetzt, das seiner Freude über ihre Genesung so überschwenglich Ausdruck gab, trieb ihr die Tränen in die Augen. Sie war so gerührt, daß sie keine Worte fand und erst wieder sprechen konnte, als sie im Salon in ihrem Lehnstuhl saß. Die Wolldecke, die man ihr auf die Knie gelegt hatte und die für sie ein Symbol für Krankheit und Gebrechlichkeit darstellte, löste schließlich ihre Zunge und entlockte ihr einen Ausruf des Protests gegen diese Art von Verzärtelung.

Als sie allein mit Esther im Salon war, lehnte sie sich zurück und meinte dann, nachdem sie sich umgesehen hatte: »Oh, wie hübsch das ist. Wann hast du das alles gemacht?«

»Ehrlich gesagt, ich habe keinen Finger gerührt«, gestand Esther. »Ich habe nur einmal die Bemerkung fallen lassen, daß ich gerne einen Weihnachtsbaum für Sie hätte. Und was tut Alice? Kauft von ihrem eigenen Geld zwei Schachteln Christbaumschmuck« – sie deutete auf die blauen, grünen und goldenen Glaskugeln, die an den mit Lametta behängten Zweigen glitzerten. »Und dann hat sie mit Molly Stock auch noch Weihnachtsgirlanden gebastelt. Eine hängt draußen an der Haustür. Können Sie sich das vorstellen?«

»Sie scheint mir überhaupt ein sehr aufmerksames Mädchen zu sein«, meinte Emily daraufhin. »Ich erinnere mich, daß sie oft an meinem Bett saß und immer wieder zu mir sagte: ›Kommen Sie, Miß. Na, kommen Sie.‹«

»O ja. Ihr war jede Ausrede recht, damit sie sich aus dem Staub machen und hinauf in Ihr Zimmer gehen konnte. Manchmal mußte ich sie beinahe mit Gewalt von Ihrem Bett wegzerren, denn die Köchin wurde allmählich ärgerlich, weil sie ihre eigentliche Arbeit sträflich zu vernachlässigen begann. Ja, ja, seit Madam ihr das Geld hinterlassen hat, ist Alice nicht mehr die alte, meint die Köchin.«

»Inwiefern?«

»Ach, sie schwirrt herum wie ein fleißiges Bienchen. Die Köchin sagt, früher hat sie nie den Mund aufgemacht, und jetzt redet sie wie ein Wasserfall. Der Köchin hat sie erzählt, daß sie den Salon für Sie so herrichten wolle wie den der Queen im Buckingham-Palast. Anscheinend hat sie mal ein Bild in einer Zeitschrift gesehen ... Worüber lächeln Sie?«

»Ich habe mir gerade die kleine Alice vorgestellt, wie sie sich vor der Köchin aufplustert.«

»Ach, es ist schön, Sie lächeln zu sehen. Und Sie wieder hier unten zu wissen. Es war schrecklich: Erst hat Madam uns verlassen, und dann lagen Sie, wie wir eine Zeitlang glaubten, auch im Sterben. Wissen Sie, mir ist erst jetzt klargeworden, was wir für ein zusammengeschweißter kleiner Haufen sind. Madam war für uns die große Mutter, und Sie die junge Tochter. Wir alle hatten das Gefühl, wenn wir Sie auch noch verlieren, dann bricht die ganze Familie auseinander. Nicht daß es uns dabei um den Arbeitsplatz gegangen wäre ... nein, da war etwas viel Tieferes ...« Esthers Stimme nahm auf einmal einen anderen Klang an, und sie sagte beinahe brüsk: »Es ist alles vorbereitet für den Heiligen Abend. Dad und Mam sind bei unserer Peggy eingeladen, und ich bleibe hier. Lena ebenfalls. Sie hatte zwar eine Einladung bei ihrer Schwester, aber da ihre fünf Nichten und Neffen anscheinend alle in den Flegeljahren sind, hat sie es vorgezogen, den Abend mit uns zu verbringen. Die Köchin bleibt selbstverständlich auch da, und ich würde gerne die kleine Alice einladen, denn ihr Familienleben ist nicht sehr erbaulich.« Sie beugte sich jetzt zu Emily hin und flüsterte vertraulich: »Das Mädchen überrascht mich wirklich. Hinter ihrer gefügigen Fassade geht einiges in ihrem Köpfchen vor. Wissen Sie, was sie mich gefragt hat?«

»Nein, keine Ahnung. Sag es mir.«

»Nun, sie wollte wissen, ob Madams Letzter Wille in der Zeitung veröffentlicht wird – sie meinte die einzelnen Beträge –, und ich sagte, ich glaube nicht. Wir leben ja nicht in einer Kleinstadt, sondern in London, und hier werden nur die Testamente von Leuten aus der Adelsschicht veröffentlicht. Nun, aber jeder kann zu einem bestimmten Büro gehen und dort erfahren, was jemand hinterlassen hat. Warum sie frage, wollte ich wissen. Und stellen Sie sich vor, was die Kleine geantwortet hat! Daß ihr Geld nicht lange reichen würde, wenn ihre Familie von ihrem Erbe erführe. Nun, es sei ja gar nicht ihre richtige Familie, versuchte ich sie zu beruhigen. Sie war doch nur ein Pflegekind. ›Ja‹, sagte sie. ›Aber die verlangen dann bestimmt, daß ich mich für all die Jahre, die sie mich verköstigt haben, revanchiere.‹ Oh, sie ist nicht auf den Kopf gefallen, unsere kleine Alice, nicht wahr?«

»Zum Glück, kann ich nur sagen, Esther. Zum Glück. Und vielen Dank, daß du mir deinen freien Tag opfern willst. Aber ich komme wirklich allein zurecht, und die Köchin ist ja auch da; und die fragliche junge Dame, Alice, wird mir bestimmt gerne Gesellschaft leisten.«

»Zu spät, es ist schon alles vorbereitet. Aber ich sage Ihnen etwas: Ich mache mir selbst zwei Weihnachtsgeschenke.«

»Und welche, wenn ich fragen darf?«

»Erstens werde ich eine Zigarette rauchen, aus einer Zigarettenspitze, und dann betrinke ich mich.«

»Also, ich würde es umgekehrt machen, Esther. Nachdem dir von beidem übel wird, solltest du dich zuerst betrinken, denn danach ist dir gewiß schon so schlecht, daß du zwei Fliegen mit einer Klappe schlagen und dir das Zigarettenrauchen sparen kannst.«

O Gott, sie war ja schon genauso schlimm wie er, dachte sie, als sie sich mit diesen altmodischen Sprüchen um sich werfen hörte. Außerdem paßte dieser spezielle Spruch ganz und gar nicht zu Esthers Vorstellung von einem Weihnachtspräsent.

»Auch wenn es mir hinterher schlechtgeht, das nehme ich gerne in Kauf.« Und nach einem Blick auf die Uhr rief sie: »Du meine Güte, es ist gleich elf! Der Doktor muß jeden Augenblick kommen. Soll ich mit dem Kaffee warten, bis er hier ist?«

»Ja, bitte, Esther.«

Allein im Salon, fragte sie sich, wie er sie wohl heute begrüßen würde. Würde er sie schelten, weil sie es gewagt hatte, ohne seine Erlaubnis das Bett zu verlassen? Oder würde er es mit einem Scherz akzeptieren wie: »Na endlich! Ich bin das Treppensteigen allmählich leid«?

Als die Uhr auf dem Kaminsims zur halben Stunde schlug, überlegte sie, daß er heute aber spät dran sei, lehnte sich wieder zurück und wartete. Keine zwei Minuten später kam Esther herein und gab exakt ihre Gedanken wieder: »Er ist heute spät dran, nicht wahr?« sagte sie. »Normalerweise kommt er immer Punkt elf.«

»Wahrscheinlich hat er heute viele Hausbesuche zu machen.«

»Ja, denke ich auch. Aber ich sehe nicht ein, warum Sie deshalb noch länger auf Ihren Kaffee warten sollten.«

»Ich auch nicht . . .«

Esther kam an diesem Tag noch ein paarmal in den Salon. »Komisch, nicht?« wunderte sie sich jedesmal. »Er wird doch am Ende nicht selbst krank sein? Aber dann hätte er zumindest den alten Doktor vorbeischicken müssen.«

»Ich sehe eigentlich keinen Anlaß, daß mich überhaupt noch ein Arzt besucht.«

»Unsinn. Sie sind noch nicht ganz über den Berg, und das wissen Sie selbst auch ganz genau . . .«

Was für ein seltsamer Tag, dachte Emily, als sie wieder oben in ihrem Bett lag. Aber eigentlich auch verständlich, denn immerhin war sie heute zum erstenmal wieder unten gewesen. Und es war ihr vorgekommen, als seien seit dem letztenmal Jahre vergangen. So gesehen war es freilich ein seltsamer Tag gewesen.

Am Abend dann schallte fröhliches Gelächter durchs Haus, besonders als ein Blumenstrauß von Mr. Arthur Pendleton aus dem Haus Nummer 16 abgegeben wurde, zusammen mit einer Karte, auf der er seiner Freude über Emilys Genesung Ausdruck gab. Später sprach ein Mr. John Beeton vor, der, als man ihm sagte, daß Mrs. Ratcliffe noch keine Besucher empfangen könne, seine Visitenkarte daließ. Er war der Rechtsanwalt von Nummer 27 und um etliche Jahre jünger als der verwitwete Mr. Pendleton.

»Na, was sagt Ihnen das, Miß?« kicherte Esther. »Es hat begonnen, nicht wahr?«

»Rede keinen Unsinn, Esther.«

»Das ist kein Unsinn. Jetzt müssen wir nur noch warten, bis die Damen kommen, dann wissen wir, daß Sie es geschafft haben.«

»Was das anbelangt, werden wir wohl lange warten müssen«, entgegnete Emily. »Vergiß nicht, ich habe ein Geschäft, und wie du weißt, ziemt sich das nicht – zumindest nicht für eine . . . alleinstehende Frau.«

»Das ist doch dummes Zeug.«

»Nein, ist es nicht, Esther.«

»Aber es gibt doch neuerdings so viele Frauen, die allein ein Geschäft betreiben. Der ›Blumengarten‹ zum Beispiel, und der Kurzwarenladen in der Percy Street, der Madam Powers gehört.«

»Ja, ja. Und dann dieses Bordell, das wird auch von einer Madam geführt. Ich hab' es gestern in der Zeitung gelesen. Man hat den Laden von Amts wegen geschlossen, aber ich bin mir sicher, der Richter oder ihr Anwalt wird bald einen neuen Platz für sie finden. Und was ist mit uns? Wenn ich es mir recht überlege, habe ich hier ein ganzes Haus voller junger Frauen. Ich könnte doch eine Zweigstelle eröffnen. ›Madam Ratcliffes Freche Früchtchen‹, wäre das nicht ein passender Name?« Sie lachte, und Esther setzte kichernd hinzu: »Dann werden sie ganz Willington Place absperren.«

»Das sollte mich wundern. Immerhin leben hier eine ganze Reihe einsamer Herren.«

»Weil wir gerade von Herren sprechen, einsam oder nicht, es ist gleich elf Uhr. Und heute werden Sie nicht wieder mit dem Kaffee auf ihn warten. Punkt elf wird er serviert. Aber wenn er wieder nicht erscheint, dann denke ich, sollten wir einen Arzt zu ihm schicken«, lachte Esther und fuhr dann mit ernsterer Stimme fort: »Er war immer so gut zu Ihnen. Es muß einen Grund geben, warum er nicht vorbeigekommen ist... Hoffentlich ist ihm nichts zugestoßen. Mein Gott, das wäre ein schrecklicher Verlust; und nicht nur für uns, das kann ich Ihnen versichern... Gut, ich kümmere mich jetzt um den Kaffee.«

Doktor Montane kam nicht um elf, und er kam auch am Nachmittag nicht. Den ganzen Tag über hatte draußen auf der Straße reger Verkehr geherrscht, und Emily hatte zeitweilig am Fenster gestanden und das Kommen und Gehen der Kutschen und Droschken beobachtet. Zwischendurch war sie immer wieder im Zimmer auf und ab gegangen, um ihre Beinmuskeln zu stärken. Und sie hatte viel an Mabel gedacht und daran, was diese ihr erzählt und ans Herz gelegt hatte. Ganz deutlich stand ihr jetzt dieses Hotel in Frankreich vor Augen, in dem Mabel einst so glücklich gewesen war. Sie wußte, daß sie sich Urlaub nehmen mußte. Sie brauchte unbedingt etwas Abstand von hier, von der Arbeit und dem geschäftigen Treiben, vor dem sie auch in ihren Privaträumen keine Ruhe fand, denn die hektische Atmosphäre in den Werkstätten nebenan schien selbst die dicksten Mauern zu durchdringen. Sie fand, daß sie es Mabel schuldig war, ihr wenigstens einen ihrer Wünsche zu erfüllen, und das konnte sie, indem sie nach Frankreich fuhr und in diesem Hotel abstieg. Doch es war eine lange Reise bis dorthin, und sie war noch nie im Ausland gewesen. Allein konnte sie wohl schlecht reisen, aber wer sollte sie begleiten? Und in ihrem momentanen Zustand war sie ohnehin nicht in der Lage, sich um ihr Gepäck und die Prozeduren, die so eine Reise mit sich brachte, zu kümmern.

Um halb vier kam Alice herein und zündete die Gaslampen an. Das Mädchen strahlte übers ganze Gesicht, und irgendwie verletzte das Emily. Alice besaß im Grunde so wenig, worüber man glücklich sein konnte, und trotzdem leuchteten ihre Augen, als sie zu Emily sagte: »Ist das nicht ein wunderschöner Weihnachtstag, Miß? Und wenn es jetzt noch schneit, das wäre dann die Krönung.« Sie ging ans Fenster, um die Vorhänge zuzuziehen. »Ach, da kommt ja der Herr Doktor«, rief sie aufgeregt. »Ich werde ihm aufmachen.«

Emily lehnte sich in ihren Stuhl zurück, nahm die Füße von der Fußbank und schob diese zur Seite. Und da kam er auch schon zur Tür herein, durchmaß mit großen Schritten den Raum, wobei er seine zusammengeballten Fäuste anhauchte wie ein kleiner Junge, der gerade vom Schneeballwerfen heimkommt.

»Da draußen friert man sich ja die Finger ab. Und, wie geht es Ihnen?« begrüßte er sie. Und als sie antwortete: »Danke, gut«, wunderte sie sich, daß er keinerlei Anzeichen von Überraschung erkennen ließ, sie hier unten im Salon vorzufinden.

Nachdem er ihren Puls gemessen hatte, schwieg er eine Weile und fragte dann ganz unvermittelt: »Haben Sie mich vermißt?«

»Nicht besonders.«

»Das freut mich zu hören. Ihrer Antwort nach befinden Sie sich wirklich auf dem Weg der Besserung.«

»Mir geht es tatsächlich besser.«

»Ja. Ja«, meinte er gedehnt. »Es geht Ihnen besser – jedenfalls besser als vorher, möchte ich einschränken, Miß Emily, oder Mrs. Ratcliffe, oder Madam, wie immer Sie heute angesprochen zu werden wünschen.«

Aha, er war wohl wieder in dieser gewissen Stimmung.

Er nahm ihr gegenüber in einem Stuhl Platz. »Ich bin gestern nicht gekommen. Erst wollte ich Doktor Smeaton bitten, bei Ihnen vorbeizuschauen, aber dann dachte ich mir, Sie schaffen es auch einmal einen Tag ohne mich.«

»Aber gewiß doch«, entgegnete sie lässig, und im selben Moment fiel ihr auf, daß er gar nicht wie ein Doktor sprach. Er sprach überhaupt nie wie ein Doktor, eher wie ein ... Aber weiter wollte sie nicht denken.

Inzwischen war er aufgestanden und noch einmal zu seiner Tasche gegangen, aus der er jetzt ein kleines Päckchen holte und es ihr mit den Worten »Fröhliche Weihnachten« überreichte.

»Oh! Vielen Dank. Das gleiche wünsche ich Ihnen auch.«

Er hatte sich wieder hingesetzt. »Machen Sie es auf«, sagte er. »Es ist leider nicht besonders schön verpackt.«

Emily kam seiner Aufforderung nach und packte ein dünnes, in rotes Leder gebundenes Büchlein aus. Es war ein Gedichtband von S. Petersen, der den Titel *Ein Freund* trug. »Mögen Sie Gedichte?« wollte er wissen.

»Ja, einige schon.«

»Nun, diese hier entsprechen vielleicht nicht ganz Ihrem Geschmack. Sie sind sehr einfach formuliert und können sich sicherlich nicht mit den Werken von Byron, Swift oder John Donne messen. Es sind eher simple, spontan niedergeschriebene Gedanken.«

»Sie lieben Gedichte anscheinend sehr.«

»O ja. Ja, ich liebe Gedichte . . . Überrascht Sie das?«

Es überraschte sie in der Tat. Gedichte waren so ziemlich das letzte, was sie ihm an Lektüre zugetraut hätte, aber er war eben ein seltsamer Kauz und nicht einfach zu durchschauen. Sie senkte den Blick wieder auf das Buch und erkundigte sich dann: »Wer ist S. Petersen?«

»Oh, soviel ich weiß, ist er ein Mann, der . . . nun, der Poesie schreibt oder wie man das auch bezeichnen mag. Nun, ich finde, er betrachtet gewisse Dinge von einer anderen Warte aus, aber das mag daran liegen, daß er norwegische Vorfahren hat.«

Emily schlug das Buch auf und las dann ganz langsam das erste Gedicht durch, das den Titel *Ein Freund* trug.

Ich brauche keine Liebe und tiefe Leidenschaften,
keine Sonette, die mich in den Schlaf lullen,
oder Gedichte, auf denen ich mein Haupt zur Ruhe
bette.
Ich brauche keine Küsse auf meinen Lippen,
oder Oden, die man mir ins Ohr flüstert:
Ich brauche keine Kinder auf meinem Schoß,
die mich vielleicht später verachten.
Ich brauche weder Macht noch Ansehen –
vermeintliche Güter, die im Alter schal werden.
Ich muß keinen anderen Menschen besitzen,
um später dessen Dank einzufordern,
wie Väter, Mütter und Brüder es tun.

Ich muß nicht nach Bewunderung heischen,
um das Leben zu ertragen.
Von alledem bin ich frei,
da ich keine Frau brauche.

Emily warf dem Doktor einen raschen Blick zu, blätterte dann die Seite um und las weiter.

Ich möchte nur eine Hand in Freundschaft halten;
Worte austauschen ohne Haß und Groll
und gemeinsam große und kleine Gedanken wälzen.
Ich suche einen Freund, der mir Bollwerk und Mauer
  ist,
an den ich mich anlehnen kann, um Atem zu schöpfen
und weiter für das Leben zu kämpfen – und gegen
  den Tod,
diesen letzten und endgültigen Schlag,
gegen den alles Wissen nichts auszurichten vermag.
Und dazu brauche ich ... einen Freund.

Emily sah von dem Gedichtband hoch. »Und das hat ein Mann geschrieben?« murmelte sie nachdenklich.

»Ja, das hat ein Mann geschrieben.«

»Aber ... Aber wie kann er wissen, wie eine Frau fühlt?«

»Nun, durch Beobachtungen, nehme ich an. Und es gibt ja die verschiedensten Frauen. Solche, die nicht heiraten wollen, und andere, die es kaum erwarten können, sich einem Mann an den Hals ... ich meine, diesen Status zu erreichen.«

Sie lächelte jetzt, als sie einwarf: »Warum führen Sie den Satz nicht zu Ende, den Sie begonnen haben ... sich einem Mann an den Hals zu werfen. Sonst sind Sie doch auch nicht so zurückhaltend in der Wahl Ihrer Worte, wenn Sie mit mir sprechen.«

Er lachte stillvergnügt in sich hinein, ließ den Kopf nach hinten gegen die Stuhllehne sinken und behielt diese Position bei, während er sagte: »Sie glauben, Sie kennen mich, wie? Sie glauben, ich sei ein recht ungehobeltes Individuum ... obwohl, als ungehobelt würde ich mich eigentlich nicht bezeichnen. Eher als schroff und ... irritierend zuweilen; ja, ein Mensch ohne Feingefühl.«

»Woher wollen Sie wissen, was ich über Sie denke? Ich finde, Sie sind sehr dogmatisch in Ihrem Denken, ähnlich wie der Autor dieser Gedichte; zumindest was dessen Einschätzung der Bedürfnisse einer Frau anbelangt.«

»Ich sagte doch bereits, daß es sehr unterschiedliche Kategorien von Frauen ... und Männern gibt.« Jetzt sah er sie wieder an. »Und innerhalb der einzelnen Kategorien gibt es eine Vielzahl von Schattierungen. Ich betrachte die Menschheit als eine sehr sonderbare Mischung; fähig, die höchsten geistigen Ebenen zu erreichen und Großes zu vollbringen oder aber in die tiefsten Tiefen abzugleiten und die grausamsten Verbrechen zu begehen. Eine sonderbare Mischung, wie gesagt. Und alles hängt von den äußeren Lebensumständen ab. Es sind diese Umstände, die uns entweder Gutes oder Schlechtes vollbringen lassen, zu Egoisten oder Wohltätern werden lassen. Aber wir können uns diese Umstände nicht aussuchen, nein, nicht wirklich. Man spricht zwar von diesem angeblich freien Willen, doch den gibt es nicht. Es ist eine unbekannte Macht, die uns in gewisse Lebensumstände hineinzwingt, und wir können dann nur in diesem bestimmten Rahmen agieren. Gewisse Umstände haben Sie in die Situation gebracht, in der Sie sich im Augenblick befinden; und aufgrund anderer Umstände stehe ich wiederum da, wo ich stehe.«

Emily fand keine Worte, um das anschließende Schweigen zu brechen. Er hatte sie völlig durcheinandergebracht. Sein Benehmen verunsicherte sie, und sein Denken. Ja, besonders sein Denken. Und was sie am meisten verblüffte, war seine Vorliebe für Poesie.

Nachdenklich strich sie mit den Fingern über das Büchlein und sagte dann sehr leise: »Es ist wunderschön gebunden.«

»Ja. Er ... er liebt offenbar schöne Einbände. Es gibt auch nur ganz wenige Ausgaben.«

»Oh! Vielen Dank. Das war sehr freundlich von Ihnen. Ich habe leider kein Geschenk für Sie.«

»Nein? Ach, ich wüßte da etwas ... Sie könnten mir zum Beispiel die Freude machen, mich mit meinem Namen anzusprechen.«

»Ihrem Namen?«

»Ganz richtig. Ich heiße Steve. Ich denke, wir kennen uns lange genug, daß Sie mich beim Vornamen nennen können.«

»Aber Sie sind mein Arzt«, entgegnete sie mit einem kleinen, verwunderten Lächeln.

»Ja, ich bin Ihr Arzt, aber ich bin auch ein menschliches Wesen, das einst auf den Namen *Steve* getauft worden ist.«

Sie schlug die Augen nieder, biß sich auf die Lippen und meinte nach einer Weile leise lachend: »Ich könnte Sie niemals Steve nennen; für mich sind Sie einfach der Doktor.«

»Oh, ich weiß, daß Ihnen Steve nicht leicht über die Lippen kommt, aber Sie könnten es doch zumindest einmal versuchen ... Emily.«

Wieder knabberte sie an ihren Lippen. »Sie sind unmöglich. Wissen Sie das?«

»Ja, ja. Dessen bin ich mir sehr wohl bewußt. Das werfen mir meine Leute vor, seitdem ich laufen kann. Inzwischen hat sich schon die halbe Familie von mir distanziert, mit Ausnahme von Tante Phoebe natürlich. Sie erinnern sich bestimmt noch an die Geschichte mit der Haube?«

Sie lachte jetzt übers ganze Gesicht. »Wie könnte ich die vergessen? Ja, die war wirklich lustig. Wie ist es denn dann weitergegangen?«

»Ach, mein Vater hat eine Leiter genommen und ihr die Haube durchs Fenster geworfen, weil sie die Tür nicht aufmachte. Und hinterher ging alles wieder seinen gewohnten Gang.«

»Und sie trägt sie immer noch?«

»Das dürfen Sie annehmen. Sie wird sie noch auf dem Totenbett tragen. Wir sind eine sehr seltsame Familie, müssen Sie wissen, und haben alle so unsere Marotten. Einer meiner Brüder zum Beispiel spielt für sein Leben gern mit Sprengstoffen und hat schon zweimal um ein Haar das Haus nebst der Familie in die Luft gejagt. Jetzt hat er einen hohen Posten im Kriegsministerium inne. Aber dort lassen sie ihn, glaube ich, nur mit den Akten spielen. Und eine meiner Schwestern kämpft zum Wohle der Frauen für die Emanzipation, was ihr allerdings ein blaues Auge von ihrem Gatten einbrachte. Und dann habe ich noch einen Bruder, der ist katholischer Priester geworden. Keiner spricht mehr mit ihm, außer mir natürlich; aber ich spreche auch mit jedem, der mir sein Ohr leiht.«

Jetzt lächelte sie nicht mehr. »War das jetzt wieder ein Scherz, oder sind das alles wirklich Mitglieder Ihrer Familie?«

»Aber sicher, das war kein Scherz. Und wenn ich erst von meinen Nichten und Neffen anfange, wird es noch verrückter.«

»Sie sind zu beneiden.«

Eine ganze Weile herrschte tiefes Schweigen zwischen ihnen, bevor er antwortete. »Ja«, sagte er mit ernster Miene. »Ja, ich bin zu beneiden. Wir sind wirklich eine großartige Familie. Alles Individualisten, die ihren eigenen Weg gehen. Es ist eine Ehre, dieser Familie anzugehören. Und dort war ich gestern auch; Weihnachten ist bei uns immer ein rauschendes Fest. Bis zwei Uhr morgens haben wir gefeiert, und zwar alle zusammen: Familie, Freunde, Nachbarn und die Hausangestellten. Letztere sind zwar schon etwas tatterig, aber das waren sie eigentlich schon, solange ich denken kann. Ja, ich bin wirklich sehr glücklich, einer solchen Familie anzugehören, zumal ich in meinem Beruf so vielen einsamen Menschen begegne.«

»Lieben Sie deshalb diese Art von Gedichten so sehr?«

»Hm . . . ja, das könnte man sagen. Er und ich haben in vielen Hinsichten die gleichen Gedanken. Obgleich ich auch Kritik an seinem Werk anzumelden habe: Er drückt sich zu simpel aus, für meinen Geschmack, aber andererseits möchte er wohl erreichen, daß Menschen wie wir, die sich neben der Poesie auch der Arbeit widmen müssen, einige seiner Ideen auffangen.«

Er rutschte auf die Stuhlkante vor, drehte den Kopf zur Tür und sagte unvermittelt: »Ob ich in diesem Haus wohl je eine Tasse Kaffee oder Tee bekommen werde?«

Kopfschüttelnd zog Emily an der langen Kordel, die neben dem Kamin hing, und beinahe im gleichen Augenblick ging die Tür auf, und herein kam Esther mit einem großen Tablett. »Das nenne ich prompten Service«, rief Steve und sprang aus seinem Stuhl hoch, um seine Tasche vom Tisch zu nehmen, damit Esther das Tablett abstellen konnte. »Ja, Sie sehen so aus, als ob Sie dringend eine Tasse Tee bräuchten«, bemerkte diese scherzhaft.

»Bräuchten, Esther? Ich bin am Verdursten!«

»Nun, hier ist er ja«, lachte sie und wandte sich an Emily. »Soll ich einschenken?« Doch bevor Emily antworten konnte, wehrte Steve ab: »Nein, das mache ich schon. Sie verschwenden hier nur Ihre Zeit, gehen Sie ruhig wieder an die Arbeit.«

»Ja, hat man so was schon gehört? Und dann noch von einem Doktor?« ereiferte sich Esther und sah Emily kopfschüttelnd an, bekam jedoch keine Antwort. Emilys Blick hatte sich an Steve geheftet, der jetzt den Deckel von der Kanne nahm und den Inhalt mit einem Teelöffel umrührte.

Dieser Mensch hatte viele Gesichter, das hatte sie heute gelernt. Doch ob er ihr ob dieser Entdeckung nun sympathischer war, das wußte sie nicht genau zu sagen. Er war offenbar klüger, als er nach außen hin zu erkennen gab, und die Tiefe, die er besaß, verunsicherte sie.

»Bitte.« Er reichte ihr die Teetasse und fügte schmunzelnd hinzu: »Sie hat uns nicht einmal Kuchen dazu gebracht, und es ist Weihnachten.«

»Möchten Sie gerne ein Stück Kuchen?«

»Nein. Nein, danke.« Seine Stimme hatte sich verändert, sie klang jetzt ruhiger. »Ich kann ohnehin nicht viel länger bleiben. Es warten etliche Patienten in meiner Praxis. Momentan geht eine fiebrige Erkältung um. Und morgen habe ich den ganzen Tag Dienst; aber da wird es nicht bei eitrigen Mandeln bleiben, fürchte ich. Da habe ich es dann mit Betrunkenen, eingeschlagenen Schädeln und verprügelten Frauen zu tun.«

»Nein! Wirklich?«

»Ja, leider. Aber das ist noch nichts im Vergleich zu Silvester. Da bin ich gewöhnlich rund um die Uhr im Einsatz.«

»Wie viele zahlende Patienten haben Sie eigentlich?«

Er blickte zur Seite. »Oh, ich weiß nicht genau«, meinte er ausweichend und setzte dann rasch hinzu: »Vier. Ich bin kein Mann für Privatpatienten. Der Umgang mit Leuten, die wochenlang das Bett hüten, liegt mir nicht so. Das überlasse ich lieber dem alten Herrn.«

»Ja, was das betrifft, da bin ich ganz Ihrer Meinung«, bemerkte sie spitz, worauf sein Kopf wieder in ihre Richtung schnellte. »Wissen Sie denn überhaupt, was den Umgang mit solchen Patienten ausmacht? Das bedeutet, Patienten viel länger als nötig strengste Bettruhe zu verordnen oder sie wochenlang mit einem Schal um den Hals in einen Lehnstuhl zu verbannen; es bedeutet, ihnen das Gefühl zu geben, daß sie der einzige Patient sind, um den sich der Herr Doktor sorgt. Im Falle einer Frau, die keine Kinder mehr haben möchte, ist die Chaiselongue-Behandlung das Mittel der Wahl, oder die Behandlung der schwachen Nerven. Wenn ich mit solchen Damen zu tun hätte, ich würde sie, ganz bildlich gesprochen, in den ... Hintern treten. Ja, ich würde sie in den Hintern treten und ins wirkliche Leben zurückschubsen. Diese Art von Medizin lohnt sich nur bei Leuten mit Geld. Und das verteilen Männer gemeinhin nicht so leichtfertig; die sind nicht so verflucht leichtgläubig.« Er kippte den inzwischen kalt gewordenen letzten Schluck Tee hinunter und funkelte Emily dann beinahe wütend an. »Jetzt sollte ich mich wohl für meine rüde Ausdrucksweise entschuldigen, aber das werde ich nicht tun, denn wenn Sie über diese einseitige Diskussion genauer nachdenken, werden Sie mir wohl recht geben. Nun, wie auch immer, die nächsten ein, zwei Tage werde ich nicht bei Ihnen vorbeischauen; der nicht so vornehme Teil der Menschheit braucht mich in nächster Zeit mehr als

Sie. Von jetzt an sind Sie besser beraten, Ihren gesunden Menschenverstand zu benutzen.« Sein bissiger Humor kehrte zurück, als er hinzufügte: »Und davon besitzen Sie ja anscheinend genug, um sich zukünftig von dieser Chaiselongue fernzuhalten. Der einzige Rat, den ich Ihnen im Augenblick noch geben kann, ist folgender: Machen Sie sich daran, Ihren Urlaub zu planen.«

Er hatte schon seine Arzttasche in der Hand, als sie entgegenhielt: »Ich weiß bereits, wohin ich reisen werde.«

»So? Und wohin?«

»Das kann ich Ihnen jetzt nicht erklären. Aber wenn Sie das nächste Mal vorbeischauen, dann werde ich Sie wissen lassen, wohin die Reise geht und warum.«

»Gut. Ich kann es kaum erwarten«, meinte er und fügte leise hinzu: »Eines Tages werden Sie mich schon noch kennenlernen, Emily.«

Emily konnte sich daraufhin die sarkastische Antwort »Und das kann wiederum ich kaum erwarten« nicht verkneifen.

Er starrte sie noch eine ganze Weile lang wortlos an, bevor er sich umdrehte und den Salon verließ, wobei er die Tür nicht gerade sanft hinter sich ins Schloß fallen ließ . . .

Von allen seltsamen Männern dieser Erde war er bestimmt derjenige, der sie am meisten zum Widerspruch reizte.

Wie konnte man von irgend jemandem erwarten, mit diesem Mann zu leben! Wie um alles in der Welt war Mabel nur auf die abwegige Idee verfallen, sie könnte diesem Mann jemals liebevolle Gefühle entgegenbringen? Trotz seines zweifellos recht attraktiven Äußeren und in Anbetracht dessen, daß er als guter Arzt galt, war er doch der am wenigsten liebenswerte Mann, der ihr je begegnet war.

– 7 –

Dieser so wenig liebenswerte Mann ließ sich die ganze folgende Woche nicht sehen, noch erschien er am Silvesterabend, wie sie insgeheim angenommen beziehungsweise erwartet hatte. Gewöhnlich schauten auch die entferntesten Bekannten am Silvestertag vorbei, um ein gutes neues Jahr zu wünschen. Doch Emily verbrachte, abgesehen von Alices Gesellschaft, Silvester allein. Die Angestellten, die nicht im Haus lebten, feierten Neujahr mit ihren Familien. In früheren Jahren hatten Esther, Lena und die Köchin gemeinsam mit Mabel und ihr das neue Jahr erwartet. Doch in diesem Jahr waren sie alle eigene Wege gegangen.

So stand sie jetzt allein neben Alice am Fenster, als die Kirchenglocken von London um die Wette läuteten und gemeinsam mit den Schiffshörnern und dem fröhlichen Gesang der Menschen, die sich auf den Straßen versammelt hatten, das neue Jahr begrüßten. Und als es dann Mitternacht schlug und das neue Jahr begonnen hatte, fragte sich Emily im stillen, was es ihr wohl bringen werde. Wie sie es beginnen würde, das wußte sie bereits. O ja. Sie würde nach Frankreich fahren, in dieses Hotel in der Nähe von Nizza. Die Sache hatte nur einen Haken: Sie konnte unmöglich allein reisen. Nun, wen sie mitnehmen würde, darüber hatte sie bereits ausführlich nachgedacht. Esther? Nein, Esther wurde hier im Geschäft gebraucht. Lena war zwar eine hervorragende Schneiderin, würde aber eine miserable Gesellschaftsdame abgeben. Amity? O Gott, nein! Und Margie, Jean, Molly Stock und Sarah Hubbard? Nein, die kamen nicht in Frage. So blieb also nur Alice übrig, die um alles in der Welt Zofe werden wollte. Aber sie konnte sich im Moment nicht vorstellen, daß sie jemals eine Zofe beschäftigen würde. Und Alice als Gesellschafterin? Nein. Obgleich, das Mädchen war nicht dumm. Objektiv betrachtet war es für sein Alter sogar recht reif und mit Sicherheit intelligenter als alle übrigen Angestellten. Aber für eine Gesellschaftsdame war Alice auf alle Fälle zu jung. Dann also doch als Zofe? Aber mit der Vorstellung, sich von einer Zofe bedienen zu lassen, hatte sie gewisse Probleme. Andererseits war sie, Emily, jetzt eine wohlhabende Frau, die sich ohne weiteres eine Zofe leisten konnte. Und das kleine Dienstmädchen Alice sah sich bereits in dieser Stellung, wenn auch vorerst noch in ihren Träumen.

Damit war alles geregelt, obwohl sie noch niemandem von ihren Plänen erzählt hatte, nicht einmal Esther, die sie schon ausrufen hörte: »*Was! Die!* Als Ihre Zofe? Gütiger Himmel! Wo soll das nur hinführen?«

Seltsam, dachte Emily, daß die Worte Prestige und Hierarchie unter den Angestellten immer so großgeschrieben wurden.

Als das Glockenläuten langsam verstummte, wandte sich Emily vom Fenster ab, und Alice fragte, während sie die Vorhänge zuzog: »Soll ich Ihnen ein Gläschen einschenken?«

»Ja, bitte, Alice. Einen Sherry ... magst du Sherry?«

Alice verzog ein wenig das Gesicht. »Sherry habe ich noch nicht probiert. Nur Portwein, aber der hat mir nicht sonderlich geschmeckt. Genausowenig wie Bier. Ich mag Bier nicht.«

»Nun, dann wollen wir mal sehen, ob dir Sherry zusagt.«

»Oh, vielen Dank, Miß.«

Alice schenkte zwei Gläser Sherry ein und stellte das eine neben einen Teller auf ein kleines Tablett. »Möchten Sie ein Stück Kuchen dazu, Miß, oder lieber ein Sandwich?« fragte Alice und deutete auf das Sideboard, auf dem eine Auswahl an kaltem Braten und ein Fruchtkuchen angerichtet waren.

»Nein danke, Alice; nur Sherry. Aber du, bedien dich nur.«

»Nein danke, Miß. Ich hatte ein reichliches Abendessen; ich habe gekocht. Die Köchin war etwas zu ... nun, zu angesäuselt. Sie hat sich hingelegt.«

»Also, auf 1880.«

»Ja, Miß.« Alice erhob ihr Glas und wiederholte: »Auf

1880.« Und nachdem sie an ihrem Glas genippt hatte, leckte sie sich die Lippen und meinte: »Hm, der schmeckt. Daran könnte ich mich gewöhnen.«

»Besser nicht.«

»Ja, besser nicht«, lachte Alice. »Sonst ergeht es mir noch so wie meiner Mutter.«

Emily setzte sich in den großen Sessel neben dem Kamin und forderte Alice auf, indem sie auf den Stuhl daneben zeigte: »Komm, setz dich zu mir.«

»Was, Miß?«

»Ich sagte, setz dich zu mir.«

»O ja. Danke, Miß.«

»Trink deinen Sherry.«

»Ja, Miß.« Alice stürzte den Rest ihres Glases auf einen Sitz hinunter . . . und verschluckte sich dermaßen, daß sie husten mußte. Hinter vorgehaltener Hand fragte sie: »Was . . . was haben Sie gesagt? Verzeihung, mir ist der Sherry in die falsche Kehle geraten. Was sagten Sie?«

»Daß du doch jetzt schon achtzehn sein mußt.«

»Ja, bin ich; aber ich weiß nicht, ob heute oder an Weihnachten.«

»Das weißt du nicht?«

»Nein. Manchmal sagt Großmutter Milton, ich sei an Weihnachten geboren, dann wieder behauptet sie, an Silvester. Und es gibt keine Unterlagen darüber. Ich habe sie schon so oft gebeten, mir zu erzählen, was sie über mich weiß, aber da sie nur redet, wenn sie halb betrunken ist, kann ich ihr nicht alles glauben.«

Emily unterdrückte ein Lachen, und ihre nächsten Worte »Alice, möchtest du für einen Monat meine Zofe sein?« gingen im Klirren von Alices Sherryglas unter, das von der Armlehne gefallen und zu Bruch gegangen war.

»Oh! Miß! Sehen Sie nur, was ich angerichtet habe! Verzeihen Sie bitte vielmals. O Gott, Esther wird mir den Kopf abreißen.«

»Laß es alles einstweilen so liegen. Es sind ohnehin nur zwei Teile. Setz dich wieder hin. Ich habe dich etwas gefragt.«

»Ja. Ja, Miß. Ich habe es gehört . . . und deshalb bin ich ja so erschrocken. Ich meine . . . war das Ihr Ernst?«

»Meine liebe Alice, glaubst du, ich lasse mir meine besten Sherrygläser zum Spaß zerbrechen? Ich habe dich gefragt, ob du einen Monat lang meine Zofe sein möchtest. Ich habe nämlich die Absicht, ins Ausland zu verreisen, und da ich gesundheitlich noch nicht ganz auf der Höhe bin, wie man mir sagte, suche ich jemanden, der mich begleitet.«

Emily hielt den Blick auf das Mädchen gerichtet, das wie erstarrt kerzengerade auf der Stuhlkante saß. Und dann war sie es, die erschrocken zusammenzuckte, als Alice sich vor ihr auf die Knie warf, ihre Hände küßte und dabei rief: »Oh, Miß! Oh, Miß! Ich kann es nicht glauben. Ich danke Ihnen! Oh, ich bin Ihnen ja so dankbar! Ich werde für Sie arbeiten, bis ich sterbe. Das schwöre ich bei allem, was mir heilig –«

»Steh auf, Alice, bitte. Und hör mit dem Unsinn auf. Ich will nicht, daß du bis an dein seliges Ende für mich arbeitest, ich biete dir nur eine Stelle für den nächsten Monat an. Was danach kommt, weiß ich nicht. Ich weiß nur, daß es für uns beide eine ganz neue Erfahrung sein wird. Komm, hör auf zu weinen. Es ist Neujahr. Du weißt doch, was man am Neujahrstag tut, das tut man das ganze Jahr über, so sagt man wenigstens.«

»Nun« – sie schluckte noch einmal –, »in diesem Fall werde ich Ihnen ein Jahr lang als Zofe dienen. Oh, Miß! Ich hätte mir nie träumen lassen, daß das tatsächlich einmal wahr wird. Aber –« Sie ließ sich in den Stuhl zurücksinken, und auf einmal war alle Aufregung aus ihrer Stimme verschwunden. »Ich kenne meine Pflichten gar nicht. Ich weiß gar nicht, was man als Zofe alles tun muß.«

»Ach, wir haben noch eine Woche oder zwei Zeit, bevor wir abreisen. Da können wir noch ein bißchen üben.«

Zu ihrer Überraschung stellte Emily fest, daß sie an der Vorstellung, mit Alice als ihrer Zofe Urlaub zu machen, Gefallen zu finden begann. Ja, sie mußte selbstverständlich in ihre Aufgaben eingewiesen werden, aber das junge

Mädchen war gewiß eine schnelle Schülerin. Und sie selbst mußte auch ihren Teil lernen. Deshalb fuhr sie fort: »Bitte behalte das Ganze für dich, bis ich mit Esther gesprochen habe. Verstanden?«

»Ja. Natürlich, Miß. Aber eigentlich möchte ich jetzt am liebsten tanzen und die Neuigkeit gleich jetzt in alle Welt hinausposaunen«, erklärte sie mit einem breiten Grinsen. »Wissen Sie, was ich meine?«

»Ja, Alice. Ich weiß, was du meinst. Aber das Tanzen mußt du dir noch eine Weile verkneifen.«

»Ja, Miß. Selbstverständlich, Miß. Oh, das war die Haustür. Das ist sicher Esther.«

»Ja, wahrscheinlich. Also, deine erste Lektion lautet: Laß dieses glückliche Lächeln von deinem Gesicht verschwinden; du bist nur Alice, das Hausmädchen.«

»Ja, Miß. Ich bin nur Alice, das Hausmädchen«, wiederholte sie und bückte sich daraufhin eiligst, um die Glasscherben aufzuheben. Und während sie das tat, hielt sie den Atem an und wartete ängstlich auf das Öffnen der Tür und den Sturm, der mit Sicherheit über sie hinwegfegen würde, sobald Esther bemerkte, was sie da in der Hand hielt.

– 8 –

Es dauerte noch einen ganzen Monat, bis Emily mit den Vorbereitungen für ihren Urlaub beginnen konnte. Es gab so viel anderes zu erledigen, und sie war im Grunde froh gewesen über die zusätzliche Arbeit, denn dadurch war ihr bewußt geworden, daß es mit ihrer körperlichen Kraft noch längst nicht so gut bestellt war, wie sie glaubte. Zudem zeigte sich das Wetter von seiner unfreundlichsten Seite, so daß an Spaziergänge nicht zu denken war. Und noch etwas hatte ihr zu schaffen gemacht. Obgleich sie damit gerechnet hatte, mit der Wahl ihrer Begleiterin einige Aufregung zu verursachen, hätte sie sich doch nie träumen lassen, daß die Ankündigung, Alice, die rangniedrigste unter den Hausangestellten, solle sie nach Frankreich begleiten, derartigen Unmut auslösen würde.

Nicht zuletzt bei Esther, die so pikiert reagierte, daß sie sich erdreistete zu fragen, was Emily denn anderes erwartet habe, und dann offen bekundete, daß sie selbst gerne die Gelegenheit wahrgenommen hätte, sie zu begleiten. Daraufhin hatte Emily geantwortet: »Diese Gelegenheit hättest du ohnehin nie wahrnehmen können, da du die einzige bist, der ich das Geschäft während meiner Abwesenheit anvertrauen kann, wenn ich sicher sein will, daß alles seinen gewohnten Gang geht.«

Esther fühlte sich jedoch durch das Kompliment keineswegs geschmeichelt, und auch das übrige Personal gab Emily, mit einer Ausnahme, ganz deutlich zu verstehen, daß es die Entscheidung ihrer Herrschaft für unfair erachtete. Die Lehrmädchen hätten akzeptiert, wenn die Wahl auf eine Kollegin in den Werkstätten gefallen wäre: Amity Lockhart oder Margie Monkton oder Jean Felton. Aber Alice Milton auszuwählen, das unscheinbare Putzmädchen, das war ein starkes Stück.

Doch noch viel mehr verblüfft war Emily, als sie merkte, daß nicht alle in den Chor der allgemeinen Entrüstung einstimmten, sondern daß es eine Ausnahme gab, und zwar in Gestalt der Köchin, die eine erstaunlich freundliche Position für Alice einnahm und damit zwangsläufig den Unmut der anderen auf sich zog: »Na, so was! Wer hätte das gedacht?«

»Jahrelang hat sie sie wie einen Hund behandelt.«

»Komisch, bisher hat sie nie ein gutes Haar an ihr gelassen.«

»Ja, richtig geknechtet hat sie sie.«

»Und jetzt sagt sie, daß sie sich für sie freut . . .« So und ähnlich schallte es durch das Haus, wogegen sich die so unerwartet angegriffene Köchin nur mit den Worten verteidigen konnte: »Ganz gleich, was ich gesagt oder wie ich sie behandelt habe, es war nur zu ihrem Besten. Jeder muß seine Lektion lernen.« Was sie allerdings nicht sagte, war, daß Alice die einzige gewesen war, die fand, sie gehöre mit ihrer Erkältung ins Bett, und die ihr eine Wärmflasche und heißen Tee gebracht hatte. Und wichtiger noch, Alice hatte nie ein Sterbenswörtchen über ihre Vorliebe für ein gutes Schlückchen verlauten lassen. Nein, sie freute sich wirklich von Herzen, daß die Kleine ihre Chance bekommen hatte, und sie wußte, daß sie das Beste daraus machen würde. Sie wußte allerdings auch, daß sie sich bald die Mühe würde machen müssen, ein neues Mädchen zurechtzustutzen.

Und dann kam der große Tag. Es war der 2. Februar. Seit dem frühen Morgen hatte im ganzen Haus geschäftiges Treiben geherrscht, und gegen Mittag waren endlich alle Koffer gepackt. Immer wieder hatte Alice es mit Esther zu tun, die pausenlos an ihr herummäkelte. Jetzt sagte sie: »Den Hut nimmt sie nicht mit.«

»Madam sagte, er solle eingepackt werden.«

»*Madam*«, wiederholte Esther gedehnt, »hat das bestimmt nicht gesagt.«

Alice straffte unwillkürlich den Rücken, hielt den großen Strohhut in der Hand und erwiderte nachdrücklicher, als Esther es je vermocht hätte: »Ich habe die Anweisung, diesen Hut einzupacken. Madam möchte ihn –« Sie unterbrach sich, um den passenden Ausdruck zu suchen. »Sie möchte ihn ... *griffbereit* haben«, erklärte sie und deutete auf die Hutschachtel, die neben dem Bett stand.

»Ich verbitte mir diesen Ton. Was glaubst du denn, wer du bist? Ein Monat ist nur ein Monat, und dann wirst du wieder genau da sein, wo du hingehörst, Miß. Dafür werde ich sorgen ...«

Plötzlich ging die Tür auf, und herein trat Emily, die Esther einen raschen Blick zuwarf und dann sagte: »Laß es gut sein, Esther, sonst setze ich heute keinen Schritt mehr vor die Tür.«

Esther, krebsrot im Gesicht und so wütend, daß sie für etliche Sekunden kein Wort herausbrachte, zeigte mit spitzen Fingern auf den Hut und fauchte schließlich entrüstet: »Soll das heißen, daß Sie *den* mitnehmen wollen?«

»Ja, Esther, genau das soll es heißen.« Und in etwas schärferem Ton fügte sie hinzu: »Mrs. Arkwright liebte diesen Hut. Wir haben uns oft über ihn unterhalten. Sie meinte, dieser Hut sei wie für mich gemacht und ich solle ihn tragen, wenn ich einmal Gelegenheit dazu habe. Nun, Esther, ich glaube, in Frankreich wird sich diese bieten. Wie du siehst, habe ich ihn gestern mit einer grauen Schleife garniert.«

»Garniert? Das nennen Sie garniert? Man wird Sie auslachen, wenn Sie damit auf die Straße gehen. Ich dachte, Sie verstünden mehr von Hüten, Miß; das ist doch kein Filz.«

Emily war geneigt, diese Antwort mit derselben Bemerkung zu quittieren, mit der Esther gerade Alice gemaßregelt hatte, besann sich dann aber eines Besseren. Sie straffte die Schultern und musterte Esther so lange mit einem abschätzenden Blick, bis diese zu stammeln begann: »Es ... es tut mir leid, aber ich bin so überarbeitet – und Sie wissen auch warum.«

»Alice, trag bitte die Hutschachtel hinunter und nimm auch gleich meine Handtasche mit.«

»Ja, Madam.«

Sobald sie allein mit Esther war, begann Emily in verändertem Tonfall: »Ach, Esther, warum sträubst du dich mit Händen und Füßen dagegen, der kleinen Alice eine Chance zu geben? Schau, du hast *deine* Chance bekommen und ich die meine.«

»Ja, aber nicht so eine wie sie. Und Allüren hat die neuerdings! Und dieses Madam-Getue.«

»Ich mußte sie in ihren Pflichten unterweisen, so gut ich es eben verstand. Sicher, hier werde ich ›Miß‹ genannt; aber dort in Frankreich muß sie mich mit ›Madam‹ ansprechen.«

»Ein Monat geht schnell vorbei. Und was wird dann?«

»Das wird man sehen.«

»Wissen Sie, was ich sehe? Daß sie größenwahnsinnig wird und sich anschließend woanders als Zofe bewirbt.«

»Ja und? Wäre das so schlimm? Dann bist du sie wenigstens endlich los.«

»Ach herrjemine! In meinem ganzen Leben war ich noch nie so fertig.«

Emily machte einen Schritt auf sie zu und legte ihr den Arm um die Schulter. »Und ich dachte, ich kenne dich. Daß du dich über diese Bagatelle so aufregst, das erstaunt mich sehr. Weißt du, wenn ich nicht sicher wäre, daß du das Geschäft alleine führen kannst, würde ich diese Reise nie in Erwägung gezogen haben«, sagte sie sanft und fügte diplomatisch die kleine Notlüge an: »Und wenn ich jemand anderen gehabt hätte, um mich zu vertreten, dann hätte ich ohnehin dich an Alices Stelle mitgenommen. Und das weißt du auch.«

Dieser Nachsatz zeigte die erwünschte Wirkung. »Ja, das weiß ich«, beeilte sich Esther zuzustimmen. »Und ich möchte mich für mein Benehmen entschuldigen. Sie sollen in dem Bewußtsein abreisen, daß hier alles in Ordnung geht. Machen Sie sich bitte keine Sorgen.«

»Das werde ich. Ich weiß, daß ich mich auf dich verlassen kann. Aber Gedanken mache ich mir trotzdem. Es gefällt mir nicht, dich so zu sehen. Das bist nicht du, Esther.«

»Da haben Sie recht. Ich war früher auch nicht so. Ich dachte nur, sie nimmt meinen Platz ein, und Sie wissen ja, daß ich alles für Sie tun würde.«

»O ja, das weiß ich, Esther. Und das hast du auch schon oft bewiesen. Verlaß dich darauf, niemand wird dir deinen Platz streitig machen. So, habe ich alles?« Sie sah sich noch einmal im Zimmer um und nahm dann den dünnen Gedichtband von ihrem Nachttisch. »Ich würde sagen, Sie haben wirklich alles! Das Gepäck reicht bestimmt für ein ganzes Jahr. Nun, wie Sie unter all den Ausländern zurechtkommen werden, bleibt abzuwarten. Sie werden doch schreiben, nicht wahr?«

»Aber selbstverständlich.«

»Sprechen Sie denn jetzt Französisch?«

»Gerade genug, um ins Hotel zu finden, übers Wetter zu reden und nach der Damentoilette zu fragen.‹«

»Du liebe Güte!« rief Esther aus. »Das habe ich ganz vergessen. Der Doktor wartet unten.«

»Tatsächlich?«

»Ja, deshalb bin ich ja raufgekommen, aber dann –« Sie beugte sich vor, drückte Emily einen Kuß auf die Wange und verließ dann mit fliegenden Fahnen das Zimmer, so als ob sie sich ihrer spontanen Regung schämte. Emily stand einen Augenblick lang regungslos da, das Buch in der Hand. Dann ließ sie ihren Blick noch einmal durch das Zimmer schweifen und fragte sich, wie sie sich wohl bei ihrer Rückkehr fühlen würde: genauso gut wie jetzt?

Sie war so voller Zufriedenheit, daß sie sich, als sie den Salon betrat und Steve dort stehen sah, tatsächlich zu einer Entschuldigung hinreißen ließ. »Es tut mir leid, daß ich Sie habe warten lassen«, sagte sie. »Ich wußte nicht, daß Sie da sind. Das ist sehr freundlich von Ihnen.«

Er wartete, bis sie vor ihm stand, musterte sie dann von oben bis unten und meinte: »Sie sehen sehr elegant aus.«

»Oh, vielen Dank.«

»Aber Sie waren immer sehr geschmackvoll gekleidet.«

Emily fiel auf, daß nicht nur sie sich anders fühlte, sondern auch er irgendwie verändert wirkte: viel ruhiger, weniger hektisch und angestrengt.

Als sein Blick auf das Buch in ihrer Hand fiel, fragte er: »Sie nehmen das mit?«

»Ja. Ich . . . ich liebe es sehr; einige Gedichte zumindest. Andere verwirren mich eher.«

»Ja, mich verwirren sie auch bisweilen«, entgegnete er. Und nachdem er sie eine ganze Weile wortlos angestarrt hatte, murmelte er: »Ich werde Sie vermissen, wissen Sie das?«

Ach je! Das war eine andere Seite von ihm: die menschliche . . . die natürliche Seite.

»Sie werden bei Ihrer Rückkehr nicht mehr dieselbe sein«, fuhr er fort.

»Aber das ist doch Unsinn.«

»Nein, nein, Emily. Dieser Monat in Frankreich wird Sie verändern. Sie werden einen anderen Lebensstil kennenlernen und die unterschiedlichsten Leute, und zwar in der ganzen Bandbreite von verrückt bis überaus sympathisch. Nein, glauben Sie mir, Sie werden nicht mehr dieselbe sein.«

»Nun, Doktor, können Sie mir auch sagen, inwiefern ich mich verändern werde?«

»Ja. Sie werden Erfahrungen sammeln, mehr Weitblick bekommen. Sie werden den Dingen auf den Grund sehen und nicht mehr nur nach dem äußeren Schein beurteilen.«

Natürlich, sie hatte sich schon gedacht, daß seine Freundlichkeit nicht lange vorhalten würde ... nicht vorhalten konnte. Jetzt kritisierte er sie schon wieder!

»Nun, in diesem Fall kann ich nur hoffen, daß Sie recht behalten«, gab sie schnippisch zurück. »Vielleicht bin ich hinterher dann in der Lage, alle Arten von Menschen zu tolerieren, die meinen Weg kreuzen.«

Er lachte. »Einiges muß ich wohl gleich zurücknehmen, denn ich sehe schon jetzt, daß sich die alte Emily in Ihnen nicht so leicht ausmerzen läßt. Aber«, jetzt wurde sein Ton wieder sanfter, »als Ihr Doktor hoffe ich, daß Sie sich gut erholen und Ihren Urlaub genießen. Ja, ich wünsche Ihnen eine wunderschöne Zeit.« Er trat einen Schritt näher. »Darf ich Sie um einen Gefallen bitten?«

»Ja, dürfen Sie.«

»Vergessen Sie mich nicht ganz. Und wenn Sie das lesen ...« Er griff in seine Anzugtasche und brachte einen Brief zum Vorschein, den er ihr reichte, »... dann erinnern Sie sich bitte daran, daß ihn dieselbe Person geschrieben hat, die Sie in England zurückgelassen haben, ganz gleich, was Sie ansonsten denken mögen.«

Sie legte den Brief auf das Buch, das sie jetzt mit beiden Händen hielt, und sah ihm direkt in die Augen, unfähig zu glauben, was sie gerade gehört hatte. Und als er ihr die Hand entgegenstreckte, ergriff sie sie. Sein Händedruck war fest.

»Auf Wiedersehen, Emily.«

»Auf Wiedersehen ... Steve.« Sein Name kam ihr zwar nur zögernd über die Lippen, aber er lächelte. »Danke«, sagte er und fügte dann hinzu: »Ich verlasse Sie jetzt, denn ich werde in einer Zweizimmer-Wohnung gebraucht, wo das sechste Baby darauf wartet, zur Welt gebracht zu werden. Wir haben Glück, Emily, wissen Sie das? Wie Petersen irgendwo in diesem Buch schreibt: ›Ruhe, Platz, ein Garten und ein guter Freund, der ab und zu vorbeischaut, würden uns viele Sünden ersparen.‹ Erschreckend wahr, dieser Satz, nicht? Nochmals auf Wiedersehen, meine Liebe.«

Einen Augenblick lang dachte sie, er würde sich vorbeugen und sie küssen. Aber er wandte sich abrupt von ihr ab und ging aus dem Zimmer.

Und sie drehte sich nicht um, um ihm nachzusehen, denn sie war auf seltsame Weise beunruhigt, und einen Moment lang wünschte sie, sie müßte jetzt nicht wegfahren, dieses Haus verlassen, England verlassen . . .

Als ihre Gedanken die Worte ›und ihn‹ beinahe hörbar werden ließen, schob sie diese energisch zur Seite und ermahnte sich: Nein. Nein, das ist doch lächerlich. Ein Leopard bleibt ein Leopard – das war eines seiner Sprichwörter –, und wenn er einen nicht bei lebendigem Leibe frißt, bedeutet das nur, daß er gerade den Bauch voll hat und sich ausruht. Mit anderen Worten, er wird nicht aufhören, mich zu bevormunden, weiterhin seinen Sarkasmus zu pflegen und alles in allem unerträglich zu sein.

Von dieser Erkenntnis beseelt, drehte sie sich um und ging in die Halle, wo das Personal schon zur Verabschiedung bereitstand. Sie wußte, mit dem Verlassen dieses Hauses begann für sie ein neuer Lebensabschnitt.

TEIL ZWEI
– 1880 –

– 1 –

Paul Anderson Steerman stand auf dem Balkon seines Zimmers und bewunderte die großartige Aussicht, die über die Gärten hinweg bis zum Strand reichte. Glatt wie ein Spiegel lag das Meer heute vor ihm. Nicht die kleinste Kräuselung war zu erkennen, so daß man meinen konnte, ein Stück Himmel sei herabgefallen, denn Wasser und Himmel leuchteten in genau demselben Azurblau.

Als er den Blick senkte, erkannte er die Gestalt von Miß Kate Forester, die gerade den Zypressenweg entlangkam und wie immer ihre Mutter im Rollstuhl vor sich herschob. Schon des öfteren war sein Aufenthalt hier in den vergangenen Jahren mit dem ihren zusammengefallen, und wenn er Kate so ansah, wunderte er sich immer wieder darüber, wie manche Menschen ihr Leben vergeudeten. Sie mußte inzwischen Ende Dreißig sein und hatte mindestens die letzten zehn Jahre damit zugebracht, das alte Mädchen herumzuschieben. Anfangs hatte sie das noch mit einem strahlenden Lächeln getan, aber jetzt, so schien ihm, hatte sich eine gewisse Stumpfheit ihrer Züge bemächtigt. Aber was konnte man auch anderes erwarten? Soweit Walton informiert war, war sie zweimal verlobt gewesen, aber beide Male hatte der alte Drachen eine Heirat zu verhindern gewußt.

Er machte eine halbe Drehung und rief leise ins Zimmer hinein: »Wer wird heute erwartet, Walton?«

»Ein Ehepaar namens Crouch, Sir. Sie sind neu. Und Sir Arthur Cartermere mit seiner Gemahlin.«

»Oh, die sind aber zeitig dran dieses Jahr, nicht wahr?«

»Ja, Sir, etwas früher als üblich. Und dann ist noch ein neuer Gast gemeldet, eine gewisse Mrs. Ratcliffe.«

»Reist sie allein?«

»Soviel ich weiß, ja. Abgesehen von ihrer Zofe natürlich. Werden Sie jetzt ruhen, Sir?«

»Nein, noch nicht, Walton ... ich bin das Ruhen langsam leid. Bilde ich mir das nur ein, oder sind alle Leute hier plötzlich recht alt geworden?«

»Ich glaube, das bilden Sie sich nur ein. Wahrscheinlich liegt es daran, daß Sie während Ihres alljährlichen Besuchs hier immer auf die gleichen Gäste treffen.«

»Wie lange kommen wir denn nun schon hierher?«

»Sie allein, Sir, oder damals noch mit Ihren Eltern?«

»Vergessen Sie meine Großeltern nicht. Nein, Walton, ich meine, seit ich verheiratet bin.«

»Nun, seit Ihrer Hochzeitsreise jedes Jahr, Sir.«

»Gut, ich denke, das wird unser letzter Aufenthalt hier sein, Walton.«

»Aber Sie müssen jetzt ruhen, Sir. Das ist doch der Grund, warum Sie hier sind. Und es ist ein sehr schöner Platz, um sich auszuruhen.«

»Ja, und um sich zu Tode zu langweilen.«

»Soll ich einen Besuch in Cannes für Sie arrangieren? Vielleicht das Casino?«

»So wie ich mich im Augenblick fühle, Walton, werde ich mir mit Sicherheit die Augen ausweinen, wenn ich dort auch nur eine Guinee verliere.«

Als er seinen Diener hinter sich kichern hörte, trat er zurück ins Zimmer. »Mein Gott, wir sind für einen Monat gebucht, und heute ist erst der vierte Tag!«

»Ihre Reizbarkeit, wenn ich mir die Bemerkung erlauben darf, Sir, beweist, daß es Ihnen schon viel besser geht; und Ihre Kopfschmerzen haben auch abgenommen, seit Sie hier sind.«

Das Geräusch eines Fahrzeugs auf der gekiesten Auffahrt ließ ihn seinem Diener zunicken, der dieses Nicken sehr richtig als Aufforderung deutete, auf den Balkon zu gehen. »Die Kutsche ist angekommen, Sir«, rief Walton ins Zimmer hinein.

»Fein, dann wollen wir mal sehen, wen sie ausspuckt.«

Als sein Diener zurückkam, ging Paul Steerman wieder auf den Balkon. Die Cartermeres stiegen gerade aus der Kutsche, und er konnte sich ein Lächeln nicht verkneifen, als er sah, wie Lady Flo ihre Kleidung in Ordnung brachte: zuerst den Hut, danach strich sie ihren Rock über den Hüften glatt und dann hinten. Zuletzt zupfte sie an ihren Handschuhen, die sie ohnehin in der nächsten Minute ausziehen würde.

Es kam ihm so vor, als sei es erst gestern gewesen, daß er zum erstenmal diese Prozedur beobachtet hatte. Lady Flo war ständig damit beschäftigt, ihre Kleidung zu ordnen. Als nächstes stieg das neue Ehepaar aus. Dem Himmel sei Dank, dachte er; wie es aussah, waren sie noch keine dreißig.

Nun heftete sich sein Blick auf die junge Frau, die hinten beim Gepäck stand und sich anscheinend mit ihrem Mädchen unterhielt. Und als sie sich dann umwandte und dem Eingang zustrebte, mußte er zu seinem Leidwesen feststellen, daß ihr übergroßer Hut ihr Gesicht verdeckte. Hm, nach dem, was er den Gesprächen zwischen Irene und seiner Mutter entnommen hatte, waren große Hüte inzwischen unmodern geworden und wurden nur noch bei Staatsempfängen getragen.

Wie seltsam! dachte er und hätte es beinahe laut ausgesprochen. Dieser Hut war bis auf das kleine Etwas, das hinten herunterhing, beinahe nackt. Wirklich merkwürdig. Jetzt blieb seine Besitzerin unvermittelt stehen, drehte sich um und schaute eine Weile aufs Meer hinaus. Dann wandte sie sich wieder um und ließ jetzt den Blick ausgiebig über die Fassade des Hotels schweifen, bis sie dem seinen begegnete.

Ihr Teint war blaß, ihre Haut hatte beinahe die gleiche Farbe wie ihr Hut, ein helles Gelb. Nein. Ihre Haut war nicht gelb, das war nur der Schatten des Hutes, eher golden, würde er sagen. Sie trug ein Leinenkostüm, das recht modisch geschnitten war: schmal in den Hüften, aber nicht sehr üppig in der Rockweite. Sie mußte schlank sein, vermutete er, wahrscheinlich hatte sie überhaupt keine Figur, und war alles in allem ein wenig zu groß.

»Ich frage mich, ob sie den auch bei der Überfahrt getragen hat.«

»Wie bitte, Sir?«

»Ich spreche von dem Hut dieser jungen Lady. Ah, sehen Sie, jetzt geht sie die Treppe hinauf.«

»O ja, ein ungewöhnlich großer Hut, Sir, und ungewöhnlich kahl, wenn ich mir die Bemerkung erlauben darf, Sir.«

»Man muß vergessen haben, ihn zu bestücken. Sie müssen herausfinden, warum sie ihn trägt, Walton.«

Sie tauschten einen wissenden Blick, worauf der Diener erwiderte: »Ich werde mein Bestes versuchen, Sir.«

»Aber diskret.«

»Selbstverständlich, Sir, wie immer.« Sie tauschten nochmals diesen Blick.

»Es ist heute wärmer als üblich, Walton; ich denke, ich werde mich doch ein wenig hinlegen.«

»Ja, tun Sie das, Sir. Dann gehen Sie nicht zum Tee hinunter?«

»Nein. Ich habe meine Pflicht erfüllt; ich habe mich bereits beim Tee sehen lassen. So wie ich mich fühle, empfinde ich das Dinner schon als anstrengend genug.«

»Möchten Sie lieber auf dem Zimmer dinieren?«

»Nein, auf keinen Fall. Fangen Sie bloß nicht an, mich wie einen Invaliden zu behandeln, von dieser Sorte kriechen hier schon genug herum. Und ich sage Ihnen nochmals, das ist unser letzter Aufenthalt hier. Man kommt sich ja vor wie im Altenheim.«

»Ja, Sir. Da stimme ich Ihnen zu.«

»Und bald gehöre ich auch zu diesen Tattergreisen.«

»Aber Sir! Das ist doch Unsinn, wenn ich mir diese Bemerkung erlauben darf. Kann ich noch etwas für Sie tun?«

»Nein, vielen Dank, Walton. Gehen Sie jetzt und spielen Sie Sherlock Holmes.«

»Wie Sie wünschen, Sir. Ich hole nur rasch meine Pfeife.«

Und als sein Herr über den kleinen Scherz lachte, erschien auf seinem Gesicht ein breites Grinsen, mit dem er das Zimmer verließ.

»Ein wunderschönes Hotel, nicht wahr ... Madam?«

»Ja, Alice, das Hotel ist wunderschön. Aber nach dem, was ich im Foyer und in der Lounge gesehen habe, sind fast nur alte Leute da.«

»Oh, ich habe aber ein jüngeres Paar gesehen, als man mir mein Quartier zeigte.«

»Wie ist dein Zimmer?«

»Sehr klein; nur ein Bett, ein Schrank, ein Stuhl und ein winziger Frisiertisch. Aber ich bin froh, daß ich es für mich allein habe; ich dachte schon, ich muß das Zimmer mit jemand anderem teilen. Doch als ich hörte, daß die Zofen und die Diener gemeinsam essen, bekam ich plötzlich ein wenig ... Bammel.«

»Ach, das brauchst du nicht. Sicher, man wird dich natürlich ausfragen, aber du weißt ja, was du sagen mußt: Deine Herrin ist Witwe; sie hat ihren Mann auf See verloren. Du weißt nicht viel über ihn, da er schon tot war, als du in ihre Dienste tratest, das war vor fünf Jahren. Richtig?«

»Richtig ... Madam«, erwiderte Alice und grinste verschmitzt.

»Und wo wohnen wir?«

»Willington Place fünfunddreißig. Eine sehr gute Adresse.«

»Das würde ich nicht hinzufügen. Die Dienstboten, mit denen du dort am Tisch sitzt, haben wahrscheinlich alle einen Stadtplan von London zur Hand. Laß sie selbst herausfinden, wo der Platz ist. Aber du kannst zum Beispiel sagen, daß in unserem Haus früher ein Admiral gewohnt hat. Das ›Konter‹ vor dem Admiral kannst du ja aus Versehen weglassen.«

»Aha, ein Konteradmiral ist also weniger wert als ein Admiral, stimmt's, Miß? Ach, schon wieder!« Sie pochte sich mit den Knöcheln an die Stirn. »Wenn wir uns so wie jetzt unterhalten, dann sind Sie für mich immer die ›Miß‹.«

»Alice, du mußt vergessen, daß ich eine Miß bin. Das bin ich übrigens schon lange nicht mehr. ›Miß‹ ist zwar immer noch besser als ›Missis‹, aber versuch trotzdem, mich ›Madam‹ zu nennen.«

»Ja, Madam.«

»Bist jetzt hast du dich ohnehin ganz wacker geschlagen. Ja, du machst deine Sache wirklich ausgezeichnet«

»Oh, vielen Dank. Manchmal bin ich so aufgeregt, daß ich am liebsten . . .«

». . . Luftsprünge machen würdest. Ja, ja, ich weiß. Aber das mußt du dir verkneifen. Besonders hier.«

»Ja, besonders hier, Madam.«

»So, jetzt zurück zur Arbeit. Ich gedenke, zum Dinner heute abend das blaue Satinkleid zu tragen, und dazu die weißen Schuhe.«

»Möchten Sie sich hinlegen?«

»Nein. Ich setze mich ein wenig ans Fenster.«

»Schade, daß Ihr Zimmer keinen Balkon hat. An der Frontseite habe ich Balkone gesehen.«

Emily sagte nichts dazu. Ja, sie hatte die Balkone ebenfalls bemerkt, und auch, daß man sie von einem aus beobachtet hatte. Dieser Herr auf dem Balkon hatte sie reichlich erstaunt angesehen. Vielleicht wegen des Hutes. Ja, schmunzelte sie, sicher wegen des Hutes. Dieser hatte bereits beim Verlassen der Fähre einiges Aufsehen erregt. Aber warum hatte sie ihn dann überhaupt aufgesetzt? Schon in der Kabine, als sie den Hut vor dem Spiegel probierte, hatte sie so ein komisches Gefühl gehabt; es war, als habe Mabel neben ihr gestanden und gesagt: ›Ja, das ist dein Hut; und das ist genau die richtige Gelegenheit, ihn zu tragen.‹ Doch jetzt war sie sich dessen nicht mehr so sicher. Die Größe hätte sicher nicht diese Kommentare verursacht, wenn der Hut garniert gewesen wäre. Es war seine Kahlheit, seine Nacktheit, genau wie sie es damals beschrieben hatte, weshalb die Leute so große Augen machten. Aber im Grunde war das alles Nebensache. Sie war hier, mit Gepäck, Zofe und allem Drum und Dran. Ein Wunder! Aber noch seltsamer war, daß sie sich hier in diesem vornehmen Hotel keineswegs deplaziert fühlte. Mit Sicherheit hatte sie keine Angst, hinunter in den Speisesaal zum Dinner zu gehen, obgleich an den Tischen bestimmt größtenteils nur Adlige saßen. Was hatte er am

Schluß seines Briefes geschrieben? »Haben Sie keine Angst vor Titeln. Ein Titel ist nur ein Name, und der kann einen Menschen nicht verändern. Nur, wenn er ohne Titel schon verdorben war, dann ist er mit Titel meist noch verdorbener.«

Merkwürdig, seit sie den Brief zum ersten Mal gelesen hatte, sah sie Steve in einem anderen Licht. Und vorhin, als sie von Monsieur Albert Fonyère begrüßt worden war wie eine alte Bekannte, da hatte sie sich gewünscht, er wäre hier, nur um seinen Kommentar zu dieser Begrüßung zu hören, und auch, damit er hätte sehen können, wie sie durchs Foyer geschritten war: sehr würdevoll, sehr langsam, ein blasiertes Lächeln auf den Lippen. Es hätte ihm sicher gefallen, dachte sie.

Nachdem Alice im Ankleidezimmer nebenan verschwunden war, stand sie auf, holte den Brief aus ihrer Handtasche und setzte sich wieder ans Fenster, um ihn nochmals zu lesen:

Das Wesentliche dieses Briefes habe ich schon vor Wochen niedergeschrieben, lange vor Mrs. Arkwrights Tod, aber in einem etwas anderen Stil. Meine Empfindungen jedoch, die ich jetzt an dieser Stelle auszudrücken versuche, sind die gleichen wie damals:

»Ihre Gefühle für mich haben sich in der ganzen Zeit nicht verändert: In Ihren Augen bin ich eine höchst unliebenswürdige Person.«

An dieser Stelle hielt sie inne und schüttelte den Kopf, weil er so genau beschrieb, was sie einst über ihn gedacht hatte. Eigenartig, daß er es in Worte gekleidet hatte. Weiter hieß es in dem Brief:

Und ich habe nicht viel dazu getan, dieses Bild zu korrigieren, obgleich es ein großes Bedürfnis war, Sie den Mann hinter der scharfen Zunge erkennen zu lassen. Doch irgendwie stellten Sie für mich von Anfang an eine Herausforderung dar. Ich wußte, wie Sie mich sahen, und deshalb spielte ich Ihnen gegenüber diese Rolle. Die gute Mrs. Arkwright hingegen durchschaute meine Maske und versuchte immer wieder, Sie dazu zu bringen, hinter meine Fassade zu blicken – leider vergeblich. Sie konnten mich nicht ausstehen. Und das, Emily, das tut sehr weh. Dennoch, zur Vielschichtigkeit der menschlichen Natur gehört es wohl auch, daß wir ein gewisses Vergnügen dabei empfinden, uns selbst langsam umzubringen, sei es nun physisch oder mental. Da spricht der Egoismus in uns, der besonders bei Männern sehr ausgeprägt ist. Da ich jetzt eine Weile auf Ihre Gegenwart verzichten muß, möchte ich Ihnen auf diesem Wege anvertrauen, was ich Ihnen lieber persönlich gesagt hätte: Ich empfinde eine tiefe Zuneigung zu Ihnen. Doch wie die Dinge stehen, habe ich keine Hoffnung, daß Sie meine Gefühle erwidern. Aber ich frage Sie in aller Demut: Können wir nicht wenigstens Freunde sein? Das Schlachtfeld verlassen, eine Weile gemeinsam auf ebenen Pfaden wandern, in der Hoffnung, daß Sie eines Tages bereit sein werden, die Höhen zu erklimmen?

Wie ich Ihnen beim Abschied sagte: Sie werden als ein anderer Mensch zurückkehren. Man kann sich dem Einfluß anderer Menschen nur schwer entziehen. Gewohnheiten schleifen sich ab, Einstellungen verändern sich. Kurz gesagt, Sie werden Menschen kennenlernen, die ein gänzlich anderes Leben führen. In einem Hotel wie diesem wimmelt es nur so von Standesleuten und Adligen. Und all diese Erfahrungen mit diesen Menschen werden sich Ihnen wie ein Stempel aufdrücken, und Sie können sich dagegen kaum wehren. Anfangs wird Ihnen diese neue Umgebung vielleicht etwas Unbehagen einflößen, aber am Ende des Monats werden Sie sich fragen, warum?

Emily, meine liebe Freundin, verändern Sie sich nicht zu sehr. Bewahren Sie sich ein wenig von der gewieften, schlagfertigen Geschäftsfrau. Die war es nämlich, die zuerst mein Herz berührte.

Steve

Als Postskriptum folgte eine Erläuterung der Adelstitel.

Nachdenklich faltete sie den Brief zusammen und steckte ihn wieder in ihre Handtasche, wobei sie plötzlich eine tiefe Traurigkeit befiel. Er liebte sie. Ja, er liebte sie offenbar wirklich. Aber würde sie ihn jemals lieben können? Nein. Nein. Seine Freundin werden? Sie überlegte einen Moment. Ja. Ja, das konnte sie sich vorstellen. Vielleicht würde sie sogar die Wortgefechte genießen, die so eine Freundschaft mit sich brachte. Nun, um mehr als ihre Freundschaft bat er sie ja im Augenblick auch nicht. Sollte sie ihm schreiben, daß sie diese annehme? Nein, noch nicht. Vielleicht eine Postkarte, auf der sie andeutete, daß eine Freundschaft möglich sei? Nein, auch das sollte sie besser lassen. Sie sollte ihm nicht das Gefühl vermitteln, daß diese Freundschaft bis hin zu diesen Höhen führen könnte, wie er es ausgedrückt hatte.

Aber sie las noch etwas anderes aus seinem Brief heraus, etwas, das sie sehr berührte. Er schien eine tiefe Einsamkeit in sich zu tragen, und das, obwohl er aus einer liebevollen Familie stammte und praktisch jede Stunde des Tages unter Menschen war. Doch aus eigener Erfahrung wußte sie, daß auch ein solcher Kontakt diese innere Leere nicht zu füllen vermochte. Vielleicht liebte er deshalb diese Gedichte so sehr.

Während der Zugfahrt hatte sie immer wieder in dem Gedichtband gelesen. Es waren eigenartige Gedichte und mitunter sehr traurige. Eines handelte vom Alleinsein. Steve hatte einmal vom Alleinsein gesprochen und dabei sehr viel Wert auf die Feststellung gelegt, daß Alleinsein etwas anderes sei als Einsamkeit.

Sie nahm das Büchlein vom Tisch und blätterte es durch, bis sie auf das Gedicht stieß, das mit ›Alleinsein‹ betitelt war. Es handelte von einem Mann, der alles besaß, was man sich vom Leben erwarten konnte, eine Familie, eine liebende Frau und ein schönes Haus, und der dennoch unzufrieden war, weil er eine innere Leere spürte. Es mangelte ihm an echter, wahrer Freundschaft, einem Geschenk, das man mit Geld nicht kaufen kann.

Es war ein sehr pathetisches Gedicht, und am Ende angekommen, entrang sich Emily ein tiefer Seufzer. Warum machte sie sich nur so viele Gedanken um ihn und um diese Gedichte? Sie hatte Urlaub. Dieser Urlaub sollte ihrer Erholung dienen, aber sie wollte ihn nicht allein mit Ausruhen verbringen. Sie wollte Sehenswürdigkeiten besichtigen, Orte besuchen, von denen sie bisher nicht einmal geträumt hatte; mit Menschen zusammenkommen, die ihr lagen oder auch nicht – und dann in ihr altes Leben zurückkehren.

Sie würde sich verändern, hatte er gesagt. Nun gut, warum auch nicht? Vielleicht brauchte sie eine Veränderung, möglicherweise war es gar nicht schlecht, ein wenig von der Kratzbürstigkeit zu verlieren, die er an ihr so schätzte. Ja, sie würde eine umfassende Veränderung begrüßen. Sie hatte genug von Willington Place 34 und 35; ihr halbes Leben hatte sie dort verbracht. Dieser Monat hier war eine willkommene Unterbrechung ihres bisherigen Lebens, hier konnte sie endlich einmal ganz neue Erfahrungen sammeln, bevor sie wieder nach Hause zurückkehrte . . .

Zu Steve und einer Freundschaft mit ihm?

Ja, vielleicht wurde eine Freundschaft daraus; aber mehr gewiß nicht. Nein, mehr auf keinen Fall.

– 2 –

Paul Steermans Einzeltisch stand ganz hinten im Speisesaal nahe an einem Fenster, von dem aus er Aussicht aufs Meer hatte. Monsieur Fonyère sorgte dafür, daß er stets diesen Tisch bekam. Ihm war Mr. Steermans tiefe Abneigung bekannt, gemeinsam mit anderen Gästen an einem Tisch seine Mahlzeiten einzunehmen und dabei Konversation machen zu müssen, was ihm seiner Aussage nach Verdauungsbeschwerden bereitete.

Die meisten der Gäste, mit denen er bekannt war, saßen bereits zu Tisch, als Paul Steerman den Speisesaal betrat. Auf dem Weg zu seinem Platz begrüßte er Mrs. Forester und deren Tochter Kate und erkundigte sich höflich, ob die Damen einen guten Tag verbracht hätten. Von Kate erhielt er jedoch wie meist keine Antwort.

Anders war es, als er an Mrs. Winifried DeWhits Tisch vorbeikam, die seine Begrüßung stets mit überschwenglicher Freundlichkeit erwiderte.

»Sie sehen schon viel besser aus, Paul«, flötete sie.

»Vielen Dank, Winnie. Und wo seid ihr heute gewesen?«

»Ach, in Nizza. Einkaufen. Wie immer einkaufen. Aber nach dem Dinner wollen wir nach Monaco fahren, ein bißchen spielen. Hätten Sie nicht Lust, uns zu begleiten?«

»Vielen Dank, Winnie. Aber ich muß zu meinem Leidwesen gestehen, daß es mir aus zwei Gründen nicht möglich ist: erstens bin ich müde, und zweitens habe ich kein Geld.«

Ihre Antwort begleitete ein helles, kristallenes Lachen. »Die erste Entschuldigung nehme ich Ihnen ab, mein lieber Paul«, zwitscherte sie, »die zweite hingegen betrachte ich als gelungenen Scherz.«

»Wie Sie meinen, Winnie, ganz wie Sie meinen.«

Lord und Lady Huxtons Tisch lag nicht direkt auf seinem Weg, aber sein Nicken in ihre Richtung wurde von den beiden ebenfalls freundlich erwidert, nicht so jedoch von deren Tochter, die ihn nur mit großen, hungrigen Augen anstarrte.

Er hatte gerade an seinem Tisch Platz genommen und blickte hinaus aufs Meer, als seine Aufmerksamkeit von dem unverwechselbaren Geräusch abgelenkt wurde, das nur das Abendkleid einer Dame hervorbringen kann. Es war dieses leise Rauschen, ein ganz besonderes Rauschen in diesem Fall, hervorgerufen von einer alleinstehenden jungen Dame, die vom Maître d'hotel an ihren Tisch geführt wurde. Sie trug ein blaues Abendkleid mit farblich dazu abgestimmten Überröcken.

Während er sie dabei beobachtete, wie sie zu einem Tisch in seiner Nähe geführt wurde, stellte er wieder fest, daß sie ein wenig zu groß war, jedoch fraglos Geschmack besaß. Wer war diese Frau? Sie trug ihr üppiges braunes

Haar hochgesteckt, das ihren blassen Teint unauffällig betonte, und, soweit er erkennen konnte, außer einem schmalen Ring, der sie als verheiratet auswies, keinerlei Schmuck. Seltsam, sie erschien ihm beinahe so schlicht und einfach wie dieser Hut, den sie bei ihrer Ankunft getragen hatte. Und genau diese Schlichtheit ließ sie aus der Menge der anwesenden Damen hier im Saal hervorstechen.

Gereichte ihr das zum Vorteil? fragte er sich. Ja, absolut. Sie war eine sehr außergewöhnliche Person. Wie alt sie wohl sein mochte? Um die Dreißig, entschied er, schien es aber gewöhnt zu sein, allein zu reisen, da sie nur in Begleitung ihrer Zofe gekommen war. Nun gut, es war neuerdings en vogue, allein zu reisen, obgleich die Damen immer noch ein gewisses Alter erreicht haben mußten, damit sie sich die Freiheit herausnehmen konnten, auf männliche Begleitung zu verzichten. Wenn sie dieses Alter tatsächlich schon erreicht haben sollte, so verstand sie es allerdings gut zu kaschieren ...

Zwei Stunden später hatten sich die meisten Dinnergäste zu einem Drink oder einem Kaffee in die Lounge zurückgezogen; sie jedoch nicht, obwohl sie ›angesprochen‹ worden war, ein Ausdruck, der ihm immer in den Sinn kam, wenn Mr. Harry Cloche sich einem weiblichen Wesen näherte. Seiner Verbeugung und ihrem Nicken nach zu schließen, mußte sie seine Einladung abgelehnt haben, denn er verließ daraufhin allein den Speisesaal. Armer Harry, dachte er. Wenn er nicht bald wieder eine reiche Gönnerin findet, dann muß er wohl oder übel seine Zelte hier abbrechen ...

Als er wenig später mit einer Zigarre durch den Garten schlenderte, sorgsam darauf bedacht, den anderen Gästen aus dem Weg zu gehen, sah er sie auf der Terrasse sitzen, gut verborgen hinter einer großen Palme. Ob sie wohl auch die Abgeschiedenheit suchte? überlegte er. Hatte sie denn nicht die Stufen bemerkt, die von dort, wo sie saß, hinunter zum Strand führten? Diesen Weg benutzten die agileren unter den Gästen abends gern für ihren Verdauungsspaziergang.

Und dann sah er sie wieder im Foyer, diesmal in eine Unterhaltung mit Kate Forester vertieft, die offenbar ihre Mutter eine Weile der Obhut der Pflegerin überlassen hatte. Warum sie wohl ausgerechnet mit Kate plauderte, die im Augenblick weiß Gott nicht recht umgänglich war?

Als er sein Zimmer betrat, erkundigte sich sein Diener: »Begeben Sie sich heute früh zur Ruhe, Sir?«

»Ja, Walton. Dieses aufregende Leben hier hat mich völlig erschöpft.« Grinsend half Walton seinem Herrn aus dem Mantel und fragte nach, ob er gut gespeist habe.

»Ja, das Dinner war delikat wie immer. Und wie war Ihr Abendessen?«

»Ich kann nicht klagen, Sir.«

Paul Steerman verkniff sich die Frage, ob Walton bereits etwas über den Neuankömmling herausgefunden habe. Er spielte den Abwartenden, und Walton tat ihm den Gefallen, mit seinem Bericht zu warten, bis sein Herr sich für die Nacht fertiggemacht hatte. Dann erst begann er: »Die neuen Gäste, die Crouches, sind, soweit ich in Erfahrung bringen konnte, Geschäftsleute, die sich zur Ruhe gesetzt haben. Er hat keinen Diener bei sich, sie kam jedoch mit ihrer Zofe. Recht einfache Leute, würde ich sagen. Sir Arthur und Lady Florence kennen Sie ja bereits, nicht wahr, Sir? Sie haben heute abend mit Freunden in Cannes diniert.« Er machte eine kleine Pause. »Und die einzelne Dame, ich meine, die Dame, die ohne Begleitung gekommen ist, ist eine gewisse Mrs. Ratcliffe. Ihre Zofe war überaus schweigsam, aber dem Akzent nach zu schließen, kommt sie aus London.«

»Ach, Walton, war das ein eintöniger Tag heute. Und der morgige wird bestimmt noch langweiliger. Ich bin mir absolut sicher, daß ich es hier keinen ganzen Monat aushalte. Da gehe ich doch lieber hoch nach Schottland; dort kann man wenigstens jagen.«

»Und Ihre Familie wäre überglücklich, Sie dorthin zu begleiten, Sir. Northumberland ist doch nur einen Katzensprung entfernt.«

»Wissen Sie, Walton, es gibt Situationen, da würde ich

Ihnen am liebsten den Mund zukleben oder Ihnen eins überbraten; besonders, wenn Sie mir mit diesen Binsenweisheiten kommen ... Na schön, es gibt ja immer noch London.«

»Vermutlich ist es Ihrer Erinnerung entfallen, Sir, daß das Londoner Haus im Augenblick frisch tapeziert wird.«

»Ja, die obere Etage, aber nicht die Küche. Und die ist in ihrem jetzigen Zustand immer noch viel komfortabler als die Küchenräume der zwei anderen Häuser, besonders die von Little Manor. Wenn, dann hätte man Little Manor renovieren sollen. Selbst die Hunde meiden die Manorküche, so verflucht kalt ist es dort. Bisher hat sich noch jede Angestellte dort Rheuma und Bronchitis geholt. Seit Jahren schon liege ich dem alten Herrn damit in den Ohren, erhalte jedoch keinerlei Resonanz. Die Menschen aus Northumberland sind mit Kälte, Feuchtigkeit und eiskalten Winden großgeworden. Wissen Sie was, Walton?« Er lachte. »Mein Vater kann nicht verstehen, wie ich mir eine Lungenentzündung holen konnte, nur weil ich vom Pferd gefallen bin und mir dabei den Schädel gebrochen habe. Gut, ich hätte zwar stundenlang im Regen gelegen, räumte er ein, aber er selbst sei mit seinen Männern tagelang im strömenden Regen herummarschiert, und keiner habe sich dabei eine Lungenentzündung eingefangen. Skorbut, Ruhr und offene Beine, ja, das sei normal, meinte er – aber eine Lungenentzündung! Ich frage mich oft, Walton, wie meine Mutter das all die Jahre ausgehalten hat. Aber dann denke ich wieder, schließlich ist sie ja auch in Northumberland geboren, wie mein Vater immer betonte. Obgleich, um ein Haar wäre es gar nicht dazu gekommen, denn bei ihrer Geburt lag meterhoch Schnee, und man hatte weder den Doktor noch eine Hebamme rufen können.« Der Gedanke an Schnee und Dauerfrost ließ ihn unwillkürlich frösteln, als er den Hausmantel ablegte und zu Bett ging.

»Hier sind Sie gewiß bestens aufgehoben, Sir«, bemerkte Walton, während er die Bettdecke glattstrich. »Bisher jedenfalls haben Sie Ihren Aufenthalt hier immer als recht erholsam empfunden. Und Monsieur Fonyère kümmert sich stets mit besonderer Aufmerksamkeit um Sie.«

»Ja, aber auch das kann nichts gegen diese quälende Langeweile ausrichten. Na denn, gute Nacht, Walton.«

»Angenehme Nachtruhe, Sir. Ich bin sicher, morgen werden Sie sich viel wohler fühlen, und es wird ein unterhaltsamer Tag werden.«

»Ihr Wort in Gottes Ohr, Walton.«

Sie tauschten ein Lächeln.

– 3 –

Seit ihrer Ankunft waren erst drei Tage vergangen, doch Emily hatte das Gefühl, schon sehr viel länger in diesem Hotel zu wohnen, denn in der kurzen Zeit hatte sie bereits eine ganze Menge über den persönlichen Hintergrund der meisten Gäste erfahren, speziell über den von Miß Forester. Es gab wohl kaum ein einsameres Wesen auf Gottes Erdboden als diese junge Frau. Und wenn man eine dreitägige Bekanntschaft als Freundschaft bezeichnen konnte, dann waren sie wohl Freundinnen geworden.

Eigenartig, wie es dazu gekommen war. Am ersten Abend, als Emily in der Halle saß und sich fragte, was sie unter all den alten Leuten hier zu suchen hatte, war Kate Forester an ihr vorbeigegangen. Sie hatte ihr zugelächelt, und Kate war daraufhin stehengeblieben. Ohne ihr Lächeln zu erwidern, hatte diese neben ihr Platz genommen und ohne Umschweife eine Konversation begonnen. »Ich bin Kate Forester«, hatte sie sich vorgestellt. »Ich habe Sie beim Dinner gesehen. Ich sitze . . . ich sitze an dem Tisch mit dem Rollstuhl. Meine Mutter ist Invalidin.«

»Oh, das tut mir leid«, hatte Emily mitfühlend erwidert, und Kate hatte sie mit der Antwort verblüfft: »Mir auch. Ja, mir auch.« Es waren nicht die Worte als solche gewesen, die sie so erstaunt hatten, sondern die Betonung und die Wiederholung. Und dann hatte Kate gefragt: »Sind Sie auch zur Erholung hier, wie die meisten Gäste?«

»Ja, ich war eine Weile sehr krank«, sagte sie und reagierte noch eine Spur verblüffter, als sie zur Antwort bekam: »Es wundert mich, daß Sie kein anderes Hotel gewählt haben, denn dieses hier ist im Laufe der Zeit zu einem richtigen Seniorenheim verkommen, oder zu einer Zuflucht für diejenigen, die in Erinnerungen an ihre hiesigen Aufenthalte in jungen Jahren schwelgen ... ach ja, und nicht zu vergessen für gewisse Herren, die sich eine junge Frau angeln wollen.«

Emily konnte sich ein kurzes Lachen nicht verkneifen. »Sie sind sehr offen, Miß Forester.«

»Offenheit ist die einzige Freiheit, die ich mir bewahrt habe. Deshalb sitze ich ja auch hier und spreche so zu Ihnen. Und, das möchte ich hinzufügen, weil Sie so jung und frisch wirken, so gelassen. Beim Dinner habe ich mir überlegt, daß Sie hier total fehl am Platze sind. Und dann dieser Hut, den Sie bei Ihrer Ankunft getragen haben! Der ist wirklich gewagt.«

»Finden Sie?«

»Ja, und viele andere Gäste denken sicherlich genauso. Warum haben Sie ihn nicht garnieren lassen?«

»Weil er mir so besser gefällt.«

»Haben Sie ihn eigens anfertigen lassen?«

»Nein. Eine Freundin von mir hat ihn in einer Truhe auf dem Speicher des Hauses gefunden, das sie kürzlich in London bezogen hat.«

»Und er war so, wie er jetzt ist?«

»Abgesehen von der Schleife, ja.«

Daraufhin hatte Kate den Kopf abgewandt und in Richtung Tür und Garten geblickt, und was sie dann sagte, machte Emily auf sonderbare Weise betroffen. »In meinem Leben habe ich schon viele Frauen um viele Dinge beneidet, aber noch nie habe ich jemanden so beneidet wie *Sie*, als Sie mit diesem Hut ankamen. Nicht wegen Ihres Aussehens oder Ihrer Garderobe ... nein, sondern wegen dieser inneren Stärke, die Ihnen den Mut gab, allem Getuschel und allen schrägen Blicken zum Trotz diesen aufregenden Hut zu tragen. Ja, um diese Stärke, auf gewisse Konventionen zu pfeifen, darum beneide ich Sie sehr.«

Inzwischen hatte sie sich Emily wieder zugewandt, und als sich ihre Blicke trafen, verfielen beide in nachdenkliches Schweigen. Und merkwürdigerweise durchfuhr Emily im gleichen Augenblick der Gedanke, warum sie bei Mabels Tod keine Träne vergossen hatte, und daß sie sich auch nicht erinnern konnte, um ihre Mutter geweint zu haben. Seltsam, ausgerechnet jetzt verspürte sie das Bedürfnis, ihre Tränen fließen zu lassen, um den Schmerz zu lindern, den Kates Worte in ihr ausgelöst hatten. Es war genau dieses bewußte Erkennen und intensive Spüren von Einsamkeit . . . oder Alleinsein, von dem dieses Gedicht handelte und wovon Steve oft gesprochen hatte.

»Finden Sie, daß ich eigenartig bin?«

»Nein. Überhaupt nicht«, erwiderte Emily und streckte dieser Frau unwillkürlich ihre Hand entgegen. Sie verstand sie so gut. Und dann hörte sie sich sagen: »Es ist nicht zu spät, seinen eigenen Standpunkt zu beziehen . . . zumindest in gewissen Dingen«, woraufhin Kate lächelnd ihre Hand drückte und sich erhob. »Vielleicht können wir bald wieder einmal miteinander plaudern.«

»Ja, gerne. Das würde mich freuen.«

Und so hatte es begonnen.

Am nächsten Morgen nach dem Frühstück war Kate an Emilys Tisch gekommen und hatte sie gefragt, ob sie Lust habe, sie nach Nizza zu einem Einkaufsbummel zu begleiten, da ihre Mutter es vorzöge, heute im Bett zu bleiben.

Emily war mit Kate nach Nizza gefahren und hatte von ihr allerhand über die ›alten Hasen‹ erfahren, die Jahr für Jahr ihren Urlaub in diesem Hotel verbrachten. Und Kate hatte sie insbesondere vor dem gutaussehenden Harry Cloche gewarnt, der, wie sie sagte, nach einer reichen Witwe Ausschau halte, um dieser dann seine Begleitung anzutragen und sich dafür fürstlich entlohnen zu lassen. Und auf Kates Frage, ob sie denn eine reiche Witwe sei, hatte Emily geantwortet: »Ja, das könnte man in gewisser

Weise sagen.« Und Kate hatte daraufhin lachend erklärt: »Nun, dann sehen Sie sich besser vor. Ich habe Sie gewarnt.«

Sie stellten fest, daß sie viel Spaß zusammen haben konnten.

Emily erfuhr außerdem, daß Paul Steerman schon als Junge mit seinen Eltern hier Ferien gemacht hatte und seit seinen Flitterwochen vor zehn Jahren Stammgast in dem Hotel geworden war. Seine Frau sei Französin, erzählte Kate, sehr jung und sehr zierlich, und gewöhnlich verbrächten sie immer nur eine Woche Urlaub hier. Doch da Mr. Steerman kürzlich einen schweren Reitunfall erlitten habe, fuhr sie fort, bliebe er diesmal einen ganzen Monat. Er sei sehr freundlich, aber gleichzeitig recht reserviert, meinte sie, und ihm liege offenbar nicht viel an Kontakten zu anderen Gästen.

Am dritten Tag kam Kate nach dem Frühstück wieder an Emilys Tisch. »Ich fürchte, wir müssen unsere Ausfahrt auf ein andermal verschieben. Meine Mutter besteht nämlich darauf, heute einen Spaziergang zu machen«, erklärte sie und wiegelte Emilys Vorschlag, sie zu begleiten, da sie ihre Mutter gerne kennenlernen würde, mit den Worten ab: »Oh, lieber nicht. Sie wird Sie sonst nur über Ihre Familie ausfragen und nicht eher ruhen, bis Sie bei Adam und Eva angekommen sind. Außerdem . . .« Kate machte eine Pause, und auf ihrem Gesicht erschien plötzlich wieder jener düstere Schatten, der Emily schon am Tag ihrer Ankunft an dieser Frau aufgefallen war und für den sie jetzt die Erklärung erhielt: »Meine Mutter hat nämlich die Gabe, müssen Sie wissen, mir jegliche Freude zu verderben und mir alles Schöne kaputtzumachen. Und wenn sie erst den Eindruck gewonnen hat, daß ich eine Bekanntschaft gemacht . . . oder sogar eine Freundschaft geschlossen haben könnte, dann findet sie Mittel und Wege, diese auf der Stelle zu zerstören.«

»Aber nein.«

»O doch. Mit Sicherheit! Haben Sie in Ihrem Leben schon einmal jemanden geliebt und gleichzeitig gehaßt?«

»Nein.«

»Nun, dann kann ich Ihnen nur wünschen, daß Ihnen so etwas auch nie passiert. Wir sehen uns dann später. Vielleicht können wir morgen etwas zusammen unternehmen.«

»Ja. Ja ... Kate.«

Kate hatte sich schon zum Gehen gewandt, als sie unvermittelt innehielt und Emily noch einen letzten Blick zuwarf. Sie lächelte nicht, sagte auch nichts, nur ihre Augenlider flatterten.

Kurz danach stand Emily auf und ging hinaus auf die Veranda. Sie dachte an Steve, der Kates Situation bestimmt sehr interessant gefunden und eine Parabel daraus gemacht hätte: eine reiche Frau, die es sich leisten kann, zu reisen und wochenlang in einem Hotel wie diesem zu wohnen, die aber, jeglicher Freiheit beraubt, ein Leben führte, das sich keine Arbeiterin gefallen lassen würde.

Sie setzte sich in den bequemen Korbstuhl, der im Schatten einer ausladenden Palme stand und den sie zu ihrem Lieblingsplatz erkoren hatte. Von hier aus hatte sie eine wunderbare Aussicht auf das Meer und den gesamten Küstenstreifen und konnte zudem die Gäste beobachten, die in den Gartenanlagen, die bis hinunter zum Strand führten, spazierengingen.

Doch heute machte es ihr keinen rechten Spaß, dort zu sitzen. Kates Absage hatte sie in schlechte Stimmung versetzt, und sie wußte nicht, was sie mit dem Tag anfangen sollte. Gut, sie konnte auf ihr Zimmer gehen und einen Brief an Esther schreiben und einen an ... ja, an Steve. Aber was sollte sie ihm bezüglich ihrer Freundschaft antworten? Wollte sie sein Angebot wirklich annehmen? Ja, dachte sie, das wollte sie. Sie könnte ihm das schreiben, und damit wäre der Vormittag ausgefüllt. Aber was mit dem Nachmittag anfangen? Nun, sie könnte eine Kutsche mieten und mit Alice nach Nizza fahren. Alice würde das gewiß Spaß machen. Sie selbst hatte hier ja eine Freundin gefunden, aber Alice schien nicht so viel Glück zu haben. Das Personal war ihrer Aussage nach ein hochnäsiger

Haufen, Emporkömmlinge, besonders die Kammerdiener. Dabei sprächen sie genauso schlampig wie sie selbst, hatte Alice bemäkelt, taten jedoch auf vornehm, indem sie näselten und beim Sprechen spitze Lippen machten. Ach, sie war so froh, daß sie Alice mitgenommen hatte; Alice war manchmal so unfreiwillig komisch, wenn sie solche Kommentare abgab.

Ja, genau das würde sie tun. Sie würde Alice am Nachmittag Nizza zeigen und ihr etwas kaufen ... etwas Hübsches, nichts Gewöhnliches!

Sie erhob sich von dem Stuhl, ging über die Veranda zurück zur Halle und hatte gerade einen Schritt durch die große Tür getan, als sie gegen den Türholm gestoßen und von zwei starken Händen aufgefangen wurde.

»Oh, verzeihen Sie vielmals, Mademoiselle. Ich ... ich habe gerade mit meinem Freund gesprochen.« Es war Monsieur Fonyère, der jetzt neben ihr stand. »Wir haben so gelacht, mein guter Freund und ich.«

Emily sah jetzt das lächelnde Gesicht des Engländers, der hinter der Tür hervorkam und sofort eifrig bestätigte: »Ja, wir haben gelacht, und ich habe nicht darauf geachtet, wo ich hinging, als ich mich zu ihm umdrehte. Haben Sie sich verletzt?«

»Aber nein. Mir ist nichts passiert.«

»Gott sei Dank!« Der Engländer lüftete den Hut und lächelte Emily an, die daraufhin kurz in seine Richtung nickte und dann ihren Weg fortsetzte.

Es war nach dem Abendessen, als sie den beiden Herren wieder begegnete. Sie saßen zusammen mit anderen Gästen auf der Veranda und warfen ihr ein bedeutungsvolles Lächeln zu, als sie an ihnen vorbei in Richtung Holztreppe schlenderte, die hinunter zum Strand führte, wo es um diese abendliche Stunde recht kühl und sehr einsam war. Doch als sie die Treppe erreicht hatte und das Ehepaar auf den unteren Stufen bemerkte, das offensichtlich ebenfalls einen Abendspaziergang am Strand plante, da beschloß sie, noch eine Weile an ›ihrem‹ Platz, wie sie ihn nannte, zu warten. Doch kaum saß sie in dem Korbstuhl hinter der Palme, da kam auch schon der Herr auf sie zu, vor dem Kate sie so eindringlich gewarnt hatte.

»Guten Abend«, begann er. »Leider sind wir uns noch nicht vorgestellt worden, obgleich ich bereits Gelegenheit hatte, einige kurze Worte an Sie zu richten. Mein Name ist Cloche, Harry Cloche. Dieses Hotel ist ein alter Schlupfwinkel von mir«, sagte er und machte dabei eine ausladende Handbewegung, als gehöre ihm das ganze Anwesen. »Die letzten ein, zwei Tage war ich so beschäftigt, daß es mir nicht vergönnt war, Ihre werte Bekanntschaft zu machen. Sie sind Mrs. . . .?«

»Ratcliffe.«

»Ach ja, Mrs. Ratcliffe. Man erwähnte Ihren Namen bereits. Ich komme in einer besonderen Mission, Mrs. Ratcliffe. Wir hatten für heute abend einen Besuch im Casino geplant. Mrs. DeWhit wollte die vierte im Bunde sein, aber leider hat sie sich eine Erkältung zugezogen. Deshalb habe ich die ehrenvolle Aufgabe, Sie zu fragen, ob Sie uns nicht begleiten möchten?«

»Ich spiele nicht Karten, Mr. Cloche.«

»Wunderbar! Dürfte ich mich Ihnen dann vielleicht als Lehrer anbieten?«

»Ich spiele überhaupt nicht.«

»Aber, aber!« Er zog die Brauen hoch und schüttelte dabei mißbilligend den Kopf. »Spielen sagen Sie? Wir sind auch keine Spieler in dem Sinne. Ein kleiner Einsatz hier und dort, und was mich betrifft, wahrlich nur ein klitzekleiner Einsatz, denn was Sie *spielen* nennen, das kann ich mir gar nicht leisten. Das Vergnügen liegt doch vielmehr darin, diejenigen Leute zu beobachten, die das nötige finanzielle Polster haben, zu spielen und auch zu verlieren. Unsere kleine Gesellschaft ist sehr unterhaltsam, Mrs. Ratcliffe, das kann ich Ihnen versichern. Und ein wenig Unterhaltung kann nur eine willkommene Abwechslung sein, wenn man seine Tage hier in dieser . . .« – wieder machte er eine ausladende Handbewegung – »Atmosphäre verbringt, die zwar delektierlich sein mag, mit zunehmendem Alter der Gäste aber auch immer schwerfälliger wird.«

»Mir behagt diese delektierliche Atmosphäre, wie Sie sie nennen, sehr wohl, Mr. Cloche.«

»Ich bitte Sie, Mrs. Ratcliffe! Sie sind eine junge, schöne Frau, und eine elegante obendrein, wenn Sie mir diese Bemerkung gestatten . . .«

Aha, da hast du's schon, dachte Emily noch, als plötzlich der Mann neben ihr auftauchte, der sie vorhin versehentlich angerempelt hatte. Er schenkte ihr ein freundliches Lächeln und meinte dann zu Mr. Cloche: »Ich glaube, die Dame wird langsam ungeduldig, Harry; zumindest scharren die Rösser schon mit den Hufen.«

»Oh, oh«, machte er und beugte sich zu Emily. »Sind Sie sicher, daß Sie sich uns nicht doch anschließen möchten?«

»Ganz sicher. Vielen Dank.«

»Na denn. Vielleicht ein andermal. Guten Abend, Mrs. Ratcliffe«, verabschiedete er sich mit einem Schulterzukken. Paul Steerman übersah er geflissentlich.

»Hat er Sie belästigt?«

»Nein, keineswegs.«

»Vielleicht amüsiert? Ich hoffe nicht, denn das wäre fatal.«

»Nein, er hat mich auch nicht amüsiert. Aber weshalb wäre es fatal, wenn dem so gewesen wäre?«

»Sehen Sie«, begann er und zuckte jetzt ebenfalls mit den Schultern. »Wenn ich Sie nicht aufkläre, so wird es jemand anders tun. Unser charmanter Harry ist nämlich ein unverbesserlicher Spieler. Er hat nicht nur sein eigenes Vermögen verspielt, sondern auch das fremder Leute. Können Sie mir folgen?«

»Ja. Vielen Dank für den Hinweis.«

Er sah sie eine Weile schweigend an. »Genießen Sie Ihren Aufenthalt hier?« fragte er dann.

»Genießen?« Ihr Blick schweifte ab in Richtung Strand. »Genießen wäre nicht der richtige Ausdruck«, entgegnete sie. »Ich erhole mich, schätze die Ruhe und . . . nun, ich unterhalte mich eigentlich recht gut.«

»Unterhalten?«

»Ja, ganz recht«, nickte sie. »Denn ehrlich gesagt bin ich bisher noch nie einer Ansammlung von solch unterschiedlichen Menschen begegnet, die andererseits alle aus demselben Holz geschnitzt zu sein scheinen.«

»Oje! Jetzt wird es ernst. Ich fürchte, ich habe das Pech, oder die zweifelhafte Ehre – je nachdem, wie man es nimmt –, ebenfalls zu dieser speziellen Sorte Holz zu gehören, nicht wahr?«

»Dazu möchte ich mich nicht äußern, denn mein Urteil ist allenfalls oberflächlich zu nennen. Bis jetzt habe ich mich nämlich nur mit Miß Forester eingehender unterhalten.«

»Ach, Sie haben Kate kennengelernt? Und darf ich fragen, welchen Eindruck Sie von ihr haben?«

»Dürfen Sie«, begann sie und musterte ihn dann einen Augenblick, bevor sie weitersprach. »Ich halte sie für eine sehr interessante junge Dame. Und es tut mir leid für sie, daß sie die meiste Zeit ihres Lebens in Hotels wie diesem verbringen muß.«

Es folgte eine längere Pause, ehe er sie dann unvermittelt fragte: »Hätten Sie Lust auf einen kleinen Strandspaziergang?«

»Ja, einverstanden. Das wäre nett.«

Sie erhob sich sofort aus ihrem Stuhl. Und während er ihren Arm nahm, um sie die Stufen hinunterzuführen, dachte er über ihre spontane Antwort auf seine Einladung nach, die ihn einerseits verblüffte, andererseits aber ihrer direkten Art entsprach. Sie war den Umgang mit dieser Gesellschaftsschicht nicht gewöhnt, das war ihm inzwischen klar geworden, denn dazu war ihre Rede viel zu offen. In den Kreisen, in denen er sich bewegte, konnten nur die Älteren das Privileg für sich beanspruchen, offen auszusprechen, was sie dachten.

Am unteren Ende der Treppe gab er ihren Arm frei. Nebeneinander gingen sie dann den schmalen, von Büschen gesäumten Pfad entlang zum Strand hinunter.

»Darf ich mir die Freiheit herausnehmen zu fragen,

warum Sie dieses Hotel gewählt haben?« erkundigte er sich mit derselben Offenheit, die sie für sich in Anspruch nahm.

»Ja. Es war der Wunsch einer lieben Freundin von mir, daß ich einmal in diesem Hotel Urlaub machen sollte, da sie selbst als junge Frau hier einen wunderschönen Monat verbracht hatte.«

»Ihre Flitterwochen?«

»Nein, nicht direkt.«

Sollte sie ihm die Wahrheit sagen? überlegte sie. Und wenn er ihre Geschichte hinterher im ganzen Hotel herumerzählte? Das würde dann die arme Alice ebenso enttarnen wie sie selbst. Wie ein Schwätzer kam er ihr allerdings nicht vor, aber andererseits wußte sie auch nicht, mit welchem Typ Mann sie es hier zu tun hatte. Sie unterhielten sich gerade erst zum zweiten Mal. Und obwohl er ein offenes Gesicht hatte, stammte er doch aus den Kreisen, die dem Klatsch nicht abgeneigt waren. Sie brauchte sich nur an all die Gerüchte und Skandale erinnern, die ihre Kundinnen ihr hinter vorgehaltener Hand erzählten und die deren Ehegatten wiederum aus dem Klub, von der Jagd oder aus der Kanzlei mit nach Hause gebracht hatten. Plötzlich kam ihr Steve in den Sinn. Was würde er in dieser Situation tun? Sie sah ihn an und sagte: »Nein, sie war damals die Zofe der Braut.«

»Ach wirklich? Dann muß sie hier ja eine glückliche Zeit verlebt haben.«

»In der Tat. Sie heiratete kurz darauf den Gentleman ... ich meine, den Butler des Bräutigams.«

Er brach in schallendes Gelächter aus, das die Dünen zurückzuwerfen schienen. »Verzeihen Sie mir. Ich fand das nicht komisch, sondern eher unglaublich. Und, sind sie glücklich geworden?«

»Ja. Beide Paare.«

»Und, die Zofe, was ist aus ihr und ihrem Mann geworden? Haben sie weiterhin für ihre Herrschaft gearbeitet?«

»Ja. Und als die Lady starb, haben sie sich weiterhin um den Herrn gekümmert.«

Das Lächeln war aus seinem Gesicht verschwunden, als er sagte: »Welch ein Glück für ihn ... ja, wirklich. Dann hatte er also keine Familie mehr?«

»Nein, niemanden.«

»Und was machte Ihre Freundin später?«

»Nun«, seufzte Emily. »Nach seinem Tod hinterließ er ihr und ihrem Mann ein kleines Vermögen, jedenfalls für damalige Zeiten. Damit erfüllte sie sich einen langgehegten Wunsch und eröffnete ein Geschäft.«

Da sie nicht näher auf die Art des Geschäftes einging, sah er sich zu der Frage veranlaßt: »Und was war das für ein Geschäft?«

»Ein Modesalon«, sagte sie und drehte sich dann unvermittelt zu ihm um. »Hüte.«

»Hüte?«

»Ja, ganz richtig. Hüte«, wiederholte sie mit einem Lächeln, das er auch gleich erwiderte: »Aha, daher also der goldene Hut, den Sie neulich trugen.«

»Nein, der stammte nicht aus ihrem Salon. An den sind wir eher zufällig geraten. Kennen Sie sich in London aus, Sir?«

»Ja, recht gut.«

»Ist Ihnen Willington Place ein Begriff?«

»Willington Place? Aber sicher. Als Junge bin ich ein paarmal bei einem Freund meines Vaters zu Besuch gewesen, der dort eine Wohnung hatte. Und Sie leben in Willington Place?«

»Ja, ich habe mein Geschäft dort.«

»Ihr Geschäft?« erkundigte er sich vorsichtig.

»Ja, *Die Hutschachtel*. Den Salon hat mir meine Freundin hinterlassen. Sie starb voriges Jahr.«

Wie verabredet blieben sie beide unvermittelt stehen und sahen sich an. Ein vages Lächeln überzog sein Gesicht, als er sagte: »Das ist eine bemerkenswerte Geschichte. Aber es ist nicht nur eine Geschichte, sondern auch ein Stück Leben. Und ... dieser große gelbe Strohhut bestätigt alles, was Sie mir eben erzählt haben. Sie werden sich nie vorm Leben fürchten, nicht wahr?«

»O doch. Doch, bestimmt. Zum Beispiel jetzt.«

»Aber nicht doch.« Er schüttelte energisch den Kopf. »Sie machen sich vielleicht hin und wieder Sorgen. Aber Angst? Nein.« Jetzt lachte sie wieder. »Niemand, der einen Hut wie diesen mit einer derartigen Selbstsicherheit zu tragen weiß, kann sich vor etwas oder jemandem fürchten.«

Seltsam, Kate hatte genau dasselbe gesagt, dachte sie und sprach es auch gleich aus. »Miß Forester hat eine ähnliche Bemerkung gemacht. Aber es ist nicht wahr. Ich ... tief in meinem Inneren fürchte ich mich davor, was mir das Leben bringen wird. Ich glaube, nur Toren haben keine Angst.«

Er hielt ihren Blick eine ganze Weile, dann sagte er: »Sie unterhalten sich mit Kate über solche Dinge?«

»Ja, wir haben uns ... nun, recht gut angefreundet.«

Sie setzten ihren Weg fort. »Arme Kate«, warf er nach einer Weile nachdenklich ein. »Hier haben wir es mit einem Menschenleben zu tun, das durch Herrschsucht ruiniert wurde. Es ist meiner Meinung nach das Schlimmste, die größte Sünde überhaupt, einen anderen Menschen in irgendeiner Form zu dominieren. In Kates Fall hat diese Herrschaft ihr nicht nur das Leben, sondern auch die Seele geraubt. Ihre Mutter ist eine Tyrannin. Schwache und egoistische Frauen neigen zur Unterdrückung, aber auch schöne, charmante Frauen. Und rücksichtslose Männer. Ja, es gibt so viele Menschen, die andere unterdrücken, selbst ihre Kinder. Aber die schlimmsten von allen sind die Mütter, zumindest was ihren Einfluß auf Männer betrifft. Die Mutter ist die erste Frau im Leben eines Mannes, und die Ehefrau, so sehr er sie auch lieben mag, wird immer die zweite sein. Bei Mutter und Sohn gründet sich diese Dominanz auf Liebe, aber bei Mutter und Tochter entspringt sie reinem Eigennutz. – Du liebe Güte!« Er schüttelte den Kopf und ließ ein unsicheres Lachen hören. »Ich kann mich gar nicht erinnern, wann ich zuletzt so einen Monolog gehalten habe. Bitte, verzeihen Sie mir. Ich habe Sie sicher schrecklich gelangweilt.«

»Aber keineswegs, Sir. Wissen Sie, ich habe einen

Freund in London, einen Arzt, der schweift ebenso leicht vom Thema ab wie Sie eben, wenn er sich über etwas erregt. Aber ich glaube, viele seiner Reden – er hat eine sehr schroffe Art – dienen nur dazu, sein wahres Ich zu verbergen. Er liebt nämlich Poesie über alles.«

»Nun, daß ich ein Freund der Poesie bin, das kann ich von mir nicht behaupten, doch ich lese sehr gern. Oh, sehen Sie, da sind ja schon die Höhlen!« rief er und deutete mit dem Finger geradeaus. »Wir sind ein ordentliches Stück gelaufen. Sie sind sicherlich recht müde.«

»Nein, bin ich nicht. Aber ich denke trotzdem, wir sollten jetzt umkehren. Sind die Höhlen groß?«

»Nein, eigentlich nicht. Aber man erzählt sich hier, daß einst in einer dieser Höhlen ein französischer Landarbeiter hauste und während eines Sturms ertrank. Seine Leiche wurde nie gefunden, und deshalb fürchten sich die Leute heute noch davor, diese Höhle zu betreten.«

»Das kann ich verstehen.«

»Ja? Wirklich?« Er klang überrascht.

»Ja, denn als ich klein war, mußten Nachbarn von uns ihr Haus verlassen, weil es darin fürchterlich spukte. Die Möbel bewegten sich von selbst, und nachts fielen die Bilder von der Wand.«

»Poltergeister?«

»Wie bitte? Was sind Poltergeister?«

»So etwas wie böse Geister. Ja, so lautet die gängige Erklärung. Aber da nicht alle Geister Möbel verrücken, glaube ich, daß es unter ihnen auch gute Geister gibt. Derzeit schießen in England parapsychologische Gesellschaften wie Pilze aus dem Boden. Sie versuchen, die Ursache für derartige Phänomene zu erforschen. Aber für mich wäre das nichts, wenn ich ehrlich bin.«

Sie machten kehrt und legten den Rückweg zum größten Teil schweigend zurück, bis sie wieder an der Holztreppe anlangten und er sich mit den Worten an sie wandte: »Ich habe unseren Spaziergang sehr genossen, Mrs. Ratcliffe. Darf ich hoffen, daß es nicht unser letzter war und Sie mich wieder einmal begleiten werden?«

Ihre Antwort kam spontan und für ihn nicht mehr überraschend. »Aber gewiß, Sir.«

»Ich freue mich schon darauf. Jedenfalls hat Sie dieser Abend bestimmt weniger gekostet als ein Casinobesuch mit unserem Freund, Mr. Cloche.«

»Ach, ich hätte ohnehin nicht gespielt.«

»Na, ich weiß nicht. Wenn man erst einmal im Casino drin ist, fällt es schwer, nicht den einen oder anderen Franc zu riskieren.«

»Ich habe schon recht früh den Wert eines Farthing schätzen gelernt, denn neunhundertundsechzig Farthing geben ein Pfund. Sie werden das vielleicht nicht wissen, aber im Textilgeschäft bekommt man statt eines Farthing Wechselgeld oft ein Briefchen Stecknadeln.«

»Stammen Sie aus Schottland?« fragte er lachend.

»Nein, ich bin in London geboren. Klinge ich denn so?«

»Nein, eigentlich nicht. Es waren die Stecknadeln, die mich zu der Frage veranlaßten. Wir haben nämlich ein Haus in Schottland. Als ich ein kleiner Junge war, gab es dort einen Jagdhelfer, der uns Kindern immer drohte, daß er uns für ein Briefchen Stecknadeln die Ohren abschneiden würde. Und auch in Little Manor in Northumberland habe ich einen ähnlichen Spruch gehört. Dort jedoch begnügte man sich schon mit zwei Stecknadeln.«

»Sie besitzen auch ein Haus in Northumberland?«

»Ja, aber unser eigentliches Zuhause ist in Schottland. Little Manor liegt sozusagen auf dem halben Weg.«

»Und es heißt wirklich Little Manor?«

»Ja, aber es ist nicht so klein, wie man dem Namen nach annehmen möchte ... Was haben Sie denn?« Er beugte sich besorgt zu ihr und hörte sie hinter vorgehaltener Hand murmeln: »Wie seltsam.«

»Was ist denn daran so seltsam?« fragte er.

»Daß Sie in einem Haus in Northumberland leben, das Little Manor heißt, denn ich glaube nicht, daß es davon zwei gibt. Der Major, für den meine Freundin gearbeitet hat, lebte in einem Haus in Northumberland, das Little Manor hieß. Und er ist dort zur Welt gekommen.«

»Erinnern Sie sich an seinen Namen?«

»Warten Sie, ich glaube, er hieß Wrighton. Ja, Major Wrighton.«

»Nein, was für ein Zufall! Der frühere Besitzer des Hauses war tatsächlich ein Major Wrighton. So steht es jedenfalls im Kaufvertrag. Soviel ich weiß, lebten etliche Generationen dieser Familie dort, doch mit dem Tod des Majors starb diese offenbar aus. Mein Vater hat damals neben dem Haus auch etliche Möbel und die Bibliothek übernommen, und dort habe ich einmal vor Jahren eine Art Tagebuch gefunden, das die gesamte Chronik der Familie Wrighton und ihrer Vorfahren enthält. Ein hochinteressantes Buch, zumal es von verschiedenen Mitgliedern dieser Familie geführt worden war. Aber sagen Sie, ist es nicht ein seltsamer Zufall, daß Sie mit dem Major und Little Manor bekannt sind?«

»*Bekannt* wäre zuviel gesagt. Die Verbindung besteht eigentlich nur durch den früheren Herrn meiner Freundin.«

»Aber dennoch ist es seltsam, finden Sie nicht auch?«

»Ja, da haben Sie recht«, stimmte sie ihm lächelnd zu.

Und auch er lächelte, als er fortfuhr: »Wenn wir im Herbst zur Jagd nach Little Manor fahren, werde ich mir dieses Buch noch einmal vornehmen. Darin sind alle möglichen Leute erwähnt. Wie hieß denn Ihre Freundin?«

»Mrs. Arkwright.«

»Arkwright. Arkwright.« Er legte den Kopf in den Nakken, dachte einen Moment nach und meinte dann: »Ich glaube, es hat geklingelt. Kein sehr geläufiger Name, Arkwright.« Dann streckte er ihr lachend seine Hand entgegen. »Unter diesen Umständen, Mrs. Ratcliffe, kann man doch sagen, daß wir uns ganz formell durch einen gemeinsamen Freund vorgestellt wurden, meinen Sie nicht? Ein etwas entfernter, aber nichtsdestoweniger gemeinsamer Freund.«

Emily ergriff seine angebotene Hand und stimmte in sein Lachen ein.

Und damit begann alles.

Als Walton sich später bei seinem Herrn erkundigte, ob er nach diesem ausgedehnten Spaziergang nicht sehr erschöpft sei, entgegnete dieser: »Nicht im geringsten, Walton. Ich habe Mrs. Ratcliffes Bekanntschaft gemacht und mich eine Weile mit ihr unterhalten.«

»Dann kann ich nur hoffen, daß sie Ihnen eine angenehme Gesellschaft war, Sir.«

»Sehr angenehm, Walton. Sie hat sich als eine sehr außergewöhnliche Dame entpuppt . . . nicht minder außergewöhnlich wie der Hut, den sie trägt.«

Emily hingegen erwähnte Alice gegenüber mit keiner Silbe, daß sie mit Mr. Steerman spazierengegangen war und sich sehr angeregt mit ihm unterhalten hatte.

– 4 –

Die zweite Woche ihres Aufenthalts neigte sich dem Ende zu, und seit diesem ersten Spaziergang mit Mr. Steerman war kaum ein Tag vergangen, da sie sich nicht auf der Veranda, im Garten oder auf dem Weg ins Hotel begegnet waren. Anfangs hatten sie nur ein paar Worte gewechselt, später jedoch saßen sie nach dem Dinner des öfteren noch zusammen auf dem Balkon oder in der Lounge. Bei diesen Gelegenheiten unterhielten sie sich selbstverständlich auch mit anderen Gästen, er meist mit Mrs. DeWhit und Emily mit Kate Forester.

Zweimal hatte Emily in dieser Woche mit Kate einen kleinen Ausflug unternommen, und je öfter sie sie sah, desto mehr mochte sie diese Frau und desto mehr Mitleid empfand sie für sie.

Während der zweiten Woche wurden die Spaziergänge mit Paul Steerman häufiger, ihre Gespräche immer intensiver. Aber waren sie nicht beide Gäste, und war es für Gäste denn so außergewöhnlich, wenn sie miteinander plauderten? Gewiß nicht. Zumindest nicht bis zu jenem strahlenden Freitagmorgen, als Mrs. Ratcliffe mit diesem außergewöhnlichen gelben Hut das Hotel verließ, Mr. Steerman ihr beim Einsteigen in die wartende Kutsche half und sie beide davonfuhren.

Nun, war es nicht auch üblich, daß Gäste in einer Kutsche das Hotel verließen? Andererseits, wenn eine Kutsche gemietet wurde, dann meist von zwei Herren mit ihren Gattinnen. Freilich gab es auch Ausnahmen. Mr. Cloche und Mrs. DeWhit zum Beispiel fuhren bisweilen gemeinsam aus, aber sie waren alte Bekannte, wohingegen Mrs. Ratcliffe eine junge Witwe und Mr. Steerman ein verheirateter Mann aus angesehener Familie war ...

In der Kutsche sagte er dann: »Wenn ich Ihr Gesicht unter diesem Hut erkennen könnte, würde ich sehen, daß Sie lächeln.«

Sie wandte sich ihm zu und lächelte tatsächlich.

»Ich vermute«, fuhr er fort, »daß Sie sich der Kommentare sehr wohl bewußt sind, die unsere Abfahrt zweifellos hervorrufen wird. Haben Sie den Hut deshalb aufgesetzt, weil Sie wissen, daß Sie damit konsternierte Blicke ernten?«

»Nein. Ich trage diesen Hut aus dem einfachen Grund, weil er mir gefällt. Ich habe ihn immer gemocht ... er hat etwas.«

»So?« meinte er kopfschüttelnd. »Meiner Meinung und der einiger anderer Gäste nach hat er überhaupt nichts. Ich vermute, dieser Hut ist der schmuckloseste, den man je an der Riviera gesehen hat; aber auch der allerschönste ... zumindest erscheint er so, wenn Sie ihn tragen.«

Sie drehte sich von ihm weg und schaute aufs Meer. Eigentlich hätte sie jetzt eine spitze Bemerkung über billige Komplimente machen sollen, unterließ es jedoch. Sie wollte sich über nichts und niemanden Gedanken machen, sondern ihren Urlaub weiterhin genießen. Denn daß sie ihn in diesem Maße genießen würde, damit hatte sie nicht gerechnet. Sie fühlte sich so anders, konnte kaum glauben, daß sie dieselbe Person war, die am Tag ihrer Ankunft so nervös gewesen war, als ob sie unter Vorspiegelung falscher Tatsachen hier eingetroffen wäre. Nun, in gewisser Weise war dem anfangs auch so gewesen, aber jetzt nicht mehr, zumindest nicht in bezug auf diesen Mann, der hier neben ihr saß. Er wußte alles über sie, wie sie zu ihrem Geschäft gekommen war und dem Geld; selbst, daß sie geschieden war, hatte sie ihm nicht verschwiegen. Sie wußte, daß ihn das überraschte, und als sie ihn darauf ansprach, hatte er ihr geantwortet: »Nun, Scheidungen sind sehr schwer durchzusetzen, relativ unüblich und kommen einen vor allem recht teuer.«

»Ich muß Ihnen in allen drei Punkten recht geben, Sir, aber ich habe sie dennoch erreicht.«

Er hatte, was den Grund für ihre Scheidung betraf, nicht nachgehakt, und sie war auch nicht weiter auf dieses Thema eingegangen.

»Darf ich Sie fragen, was Sie heute bei unserer ersten gemeinsamen Ausfahrt unternehmen möchten?«

»Französisch lernen.«

»Was?« fragte er und griente dabei belustigt. »Sagten Sie, Französisch lernen?«

»Ja, genau das sagte ich.«

»Nun, meine liebe Mrs. Ratcliffe, Sie werden Französisch lernen. Ich werde den ganzen Tag nur diese gewünschte Sprache sprechen, und Sie werden jeden Satz wiederholen . . . und zwar so oft wiederholen, bis auch der Akzent stimmt.«

Und so verbrachten sie den Tag mit Besichtigungen, aßen in einem Restaurant zu Mittag, tranken in einem anderen Tee und lachten dabei ohne Ende.

Als sie dann am späten Nachmittag über die Strandpromenade flanierten, faßte er die vergangenen Stunden mit den Worten zusammen: »Das war ein herrlicher Tag heute. Meinen Sie nicht, wir sollten ihn mit einem Theaterbesuch ausklingen lassen?« Ihre Antwort darauf kam spontan wie immer: »Ja, das wäre eine glänzende Idee.« Sie liebte Theaterbesuche und hatte bisher jede Gelegenheit wahrgenommen, sich das eine oder andere Stück in London anzusehen.

Aber sie besuchten kein Theater im üblichen Sinne, sondern sahen sich eine Burleske an und amüsierten sich dabei mindestens so prächtig wie das übrige Publikum. Und als ihre Hand einmal zufällig die seine streifte, hielt er sie für einen kurzen Augenblick. Aber Emily wertete das nicht als vertrauliche Geste, sondern als Ausdruck ihrer ausgelassenen Stimmung.

Auf dem Heimweg dann wurde ihr klar, daß es doch eine vertrauliche Geste gewesen war, als nämlich seine Hand abermals die ihre suchte, der Mond sein blasses Licht über sie ergoß und er leise sagte: »Wie schade, daß dieser Tag nun bald zu Ende geht. Es war ein so herrlicher, ein so außergewöhnlicher Tag, daß ich ab heute an Sie nie mehr als Mrs. Ratcliffe denken kann. Nein, das wäre unmöglich. Für mich werden Sie immer Emily bleiben. Glauben Sie, ich dürfte Sie bitten, mich Paul zu nennen?«

Sie gab ihm darauf zunächst keine Antwort, sondern zog statt dessen langsam die Nadeln aus ihrem Hut und nahm ihn dann ab, anscheinend, um sich bequemer an dem gepolsterten Kopfteil der Sitzbank anlehnen zu können. Sie wußte, was geschehen würde, was bereits geschehen war, und daß sie es nicht hätte geschehen lassen dürfen. Er war ein angesehener Gentleman, verheiratet, Vater dreier Kinder, und deshalb durfte sie keinen Schritt weiter gehen. Sie wußte, daß ihre Gründe ihm nichts bedeuteten: Männer seines Standes genossen sehr freizügig die Gesellschaft von Frauen ... das heißt, von Damen aus ihren Kreisen. Sie stammte aber nicht aus diesen Kreisen; und das wußte er. Aber wofür hielt er sie dann? Für ein billiges Flittchen?

Die Veränderung, die plötzlich mit ihr vorgegangen war, mußte ihn erstaunt haben. Nun, sie war schließlich kein dummes Ding; sie mußte ihm Einhalt gebieten. Dieser herrliche Tag, wie er sagte, mußte einmalig bleiben.

Sie straffte die Schultern, drehte sich zu ihm um und erklärte mit fester Stimme: »Ich denke, wir sollten bei Mr. Steerman und Mrs. Ratcliffe bleiben.«

Das Klappern der Pferdehufe und das Knirschen der Räder auf dem Kiesweg füllten das daraufhin entstandene

Schweigen. Dann sagte er: »Wie Sie wünschen, Mrs. Ratcliffe . . . Ja, ganz wie Sie wünschen.« Und nach einigen Minuten weiteren Schweigens setzte er hinzu: »Aber diese Formalität sollte diesem vergnüglichen Tag keinen Abbruch tun; ich hoffe, Sie denken da genau wie ich.«

»Ja. Ja, selbstverständlich. Dieser Tag war wirklich sehr vergnüglich und sehr lehrreich.«

»Nun, ich könnte ja an dem einen oder anderen Tag mit dem Unterricht fortfahren.«

Sie machte eine Pause, ehe sie erwiderte: »Ja, gewiß.«

Der Mondschein hatte seine Romantik verloren. Die Hochstimmung, dic sic noch vor kurzcm cmpfunden hatte, war einem schmerzlichen Gefühl gewichen.

Daß Mrs. Ratcliffe die Kutsche mit dem Hut in der Hand verließ – diesem ungewöhnlichen, ungarnierten großen gelben Ding –, blieb den Gästen, die an diesem Abend auf der Veranda Abkühlung suchten, nicht verborgen. Wirklich, man mußte die gesellschaftliche Stellung dieser Mrs. Ratcliffe ernsthaft in Frage stellen . . .

– 5 –

Emily hatte Steve einen kurzen Brief geschrieben. Er begann:

Dies ist meine letzte Woche hier. Mir geht es sehr viel besser. Sie sagten, ich würde mich verändern; und Sie haben recht behalten. Ich weiß gar nicht, wie ich damit zurechtkommen werde, wieder Hüte zu verkaufen und das Londoner Wetter zu ertragen. Wir haben zwar erst März, aber hier ist es bereits so warm wie im Sommer. Nun ja, alles hat einmal ein Ende, und nächste Woche um diese Zeit werde ich mich wohl vom Bahnhof durch den dicken Londoner Nebel nach Hause kämpfen müssen.

Mit freundlichen Grüßen
Emily

Auch an Esther schrieb sie ein paar Zeilen und beendete diese mit »Am liebsten würde ich für immer hier leben«, wissend zwar, daß das nicht ganz der Wahrheit entsprach, denn es gab nur einen Menschen – nein zwei –, die ihr diesen Urlaub erträglich gemacht hatten. Ansonsten wäre sie nämlich der albernen Höflichkeiten, der langsam dahinkriechenden Tage und des morgendlichen, mittäglichen und abendlichen Kleiderwechselns recht bald überdrüssig geworden.

»Würdest du diese Briefe bitte nach unten an die Rezeption bringen?« bat sie Alice, die mit einem Blick auf Esthers Namen genau das wiederholte, was Emily gerade vor ein paar Minuten geschrieben hatte: »Nächste Woche um diese Zeit sind wir wieder zu Hause, nicht wahr, Madam?«

»Ja, Alice. Tut es dir leid?«

Alice kniff die Lippen zusammen und zuckte dann mit den Schultern.

»Ja und nein«, meinte sie und fügte dann rasch hinzu: »Wenn ich ehrlich bin, tut es mir nicht leid, heimzufahren. Meine Kollegen da unten, das ist schon ein recht vornehmer Haufen. Von ihnen habe ich ein neues Wort gelernt: Pri-o-ri-tät.«

»Priorität?«

»Ja, Madam. O Gott, zu Hause werde ich bestimmt alles durcheinanderbringen«, stöhnte sie und meinte dann grinsend: »Aber zumindest war es doch eine ganz neue Erfahrung, finden Sie nicht auch?«

Emily wartete einen Augenblick mit der Antwort. »Ja, es war wirklich eine ganz neue Erfahrung.« Alice war nicht dumm, das wußte sie, und daß sie, wenn sie sich über die verschiedenen Gäste unterhielten, nach den ersten paar Tagen Paul Steerman nicht mehr erwähnte, war Alice bestimmt nicht entgangen. »Ich mache jetzt einen Spaziergang mit Miß Forester«, warf sie leichthin ein, »werde aber zum Lunch zurücksein. Ach, würdest du bitte das malvenfarbene Chiffonkleid aufbügeln? Ich möchte es heute abend tragen.«

»Ja, Madam.«

Als Alice das Zimmer verlassen hatte, trat Emily ans Fenster und sah hinauf aufs Meer. Im stillen wiederholte sie noch einmal ihre letzten Worte. Er hatte absolut recht, als er sagte, sie würde nie mehr dieselbe sein. Wie könnte sie auch nach diesen drei Wochen? Besonders nach den letzten beiden. Was sollte sie tun? Was konnte sie tun? Nichts.

Ihre Situation war unmöglich geworden, verwandelte sich mit jedem Tag mehr in eine Tragödie, und sie wünschte sich nur, daß der Vorhang bald fiel. Aber gleichzeitig erfüllte sie die Gewißheit, daß dieser, einmal gefallen, sich nie wieder öffnen würde, mit einem unerträglichen Schmerz.

Wie hatte es überhaupt dazu kommen können? fragte Emily sich immer wieder. Und weshalb ging ihr diese Geschichte so ungeheuer nahe? Immerhin war sie kein dummes Ding mehr, sondern eine erwachsene, intelligente Frau. Und sie besaß Menschenkenntnis, ja, das konnte sie von sich behaupten. Aber was dieser Paul Anderson Steerman für ein Mensch war, das, mußte sie zugeben, wußte sie nicht. Was beeindruckte sie denn so an ihm? Seine charmante Art; sein sarkastischer Humor; sein Verständnis und die Sympathie für das sogenannte einfache Volk, die in ihren Gesprächen immer wieder zum Ausdruck kamen? Nein, nichts von alledem und doch alles zusammengenommen: seine grauen Augen, die so klar und strahlend in die Welt blickten; seine Art zu lächeln; sein Lachen; seine Bewegungen; seine Toleranz, ja, vor allem die Toleranz, mit der er das Leben entschuldigte, das Leute aus seinen Kreisen führten, sprich die Leute in diesem Hotel. Er hatte ihr den Hintergrund einiger Stammgäste skizziert, und alles, was er über sie sagte, bewies sein tiefes Verständnis dafür, warum jeder von ihnen sich so benahm und nicht anders – mit einer Ausnahme allerdings, und das war Kates Mutter.

Sie mußte hinuntergehen. Kate würde gewiß schon warten ...

In der Halle hatten sich etliche Gäste versammelt, denn Mrs. DeWhit reiste ab, und das unter entsprechendem Hallo.

»Auf Wiedersehen, meine Teuerste. Bis bald ... Nein, nicht im Herbst. Da muß ich für Mr. DeWhit die Fasanen aufscheuchen«, setzte sie kichernd hinzu, was allgemeines Gelächter hervorrief. Dann wandte sie sich an Paul Steerman. »Auf Wiedersehen, mein lieber Paul. Ich werde Irene herzlich von Ihnen grüßen. Versuchen Sie, ein guter Junge zu sein.« Sie tätschelte ihm mütterlich die Wange, worauf er ihre Hand nahm, einen Kuß darauf hauchte und augenzwinkernd bemerkte: »Ich bin kein guter Junge mehr gewesen, seit man mich in lange Hosen gesteckt hat, müssen Sie wissen. Aber bleiben Sie ein gutes Mädchen ... ein gutes Mädchen, haben Sie gehört?«

Daraufhin gab es noch mehr Gelächter.

Als Kate und Emily an der Gruppe vorbei zum Ausgang gingen, drehte sich Mrs. DeWhit zu Kate um. »Auf Wiedersehen, Kate. Und richten Sie Ihrer lieben Mutter meine besten Grüße aus ... die arme Seele«, fügte sie hinzu, worauf Kate keine Antwort gab. Mit leicht veränderter Stimme, in die sich jetzt ein arroganter Unterton mischte, sagte sie zu Emily: »Leben Sie wohl, Mrs. Ratcliffe«, worauf Emily im selben Tonfall erwiderte: »Auf Wiedersehen, Mrs. DeWhit.«

Sie waren bereits im Garten angekommen, ehe eine von ihnen wieder sprach. Es war Kate, die sagte: »Dort geht eine Frau, die mit Schlangengift getauft wurde.« Und auf Emilys kurzes Auflachen hin meinte sie ungewöhnlich schroff: »Eigentlich ist das nicht zum Lachen, denn diese Person wird nichts Eiligeres zu tun haben, als Paul Steermans Frau aufzusuchen und ihr zu berichten, daß er sich in Ihrer Gesellschaft bestens amüsiert hat.«

»Oh, Kate!«

»Nein, nein, versuchen Sie nicht, mich zum Schweigen zu bringen. Ich kenne diese Leute. Und erzählen Sie mir nicht, Sie hätten nicht bemerkt, daß man über Sie redet, seitdem man Sie so oft in seiner Begleitung gesehen hat.«

»Die anderen Gäste plaudern doch auch miteinander und gehen zusammen spazieren.«

»Ja, aber nicht immer mit den gleichen. In den letzten zwei Wochen haben Sie Ihre Zeit, abgesehen von unseren kleinen Spritztouren, ausschließlich mit ihm verbracht. Er ist ein verheirateter Mann mit drei Kindern, Emily. Und er ist überall bekannt. Sie dagegen sind hier aus heiterem Himmel aufgetaucht. Niemand wußte irgend etwas über Sie. Und sie wissen auch bis heute noch nichts, und das macht sie neugierig. Sie sind anders als wir ... ich meine, hier kennt jeder jeden. Viele der Gäste wurden gemeinsam bei Hofe eingeführt. Gott weiß, wie lange das schon her ist.«

Um von dem ernsten Thema abzulenken, warf Emily die Frage ein: »Sind Sie auch bei Hofe eingeführt worden?«

»Ja, wurde ich. Und was hat es mir gebracht? Kurz darauf bekam meine Mutter ihre Schmerzen und erhob sich nur noch von ihrem Krankenlager, wenn sie sicher war, daß mir niemand Beachtung schenkte. Doch sobald ein männliches Wesen sich für mich interessierte, waren die Schmerzen wieder da. Manchen Menschen dreht Gott irgendwann einmal den Rücken zu, glaube ich allmählich, denn jetzt ist sie tatsächlich ein Krüppel.« Sie machte eine kleine Pause und setzte dann leise hinzu: »Und ich auch.«

»Aber Kate, so etwas dürfen Sie nicht sagen.«

»Nein? Gut, dann sprechen wir wieder über das andere Thema. Ich weiß, wo ich stehe, aber Sie nicht. Ihnen wird entweder das Herz brechen, oder Sie werden etwas ganz verdammt Dummes tun und Ihr Leben zugrunde richten. Nicht so wie mein Leben, aber Sie werden genausoviel durchmachen, wenn nicht mehr.«

Schweigend setzten sie ihren Weg fort, durchquerten den Garten, bis sie an den Strand kamen, und gingen an den Badehütten vorbei bis an die Stelle, wo der andere Weg von der Veranda über die Holztreppen nach unten zum Strand führte. Da sagte Kate unvermittelt: »Seit Wochen ist kein Abend vergangen, da Sie beide nicht diesen

Weg entlangspaziert sind. Das Seitenfenster unseres Zimmers geht nämlich zufällig in diese Richtung.«

Emily enthielt sich jeglichen Kommentars. Kates Worte hatten sie geärgert. Am liebsten hätte sie zu ihr gesagt: »Wie wär's, wenn Sie sich um Ihre eigenen Angelegenheiten kümmerten?« Obwohl sie wußte, daß das töricht war, hatte sie es hier doch mit jemandem zu tun, der offen und aufrichtig war. Ja, von allen Leuten, die sie bislang an diesem Ort kennengelernt hatte, war Kate wirklich die einzige, von der sie das behaupten konnte. Wenn sie dagegen an Paul Steerman dachte, so mußte sie sich eingestehen, daß er es ihr gegenüber mit der Offenheit nicht sehr genau nahm: Seine Frau und die Kinder hatte er bislang nie erwähnt und auch sonst kaum etwas von sich preisgegeben. Sein einziges Anliegen war, so schien es ihr, sie zum Reden zu bringen und sich dann über ihre Worte zu amüsieren.

»Ich hatte nie einen richtigen Freund im Leben«, nahm Kate das Gespräch wieder auf. »Niemanden, mit dem ich offen reden konnte, bis ich Ihnen begegnete. Und am Ende der Woche reisen Sie ab, und das war es dann.«

Jetzt blieb Emily stehen, legte Kate die Hand auf die Schulter und drehte sie sanft zu sich herum. »Das muß nicht so sein. Sie leben doch in London, genau wie ich. Und es gibt keinen Grund, warum Sie mich nicht hin und wieder besuchen kommen sollten. Für mich wäre es umgekehrt etwas schwieriger, wenn man bedenkt, daß Ihre Mutter mich dann eingehend unter die Lupe nehmen würde. Ich weiß schon.«

»Ja, ich auch«, nickte Kate und lächelte Emily an. »Es wäre wirklich schön, wenn wir uns weiterhin sehen könnten«, sagte sie und hakte sich dann ganz spontan bei Emily unter. So gingen sie eine ganze Weile schweigend nebeneinander her, bis Kate plötzlich aufs Meer hinaus deutete. »Sehen Sie den Dunstschleier dort? Ich wette, später wird es ein gewaltiges Gewitter geben. Das geschieht meistens, wenn der Horizont sich so graublau färbt.«

Emily konnte keinen Unterschied zu vorher entdecken,

aber sie gab sich auch keine große Mühe, denn im Augenblick interessierte sie mehr der Gewittersturm, der in ihrem Inneren tobte. Und wenn Steve jetzt ihre Gedanken lesen könnte, würde er sagen: »Es liegt ganz an Ihnen, ob Sie der Gefahr trotzen oder nicht . . .«

Am Nachmittag zog Bewölkung auf. Kates vorausgesagter Sturm schien sich tatsächlich anzukündigen. Aber Emily ging weiter den Strand entlang auf die Höhlen zu. Dann und wann hielt sie inne, um aufs Meer hinauszuschauen und gleichzeitig einen Blick zurück über die Schulter zu werfen, ob er ihr hinterherkam. Wann immer sie sich hier trafen, benahm er sich sehr umsichtig; er schlenderte langsam den Strand entlang und tat dann stets so, als ob sie sich rein zufällig auf ihrem Spaziergang begegneten. Doch heute konnte sie ihn nirgends entdecken.

Die Strandhütten und auch die Umrisse des Hotels waren schon lange im Dunst verschwunden. Es würde tatsächlich einen Sturm geben. Sie sollte besser umkehren.

Als plötzlich ein Blitz nur wenige Schritte vor ihr in den Sand einschlug, machte sie laut aufschreiend einen Satz. Und als dann ein gewaltiger Donner die Stille zerriß und dicke Regentropfen auf sie niederzuprasseln begannen, da wußte sie, daß es zum Umkehren zu spät war und sie unmöglich das Hotel erreichen konnte, ohne bis auf die Haut naß zu werden. Kurz entschlossen hob sie also ihre Röcke hoch und rannte so schnell sie konnte zur ersten Höhle. Da flammte kurz vor dem Eingang ein zweiter Blitz auf, und der unmittelbar darauffolgende Donnerschlag schleuderte sie förmlich in die Höhle hinein, wo sie keuchend in den Sand fiel.

Sie war schon einmal in dieser Höhle gewesen. Ob es die Geisterhöhle war, wußte sie nicht, aber an die Eiseskälte darin erinnerte sie sich noch gut. Doch die Kälte, die sie jetzt spürte, kam von ihrer Angst. Sie schwitzte am ganzen Körper. Sie hatte Gewitter nie besonders gemocht, sich aber bis jetzt nicht derart davor gefürchtet, wahrscheinlich, weil sie noch nie in freier Natur von einem Gewitter überrascht worden war.

Anfangs fühlte sie sich nur von dem ungeheuren Lärm bedroht, dem Prasseln des Regens und dem Tosen des aufgepeitschten Meeres, doch beim nächsten Donnerschlag glaubte sie, die Höhlendecke würde über ihr zusammenbrechen, so knirschte und krachte das Gestein. Starr vor Angst kroch sie in die hinterste Ecke der Höhle und kauerte sich ganz nah an die Felswand.

Erst als das Grollen des Donners verebbte und der Regen allmählich nachließ, hob sie vorsichtig den Kopf, den sie in die Armbeuge gesteckt hatte, und spähte in Richtung Höhleneingang. Draußen schien wieder die Sonne. Sie konnte es kaum glauben. Obwohl ihre Angst ein wenig nachgelassen hatte, war sie noch nicht in der Lage aufzustehen. Sie verbarg ihren Kopf wieder in der Armbeuge und begann zu weinen.

Wie ein kleines Kind hockte sie da, mit den Armen die angezogenen Knie umfassend, den Kopf darauf gebettet und hemmungslos schluchzend. Zum erstenmal in ihrem Leben sehnte sie sich nach Willington Place, ihrem Zuhause, nach dem geschäftigen Treiben und dem Geschnatter der Mädchen in dem einen und der Ruhe in dem anderen Haus; zurück an den vertrauten Ort, wo sie es nur mit ihrem alten Selbst zu tun hatte, mit dem sie umgehen konnte, und nicht wie hier mit diesem neuen Ich, das ihr unbekannt war und ihr nur Kummer und Seelenqualen bereitete.

Als sie plötzlich eine fremde Hand an ihrer Schulter spürte, stieß sie einen gellenden Schrei aus und stieß mit dem Rücken gegen die Felswand. Und als sie dann zaghaft die Augen öffnete, blickte sie in Paul Steermans Gesicht.

»Um Himmels willen! Was ist denn passiert? Ich ahnte ja nicht, daß Sie bei diesem Sturm unterwegs sind. Kate hat mir gerade erzählt, daß sie Sie vorhin den Stand entlanggehen sah. Und als mir Ihre Zofe sagte, Sie seien nicht zurückgekehrt . . . aber, mein Gott, warum weinen Sie denn so?«

Er kniete jetzt neben ihr und hatte die Arme um sie gelegt. »Fürchten Sie sich so sehr vor Gewitter? Sie sind hier sehr heftig, aber auch rasch wieder vorbei. Nicht weinen, mein Liebling, nicht weinen. Das kann ich nicht ertragen. Es ist doch alles vorbei. Kommen Sie. Stehen Sie auf.«

Er half ihr hoch, doch sie war immer noch nicht fähig, einen Fuß vor den anderen zu setzen, und mußte sich an der Felswand abstützen.

»Sie sind ja ganz durchgefroren.«

Sie gab keine Antwort. Wie hätte sie auch sprechen können, wenn ihr ganzes Denken um dieses eine Wort kreiste: Er hatte sie ›Liebling‹ genannt.

Eine Hand unter ihr Kinn gelegt, tupfte er ihr mit einem Taschentuch die Tränen ab. Dabei flüsterte er: »Ich ... ich kann es nicht ertragen, Sie weinen zu sehen. Das paßt nicht zu Ihnen. Sie sind eine wunderbare Frau, so unabhängig und frei in Ihrem Denken. Einer Frau wie Ihnen bin ich noch nie begegnet, Emily. Noch nie. Noch habe ich je das für eine Frau empfunden, was ich für Sie empfinde. Das wissen Sie doch, nicht wahr? Das wissen Sie.« Er beugte sich jetzt noch näher zu ihr hin. »Ich ... ich kann den Gedanken nicht ertragen, Sie möglicherweise niemals wiederzusehen. Nein, ich muß Sie einfach wiedersehen. Verstehen Sie, was ich sage, liebste Emily? Ich mag Sie sehr. Sie ... Sie sind so unvermittelt über mich hereingebrochen wie dieses Gewitter eben ... Von dem Augenblick an, als ich Sie mit diesem lächerlichen Hut sah, war es um mich geschehen. Ach, Emily.«

Sie war schon vorher geküßt worden. O ja, Jim hatte sie geküßt, zuweilen beinahe bei lebendigem Leib aufgefressen, aber mit der Zärtlichkeit, die ein Hund einem Knochen angedeihen läßt. Doch daß sie einmal jemand so küssen würde, hätte sie selbst in ihren kühnsten Träumen nicht zu hoffen gewagt; zärtlich zu Anfang, liebevoll, bis ihre Arme sich um seinen Nacken schlangen, dann leidenschaftlicher, aber immer noch wundervoll.

Wie beschreibt man ein Wunder? Sie verlor sich in diesem Wunder. Es wurde stärker und stärker, bis es ihr ganzes vergangenes Leben ausgelöscht hatte und es auf der Welt nur noch sie und ihn gab.

Und seine Frau und seine Kinder.

Nach Atem ringend, drückte sie ihn mit beiden Handflächen von sich weg, und ihre Stimme war ein einziger Schrei. »Nein! Nein! Was tun Sie da? Was tue ich? Ich ... will das nicht!« Ihr Kopf flog von einer Seite zur anderen, und wieder schrie sie, diesmal fast hysterisch: *»Nein, sage ich! Nein!«*

Als sie mit torkelnden Schritten aus der Höhle zu fliehen versuchte, hielt er sie bei den Schultern fest. »Hören Sie mich an, Emily. Bitte, so hören Sie mich an«, flehte er mit bebender Stimme. »Es wird alles gut werden. Wir können diskret sein. Alles was Sie wollen, aber ich kann Sie nicht wieder aus meinem Leben gehen lassen. Hören Sie mich?«

»Ja, ja. Ich höre Sie, aber ich ... ich kann Sie nicht in *mein* Leben treten lassen. Sie haben eine Frau und drei Kinder. Vergessen Sie das?«

»Nein, Emily, das vergesse ich nicht. Aber ... Sie scheinen es in den letzten Tagen vergessen zu haben. Sie haben es die ganze Zeit über gewußt, aber Sie konnten nicht anders, genausowenig wie ich.«

Sie machte sich von ihm los und wankte zum Ausgang der Höhle. Draußen strahlte der Tag wieder im herrlichsten Sonnenschein. Der Himmel war azurblau und spiegelte sich im Meer. Die Luft war frisch wie kühler Wein. Sie konnte die Badehäuschen in einiger Entfernung erkennen und das Hotel. Alles war wieder so wie vor dem Sturm, nur sie selbst nicht.

Sie sah an ihrem Kleid hinunter, das über und über voll Sand war, und klopfte sich ab. Dann strich sie sich das Haar aus der Stirn und schob es unter den kleinen Hut, der – von zwei Nadeln gehalten – erstaunlicherweise noch immer korrekt saß.

»Würden Sie jetzt bitte gehen?« bat sie ihn nun. »Ich möchte gerne allein zum Hotel zurücklaufen.«

»Nein, Emily. Ich werde nicht gehen. Und ich lasse Sie auch nicht allein laufen. Wir gehen gemeinsam zum Hotel zurück, und nachdem Sie sich umgezogen haben, werden wir im kleinen Salon Tee trinken. Nach außen hin wird sich nichts ändern. Das lasse ich nicht zu. Uns bleiben nur noch fünf Tage. Was danach passiert, wird man arrangieren müssen.«

»Nein! Nein!« Steve hätte den Tonfall ihrer Stimme zu deuten gewußt. »Da gibt es nichts zu arrangieren. Da kann man nichts arrangieren. Was schlagen Sie denn vor? Daß ich Ihre Geliebte werde?«

»Ach, Emily. Ihre Freimütigkeit ist einer Ihrer besonderen Reize, aber jetzt übertreiben Sie ein wenig. Nichts liegt mir ferner, als Ihnen vorzuschlagen, meine Geliebte zu werden!«

»Nein? Dann war das wohl nur eine Urlaubsromanze für Sie. Eine nette Episode, bevor Sie sich ins nächste Vergnügen stürzen, wie?«

»Solche Reden sind Ihrer nicht wert, Emily. Sie sind in mein Leben getreten und haben Gefühle in mir geweckt, die ich bisher nicht für möglich gehalten hätte. Und deshalb, meine Liebe«, er machte einen Schritt auf sie zu, »könnte ich den Gedanken nicht ertragen, Sie nach diesem Urlaub nicht mehr wiederzusehen.«

Sie mußte sich buchstäblich dazu zwingen, sich nicht von seinen Worten einlullen zu lassen, und deshalb erwiderte sie so kühl wie möglich: »Und was haben Sie dann vor, wenn ich fragen darf? Sich scheiden zu lassen?«

Unwillkürlich wich er einen Schritt zurück, und sein ganzer Körper schien sich zu versteifen, als er antwortete: »Nein, Emily. Eine Scheidung käme für mich nie in Frage. Sie wissen, ich habe drei Kinder . . . die liegen mir sehr am Herzen, und ihre Zukunft ebenfalls. Aber da wir schon davon sprechen, kann ich Ihnen auch sagen, daß meine Frau und ich inzwischen ein getrenntes Leben führen. Wir bewohnen zwar dasselbe Haus, aber wir gehen unsere eigenen Wege, und das schon seit geraumer Zeit. Meine Frau, muß ich zugeben, ist sehr charmant, doch wir sind in vielen Dingen nicht einer Meinung. Wir tolerieren uns vielmehr.«

»Aha, ich verstehe.«

»Nein, Sie verstehen überhaupt nichts, Emily.«

»O doch!« Ihre Stimme klang auf einmal sehr schroff. »In Ihren Kreisen hat man als Mann das Recht, sich eine Geliebte zu halten. Das ist absolut üblich. Und wenn Ihre Wahl auf eine Dame aus Ihren Kreisen gefallen wäre, dann hätte diese Diskussion auch bestimmt nicht diesen billigen Beigeschmack gehabt, den sie jetzt im Augenblick hat, nicht wahr?«

Er drehte ihr den Rücken zu und ließ den Kopf hängen, eine Geste, die ihr zeigte, daß sie mit ihrer These so falsch nicht liegen konnte. Doch als sie hinzusetzte: »Würden Sie mich jetzt bitte allein zurückgehen lassen?«, wirbelte er herum und entgegnete nicht weniger schroff: »Nein, ich werde Sie nicht allein zurückgehen lassen. Wenn Sie Gerede heraufbeschwören wollen, dann wäre das genau der richtige Weg. Selbst auf diese Entfernung hin kann man uns von den oberen Hotelzimmern aus sehen, und ich bin mir sicher, daß uns Ihre Freundin Kate schon seit einiger Zeit observiert. Also, tun Sie mir bitte den Gefallen und lassen Sie uns gemeinsam zum Hotel zurückkehren. Auf dem Weg dorthin werde auch ich nicht mehr von Liebe sprechen, aber ich werde Sie fragen, ob Sie mich nicht für die wenigen Tage, die uns hier noch bleiben, als Freund betrachten können? Bitte, Emily, versprechen Sie mir das.«

Sie sah ihm in die Augen, und ihre innere Stimme sagte ihr, daß sie ihm alles versprechen würde, wenn er nur frei wäre. Aber er würde niemals frei sein, das hatte er ganz klar geäußert. Und sie wußte, daß auch sie niemals wieder frei sein würde – sie würde ihn immer begehren. Wie nahe war sie in der Höhle daran gewesen, sich ihm hinzugeben! Nun, eines wußte sie gewiß: Sobald sie dieses Hotel verlassen hatte, würde sie ihn nie mehr wiedersehen, denn er war nicht der Mann, mit dem sie nur befreundet sein konnte. Steve . . . ja, Steve konnte ihr Freund werden. Aber nicht dieser Mann. Bei ihm gab es nur alles oder nichts. Und es mußte bei ›nichts‹ bleiben.

– 6 –

Den Dienstag verbrachte Emily in Nizza, um Mitbringsel für Esther, Lena und die Köchin auszusuchen; den anderen Angestellten wollte sie Pralinen kaufen. Nach dem Lunch suchte sie noch einmal die Sehenswürdigkeiten auf, die sie bereits mit Paul besucht hatte, und ließ sich am späten Nachmittag von einer Droschke ins Hotel zurückfahren.

Als sie in ihr Zimmer kam, maß Alice sie mit einem musternden Blick und bemerkte dann, nachdem sie ihr die Päckchen und den Trenchcoat abgenommen hatte: »Sie sehen unwohl aus, Madam. Praktisch genauso blaß und spitz um die Nase wie bei der Ankunft. Ich glaube, Sie haben sich ein wenig übernommen. Vor dem Dinner sollten Sie sich auf alle Fälle ein Stündchen hinlegen; es ist doch genügend Zeit. Ach ja, welches Kleid werden Sie heute abend tragen?«

Am liebsten hätte sie geantwortet, daß ihr das völlig gleichgültig sei, und als sie nach einer Weile sagte: »Das graue«, setzte sich Alice neben sie aufs Bett, eine Freiheit, die sich eine richtige Zofe niemals herausgenommen hätte, und erkundigte sich besorgt: »Was ist nur los mit Ihnen, Miß? Sie sehen plötzlich so traurig aus.«

Emily sah sie an und mußte wahrlich an sich halten, daß sie nicht ihren Kopf an Alices Schulter bettete und ihr das Herz ausschüttete. Das hätte einem jungen Mädchen zugestanden, das seine erste Liebe beweint, aber nicht ihr als erwachsener Frau. Und als Alice dann die Hand auf die ihre legte und ganz sachte anfragte: »Machen Sie sich Gedanken um Mr. Steerman?«, da zog sie ruckartig ihre Hand zurück und rief empört: »*Alice!*«

Alice, die diesen Ausruf ganz richtig als Rüge deutete, schlug sogleich die Augen nieder und begann sogar leicht zu zittern. »Es ... es tut mir leid, Miß ... äh, Madam«, stammelte sie, »aber ... da unten wird immer so viel geredet. Und die schauen mich immer so komisch an und versuchen, mich auszufragen. Nur sein Diener nicht. Dieser

Walton ist ein netter Mann, beinahe ein richtiger Gentleman. Er hat sich mit mir am ersten Abend unterhalten.«

»Worüber reden sie denn?«

»Ach ... hauptsächlich geht es um Mr. Steerman und seine Familie; alles alte Stammgäste, wie sie sagen. Ein oder zwei von denen wollten auch wissen, wie lange Sie schon Witwe sind und wie lange Sie verheiratet waren. Und was Sie so tun – damit meinen sie, wo Sie die übrige Zeit des Jahres verbringen. Die scheinen nämlich alle ständig von einem Ort zum nächsten zu reisen.«

»Und was hast du darauf geantwortet?«

»Oh, ich habe gesagt, daß Sie Häuser besitzen. Das war doch nicht gelogen, oder? Und daß Sie in einem davon Ihren Laden haben.«

»Einen Hutladen?«

»Nun, Miß ... ich habe es ein bißchen ausgeschmückt. Ich sagte, Sie führen einen bekannten Modesalon für Hüte und so weiter.«

»Und was haben sie daraufhin gesagt?«

Alice starrte einen Augenblick auf ihre Fußspitzen, grinste dann verlegen und antwortete: »Na, ja. So was in der Art von ... daß es sehr bedauerlich sei, daß Sie diesen großen Hut dann nicht garniert haben.«

»Ja, vielleicht haben sie damit gar nicht so unrecht«, gab Emily lächelnd zurück und erhob sich von ihrem Bett.

»O nein, Miß«, rief Alice, um sich noch im gleichen Atemzug zu verbessern: »Madam, wollte ich sagen. Komisch, manchmal ist es ganz einfach, Sie Madam zu nennen. Aber manchmal, wie jetzt, wenn wir uns unterhalten, da sind Sie für mich einfach die Miß.«

»Das werde ich ja auch bald wieder sein, Alice. Und ganz unter uns, es wird mir nicht leid tun.«

»Sagen Sie so was nicht, Miß Emily. Sie haben so hübsch ausgesehen in letzter Zeit; diese Kleider stehen Ihnen prächtig. Sie sehen besser aus als alle anderen Frauen hier. Und es hat Ihnen doch bis jetzt auch gefallen, nicht wahr? Kümmern Sie sich nicht darum, was die Leute reden. Genießen Sie die Zeit hier. Es sind doch Ihre Ferien, und jeder hat das Recht auf ein bißchen Vergnügen dann und wann, meine ich.«

»Ach, Alice.« Sie mußte sich von ihr abwenden, sonst hätte sie die Tränen nicht mehr zurückhalten können. »Ich werde mich ein Weilchen hinlegen«, murmelte sie. »Und du bügelst jetzt besser das graue Kleid auf. Es knittert immer so leicht.«

»Ja, das mache ich.« Ohne ein ›Madam‹ oder ein ›Miß‹ anzufügen, wie es sich für sie geziemt hätte, verschwand Alice im Ankleidezimmer. Und Emily, die sich auf die Couch unter dem Fenster gelegt hatte, schloß die Augen und dachte bei sich: »Ich muß mich zusammennehmen. Wenn Alice bemerkt hatte, daß mit mir etwas nicht stimmte, würde das den anderen Leuten hier bestimmt auch bald auffallen und ihnen nur noch mehr Grund zum Tuscheln geben.« Und dann murmelte sie hinter vorgehaltener Hand: »Du bist selbst an allem schuld. Du wußtest genau, worauf du dich einläßt.« Doch als sie im Geiste seine Stimme hörte, so sanft wie damals in der Höhle, und sie leise wimmerte: »Aber er fühlt genauso. Er liebt mich«, da schien die Antwort darauf direkt aus Mrs. Arkwrights Mund zu kommen. »Das ist genau das, was alle Männer ihren Geliebten ins Ohr flüstern.« Und genau das hatte er ihr ja auch indirekt angetragen: Sie sollte seine Geliebte werden. Nun, sie würde niemals seine Geliebte werden, das wußte sie bestimmt – weder die seine noch die eines anderen. Nie! Niemals!

Am Mittwoch trafen sie sich am Nachmittag und saßen eine Weile gemeinsam auf der Veranda. Er sprach über die momentane Situation in London, über Parnell und die politische Lage in Irland, schwenkte dann auf die Queen über und meinte, man könne das Trauern auch übertreiben.

»Dann sind Sie also kein Royalist?« meldete sich Emily erstmals nach seinem Monolog zu Wort, woraufhin er entrüstet erklärte: »Aber ja, selbstverständlich bin ich Royalist. Ich schätze die Monarchie und besonders Prinz Albert Edward von Wales. Er ist ein hervorragender Botschafter.«

Und während er sich weiter in Lobeshymnen auf den Prinzen und seine Reisen erging, dachte sie bei sich, daß er ihn natürlich bewundern *mußte*: Der Prinz war bekannt für seine vielen Frauenbekanntschaften, besonders für seine Mätresse, die er überall vorzeigte und damit seine schöne Frau, Prinzessin Alexandra, dem Gespött der Leute aussetzte. Die Arme, wie mußte sie sich dabei fühlen? Wie kam es eigentlich, daß Männer diese Freiheiten für sich beanspruchen konnten, wohingegen eine Frau, die ihren Mann wegen eines anderen verließ, wenn nicht aus der Gesellschaft ausgestoßen, so doch immerhin geächtet wurde? Das war in höchstem Maße ungerecht und grausam.

Sie erinnerte sich an den guten Rat, den Mrs. Arkwright ihr damals vor der Hochzeit mit Jim Pearson gegeben hatte. »Gib dich ihm nicht hin«, hatte sie gesagt. »Denn sobald du das tust, hast du schon verloren. Und wenn er weiß, daß du schwanger bist, sucht er mit Sicherheit das Weite. Das machen die meisten. Und was ist dann? Die Mädchen verlieren ihre Stellung, und die armen Kinder sind für ihr Leben gezeichnet. Also, denk an meine Worte, bevor du dich mit ihm einläßt.«

Und sie hatte sich diese Worte wirklich zu Herzen genommen. Schwanger werden, ohne einen Ring am Finger, das hätte sie bei Gott nicht riskieren wollen.

Und hier saß Paul und lobte den Prinzen von Wales, diesen unverbesserlichen Frauenhelden, über den grünen Klee ...

»Möchten Sie ein wenig durch den Garten spazieren, Mrs. Ratcliffe?«

»Ja, sehr gern.«

Als sie an den Liegestühlen vorbeikamen, trafen sie dort die Arnold-Fawcetts an, die ihnen freundlich zulächelten, und Lady Huxton und ihre Tochter, die es sich ebenfalls dort bequem gemacht hatten, sie aber nur neugierig anstarrten. Lady Huxton nahm sogar ihre Lorgnette zur

Hand, um ihren weiteren Weg durch den Garten zu verfolgen, bis sie hinter eine Hecke verschwunden waren.

»Wie fühlen Sie sich?« erkundigte er sich, nachdem sie eine Weile schweigend nebeneinanderher gegangen waren.

»Danke, ganz gut.«

»Ach, Emily. Lassen Sie bitte dieses unpersönliche Gehabe. Was passiert ist, ist passiert; und das kann keiner von uns mehr ungeschehen machen. Ich könnte jetzt freilich sagen, daß ich diesen Vorfall bedauere, aber das wäre ehrlich gesagt gelogen. Und auch wenn wir uns nach diesem Urlaub nicht mehr wiedersehen, werde ich Sie trotzdem nie vergessen, und das hat einen ganz einfachen Grund: Ich *kann* Sie nämlich nicht vergessen. Hören Sie, Emily, lassen Sie uns die nächsten Tag hier doch wenigstens wie gute Freunde verbringen.«

»Für mich ist das nicht so leicht«, sagte sie und senkte ihre Stimme. »Ich bin es nicht gewöhnt, Affären zu haben, und daher fehlt mir einfach die Praxis, so zu tun, als wäre nichts geschehen.«

»Das ist mir sehr wohl bewußt, meine Liebe. Deshalb ist diese Affäre, wie Sie es nennen, auch etwas ganz Besonderes für mich.«

Sie schaltete schnell. »Wie? Ist sie anders als die anderen Affären, die Sie hatten?« fragte sie spitz.

Er setzte ein tolerantes Lächeln auf, ging aber nicht direkt auf ihre Bemerkung ein. »Emily, ich bin ein Mann. Und ich bin nicht im Kloster großgeworden. Ich habe in meiner Welt gelebt.«

»Und nach deren Muster.«

»Ja. In gewisser Weise haben Sie damit wohl recht. Aber ich kann es nicht oft genug wiederholen: Sie sind für mich etwas ganz Besonderes. Auch wenn Sie es anscheinend nicht begreifen wollen, ist es dennoch die Wahrheit.«

»Guten Morgen«, sagte eine Stimme.

Sie gehörte einem alten Herrn, der, über einen Strauch gebeugt, zu ihnen herüberschaute. »Was für ein wunderbarer Duft. Ich habe versucht, ihn in meinem Garten zu pflanzen, aber er ist leider eingegangen. Schreckliches Gewitter gestern, nicht wahr?«

»Ja, Colonel; wirklich schrecklich.« Und als sie an ihm vorbeigegangen waren, flüsterte Paul Emily zu: »Ich wünschte, ich wäre schon so alt wie er und meine einzige Freude gälte einem duftenden Strauch.«

»Er macht mich traurig«, sagte Emily. »Er ist so alt und so einsam, obwohl er unter lauter Leuten aus seinen Kreisen lebt. Er erinnert mich an ein Gedicht, das ich in einem Buch las, welches mir ein Freund geschenkt hat. Es endet damit, daß sich zwei alte Männer begegnen, vor dem Kamin sitzend ihre Zigarren rauchen und ihren Port trinken: Und beide haben in dem anderen einen Freund gefunden.«

»Du meine Güte! Das stammt doch von Petersen. S. Petersen.«

Sie sahen sich beide erstaunt an. »Ja, das ist der Autor des Buches«, sagte sie.

»Ich habe es in meiner Bibliothek; es ist sein zweites Buch. Sehr merkwürdige Gedichte.«

»Sie kennen ihn?«

»Nicht persönlich, aber ein Freund hat mir erzählt, daß er als Psychiater in einem Irrenhaus arbeitet. Muß wohl stimmen, so wie er schreibt. Manchen seiner Gedichte mangelt es zwar gehörig an Poesie, aber das Gefühl ist da. Ich mag ihn. Soviel ich weiß, ist er Norweger.«

»Tatsächlich?«

»Ja. Ich kann mir vorstellen, daß er deshalb auch so seltsam schreibt; so unenglisch, wenn Sie verstehen, was ich meine.«

Da sie nicht antwortete, blieb er stehen und sagte mit leiser Stimme, nachdem er sie mit einer sanften Handbewegung ebenfalls zum Stehenbleiben gezwungen hatte: »Sehen Sie? Wir haben tatsächlich noch etwas gemeinsam. Wer weiß, vielleicht enden wir auch einmal wie diese beiden alten Herrschaften: ich mit meinem Glas Portwein in der Hand und Sie mit einer Stickerei im Schoß.«

»Eine sehr tröstliche Vorstellung, aber ich sticke leider

nicht und habe in dieser Richtung auch keinerlei Ambitionen. Diese Art von Beschäftigung ist mir zu langweilig.«

»Ach, Emily. Wir *können* doch Freunde sein. Ich weiß es. Ich liebe Ihre Gesellschaft. Es macht mich glücklich, nur neben Ihnen herzugehen und auf Ihre ... markigen Kommentare zu warten. Sie sind nämlich diejenige, die darauf besteht, Menschen in Klassen einzuteilen. O ja, ich weiß schon«, sagte er und wiegelte einen etwaigen Kommentar von ihr mit einer Handbewegung ab. »Es gibt definitiv zwei Klassen; nein, genaugenommen sogar drei, und die wird es immer geben. Und wenn Sie ein Mitglied jener Klasse wären, die Sie so vehement kritisieren, würde man Sie dann respektieren und fürchten ...? O ja, weil niemand Sie daran hindern könnte, das auszusprechen, was Sie denken. Denn dieses Privileg steht eigentlich nur älteren Witwen oder Matronen zu.«

»Mit anderen Worten, ich habe eine bissige Zunge.«

»Nein, nein, nein. Jetzt tun Sie es schon wieder. Es ist wirklich eine schlechte Angewohnheit von Ihnen, anderen Leuten ständig das Wort im Mund umzudrehen. Eine markige Bemerkung ist etwas ganz anderes als eine bissige, denn sie hat Witz.«

In diesem Stil plätscherte ihre Unterhaltung dahin; sie verbrachte einen angenehmen Mittwoch, und auch der Donnerstag ließ sich recht heiter an.

Er hatte sich zu ihr gesellt, als sie sich ein Kricketspiel ansah, und nach dem Spiel schlenderten sie zusammen zurück zum Hotel. Sie hatte gerade das Foyer betreten – sie ging einige Schritte vor ihm –, als sie ihn nach Luft schnappen und etwas wie »O Gott, nein!« murmeln hörte, bevor er laut ausrief: »Irene! Was für eine Überraschung!« Mit ausgestreckten Armen eilte er an Emily vorbei auf die Dame zu, die sich daraufhin von ihrem Begleiter abwandte, mit dem sie eben noch in eine Unterhaltung vertieft gewesen war. »Wie schön, dich zu sehen! Ich hatte ja keine Ahnung, daß du kommst. Ich dachte, ihr fahrt nach Rom.«

»Fahren wir auch, Liebling. Am Samstag. Das Gepäck ist schon unterwegs, aber ich dachte, ich komme auf einen Sprung vorbei, um dich ein wenig aufzuheitern. Winnie DeWhit hat mich in London besucht. Sie sagte, du kamst ihr so einsam vor.«

Sie standen sich eine Weile gegenüber und schauten sich an, bis ihr Blick sich an Emily festmachte, die hinter Paul stehengeblieben war. »Ach, übrigens, das ist Mrs. Ratcliffe«, sagte er und wandte den Kopf zu ihr um. »Mrs. Ratcliffe, das ist meine Frau.«

»Angenehm«, murmelten beide Frauen gleichzeitig, nickten sich kurz zu, dann galt Mrs. Anderson Steermans Aufmerksamkeit wieder ganz ihrem Mann. »Ich habe gerade Monsieur Fonyère versichert, daß er sich keine Sorgen zu machen bräuchte, weil das Hotel ausgebucht sei. Ich hätte schon früher einmal ein Zimmer mit dir geteilt, sagte ich ihm.« Ihr helles, hohes Lachen paßte nicht ganz zu ihrer Erscheinung. Sie war zwar sehr schlank, nahezu zierlich gebaut, doch ihr pechschwarzes Haar bildete einen starken Kontrast zu ihrem blassen Teint, und die schweren Oberlider mit dem Kranz ebenso pechschwarzer Wimpern überschatteten ihre dunkelbraunen Augen.

Bevor er seiner Frau folgte, warf Paul Steerman Emily noch einen raschen Blick zu, der aber nichts preisgab. Doch Emily hatte das unbestimmte Gefühl, daß er nicht über die Maßen erfreut war, seine Gemahlin zu sehen. Nun gut, dachte sie, als sie auf die Treppe zusteuerte, das wäre damit erledigt. Soviel zu ihrem Getrenntleben. In gewisser Weise war es wohl ganz gut, daß Mrs. DeWhit so eine Plaudertasche war.

Den Freitag füllte Emily damit aus, daß sie Alice noch einmal mit nach Nizza nahm, damit diese kleine Geschenke für ihre Freundinnen zu Hause besorgen konnte. Nach dem Mittagessen zeigte sie ihr alle Sehenswürdigkeiten, die sie selbst schon besucht hatte, und zögerte ihren Aufenthalt in Nizza so lange hinaus, daß ihr nach der Rückkehr ins Hotel gerade nur soviel Zeit blieb, um sich für ihr letztes Dinner umzukleiden. Und in einem Anflug von Trotz wählte sie für den Abend das blaue Chiffonkleid, das sie bei ihrem ersten Dinner hier getragen hatte und in dem er sie immer in Erinnerung behalten würde, wie er ihr kürzlich einmal versichert hatte.

Und als sie den Speisesaal betrat und sich den Weg zu ihrem Einzeltisch in der Ecke bahnte, drehten sich einige Köpfe, und auf manchen Lippen erschien ein dünnes Lächeln: Wie würde sie wohl auf die unerwartete Ankunft seiner Frau reagieren? Winnie DeWhit hatte sich anscheinend nach ihrer Rückkehr sehr intensiv ihrer Lebensaufgabe gewidmet, die man ohne weiteres als ›Verbreitung von Skandalen‹ bezeichnen konnte. Nun, selbstverständlich widersprach das den Prinzipien ihrer Kreise; doch andererseits mußte man zugeben, daß sich das Leben ohne diese Winnies recht langweilig und öde gestalten würde.

Emily konnte diese und ähnliche Gedanken in den Köpfen der anwesenden Gäste förmlich summen hören, als sie hier und dort ein Lächeln erwiderte. Und daher gab sie sich während des Essens alle Mühe, ein freundliches Gesicht zu machen, und wechselte auch ein paar Worte mit Harry, dem Ober, der sie meistens bediente.

»Madam verläßt uns also morgen?« sagte er. Das tue ihm aber sehr leid.

Ihr auch, erwiderte Emily. Aber man könne ja nicht sein ganzes Leben lang Ferien machen.

»Nein, Madam. Das Leben kann wahrlich nicht nur aus Urlaub bestehen.« Und als er hinzusetzte: »Nicht, wenn man klug ist«, nickten sie beide in geheimem Einverständnis.

Nach dem Dinner begab sich Emily wie gewöhnlich in die Lounge, um dort ihren Kaffee zu nehmen, wo sich Kate kurz darauf zu ihr gesellte, deren Mutter es vorgezogen hatte, auf ihrem Zimmer zu essen. Sie saßen kaum, da platzte Kate schon mit der Bemerkung heraus: »Wie sich die Dinge doch wandeln!«

»Bitte, Kate.«

»Das war nur eine Feststellung. Aber jetzt wissen Sie

wenigstens, wie der Hase läuft. Nun gut, kann ich Sie trotzdem besuchen, wenn ich wieder in London bin?«

»Selbstverständlich. Ich sagte Ihnen doch, daß mich das sehr freuen würde.«

»Danke. Sie werden mir nicht glauben, wenn ich Ihnen sage, daß ich Sie beneide; wie Sie sich auch gerade fühlen mögen, Sie sind zumindest frei. Sie sind Ihre eigene Herrin. Sie arbeiten für Ihren Lebensunterhalt und werden dafür bezahlt. Ich arbeite auch für meinen Lebensunterhalt. Gütiger Himmel, und wie! Aber was bekomme ich dafür? Ja, Essen, Kleidung, Reisekosten. Aber ich sehe nie einen Penny. Wissen Sie, Emily, daß ich keinen Farthing besitze?«

Emily wußte im Moment nicht, was sie darauf antworten sollte. Hier saß ihr ein Mensch gegenüber, der ihr sein Herz ausschüttete, und zwar so offen, wie es niemand je zuvor bei ihr getan hatte. Steve sprach von Freundschaft. Paul sprach von Freundschaft. Doch keiner von beiden brauchte sie wirklich. Aber diese Frau mittleren Alters hier, diese Lady – denn als solche war Kate geboren und erzogen, selbst ihre Schlichtheit und ihr plumper Körper konnten ihre Herkunft nicht verleugnen –, diese Frau beneidete sie, gestand ihr ganz offen, daß sie nicht über einen Farthing eigenes Geld verfügte.

»Mein Vater hat meiner Mutter alles überlassen, obwohl sie ihn enttäuschte, weil sie ihm keinen Sohn gebar, und sich um mich nie gekümmert. Nein, nein«, sagte sie und schüttelte den Kopf. »Um mich hat er sich nie gekümmert. In meinem ganzen Leben hat er kein persönliches Wort mit mir gesprochen, und mein Gejammer mag sich vielleicht anhören, als bettelte ich um Mitleid. Aber das stimmt nicht. Nein, was ich damit sagen will, ist, daß in meiner . . . in der gesellschaftlichen Schicht, in der Sie sich hier befinden, der Schmerz über eine solche Ablehnung schwerer zu ertragen ist als in jeder anderen. Wir müssen den Schein wahren. Es ist schlechter Stil zu jammern, und ich tue es wirklich zum ersten Mal in meinem Leben, weil ich das Gefühl habe, daß ich es in Ihrer Gegenwart unbesorgt tun kann. Sie sind so anders, so verschieden von all den anderen Menschen, denen ich bis jetzt begegnet bin, und ... und ich möchte den Kontakt zu Ihnen nicht verlieren. Sie mögen denken, ich klammere mich an Sie, und das habe ich auch tatsächlich getan. Ihnen zu begegnen war für mich, als hätte ich in der Wüste eine Oase entdeckt. Meine Wüste ist da oben«, seufzte sie und deutete mit dem Zeigefinger an die Zimmerdecke. Dann lehnte sie sich zurück, nippte an ihrem Kaffee und schwieg, bis Emily, die keine Sekunde den Blick von ihr abgewendet hatte, sich erkundigte: »Wie alt ist Ihre Frau Mutter?«

»Vierundsiebzig.«

»Und ist sie wirklich krank?«

»Sie leidet an Rheumatismus und behauptet, ihr Herz mache ihr Schwierigkeiten, aber dafür habe ich nur ihr Wort.«

»Nun, sie kann nicht ewig leben. Denken Sie daran. Vor Ihnen liegt noch ein anderes Leben.«

»Ich bin einundvierzig, Emily.«

Die Endgültigkeit, die bei diesen Worten mitschwang, rief Emily plötzlich ein Lied in Erinnerung, mit dem Jim sie gegen Ende ihrer Ehe immer geärgert hatte, wenn er betrunken aus dem Wirtshaus nach Hause gekommen war. Sie hatte sich zeitweise sogar vor ihm gefürchtet, wenn er dieses Lied sang, denn es besagte im übertragenen Sinn, daß es ihm besser gehen würde, wenn sie tot wäre.

Und aus einer spontanen Regung heraus brachte sie ihr Gesicht nahe an Kates heran und sang ihr leise dieses Lied vor:

Der Herrin im Haus,
kroch in die Bluse eine Maus.
Sie fürchtete sich so arg,
daß sie vor lauter Angst starb.
Und ich lachte wie von Sinnen,
konnte ich dadurch doch nur gewinnen.

Kate verschluckte sich, hustete, und als ihr Lachen laut und schrill durch die Lounge hallte, erstarb für einige Augenblicke jegliche Bewegung im Raum: Erhobene Kaffeetassen blieben auf halbem Weg zu den Lippen stehen, Köpfe drehten sich zu ihnen um und verharrten in dieser Position. Unter den Gästen, die sie wie versteinert anstarrten, waren auch Mr. und Mrs. Paul Anderson Steerman. Als Kates Lachen verebbte, blickten sich die Anwesenden zunächst fragend an, um gleich darauf diese Frau, die alle so gut kannten, nochmals mit indignierten Mienen zu mustern. Ihre Begleiterin, Mrs. Ratcliffe, die mit gesenktem Kopf dasaß und offensichtlich den Grund für Kates Heiterkeitsausbruch geliefert hatte, sahen sie sich die Tränen aus den Augenwinkeln wischen und, eine Hand auf den Mund gepreßt, mühsam das eigene Lachen unterdrücken.

Als Emily wieder aufsah, fing sie Paul Steermans Blick auf, der keine Miene verzog; ebensowenig wie seine Gattin. Doch etwas an seinem Gesichtsausdruck ließ vermuten, daß er leicht gekränkt war. Vielleicht war er enttäuscht, daß sie ob des unverhofften Auftauchens seiner Gemahlin nicht verzweifelter reagierte, die ihre letzten, freundschaftlichen Bande so bedingungslos zu zerstören gewußt hatte. Sein Gesichtsausdruck war Balsam für ihre Seele und ließ sie einen Augenblick den bohrenden Schmerz in ihrem Herzen vergessen. Und es entging ihr auch nicht, daß seine Frau sie weiterhin anstarrte, nachdem er seinen Blick abrupt von ihr abgewendet hatte.

Jetzt zog Kate wieder Emilys Aufmerksamkeit auf sich, indem sie immer noch nach Luft ringend kicherte: »O Emily. In meinem ganzen Leben habe ich noch nie so gelacht. Wie um alles in der Welt sind Sie an dieses Lied gekommen?«

»Das gehörte zum Repertoire meines Gatten, wenn er betrunken aus dem Wirtshaus nach Hause kam.«

Jetzt war es Kate, die ihre Hand auf den Mund preßte und murmelte: »Bitte, Emily, nicht schon wieder. Oder war das etwa Ihr Ernst? Hat er Ihnen das wirklich vorgesungen?«

»O ja. Aber vorgesungen ist nicht das richtige Wort: *auf* mich hat er dieses Lied gesungen. Er kannte eine Menge solcher Lieder, denn wenn er nicht im Wirtshaus war, verbrachte er seine Abende in Varietés.«

Kate rieb sich die letzten Tränen aus den Augen, und damit verschwand auch das Lachen vor ihrem Gesicht. »Das muß eine schreckliche Zeit für Sie gewesen sein.«

»Das war es.«

»Sie müssen sehr mutig und tapfer gewesen sein, um die Scheidung durchzusetzen.«

»Ach, mit Mut hatte das weniger zu tun, muß ich sagen; es hat nur eine Ewigkeit gedauert.«

»Ja, sich scheiden zu lassen ist eine sehr komplizierte Angelegenheit, besonders für die Frauen. Scheidungen können Karrieren zerstören und Familien auseinanderbringen. Ich habe das oft erlebt . . .«

Die Gäste verließen jetzt ihre Tische, um sich zu anderen zu setzen oder sich nach draußen auf die Veranda zu begeben. Und als Mr. und Mrs. Steerman an ihnen vorbeigingen, würdigten sie beide Emily mit keinem Blick.

»Sie werden ihn vergessen.«

»Kate, bitte.«

»Sie werden sich damit abfinden müssen. Das haben andere auch tun müssen.«

»Wie meinen Sie das?«

»Nun, er ist ein Charmeur. Ich habe mich auch schon damit abfinden müssen.«

»Sie?«

»Ja, ich. Er ist so unterhaltsam, so liebenswürdig; er hat die Gabe, einem das Gefühl zu vermitteln, als sei man die einzige vernünftige Frau auf der Welt. Zumindest war das bei mir so. Ich tat ihm leid; ja, er ist so ein Typ. Aber das soll nicht heißen, daß er Ihnen gegenüber genauso empfindet. Unsere Situation war eine andere; allein schon, weil ich älter bin als er. Ich habe ihm meine Gefühle natürlich nicht offen gezeigt . . . oh, das ist heute abend schon mein zweites Geständnis. Aber jetzt muß ich gehen; ich hasse es, wenn die Pflegerin mich nach oben zitiert wie ein Schulmädchen. Höchstwahrscheinlich werden wir in vierzehn Tagen wieder in London sein, es sei denn, meine Mutter ändert ihre Pläne.« Sie stand auf, beugte sich aber noch einmal zu Emily hinunter. »Das waren wirklich die schönsten Ferien seit langem für mich, und ich danke Ihnen dafür.«

»O Kate, ich muß mich bei Ihnen bedanken. Sie haben mir bei unserem ersten Gespräch in vieler Hinsicht die Augen geöffnet.«

»Ja, ich komme gern durch die Hintertür. Denn wenn ich offen meine Meinung kundtue, dann fühlen sich viele auf den Schlips getreten.« Und mit einem für sie ungewöhnlich breiten Lächeln fuhr sie fort. »Glauben Sie, der Trick mit der Maus könnte auch bei *ihr* wirken?«

»Das käme auf einen Versuch an«, entgegnete Emily lachend, worauf Kate ebenfalls zu lachen begann.

»Auf Wiedersehen, Emily.«

»Auf Wiedersehen, Kate.«

Kate ging ein paar Schritte, drehte sich dann noch einmal um und flüsterte: »Mutter wird es sich nicht nehmen lassen, sich morgen früh persönlich von Ihnen zu verabschieden, nachdem Sie so einen schlechten Einfluß auf mich hatten ... und dafür danke ich unserem Herrn. Leben Sie wohl, Emily.«

Emily blieb noch eine Weile sitzen und dachte nach. Hätte sie nur Kate hier kennengelernt, sie wäre unbekümmert nach Hause zurückgekehrt in der Gewißheit, in dieser einsamen Frau eine richtige Freundin gefunden zu haben ... Kate war auch einmal in Paul verliebt gewesen; wie viele andere vor ihr, wie sie angedeutet hatte. Ja, und jetzt gehörte sie auch zu diesem erlauchten Kreis. Wie hatte sie nur so töricht sein können? Aber es war passiert, und die Wunde schmerzte.

Emily stand im Foyer und streifte sich die Handschuhe über. Ihr gegenüber standen Mr. und Mrs. Steerman; sie lächelte sie aus ihren dunklen Augen an und sagte dann mit einer ungewöhnlich tiefen Stimme, die so gar nicht zu dieser zierlichen Person passen wollte: »Ich wünsche Ihnen eine angenehme Heimreise, Mrs. Ratcliffe. Ich hoffe, Sie haben sich gesundheitlich gut erholt, und auch, daß mein Gatte sich von seiner charmanten Seite gezeigt und ein wenig dazu beigetragen hat, daß Sie Ihren Aufenthalt hier genossen haben.«

»O ja, das hat er. Ohne seine Gesellschaft wären etliche Tage hier sehr viel trister verlaufen.« Sie zwang ein entwaffnendes Lächeln auf ihre Lippen und fuhr dann fort: »Er ist sehr unterhaltsam . . . und sehr amüsant. Aber Ihnen muß ich seine Talente ja nicht ausführlich schildern. Dennoch möchte ich Ihnen danken, daß Sie mir die Gelegenheit gaben, von der leichten Seite des Lebens zu profitieren, die Ihr Gatte so perfekt zu porträtieren vermag.«

Damit wandte sie sich an Paul, der sie mit ausdruckslosen Augen ansah, und sagte, immer noch das strahlende Lächeln auf den Lippen: »Ich muß mir diese hier übliche schlechte Sitte, über Leute zu sprechen, als wären sie nicht anwesend, schnellstens wieder abgewöhnen . . . Auf Wiedersehen, Mr. Steerman.«

Ohne seine Antwort abzuwarten, drehte sie sich wieder zu Mrs. Steerman um. »Leben Sie wohl.«

»Auf Wiedersehen, Mrs. Ratcliffe.«

Das Lächeln war von Mrs. Steermans Lippen verschwunden, und ihre Augen schienen noch dunkler, als sie ohnehin waren. Dafür stand ihr ganz deutlich die Überraschung darüber ins Gesicht geschrieben, daß sie die Schlacht verloren hatte, in die sie so siegesgewiß gegangen war.

An der Tür wurde Emily von Monsieur Fonyère erwartet, der sich überschwenglich von ihr verabschiedete, nachdem er ihr einen Kuß auf den Handschuh gehaucht hatte, und ihr in gespreiztem Englisch versicherte, wie sehr man sie vermissen würde.

Auf dem Weg zur Droschke, die am Ende der Auffahrt bereitstand, kamen noch einige der Gäste auf sie zu, um ihr eine gute Reise zu wünschen, und während sie mit ihnen Höflichkeiten austauschte, stellte sie fest, daß Alice nicht bei der Droschke wartete, sondern sich mit einem Mann unterhielt, den Emily als Pauls Diener erkannte.

Und als sie die beiden dann einen Händedruck austauschen sah, murmelte sie: »Du liebe Güte! Das wird doch nicht das gleiche werden wie bei Mrs. Arkwright und ihrem Oscar?«

Da sie die einzigen Gäste waren, die an diesem Morgen in die Stadt fuhren, war es Alice gestattet, neben Emily Platz zu nehmen. »Ich weiß, was Sie denken, Madam«, begann sie. »Aber es ist nicht so, wie Sie glauben. Ich erzähle es Ihnen gleich, wenn wir von hier weg sind.« Und als sie den holprigen Kiesweg verlassen hatten und Richtung Stadt fuhren, öffnete Alice ihre Hand und brachte einen zerknüllten Umschlag zum Vorschein. Den reichte sie jetzt Emily mit den Worten: »Als er mir die Hand schüttelte, fand ich das da in meiner. Das ... das war auch der einzige Grund dafür. Und dann sagte er, ich solle Ihnen das geben, wünschte mir eine gute Reise und meinte, es hätte ihn gefreut, mich kennenzulernen. Mehr war da nicht. Über ein paar Worte ging es nicht hinaus; mit niemandem von denen. Und ich sage Ihnen, Miß, hier sitzt jemand, der sich wirklich freut, nach Hause zu kommen.«

Emily hatte in der Zwischenzeit den Umschlag glatt gestrichen und steckte ihn ungeöffnet in ihre Handtasche. Etwas später antwortete sie auf Alices letzte Bemerkung: »Da bist du nicht die einzige. Aber um eines muß ich dich bitten: Was immer du zu wissen glaubst, behalte es für dich.«

»Das hätten Sie mir nicht extra sagen müssen, Miß. Eine klitzekleine Andeutung, und schon zerreißen sich alle die ... na, Sie wissen schon, was ich meine.«

»Ja, Alice. Ich weiß, was du meinst. Aber was noch wichtiger ist, wir müssen beide den Anschein erwecken, als tue es uns leid, wieder zurück zu sein, und daß wir einen wunderschönen Urlaub verbracht haben.«

»Nun, das stimmt ja irgendwie auch, Miß. Für mich war

es ein schöner Urlaub, denn ich habe eine Menge dazugelernt. Unter anderem, daß diese Sorte von Dienern und Zofen noch viel vornehmer tut als ihre Herrschaft. Wissen Sie, was eine von diesen Ziegen zu mir sagte? Ich solle Sprachunterricht nehmen! Na, der habe ich es vielleicht gegeben. Feuerrot war die im Gesicht, nachdem ich ihr meine Meinung über sie gesteckt hatte. Ach, Miß! Ich bin froh, bald wieder unter normalen Menschen zu sein. Und machen Sie sich keine Sorgen, wir kriegen das schon hin. Außerdem, nach einer Weile wird ohnehin niemand von uns hören wollen, was wir für einen wunderschönen Urlaub verbracht haben. Meinen Sie nicht auch?«

Emily sah dieses junge Mädchen an, das für sein Alter wirklich erstaunlich reif war. Und wieder einmal verspürte sie das Bedürfnis, ihren Kopf an Alices Schulter zu betten und sich von ihr trösten zu lassen. Zu Hause würde sie keine andere Schulter haben, an der sie sich ausweinen konnte. Und ganz sicher nicht bei Esther. Nein, Esther durfte davon nichts erfahren . . . niemand durfte etwas davon erfahren. Es war vorbei. Im Foyer eben hatte sie für sich den Schlußstrich gezogen. Dieser leere, tote Ausdruck auf Pauls Gesicht hatte ihr deutlich zu verstehen gegeben, daß es vorbei war. Sie hatte sich benommen wie eine Frau seines Standes, hatte Gift versprüht und sich nicht als die Frau gezeigt, in die er sich verliebt hatte . . . Aber was stand in diesem Brief?

Sie geduldete sich, bis sie am Bahnhof ankamen und sich im Erfrischungsraum niedergelassen hatten, wo sie die verbleibende halbe Stunde bis zur Ankunft des Zuges warten wollten. Und in der Damentoilette holte sie dann den Brief aus ihrer Tasche und las ihn. Er war sehr kurz.

Emily,
bitte, beurteilen Sie die Situation nicht nach dem äußeren Anschein. Das alles war nur Fassade. Ich muß Sie wiedersehen und Ihnen alles erklären. Ich werde frühestens in vierzehn Tagen wieder in London sein können, mich dann aber umgehend bei Ihnen melden. Glauben Sie mir, die Dinge sind nicht so, wie sie

sich Ihnen darstellten. Und obgleich es mir unmöglich ist, meine Gefühle für Sie zu ändern, unterzeichne ich diesen Brief Ihrem Wunsch entsprechend als . . .

Ihr Freund

– 7 –

Seit fünf Tagen war Emily wieder zu Hause, und wäre der bohrende Schmerz in ihrem Herzen nicht gewesen, hätte sie sich fragen müssen, ob sie überhaupt jemals fort gewesen war. Alice und sie hatten ihre Rolle vortrefflich gespielt, besonders am Montagmorgen, als die Angestellten zur Arbeit gekommen waren.

Und in diesem Moment zerrte Esther Alice gerade am Arm in den unteren Salon und sagte: »Ich möchte mit dir reden, Alice«, worauf diese schnippisch antwortete: »Das können Sie auch, ohne mich anzugrabschen.«

»Warte nur, irgendwann werde ich dich noch ganz anders angrabschen.«

»Das würde ich hübsch bleiben lassen, Esther McCann. Ansonsten zahle ich es Ihnen mit doppelter Münze zurück.«

Esther wich einen Schritt zurück, ließ Alice dabei aber nicht aus den Augen, die sogleich fortfuhr: »Ich habe mich lange genug von der Köchin und dem Rest von euch herumschikanieren lassen; damit ist jetzt Schluß. Wo ich jetzt bin, da bleibe ich, und das habe ich meiner Meinung nach verdient. Und Madam will mich bei sich haben . . . ich wiederhole, sie will mich, und sie braucht jemanden.«

Esther stand mit offenem Mund da und dachte: Ja, sie braucht jemanden. Aber dieser Jemand sollte ich sein. Doch was konnte sie tun gegen dieses freche Ding, diese kleine Küchenmagd, die sich plötzlich aufspielte, als sei sie . . .? Ihr fiel keine passende Beschreibung ein für diese neue Alice. Doch als ihr dann das Sprichwort »Es gibt andere Wege, eine Katze loszuwerden, als sie zu ersäufen« in den Sinn kam, wandte sie den Blick von ihrer Gegenspielerin ab und sagte ganz ruhig: »Nachdem du in den letzten Wochen so erwachsen geworden bist, solltest du verstehen, wie ich mich fühle. Jahrelang bin ich Miß Emilys Freundin gewesen, und zwar lange bevor du hier aufgetaucht bist.«

Ein wenig geschmeichelt sagte Alice daraufhin: »Ja, das weiß ich . . . und ich habe Ihnen diesen Platz auch nie streitig gemacht. Sie waren es, die damit angefangen hat, nicht ich.«

Eine Weile herrschte Schweigen zwischen ihnen, dann meinte Esther nachdenklich. »Ich . . . glaube, sie bedrückt etwas. Sie sieht nämlich um keinen Deut besser aus als vor einem Monat, als sie weggefahren ist. Und das ganze Gerede von der wunderschönen Zeit, die sie in Nizza verbracht hat, das nehme ich ihr nicht ganz ab. Deshalb möchte ich dich fragen«, sie machte eine kleine Pause, »ob dort irgend etwas vorgefallen ist, das sie enttäuscht hat? Hat sie sich mit jemandem angefreundet?«

»O ja«, bestätigte Alice schnell. »Mit einer Miß Kate Forester. Die beiden waren viel zusammen.«

»War das so eine von diesen . . . aufgetakelten Damen?«

»Nein, ganz im Gegenteil«, sagte Alice kopfschüttelnd. »Eher der Typ graue Maus; keine Figur und nicht mehr die Jüngste; so Anfang Vierzig, schätze ich. Aber sie war eine richtige Lady. O ja, das war sie.« Dazu nickte sie jetzt heftig. »Eins habe ich dort gelernt: nie die Leute nach ihrem Äußeren zu beurteilen. Denn wenn die den Mund aufmachte, merkte man gleich, daß sie eine Lady war. Aber sie mochte unsere Miß, und die beiden steckten viel zusammen.«

»Gab es auch Männer dort?«

»Im Hotel?«

»Ja, natürlich. Im Hotel«, wiederholte Esther ungeduldig.

»Selbstverständlich. Natürlich gab es dort auch Männer. Es waren ja fast nur Ehepaare dort.«

»Hat sie sich mit einem näher angefreundet?«

Eingedenk der Rolle, die sie zu spielen hatte, senkte Alice für einen Moment den Blick, als dächte sie nach. »Nein, mit niemandem. Es gab nur wenige alleinstehende Männer dort. Einer war ein notorischer Spieler. Und bei dem hat die Miß gleich zu Anfang klar Schiff gemacht. Er wollte sie ins Casino einladen, hat sich aber einen Korb geholt. Dann war da noch ein Oberst, aber der war schon steinalt. Und Lord und Lady Huxton. Sein Diener, der Diener des Lords, meine ich, das war vielleicht ein aufgeblasener Fatzke. Überhaupt, die meisten dieser Zofen und Kammerdiener haben die Nase höher getragen als ihre Herrschaft. Und wie die über diese hergezogen sind, das können Sie sich nicht vorstellen! Nur Getratsche, von morgens bis abends. Das war eine völlig andere Welt.« Alice machte eine kurze Pause und wiederholte dann noch einmal, wobei sie Esther ansah: »Eine ganz andere Welt. Aber keine, in der ich leben möchte. Und ich glaube auch nicht, daß die Miß gerne viel länger hätte bleiben wollen.«

Esther seufzte, biß eine Weile auf ihrer Unterlippe herum und sagte dann: »Na gut, wenn dort nichts vorgefallen ist, was ist dann mit ihr los?« Sie ließ die Frage eine Weile im Raum stehen und drehte dann Alice ruckartig das Gesicht zu, so als sei ihr gerade des Rätsels Lösung eingefallen. »Meinst du, es ist wegen dem Doktor? Weil er noch nicht vorbeigekommen ist?« flüsterte sie dann verschwörerisch.«

»Doktor Montane? Aber nein. Sie hat doch dauernd mit ihm Meinungsverschiedenheiten gehabt.«

»Ach, danach kann man nicht gehen; außerdem ist sie kein Mensch, der schnell seine Gefühle zeigt. Na ja, was auch immer; irgend etwas belastet sie auf alle Fälle, glaub mir. Zweimal habe ich sie jetzt schon so komisch erlebt. Sie kam in den Salon, hat mich aber nicht bemerkt, ging zum Kamin, legte die Arme auf den Sims und ließ den Kopf darauf sinken. Als ich mich räusperte, ist sie beinahe umgefallen vor lauter Schreck. Sie habe Kopfweh, hat sie gesagt, dabei behauptet sie doch immer, noch nie Kopfweh gehabt zu haben. Deshalb könnte schon der Doktor dahinterstecken, meine ich.« Esther richtete sich auf und sagte dann auf dem Weg zur Tür: »Na ja. Es könnte schlimmer sein. Ich mag den Doktor.«

»Ja, ich auch, Esther.«

Sie wartete, bis Esther den Salon verlassen hatte, holte dann tief Luft und ließ diese mit einem erleichterten »Puh!« entweichen, bevor sie ihr folgte.

Es war gegen drei Uhr nachmittags, als Alice aus dem Arbeitszimmer in die Diele von Haus Nummer 35 stürzte und damit Amity Lockhart zu der bissigen Bemerkung reizte: »Mein Gott! Wohin denn so eilig? Für einen neuen Urlaub packen? Ein Glück haben manche Leute!«

»Ja, Amity«, sagte sie, ohne sich umzusehen. »Zu schade, daß Ihnen dieses Glück nie beschert sein wird.« Dann flog sie die Treppen hinauf in den Ankleideraum, wo Lena mit einem Abendkleid über dem Arm vor einem Schrank stand und Alice, die schon auf die nächste Tür zusteuerte, hinterherrief: »Wo willst du hin?«

»Ich muß mit der Miß reden.«

»Die hat gerade eine Kundin. Außerdem hast du hier oben überhaupt nichts zu suchen.«

Und wieder mußte sich eine der älteren Damen hier im Haus über die schnippische Art dieses Mädchens wundern, das ihr nur zuwarf: »Wo die Miß ist, da habe ich auch etwas zu suchen. Ich muß ihr was ausrichten.«

»Das kannst du auch mir sagen.«

Alice holte tief Luft. »Also gut, dann richten Sie ihr aus, der Doktor sei gekommen und warte im Salon.«

»Mach ich. Und jetzt aber raus mit dir«, sagte Lena. »Bestell dem Doktor, die Miß kommt runter, wenn sie hier fertig ist.«

»Sagen Sie ihr lieber, der Doktor ist da, denn er kann vielleicht nicht so lange warten.«

»Jetzt aber raus hier.«

Alice ging, aber sehr langsam; und im Salon sagte sie zum Doktor, der am Fenster stand und sich umgewandt hatte: »Sie wird sofort hier sein; sie hat eine Kundin«, und fügte für den Fall hinzu, daß die Miß doch nicht sofort kam: »Manche von ihnen sind sehr heikel. Die lassen sich nur von der Chefin persönlich bedienen.«

»Das kann ich verstehen. Aber sag mir doch, Alice, hast du den Urlaub genossen?«

»Hm«, machte sie und wiegte den Kopf hin und her. »Ja und nein. Ich war nicht allzu traurig, wieder heimzufahren.«

»Nein?«

»Nein. So eine hochnäsige Bagage, diese Zofen und Kammerdiener. Glaubten, sie seien sonstwas. Stolzierten herum, als hätten sie einen Stecken verschluckt.«

Als sich die Tür öffnete und Emily hereintrat, erhob sich Steve, um sie zu begrüßen, und Alice verließ diskret das Zimmer. »So, so. Da sind Sie also wieder. Aber –« Er unterbrach sich und musterte sie ungeniert. »Sie haben sich ja gar nicht verändert! Ich dachte, Sie kämen mit rosigen Wangen zurück und auch sonst etwas gerundet, als Beweis für das gute, anspruchsvolle Leben dort.«

Sie warf ihm einen kühlen Blick zu und meinte nur: »Dann haben wir uns beide nicht verändert, denn Ihre Zunge hat inzwischen auch nichts von ihrer bissigen Schärfe eingebüßt.«

»Großer Gott! An meiner Bemerkung war doch nichts Bissiges. Alte Gewohnheiten sterben anscheinend nur langsam; Sie haben meine Worte wieder einmal ganz falsch aufgefaßt. Ich wollte damit doch nur sagen, daß Sie beinahe genauso blaß aussehen wie bei Ihrer Abreise ... Wie geht es Ihnen nun wirklich?«

»Ganz gut. Nehmen Sie doch Platz.«

»Ja, aber nur für einen Moment. Ich kann nicht lange bleiben, ich habe eine Menge Arbeit nachzuholen. Mein Vater war krank, und ich mußte für ein paar Tage nach Hause fahren.«

»Oh, das tut mir leid.« Ihr Ton hatte sich verändert. »Ist er wieder gesund?«

»Ja, Gott sei Dank. Wir dachten schon, er habe die Cholera, da im Dorf einige Fälle aufgetreten sind. Aber dann stellte sich heraus, daß es eine Lebensmittelvergiftung war. Verdorbenes Fleisch. Wie das allerdings in unser Haus gelangen konnte, kann ich mir nicht erklären. Aber bislang ist keiner daran gestorben. Wir sind noch einmal davongekommen.« Er lächelte nun, als er fortfuhr: »Haben Sie sich nicht gewundert, daß ich nicht schon früher vorbeigekommen bin?«

Ihre übliche Antwort wäre gewesen: »Warum sollte ich?« Aber statt dessen sagte sie nur leise: »Doch, habe ich.«

»Oh, das läßt mich für unsere zukünftige Beziehung hoffen.«

»Ich bitte Sie!«

»Schon gut. Sie haben meinen Brief gelesen, und ich den Ihren ... also können wir doch daran anschließen. Was meinen Sie dazu?«

»Ich ... ich weiß nicht recht.«

»Und warum nicht?«

Als er keine Antwort von ihr bekam, ließ er seinen Blick eine Weile auf ihr ruhen und meinte dann unvermittelt: »Dann war meine Prophezeiung also doch richtig: Ein Monat in Frankreich an einem Ort wie diesem würde Sie verändern.«

»Ja, in gewisser Weise hatten Sie recht.«

»Oh.« Er schob die Unterlippe ein wenig vor. »Dann haben Sie also interessante Leute kennengelernt, nehme ich an?«

»Ein oder zwei.«

»Jemand Speziellen?«

»O ja. Da gab es jemand Speziellen: Miß Kate Forester. Rückblickend muß ich sagen, daß ich es in diesem distinguierten Kreis wahrscheinlich nicht so lange ausgehalten hätte, wenn sie mich nicht gleich zu Anfang unter ihre Fittiche genommen hätte.«

»War sie alt?«

»Nein, so um die Vierzig; die Gefangene ihrer anspruchsvollen Mutter, die die meiste Zeit im Rollstuhl saß.« Sie lächelte jetzt. »Manchmal hat sie mich an Sie erinnert, genauer gesagt, ihre Formulierungen und kühlen Resümees über die Mitglieder ihrer Schicht kamen mir mitunter sehr bekannt vor.«

»Ich kritisiere aber nicht nur meine Schicht, sondern auch alle anderen Gesellschaftsschichten; die oberste wie die unterste.«

»Ja, das stimmt. Sie war auch so. Na ja, jedenfalls haben wir uns angefreundet, und sie wird mich besuchen, wenn ihre Mutter sich entschließt, wieder nach London zu fahren.«

»Das freut mich für Sie. Und was haben Sie inmitten dieser vornehmen Gesellschaft noch alles gelernt?«

Ihre Antwort kam ohne jegliches Zögern. »Daß die meisten von ihnen ein oberflächliches, inhaltsloses Leben leben. Flattern von einem Kurort zum nächsten und leben dabei teilweise sogar auf anderer Leute Kosten.«

»Darf ich dem allen entnehmen«, meinte er grinsend, »daß Sie froh sind, wieder zu Hause zu sein?«

»Ja, das dürfen Sie.«

»Aber tut es Ihnen leid, daß Sie gefahren sind und diese Erfahrungen gemacht haben?«

»Teils ja, teils nein. Jedenfalls werde ich diesen Monat bestimmt nie vergessen.«

Als er sich erhob, fragte sie: »Bleiben Sie nicht zu einer Tasse Tee?«

»Nein, vielen Dank; ein andermal. In der Praxis warten Dutzende von Leuten, und Doktor Smeaton steht kurz vor dem Herzschlag. Ich wollte Ihnen aber trotzdem rasch guten Tag sagen . . . Emily.«

»Danke . . . Steve.«

Sie standen sich gegenüber und wechselten einen intensiven Blick, als er sagte: »Meine Mutter hat mich gebeten, Sie zu uns zum Lunch einzuladen. An irgendeinem der nächsten Sonntage, wann immer es Ihnen paßt. Sonntag ist bei uns Familientag. Zeitweise geht es ein bißchen verrückt zu, aber alles in allem ist es meist sehr gemütlich. Hätten Sie Lust zu kommen?«

»Ja, sehr gern. Vielen Dank.«

Was hätte sie sonst sagen sollen? Es abzulehnen, seine Familie kennenzulernen, wäre unhöflich gewesen. Aber welchen Eindruck würde ihr Erscheinen auf seine Leute machen? Zumindest den, daß sie seinen Absichten nicht abweisend gegenüberstand. Nun gut, er wußte ja, wie weit seine Absichten reichen konnten. Klarer hätte sie sich nicht ausdrücken können: sie waren Freunde – und weiter nichts.

Was er jetzt sagte, erinnerte vom Tonfall her nicht im mindesten an seine sonst so herausfordernde Art. »Ich freue mich so, daß Sie wieder da sind, Emily. Ich habe meine Besuche hier sehr vermißt.« Und sie fühlte sich tatsächlich ein wenig berührt von seinen Worten. Aber dann fiel er sogleich wieder in seine alte Rolle zurück. »Obwohl ich weiß, daß mich hier immer schweres Artilleriefeuer erwartet. Auf Wiedersehen, Emily.« Er drehte sich auf dem Absatz um und verließ das Zimmer; seine Tasche hatte er heute nicht mitgebracht.

Sie setzte sich wieder in ihren Sessel und fragte sich, wie es kam, daß er sie so durcheinanderbringen konnte. Er hatte auch eine andere Seite, das wußte sie bereits. Aber warum mußte er sie unbedingt ärgern und das mit dem Artilleriefeuer sagen? Niemand, nicht einmal ihr Jimmy, hatte es bisher fertiggebracht, ihr so unter die Haut zu gehen. Warum schrieb er ihr so zärtliche Dinge wie in diesem Brief, wenn er hinterher dann wieder auf ihr herumhackte?

»Oh!« rief sie und sprang hoch. Sie mußte wieder an die Arbeit. Ihre Gefühle Steve gegenüber waren äußerst zweitrangig im Vergleich zu jenen, die sie im Augenblick, besonders im Hinblick auf ihre Sinnlosigkeit, so entsetzlich quälten.

– 8 –

Am dritten Sonntag nach ihrer Rückkehr fuhr Emily zu Steves Familie zum Lunch. Und wäre nicht dieses unstillbare Verlangen nach dem Mann gewesen, den sie nie würde haben können, so hätte sie diesen Sonntag als einen der glücklichsten ihres Lebens betrachten können.

Nach einer Stunde Zugfahrt wurden sie von Newton empfangen, der vor dem Bahnhof mit seinem Einspänner auf sie wartete und der Emily, nachdem er sich von seiner Überraschung über diese große Frau mit diesem seltsamen gelben Hut erholt hatte, mit den Worten »Sehr erfreut, Sie kennenzulernen, Miß« begrüßte.

Steve gab ihr während der anschließenden Fahrt eine kurze Zusammenfassung von Newtons Lebensgeschichte, die der alte Mann nur mit einem gelegentlichen Brummen und Grinsen kommentierte. Erst als er das Pony auf einen gewundenen Zufahrtsweg lenkte, meinte er unvermittelt: »Sie werden sich auch nich' mehr ändern. Das hab' ich schon immer gesagt. Ein harter Brocken, seit der Geburt. Von Ihnen würd' ich mich nich' kurieren lassen; nee, niemals.«

Nachdem sie etliche Meter auf diesem holprigen Weg zurückgelegt hatten, gab Steve zurück: »Diese Schlaglöcher da, die sollte man aber kurieren. Ich dachte, Sie würden sich darum kümmern.«

»Hab' leider nur zwei Hände. Und der Kies ist schon bestellt.«

Am Ende des Zufahrtsweges lenkte Newton den rumpelnden Einspänner auf einen großen, freien Platz, der auf der einen Seite von einem langen, verschachtelten Haus, das auf den ersten Blick aussah, als bestünde es aus vier einzelnen Häusern, flankiert wurde und auf der anderen von Stallungen. Weiter hinten gab es eine Lichtung, auf der sich eine große Schar von Kindern und Erwachsenen tummelten, die alle wild durcheinanderbrüllten.

Nachdem Steve ihr beim Aussteigen geholfen hatte, blieb Emily erst einmal einen Augenblick stehen und ließ die Szene auf sich wirken. Steve stand neben ihr. »Sie spielen Rounders, eine Art Baseball«, erklärte er und sagte dann: »Kommen Sie, ich möchte Sie zwei vernünftigen Leuten vorstellen.«

Damit meinte er die zwei älteren Herrschaften auf der großen Steinveranda, die auf gleicher Höhe mit dem Kiesweg lag.

Die weißhaarige Dame kam ihnen sogleich mit raschen Schritten entgegen, gefolgt von einem graumelierten Gentleman.

»Hallo, mein Lieber«, rief Steves Mutter und küßte ihn zur Begrüßung. »Mama, das ist Mrs. Ratcliffe«, stellte er Emily vor, worauf sie erwiderte: »Freut mich, Sie kennenzulernen, meine Liebe. Ich hoffe, Sie hatten eine angenehme Reise.«

»Danke, das hatte ich. Die Landschaft ist wirklich herrlich hier draußen.«

»Hallo, Sir. Das ist Mrs. Ratcliffe. Emily, mein Vater.«

»Herzlich willkommen, Mrs. Ratcliffe. Herzlich willkommen. Ich hoffe nur, daß mein lieber Herr Sohn Sie bereits schonend darauf vorbereitet hat, was Sie hier erwartet!« Er deutete auf die umherrennenden Gestalten auf der Wiese. »Ist das vielleicht eine Art, den heiligen Sonntag zu verbringen?«

Emily erkannte sofort, daß er den gleichen Ausdruck in den Augen hatte wie Steve, wenn er etwas sagte und etwas anderes damit meinte. Sie drehte sich um, warf einen Blick auf die lärmende Horde und meinte dann lächelnd: »Ach, es gibt schlimmere Beschäftigungen, glaube ich.«

»Nun, ich weiß nicht. Nach dem Kirchgang sollten die Leute den Sonntag eigentlich mit der Bibel auf dem Schoß verbringen.«

»Bitte«, schaltete sich seine Frau ein und gab ihm keinen allzu zärtlichen Knuff in die Seite. »Was soll denn Mrs. Ratcliffe von uns denken! Spiel nicht den Heuchler; schließlich sitzt du nicht im Gericht.« Und dann sah sie auf die Wiese hinüber und rief mit lauter Stimme: »Mickey! Mickey!« Ein Junge, der gerade dabei war, einen Ball zu fangen, hob ohne sich umzudrehen eine Hand, worauf sie nochmals rief: »Hörst du mich, Mickey? Sag ihnen, noch zehn Minuten.« Damit wandte sie sich wieder an Emily. »Kommen Sie, meine Liebe. Sie möchten sich sicherlich ein wenig frisch machen nach dieser Bahnfahrt; man wird immer so schrecklich rußig im Zug.«

Auf dem Weg ins Haus begegneten sie jemandem, der aussah, als habe er sich für eine komische Rolle im Theater umgezogen: einer zierlich gebauten Frau mit einem verrunzelten Gesicht, das graue Haar streng aus der Stirn gekämmt und zu einem Knoten gebunden, den eine Haube verbarg.

Die Haube. Das war Tante Phoebe, und das war die Haube, die Mrs. Arkwrights ersten Herzanfall ausgelöst hatte.

Noch ehe Lady Montane die Vorstellung zu Ende bringen konnte: »Das ist meine Schwägerin, Miß . . .«, hatte diese seltsame Person Emily schon von Kopf bis Fuß gemustert und rief mit unverhohlener Ungeduld aus: »Oh, sie weiß schon, wer ich bin«, und setzte dann in Emilys Richtung nickend hinzu: »Sie sind diejenige, die Hauben macht, nicht wahr? Für mich wollten Sie auch eine machen. Nun, wenn Sie es getan hätten, dann wäre ich jetzt nicht hier. Nein, gewiß nicht. Und Hüte fertigen Sie auch an und so was, habe ich mir sagen lassen.« Daraufhin kniff sie die Augen zusammen, unterzog Emilys gelben Strohhut einer eingehenden Musterung und meinte dann abfällig: »Wenn Sie schon Hüte machen, dann sollten Sie eigentlich auch wissen, wie man diese anständig garniert.«

»Tante Phoebe!«

»Ach du! Steve Montane, von dir lasse ich mir gerade den Mund verbieten. Du kommst doch sowieso nur, wenn es dir gerade mal in den Kram paßt.« Und damit drehte sich diese wunderliche, ganz in Mausgrau gekleidete Person um, marschierte an ihnen vorbei in die Diele und überließ es Lady Montane, sich für sie zu entschuldigen, die auch sogleich begann: »Es tut mir leid. Normalerweise ist sie nicht so unhöflich. Aber sie hat sich heute morgen geärgert. Ich hoffe . . .«

»Aber ich bitte Sie«, entgegnete Emily lächelnd. »Sie brauchen sich doch nicht zu entschuldigen. Ich finde sie recht . . . erfrischend.«

»Oh, das hört sie sicher gern«, kam es von Sir Montane. »Eines Tages wird es einen aufsehenerregenden Prozeß geben, aber da werde ich nicht am Richtertisch sitzen, sondern auf der Anklagebank – weil ich sie im Weiher ersäuft habe.«

»Mach das, Pa«, sagte Steve. »Ich bin sicher, man wird dir mildernde Umstände zubilligen und dich freisprechen.«

Sie waren jetzt ebenfalls in der Diele, und Emily sah sich einen Augenblick um. Die Eingangshalle von Haus Nummer 35 war schon nicht klein zu nennen, doch diese hier war mindestens dreimal so groß. Und durch die niedrige, mit Balken durchzogene Decke und die breite, flache Eichentreppe, die nicht mit Teppich ausgelegt war – ebensowenig wie der Dielenboden, wie sie jetzt feststellte –, strahlte sie eine besondere Atmosphäre aus.

»Hier entlang, meine Liebe.«

Emily folgte der Hausherrin die Treppe hinauf und einen langen Flur entlang, von dem etliche Türen abgingen.

»Vorsicht, hier ist eine Stufe. Das ganze Haus ist voller Stufen und Treppen. Selbst nach all den Jahren verpaßt man immer mal wieder die eine oder andere und stolpert. Nun, ich hoffe, Sie finden alles, was Sie benötigen.« Sie deutete auf einen Handwaschständer und einen Toilettentisch. »Wenn Sie mich jetzt bitte einen Augenblick entschuldigen möchten. Ich muß die Horde da draußen zum Lunch rufen, sonst macht die Köchin noch die Drohung wahr, von der sie schon seit Jahren spricht«, lachte sie – ein so mädchenhaftes, fröhliches Lachen, das ihr silbergraues Haar und ihren blassen Teint beinahe Lügen strafte.

Allein in dem Zimmer, sah sich Emily erst mal eine Weile um. Da stand ein Himmelbett mit rosafarbenen Vorhängen, die so frisch und neu aussahen und so gar nicht zu dem schweren, alten Kleiderschrank, dem Waschständer und dem Toilettentisch passen wollten. Am Fußende des Betts stand eine Couch und am Fenster ein Lehnstuhl, beide mit gemustertem Gobelinstoff bezogen, der schon reichlich zerschlissen wirkte. Der ganze Raum vermittelte den Eindruck jahrelangen Bewohntseins, von Abnutzung ... aber auch Bequemlichkeit. Ja, hinter einer halb geöffneten Tür entdeckte sie sogar eine Toilette mit Wasserspülung.

Sie nahm den Strohhut ab, zog den Staubmantel aus und legte beides auf dem Bett ab; dann wusch sie sich die Hände und frisierte sich. Anschließend setzte sie sich einen Moment in den Lehnstuhl am Fenster, das auf einen großen Obstgarten hinausging. Sie betrachtete die verschiedenen Bäume und die kleinen Wege dazwischen, und plötzlich kam ihr ein seltsamer Gedanke: Hätte sie an einem Ort wie diesem ihren Erholungsurlaub verbracht, ihr Leben wäre bestimmt anders verlaufen. Eines war jedenfalls sicher: es hätte nicht diese Leere beinhaltet, und ihr wäre das Herz nicht so schwer wie jetzt.

Sie strich den Überrock vorne an ihrem taubenblauen Kleid glatt, verließ das Zimmer und war gerade an der Treppe angekommen, als eine Kinderschar johlend und sich gegenseitig schubsend von unten heraufgestürmt kam und wahrscheinlich nur deshalb oben am Absatz stehenblieb und sie verwundert anstarrte, weil eine Frau in mittleren Jahren ihnen mit lauter Stimme Einhalt gebot. »Benehmt euch! Wo bleiben eure Manieren?« rief sie. Inzwischen hatte sich unten ein Mann aus der Gruppe der Erwachsenen gelöst, kam jetzt ebenfalls im Eilschritt die Treppe heraufgestürmt und sagte: »Ich stelle Ihnen diese Rasselbande am besten gleich vor und erkläre Ihnen, wer zu wem gehört. Übrigens, ich bin Matthew. Ich habe die Ehre, der Älteste zu sein. Sehr erfreut, Sie kennenzulernen.«

Sie tauschten einen Händedruck, dann drehte er sich um und deutete auf einen schlaksigen Jungen und ein dralles Mädchen. »Das sind meine Zwillinge, Mickey und Meg. Zwölf sind die beiden, aber was sie an Unfug anstellen, schafft so mancher nicht in vierundzwanzig Jahren. Und das ist James«, fuhr er fort, worauf sie ein kleinerer Junge frech angrinste. »Und da haben wir Flora, die letzte unseres Stammes.« Er vergrub seine Hand in den blonden Lockenschopf des Mädchens. »Und die drei gehören Susie: das ist William, unser Engelchen, zehn Jahre alt; und da haben wir noch mal ein Zwillingspärchen, Betty und Nel, Racker, wie sie im Buche stehen.« Damit wandte er sich an die Kinderfrau. »Nanny«, sagte er. »Schaffen Sie mir bitte diese Bande aus den Augen. Für heute habe ich genug von ihnen.«

»Wir kommen dann zum Tee«, riefen seine Zwillinge fröhlich im Chor. »Das werden wir noch sehen«, gab er zurück und drehte sich dann zu Emily um. »Sie müssen uns für einen verrückten Haufen halten«, sagte er und fuhr dann mit gedämpfter Stimme fort: »Wie ich höre, haben Sie bereits Bekanntschaft mit Tante Phoebe geschlossen.«

Ebenso leise antwortete Emily: »Ja, aber gehört habe ich von ihr schon lange vorher.«

Er lachte. »Gut, dann kommen Sie doch jetzt mit mir nach unten, damit Sie den Rest von uns kennenlernen.«

In der Halle machte er sie mit Cissie bekannt, einer untersetzten, nicht mehr ganz jungen Frau mit lebhaften Augen und einem breiten Lächeln. »Ich freue mich sehr, Sie kennenzulernen. Ich habe schon viel von Ihnen und Ihren Hüten gehört. Phoebe hat mir erzählt, daß Sie heute in einem besonders großen angekommen sind. Den müssen Sie mir zeigen. Ich liebe Hüte, aber leider habe ich einen sehr knauserigen Gatten.«

»Pah!« brummte der knauserige Gatte und rief dann quer durch die Diele: »Vera, hör auf zu debattieren und begrüße Mrs. Ratcliffe.«

Vera kam, gefolgt von ihrem Mann John und Steve. Nach einer kurzen Begrüßung fragte sie Emily unumwunden: »Wie um Himmels willen kommen Sie nur mit diesem Menschen zurecht?« und zeigte mit dem Daumen auf

Steve. »Er ist ignorant, unhöflich und unattraktiv. Ich muß das wissen, denn ich kenne ihn schon von Kindesbeinen an.«

»Ich bin John«, ließ sich eine leise Stimme vernehmen. »Keine Ahnung, wie ich in diese Familie geraten bin. Aber einen guten Rat kann ich Ihnen geben: Meiden Sie die Sonntage. Haben Sie möglichst immer eine Entschuldigung parat, nicht an einem Sonntag hier zu erscheinen.«

»Ach, und was machst du dann hier?« kam es von einer sehr gutaussehenden Frau in den Dreißigern. »Ich weiß schon, du kommst nur, weil du hier die einzige anständige Mahlzeit in der Woche bekommst. Ich bin übrigens Susie, die leidgeprüfte Mutter von William und den Zwillingen.«

»So, jetzt habt ihr euch zwar alle artig vorgestellt, aber sie wird bestimmt keinen der vielen Namen behalten haben.«

Emily warf Steve einen raschen Seitenblick zu, ehe sie erwiderte: »Das stimmt nicht ganz. Ich weiß inzwischen, daß es zwei Zwillingspärchen gibt, sieben Kinder insgesamt, und ich habe Matthew kennengelernt und Vera, John und . . .«

»Das Essen steht auf dem Tisch«, rief jemand vom Korridor aus.

Die Decke des Eßzimmers war wie die Diele mit dicken Balken versehen. Es war ein langer Raum, mußte es auch sein, um den großen Eßtisch zu beherbergen, an dem jetzt elf Personen saßen – und leicht noch elf weitere Platz gefunden hätten. In der folgenden Stunde vergaß Emily vorübergehend ihr Herzeleid, sie lachte, spitzte die Ohren und erfuhr eine ganze Menge; nicht zuletzt über Doktor Steve Montane.

Zunächst hörte sie, daß nicht alle Familienmitglieder anwesend waren: die zwei jüngeren Söhne, Raymond und Charles, lebten in Amerika, und es gab auch noch zwei Töchter, Kate und Maggie. Kate war mit einem Anwalt in Devon verheiratet, Maggie mit einem Gutsherrn in Schottland. Doch Weihnachten, so hieß es, würden sich alle hier einfinden, selbst die beiden aus Amerika.

Einmal beugte sich Cissie über den Tisch zu Emily und

fragte über die allgemeine Konversation hinweg: »Waren Sie schon immer im Hutgeschäft tätig?«

»Ja, und meine Mutter auch. Als Kind hat sie mich oft in die Werkstatt mitgenommen, wo ich dann stundenlang Bänder und Schleifen entwirrte.«

»Steve hat mir erzählt, Sie besäßen einen großen Salon, nicht nur ein Ladengeschäft, sondern ein ganzes Haus, oder Häuser.«

»Ja, in einem ist das Geschäft untergebracht und in dem anderen wohne ich.«

»Ich finde, alle Frauen sollten einen Beruf haben und Karriere machen können. Aber nein, wir werden nur zur Aufzucht der Jungen benutzt.«

»Dazu hat der liebe Gott euch doch auch geschaffen«, tönte es vom anderen Ende des Tisches, und Cissie gab schlagfertig zurück: »Darf ich dich darüber informieren, Elefantenohr, daß da einige Veränderungen in der Luft liegen?«

»Da liegen sie auch gut. Wenn Gott gewollt hätte, daß Frauen Karriere machen, so hätte Er sie mit mehr grauen Zellen ausgestattet.«

»Oh!« Cissies Hand griff nach der Wasserkaraffe, und nur die vehemente Schimpfkanonade ihrer Mutter konnte verhindern, daß diese quer über den Tisch flog.

»Na, habe ich Sie nicht gewarnt?« war Steves Kommentar dazu, der Emily gegenübersaß. »Alles Halbwilde. Man könnte meinen, sie sind aus den Wäldern rausgekommen.«

Jetzt meldete sich Vera lautstark zu Wort: »Genau das hat der alte Parson Horner heute morgen auch gesagt: ›Warum Geld für die Eingeborenen sammeln, wenn dieses Land selbst noch so unzivilisiert ist?‹ Und dann hat er prompt seine Predigt vergessen und ist ins Lamentieren über das Elend in der Welt geraten. Ich schätze, der ist auch nur noch da, weil Lord Bias glaubt, etwas für die Seelen seiner Landarbeiter tun zu müssen.«

»Der würde im Himmel besser angeschrieben sein, wenn er seinen Arbeitern genug bezahlen würde, damit sie sich jeden Tag eine warme Mahlzeit kochen könnten, und ihnen anständige Unterkünfte bauen würde, anstatt sie in diesen stinkenden Löchern dahinvegetieren zu lassen. Diese Herrschaften reden immer über die Lebensbedingungen der Grubenarbeiter, leben aber selbst in Palästen.«

»Hör auf, Steve«, ließ sich Sir Arthur nun vom Kopfende des Tisches her vernehmen. »Keine politischen Tischgespräche. Das haben wir alles schon hundertmal durchgekaut.«

»Und das werden wir auch weiterhin, Pa. Und zukünftig immer öfter. Du wirst schon sehen.« Das Lachen an der Tafel war verstummt. »Daß man in den Städten Bruchbuden antrifft, in denen mehr als zehn Leute in einem Raum schlafen, das wundert niemanden, aber in Gemeinden wie dieser hier . . .«

»Schön, wenn du so besorgt um unsere Landbevölkerung hier bist, Steve, warum kümmerst du dich dann nicht auf deine Weise um ihre geschundenen Körper? Der alte Raymore setzt sich nämlich bald zur Ruhe, und dann müssen die Leute zehn Meilen in die Stadt fahren, bis sie medizinische Hilfe finden.«

»Ja, du kannst deine Theorien gleich hier an Ort und Stelle in die Praxis umsetzen«, meinte Matthew, und Cissies Mann, Harry Spencer, setzte hinzu: »Das wäre eine prima Idee. Dann bekämen wir alle unsere Behandlung kostenlos. Was meinst du dazu, Schwiegervater?«

Alle Blicke hefteten sich auf Sir Arthur, der nun über den Tisch hinweg seinen Sohn fixierte und sagte: »Ich habe die Erfahrung gemacht, daß es leichter ist, den Wind von Norden nach Süden zu drehen, als Steve etwas auszureden, was er sich einmal in den Kopf gesetzt hat.« Und Steve, auf dem nun alle Blicke ruhten, antwortete nach einem kurzen, trockenen Lachen: »Du scheinst mich gut zu kennen, Pa. Obwohl ich dir nicht ganz zustimmen kann. Manchmal geschehen Dinge, die das Leben von Grund auf ändern können. Aber soweit ich vorausblicken kann, steht mein Kurs fest, und der Wind bläst aus der richtigen Richtung.«

Emily war es nicht entgangen, daß Tante Phoebe während des ganzen Essens nicht ein Wort gesagt hatte, doch nun mischte sie sich mit ihrer leisen, wehleidigen Stimme in die Diskussion ein. »Es wäre wirklich wunderbar, wenn Steve uns und alle anderen hier behandeln würde. Wir brauchen einen guten Arzt, besonders die Leute im Dorf.«

»Aber Phoebe . . .« Es war Lady Montane, die jetzt sprach. »Du weißt doch, daß Steve nicht zurückkommen kann; er wird in der Stadt gebraucht. Dort gibt es so viele kranke Menschen.«

»Ja, aber hier auch.« Ihre Stimme hatte sich verändert. »Und ich bin eine davon. Außer Bauchschmerzen können einen auch andere Schmerzen plagen; und er versteht das.«

Cissie sah es offenbar als ihre Aufgabe an, die Sonntagsstimmung zu retten. »Wer möchte den Kaffee im Garten trinken?« rief sie in die Runde. »Wir sollten die Ruhe ausnützen, bevor die Horde wieder über uns hereinbricht.«

»Das ist eine gute Idee, Cissie«, stimmte ihre Mutter zu. »Es ist ohnehin der erste warme Tag in diesem Jahr.«

Als Emily dann mit Steve zur Haustür ging, zeigte ihr Cissie, die sich bei ihrem Bruder untergehakt hatte, auf eine andere Art, wie Steve von der Familie geschätzt wurde. »Tante Phoebe hat recht. Es wäre wunderbar, wenn du zurückkämest. Wir brauchen dich alle.«

Er tätschelte ihre Hand auf seinem Arm. »Ach, Cissie. Manchmal wünsche ich mir, ich könnte mich zerteilen. Wenn ich hier bin, dann möchte ich nicht mehr weg, trotz dieses Chaos hier. Aber du machst dir ja keinen Begriff, welche katastrophalen Verhältnisse in der Stadt herrschen. Doch genug davon«, schloß er und fuhr dann in heiterem Tonfall fort: »Ich hätte Lust auf eine Runde Krocket. Haben Sie schon einmal Krocket gespielt, Emily?«

Sie sah ihn an und lächelte. »Dumme Frage.«

»Weshalb dumm? Nun gut, falls nicht, dann werden Sie es eben jetzt lernen.«

Die nächste Stunde wurde Emily in die Geheimnisse des Krocketspiels eingeweiht, und als sie sich anschließend mit Lady Montane unter einen Baum gesetzt hatte und den anderen beim Spielen zusah, wurde diese von ihrem Mann gerufen, der winkend unter der Haustür stand. »Entschuldigen Sie mich einen Moment, meine Liebe. Bin gespannt, was es jetzt schon wieder gibt; wahrscheinlich die Kinder.«

Kaum war Lady Montane aufgestanden, da tauchte wie aus dem Nichts Tante Phoebe auf und ließ sich auf den freigewordenen Stuhl fallen.

»Warum tragen Sie diesen riesigen Hut, wenn Sie reisen?« Diese ohne Einleitung vorgebrachte Frage entlockte Emily ein lautloses Stöhnen. »Nun«, sagte sie, um ein Lächeln bemüht. »Man hat mich dazu überredet. Ich wollte eigentlich einen kleineren tragen, aber Steve bestand auf diesem hier.«

»Tun Sie immer, was er sagt?«

»Nein, nur selten.«

»Der wird Sie nicht weit bringen.«

Emily stutzte kurz. »Wer wird mich nicht weit bringen?«

»Dieser Hut.«

»Ach so. Und warum nicht?«

»Er ist verhängnisvoll – genau wie meine Haube.«

»Aber warum verhängnisvoll?« Emily lächelte nun nicht mehr.

»Weil er so ausgefallen ist, nur mit dieser Schleife. Er ist zu groß, zu gelb, und er brüskiert die Leute . . . so wie meine Haube. Schon vor Jahren hat meine Haube die Leute aus der Fassung gebracht, dabei war sie da noch hübsch anzusehen. Und sie tut es heute noch. Ihr Hut wird es auch tun; gewisse Hüte bringen einem Schwierigkeiten ein. Sie verraten das Innenleben desjenigen, der sie trägt. Deshalb suchen sie sich ihren Besitzer aus. Nicht Sie wählen einen Hut, der Hut wählt Sie.«

Emily drehte sich nun ganz zu dieser merkwürdigen kleinen Frau um, und während sie sie verwundert anstarrte, lief ihr ein kalter Schauer über den Rücken. Sie war ihr unheimlich, sie war verrückt – aber sie hatte recht. In gewisser Weise hatte sie tatsächlich recht.

Und als Phoebe ihre Schwägerin zurückkommen sah, erhob sie sich rasch von deren Stuhl und flüsterte Emily zu: »Er ist der Beste von allen. Ich weiß noch nicht viel über Sie, aber ich glaube nicht, daß Sie seiner wert sind.« Und damit ging sie.

»Hat sie Sie beleidigt?« erkundigte sich Lady Montane besorgt.

»Nein. Nur ... sie ist eine sehr gute Beobachterin, nicht?«

»Ja, das ist wahr. Ihr entgeht so leicht nichts. Und wie Sie bemerkt haben werden, ist sie recht exzentrisch; sie nimmt bei ihren Kommentaren kein Blatt vor den Mund, und auch ihr Benehmen ist alles andere als normal. Aber uns erscheint sie dennoch recht normal.«

»Hat sie einmal einen schweren Schicksalsschlag erlitten?«

»Nein! Nein!« rief Lady Montane. »Mit Männern hatte sie nie etwas im Sinn; obwohl wir damit manchmal ihr seltsames Wesen entschuldigt haben. Nein, sie war schon als Kind so. Mein Mann war vier, als sie geboren wurde, und sie schien von Anfang an unter seiner Obhut zu stehen. Auch heute noch verläßt sie ihr Zimmer kaum, wenn mein Mann nicht im Haus ist. Sie hatte einen Privatlehrer und ist sehr belesen, obgleich das ihre Manieren und ihre Rede nicht erwarten lassen.« Dann wechselte sie ganz unvermittelt das Thema. »Kennen Sie Steve schon lange?«

»Nein, nicht sehr lange. Erst seitdem er meine Chefin betreute.«

Ihre nächste Frage wurde durch die Ankunft weiterer Gäste vereitelt. »Oh, entschuldigen Sie mich bitte noch einmal; es sind ein paar Freunde von uns gekommen«, sagte sie mit einem ungeduldigen Unterton und erhob sich.

Kaum war Lady Montane gegangen, kamen Cissie und Vera vom Krocketspielen zurück und ließen sich in die Stühle neben Emily fallen. Mit einem Kopfnicken in Richtung der Besucher, die gerade über die Wiese kamen, meinte Vera: »Die müssen Wind davon bekommen haben, daß Steve da ist. Das sind nämlich unsere Nachbarn«, erklärte sie, Emily zugewandt.

Gleich darauf wurde Emily den Schwestern Braize vorgestellt. Miß Nan war eine unscheinbare, etwas ernst blikkende Frau Mitte Zwanzig; das Alter von Miß Biddy dagegen konnte Emily nicht einschätzen, denn sie kicherte wie ein Schulmädchen und gab sich auch ansonsten sehr affektiert. Emily merkte sehr schnell, daß die beiden unheimlich neugierig auf sie waren: Wer sie sei, wollten sie wissen. Was sie mache; ob sie bei Hof eingeführt worden sei; wo sie den lieben Steve kennengelernt habe? Die Fragen kamen im Plauderton, waren aber deshalb nicht weniger direkt.

Beim anschließenden Nachmittagstee auf der Lichtung entging es Emily ebenfalls nicht, welche Gefühle die ältere Miß Braize für Steve hegte, die ihren Blick kaum von ihm abwenden konnte. Und sie stellte außerdem fest, daß Steve sich ihr gegenüber ausnehmend freundlich gab und sie nicht mit spitzen Bemerkungen und dergleichen traktierte.

Als sich die Schwestern nach dem Tee ziemlich bald wieder verabschiedeten, drängte sich Emily der Verdacht auf, daß dies nur der guten Sitten wegen geschah, vor allem von Miß Nans Seite aus, die Steve dabei länger als nötig ansah und zuwinkte.

Als es dann auch für sie Zeit wurde, sich zu verabschieden, war Emily angenehm überrascht ob der freundlichen Worte sämtlicher Familienmitglieder, die sie aufforderten, recht bald wiederzukommen. Doch dann waren es Lady Montanes Abschiedsworte, als sie beide allein in der Diele standen, die sie mit einem tiefen Schuldgefühl erfüllten: »Ich bin mir sicher, wir werden uns in Zukunft häufiger sehen, meine Liebe.« Was sollte sie darauf erwidern? Alles, was sie tun konnte, war, ein Lächeln auf ihre Lippen zu zwingen und sich für den wunderschönen Tag zu bedanken.

Erst als sie sich im Zug in einem Abteil allein gegenübersaßen, rückte Steve mit der Frage heraus: »Seien Sie ehrlich, was halten Sie von meinen Leuten?«

Und sie war ehrlich, als sie sagte: »Ich glaube, als Familie sind sie wundervoll, so eng verbunden und doch frei; und diese Freundlichkeit und das Fehlen von . . .«

»Ordnung?« half er aus.

»Nein, von . . . Standesdünkel. Ja, das Wort habe ich gesucht. Ihre Eltern sind Leute von Stand, aber sie benehmen sich . . . die ganze Familie benimmt sich wie . . .«

Wieder half er aus. »Ganz gewöhnliche Sterbliche?«

»Ja, so könnte man es nennen«, lachte sie. »Wie ganz gewöhnliche Sterbliche. Selbst Tante Phoebe.«

»Sie hat sich über Ihren Hut lustig gemacht, nicht?«

Sofort verschwand das Lächeln von ihrem Gesicht. »Nein. Sie hat etwas sehr Kluges darüber gesagt; sie hat ihn mit ihrer Haube verglichen.«

»Das kann sie unmöglich getan haben.«

»O doch. Sie sagte, nicht sie habe ihre Haube ausgewählt, sondern die Haube sie. Und mit meinem Hut verhalte es sich genauso. Und wissen Sie was? Sie hat damit gar nicht so unrecht.«

»Ja, früher dachten wir auch, sie habe das zweite Gesicht, aber dann lag sie mit den meisten ihrer Voraussagungen so verkehrt, daß wir nicht mehr darauf geachtet haben. Doch manchmal trifft sie tatsächlich den Nagel auf den Kopf. Sie ist eine sehr ungewöhnliche Person, unsere Tante Phoebe. Nicht umgänglich, nicht liebenswert, aber sehr originell.«

Sie sahen sich eine Weile an, bis er sagte: »Dann . . . kommen Sie also wieder?«

»Ja, ich würde gern wiederkommen, aber ich fürchte, daß meine Besuche mißverstanden werden könnten.«

»Möglich. Sie könnten auf den Gedanken kommen, wir seien ein . . . Liebespaar. Aber das sind wir ja gar nicht, oder?«

»Nein, Steve. Das sind wir nicht.«

»Was ich zugegebenermaßen sehr bedauere. Aber ich bin ein geduldiger Mensch.«

»Bitte, verderben wir uns nicht diesen wunderschönen Tag, denn das war er wirklich. Ich kann mich nicht erinnern, jemals einen Tag so genossen zu haben wie diesen.«

»Sie haben vollkommen recht. Wir sollten uns diesen Tag nicht verderben. Aber würde ich das denn, wenn ich mich – als Ihr Freund – neben Sie setze?«

»O Steve«, lachte sie, schloß die Augen und schüttelte den Kopf. Steve setzte sich dann tatsächlich neben sie, und als er ihre Hand nahm, entzog sie sie ihm nicht. Und so blieben sie die restliche Zugfahrt über sitzen, sprachen kaum miteinander, aber ihrer beider Gedanken rasten, wenn auch in verschiedene Richtungen.

Als sie vor dem Haus Nummer 35 ankamen, stellte Emily fest, daß sie ihre Schlüssel vergessen hatte. »Zu dumm, Alice wird noch nicht wieder zurück sein; sie besucht ihre Familie«, brummte sie unwirsch. »Na, dann muß ich wohl die Köchin aus ihrem süßen Schlummer jagen«, fuhr sie dann grinsend fort und drückte den Klingelknopf neben der Tür.

Kurz darauf wurde die Tür von der leicht schwankenden Köchin geöffnet. »O Miß! Sehen Sie mich an. Ich habe nicht damit gerechnet, daß ich an die Tür muß. Ich dachte, Sie hätten den Schlüssel dabei. Guten Abend, Doktor.«

»Guten Abend.«

»Ach herrje, ich hab' noch nicht mal meine Schürze um«, jammerte sie und nestelte an ihrer Bluse. »Gott sei Dank hatte ich sie wenigstens vorhin an, als ich an die Tür mußte. Ich habe nämlich keine Besuche erwartet. Sie, Miß?«

»Nein. Ich auch nicht.«

»Es war aber jemand da. Ein Herr. Er hat seine Karte dagelassen und sagte, er käme morgen noch einmal vorbei. Das sollte ich Ihnen ausrichten.«

»Danke. Vielen Dank.«

»Lassen . . . Sie den Doktor hinaus, wenn er geht, oder soll ich raufkommen?«

»Nein, ich lasse ihn hinaus und schließe dann ab.«

»Danke, Miß. Alice geht dann sowieso hinten rein. Gute Nacht, Doktor.«

»Gute Nacht«, sagte Steve. Seine Stimme klang auf einmal ganz flach und blieb so, als er Emily gleich darauf fragte: »Einer Ihrer Freunde aus Nizza?«

»Ja, ganz recht. Einer meiner Freunde aus Nizza.«

»Sie sind ja plötzlich ganz blaß geworden.«

Sie schluckte, brachte aber kein Wort heraus. »Ich werde jetzt gehen«, sagte er dann. »Gute Nacht.«

Er ging zur Tür und öffnete sie. »Gute Nacht, Steve, und . . . vielen Dank«, kam es kaum hörbar von Emily.

Er gab keine Antwort, drehte sich nicht um, sondern zog nur fest die Tür hinter sich zu. Und Emily stand da, biß sich auf die Lippen und spielte nervös mit der Karte in ihrer Hand. »Warum mußte er heute kommen?« murmelte sie vor sich hin. »Ausgerechnet heute. Ich will ihn nicht sehen. Ich darf ihn nicht sehen. Ich werde Esther runterschicken. Nein. Nein.« Sie wirbelte herum. »Nein, nicht Esther . . . Alice. Alice muß ihn empfangen.«

Im Wohnzimmer zog sie die Nadeln aus dem Hut und warf ihn aufs Sofa. Dabei kamen ihr Tante Phoebes Worte wieder in den Sinn. Sie drehte sich um und starrte den Hut an, der mit der Krempe auf einem Kissen gelandet war, leicht hochstand und so lebendig aussah, als wollte er gleich vom Sofa springen. Wenn sie ihn nicht getragen hätte, so hätte er sie vielleicht gar nicht bemerkt. Es war zweifellos dieser Hut, der seine Aufmerksamkeit erregt hatte. Plötzlich verspürte sie das starke Verlangen, den Hut zu nehmen und die Krempe abzureißen; doch sie beherrschte sich, verließ das Zimmer und ging nach oben. Morgen früh mußte sie als erstes Alice einweihen und entsprechend instruieren. Sie selbst würde den ganzen morgigen Tag über die oberen Geschäftsräume nicht verlassen. Das war die einzige Möglichkeit.

– 9 –

Sie hatte Alice dann doch nicht instruiert. Ihre Überlegungen in der Nacht hatten sie zu dem Schluß geführt, daß sie sich der Sache stellen und Paul nochmals klarmachen mußte, daß ihre Beziehung ein für allemal beendet sei. Das war sie eigentlich schon im Hotel. Und seine Frau war diejenige gewesen, die dieses Ende besiegelt hatte.

Als Alice mit dem Frühstückstablett das Eßzimmer betrat, rief sie: »Sie haben aber lange geschlafen! Ihr Tee ist inzwischen eiskalt geworden.«

»Ich habe gestern abend noch lange wachgelegen.«

»Wegen der Aufregung? War es ein schöner Tag?«

»O ja.« Das mußte sie ehrlich zugeben und wiederholte es gleich noch einmal. »O ja, es war ein schöner Tag.«

»Sind . . . sind seine Leute nett?«

»Großartig. Er hat wirklich eine großartige Familie.«

»Und das Haus? Ist es groß?«

»Ja, und es liegt mitten auf dem Land.«

»Haben sie viele Dienstboten?«

Emily mußte kurz nachdenken. »Zwei haben beim Dinner serviert. Es gibt eine Köchin und sicher noch einige Küchenhilfen.«

»Haben sie auch Pferde?«

»Ja, und einen ganz hübschen Einspänner. Eine Kutsche gibt es auch, glaube ich.«

»Oh! Oh! Und der Doktor gibt sich mit diesem Abschaum vom Westerley Place ab.«

»Westerley Place?« wiederholte Emily mit fragendem Blick.

»Ja, da geht er hin, hab' ich gehört. Hinter Piccadilly Circus, in diese finsteren Gassen. Mein Foster-Dad kennt die Gegend. Er . . .«, sie rümpfte die Nase. »Er ist dort aufgewachsen, glaub' ich, zwischen Ratten und Müll . . . in dieser Kloake. Kaum zu glauben, so ein Dreck, gleich hinter den vornehmen Straßen. Na ja, jetzt essen Sie mal lieber Ihr Frühstück, bevor es kalt wird. Gibt es etwas Besonderes zu tun für mich heute vormittag?«

Erzählt mir was von Ratten und Kloaken, und dann soll ich frühstücken! dachte Emily bei sich, sagte dann aber ruhig: »Ich erwarte heute Besuch, Alice. Wann, weiß ich nicht. Wahrscheinlich am Nachmittag. Und ich möchte, daß du dann in der Nähe bist, um die Tür aufzumachen, und ihn in mein Arbeitszimmer führst.«

Alice sah ihre Herrin fragend an, aber diese hatte den Blick auf das Frühstückstablett vor sich geheftet. »Ja, Miß«, sagte sie dann nach einer Weile und verließ das Eßzimmer.

Sobald die Tür ins Schloß gefallen war, schob Emily das Tablett zur Seite, goß sich eine Tasse Tee ein, trank sie in einem Zug leer und schenkte sich nach. Dann stand sie auf, schob den Stuhl wieder unter den Tisch und stützte sich mit beiden Armen auf die Lehne. »Lieber Gott, bitte, laß mich diesen Tag überstehen!« betete sie im stillen.

Paul Steerman klingelte um drei.

Als Alice die Tür öffnete, lächelte er sie freundlich an und sagte: »Guten Tag, ich möchte zu Mrs. Ratcliffe.«

»Bitte, treten Sie ein, Sir.«

Er ging an Alice vorbei und blieb dann um sich blickend in der Diele stehen. »Wenn Sie mir bitte folgen möchten. Ich ... ich sage Madam Bescheid, daß Sie hier sind.«

Sie führte ihn ins Arbeitszimmer, und da blieb er wieder stehen und sah sich um. Da Alice ihm weder Hut noch Handschuhe abgenommen hatte, legte er beides auf einen Stuhl und lehnte seinen Stock dagegen. Dann trat er ans Fenster und sah auf den Hof hinaus, der von Stallungsgebäuden auf der einen und einer Mauer auf der anderen Seite begrenzt war, vor der diverse Topfpflanzen standen.

Anschließend inspizierte er die zwei Bücherregale. Viele der Bücher waren alt und handelten hauptsächlich von Schiffen und der Seefahrt. Aber es gab auch einige Reihen mit moderner Literatur, darunter auch Petersens Gedichtband. Er nahm das Büchlein heraus und blätterte es gerade durch, als die Tür aufging und Emily hereinkam.

Hastig legte er das Buch auf einem Tisch ab und ging ihr entgegen, die rechte Hand ausgestreckt. Als sie diese nicht annahm, blieb er eine Weile schweigend vor ihr stehen und begann dann etwas verlegen: »Ich mußte kommen, Emily. Ich mußte Sie einfach sehen. Bitte! Hören Sie mich an.«

Emily setzte sich und bedeutete ihm mit einer Handbewegung auf einen etwas entfernt stehenden Stuhl, sich ebenfalls zu setzen. Dabei sprach sie kein Wort, denn sie spürte, daß sie nicht in der Lage war, auch nur einen einzigen Ton herauszubringen. Allein sein Anblick und der Klang seiner Stimme schienen ihr alle Kraft zu rauben – die Kraft, die sie brauchte, um diese Angelegenheit ein für allemal zu beenden.

Vornübergebeugt, die Hände auf den Knien ruhend, saß Paul ihr jetzt gegenüber, als er fortfuhr: »Glauben Sie mir, Emily, ich habe ebenso ehrlich versucht wie Sie, diese Urlaubsepisode zu vergessen, aber es ist mir nicht gelungen . . . und ich weiß nicht, warum. O doch, ich weiß es.« Er ließ einen Augenblick den Kopf hängen und sah sie dann wieder an. »Ich bin nie zuvor jemandem wie Ihnen begegnet. Sie scheinen zu einer ganz anderen Sorte Mensch zu gehören als die, mit denen ich es bislang zu tun hatte.«

Jetzt fand sie die Sprache wieder. Sie straffte die Schultern und sah ihm geradewegs ins Gesicht, als sie erwiderte: »Ja, anders formuliert, ich entstamme nicht Ihrer gesellschaftlichen Schicht.«

»Unsinn!« Er machte Anstalten, von seinem Stuhl aufzuspringen, aber mit einer Handbewegung hinderte sie ihn daran. »Das hat überhaupt nichts mit irgendwelchen Schichten zu tun«, ereiferte er sich, »sondern etwas mit Persönlichkeit, Standpunkten, Offenheit, ja, besonders mit dieser erfrischenden Offenheit, die mir in diesem Maße bislang unbekannt war. Alles, worum ich Sie bitte, Emily, ist, Sie ab und zu besuchen zu dürfen, um mich mit Ihnen zu unterhalten –« Ihre Stimme war scharf wie ein Messer, als sie ihm das Wort abschnitt. »Und Ihre Geliebte zu werden?«

»O ja, das würden Sie sein, Emily – wenn auch in nicht in dem Sinne, den Sie jetzt ansprechen. Aber darauf kann ich nicht hoffen, obwohl ich gleichzeitig doch hoffte, daß Sie mich ein bißchen mögen . . . und ich weiß, daß dem so ist. O ja, das weiß ich. Und dennoch bitte ich Sie nur um eines, daß wir uns sehen, unterhalten . . . und Freunde sein können.«

Freunde. Schon wieder dieses Wort ›Freunde‹. Steve sprach von Freundschaft und meinte damit Liebe. Eine Verbindung mit Steve wäre achtbar und würde vor dem Traualtar enden. Aber dieser Mann hatte ihr außer Schande nichts zu bieten, wenn ihre Schwachheit siegen sollte.

Ihre Stimme hatte an Schärfe verloren, als sie sagte: »Das ist unmöglich; und das wissen Sie auch. Sie haben Frau und Kinder. Und Sie haben bestimmt schon einige . . . Geliebte gehabt.«

Letztere Vermutung wies ihr Verstand sogleich kategorisch zurück. Und als sie sah, wie er wieder zerknirscht den Kopf hängen ließ, beeilte sie sich, ihre letzten Worte abzumildern. »Es tut mir leid, aber so ist das ja wohl heutzutage bei den Männern . . . ich meine, bei Männern Ihres Standes.«

Er ließ sich eine Weile Zeit, ehe er den Kopf hob und sie ansah. »Ja«, meinte er dann leise. »Ja, dem ist wohl so, und zwar deshalb, weil die körperlichen Bedürfnisse so stark sind. Aber das ist etwas anderes als Liebe, als der Wunsch nach Gesellschaft, nach Verständnis. Emily, das, was Sie sahen, bevor Sie das Hotel verließen, war eine Charade. Wir leben zusammen, das ist richtig, aber wir gehen getrennte Wege. Seit der Geburt meines jüngsten Sohnes Robert verbindet uns nichts mehr. Meine älteste Tochter, Annette, ist jetzt fünf, und Marian ist drei. Weitere Kinder werden wir nicht mehr haben. Meine Frau ist sich jedoch ihrer gesellschaftlichen Stellung sehr bewußt und besteht darauf, den Schein zu wahren. Und obwohl sie mich nicht mehr liebt, ist sie immer noch rasend eifersüchtig und kann den Gedanken nicht ertragen, daß ich mich für eine andere Frau interessieren könnte. Unsere gemeinsame Bekannte hatte anscheinend wirklich nichts Eiligeres zu tun, als sofort nach ihrer Ankunft in London meiner Frau zu hintertragen, daß ich mit einer attraktiven Frau Spaziergänge unternehme. Und deshalb reiste sie auch postwendend nach Nizza, um dort ihre Schau abzuziehen, die speziell für Sie gedacht war.«

»Kann das nicht jederzeit wieder passieren? Vielleicht ist sie Ihnen hierher gefolgt?«

»Nein, sie befindet sich momentan in der Schweiz. Sie weiß, daß ich Geschäfte zu erledigen habe und im Augenblick bei meinem Vater wohne, der gesundheitlich nicht auf der Höhe ist und mich sehr in Anspruch nimmt. Emily, bitte, sehen Sie mich nicht so an. Das ist nicht die Emily, die ich in meinen Gedanken vor mir sehe. Ich denke immerzu an Sie. Und ich bin willens, mich all Ihren Wünschen zu beugen, wenn Sie mir nur gestatten, Sie ab und zu zu besuchen.«

»Das kann ich nicht. Und es sollte Ihnen auch klar sein, daß ich das nicht kann, denn Ihre Besuche würden einen völlig falschen Eindruck erwecken. Begreifen Sie denn nicht?« In ihrer Stimme schwang jetzt ein leises Flehen mit. »Ich bin hier ständig von Dienstboten und Angestellten umgeben. Was glauben Sie, was die denken würden? Und einige werden mit Sicherheit alles daransetzen, um herauszufinden, wer Sie sind. Und dann hätte ich deren Achtung verloren. Sie mögen deren Standpunkt vielleicht nicht verstehen, weil es für Sie nur Dienstboten sind, aber mit einigen von ihnen verbindet mich eine enge Freundschaft. Begreifen Sie jetzt, daß ich auf Ihren Vorschlag unmöglich eingehen kann?«

»Müssen sie es denn wissen?«

»Ich bitte Sie, sie öffnen die Tür und lassen Sie herein.« Jetzt erhob Emily ihre Stimme. »Und da fragen Sie, ob sie es wissen müssen?«

»Gibt es denn keinen anderen Weg ins Haus?«

Sie zog die Schultern hoch, gab aber keine Antwort. Er wollte tatsächlich durch die Hintertür zu ihr kommen? Heimlich!

Als habe er ihre Gedanken gelesen, wiederholte er sie: »Aber es muß doch einen Hintereingang geben. Und es macht mir nichts aus, mich heimlich zu Ihnen zu schleichen, solange ich Sie nur sehen und eine Weile bei Ihnen sein kann . . . Sie haben ja keine Ahnung, welche Gefühle ich für Sie hege, Emily. Sie sind wie ein Fenster in meinem Leben, das jahrelang blind war und plötzlich das Sonnenlicht hereinläßt.«

»Ach«, sagte sie und warf den Kopf zurück. »Kommen Sie mir nur nicht mit solch romantischem Unsinn.«

Er lachte kurz auf. »Ja, das ist eine andere Seite an Ihnen, die ich so erfrischend finde. Sie sagen frei heraus, was Sie denken. Sie verstecken sich nicht hinter einer Fassade, habe ich recht?«

Sie stand hastig auf, und auch er erhob sich. »Also gut, meine Liebe. Wenn ich mich nicht durch die Hintertür schleichen darf, dann klopfe ich eben weiterhin an der Vordertür an.«

»Paul, bitte!« appellierte sie jetzt an ihn. »Wenn Sie wirklich so von mir denken, wie Sie eben sagten, dann zerstören Sie nicht mein Leben. Was mich betrifft, ich werde über die Gefühle, die ich für Sie hege, hinwegkommen. Also bitte, ich flehe Sie an . . .«

»Emily!« rief er aus und hielt ihre Hände fest. »Ich will doch Ihr Leben nicht zerstören; ich will Sie glücklich machen. Hinter dieser erfolgreichen Geschäftsfrau verbirgt sich eine sehr einsame junge Frau, die jemanden braucht, der sie liebt und sie umsorgt – und dieser Jemand möchte ich sein. Wir würden dabei niemandem weh tun, glauben Sie mir. Leider könnten wir uns nur sehr selten sehen, weil mich neben den familiären Verpflichtungen meine Geschäfte zwingen, des öfteren Auslandsreisen zu unternehmen.« Er spürte, wie ihre Hände ihn zurückdrängten, und beeilte sich deshalb zu erklären: »Ich meine damit meine Kinder. Ich liebe meine Kinder, und sie mich. Sie haben mich für vieles entschädigt; jedenfalls bis jetzt.«

Er zog sie jetzt sanft zu sich heran. »Ich sah das Tor an der einen Seite des Hofes. Dieses Haus hier ist das letzte in Willington Place, und ein Teil davon liegt an der rückwärtigen Straße. Als ich vorhin die Hausnummer suchte, ist mir ein kleiner Gang aufgefallen. Ich glaube, der führt zu dieser Straße hin. Wenn ich ihn benutzte, würde mich niemand sehen; und es wäre ja auch nur für eine Stunde. Weniger vielleicht, nur um Ihnen guten Tag zu sagen und ... Sie anzusehen.«

Sie entzog ihm ihre Hände, drehte sich von ihm weg und murmelte, während sie sich an einem der beiden Bücherregale abstützte, leise: »Ich ... ich muß darüber nachdenken.«

»Sehr gut, meine Liebe. Und wenn ich das nächste Mal komme, dann später am Abend; und wenn das hintere Tor offen ist, darf ich dann annehmen, daß ... das dann die Antwort ist?«

Er trat zu ihr hin, und als er ihr sanft das Haar aus der Stirn strich, überlief sie ein Schaudern.

Sie drehte sich nicht um, wußte aber, daß er seinen Hut und die Handschuhe nahm und den Stock aufhob, der umgefallen war; und erst, als sie die Tür aufgehen und dann ins Schloß fallen hörte, ließ sie sich völlig kraftlos gegen das Regal sinken. Ihre Gedanken rasten, schrien förmlich, daß sie seinem Drängen nicht nachgeben durfte; daß das ihr Ende wäre. Und doch regte sich in diesem ganzen Chaos der Gefühle die Gewißheit, daß er das Tor offen finden und sie früher oder später *doch* seine Geliebte werden würde.

– 10 –

Während der folgenden zehn Tage bekam Emily dreimal Besuch. Am Tag nach dem gefühlsgeladenen Zusammentreffen mit ihrem zukünftigen Freier suchte Kate Forester sie auf. Sie begrüßten einander wie alte Freundinnen und beschlossen noch in der Tür, sich ab jetzt zu duzen. Kate war ganz in Schwarz, aber dabei dachte sich Emily zunächst nichts, hatte ihre neue Freundin doch recht wenig Geschmack, was Kleidung anbelangte. Aber kaum hatten sie Platz genommen, platzte Kate heraus: »Du siehst noch urlaubsreifer aus als bei deiner Ankunft in Nizza«, worauf

Emily entgegnete: »Du siehst auch nicht gerade aus wie das blühende Leben.«

»Ja, ich bin etwas erschöpft und sehe äußerlich gewiß nicht aus wie das blühende Leben, dafür bin ich aber innerlich aufgeblüht. Ich habe letzte Woche meine Mutter begraben.«

Emily starrte sie fassungslos an. »O Gott! Das tut mir wirklich leid.«

»Nein, nein, Emily. Sparen wir uns die Heuchelei. Du mochtest sie nicht und sie dich ebensowenig. Und was mich betrifft, ich habe sie gehaßt. Ich kann dir gar nicht sagen, wie froh ich bin. Und ich werde den Teufel tun und die trauernde Tochter mimen. Und noch etwas: Ich bin jetzt eine reiche Frau. Diesmal hatte sie nämlich keine Zeit mehr, ihr Testament zu ändern, wie sie es in den vergangenen Jahren des öfteren getan hat, um mich einzuschüchtern. Letztes Jahr, als sie wirklich glaubte, ich würde sie verlassen, da hat sie mir ihr ganzes Vermögen überschrieben, um mich an sich zu binden. Dennoch habe ich stets damit gerechnet, daß sie ihre Entscheidung wieder rückgängig machen wird. Na ja, jedenfalls bin ich jetzt endlich ein freier Mensch und werde nach Indien fahren.«

»Indien? Wie kommst du auf Indien?«

»Ganz einfach: Dort war ich noch nicht. Aber es gibt ein Hindernis. Ich will nicht alleine reisen, deshalb bin ich hier. Hast du nicht Lust, mich zu begleiten? Nur für drei Monate oder so?«

»Ach, Kate, ich würde schrecklich gern mitkommen. Aber ich habe ein Geschäft.«

»Du hast mir doch erzählt, du hättest zwei gute Mitarbeiterinnen; eine hat doch schon das Geschäft geführt, als du noch ein Kind warst.«

»Ja, das stimmt. Aber wir haben uns vergrößert und somit viel mehr Arbeit.«

»Heißt das, daß du nicht mitkommst?«

»Ach, Kate. Unter anderen Umständen würde ich sofort anfangen zu packen. Aber es ist unmöglich ... es gibt noch andere Gründe.«

Kate musterte sie einen Moment intensiv, dann sagte sie: »Hat Paul Steerman dich besucht?«

Kates Blick haltend, erwiderte Emily: »Ja, er war hier.«

»Und wo soll das hinführen?«

»Aber Kate.« Emily rückte näher zu ihr heran. »Wirklich! Was willst du denn damit andeuten?«

»Gar nichts. Ich frage dich nur, wo das hinführen soll. Da kommt nichts Gutes dabei heraus, glaub mir. Unmöglich. Außerdem hat er drei Kinder.«

»Und eine Frau, ich weiß. Ich weiß alles, was ich wissen muß.«

»Nein, du weißt längst nicht alles. Er ist ein charmanter Zeitgenosse, und wenn ich nicht selbst gewisse Sympathien für ihn empfinden würde, würde ich sagen, er ist eine charmante Ratte. Aber ich mag dich auch«, fuhr sie nun leiser fort. »Weißt du, ich hatte nie eine richtige Freundin, aber bei uns beiden habe ich das Gefühl, daß wir richtige Freundinnen werden könnten. Wir sind in vielen Dingen gleicher Meinung. Und deshalb ... möchte ich auch nicht, daß man dir weh tut.«

»Danke, Kate. Ich habe verstanden. Aber ... ich bin keine Närrin.«

»Ach, Emily. Das sind wir doch alle; jeder auf seine Weise. Ich habe mich von meiner Mutter jahrelang zur Närrin machen lassen. Sie hat mich behandelt wie eine Sklavin. Toten soll man vergeben, sagt man, aber in ihrem Fall kann ich das nicht; und dabei fühle ich mich nicht einmal schuldig.«

Als Kate nicht mehr weitersprach, sondern jetzt vor sich hin ins Leere starrte, fragte Emily sie: »Möchtest du noch eine Tasse Tee?«

»Nein, danke. Ich muß noch zur Schneiderin. Diese hier –« sie zupfte an ihrer schwarzen Jacke, »die habe ich heute zum letztenmal angehabt. Von nun an trage ich alle Farben des Regenbogens.«

Lächelnd schlug ihr Emily daraufhin vor, bei dieser Gelegenheit doch auch gleich einen Friseursalon aufzusuchen. »Du hast so schönes Haar, aber so streng zurückgekämmt, wie du es immer trägst, würde das kein Mensch vermuten.«

»Das habe ich ohnehin vor. Außerdem lasse ich mir die Fingernägel maniküren und die Fußnägel gleich mit.«

Lachend gingen die beiden zur Tür. »Wenn du irgendwann in der Zeitung liest, daß man in Indien eine Engländerin entführt hat, dann wird es dir hoffentlich leid tun, daß du mich allein hast fahren lassen.«

»Du kannst doch eine Zofe mitnehmen«, schlug Emily vor.

»Ich kann Zofen nicht ausstehen. Vielleicht, weil die Zofen meiner Mutter mich nie beachtet haben. Nun ja«, fuhr sie mit einem leisen Seufzer fort und warf Emily dabei einen strengen Blick zu: »Gebrauche in diesem speziellen Fall deinen klugen Kopf, meine Liebe. Märchen basieren nicht auf Tatsachen; sie sind nur ein Produkt unserer rosaroten Fantasie.« Damit verließ sie Emily, deren Gedanken wieder einmal in Aufruhr geraten waren und die sich jetzt fragte, ob Kate mit diesen rätselhaften Worten hatte andeuten wollen, daß es noch einiges gab, was sie über Paul wissen wollte, in Verachtung einer Mrs. DeWhit aber tunlichst darüber schwieg?

In der folgenden Nacht blieb Alice vor Schreck fast das Herz stehen, als sie in der Diele beinahe mit einem Mann zusammenstieß, der gerade die Hintertür zuzog. Bevor sie noch schreien konnte, hörte sie ihn wispern: »Alles in Ordnung, Alice. Deine ... Herrin erwartet mich.«

Zunächst erkannte sie ihn im Halbdunkel nicht, doch dann schluckte sie und murmelte: »Oh, Mr. Steerman!«

»Wo ist Madam?« flüsterte er, und Alice flüsterte zurück: »Zuletzt sah ich sie im Salon.«

»Danke. Tut mir leid, wenn ich dich erschreckt haben sollte.«

Alice blieb wie angewurzelt stehen und sah ihm nach, wie er den Flur entlang zum Salon ging und vor der Tür kurz innehielt. »O mein Gott!« entfuhr es ihr. Am liebsten wäre sie schnurstracks zur Köchin gerannt und hätte ihr alles erzählt, doch im selben Moment wurde ihr klar, daß niemand etwas davon erfahren durfte. Niemand. Und wie würde die Miß ihr morgen früh entgegentreten? Da war der Doktor. Warum konnte sie den nicht nehmen? Er war so ein feiner Mensch. Bei diesem hingegen war sie sich diesbezüglich gar nicht so sicher. Nein, absolut nicht. Ein verheirateter Mann mit Kindern. O Gott! Was sollte das nur werden? ... Am besten ginge sie jetzt gleich zu Bett. Der Miß wollte sie heute abend auf keinen Fall mehr begegnen.

»Sind Sie wach, Miß? Ich habe Ihnen den Tee gebracht.«

»Ja, Alice, ich bin wach. Danke schön.«

Emily schlug die Augen auf, und als sie Alice zur Tür gehen sah, rief sie sie zurück. »Alice, komm bitte einen Moment zu mir.«

Langsam ging Alice zum Bett zurück und blieb unsicher am Fußende stehen. »Du hast Mr. Steerman gestern abend durch den Hintereingang kommen sehen«, begann Emily. »Und du nimmst jetzt wahrscheinlich das Schlimmste an. Doch so stehen die Dinge nicht, Alice. Wir sind ... Freunde. Weiter nichts als Freunde. Wenn er jedoch an der Vordertür klingelte, würde das einen ganz falschen Eindruck erwecken. Verstehst du, was ich meine?«

»Ja, Miß.«

»Seine Frau und die Kinder sind auf dem Kontinent. Er ist ganz allein. Ja, auch wenn man reich ist, kann man einsam sein. Du bist jetzt sehr schockiert, Alice, nicht wahr?«

»Nein, Miß. Ich bin nicht schockiert. Ich weiß, daß ... diese Dinge passieren. Überall. Man muß nur den Prinzen anschauen. Aber ... aber ich mache mir Sorgen um Sie, Miß.«

»Ach, Alice, das brauchst du nicht. Es gibt nichts, worüber du dich sorgen müßtest. Er ist ein guter Freund. Genau wie Miß Forester. Wir haben uns im Urlaub angefreundet und möchten diese Freundschaft auch weiterhin pflegen. Aber er kann mich nicht so offiziell besuchen wie

Miß Forester, das verbietet der Anstand. Verstehst du das, Alice?«

»Ja, Miß. Das verstehe ich wohl.«

»Und noch etwas, Alice«, fuhr Emily fort und nahm ihre Teetasse vom Nachttisch. »Bitte behalte das für dich.«

»Oh, natürlich behalte ich das für mich. Gewiß doch.«

»Danke, Alice.« Ihr Blick wanderte zum Fenster hin. »Die Sonne scheint; es wird ein herrlicher Tag werden. Ach, bestell bitte der Köchin, ich möchte nur gekochte Eier und Toast zum Frühstück.«

»Ja, Miß.«

Als sich die Tür leise hinter Alice geschlossen hatte, ließ Emily sich in die Kissen zurücksinken und machte die Augen zu. Sie hatte diese Hürde besser genommen als erwartet, und sie hatte in Alice eine Verbündete, was ein großes Glück war. Aber jetzt stand ihr eine noch sehr viel höhere Hürde bevor, die nicht so einfach zu nehmen sein würde . . .

Steves Besuch lag beinahe eine Woche zurück, doch wenn er das nächste Mal kam, mußte sie ihm offen sagen, wie die Dinge standen. Aber konnte sie ihm erklären, daß sie sich in einen verheirateten Mann mit drei Kindern verliebt hatte, der noch dazu aus allerbesten Kreisen stammte? Dessen Vater der angesehene Mr. William Anderson Steerman war, ein Mann von Rang und Namen? Nein. Nein, das konnte sie nicht. Sie wollte ihn nicht verletzen, besonders nachdem sie jetzt auch seine Familie kennengelernt und ihn durch sie ein wenig besser verstehen gelernt hatte.

Aber wie sollte sie es ihm dann erklären? Konnte sie sagen, er sei nur ein Freund – genau wie Sie, Steve –, aber er muß sich durch die Hintertür schleichen, weil die Gesellschaft so engstirnig ist?

Sie schlug die Bettdecke zurück und stand auf. Diese spezielle Hürde würde sie nehmen, beschloß sie, wenn sie direkt davor stand . . .

Als Steve sie nach zehn Tagen noch immer nicht besucht hatte, dachte sie: Er weiß es! Irgendwie mußte er es herausgefunden haben. Vielleicht hatte er aber auch nur zwei und zwei zusammengezählt, als sie an besagtem Sonntag die Visitenkarte gelesen und angesichts Pauls Namen weiß wie die Wand geworden war.

Warum sollte sie eigentlich keine Freunde haben dürfen? fragte sie sich weiter, nur um sich im nächsten Augenblick an die Stirn zu tippen und eine dumme Gans zu schelten. Aber er war doch nur ein Freund. Während der drei Besuche, die er ihr in der vergangenen Woche abgestattet hatte, hatten sie sich unterhalten, er hatte ihre Hand gehalten und sich mit einem Kuß verabschiedet. Mehr war nicht gewesen. Und am Ende seines dritten Besuches hatte er ihr gesagt, daß er die nächsten zwei, drei Wochen nicht zu ihr kommen könne, da er mit seinen Eltern und seiner Familie nach Schottland fahren müsse. Seltsam, obgleich sie in den letzten zwei Tagen unglaublich viel gearbeitet hatte, um der steigenden Nachfrage nach neuen Hutmodellen für die anstehende Rennsaison nachzukommen, spürte sie doch eine gewisse Leere in sich.

Trotz aller Mühe, Esther und Lena gegenüber ein ungezwungenes Verhalten an den Tag zu legen, hatte sie das Gefühl, daß die beiden sie neuerdings mit einem gewissen Mißtrauen beobachteten. Die Kameradschaft, die vor ihrem Urlaub zwischen ihnen bestanden hatte, existierte so nicht mehr. Und auch das trug mit dazu bei, daß sie nun, wenn sie abends in ihrem Bett lag, mit dem Gefühl einschlief, alle Bürden dieser Welt auf ihren Schultern zu tragen. Sie wollte einfach nicht wahrhaben, daß die Bekanntschaft mit einem Mann ihr Leben plötzlich auf den Kopf stellen und Gefühle in ihr wecken sollte, die sie vorher nie für möglich gehalten hätte. Und doch spürte sie während seiner Besuche das beinahe unbezwingbare Verlangen, sich in seine Arme zu werfen und alles um sich herum zu vergessen. Nichts schien mehr von Bedeutung zu sein, wenn er bei ihr war, einzig der Wunsch, daß er bei ihr bliebe.

Jetzt stand sie in der Werkstatt neben Sarah Hubbart, die gerade einen Hut garnierte. »Nein, Sarah«, rief sie.

»Doch nicht die dunkelroten Rosen. Versuch es mit den roséfarbenen und steck sie auf das mauvefarbene Band. So – « demonstrierte sie es ihr.

»Ja, gut«, nickte Sarah. »Und Sie meinen, die dunkelroten passen nicht?«

»Nein, die beißen sich mit dem Mauve. Bring mal die hellgrünen Blätter und leg sie um die Rose. Ja, das ist gut. So machen wir es ringsherum. Aber nimm nur die kleinen Blüten, die sich gerade öffnen. Später kannst du ja dann noch ein paar Knospen dazwischenmogeln.«

An einem anderen Tisch saß Jean Felton und wollte wissen, wer die fünf Hüte ausliefern solle, die gerade fertig geworden seien.

»Wer ist denn das letztemal gefahren?«

»Margie, Miß.«

»Und was ist mit Amity?«

»Der wird in Droschken immer schlecht, sagt sie.«

»Nun, dann bleibt es wohl an dir hängen, Jean«, erwiderte Emily lächelnd.

»Ja, sieht so aus«, grinste Jean und war schon bei der Tür. Und als im selben Moment Alice hereinkam, sprang sie mit dem Ausruf »Platz da für die Kammerzofe!« zur Seite.

»Eines schönen Tages kriegst du von mir eins auf den Mund.«

»Ach ja? Und wann würde es der gnädigen Frau passen? Montag vielleicht?«

Hinter Alice erhob sich ein Kichern, als diese auf Emily zutrat und sagte: »Der Doktor ist da, Miß.«

»Danke, Alice. Ich komme sofort.«

Sie gab noch einige Anweisungen, bevor sie die Werkstatt verließ, langsam durch die Diele ging und die Verbindungstür zu ihrem Arbeitszimmer öffnete. Dort blieb sie einen Moment stehen, atmete ein paarmal kräftig durch und überlegte, was sie ihm sagen sollte. Ihr fiel nichts ein.

Als sie dann die Tür zum Wohnzimmer öffnete, stand Steve vor dem Kamin, drehte sich zwar zu ihr um, sagte aber nichts, bis sie neben ihm stand, und dann nur: »Wie geht es Ihnen?«

»Sehr gut, danke. Kann nicht klagen.« Und im selben spaßhaften Tonfall fragte sie: »Und selbst?«

»Wie immer. Danke der Nachfrage. Obgleich ich mich heute ausnahmsweise einmal herausgeputzt habe, wie Sie sicher bemerkt haben werden. Ich habe nämlich das Vergnügen, zwei junge Damen ins Theater und anschließend zum Dinner auszuführen.«

Emilys Brauen machten einen leichten Satz nach oben. »Lassen Sie mich raten: die Schwestern Braize?«

»Richtig geraten. Zwei äußerst interessante junge Damen, wenn man sie näher kennt.«

»Ja, ganz gewiß. Besonders die jüngere . . . die immer so nett kichert.« Weshalb redete sie so? War sie etwa gekränkt, weil er mit diesen beiden altjüngferlichen Schwestern ausging? Lächerlich!

»Ihr Kichern, wie Sie es nennen, ist nur ein Zeichen von Nervosität. Sie ist Gesellschaft nicht gewöhnt. Die beiden führen ein sehr zurückgezogenes Leben.«

»Ich verstehe. Verzeihung, ich habe wieder einmal nach dem ersten Eindruck geurteilt . . . und das sollte man niemals tun.«

»Nein; da muß ich Ihnen recht geben.«

Er zupfte am Saum seines Jacketts und deutete dann auf den Tisch. »Ohne meine Tasche bin ich verloren. Gewöhnlich stelle ich sie hier ab. Aber ich denke, das erübrigt sich zukünftig, so blendend, wie Sie aussehen. Haben Sie Besuch von Ihrem neuen Freund erhalten während der letzten Tage? Er versprach doch, Ihnen seine Aufwartung zu machen, wenn ich die Köchin recht verstanden habe.«

Emily zog scharf die Luft ein, bevor sie antwortete: »Jawohl, ich hatte Besuch von meinen beiden neuen Freunden.«

»Von beiden?«

»Ja, genau das sagte ich. Von Miß Kate Forester und Mr. . . .« Sie zögerte kurz. »Steerman.«

»Oh, Mr. Steerman?« Er legte den Kopf zur Seite, als ob er nachdächte. »Ein ungewöhnlicher Name, Steerman. Doch nicht etwa einer von den Anderson Steermans?«

Emily schwieg. Sie spürte, daß seine Stimme und sein Benehmen sie wieder einmal an ihrem wunden Punkt trafen.

»Na, wenn das so ist, dann steigen Sie ja ganz oben in die Gesellschaft ein. Ich weiß ein wenig über die Anderson Steermans; nur vom Hörensagen allerdings. Das Vergnügen, ein Familienmitglied kennenzulernen, hatte ich noch nicht. Mein Vater und der alte Steerman waren eine Zeitlang auf derselben Akademie. Aber das ist schon ein paar Jahre her. Offenbar besitzen sie ein großes Anwesen in Schottland und neben ihrem Stadthaus noch ein weiteres in Northumberland.« Er unterbrach sich. Sein Tonfall änderte sich, und seine Miene nahm einen besorgten Ausdruck an. »Wenn es sich um denselben Steerman handelt, dann hat er nur einen Sohn, und soviel ich weiß, ist dieser verheiratet.« Es folgte noch eine Pause, dann die Frage: »Ist er verheiratet, Emily?«

Sie wich einen Schritt zurück, bevor sie sich umdrehte und auf die Couch setzte. Er ließ sie nicht aus den Augen, kam dabei langsam auf sie zu, blieb vor ihr stehen und sagte ganz ruhig: »Haben Sie . . . hegen Sie tiefere Gefühle für ihn?«

Als sie immer noch schwieg, verlangte er in einem Ton, der sie vor Schreck zusammenzucken ließ: »Antworten Sie mir!«

Jetzt starrte sie zu ihm hoch, dunkelrot im Gesicht. »Wie können Sie es wagen, mich so anzuschreien! Dazu haben Sie kein Recht!«

Er erhob seine Stimme nur um eine Nuance. »Sie wissen, warum ich es wage. Das habe ich Ihnen deutlich zu verstehen gegeben. Und Sie sitzen hier und erzählen mir, daß Sie Gefühle für einen Mann hegen, den Sie zufällig in einem Hotel kennengelernt haben und der überdies noch verheiratet ist! Erzählen Sie mir mehr darüber. Haben Sie vor, seine Mätresse zu werden? Denn dazu führen solche Verbindungen für gewöhnlich. Wissen Sie das nicht? Natürlich wissen Sie das. Sie sind kein Backfisch mehr; Sie kennen das Leben: Sie waren verheiratet und sind geschieden. Und doch sind Sie eine Frau, die man bewundern und in die man sich ... verlieben kann. Aber wie ich sehe, war das ein Fehler; ein ganz großer Fehler meinerseits.«

Er wandte sich ab. »Mein Gott!« murmelte er. »Ich kann es nicht glauben. Sie, eine Mätresse? Eine Hure?« Dann heftete sich sein Blick wieder auf sie. »Haben Sie sich schon einmal gefragt, welche Stelle Sie auf seiner Liste einnehmen? Es ist ja bekannt, daß diese Typen ihre Geliebten wechseln wie ihre Hemden.«

Emily hatte ihre Stimme wiedergefunden und war vom Sofa aufgestanden. »Ich bin *nicht* seine Geliebte!« fauchte sie wütend.

Steve sah zu Boden, holte ein paarmal tief Luft und sagte dann erheblich ruhiger: »Aber Sie erlauben ihm, Sie zu besuchen. Und Sie haben zugegeben, eine gewisse Zuneigung zu ihm zu empfinden: Das stand Ihnen im Gesicht geschrieben. Jetzt weiß ich auch, warum Sie so verstört aus diesem Urlaub zurückgekehrt sind und in den darauffolgenden Wochen immer unglücklicher wirkten: Er hat sich nicht gemeldet. Heute dagegen lag ein ganz anderer Ausdruck auf Ihrem Gesicht. Nun, jetzt wissen Sie über meine Gefühle Ihnen gegenüber Bescheid, und ich denke, ich habe das Recht, Sie zu bitten, ihn nicht wiederzusehen; mir zu versprechen –«

»Ich werde Ihnen überhaupt nichts versprechen«, schnappte sie. »Und darüber hinaus haben Sie kein Recht, in dieser Form mit mir zu sprechen. Ich mache mit meinem Leben, was ich will – und ich werde auch die Konsequenzen dafür tragen, daß Sie's nur wissen.«

Aus seinem Gesicht war alle Farbe gewichen, und die Haut spannte sich über seinen Wangenknochen, so angespannt war seine Miene. Zwischen zusammengepreßten Zähnen stieß er hervor: »Ich werde Ihren Namen auf Doktor Smeatons Patientenliste setzen.« Damit drehte er sich um und verließ ohne ein weiteres Wort den Raum.

Emily ließ den Kopf in die Hände sinken, hielt sich die Ohren zu, konnte aber nicht verhindern, daß sie das Zuschlagen der Haustür wie ein Fausthieb traf. Anstatt sich auf die Couch zu werfen, ging sie wie in Trance im Zimmer auf und ab, und als die Tränen dann über ihre Wangen strömten, machte sie keinen Versuch, diese abzuwischen. Widersprüchliche Stimmen fochten einen erbitterten Kampf in ihrem Inneren aus. Sie haßte ihn. Wie konnte er es wagen, so mit ihr zu reden; sie eine Hure zu schimpfen! Wie ein Tagtraum stand ihr plötzlich eine Szene aus vergangenen Tagen vor Augen, als sie sich mit Mrs. Arkwright eines Abends nach einem Fabrikbesuch später als gewöhnlich auf den Heimweg gemacht und der Kutscher sie aus welchen Gründen auch immer durch dunkle Gassen chauffiert hatte. Sie erinnerte sich jetzt wieder genau an Mrs. Arkwrights Worte, als diese auf eine Gruppe spärlich bekleideter Frauen aller Altersstufen deutete, die mit eindeutigen Gesten um Kundschaft warben, und sagte: »Gott helfe ihnen. Wenn es nach mir ginge, würde ich ihre sogenannten Beschützer alle lynchen. Sieh dir die an! Die ist bestimmt noch keine vierzehn.«

Die Erinnerung an diesen Abend war ihr geblieben, und sie wußte genau, was hinter der respektablen Fassade dieser Stadt ablief.

Aber warum nur hatte sie plötzlich das Gefühl, etwas verloren zu haben? Etwas Gutes, Dauerhaftes. Und ging es ihn überhaupt etwas an, was sie tat? Er hatte kein Recht, ihr vorzuwerfen, sie sei Pauls Mätresse!

Aber sie würde es bald sein!

Nein! Nein! Das durfte nicht geschehen. Sie würde in Ungnade fallen; jeglichen Respekt verlieren. Und es wäre absolut verhängnisvoll, wenn ... wenn ...

Wenn was? *Wenn was?*

Es würde bedeuten, daß sie niemals wieder heiraten konnte. Nie eine Familie haben würde ... eine Familie wie die seine ... und einen so wunderschönen Sonntag verleben. Nein, es gab keine Sonntage mehr. Er war gegangen; hatte die Tür hinter sich für immer geschlossen ...

»Was ist los, Miß? Was haben Sie denn? Hat er Sie beleidigt? Kommen Sie, setzen Sie sich. O mein Gott! Sie sind ja völlig außer sich. Soll ich Esther rufen?«

»Nein! Bitte nicht Esther.«

»Hier ist ein sauberes Taschentuch, Miß. Trocknen Sie sich die Tränen ab. Ja, so ist es gut. Soll ich Ihnen eine Tasse Tee bringen?«

Als Emily nickte, eilte Alice sofort aus dem Zimmer; aber draußen blieb sie einen Moment stehen, sah zur Haustür hinüber und murmelte halblaut vor sich hin: »Armer Doktor. Wenn sie doch nur zur Besinnung käme. Aber wer kann das schon bei einem Mann wie Mr. Steerman?«

– 11 –

»Die Politik ist wie eine Schaukel, Emily. Ein ständiges Auf und Ab, wie zwischen Disraeli und Gladstone. Erst sind die Liberalen oben, dann die Tories. In Bulgarien haben sich unglaubliche Greueltaten ereignet. Natürlich, wenn es Streit zwischen Türken und Christen gibt, müssen wir eingreifen; o ja, selbst bei Auseinandersetzungen zwischen Türken und Russen. Der Funke springt schnell von einem Feuer zum nächsten über. Und das geht fortwährend so weiter. Warum sollte ich also in der Regierung sitzen wollen? Können Sie mir das sagen, Emily?«

Sie lächelte und schwieg, wie sie es immer tat, wenn er über Politik sprach. Aber sie hatte eine Menge gelernt. Freilich, sie hätte diese Informationen auch den täglichen Zeitungen entnehmen können, aber sie fand nie genügend Zeit, diese sorgfältig zu studieren. So vieles passierte momentan in der Welt, und je mehr sie durch ihn darüber erfuhr, desto unwissender fühlte sie sich. Ihr war durchaus klar, daß sich ihr tägliches Leben in einer Art kulturellem Notstandsgebiet abspielte, wo sich die Gespräche nur um Bänder, Blumen und Krempen drehten. Zwei ihrer Arbeiterinnen konnten nicht einmal lesen und schreiben. Aber sie waren deshalb keineswegs dumm oder weltfremd. Und ein Mädchen, das sie kürzlich eingestellt hatte, Brigid McMahon, hatte ihr ganz stolz erzählt, daß sie in Abendkursen Dickens lese.

»Aber unser Wahlkreis besteht hauptsächlich aus armen Leuten, und es wird ein harter Kampf werden. Das ist alles Neuland für mich. Ehrlich gesagt, Emily, ich bin nicht sehr begeistert von der Idee, aber Vater besteht darauf, daß ich mich zur Wahl stelle. Wissen Sie, die Armen auf dem Land unterscheiden sich erheblich von den Armen in den Städten. Dienstboten spreche ich damit nicht an; die sind meist gut versorgt. Nein, ich spreche von Landarbeitern und solchen Leuten. Aber auch die bekommen Kost und Logis frei und Lohn . . .«

»Ja, aber soviel ich gehört habe, können sie davon kaum existieren.« Emily war über sich selbst erstaunt, denn es war das erste Mal, daß sie eine seiner Aussagen in Frage gestellt hatte. Es war beinahe so, als diskutiere sie mit Steve.

»Ach, meine Liebe, was wissen Sie schon von Landarbeitern? Sie sind ein Stadtmädchen . . . eine junge Frau . . . eine Dame . . . eine wunderschöne Lady. Und ich bin dumm genug, unsere kostbare Zeit mit politischen Reden über die Lebensbedingungen der Unterprivilegierten zu verschwenden. Ja, meine Teuerste«, er griff nach ihren Händen. »Sie müssen mich wirklich entschuldigen, aber ich kann mit niemandem so reden wie mit Ihnen, ich will es auch gar nicht. Und in gewisser Weise haben Sie sogar recht, wenn Sie meine Ansichten in Frage stellen. Sie sollten das viel öfter tun, denn ich weiß, Sie haben mehr Einblick in dic Welt der Arbeiterklasse, als ich das hatte oder je haben werde.«

»Und dennoch werden Sie sie repräsentieren«, entgegnete sie lächelnd. »Wie Sie mir bereits sagten, befinden sich ja etliche Mühlen, Fabriken und eine Kohlengrube in Ihrem Wahlbezirk.«

Er lachte laut auf, preßte dann aber rasch eine Hand auf den Mund und spähte zur Tür. »Ist Alice schon schlafen gegangen?«

»Ja, vor einer ganzen Weile schon.«

»Ach, Emily.« Er rückte näher zu ihr heran. »Ich hasse dieses Versteckspiel genauso wie Sie. Wenn ich doch nur an der Vordertür klingeln und sagen könnte: ›Guten Abend, Alice. Madam erwartet mich. Oder noch besser –« Jetzt flüsterte er. »›Guten Morgen, Alice. Nein, danke, ich möchte nicht frühstücken; nur eine Tasse Kaffee.‹«

Sie schloß die Augen und murmelte: »Bitte, Paul. Bitte nicht.«

»Ich liebe dich, Emily«, sagte er und gebrauchte unwillkürlich das vertraute Du. »Ich wünschte, es wäre nicht so. Ich habe versucht, dich zu vergessen, aber das ist unmöglich. Eine Woche bin ich dir ferngeblieben, um diesem Wahnsinn Einhalt zu gebieten, erinnerst du dich? Aber es hat nichts genützt. Solange ich dich sehen, mit dir sprechen und deine Nähe spüren kann, sagte ich mir, soll mir das genügen. Aber es genügt mir nicht – wird mir nie genügen. Was sollen wir nur tun, Emily?«

»Ich ... ich muß an meine Angestellten denken«, hörte sie sich sagen. »Ich könnte die Schande nicht ertragen, wenn ...«

»Aber, aber. Welche Schande denn? Es muß doch niemand erfahren. Niemand hat die leiseste Ahnung, daß ich hier bin, oder?«

Ihre Stimme klang jetzt ein wenig schroff, als sie erwiderte: »Alice ist nicht auf den Kopf gefallen.«

»Nein, aber sie ist deine Zofe und scheint mir sehr diskret zu sein.«

»Sie ist im Grunde keine Zofe, sie ist eigentlich eine Hausangestellte.«

»Egal, was sie ist, jedenfalls scheint sie dir sehr ergeben zu sein, soviel ich gesehen habe.«

»So ergeben und diskret wie viele, aber jedem entschlüpft einmal eine Bemerkung. Außerdem, was ist, wenn ich ...«

»Wenn was, meine Liebe? Sag mir, wenn was?«

Sie wagte es nicht, ihn anzusehen, als sie sagte: »Wenn ich ein Kind erwarten würde.«

»*O Emily, Emily.* Das wird niemals passieren. Ich ... ich

kann dir versichern, daß so was niemals geschehen wird. Es darf gar nicht geschehen . . . o nein!«

Er zog sie in seine Arme und hielt sie fest umschlungen; und zum zweitenmal seit ihrem Kennenlernen trafen sich ihre Lippen und verweilten aufeinander wie damals in der Höhle. Und als sie sich dann voneinander lösten, sank Emily in die Sofaecke und wisperte mit belegter Stimme: »Bitte, Paul, geh jetzt.«

»Ja, meine Liebste. Ich werde gehen. Aber morgen abend komme ich wieder.« Er nahm ihr Gesicht zwischen seine Hände, küßte sie noch einmal, ganz sanft diesmal, und flüsterte: »Bis morgen abend, mein Liebling.«

Sie sah ihm dabei zu, wie er den Mantel anzog, Handschuhe, Hut und Stock an sich nahm, dann stand sie auf und öffnete leise die Tür. Und obwohl das Zimmer der Köchin im Nachbarhaus lag und Alice oben unter dem Dach schlief, schlichen sie leise wie zwei Diebe den Flur entlang. An der Tür drehte sie sich zu ihm um, und er küßte sie ein letztes Mal zum Abschied.

Kaum hatte Emily leise die Tür aufgesperrt, wichen sie beide unwillkürlich einen Schritt zurück, als sie den dikken Nebel bemerkten, der wie Qualm in den Hausflur schwebte.

»Gütiger Himmel!« wisperte er. »So einen Nebel hat es um diese Jahreszeit noch nie gegeben. Man sieht ja nicht einmal die Hand vor Augen.«

»Auf der Straße brennen ja die Gaslampen. Vielleicht findest du eine Droschke. Die Kutscher führen normalerweise die Pferde am Halfter und schwenken eine Laterne. Gib mir die Hand. Ich finde den Weg zum Tor blind.«

Vor dem Tor stehend, spähte Emily die Gasse entlang, deren Ende gewöhnlich vom Schein der Straßenlampe erhellt wurde. Doch heute war da nichts außer einer gelblichgrauen Masse, die Emily den Atem verschlug und zum Husten reizte.

Leise zog sie Paul zurück in den Hof und legte wieder den Riegel vor. Immer noch seine Hand haltend, tastete sie sich zurück zur Hintertür, beziehungsweise in die Richtung, wo sie diese vermutete. Und als sie die Tür endlich gefunden hatte, schlüpften sie beide ins Haus zurück, erleichtert aufatmend und gegen den Hustenreiz ankämpfend.

Im Wohnzimmer entledigte Paul sich wieder seines Mantels, bevor er zu Emily trat, die vor dem Kamin stand und sich die Hände über dem Feuer rieb. Mit einer sanften Drehung zog er ihren zitternden Körper an sich, hielt sie eine Weile einfach nur in den Armen und flüsterte dann zärtlich: »Es scheint beinahe so, mein Liebling, als habe das Wetter unser Schicksal in die Hand genommen, was meinst du?«

– 12 –

Sie war glücklich. So glücklich wie nie zuvor in ihrem Leben, einfach deshalb, weil sie nie zuvor so geliebt worden war. Und sie konnte sich nicht vorstellen, daß eine andere Frau jemals von einem Mann so geliebt wurde wie sie von Paul. Ihre Tage verbrachte sie jetzt damit zu warten, daß es Abend wurde. Wie oft waren sie im vergangenen Monat zusammengewesen? Oh, sie wollte gar nicht nachzählen. Sie wußte nur eines: Wenn sie eine Nacht ohne ihn verbrachte, dann litt sie schrecklich. Und sie vermied es peinlichst, sich zu fragen, wo das alles hinführen oder wie es enden würde. Sie machte sich nicht einmal Gedanken, als ihre Monatsregel ausblieb, denn ihr Zyklus war schon immer sehr unregelmäßig gewesen. Das einzige, was ihr Kummer bereitete, war, daß er nach ihrem Beisammensein immer aufstehen und sie oft schon nach einer Stunde wieder verlassen mußte. Ein- oder zweimal war er an ihrer Seite eingeschlafen, und sie war versucht gewesen, ihn die ganze Nacht weiterschlafen zu lassen. Nur die Furcht, daß sie ebenfalls einschlafen und Alice ihn am nächsten Morgen in ihrem Bett finden könnte, hatte sie dazu bewogen, ihn zärtlich zu wecken.

Hatte Alice einen Verdacht? Aber wie sollte sie? Waren sie nicht immer sehr leise gewesen, und hatte Alice ihr nicht erzählt, daß sie einen extrem tiefen Schlaf habe? Außerdem ging sie stets vor zehn Uhr nach oben in ihr Zimmer. Aber was war mit Esther? Lag nicht schon seit Wochen eine Spur von Argwohn in ihrem Blick? Sie hatte als erste von allen die Veränderung an ihr bemerkt.

In letzter Zeit fiel es ihr zunehmend schwerer, ihre Gefühle zu verbergen und ihre übliche geschäftsmäßige Art beizubehalten, wenn sie in der Werkstatt oder im Verkaufsraum zu tun hatte; und besonders oben in der Änderungsabteilung, wo sie der Versuchung widerstehen mußte, nicht das eine oder andere Kleid für sich auszusuchen. Das hätte Esther und auch Lena gewiß stutzig gemacht, da sie alle Mühe hatten, die steigende Nachfrage der Kundinnen zu befriedigen.

Im Ankleideraum hörte Emily zufällig, wie Lena zu Esther sagte: »Siehst du? Da steht dieser Bursche schon wieder und schaut zu uns herüber. Neulich stand er doch auch schon dort.«

»Vielleicht ist es ein Bote.«

»Nein, das kann nicht sein, sonst würde er ja irgend etwas bringen oder abholen.«

»Ja, da magst du recht haben.« Esther legte die Schere aus der Hand und ging zum Fenster. Dann wandte sie sich an Emily, die gerade ein Mieder an einer Schneiderpuppe probierte. »Kommen Sie doch bitte mal einen Moment her, Emily. Haben Sie vielleicht eine Ahnung, wer das ist?«

Emily nahm zwei Stecknadeln aus dem Mund, steckte sie in das Nadelkissen, das sie an einem Gurt befestigt um die Hüfte trug, und ging ans Fenster. Nach einem kurzen Blick auf die Gestalt, die gegenüber auf dem Gehsteig stand, meinte sie: »Das ist kein Junge mehr. Der ist bestimmt schon sechzehn oder siebzehn. Außerdem ist er für einen Boten viel zu gut gekleidet. Er war schon einmal da, sagtest du?«

»Ja, letzte Woche. Aufgefallen ist er mir, weil er direkt vor unserer Tür stand, und als ich ihn fragte, ob er nach einer Hausnummer suche, starrte er mich so komisch an und ist dann einfach weggegangen. Haben Sie gehört, daß vor ein paar Tagen in Marlborough Terrace eingebrochen worden ist?«

»Na, wenn schon«, entgegnete Emily lachend und wandte sich vom Fenster ab. »Glaubst du, er hat es auf unsere Hüte abgesehen?«

»Immerhin haben wir immer Geld in der Kasse«, gab Lena zu bedenken.

»Richtig. Aber dem würden wir schon unsere Krallen ins Fell schlagen; der soll nur kommen«, kicherte Esther.

Emily sah noch einmal zu dem jungen Mann hinunter, der ganz offensichtlich den Eingang beobachtete, sich dann unvermittelt abwandte und wegging. Er hatte einen guten Gang, schritt kräftig aus, beinahe wie ein Soldat. Aber weshalb beobachtete er das Haus? Laut Aussage der Mädchen mußte es bereits das dritte Mal sein? Sie hatte plötzlich ein komisches Gefühl. Gewöhnlich schaltete man in einem solchen Fall die Gendarmerie ein. Sofern man nichts zu verbergen hatte, selbstverständlich.

Ohne ihre Arbeit an dem Mieder zu beenden, legte Emily den Gurt mit dem Nadelkissen ab und verließ wortlos den Raum. Dieses ungewöhnliche Verhalten veranlaßte die beiden Frauen, fragende Blicke auszutauschen, und Lena zu der Bemerkung: »Ich würde zu gerne wissen, was neuerdings mit ihr los ist. Sie benimmt sich so launisch wie eine Henne auf einem Gelege Gipseier.«

»Es ist wegen dem Doktor. Seit Wochen ist er jetzt schon nicht mehr hier gewesen. Das weiß ich von unserer Madam Alice. Ich habe sie ein bißchen ausgehorcht. Ob sie Streit gehabt hätten, hab' ich sie gefragt, und sie meinte nur: ›Nicht mehr als üblich; die haben sich doch immer in der Wolle.‹ Aber weißt du, Lena, streiten ist nicht gleich streiten. Die beiden hatten gute Auseinandersetzungen, das weiß ich, weil ich sie einmal gehört habe. Und er mochte sie. Das konnte ich ihm an der Nasenspitze ablesen. Nun, es sprang einem nicht gleich ins Gesicht, aber du weißt, was ich meine. Diese hartnäckigen Auseinandersetzungen hatten nur den Zweck, seine Gefühle zu verbergen ... Sie ist eine Närrin.«

»Da stimme ich dir zu, Esther: Sie ist eine Närrin. Solche Männer, wie der Doktor einer ist, sind äußerst dünn gesät.« Sie stieß einen leisen Seufzer aus und fügte dann hinzu: »Wenn er doch nur sein Augenmerk auf mich lenken würde! Ich wäre zu allem bereit, und außerdem bin ich erst vierzig.« Der Knuff, den ihr Esther auf diese Bemerkung hin versetzte, war so kräftig, daß Lena gegen die Schneiderpuppe fiel und es gerade noch schaffte, diese am Umfallen zu hindern. »Schau nur, was du angerichtet hast!« rief Lena aus. »Stunden hat sie an dieses Mieder hingearbeitet, und jetzt sind ein paar Nadeln herausgefallen.«

Während sie mit vereinten Kräften versuchten, die Nadeln wieder an die richtigen Stellen zurückzustecken, meine Lena: »Ich frage mich andauernd, worauf es dieser Bursche wirklich abgesehen hat. Für nichts und wieder nichts steht er sich hier nicht die Beine in den Bauch, das ist mal sicher.«

Fertig angekleidet und zum Aufbruch bereit, saß Paul auf Emilys Bett, ihre Hände ruhten in den seinen, und seine Stimme klang belegt, als er sagte: »Am Tag bist du wunderschön, Emily, aber nachts bist du eine Offenbarung. Wie soll ich nur die nächsten Tage ohne dich überstehen?«

»Wie lange wirst du fortbleiben?«

»Das kann ich nicht vorhersagen, Liebling ... diesmal nicht. Vaters Geburtstag ist das Ereignis des Jahres schlechthin. Ach, meine Geliebte, du glaubst ja nicht, wie ausdauernd meine Familie zuweilen sein kann. Die Feiern nehmen kein Ende; immer dieselben Gesichter, dieselben langweiligen Gespräche, dieses geistlose Geplapper. Obwohl –« Er schnitt eine Grimasse. »Dieses Jahr wird es ein bißchen anders sein. Da werden im Rauchsalon politische Diskussionen stattfinden, und die Alten werden mich mit Ratschlägen überhäufen, wie ich mein zukünftiges politisches Leben zu meistern habe. Aber –«

»Wird es eine Woche dauern, zwei oder ...?«

»Ja, zwei Wochen, schätze ich; zwei öde Wochen ohne dich.« Er griff unter ihren Nacken, hob ihr dichtes Haar an und breitete es auf dem Kopfkissen aus. »Deine Haare sind wie Flügel.«

»Wird deine ganze Familie dort sein?«

Seine Brauen machten einen Satz, als er antwortete: »Ja . . . ja. Selbstverständlich, meine Liebe.«

»Ich meine die Kinder.«

»Oh, die Kinder? Ja, natürlich. Aber ich werde wenig von ihnen haben; sie sind meistens oben im Kinderzimmer.«

»Sprichst du nie mit ihnen?«

»Nun ja, ehrlich gesagt sehe ich sie nur selten, obwohl mir das nicht gefällt. Ich erinnere mich, ich war sieben, als ich meine Mutter zum erstenmal sah. Sie war ›Mama‹, eine Lady, die meinen Kopf tätschelte und ›Sei ein guter Junge‹ sagte. Und ich war zwölf, als ich meine erste Unterhaltung mit meinem Vater hatte. In gewissen . . .« Er verkniff sich den Ausdruck ›Schichten‹ und sagte statt dessen: ». . . Haushalten bleiben die Kinder im Kinderzimmer, bis sie ins Internat kommen; die Jungen mit sieben, die Mädchen mit neun. In einer normalen Familie kennen die Kinder ihre Eltern, aber wir wurden von Gouvernanten großgezogen. Und in meinem Haushalt ist es nicht anders; deshalb glaube ich, werde ich von meinen Kindern im allgemeinen nicht viel sehen. Natürlich gibt es Ausnahmen. Sollte sich mein Sohn zum Beispiel mit vier oder fünf Jahren ein Pony wünschen, so werde ich selbstverständlich mit ihm ausreiten.«

Sie wollte ihn daran erinnern, daß er einmal behauptet hatte, die Zeit mit seinen Kindern zu genießen, aber sie kam nicht dazu, denn er fuhr fort: »Na ja, jetzt weißt du wenigstens, meine Liebe, daß nichts und niemand die Stunden füllen kann, die wir getrennt sind. Ich wünschte nur«, seufzte er, »ich könnte dich irgendwohin mitnehmen und dich ganz für mich allein haben. Und daß ich nicht mehr durch die Hintertür zu dir schleichen muß, sondern durch die Vordertür kommen und dich in meine

Arme schließen kann. Hast du je daran gedacht, dieses Geschäft aufzugeben und irgendwo an einem ruhigen Ort ein Haus zu nehmen, wo wir uns nicht so zu verstecken brauchen?«

Sie setzte sich langsam auf, bis sich ihr Gesicht auf gleicher Höhe mit seinem befand, und fragte dann ganz ruhig: »Wenn ich das täte, würdest du dann jeden Tag und jede Nacht bei mir sein?«

»Ach, mein Liebling!« Aus seiner Stimme sprach tiefstes Bedauern. »Du weißt, wie die Dinge stehen. Du weißt, daß ich gebunden bin. Das habe ich dir doch schon alles erklärt. Und eines ist sicher: Sie wird sich niemals von mir scheiden lassen, ganz gleich, was ich tue. Und sie würde mir umgekehrt auch niemals einen Anlaß bieten, mich von ihr scheiden zu lassen. Sie ist klug und hartnäckig. Und dann ist da noch mein Vater. Er ist ein sehr autoritärer Mann, seine Familie bedeutet ihm alles. Und meine Karriere. Ich liebe meinen Vater sehr, aber ich weiß andererseits auch genau, daß seine Liebe zu mir und sein Interesse an meiner politischen Karriere eng mit seinem Bestreben verbunden sind, mein Leben mitzuleben. Er war in der Politik nie sehr erfolgreich. Was Geschäfte und Geldverdienen anbelangt, ja, da hatte er Erfolg, aber dieses Geschäft wurde ihm von seinen Vorfahren quasi schon in die Wiege gelegt, und das nötige Kapital dazu. Du siehst also, meine Liebste, ich bin in vielerlei Hinsicht gebunden. Du bist meine einzige Freiheit. Aber darüber reden wir ein andermal. Eines weiß ich allerdings gewiß: Ich könnte dich niemals aufgeben.«

Als sie daraufhin sein Gesicht in ihre Hände nahm und mit weicher Stimme flüsterte: »Ich auch nicht. Für mich gibt es nur dich«, antwortete er: »Und für mich gibt es nur dich.«

Leise schloß sich die Tür hinter ihm. Emily lehnte sich zurück, bedeckte ihr Gesicht mit den Händen, und als die Tränen zwischen ihren Fingern hindurchzusickern begannen, fragte sie sich, warum ihr das Schicksal eine solche Liebe beschert hatte, wenn sie diese nur im verborgenen leben durfte – ohne die Aussicht, daß sich je etwas daran ändern würde. Sie drehte sich zur Seite und preßte das Kissen, auf dem eben noch sein Kopf geruht hatte, ganz eng an sich.

An dem Morgen, als sie zum erstenmal diese Übelkeit überkam, kniff sie die Lippen zusammen, so fest sie konnte, denn sie wußte, wenn sie diese nur einen Spalt öffnete, würde der verzweifelte Schrei »Nein! Nein!«, der in ihrem Kopf widerhallte, unwillkürlich seinen Weg nach draußen finden. Er hatte gesagt – nein, er hatte ihr versprochen –, daß sie nichts zu befürchten habe. Nichts. Nein, hatte er gesagt, das wäre das letzte, was er wollte. Aber warum dann? Warum? Es war sieben Wochen her, seit er zum ersten Mal neben ihr in diesem Bett gelegen hatte.

Unvermittelt schoß sie hoch und blieb kerzengerade sitzen. In der Nacht, als der dichte Nebel sie überrascht hatte, da war er unvorbereitet zu ihr gekommen. Aber ... konnte es da passiert sein? Ja. Genau in dieser Nacht war es passiert. Ihre Regel war schon lange überfällig. O Gott! Was sollte sie jetzt tun? Diese Schande! Ein uneheliches Kind. Sie mußte nachdenken. Ganz ruhig überlegen. Und ihre Angestellten ... sie würde jeglichen Respekt verlieren.

Sie könnte das Kind woanders zur Welt bringen. Aber einfach acht Monate oder mehr verschwinden? Die Leute waren nicht dumm. Warum kam er bloß nicht? Er war jetzt schon über zwei Wochen fort. Warum hatte er ihr nicht wenigstens geschrieben? Sie hörte ein Klopfen an der Tür. Alice kam mit dem Morgentee herein. »Oh, Sie sind schon wach?« begrüßte sie sie. »Ein wunderschöner Tag heute. Was ... was haben Sie denn, Miß? Fühlen Sie sich nicht wohl?«

Alice konnte gerade noch das Tablett abstellen, ehe sie von Emily zur Seite geschubst wurde, die an ihr vorbei zum Waschtisch stürzte und sich übergab.

Alice feuchtete rasch ein Handtuch an, um ihrer Herrin

damit das Gesicht abzutupfen, doch Emily riß es ihr förmlich aus der Hand und murmelte: »Es ... es geht schon wieder. Ich muß etwas Falsches gegessen haben.«

»Wahrscheinlich der Fisch gestern abend, Miß. Ich mag Seehecht auch nicht besonders; Kabeljau ist mir da schon lieber. Legen Sie sich noch einmal hin und trinken Sie Ihren Tee. Tee ist in solchen Situationen nie verkehrt.«

Emily ließ sich zum Bett führen und von Alice zudekken. Der Tee, der eben noch diesen Brechreiz ausgelöst hatte, tat ihr jetzt gut. Als sie die Tasse ausgetrunken hatte, reichte sie diese Alice mit der Bemerkung: »Sag Esther nichts davon. Die ... macht mich sonst nur nervös.«

»Nein. Nein, Miß.«

Kaum war Alice aus dem Zimmer gegangen, da ließ Emily wieder den Kopf in ihre Hände sinken und dachte: Wenn es doch nur der Fisch wäre! Großer Gott, was mache ich jetzt nur ...?

Am zweiten, dritten und auch an diesem vierten Morgen schaffte sie es noch rechtzeitig, das Badezimmer am Ende des Flurs zu erreichen, und als sie anschließend in ihr Zimmer getaumelt kam, wo Alice sie erwartete, setzte sie sich auf ihr Bett und stieß einen tiefen Seufzer aus: »O Alice.«

»Es wird alles gut, Miß«, tröstete sie diese und fuhr dann in verändertem Tonfall fort: »So was passiert nun mal. Niemand will es, aber man kann auch nichts dagegen machen. Dem Mädchen, mit dem ich aufgewachsen bin, ist das auch passiert. Und die war erst fünfzehn.«

Emily hob den Kopf. »Fünfzehn?« wiederholte sie. »Und was geschah mit ihr?«

»Nun, sie mußte ins Armenhaus ziehen. Meine Pflegemutter hat sie rausgeschmissen. Aber machen Sie sich keine Sorgen, Miß.«

Emily verspürte den beinahe hysterischen Zwang zu lachen. Es hörte sich an, als habe Alice damit sagen wollen: »Keine Angst, wir stecken Sie nicht ins Armenhaus.« Sie fühlte sich krank; aber es war nicht nur die Übelkeit, die ihr zu schaffen machte, sondern dieses schreckliche Gefühl, das sie nun den ganzen Tag über beherrschte. Wenn sie doch nur etwas dagegen einnehmen könnte. Wenn doch nur Steve noch kommen würde ...

Steve ... Was würde der wohl denken? Sie sah sich wieder an diesem wunderschönen Sonntag mit seiner Familie um den großen Eßtisch sitzen. Ja, in ihrer Erinnerung war dieser Sonntag noch immer wunderschön. Und wohin hatte er geführt? ... *Dazu ...*

Was sollte sie nur tun?

Warum kam er nicht zurück? Mittlerweile waren schon drei Wochen vergangen. Und wenn er nun überhaupt nicht mehr käme? Das kam vor: Männer wurden ihrer Geliebten überdrüssig. O Gott, was wälzte sie nur für törichte Gedanken! Bei ihnen war das doch etwas ganz anderes ... sie liebten sich und hätten unter anderen Umständen geheiratet ... Was sagte Alice da?

»Ich glaube, Sie sollten es Esther erzählen, Miß. Sie wird sich darüber freuen ... äh, ich meine, sie wird Ihnen bestimmt gerne helfen wollen. Außerdem, wenn man es dann sieht ...«

»Sei still, Alice. Bitte schweig!« rief Emily verzweifelt, stand vom Bett auf und begann, im Zimmer umherzugehen ... Es Esther erzählen, weil man es bald sehen würde! Sie blieb stehen. Ja, gerade war ihr klar geworden, daß es die Reaktion ihrer Angestellten war, wovor sie sich am meisten fürchtete. Hätte sie alleine gelebt, so hätte sie sich mit der Situation abgefunden, denn ein Kind hatte sie sich schon lange gewünscht. Ja, das war ihr Wunschtraum gewesen, als sie damals Jim heiratete; aber nicht nur ein Kind wollte sie mit ihm haben, nein, zwei, drei, eine richtig große Familie.

Aber da waren ja nicht nur ihre Angestellten, sondern auch die Nachbarn. Die meisten hatten sie als Geschäftsfrau akzeptiert. Sie besuchten sie zwar nicht, grüßten auf der Straße jedoch stets höflich. Auch wenn sie ohne Begleitung unterwegs war, was diese Damen selbstredend nie wagen würden, da es bedeutete, sich mit den Dienstboten auf eine Stufe zu stellen.

Ach, zum Teufel mit den Nachbarn! Zum Teufel mit den Angestellten! Sie würde ein Kind bekommen, sein Kind, und es würde ein wunderbares Kind werden. Komme, was wolle, sie würde sich dessen nicht schämen. Jetzt drehte sie sich zu Alice um. »Hat Esther dich ausgefragt?«

Alice schüttelte den Kopf und schürzte dann die Lippen. »Sie will immer alles wissen, Miß. Aber sie macht sich auch Sorgen um Sie, deshalb, meine ich, sollten Sie sie einweihen.«

Emily setzte sich in einen Sessel und sagte nach kurzem Schweigen: »Ich glaube, ich kann es ihr nicht sagen, Alice. Es wird gewiß ein unglaublicher Schock für sie sein . . . für alle hier. Und ich weiß, daß ich damit jeden Respekt verlieren werde . . .«

»Nein, das würden Sie nicht, Miß. Sie kann ja manchmal ein Biest sein, die Esther, aber sie und alle anderen werden zu Ihnen halten, wenn man sie darum bittet. Aber wenn sie den ersten . . . Schock überwunden haben, und ein Schock wird es sein, da brauchen wir uns nichts vorzumachen, werden sie . . .«

»War es ein Schock für dich, Alice?«

»Ja und nein, Miß. Ich wußte, daß er Sie besuchte.«

»Du hast es gewußt? Aber wie hast du es . . .«

»Nun ja, Miß . . . Geräusche, wissen Sie. Mein Bett steht genau über dem Flur. Normalerweise ist es nachts im Haus so still wie in einer Gruft . . . und das kleinste Geräusch . . . nun, die Tür quietscht ein bißchen.«

Über das Gesicht des Mädchens huschte ein Lächeln und löste bei Emily wieder einmal das Bedürfnis aus, ihren Kopf an seine Schulter zu lehnen und sich von ihm trösten zu lassen. Doch statt dessen streckte sie ihre Hand aus und sagte: »Du bist mir wirklich eine Freundin, Alice; darf ich dich deshalb bitten, zu gegebener Zeit mit Esther zu sprechen? Ich selbst bringe es einfach nicht fertig. Sie wird so schockiert sein. Alle.«

»Aber nein, Miß; solche Dinge passieren überall. Machen Sie sich keine Gedanken. Nur . . . ich finde, Sie sollten sich untersuchen lassen . . . oder, falls Sie das nicht möchten, sich wenigstens etwas gegen die Übelkeit aus der Apotheke holen. Es gibt da ein Mittel, das meiner Pflegemutter ganz gut geholfen hat. Etwas, um den Magen zu beruhigen. Und wenn die Übelkeit nachläßt, werden Sie sich auch wieder besser fühlen . . . anders zwar, aber gut. Soll ich später mal in die Apotheke laufen?«

»Ja bitte, Alice. Das wäre nett von dir. Und wenn du schon ausgehst, könntest du mir dann vielleicht noch einen Gefallen tun und beim Grossisten vorbeigehen und dort eine Nachricht von mir abgeben? Ich habe um elf Uhr einen Termin mit Mr. Burton, den ich absagen möchte. Es liegt nicht gerade auf dem Weg, aber du kannst ja eine Droschke nehmen.«

»Das ist nicht nötig. Ich kenne jede Menge Schleichwege und bin zu Fuß viel schneller als jede Droschke«, erwiderte sie und lachte kurz auf. »Und billiger kommt es Sie außerdem.«

Eine Stunde später – Emily war gerade beim Ankleiden – klopfte es an ihrer Tür, und Esthers Stimme fragte: »Kann ich hereinkommen?«

»Ja, Esther.«

Emily streifte sich den zweiten Unterrock über, und als sie ihn hinten am Rücken zuschnürte, erkundigte sich Esther: »Wie fühlen Sie sich heute?«

»Oh, schon viel besser.«

»So sehen Sie mir aber nicht aus. Sie sollten lieber den Doktor kommen lassen.«

»Es ist alles in Ordnung, Esther.«

»Wo ist sie hingegangen?«

»Wer denn?«

»Na, Ihre Zofe.« Das Wort ›Zofe‹ troff nur so vor Sarkasmus.

»Ich habe sie mit einer Nachricht zum Grossisten geschickt.«

»Alice? Aber sonst erledigt doch Jean gewöhnlich diese Wege.«

Emilys Stimme klang jetzt eine Spur schärfer. »Sie hatte noch eine andere Nachricht für mich zu überbringen, und so habe ich zwei Fliegen mit einer Klappe geschlagen. Findest du daran irgend etwas ungewöhnlich?«

»Ja, finde ich, wenn Sie mich schon danach fragen. Botschaften zu überbringen ist bei uns immer etwas Besonderes und meistens mit einer Droschkenfahrt verbunden. Und noch etwas. Diese Alice wird langsam ein bißchen größenwahnsinnig. Demnächst wird hier eine Stunde der Wahrheit stattfinden. Ich sag's Ihnen bloß.« Damit machte sie kehrt und marschierte aus dem Zimmer. Emily ließ sich erschöpft auf ihr Bett fallen.

Stunde der Wahrheit ... die schlägt eher, als du denkst, Esther. Seltsam, sie schien von fürsorglichen Menschen umgeben, und doch fühlte sie sich so allein ... wie auf einer Insel. Nein! Eher wie in einem Gefängnis.

Warum kam er nur nicht? Wochen waren inzwischen verstrichen, ohne die geringste Nachricht von ihm. Aber er hatte ihr doch erklärt, daß es schwierig sei, ihr zu schreiben, wenn er bei seiner Familie weilte.

Als sie fertig angekleidet war, warf sie einen Blick auf ihr Spiegelbild. Ihr milchiger Teint schien etwas von seiner Wärme verloren zu haben und wirkte jetzt eher teigig; und ihre Augen lagen in tiefen Höhlen, die sie noch größer erscheinen ließen. Er hatte gesagt, sie sei wunderschön, aber von Schönheit konnte sie jetzt keine Spur mehr an sich entdecken. Ihr Gesichtsausdruck verhieß schiere Angst. Aber hatte sie sich nicht immer wieder eingeschärft, sich nicht zu fürchten; dieses Kind zu bekommen, weil sie es sich wünschte? Sie wollte etwas ganz für sich allein haben. Etwas Beständiges ... Sie verscheuchte den Gedanken, daß die Beziehung zu dem Vater dieses Kindes möglicherweise nicht von Dauer sein könnte. Doch so einfach ließ sich dieser Gedanke nicht verscheuchen. Warum nicht? beharrte ihre innere Stimme. Die meisten Männer in seiner Position hatten eine Geliebte; viele von ihnen waren sogar gesellschaftlich akzeptiert. Aber sie wollte nicht als seine Geliebte akzeptiert werden, sie wollte einfach nur ihn. O ja, sie wollte ihn; mehr noch, sie verzehrte sich nach ihm.

Sie wandte sich vom Spiegel ab, setzte sich in den Lehnstuhl am Fenster und sagte sich, daß sie jetzt unmöglich nach nebenan zu den anderen gehen konnte. Die redeten gewiß schon über sie, weil sie sich in den letzten Wochen so seltsam benahm und nur noch selten lachte oder mit ihnen plauderte.

Mit einem Seufzer lehnte sie sich zurück, schloß die Augen und versuchte, die Zukunft auszusperren, und merkte dabei nur, daß sie sich nach der Vergangenheit zu sehnen begann.

Als ob sie auf sie gewartet hatte, fing Esther Alice noch an der Haustür mit der Frage ab: »Und wo ist das gnädige Fräulein gewesen?«

»Draußen, sonst könnte ich ja wohl kaum reinkommen, oder?«

»Spar dir deine Frechheiten. Ich hab' allmählich die Nase voll von dir. Was soll das alles bedeuten?« fauchte Esther und hielt Alice am Arm fest, worauf diese zurückfauchte: »Fassen Sie mich nicht an!«

»Erst will ich von dir wissen, was da oben vor sich geht . . . oh!« rief sie, als Alice ihre Hand wegschlug. »Du kleine Teufelin! Du wagst es, mich zu schlagen?«

»Ja, und das nächste Mal schlage ich richtig zu, wenn Sie das noch einmal tun. Außerdem haben Sie recht, da oben geht wirklich etwas vor. Und ich hätte es Ihnen schon längst erzählt, wenn Sie mich anständig behandelt hätten. Ich bin kein Küchenmädchen mehr, und das können Sie nicht verwinden, nicht wahr?« Alice trat einen Schritt zurück, bevor sie ungerührt fortfuhr: »Also, es gibt tatsächlich Neuigkeiten, und diese werde ich Lena und Ihnen nachher mitteilen. Wir sehen uns in einer Viertelstunde nebenan«, erklärte sie und fügte mit einer Geste und in einem Tonfall, als sei sie die Herrin im Haus, hinzu: »Außerdem möchte ich Ihnen beiden dringend raten, sich hinzusetzen, bevor ich anfange zu berichten.« Damit machte sie auf dem Absatz kehrt, ließ Esther mit offenem Mund stehen und ging nach oben.

Noch in Hut und Mantel betrat sie Emilys Schlafzimmer und gab ihrer Herrin, die immer noch am Fenster saß, die versprochene Medizin. »Vielen Dank«, murmelte Emily, nahm das Fläschchen und studierte das Etikett. »Beseitigt garantiert alle Beschwerden wie Übelkeit, Magenschmerzen, Schwindel und Fieber«, las sie und starrte dann Alice an, die mit ruhiger Stimme erklärte: »Er wird heute abend kommen, Miß.«

»Was? Was sagst du da?«

»Ich meine Mr. Steerman. Ich sah ihn eben. In einer Droschke. Er ist ja nicht zu verwechseln; hab' ihn mir auch noch mal genau angeschaut, bevor er weiterfuhr.«

Emily schloß die Augen und seufzte. »Unglaublich, daß du ausgerechnet ihm begegnet bist, bei den Tausenden von Menschen in der Stadt.«

»Komisch, nicht? Das habe ich mir auch gedacht. Aber jetzt hole ich Ihnen erst mal eine Tasse Kaffee . . . und dann gehe ich nach nebenan.« Das Lächeln verschwand von ihrem Gesicht. »Ich sollte doch die anderen einweihen, sagten Sie vorhin, und ich denke, ich werde es am besten gleich tun. Esther ahnt bereits, daß irgend etwas mit Ihnen nicht stimmt.«

Emily sah Alice eine Weile schweigend an. »Allmählich beginne ich zu glauben, daß uns jemand bei unseren Entscheidungen den Weg weist, bei manchen zumindest. Im Augenblick wüßte ich wirklich nicht, was ich ohne dich anfangen sollte, Alice.«

Alices Lächeln kehrte zurück. »Ach, da hätte sich schon jemand gefunden. Solche wie mich gibt es eine Menge in London, die nur auf die Gelegenheit warten, sich als nützlich zu erweisen. Ich hatte einfach Glück. Also, ich hole jetzt den Kaffee.«

»Danke, Alice. Danke für alles.«

»Da gibt es nichts zu danken, Miß«, erwiderte Alice und drehte sich, vor Verlegenheit ein wenig rot geworden, rasch um und verließ das Zimmer. »Sie glaubt, sie hat Glück gehabt«, murmelte Emily vor sich hin. »Ja, Glück hängt immer davon ab, was man vom Leben erwartet.«

Und sie hat *ihn* gesehen. Sie hat sich gewiß nicht getäuscht. Und wenn er in der Stadt ist, dann kommt er bestimmt so schnell wie möglich zu ihr – heute abend!

Sie erhob sich aus dem Stuhl und betrachtete sich noch einmal im Spiegel. Ihre Wangen hatte etwas Farbe bekommen, und die Schatten unter ihren Augen waren verschwunden.

»Warte einen Augenblick, Alice. Lady Steele ist nebenan; sie ist schon am Gehen. Esther bringt sie nur noch rasch zur Tür«, sagte Lena.

Die beiden warteten und lauschten dabei den Stimmen, die aus dem Nebenzimmer zu ihnen herüberdrangen. »Ich muß mich jetzt auf den Weg machen«, hörten sie Lady Steel sagen. »Ich treffe mich nämlich anschließend mit meiner Schwägerin bei Claridges.«

»Claridges«, raunte Lena Alice zu, »und keinen Penny in der Tasche. Gott allein weiß, wie die jetzt so über die Runden kommen. Früher sind sie im Geld geschwommen. Ja, ja, das kommt davon, wenn man sein Geld in Goldminen steckt. Aber sie ist immer noch eine Lady, da gibt's nichts. Also, gehen wir hinein. Du hast uns etwas zu sagen, habe ich gehört.«

Alice folgte der rundlichen, nicht mehr ganz jungen Lena in den Ankleideraum, die sofort mit der Bemerkung. »Wir hatten Anweisung, uns zu setzen« auf die Couch zusteuerte. »In einer Minute werden Sie auch wissen, warum«, war Alices knappe Antwort.

»Ich kann es kaum erwarten.«

Nachdem Alice nicht aufgefordert worden war, ebenfalls Platz zu nehmen, blieb sie, die Hände auf eine Stuhllehne gestützt, stehen und hörte Lena zu, die sagte: »Du hast dich da drüben ja ganz hübsch eingenistet. Aber ich mache dir daraus keinen Vorwurf; na ja, unter der Köchin hast du's ja auch nicht gerade leicht gehabt. Esther sagt, dein Aufstieg sei dir zu Kopf gestiegen, und du würdest dich manchmal vergessen. Über deinen Urlaub habe ich zwar nicht viel erfahren, aber ich denke mir, daß man dir dort diese Flausen beigebracht hat ... Ah, da bist du ja«, wandte sie sich jetzt an Esther, die gerade hereinkam. »Ich sitze bereits. Komm, folge unserer Anweisung und setz dich neben mich.«

Esther tat, wie ihr geheißen, sah Alice dann auffordernd an und meinte: »Also, schieß los. Bin gespannt, was du uns über unsere Herrin und die Vorgänge nebenan berichten kannst, was wir nicht schon längst wissen. Nun, wir sind ganz Ohr.«

Esthers Art brachte Alice sofort wieder auf die Palme. »Am liebsten würde ich auf der Stelle gehen und Sie Ihren geheimen Vermutungen überlassen.«

Die beiden Frauen auf dem Sofa warfen sich ob der Unverschämtheit dieses Mädchens, das noch vor wenigen Monaten eine Dienstmagd gewesen war, erstaunte Blicke zu.

»Sie können mich wohl nie zufrieden lassen, wie?« Alice senkte den Kopf, und als ihr die Tränen in die Augen stiegen, meinte Lena mit weicher Stimme: »Ist schon gut, Kleine. Es ist bestimmt nicht allein deine Schuld. Lassen wir das. Also, was hast du uns zu berichten?«

Alice blinzelte ein paarmal, sah dann von einer zur anderen und erklärte: »Sie bekommt ein Kind. Sie ist schwanger.«

Wenn in diesem Augenblick jemand mit gezogener Pistole ins Zimmer gestürzt wäre, sie hätten nicht schockierter sein können. Esther und Lena starrten sich fassungslos an und suchten instinktiv die Hand der anderen, um sich daran festzuhalten. Es war Lena, die als erste Worte fand: »Und ein Irrtum ist ausgeschlossen?«

»Ja, ein Irrtum ist ausgeschlossen, Lena. Seit vier Tagen übergibt sie sich jeden Morgen.«

»O mein Gott!« Esther hielt sich die Hand vor den Mund und lehnte sich zurück. »Mir wird selbst gleich ganz übel«, sagte sie und schüttelte heftig den Kopf. »Nein! Nicht sie!« Und an Lena gewandt: »Was machen wir jetzt?«

»Frag mich nicht.« Lena zuckte hilflos mit den Schultern. »Was *sie* macht, darauf kommt es an.«

Ihrer beider Blicke hefteten sich wieder auf Alice, und ihre Frage kam wie aus einem Mund: »Ja ... und was macht sie jetzt? Läßt sie es ... wegmachen?«

»Nein. Sie möchte es bekommen, soviel ich weiß.«

»Von wem ist es denn?«

Da Alice Lena nur stumm anblickte, antwortete Esther an ihrer Stelle: »Vom Doktor natürlich.«

»Nein. Nein, nicht vom Doktor.«

Wieder warfen sich die beiden Frauen staunende Blicke zu und starrten dann das Mädchen an, das über die Stuhllehne gebeugt vor ihnen stand und mit ruhiger Stimme erklärte: »Der Doktor hätte sie niemals in eine solche Situation gebracht. Der Doktor ist ein Gentleman.«

»Und wer ist dann der Herr, der sie in diese Situation gebracht hat?«

Wieder senkte Alice den Kopf und murmelte: »Jemand, den sie im Urlaub kennengelernt hat.«

Lena sprang auf. »Der Mann, den die Köchin neulich samstags hereingelassen hat? Und der dann am nächsten Tag wiederkam? Aber da kann es nicht passiert sein. Ist es ... im Urlaub passiert?«

Alice seufzte tief. »Nein, nicht im Urlaub. Und ... sie hat sich wirklich um Abstand bemüht. Aber dann haben sie sich doch ... angefreundet, und ... nun, solche Dinge passieren eben.«

»Stammt er aus der Oberschicht?«

»Ja, Lena. Er ist ein Sir.«

»Und, wird er sie heiraten?«

Als Esther und Alice sie daraufhin nur schweigend ansahen, fuhr Lena fort: »Vielleicht heiratet er sie nicht, weil sie eine arbeitende Geschäftsfrau ist. Diese Leute heiraten meist nicht unter ihrem Stand. Oder ... ist er etwa schon verheiratet?«

»Ja. Ja, er ist verheiratet.«

»Gütiger Himmel! Ausgerechnet unsere Miß! Die so vernünftig ist, so stolz ... so klug und schön; sie hätte jeden anderen Mann haben können.«

»Nein, jeder hätte ihr auch nicht gepaßt«, warf Esther

ein. »Den Doktor hätte sie haben können; er war bereit und willig. Ja, und aus einer angesehenen Familie stammt er auch. Aber freilich nicht aus allerersten Kreisen ... Kommt dieser denn aus allerersten Kreisen?« erkundigte sich Esther bei Alice, die daraufhin nickend erklärte: »Ja, das kann man sagen. Er stammt wirklich aus allerersten Kreisen.«

»Aber wo treffen sie sich? Kommt er jeden Tag hierher? Wie heißt er denn überhaupt?« wollte Esther jetzt wissen.

»Das ... das kann ich nicht sagen.«

»Warum nicht? Du hast uns doch ohnehin schon alles erzählt.«

»Das fragen Sie sie besser selbst«, entgegnete Alice.

»Ich weiß gar nicht, wie ich ihr gegenübertreten soll.«

»Versuchen Sie möglichst freundlich zu ihr zu sein. Das braucht sie jetzt. Sie ist völlig aus dem Gleichgewicht und fühlt sich furchtbar elend, innerlich und äußerlich. Und sie macht sich schreckliche Sorgen darum, wie Sie diese Nachricht aufnehmen werden. Also, seien Sie bitte freundlich zu ihr.«

Wieder waren die Blicke der beiden Frauen auf Alice gerichtet, als Lena sagte: »In Ordnung, Alice. Keine Bange, wir werden es ihr so leicht wie möglich machen. Und um die anderen kümmere ich mich schon. Keiner wird sie im Stich lassen, das weiß ich. Geh jetzt wieder zu ihr hinauf und ... beruhige sie. Du weißt schon, was zu tun ist.«

Alice drehte sich um und verließ langsam das Zimmer, während die beiden anderen wieder auf dem Sofa Platz nahmen und erneut fassungslose Blicke tauschten. »Ich kann es nicht glauben. Es will mir einfach nicht in den Kopf«, sagte Esther mehr zu sich selbst und dann an Lena gewandt: »Und warte nur, bis es in der Straße die Runde gemacht hat. Bisher haben sie sie ja alle akzeptiert, aber jetzt wird man mit Fingern auf sie zeigen: Auch zehn Überröcke können nicht verbergen, was sie darunter trägt. Und dann kommt der arme Wurm auch noch als uneheliches Kind auf die Welt, als Bankert ... O mein Gott!«

»Vielleicht bekommt sie es ja auch woanders und gibt es

weg? Wie ich sie kenne, wird sie schon dafür sorgen, daß es ein gutes Zuhause bekommt.«

»Verlaß dich auf so was nicht, Lena. Du hast doch gehört, was Alice gesagt hat: Sie will das Kind bekommen. Und wenn sie es bekommt, dann behält sie es auch. In manchen Beziehungen kann sie stur sein wie ein Maulesel ... Also, das war echt ein Schlag ins Kontor für mich. So schnell komme ich darüber nicht hinweg. Was, und freundlich soll ich zu ihr sein, hat dieses vorlaute Ding gesagt?«

»Ja, das hat sie, Esther. Und weißt du was, ich glaube, in der steckt mehr, als wir alle vermuten. Was meinst du, sollen wir nicht lieber gleich zur Miß raufgehen? In der nächsten Stunde hat sich ohnehin keine Kundschaft angesagt.«

Sie sahen sich einen Moment an, dann strich Lena ihr Haar glatt, und Esther machte den Samtgürtel über ihrem Rock ein Loch enger. Derart gewappnet verließen sie das Ankleidezimmer ... um ›es‹ hinter sich zu bringen.

Leise öffnete sich die Tür. Er trat herein, blieb einen Moment stehen und sah sie an, dann entledigte er sich rasch seines Mantels, eilte auf sie zu, zog sie wortlos in seine Arme und küßte sie. Es war ein langer, zärtlicher Kuß. »Ich habe immer wieder dein Bild vor meinem inneren Auge heraufbeschworen, aber dich nie so wunderschön gesehen, wie du wirklich bist. Ach, Emily. Ich habe dich so vermißt.« Wieder umarmte er sie, bevor er sich zaghaft erkundigte: »Hast du mich auch vermißt?«

»Was für eine Frage!« erwiderte sie und strich mit ihren Fingerspitzen über seine Wange. »Wenn du mir doch nur ein paar Zeilen geschrieben hättest.«

»Ach, meine Liebste, das war so schwierig. Für Wochen glich unser Haus einer Eisenbahnstation; es herrschte ein ständiges Kommen und Gehen. Und dann der Unfall. Meine Frau stürzte vom Pferd und hat sich den Rücken verletzt. Und dann mußte ich zweimal meinen Vater in die Stadt begleiten.«

»Du warst zwischenzeitlich zweimal in London?« warf sie dazwischen und hob erstaunt den Kopf aus den Kissen.

»Ja, meine Liebe. Ich mußte meine zukünftige Wählerschaft besuchen. Ich habe dir doch erzählt, daß ein Parlamentsmitglied verstorben ist und daß ich hoffe, seine Nachfolge antreten zu können, falls ich bei den nächsten Wahlen erfolgreich bin. Mein Vater wich die ganze Zeit über nicht von meiner Seite. Jeden Abend mußte ich ihn in seinen Club begleiten. Und reden, reden und nochmals reden. Diesen Herrn und jenen Sir kennenlernen, der mir bei meiner zukünftigen Karriere behilflich sein könnte.« Er unterstrich das Gesagte mit einer gelangweilten Grimasse. »Jedenfalls werde ich, wenn alles klappt, viel öfter in der Stadt sein. Man muß sich schließlich den Leuten zeigen, die man vor dem Parlament vertritt, wurde mir gesagt. Die nächsten drei Tage bin ich auf alle Fälle hier. Vater ist nach Schottland zurückgefahren, und ich bin frei. Ach, wie ich dich vermißt habe! Du machst dir ja keine Vorstellung.« Wieder lag sie in seinen Armen. Doch bevor seine Lippen die ihren berührten, schob sie ihn sachte mit den Worten von sich weg: »Ich muß dir etwas sagen.«

»Ja? Ich hoffe, es ist etwas Erfreuliches.«

»Ich hoffe, du betrachtest es als solches. Ich ... ich bekomme ein Kind.«

Als er sich daraufhin mit einem Blick der Verwirrung von ihr löste, hatte Emily das Gefühl, als zöge ein bleischweres Gewicht ihr Herz nach unten. Und als er murmelte: »Nein, nein, das kann nicht sein«, zwang sie sich zu der knappen Antwort: »Es kann. Und es ist so.«

»Aber ... aber ich habe immer Vorsorge getroffen.«

»Und ... in unserer ersten Nacht?«

Er sah sie nur stumm an, schloß dann die Augen und ließ den Kopf auf die Brust sinken. »Es tut mir leid, mein Liebling. Unendlich leid. Aber mach dir keine Sorgen.« Er setzte sich wieder aufrecht auf die Bettkante. »Ich werde mich um alles Nötige kümmern. Das kann man ganz diskret arrangieren. Da gibt es gewisse Praxen ...«

»*Nein!*« Sie rückte unwillkürlich ein Stück von ihm weg und preßte den Kopf in die Kissen. »Ich möchte es nicht abtreiben lassen. Ich möchte es behalten.«

»Aber meine Liebe, das würde eine unmögliche Situation heraufbeschwören. Bedenke doch nur die Folgen und ... nein, ich möchte kein Kind ... Emily –« Er griff nach ihrer Hand. »Glaube mir, ich sage das nicht ohne Grund.«

»Ja, ja, selbstverständlich hast du deine Gründe: Du bist bereits Vater von drei Kindern. Aber keine Angst, ich werde keine Forderungen an dich stellen.«

»Emily, bitte, so nimm doch Vernunft an! Ich denke bei der ganzen Sache nur an dich. Es könnte deinem Ansehen ... und deinem Geschäft schaden. Die Menschen sind nun einmal sehr engstirnig und sehr intolerant, was solche Dinge anbelangt. Zudem wäre mir der Gedanke unerträglich, daß du dich mit einem Kind belastest. Ich kenne die Schwierigkeiten und Probleme, die mit dem Großziehen von Kindern einhergehen. O ja, das kannst du mir glauben. Und ich möchte dich ganz für mich allein haben, meine Geliebte. Die Vorstellung, dich an ein Kind zu verlieren ... Emily!« Seine Stimme war jetzt ein einziges Flehen. »Tu es für mich. Ich bitte dich. Laß mich die nötigen Vorbereitungen treffen. Ich ... ich denke doch nur an dich.«

»Ich möchte dieses Kind bekommen, Paul. Es ist möglicherweise das einzige Kind, das ich je haben werde.«

Langsam wandte er den Blick von ihr ab. »Dieses Kind treibt bereits jetzt schon einen Keil zwischen uns, meine Liebe. Deine Stimme hat wieder den Klang dieser Mrs. Ratcliffe, als die ich dich kennenlernte. Und ich hatte gehofft, diesen nie wieder von dir zu hören. Niemals!« Er erhob sich von ihrem Bett und fuhr, von oben auf sie hinunterblickend, fort: »Ich werde dich jetzt verlassen, Emily, und dir einen oder zwei Tage Zeit geben, um über meinen Vorschlag nachzudenken. Und ich flehe dich an, dich diesem anzuschließen, denn deine Entscheidung wird auf die eine oder andere Weise unser zukünftiges Leben bestimmen.«

»Welches Leben, Paul? Wenn ich täte, was du von mir verlangst, welche Zukunft hätte ich dann? Hin und wieder eine aufregende Nacht? Es ist beinahe einen Monat her, seit ich dich das letztemal sah, und gleichzeitig erfahre ich, daß du währenddessen zweimal in London warst. Hat dich hier auch dieses ständige Kommen und Gehen von Besuchern geplagt, daß du dir vorkamst wie auf einem Bahnhof?«

»Ach, Emily, bitte sprich nicht in einem solchen Ton; diese Art von Sarkasmus paßt nicht zu dir. Es gab Gründe, warum ich dir nicht schreiben konnte, und hier in der Stadt war meine Zeit ebenfalls sehr knapp bemessen. Aber ich möchte mich darüber gar nicht weiter auslassen, denn in deinem momentanen Gefühlszustand würdest du mir ohnehin nicht glauben. Gute Nacht, meine Liebe. Es tut mir im Augenblick sehr leid um uns beide.«

Emily konnte das alles nicht fassen. Das war doch unmöglich. Nein, das konnte ihr nicht passiert sein. Nicht ihr. Esthers Stimme klang ihr auf einmal in den Ohren, als diese sie gefragt hatte: »Wird er zu Ihnen stehen, als verheirateter Mann?« Und sie hatte im Brustton der Überzeugung geantwortet: »Aber ja. Ja.« Und Lena hatte freundlich bemerkt: »Sie sind gewiß nicht die erste Frau, die die Geliebte eines Gentleman geworden ist; glauben Sie nicht, daß sich mindestens ein oder zwei Ihrer besten Kundinnen in der gleichen Lage befinden? Und die sind gesellschaftlich völlig akzeptiert; sie begleiten diese Herren ganz offiziell zu den Rennen. Ja, eine von ihnen könnten Sie sein mit Ihrem gelben Hut.«

Der gelbe Hut. Immer wieder schien dieser Hut in ihr Leben hineinzuplatzen. Und nun trug sie ein Kind unter dem Herzen, das vielleicht niemals gezeugt worden wäre, hätte es diesen Hut nicht gegeben. Ja, es war dieser Hut gewesen, der seine Aufmerksamkeit erregt hatte.

Sie drehte sich auf den Bauch und vergrub ihr Gesicht in den Kissen, um das bittere Schluchzen, das ihre Tränen begleitete, zu ersticken.

– 13 –

»Du bist ein dummes Ding, Brigid. Aber nun hör auf zu weinen, der Doktor wird gleich dasein. Sag, warum um alles in der Welt hast du den heißen Kessel in kaltes Wasser getaucht?«

»Das Wasser war verkocht, Miß, und er hat angefangen zu glühen, und . . . und ich wollte nicht, daß die Köchin es sieht.«

»Die Köchin sieht alles«, warf diese ein und setzte mit einem entnervten Augenaufschlag in Richtung Emily hinzu: »Die hat nur Stroh im Kopf.«

Emily warf der Köchin einen warnenden Blick zu und sagte dann zu dem Mädchen: »Wisch dir die Tränen ab. Du willst doch nicht als Heulsuse dastehen, wenn der Doktor kommt, oder?«

»Verliere . . . ich jetzt meine Stelle, Miß, und muß zurück ins –?«

»Nein, natürlich nicht. Mach dir darüber keine Sorgen. Jenny wird dir so lange helfen, bis deine Hand verheilt ist. Das wird nicht lange dauern.«

Hoffentlich, dachte Emily bei sich, nachdem sie die verbrühte Hand genauer angesehen hatte. »Machen Sie ihr eine Tasse Tee«, bat sie die Köchin.

Widerwillig drehte sich Mrs. Mary Pollock um und brummelte dabei vor sich hin: »Wir haben zwei Küchen hier, und in beiden gleichzeitig sein kann ich leider nicht. Und wenn man dann auch noch mit Hohlköpfen zusammenarbeiten . . .« Das Geräusch von Schritten und eine männliche Stimme in der Halle ließen sie verstummen.

»Das wird Doktor Smeaton sein«, sagte Emily, doch als sie sah, daß es sein Partner war, der die Küche betrat, glitt ihre Hand ganz automatisch an ihren Bauch, als wollte sie die leichte Wölbung dort verdecken. Sie wußte, daß er ihren Zustand sofort bemerken würde, und hätte sich am liebsten umgedreht.

Der Doktor ging geradewegs auf das Mädchen zu, das auf einem Hocker saß und die verbrühte Hand ausgestreckt hatte. Wortlos stellte er seine Tasche auf den Tisch, öffnete sie, entnahm ihr Salbe und Verbandszeug und erkundigte sich dann: »Na, wie hast du denn das geschafft?«

Nickend verfolgte er die Schilderung ihres Ungeschicks und meinte abschließend: »Eine ganz natürliche Reaktion. Aber das machst du nicht noch einmal, nicht wahr?«

»Nein, Doktor.«

Nachdem er die Brandwunde gesäubert und versorgt hatte, lächelte er Brigid aufmunternd zu. »So, das hätten wir«, sagte er. »Und der Verband bleibt drauf, ganz gleich, ob es darunter juckt oder beißt. Doktor Smeaton kommt morgen zurück und wird sich die Hand dann noch mal ansehen.« Und der grimmig dreinschauenden Köchin riet er: »Ich würde ihr für den Rest des Tages freigeben.«

»Wie Sie meinen, Doktor«, brummte die Köchin unwirsch.

Dann nahm er seine Tasche, nickte dem Mädchen zu und verließ die Küche; nach kurzem Zögern folgte Emily ihm.

In der Halle wartete sie, bis er seinen Mantel angezogen hatte, und bemerkte dann leise: »Ziemlich kalt heute.«

Der Blick, den er ihr daraufhin zuwarf, war derart geringschätzig, daß Emily unwillkürlich die Augen niederschlug und den Kopf sinken ließ. Dann aber straffte sie den Rücken und erklärte: »Sie können von mir denken, was Sie wollen, aber es ist mein Leben.«

»Selbstverständlich. Und wenn Sie sich unbedingt entwürdigen wollen, wer bin ich, Sie daran zu hindern? Wie gesagt, es ist Ihr Leben.«

Wieder senkte sie den Kopf, doch diese Geste konnte ihm keine freundliche oder verständnisvolle Antwort entlocken, nur: »Meine Familie erkundigt sich des öfteren nach Ihnen; gewiß wird es sie interessieren, von Ihrem Mutterglück zu erfahren. Ach, übrigens, möglicherweise ist es auch für Sie von Interesse zu erfahren, daß ich bald heiraten werde.«

Sie sah ihm jetzt geradewegs ins Gesicht: »O ja, das ist wahrlich eine interessante Neuigkeit. Die Schwestern Braize, nehme ich an?«

»Nun, beide zugleich wird nicht möglich sein. Miß Biddy wird mir die Ehre erweisen.«

»Miß Biddy ist die jüngere von beiden, nicht wahr?«

»Ja, das ist richtig.«

Emily konnte sich ganz deutlich an die puppengesichtige, junge Frau erinnern, die sich wie ein kleines Mädchen benahm, und hatte deren kindisches Gekicher noch gut im Ohr.

»Sie ist eine sehr reizende, verständnisvolle Person.«

»O ja, das bezweifle ich nicht. Ich hoffe, Sie werden sehr glücklich miteinander.«

»Das versteht sich von selbst. Aber trotzdem vielen Dank für Ihre guten Wünsche. Auf Wiedersehen.«

»Auf Wiedersehen.«

Emily lehnte sich mit dem Rücken an die Tür. Er heiratet dieses dumme kleine Ding, dachte sie. Aber warum? Warum? Und die Antwort kam postwendend: Weil sie das ganze Gegenteil von dir ist, Emily. In jeder Beziehung.

Als sie hörte, wie die Tür zur Werkstatt geöffnet wurde, ging sie einige Schritte zurück in die Diele. Es war Esther, die aus der Werkstatt kam und sich erkundigte: »War das der Doktor, der gerade gegangen ist?«

»Ja.«

»Die Ärmste, der alte Smeaton war bestimmt nicht sehr mitfühlend.«

»Es war Doktor Montane. Doktor Smeaton war verhindert.«

»Oh!« Sie sahen sich einen Moment stumm an, dann wechselte Esther unvermittelt das Thema: »An Ihrer Stelle würde ich die Polizei informieren; dieser Kerl kommt neuerdings jeden Abend zur Essenszeit. Wahrscheinlich arbeitet er irgendwo in der Nähe. Gestern hatte er eine Frau bei sich; eine sehr große, üppige Person. Und heute morgen war sie wieder da.«

Dieser Bursche, der jetzt schon seit Wochen das Haus beobachtete, machte auch Emily allmählich nervös. Erst gestern hatte sie ihn auf dem Gehsteig gegenüber dem Haus angetroffen und ihn angesprochen. »Was machst du hier?«

hatte sie ihn gefragt. »Warum beobachtest du mein Haus?« Aber er hatte nicht geantwortet, sondern sie nur von oben bis unten gemustert und sich dann rasch davongemacht.

Natürlich hätte sie schon lange die Polizei einschalten sollen, hatte es aber bislang unterlassen. Und warum? Nun, ein Grund war, daß man sich eben nicht gerne freiwillig mit der Polizei einließ.

Zu Esther sagte sie: »Mir kommt gerade ein Gedanke: Er könnte ein entfernter Verwandter des Admirals sein, der früher hier in dem Haus gelebt hat. Vielleicht will er sich das Haus nur ansehen.«

»Nein, nein. Das ist zu weit hergeholt, wenn Sie mich fragen. Und wer ist dann die Frau, die ihn gestern begleitete? Wäre sie wirklich eine Verwandte des Admirals, dann hätte sie sich bestimmt vorgestellt.«

»Vielleicht ist sie eine arme Verwandte.«

»Arm sah sie mir nicht gerade aus. Sie war sehr gut angezogen, wenn auch ein bißchen aufgetakelt.

»Na schön«, sagte Emily, die zu einer Entscheidung gelangt war. »Morgen gehe ich aufs Revier und werde dem Sergeant die Sache melden.«

»Wachtmeister Cooper macht doch hier seine Runde. Warum sprechen Sie nicht einfach mit ihm?«

»Nein, der wird ihn bloß verjagen, und dann werden wir nie herausfinden, was er hier wollte.«

»Vielleicht haben Sie recht. Jedenfalls bin ich froh, daß Sie etwas unternehmen, denn ich gehe mittlerweile jeden Abend ans Fenster und sehe nach, ob er dasteht.« Jetzt lachte sie. »Und wenn er nicht kommt, dann mache ich mir Sorgen, ob ihm nicht vielleicht etwas zugestoßen ist.«

»Jetzt aber ab mit dir.« Sie schob Esther an der Schulter vorwärts und ging in den Salon. Während alle anderen Zimmer im Haus Nummer 35 in Geschäftsräume umgewandelt worden waren, hatte man den Salon unverändert gelassen. Dort wurden jetzt die speziellen Kundinnen empfangen, die sich erkundigten, ob Mrs. Ratcliffe nicht zufällig ein passendes Nachmittagskleid, ein Cape oder ein Reisekostüm für sie habe.

Seit über einem Monat konnte sie ihren Zustand nicht mehr verbergen und hatte diesen Teil des Geschäfts ganz in die Hände von Esther und Lena gelegt.

Aber ihre Gedanken kreisten in diesem Moment nicht um ihr Geschäft, sondern um den Blick des Doktors, der ihr seine Verachtung so offen gezeigt hatte. Seine Anwesenheit hatte sie schon immer nervös gemacht, aber noch nie in dem Maße wie in diesen letzten Minuten. Und er hatte vor, dieses alberne, dämliche, gackernde Ding zu heiraten. Sie hätte ja noch verstanden, wenn er die ältere Schwester genommen hätte, aber diese Kichererbse ... Warum machte sie sich überhaupt Gedanken über ihn? Es konnte ihr doch völlig gleichgültig sein, wen er heiratete. Ja, wirklich. Aber daß er sie angesehen hatte, als sei sie die niedrigste Kreatur, der er je begegnet war, das war ihr keineswegs gleichgültig.

Beruhige dich, reg dich nicht auf, das schadet dir nur.

Das hatte Paul am vergangenen Abend zu ihr gesagt, als sie im Wohnzimmer nebenan gesessen hatten: »Du bist verärgert, und in deinem Zustand schadet dir Ärger nur.« Der Nachsatz: »Wenn du doch nur tun würdest, worum ich dich bitte!« kam schon lange nicht mehr, denn dazu war es bereits zu spät.

Ja, sie hatte sich über ihn geärgert. Zwei Wochen hatte er sich nicht bei ihr gemeldet, und als er dann kam, hatte er offenbar erwartet, sie im Bett vorzufinden. Und sie hatte ihm erklärt, daß er nun, da Alice in alles eingeweiht sei, früher kommen könne und nichts mehr dagegenspräche, sich im Wohnzimmer zu treffen.

Seltsam, es war seine Gesellschaft, die sie jetzt brauchte: daß er neben ihr saß und ihre Hand hielt, während sie sich unterhielten, oder besser gesagt, während er sprach und sie zuhörte. Er war jetzt sehr mit der bevorstehenden Wahl beschäftigt, konnte stundenlang darüber sprechen und recht vehement werden, wenn es um Parnell und Irland ging. Aber es gab auch Momente, da er plötzlich schwieg, ihr Gesicht in beide Hände nahm und erklärte, wie sehr sie sein Leben und seine Ansichten verändert habe und wie sehr er dieses Haus als Oase der Ruhe schätzen gelernt habe.

Und sie hatte sich selbst gegenüber eingestanden, daß sie laut protestiert hätte, wenn Steve ähnliche Ansichten geäußert hätte wie Paul, speziell was die Lebensbedingungen der Fabrikarbeiter anbelangte. Doch bei Paul saß sie seltsamerweise nur ruhig da und lauschte, denn seine Stimme klang so anders als alle anderen, und er hatte die Gabe, selbst das kleinste Kompliment bedeutungsvoll erscheinen zu lassen. Sie liebte das rasche Wechselspiel seiner Mimik und die Art, wie er seine Hände bewegte. Sie liebte alles an ihm; und das machte ihr Sorgen. Zuweilen sagte sie sich, daß sie trunken war vor Liebe, ihre Gefühle unwirklich waren und sie eines Tages aus diesem Traum erwachen würde. Gleichzeitig hoffte sie inständig, daß dies nie geschehen möge. Letzte Nacht wäre es beinahe dazu gekommen, als sie entdeckte, daß er seit einer Woche in der Stadt weilte und sie nicht besucht hatte. Und das, obwohl er genau wußte, daß er sie jederzeit nach sechs Uhr abends aufsuchen konnte, da um diese Zeit außer ihr nur Alice und die Köchin im Haus waren und letztere meistens sehr früh schlafen ging.

Und als ihm dann noch unabsichtlich entschlüpfte, daß er in dieser Woche zweimal im Theater gewesen war, da hatte sie die folgende Bemerkung gewagt: »Soviel ich gehört habe, lassen sich manche Herren von ihren Geliebten ins Theater begleiten.« Doch als sie den bestürzten Ausdruck auf seinem Gesicht gewahrte, beeilte sie sich, ihre Worte abzuschwächen. »Aber keine Angst, ich möchte ohnehin nicht als deine Mätresse in Erscheinung treten«, worauf er nur erwiderte: »Ich habe dich nie als meine Mätresse betrachtet.«

»Als was betrachtest du mich dann?« beharrte sie, denn sie wünschte sich, daß er endlich einmal klar Stellung bezog. »Als die Frau, zu der ich mich bedauerlicherweise nicht bekennen kann.«

»Und auch nie wirst bekennen können«, hatte sie daraufhin mit einer gewissen Schärfe in der Stimme bemerkt und war anschließend sogar noch einen Schritt weitergegangen. »Wenn deine Frau demnächst sterben würde, Paul, würdest du mich dann heiraten?«

Es folgte ein angespanntes Schweigen. »O Emily«, stieß er dann hervor. »Wie könnte ich dir darauf antworten? Das wäre ja, als wünschte ich meiner Frau den Tod! Sie ist eine kerngesunde Frau . . .«

»Ich dachte, sie hätte sich am Rücken verletzt?«

»Ach ja . . . das; aber abgesehen davon, Emily, merkst du denn nicht, wie sehr ich dich liebe? Na ja, wenn meine Frau tatsächlich stürbe, würde ich dich selbstverständlich heiraten. Aber warum fragst du das gerade jetzt? Ach, ich weiß schon: Dafür ist dein Zustand verantwortlich. Wie du dich erinnern wirst, habe ich dir gleich zu Anfang gesagt, daß sich etwas ändern wird. Eine Schwangerschaft verändert die Persönlichkeit; zumindest für eine gewisse Zeit. Du hattest die Wahl, meine Liebe, aber du mußtest ja unbedingt deinen Kopf durchsetzen.«

»Wirst du dieses Kind offiziell anerkennen?«

Sie hatte ihn dabei beobachtet, wie er in scheinbarer Verwirrung den Kopf schüttelte. »Anerkennen?« kam es dann zögernd von ihm. »Das wird schwierig werden. Das verstehst du doch, oder?«

Und auf ihre Antwort: »Allmählich drängt sich mir der Verdacht auf, daß ich nur sehr wenig verstehe« hatte er kühl erwidert: »Du hast anscheinend heute schlechte Laune« und sie ohne ein weiteres Wort verlassen.

Das Klingeln der Türglocke riß Emily aus ihren Gedanken. Eine Kundin, dachte sie; hoffentlich eine, die Esther oder Alice nicht hier hereinführen mußte. Doch schon kam Alice hereingestürmt und flüsterte ihr zu: »Da ist eine Frau. Die möchte Sie sprechen. Aber um einen Hut geht es offenbar nicht. Der Sprache nach ist sie Ausländerin.«

Emily war es nicht entgangen, daß Alice die Besucherin als Frau und nicht als Dame bezeichnet hatte. »Wie heißt sie denn?«

»Den Anfang habe ich verstanden: Mrs. Maria . . ., und

der Rest hat sich angehört wie Dimarca oder so ähnlich. Ausländisch, wie gesagt.«

»Ich möchte heute niemanden empfangen, Alice. Bitte Esther, sich um sie zu kümmern.«

»Ich habe dieser Frau schon gesagt, daß ich die Geschäftsführerin holen würde, aber das hat sie abgelehnt. ›Nein, ich wollen mit deiner Herrin sprechen‹, hat sie gesagt, und in was für einem Ton!«

In Emily stieg ein seltsam beklemmendes Gefühl auf. Sie zögerte einen Moment, holte dann aber tief Luft und sagte zu Alice: »Na schön, führe sie herein.«

Die Frau, die kurz darauf ins Zimmer trat, schätzte Emily vom ersten Anblick her auf um die Vierzig. Sie war von einer üppigen Schönheit, hatte ein rundes Gesicht und ungewöhnlich viel Haar, das in dicken Locken unter ihrem Hut hervorquoll. Ihre Augen waren genauso schwarz wie ihr Haar; aber nicht nur das, auch ihr Gesichtsausdruck wirkte irgendwie dunkel. Sie war eine kräftig gebaute Frau mit schweren Brüsten und ausladenden Hüften, und als sie auf Emily zuging, schwang ihr weiter Rock so, als bebte ihr ganzer Körper.

Sie war bis auf zwei Armlängen an Emily herangekommen, als sie abrupt stehenblieb, den Kopf vorstreckte, unverhohlen Emilys Taillenumfang taxierte und dann mit einer erschreckend tiefen Stimme sagte: »Sie nicht haben Schwindsucht. Nein, nein! Sie bekommen Kind von ihm, stimmt's?« Dabei schoß ihr rechter Arm vor, und ein beringter Finger deutete auf Emilys Unterleib.

»Wer sind Sie?« wollte Emily jetzt wissen. »Und was fällt Ihnen ein, hier einfach so hereinzuplatzen und in dieser Art mit mir zu reden?«

»Wer ich bin? Ich werde sagen, wer ich bin. Ich bin seine Geliebte, seine offizielle Mätresse und von seiner Familie voll akzeptiert. Er ist meine Mann, nicht mit Namen, aber der Vater von meine Sohn und meine Tochter. So, jetzt Sie wissen, wer ich bin. Meine Sohn beobachten diese Haus schon seit Wochen, auf Suche nach arme, kranke Frau, die haben die Schwindsucht. Sein Vater angeblich besucht kranke, entfernte Verwandte hier. Das sind Sie, die entfernte Verwandte, enterbt von Familie, haha! Weil sie betreiben eine Hutsalon. Ich habe ihm geglaubt. Ja, ich bin dumm ... aber nicht meine Sohn.«

Emily glaubte, jeden Augenblick in Ohnmacht zu fallen: Ihre Augen waren wie verschleiert, sie konnte die Frau kaum erkennen. Sie hörte nur diese Stimme, die jetzt in höchsten Tönen kreischte: »Sie glauben, Sie können ihn mir wegnehmen? Niemals. Er ist mein seit achtzehn Jahren. Er hat mich gebracht von Italien. Damals ich sprechen keine Wort Englisch. Ich schenken ihm Benito. Er lieben mich, aber er leider verheiratet. Seine Frau weiß, ich seine Geliebte. Wir haben schöne Haus; meine Sohn und meine Tochter haben gute Stelle in Büro. Er herumstrolchen, wie alle Männer, aber immer kommen zurück. Ich sein sein ein und alles, immer ... bis –« Sie warf die Hände in die Luft. »... er von Nizza zurückkommen. Er plötzlich ganz anders. Aber ich nichts denken dabei, Männer manchmal sind so. Aber meine Sohn, der denken sehr viel. Er sehen seine Vater kommen aus diese Tür, und dann er erzählen diese Geschichte mit arme, kranke Verwandte. Mamma mia!« Sie warf den Kopf in den Nacken und preßte eine Hand oben auf den Hut, wohl um zu verhindern, daß dieser herunterrutschte.

»Raus! Verlassen Sie auf der Stelle mein Haus!«

»Ich soll verlassen Ihr Haus, Miß? Nein, ich erst gehen, wenn Sie mir versprechen, daß Sie ihn lassen in Ruhe.« Sie machte einen Schritt auf Emily zu. »Sie ihn lassen in Ruhe! Sie verstehen?«

Emilys Sicht war wieder sehr klar, als sie die Frau mit beiden Händen von sich stieß. Was jedoch daraufhin passierte, ging so blitzschnell, daß sie keine Zeit hatte, den Schlägen auszuweichen. Sie wußte nur, daß sie schrie und verzweifelt versuchte, die Fäuste abzuwehren, die auf ihr Gesicht und ihren Bauch einprügelten. Und als sie stürzte und diesen schweren Körper auf sich spürte, stieß sie einen gellenden Schrei aus, ohne die anderen Schreie zu hören, die kurz darauf durchs Zimmer hallten.

Sie wußte, daß sie auf der Seite lag und Alice ihren Kopf hielt, nahm aber auch das Handgemenge wahr, das irgendwo weiter hinten im Zimmer vor sich ging. Ihr Mund füllte sich mit Blut, das sie schluckte, ohne den Versuch zu unternehmen, sich aufzurichten. An mehr erinnerte sie sich nicht . . .

Sie rang nach Atem. Jemand wischte ihr mit einem kalten Lappen das Gesicht ab, und durch ihre blutverschmierten Lider sah sie, wie die Frau von zwei uniformierten Männern hochgezogen wurde. Und einen von ihnen hörte sie sagen: »Alles in Ordnung, Mädchen. Laßt sie los. Sie wird keinen Ärger machen.« Und der andere erklärte mit einem Blick auf Esther, die gerade versuchte, ihr Haar wieder aufzustecken: »Wir kommen nachher noch mal wieder, wegen der Aussagen.«

»Wie geht es Ihnen, meine Liebe?«

Emily blinzelte in Lenas Gesicht. »Ich bin tot, Lena, ich bin tot«, wollte sie sagen.

»O Miß. O Gott, Miß!« Alle standen jetzt um sie herum.

»Macht mal ein bißchen Platz. Sie bekommt ja gar keine Luft. Kommt, wir legen sie aufs Bett.«

»Besser auf die Couch. Die Treppen schafft sie nie.«

Emily wußte nicht, wie viele Paar Hände sich an ihr zu schaffen machten, aber sie schien zur Couch zu schweben und dann sanft darauf niederzusinken.

»Soll ich ihr ein Glas Sherry holen?«

»Nein.« Esthers Antwort auf Alices Frage war ungewöhnlich freundlich. »Das wäre im Augenblick das Allerverkehrteste. Bring ihr eine Tasse Tee. Sie steht nämlich unter Schock.«

Ja, sie hatte einen Schock. Alle um sie herum sprachen nur noch im Flüsterton. Sie hatte einen Schock. Ihr Gehirn begann zu schwingen wie ein Pendel, wiederholte den Gedanken immer wieder: tick-tack, tick-tack.

»Die war stark wie ein Bulle.«

»Du liebe Güte, wie es hier aussieht!«

»O Gott, arme Miß. Ihr Gesicht ist ganz geschwollen. Und ihre Kleider zerrissen.«

»Und diese Frau brüllte immer wieder: ›Er gehören mir. Ich sein seine Geliebte.‹«

»Wie kann man so was nur aussprechen!«

»Seid endlich ruhig. Geht jetzt und räumt auf. Aber nicht hier; das hat bis morgen Zeit.«

Emily schloß die Augen. Jemand sagte: »Wie fühlen Sie sich, meine Kleine?« Sie antwortete nicht. Eine andere Stimme fragte: »Ist sie ohnmächtig?« Und als Antwort kam: »Ja, sieht so aus.«

Dann hörte sie jemanden wispern: »Das muß vielleicht ein Schweinehund sein: verheiratet, diese Vettel am Hals, und dann vergreift er sich auch noch an ihr. Einen Kopf kürzer gehört so einer.«

Das Pendel schwang immer noch in ihrem Kopf. Es sagte: »Wenn du es dir nur fest genug wünschst, kannst du sterben ... wenn du es dir nur –«

Eine weit entfernte Stimme fragte jetzt: »Hast du nach dem Doktor geschickt?« Und die Antwort war: »Ja, selbstverständlich.«

»Ich wünschte, er wäre schon hier.«

Und das Pendel tickte weiter, ganz laut diesmal: Lieber Gott, schick mir Doktor Smeaton. Schick Doktor Smeaton. Den anderen könnte ich jetzt nicht ertragen. Noch ein solcher mißbilligender Blick, und ich sterbe. Ja, dann sterbe ich.

– 14 –

Seit vier Tagen kam Steve nun täglich einmal vorbei, um nach ihr zu sehen, und sie hatte noch kein Wort mit ihm gesprochen. Andererseits hatte sie auch mit den anderen kaum gesprochen, denn sie konnte nur mit größter Mühe ihre Lippen bewegen.

Beim ersten Besuch hatte er ihr mit einer Lampe in die Augen geleuchtet, Salbe auf ihre geschwollenen Wangen und Lippen aufgetragen und ihr eine Medizin eingeflößt, auf die hin sie beinahe zwei Tage durchgeschlafen hatte. Er hatte ihren gebrochenen Finger geschient, eine Bandage um ihren Hals gelegt und ihr Schienbein verbunden. Und er hatte ihre Brust abgehört. Ihren Unterleib aber hatte er weder berührt noch erwähnt.

Am vierten Tag erklärte er Esther, daß er morgen erst am späten Nachmittag vorbeischauen könne, da Doktor Smeaton ins Hospital müsse und er deshalb sehr beschäftigt sei. »Danke, Doktor«, erwiderte Esther. »Sie befindet sich auf dem Weg der Besserung, habe ich den Eindruck, meinen Sie nicht auch?«

»Nun, ihr Gesicht wird ihr wohl noch eine Weile Schmerzen bereiten, ebenso der Finger und das Bein. Aber geben Sie ihr alle vier Stunden diese Tropfen; zumindest noch bis morgen, dann müssen wir die Dosis herabsetzen.«

»Ja, Doktor, und vielen Dank nochmals. Ich hoffe, Sie haben noch Zeit für eine Tasse Kaffee. Alice wird ihn Ihnen unten servieren.«

»Vielen Dank, Esther. Auf Wiedersehen.«

»Auf Wiedersehen, Doktor.«

Alice wartete bereits an der Tür zum Wohnzimmer. »Haben Sie noch Zeit für eine Tasse Kaffee?« fragte sie ihn.

»Ich werde mir die Zeit nehmen, Alice, denn ich möchte mich kurz mit dir unterhalten.«

»Ja, natürlich, Doktor.«

Sie folgte ihm ins Wohnzimmer und schenkte ihm eine Tasse Kaffee ein, während er auf einem Stuhl Platz nahm. »Setz dich doch einen Augenblick, Alice.«

»Ja, Doktor.« Alice setzte sich.

»Nun«, begann er ruhig und beugte sich zu ihr. »Du stehst deiner Herrin von allen hier am nächsten, glaube ich. Ich möchte, daß du mir alles erzählst, was du über diese Affäre weißt.«

»Ganz von Anfang an, Doktor?« fragte sie und nagte verlegen an ihrer Unterlippe. »Oder nur das, was diese Frau sagte?«

Steve zögerte einen Moment. »Ja, Alice. Ganz von Anfang an.«

Und so erzählte sie ihm alles, was sich im Hotel abgespielt hatte, zumindest das, was sie wußte, und beendete diesen Teil des Berichts mit den Worten: »Er muß ihr gesagt haben, daß er mit seiner Frau nichts mehr zu tun hat, denn als diese am Tag vor unserer Abreise im Hotel auftauchte und sie die beiden Arm in Arm und überaus vertraulich miteinander umherspazieren sah, fühlte sie sich ganz offensichtlich hintergangen. Sie war fix und fertig. So fertig, daß ich dachte, das war's dann wohl. Sie muß eingesehen haben, daß er ihr nur Märchen aufgetischt hat. Jedenfalls war sie sehr bedrückt, als wir heimfuhren, glaubte aber, trotzdem gute Miene zum bösen Spiel machen und den anderen vorgaukeln zu müssen, daß sie eine wunderbare Zeit verlebt hatte. Nun, das hatte sie wohl auch – bis zu dem Zeitpunkt, da sie sein Spiel durchschaute. Und anschließend«, sie unterbrach sich und schüttelte den Kopf, »ja, da war sie wirklich auf dem besten Weg, die ganze Geschichte zu vergessen. Das wußte ich an dem Tag, an dem sie mit Ihnen aufs Land zu Ihrer Familie gefahren ist. Aber wie's der Zufall so will, ausgerechnet an diesem Abend tauchte er hier auf und kam am nächsten Nachmittag wieder. Ich bin mir ganz sicher, daß er sie von da an häufig belästigt hat. Heimlich natürlich.«

»Was meinst du mit heimlich?«

»Na, ja. Es durfte hier ja keiner was davon merken, deshalb kam er immer durch die Hintertür. Ich natürlich auch nicht, aber mein Bett steht genau über dem Hintereingang, und da habe ich halt spitzgekriegt, was sich da unten tat. Eigentlich darf ich ja von solchen Dingen noch nichts wissen, weil ich noch zu jung bin, aber . . .« Jetzt ließ sie ein kleines Lächeln hören. »Ich bin bei einer Pflegemutter aufgewachsen, und die war nicht gerade eine Nonne. Ich meine . . .«, stutzte sie verlegen und knabberte wieder an ihrer Lippe, bis Steve ihr zu Hilfe kam und lächelnd meinte: »Ich verstehe schon, was du damit meinst.«

»Ach, Doktor«, seufzte Alice, und ihre Stimme nahm einen mitfühlenden Klang an. »Es ging ihr furchtbar schlecht, als sie herausfand, daß sie schwanger ist. Morgen für Morgen mußte sie sich übergeben, und sie hatte niemanden, mit dem sie darüber sprechen konnte. Und sie brachte es auch nicht fertig, das Unaussprechliche auszusprechen. Es war schließlich ich, die sie darauf ansprach und ihr auch sagte, daß ich von ihr und ihm wisse. Das schien sie ein bißchen erleichtert zu haben. Aber trotzdem wußte sie weder ein noch aus. Und dann hat sich der gnädige Herr wochenlang nicht mehr blicken lassen. Er war in Schottland auf der Jagd. Und als er dann endlich kam, da wußte ich schon Bescheid. Oh, es war ein sehr kurzer Besuch, das kann ich Ihnen flüstern. Er wollte das Kind anscheinend nicht. Das hat mir die Miß zwar nicht gesagt, aber ...«, sie zog die Schultern hoch und schniefte, »ich habe verdammt gute Ohren, Doktor. Er wurde ganz schön massiv, doch sie blieb standhaft. Sie sagte, sie werde dieses Kind bekommen, ganz gleich, was er dazu meinte. Und so wie ich es sehe, ist ihr Verhältnis seitdem nicht mehr das gleiche. Außerdem beobachtet seit geraumer Zeit so ein junger Kerl ständig unser Haus.«

»Er beobachtet das Haus?«

»Ja, Doktor. Er steht auf der anderen Straßenseite, sagte mir Esther, meistens so um die Dinnerzeit. Und dann haben Lena und Esther ihn mit einer Frau gesehen. Das war am Tag, bevor das hier passierte. Ich habe sie hereingelassen. Ihrem gebrochenen Englisch nach ist sie Ausländerin.«

»Wie hieß sie denn?«

»Es hat sich angehört wie Maria Dimarca. Aber das muß nicht ihr Familienname gewesen sein. Und kaum hatte ich sie zu der Miß ins Wohnzimmer geführt, ging es auch schon los. Sie hat so laut gebrüllt, daß ich draußen jedes Wort verstehen konnte. Offenbar ist sie seine Mätresse, und das schon seit Jahren. Er hat sie von Italien hierhergebracht. Wie sie sagte, hat sie einen erwachsenen Sohn von ihm – das muß der Bursche sein, der das Haus beobachtet hat – und eine Tochter. Und immer wieder betonte sie, daß sie von seiner Familie als seine Mätresse offiziell anerkannt sei. Er muß ihr vorgeschwindelt haben, daß unsere

Miß eine von seiner Familie enterbte Verwandte sei, weil sie einen Hutsalon betreibt, und daß sie die Schwindsucht habe. Dann hörte ich, wie unsere Miß diese Frau aufforderte, sofort ihr Haus zu verlassen. Und gleich darauf brach die Hölle los. Ich ahnte schon, was da drinnen vor sich ging, und rannte sofort nach nebenan, um die Mädchen zu Hilfe zu holen. Dann zogen wir sie mit vereinten Kräften von der Miß runter. Mein Gott, war die Frau schwer, und stark wie ein Bulle. Und als die Wachtmeister kamen, kreischte sie immer noch, daß sie seine offizielle Mätresse sei. Na ja, jetzt sitzt sie im Kittchen und wird wohl auch dort bleiben, bis der Prozeß beginnt. Sie hätte die Miß umbringen können – das hatte sie offenbar auch vor. Wohlgemerkt, ich hatte schon von Anfang an so meine Zweifel, was diesen Gentleman anbelangte. Wenn er mit einem sprach, dann war er so übertrieben höflich und freundlich, daß man ihm nie etwas Schlechtes zugetraut hätte. Aber das sind oft die Schlimmsten, nicht wahr?«

Steve sah sie eine Weile stumm an und sagte dann, ohne auf ihre Frage einzugehen: »Ich bin froh, daß sie in dir eine so gute Freundin hat, Alice.«

»Oh, das beruht auf Gegenseitigkeit, Doktor. Sie war auch sehr gut zu mir. Sie hat mir die Stellung gegeben, von der ich immer geträumt habe. Wissen Sie, bis vor kurzem war ich noch ein einfaches Küchenmädchen und habe mich von der Köchin schikanieren lassen müssen. Aber seit mich die Miß zu sich genommen hat, hat sich mein Leben total verändert. Ich werde mein Leben lang bei ihr bleiben oder jedenfalls solange sie mich will.«

»Ach, du wirst sicher bald einen jungen Mann kennenlernen, Alice«, sagte er und erhob sich. »Du bist doch ein hübsches, kluges Mädchen.«

»Nein, bestimmt nicht, Doktor. Dazu habe ich schon zuviel gesehen. Und das macht einen älter, Doktor. Glauben Sie mir, ich bin viel älter, als ich aussehe«, lachte sie, und er stimmte in ihr Lachen ein.

Aber dann wurde er gleich wieder ernst. »Sie wird ab

jetzt besonders viel Aufmerksamkeit brauchen, Alice; sie befindet sich in einem absoluten Stimmungstief. Du mußt wirklich alles tun, um sie aufzuheitern. Und du mußt sehr viel Geduld mit ihr haben, denn im Augenblick, glaube ich, hat sie jegliche Freude und jeglichen Bezug zum Leben verloren.«

Alice dachte eine Weile über die letzten Worte des Doktors nach. »Ja, da könnten Sie recht haben«, sagte sie und grinste verschmitzt. »Ein hitziges Streitgespräch mit Ihnen täte ihr da bestimmt ganz gut.«

Seine Miene zeigte kein Lächeln, und seine Stimme war ausdruckslos, als er erwiderte: »Diese Tage gehören der Vergangenheit an, Alice . . . leider.«

Alice brachte ihn an die Tür. »Gute Nacht, Doktor«, sagte sie leise.

»Gute Nacht, Alice.«

Emily lag bereits eine Woche im Bett, als Alice an diesem Morgen gegen elf Uhr ihr Schlafzimmer betrat. Esther war gerade dabei, Emily die Haare zu bürsten. »Was gibt es denn?« wollte sie wissen.

Alice zögerte einen Moment. »Unten ist eine Lady, die fragt, ob sie Sie sprechen kann, Miß.«

Es war Esther, die fragte: »Wer ist sie?«

Alice machte wieder eine Pause, bevor sie sagte: »Sie hat sich als Mrs. Anderson Steerman vorgestellt.«

Als Emily mit geschlossenen Augen in die Kissen zurücksank, flüsterte Esther Alice zu: »Geh nach unten und sag ihr, daß deine Herrin sich nicht wohl fühlt und keine Besuche empfängt.«

Alice nickte eifrig mit dem Kopf und eilte hinaus, während Esther sich zu Emily hinabbeugte und mit leiser Stimme sagte: »Nicht aufregen, meine Liebe. Aber ich muß schon sagen, die Frau hat Nerven . . . Nun, vergessen Sie sie und ihn und die ganze leidige Angelegenheit. Es ist alles vorbei.«

Das Pendel in ihrem Kopf hatte aufgehört zu schwingen, doch ihre innere Stimme wiederholte immer wieder den Satz: Es ist alles vorbei. Es ist alles vorbei ... Aber es war keineswegs alles vorbei. Für sie hatte es noch kaum begonnen: Sie hatte noch zwei Monate vor sich; und was dann? Wollte sie das Kind immer noch? Ja oder nein? Wenn sie ehrlich war, mußte sie sich eingestehen, daß sie nicht mehr wußte, was sie wollte. Und sie konnte immer noch nicht glauben, daß sie sich so leicht hatte hinters Licht führen lassen. Daß jemand so überzeugend lügen konnte, für dessen Aufrichtigkeit sie ihr Leben verwettet hätte. Die Frage war, wie viele andere hatte er schon vor ihr getäuscht, während er gleichzeitig seine Mätresse aushielt? Diese fette, gemeine, grauenhafte Frau, die sie bis in ihre Träume verfolgte.

»Kann ich eine Pille haben, Esther?« bat sie.

»Ich weiß nicht, der Doktor hat die Dosis herabgesetzt; nur noch eine am Morgen und eine am Abend, hat er gesagt.«

»Bitte, Esther; ich ... ich fühle mich schrecklich.«

»Na ja, am Anfang waren es ja drei«, meinte sie, nahm eine weiße Pille aus der kleinen Pappschachtel, die auf dem Sideboard lag, goß Wasser in ein Glas und reichte ihr beides.

»Diese Aufregung hat Ihnen heute morgen gerade noch gefehlt. Wenn der Doktor kommt, erzähle ich es ihm; er wird dieser Mrs. Anderson Steerman dann schon Bescheid sagen.«

»Nein! Nein, bitte, Esther, sag nichts davon.«

»Schon gut, meine Liebe, ganz ruhig. Legen Sie sich zurück; Sie werden gleich wieder einschlafen.« ... Esther erwähnte Steve gegenüber den Besuch nicht, aber als er am späten Nachmittag noch einmal vorbeikam, empfing ihn Alice gleich an der Tür mit der Neuigkeit. Seine Antwort darauf war: »Mrs. Anderson Steerman? Hm, wir arbeiten uns langsam, aber stetig immer weiter nach oben, Alice.«

Zwei Tage später erschien Mrs. Steerman wieder, nur um abermals abgewiesen zu werden. Und am folgenden Tag, als Steve zur Visite kam und von dem neuerlichen Besuch erfahren hatte, sprach er Emily daraufhin an.

Sie lag in einem Korbliegestuhl vor dem Kamin, und nachdem er ihren Finger und ihr Bein untersucht hatte, nickte er und meinte: »Ja, das sieht schon ganz gut aus.« Die Blutergüsse in ihrem Gesicht ließ er unerwähnt, bemerkte aber dann ganz unvermittelt: »Wenn Mrs. Steerman noch einmal vorspricht, würde ich sie an Ihrer Stelle empfangen.«

»Was? Nein!«

»Ich glaube aber, daß das klug wäre.«

»Ich . . . ich kann nicht. Bitte, zwingen Sie mich nicht dazu.«

»Würde es Ihnen helfen, wenn ich bei dem Treffen dabei wäre?«

Emily drehte sich langsam zu ihm um, starrte ihn ein paar Sekunden abwesend an und sagte dann: »Warum, glauben Sie, will sie mich sprechen?«

Steve ging zu dem Tisch, auf dem die Tabletten lagen, nahm die Schachtel, schüttelte sie kurz und legte sie wieder hin. »Wahrscheinlich möchte sie, daß Sie sein öffentliches Ansehen wahren, indem Sie die Klage gegen diese Frau fallenlassen«, erklärte er dann. »Soviel ich gehört habe, will er ins Parlament einziehen, und obgleich der Einfluß seines Vaters ihn seinem Ziel ein gutes Stück näherbringen kann, sind es doch die Stimmen der Wähler, die am Ende zählen. So sehe ich es jedenfalls. Ich mag mich ja irren, aber ich denke doch, Sie sollten sie in Anwesenheit eines Zeugen empfangen.«

Es vergingen einige Sekunden, bis sie antwortete: »Sie werden vielleicht gar nicht hier sein, wenn sie kommt.«

»Ach, das kann man einrichten. Ich könnte ihr eine Nachricht zukommen lassen und ihr einen passenden Termin vorschlagen.«

Am liebsten hätte sie ihn gefragt, warum er das tat; warum er sich ihretwegen solche Unannehmlichkeiten aufhalsen wollte. Es war ja wohl nicht so, daß er noch irgendwelche innigen Gefühle für sie hegte; schließlich heiratete er demnächst. Was war dann der Grund für sein Engagement? Berufsethos? Ja, das war das einzige, was sie sich vorstellen konnte. Wahrscheinlich würde er für jeden seiner anderen Patienten das gleiche tun.

Sie hob den Kopf. Sie hatte nicht bemerkt, daß er vor ihr stand und sie beobachtete.

»Esther sagt, Sie essen wie ein Spatz«, wechselte er jetzt das Thema. »Das ist nicht gut. Sie müssen ordentlich essen. Ich muß jetzt gehen. Morgen werde ich möglicherweise nicht kommen; ich muß ins Hospital und nach Doktor Smeaton sehen und mich anschließend um seine Patienten kümmern. Habe schon einen Stellvertreter für ihn beantragt, und je früher der seinen Dienst antritt, desto lieber wäre mir das. Also, geben Sie auf sich acht und bleiben Sie nicht zu lange auf. Guten Tag.«

»Guten Tag.«

Im Kamin flackerte ein lustiges Feuer, die goldgelben Strahlen der letzten Herbstsonne durchfluteten das Zimmer und ließen alles in einem warmen, freundlichen Licht erscheinen. Nur in ihr selbst war alles düster und kalt; sie war gebrochen. Nie zuvor hätte sie dieses Wort für sich verwendet, aber sie *war* gebrochen, ihre Gedanken, ihr Körper, ihr Gesicht ... o ja, besonders ihr Gesicht. Die Schwellungen um die Augen waren zurückgegangen, aber die Blutergüsse waren noch da, und ihre Unterlippe war immer noch doppelt so dick wie sonst. Und diese tiefen Kratzer auf ihrer rechten Wange. Sie hatte ihn nicht gefragt, ob davon Narben zurückbleiben würden; es schien ihr völlig unwichtig, wie sie aussah. Nur eines war gewiß: Niemals wieder würde sie einem Menschen ihr Vertrauen schenken. Niemals! Ganz gleich, wer es war. Das leichtgläubige Mädchen in ihr war tot. Die Scheidung hätte es schon vor Jahren töten können, hatte es aber nicht. Ihr Verstand hatte erst durch die Offenlegung der Wahrheit, ihr Körper durch Fingernägel, Fausthiebe und Tritte wachgerüttelt werden müssen, bevor die erwachsene Frau in ihr zum Vorschein kam. Sie hatte alle Freude am Leben verloren, und das würde sich auch nicht ändern.

– 15 –

Emily saß in dem großen Lehnstuhl im Salon. Es war das erste Mal seit dem unglückseligen Tag, daß sie ihr Schlafzimmer verlassen hatte. Sie trug ein weites, taubenblaues Kleid und hatte ihr Haar aufgesteckt. Die weichen Locken über ihren Schläfen bildeten einen starken Kontrast zu den drei tiefen Kratzern auf ihrer rechten Wange – der eine zog sich von der Augenbraue bis hinunter zum Kinn –, die immer noch nicht verheilt waren und blaßpurpurn schimmerten. Die Hand mit dem bandagierten Finger ruhte auf der Armlehne, die andere, zur Faust geballt, lag auf ihrem jetzt bereits stark gewölbten Unterleib.

Als Alice die Tür öffnete und die Besucherin meldete, betrat Mrs. Anderson Steerman gemessenen Schritts den Raum. Steve, der neben dem Kamin stand, machte eine knappe Verbeugung. »Guten Tag. Bitte nehmen Sie Platz«, sagte er und deutete auf einen Sessel, der gut drei Meter von Emily entfernt stand. Die Frau warf erst ihm, dann Emily einen raschen Blick zu, ehe sie sich mit einem »Dankeschön« setzte.

Steve, der die Besucherin unverwandt musterte, war von ihrem Aussehen ehrlich überrascht. Er hatte eine große, stattliche, gutgekleidete Frau erwartet und sah sich jetzt einer in der Tat gutgekleideten, indes sehr kleinen, zierlichen Person gegenüber. Mit ihren dunklen Augen und dem pechschwarzen Haar war sie zweifellos schön zu nennen und machte auf ihn einen sehr lebhaften Eindruck. Indem sie seinen Blick gelassen erwiderte, erklärte sie: »Ich möchte mit Mrs. Ratcliffe gerne unter vier Augen sprechen, wenn Sie gestatten.«

»Zu meinem Bedauern kann ich Ihrem Wunsch nicht entsprechen, gnädige Frau. Ich bin Mrs. Ratcliffes Arzt und ihr persönlicher Vertrauter. Und nur weil Sie wiederholt vorstellig geworden sind, hat Mrs. Ratcliffe sich entschlossen, Sie zu empfangen, obgleich sie gesundheitlich alles andere als wiederhergestellt ist, wie Sie ja selbst sehen, Madam.«

»Verzeihen Sie, Mrs. Ratcliffe. Es tut mir aufrichtig leid, ausgerechnet jetzt an Sie herantreten zu müssen.« Mrs. Steerman sah Emily jetzt direkt an. »Aber es ist von höchster Dringlichkeit, daß ich mit Ihnen spreche. Zuallererst möchte ich Ihnen mein tiefstes Bedauern aussprechen, daß ... Sie durch das doppelte Spiel meines Gemahls in diese schreckliche Situation geraten sind.«

Sie machte eine kleine Pause und schien auf eine Entgegnung von Emily zu warten. Doch als diese sie nur wortlos anstarrte, ergriff Steve das Wort. »Darf ich fragen, worin die Dringlichkeit Ihres Besuches außerdem besteht, abgesehen davon, meiner Patientin Ihre Anteilnahme auszusprechen, gnädige Frau?«

»Ach, ich wünschte, es ginge nur darum. Doch leider ist da noch ein anderes Problem: Ich bin gekommen, um Sie um Nachsicht zu bitten, nicht nur um meines Gemahls willen, nein, sondern meines Schwiegervaters und meiner Kinder wegen und des Makels, der auf seine und unsere Familie fällt, sollte dieser Frau der Prozeß gemacht werden. Und deshalb, sehr verehrte Mrs. Ratcliffe« – ihr Blick ruhte jetzt wieder auf Emily –, »bitte ich Sie inständig, die ... Klage gegen diese Frau fallenzulassen. Bisher hat sie ihre Zunge im Zaum gehalten, aber wenn sie einmal vor Gericht steht, wird sie reden, und ... mein Schwiegervater würde diese Schande nicht überleben. Er ist ein kranker Mann.«

Als Emily weiterhin schwieg, nahm Steve Mrs. Steerman gegenüber Platz und ergriff an Emilys Stelle mit ruhiger Stimme das Wort: »Soviel ich gehört habe, gnädige Frau, kandidiert Ihr Mann im Augenblick für das Parlament. Und daher, nehme ich an, möchten Sie unter allen Umständen verhindern, daß bekannt wird, daß Ihr Mann seit achtzehn oder zwanzig Jahren eine Mätresse und mit dieser auch noch zwei Kinder hat. Zudem soll nicht an die Öffentlichkeit gelangen, daß Ihre Familie diese Beziehung gebilligt hat, leider jedoch nicht in der Lage gewesen war, diese Dame entsprechend unter Kontrolle zu halten, so daß diese, als sie herausfand, daß Ihr Gemahl sie betrügt, meine Patientin tätlich angegriffen hat, die sich in der wenig beneidenswerten Lage befindet, ein Kind von ebendiesem Herrn unter dem Herzen zu tragen, nachdem dieser ihr vorgegaukelt hatte, seine Ehe mit Ihnen sei schon lange zerrüttet und bestünde quasi nur noch auf dem Papier.«

Am Ende seiner Rede verspürte Steve plötzlich Mitleid mit dieser Frau, die jetzt mit gesenktem Kopf und im Schoß gefalteten Händen vor ihm saß. Aber er durfte sich nicht erweichen lassen, und so wartete er, bis sie den Kopf hob, ihn ansah und mit tonloser Stimme erklärte: »Alles, was Sie eben gesagt haben, Sir, entspricht der Wahrheit. Mein Gemahl ist ein Charmeur. Er ist ein charakterschwacher Mann, ein unverbesserlicher Lügner und Tunichtgut. Er hat bislang in seinem Leben nichts anderes erreicht, als Frauen den Kopf zu verdrehen. Sein Vater hat ihn bisher immer unterstützt: Er hat ihm nicht nur einmal aus der Klemme geholfen, er hat seine Schulden beglichen, und er bezahlt den Unterhalt für seine Mätresse und ihre Kinder. Ich wußte schon vor unserer Hochzeit, daß er eine Mätresse hat, aber damals schwor er mir Stein und Bein, daß er die Beziehung zu dieser Frau aufgegeben habe. Und das habe ich auch geglaubt, bis unser drittes Kind zur Welt kam. Erst da erfuhr ich, daß er mit dieser Frau zwei Kinder hat. Gewiß, ich hätte mich von ihm scheiden lassen können; aber zwei Dinge hielten mich davon ab: erstens wollte ich der Familie seines Vaters nicht noch mehr Sorgen bereiten – ich schätze seinen Vater sehr. Und zweitens konnte und wollte ich die Liebe nicht wegwerfen, die ich für ihn empfand. Freilich ist es nicht mehr die gleiche Liebe wie zu Anfang, mittlerweile mischt sich darin ein gewisses Mitleid, da er, was seine Amouren anbelangt, offensichtlich nicht anders kann. Und dann waren wir alle sehr froh, als er sich vor einem Jahr für die Politik zu interessieren begann. Er hatte diesen schweren Reitunfall erlitten und war lange Zeit krank. Deshalb dachte ich mir auch nichts dabei, als er zur Erholung in dieses Hotel nach Nizza fuhr, das größtenteils von älteren Herrschaften und Invaliden besucht wird und in dem seine Familie schon seit vielen Jahren Stammgast ist. Doch als ich dann von einer guten Freundin, Mrs. DeWhit – die meinen Mann und seine Schwäche für Frauen nur zu gut kannte und gerade aus Nizza zurückgekehrt war –, erfuhr, daß sich unter den Gästen eine junge Dame befand, die keineswegs gebrechlich zu sein schien, sah ich neue Schwierigkeiten auf mich zukommen und hielt es für angebracht, wieder einmal die Farce des glücklichen Ehepaares zu inszenieren, um dieses junge, ahnungslose Opfer einzuschüchtern. Aber in diesem Fall hat es nichts geholfen, und es war ein unglücklicher Zufall, daß Maria Dimarcas Sohn meinen Mann bei seinen Besuchen hier im Haus gesehen hat. Soviel ich gehört habe, ist er ein sehr schwieriger Junge und verfolgt meinen Mann auf Schritt und Tritt, wenn dieser sich in der Stadt aufhält. Er möchte seine Aufmerksamkeit erringen, ist aber vernünftig genug zu wissen – was sicherlich auch dem Einwirken seiner Mutter zuzuschreiben ist –, daß er nicht zu weit gehen und Ansprüche stellen darf. Sie befürchtet wahrscheinlich, und zu Recht, daß mein Schwiegervater sonst den Unterhalt kürzen oder dem Jungen die Bürostelle kündigen würde, für die er weiß Gott nicht geeignet ist.«

Ihr Kopf sank wieder auf die Brust, und sie stieß einen tiefen Seufzer aus. Als sie dann weitersprach, hielt sie den Kopf gesenkt, und ihre Stimme war kaum mehr als ein leises Murmeln. »Ich flehe Sie an, Mrs. Ratcliffe, diese Frau nicht gerichtlich zu belangen. Ich weiß, er ist es nicht wert, daß man für ihn bittet, und es demütigt mich, daß ich es trotzdem versuche, aber er stammt aus einer sehr angesehenen Familie, und ein Prozeß wie dieser wäre für die Presse ein gefundenes Fressen. Mein Mann wäre gesellschaftlich erledigt . . . Eine Mätresse, ja, das ließe man sich ja noch eingehen, aber nicht zwei . . . oder mehr. Und überdies, wenn diese Frau vor Gericht den Mund aufmacht, dann wird sie sich auch damit brüsten, daß sie Sie angegriffen hat und Ihren guten Namen ebenfalls an die große Glocke hängen.« Sie machte eine ausholende Geste mit beiden Händen, die die Auswirkung auf Emily und ihr Geschäft verdeutlichen sollte. Und darauf erhielt sie von Emily eine Antwort:

»Ja, wenn ich gegen diese Frau Klage erhebe, muß ich wohl damit rechnen, daß das Gericht mein Erscheinen verlangt und daß mein Name und mein Leben öffentlich ausgebreitet werden«, sagte sie nachdenklich, was der zierlichen Person auf dem Sofa einen kleinen Seufzer und ein zustimmendes Nicken entlockte.

»Ja. Ja, wahrscheinlich«, fuhr Emily mehr zu sich selbst fort. »Verzeihen Sie, ich bin etwas verwirrt. Mir geht es nicht sehr gut, ich werde mich jetzt zurückziehen.«

Als sie versuchte, sich aus dem Lehnstuhl zu erheben, war Steve sofort an ihrer Seite und half ihr auf. Zu Mrs. Steerman gewandt, meinte er: »Wir lassen die Angelegenheit bis morgen ruhen. Dann werde ich Ihnen Mrs. Ratcliffes Entscheidung überbringen.«

Irene Steerman sah ihn an. »Vielen Dank, Sir. Ich ... werde morgen den ganzen Tag zu Hause sein.« Dann trat sie auf Emily zu, und als sich ihre Blicke trafen, sagte sie leise: »Glauben Sie mir, es tut mir unendlich leid, daß Sie wegen ihm so viel Leid erfahren mußten. Er ist Ihrer Zuneigung nicht wert, ebensowenig wie meiner Liebe.«

Ohne einen Abschiedsgruß drehte sie sich um und ging auf die Tür zu. Steve begleitete sie.

In der Halle half er ihr in den Pelzmantel und reichte ihr Handschuhe und Handtasche, die sie auf einem Stuhl abgelegt hatte. Zu ihr gebeugt, meinte er abschließend: »Ich werde sehen, was ich tun kann, Madam.«

»Danke sehr. Vielen Dank, Doktor. Guten Tag.«

»Guten Tag, Madam.«

Er öffnete die Tür, und Mrs. Steerman eilte auf die Kutsche zu, die am Straßenrand auf sie wartete.

Langsam ging Steve in den Salon zurück und blieb vor Emily stehen. »Sie hat recht«, sagte er. »Wenn Sie vor Gericht gehen, wird man dieses Haus hier stürmen. Aber damit nicht genug. Wenn das Kind zur Welt kommt, wird man den ganzen Fall noch einmal aufrollen. Nun, was werden Sie tun? Die Entscheidung liegt bei Ihnen.«

»Was soll ich denn tun?« wisperte sie beinahe.

Er antwortete nicht sofort, sondern trat an den Kamin, starrte ins Feuer und trommelte mit den Fingerspitzen auf den Sims. Nach einer Weile sagte er dann: »Ich würde die Klage fallenlassen; nicht nur um Ihretwillen, sondern auch wegen der armen Kreatur, die gerade Ihr Haus verlassen hat. Und sie ist eine arme Kreatur. Sie ist reich, hat einen Namen in der Gesellschaft und kommt aus einem ehrenhaften Haus – und sie ist so unglücklich, daß einem ihr Anblick weh tut. Und in ihrem Fall muß sie alles hinter einer Fassade verbergen. Wissen Sie«, er drehte sich jetzt um und sah sie an, »es gibt Familien, die leben unten am Flußufer. Die können vor lauter Ratten nachts nicht schlafen, und was bei ihnen auf den Tisch kommt, sind die Abfälle von den Hotels oder den Fleischerläden. Von fünf Kindern sterben drei, und die Frauen sind mit dreißig alt und verbraucht. Aber ich bezweifle, daß einer von ihnen heute mit dieser Mrs. Anderson Steerman tauschen möchte. Wie auch immer«, seine Stimme wurde etwas lauter, »die Entscheidung liegt bei Ihnen. Schlafen Sie eine Nacht darüber.«

»Nein. Ich habe Sie um Rat gefragt, und Sie haben mir wie üblich mit einem Gleichnis geantwortet.«

Er lächelte sie an. »Ich spreche nicht in Gleichnissen. Was ich eben über die Leute am Flußufer gesagt habe, ist die reine Wahrheit. Aber soll das heißen, daß ich ihr ausrichten kann, Sie verzichten auf die Klage?«

»Ja, ich denke schon. Aber ... wie mache ich das offiziell?«

»Ach, das ist ganz einfach. Sie informieren Ihren Anwalt, und der setzt sich dann mit dem anderen Anwalt in Verbindung. Aber jetzt muß ich mich sputen; ich habe noch viel zu tun. Und morgen fahre ich endlich einmal wieder nach Hause. Habe schon seit gut zwei Wochen keine frische Luft mehr geatmet.«

»Wann ... wann werden Sie heiraten?«

Er drehte sich halb zur Seite, bevor er antwortete: »Das wird Ostern werden. Ja, Ostern. Aber zunächst steht uns

Weihnachten ins Haus. Meine Familie ist verrückt danach; die Gäste fallen Weihnachten bei uns ein wie die Wanderheuschrecken. Das habe ich Ihnen doch schon erzählt, nicht wahr? Ich werde versuchen, mich über Weihnachten oder Neujahr ein paar Tage freizumachen. Aber ich weiß nicht, wie es heuer werden wird, nachdem Doktor Smeaton noch immer nicht auf dem Damm ist. Na ja, er wird sich wahrscheinlich bald zur Ruhe setzen.«

»Und werden Sie dann seine Praxis übernehmen?«

»Ich weiß nicht. Es ist noch ungewiß, ob ich in der Stadt bleibe oder zurück aufs Land gehe. Zu Hause setzen sie schon alle Hebel in Bewegung, um mich zurückzuholen. Unter den gegebenen Umständen wäre es wohl das Vernünftigste. Aber noch ist das Zukunftsmusik; jetzt muß ich gehen. Passen Sie auf sich auf. Heute nacht sollten Sie gut schlafen, nachdem diese Sache endlich erledigt ist. Ich an Ihrer Stelle würde mich bald hinlegen. Und sagen Sie Alice, daß ich jetzt gehe. Auf Wiedersehen.«

»Auf Wiedersehen.«

Er hatte sich schon umgedreht, als Emily hinzusetzte: »Und vielen Dank.« Er blickte sich noch einmal zu ihr um, sagte aber nichts. Und dann war sie allein. Sie ließ den Kopf sinken und begann leise zu weinen.

Emily hatte ihrem Anwalt schriftlich mitgeteilt, daß sie auf eine Klage gegen Mrs. Maria Dimarca verzichte, und das Schreiben per Boten in seine Kanzlei geschickt. Danach war sie, obgleich es noch früh am Tag war, nach oben gegangen. Alice war ihr beim Entkleiden behilflich, als sie plötzlich eine Hand auf ihren Bauch preßte und zwischen zusammengebissenen Zähnen die Luft einsog. »Haben Sie Schmerzen, Miß?« fragte Alice besorgt.

»Nur . . . nur einen Krampf.«

»Haben Sie das schon öfter gehabt?«

Emily antwortete nicht sofort. »Ja, ein paarmal«, sagte sie dann.

Kurze Zeit später – sie lag bereits im Bett – traten die Krämpfe wieder auf. Alice eilte sofort nach nebenan, um

Esther zu informieren. »Die Miß hat so komische Schmerzen, und nicht zum erstenmal. Sie sieht furchtbar schlecht aus. Ich glaube, Sie sollten mal nach ihr sehen.«

Esther stand an Emilys Bett und strich umständlich die Eiderdaunendecke glatt. »Ich höre, Sie haben Schmerzen, meine Liebe«, begann sie behutsam und bekam dann einen gehörigen Schreck, als Emily stöhnte: »Ich . . . fühle mich so komisch, Esther. Irgend etwas passiert da drinnen.«

»O Gott! Seit wann denn? Ich meine, wann hat es angefangen?«

»Ach, das geht schon ein, zwei Tage so.«

»Ein, zwei Tage? Aber warum, um Himmels willen, haben Sie denn nichts gesagt, Mädchen? Spüren Sie eine Bewegung?«

»Nein, nur einen dumpfen Schmerz.«

Esther drehte sich zu Alice um, die hinter ihr stand. »Warum konnte das nicht passieren, als der Doktor noch da war? Am besten holst du ihn sofort. Aber zieh dich warm an, es ist kalt draußen, und nimm eine Droschke.«

Daß von Emily kein Wort des Protests kam, beunruhigte die beiden Frauen noch mehr. Nachdem sie einen ahnungsvollen Blick getauscht hatten, verließ Alice eilig das Zimmer, Esther setzte sich zu Emily aufs Bett und nahm ihre Hand. »Es wird alles gut werden. Der Doktor kommt gleich. Keine Angst, alles wird gut«, wiederholte sie in beruhigendem Tonfall und dachte insgeheim, es wäre das beste, wenn sie dieses Kind verlieren würde . . .

Es verging über eine Stunde, bis Steve an der Tür klingelte und zu Lena sagte: »Ich konnte nicht eher kommen. Die Praxis war gesteckt voll. Die andere Hälfte habe ich jetzt einfach warten lassen. Was gibt es denn?«

»Ich bin mir nicht sicher, aber Esther sagt, sie verliert es.«

»Sie verliert das Baby?« Ohne eine Antwort abzuwarten, war er schon auf der Treppe.

Nachdem er Emilys Puls gefühlt hatte, meinte er leise: »Ihnen geht es nicht gut, nicht wahr?«

»Nein, mir geht es nicht gut.«

»Warum haben Sie denn vorhin die Schmerzen nicht erwähnt?«

Emily versank in ein kurzes Schweigen. »Es gab schon genug zu besprechen, meinen Sie nicht auch? Da mußte ich mich nicht auch noch einbringen«, entgegnete sie schwach.

»Ich werde Sie untersuchen müssen.«

Als sie nicht antwortete, sagte Esther: »Ich hole heißes Wasser und Handtücher.«

Als er Emily kurze Zeit später wieder zudeckte, sah er sie mit ernster Miene an. »Sie werden das Kind verlieren, aber ich glaube, das wissen Sie bereits.« Und zu Esther sagte er eine Spur leiser: »Ich werde Hilfe brauchen.«

»Sie meinen, eine Hebamme? In der Carlton Road . . .«

»Nein, ich brauche die Hilfe eines anderen Arztes. Das Kind ist tot, und soweit ich es ertasten kann, liegt es falsch.«

»O mein Gott!«

»Ich gehe jetzt und hole meinen Kollegen. Es kann eine halbe Stunde oder auch länger dauern. Ich hoffe, er ist in seiner Praxis. Falls ich ihn nicht finde, müssen wir sie ins Hospital bringen.«

Es war kurz nach acht Uhr, als Steve mit seinem Kollegen zurückkehrte, einem freundlichen Mann mittleren Alters. Und dieser sprach so einfühlsam mit Emily, als sei sie ein kleines Mädchen, dem er ein Bonbon versprechen mußte, bevor es die Medizin schluckte.

In weniger als einer Stunde hatten sie das tote Kind aus ihrem Leib geholt; Emily hatte glücklicherweise von all dem nichts mitbekommen.

– 16 –

An Weihnachten war Emily gesundheitlich so einigermaßen wieder auf der Höhe; sie hatte ihre Arbeit nebenan teilweise wieder aufgenommen, doch es umgab sie immer noch eine Art von matter Teilnahmslosigkeit, die allen Sorgen bereitete. Sie war einfach nicht mehr die alte Miß, wie es die Mädchen nebenan ausdrückten. Aber war das ein Wunder, nach allem, was sie hatte durchmachen müssen? Von einem skrupellosen sogenannten Gentleman verführt, von dessen Mätresse halb totgeschlagen, und zu guter Letzt hatte sie auch noch das Kind verloren, was ihr in gewisser Weise sogar ganz recht war. Ja, ihre stille Trauer war nur mehr als verständlich.

Obwohl sie die Weihnachtstage frei hatten, ließ es sich keines der Mädchen nehmen, am Heiligen Abend mit einem kleinen Geschenk für Emily vorbeizuschauen. Selbst der Doktor hatte sich die Zeit für einen kurzen Besuch genommen. Esther selbst hatte ihn nicht kommen sehen, deshalb erkundigte sie sich bei Alice, ob er ein Geschenk für die Miß mitgebracht habe.

»Soviel ich weiß, nicht«, antwortete Alice.

»Was, nicht einmal Blumen?«

»Nein, keine Blumen.«

Am Silvesterabend arbeiteten alle länger, denn der Neujahrstag war ebenfalls frei. Unter normalen Umständen wäre Emily an diesem Abend mit Alice und der Köchin allein gewesen, und sie war daher um so überraschter, als gegen halb zwölf Esther und Lena unter fröhlichem Lachen ins Wohnzimmer gestürmt kamen. »Was führt euch zwei denn um diese nachtschlafene Zeit hierher?« war alles, was sie sagen konnte. »Ihr müßt ja halb erfroren sein.«

»Sind wir auch«, sagte Lena. »Es schneit, aber bei all den Verrückten, die draußen auf der Straße herumtanzen, schafft es kaum eine Flocke, auf den Gehsteig zu fallen.«

Mit einem breiten Lächeln auf den Lippen trat Alice auf Esther zu: »Darf ich Ihnen den Mantel abnehmen, Gnädigste?«

»Ja, aber nur, wenn ich Ihnen dafür ein Ohr abnehmen darf, Miß«, entgegnete Esther.

In das allgemeine Gelächter hinein sagte Emily: »Wir werden noch ein paar Gläser brauchen, Alice.«

Die drei machten es sich inzwischen auf der Couch vor

dem Kamin gemütlich. »Sie haben sich umgezogen«, sagte Esther an Emily gewandt, die in der Mitte saß. »Dieses pflaumenblaue Samtkleid habe ich schon immer an Ihnen gemocht. Es steht Ihnen wunderbar zu Gesicht.«

Ganz automatisch bedeckte Emilys Hand die rechte Wange, worauf Lena sagte: »Oh, man sieht sie fast gar nicht mehr. In ein paar Wochen werden sie ganz verschwunden sein, sagt der Doktor. War er da?«

Emily sah Lena an. »Der Doktor? Nein. Aber den brauche ich jetzt auch nicht. Habe in letzter Zeit so viel von ihm gesehen, das reicht mir für den Rest meines Lebens.«

»Na ja, aber ich muß sagen, Sie können wirklich froh sein, daß er für Sie da war, als Sie ihn am dringendsten brauchten.«

»Sie sagten letzte Woche, daß er im Frühling heiratet«, warf Esther ein. Wie ist sie denn?«

»Sehr jung, sehr kindisch und sehr hübsch.«

»Wirklich?« wunderte sich Esther. »Daß er so einen Typ Frau bevorzugt, kann ich mir gar nicht vorstellen.«

Ich auch nicht, dachte Emily. Mein Gott, war ich dumm! Je länger sie darüber nachdachte, desto mehr verachtete sie sich für ihre Dummheit und ihre mangelnde Menschenkenntnis. Ausgerechnet sie, die sich immer eingebildet hatte, Köpfchen zu haben ... ja, um einen Hut daraufzusetzen, aber zu mehr taugte ihr Kopf scheinbar nicht. Esther hatte recht, nicht viele Ärzte hätten sich so aufmerksam um sie bemüht wie Steve. Aber vielleicht hatte er sie da noch als eine besondere Patientin betrachtet? Ja, bestimmt, aber das war lange, lange her – in einem anderen Leben, wie es ihr jetzt schien. Und doch lagen zwischen heute und damals nur wenige Monate. Aber in dieser Zeit war sie zum Lieben geboren worden und an der Liebe gestorben, denn innerlich fühlte sie sich jetzt wie tot. Und das Wissen um diese Eskapade, denn mehr war es nicht gewesen, hatte die Liebe eines Mannes getötet, der ihre Schutzmauer bis zu dem Punkt abgetragen hatte, da sie erkannte, daß nur ihr Stolz die Zuneigung zu ersticken suchte, die sie für ihn zu empfinden begann ...

»Da kommt sie!« rief Lena. »Und verschüttet das ganze Wasser. Mensch, Mädchen, kannst du den Kessel nicht gerade halten?«

»Ich hab' nur zwei Hände. Wie wär's, wenn Sie mir helfen würden, anstatt schlaue Reden zu schwingen?«

Lena schnalzte mißbilligend mit der Zunge und meinte dann zu Emily: »Können Sie denn nicht einen anständigen Butler engagieren? Diese Mädchen haben alle zwei linke Hände.«

»Möchten Sie Ihren heißen Whisky lieber über den Schoß oder durch die Kehle laufen lassen?« gab Alice schlagfertig zurück und goß dann heißes Wasser in die reichlich mit Whisky gefüllten Gläser. »Wer nimmt Zukker? Sie, Miß?«

»Nein, danke, Alice. Und ich möchte auch nicht so viel Whisky. Sollten wir damit nicht warten, bis es zwölf schlägt?«

»Das dauert noch zehn Minuten«, warf Esther ein, »bis dahin bin ich verdurstet. Mir ist schon ganz flau im Magen; gib mir mein Glas, Alice.«

Kurz darauf hielten alle ihre Gläser in die Höhe und prosteten sich zu.

»Ein gutes neues Jahr!«

»Ja, ein gutes neues Jahr!«

»Schneiden Sie jetzt den Kuchen an, Miß?« fragte Alice gespannt.

»Ich glaube, damit warten wir noch ein Weilchen.«

Lena warf einen Blick auf den gedeckten Tisch. »Hm, das sollte reichen, um ein ganzes Regiment durchzufüttern. Ach, übrigens, wo ist denn die Köchin? Kommt sie denn nicht rauf?«

Alice schüttelte den Kopf. »Nein, sie hatte wieder ihren Moralischen; sie liegt schon im Bett.«

»Ach«, machte Esther und schnitt ein Gesicht. »Schon wieder? Hat bestimmt wieder einen zuviel erwischt. Und sie behauptet immer, sie trinkt nichts. Dabei schluckt sie schon seit Jahren wie ein Specht – und glaubt tatsächlich, daß es keiner merkt!«

»Meinst du, sie wird schlafen können heute nacht?«

»Denke ich schon, Miß«, gab Alice grinsend zurück. »Die hört weder die Glocken noch die Sirenen. Und wir übrigens auch nicht, wenn wir noch lange hier sitzen.«

In dicke Mäntel gehüllt, standen sie kurz darauf in der Haustür und hörten die ersten Schiffssirenen, in deren Heulen sich beinahe gleichzeitig das Läuten der verschiedenen Kirchenglocken Londons mischte. Eine Droschke fuhr vorbei, und jemand rief ihnen »Ein frohes neues Jahr!« zu. »Danke, gleichfalls«, riefen sie im Chor zurück. Als die Sirenen und Glocken langsam verhallten und dem Gelächter und den Glückwunschrufen der Menschen, die sich auf den Straßen versammelt hatten, Platz machten, gingen die drei wieder ins Haus zurück.

Im Wohnzimmer reichte Emily jetzt die Sandwiches und Pasteten herum und schnitt den Kuchen an. Und ein Glas Portwein für jeden tat ein übriges, daß die Unterhaltung immer fröhlicher wurde und bald in Gelächter und Gekicher ausartete, als Esther ein bisher unbekanntes Talent enthüllte und äußerst gekonnt den Gang, die Mimik und den Akzent einiger ihrer Kundinnen nachahmte. Besonders treffend imitierte sie dabei Mrs. Glenda Brompton und Lady Wearmore, zwei ihrer besten, aber auch unbeliebtesten Kundinnen.

Plötzlich unterbrach das zweimalige Anschlagen des Türklopfers Esthers Silvestervorstellung, und einen Augenblick lang sahen sie sich fragend an, bis Alice strahlend erklärte: »Ihr erster Neujahrsbesuch, Miß.«

»Moment, Alice, erst wollen wir nachsehen, ob es auch ein willkommener Besucher ist«, warf Esther ein. »Ich komme mit zur Tür.«

Als Alice die Haustür öffnete, riefen sie und Alice aus einem Mund: »Oh, hallo, Doktor! Ein gutes neues Jahr!«

»Ein gutes neues Jahr, die Damen! Steigt da oben eine Party? Ich klopfe schon eine ganze Weile.«

»Ja, so kann man es nennen«, entgegnete Alice kichernd. »Esther gab der Miß, Lena und mir gerade eine Sondervorstellung. Es war unglaublich komisch.«

Er legte seinen Mantel ab und sagte, während er seine Krawatte lockerte: »Was, ihr seid nur zu viert und macht so einen Spektakel?«

»Sie sind unser erster Besucher im neuen Jahr und ein dunkler Mann dazu, das heißt, Sie bringen uns Glück.«

»Genau aus dem Grund bin ich auch gekommen«, entgegnete er, als er den Salon betrat. Er ging geradewegs auf Emily zu, die aufgestanden war, doch es war Lena, die ihm als erste »Ein frohes neues Jahr, Doktor!« zurief. »Das wünsche ich Ihnen auch, Lena«, erwiderte er. Und erst, als er vor ihr stand, sagte Emily leise: »Ein gutes neues Jahr! Wie schön, Sie zu sehen.«

Sie wußte nicht, warum sie das hinzugesetzt hatte. Es war nur ein Gedanke gewesen, der unbeabsichtigt den Weg über ihre Lippen gefunden hatte.

Er überreichte ihr eine schmale Tragetasche, aus der ein Korken ragte. »Ich habe eine Flasche Gin mitgebracht. Damen bevorzugen Gin, habe ich mir sagen lassen.«

»O ja, ich liebe Gin«, pflichtete Lena ihm bei und nickte eifrig mit dem Kopf, worauf Esther sich sofort einmischte und meinte: »Mag sein, aber du bekommst keinen Schluck davon. Whisky und Portwein, das reicht. Du bist ohnehin nicht mehr ganz sicher auf den Beinen. Ich meine, wir sollten uns langsam verabschieden. Es ist gleich eins.«

»Bitte, meine Damen, so bleiben Sie doch. Ich hätte sonst ein schlechtes Gewissen, durch mein Hereinplatzen Ihr fröhliches Fest gestört zu haben. Es ist doch Silvester.«

»Sie hat recht, Doktor; wir waren ohnehin schon auf dem Weg. Nur was den Gin betrifft, da teile ich nicht die Meinung meiner werten Kollegin. Aber morgen ist ja auch noch ein Tag. Sie heben mir doch ein Schlückchen auf, Emily, nicht wahr?«

»Aber gewiß, Lena.«

Sie drängte Esther und Lena nicht zum Bleiben, und nachdem sie sich vom Doktor verabschiedet hatten, begleitete Emily die beiden zur Tür.

In der Halle blieb sie kurz stehen. »Ich danke euch«, sagte sie leise. »Es war sehr lieb von euch, daß ihr gekommen seid. Ich ... weiß nicht, was ich gemacht hätte, wenn ich heute abend allein gewesen wäre.«

Es gäbe keinen Grund, sich zu bedanken, sie wären auf alle Fälle gekommen, versicherten sie ihr und küßten Emily dann ganz spontan zum Abschied die Wange.

Nachdem sie die Tür hinter ihnen geschlossen hatte, wanderte ihr Blick in Richtung Wohnzimmer. Etwas zögernd setzte sie sich in Bewegung, als Alice ihr mit einem Tablett Gläser entgegenkam. »Ich denke, ich koche Ihnen jetzt eine gute Tasse Kaffee«, sagte sie.

»Danke, das ist nett von dir, Alice.«

»Und anschließend sehe ich mal nach der Köchin. Die kriegt an Feiertagen immer das heulende Elend. Besonders an Weihnachten und Silvester.«

»Ja, Alice. Tu das.«

Und als sie das Wohnzimmer betrat und ihn so allein da stehen sah, dachte sie bei sich: Schade, daß Alices gutgemeinter Rückzug zu nichts führen wird.

»Möchten Sie einen Drink?« Er deutete auf die Flasche Gin, die er auf dem Tisch abgestellt hatte.

»Nein, vielen Dank. Das wäre zuviel des Guten, wie Esther schon sagte. Aber bitte bedienen Sie sich, oder möchten Sie lieber ein Glas Whisky?«

»Normalerweise gerne, aber für heute lasse ich es besser genug sein. Doktor Smeaton hatte ein paar Freunde eingeladen, und wir haben ihm geholfen, etliche Flaschen zu leeren. Und einer von uns Medizinmännern sollte noch stehen können, für den Fall, daß man uns braucht. Am Neujahrsmorgen gibt es immer etliche Köpfe zu flicken.«

»Es war sehr nett von Ihnen, daß Sie vorbeigekommen sind.«

»Ach«, meinte er leichthin. »Ich mache Silvester immer meine Runde. Jedenfalls freut es mich zu hören, daß Sie einen lustigen Abend verbracht haben. Sie wissen schon, daß Sie ganz besonders liebe Angestellte haben, nicht? Sie kümmern sich wirklich rührend um Sie. Und das ist nicht selbstverständlich heutzutage.«

»Ja, ich weiß. Ich kann mich wirklich glücklich schätzen« – in dieser Hinsicht zumindest, fügte sie im stillen hinzu.

Emily saß jetzt auf der Couch, Steve rechts neben ihr in einem Sessel. Er ließ seinen Blick eine Weile schweigend durch das Zimmer schweifen. »Das ist ein so farbenfroher, gemütlicher Raum«, bemerkte er dann. »Ich war nur selten abends hier, wenn die Lampen brennen; dadurch wirkt er noch viel behaglicher. Unser Salon zu Hause strahlt eine ähnliche Atmosphäre aus.«

»Apropos, haben Sie es geschafft, Weihnachten mit Ihrer Familie zu verbringen?« fiel ihr dabei ein.

»Ja, den zweiten Feiertag. Aber wie immer ging es bei uns zu wie in einem Tollhaus. Alle waren sie da. Die Familie war vollzählig versammelt; auch Harry und Kate haben sich dieses Fest nicht entgehen lassen. Ja, sie waren alle da. Natürlich haben auch sämtliche Freunde aus der Umgebung vorbeigeschaut. Ach, ich wünschte, ich wäre am Weihnachtsabend dabeigewesen, als Tante Phoebe unserem Nachbarn lautstark ihre Meinung über ihn an den Kopf warf. Du meine Güte, das war was!« lachte er. »Dieser Mann gehört zu der Sorte Farmer, die zwar eine Farm besitzen, sie aber nicht selbst bewirtschaften. Dafür hat er einen Gutsverwalter, wie er ihn nennt, und dieser Verwalter hat auf dessen Anordnung hin kürzlich einen alten Arbeiter entlassen, weil dieser ein paar Kohlköpfe für sich abgezweigt hatte. Selbstverständlich mußte er dann auch aus seiner Hütte ausziehen. Mutter und Vater hatten zu Hause offenbar darüber gesprochen und die Entscheidung mißbilligt, aber natürlich nicht gewagt, den Nachbarn daraufhin anzusprechen. Das hat dann Tante Phoebe übernommen. Vera, meine ältere Schwester, die Sie ja kennengelernt haben, schilderte mir in glühendsten Farben, wie Tantchen sich in Szene setzte und ihm unmißverständlich ihre Meinung sagte, die angeblich auch die aller Nachbarn und Dorfbewohner sei, wie sie mit erhobenem Zeigefinger hinzufügte. Wenn er den alten Roland nicht wieder einstelle, so erklärte sie am Schluß, werde ihn ein schlimmer Fluch treffen.« Er lachte jetzt laut und herzlich. »Stellen Sie sich vor, Tante Phoebe steht vor Ihnen und verflucht Sie bis in die Steinzeit! Der Mann wurde käseweiß, sagte Vera, und es bedurfte eines doppelten Whiskys, um ihn wieder zu beruhigen. Aber das war noch nicht alles. Am nächsten Morgen beschwerte sich Tante Phoebe nicht minder lautstark bei der Familie, weil man sie nicht wie üblich zu Bett gebracht hatte. Sie wissen ja, wie das so ist am zweiten Feiertag: Die Kinder sind immer noch aufgeregt und rennen schnatternd im Haus herum, und die Erwachsenen haben einen dicken Kopf. Und um das Chaos perfekt zu machen, kam ich auch noch hereingeschneit, stocknüchtern, mit klarem Kopf und habe mich schier totgelacht, als Vera mir Tante Phoebes Auftritt vorspielte, was sie bis zur Perfektion beherrscht.«

Während Steves lebendiger Schilderung, die er mit lokkeren Gesten unterstrich, schweiften Emilys Gedanken zurück zu diesem herrlichen Sonntag. Ganz klar und deutlich stand ihr die Szenerie vor Augen, und plötzlich schwappte eine Welle wehmütiger Erinnerung über sie hinweg, die ihr die Tränen in die Augen trieb.

Den Blick auf das Feuer im Kamin gerichtet, fuhr Steve fort: »Zu Hause werden sie jetzt gerade mit Pauken und Trompeten das neue Jahr begrüßen. Und das geht so bis zum Morgen. Das ganze Dorf ist auf den Beinen, jeder besucht jeden, und dann kommen sie alle zu uns zum Tanzen. An Silvester kann mein Vater sein schottisches Erbe nicht verleugnen, da tanzt er wie der Lump am Stecken. Ach ja, an diesem Tag ist bei uns wirklich der Teufel los«, schloß Steve lachend und drehte sich zu Emily um.

»Du liebe Güte, was haben Sie denn? Entschuldigung – das kommt sicher von meinem Geschwätz. Weinen Sie nicht! Bitte! Habe ich etwas Falsches gesagt?«

Sie wischte sich mit einer energischen Geste die Tränen ab und entgegnete leise: »Nein, nein; es war nur alles auf einmal wieder so lebendig ... dieser Sonntag, Ihre Familie, die so ... so außergewöhnlich ist. Verzeihen Sie, es geht schon wieder.«

Die Tür ging auf. Alice kam mit dem Kaffee herein und

der Meldung: »Die Köchin ist voll wie hunderttausend Mann. Ich fürchte, Sie werden morgen früh auf Ihr Frühstück verzichten müssen, Miß.«

Nach einem kurzen Blick auf Emily lag Alice schon die Bemerkung auf der Zunge: »Sagen Sie, Sie bekommen doch nicht etwa eine Erkältung, Miß?« Doch etwas im Gesichtsausdruck des Doktors machte sie stutzig, und sie meinte statt dessen: »Es ist noch so viel zu essen da, Doktor. Soll ich Ihnen einen Teller zurechtmachen?«

»Danke, Alice. Ich bediene mich selbst«, grinste er. »Da bekomme ich nämlich mehr ab.«

»Aber Doktor!« Alice schüttelte in gespielter Empörung den Kopf und zog sich dann rasch zurück.

Als Emily sich von der Couch erheben wollte, um den Kaffee einzuschenken, legte Steve ihr die Hand auf den Arm und meinte: »Bleiben Sie sitzen, ich mache das schon.«

In tiefes Schweigen versunken, tranken sie beide ihren Kaffee, und erst, als er ihr die leere Tasse abgenommen und sich in seinem Sessel zurückgelehnt hatte, nahm er nachdenklich das Gespräch von vorhin wieder auf: »Ja, das war wirklich ein schöner Sonntag damals, nicht wahr?«

Sofort stiegen ihr wieder die Tränen in die Augen. Was war nur los mit ihr? Mit aller Kraft versuchte sie, diese seltsamen Gefühle abzuschütteln, als seine Hand sich auf die ihre legte. »Weinen Sie nicht. Sie wissen doch, was die Leute sagen: Was man am Neujahrstag tut, tut man das ganze Jahr. Und Sie haben schon genug geweint. Sie sind wieder frei. Diese Freiheit schmerzt im Augenblick und wird sicher noch eine Weile schmerzen, aber das geht vorbei. Das kann ich Ihnen versprechen. Sie haben noch das ganze Leben vor sich, und Sie können es gestalten, wie immer Sie wollen. Betrachten Sie doch nur Ihre Aktivposten, wenn ich so sagen darf: Sie haben ein florierendes Geschäft; Sie haben eine Reihe guter Freunde – und gute Freunde zu haben, das ist mit das Wichtigste im Leben; und bald werden Sie auch gesundheitlich wieder völlig auf dem Damm sein. Sie haben mich ohnehin mit Ihrer raschen Genesung verblüfft; und von den Narben in Ihrem Gesicht ist auch nichts mehr zu sehen.« Seine Hand wollte ihre Wange berühren, aber er zog sie zurück und meinte unvermittelt: »So, jetzt muß ich aber gehen und zusehen, daß ich noch eine Mütze Schlaf bekomme. Morgen steht mir ein harter Tag bevor ... ich meine heute. Und Ihnen kann ich nur raten, sich gründlich auszuschlafen. Heute ist ja Feiertag. Kommen Sie.« Er nahm ihre Hand und half ihr von der Couch hoch.

Sie standen sich gegenüber und sahen sich still an. Und dann begann Steve mit einer Stimme, die sehr viel weicher als sonst klang: »Da wir nicht mehr sein können, Emily, möchte ich Sie bitten, mich als den Freund zu betrachten, als den ich mich Ihnen einst angetragen habe.«

»Vielen Dank«, flüsterte Emily mit einem Kloß im Hals.

»Gut, das wäre geregelt.« Er trat einen Schritt zurück, lächelte und nahm dann seinen Mantel.

Er schlug gerade den Kragen sorgfältig hoch, als eine Frage von ihr ihn abrupt innehalten ließ: »Weiß Ihre Familie von ... von meiner Geschichte?«

Er zögerte kurz. »Nur meine Mutter.«

»Oh.«

»Stört Sie das?«

»Nein.«

»Meine Mutter ist eine sehr verständnisvolle Person, wie fast alle in unserer Familie. Nun, abgesehen von meinem Vater vielleicht. Wie die meisten Männer erwartet er, daß das Leben nach den von ihm gesetzten Regeln abläuft.«

»Wie kommt es dann, daß Sie so anders sind?«

»Oh, so anders bin ich gar nicht. Ich bin nur Arzt, und als solcher werde ich ständig mit den unterschiedlichsten Lebenssituationen konfrontiert, oder salopp ausgedrückt, uns Ärzten hat man die rosarote Brille abgenommen, so daß sich uns das Leben oft ganz ungeschminkt darstellt. Wissen Sie« – er beugte sich näher zu ihr hin –, »mittlerweile könnte ich ein Buch darüber schreiben, was sich hinter so manchen Türen abspielt, ob sie nun in ein Herrenhaus oder eine Hütte führen. Ja, manchmal kommt es mir so vor, als sei das Leben nichts anderes als ein ›So-tun-als-ob‹-Spiel, jedenfalls für viele von uns.« Er setzte den Hut auf und zog ihn tief ins Gesicht. »So, gehen Sie jetzt ins Bett, und denken Sie über meine Worte nach. Darüber werden Sie ganz schnell einschlafen. Gute Nacht, oder besser gesagt, guten Morgen; und nochmals ein frohes neues Jahr!«

Emily erwiderte seine Wünsche nicht, sondern sagte nur: »Gute Nacht und vielen Dank.«

Sie war noch immer im Wohnzimmer, als Alice hereinkam, die, als sie ihre Herrin mit geschlossenen Augen und feuchten Wangen auf der Couch liegen sah, besorgt ausrief: »Aber Miß, weinen Sie doch nicht.« Dann setzte sie sich zu ihr, nahm ihre Hand und tätschelte sie beruhigend.

»Sie haben das neue Jahr mit Tränen begonnen, aber es wird alles gut werden. Es hat gut angefangen. Wir hatten einen lustigen Abend, und es war doch nett vom Doktor, daß er noch vorbeigekommen ist, nicht wahr?« Und in verändertem Tonfall fuhr sie fort: »Er ist sehr fürsorglich, der Doktor. Ein sehr fürsorglicher Mann.«

Mit einem unterdrückten Seufzer lehnte Emily den Kopf an Alices Schulter, die daraufhin schützend ihre Arme um sie legte und nun selbst mit Tränen in den Augen flüsterte:

»Es wird alles gut, Miß. Sie werden sehen. Jeder macht einmal Fehler, und Sie sind nicht die erste, die man so schamlos hintergangen hat. Mein Gott! Wenn ich nur daran denke, könnte ich ihm schon den Hals umdrehen. Ich hoffe, er stirbt einsam; ja, genau, das wünsche ich ihm, daß er ganz einsam stirbt.«

– 17 –

Die grauen, trostlosen Januarwochen machten einem noch trostloseren Februar Platz, bis an einem Mittwoch dann – es war bereits Ende Februar – zum ersten Mal wieder die Sonne schien und einen Hauch von Frühling mitbrachte.

An diesem Morgen herrschte im Geschäft reges Treiben. Emily sprach gerade oben mit einer Kundin, als Alice den Kopf in Esthers Arbeitszimmer steckte und wisperte: »Lady Montane ist hier.«

»Montane? Wer ist Lady Montane?«

»Die Mutter vom Doktor.«

»Lady Montane? Gütiger Himmel!«

»Am besten geben Sie gleich der Miß Bescheid.«

»Ja, und du geh runter und sag ihr, daß sie gleich kommt.«

Erst fünf Minuten später gelang es Esther, Emily einigermaßen taktvoll von ihrer anspruchsvollen Kundin loszueisen und ihr ins Ohr zu flüstern: »Die Mutter vom Doktor wartet unten.«

»Wer?«

»Lady Montane.«

»Oh!« entfuhr es Emily, die sichtlich überrascht die Treppen hinunter und durch die Verbindungstür in ihr Wohnzimmer eilte, wo Lady Montane sich nach ihrem Eintreten sogleich mit einer höflichen Entschuldigung erhob.

»Ich bitte Sie, Lady Montane«, wehrte Emily ab. »Es ist an mir, mich zu entschuldigen, daß ich Sie warten ließ. Es tut mir leid, ich war gerade mit einer sehr pedantischen Kundin beschäftigt, und die Mädchen konnten mich nicht eher benachrichtigen.«

»Ich komme auch ausgerechnet zur ungünstigsten Zeit, und unangemeldet obendrein. Das war wirklich sehr ungeschickt von mir.«

»Aber nein. Bitte, nehmen Sie doch wieder Platz. Darf ich Ihnen eine Tasse Tee oder Kaffee anbieten?«

»Ja, eine Tasse Tee nehme ich gerne an.« Emily zog an

der selten benützten Kordel, die neben dem Kamin hing, und beinahe im selben Augenblick erschien Alice in der Tür.

»Würdest du uns bitte ein Tablett mit Tee und Gebäck zurechtmachen?«

»Ja, Miß. Sofort.«

»Ihr freundliches Mädchen hat mich vom Geschäft aus in Ihr Haus geführt, wie sie es nannte. Es ist wirklich ein sehr schönes Haus, wenn ich mir die Bemerkung erlauben darf, und dieses Zimmer gefällt mir besonders gut. Eigentlich kenne ich es ja schon, denn Steve hat es mir bereits ausführlich beschrieben.«

»Wirklich?«

»Ja. Doch Sie werden sich gewiß wundern, warum ich so mir nichts, dir nichts bei Ihnen herbeigeschneit komme. Das war ein wenig unverschämt von mir, aber ich hänge sozusagen zwischen zwei Terminen fest. Wissen Sie, mein Mann hat diese Woche bei Gericht zu tun, und ich bin mit Cissie und William – Sie erinnern sich doch an meine Tochter? – in die Stadt gefahren, weil er am Nachmittag zu einer Blutuntersuchung ins Hospital muß. Das kam alles ein bißchen überraschend, und so konnten wir Steve nicht vorher Bescheid geben. Ich komme gerade von seiner Praxis. Er sei bei diesen Leuten unten am Fluß, teilte mir seine überaus mürrische Haushälterin mit, und komme erst gegen ein Uhr zurück. Nun, um ein Uhr habe ich mich mit Cissie, dem Jungen und meinem Mann zum Lunch verabredet. In der Zwischenzeit wollte ich einige Erledigungen machen, und dann habe ich plötzlich an Sie gedacht. Ich wußte, daß Ihr Geschäft nicht weit von der Praxis entfernt liegt. Also nahm ich mir eine Droschke, gab dem Kutscher Ihre Adresse, und hier bin ich.«

»Und ich freue mich sehr, Sie zu sehen, denn ich denke so oft an diesen Sonntag bei Ihnen.«

»Ich auch, meine Liebe. Es ist wirklich schade, daß wir uns seither nicht mehr gesehen haben. Aber Sie sind ja auch sehr beschäftigt.«

Emily sah auf ihre Hände, die gefaltet auf ihrem Schoß

lagen, und erwiderte dann mit leiser Stimme: »Nicht so beschäftigt, daß ich nicht Gelegenheit gehabt hätte, drastische Fehler zu begehen. Steve hat Ihnen . . . ja davon erzählt.«

»Ja, meine Liebe, das hat er; und es hat mir sehr, sehr leid getan für Sie. Daß solche Dinge immer den nettesten Menschen passieren müssen. Steve war sehr betroffen. Er mag Sie nämlich sehr gern, wie Sie ja sicher wissen, und er ist sehr unglücklich über Ihre Situation.«

Emily ließ einige Sekunden verstreichen, bevor sie sprach. »Er . . . war ein sehr guter Freund. Und ich bin froh, daß er jetzt sein Glück gefunden hat. Sie freuen sich sicher schon alle auf die Hochzeit.«

»Die Hochzeit?«

»Steves Hochzeit mit Miß Braize.«

Sie wandten sich beide zur Tür, als Alice mit dem Tee hereinkam. »Soll ich einschenken, Miß?« fragte sie, nachdem sie das Tablett auf dem Tisch abgestellt hatte.

»Ja, bitte, Alice«, entgegnete Emily und fuhr dann in höflichem Plauderton fort: »Es tut so gut, endlich einmal wieder die Sonne zu sehen. Der Februar ist wirklich der trostloseste Monat im ganzen Jahr.«

»Ja, da gebe ich Ihnen recht. Aber bald kommt der März und damit der Frühling. Ich liebe den Frühling, Sie auch?«

»Aber ja. Im April sind die Parks in der Stadt ein einziges Blütenmeer. Danke, Alice.«

Als sie allein waren, nahm Emily den Gesprächsfaden wieder auf. »Und der Frühling ist die schönste Zeit zum Heiraten.«

»Ja, in der Tat. Hat Steve . . . Ihnen alles darüber erzählt?«

»Nur, daß er Miß Braize heiraten wird und sie schon seit vielen Jahren kennt.«

»O ja, das ist richtig. Die beiden kennen sich schon von Kindesbeinen an. Na ja, Steve war schon zwölf, als Nan geboren wurde, und etwas älter, als Biddy zur Welt kam.«

»Wird es ein großes Fest werden?«

»Was? Ach, Steves Hochzeit meinen Sie.«

Emily beobachtete, wie Lady Montane zur Seite blickte und einen Moment nachzudenken schien, bevor sie antwortete: »Nun, soweit ich das mitbekommen habe, wird es eine recht stille Angelegenheit werden, glaube ich.«

Überrascht und recht verblüfft hörte Emily ihre Besucherin daraufhin kichern. »Wissen Sie, Emily, ich habe wirklich eine sehr merkwürdige Familie; bei uns geschehen pausenlos unvorhergesehene Dinge. Mein Mann sagt immer, Steve ist so dickköpfig wie ein Esel. Er geht stur seinen eigenen Weg und läßt sich von niemandem dreinreden. Seit geraumer Zeit versuchen wir schon mit vereinten Kräften, ihn dazu zu überreden, die Praxis von Doktor Raymore zu übernehmen, wenn dieser in den Ruhestand tritt. Das wäre ideal und« – sie machte eine Pause und schmunzelte abermals – »unter den gegebenen Umständen sehr passend. Aber Steve wird wie immer nach seinem eigenen Gutdünken handeln und uns in letzter Minute mit seiner Entscheidung überraschen. Mein Mann nennt es Heimlichtuerei, Steve dagegen Strategie. Aber ich möchte Sie jetzt nicht länger aufhalten. Ich fahre zurück in die Praxis und hinterlasse Steve eine Nachricht. Sollte er aber zufällig vorbeikommen . . . kommt er denn mal vorbei?«

»Er betreut meine Angestellten, und hin und wieder stattet er mir einen Besuch ab.«

»Nun, sollten Sie ihn zufällig sehen, bevor er in die Praxis fährt, würden Sie ihm dann bitte ausrichten, daß ich hier war?« Sie zuckte kurz mit den Schultern und fügte lachend hinzu. »Na, der wird sich wundern, das kann ich Ihnen sagen. Und er wird genau wissen wollen, worüber wir uns unterhalten haben. Er ist nämlich sehr neugierig. Es ist der Arzt in ihm, glaube ich: Er muß immer allem genau auf den Grund gehen . . . Auf Wiedersehen, meine Liebe. Und ich würde mich freuen, wenn Sie uns bald wieder einmal besuchen kommen.«

»Vielen Dank. Das ist sehr freundlich von Ihnen. Auf Wiedersehen.«

Nachdem sie Lady Montane zur Tür begleitet hatte,

ging Emily zurück in ihr Wohnzimmer. Sie stellte sich ans Fenster und sah der abfahrenden Droschke hinterher. Er hatte also seiner Mutter alles erzählt, und sie kam trotzdem, um sie zu besuchen. Sie ist eine sehr nette Frau, dachte Emily. Und eine richtige Lady, charmant und liebenswürdig. In gewisser Weise kommt er nach ihr, sinnierte sie weiter. Na ja, nicht was ihren Charme betrifft; aber ihre Liebenswürdigkeit, die hat er geerbt. Die bevorstehende Hochzeit nahm Lady Montane scheinbar als gegeben hin, obgleich sie an diesem besagten Sonntag den Eindruck gewonnen hatte, als betrachtete sie sie als zukünftige Schwiegertochter. Aber vielleicht hatte sie sich da auch getäuscht; sie waren ja alle so nett zu ihr gewesen.

Emily trat vom Fenster zurück, und mit einemmal überkam sie wieder dieses tiefe Gefühl von Einsamkeit. Sie mußte sich regelrecht überwinden, wieder nach nebenan an die Arbeit zu gehen.

Mehr schlecht als recht quälte Emily sich durch den restlichen Tag. Es hatten sich keine weiteren Kundinnen angesagt, doch insgeheim rechnete sie damit, daß Steve vorbeischauen und mit ihr über den Besuch seiner Mutter sprechen würde. Aber er kam nicht, und um neun Uhr abends befand sie sich – schon fürs Zubettgehen fertiggemacht – in ihrem Schlafzimmer.

Seit neuestem hatte sie es sich zur Gewohnheit gemacht, abends im Bett zu lesen – es half ihr dabei, leichter einzuschlafen. Und sie konnte nicht mehr in einem dunklen Raum schlafen, denn immer wieder suchten sie diese Alpträume heim, in denen sie mit dieser Frau rang, und wenn sie dann im Dunkeln aufwachte, ängstigte sie sich noch mehr.

Vom Bett aus langte sie nach dem Gedichtband auf ihrem Nachttisch. Sie hatte sich nie die Frage gestellt, warum sie diese Gedichte las, da sie nichts Heiteres oder Erbauliches an sich hatten, sondern sie eigentlich nur verwirrten, genau wie jenes, welches sie gerade zu lesen begann. Es bestand nur aus wenigen Zeilen, besaß keinen

Rhythmus und war mitten auf der Seite plaziert, als wolle es den Eindruck erwecken, man habe es zufällig hier fallenlassen. Es lautete folgendermaßen:

Wo bist Du, Gott? Ich kann Dich nicht finden!
Aber Du weißt, wo ich bin,
sechsundvierzig B, oberster Stock, unter dem Dach.
Wirst Du dafür sorgen, daß ich es warm habe,
wenn ich tot bin?

Emily ließ das Buch geräuschvoll zuklappen. Was für ein schwermütiger Charakter, dieser S. Petersen. Sie wußte nicht, warum sie weiterhin seine Gedichte las. Auch dieses hatte ihr wieder einen kalten Schauer über den Rücken gejagt, obgleich sie wußte, was hinter diesen Worten steckte, was dieser Mann damit ausdrücken wollte. Die ärmsten der Armen waren genauso wertvolle Menschen wie alle anderen. Und wie so oft fragte sie sich, was sie selbst tun konnte, um solchen Menschen zu helfen. Und wie immer lautete ihre Antwort: Nichts ... Aber Steve tat etwas.

Steve! Warum spukte er noch immer in ihrem Kopf herum?

Sie streckte ihre Hand nach der Gaslampe aus und drehte den Docht herunter ...

Sie wollte nicht an ihn denken, und seine Mutter hatte sie wieder an seine bevorstehende Hochzeit erinnert. Ja, hätte er sich irgendeine andere Frau ausgesucht, das hätte sie ja noch verstanden, dachte sie zum wiederholten Male ... aber ausgerechnet diese alberne Gans! Und im selben Augenblick tadelte sie sich für ihre Gedanken. Sie war ja nun wirklich die letzte, der es anstand, einen anderen ob der Wahl seines Partners zu kritisieren. Sie war noch viel dümmer gewesen, und wie sie sich dafür haßte!

Ihre Gedanken schweiften unruhig umher, sie wurde schläfrig und schlief bald darauf ein ...

Und kaum wurde dieser schreckliche Alptraum wieder lebendig, da warf sie sich von einer Seite zur anderen, um die Hände abzuwehren, die sich auf ihr Gesicht legten, und blieb dann plötzlich wie erstarrt liegen. »Emily, meine Liebste. Ich bin es«, hörte sie eine Stimme sagen, als sich gleich darauf eine Hand auf ihren Mund preßte und den Schrei erstickte, der sich ihrer Kehle entrang.

Starr vor Entsetzen riß Emily die Augen auf und starrte in Paul Steermans Gesicht. Sein weingeschwängerter Atem wehte über sie hinweg. Sie versuchte sich aufzurichten, doch das Knie auf ihrer Brust hinderte sie daran. »Hör mich an, Emily. Bitte, hör mich an. Ich muß mit dir reden«, murmelte er mit schwerer Zunge.

Reglos lag sie da, den Blick starr auf sein Gesicht geheftet: »Ich ... ich mußte kommen ... ich mußte dich sehen. Ich fühle mich wie ein Gefangener. Mein Leben ist vorbei. Ich kann es dir erklären. Ich habe niemanden mehr. Niemanden! Keine Menschenseele mehr. Ich mußte alles aufgeben, und ich habe es für dich getan. Keine Politik mehr. Das haben sie auch unterbunden. Wußtest du das? Ich wollte immer zu dir kommen, o ja, ich wollte so oft kommen, doch sie haben es nicht zugelassen. Aber ich liebe dich, Emily. Emily!«

»*Laß mich zufrieden. Geh weg!* Ich hasse dich. Hörst du, ich verachte und ich hasse dich«, preßte Emily mit schriller Stimme hervor.

»Nein! Nein!« schrie er jetzt beinahe. »Du könntest mich nie hassen. Du liebst mich viel zu sehr.«

»Ich habe dich nie geliebt. Nie! Wie hätte ich dich lieben können?«

»Du hast mich geliebt. Du hast mein Kind getragen, Emily. Aber keine Angst, meine Geliebte, ich mache dir ein anderes, und noch eines ... Wehr dich nicht. Emily, bitte. Ich liebe dich doch so.«

Als er die Bettdecke wegriß und seinen schweren Körper über sie schob, stieß Emily einen gellenden Schrei aus: »Alice! Alice!«

Es vergingen nur wenige Minuten, bis Alice ins Zimmer gestürzt kam, aber da war es schon geschehen. Ihr Körper lag da wie tot, nur ihre Stimme konnte noch leise wimmern: »Alice!«

»Sie Schwein! Sie verdammtes, dreckiges Schwein!« brüllte Alice und zerrte den Mann aus dem Bett, der zusammengerollt neben Emily auf der Seite lag. Dann holte sie aus und schlug ihm ihre Faust mitten ins Gesicht.

»Sie . . . versteht es. Ich mußte . . . zurückkommen.«

»Sie sind betrunken. Raus! Verschwinden Sie, Sie verkommener Dreckskerl, Sie!«

An den Bettpfosten geklammert, zog er sich mühsam hoch, ordnete seine Kleider und stolperte zur Tür. Dort blieb er kurz stehen und meinte noch, indem er Alice einen hämischen Blick über die Schulter zuwarf: »Übrigens, Küchentüren sollte man abends absperren. Hab's nur durch Zufall entdeckt. Eure Köchin war mindestens so blau wie ich . . . Weißt du, Alice, ich liebe sie immer noch. Ich liebe . . .«

Sie hatte sich inzwischen einen Hocker geschnappt, um ihn ihm hinterherzuwerfen, aber da war er schon aus der Tür. Und draußen auf dem Flur hörte sie ihn noch einmal böse kichern: »Ich kenne den Weg, Alice. Danke, ich finde alleine hinaus.«

Alice saß neben Emily auf dem Bett und streichelte ihre leblose Hand. »O Miß! O Miß! Es tut mir so leid . . . ich bin sofort runtergerannt, als ich Sie hörte. Aber ich habe ja nicht geahnt, daß so was . . . Nein! Lassen Sie sich zudekken, Miß. Der Kerl gehört eingesperrt. Ja, eingesperrt gehört so einer. Miß«, sie tätschelte vorsichtig Emilys Wange, »so sagen Sie doch etwas. Bitte, sprechen Sie. Soll ich Ihnen vielleicht einen Tee bringen? Ja, ich mache schnell Tee. Bin sofort wieder zurück«, versprach sie und eilte aus dem Schlafzimmer. Sie ging jedoch nicht direkt in die Küche, sondern hinüber ins Nachbarhaus, ins Zimmer der Köchin, die dort selig in ihrem Bett schnarchte, und gab ihr eine schallende Ohrfeige. »Sie . . . Sie betrunkene alte Schachtel, Sie! Warum haben Sie die Küchentür nicht abgeschlossen?«

»W. . . as? Was ist los? Hast du mich etwa geschlagen?«

»Wissen Sie nicht, was Sie heute nacht angestellt haben? Sie haben die Küchentür offen gelassen, und er war hier.«

»Wer? Von wem sprichst du überhaupt?«

»Sie wissen genau, von wem ich rede. Von dem, der früher öfter abends gekommen ist. So, und jetzt setzen Sie den Kessel auf und kochen einen starken Tee für die Miß. Den bringen Sie ihr dann rauf. Und wenn Sie sich auf der Treppe den Hals brechen, soll mir das nur recht sein.« Damit drehte Alice sich um und rannte wieder hinauf ins Schlafzimmer. Doch das Bett war leer. Ratlos blickte sie sich um und eilte dann zum Badezimmer, dessen Tür sie verschlossen fand. »Miß! Miß! Ich bin's, Alice«, rief sie. »Machen Sie auf. Bitte, so machen Sie doch auf!«

Da sie keine Antwort erhielt, begann sie, mit der Faust gegen die Tür zu hämmern. »Miß! Hören Sie mich? Machen Sie die Tür auf!« Als sie daraufhin immer noch keine Antwort erhielt, rannte sie nach oben in ihr Zimmer, zog rasch einen Rock über ihr Nachthemd, warf sich den Mantel über und rannte wieder hinunter ins Schlafzimmer. Nachdem sie noch einmal erfolglos geklopft hatte, stürzte sie aus dem Haus, ohne jedoch zu versäumen, die Haustür hinter sich abzuschließen.

Auf der Straße hielt sie die nächste Droschke auf und rief dem Kutscher atemlos die Adresse des Doktors zu. »Schnell! Bitte, beeilen Sie sich. Es geht um Leben oder Tod«, keuchte sie.

Kurz darauf hämmerte sie wieder gegen eine Tür, diesmal die des Doktors. »Doktor Montane! Doktor Montane!«

Im ersten Stock ging ein Fenster auf, und die barsche Stimme einer Frau rief hinunter: »Was soll der Krach? Was wollen Sie? Der Doktor schläft.«

»Dann wecken Sie ihn auf. Sagen Sie ihm, es geht um Mrs. Ratcliffe. Sie ist schwer krank.«

Ehe das Fenster wieder zuging, hatte ein Mann die Haustür geöffnet. »Ja, was gibt es?« wollte er wissen.

»Ich ... ich brauche Doktor Montane.«

»Der schläft. Ich bin Dr. Nelson. Was kann ich für Sie tun?«

Jetzt erhob sich eine Stimme hinter dem Mann. Es war Steve. »Alice? Was ist los?« rief er aufgeregt.

»Die Miß! Sie ist wieder attackiert worden.«

»Was!«

»Ja. Ja.« Alice nickte heftig mit dem Kopf. »Und jetzt hat sie sich im Ankleidezimmer eingeschlossen und macht nicht auf. Ich . . . ich habe solche Angst, daß –«

»Ich komme sofort. Bist du mit der Droschke da?«

»Ja. Ja, Doktor.«

Während der junge Mann ihm den Mantel überwarf, schnürte Steve sich die Stiefel zu und saß eine Minute später mit Alice in der Droschke.

Zwei Stufen auf einmal nehmend, flog er förmlich die Treppe hinauf in Emilys Schlafzimmer, wo die Köchin vor der verschlossenen Badezimmertür stand. »Da drinnen tut sich kein Mucks, Doktor«, sagte sie mit schwerer Zunge, ohne sich mit einer Begrüßung aufzuhalten. »Hab' vorhin den Tee heraufgebracht und dann dort drinnen etwas fallen hören.«

»Emily! Emily!« Steves Stimme klang streng. »Emily, machen Sie auf! Hören Sie mich? Emily!«

Mit einer Handbewegung bedeutete er Alice, Platz zu machen, und schob gleichzeitig die angetrunkene Köchin unsanft zur Seite. »Aus dem Weg«, rief er, nahm Anlauf und warf sich mit der Schulter gegen die Tür. Erst beim vierten Versuch gab das Schloß nach, und die Tür sprang krachend auf.

Emily lag auf dem Fußboden, das Gesicht in den Armen vergraben, neben sich auf einem kleinen Tisch eine leere Tablettenschachtel.

Er hob sie in eine halb sitzende Position, kontrollierte ihre Pupillen und versuchte dann, sie ganz aufzurichten. »Helfen Sie mir!« brüllte er die Köchin an. »Nehmen Sie den anderen Arm.«

»Aber sie kann . . . nich' gehn, Doktor«, lallte sie.

»Sie muß aber, Frau. Und du, Alice, lauf schnell und bring einen Krug heißes Wasser mit zwei Eßlöffeln Salz darin.«

»Salz?«

»*Ja, Salz habe ich gesagt! Lauf jetzt.* Und Sie«, wandte er sich an die Köchin, »halten Sie sie gut fest, und sehen Sie zu, daß Sie dabei selbst nicht umfallen. Und eines sage ich Ihnen: Wenn Sie nicht ab sofort die Finger von der Flasche lassen, werde ich höchstpersönlich dafür sorgen, daß Sie in diesem Haus keine Gelegenheit mehr haben, auch nur einen Schluck Wasser zu trinken. Halten Sie sie fest! Und jetzt gehen. Langsam gehen.«

Sie waren bereits viermal mit der halb bewußtlosen Emily den Korridor auf und ab gegangen, als Alice mit dem Wasserkrug zurückkam. »So, jetzt bringen wir sie langsam ins Schlafzimmer und setzen sie hin. Hast du das Wasser mit dem Salz umgerührt?«

»Ja, habe ich, Doktor.«

»Gut, dann gieß ein Glas voll.«

»Aber . . . es ist noch heiß.«

»Das kühlt im Glas schon ab.«

Als er das Glas an Emilys Lippen führte, blieb ihr Mund fest geschlossen, bis er ihr recht unsanft die Nase zudrückte und sie keuchend nach Luft schnappte. Jetzt konnte er ihr etwas Salzwasser einflößen. Was sie nicht schluckte, lief an ihrem Hals entlang über das Nachthemd.

Als sie nach zwei Gläsern Wasser immer noch keinerlei Reaktion zeigte, gab ihr der Doktor rechts und links eine Ohrfeige, und zwar so fest, daß Alice unter dem klatschenden Geräusch zusammenzuckte.

Und als sie dann endlich würgte und noch einmal würgte, rief der Doktor: »Den Nachttopf. Schnell!«

Emily erbrach sich. »Gott sei Dank!« murmelte Alice erleichtert, doch der Doktor beschied ihr nur brummend: »Es ist noch zu früh, ihm zu danken«, und hielt Emily dann noch einmal die Nase zu, damit sie mehr Salzwasser schluckte. Und als ihr Körper sich aufzubäumen begann, befahl er der Köchin: »Schnell, nehmen Sie wieder ihren Arm.« Dann schleppten sie die immer noch bewußtlose Emily wieder durchs Zimmer, wobei die Köchin in ihrer typischen Art vor sich hinbrummelte: »So eine Holzhammermethode . . . das kann man ja nich' mit anschauen . . . am liebsten würde ich gehen.«

»Vergessen Sie nicht, was ich Ihnen vorhin gesagt habe. Sie werden noch eher gehen, als Ihnen lieb ist, mit und ohne Holzhammermethode.«

»Sie sind ein harter Mensch, Doktor.«

»Möglich, aber an Ihrem Grab werde ich mir dann vorwerfen müssen, daß ich nicht hart genug gewesen bin.«

»Doktor Smeaton ist –«

»Ach, halten Sie endlich den Mund, Frau, und gehen Sie weiter.«

Nach der dritten Runde bat er Alice, ein sauberes Nachthemd für ihre Herrin bereitzulegen. »Vorher wechsele aber bitte noch die Laken«, setzte er hinzu.

Emily lag jetzt auf der kleinen Couch vor ihrem Bett, Steve hatte sich daneben in einen Sessel gesetzt. Und als das Bett fertig überzogen war, zogen Alice und die Köchin ihrer Herrin das frische Nachthemd an, während er diskret mit dem Rücken zu ihnen am Waschtisch stand, sich die Hände wusch und den Schweiß vom Gesicht spülte.

Nachdem sie Emily zu Bett gebracht hatten, wandte sich Steve noch einmal an die Köchin: »Sie gehen jetzt am besten auch ins Bett, aber ohne Schlummertrunk! Und morgen werde ich ein Wörtchen mit Ihrer Herrin reden. Sie kann unmöglich jemanden in ihrem Haus beschäftigen, der vergißt, die Türen abzuschließen. Haben Sie mich verstanden?«

Die Frau nickte bedächtig, warf ihm einen grimmigen Blick zu und brummte zwischen zusammengepreßten Lippen: »Nur zu gut, Doktor.« Dann verließ sie behenden Schrittes das Zimmer.

»Hast du ihr erzählt, was genau passiert ist?« wollte Steve jetzt von Alice wissen.

»Ja ... ja, ich glaube schon; ich war so furchtbar durcheinander.«

»Das ist ja auch verständlich. Ich werde morgen mit ihr darüber sprechen. Aber, aber, nicht weinen. Du bist sehr tapfer gewesen und hast vor allem richtig und schnell reagiert.«

»Es war so schrecklich, Doktor. Er hat sich gebärdet wie

ein Wahnsinniger. Und sie hat sich nach Kräften gewehrt; ja, das hat sie.«

»Es ist ja gut, Alice. Ich verstehe schon. Du solltest jetzt auch ins Bett gehen.«

»Aber jemand . . .«

»Ja, jemand sollte bei ihr bleiben, deshalb werde ich es mir auf diesen beiden Stühlen hier bequem machen. Und mach dir keine Sorgen um sie. Sie wird wieder auf die Beine kommen.«

»Ach, Doktor. Die Ärmste hat so viel durchmachen müssen.«

»Das ist wahr. Aber ab jetzt wird sich alles ändern. Das kann ich dir versprechen.«

»Ehrlich?«

»Ja, Alice. Und jetzt geh schlafen. Du wirst morgen einen anstrengenden Tag haben. Und mach dir keine Gedanken mehr. Gute Nacht. Horch, Big Ben schlägt schon Mitternacht.«

»Gute Nacht, Doktor.«

»Gute Nacht, Alice.«

Er schob den Nachtkasten beiseite und plazierte die beiden Sessel so neben dem Bett, daß er Emily im Auge hatte. Dann nahm er das Plaid vom Sofa, machte es sich in den Sesseln so gut es ging bequem und deckte sich zu. Seine letzten Gedanken vor dem Einschlafen galten jedoch nicht Emily, sondern dem, was er am nächsten Morgen zu tun beabsichtigte.

Als Emily die Augen aufschlug, fiel ihr Blick geradewegs auf Steve. Sie fühlte sich elend, ihr Kopf jedoch war klar. Sie erinnerte sich an alles, was geschehen war, bevor sie die Tabletten schluckte; sogar an Alices Stimme, die sie anflehte, doch die Tür aufzumachen. Was danach passierte, das konnte sie nur ahnen. Und Steve war da. Aber warum tat er das? So viel Freundlichkeit konnte einem weh tun. Oh, sie wünschte, sie wäre gestorben.

Leise öffnete sich die Tür. Unter halb geschlossenen Lidern beobachtete Emily, wie Alice mit einem Tablett in der

Hand hereinkam, dieses auf dem Tisch abstellte und an ihr Bett trat.

»Wie fühlen Sie sich, Miß?« Ihre Stimme war nur ein Flüstern. »Ich glaube, eine Tasse Tee ist jetzt genau das Richtige für Sie, nicht?«

Die gute Alice, dachte Emily. In gewisser Weise war sie ihm sehr ähnlich, so liebenswürdig, so aufmerksam und besorgt anderen gegenüber. Warum taten sie das alles? Ach, wenn sie sie doch nur allein gelassen hätten . . . Sie konnte diesem Tag nicht ins Auge blicken; und der Zukunft schon gar nicht . . .

Dem langgezogenen Brummen aus dem Sessel folgte ein leises Zischen, dann richtete sich Steve ruckartig auf: »Du liebe Zeit! Da bist du ja schon wieder, Alice. Wie spät ist es denn?«

»Gleich sieben, Doktor.«

»Siehen Uhr? Ich muß tatsächlich eingeschlafen sein.«

»Nun«, grinste Alice, »wenn ich mich richtig erinnere, sagten Sie doch, daß Sie hundemüde seien. Möchten Sie eine Tasse Tee?«

»O ja, bitte.« Er schwang die Beine von dem zweiten Stuhl, blieb jedoch noch sitzen und trank erst seinen Tee, bevor er aufstand und Emily einen beiläufigen Blick zuwarf, als habe er sie gerade erst bemerkt. »Schönen guten Morgen auch.«

Statt einer Antwort bekam er nur einen stummen Blick von ihr.

»Na, wie fühlen Sie sich? Miserabel, nicht wahr?«

Als sie immer noch nicht antwortete, fuhr er achselzukkend fort: »Ist ja auch kein Wunder. Ich glaube, Sie gehen sich jetzt erst einmal ein wenig frisch machen. Ich bin gleich wieder zurück.«

Nachdem Steve das Schlafzimmer verlassen hatte, stellte Alice rasch die Stühle an ihren Platz zurück, bevor sie zu Emily ans Bett trat. Sie strich ihr mit sanften Bewegungen das Haar aus der Stirn und sagte dabei leise: »Daß Sie sich elend fühlen, ist ganz normal. Aber es wird alles gut werden, hat er gesagt. Du liebe Güte! Der war vielleicht aufgeregt. Aber es wird alles wieder gut, bestimmt. Bleiben Sie erst mal schön liegen.«

Emily wollte protestieren, aber sie fühlte sich körperlich so schwach, daß sie kaum ihre Teetasse halten konnte. Und auch als Alice sagte: »Ich wasche Ihnen jetzt das Gesicht und die Hände, dann fühlen Sie sich gleich frischer«, protestierte sie nicht. Im Augenblick war jeglicher Widerspruchsgeist in ihr erloschen.

Sobald Steve zurückkam, verließ Alice das Zimmer. Er setzte sich zu Emily ans Bett und wiederholte, den Blick fest auf sie geheftet, noch einmal Alices Worte. »Keine Angst, es wird alles gut werden.«

Jetzt drehte Emily ganz langsam den Kopf in seine Richtung, bis sich ihre Blicke trafen. Ihre Stimme klang dünn, als sie ihn fragte: »Warum haben Sie mich denn nicht gehen lassen? Damit hätten Sie mir einen größeren Gefallen getan.«

»Ich? Sie gehen lassen? Unmöglich«, erklärte er und zuckte dabei mit den Schultern. »Das hätte ich schon deshalb nicht gekonnt, weil . . . ich Sie nämlich zufällig liebe.«

Auf diese Worte hin schnellte ihr Kopf aus den Kissen hoch, um gleich darauf wieder matt zurückzusinken, und als sie ihn dann aus aufgerissenen Augen anstarrte, setzte er hinzu: »Nun machen Sie mal kein so erstauntes Gesicht. Das kann Sie doch nicht ernsthaft überrascht haben, oder? Ich habe Sie vom ersten Augenblick an geliebt und werde Sie immer lieben. Sie halsstarrige, bockbeinige Person, Sie. Ja, Sie sind wirklich eine schreckliche Frau. Aber es ist, wie es ist . . . ich liebe Sie einfach.«

»Aber Sie . . . Sie wollten doch . . .«

»Heiraten?« half er ihr weiter und grinste dabei breit. »Ach das! Hören Sie, ich bin ein Mann, und Sie haben mein Ego angekratzt, indem Sie mir einen anderen Mann vorzogen. Und ich wollte nicht, daß Sie glauben, ich könnte ohne Sie nicht leben. Nein, so ein Typ bin ich nicht. Ich wollte Ihnen zeigen, daß – entschuldigen Sie den platten Ausdruck – andere Mütter auch schöne Töchter haben, die nur darauf warten, zum Traualtar geführt zu werden. Und deshalb habe ich genau die ausgesucht, die Ihnen am meisten gegen den Strich geht.«

Irgendwo tief in ihrem Inneren formte sich ein Lächeln, und obwohl sie es nicht auf ihre Lippen bringen konnte, wunderte sie sich doch über seine Worte. Er war so menschlich, dieser Mann, behaftet mit all den menschlichen Schwächen und gleichzeitig so entschlossen, so aufmerksam, so zuvorkommend.

»Ich bin unheimlich eifersüchtig. Das werden Sie noch herausfinden. Und ich tue oft genau das Gegenteil von dem, was man von mir erwartet. Meine Familie weiß das. Als ich meiner Mutter gestern sagte, daß ich beabsichtige, Biddy zu heiraten, da schlug sie die Hände über dem Kopf zusammen und meinte: ›Ausgerechnet die, die ist ja fast so schlimm wie Tante Phoebe. Wenn der Rest der Familie davon erfährt, dann brauchst du dich hier bis an dein Lebensende nicht mehr blicken zu lassen.‹ Ja, genau das waren ihre Worte. Nun, was haben Sie dazu zu sagen?«

»Oh, Steve«, begann sie und schluckte dann heftig. »Wie . . . wie kannst du mich nach all dem noch lieben?«

»Diese Frage habe ich mir allerdings auch etliche Male gestellt. Aber wie gesagt, ich kann mir nicht helfen: Ich liebe dich einfach; ich will nur dich; und ich habe immer noch die Hoffnung, daß du mich eines Tages genauso wirst lieben können wie ich dich. Nein, bitte, weine jetzt nicht. Sag mir nur, glaubst du, daß du mich jemals lieben wirst? Wirklich lieben?«

»Ich . . . ich glaube, Steve, daß ich dich schon immer geliebt habe – ich habe es nur nicht gewußt. Ja, ich hatte diese Gefühle für dich, doch ich habe dagegen angekämpft. Aber sprich jetzt bitte nicht weiter. Ich möchte im Augenblick nicht darüber nachdenken oder darüber sprechen, denn letzte Nacht ist etwas geschehen, das alles ändern . . .«

»Ich weiß, was letzte Nacht geschehen ist. Man hat es mir auf lebhafteste Weise geschildert. Ich könnte vor Wut platzen. Aber mein Zorn richtet sich nicht gegen dich; nein, nicht gegen dich. Weißt du, ich hatte mir fest vorgenommen, endlich reinen Tisch zu machen. Genauer gesagt, gleich am nächsten Tag, nachdem ich erfahren hatte, daß Mutter und du dieses Gespräch hattet. Ich könnte mich ohrfeigen, daß ich nicht schon gestern abend gekommen bin.« Er ließ den Kopf sinken. »Ja, das war wirklich ein großer Fehler. Aber du mußt diesen Abend vergessen, Emily. Willst du mich heiraten?«

»O Steve!«

»Nicht ›o Steve‹. Ich frage dich, ob du mich heiraten willst?« wiederholte er und rückte ein wenig näher an sie heran.

»Danke. Ich danke dir. Ja, ich will dich heiraten, Steve. Aber . . . nein, warte.« Sie drückte sein Gesicht von sich weg, schloß die Augen und ließ den Kopf zur Seite fallen. »Wenn . . . ach je! Ich muß es sagen, obwohl es schrecklich ist. Deshalb habe ich auch die Tabletten geschluckt . . . Ich konnte den Gedanken an die möglichen Konsequenzen nicht ertragen. Weißt du . . . was ich meine?«

»Ja, mein Liebes, ich weiß genau, was du meinst; daß du die Konsequenzen noch einmal allein tragen müßtest. Aber das wird nicht geschehen.«

»Oh« – sie rückte von ihm ab –, »du tust das doch etwa nicht, um mich . . . nicht in Verlegenheit zu bringen, oder?«

»Sei nicht albern. Ich tue *das*, wie du es nennst, weil ich dich liebe . . . Und ich will dich, verstehst du nicht? Ich will dich als meine Frau . . . mit deinem Sturkopf, deiner Streitsucht, deinem Geschäftssinn . . . und deiner Schönheit.« Seine Stimme war jetzt nur noch ein rauhes Flüstern. Er streichelte ihre Wangen, brachte langsam seine Lippen an die ihren, und als sie die Arme um seinen Nacken legte, zog er sie dicht an sich und hielt sie eine Weile. »Ich hätte wirklich keinen ungünstigeren Zeitpunkt für meinen Heiratsantrag finden können als ausgerechnet diesen Morgen, wo du noch halbtot im Bett liegst. Dieses Ereignis hätte gefeiert werden müssen, durch den Salon hätten wir tanzen müssen, oder über den Trafalgar Square . . . Bitte! Bitte, hör auf zu weinen. Schau, da kommt dein Schutzengel.« Er legte sie vorsichtig zurück in die Kissen und drehte sich zu Alice um, die wie festgenagelt in der Tür stehengeblieben war und mit großen Augen, aber einem Lächeln im Gesicht von einem zum anderen sah. »Ja, du siehst schon richtig, Alice!« rief er ihr entgegen. »Habe ich dir nicht versprochen, daß alles gut wird? Vielleicht bin ich verrückt, aber ich habe gerade deine Herrin gefragt, ob sie mich heiraten will.«

»Doktor! Sie sind der netteste Mann auf der ganzen Welt«, jauchzte sie wie ein kleines Mädchen und kam ans Bett geeilt. Dort nahm sie Emilys und Steves Hand und drückte sie. »Das ist der glücklichste Tag in meinem Leben. Aber wo werden Sie wohnen?«

»Ach, so weit sind wir noch gar nicht. Vielleicht auf dem Land; dort wird gerade eine nette, kleine Praxis frei.«

»Oh.« Alice klang ein wenig enttäuscht. Doch dann sagte sie: »Werden Sie mich dorthin mitnehmen?«

»Wir werden dich überallhin mitnehmen, Alice. Nicht wahr?« Er tauschte einen Blick mit Emily, und deren Antwort lag in dem Blick, den sie Alice daraufhin zuwarf.

»So, jetzt muß ich aber schleunigst gehen. Ich habe einiges zu erledigen heute morgen. Alice, du kümmerst dich doch um Emily, bis ich zurückkomme, ja?«

»Aber selbstverständlich, Doktor.«

Er küßte Emily nicht zum Abschied, führte aber ihre Hand an seine Wange und verließ dann das Schlafzimmer. Auf dem Treppenabsatz drehte er sich noch einmal um und rief: »Alice!«, und als diese herbeigeeilt kam, änderte er seinen Tonfall und sagte leise: »Tu mir noch einen Gefallen. Wenn ihre Freundinnen kommen, um sie zu besuchen, dann sag ihnen . . . ja, sag ihnen, daß gestern nacht ein Mann hier eingedrungen ist. Du kannst ihnen auch sagen, wer es war, aber nicht, was tatsächlich passiert ist. Erzähl ihnen, er habe versucht, sie zu küssen, oder etwas Ähnliches. Verstehst du, was ich meine? Aber sag ihr vorher Bescheid, was du den Leuten erzählst, damit nicht aus Versehen doch die Wahrheit ans Licht kommt. Ich verlaß mich auf dich. Und noch etwas ist ganz wichtig, erklär der

Köchin, was sie zu sagen hat, und daß sie fliegt, wenn sie sich nicht daran hält. Gib ihr das klar und deutlich zu verstehen.«

»Keine Sorge, ich werde es ihr schon beibringen, und den anderen auch.«

Sie wechselten einen Blick wie zwei Verschwörer, dann legte er ihr die Hand auf die Schulter und sagte: »Sie kann Gott danken, daß sie dich hat, Alice. Ich habe eine sehr wichtige Angelegenheit zu regeln, und es kann gut sein, daß ich heute nicht mehr vorbeikomme. Ich muß mal sehen. Bleib du bitte bei ihr und versuche sie ein wenig aufzuheitern, denn selbst diese Neuigkeit, mit der ich sie gerade überrascht habe, kann nicht darüber hinwegtäuschen, wie sie sich wirklich fühlt – hundeelend nämlich.«

»Keine Sorge, Doktor, ich werde mich um sie kümmern. Und ich glaube, der Zeitpunkt war goldrichtig gewählt.«

Sie tauschten ein Lächeln, dann meinte er nickend: »Ja, das glaube ich auch.«

Wenig später stand er vor einer auf Hochglanz polierten Tür in der besten Gegend von London und drückte die Klingel. Ein Mann in Livree öffnete. »Sie wünschen, Sir?«

»Ich möchte Mr. Steerman sprechen«, sagte er und setzte auf die Frage des Butlers, welchen Mr. Steerman er zu sprechen wünsche, hinzu: »Den Sohn.«

Der Mann zögerte einen Augenblick. »Wen darf ich melden, Sir?«

»Doktor Montane.«

Der Titel ›Doktor‹ schien den Mann beeindruckt zu haben, denn er öffnete jetzt die Türe weit und bat ihn herein. »Wenn Sie sich bitte einen Augenblick gedulden möchten, Sir.«

Steve stand in der Eingangshalle und sah sich ohne größeres Interesse um; er hatte bereits etliche elegante Häuser dieser Art besucht. Der Butler verschwand in dem Korridor, der sich vor ihm erstreckte, und im selben Moment, als er an einer Tür klopfte, erschien oben auf der

Treppe, die sich zu seiner Linken emporwand, ein Mann in einem weinroten Hausmantel. Und noch während dieser langsam die Treppe herunterkam, hatte Steve bereits dessen aufgedunsenes Gesicht und die verquollenen Augen registriert. Und obwohl er Paul Steerman nie persönlich kennengelernt hatte, wußte er instinktiv: dies war sein Mann.

Steve trat ihm einige Schritte entgegen, als er die letzten Stufen erreichte. Sie maßen einander einen Moment lang mit musternden Blicken, dann sagte Steve: »Mr. Paul Steerman?«

»Ja. Was wollen Sie?« erkundigte sich dieser mit schwerer Zunge.

»Nur das.«

Steves Faust traf den völlig unvorbereiteten Paul Steerman genau zwischen den Augen, der sich, rückwärts taumelnd, gerade noch am Treppengeländer festhalten konnte. Doch binnen Sekunden war er wieder auf den Beinen, schüttelte kurz den Kopf und warf sich dann mit aller Kraft auf den fremden Besucher. In dem anschließenden Handgemenge schlug er mit dem Kopf gegen Steves Mundwinkel. Der salzige Blutgeschmack auf seinen Lippen brachte Steve so in Rage, daß er nur noch wie ein Besessener um sich schlug. Doch als er dann die Hände, die an seinen Schultern zerrten, gewahrte, brachte ihn dies so weit wieder zur Vernunft, daß er einen letzten, gezielten Schlag im Gesicht seines Gegners landen konnte, der diesen gegen die holzvertäfelte Wand schleuderte.

Und dann erfüllte eine tiefe, achtunggebietende Stimme die Halle. »Was ... was hat das zu bedeuten? Wer sind Sie?«

Zwei Männer, der livrierte Butler und Paul Steermans Diener, hielten Steve noch immer an den Schultern fest, als dieser jetzt dem großen, weißhaarigen Mann, der vor ihm stand, entgegenbrüllte: »Ich bin Doktor Steve Montane und –« Er rang nach Luft und leckte sich das Blut von den Lippen, bevor er unbeirrt fortfuhr: »Und ich bin hier, weil Ihr Sohn letzte Nacht in Mrs. Ratcliffes Haus eingedrungen ist und ihr Gewalt angetan hat ... deutlicher gesagt, er hat sie vergewaltigt. Ihre Schreie und Hilferufe weckten zwar das Personal, doch leider zu spät. Aus Verzweiflung hat sie noch in derselben Nacht einen Selbstmordversuch unternommen.«

Die Lippen des alten Mannes formten zunächst ein lautloses »O mein Gott!«, doch im nächsten Moment hatte er die Stimme wiedergefunden. »Lassen Sie ihn los!« befahl er den beiden Dienern.

Steve stolperte ein, zwei Schritte zurück, dann wischte er sich mit einem Taschentuch das Blut vom Kinn. Der große, hagere Mann mit der würdevollen Haltung musterte seinen Sohn einige Sekunden schweigend, ehe er den beiden Männern mit einer knappen Kopfbewegung zuraunte: »Bringen Sie ihn auf sein Zimmer.«

Als Paul Steerman versuchte, die Hände seines Dieners abzuschütteln, herrschte sein Vater ihn an wie einen aufsässigen Jungen: »Auf dein Zimmer!« Und an Steve gewandt, fuhr er in gemäßigtem Tonfall fort: »Die fragliche Frau, ist sie ...«, begann er, worauf Steve ihn sofort korrigierte: »Die fragliche *Dame*, Sir, wenn ich bitten darf. Ja, sie lebt, steht aber unter einem schweren Schock.« Und da sich Paul Steerman noch in Hörweite befand, rief er mit einem Blick die Treppe hinauf: »Sollte sie den Angriff jedoch nicht überleben, dann wird das Gericht dafür sorgen, daß Ihr Sohn dafür bezahlt. Und nicht zu knapp.«

Diese Worte veranlaßten die beiden Diener auf der Treppe, kurz innezuhalten, worauf der alte Herr ebenfalls einen Blick nach oben warf, um sich dann sogleich wieder an Steve zu wenden. »Es scheint mir, als bringen Sie besagter Person ein Interesse entgegen, das über das eines Arztes hinausgeht, Sir; ein übermäßiges Interesse, wenn ich mir die Bemerkung erlauben darf.«

»Da es sich bei dieser Dame um meine zukünftige Frau handelt, betrachte ich mein Interesse keineswegs als übermäßig, Sir.«

Das weiße Haupt senkte sich, und seine Stimme war kaum mehr als ein Flüstern, als der alte Mann erwiderte:

»Wenn das so ist, bedauere ich diese peinliche Angelegenheit um so mehr ... und ich verspreche Ihnen, Sir, daß so etwas –«

»Sparen Sie sich die Bemerkung, daß so etwas zukünftig nicht mehr vorkommen wird, Sir«, fiel Steve ihm schroff ins Wort. »Ich bin hier, um Ihnen zu sagen, daß Ihr Herr Sohn nach dieser Entgleisung keine Gelegenheit mehr haben wird, sich in ehrbaren Kreisen noch einmal sehen zu lassen.«

»Bitte!« Der große alte Mann machte zwei Schritte auf Steve zu. »Ich ... ich flehe Sie an, diese Angelegenheit nicht an die Öffentlichkeit zu bringen. Mein Sohn wird dafür bezahlen, das verspreche ich Ihnen.«

»Ach, so wie beim letztenmal? Als Ihre Schwiegertochter sich derart erniedrigen mußte, um seine Haut zu retten? Das soll jetzt noch einmal geschehen?«

Der alte Mann straffte die Schultern und erklärte mit leiser Stimme: »Ja, darum bitte ich Sie, Sir. Wie zuvor meine Schwiegertochter, so erniedrige auch ich mich jetzt und bitte Sie um Nachsicht.«

Steve konnte sich nicht helfen, aber er hatte auf einmal Mitleid mit diesem alten Mann, dem Oberhaupt einer ehrwürdigen Familie, der einen Taugenichts an Sohn großgezogen hatte. Daß so etwas öfter vorkam, das wußte er, aber es war das erste Mal, daß er ein solches Drama persönlich miterlebte. Er hatte keineswegs die Absicht, diese widerwärtige Angelegenheit an die große Glocke zu hängen, schon allein deshalb nicht, weil Emily eine solche Bloßstellung gar nicht verkraftet hätte. Aber er konnte der Versuchung nicht widerstehen, wenigstens die Möglichkeit einer Anzeige im Raum stehen zu lassen; er wollte diesen Schuft nicht nur körperlich verletzen, sondern auch für alle Zeiten gesellschaftlich ruinieren. Er hüllte sich einige Zeit in nachdenkliches Schweigen und erklärte dann: »Ich werde sehen, ob ich etwas in Ihrem Sinne unternehmen kann, aber letztlich hängt es davon ab, ob die Dame wieder genesen wird.«

»Vielen Dank.«

Am anderen Ende der Eingangshalle tauchte jetzt ein Hausdiener auf, reichte Steve seinen Hut, der während des Handgemenges zu Boden gefallen war, und öffnete ihm die Haustür, worauf Steve ohne ein weiteres Wort das Haus verließ. Seine Lippen bluteten noch, und seine Knöchel brannten wie Feuer. Er fühlte sich schwach auf den Beinen und hatte nur noch den Wunsch, sich hinzusetzen. Er hielt die nächste Droschke an und ließ sich in die Praxis fahren, wo sein neuer Assistent, Doktor Nelson, der gerade die letzten Opfer einer nächtlichen Wirtshausschlägerei verarztet hatte, ihn mit der Bemerkung empfing: »Gütiger Himmel, Sir! Sie etwa auch?«

»Ja, sieht fast so aus. Ich glaube, ein, zwei Stiche könnten meiner Lippe nicht schaden.«

»Nein, so was! Wie ist das denn passiert? Hat es was mit der Angelegenheit von gestern nacht zu tun?«

»Ja, in gewisser Weise. Aber Schluß jetzt mit dem Gerede, holen Sie die Nadel.«

Im Umdrehen meinte der junge Mann: »Soll ich mir Ihre Fingerknöchel auch ansehen? Wie ich Sie kenne, machen Sie keine halben Sachen, nicht wahr?«

Steve ließ sich auf den Stuhl vor seinem Schreibtisch fallen und dachte: Wie sich die Zeiten doch ändern. Hätte er damals gewagt, in einem so vertraulichen Ton mit dem alten Smeaton zu reden, hätte der mit ihm den Boden gewischt. Aber er mochte die lässige Art dieses Grünschnabels, der zudem noch gute Anlagen mitbrachte.

»Au!« schrie er und dann nochmals »Au!«, als die Nadel zum zweitenmal in seine Lippe stach, aber er wartete, bis der dritte Stich verknotet war, ehe er, eine Hand auf den Mund gepreßt, murmelte: »Das Nähen müssen wir aber noch üben.«

»Ach, und ich dachte, ich sei handwerklich ganz geschickt.«

»Ja, ein Maurer würde es nicht besser machen. Aber keine Sorge, wenn Sie mit einer offenen Lippe hier antanzen, werde ich Ihnen den richtigen Gebrauch von Nadel und Faden gerne noch einmal demonstrieren.«

Lachend wandte sich der junge Mann ab und meinte dann: »Was Sie jetzt brauchen, Sir, ist ein anständiger Drink.«

»Die Diagnose stimmt, Kollege. Holen Sie die Flasche, aber lassen Sie sich dabei nicht von Mutter Shipton erwischen, sonst steht in fünf Minuten Dr. Smeaton in der Tür. Und je weniger über die Angelegenheit gesprochen wird, desto besser.« Er sah zu Doktor Nelson hoch. »Sie verstehen?«

»Ja, natürlich. Haben Sie etwas geschlafen?«

»Ja, ein wenig.«

»Und wie geht es ihr?«

»Sie wird überleben.«

»Gut! Das ist gut.«

Steve schloß für einen Moment die Augen. »Gut!« wiederholte er in Gedanken. »Soweit jedenfalls. Aber was ist, wenn ...? Abwarten!« ermahnte er sich und überlegte weiter, daß er sie auf alle Fälle noch vor Ende des Monats heiraten sollte. Doch seine innere Stimme wollte nicht schweigen. »Warum tust du das? Was ist, wenn sie wirklich schwanger ist ...?«

»Abwarten. Das Problem lösen wir, wenn es sich tatsächlich stellen sollte.«

Die Frage, warum er das tat, hatte er damit noch immer nicht beantwortet, denn die Tatsache, daß er in sie verliebt war, erschien ihm als Antwort zu simpel. Verliebt zu sein war für ihn ein eher vorübergehender Zustand ... jemanden zu lieben jedoch, das war etwas ganz anderes. Vielleicht war es das.

– 18 –

Er besuchte Emily an diesem Tag nicht mehr, und als er am folgenden Morgen an die Tür klopfte, begrüßte Alice ihn mit den Worten: »Ich bin ja so froh, daß Sie gekommen sind, Doktor!«

»Was ist denn los? Ist irgend etwas passiert?«

»Nein, nichts Ernstes. Sie ist aufgestanden ... und ziemlich durcheinander ... Sie hat den Hut zerstört.«

»Den *was* zerstört?«

»Den Hut ... Sie wissen schon, den gelben Strohhut. Es war ein wunderschöner Hut.«

»Ach, den. Und, was hat sie damit gemacht?«

»Sie hatte bereits die Krempe abgerissen, und wahrscheinlich wollte sie ihn ins Feuer werfen, aber ich habe ihn ihr weggenommen und in mein Zimmer gebracht. Esther und Lena habe ich nichts davon gesagt, sonst hätten sie mir nur wieder ein Loch in den Bauch gefragt. Die beiden sind schlimmer als Spürhunde ... Aber was ist mit Ihnen passiert, Doktor? Hatten Sie einen Unfall?« fragte sie besorgt und deutete auf seine Lippe.

»Nein, nur einen leichten Zusammenstoß mit einem Laternenmasten.«

Sie lächelte nicht. »Haben Sie *ihm* Bescheid gestoßen, Doktor?«

»Ja, so könnte man es nennen, Alice.«

»Gut. Ich hoffe, Sie haben es ihm ordentlich gegeben.«

»Ich tat mein Bestes; doch manchmal ist auch das nicht genug. Weißt du, Alice, was ich jetzt brauche? Einen ganz starken Kaffee.«

»Kommt sofort, Doktor.«

Er rannte die Treppen hinauf, hielt vor der Schlafzimmertür kurz inne und klopfte dann leise an; und als er keine Antwort erhielt, öffnete er die Tür und spähte hinein. Da sie gerade fertig angezogen aus dem Ankleidezimmer kam, trat er ein. »Wer hat dir erlaubt aufzustehen?« war seine Begrüßung.

Sie antwortete nicht, doch aus ihrem Blick sprach Besorgnis, als sie die Schrammen in seinem Gesicht gewahrte und den Verband an seiner rechten Hand. Ihre Frage, was denn geschehen sei, beantwortete er mit einem zärtlichen Kuß, obwohl seine Lippen dabei wie Feuer brannten. »Das erzähle ich dir ein andermal«, flüsterte er ihr ins Ohr und umarmte sie dabei liebevoll.

»Ach, Steve«, sagte sie nach einer Weile. »Ich fühle mich so schrecklich.«

»Nun, das ist verständlich, wenn du unbedingt so dumme Sachen machen mußt.«

Ihre Augen überzogen sich mit einem traurigen Glanz, als sie ihn anblickte und sagte: »Steve, ich muß mit dir reden.«

»Gut, setzen wir uns hin, ich bin sofort ganz Ohr. Aber vorher habe ich *dir* noch etwas Wichtiges zu sagen. Komm.« Er führte sie zu der Couch am Fußende ihres Bettes. »Wir werden heute in einer Woche heiraten. Ich habe bereits die Papiere besorgt.«

Emily rückte ein Stück von ihm ab. »Nein. Nein. Bitte noch nicht«, sagte sie und schüttelte dabei energisch den Kopf. »Warte, bis . . .« Ihr ganzer Körper bebte unter der Anstrengung, die es sie kostete, die nächsten Worte auszusprechen, aber er ließ es gar nicht erst dazu kommen, sondern wiederholte: »Wir werden heute in einer Woche heiraten. Ich werde keinen Tag länger warten.« Dann legte er eine Hand an ihre Wange und drehte ihr Gesicht in seine Richtung, damit sie ihn ansah. »Wenn wir die Hochzeit um einen Monat verschieben, ändert das an dem Ergebnis auch nichts. Früher oder später werden wir ohnehin heiraten, und ich finde, ich habe lange genug gewartet. Ich habe bereits meine Mutter informiert, sie wird es den anderen mitteilen, und alle, die sich so kurzfristig freimachen können, werden kommen, da bin ich mir sicher. Und dann sind ja da auch noch deine Leute. Es wird doch eine ganz schön große Hochzeitsgesellschaft werden, und wie ich die Köchin einschätze«, er lächelte jetzt, »wird sie nicht in der Verfassung sein, uns alle zu bekochen. Deshalb halte ich es für besser, ein nettes Hotel auszusuchen. Und was die Trauung anbelangt, so kann diese entweder in einer Kirche deiner Wahl stattfinden oder auf dem Standesamt, da richte ich mich ganz nach dir. Aber einen Rückzieher machen, das kommt nicht in Frage, meine Liebe.«

Emily lehnte sich zurück, das Gesicht ihm zugewandt,

und fragte sich im stillen, weshalb ausgerechnet sie das Glück haben sollte, einen solchen Mann zu bekommen. Ihr bisheriges Leben hatte hauptsächlich aus törichten, trotzigen und egoistischen Entscheidungen bestanden: zuerst Jim und dann die Affäre ... mit dieser hinterhältigen Kreatur, denn nur als eine solche konnte sie jetzt noch von ihm denken. Und während dieser ganzen schrecklichen Zeit hatte dieser Mann sie geliebt – dieser außergewöhnliche Mann, dieser heimliche Wohltäter, dessen menschliche Qualitäten zu erkennen sie sich standhaft geweigert hatte. Sie war wirklich eine unverbesserliche Närrin. Hatte sie doch vom ersten Augenblick an ihre Zuneigung zu ihm gespürt und war verbohrt genug gewesen, alles daranzusetzen, diese Zuneigung durch schnippische Antworten und billigen Zynismus zu ersticken.

»Ich ... ich weiß gar nicht, warum du das tust.« Es klang, als spräche sie mit sich selbst.

Doch auf seine barsche Erwiderung: »Nun sei mal nicht albern und tu nicht so affektiert« reckte sie das Kinn vor und war auf einmal fast wieder die alte, als sie zurückschoß: »Ich bin nicht affektiert; bin ich nie gewesen. Das ... das überlasse ich den Ladys.«

»Und bist du doch. Ich weiß alles über dich.« Er zog sie an sich heran und sagte noch einmal: »Hast du gehört? Ich weiß alles über *dich*. Aber du, meine Liebe, du weißt nicht alles über *mich*. Ich trage ein dunkles Geheimnis in mir, in das ich dich noch vor unserer Hochzeit einweihen möchte, denn ab nächster Woche werde ich in diesem Haus wohnen ... ja, einstweilen werde ich hier wohnen, und dann wirst du auch sehen, was ich in meiner Freizeit tue. Ich weiß, daß du nie auf den Gedanken gekommen bist, denn du machst dir anscheinend nicht viel aus den Gedichten dieses S. Petersen. Sie verwirren und ärgern dich sogar bisweilen, habe ich recht?«

Er beobachtete, wie sich ihr Mund in maßlosem Staunen ein wenig öffnete und ihre Augen sich weiteten. Dann wisperte sie: »Du bist doch nicht etwa ...?«

Und er wisperte zurück: »Doch, der bin ich. Aber das

weiß außer dir nur meine Mutter. Schrecklich, nicht wahr?«

Ihr Staunen wich einem strahlenden Lächeln, und ihre Hand berührte sanft seine Wange, als sie sagte: »Ach, Steve, ich habe dich wirklich nie richtig kennengelernt, aber ich möchte dich so gerne kennenlernen. Ja, ich möchte alles über dich wissen.« Und dann umarmte sie ihn, streichelte seinen Hinterkopf und hörte ihn mit belegter Stimme sagen: »Das wirst du, mein Liebling. Das wirst du.«

In der ersten Novemberwoche mochten aufmerksame Leser der *Times* vielleicht die Anzeige in der Rubrik ›Geburten‹ bemerkt haben, die besagte, daß das Ehepaar Dr. und Mrs. Steve Montane, wohnhaft Willington Place, London, sich freue, die Geburt ihrer Zwillinge – eines Jungen und eines Mädchens – am 3. November 1881 bekanntzugeben.

ZWEITES BUCH

PASSIONEN

TEIL EINS

– 1902 –

– 1 –

Es war in der zweiten Oktoberwoche des Jahres 1902. Der wolkenlose Himmel zeigte sich in seinem strahlendsten Blau, das dem träge dahinfließenden Wasser der Isis einen stahlgrauen Schimmer verlieh. Die zwei Männer auf der Bank beobachteten, wie das Ruderboot rasch in der Ferne verschwand und in dessen Kielwasser eine aufgescheuchte Schar Flugenten in perfekter Formation aufstieg.

»Der ist nicht schlecht.«

»Wie heißt er denn?«

»Montane oder so ähnlich. War letztes Jahr auch schon dabei.«

»Hast du nicht mit ihm gesprochen?«

»Nein. Aber er muß Geschichte studieren, fällt mir gerade ein; ich sah ihn kürzlich zum alten Stokes gehen, wahrscheinlich zu seinem Tutorenkurs.«

»Kannst du dich mit ihm bekannt machen?«

»Ja, natürlich. Warum nicht? Er würde gut in den Dreier oder Vierer passen, glaubst du nicht?«

»Meinst du, er ist schwer genug?«

»Ja, bestimmt. Er ist ein ganz kräftiger Bursche.«

»Gut, dann bitte ihn doch zum Tee zu mir; je schneller wir uns einig werden, um so besser. Die Torpids stehen ins Haus; und dann die Aufstellung für die Achter.«

Die beiden jungen Männer standen auf und gingen hinüber zum Bootshaus, um dort auf die Rückkehr des Ruderers zu warten.

Liebe Mutter, lieber Vater,

verzeiht, daß ich erst jetzt schreibe, aber hier ist einiges passiert. Zumindest zu Wasser – zu Lande hat sich nicht viel Neues getan. Vor einigen Tagen hat mich ein gewisser Hector Mills-Cotton angesprochen, ein recht hochnäsiges Individuum, wie

Alice sagen würde, die Art von Leuten, die sie nicht riechen kann. Na ja, jedenfalls hat er mich gefragt, ob ich nicht zu seinem Freund, einem Mr. Robert Anderson, zum Tee kommen möchte. Dort erfuhr ich dann auch den Grund dieser Einladung: Sie wollen, daß ich offiziell dem Ruderclub beitrete und für die Torpids trainiere. Falls Ihr alten Leutchen es vergessen haben solltet, die Torpids sind die *Ruderwettkämpfe überhaupt und finden im Februar statt.*

Vielen Dank, sagte ich und wurde dann gefragt, warum ich nicht schon letztes Jahr dem Ruderclub beigetreten sei. Na ja, sagte ich, bisher hätte ich Rugby gespielt. Ob ich denn bereit sei, das Bolzen aufzugeben, wollten sie daraufhin wissen.

Dazu muß ich sagen, daß ich schon seit einiger Zeit nicht mehr Rugby spiele. Doch zugestimmt habe ich ihrem Vorschlag letztlich aus purer Angst: fünf Augenpaare starrten mich an und warteten auf meine Antwort; und Ihr wißt ja, was für ein Feigling ich bin. Aber es scheinen ganz nette Jungs zu sein. David und Michael waren nicht so begeistert, als ich ihnen davon erzählte. Verräter, beschimpften sie mich, denn unser Rugbyteam ist im Moment ziemlich am Boden. Außerdem meinten sie, die Cotton-Clique sei ein ziemlich versoffener Haufen, was ich nicht so recht glaube, denn unsere Achtermannschaft hat einen recht guten Ruf, und um für die Rennen fit zu sein, können die gar nicht so übermäßig trinken, denke ich mir.

Dieser Robert Anderson ist ein ganz patenter Kerl; er studiert im dritten Jahr Mathematik. Na ja, alles in allem war es ein recht interessanter Abend. Nachdem das mit dem Rudern geklärt war, stürzten sie sich in politische Diskussionen, und ich sage Euch, dabei sind die Fetzen geflogen. Einer von ihnen, Bruce McVain, ereiferte sich erst über die irische Frage und schwenkte dann nahtlos über auf den China-Konflikt. Irgendwie hat er mich an Dich erinnert, Vater: immer erst ein wenig um den heißen Brei herumreden, bevor man zur Sache kommt ... Nein, nein, laß Deine Hände unten, ich schlage mich nicht mit einem älteren Herrn.

Es ist schon komisch. Ich bin erst drei Wochen hier und sehne mich schon wieder nach den Weihnachtsferien. Manchmal frage ich mich, warum ich mich überhaupt habe überreden lassen, hier zu studieren. Ja, Vater, ich weiß, es ist die renommierteste Universität der Welt und eine Ehre, hier studieren zu dürfen et cetera, et cetera . . . Und um bei der Wahrheit zu bleiben, diese Stadt – diese Universität, sollte ich besser sagen – und einige ihrer Bauwerke sind wirklich grandios. Und doch würde ich all diesen Prunk ohne mit der Wimper zu zucken gegen die drei Häuser in Willington Place eintauschen, wo ich vom Hutsalon in unser Haus und weiter in die Praxis streifen kann oder nach oben zu Onkel Nelson und seinem Klan. Wißt Ihr, liebe Eltern, daß Euch ein Viertel von Willington Place gehört? Haben Sie sich das schon einmal klargemacht, Doktor Montane? Sie mit Ihren sozialistischen Ideen sind in Wirklichkeit ein waschechter Kapitalist . . . Nein, ganz stimmt das nicht. Nachdem Ihre Frau Gemahlin einen Hutsalon betreibt, trifft wohl eher der Ausdruck mittelständische Unternehmer zu.

So, genug des Unsinns; habe auch gar keine Zeit, weiter in diesem Stil zu plaudern. Der alte Stokes wartet schon sehnsüchtig auf meine letzte Hausarbeit. Keine Ahnung, warum ihn alle den Alten nennen, wo er noch keine fünfzig ist. Obwohl, wenn ich es mir recht überlege, ist das schon ganz schön alt. Übrigens, wie alt bist Du jetzt, Vater? Siebenundfünfzig? Achtundfünfzig?

So, gute Nacht nun, Ihr beiden lieben Leute. Ach, lebt Janice eigentlich noch? Sie hat versprochen zu schreiben, aber wahrscheinlich steckt sie bis über beide Ohren in Bettpfannen. Warum Du das zugelassen hast, Mutter, werde ich nie begreifen. Ein knochenharter Job; hat mich ganz krank gemacht, als ich sie das letztemal im Hospital besuchte.

Alles Liebe für Euch beide
Euer Jason

PS: Sagt Alice, ich brenne darauf, sie in den Allerwertesten zu kneifen.

– 2 –

»Nun, Montane, du sitzt da mit gespitzten Ohren, sagst kein Wort, und dabei bist du der Mann für Geschichte. Wie, glaubst du, wird es mit England weitergehen, jetzt, da die Königin tot ist und ihr unerfahrener Sohn auf dem Thron sitzt? Wird unser Land weiterhin so stabil und – was das Erobern anbelangt – so erfolgreich bleiben?«

Jason ließ seinen Blick auf Hector Mills-Cotton verweilen. Er mochte ihn nicht besonders, und entsprechend knapp fiel denn auch seine Antwort aus. »Gleich vorweg, ich glaube, das mit dem Erobern kannst du weglassen. Die Ereignisse der vergangenen zehn Jahre haben unmißverständlich gezeigt, daß ein Wandel unumgänglich ist. Das neunzehnte Jahrhundert war eine wahre Brutstätte der Spannungen zwischen den Mongolen-Staaten und Europa, und China war quasi die Mutter des Ganzen. Und was geschah dann? Wir und andere Nationen setzten ihr durch den Krieg und den Handel so arg zu, bis sie fast ausgeblutet war, und überließen sie dann mit offenen Wunden den Japanern, damit sie ihr den Rest geben konnten.«

»Willst du China etwa als arme, falsch verstandene, in die Irre geführte und drangsalierte Nation darstellen?« schnappte Mills-Cotton. »Und was ist mit dem Boxeraufstand? Und den Massakern?«

»Ja, was ist damit? Meiner Meinung nach war das die logische Konsequenz eines verzweifelten Volkes, einer uralten Kultur, ausgelöst durch die Japaner, die Hunnen und die Engländer und deren unersättliche Gier nach Handel und Profit. Die alte Kaiserwitwe befahl das Massaker, ja, aber niemand spricht von den vielen Mandarinen, die ihr eigenes Leben aufs Spiel setzten, um die Engländer vor dem Kommenden zu warnen. Ja, von den fürchterlichen Verwüstungen, die auf das Konto der Chinesen gehen, von denen hört und liest man viel, aber über die Zerstörungswut westlicher Soldaten, die raub- und brandschatzend durchs Land zogen und antike Bauwerke und Kunstschätze dem Erdboden gleichmachten, die nun für immer für die Welt verloren sind, von denen spricht kaum jemand. Ja, Kopien davon existieren noch, von den Japanern nachgemacht, die ohnehin die größten Imitatoren sind. Und all das geschah nicht im letzten Jahrhundert, sondern praktisch zu unseren Lebzeiten. Es ist wirklich zu schade, daß die Eroberer sich nicht auch die Philosophie dieser großen Nation zu eigen gemacht haben, andererseits ist es ein großes Glück, daß einige Überlebende des Aufstandes mit den Lehren des Konfuzius vertraut waren und an den Frieden glaubten oder immer noch glauben.«

»Du meine Güte!« rief Bruce McVain und schüttelte den Kopf. »Bist du etwa einer von den neuen Sozialisten?«

»Nein, bin ich nicht. Aber ich bin auch kein eingefleischter Tory oder einer dieser gemäßigten Liberalen.«

»Hört, hört. Hier sitzt der neue Premierminister, der genau wie der gegenwärtige nicht weiß, zu welcher Seite er gehört.«

»Oh, ich weiß genau, zu welcher Seite ich gehöre«, gab Jason zurück, verkniff sich aber den Zusatz ›und das ist nicht die deine‹. Seit er dem Ruderclub beigetreten war, mußte er feststellen, daß er McVain noch weniger leiden konnte als Mills-Cotton. Robert Anderson dagegen mochte er sehr, und auch mit Jim Fordyce kam er gut aus. Es war Anderson, der sich schließlich bemüßigt fühlte, diese hitzige Diskussion abzubrechen. »Ich würde vorschlagen, wir lassen die Politik für heute ruhen und gehen unsere eigenen Angelegenheiten an.«

»Einverstanden, aber nur, wenn du noch ein Glas Wein rausrückst. Du bist sehr knausrig mit deinem Wein, Robert, finde ich.«

»Und das muß ich auch sein, Hector«, entgegnete Robert und nickte vielsagend. »Du hast die Flasche nämlich fast allein geleert. So, jetzt hört zu, Freunde. Das ist mein letztes Jahr hier, und ich habe vor, diesmal in den Torpids und später den Achtern mehr Punkte zu holen als in den Jahren zuvor, selbst wenn ich dafür übers Wasser laufen und die Burschen rammen müßte.«

»Wir kriegen das schon hin bei den Torpids, keine

Bange«, versicherte ihm Hector, »nur beim Achter habe ich so meine Bedenken. Gut, bis Mai haben wir ja noch Zeit, aber die anderen auch.«

Jetzt hievte sich Jim Fordyce aus dem tiefen Ledersessel hoch und legte Robert die Hand auf die Schulter. »Keine Sorge, mein lieber Robert, wir werden dich schon richtig aufbauen. Und in Oriel tragen wir dich dann auf den Schultern durch die Stadt und lassen dir das Hochamt lesen . . .«

»Schluß jetzt mit dem Unsinn, Jungs. Ich muß meine Arbeit noch fertigschreiben, und ihr habt bestimmt auch noch etwas zu tun, wenn ich mich nicht irre.«

»Genau. Die Höhe einer Pyramide errechnet sich aus . . .«

»Schafft ihn weg, bitte.«

Unter lautem Gelächter verließen sie Roberts Zimmer. An der Tür drehte sich Bruce McVain zu Jason um und sagte: »Hast du am Mafeking-Tag wenigstens laut hurra gerufen, Montane?«

Die kleine Gruppe verfiel in betretenes Schweigen, denn jeder wußte, daß Bruce die Frage nur gestellt hatte, um Jasons Vaterlandsliebe zu testen. »Nein, habe ich nicht«, lautete Jasons Antwort. »Mein Cousin ist dort unten gefallen. Sein Name war Major James Montane, und er hinterließ eine Frau und drei kleine Kinder.« Als er daraufhin eilig davonging, folgte ihm keiner seiner Kameraden, und er hörte auch nicht, wie Anderson sagte: »Das war nicht sehr geschmackvoll, Bruce.«

»Möglich«, gab McVain zurück. »Aber ich kann den Kerl nicht leiden, und das soll er ruhig wissen. Versteh gar nicht, warum ihr ihn unbedingt im Boot haben wolltet. Cassidy war doch nicht schlecht.«

»Das ist meine Sache.«

»Ja, ist es wohl. Gute Nacht.«

Niemand antwortete ihm, als auch er seines Weges ging. Zurück blieben Jim Fordyce, Hector Mills-Cotton und Robert Anderson. »Ich kann mir schon denken, warum er ihn nicht leiden kann«, meinte Jim mit gedämpfter Stimme. »Montane ist im Gegensatz zu Bruce so durch und durch britisch, daß er diesen überzogenen Patriotismus gar nicht nötig hat.«

»Schon gut«, brummte Mills-Cotton und schob Fordyce zur Treppe. »Immer wenn du zu tief ins Glas schaust, fängst du an, die Charaktere der Leute zu sezieren. Komm jetzt.«

Nachdem Robert Anderson die Tür hinter seinen Freunden geschlossen hatte, lehnte er sich mit dem Rücken dagegen und betrachtete nachdenklich das Chaos, das sie in seinem Zimmer hinterlassen hatten: leere Gläser und Flaschen stapelten sich auf dem Tisch; Papiere und Zeitungen lagen auf dem Boden verstreut, dazwischen Asche und Kohlestückchen aus dem Kamin. Aber das Aufräumen war Sache seines Burschen; er würde sich jetzt schlafen legen. Das war kein sonderlich vergnüglicher Abend gewesen. Obwohl das alles seine Freunde waren . . . oder nicht? Bis jetzt jedenfalls hatte er Hector als seinen Freund betrachtet, doch Hector war im Grunde ein aristokratischer Snob. Aber dieser Jason, das war ein feiner Kerl. Es war die Redlichkeit und diese Offenheit, die beinahe an Furchtlosigkeit grenzte, die ihm an Jason so imponierte. Er wünschte, er wäre auch so freimütig. Verfluchte Arbeit, er konnte jetzt nicht mehr denken; er würde morgen ganz früh aufstehen und sie fertigschreiben. Er durfte seinen Großvater nicht enttäuschen. In einem Monat schon begannen die Weihnachtsferien. Großer Gott! Wie es ihm davor graute!

– 3 –

Der Vorschlag, gemeinsam nach Hause zu fahren – zumindest bis London, wo er dann den Zug nach Sussex nehmen mußte –, kam von Robert.

Es war der erste Samstag im Dezember. Am Abend zuvor hatten die Studenten das Semesterende traditionsgemäß mit einem feuchtfröhlichen Fest gefeiert, das später in McVains Zimmer seine Fortsetzung fand, wo noch mehr Wein getrunken und noch mehr Geschichten erzählt wurden. Verschwommen erinnerte sich Jason, daß er irgendwann im Laufe der Nacht eine Pantomime zum besten gegeben und unter dem tosenden Beifall seiner Kommilitonen diverse Varieté-Sänger imitiert hatte. Ganz genau wußte er es nicht mehr, aber Robert hatte noch am Morgen schallend darüber gelacht.

Robert vertrug eine Menge; er schien an Alkohol gewöhnt zu sein. Und er hatte auch an diesem Abend, wie schon etliche Male zuvor, Jason geraten, Bruce einfach nicht zu ernst zu nehmen. »Der ficht einen inneren Kampf aus, weißt du. Sein Vater ist ein recht einfacher Mensch, steinreich zwar, aber ohne große Bildung. Deshalb reitet er auch immer auf seiner Großmutter mütterlicherseits herum. Sie ist eine DeWhit. Das habe ich dir gestern dauernd versucht zu erklären. Diese Frau weiß alles über dich. Kennst du sie?«

»Nein«, hatte Jason daraufhin geantwortet. »Nie von ihr gehört.«

Am frühen Morgen dann nahmen sie sich eine Droschke und ließen sich zum Bahnhof fahren.

»Komisch, wie viele Studenten über das Wochenende noch hierbleiben«, bemerkte Jason, als die Droschke aus dem Campus rollte. »Ich für meinen Teil kann es kaum erwarten heimzukommen, obwohl ich heute morgen auf allen vieren aus dem Bett kriechen mußte. Mein Gott, hatte ich einen dicken Schädel! Bis auf weiteres lasse ich besser die Finger vom Wein; das ist nichts für mich.«

»Warum hast du denn kein Aspirin genommen?«

»Hab' ich, zwei sogar«, entgegnete Jason seufzend und lehnte sich mit geschlossenen Augen zurück, woraufhin Robert seinen Studienkollegen nachdenklich betrachtete. Das war der erste Mensch, an dessen Freundschaft ihm wirklich sehr viel lag, ging es ihm durch den Sinn. Während der vergangenen zwei Wochen hatte er jede Gelegenheit genutzt, mit Jason ins Gespräch zu kommen. Und er war sehr überrascht, als dieser plötzlich die Augen aufschlug, ihn intensiv anschaute und sich erkundigte: »Was machst du eigentlich über die Weihnachtsferien?«

»Nun ja, wahrscheinlich werde ich wieder im Dreieck springen müssen«, sagte er und lachte kurz auf. »Zuerst besuche ich meine Eltern in Sussex, anschließend dann meinen Großvater, wobei es davon abhängt, wo er sich gerade aufhält. Er führt nämlich zwei Haushalte – einen in Schottland und einen in London – und pendelt ständig hin und her.«

»Ich nehme an, du wirst dich vor Einladungen zu Gesellschaften und Bällen kaum retten können.«

Robert kramte umständlich in seiner Manteltasche und brachte schließlich seinen Tabaksbeutel zum Vorschein, um sich eine Pfeife zu stopfen. Er konzentrierte sich eine Weile ganz auf diese Tätigkeit und meinte dann lachend: »Wie kommst du darauf, daß ich mich vor Einladungen kaum retten könnte?«

»Na ja, nachdem deine Familie drei Wohnsitze unterhält, da dachte ich mir einfach, daß du jeden Abend auf einer anderen Gesellschaft tanzt.«

Die Pfeife brannte, und Robert nahm erst einen tiefen Zug, bevor er antwortete: »Es wird dich vielleicht überraschen, Jason, aber ich war in meinem ganzen Leben erst auf einer einzigen dieser sogenannten Gesellschaften. Und das war die Hochzeit meiner älteren Schwester. Freilich, da gibt es die Jagden, aber die würde ich nicht als Gesellschaften bezeichnen. Unsere schottischen Freunde und Nachbarn sind alle im Alter meines Großvaters und ziemlich seriös.« Er lächelte.

»Aber du hast doch noch eine Schwester, sagtest du. Geht die denn nicht zu Gesellschaften oder Bällen?«

»Marian? Die macht sich aus so was nichts. Die ist nur glücklich, wenn sie auf einem Pferd sitzt. Marian verbringt ihre Zeit entweder im Stall oder hetzt ihre Pferde durch die Landschaft. Wie steht es mit dir? Reitest du viel?«

»Ich? Nein, überhaupt nicht.«

»Wirklich?«

»Nun, ich bin mitten in London aufgewachsen.«

»Verstehe . . . und was treibst du dann so in deiner Freizeit?«

»Ach, verschiedenes. Unsere Familie geht zum Beispiel gerne aus, ins Theater oder ins Varieté. Manchmal vergrabe ich mich auch in historischen Recherchen, aber am liebsten begleite ich meinen Vater auf seinen Visiten.«

»Patienten besuchen?«

»Ja, aber nicht solche, die zu meinem Vater in die Praxis kommen. Die Leute, die er besucht, haben noch nie etwas von Pimlico gehört; vom East End vielleicht, aber selbst dort waren die meisten von ihnen noch nicht einmal.«

»Hat dein Vater dort eine Praxis?«

»Ja, er unterhält dort seit vielen Jahren eine Art Ambulanz; die hat er schon vor meiner Geburt eröffnet, soviel ich weiß.«

»Aber die haben doch gewiß eigene Ärzte in diesen Vierteln.«

»Sicherlich, aber umsonst gibt es dort auch nichts. Wenn du kein Geld hast, dann kannst du dich entweder zum Sterben hinlegen oder deine Wunden so lange vor sich hin eitern lassen, bis das Bein von selbst abfällt.«

Robert ließ ein verlegenes Lächeln hören. »Verzeihung«, murmelte er dann. »Echauffiere dich bitte nicht so. Da ich nicht über deine Erfahrung verfüge, mag man mir meine Unwissenheit verzeihen. Aber warum hast du denn nicht Medizin studiert, wenn du dich schon so engagierst?«

Jasons Tonfall änderte sich, als er nach einer Weile erklärte: »Ach, weißt du, ich glaube, ich bin zu egoistisch. Ich habe miterlebt, wie sich mein Vater für andere Menschen aufarbeitet, und mir ist klar geworden, daß ich nicht über den Enthusiasmus und die Geduld verfüge, mich für Leute aufzuopfern, die das wenige Geld, das sie in den Fabriken verdienen, in Gin umsetzen, oder das Elend der obdachlosen Kinder zu ertragen. Du hast doch sicher Dickens gelesen, oder?«

»O ja, den habe ich gelesen. Doch seine Einstellung, daß nur die Armen leiden, die geht mir manchmal gegen den Strich. Körperlich leiden sie bestimmt, da hat er recht. Aber gib ihnen genug zu essen und zu trinken, dann sind sie zufrieden und glücklich. Die Mittelschicht lebt dagegen in Saus und Braus und leidet nicht weniger. Und ihr Leiden, Jason, ist meiner Meinung nach schwerer zu ertragen als das Leid dieser Leute, die dein Vater betreut. Die können nämlich ihre Gefühle in die Welt hinausschreien und ihre Wunden zeigen, wohingegen die sogenannte Oberschicht ihren Kummer und ihre Schmerzen hinter einer Maske der Gelassenheit verbergen muß. Wenn ich mich zwischen körperlichem und seelischem Leid entscheiden müßte, fiele mir die Wahl nicht schwer.«

Jason starrte den Mann an, der sein Freund geworden war. Schon öfter hatte er bei ihm eine Art von Betrübtheit festgestellt, die er nicht recht deuten konnte. Anfangs glaubte er, er sei einsam, doch diese Vermutung hatte er sehr schnell als lächerlich verworfen, als er feststellte, daß Robert bei allen überaus beliebt war. In gewisser Weise schmeichelte es ihm, von ihm als Freund betrachtet zu werden, denn schon vom ersten Tag an hatte er sich zu ihm hingezogen gefühlt. Vater würde ihn bestimmt mögen, hatte er sich anfangs hin und wieder gedacht, und dabei fiel ihm spontan ein, daß sie im Augenblick die Diskussion über die Vor- und Nachteile der unterschiedlichen Klassen ganz unbefangen fortsetzen konnten, wohingegen – wenn diese Diskussion bei ihm zu Hause stattfände – sich die ganze Familie einmischen und das Wohnzimmer binnen kurzem in den legendären Speaker's Corner verwandeln würde. Die Erinnerung an zu Hause ließ ihn lächeln. Er freute sich unheimlich, wieder in sein häusliches Chaos zurückzukehren. Und während sein Blick weiterhin auf seinem Freund ruhte, der jetzt aus dem Fenster sah, durchfuhr ihn der traurige Gedanke, daß dessen Familienleben sicherlich nicht so fröhlich war wie das seine. Er schien sich geradezu davor zu fürchten, nächstes Jahr nach Hause zurückkehren zu müssen, und überlegte wohl schon, ob er nicht noch ein Jahr in Oxford anhängen sollte. Aber anscheinend hingen alle Entscheidungen von seinem Großvater ab. Seltsam auch, daß er niemals seinen Vater erwähnte.

Deshalb sagte Jason jetzt: »Fährst du direkt weiter nach Sussex?«

Robert wandte sich vom Fenster ab. »Ja«, erwiderte er knapp.

»Wirst du irgendwann länger in London sein?«

»Möglich. Das hängt von . . .«

»Deinem Großvater ab?«

»Ja, von meinem Großvater«, wiederholte er kurz angebunden.

»Weißt du, ich dachte nur, wenn du in London bist, könntest du uns ja einmal besuchen.«

»Danke, das würde ich wirklich gern tun. Zumal ich dich so oft von deinem Vater, deiner Mutter und deiner Schwester habe schwärmen hören, daß ich mir mittlerweile schon mein eigenes Bild von deiner Familie gemacht habe.«

»Oh, ich bezweifle, daß dein Bild die Wirklichkeit trifft. Da ist ja nicht nur meine Familie, sondern auch noch das Konglomerat zwischen den drei Häusern: Mutters Hutsalon, unser Wohnhaus in der Mitte und daneben das Haus von Vaters Partner und *dessen* Familie. Wenn du bei uns an einem Werktag hereinschneist, wirst du glauben, du bist im Tollhaus gelandet. Aber dennoch wirst du jederzeit willkommen sein.«

»Danke.«

»Warte, ich schreibe dir die Adresse auf. Klopfe an der mittleren Haustür an, Nummer vierunddreißig. Wahrscheinlich wird dir Alice aufmachen und sagen: ›Die Praxis ist nebenan‹, oder, wenn sie die Tür schon hundertmal am Tag aufgemacht hat: ›Links geht's zum Doktor, rechts zu den Hüten.‹ Die Wahl ihrer freundlichen Worte hängt ganz davon ab, mit wem sie es zu tun hat; ob ein Gentleman anklopft oder eine Dame oder ›die‹. Unter ›die‹ fallen Bettler, Botenjungen, Prediger aller Couleur, Lumpensammler . . . um nur einige zu nennen.«

»Das hört sich ja an wie die reinste Menagerie«, kommentierte Robert mit einem breiten Grinsen.

»Bravo, du hast den Nagel auf den Kopf getroffen. Jedenfalls bist du sehr herzlich eingeladen, dir dieses Kuriositätenkabinett anzuschauen.«

Am Paddington Place verabschiedeten sie sich: Jeder nahm sich eine Droschke, Jason zum Willington Place und Robert zur Victoria Station.

– 4 –

»Wie geht es dir, Mama?«

»Das siehst du doch, Robert. Die Zeit bleibt hier stehen; zumindest manchmal. Und dann wieder scheint sie geradezu rückwärts zu rasen. Aber sprechen wir nicht von mir – dafür ist später noch jede Menge Zeit, und dein Tee wird kalt –, erzähl mir lieber etwas von Oxford. Steht dort die Zeit auch still?«

»Nein, Mama, ganz in Gegenteil, dort vergeht sie wie im Flug, und ich würde sie gerne anhalten.«

»Hast du Großvater gefragt, ob du noch ein Jahr länger studieren kannst?«

»Ja, aber er ist strikt dagegen. Er möchte, daß ich in den Aufsichtsrat gehe. Der Bedarf an Mathematikern sei groß, sagt er.«

»Ha, so ein Unsinn! Er will dich bloß in seiner Nähe haben. Inzwischen bedauere ich es sehr, daß ich nachgegeben und dich, als du noch klein warst, bei ihm habe wohnen lassen. Freilich, damals lebten wir oben in Northumberland, aber wenn ich ehrlich bin, ist dies auch nicht der geeignete Ort für dich.«

Daraufhin verfielen sie beide in ein nachdenkliches Schweigen, das nur vom leisen Klirren ihrer Teetassen unterbrochen wurde.

Nach einer Weile dann stellte Robert die Frage, die ihm schon seit seiner Ankunft vor zwei Stunden auf der

Zunge brannte: »Wie geht es ihm?« Und die Antwort darauf lautete: »*Deinem Vater?* Unverändert.«

»Irgendwelche Vorkommnisse in letzter Zeit?«

Sie nippte an ihrem Tee, ehe sie erwiderte: »Nur eines, was erwähnenswert wäre. Neulich kam er nicht vom Angeln nach Hause. Walton ging daraufhin sofort in die Dorfschenke, aber zu seiner Überraschung war er dort nicht, und es hatte ihn auch niemand gesehen. Wir machten uns die größten Sorgen und suchten ihn überall, bis abends um neun Jamie Grayson kam, um uns zu sagen, daß er deinen Vater in einem seiner Felder gefunden habe. Er lag mitten im Dreck. Wahrscheinlich wollte er eine Abkürzung nehmen und ist im Matsch ausgerutscht.«

»Sturzbetrunken, nehme ich an.«

»Ja, aber nicht nur sturzbetrunken, wie du es so salopp ausdrückst, sondern auch bis auf die Haut durchnäßt. Anschließend lag er mit einer Erkältung zwei Wochen im Bett.«

»Bekommt er noch seine . . . tägliche Ration?«

»Ja, aber die ist anscheinend nicht mehr ausreichend. Das Schlimme bei deinem Vater ist, sagte der Doktor, daß er mit einem oder zwei Drinks nicht genug hat und daß ihn zuweilen ein Verlangen nach Alkohol befällt, das er nicht kontrollieren kann.«

»Ach, Unsinn!« Unvermittelt sprang Robert auf, ging zum Kamin und begann mit dem Schürhaken im Feuer herumzustochern, bis die Funken durchs Zimmer flogen. »Paß auf, Robert!« rief seine Mutter erschrocken. »Warum bist du plötzlich so verärgert?«

Robert sah sie eine Weile schweigend an, ehe er sagte: »Aus dem einfachen Grund, weil du ihn noch immer verteidigst, obwohl er dein Leben ruiniert hat. Er ist ein Trinker, und zwar einer von der übelsten Sorte, und ein Lügner obendrein. Wie oft habe ich es miterlebt, daß er hier in diesem Zimmer stand, dir seinen weingeschwängerten Atem ins Gesicht blies und in gekränktem Tonfall beteuerte: ›Ich habe keinen Tropfen angerührt. Wie kannst du es wagen, mir etwas Derartiges zu unterstellen!‹ Sprach's und konnte sich dabei kaum auf den Beinen halten. Wie erträgst du das nur? Und vor allem, warum? Er hätte schon vor Jahren in ein Sanatorium gehört. Aber nein, ihr habt es statt dessen zugelassen, daß er weiterhin ungehindert auch noch seinem anderen Laster frönt. Und ein so junges Mädchen . . .«

»Bitte, Robert!« Auch sie hatte sich jetzt erhoben. »Bitte, laß es gut sein. Ich habe mich so auf dich gefreut, aber jedesmal, wenn wir uns sehen, streiten wir über dieses Thema.«

Robert nahm daraufhin seine Mutter in den Arm und flüsterte: »Es tut mir leid, aber ich kann es einfach nicht ertragen, zusehen zu müssen, wie du dich für ihn aufopferst, ihn pflegst, beschützt und dabei so unglücklich bist.«

»Nein, Robert. So schlimm ist es nicht, mein Junge. Ich bin gar nicht so unglücklich, wie es scheint. Es gibt Tage, sogar Wochen, da läuft das Leben hier ganz friedlich ab. Und ich habe ja immer noch Marian, die mir Gesellschaft leistet –« Ein Lächeln huschte über ihr Gesicht. »Falls sie gerade einmal nicht auf ihrem Pferd sitzt.«

Er strich ihr sanft über die Wange und ging dann wieder hinüber zum Kamin. »Hörst du eigentlich des öfteren von Annette?«

»Nun, sie schreibt hin und wieder.«

»Aber sie kommt dich nicht besuchen, nicht wahr?«

»Ach, von Devon ist es ein weiter Weg hierher, und soviel ich gehört habe, erwartet sie ein Baby«, erwiderte sie und wechselte dann abrupt das Thema. »Erkundigt sich Großvater eigentlich manchmal nach deinem Vater?«

»Nein. Nie. Er gibt mir nur durch die Blume zu verstehen, daß er es gerne sehen würde, wenn ich einen Teil der Ferien in High Gully verbrächte, oder er schlägt vor, daß wir einige Tage zusammen in der Stadt verbringen, bevor wir nach Schottland fahren.«

Seine Mutter ließ einen unterdrückten Seufzer hören. »Es hätte die Dinge erheblich vereinfacht, wenn er *uns* erlaubt hätte, jedes Jahr für ein paar Tage nach Schottland zu kommen.«

»O nein, das glaube ich nicht, Mama. So wie ich es sehe – und ich bin sicher, Großvater sieht es genauso –, hätten McBrien, Jock Taggert oder einer der anderen dort oben Vater heimlich mit Alkohol versorgt. Keiner von denen betrachtet nämlich das Trinken als Fluch. McBrien schon gar nicht; der ist selbst immer voll bis zum Stehkragen ... Nein, Mama, unter den Umständen bist du hier besser aufgehoben.«

»Wirst du jetzt zu ihm nach oben gehen?«

»Kann ich damit nicht bis zum Dinner warten?«

»Mir wäre es lieber, du gingest gleich zu ihm«, sagte sie, und als er an der Tür war, rief sie ihm noch leise hinterher: »Sei bitte nett zu ihm, Robert.«

Statt zu antworten, seufzte er nur und verließ das Zimmer.

In der Halle sah er Oswald Walton die Treppe herunterkommen. Der alte Diener schien seit jeher zu seinem Leben zu gehören, anfangs als sein Kindermädchen und später dann als sein Berater und Vertrauter. »Ihr Feuer ist schon wieder ausgegangen, Master Robert«, begrüßte er ihn. »Ganz gleich, wie oft man ihn saubermacht, dieser alte Kamin qualmt immer. Ich habe Ihnen Ihre Sachen herausgelegt; den dunkelblauen Anzug, den tragen Sie doch so gern.«

»Danke, Walton.« Sie standen sich jetzt am Fuß der Treppe gegenüber, und Robert stellte dem Diener nun die obligatorische Frage, auf die dieser bereits gewartet hatte: »Und wie geht es ihm wirklich, Walton?«

»Ach, im großen und ganzen nicht allzu schlecht. Den Anfall hat er recht gut überstanden; nur sein rechter Arm und das rechte Bein sind ein wenig in ihrer Beweglichkeit eingeschränkt.«

»Welcher Anfall? Mutter hat nichts von einem Anfall erwähnt.«

Walton sah einen Moment zur Seite, ehe er sagte. »Nein, Master Robert, Ihre Frau Mutter versucht, diesen Anfall und das, was ihn ausgelöst haben mag, geflissentlich zu verdrängen. Meiner Meinung nach war das eine Warnung vor weiteren ... äh, Ausflügen. Sind Sie gerade auf dem Weg zu ihm?«

»Ja.«

»Oh, das wird ihn freuen, denn er kommt wahrscheinlich nicht zum Dinner herunter.«

Robert nickte und ging dann die Treppe hinauf und durch den Korridor zum Schlafzimmer seines Vaters. Bevor er eintrat, klopfte er leise an, steckte dann den Kopf durch die Tür und zwang sich zu einem freundlichen Tonfall. »Darf man reinkommen?«

»Robert, mein lieber Junge. Aber selbstverständlich! Wie schön, dich zu sehen.«

Er ging auf die schräg vor dem Kamin stehende Couch zu, auf der sein Vater ruhte. Sein einstmals blondes Haar war eisgrau geworden und umrahmte ein fast faltenfreies Gesicht, was jedoch über seine fast sechzig Jahre nicht hinwegtäuschen konnte.

»Komm, setz dich. Du scheinst jedesmal, wenn ich dich sehe, noch ein Stück gewachsen zu sein, mein Sohn.«

Robert nahm in einem Sessel neben der Couch und außer Reichweite des lodernden Kaminfeuers Platz. Sein Vater musterte ihn eine ganze Weile und meinte dann: »Du siehst genauso aus wie ich in deinem Alter. Gerade neulich erst habe ich wieder darüber nachgedacht, was ich damals so alles getrieben habe, als ich in Oxford studierte. Mein Gott, was wir alles für Blödsinn angestellt haben. Macht ihr das auch?«

»Nicht sehr oft, Vater. Dafür bleibt wenig Zeit. Das Studium nimmt mich wirklich sehr in Anspruch.«

»Ja, natürlich. Komisch, ich habe mich nie für Mathematik interessiert. Das ist der einzige Unterschied zwischen uns, nicht wahr?« Er wiegte jetzt bedächtig den Kopf hin und her. »Du bist mir in so vielen Beziehungen so unheimlich ähnlich. Ja, das sage ich auch immer zu deiner Mutter.«

Nur durch äußerste Willensanstrengung gelang es Robert, ruhig sitzenzubleiben und nicht aufzuspringen und dieser pathetischen Kreatur ins Gesicht zu schreien: »Ich bin Ihnen in *keiner* Beziehung ähnlich, Sir! Sie haben das Leben meiner Mutter ruiniert, und nach dem, was ich gehört habe, das etlicher anderer Frauen auch. Und nur, weil ich nicht so werden wollte wie Sie, fürchte ich mich vor Frauen und suche statt dessen die Gesellschaft von Männern, weil ich mich da sicherer fühle.« Aber er blieb sitzen und hörte mit ausdrucksloser Miene seinem Vater zu, der versuchte, elterliche Konversation zu machen.

»Ja, erst gestern sagte ich zu deiner Mutter, daß wir die Feiertage in London verbringen sollten. Wir haben früher immer so wunderschöne Weihnachtstage dort verlebt. Ach, und die Gesellschaften, die wir in North gaben und hier. Erinnerst du dich noch an die rauschenden Feste, die wir feierten, als du ein kleiner Junge warst und ich mich in Schale geworfen habe? Sag, erinnerst du dich noch daran?«

Robert konnte dieses Gerede nicht länger ertragen und erhob sich langsam von seinem Platz. »Bitte entschuldigen Sie mich, Vater«, sagte er so freundlich, wie es ihm möglich war. »Ich möchte mich gerne umziehen; ich fühle mich ganz staubig von der langen Zugfahrt. Diese Züge werden auch niemals sauberer.«

»Aber selbstverständlich, mein lieber Junge. Ich werde Walton Bescheid geben, daß er dir ein heißes Bad einlassen soll.«

»Nein, machen Sie sich bitte keine Umstände. Wir sehen uns dann später.«

»Ja. Ja, bis später.«

Er war schon fast bei der Tür, als ihm sein Vater hinterherrief: »Bist du Weihnachten hier?«

»Ich . . . ich weiß noch nicht genau, Vater.«

»Und was ist mit Silvester?«

»Ja, vielleicht.«

»Das wäre schön. Dann könnten wir gemeinsam ins neue Jahr hineinfeiern. Ja, das würde mich freuen.«

Allmächtiger! stöhnte er innerlich auf und blieb kurz auf dem Treppenabsatz stehen. Wie hielt seine Mutter das nur aus? Dieses Verdrängen jeglicher Realität; diese charmante Stimme, die nie die Wahrheit sprach; und diese Augen. Ja, diese seltsamen Augen, die stets den unschuldigen, flehenden Blick eines Kindes hatten, dem man Prügel angedroht hat und das nicht weiß warum.

Er war noch keine zwei Minuten in seinem Zimmer, als es an der Tür klopfte und eine vertraute Stimme »Darf ich reinkommen?« rief.

Mit einem Satz war er an der Tür. Draußen stand seine Schwester Marian und strahlte übers ganze Gesicht. »Hallo. Schön, dich zu sehen, Bruderherz«, begrüßte sie ihn.

»Ebenfalls. Wie geht es dir? Dumme Frage, so kerngesund, wie du aussiehst«, sagte er und bewunderte ihre dikken, roten Backen.

»So sähest du auch aus, wenn du so hart arbeiten würdest wie ich.«

»Was, auf einem Pferd zu sitzen, das nennst du harte Arbeit?«

»Ich reite gerade einen jungen Hengst zu. Mann, das ist vielleicht ein sturer Brocken! Wie lange bleibst du denn?«

»Ach, nur ein paar Tage.«

»Gehst du nach Schottland?«

»Nein, nicht direkt. Ich glaube, Großvater will vorher einige Tage in London verbringen. Aber noch habe ich nicht mit ihm gesprochen.«

»Ich würde so gern wieder einmal nach High Gully fahren. Ich kann mich kaum noch an das Haus erinnern. Meinst du, er würde es erlauben?«

»Natürlich. Aber glaub mir, nach kürzester Zeit wirst du froh sein, wieder in die Zivilisation zurückkehren zu dürfen. Dort oben ist es ziemlich ungemütlich, besonders um diese Jahreszeit.«

»Mama sagt, sie hätten dort wunderbare Zeiten verlebt; mit rauschenden Festen und Bällen, die teilweise über mehrere Tage gingen.«

»Ja, das habe ich auch gehört, bin aber nie dabeigewesen. Na, wie auch immer, jetzt ist es dort oben jedenfalls todlangweilig, öde und bitterkalt«, setzte er hinzu, eine

Beschreibung, die jegliche Begeisterung für einen Besuch im Keim zu ersticken schien, denn Marian wandte sich daraufhin zur Tür und fragte nur: »Hast du Vater schon gesehen?«

»Ja.«

»Und, was sagst du?«

»Nun, du kennst ja meine Meinung.«

»Er kann nichts dafür. So ist er halt. Eines Tages wirst du das selbst merken.«

Er drehte sich zu ihr um. »Du willst damit doch nicht etwa andeuten, daß ich so werden könnte wie er?«

»Nein, keineswegs, aber noch bist du nicht tot, und meistens sind es äußere Umstände, die die Menschen dazu bringen, das zu tun, was sie tun.«

»Bei ihm waren das keine äußeren Umstände. Aber was er getan hat, muß jedenfalls sehr schlimm gewesen sein, sonst hätte ihn Großvater sicher nicht enterbt.«

»Er hat ihn nicht enterbt.«

»Wie würdest du es dann nennen, wenn er sich weigert, ihn zu sehen, und ihm umgekehrt verbietet, sich in London oder Schottland blicken zu lassen? Was mich wundert, ist, wie Mutter das die ganzen Jahre über ausgehalten hat und noch aushält.«

Die Klinke in der Hand, blickte Marian über die Schulter und meinte vielsagend: »Ach weißt du, wir haben alle so unsere kleinen Vergnügen, die uns für vieles entschädigen. Das meine sind die Pferde . . .« Und mit dieser rätselhaften Bemerkung überließ sie ihn seiner Abendtoilette.

Doch schon wenig später sollte sich dieses Rätsel klären . . .

Er hatte gebadet und sich umgezogen, und während er dann vor dem Kamin saß, dachte er über die beklemmende Atmosphäre dieses Hauses nach, das außer den engsten Freunden seiner Mutter – Winifred DeWhit und den Musgraves – keine Besucher kannte; nicht einmal den unmittelbaren Nachbarn wurde Gastfreundschaft entgegengebracht. Er wußte, daß es dafür einen Grund geben mußte, konnte ihn aber noch nicht benennen. Nur eines war sicher: Sein Vater war nicht immer ein Trunkenbold gewesen, denn er konnte sich noch an Zeiten erinnern, als dieses Haus von Gästen und Freunden in Scharen aufgesucht worden war.

Er dachte an die Bahnfahrt am frühen Morgen und an Jason, der sich so darauf freute, seine Familie wiederzusehen. Wenn Großvater beschließen sollte, einige Tage in London zu verbringen, so würde er Jasons Einladung annehmen und ihm einen Besuch abstatten. Vielleicht könnten sie auch einmal zusammen ausgehen. Das würde ihm Spaß machen. Und wieder kam es ihm in den Sinn, daß er sich noch nie zu jemandem so hingezogen gefühlt hatte wie zu Jason. Vermutlich lag es daran, daß Jason so unkompliziert war und nichts zu verbergen hatte, wohingegen er ständig das Gefühl hatte, Dinge verbergen zu müssen, von denen er im Grunde gar nichts wußte. Warum hatte sein Großvater so nachdrücklich darauf bestanden, daß er nur den Namen Anderson benutzte? Im Internat war er als Robert Anderson eingeschult worden und wurde seither so genannt. Einmal hatte er seine Mutter gefragt, warum er nicht den ganzen Namen seines Vaters, Anderson Steerman, trage, doch sie hatte ihn nur mit der ausweichenden Antwort abgespeist: »Wenn Großvater das so haben möchte, dann ist es eben so.« Und weil er schon damals das Gefühl hatte, daß es ohnehin keinen Grund gab, auf den Namen Steerman stolz zu sein, akzeptierte er die Entscheidung seines Großvaters.

Er lehnte sich vor, die Ellbogen auf die Knie gestützt, und starrte ins Feuer. Hatte sein Vater in früheren Jahren etwas Kriminelles getan? überlegte er. Aber wenn dem so gewesen wäre, hätte er zumindest einige Zeit im Gefängnis verbracht haben müssen, und soweit er sich erinnerte, war sein Vater immer hier gewesen, wenn er in den Ferien nach Hause gekommen war; er hatte ihn genaugenommen nur in diesem Haus erlebt. An Northumberland hatte er nur noch vage Erinnerungen. War es also nur seine Trunksucht, die für sein zurückgezogenes Leben verantwortlich war ... und das seiner Mutter? Er würde so gerne mehr darüber wissen, den Geschehnissen auf den Grund gehen ... aber welchen?

Er stand auf und trat vor den Spiegel. Dort rückte er seine Fliege zurecht, zog die Manschetten unter den Anzugärmel vor und warf dann einen Blick auf die Uhr. In zwanzig Minuten würde man zum Dinner läuten. Inzwischen konnte er ja noch kurz nach unten gehen, der Köchin guten Tag sagen und ein Schwätzchen mit den Küchenmädchen halten, die immer zu Scherzen aufgelegt waren. Er war gerne in der Küche, und seine Mutter kam immer erst nach dem Läuten herunter.

Als er am Fuß der Treppe angekommen war, ging er anstatt durch die Halle, was der kürzere Weg gewesen wäre, ins Eßzimmer, von dem aus ein Durchgang zum Frühstückszimmer und weiter in die Küche führte.

Die Eßzimmertür war angelehnt. Er stieß sie auf und ging seitlich an dem langen Eßtisch vorbei, an dessen Längsseiten jeweils ein Dutzend Stühle standen, als er plötzlich in dem Spiegel über dem Kamin seine Mutter und Walton erblickte. Die beiden standen dicht beieinander. Er sah nur ihre Oberkörper, konnte aber erkennen, daß Walton die Hand seiner Mutter hielt, sich zu ihr beugte und offensichtlich sehr leise mit ihr sprach, denn er konnte keinen Laut vernehmen. Was er jedoch aus dem Profil ihrer Gesichter herauslas, ließ ihn einen Moment erstarren, und als ihre Köpfe noch ein wenig enger zusammenrückten, schloß er die Augen, drehte sich um und verließ lautlos den Raum.

Seine Mutter und der Diener seines Vaters! Nein! Nein! Doch, ja, seine Augen hatten ihn nicht getrogen.

Wir haben alle unsere kleinen Vergnügen ...

Kurz darauf fand er sich im Salon wieder, hinter einem Stuhl stehend und mit beiden Händen die Lehne umklammernd. Was sollte er jetzt tun? Was *konnte* er tun? Seine Mutter, eine Lady – und ein Dienstbote! Aber war Walton nicht mehr als ein Dienstbote? Er gehörte quasi zur Familie, hatte seinem Vater schon gedient, als dieser noch nicht verheiratet war. Er mußte inzwischen Ende Sechzig sein;

und seine Mutter war eine Frau in den Fünfzigern. Was um alles in der Welt konnte sie nur verbinden?

Ach, sei doch nicht so verdammt naiv! schalt er sich selbst und hätte beinahe vor Wut den Stuhl umgeworfen. Der Mann war und blieb ein *Dienstbote*, altes Familienfaktotum hin oder her. Möglicherweise war er der einzige Grund dafür, daß sie dieses Leben überhaupt ertragen konnte. Die Erinnerung daran war vage, aber er sah seine Mutter jetzt, wie sie früher war, eine strahlende, fröhliche Frau, und so schön. Ja, schön war sie immer noch.

Wußte sein Vater davon? Hatte er einen Verdacht?

Ach, das spielte doch keine Rolle. Er verdiente nichts Besseres als eine Frau, die sich mit einem Dienstboten einließ.

Du lieber Himmel! Was war nur los mit ihm? War er denn völlig weltfremd? Hatte er denn nichts gelernt in seinem Leben?

Die Antwort darauf ging mit einem innerlichen Aufschrei einher: Ja, er *hatte* etwas gelernt . . . und zwar, sich davor zu fürchten, Gefühle zu zeigen. Und jetzt, da er sah, daß sich seine Mutter und der Diener seines Vaters nicht scheuten, ihre Gefühle zu zeigen, war er schockiert.

Er zuckte zusammen, als plötzlich die Tür aufging, und stellte dann erleichtert fest, daß es Marian war. Sie mußte seine erschrockene Miene bemerkt haben, denn sie fragte sofort: »Was ist denn mit dir los?«

Robert schluckte erst einmal, ehe er betont langsam zu sprechen begann: »Du sagtest vorhin etwas in der Art, daß jeder Mensch seine kleinen Vergnügen braucht. Was meintest du damit?«

»Genau das. Wir alle brauchen etwas, was uns aufrechterhält und weitermachen läßt, besonders in diesem Haus.«

»Sprachst du damit auf Mutter an?«

Sie musterte ihn mit einem scharfen Blick und sah dann zu Boden. »Alles, was ich dazu sagen kann, Robert, ist, daß *wir* in diesem Haus leben müssen. Und seit Großvater Daddy enterbt hat und Mama nur eine kleine Rente auszahlt, ist unser Leben alles andere als einfach geworden.«

»Aber Mutter besitzt doch eigenes Vermögen.«

»Ja schon, aber das ist inzwischen erheblich geschrumpft. Sieh mal, das Haus zu unterhalten kostet eine Menge Geld, und dann hat sie mir auch noch mein Hobby ermöglicht. Denn sie und ich, wir machen uns wenig Hoffnung, daß demnächst doch noch ein galanter Ritter auf einem weißen Roß angeritten kommt und mich als seine Braut entführt. Wie man mir schon zu Schulzeiten sagte, ich bin so reizlos und langweilig wie das Essen im Armenhaus.«

»So ein Unsinn! Du bist ganz und gar nicht reizlos.«

»Ach, Robert, du brauchst dir keine Komplimente aus den Rippen zu schneiden. Dafür kennen wir uns zu gut.« Dann lächelte sie wieder. »Wir haben zu viele Kämpfe ausgefochten, aber seit du in Oxford bist, hast du dich verändert. Auf einmal willst du nicht mehr kämpfen.« Und das Lächeln, das sich jetzt über ihr Gesicht legte, wischte die zweifellos vorhandene Reizlosigkeit hinweg, und ihre Stimme wurde leiser, als sie sagte: »Laß Mama zufrieden, Robert. Versuche zu verstehen. Und verzeih mir meine Offenheit, aber du gehörst diesem Haushalt nicht an. Du hast nie über längere Zeit mit uns zusammen hier gelebt. Dafür hat Großvater gesorgt. Er hat dich zu seinem Ersatzsohn gemacht. Das ist dir doch klar, oder?«

»Marian, sag mir bitte, denn du weißt mehr darüber als ich, was hat Vater wirklich getan?«

»Oh!« rief sie nun erheblich lauter. »Nicht dieses Thema. Ich werde mich nicht über dieses Thema auslassen. Ich sage nur soviel: Wein, Weib, aber in seinem Fall kein Gesang. Horch, die Dinnerglocke.« Sie hakte sich bei ihm unter. »Führe mich zur Festtafel, Bruderherz«, sagte sie mit einem Lächeln und zischte ihm dann leise zu: »Und steck um Gottes willen diesen Predigerblick weg.«

Als er dann mit seiner Schwester am Arm das Eßzimmer betrat, war er nicht der Oxfordstudent im dritten Jahr auf Weihnachtsurlaub zu Hause, nicht der beliebte Bootsführer und auch nicht der junge Mann, in dessen Studentenzimmer hitzige Debatten geführt wurden – hier war er ein grüner Junge, der noch hinaus ins Leben gehen mußte, um Liebe, Einsamkeit, Sehnsucht und Schmerz am eigenen Leibe zu erfahren.

– 5 –

»Ah, da bist du ja, Liebes.« Emily erhob sich vom Frühstückstisch, um ihre Tochter zu begrüßen, die gerade das Zimmer betreten hatte. »Jetzt hast du aber tüchtig ausgeschlafen, nicht wahr? Hast es auch nötig gehabt.«

»Ein Wunder, daß ich nicht aus Gewohnheit schon um sechs Uhr aufgewacht bin, denn mein Dienst fängt um sieben an, und ich brauche immer gut eine halbe Stunde, bis ich morgens auf die Beine komme.«

»Was möchtest du denn frühstücken? Eier und Speck?« fragte Emily und hob einladend den Deckel der Wärmeplatte hoch.

»Um Gottes willen! Das ist mir heute morgen viel zuviel«, rief Janice und hielt sich den Bauch. »Um ein Uhr steigt doch schon unser großes Weihnachtsdinner. Weißt du, Mutter, als ich die Oberin fragte, ob ich bis Mitte der Woche Urlaub nehmen könnte, wollte sie wie üblich den Grund wissen. Ich sagte ihr also, daß ich gerne zum Weihnachtsdinner bei meiner Familie bliebe, und daraufhin starrte sie mich an, als sei ich irgendein Fabelwesen, das gerade aus dem Nichts aufgetaucht war, und nicht die Schwester Montane, die ihr schon seit einem Jahr nichts recht machen kann. ›Weihnachtsdinner am Tag vor Weihnachten! Wo gibt es denn so was?‹ schnaubte sie, und weißt du, was sie dann gesagt hat, Mutter? ›Deinem Benehmen nach mußt du aus einer sehr seltsamen Familie stammen, Schwester. Weihnachtsessen vor Weihnachten, ts, ts, ts. Geh jetzt wieder an deine Arbeit.‹« Janice lachte. »Weißt du, am liebsten hätte ich geantwortet: Ganz recht,

Schwester Oberin. Unsere Familie ist tatsächlich ein recht seltsamer Haufen.«

»Du hättest ihr erklären sollen, warum wir das mit dem Dinner so handhaben.«

»Die würde mir doch nie glauben, daß mein Vater, der Herr Doktor, mit seiner Frau und seinem Sohn den Weihnachtstag am Westerley Place verbringt und dort an die Obdachlosen und elternlosen Kinder Essen verteilt.«

Janice nahm einen Toast vom Tablett und bestrich ihn mit Butter. »Wie lange macht ihr das jetzt eigentlich schon, Mutter?«

»Ach, Jason und du, ihr wart sieben, glaube ich, als wir damit anfingen. Beim erstenmal habe ich euch noch beide mitgenommen, aber anschließend habt ihr dann eine solche Magenverstimmung bekommen, daß ich euch die nächsten Jahre zu Hause gelassen habe. Eine dieser armen Seelen muß euch ein Stück fettes Fleisch von ihrem eigenen Essen gegeben haben. Ich erinnere mich sehr gut an dieses Jahr, weil ich euch nachmittags nach Hause bringen mußte und ihr den schönsten Teil des Tages verpaßt habt: das gemeinschaftliche Singen am Abend. Da sind sie alle dann endlich einmal so richtig satt, sitzen im Warmen, und manche sehen sogar ein bißchen glücklich aus ... Dein Vater hat dort wirklich großartige Arbeit geleistet.«

»Ja, aber um das durchführen zu können, mußte er auch in seiner Praxis doppelte Arbeit leisten. Und du ebenfalls. Keiner von euch beiden scheint jemals zu ruhen und ein normales Leben zu führen.«

»Ach, wir führen doch ein recht normales Leben, und ein sehr erfüllendes dazu. Und wir sind auch nicht die einzigen, die so etwas tun. Es gibt sehr viele Menschen, die sich um andere kümmern. Ich wünschte nur, von diesen würden mehr im Parlament sitzen.«

»Wo ist denn Jason?«

»Nebenan und führt hitzige Gespräche mit Harry und James. Sie sind nämlich letzte Woche mit der Schule fertig geworden.«

»Und wie steht es mit Rosie und ihm?«

»Ach, meine Liebe, frage mich nicht. Ich glaube, er sieht in ihr immer noch das kleine Mädchen, mit dem er zusammen im Sandkasten gebuddelt hat. Dabei ist sie eine sehr intelligente junge Frau geworden und sehr erfolgreich in ihrem Beruf als Sekretärin. Das scheint der letzte Schrei zu sein. Selbst Debütantinnen, die auf dem Heiratsmarkt noch keinen passenden Ehemann gefunden haben, besuchen neuerdings diese Sekretärinnenschule. Ja, ja. Die Zeiten ändern sich, und zwar rapide. Das scheint mit dem Tod der Königin angefangen zu haben.« Sie lächelte jetzt. »Dein Vater ist sehr angetan von unserem König, der seiner Meinung nach diese Veränderungen insofern gefördert hat, als er ein weitgereister, aber in gewisser Weise auch unterprivilegierter Mann ist. Unterprivilegiert deshalb, weil man ihm so lange das Recht auf den Thron verweigert hat; und was noch wichtiger ist, sagt dein Vater, er ist ein ganz normaler Mensch wie du und ich.«

»Aber ja, Mutter, ein ganz normaler Mensch, der schon seit Jahren eine Mätresse hat und eine Frau, die ihre Nebenbuhlerin klaglos zu tolerieren hat.«

»Ich . . . ich muß in die Küche und dort nach dem Rechten sehen«, sagte Emily daraufhin unvermittelt und stand auf. »Dein Vater hat um drei Uhr eine wichtige Verabredung, deshalb muß das Essen pünktlich fertig sein. Und am Abend, haben wir uns gedacht, gehen wir alle zusammen ins Theater. Also, steckt mal die Köpfe zusammen und sucht das beste Stück aus.«

Alice war auf dem Weg zum Salon, aus dem angeregte Unterhaltung und fröhliches Lachen drangen, als ein Klopfen an der Haustür sie innehalten ließ. »Sieh mal nach, wer das ist«, rief sie Annie Smears, dem Dienstmädchen, zu, das sie gerade durch die Halle huschen sah.

Annie eilte zur Haustür, öffnete sie und gab Alice nach einem kurzen Wortwechsel mit dem Besucher ein Zeichen und rief leise: »Hier ist ein Gentleman, der Master Jason zu sprechen wünscht.«

Als Alice daraufhin an die Tür kam, sah sie einen gutgebauten jungen Mann auf der Treppe stehen. Er war so groß, daß sie regelrecht zu ihm aufsehen mußte. Ihr Blick verweilte eine Zeitlang auf seinem Gesicht, ihr Mund öffnete sich leicht, und nach einem kurzen Blick über die Schulter in Richtung Salon hatte sie sich wieder soweit in der Hand, daß sie ihn ansprechen konnte. »Ja, bitte, Sir?«

»Ich . . . ich wollte mich erkundigen, ob Mr. Jason wohl zu Hause ist.«

»Ja, Sir. Ja, er ist zu Hause. Wen darf ich melden?«

»Robert Anderson.«

»Oh, Robert Anderson.« Der Name erstarb auf ihren Lippen. »Bitte, treten Sie ein, Sir.«

Robert betrat die Halle, den Hut nun in der Hand, und sah, wie eine der Hausangestellten eilig die geräumige Halle durchschritt, während die andere, die Uniform trug, im gegenüberliegenden Zimmer verschwand, in dem das Gelächter und Stimmengewirr immer mehr anschwoll, bis die Tür aufging und Jason heraustrat.

»Hallo, Robert. Schön, dich zu sehen. Leg ab, und nichts wie rein mit dir. Wann bist du angekommen? Ich meine, wie lange bist du schon in der Stadt?«

»Seit gestern. Aber warte, du hast Besuch. Ich komme lieber ein andermal wieder.«

»Den Teufel wirst du tun. Gib mir deinen Mantel«, forderte er seinen Freund auf und zog ihn ihm beinahe von der Schulter.

»Du kommst genau im richtigen Augenblick. Die ganze Bagage ist hier versammelt. Wir setzen uns gerade zum Weihnachtsschmaus nieder.«

»Nein, nein, ich möchte wirklich nicht stören«, wehrte Robert ab und griff nach seinem Mantel. »Ich komme ein andermal.«

Die Tür öffnete sich wieder, und ein anderer Mann trat aus dem Zimmer in die Halle. Er war mittelgroß, hatte graues Haar und sehr helle Augen. Er kam nicht sofort auf sie zu, sondern blieb stehen und starrte sie aus einiger Entfernung an, bis Jason ihm aufgeregt entgegenrief: »Vater, das ist mein Freund Robert; der, von dem ich dir schon so viel erzählt habe. Robert, das ist mein Vater, Doktor Montane.«

»Ich freue mich sehr, Sie kennenzulernen, Sir.«

Steve schüttelte die angebotene Hand und musterte den Besucher dabei nochmals eingehend. Er hatte diesen jungen Mann schon einmal gesehen, da war er sich ganz sicher. Nur wo? Möglicherweise in seiner Praxis; ja, bestimmt in seiner Praxis. Dieser junge Mann hatte das gleiche helle Haar wie Jason und sah ihm in gewisser Weise sogar ein bißchen ähnlich, obgleich Jasons Teint insgesamt dunkler war.

»Kommen Sie herein, und lernen Sie unsere Familie kennen. Aber ich möchte mich gleich im vorhinein für sie entschuldigen; für alle Anwesenden genaugenommen«, sagte Steve und ging zurück in den Salon. Jason, die Hand auf Roberts Arm gelegt, folgte ihm.

»Könnt ihr mal einen Moment Ruhe geben, ihr Schreihälse? Das« – er deutete auf Robert – »ist Jasons Freund aus Oxford. Er ist gerade erst angekommen, und ich kann nur hoffen, daß ihm diese Menagerie hier nicht auf den Magen schlägt. Übrigens, Sir, das ist meine Frau.«

Emily ergriff Roberts Hand und wunderte sich im selben Augenblick über den Schauer, der ihr plötzlich durch den ganzen Körper fuhr. »Herzlich willkommen«, sagte sie, mit einem Lächeln auf den Lippen. »Und das ist meine Tochter Janice, Jasons Zwillingsschwester.«

»Ich werde oft gefragt«, warf Steve rasch ein, »warum ausgerechnet Janice und Jason? Nun, Janice war der Name der Mutter meiner Frau und Jason der meines Großvaters.«

»Ich bin übrigens der ältere«, setzte Jason hinzu.

Robert hielt noch immer Janices Hand, als diese sagte: »Nett, Sie kennenzulernen. Ja, Jason ist tatsächlich um vier Minuten älter als ich, aber was seinen Verstand angeht, gute vier Jahre zurück. Da hat er noch einiges aufzuholen.«

In das allgemeine Gelächter hinein bemerkte Robert, den Blick auf Janice geheftet und ihr heftig zunickend: »Ja, sein schwacher Intellekt ist mir auch schon aufgefallen, aber das tut seiner Muskelstärke keinen Abbruch, die beim Rudern sehr nützlich ist.«

»Gut gemacht!« applaudierte Steve, drehte sich dann wieder um und fuhr mit der Vorstellung fort, indem er auf die einzelnen Personen deutete. »Das ist mein Partner, Doktor John Nelson, seine Frau Mary, ihre Tochter Rosie und ihre beiden Söhne Harry und James.« Nachdem das gegenseitige Bekanntmachen damit abgeschlossen war, warf Steve einen Blick auf die Uhr. »Meine Herrschaften, es ist gleich eins; laßt uns hinüber ins Eßzimmer und zum großen Festmahl schreiten.«

»Ich . . . ich möchte wirklich nicht länger stören; ich . . .«

»Kein Wort mehr, junger Herr, wenn Sie uns das Weihnachtsessen nicht verderben möchten. Jason hat Ihnen vielleicht schon von unserer merkwürdigen Gepflogenheit erzählt, dieses Essen ein paar Tage vor Weihnachten abzuhalten . . . Alice!« rief er dann plötzlich laut durch den Raum, als er sie in der offenen Tür auftauchen sah. »Noch ein zusätzliches Gedeck, bitte. Damit wären wir dann zehn. Das ist gut, ich mag gerade Zahlen.«

Fünf Minuten später saßen sie alle an dem langen Eßtisch; Steve am Kopfende, Janice zu seiner Rechten, Robert zu seiner Linken. Emily saß ihm am anderen Ende der Tafel gegenüber, Jason rechts von ihr, und auf den freien Stühlen dazwischen hatten sich John Nelson und seine Familie verteilt. Das eben noch so fröhliche Geplauder verstummte sofort, als Steve sich erhob, um das Tischgebet zu sprechen, das manchem an der Tafel recht merkwürdig vorkam: »Mögen die Götter anderen Menschen niemals weniger bescheren, als sie uns heute an dieser Weihnachtstafel beschert haben.«

Nach dem anschließenden, gemeinsam gesprochenen ›Amen‹ stand Jason auf und begann, reihum den Wein einzuschenken. Dann erhob die Weihnachtsgesellschaft, die Blicke auf Steve gerichtet, die Gläser. »Laßt uns auf alle unsere Lieben trinken, die uns verlassen haben, und auf die, die noch unter uns weilen, besonders unsere Frauen und

Kinder ... und nicht zu vergessen unseren Gast, der uns herzlich willkommen ist.« Alle Köpfe wandten sich daraufhin Robert zu, der vor Verlegenheit ein wenig rot geworden war und nun seinerseits das Glas erhob. »Ich danke Ihnen und allen Anwesenden ganz herzlich«, erwiderte er gerührt.

»Alice! Bring ihn herein!« tönte Steves Stimme jetzt laut und vernehmlich durch den Raum, und beinahe im selben Moment erschien Alice mit dem Truthahn, gefolgt von zwei Mädchen, die große Tabletts mit den Beilagen vor sich hertrugen.

Nachdem der Truthahn zerteilt, die Gemüse serviert und die Schale mit Preißelbeersoße unter Schwatzen und Lachen herumgereicht war, machten sich alle mit gesundem Appetit über das opulente Mahl her. Mehrmals wurde Wein nachgeschenkt, und als dann der Pudding unter vielen »Oohs!« und »Aahs!« serviert wurde und man sich – wie jedes Jahr – darüber einig war, daß dies das beste Mahl war, das die Köchin je gezaubert hatte, erhob Steve die Stimme, um sich Gehör zu verschaffen, und wandte sich an Robert: »Sie denken sich jetzt bestimmt, in was für einer merkwürdigen Gesellschaft Sie hier wohl gelandet sind, nicht wahr?«

»Eine bessere Gesellschaft könnte ich mir nicht wünschen, Sir«, entgegnete Robert strahlend. »Es ist schon lange her, seit ich ein Essen so genossen habe. Die Portionen in den Hotels sind immer so klein, und von den zahlreichen Gängen schmeckt meist nur die Hälfte.«

»Sind Sie schon lange in der Stadt?« Die Frage kam von Janice am anderen Ende der Tafel.

»Nein, erst seit gestern«, erwiderte er kopfschüttelnd.

»Und, bleiben Sie über die Feiertage?«

»Ich ... hoffe es. Das hängt von meinem Großvater ab.«

»Ach, Ihre Familie lebt hier?«

»Nein, meine Eltern wohnen in Sussex und mein Großvater in Schottland.«

»Verzeihung, ich habe vorhin Ihren Nachnamen nicht verstanden.« Das kam von Steve.

»Anderson, Sir.«

»Anderson. Sind Sie der einzige Sohn in der Familie?«

»Nein, ich habe noch zwei Schwestern. Eine ist verheiratet, die andere lebt noch zu Hause.«

»Ist Ihre Schwester auch in London?« rief Janice wieder quer über die Tafel.

»Nein«, rief Robert zurück. »Sie ist bei meinen Eltern. Um meine Schwester aus dem Haus zu locken, bedarf es größerer Anstrengungen; sie ist nämlich pferdenärrisch.«

»Ach, sie reitet?« warf Steve ein. Und da jetzt das Gelächter am anderen Ende der Tafel ein wenig abgeebbt war, konnte Robert seine Stimme senken, als er erwiderte: »Allerdings, Sir. Sie reitet sehr viel. Wenn es nach ihr ginge, würde sie auch im Stall schlafen. Das einzige, wofür sie sich interessiert, sind Pferde.« Er hielt kurz inne und wiegte nachdenklich den Kopf. »Nein, ganz stimmt das nicht. Sie hat noch ein anderes Hobby: Sie liest . . . überwiegend Gedichte. Ja, das überrascht mich immer wieder.«

Und was ihn noch mehr überraschte, war die Tatsache, daß er sich hier in dieser Runde so wohl fühlte und für seine Verhältnisse außerordentlich gesprächig war. Letzteres schob er nach kurzem Überlegen dem wunderbaren Mahl und dem guten Wein zu.

»Was finden Sie so überraschend daran, daß sie Pferde und Poesie liebt?« wollte Janice wissen und sah Robert interessiert an.

»Nun, ich finde, das paßt irgendwie nicht zusammen. Jedenfalls nicht die Art von Gedichten, die sie bevorzugt. Es sind eher moderne Sachen, überwiegend stammen sie von . . . nun, ich weiß gar nicht, ob der Verfasser ein Mann oder eine Frau ist. Jedenfalls lautet ihre Antwort jedes Jahr, wenn ich sie frage, was sie sich zu Weihnachten wünscht: ›Ach, schenk mir doch einen Petersen, wenn es einen neuen Band gibt.‹ Ich glaube, mittlerweile gibt es acht Ausgaben.«

Das Husten und Japsen, das daraufhin am gegenüberliegenden Tischende losbrach, kommentierte Steve scherzhaft und mit erhobenem Zeigefinger. »Also wirklich, Jason! Du kannst dich anscheinend immer noch nicht beim Essen benehmen. Mutter, rufe deinen Sohn bitte zur Ordnung«, sagte er und warf Emily dabei einen gespielt empörten Blick zu. Doch diese hatte den Kopf in die Hände gestützt, die Augen niedergeschlagen und reagierte nicht auf Steves Worte. Gleich darauf wanderten alle Augenpaare zu Janice, die sich jetzt laut und vernehmlich bei Robert erkundigte: »Ihnen gefallen die Gedichte von Petersen also nicht?«

»Nun, sie sind ehrlich gesagt nicht ganz mein Geschmack. Ich glaube, sie sprechen eher Frauen . . . oder Damen an. Und trotzdem, bisweilen zerbreche ich mir wirklich den Kopf, ob Petersen nun ein Mann oder eine Frau ist.«

»Dann lesen Sie die Gedichte also doch?«

Er lachte. »Nur, wenn ich sie für meine Schwester kaufe. Ich habe zufällig gerade einen Band in meiner Manteltasche«, sagte er und deutete dabei mit dem Daumen in Richtung Flur. »Es ist sein . . . oder *ihr* zuletzt erschienener. Aber wie gesagt, ich wundere mich immer wieder, daß sie Marian . . . meine Schwester so ansprechen, denn ich finde, manche der Gedichte haben so einen bitteren Beigeschmack, während andere . . . nun, eher religiös angehaucht sind. Und dann gibt es welche, aus denen werde ich überhaupt nicht schlau.«

Als das allgemeine Hüsteln an der Tafel immer eindringlicher wurde, gebot Mary Nelson dem mit einem leisen »Schh!« Einhalt. Und Emily begann, indem sie den Blick auf ihren Gatten richtete: »Steve, bitte entsch . . .«

»Nein, meine Liebe, bitte bleib. Deine Tochter liebt Petersen, also laß sie die Diskussion ruhig zu Ende führen. Außerdem«, fuhr er jetzt an Robert gewandt fort, »habe ich in dieser Familie noch nie ein gemeinsames Mahl erlebt, ob nun an Weihnachten oder normalen Sonntagen, bei dem nicht früher oder später hitzig debattiert wurde. Weshalb sollte es heute anders sein?« Dann meinte er mit einem entwaffnenden Lächeln zu seiner Tochter: »Nur zu. Sprich aus, was du sagen wolltest.«

Janice lachte kurz auf und sah Robert dabei an: »Ich wollte nur fragen, ob Sie schon etwas aus dem neuen Band gelesen haben?«

»Ja, ich habe das Buch im Laden kurz durchgeblättert und bin dabei auf ein Gedicht gestoßen, ein sehr kurzes, das mich interessierte. Es trägt den Titel ›Waterloo Station‹«, erklärte er ebenfalls lachend.

»Und, haben Sie es ganz gelesen?«

»Ja. Kennen Sie es denn?«

»Ja, ich kenne es. Ich schätze Petersens Gedichte sehr, ich liebe Petersen und ganz besonders ›Waterloo Station‹.« Und dann lehnte sie sich zurück und begann zu rezitieren:

Auf dem Bahnhof Waterloo sah ich
zwei Liebende den Zug verlassen
und an mir vorübergehen.
Zwei hochgewachsene schöne Menschen,
in deren Augen sich die junge Liebe spiegelte.
Scheu berührten sich ihre Hände.
Wer waren sie?
Woher kamen sie? Wohin gingen sie?
Ich weiß es nicht.
Ich weiß nur, an diesem Tag sang mein Herz,
ein Tropfen aus der sprudelnden Quelle ihrer Liebe
hatte mich berührt.
Ich war an diesem Tag nicht länger alt,
sondern wieder jung und froh,
als der Zug in Waterloo einlief
und du mir entgegenkamst.

Über der Festtafel lag tiefes Schweigen. Robert war puterrot geworden. Eine ganze Weile ruhte sein verwirrter Blick auf Janice, dann wanderte er die Tafel entlang, und Robert mußte zu seinem Entsetzen feststellen, daß alle Augen auf ihn gerichtet waren. Er wandte sich an seinen Gastgeber, der daraufhin den Kopf senkte, auf seinen Teller starrte und nach der Hand seiner Tochter tastete. Robert räusperte sich verlegen und sagte dann mit belegter Stimme: »Ich . . . ich habe das Gefühl, ganz unbeabsichtigt einen großen *fauxpas* begangen zu haben. Ich weiß nur nicht genau, welchen.« Und auf einmal schwang sein Kopf zu Emily herum. »Ist Petersen etwa Ihr Pseudonym, Mrs. Montane?«

»Nein, Robert, nicht meines, sondern das meines Mannes. Und ich finde, meine Familie hat sich gerade sehr schlecht benommen.«

»O nein, das haben wir nicht«, erklärte Steve mit Nachdruck und hob dabei den Kopf. »Das war eine ganz normale Diskussion, und ich werde mich nicht bei meinem Gast dafür entschuldigen, daß ich Gedichte schreibe, die mitunter weibisch anmuten mögen. Er ist ein junger Mann und sollte inzwischen wissen, daß in jedem von uns männliche und weibliche Charaktereigenschaften vereint sind. Bei den Männern mögen diese weiblichen Eigenschaften tiefer verborgen liegen, aber diejenigen von uns, die diese in sich entdecken konnten, haben mitunter ein tieferes Verständnis für die Dinge des Lebens. Nein, ich sehe nicht ein, warum ich mich für meine Neigung, nicht nur Sie, sondern auch viele andere zu verwirren, entschuldigen sollte. Aber ich muß zugeben«, fuhr er fort und wiegte den Kopf hin und her, »ich wundere mich immer wieder, daß überhaupt jemand meine Gedichte liest. Sehen Sie, zu Anfang, als ich im Krankenhaus arbeitete und meinen Beruf erlernte, der mich an die Flußufer und zu dem ganzen menschlichen Elend dort führte, habe ich meine Gedichte nur auf Zettel geschrieben, zudem noch in einer ganz einfachen Sprache. Das Seltsame ist nur, wenn ich versuche, schlau und tiefgründig zu sein – zwei sehr schwierige Dinge für mich –, dann scheint mich niemand zu verstehen.«

Robert, aus dessen Wangen die Röte ein wenig gewichen war, sah nun über die Tafel hinweg zu Jason. »Kein Wunder, daß du vorhin beinahe in deinen Pudding gespuckt hast«, grinste er und fügte dann, in das Lachen der anderen einstimmend, hinzu: »Aber warum hast du mir denn um Himmels willen nichts davon erzählt?«

»Warum sollte ich mir wohl die Blöße geben und dir erzählen, daß mein Vater Gedichte schreibt, die weder Rhythmus noch Sinn haben; kannst du mir das verraten? Das ist nichts, worauf man stolz sein könnte.«

An der Tafel erhob sich daraufhin ein Protestgeschrei, das wie ein Hagelschlag auf Jason niederprasselte und darin gipfelte, daß einer der Nelson-Söhne ihm eine Orange an den Kopf warf, die anschließend auf dem Teller seiner Mutter landete, worauf Emily nur freundlich darum bat, sich bitte nicht an dem guten Geschirr zu vergreifen, und Steve anregte, sich zum Kaffee doch jetzt ins Wohnzimmer zu begeben.

Unter allgemeinem Gelächter und Geplauder erhob man sich von der Tafel. Robert, der sich plötzlich an Janices Seite fand, stellte verwundert fest, daß diese beinahe so groß wie ihr Zwillingsbruder war und ihm durchaus sehr ähnlich sah, obgleich sie verglichen mit ihm eine ausgesprochene Schönheit war. Im Gegensatz zu dem blonden Jason hatte sie braunes Haar und dunkelbraune Augen und eine Haut wie Alabaster. Im Schutze einer Lachsalve, die gerade hinter ihnen ertönte, raunte Janice ihm zu: »Sie sind mir doch nicht böse, daß ich Sie vorhin so hochgenommen habe, nicht wahr?«

»Aber nein, überhaupt nicht«, wehrte er ab und mußte sich zu einem Lächeln zwingen, da ihm just in diesem Moment bewußt wurde, daß es ihn sehr wohl geärgert hatte, da er es noch nie leiden konnte, Zielscheibe von Spott und Gelächter zu sein. Oxford war in dieser Hinsicht geradezu ein einziger Spießrutenlauf für ihn, den er täglich mit zusammengebissenen Zähnen absolvieren mußte. Und doch war sein nächster Gedanke der, daß es ihm eigentlich gar nichts ausmachen würde, noch einmal in ähnlicher Form von diesem Mädchen geneckt zu werden. Ein seltsamer Gedanke, überlegte er; aber noch seltsamer mutete ihn die unmittelbar darauf folgende Erkenntnis an, daß er sich in Gesellschaft dieses Mädchens so wohl fühlte: genauso wohl wie mit Jason. Aber warum sollte ihn das erstaunen? Schließlich waren die beiden Geschwister; mehr noch, sie waren Zwillinge, die sich, abgesehen von ihrem Äußeren, unglaublich ähnlich waren.

»Gibt es bei Ihnen Weihnachten ein großes Fest?« wurde er jetzt von Janice gefragt.

»Ein großes Fest?« wiederholte er und ließ ein spöttisches »Pah!« folgen. »Die Zeiten sind bei meinem Großvater vorbei. Obwohl er sich bisweilen, wenn er mit einem Glas Portwein und seiner Zigarre vorm Kamin sitzt, gerne an vergangene Galas und Empfänge erinnert.«

Sie setzten sich nebeneinander auf eine Couch. »Dann verbringen Sie also viel Zeit mit Ihrem Großvater«, nahm Janice den Faden wieder auf.

»Ja«, erwiderte Robert. Den Zusatz ›leider‹ verkniff er sich.

»Warum feiern Sie denn nicht alle zusammen in Sussex?«

Auf sein Schweigen und den seltsam leeren Blick hin, den er ihr zuwarf, sagte Janice rasch: »Verzeihen Sie, ich bin genauso schlimm wie meine Familie. Wir stellen immer so indiskrete Fragen . . .«

»Sie haben keinen Grund, sich zu entschuldigen. In Ihrer Familie herrscht eine so vertraute, unkomplizierte Atmosphäre, daß es Ihnen ganz natürlich erscheinen muß, alle Ferien gemeinsam zu verbringen. Aber sehen Sie, mein Vater ist gesundheitlich nicht auf der Höhe und verläßt nur noch selten das Haus. Meine Mutter pflegt ihn, und Marian, meine Schwester, verbringt wie gesagt ihr Leben in Gesellschaft ihrer Pferde und« – er machte eine Pause und schnitt eine Grimasse – »Petersens-alias-Montanes Gedichten. Mein Großvater hingegen lebt die meiste Zeit des Jahres in Schottland, und zwar in einer Gegend, wo sich Fuchs und Hase gute Nacht sagen.«

»Ist er schon sehr alt?«

»Ja, Mitte Achtzig. Obwohl, für sein Alter ist er noch sehr rüstig. Er führt immer noch seine Geschäfte, was auch der eigentliche Grund für seine Aufenthalte in London ist.«

»Gehen Sie oft ins Theater?«

»Leider nur selten, denn mein Großvater hat es gerne, wenn ich ihm abends Gesellschaft leiste.«

»Ach, wie schade! Es wäre nett gewesen, wenn Sie uns heute abend hätten begleiten können. In unserer Familie ist es nämlich Tradition, daß wir nach dem Weihnachtsessen alle zusammen in ein Varieté gehen und uns eine lustige Show ansehen.«

Als er darauf nichts erwiderte und sie nur ansah, beeilte sie sich hinzuzusetzen: »Nun, ich weiß, es ist nicht die Oper oder ein gutes Theater. Nicht sehr ›Oxford-like‹, sozusagen.«

»Du liebe Güte!« Er machte eine abwehrende Handbewegung. »Ich wollte keinesfalls Ihren Geschmack in Frage stellen. Ich dachte gerade, wie schön es wäre, wenn ich mit Ihnen mitkommen könnte. Ganz offen gesagt, dies ist der schönste Abend, den ich seit . . . ich weiß nicht wie lange erlebe.«

Sie sparte sich ein erstauntes ›Ach, wirklich?‹, sah ihn nur an und entdeckte dabei eine gewisse Traurigkeit in seinem Blick. Er wirkte irgendwie verloren, obgleich sie den Eindruck hatte, als sei er in den vergangenen Stunden ein wenig aus sich herausgegangen. Ihr Bruder hatte ihn in seinen Briefen immer wieder erwähnt, geradezu davon geschwärmt, was für ein guter Sportler und Mannschaftskapitän er sei. Ja, sie glaubte sogar, daß Jason sich sehr geehrt fühlte, daß ihn Robert als Student im dritten Jahr unter seine Fittiche genommen hatte.

Doch trotz alledem berührte sie seine Traurigkeit so sehr, daß sie ganz impulsiv sagte: »Kommen Sie heute abend doch einfach mit. Wir gehen entweder ins Royal Strand, dort geben sie *A Chinese Honeymoon*, oder ins Gaiety, wo Gertie Millar singt. Vielleicht landen wir auch bei *Quality Street* im Vaudeville. Mal sehen, wir halten gleich einen kleinen Familienrat ab, denn jemand muß dann gehen und die Karten besorgen. Kommen Sie mit. Es wird Ihnen gefallen. Lassen Sie Ihren Großvater einmal einen Abend allein mit seiner Zigarre und dem Port vor dem Kamin sitzen. Schließlich ist heute abend ja noch nicht Weihnachten. Also, was ist, gehen Sie mit?«

»Ja, ich komme mit«, erklärte er ohne zu zögern, worauf Janice aufsprang und zu ihrer Mutter hinüberging, die am Sideboard stand und Kaffee einschenkte. Während er ihr hinterhersah, wanderten seine Gedanken zu seiner eigenen Mutter und zurück zu den Zeiten, als sie noch Gäste bewirtete. Und er überlegte, was wohl passiert wäre, wenn damals eine der anwesenden Töchter ihn gefragt hätte, ob er sie zu einer Vaudeville-Show begleiten möchte, wo das Publikum gewöhnlich alle dargebotenen Lieder lauthals mitgrölte. Eine solche Frage hätte entweder eine mehr oder weniger höfliche Ausrede nach sich gezogen oder aber einen fingierten Ohnmachtsanfall der Mutter ausgelöst, um die allgemeine Aufmerksamkeit von ihrer frivolen Tochter abzulenken.

Die Zeiten hatten sich zwar geändert, jedoch herrschte in kaum einem der Häuser eine solche Freizügigkeit wie in diesem. Es kam ihm vor, als atme er hier nach dem Muff vergangener Jahre zum erstenmal wieder frische Luft.

Und als er dann diese große, elegante junge Dame mit zwei Tassen Kaffee in der Hand auf sich zukommen sah, wußte er auf einmal, daß er sich von nun an nicht mehr vor weiblicher Gesellschaft fürchten würde. Sie hatte die Mauer durchbrochen.

– 6 –

Der Mann betätigte ein paarmal energisch den bronzenen Klopfer an der Haustür, und als diese vom Butler geöffnet wurde, stellte er blitzartig den Fuß in den Türspalt. »Ich komme jetzt das fünfte Mal hierher«, begann er in forschem Tonfall. »Ich weiß, daß er zu Hause ist, also keine faulen Ausreden. Sagen Sie ihm einfach, Benito Dimarca sei hier und habe sehr interessante Neuigkeiten für ihn.«

Ohne die Tür auch nur einen Millimeter weiter zu öffnen, drehte sich der Butler um und wechselte ein paar Worte mit jemandem in der Diele. Unmittelbar danach wurde ihm die Tür von Jock Gibbons aus der Hand gerissen, der sich vor dem Besucher aufbaute und erklärte: »Es hat keinen Zweck. Der Master will Sie nicht empfangen. Außerdem fühlt er sich nicht wohl.«

»Er wird sich gleich noch viel schlechter fühlen, Ihr Master. Und sollte er wieder nicht mit mir sprechen wollen, dann mache ich mein Maul auf und lege Feuer in seiner kleinen heilen Welt. Und diesmal wird es ihm nicht gelingen, es so schnell zu löschen wie beim letztenmal.«

Gibbons fixierte stirnrunzelnd den jungen Mann mit der dunkeln Gesichtsfarbe und machte die Tür ganz auf. »Kommen Sie herein«, brummte er barsch, schloß die Tür und schickte den Butler weg. »Ich wiederhole«, fuhr er dann fort, »der Master will Sie nicht sehen. Aber wenn Sie mir sagen, was Sie von ihm wollen, dann werde ich sehen, was ich für Sie tun kann.«

»Das haben Sie das letztemal auch gesagt, und nichts ist passiert. Und es kommt mir schon reichlich seltsam vor, daß ich genau zu dem Zeitpunkt, als meine Mutter starb und er nicht mehr bezahlte, aus seiner Firma rausgeflogen bin. Das ist jetzt achtzehn Monate her, und seither lebe ich von der Hand in den Mund. Und das sollte eigentlich nicht sein, denn schließlich bin ich mit ihm verwandt. Dem Gesetz nach ist er mein Großvater. Und um meinem verdammten Vater Gerechtigkeit widerfahren zu lassen ... geblecht hat er immer.«

Gibbons schob sein Gesicht näher an das des Besuchers heran und raunte ihm zu: »Ihr verdammter Vater, wie Sie ihn betiteln, hat nie geblecht; wenn, dann muß das Geld von *seinem* Vater gekommen sein.«

»Egal, wer bisher gezahlt hat, ein paar Rechte haben wir trotzdem.«

»Ach, vergessen Sie Ihre Rechte. Was haben Sie herausgefunden, was Ihrer werten Meinung nach so wichtig ist, daß es sich für eine Erpressung lohnen könnte?«

»An Erpressung denke ich gar nicht. Aber gut, wenn Sie

mich deshalb vor den Kadi zerren wollten, werde ich auf jeden Fall zu meinem Recht kommen, wenn ich denn erst einmal die Tatsache auf den Tisch gelegt habe. Nun, was ich ihm sagen wollte, ist...« Der Mann schüttelte den Kopf. »Nein, ich will ihn sehen und mit ihm persönlich sprechen.«

»Ich kann Ihnen versichern, daß Sie ihn nicht sehen werden. Entweder Sie reden mit mir, oder Sie verschwinden.«

Der Mann kaute eine Weile schweigend auf seiner Unterlippe, ehe er sagte: »Also, ich weiß etwas, und das schon sehr lange, etwas, worüber ich die ganze Zeit über geschwiegen habe. Nämlich folgendes, wenn Sie es unbedingt wissen müssen: Ich bin nicht der einzige Enkel oder Bastard von dem alten Herrn. Erinnern Sie sich noch, als der Doktor kam und meinem Vater eine Abreibung verpaßte, nachdem er bei der Frau war, die die Hüte verkauft? Was meinen Sie, warum hat der Doktor sie wohl eine Woche später geheiratet? Und warum hat sie genau neun Monate später Zwillinge zur Welt gebracht? Und wenn sie den Jungen und den Enkel des alten Herrn nebeneinanderstellen, warum, glauben Sie, sehen sie sich beinahe so ähnlich wie dieser Junge und seine Zwillingsschwester? Aber das ist noch nicht alles. Das Mädchen, die Krankenschwester, die ist ziemlich eng mit meinem lieben Halbbruder befreundet. Und wenn ich eng sage, meine ich auch eng, denn dieser Knabe war Weihnachten bei dem Doktor auf einer Party, und seither sieht man die beiden ständig zusammen. Und nach dem, was ich gehört habe, will er sie zu einem großen Ball nach Oxford mitnehmen.«

Gibbons schwieg bestimmt eine Minute, ehe er sich erkundigte: »Woher wissen Sie das alles? Sie haben doch keinerlei Verbindungen zu dem Haus.«

»Nun, nachdem ich nichts zu tun habe, Mister, halte ich eben meine Augen offen. Hin und wieder finde ich auch Arbeit als Laufbursche. Und Sie wissen ja, wie die Dienstmädchen sind: geschwätzig wie die Vögelchen, allzeit bereit, einem mitzuteilen, was sich oben bei der gnädigen Herrschaft so alles tut. Haben Sie begriffen?«

»Habe ich. Und am liebsten würde ich Sie jetzt am Schlafittchen packen und in hohem Bogen rauswerfen.«

»Dazu braucht es aber jemand jüngeren und stärkeren als Sie, Mister. Und was werden Sie jetzt unternehmen?«

Gibbons' Blick ruhte skeptisch auf dem ungebetenen Besucher. »Bleiben Sie hier stehen, und rühren Sie sich ja nicht vom Fleck«, sagte er dann. »Ein Schritt, und Sie fliegen raus. Mit oder ohne Informationen.«

Daraufhin eilte er den Korridor entlang ins Rauchzimmer, wo sein Herr auf einer Chaiselongue lag, ein Tischchen mit Akten auf den Knien und weitere Papiere auf dem Boden um sich herum ausgebreitet.

»Darf ich Sie einen Moment stören, Sir?«

»Was gibt es denn, Gibbons?« erwiderte der alte Mann, ohne den Kopf zu erheben.

»Es geht um Dimarca, Sir.«

Jetzt schnellte das weiße Haupt ruckartig hoch. »Ich habe Ihnen doch bereits mehrmals erklärt, Gibbons, daß ich ihn nicht . . .«

»Verzeihen Sie, Sir«, unterbrach ihn Gibbons. »Aber er hat etwas herausgefunden, das sich zu einer sehr . . . delikaten Angelegenheit entwickeln könnte, falls er damit an die Öffentlichkeit geht.«

Der alte Mann und sein Diener tauschten einen schweigenden Blick. Zwischen ihnen gab es keinerlei Geheimnisse. Und als sein Herr weiterhin schwieg, fuhr Gibbons fort: »Es handelt sich um Pauls Affäre mit dieser Mrs. Ratcliffe: Deren Doktor hat sie ein oder zwei Wochen später geheiratet. Und genau neun Monate später brachte sie dann Zwillinge zur Welt, einen Jungen und ein Mädchen, was dafür spricht, daß Paul der Vater dieser Kinder ist. Dimarca hat das die ganze Zeit über geahnt, aber geschwiegen, solange Unterhalt bezahlt wurde. Doch offenbar hat er in letzter Zeit weitere Nachforschungen angestellt, und . . . und hat . . .«

»Ja? Ja? Reden Sie, Gibbons. Was hat er?« Seine Stimme klang eisig.

»Er . . . hat herausgefunden, daß Master Robert und die

Tochter des Hauses ... nun, daß sie eng miteinander befreundet sind.«

»Robert und die Tochter?«

»Ja, Sir. Offenbar hat sich Robert mit deren Zwillingsbruder, der ebenfalls in Oxford studiert, dort angefreundet. Sie erinnern sich sicherlich an den Tag vor Weihnachten, als Robert einen Freund besuchte und Sie so aufgebracht waren, weil er Ihnen nicht vorher Bescheid gesagt hatte, daß er den ganzen Abend über ausbleiben würde. Robert hat es vielleicht nicht erwähnt, aber er verbrachte den Abend im Hause des Doktors. Sein Name ist Montane, wie Sie sich gewiß erinnern, Sir.«

»Gütiger Himmel! Dieser Name ist mir wahrlich noch gut in Erinnerung. Aber was kann dieser Kerl schon machen? Was kann er mit dieser heimlich erschlichenen Information schon groß anfangen?«

Zum Beispiel in die Welt hinausposaunen, daß Sie noch zwei weitere Enkelkinder haben, Sir, hätte Gibbons antworten können, beließ es jedoch bei: »Er könnte den jungen Leuten Unannehmlichkeiten bereiten, Sir. Zudem läßt sich die Möglichkeit nicht ausschließen, daß sich diese Freundschaft weiter entwickeln könnte.«

Der alte Mann antwortete nicht sofort, sondern begann, umständlich seine Akten und Papiere zu stapeln. Er legte sie ordentlich, Kante auf Kante zusammen, schob sie dann in einen Faltordner und schloß diesen, indem er mit der flachen Hand geräuschvoll auf den Deckel schlug, bevor er zu sprechen begann. »Ich habe nicht vor, mich von dieser miesen Kreatur erpressen zu lassen. Keinen Penny bekommt er von mir, das können Sie ihm ausrichten, Gibbons.« Und nach einer kurzen Pause setzte er hinzu: »Was macht eigentlich seine Schwester?«

»Soviel ich weiß, ist sie schon vor geraumer Zeit nach Italien zurückgekehrt. Sie scheint ein anständiges Mädchen zu sein und wollte mit dem Rest ihrer Familie offenbar nichts mehr zu tun haben. Aber wenn ich Ihnen einen Rat geben darf, Sir, so sollten Sie ihn mit einem kleinen Betrag abspeisen.«

»Nein, das wäre unklug, Gibbons. Dieser Kerl würde mir zeit meines Lebens im Nacken sitzen, um sich dann später an Paul zu halten. Nein, soll er ruhig tun, was er glaubt, tun zu müssen.«

Gibbons wandte sich langsam zum Gehen, und als sein alter Herr ihm »Warten Sie!« hinterherrief, wartete Gibbons; er wußte, daß er erst jetzt die eigentliche Entscheidung zu hören bekam. »Die Antwort an den Mann lautet immer noch ›Nein‹. Aber morgen früh werde ich Sie mit einer Nachricht zu Doktor Montane schicken und ihn um einen Besuch bitten. Er ist, glaube ich, ein Mann von Ehre, der weiß, wie er mit dieser Situation umzugehen hat. Ja, genau so werden wir verfahren, Gibbons«, schloß er und entließ seinen Diener mit einem Kopfnicken.

Gibbons begab sich daraufhin umgehend in die Halle, um dem Besucher die Antwort seines Herrn zu überbringen, die dieser mit hochrotem Kopf anhörte und dann wütend knurrte: »Nun gut, ich habe ihn gewarnt. Doch wenn ich schon nichts gewinne, dann werde ich wenigstens dafür sorgen, daß er etwas verliert – seinen geliebten Enkelsohn nämlich.« Damit drehte er sich auf dem Absatz um und fügte in verändertem Tonfall hinzu: »Eine Ungerechtigkeit ist das. Haben Sie verstanden? Eine gottverdammte Ungerechtigkeit. Immer hat man auf mich heruntergeschaut; ein Ausgestoßener war ich, ohne einen Platz in der Gesellschaft. Aber das wird sich von nun an ändern. Sie werden schon sehen . . .«

Benito Dimarca ging zu Fuß zum Wellington Place, blieb vor dem Haus mit der Nummer fünfunddreißig stehen und klopfte. Es war Alice, die ihm öffnete und ihn mit offenem Mund anstarrte, als er in brüsken Ton forderte: »Ich will Doktor Montane sprechen.«

»Die Praxis ist nebenan«, beschied sie ihm mit einer knappen Kopfbewegung. »Was wollen Sie von ihm?«

»Das geht Sie überhaupt nichts an«, schnappte er zurück und ließ sie stehen.

Als sich auf sein Klopfen hin die Nachbartür öffnete, hörte Alice ihn sagen: »Ich will den Doktor sprechen«, und ohne die Antwort zu verstehen, wußte sie, daß diese lautete: »Haben Sie einen Termin? Die Praxis ist nämlich schon geschlossen.« Daraufhin hörte sie ihn antworten: »Nein. Aber ich möchte ihn privat sprechen«, und auch die Erklärung: »Dann müssen Sie entweder morgen früh wiederkommen oder ihn in seiner anderen Praxis aufsuchen.«

»Und wo ist die?«

Das ›Westerley Place‹ wartete Alice nicht mehr ab. Sie schloß die Tür, blieb aber dahinter stehen und horchte, wie sich die Schritte entfernten. Sie wußte, wer er war. Um Weihnachten herum hatte sie ihn zuletzt vor dem Haus stehen sehen. Er war ihr aufgefallen, weil er genau an derselben Stelle stand, wo viele Jahre zuvor dieser junge Bursche gestanden hatte.

Sie starrte auf die Tür, die in die Werkstatt führte, und dachte im stillen: Es wird doch nicht wieder von vorne losgehen? Und dieser Gedanke beschäftigte sie nicht erst seit eben, sondern schon eine ganze Weile; genauer gesagt seit Weihnachten, als sie begonnen hatte, zwei und zwei zusammenzuzählen, dann aber nicht weiter darüber nachgedacht hatte, weil ihr die ganze Sache zu verrückt erschien. Aber, bei allen Heiligen, die Sache *ist* verrückt, dachte sie nun, denn Janice hatte sich in diesen jungen Mann verliebt, daran bestand kein Zweifel. Was sollte sie jetzt tun? Am besten redete sie einmal mit Esther.

Sie ging hinüber in die Werkstatt, in der nun doppelt so viele Arbeiterinnen saßen wie früher; von dort durch den neuen Maschinenraum und weiter die Treppe hinauf ins Obergeschoß, das sich jetzt bis in den Speicher ausdehnte. Und als Alice sah, daß Esther allein war, eilte sie auf sie zu und sagte mit gedämpfter Stimme: »Wo ist die Herrin?«

»Oben, mit Lena. Was gibt es denn?«

»Der Mann war wieder an der Tür. Sie wissen schon, der« – sie deutete zum Fenster – »früher immer vor dem Haus stand.«

»Der? Was wollte er denn?«

»Den Doktor sprechen. Ich habe ihn nach nebenan geschickt und dann gehört, wie die Köchin ihm die Adresse der anderen Praxis gab.«

»Das riecht nach Ärger, genau wie damals. Aber was in Gottes Namen kann er nur wollen?«

»Geld, nehme ich an. Vielleicht rückt der alte Herr nicht genug raus.«

»Nun, vom Doktor wird er nichts bekommen.«

Sie sahen sich an. »Wissen Sie, Esther, ich habe zwar nichts gesagt, aber seit Weihnachten habe ich so ein komisches Gefühl«, bemerkte Alice und nickte nachdenklich. »Die ganzen letzten Jahre lief alles so glatt, zu glatt vielleicht, zu problemlos. Und an Weihnachten dann, als dieser junge Mann zu Besuch kam . . . nun, ich weiß auch nicht, aber irgendwie hat er mich an jemand erinnert.«

»An wen?«

Alice behielt ihre Vermutung für sich und antwortete ausweichend: »Ich . . . ich bin noch nicht draufgekommen. Aber jedenfalls habe ich ein komisches Gefühl bei diesem Kerl da von eben. Meinst du, wir sollten der Herrin Bescheid sagen?«

»Nein! Um Himmels willen, nein! Sie hat wahrlich genug durchgemacht damals, und es gibt in der Stadt kein glücklicheres Paar als die beiden. Und sie sind so erfolgreich; sie mit ihrem Salon und er mit der Praxis. Nein, die Vergangenheit darf unter keinen Umständen wieder aufleben.«

»Ja, das stimmt«, erwiderte Alice. »Aber der größte Teil seiner Einnahmen geht an dieses Lumpenpack da unten am Fluß – und sie schießt auch noch einiges dazu. Unsere Herrin ist mittlerweile schon genauso verrückt mit denen wie er. Soll ich Ihnen was sagen? Letzte Woche habe ich doch tatsächlich zwei Läuse an ihrem Rock gefunden.«

»Igitt!« machte Esther und rümpfte die Nase. »Oh, da kommt sie; ich glaube, du gehst jetzt besser. Sag erst mal nichts. Nein, sag nichts.«

»Komm und setz dich ein bißchen zu mir.« Emily winkte von der Couch aus ihrem Sohn zu. »Ich habe dich kaum zu

Gesicht bekommen, seit du hier bist, und morgen fährst du schon wieder.«

»Ja, ja, ich bin ein vielbeschäftigter Mann«, erwiderte er und schnitt eine Grimasse. »Heute nachmittag muß ich noch zum Schneider zur Anprobe. Dabei dachte ich immer, mit achtzehn hört man auf zu wachsen.«

»Du wächst nicht in die Höhe, sondern in die Breite. Du bist ganz schön dick geworden, mein Lieber. Ich wünschte, auch Janice würde etwas zulegen; sie ist dürr wie eine Bohnenstange. Gerade vorhin habe ich ihr Kleid fertiggemacht. Sie wird wunderschön darin aussehen – das heißt, falls diese Oberschwester nicht noch in letzter Minute dazwischenfunkt.«

»Das läßt sie besser bleiben, sonst gehe ich persönlich hin und schleppe meine Schwester aus dem Hospital – oder Robert wird es tun.«

»Warum mußte er schon gestern zurück nach Oxford?«

»Ach, er wollte sich mit seinem Tutor besprechen. Sein Großvater ist nämlich dagegen, daß er noch ein weiteres Jahr studiert. Das muß ein ziemlich starrköpfiger Alter sein. Anscheinend besteht er darauf, Robert in seine Firma einzuführen, damit er diese demnächst übernehmen kann. Weißt du, Robert tut mir manchmal richtig leid; besonders seit ich seine Familie kennengelernt habe.«

»Ach ja, das wollte ich dich ja noch fragen. Du hast mir noch gar nichts davon erzählt. Wie ist es dazu gekommen?«

»Weißt du«, begann Jason, lehnte sich zurück und verschränkte die Arme hinter dem Kopf, den Blick an die Zimmerdecke gerichtet. »Das hat sich rein zufällig ergeben. Hector Mills-Cotton hat sich in Oxford ein Automobil gekauft und wollte es nach Hause fahren – er lebt in Sussex, nicht weit von Roberts Eltern entfernt, aber mitten in der Pampa. Nachdem er das Auto erst wenige Wochen besitzt, wollte er nicht alleine fahren und hat deshalb Robert und mich gefragt, ob wir nicht mit ihm zusammen fahren wollten? Dann könnte er erst Robert absetzen und anschließend mich zum Bahnhof nach Horsham fahren, von wo ich dann den Zug nach London nehmen sollte. Mein Gott, war das eine Fahrt! Eine richtige Landpartie. Die Hühner stoben nur so in Scharen vor uns auf und davon, als wir durch die Dörfer knatterten, Kuhherden und Schafe zwangen uns etliche Male zum Halten, und als wir dann endlich in die Auffahrt zu Roberts Haus einbogen, brach dort die Hölle los. Im Hof stand ein junges Mädchen mit drei Pferden, und diesem Idiot von Cotton fiel nichts Klügeres ein, als kräftig zu hupen. Das Mädchen, sage ich dir, reagierte fabelhaft. Sie brüllte einem der Knechte zu, das eine Pferd zu halten, während sie die beiden anderen am Halfter packte. Zu zweit gelang es ihnen, die Rösser in den Stall zu bugsieren, obwohl die drei einen wahren Veitstanz aufführten. Und dann kamen sie aus dem Stall gestapft, geradewegs auf Mills-Cotton zu, der wie angenagelt hinter seinem Lenkrad hockte. Von uns nahm sie keinerlei Notiz. Du hättest Cottons Gesicht sehen sollen, als das Mädchen sich vor ihm aufbaute und ihn mit ihren Blikken beinahe erdolchte. Und hören hättest du sie erst sollen«, sagte Jason und kicherte. »›Was zum Teufel bildest du dir eigentlich ein?‹ brüllte sie den armen Kerl an. ›Sieh zu, daß dieses neumodische Ungeheuer vom Hof verschwindet, und zwar plötzlich! Oder soll ich die Pferde holen, damit die das erledigen?‹ Robert versuchte sie daraufhin ein wenig zu beruhigen. ›Nun halt mal kurz die Luft an, Marian‹, sagte er. ›Das hat er doch nicht mit Absicht getan. Darf ich vorstellen, das sind Hector Mills-Cotton und Jason Montane, meine Freunde aus Oxford.‹ Erst da schenkte sie uns einen Blick, und nachdem sie mich ausgiebig gemustert hatte, ließ sie ein verächtliches ›Pff!‹ hören und meinte dann: ›Ihr habt doch alle einen Dachschaden. Jetzt bewegt dieses Monster vom Pferdestall weg und dann kommt rein. Gut möglich, daß es gerade Tee gibt.‹«

Jason setzte sich auf, sah seine Mutter an und fuhr lachend fort: »Das war der lustige Teil der Geschichte. Nein, dieses Mädchen! Eigentlich sah sie mehr aus wie ein Junge, obwohl sie mit ihrem Bruder nicht die geringste

Ähnlichkeit hat. Sie trug kein Reitkostüm, sondern Männerhosen und Lederstiefel, und marschierte damit vor uns her ins Haus, ohne sich die Füße abzuputzen. Du hättest sie zur Schnecke gemacht, Mutter, wenn sie das hier gewagt hätte«, kicherte er. »Na ja, jedenfalls führte sie uns durch die Halle direkt in den Salon, wo wir dann wie angenagelt in der Tür stehenblieben, als wir ihre Mutter auf dem Sofa sitzen sahen, und den Butler, der gerade Tee einschenkte. Auf dem Tisch standen zwei Tassen, und es war der Butler, der sich umwandte und Robert begrüßte. ›Wir haben Sie nicht so zeitig erwartet‹, sagte er, worauf das Mädchen meinte, ob er denn nicht den Tumult im Hof gehört habe. ›Doch, Miß Marian. Aber hier ist doch öfter mal ein Aufruhr im Hof, nicht wahr?‹ gab der Butler daraufhin zurück. Er schien mir ein recht freundlicher Mann zu sein, gar nicht die Sorte steifer Butler. Robert stellte erst Mills-Cotton seiner Mutter vor, dann mich. Aber als er sagte, ›Mutter, das ist Jason‹, passierte etwas Seltsames: Sie erhob sich langsam, musterte mich eindringlich und fragte ›Jason wer?‹, bevor sie mir die Hand entgegenstreckte. Und als ich antwortete: ›Montane, Madam. Jason Montane‹, zog sie plötzlich ihre Hand zurück, als hätte ich sie elektrisiert. Dann nahm sie wieder Platz. Nachdem der Butler ihr eine Tasse Tee gereicht hatte, wandte er sich zu uns um und meinte, er werde rasch drei Gedecke und eine frische Kanne Tee holen, und wir machten höfliche Konversation.« Die Erinnerung daran zauberte noch ein Lächeln auf sein Gesicht, dann fuhr er in seiner Erzählung fort. »Die kleine Pferdenärrin saß neben mir, und ich sage dir, sie roch intensiv nach Pferdestall. Aber sie war auf eine gewisse Weise ungeheuer unterhaltsam und fragte mir schier ein Loch in den Bauch. Sie wollte alles ganz genau wissen, und als ich ihr erzählte, daß du einen sehr eleganten Hutsalon führst, fragte sie, ob du auch Bowler machst. Das glaube ich weniger, entgegnete ich, eher Hauben und Damenhüte. Dann kam der Butler mit dem Tee für uns zurück.

Einige Zeit später, als ich mich gerade entschuldigen

wollte – ich hatte den Eindruck, es war Zeit zu gehen, denn Roberts Mutter, eine sehr vornehme Dame übrigens, sah recht blaß aus und hatte wenig zu sagen –, ging die Tür auf, und ein Mann trat herein. Er ging etwas gebeugt, und auf sein Erscheinen hin sprangen Robert und seine Mutter gleichzeitig auf und gingen auf ihn zu. ›Oh, ich habe nicht gewußt, daß du Gäste hast, meine Liebe. Mir war nur gerade so nach ein bißchen Bewegung. Eigentlich suche ich Walton‹, sagte er und nickte dann Mills-Cotton und mir freundlich zu, worauf Robert uns seinem Vater als Freunde aus Oxford vorstellte. Ein recht beeindruckender Mann, sein Vater, muß ich sagen. Er hat eine unglaublich charmante Stimme, schneeweißes Haar, dabei aber ein glattes, jugendliches Gesicht. Und trotzdem wirkte sein Gesichtsausdruck irgendwie leer. Als ich seine Begrüßung erwiderte, maß er mich mit einem seltsam harten Blick, der mich irgendwie verunsicherte. Gleich darauf nahm ihn seine Frau beim Arm und führte ihn mit den Worten ›Komm, mein Lieber. Du mußt dich ausruhen‹ aus dem Zimmer. Und noch etwas war seltsam. Während der ganzen Szene hatte sich Marian nicht von ihrem Stuhl erhoben. Doch als die Eltern gegangen waren, sah sie Robert an und seufzte: ›Ach, Gott. Ausgerechnet heute . . .‹ Doch dieser beachtete sie gar nicht, sondern meinte, wir müßten jetzt aufbrechen, falls ich meinen Zug noch erreichen wolle. Wir gingen dann alle nach draußen, und als wir im Auto saßen, sagte Robert zu seiner Schwester: ›Dann bis Freitag. Ich sehe dich und die Mädchen am Bahnhof‹, worauf sie nur schnippisch erwiderte: ›Ich komme nicht, denn Pferde lassen sie keine rein.‹ Und dann lehnte sich dieses Mädchen in einer Haltung, die undamenhafter nicht sein konnte, an die Wagentür und fragte ganz lässig, ob ich wiederkommen würde. Ja, falls ich eingeladen würde, käme ich gerne, erwiderte ich höflich, und da lachte sie und sagte: ›Betrachten Sie sich hiermit als eingeladen.‹«

Jason wiegte den Kopf hin und her. »Das war alles recht seltsam, Mutter. Und dieses Mädchen ganz besonders. Sie hat nichts Weibliches an sich und wirkt dabei aber keineswegs maskulin.«

Emily sah ihren Sohn eine Weile nachdenklich an und sagte dann unvermittelt: »Und was wird jetzt mit Rosie?«

»Rosie? Was meinst du, soll mit ihr werden?«

»Du weißt genau, was ich meine. Wann wirst du ihr ... deine Absichten erklären?«

Jason rückte instinktiv ein Stück zur Seite, sah seine Mutter mit großen Augen an und entgegnete frostig: »Worauf willst du hinaus? Du meinst ...?«

»Ja, genau das meine ich ... Du magst Rosie doch, oder nicht?«

»Selbstverständlich mag ich Rosie. Wir sind doch zusammen aufgewachsen.«

»Ach, sei nicht albern, Jason. Selbst ein Blinder sieht, was sie für dich empfindet. Und dir muß es doch auch schon aufgefallen sein.«

Jason wandte sich ab und starrte angestrengt ins Feuer. »Aber sie ist doch erst achtzehn«, murmelte er dann.

»Ich kenne Frauen, die haben in diesem Alter schon zwei Kinder.«

»Du meinst also, sie erwartet tatsächlich, daß ich mich ihr erkläre?«

»Aber natürlich, mein Lieber. Überleg doch mal. Mit wem gehst du aus, wenn du hier bist? Wen besuchst du als ersten, kaum daß du angekommen bist? Du rennst sofort nach nebenan. Und gewiß nicht wegen der Jungs, oder?«

Er schüttelte den Kopf. »Ich mag sie sehr. Ja, das stimmt, aber an so etwas habe ich eigentlich nie gedacht ... ich meine, ich habe keine Ahnung, was sie wirklich für mich empfindet. Ich sah sie ehrlich gesagt immer eher als Schwester an.«

»Nun mach dich nicht lächerlich, mein lieber Sohn.«

»Mach ich auch nicht. Außerdem, so nett und hübsch wie sie ist, kann sie jeden Mann haben.«

»Sie ist weder nett noch hübsch, Jason. Sie ist wunderschön, und sie wird noch schöner werden im Laufe der Jahre. Und dann wirst du feststellen müssen, mein Lieber, daß du nicht mehr der einzige Prinz bist, der in glänzender Rüstung vor ihrem Fenster wartet und ihr ein Ständchen bringt.«

»Bitte, Mutter, sei still. Das hört sich ja an wie im Groschenroman.«

»Laß dir von deiner alten Mutter sagen, mein großer Junge, daß das Leben oft wie im Groschenroman abläuft. Sehr oft sogar. Der einzige Unterschied ist nur, daß es im wahren Leben nur sehr selten ein Happy-End gibt.« Damit erhob sie sich, und auch Jason stand auf. »Bist du böse auf mich?« fragte er überrascht.

»Ja, bin ich, und zwar wegen Rosie. Sie ist unglücklich, und ich kann dir auch sagen, warum: weil du unsensibler Esel gestern abend James und Harry in höchsten Tönen von dieser burschikosen Pferdenärrin vorgeschwärmt hast.«

»Du meine Güte!« wehrte er ab und schüttelte ungläubig den Kopf. »Ich habe ihnen doch nur erzählt, daß Roberts Schwester flucht wie ein Kutscherjunge und daß sie das absonderlichste Mädchen ist, das ich je kennengelernt habe.«

»Ja, und das war so ziemlich das Dümmste, was du hättest sagen können. Wenn du mit Rosie morgen abend in Oxford einen netten Tanzabend verbringen möchtest, würde ich an deiner Stelle alles daransetzen, den Schaden schnellstens wiedergutzumachen«, beendete sie das Gespräch und ging zur Tür.

»Ich brauche noch ein Jahr bis zum Examen«, rief Jason ihr hinterher. »Und dann muß ich mich um eine Anstellung kümmern. Erwartest du etwa, daß ich heirate, bevor ich finanziell unabhängig bin?«

»Nein, keineswegs. Mädchen und Frauen können jahrelang von der Hoffnung leben; das heißt, solange es etwas zu hoffen gibt.« Damit verließ sie den Raum und warf geräuschvoll die Tür hinter sich ins Schloß.

Jason sah ihr völlig verdutzt hinterher. So hatte er seine Mutter noch nie reden gehört; und schon gar nicht über Rosie.

Er ging zurück zum Kamin, starrte in die Flammen und überlegte sich, wie er reagieren würde, wenn er erführe, daß sich ein anderer für Rosie interessierte? Robert zum Beispiel. Oh, das würde ihm überhaupt nicht gefallen. Aber andererseits hatte sich Robert in Janice verliebt. Ja, das war ganz offensichtlich. Und er wünschte, die beiden würden sich einig, denn dann würde sein Freund gleichzeitig auch noch sein Schwager werden. Die Idee gefiel ihm ... Aber Rosie?

Liebte er Rosie denn? Es mußte wohl so sein; die Sache war nur die, daß Rosie immer in seiner Nähe gewesen war und er sie nie so richtig als Frau wahrgenommen hatte. Gut, er würde jetzt nach nebenan gehen und sie von nun an in einem anderen Licht betrachten.

Der Gedanke war so unangenehm nicht.

– 7 –

Als Steve vor vielen Jahren zum erstenmal zum Westerley Place kam, befand sich dieser inmitten eines Irrgartens aus engen Gassen und Sträßchen und hohen Mietshäusern, in deren Schatten sich flache Einfamilienhäuser duckten, die alle einen verlassenen Eindruck machten. Erst nachts erwachte dort das Leben, wenn jung und alt sich in den stikkigen Zimmern zusammendrängten.

Jetzt, beinahe dreißig Jahre später, waren die meisten Mietshäuser verschwunden. An ihrer Stelle standen große Fabriken, in denen die Ärmsten der Armen ausgebeutet wurden. Manche der Bewohner waren in sogenannte bessere Wohngegenden gezogen, die sich von den Außenbezirken der Stadt bis ins East End zogen. In dem Viertel jedoch, wo Steve damals seine erste Baracken-Klinik eröffnet hatte, schien sich das Leben der Bewohner bis heute nicht geändert zu haben: Manche arbeiteten, wenn sie Arbeit fanden, die meisten schlugen sich auf andere Weise durchs Leben. In dieser Gegend gab es mindestens ebenso viele gewiefte Taschendiebe unter den Kindern wie in Dickens' *Oliver Twist*. Straßenschlachten zwischen den verschiedenen Banden des Viertels, bei denen nicht selten die eine oder andere Person verschwand, waren an der Tagesordnung. Wurde im Fluß eine Leiche gefunden, war die Sache klar; tauchte der Betreffende jedoch nicht wieder auf, so hieß es einfach, er sei nach Amerika ausgewandert. Steves Klinik befand sich mittlerweile in einem richtigen Gebäude. Auf derselben Straßenseite gab es außerdem eine billige Pension, ein Gemüsegeschäft, zwei Schnapsläden und ein Leihhaus. Eines Morgens entdeckte er über seiner Tür einige mit schwarzer Farbe hingekritzelte Buchstaben, deren Bedeutung er nicht verstand, die aber eine haben mußten, denn seine Klinik war das einzige Haus in der gesamten Straße, das in all den Jahren von nächtlichen Einbrüchen und eingeschlagenen Fensterscheiben verschont geblieben war.

Es war sechs Uhr abends, und draußen goß es in Strömen, als Crabbe, Steves Assistent, aus dem Wartezimmer kam. »Da drin sitzt so 'n komischer Kerl, der wartet schon seit 'ner Stunde, obwohl er längst drangekommen wär'«, erklärte er. »Will Sie persönlich sprechen, Doc, sagt er.«

Steve saß an dem kleinen Schreibtisch in seinem Behandlungszimmer, dessen weitere Einrichtung aus einer Liege mit einem Vorhang davor und einem schmalen Tisch bestand, auf dem medizinische Instrumente und diverse Flaschen standen. »Wie ist denn sein Name?« fragte Steve, ohne hochzusehen.

»Hat er nich' gesagt. Sieht ausländisch aus, der Kerl, spricht aber ganz ordentlich Englisch.«

Steve schrieb etwas auf eine Karteikarte und sah dann zu dem stämmigen Mann auf, der unter seinem braunen Kittel derbe Moleskin-Hosen trug und dazu klobige Arbeitsstiefel. »Wir hatten heute zwei, drei neue Kunden; kennst du sie?«

»Nie gesehen, aber einer von denen hat ein Sixpencestück in die Kasse gesteckt. Wird schon seinen Grund dafür gehabt haben.«

»Welcher war das?«

»Der mit dem Abszeß am Arm. Scheint, als hätte er Bekanntschaft mit einer Kugel gemacht; was meinen Sie, Doc?«

»Schließe mich deiner Diagnose voll und ganz an, Crabbe. Wenn er nicht aufpaßt, kann er seinen Arm abschreiben. So, jetzt ruf den Mann herein, wer immer er sein mag, und dann mach da drinnen klar Schiff«, sagte er und deutete auf den Raum nebenan. »Und spül die Flaschen gut aus. Hab' heute eine erwischt, die nicht sauber war.«

»Wirklich? Komisch, dabei schüttle ich sie so, daß mir dabei alle Knochen im Leib klappern. Muß ganz schön hartnäckiger Dreck gewesen sein.«

Lächelnd sah Steve seinem bulligen Mitarbeiter hinterher, als dieser den Kopf ins Wartezimmer steckte und den fremden Besucher hereinwinkte.

Bevor er sich dem Mann zuwandte, entließ er Crabbe mit einem Nicken, der daraufhin langsam ins angrenzende Zimmer schlurfte, die Tür aber nicht ganz hinter sich schloß.

»Was kann ich für Sie tun?« erkundigte sich Steve nun, worauf dieser entgegnete: »Es geht eher darum, was ich für *Sie* tun kann, Doktor.«

»Ach ja?« Steves Brauen machten einen Satz. »Gut, worum geht es also?«

»Vielleicht sagt Ihnen mein Name etwas. Ich bin Benito Dimarca. Na, klingelt es?«

Steve spürte, wie ihm ein Schauer über den Rücken lief, gab jedoch keine Antwort. »Aha, das dachte ich mir«, fuhr der Mann fort. »Dann brauche ich Sie ja nicht daran zu erinnern, daß Ihre Familie, wie Sie sie nennen, und die meine in gewisser Weise verwandt sind.«

»Ich verstehe nicht.«

»Nun, Sie bezeichnen sie doch als Ihre Familie, oder nicht, Doktor? Dabei wissen Sie und ich genau, wer Ihre Kinder gezeugt hat . . .«

Mit einem Satz war Steve auf den Beinen. Rot vor Zorn kam er hinter seinem Schreibtisch hervor, worauf der Besucher ihn mit den Worten stoppte: »Nein, Doktor, so brauchen Sie mir nicht zu kommen! Meinen Vater mögen Sie ja ordentlich verdroschen haben, aber bei mir haben Sie keine Chance. Und um noch mal auf unsere Verwandtschaft zurückzukommen, Ihre Sprößlinge sind meine Halbgeschwister, ob es Ihnen paßt oder nicht.«

»Raus hier!«

»Keine Sorge, ich werde gehen, wenn ich mein Anliegen vorgebracht habe. Also folgendes: Der alte Herr, mein Großvater sozusagen, hat uns bis zum Tod meiner Mutter finanziell unterstützt. Aber seither haben wir keinen Penny mehr von ihm gesehen. Meinen Job, den er mir verschafft hatte, habe ich auch verloren. Also, ich war bei ihm und habe ihm klipp und klar gesagt, was ich unternehmen werde, wenn er mich am langen Arm verhungern läßt. Denn betteln gehen werde ich nicht. Warum sollte ich auch? Also, es liegt jetzt an Ihnen beiden, ob ich meinen Mund halte oder nicht. Die Zeitungen jedenfalls werden sicherlich einiges springen lassen für einen so saftigen Skandal wie diesen. Und das ist noch nicht alles. Genau vor Ihrer Nase, verehrter Doktor, spielen sich im Augenblick Dinge ab, die sind mehr als haarsträubend. Und ich sage Ihnen . . .«

Weiter kam er nicht. Steves geballte Faust schoß auf ihn zu, streifte den Mann jedoch nur am Ohr, der geschickt ausgewichen war, und landete mit voller Wucht an der Wand.

Im selben Moment wurde die Tür zum Nebenzimmer aufgerissen. Ohne ein Wort zu verlieren, packte Crabbe den Mann bei den Schultern, hob ihn hoch, schleppte ihn durchs Wartezimmer zum Eingang und gab ihm dann einen Tritt, daß er auf allen vieren auf dem Gehsteig landete, mitten in einer Schar Kinder, die dort Murmeln spielten. Crabbe blieb so lange in der Tür stehen, bis der Kerl sich hochgerappelt hatte und nach einem wütenden Blick über die Schulter davonstolperte. Dann rief Crabbe einen der Jungs zu sich und flüsterte ihm kumpelhaft ins Ohr: »Folge ihm, aber paß auf, daß er nichts merkt. Finde heraus, wo er wohnt. Ich bin später im *Alten Ochsen*. So, und jetzt lauf zu!«

Als Crabbe ins Sprechzimmer zurückkehrte, saß Steve wieder an seinem Schreibtisch. Doch anstatt zu schreiben, rieb er eine Salbe auf seine blutenden Fingerknöchel.

»Miese Type, das.«

Steve antwortete nicht.

»Scheint nichts Gutes im Schilde zu führen.«

Jetzt stand Steve auf. Er fühlte sich ein wenig mitgenommen, und das verriet auch seine Stimme, als er Crabbe anwies: »Vergiß, was du gehört hast. Verstanden?«

»Gehört? Das einzige, was ich gehört hab', war das Krachen Ihrer Knöchel an der verfluchten Wand. Ich find', Sie sollten jetzt nach Hause gehen und diesen Bastard vergessen. Alles miese Erpresser, diese Typen.«

Unter anderen Umständen hätte Steve darüber gelächelt, daß ausgerechnet Crabbe sich über Erpresser mokierte, doch jetzt, als dieser Bulle ihm in den Mantel half und dabei sagte: »Zerbrechen Sie sich nicht weiter den Kopf über . . .«, da drehte Steve sich ruckartig um, hielt ihm die bandagierte Hand unter die Nase und stieß schroff hervor: »Und wage du es ja nicht, etwas zu unternehmen, hast du verstanden?«

»Ich, Doc? Wie käme ich denn dazu? Was könnte ich denn schon tun? Außerdem kenne ich den Kerl ja gar nicht.«

»Komm, Crabbe, ich kenn' dich doch. Und du kannst sicher sein, daß ich es erfahre, wenn du irgend etwas in dieser Richtung unternimmst.«

»Mensch, Doc! Kein Grund, sich so aufzuregen. Glauben Sie denn, ich möchte am Galgen baumeln?«

»Wenn die Wahrheit herausgekommen wäre, Crabbe, hättest du das schon lange hinter dir.«

Crabbe brach in ein dröhnendes Gelächter aus. »Ja, und daß es dazu nich' gekommen is', hab' ich nur Ihnen zu verdanken, Doc. Ganze acht Jahre war ich alt, als ich Ihre Uhr und Ihre Geldbörse hier von diesem Schreibtisch gemopst hab'. Un' Sie haben mich am Schlafittchen gepackt un' kopfüber in die Regentonne gesteckt, daß ich schon dachte, Sie wollen mich ersäufen. Und ...«

»Crabbe, ich bin jetzt nicht in der Stimmung, in deinen Kindheitserinnerungen zu schwelgen. Wie gesagt, ich kenne dich, und das weißt du genau; und auch, daß ich dir für die Treue, die du mir in all den Jahren gehalten hast, aufrichtig dankbar bin. Aber bitte! Bitte! Halt dich aus dieser Geschichte raus.«

»Wie Sie meinen, Doc. Und ich möcht' mich auch für Ihre Treue bedanken. Vor hundert Jahren hätt'n sie mich für meine Schandtaten nach Australien verschifft. Und ohne Sie wär' ich auch hier schon längst im Kerker gelandet. Ich bin Ihr Mann, Doc, auf mich können Sie sich blind verlassen. Aber jetzt gehen Sie mal unbesorgt heim und vergessen diese dreckige Ratte von einem Erpresser.«

Steve ging heim, wenn auch nicht unbesorgt, und als Emily ihn sah, spürte sie sofort, daß etwas nicht stimmte. Doch bevor sie noch fragen konnte, kam er ihr schon mit der Antwort zuvor: »Es ist alles in Ordnung. Ich bin nur gegen die Wand gefallen und habe mir die Knöchel aufgeschlagen.«

Emily schüttelte den Kopf. »Hat man dich überfallen?«

»Mich? Überfallen?« Steve gab sich entrüstet. »Unsinn. Du weißt doch, daß ich in Westerley Place so sicher bin wie in Abrahams Schoß. Da ist es schon eher möglich, daß mir hier einer dieser Dandies die Brieftasche stibitzt. Mach mir einen Drink, Liebes. Ich bin völlig erledigt.«

Emily reichte ihm das Glas und setzte sich dann neben ihn auf die Couch. Und als er nach einem Blick auf die Uhr abwesend bemerkte, daß der Ball soeben angefangen habe, nickte sie und meinte leise: »Sahen die Mädchen nicht entzückend aus in ihren Abendkleidern und den Samtcapes? Beim Anblick unserer Tochter kamen mir vor Rührung beinahe die Tränen. Und Jason! Der Junge sieht im Abendanzug wirklich prächtig aus. Ich war richtig stolz auf die beiden. Du nicht auch?«

»Doch, meine Liebe. Gewiß war ich das.«

»Was ist mit dir? Irgend etwas stimmt doch nicht.«

»Nein, nein, es ist alles in Ordnung. Ich bin nur furchtbar müde.«

»Steve Montane, erzähl mir keine Märchen. Ich kenne dich, ich kann deine Gedanken lesen.«

»Nein, kannst du nicht. Denn wenn du wüßtest, worüber ich gerade nachdenke, würde dir das Blut in den Adern gefrieren, glaub mir.« Er kniff die Lippen zusammen und fuhr dann fort: »Ich denke an Mord. Ja, du hast ganz richtig gehört, an Mord.«

Erschrocken rückte Emily ein Stück von ihm ab und musterte ihn mit großen Augen. »Es ist etwas im Busch«, murmelte Steve und beugte sich zu ihr hin. »Ich werde es dir erzählen, aber nicht heute und vielleicht auch noch nicht morgen. Aber du wirst es erfahren müssen.«

Ihre Stimme war kaum mehr als ein Flüstern. »Geht es . . . um die Kinder?«

Es entstand eine lange Pause, ehe er sich zu einer Antwort durchringen konnte. »Ja, Liebling, es geht um die Kinder.«

»O Gott!« seufzte Emily und stand auf. Sie machte ein paar ziellose Schritte, blieb dann stehen und sagte, wobei sie Steve den Rücken zugewandt hielt: »Ich hätte es schon vor Jahren tun sollen. Ich wollte es immer tun, nur für den Fall . . .«

»Ich weiß, mein Liebes. Aber *ich* wollte es nicht. Wir waren verheiratet, und sie waren meine Kinder – in jeder Hinsicht.«

Sie drehte sich jetzt um und sah Steve mit einem mitleidsvollen Blick an. »Aber du wußtest immer, daß du nicht ihr Vater bist.«

»Was ich wußte oder nicht, tut nichts zur Sache; für mich waren es meine Kinder. Ich habe sie geliebt wie meine eigenen Kinder, und sie lieben mich. Ich bin ihr Vater und bleibe ihr Vater, egal, was geschieht. Aber jetzt, Liebling, setz dich bitte wieder zu mir und tu mir den Gefallen, das Thema für heute zu beenden. Es gibt einen Ausweg, der mir zwar widerstrebt, auf den ich aber wohl oder übel werde zurückgreifen müssen.«

Im stillen überlegte er, welche Summe er dem Mann für sein Schweigen anbieten würde, wobei ihm klar war, daß der Mann ihn in der Hand haben würde, sobald er erst einmal bezahlt hatte. Aber um Emilys willen war er zu allem bereit.

Die Tür ging auf. »Das Abendessen ist gerichtet, Ma'am.«

»Danke, Alice. Wir kommen sofort.«

Steve erhob sich. »Ich mach' mich noch schnell etwas frisch«, sagte er zu Emily und hauchte ihr einen Kuß auf die Braue. »Und mach dir keine Gedanken, Liebling«, setzte er hinzu, bevor er das Zimmer verließ. Was, ich soll mir keine Gedanken machen? dachte Emily, in deren Kopf sich alles drehte. Was würden die Kinder von ihr denken, wenn die Wahrheit jemals ans Licht käme? Ihre Mutter, die zweite Geliebte eines verheirateten Mannes, die das erste Kind verloren hatte, anschließend von ihm vergewaltigt worden war und Zwillinge zur Welt gebracht hatte! Was um Himmels willen würden sie dann bloß von ihr halten? Janice erklärte zwar immer, daß sich die Zeiten und Ansichten änderten, aber sie wußte nur zu gut, daß Moral von diesen Veränderungen ausgeschlossen blieb. Und dann fiel ihr ganz plötzlich der Hut wieder ein. Dieser Hut. Dieses Teufelsding. Vor zwei Jahren hatte Janice ihn im Speicher entdeckt, mit abgerissener Krempe. Ganz begeistert war sie damit in ihr Zimmer gekommen und hatte ihn gleich vor dem Spiegel aufprobiert. »Der hat ja eine tolle Form! Warum liegt er denn auf dem Speicher? Und warum ist er zerrissen?« hatte sie wissen wollen, und Alice hatte ihr daraufhin erklärt, daß sie ihn aufbewahrt habe, weil sie dachte, sie könne noch etwas daraus machen, ihn dann später doch auf den Speicher geworfen habe.

»Aber sicher läßt sich daraus etwas machen«, hatte Janice daraufhin gemeint. »Man braucht bloß die Krempe wieder anzunähen und ein Samtband darüberzulegen, fertig. Darf ich ihn zu den Mädchen in die Werkstatt bringen, Mutter?«

Was hätte sie anderes sagen können als ›ja‹? Doch von da an hatte Janice diesen Hut bei jeder sich bietenden Gelegenheit getragen; selbst an diesem Morgen war sie mit dem Hut aus dem Haus gegangen. Und dann kam ihr geliebter Steve und sagte ihr, daß die Vergangenheit wieder zum Leben erwacht sei! Die Vergangenheit, die mit diesem Hut begonnen hatte, denn sie war immer noch der Überzeugung, daß es nur dieser Hut war, der seine Aufmerksamkeit erregt hatte. Dieser Hut hatte etwas Dunkles an sich, etwas Böses. Er brachte Unglück.

– 8 –

Der Abend war fortgeschritten, und die Stimmung im Ballsaal hatte ihren Höhepunkt erreicht. Janice und Rosie saßen nebeneinander an einem Tisch und fächelten sich frische Luft zu, während sie an kühlen Minzcocktails nippten und Robert und Jasons hitzige Debatten über vergangene Ruderregatten belächelten.

Der kraftvolle Tusch der Kapelle und die darauffolgende Ankündigung eines Walzers bewahrte die beiden Mädchen vor weiteren Fachsimpeleien, insbesondere Janice, an deren Seite plötzlich ein großer, schlanker Mann auftauchte und höflich erklärte: »Ich glaube, das ist unser Tanz, Miß Montane.«

»O ja. Entschuldigt mich bitte«, nickte Janice in die Runde, und als sie mit ihrem Partner in Richtung Tanzfläche entschwebte, hörten die anderen Robert brummen: »Der hat vielleicht Nerven. Das ist jetzt schon sein zweiter Tanz.«

»Tja, du hättest eben gleich zu Anfang deine Ansprüche anmelden müssen, mein Lieber.«

Robert sah Jason an und meinte nur: »Das gehört sich nicht.«

»Ich nehme alles zurück, Sir.«

»Das freut mich zu hören.«

Als gute Freunde, die sie waren, konnten sie beide herzlich über diesen Wortwechsel lachen. Dann erklärte Jason, der Rosies Hand genommen hatte: »Eines weiß ich gewiß. Die nächsten drei Tänze tanze ich mit dieser Lady.«

»Ich bin sicher, die hat sie dir nur aus Höflichkeit reserviert.«

»Ganz recht, Robert«, gab Rosie zurück. »Er benimmt sich nämlich wie ein Kleinkind, wenn er seinen Willen nicht bekommt.«

Jasons Blick heftete sich auf das Mädchen, das er schon sein ganzes Leben lang kannte. Die Ungezwungenheit, mit der sie sich in dieser Gesellschaft bewegte, verblüffte ihn. So viel Selbstsicherheit hatte er ihr gar nicht zugetraut.

Auf der Tanzfläche fragte er sie: »Gefällt es dir?«

»Ja, es ist wunderbar«, lächelte sie und fügte dann hinzu: »Wäre es nicht schön, wenn Robert es ernst mit Janice meinen würde?«

»Ach, ich finde, er meint es schon ernst genug, und sie auch. Schließlich haben sie sich schon etliche Male allein getroffen.«

»Wirklich?«

»Ja.« Er beugte sich näher zu ihr hin und flüsterte ihr dann ins Ohr: »Wäre es nicht lustig, wenn Bruder und Schwester Bruder und Schwester heiraten würden? Marian macht eine großartige Figur auf dem Pferd. Ich meine, das Pferd . . .«

Rosie trat ihm als Antwort kräftig auf die Zehen. »Aua, du bist ja ein richtiger Zankteufel.« Er flüsterte jetzt nicht mehr. »Ja, das bin ich«, bestätigte sie grinsend und drückte ihre Stirn an die seine.

Auf dem Weg zurück zu ihrem Tisch nahm Jason Drinks für alle mit, doch als sie dort ankamen, sahen sie Robert und Janice gerade durch die Verandatür entschwinden . . .

»Soll ich dir deinen Mantel holen? Es ist kühl.«

»Nein, ich genieße die frische Luft. Drinnen war es so heiß.«

»Amüsierst du dich?«

»O ja. Ja. Endlich einmal etwas anderes als das ewige ›Schwester! Schwester!‹ und ›Jawohl, Schwester Oberin‹ auf der Station.«

»Ist sie so ein Drachen?«

»Ein Drachen? Ein Scheusal ist sie. Sollte ich jemals in die Verlegenheit kommen, Oberin zu werden und jemand tadeln zu müssen, dann zähle ich in Gedanken erst bis zehn, bevor ich den Mund aufmache, das habe ich mir geschworen.«

»Ja, als keifende Oberschwester kann ich mir dich auch gar nicht vorstellen.«

Sie durchquerten den Garten und setzten sich nebeneinander auf eine niedrige Steinmauer. Eine Weile herrschte Schweigen zwischen ihnen, dann hoben beide ihren Blick und sahen sich an. »Janice«, flüsterte Robert.

»Ja?«

»Ich liebe dich.«

»Und ich liebe dich, Robert«, erwiderte sie, ohne den Blick zu senken.

»Seit wann weißt du das denn?«

»Ich glaube, es begann bei unserem Weihnachtsdinner. Seither denke ich ständig an dich.«

»Ach, meine Geliebte.« Er hatte ihre Hand genommen und preßte sie an seine Brust. »Mir geht es ganz genauso. Seit diesem Essen bist du mir nicht mehr aus dem Sinn gegangen. Ich denke immerzu nur an dich. Du hast etwas an dir, was ich nicht beschreiben kann. Du bist einfach wunderbar. Ich . . . ich muß dir etwas gestehen. Bisher hatte ich immer Hemmungen Frauen oder Mädchen gegenüber, das liegt an meinem Elternhaus und besonders an der Beziehung zu meinem Vater. Aber seit ich dich kennengelernt habe, ist diese Angst verschwunden. Ja, ich wußte vom ersten Moment an: Die ist es.«

Ihre Gesichter bewegten sich langsam aufeinander zu, und als sich ihre Lippen berührten, schloß sie die Augen und schmiegte sich in seine Arme. Ihr erster Kuß war innig und süß, aber nicht leidenschaftlich. Und als sie sich voneinander lösten, hatten beide glänzende Augen und feuchte Wangen.

»Wenn ich die Gabe deines Vaters besäße«, wisperte er ihr zu, »dann würde ich das, was ich empfinde, in ein Gedicht fassen. So aber kann ich dir nur mit einfachen Worten sagen, daß wir soeben das Siegel der Liebe auf unser gemeinsames Leben gedrückt haben. Wir heiraten bald.«

Da kam kein »Aber du hast mich ja noch gar nicht gefragt«, sondern ein lächelndes »Ja, Liebling, bald«.

»Du bist wunderbar! Einfach wunderbar«, rief er aus und preßte Janice wieder an sich. »Kein affektiertes Gehabe, kein empörtes ›Da muß ich erst mit Vater sprechen‹ oder eine der hundert Antworten, die das *Young Lady's Journal* bei solchen Gelegenheiten empfiehlt.«

Lachend wand sie sich aus seinem Arm und meinte: »Ach, wenn du willst, dann kann ich auf der Stelle ganz elegant in Ohnmacht fallen. Das habe ich schon ein paarmal gesehen.«

Er stimmte in ihr Lachen ein und zeichnete mit einem Finger die Linien ihres lächelnden Gesichts nach. »Ich kann es kaum erwarten, morgen meinem Großvater die Neuigkeit zu überbringen und dann in euer Haus zu stürmen und auszurufen: ›Sie will mich heiraten! Ihr werdet sie herausgeben müssen! Sie heiratet mich!‹«

Ihre Stimme klang mit einemmal ganz nüchtern. »Versprich mir eines«, bat sie. »Komm nicht gleich in unser Haus gestürzt; ich möchte es meinen Eltern vorher gern selbst sagen.«

»Wie du wünschst, meine Liebe. Ja, natürlich, das ist nur recht und billig. Aber . . . was ist mit heute abend? Sollen wir es den anderen sagen?« Sie dachte einen Augenblick nach. »Nein, besser nicht«, sagte sie schließlich. »Ich möchte ihnen die Schau nicht stehlen. Mutter hat mir nämlich erzählt, daß Jason gerade erst die Augen aufgegangen sind, was Rosie betrifft. Ich glaube, die beiden sind gestern ebenfalls zu einem Entschluß gekommen, haben ihn aber noch nicht offiziell bekanntgegeben. Laß ihnen doch den Vortritt.«

»Ganz wie du möchtest, Schatz. Aber am liebsten würde ich jetzt gleich auf den nächsten Berg steigen und mein Glück in die Welt hinausschreien. Vielleicht fahre ich morgen hinauf nach High Gully – unser Haus in Schottland –, dort gibt es ein paar ganz ansehnliche Hügel. Weißt du, ich habe mir nie viel aus High Gully gemacht; es war mir immer zu einsam und abgelegen. Aber mit dir dort zu leben, das könnte ich mir jetzt sehr gut vorstellen. Nur du und ich alleine in den Bergen. Unser Anwesen ist beinahe so etwas wie eine einsame Insel; zum nächsten Nachbarn geht man eine gute halbe Stunde zu Fuß. Ja, genau das mache ich, sobald wir verheiratet sind; ich werde dich dorthin entführen.«

»Ist es groß?«

»Ja, es ist in der Tat ein recht großes Anwesen.«

»Oh, gut, dann machen wir daraus ein Seuchenhospital. Es war schon immer mein Traum, so ein Hospital zu leiten«, erklärte sie lachend, und ehe Robert noch etwas dagegenhalten konnte, erhob sie sich und meinte: »Ich glaube, wir sollten langsam wieder hineingehen.«

»Einen Kuß noch«, verlangte Robert. Und als sich ihre Lippen und ihre Körper wieder voneinander gelöst hatten, nahm er sie an der Hand, und sie rannten ausgelassen wie Kinder zurück zu dem hellerleuchteten Ballsaal, selbst ein Leuchten in den Augen, das trotz aller widrigen Umstände nie erlöschen sollte.

Steve hatte gerade seinen letzten Patienten verabschiedet und war auf dem Weg nach nebenan, um wie üblich nach der Morgensprechstunde mit Emily eine Tasse Kaffee zu trinken, als ihm das Dienstmädchen einen Brief brachte. »Der Bote bat mich, Ihnen diesen Brief unverzüglich auszuhändigen, Sir.«

Dem leichten Unbehagen beim Öffnen des Umschlags folgte, als sein Blick den Briefkopf und dann die Unterschrift erfaßt hatte, wieder dieses beklemmende Angstgefühl, das seit dem Besuch dieses Mannes in seinem Innersten schwelte.

Der Inhalt des Briefes war kurz und bündig abgefaßt: William Anderson Steerman bat ihn darum, ihn in einer sehr dringlichen Angelegenheit baldmöglichst aufzusuchen.

Nachdenklich starrte Steve auf das Schreiben in seiner Hand. »Anderson ... Steerman«, murmelte er vor sich hin, die beiden Namen durch eine Pause voneinander trennend, dann begriff er.

In der Halle bat er das Dienstmädchen, seiner Frau Bescheid zu geben, daß er rasch noch einen Besuch zu machen habe, aber bald zurück sei. Dann nahm er Hut und Mantel und verließ eiligen Schrittes das Haus.

Er ging die kurze Wegstrecke zu Fuß, die ihm selbst nach zwanzig Jahren noch gut in Erinnerung war. Damals hatten ihn Ärger und Wut dorthin getrieben, heute begleitete ihn auf diesem Weg ein Gefühl ängstlicher Beklommenheit.

Als er zehn Minuten später die Halle betrat, war ihm, als habe er diese erst gestern verlassen; nichts hatte sich in all den Jahren verändert, nur der Diener, der ihn jetzt empfing, war ein anderer. Dieser hier hinkte ein wenig und hatte weißes Haar.

»Guten Morgen, Herr Doktor«, begrüßte er Steve höflich. »Ich bin Mr. Steermans Diener. Wollen Sie mir bitte folgen?«

Er ging auf eine Tür zu, die er ohne anzuklopfen öffnete. »Doktor Montane, Sir«, meldete er.

Obgleich so viele Jahre vergangen waren, erkannte Steve den alten Mann auf der Chaiselongue sofort wieder. Sein Haar war weißer geworden, das Gesicht hagerer, aber er bewahrte noch immer eine tadellose Haltung.

»Guten Morgen. Bitte nehmen Sie Platz.«

Steve hatte sich kaum in den Sessel gesetzt, den ihm eine dünne, blaugeäderte Hand bedeutete, als der alte Herr ohne Umschweife das Gespräch eröffnete. »Unsere letzte Begegnung liegt schon etliche Jahre zurück, Doktor. Der damalige Grund dafür war der Fehltritt meines Sohnes. Der Grund unseres heutigen Zusammentreffens ist leider noch sehr viel ernsterer Natur, hat er doch mit den Folgen dieses Fehltritts zu tun. Darf ich fragen, Sir, ob Ihnen ein Mann namens Dimarca bekannt ist?«

»Ja, er hat mich kürzlich aufgesucht.«

»Dann nehme ich an, Sie wissen, weshalb ich Sie zu mir gebeten habe. Und ich nehme weiter an, Sie wissen, daß Sie nicht der leibliche Vater der Kinder Ihrer Frau sind. Das Datum Ihrer Vermählung und das Geburtsdatum der Kinder lassen daran keinen Zweifel bestehen. Darf ich fragen, ob letztere darüber ebenfalls informiert sind?«

»Nein, sind sie nicht.« Steves Stimme klang barsch.

»Nun, das ist insofern sehr bedauerlich, als mich dieser Mann hat wissen lassen, daß mein Enkelsohn und die junge Dame, die Ihren Namen trägt, seit neuestem miteinander Umgang pflegen.«

Anderson Steerman. Anderson Steerman. Steve schloß einen Moment lang die Augen. »Aber der junge Mann hat sich nur mit Anderson vorgestellt«, erklärte er dann. »Mein Sohn hat ihn in Oxford kennengelernt.«

»Ja, und ich bin sicher, daß Sie nicht die leiseste Ahnung von seiner wahren Identität hatten, ansonsten hätte dieses Treffen hier nicht stattfinden müssen. Es war meine Idee, daß er, beziehungsweise auch seine Geschwister, nur den Namen Anderson führen sollten, da ich damals nicht abschätzen konnte, welche Schritte Ihre Gemahlin gegen meinen Sohn unternehmen würde. Ich dachte dabei in erster Linie an die Zukunft der Kinder und an die Gemeinheiten, die mein Enkelsohn sich in der Schule würde gefallen lassen müssen, sollte bekannt werden, daß sein Vater neben seiner Frau und den drei Kindern noch zwei Mätressen hatte, von denen er eine vergewaltigte, nachdem diese ihn zurückgewiesen hatte. Ja, es ging mir bei dieser Entscheidung allein um die Kinder. Ich für meinen Teil fühlte mich stark genug, den Rest meiner Tage mit dieser Schande zu leben. Aber daß ich mich jemals mit einer Situation wie dieser auseinandersetzen muß, damit habe ich freilich nicht gerechnet. Sie verstehen, was ich meine, Sir?«

Was Steve jetzt sagte, klang wie ein Bellen: »Und ob ich

verstehe, Sir. Zumal diese Situation das Leben zweier Menschen ruiniert, die sich unglücklicherweise ineinander verliebt haben.« Er war aufgesprungen und funkelte den alten Mann wütend an. »Wenn Sie mich fragen, ist es mehr als verwerflich, daß diese beiden jungen Menschen unter Umständen ihr ganzes Leben lang unter den Fehltritten dieses hemmungslosen genußsüchtigen Schweines von Mann leiden müssen, das Sie großgezogen und insofern bei seinem unseligen Treiben auch noch unterstützt haben, als Sie neben seiner Familie auch seine Geliebte und deren Brut finanziell ausgehalten haben, damit er Muße hatte, weiterhin seiner Lust zu frönen. Wie Sie sehen, Sir, tragen Sie an der ganzen Sache ebensoviel Schuld wie Ihr verkommener Sprößling. Und ich habe jetzt die undankbare Aufgabe, meinem Sohn beibringen zu müssen, daß das Blut einer Familie in seinen Adern fließt, die in mehr als einer Hinsicht gen Himmel stinkt. Denn was haben Sie in Ihrem Leben anderes getan, als Geld zu scheffeln? Geld, das Sie mit Menschen verdienten und immer noch verdienen, die in Ihren Fabriken für einen Hungerlohn schuften. Ich, Sir, bringe einen Teil meines Lebens damit zu, Menschen zu behandeln, die sich keinen Arzt leisten können; den Menschen, die wiederum *ihr* Leben in *Ihren* Fabriken verbringen. Ich habe Ihre Karriere verfolgt, Sir; die Karriere, zu der Sie jetzt auch Ihren Enkel drängen wollen. Und ich sage bewußt drängen, Sir, denn dieser junge Mann, der sich mir als Robert Anderson vorgestellt hat, hat mir gestanden, daß er die Vorstellung haßt, in Ihr Geschäft einzusteigen. Er möchte viel lieber noch ein weiteres Jahr an der Universität studieren. Aber *sein* Großvater schert sich einen Teufel um die Wünsche seines Enkels. Er will ihn ›verbraten‹. Sie mögen ein alter Mann sein, und ich sollte vielleicht nicht so zu Ihnen sprechen, Sir, aber alt sind Sie nur äußerlich, Ihr Verstand ist noch immer jung und agil und ganz aufs Geldverdienen ausgerichtet. Nun, ergötzen Sie sich daran, denn ich sage Ihnen jetzt folgendes: Sie werden diesen jungen Mann niemals halten. Er wird zwar niemals mein Schwiegersohn werden, wie ich gehofft hatte, aber er wird, soweit ich seinen Charakter einschätzen kann, auch niemals so werden wie Sie, Sir, oder – Gott bewahre – wie sein Vater. Und . . .«

In diesem Moment wurde die Tür geöffnet. »Sie haben geläutet, Sir?«

»Nein, Gibbons, ich habe nicht geläutet.« Die Stimme des alten Mannes bebte ein wenig. »Aber ich glaube, der Doktor möchte gehen.«

Steve machte zunächst noch keine Anstalten zu gehen, sondern fuhr leise fort: »Ein letztes Wort noch, Sir. Mir fällt gerade ein, daß mein Sohn seinen leiblichen Vater bereits kennengelernt und mir als mitleiderregende, verwirrte Kreatur beschrieben hat, die auch noch halbseitig gelähmt ist. Nun, ich kann nur hoffen, Sir, daß Ihr Sohn noch viele, viele Jahre in dem Bewußtsein seines Verfalls zu leben hat, bis er dann in der Hölle schmort.« Nach diesen Worten drehte er sich abrupt um und stürzte aus dem Haus, Hut und Mantel in der Hand und ohne die Haustür hinter sich zu schließen.

In ihm kochte die Wut, wie er sie an sich noch nie erlebt hatte. Am liebsten hätte er etwas kaputtgemacht, aber nichts schien ihm groß genug, um die Qualen zu lindern, die er ob seiner Familie litt: Seine glückliche Familie würde binnen der nächsten Stunden auseinanderbrechen. Er sah, wie Emilys Schuld ans Tageslicht gezerrt würde, eine Schuld, die sie bis zum heutigen Tag nie hatte verwinden können; er spürte die Verachtung seines Sohnes für seinen wirklichen Vater, wenn er sich dessen Bild in Erinnerung rief; aber vor allem waren da Janice, seine geliebte Tochter, und dieser feine junge Mann. Ja, wirklich ein feiner junger Mann, unverdorben noch von den Menschen, deren Erbmasse er in sich trug. Aber jetzt . . . o Gott! Er taumelte, konnte sich gerade noch an einem Laternenmasten festhalten. Er preßte die Stirn gegen das kalte Eisen. Oh, wie gut das tat . . . Er fühlte sich fiebrig.

Wie in Trance legte er den Heimweg zurück und hielt einige Schritte vor seiner Haustüre inne: Zum erstenmal in seinem Leben zögerte er, sein Haus zu betreten. Bisher hatte er es immer eilig gehabt, nach Hause zurückzukehren, wo ihn Emily stets in der Diele begrüßte, falls sie nicht gerade nebenan im Hutsalon beschäftigt war. In diesem Fall wartete er ungeduldig auf ihre Rückkehr und empfing sie dann oft mit der Bemerkung, daß sie anscheinend ihr ganzes Leben in diesem vermaledeiten Geschäft zubringe. »Nun, wenn du nicht zwei Praxen unterhalten müßtest, wäre ich vielleicht öfter zu Hause«, hielt sie ihm dann entgegen.

Heute jedoch hoffte er geradezu, daß sie *nicht* im Haus war, denn er mußte sich erst einmal sammeln und sich die passenden Worte zurechtlegen, um ihr die Neuigkeit so schonend wie möglich beizubringen. Aber wie sollte es auch anders sein, ausgerechnet heute war sie zu Hause und kam ihm die Treppe herunter entgegen.

Ihr den Rücken zuwendend, zog er umständlich den Mantel aus und nahm den Hut ab; und als keine munteren Begrüßungsworte von ihm kamen, stellte sie sich vor ihn hin und sah ihn prüfend an. »Was ist passiert?«

Er konnte nicht gleich antworten, schluckte mehrmals, daher erkundigte sie sich besorgt: »Bist du krank?«

»Ja, ich bin krank, aber . . . aber nicht körperlich. Komm, gehen wir ins Wohnzimmer.«

Dort bat er sie, ihm etwas zu trinken zu bringen. »Aber keinen Kaffee oder Tee«, sagte er, »sondern etwas Hartes.«

Verwundert sah sie ihn an, eilte dann aber ins Eßzimmer und kehrte kurz darauf mit einer Karaffe Whisky und einem Glas zurück. Steve schenkte sich das Glas randvoll ein und stürzte den Inhalt hinunter, als wäre es Wasser, worauf Emily instinktiv ausrief: »Die Kinder! Ist etwas mit den Kindern?«

»In gewisser Weise, ja.«

»Ein Unfall?«

»Nein, nein. Komm, setz dich . . . gib mir deine Hand.«

Sie spürte, daß seine Hand ebenso zitterte wie die ihre. »Nun sag schon, Steve. Bitte. Was ist passiert?«

Er lehnte sich zurück, das Gesicht von ihr abgewendet, und begann mit schleppender Stimme: »Heute morgen bekam ich eine Nachricht, die besagte, ich möge umgehend Mr. Anderson ... Steerman aufsuchen.« Als ihre Hand in der seinen zuckte, verstärkte er seinen Griff. »Nun, offenbar hat Mr. Anderson Steerman seit damals die Geschehnisse in unserem Haus aus der Ferne mitverfolgt, denn er teilte mir unumwunden mit, daß ich nicht der Vater der Kinder sei, die ich als meine Tochter und meinen Sohn ansehe. Gut, diesen Sturm hätten wir noch umschiffen können, denke ich, wäre da nicht die unumstößliche Tatsache, daß Robert Anderson in Wirklichkeit Robert Anderson Steerman ist. Der alte Herr hat vor vielen Jahren entschieden, daß seine Enkelkinder den Namen Steerman fallenlassen, um zu vermeiden, daß sie ihres Vaters wegen unter einem Stigma zu leiden haben.« Jetzt drehte Steve den Kopf und sah Emily an. Sie war aschfahl im Gesicht. »Janice, Janice«, hauchte sie.

»Ja, Janice und er.«

»Du lieber Gott! Ach, du lieber Gott!« Sie entzog ihm ihre Hand, setzte sich aufrecht hin und versank in tiefes Schweigen, das Steve wie eine Ewigkeit vorkam.

»Warum? Warum mußte das alles jetzt ans Licht kommen?« murmelte sie schließlich mehr zu sich selbst, worauf Steve erklärte: »Der alte Herr hat offenbar nach dem Tod von dieser Mrs. Dimarca die Unterhaltszahlungen an deren Kinder eingestellt, und der Sohn hat zudem seine Anstellung verloren. Gestern kam dann dieser junge Dimarca zu mir in die Klinik, um von mir Geld für sein Schweigen zu erpressen. Beim alten Steerman, den er vorher aufgesucht hatte, schien er auf taube Ohren gestoßen zu sein. Also war ich seine letzte Hoffnung. Aber gestern wußte ich noch nichts von Robert Andersons wahrer Identität. Er hätte es mir sicher gesagt, aber bevor er noch dazu kam, habe ich ihn zum Teufel gejagt. Nun, dem alten Steerman hat er es jedenfalls gesteckt, deshalb hat der mich heute morgen zu sich gebeten.«

Emily war aufgesprungen und stand nun, die Hände ineinander verkrampft, vor ihm. »Was machen wir jetzt? Die Kinder kommen bald zurück.«

»Wir müssen es ihnen sagen, Liebling, und alles weitere können wir nur ihnen überlassen.«

»Aber . . . aber Janice liebt doch Robert, und er sie.«

Steve ließ den Kopf in die Hände sinken und flüsterte: »Ich weiß, ich weiß. Diese Offenbarung wäre auch so schon schlimm genug gewesen. Aber es gibt keine andere Lösung. Wir müssen ihnen die Wahrheit sagen.«

»Und an all dem bin nur ich schuld.«

Mit einem Satz war Steve auf den Beinen, packte Emily an den Schultern und erwiderte mit ungewohnter Schärfe in der Stimme: »Nein! Hör sofort auf damit! Du schleppst diese Last schon all die Jahre mit dir herum. Zeitweilig stand sie wie ein schwarzer Schatten zwischen uns.«

»O nein, Steve. Nein. Es gab nie einen schwarzen Schatten, zumindest nicht auf meiner Seite. Ich habe dich von Anfang an geliebt, und ich hätte nie gedacht, daß diese Liebe noch stärker werden könnte; aber sie wurde es im Laufe der Jahre. Ich liebe dich so sehr, daß es mir manchmal weh tut, weil du so gut bist, so freundlich und verzeihend.«

»Ich bin weder gut noch freundlich, noch verzeihend. Alles, was ich für dich getan habe, geschah aus reiner Selbstsucht. Ich liebte dich, und ich wollte dich. Ich mußte dich haben. Und als die Kinder zur Welt kamen, waren es meine Kinder, und ich liebte sie wie meine eigenen, und ich werde niemals aufhören, sie so zu lieben.« Er legte jetzt seine Arme um ihren zitternden Körper. »Es geht mir zwar gegen den Strich, aber ich werde diesen Mann für sein Schweigen bezahlen. Und wir werden die Reaktionen von Janice und Jason hinnehmen müssen, wie immer diese ausfallen mögen. Die eigentliche Tragödie ist diese andere Geschichte, denn daran ist nichts zu ändern. Komm, versuch, die Ruhe zu bewahren. Und kein Wort zu Alice, und erst recht nicht zu Esther oder Lena; die beiden alten Jungfern würden ein Jammergeschrei anstimmen wie Klageweiber.«

»Alice wird mich fragen.«

»Dann laß sie eben fragen; später wird sie ohnehin alles erfahren.«

»Ich . . . ich kann nicht nach nebenan gehen.«

»Ja, das verstehe ich, Liebes. Ich werde dir jetzt ein paar Tabletten geben und Alice bitten, dir einen starken Tee zu kochen . . . Um wieviel Uhr kommen die Kinder zurück?«

»Ich schätze so zwischen eins und drei. Janice muß abends arbeiten. Ihr dreimonatiger Nachtdienst beginnt heute. Deshalb hatte sie ja zwei Tage frei. Was machen wir, wenn sie zurückkommt und ihn mitbringt?«

»Nun, in diesem Fall, Liebes, schicke ich ihn schnurstracks zu seinem Großvater. Seine Reaktion werden wir noch früh genug erleben. Denn wenn sie so ähnlich ausfällt, wie ich sie von Janice erwarte, möchte ich nicht Zeuge sein.«

Sie kamen ins Haus gestürmt wie zwei Kinder, die großartige Neuigkeiten zu verkünden haben und vor Aufregung darüber schier platzten. Ihre Augen leuchteten, und ihre Gesichter strahlten um die Wette. In hohem Bogen warfen sie ihre Mäntel über einen Stuhl, und nach einem Seitenblick auf Janice rief Jason: »Wo steckt ihr denn, ihr alten Tattergreise?«

Als Steve und Emily in der Wohnzimmertür erschienen, stürmten sie auf die beiden zu und drängten sie zurück ins Zimmer.

Steve rang sich eine fröhliche Bemerkung ab. »Die Frage, ob ihr zwei euch amüsiert habt, kann ich mir wohl sparen, wie?«

»Ach, es war wunderschön, Vater, fantastisch. Oxford, der Ball, einfach alles. Al . . . les.« Janice trennte die Silben, um ihrer Begeisterung noch mehr Nachdruck zu verleihen.

»Wir haben euch etwas zu sagen, euch beiden.«

Bevor Jason weitersprechen konnte, brachte Steve ihn mit einer Handbewegung zum Schweigen. »Ja, sofort. Aber zuerst habe ich *euch* etwas zu sagen. Ach, wo sind eigentlich die anderen?«

»Rosie ist drüben« – Jason deutete zur Wand –, »und Robert ist zu seinem Großvater gegangen. Die beiden haben auch wichtige Neuigkeiten . . .«

»Bitte! Warte.«

Diese letzten Worte ernüchterten die beiden jungen Leute so, daß sie sich verdutzt ansahen und aus einem Munde fragten: »Ist etwas passiert?«

»Ja, meine Lieben. Es ist etwas passiert, etwas außerordentlich Wichtiges. Kommt, setzen wir uns hin.« Steve nahm Emilys Arm und führte sie zur Couch zurück. Dort nahmen sie nebeneinander Platz. Dann deutete Steve auf zwei Stühle. »Bring sie her, Jason, und setzt euch uns gegenüber.«

Janice warf ihrem Bruder wieder einen fragenden Blick zu. Das Lächeln war aus ihrem Gesicht verschwunden. Als sie dann alle saßen, kam von Jason die leise Frage: »Sind ... sind es schlechte Nachrichten?«

»Was die eine betrifft, da liegt die Beurteilung bei euch; und der zweite Teil, ja, das ist wirklich eine ganz schlimme Nachricht, besonders für einen von euch beiden.«

Der erschrockene Blick, den sich die beiden nun zuwarfen, war für Steve das Zeichen, sie nicht länger auf die Folter zu spannen. »Ich werde euch jetzt eine Geschichte erzählen«, begann er nach einem raschen Seitenblick auf Emily, die den Kopf gesenkt und die Hände im Schoß gefaltet hatte. »Also, wie eure Mutter zu dem Hutgeschäft kam, das wißt ihr. Was ihr aber wahrscheinlich nicht wißt, ist, daß sie diese Mrs. Arkwright so aufopfernd gepflegt hat, bis sie selber schwer krank wurde und dringend Erholung brauchte. Daher beschloß sie, in dem Hotel in Frankreich Urlaub zu machen, von dem ihr Mrs. Arkwright so viel erzählt und vorgeschwärmt hatte, da sie dort vor vielen Jahren ihren geliebten Mann kennengelernt hatte. Nun gut, eure Mutter fuhr also nach Frankreich. Sie war damals, das muß ich betonen, eine sehr, sehr schöne junge Frau. Und sie ist heute noch wunderschön«, setzte er hinzu. »Zudem war sie außerordentlich temperamentvoll zu jener Zeit und als Besitzerin eines Modegeschäftes sehr geschmackvoll gekleidet. Auf der Reise nach Frankreich trug sie genau den Hut, liebe Janice, den du gerade in der Diele abgelegt hast. Und er stand ihr mindestens ebensogut wie dir.« Steve feuchtete sich die Lippen an und schluckte mehrmals, bevor er weitersprach. »Obgleich eure Mutter sich ein paar Jahre zuvor von ihrem ersten Ehemann hatte scheiden lassen, war sie immer noch eine junge Frau mit romantischen Träumen. Nun, in diesem Hotel lernte sie dann einen Gentleman kennen, von dem sie selbstverständlich annahm, daß er ungebunden war. Als sie jedoch am Ende des Urlaubs feststellen mußte, daß dem nicht so war, trat sie zutiefst empört und verletzt die Heimreise an. Aber dieser Mann gab nicht auf. Zu jener Zeit war auch ich in eure Mutter verliebt, aber bei jedem Treffen gerieten wir uns – ich mit meiner verstockten Art und sie mit ihrem überschäumenden Temperament – regelmäßig in die Haare und glaubten, uns nicht leiden zu können. Und als dieser Mann sich dann wieder in ihr Leben drängte, angeblich nur als guter Freund, da akzeptierte sie ihn. Doch dann geschah das Unvermeidliche: Sie wurde schwanger. Und da sie sich immer Kinder gewünscht hatte, entschied sie sich trotz der Schande, die ein uneheliches Kind für sie bedeutet hätte, dieses zu bekommen. Im fünften Monat ihrer Schwangerschaft tauchte dann plötzlich eine wildfremde Frau bei ihr auf.«

Steve legte den Arm um Emilys Schultern, zog sie näher an sich heran und berichtete seinen Kindern, die ihm mit großen und blassen Gesichtern zuhörten, den weiteren Verlauf der Ereignisse: daß diese Frau ihre Mutter angegriffen hatte; daß daraufhin die Gattin des Mannes mit der Bitte an sie herangetreten war, die Frau nicht anzuzeigen, die sie aus Rücksicht auf ihre Familie als offizielle Mätresse ihres Mannes anerkannt habe, zumal diese zwei Kinder von ihm hatte. Emilys Fehlgeburt, deren anschließende Genesungsphase, während der sie sich näher kennengelernt hatten, handelte er noch mit kurzen Worten ab, dann machte er eine lange Pause. Ehe er weitersprach, räusperte er sich geräuschvoll. »Es ging ihr schon wieder so viel besser«, sagte er, »und sie hatte ihre Fröhlichkeit beinahe ganz wiedererlangt, als dieser Mann sich eines Abends heimlich Zutritt zu ihrem Haus verschaffte. Er stand unter Alkoholeinfluß, und – es gibt nur ein Wort dafür – er *vergewaltigte* eure Mutter. Daraufhin versuchte sie sich das Leben zu nehmen.« Die beiden Gesichter ihm gegenüber wendeten sich dem gesenkten Haupt ihrer Mutter zu, während Steve in seiner Erzählung fortfuhr. »Es war nur Alices Geistesgegenwart zu verdanken, die mich nachts aus dem Bett holte, daß ich eure Mutter noch retten konnte. Und danach hatte ich größte Mühe, sie zu überreden, mich zu heiraten.«

Jetzt ließ auch Steve den Kopf sinken. »Dieser Gewaltakt blieb nicht ohne Folgen . . . und ihr wurdet geboren, ein wenig zu früh, allerdings«, sagte er leise, sah aber bei der anschließend ganz ruhig vorgebrachten Feststellung seinen beiden Kindern wieder direkt in die Augen. »Ihr seht also, ich bin nicht euer leiblicher Vater. Doch vom Augenblick eurer Geburt an habe ich euch als meine eigenen Kinder betrachtet, ich habe euch geliebt wie meine eigenen und werde euch immer lieben. Für mich seid ihr mein Sohn und meine Tochter. Eure Mutter hat diese Last all die Jahre auf ihren Schultern getragen, und wir hätten dieses Wissen mit ins Grab genommen, wenn nicht der Sohn der Geliebten dieses Mannes in erpresserischer Absicht an Roberts Großvater und mich herangetreten . . .«

»Robert!« Das war ein Schrei. Der Stuhl kippte hintenüber, als Janice hochfuhr und nochmals »Robert!« schrie.

Jetzt waren alle aufgesprungen. Steve hielt Janice an den Schultern, als er ihr ruhig bestätigte: »Ja, meine Kleine, Robert ist dein Halbbruder; euer beider Halbbruder.«

»Nein! Nein!!« Janice schüttelte Steves Hände ab. *»Nein!«* Ihre Stimme geriet zu einem verzweifelten Kreischen. *»Nein!* Das darf nicht sein! Wir sind doch . . . verlobt. Wir wollen . . .«

Plötzlich preßte sie eine Hand auf ihr Herz. Sie, die in Ohnmacht fallende Frauen immer verabscheut hatte, schnappte nun nach Luft, und ihre Hände griffen ins Leere, als sich eine schwarze Wolke über sie legte.

Sie wäre zu Boden gestürzt, wenn nicht Jason und Steve sie aufgefangen und auf die Couch gelegt hätten, wo

Emily jetzt neben ihr kniete und leise murmelte: »Meine Liebe. Ganz ruhig, mein Kleines.«

Jetzt war auch Jason bereit zu sprechen. »Dieser Mann, dieser mitleiderregende alte Mann, Roberts Vater, ist er . . .?« Die Worte erstarben auf seinen Lippen, als er sich dieses menschliche Wrack wieder ins Gedächtnis rief. »Warum hast du uns denn nicht gewarnt, Vater?« entfuhr es ihm dann.

»Ich . . . ich hatte doch auch keine Ahnung; er hat sich doch nur als Robert Anderson vorgestellt, nicht als Robert Anderson Steerman. Sein Großvater ließ damals den letzten Namen streichen, um seine Enkel vor der Schande zu bewahren, falls wir geklagt hätten und herausgekommen wäre, daß ihr Vater außer seiner Familie noch zwei Kinder mit seiner Geliebten und weitere zwei mit einer Frau hat, die er zudem vergewaltigt hatte.«

Jason versank für einen Moment in nachdenkliches Schweigen. »O Gott, das ist ja eine schreckliche Nachricht! Nun, ich für mein Teil kann es verkraften – Robert ist ein netter Kerl, und wir mochten uns von Anfang an – aber was ist mit Janice? Sie und Robert sind ineinander verliebt, sehr verliebt. Das wäre das Ende für sie.«

Er drehte sich zu Janice herum, die jetzt an einem Glas Wasser nippte, das Emily ihr hinhielt, und sagte dann zu Steve: »Eines sollst du wissen: Du bist immer mein Vater gewesen und wirst es auch bleiben. Diese Eröffnung kann daran nichts ändern – für mich jedenfalls nicht. Ich habe dich immer geliebt, bewundert und verehrt, und das werde ich nach dieser Geschichte noch um so mehr.«

Die Tränen standen Steve in den Augen, als Jason ihn umarmte, eine Geste, die ihre Beziehung zueinander noch mehr festigte.

Und auch in Janices Augen glitzerten Tränen, als sie sich mit der Frage an ihre Mutter wandte: »Wie konntest du das nur geschehen lassen?«

»Ich . . . ich habe es doch nicht gewußt, meine Liebe«, entgegnete Emily, die sich im selben Moment, da sie diese Worte aussprach, an das merkwürdige Gefühl erinnerte, das sie an Weihnachten, als sie diesen charmanten jungen Mann zum erstenmal sah, umfangen hatte. Und sie erinnerte sich jetzt auch wieder genau an den kalten Schauer, der ihr dabei über den Rücken gefahren war.

Die unendliche Traurigkeit im Gesicht ihres Vaters ließ Janice hochfahren. Sie setzte sich auf und streckte ihm ihre Hand entgegen. »Du bist mein Vater und wirst immer mein Vater bleiben«, flüsterte sie. Dann drehte sie sich zu Emily um und musterte sie mit einem Blick, als sähe sie sie gerade zum erstenmal. Ihr Verstand arbeitete wieder, und sie erinnerte sich an jedes Wort, das hier im Raum gefallen war: diese Frau, ihre Mutter, die Sanftmut und Güte in Person, die stets eine Aura von Unantastbarkeit umgab, war nicht nur bereits einmal verheiratet und geschieden, sie war außerdem auch noch die Geliebte eines verheirateten Mannes gewesen, war von diesem vergewaltigt worden und hatte versucht, Selbstmord zu begehen. Dann heiratete sie diesen wunderbaren Mann, der ihre Vergangenheit akzeptierte und ihren Kindern ein liebender Vater war. Janice konnte nicht glauben, daß diese Frau mit den fein geschnittenen Gesichtszügen identisch sein sollte mit der Frau, deren Geschichte ihr eben enthüllt worden war.

Janice sah jetzt ihren Vater an und fragte: »Wie viele Leute wissen davon?«

»Ganz wenige«, antwortete er. »Nur Alice weiß über die Einzelheiten Bescheid, und sie gehört praktisch zur Familie. Selbst Roberts Großvater war bis vor kurzem nur oberflächlich mit den Umständen vertraut, bis dieser Kerl bei ihm auftauchte und ihm von deiner Verbindung zu seinem Enkel erzählte.«

»Kann ... es denn nicht möglich sein, daß du doch unser Vater bist, nachdem du Mutter« – sie schluckte – »so kurz danach geheiratet hast?«

»Leider nein, meine Liebe. Ich habe eure Mutter geheiratet, aber ... es war ihr dringlicher Wunsch, daß wir uns erst dann ganz nahekommen, wenn sie Gewißheit über die Folgen dieser schlimmen Geschichte habe. Und ich muß dazusagen, daß sie in dieser Zeit Höllenqualen gelitten hat. Nach eurer Geburt, als sie sah, daß ich euch liebte und als meine Kinder angenommen hatte, da erst ließen ihre Angst und ihr tiefer Schmerz nach. Und doch lag all die Jahre ein Schatten über ihrem Leben. Nun, dieser Schatten ist jetzt gelüftet worden, auf besonders für dich, meine Liebe, sehr schmerzhafte Weise. Und glaube mir, es tut mir in der Seele weh, denn auch ich habe Robert sehr liebgewonnen.«

Janice stand jetzt auf, strich sich das Kleid glatt und fuhr mit der Hand über ihr Haar. »Wenn Robert kommt, dann möchte ich gerne mit ihm allein sprechen«, sagte sie und verließ das Wohnzimmer; Jason folgte ihr.

Emilys Blick wanderte zur Tür, die sich eben geschlossen hatte. Ihre Tochter hatte kein einziges freundliches Wort für sie gehabt; keines ihrer beiden Kinder. Und plötzlich spürte sie eine tiefe Traurigkeit in sich wachsen, die all die Verzweiflung und Schmerzen der Vergangenheit übertraf. Sie liebten sie nicht. Sie gaben ihr die Schuld.

Als Steve den Arm um sie legte und sie den Kopf an seine Schulter sinken ließ und mit matter Stimme wisperte: »Was man sät, muß man auch ernten«, da wurde ihm das Herz noch schwerer, denn auf Emilys Worte gab es keine Antwort.

Um sechs Uhr abends, Robert war noch immer nicht gekommen, zog Janice ihre Schwestertracht an. In der Halle begegnete sie ihrem Vater, der im Mantel war. Auf seine Bemerkung »Du gehst aber früh, Liebes«, entgegnete sie: »Mein Nachtdienst fängt heute an . . . und ich habe noch einiges vorzubereiten.«

»Ich bin auf dem Weg in die Praxis; wir könnten zusammen gehen«, schlug er vor und fügte dann leiser hinzu: »Geh und sag deiner Mutter auf Wiedersehen – sie ist im Frühstückszimmer. Es geht ihr gar nicht gut.«

Beinahe widerwillig, so kam es ihm vor, folgte Janice seiner Aufforderung, ging ins Frühstückszimmer, wo sie Emily nahe am Kamin sitzend vorfand, obwohl es im Raum sehr warm war.

»Ich muß gehen, Mutter«, sagte sie. »Du weißt ja, mein Nachtdienst beginnt heute.«

Emily stand auf, blieb aber stehen, wo sie war, und sagte kein Wort. Es war die Verzweiflung, die Janice in ihrem Gesicht las und die sie dazu drängte, ihre Mutter in die Arme zu nehmen. »Es ist gut. Es ist gut«, murmelte sie an ihr Ohr. »Es war nur der Schock. Ich ... ich werde schon darüber hinwegkommen. Das andere wäre nicht so schlimm gewesen, es ist nur wegen ... Robert.«

»Ich weiß, mein Kind. Ich weiß. Ich mache mir auch wegen Robert Gedanken. Aber bitte, bitte, höre nicht auf, mich zu lieben.«

»Das könnte ich doch nie. Dafür liebe ich euch beide viel zu sehr. In meinen Gedanken seid ihr eins. Wie könnte ich da einen lieben und den anderen nicht? Nicht doch. Bitte! Bitte, wein doch nicht. Es wird alles gut ... es muß alles wieder gut werden. Man muß den Dingen ins Gesicht sehen. Ich bin froh, daß ich Krankenschwester bin; da sieht man so viele Tragödien. Das hilft einem, die eigenen zu verkraften. Ich bin morgen gegen Nachmittag wieder zurück. Mach dir jetzt keine Gedanken mehr. Wir sprechen morgen noch einmal darüber.«

Leise verließ sie das Zimmer. In der Halle traf sie auf ihren Vater. »Es ist alles in Ordnung«, beruhigte sie ihn.

»Gut. Ich danke dir, Liebes.«

Gemeinsam gingen sie den Weg bis zum Hospital, wo Steve sich an der Pforte von seiner Tochter verabschiedete und den Weg zu seiner Praxis einschlug.

Wie üblich war das Wartezimmer voll, und Crabbe begrüßte ihn mit der Bemerkung: »Sie sind spät dran, heute. Ein paar dachten, Sie kämen nich' mehr und sin' gegangen. Aber keine Angst, der Rest hält Sie bestimmt noch Stunden auf Trab ... Sind Sie krank, Doc?«

»Nein. Wie kommst du darauf?«

»Nun, Sie sehn ein bißchen blaß aus um die Nase. Aber ich hab' eine gute Nachricht für Sie. Der Kerl, Sie wissen schon, der, der neulich hier war und sein Maul aufgerissen hat, den hab'n sie heute morgen tot aus'm Fluß gefischt.«

Steve, der sich gerade an seinen Schreibtisch setzen wollte, schoß herum wie der Blitz, daß Crabbe erschrokken einen Satz nach hinten machte. »Ich ... ich hab' damit nichts zu tun, Doc«, beteuerte er. »Ehrenwort.«

»Das mag ja sein, Crabbe, aber wer außer dir wußte denn, was hier vorgefallen ist?«

»Mehr Leute, als Sie denken, Doc. Der Kerl hat doch im *Wilden Eber* sein Maul aufgerissen wie 'n Scheunentor. Daß er Geld hat oder bald welches macht, hat er getönt, und angegeben, daß er aus bestem Stall kommt.«

»Woher willst du denn so genau wissen, daß er es war?«

»Der junge Sparky war dabei, als sie ihn aus'm Wasser gezogen hab'n. Die Bobbies war'n auch da, und er hat noch alle seine Klamotten angehabt, außer dem Hut natürlich. Wenn es einer von uns gewesen wär', dann hätt' er ohne Stiefel im Wasser gelegen, nich' wahr?«

Steve sah seinem Assistenten prüfend in die Augen, und der hielt seinem Blick stand, ohne dabei zu zwinkern. Doch Steve wußte nur zu gut, daß ein gerader Blick bei Leuten seines Schlages noch lange kein Kriterium für Aufrichtigkeit war, denn diese Kerle waren es von klein auf gewohnt, das Blaue vom Himmel herunterzulügen.

»Auf alle Fälle können Sie dem lieben Gott danken, daß dieser Kerl Sie nich' mehr belästigen wird.«

»Trotzdem verstehe ich immer noch nicht, wie du so sicher sein kannst, daß er der Tote ist.«

»Die Bobbies hab'n in seiner Tasche 'nen Brief gefunden, da stand sein Name und seine Adresse drauf. 'n paar Shilling hat er auch noch bei sich gehabt. Nur seine Uhr nich'. Er hat immer mit seiner Uhr rumgewedelt, sagt Sparky. Muß so 'n richtiger Angeber gewesen sein.«

»Komisch, du scheinst eine ganze Menge über ihn zu wissen, Crabbe, obwohl du doch gar nicht dabei warst.«

Crabbes Gesicht verzog sich zu einem breiten Grinsen. »Sie kennen mich doch, Doc. Ich hab' 'ne Menge gute Freunde ... So, das wär' dann wohl geregelt, oder? Auf Sie wartet 'ne Menge Arbeit draußen; da sind zwei Beine dabei, die stinken schon wie die Pest. Old McIntyre sollte ins Hospital gehen, das hab'n Sie ihm ja auch schon gesagt. Aber der Alte hat Bammel, weil er genau weiß, daß sie ihm dort sein Bein absägen, ohne lange zu fackeln.«

Steve ließ sich mit einem tiefen Seufzer hinter seinem Schreibtisch nieder. Er glaubte Crabbe kein Wort. Dieser Mann war in der Nachbarschaft der absolute Boß: Jeder hatte Angst vor seiner schnellen Faust. Und warum er immer noch bei ihm arbeitete, obwohl er durch Taschendiebereien ein Zehnfaches von seinem Lohn hätte verdienen können, das wußte er bis heute nicht genau. Aber Dimarca war tot ... Hätte er nicht zwei Tage früher sterben können? dachte Steve und ballte seine Hand zur Faust. Dann hätte alles, was in den letzten zwei Tagen geschehen war, nie passieren müssen. Seine geliebte Janice hätte ihren Robert heiraten können, und niemand hätte etwas geahnt. In diesem Land gab es so viele verheiratete Paare, in deren Adern das gleiche Blut floß: Die Anderson Steermans dieser Welt verteilten ihren Samen nur zu freimütig. Und nicht nur sie. Es waren nicht immer nur Gerüchte, daß die Nachkommen solcher Verbindungen in Asylen oder in dunklen Dachstuben dahinvegetierten; manche wurden auch ganz offen in der Familie großgezogen. Inzest war in manchen Vierteln hier nichts Ungewöhnliches, wie er aus eigener Erfahrung wußte.

Wäre das, was jetzt ans Licht gekommen war, nur ihm allein bekannt gewesen, hätte er die Verbindung von Janice mit ihrem Halbbruder dann schweigend akzeptiert? fragte er sich. Aus medizinischer Sicht hätte er sie unterbinden müssen; aber als Wandler zwischen zwei Welten, zu dem er im Laufe der Jahre geworden war, hätte er seine Augen wahrscheinlich verschlossen.

In dem Augenblick, als Janice die Station verließ, um ins Schwesternheim hinüberzugehen, fiel der Schutzpanzer von ihr ab, und der Schmerz flammte wieder auf.

Robert war ihre erste große Liebe; bisher hatte sie kein anderer Mann interessiert, nicht einmal als Backfisch hatte sie die Schwärmereien ihrer Freundinnen geteilt. Und sie wußte auch, daß Robert der Mann ihres Lebens war – sie hatte es vom ersten Augenblick an gespürt. Diese Gewißheit hatte ihre Tage erhellt, in Gedanken war er immer bei ihr, und besonders in ihren Träumen. Aber was sich jetzt in ihr regte, waren nicht die verzweifelten Gedanken einer jungen, liebeskranken Frau, die sich einredete, daß sie sich nie wieder verlieben, sondern den Rest ihres Lebens dieser verlorenen Liebe nachtrauern würde. Nein, es war diese sichere Gewißheit in ihr, die ihr sagte, daß sie niemals einen anderen Mann lieben würde, daß sie *niemals* einen anderen würde lieben können.

Unendlich glücklich und erfüllt vom Wunder der Liebe, so war sie gestern nach Hause gekommen, um miterleben zu müssen, wie man ihr mit einem Satz diese Liebe gewaltsam entriß. Den ganzen Tag hatte sie auf ihn gewartet, weil sie wußte, daß sie miteinander sprechen mußten. Doch als er bis zum Abend nicht erschienen war, mischte sich in ihren Kummer auch noch das Gefühl von Verzweiflung und Zurückweisung.

Draußen vor dem Hospital blieb sie kurz stehen und holte ein paarmal tief Luft, bevor sie den Platz überquerte, auf dessen anderer Seite das düstere Gebäude des Schwesternheims stand. Und dann sah sie ihn – er kam vom Haupteingang langsam auf sie zugeschlendert und legte die letzten Meter im Laufschritt zurück.

Eine ganze Weile standen sie sich schweigend gegenüber, die Blicke ineinander versenkt. »Hast du Zeit für einen Spaziergang?« fragte er dann leise mit einer Stimme, die ihr merkwürdig fremd vorkam.

Unfähig zu antworten, machte sie kehrt und ging gemeinsam mit ihm durch den Haupteingang hinaus auf die Straße.

Die letzten Nebelschwaden der Nacht, die sich langsam in der Morgensonne aufzulösen begannen, hingen über der Stadt. »Sollen wir in den Park gehen?«

Janice brachte immer noch kein Wort heraus. Zweimal hatten sie sich vorher heimlich in diesem Park getroffen.

Sie waren spazierengegangen, hatten sich unterhalten, aber dabei nicht einmal an den Händen berührt.

Fünf Minuten später erreichten sie den Park, wo es – abgesehen von dem einen oder anderen Stadtstreicher, der sein Nachtlager auf einer der Bänke aufgeschlagen hatte –, noch menschenleer war.

In einer abgelegenen Ecke entdeckten sie eine Holzbank, deren taubenetzte Sitzfläche in der schräg durch die Büsche einfallenden Morgensonne silbern schimmerte. Mit einem Taschentuch versuchte Robert die Bank trokkenzuwischen, was ihm aber nur notdürftig gelang. Daraufhin zog er seinen weißen Seidenschal unter dem Mantelkragen hervor, faltete ihn doppelt und breitete ihn auf dem Sitz aus, bevor er dann Janice bedeutete, sich zu setzen.

Erst jetzt bemerkte sie, daß er noch denselben Mantel trug wie gestern auf ihrem gemeinsamen Rückweg von Oxford. Und ihre Besorgnis wuchs, als sie in sein Gesicht sah, das vor Erschöpfung ganz grau war. Anscheinend hatte man ihn gleich nach seiner Ankunft zu Hause vor vollendete Tatsache gestellt, und die mußten ihn so schokkiert haben, daß er keinen Gedanken darauf verschwendet hatte, seine Kleider zu wechseln. Aber wo war er seither gewesen? überlegte sie. Er sah so anders aus, viel älter und schrecklich mitgenommen.

»Ach, Robert«, waren die ersten Worte, die ihr über die Lippen kamen.

Er griff nach ihren Händen, und jetzt sprudelte es nur so aus ihm heraus: »Ich ... ich kann es nicht glauben. Ich will es einfach nicht glauben! Ich ... ich war rasend vor Wut. Am liebsten hätte ich ihn umgebracht. Ich war schon fast am Bahnhof, aber dann ist mir klargeworden, daß ich dich nie wiedersehen würde, wenn ich ihn umbrächte ... nicht mit dir über die Sache sprechen ... eine Lösung finden könnte. O Janice! Janice!«

»Ich weiß, mein Liebster. Ich weiß. Mir geht es genauso ... ich kann und will es nicht glauben. Auch ich suche nach einer Lösung, aber es gibt keine, nicht wahr?«

Ihre tiefen Seufzer kamen gleichzeitig, ihre Hände klammerten sich aneinander, und ihr warmer Atem streichelte die Wangen des anderen. »Ich . . . ich liebe dich, Janice. Ich bete dich an. Und ich weiß, daß dieses Gefühl mich nie verlassen wird. Nie zuvor habe ich etwas Ähnliches empfunden, nie irgendeine Frau oder ein Mädchen begehrt. Doch seit ich dich zum erstenmal sah, hält mich dieses Gefühl der Liebe gefangen. Gestern morgen bin ich völlig durchgedreht, habe einen Tisch umgeworfen und eine unbezahlbare Vase zerbrochen, als mein Großvater mir die Wahrheit eröffnet und dann gemeint hatte, daß meine Gefühle zu dir nur unserer Blutsverwandtschaft entsprängen. Der bloße Gedanke daran machte mich beinahe wahnsinnig. Ich weiß noch, daß Gibbons und Mason mich aus dem Zimmer gezerrt haben. Und seither bin ich nur gelaufen.«

»Ach, Liebster. Mein Geliebter.« Sie machte eine Hand frei und legte sie ihm sanft auf die Wange. »Ich weiß. Ich weiß genau, wie du dich fühlst. Hätte ich letzte Nacht nicht arbeiten müssen, wäre ich sicher auch in der Stadt herumgelaufen. Ich liebe dich so sehr, Robert. Ich werde dich immer lieben. *Immer.*«

Als seine Arme sich um sie schlangen und ihre Lippen sich berührten, stieß sie ihn unvermittelt von sich weg und murmelte mit abgewendetem Kopf: »Nein, nein! Bitte nicht! Ich könnte es nicht ertragen. Wir dürfen das nicht tun.«

Seufzend stützte Robert die Ellbogen auf die Knie, den Blick starr auf den Kiesweg vor ihm gerichtet. »Was machen wir jetzt?« fragte er nach einer Weile.

Janice antwortete nicht sofort. »Wir können gar nichts machen«, sagte sie dann. »Und das weißt du auch.«

Robert schwang herum. »Doch, wir können Freunde sein. Nur Freunde. Ich könnte den Gedanken, dich nie wiederzusehen, nie wieder mit dir zu reden, nicht ertragen.«

»Das würden wir nicht durchhalten, Robert. Du weißt, daß das nicht geht, mein Liebster.«

»Ach, was zum Teufel macht das schon? Was macht das nach alledem schon aus? Es muß etliche Paare wie uns geben, und einige davon wissen sicherlich über sich Bescheid. Nicht alle vielleicht, doch manche bestimmt.«

»Ja«, nickte sie, »manche wissen es wohl. Aber wie leben sie? Ständig in der Angst, daß die Wahrheit ans Licht kommt. Und wenn sie eines Tages ans Licht kommt, sind sie gesellschaftlich ruiniert. Und . . . und du mit deiner Zukunft, Robert, du kannst dir das nicht leisten. Dein Großvater ist ein alter Mann. Über kurz oder lang wirst du seine Firmen übernehmen, große Betriebe, wie ich gehört habe.«

»Ich pfeif' auf die Betriebe. Die haben mich noch nie interessiert. Ich will mein eigenes Leben leben, und zwar mit dir.«

Als habe sie nicht gehört, was er gesagt hatte, fuhr sie fort: »Und da ist noch meine Seite. Da ist der Mann, den ich als meinen Vater liebe, den ich verehre und respektiere, und jetzt um so mehr, da ich weiß, daß er die Verantwortung für zwei Kinder übernommen hat, die nicht die seinen waren und deren leiblichen Vater er kannte und aus tiefster Seele haßte; und der meiner Mutter verziehen hat, die damals nicht in der Lage gewesen war, gut und böse voneinander zu unterscheiden. Ich betrachte deinen Vater – und meinen – nämlich nicht als charmanten Weichling . . . das war nur der Vorwand für seine Zügellosigkeit. Denn du mußt wissen – vielleicht weißt du es bereits –, daß nicht nur wir miteinander verwandt sind, sondern daß wir noch zwei andere Halbgeschwister haben, die Kinder seiner Geliebten nämlich. Und möglicherweise noch weitere, von denen wir nichts wissen. Die Bibel sagt, daß alles Böse, das ein Mensch tut, an die kommenden Generationen weitervererbt wird. Bis gestern nacht habe ich nie über diese Worte nachgedacht. Aber sie sind so wahr.«

Robert lehnte sich zurück und blickte hinauf in den Himmel. Dort oben drängten sich dicke Wolkenmassen zusammen, dunkel und bedrohlich, doch in der Mitte war noch ein kreisrunder Fleck tiefblauen Himmels zu sehen. Und darin meinte er eine Bedeutung zu lesen. »Eines Tages wirst du jemand anderen heiraten. Du bist geschaffen für die Ehe«, raunte er.

»*Niemals!* Glaub mir, Robert. Ich werde niemals heiraten.«

Langsam senkte er den Kopf und sah sie an. »Ich auch nicht.«

Das alte Sprichwort ›Zeit heilt alle Wunden‹ kam ihr in den Sinn, aber sie sprach es nicht aus. Und obwohl sie hundertprozentig wußte, daß sie nie einen anderen Mann heiraten würde, rechnete sie damit, daß seine Bedürfnisse ihn eines Tages dazu bringen würden, sich eine andere Frau zu nehmen, ohne diese unbedingt zu lieben. Doch als er wiederholte: »Ich schwöre dir, Janice, ich werde niemals heiraten. Niemals!«, verkniff sie sich die Antwort, daß gewisse Umstände seine Meinung sehr wohl ändern könnten.

Sie erhob sich von der Bank. »Ich . . . ich gehe jetzt, Robert«, flüsterte sie. »Um neun Uhr muß ich in meinem Zimmer sein.«

Robert stand ihr gegenüber. »Ich fühle mich so elend, so einsam und verlassen, Janice. Können wir uns nicht doch wiedersehen?«

»Das wäre verhängnisvoll, und wir wissen es beide. Warum bestehst du nicht darauf, noch ein weiteres Jahr in Oxford zu studieren? Jason mag dich so gern. Auch er war schrecklich traurig über diese Sache, aber zwischen euch besteht ja keine Barriere. Du kannst ein guter Freund sein . . . aber bitte vergeude nicht dein Leben, denn wie ich es sehe, werden in naher Zukunft viele Menschen von dir abhängig sein. Und du könntest so vieles verändern zum Wohle eurer Arbeiter.«

Seine Stimme klang ganz ruhig, als er sie fragte: »Und was wirst du mit deinem Leben anfangen?«

»Weiterhin im Krankenhaus arbeiten. Vielleicht werde ich sogar Oberschwester, wer weiß? Aber . . . jetzt muß ich wirklich gehen«, sagte sie entschlossen und sah zu ihm hoch.

»Laß mich dich noch einmal küssen, Janice. Ein letztes Mal.«

Zögernd schmiegte sie sich an ihn, ihre Lippen suchten sich, zunächst zärtlich, dann immer gieriger, und einen Augenblick lang preßten sich ihre Körper verzweifelt aneinander; im nächsten Moment entwand sie sich seiner Umarmung, raffte ihre gestärkten weißen Röcke und rannte davon. Robert stand einfach nur da und sah ihr nach, bis sie seinem Blick entschwunden war.

Janice rannte bis zum Hospital, blieb dann stehen, um Luft zu holen und sich die Tränen abzuwischen, die ihr über die Wangen kullerten, und betrat dann gemessenen Schrittes das Schwesternheim, wissend, daß sie sich für ihre Abwesenheit bei der Hausmutter würde verantworten müssen. In ihrem Zimmer legte sie Mantel und Haube ab und ließ sich dann mit einem verzweifelten Seufzer auf das schmale Eisenbett fallen. Und als die Tränen wieder zu fließen begannen, stöhnte sie: »Ich kann es nicht ertragen. Ich kann es nicht ertragen.«

Erst eine gute halbe Stunde später lag sie richtig im Bett. Unfähig, ein Auge zuzumachen, nahm sie den Gedichtband ihres Vaters vom Nachttisch und wußte unwillkürlich, welches Gedicht sie lesen würde. Es war das erste Gedicht in diesem Band, und es schien, als habe er es eigens für sie geschrieben. Es trug den Titel ›Wahre Bedürfnisse‹.

Die Tränen rannten ihr in Strömen über die Wangen, als sie die letzte Zeile las. »Das einzige, was man braucht im Leben, ist ein Freund«, lautete diese. »Und ich kann nicht einmal das für ihn sein«, entrang es sich ihr aus tiefster Seele, »denn keiner von uns beiden wäre stark genug, dem Verlangen des anderen zu widerstehen. Ach, könnte ich doch jetzt in diese letzte Unendlichkeit entschwinden, von der Vater immer spricht und vor der einen auch alles Wissen nicht bewahren kann. Aber Robert und ich müssen mit dem Wissen leben, daß wir bereits füreinander gestorben sind.«

TEIL ZWEI
– 1918 –

– 1 –

»Jetzt ist aber Schluß mit dem Radau, Master Steven.« Alice hatte den Achtjährigen am Schlafittchen gepackt. »Großmutter hält ihren Mittagsschlaf, und ihr werdet jetzt nicht zu ihr gehen; sie hat einstweilen genug von euch ... und du bleibst auch da, Miß Jessie.« Sie ließ den Jungen los und schnappte die Sechsjährige am Arm. »Wirklich, ich muß mich über dich wundern. Hab' ich dir nicht gesagt, daß Großmutter schläft?«

»Das sagst du immer, Alice; und dabei will sie uns sehen. Wir wollen ihr doch bloß von der Parade erzählen und den Soldaten und alles. Da draußen ist der Teufel los.«

»Laßt die nur machen; hier drinnen herrscht jedenfalls Ruhe. Geht jetzt nach nebenan. Wo stecken denn Freddie und Gracie?«

»Die sind heimgegangen.«

»Gut, dann geht jetzt auch rüber.«

»Aber Gracie hättest du zu ihr gelassen, nicht wahr?«

»Schau, Gracie ist noch klein und macht nicht so einen Spektakel wie ihr.«

»Die ist überhaupt nicht mehr klein; die ist schon ganz schön frech, sagt Großvater immer.«

»Aber nur halb so frech wie du, Miß. Also, trollt euch jetzt, ihr beiden.«

»Alice?« flüsterte der Junge leise und sah sie mit einem treuherzigen Augenaufschlag an. »Dürfen wir noch ein bißchen in der Küche bleiben? Daheim ist es so traurig. Mutter weint, weil Onkel Harry tot ist und das Schiff von Onkel James noch immer nicht angekommen ist.«

»Also gut, dann setzt euch brav an den Tisch – oder besser, holt Tassen und Teller, dann trinken wir zusammen Tee. Die Teekuchen sind gleich fertig.«

»O fein!« riefen sie im Chor. »Deine Teekuchen sind die

besten der Welt. Die von Mary Ellen sind immer so flach, und sie streicht immer so wenig Marmelade drauf.«

Kurz darauf, als die Kinder am Tisch saßen und an den heißen, gebutterten Teekuchen knabberten, ließ Alice sie unter freundlichen Ermahnungen, brav sitzen zu bleiben, für einen Augenblick allein, um ins Nachbarhaus hinüberzugehen. Sie war gerade in der Halle, als sich die Haustür öffnete und eine große, schlanke Frau hereintrat. Sie trug einen grauen Wintermantel und einen pelzbesetzten Hut.

»Mein Gott, was für eine Überraschung!« rief Alice erstaunt aus. »Wie haben Sie es nur geschafft, sich einen Weg durch die Menschenmassen da draußen zu bahnen?«

»Ich mußte mich im wahrsten Sinne des Wortes durchkämpfen, Alice. Die Leute spielen total verrückt. Einer hat mir meinen Hut vom Kopf gestoßen, ein anderer hat ihn aufgefangen und dann auf seinem Spazierstock in der Luft herumgeschwenkt. Was glaubst du, was da erst heute abend los sein wird«, lachte sie und dämpfte dann ihre Stimme. »Wo sind sie?« fragte sie, worauf Alice antwortete: »Im Wohnzimmer. Ihr Vater war den ganzen Vormittag auf den Beinen, um nebenan auszuhelfen. Er kann sich einfach nicht von der Praxis fernhalten. Seitdem er im Ruhestand ist, scheint er noch mehr drüben zu sein als früher. Aber geben Sie mir doch Ihren Mantel.«

Alice nahm Mantel und Hut entgegen. »Meine Hutnadeln sind weg und mein halber Dutt auch, wie mir scheint«, scherzte sie. »Wirklich, der Platz ist heute das reinste Tollhaus.«

»Und wenn schon. Der Krieg ist vorbei, und dafür danke ich Gott, obwohl ich immer an die denken muß, die draußen im Feld geblieben sind, und an die, die sie zurückgelassen haben.«

»Heute, Alice, scheint es jedoch, als habe unser Volk das alles vergessen.«

Im Wohnzimmer wurde Janice überschwenglich begrüßt. Steve, dessen dreiundsiebzig Jahre nur sein ergrautes Haar und sein von Falten durchzogenes Gesicht verrieten, sprang mit der Energie eines jungen Mannes vom Sofa auf und rief: »Wie schön, dich zu sehen, meine Liebe. Heute haben wir wirklich nicht mit dir gerechnet.«

Emily war ebenfalls aufgestanden. Obwohl sie noch recht feine Gesichtszüge hatte und immer noch schlank war, konnte sie jedoch ihre fünfundsechzig Jahre nicht verleugnen. Das malvenfarbene Samtkleid, das sie heute trug, bildete einen frischen Kontrast zu ihrem mittlerweile schlohweißen Haar und stand ihr ausgezeichnet. »Komm, setz dich, mein Kind. Du mußt ja halb erfroren sein«, begrüßte sie ihre Tochter. »Hast du deinen Dienstplan geändert?«

»Nein, aber es gibt einige Neuigkeiten, die ich gerne mit euch besprechen wollte.«

Steve war zur Tür gegangen, um Alice zu rufen, diese kam ihm aber schon mit den Worten entgegengelaufen: »Ich weiß, ich weiß. Janice möchte eine Tasse Tee. Ist schon unterwegs.«

»Daß es dir bei dem Menschenauflauf da draußen überhaupt gelungen ist, bis hierher zu gelangen«, wunderte sich Emily.

»Ich habe es gerade Alice erzählt«, entgegnete Janice und lachte. »Einfach war es nicht, das kann ich dir versichern. Mein Hut wurde mir vom Kopf gestoßen, und irgendein Idiot hat ihn aufgehoben und dann auf seinem Gehstock vor meiner Nase herumgeschwenkt. Was ich Alice jedoch nicht erzählt habe, war«, fuhr sie schelmisch fort, »daß dieser Kerl mit mir auch noch handeln wollte. Für einen Kuß könnte ich ihn wiederhaben, hat er doch glatt gemeint, und da war er bei mir genau an der richtigen Adresse.« Jetzt sah sie ihren Vater an. »Weißt du, was ich gemacht habe? Als er seinen Arm um mich legte, da habe ich ihm diesen blitzschnell hinter meinem Rücken umgedreht. Ihr hättet sehen sollen, wie schnell ich meinen Hut wieder hatte!«

Steve brach in schallendes Gelächter aus: »Gut gemacht!« rief er. »Den Trick hast du von mir, nicht wahr?«

»Ja, aber nicht nur den. Den anderen Trick mit dem Knie habe ich auch schon wirkungsvoll eingesetzt. Damals, als ich meinen ersten Nachtdienst auf der Männerstation absolvierte. Da haben sich einige der Herren ganz schön gewundert. Du glaubst ja gar nicht, mit welchen Touren die aufwarten, sobald das Licht aus ist.«

»Aber jetzt haben sie bestimmt einen Heidenrespekt vor dir«, meinte Emily.

»Ja«, bestätigte Janice und nickte. »Komisch, jetzt brauche ich nicht einmal mehr den Mund aufzumachen. Wenn ich heute abends durch die Krankensäle gehe, kann man eine Stecknadel fallen hören, so mucksmäuschenstill ist es. Manchmal möchte ich richtig laut loslachen . . . wenn die nur wüßten, was in meinem Kopf vorgeht, denke ich dann.«

Seufzend lehnte sich Janice zurück. »Jetzt gibt es leider nicht mehr allzuviel zu lachen bei meiner Arbeit. Früher, als ich noch Oberschwester auf meiner eigenen Station war und alle Schwestern kannte, da haben wir uns manchmal über gewisse Patienten lustig gemacht. Aber jetzt, da ich so viele Stationen zu betreuen habe, kenne ich kaum eine der Schwestern persönlich. Doch das wird sich bald ändern.«

»Ja?« kam es von Steve und Emily wie aus einem Mund.

»Nun, die Sache ist die, daß man mir gleich zwei interessante neue Stellen angeboten hat. Einmal die Tutorenstelle an der Schwesternschule, und gestern kam zudem noch ein Schreiben aus Brighton, in dem sie mich zu einem Vorstellungsgespräch für den Posten der Oberin einluden.«

»Das hört sich gut an. Und was wirst du tun, meine Liebe?«

Janice sah ihren Vater an. »Weißt du«, sagte sie, »auf die Tutorenstelle bin ich nicht sonderlich scharf; der Posten der Oberin würde mir mehr zusagen. Aber Brighton ist so furchtbar weit weg.«

»Ja, das ist richtig«, stimmte Emily ihr zu, aber Steve hielt dagegen: »Zwischen Brighton und London verkehren doch sicherlich etliche Züge.«

Janice lachte. »Die Bahnverbindung ist bestimmt kein Problem. Aber in Brighton habe ich kein Zimmer außerhalb des Hospitals, wo ich an meinen freien Tagen ausspannen oder auch nur mal kurz den Karbolgeruch loswerden kann. Als Oberin muß ich im Krankenhaus wohnen; das ist mehr oder weniger ein Rund-um-die-Uhr-Job. Und da ist noch etwas: Obwohl ihr beiden ja ein recht wunderliches Paar seid«, sie blickte von einem zum anderen, »habe ich mich doch sehr an euch gewöhnt und würde euch beide sehr vermissen.«

Steve und Emily nahmen gleichzeitig je eine Hand ihrer Tochter und drückten sie. Es war Steve, der sagte: »Das beruht auf Gegenseitigkeit, meine Liebe. Aber es ist dein Leben und deine Zukunft. Und Brighton ist mit Sicherheit ein beruflicher Aufstieg.«

»Ja, da magst du recht haben. Zum Glück muß ich mich nicht sofort entscheiden. Wir können ja am Wochenende noch einmal darüber sprechen. Ach, übrigens« – die Aufregung war aus ihrer Stimme gewichen –, »wie geht es denn nebenan?«

»Alle sind sie sehr deprimiert«, entgegnete Emily, wobei sie erst nach links zur Praxis deutete, über der immer noch John und Mary wohnten, und dann auf das rechte Nachbarhaus, das früher die Werkstatt und den Hutsalon beherbergte und in dem seit zehn Jahren Jason und Rosie mit ihren vier Kindern lebten. »Ach, wenn doch nur James' Schiff endlich käme«, setzte sie seufzend hinzu. »Das würde es ihnen bestimmt leichter machen. Es ist schon vier Tage überfällig. Obwohl ich trotzdem nicht glaube, daß Mary jemals über den Verlust von Harry hinwegkommen wird. So ein netter und blitzgescheiter Kerl, und er mußte so jung sterben.«

»Ja, Gott sei Dank hat das alles nun ein Ende«, bemerkte Steve leise. »Aber ich frage mich oft, wozu das alles gut gewesen sein soll. Wofür das ganze Sterben? Um alle Kriege zu beenden, sagen sie . . .« Und an Janice gewandt, fuhr er fort: »Fragst du dich das nicht auch manchmal, wenn du durch deine Stationen gehst?«

»Aber ja, Vater. Beinahe jede Nacht. Das Leiden dieser Soldaten mit ansehen zu müssen, das war oft die Hölle für mich. Und andererseits haben sie mich bisweilen mit ihrer Fröhlichkeit richtig beschämt. Selbst die Beinamputierten erzählten mir mit strahlenden Gesichtern, wie glücklich sie seien, wieder in der Heimat zu sein. Ja, das gibt einem eine vage Vorstellung davon, wie grauenvoll es draußen im Feld gewesen sein muß. Am meisten schmerzt mich der Anblick dieser blutjungen Männer, die ihr Leben lang verkrüppelt bleiben werden; manche von ihnen sind noch keine achtzehn. Und wenn ich hin und wieder dieses leise Schluchzen unter der Bettdecke höre, bricht mir schier das Herz. Am liebsten möchte ich ihnen dann die Bettdecke wegziehen und sie anbrüllen, daß sie ihren Schmerz und ihre Wut herausschreien sollen, anstatt sich ihrer Tränen zu schämen. Aber dann denke ich wieder, sie würden sich erst recht zu Tode schämen, wenn sie wüßten, daß ich ihre Tränen bemerkt habe.«

Die Tür ging auf, und herein kam Alice mit dem Teetablett, gefolgt von Steven und Jessie, die, jeder einen Teller mit Teekuchen in der Hand, hinter ihr hermarschierten. »Oh, das sieht ja köstlich aus!« rief Steve begeistert. »Habt ihr die frisch gebacken?«

»Selbstverständlich«, erklärte Alice. »In diesem Haus kommt nur frischer Kuchen auf den Tisch.«

Kaum hatten die Kinder die Teller abgestellt, stürmten sie auch schon auf Janice zu. »Tante Janice! Du bist hier? Wir haben dich gar nicht kommen hören. Hast du denn Urlaub? Bleibst du über Nacht?« riefen sie durcheinander und setzten sich rechts und links neben sie auf die Couch. »Nein, ich habe keinen Urlaub. Nein, ich bleibe nicht über Nacht. Und ja, ich bin hier, wie ihr seht.«

Die beiden kicherten um die Wette, bis Jessie verwundert fragte: »Wie hast du es nur geschafft, dich durch dieses schreckliche Gewühl da draußen zu kämpfen?«

»Einfach war es nicht, das kann ich dir versichern, meine Liebe, und ich habe auch noch keine Ahnung, wie ich wieder zurückkommen soll.«

»Du nimmst am besten eine Droschke«, schlug Steve vor.

»Ach, Gott, die armen Pferde! Die werden doch totgetrampelt.«

»Du bist lustig«, lachte Jessie. »Wie können denn Pferde totgetrampelt werden?«

»Am Trafalgar Square ist das heute keine Kunst. Sie können sich nur retten, wenn sie durch den Brunnen schwimmen«, gab Janice schmunzelnd zurück, worauf die beiden wieder schallend lachten. Die Kinder liebten Janice; nicht nur, weil es mit ihr immer etwas zu lachen gab, sondern auch wegen der kleinen Zuschüsse zum Taschengeld, die sie ihnen heimlich zusteckte. Früher hatte ihre Mutter auch mit ihnen gescherzt, aber seit Onkel Harry gefallen war, verbrachte sie die meiste Zeit in Gesellschaft von Großmutter Nelson. Und ihr Vater verkroch sich nach Büroschluß in seinem Studierzimmer. Doch bei den Montane-Großeltern, da fühlten sie sich wohl.

Es wurde eine vergnügliche Teestunde mit viel Geplauder und Gelächter, und als Janice dann auf ihre Uhr sah, rief sie erschrocken: »Gütiger Himmel! Es ist beinahe fünf Uhr. Jetzt muß ich mich aber sputen. Platz da, ihr zwei Rabauken, laßt mich aufstehen!«

»Bitte, Tante Janice, dürfen wir dich bis an die Ecke begleiten?« bettelten sie.

»Ja, aber nicht ohne Mantel. Wenn ihr euch rasch anzieht, dürft ihr mitkommen.«

Janice stand auf und gab erst ihrer Mutter und dann Steve einen Kuß. »Samstag vormittag komme ich wieder; dann habe ich mich auch entschieden. Aber vorher möchte ich trotzdem noch eure Meinung hören, ja?«

Die beiden nickten und folgten Janice hinaus in die Halle. Steve half ihr in den Mantel, den Emily ihr dann fürsorglich zuknöpfte, und als sie den Hut aufsetzte, meinte Emily besorgt: »Glaubst du, der hält ohne Hutnadeln? Ich hole dir rasch welche.«

»Nein, danke. Er muß auch so halten.«

Die Kinder kamen angezogen aus der Küche gerannt. »Alles fertig? Gut, dann gehen wir«, rief sie fröhlich. »Aber nur bis zur Ecke, verstanden?«

»Halt! Alles stehengeblieben!« rief Steve im Kommandoton. »Es ist schon zu dunkel für die Kinder. Ich ziehe mir nur rasch meinen Mantel über und gehe mit.«

Wortlos nahm Emily Steves Mantel von der Garderobe und half ihm hinein. Dann flüsterte sie den Kindern zu: »Paßt gut auf Großvater auf, daß er nicht verlorengeht.«

Unter fröhlichem Gelächter verließ die kleine Gruppe das Haus. Emily blieb in der Tür stehen und sah ihnen nach, bis sie in der Dunkelheit verschwunden waren. Und als sie dann leise die Haustür schloß, kam ihr plötzlich ein seltsamer Gedanke: Um zwei Minuten länger in ihrer Gesellschaft zu verbringen, würde Steve bis in die Hölle gehen . . . Und diesem Gedanken folgte ein zweiter: Hoffentlich nimmt Janice die Stelle in Brighton an, dann habe ich Steve endlich einmal ganz für mich allein . . .

Es war schon fast elf Uhr, als Janice bei ihrer Runde die Station 6 erreichte, die wie alle anderen um diese Stunde in tiefem Schlummer lag. Sie ging zunächst ins Stationszimmer, wo die diensthabende Nachtschwester gerade für sich und ihre Kollegin Tee aufbrühte. »Ah, da komme ich ja gerade richtig«, meinte sie lächelnd.

Und als sie dann eine Weile später mit einer dampfenden Tasse Tee am Tisch saß, erklärte sie mit ernster Miene: »Jetzt, da der Krieg vorbei ist, breitet sich im Land eine neue Epidemie aus. Teeitis heißt sie, habe ich mir sagen lassen. Auf wie viele Tassen bringen Sie es denn so am Tag, werte Kolleginnen?«

»Ach, ich zähle schon gar nicht mehr mit«, gab die Stationsschwester lachend zurück und fuhr dann mit gedämpfter Stimme fort: »Nach Schwester Talbots Bericht muß hier tagsüber der Teufel los gewesen sein. Anscheinend hatten sie Unmengen von Besuchern, und als die Offiziere aus dem Anbau zum Weitertransport abgeholt wurden, standen alle, die nur halbwegs humpeln konnten, an den Fenstern und brüllten Ausdrücke auf die Straße hinunter, für die sie vor einer Woche noch vors Kriegsgericht gestellt worden wären.«

»Demnach ist der Anbau jetzt leer.«

»Nein. Zwei Patienten haben wir noch dort«, sagte sie und erklärte dann auf Janices fragenden Blick hin: »Die anderen Stationen sind alle voll belegt, und wenn der Anbau heute nicht zufällig freigeworden wäre, hätten wir die beiden Neuzugänge weiterschicken müssen. Einer der beiden, ein Hauptmann, wurde mit hohem Fieber eingeliefert. Die Tagschwester sagte mir, sie hätten ziemlichen Ärger mit ihm gehabt, weil er vehement darauf bestanden habe, seinen Burschen gefälligst zu ihm ins Zimmer zu legen. Und als sie ihm zu erklären versuchte, daß diese Räume ausschließlich Offizieren vorbehalten seien, ließ er eine Schimpfkanonade vom Stapel, die sich gewaschen hatte, und wurde dann ohnmächtig. Jedenfalls haben sie seinen Burschen daraufhin tatsächlich zu ihm ins Zimmer gelegt. Muß es schlimm erwischt haben, die beiden. Wie sie sagte, haben sie drei Tage lang in einem Schützengraben gelegen, bis zum Hals im Schlamm. Mit ihnen steckten noch acht andere Soldaten ihrer Einheit in dem Loch, aber von denen hat offenbar keiner überlebt.«

»Ist der Hauptmann schwer verwundet?«

»Nur eine Beinverletzung, doch die ist sauber und am Abheilen. Aber er hat recht hohes Fieber. Die sind erst gestern aus dem Lazarett gekommen. Hier liegen die Krankenberichte, Schwester«, sagte sie und deutete auf den Schreibtisch, worauf Janice sich setzte und sich das erste Blatt vornahm. »Daniel Dickinson, Soldat. Alter: 29 Jahre . . .«, las sie, ». . . verwundet am 31. 10. 1918. Am 2. 11. ins Feldlazarett eingeliefert. Am 10. 11. ins St. Agnes Hospital, London, verlegt.‹

Janice schlug die Seite um und las die Kopfzeile. »Hauptmann Robert Anderson. Alter . . .« Weiter kam sie nicht. Über ihr schlug eine Hitzewelle zusammen, die ihr eine Gänsehaut über den Rücken jagte. Plötzlich sah sie sich wieder im Wohnzimmer sitzen und hörte ihren Vater mit ernster Stimme sagen: »Ich bin nicht euer leiblicher Vater . . .«

All das lag jetzt schon viele Jahre zurück, aber kein Tag

war seither vergangen, an dem sie nicht an ihn gedacht hatte, obgleich sie sich seit jenem Morgen im Park nie mehr wiedergesehen hatten. Anfangs hatte sie seinen Lebensweg noch aus der Ferne mitverfolgt: Er war noch ein weiteres Jahr in Oxford geblieben und in dieser Zeit ein guter Freund von Jason geworden. Jason hatte nur ein einziges Mal mit ihr über Robert gesprochen: »Ich habe mich von Anfang an mit ihm verbunden gefühlt«, hatte er ihr gestanden und hinzugefügt, »was natürlich an unserer Blutsverwandtschaft gelegen haben mag.«

»Ist Ihnen nicht gut?« fragte die Stationsschwester besorgt. »Kommen Sie, trinken Sie Ihren Tee aus. Das kommt bestimmt von den vielen Nachtdiensten und der Aufregung tagsüber. Ich kenne das; ich kann es Ihnen nachfühlen.« Unter anderen Umständen hätte die Schwester nicht in einem solch persönlichen Ton mit ihrer Vorgesetzten gesprochen, doch das hier war eine Ausnahmesituation, denn es sah so aus, als würde sie jeden Augenblick ohnmächtig werden.

»Mit mir ist alles in Ordnung, Schwester. Es ist nur ... ich habe Hauptmann Anderson vor vielen Jahren einmal gekannt.«

»Ach, wirklich?« kam es von den beiden Schwestern wie aus einem Munde, die sie jetzt erwartungsvoll anstrahlten.

»Ja, ja, wie klein doch die Welt ist«, sinnierte die eine, worauf die andere bestätigend mit dem Kopf nickte. »Wie wahr, wie wahr. Und besonders hier in unserem Hospital, wo die Verwundeten gerade aus allen Ecken der Welt eingeliefert werden. Sind Sie sicher, Schwester, daß Sie sich wohl fühlen?«

»Ja, bestimmt. Ich werde jetzt besser meinen Rundgang fortsetzen.«

Janice schlug das Herz bis zum Hals. Am liebsten wäre sie durch den langen Krankensaal hinüber zum Anbau geflogen, doch ihr Pflichtbewußtsein behielt die Oberhand. Sie blieb an den Betten der Patienten stehen, die noch wach waren, und erkundigte sich freundlich nach deren Befinden.

Es kam ihr wie eine Ewigkeit vor, bis sie endlich am Ende des Saales angelangt war und die Stationsschwester, die sie auf ihrer Visite begleitete, leise die Tür hinter ihnen schloß und jene öffnete, die in den Anbau führte.

Im dämmrigen Schein der Nachtbeleuchtung konnte sie erkennen, daß zwei Betten belegt waren. Der Mann in dem weiter von ihr entfernt stehenden Bett saß aufrecht in den Kissen und war wach. Der andere lag flach auf dem Rükken und warf unruhig den Kopf hin und her, das Gesicht hochrot vom Fieber. Zögernd trat sie an sein Bett, und während sie auf ihn hinuntersah, formte sich in ihrem Inneren ein Schrei: »Robert! Mein geliebter Robert!« Es drängte sie, ihm den Schweiß von der Stirn zu tupfen und ihn in die Arme zu schließen. Ja, sie hatte seinen Werdegang anfangs noch mitverfolgt, doch nur den beruflichen. Drei Monate nach Beendigung seines Studiums war sein Großvater gestorben. Er hatte seine Betriebe übernommen und einige davon, wie sie in der Zeitung gelesen hatte, kurz darauf verkauft. Doch seit zehn Jahren hatte sie nichts mehr von ihm gehört, und über sein Privatleben wußte sie überhaupt nichts. Gut möglich, daß er inzwischen verheiratet war und Kinder hatte.

Der Gedanke daran jagte einen solchen Schauer durch ihren Körper, daß sie für einen Moment die Augen schließen mußte. Es war die Stimme aus dem anderen Bett, die sie wieder in die Gegenwart zurückholte. »Geht es ihm sehr schlecht, Schwester?« erkundigte sich der Mann besorgt, der offenbar Roberts Bursche war. »Wissen Sie, er hat mir nämlich das Leben gerettet und sein möglichstes getan, um auch die anderen durchzubringen; aber für die kam jede Hilfe zu spät. Wird er wieder gesund?«

Es war die Stationsschwester, die antwortete: »Ja, keine Sorge, er wird wieder gesund.«

Janice hatte indessen einen Blick auf die Fieberkurve geworfen, die am Fußende von Roberts Bett hing. Seine Temperatur war in den letzten Stunden gesunken. Sie trat seitlich an sein Bett und berührte mit der Hand seine Wange. Er schlug die Augen auf, starrte sie mit verschwommenem

Blick an und murmelte: »Ich hasse ihn! Ich hasse diesen Schlamm. Halt den Kopf hoch, Dickie! Halt verdammt noch mal den Kopf hoch!«

»Damit meint er mich, Miß ... äh, Schwester«, kam es aus dem anderen Bett. »Ich war nämlich kurz davor aufzugeben. Ein toller Offizier ist er. Zugegeben, zuweilen ist er brummig und hat so seine Launen, daß man ihm nichts rechtmachen kann, aber wenn ich noch mal in so einem Loch stecken müßte, dann nur mit ihm. Aber da sei Gott vor!«

»Legen Sie sich hin, Mr. Dickinson, und schlafen Sie jetzt.«

»Ich kann nicht schlafen, Miß ... Schwester. Mein Husten würgt mich ständig.«

»Möchten Sie etwas Heißes trinken?«

»Ja, gerne, Schwester.«

Janice bat die Stationsschwester, ihm eine Tasse Tee bringen zu lassen, mit zwei Schlaftabletten, wie sie im Flüsterton anfügte.

Als die Tür daraufhin leise ins Schloß fiel, verlor sich Janices Blick wieder in diesem geliebten Gesicht. Mein Gott, wie er sich verändert hatte! dachte sie bei sich. Hätte sie seinen Namen auf dem Krankenblatt nicht gelesen, sie hätte ihn wahrscheinlich gar nicht wiedererkannt, so alt war er geworden. Er hatte zwar noch sein volles, blondes Haar, doch sein Gesicht war schrecklich ausgemergelt, die Wangenknochen traten scharf hervor, und die Lippen waren nur noch schmale Striche.

Unvermittelt schlug er die Augen auf, und das kurze Aufblitzen darin wertete Janice als Zeichen dafür, daß er sie erkannt hatte. Er versuchte, den Kopf zu heben, seine Lippen schienen ihren Namen zu formen, brachten dann aber nur ein »Träume ich?« zustande.

Sie beugte sich jetzt zu ihm hinunter und flüsterte an sein Ohr: »Nein, Robert. Du träumst nicht. Ich bin es wirklich. Aber jetzt schlafe wieder. Ich werde noch dasein, wenn du morgen früh aufwachst.«

»Janice?«

»Ja. Ja, mein Liebster. Ich bin es, Janice.«

Er machte eine abwehrende Bewegung mit dem Kopf, so als mißtraute er den Worten, die er eben gehört hatte, dann fielen ihm wieder die Augen zu. Vom anderen Bett her kam ein leises Wispern. »Sie kennen den Hauptmann, Schwester?«

»Ja, ich kenne ihn. Da kommt Ihr Tee. Trinken Sie ihn, und versuchen Sie dann auch zu schlafen. Ich sehe morgen früh wieder nach Ihnen.«

»Danke, Miß . . ., äh, Schwester. Das ist gut.«

»Was ist gut?«

»Daß Sie ihn kennen. Er hat nämlich niemals irgendwelche Freunde oder Verwandten erwähnt. Nein, mit keinem Wort. Gute Nacht, Schwester.«

»Schlafen Sie gut.« Beinahe hätte sie ›Dickie‹ hinzugefügt, denn ihr Herz raste vor Glück im Galopp. Sie war nicht mehr die 37jährige Oberin; in diesem Augenblick war sie wieder die junge, verliebte Janice.

Dieses beflügelnde Gefühl begleitete sie auf ihrem Rundgang durch die restlichen Stationen, doch als sie dann in ihrem Büro am Schreibtisch saß, den Kopf in die Hände gestützt, da fiel sie wie ein Stein auf den Boden der Tatsachen zurück. Was war nur los mit ihr? Nichts hatte sich in der Zwischenzeit verändert; diese Barriere stand noch immer zwischen ihnen. Wie kam sie nur auf den Gedanken, die Welt sei schön und sie habe ein glückliches Leben vor sich? Lächerlich. Ihre Gefühle hatten Purzelbäume geschlagen, und für einen kurzen Augenblick war ihre Liebe zu Robert wieder aufgeflammt.

Aufgeflammt? Nein, ihre Liebe zu Robert war nie erloschen gewesen. Wegen dieser Liebe hatte sie zwei Heiratsanträge von sehr gut situierten Männern abgelehnt. Sie hatte diese Liebe all die Jahre in ihrem Herzen bewahrt – sie würde ihn immer lieben. Aber das war eine Liebe, die sie niemals würden leben können . . .

Um halb sechs Uhr morgens betrat Janice wieder den Anbau. In den Krankensälen hatte der Tag schon begonnen: Das Klappern der Teewagen hallte durch die Gänge;

diejenigen Patienten, die aufstehen durften, humpelten zu den Waschräumen, andere wurden im Bett versorgt. Und manche lagen bewegungslos in ihren Kissen, nur ihre Augen zeigten noch Zeichen von Leben. Das waren die Wirbelsäulenverletzten, die auf ihre Verlegung in Spezialkliniken warteten.

Als sie die Tür zu Roberts Zimmer öffnete, fand sie dieses hell erleuchtet. Der Soldat Dickinson saß aufrecht in seinem Bett und begrüßte sie mit einem strahlenden Lächeln; sein Hauptmann lag immer noch flach ausgestreckt auf dem Rücken, den Kopf zur Seite gedreht, die Augen weit geöffnet, und starrte zur Tür.

Janice trat an sein Bett. Eine Zeitlang ruhten ihre Blicke schweigend ineinander, dann flüsterte er mit belegter Stimme: »Dann war das also doch kein Traum?«

»Nein, Robert, das war kein Traum. Es ist so ... wunderbar, dich wiederzusehen. Du hast dich überhaupt nicht verändert. Ich habe dich sofort erkannt.«

»Nett, daß du das sagst. Aber ich weiß, daß du schwindelst.«

»Nein, es ist wahr!« protestierte sie.

Als er versuchte, sich aufzusetzen, legte ihm Janice die Hand auf die Schulter und drückte ihn sanft in die Kissen zurück. »Bleib ganz ruhig liegen. Fühlst du dich besser?«

»Ja, mir ist nicht mehr so heiß.«

»Das ist gut.«

Auf Dickinsons freundliche Bemerkung hin: »Der Hauptmann hatte eine gute Nacht, Schwester«, schnauzte dieser nur barsch zurück: »Halt die Klappe!«

Aber Dickinson ließ sich nicht beirren. »Sehen Sie, Miß, es scheint ihm wirklich schon viel besser zu gehen, sonst würde er nämlich nicht so bellen.«

Es amüsierte sie, daß dieser junge Soldat sich nicht entscheiden konnte, ob er sie mit Miß, Schwester oder Oberschwester ansprechen sollte. Er war gewiß ein guter Kamerad, der einen auch in brenzligen Situationen noch aufheitern konnte, dachte sie, als sie Robert fragen hörte: »Ist das ein Lazarett?«

»Ja, so etwas Ähnliches.«

Seine Stimme nahm einen weicheren Ton an: »Möchtest du dich nicht setzen?«

Mit gestrafften Schultern und gespieltem Ernst erwiderte sie, während sie sich einen Stuhl heranzog: »Sonderbehandlungen einzelner Patienten sind nicht gestattet.«

Er griff nach ihrer Hand. »Daß du hier bist, entschädigt mich für alles«, murmelte er leise, machte dann eine ungeduldige Kopfbewegung und rief seinem Burschen zu: »Wie wär's, wenn du dich mal waschen gingest?«

»Ich weiß nicht, ob ich aufstehen darf.«

»Du kannst doch laufen, oder? Also, schieb ab!«

»Ich kriege bestimmt eins aufs Dach.«

»Das kriegst du in jedem Fall, wenn du nicht sofort verschwindest.«

Janice mußte sich das Lachen verkneifen, und das wurde noch mühsamer, als Dickinson dann umständlich die Beine über die Bettkante schwang und mit ernster Miene verkündete: »Sie sind mein Zeuge, Schwester. Wenn dieses verdammte Schrapnell sich bewegt, dann trifft meinen Hauptmann die alleinige Schuld daran.«

Und nachdem er dann humpelnd das Zimmer verlassen hatte, meinte Janice: »Scheint ein recht netter Kerl zu sein, dein Bursche.«

»Ja, das ist er. Hirn hat er zwar nicht viel, dafür aber ein riesengroßes Herz«, lächelte Robert verschmitzt, wurde aber dann gleich wieder ernst. »Ach, Janice, ich kann es immer noch nicht glauben, daß du hier vor mir stehst. Es ist schon so lange her.«

»Ja, sechzehn Jahre und ein paar Monate.«

»Und es gab keinen Tag, an dem ich nicht an dich gedacht habe. Weißt du, daß ich dich 1905 das letzte Mal gesehen habe? Ganz früh am Morgen, als du nach deinem Nachtdienst ins Schwesternheim hinübergingst.«

»Ach, Robert. Robert.« Die aufsteigenden Tränen erstickten ihre Stimme, und sie mußte ein paarmal kräftig schlucken, bevor sie weitersprechen konnte. »Ich darf nicht weinen. Du liebe Güte, alles, bloß nicht weinen. Die würden sofort die ganze Ärtzemannschaft zusammentrommeln: Oberschwester Montane hat eine Träne vergossen . . . alles in den OP – Notoperation!« Jetzt mußte sie lachen.

»Bist du denn so ein Drachen?«

»Nein, ein Drachen bin ich nicht, aber sehr zurückhaltend. Es fällt mir schwer, Freundschaften zu schließen. Ich habe meine Eltern und . . .«

»Sie leben beide noch?«

»Ja, sie sind zwar nicht mehr die jüngsten, aber immer noch recht agil. Jason hat Rosie geheiratet, wie du wahrscheinlich weißt; sie wohnen jetzt im Nachbarhaus, wo früher Mutters Hutsalon war. Den hat sie vor ein paar Jahren aufgegeben und das Haus für Jason umbauen lassen. Damals hatte er erst zwei Kinder; mittlerweile sind es fünf.«

»Wirklich?«

Sie nickte. »Ja, und über der ehemaligen Praxis wohnen immer noch John und Mary, Doktor Nelson, du erinnerst dich vielleicht? Sie haben zwei Söhne: Harry ist in Frankreich gefallen, und James fährt zur See. Sein Schiff ist schon etliche Tage überfällig, und alle machen sich große Sorgen um ihn. Ansonsten geht alles seinen gewohnten Gang. Ein Tag verläuft wie der andere.«

»Du hast nie geheiratet?«

»Nein, ich sagte dir damals doch, daß ich niemals heiraten würde . . . und du?«

Er antwortete nicht gleich, und sein Schweigen ließ ihr das Herz schwer werden. »Nein«, sagte er nach einer Weile. »Ich habe es versucht, war verlobt, aber dann mußte ich meiner Braut gestehen, daß ich eine andere Frau liebe und sie deshalb nicht heiraten könne. Ihr Vater hätte mich daraufhin am liebsten umgebracht. Und das kann ich ihm nicht einmal verdenken. Ach, Janice. Du hast ja keine Ahnung, wie glücklich ich bin. Ich habe dich wiedergefunden. Ich kann dich ansehen, dich berühren; ich kann mit dir sprechen und deine Stimme hören. Und das muß mir genügen . . .« Beide hingen sie denselben Gedanken nach, bis er hinzusetzte: »Im Augenblick jedenfalls.«

»Und was macht deine Familie?« erkundigte sie sich, um die Spannung aufzuheben.

»Mir kommt vor, ich habe keine mehr. Meine Eltern sind beide gestorben. Meinen Vater, der meine Mutter um drei Jahre überlebte, habe ich seit diesem Morgen damals im Park nicht wiedergesehen. Ich war auch nicht auf der Beerdigung meiner Mutter. Wenigstens ist meine Schwester glücklich geworden – zumindest für eine Zeitlang. Sie hat Hector Mills-Cotton geheiratet, Jasons und meinen Studienkameraden aus Oxford, der uns damals Weihnachten mit seinem neuen Automobil mitgenommen hatte. Sie bewohnten ein schönes Anwesen in Dorset und züchteten Pferde für die Armee. Leider ist Hector im ersten Jahr in Frankreich gefallen. Marian lebt immer noch in Dorset; sie führt das Gestüt jetzt allein. Meine andere Schwester sehe ich nur ganz selten. Das Londoner Haus habe ich gehalten; dort lebt jetzt Gibbons, der Diener meines Großvaters, und kümmert sich um alles, obgleich er auch schon recht wackelig auf den Beinen ist.

Walton, der Diener meines Vaters, starb nur zwei Monate nach ihm. Ich glaube, das passiert öfter, besonders wenn Menschen so viele Jahre zusammen verbracht haben wie diese beiden.«

Seine Stimme verlor sich, und sein Kopf sank zurück in die Kissen. »Schlafe ein wenig«, sagte Janice leise, worauf sich seine Miene sofort wieder erhellte. »Solange du bei mir bist, möchte ich nicht schlafen. Ich möchte nur eines: so schnell wie möglich hier raus. Laufen kann ich ja noch – konnte ich wenigstens, bevor mich dieses verdammte Ding hier . . . erwischte.« Die Erinnerung daran ließ seine Stimme brüchig werden, und die nächsten Worte kamen leise und abgehackt. »Wenn . . . ich wieder auf den . . . Beinen bin, werde ich dich nach . . . High Gully bringen.« Und plötzlich überzogen sich seine Augen mit einem erwartungsfrohen Glanz. »Früher habe ich diesen Ort gehaßt, weißt du, aber seit einiger Zeit sehne ich mich nach der Einsamkeit und der wilden, rauhen Schönheit dieser Gegend zurück.« Er nickte ihr zu. »Während des Krieges haben sie alle Männer vom Gut fortgeholt, aber Johnny McBrien, der ehemalige Jagdgehilfe, der ist noch dort und versorgt jetzt mit der Köchin und zwei Dienstmädchen das Haus. Er ist schon steinalt und kann kaum noch gehen . . . aber was rede ich da eigentlich? Sie haben mir vorhin irgendwelche Pillen gegeben«, gähnte er und streckte sich. »In Zukunft werde ich da ein Auge drauf haben müssen.«

»Schlaf ruhig, mein Lieber.« Beinahe hätte sie ›mein Geliebter‹ gesagt. »Ich bin bald wieder zurück.«

Sie stand auf, und im selben Moment erschien Dickinson in der Tür, gefolgt von einer Schwester, die ihn unsanft ins Zimmer schubste. »Ich gehorche nur meinem Hauptmann und sonst niemandem«, ereiferte er sich. »Er hat mir befohlen, mich zu waschen, also wasche ich mich auch.«

»Und ich sage Ihnen, daß Sie sofort zurück in Ihr Bett zu gehen und dort gefälligst zu bleiben haben.«

»Ich habe noch kein Frühstück bekommen.«

»Und Sie werden auch keines bekommen; Sie sind später für den OP vorgemerkt.«

»Du lieber Himmel, nein!«

»O doch.«

»Das werden wir noch sehen. Mein Hauptmann . . .«

»Jetzt halten Sie endlich den Mund! Hier habe ich das Sagen. Marsch, ins Bett jetzt mit Ihnen!«

Robert hatte die Augen geschlossen, sein Atem ging regelmäßig, und er grinste, als er im Halbschlaf vor sich hin murmelte: »Genau, Dickie, sag es Ihnen ruhig.«

Janice warf einen letzten Blick auf Robert und verließ zusammen mit der anderen Schwester das Zimmer. Ihr Herz schlug wieder Purzelbäume. Er war nicht verheiratet. Und wie er richtig gesagt hatte: Sie konnten sich sehen, miteinander sprechen . . . und abwarten, was geschehen würde.

Warum war es ihr damals nicht möglich gewesen, ihre Situation von dieser Warte aus zu betrachten? Gewiß, die Zeiten hatten sich geändert. Heute fiel kein Mädchen mehr bei dem Wort ›Sex‹ in Ohnmacht. Die Frauen hatten sich Freiheiten erkämpft, die von den Männern respektiert werden mußten. Scheidungen waren an der Tagesordnung und nicht mehr nur das Privileg der reichen Oberschicht. Ja, fraglos hatten sich die moralischen Wertigkeiten gewandelt – aber Inzest war nach wie vor ein Wort, das den Bürgern eisige Schauer über den Rücken jagte, und die Geschwisterehe nicht minder. Aber wie stand die Sache mit Halbgeschwistern? Es mußte Tausende solcher Ehen geben, in denen auch Kinder heranwuchsen. Warum sollten sie und Robert denn nicht auch heiraten können? Ja, warum eigentlich nicht? Doch im selben Augenblick, als das Bild ihrer Mutter und des Mannes, auf den sie so stolz war und den sie Vater nannte, vor ihr auftauchte, da wußte sie, daß sich *deren* moralische Wertigkeiten nicht geändert hatten.

– 2 –

Schlußendlich nahm Janice weder die Tutoren- noch die Oberinnenstelle an. Sie hatte sich am folgenden Wochenende noch einmal zu einem Gespräch mit ihren Eltern zusammengesetzt, sich deren Ansichten angehört und sie dann mit der Mitteilung überrascht, daß sie aufgrund gewisser Umstände, über die sie jetzt noch nicht sprechen wollte, ihre Meinung geändert habe und ihre jetzige Stelle vorläufig behalten werde.

Die beiden hatten sich erstaunte Blicke zugeworfen, und Emily hatte dann der Vermutung Ausdruck gegeben, daß da irgend etwas anderes dahinterstecken müsse.

»Ja, Mutter, da hast du recht«, hatte Janice geantwortet. »Aber wie gesagt, ich möchte jetzt noch nicht darüber sprechen, da noch nichts entschieden ist.«

Ende November wußten Janice und Robert dann, wie es mit ihnen weitergehen würde. Robert konnte mittlerweile mit Hilfe von Krücken wieder laufen; man hatte ihm zwei

Zehen amputieren müssen, aber sein Fuß war gut verheilt, und mit Hilfe spezieller Schuheinlagen würde er bald ohne fremde Hilfe gehen können. Dickinson, dessen Schrapnell entfernt worden war, sollte demnächst ebenfalls entlassen werden.

Janice saß momentan im Salon von Roberts Londoner Stadthaus, wo ihnen Gibbons und eine freundlich lächelnde Haushälterin Tee und Gebäck servierten.

»Kommen Sie allein zurecht, Madam?« erkundigte sich Gibbons höflich.

»Ja, vielen Dank.« Janice lächelte dem weißhaarigen Mann mit den gebeugten Schultern zu, der sich dann mit der Frage »Soll ich Ihnen eine Fußbank bringen, Sir?« an Robert wandte.

»Unsinn, Gibbons. Wenn hier jemand eine Fußbank braucht, dann Sie. Ich sage Ihnen doch ständig, daß Sie die Beine hochlegen sollen. Zum Herumrennen sind genug andere Leute da.«

»Das ist eben die Macht der Gewohnheit, Sir.«

»Gut, dann nutzen Sie die Jahre, die noch vor Ihnen liegen, dazu, diese Gewohnheit abzulegen.

Der alte Mann strahlte, als er sich jetzt zu Robert hinabbeugte und sagte: »Es ist schön, daß Sie wieder zurück sind, Sir.«

»Ja, ich bin auch froh, wieder hier zu sein, das können Sie mir glauben, Gibbons«, erwiderte er und setzte mit einem Blick auf das Hausmädchen hinzu: »Bringen Sie ihn bitte hinaus, Doris, und sehen Sie zu, daß er sich ausruht.«

Lächelnd schüttelte diese den Kopf, als wollte sie sagen, daß ihr so etwas nicht zustünde, verließ dann aber doch gemeinsam mit Gibbons den Raum.

Robert rückte näher an Janice heran. »Wenn ich nachrechne, wann Gibbons in den Dienst meines Großvaters trat, dann muß er jetzt Ende Achtzig, wenn nicht Anfang Neunzig sein. Und die meiste Zeit seines Lebens hat er entweder hier oder oben in High Gully verbracht.« Er räusperte sich und fuhr dann fort: »Ach ja, ich wollte dich fragen, ob du dich am Wochenende freimachen kannst?«

»Ja«, nickte sie. »Mein Dienst endet am achtzehnten, aber mir steht noch eine Woche Urlaub zu. Das heißt, ich könnte am Freitag aufhören.«

»Das ist fein, dann haben wir keine Eile, denn es braucht mehr als ein Wochenende, um dir alles zu zeigen.« Er hielt inne. »Nein, besser gesagt, um zu sehen, was du von dem Haus und der Gegend hältst. Es ist wild dort oben, absolut einsam und im Winter so kalt wie in Sibirien, aber dennoch wunderschön.«

Er nahm ihre Hand und sah ihr tief in die Augen, während er mit gedämpfter Stimme bemerkte: »Wir reden immer um den heißen Brei herum, nicht wahr? Wir nennen das Kind nie beim Namen, sondern benutzen Umschreibungen wie: ›Du mußt dir das Londoner Haus ansehen; du mußt mit nach Schottland kommen und High Gully kennenlernen; du mußt dies, und du mußt das.‹ Aber ... die Frage ist die, liebste Janice, warum? Weshalb?«

Ihre Hand zitterte in der seinen, als sie leise, aber mit fester Stimme antwortete: »Weil wir jetzt beide wissen, weshalb. Vor sechzehn Jahren stellte sich dieses ›Weshalb‹ zwischen uns, weil wir beide noch jung und ängstlich waren; zumindest ich war es. Aber jetzt nicht mehr.«

»Ach, meine Geliebte!« Er wollte sie in die Arme ziehen, doch bei dieser ungestümen Bewegung geriet der Teewagen gefährlich ins Wanken, worauf sie ihn beide gleichzeitig festhielten und dabei verlegen lächelten. »Der Tee wird kalt«, sagte sie, als Robert den Teewagen beiseite schob.

»Der Tee wird kalt«, wiederholte er. »In diesem wunderschönen Augenblick denkst du an den Tee. Komm zu mir, mein Liebling.« Sie fielen sich in die Arme, und seit diesem nebligen Morgen im Jahre 1902 trafen sich ihre Lippen zum erstenmal wieder. Sie küßten sich lange und voller Hingabe, und als sie sich schließlich voneinander lösten, sank Janice in die Couchecke zurück. »Ich ... ich hätte nie geglaubt«, seufzte sie und rang nach Luft, »daß das noch einmal geschehen würde. Niemals. Mein Gott, wie oft habe ich meine Entscheidung von damals bereut.«

»Du hast richtig entschieden, denn damals besaßen wir beide nicht die Stärke, dem Sturm standzuhalten, der unweigerlich gegen uns losgebrochen wäre. Du hättest nie mehr zu deinen Eltern zurückgehen können; und was meinen Großvater betrifft, so hätte er mich kurzerhand enterbt und den ganzen Kram der Kirche oder irgendeiner wohltätigen Stiftung vermacht. Allein deshalb muß ich dir schon dankbar sein, denn ich glaube, ich habe mit seinem Geld einiges Gute getan; zumindest bis der Krieg ausbrach. Und weißt du, Liebling, im Grunde haben wir es diesem verfluchten Krieg zu verdanken, daß wir uns wieder begegnet sind – und eine gemeinsame Zukunft möglich ist. Der Krieg hat viele alte Zöpfe abgeschnitten und mit etlichen Vorurteilen aufgeräumt. Aber längst nicht mit allen.« Seine Stimme wurde um einige Nuancen leiser. »Ja, ich fürchte, längst nicht mit allen. Und deine Familie hält mit Sicherheit noch an einigen dieser Vorurteile fest. Mit Ausnahme vielleicht deines Vaters.«

»Ach, da irrst du dich aber, glaube ich. Was Moral anbelangt, ist mein Vater viel unerbittlicher in seinen Ansichten als Mutter. Und das ist es auch, was mir Sorgen bereitet: Ich muß es ihnen demnächst sagen.«

»Möchtest du, daß ich mitkomme, wenn du es ihnen erzählst?«

»Nein, besser nicht«, entgegnete sie und steichelte dabei seine Wange. »Laß mich das lieber alleine machen.« Dann zog sie den Servierwagen wieder heran und schenkte den Tee ein, den sie schweigend tranken und dabei nachdenklich in das knisternde Feuer starrten, das im Kamin brannte.

Nach einer Weile nahm Robert das Gespräch wieder auf. »Wer weiß in deiner Familie über unsere Situation Bescheid, außer deinen Eltern und Jason?«

»Nur Alice, soviel ich weiß, da Vater Jason gebeten hat, Rosie gegenüber Schweigen zu bewahren. Unsere Trennung hat er übrigens deinem Großvater in die Schuhe geschoben, der angeblich höhere Ziele mit dir verfolgte, als eine gewöhnliche Krankenschwester zu heiraten.«

»Nein, das ist nicht wahr!«

»O doch, und ich glaube, das war gar keine so schlechte Idee. Und wer weiß von deinen Leuten Bescheid?«

»Nur Gibbons. Selbst Marian hat man nichts gesagt, aber ich bin sicher, sie hätte sich auf unsere Seite gestellt, wenn sie es erfahren hätte.«

Er nahm Janices Kinn zwischen zwei Finger und drehte es zu sich herum, damit sie ihn ansah.

»Ich muß dir noch etwas gestehen, Janice«, begann er zögernd. »Es mag dir vielleicht etwas voreilig erscheinen, aber ... ich habe mir letzte Woche eine Heiratserlaubnis geholt.«

»Oh!« stieß sie hervor, und noch mal: »Oh!« Und dann rief sie aufgeregt: »Du meinst, wir sollten heiraten? Ich dachte ... ich war eigentlich der Meinung, wir würden nur so –«

»Nur so zusammenleben?« beendete er ihren Satz.

»Ja; ja, das dachte ich eigentlich.«

»Ach, meine geliebte Janice!« Er schüttelte den Kopf und nahm ihr Gesicht zärtlich in beide Hände. »Nein, wir werden heiraten. Aber heimlich, ohne jemandem vorher etwas zu sagen, denn dann kann es nicht mehr rückgängig gemacht werden.«

»Aber Robert ... hast du auch daran gedacht, daß ich, obwohl ich bald vierzig bin, noch ein Kind bekommen könnte?«

»Und du möchtest kein Kind, nicht wahr?«

»Nein, nicht unter diesen Umständen.«

»Weißt du«, sagte Robert, »ich denke da ganz genau wie du, und ich werde dafür Sorge tragen, daß es dazu nicht kommen wird.«

Sie ließ den Kopf an seine Schulter sinken und murmelte: »Mein einziger Wunsch im Leben bist du.«

»Und für mich bist es du. Ich möchte niemals mehr ohne dich sein. Was ich für dich empfinde, ist keine gewöhnliche Liebe. Gut, man könnte sagen, sie ist schon allein deshalb keine gewöhnliche Liebe, weil in unseren Adern dasselbe Blut fließt. Aber das wäre zu wenig; meine Gefühle für dich sind viel tiefer, sie haben nichts mit Verliebtheit zu tun und gründen sich nicht allein auf äußerliche Reize oder sexuelles Verlangen. Das ist mir schon vor vielen Jahren bewußt geworden, ich habe es nur nicht verstanden, aber heute weiß ich, daß eine gewöhnliche Liebe längst gestorben wäre. Meine Liebe zu dir ist jedoch in all den Jahren bestehen geblieben. Selbst wenn ich eine andere Frau geheiratet hätte, wäre diese Liebe in mir immer präsent gewesen.«

Er hob ihr Kinn an und blickte ihr tief in die Augen. »Ich hoffe, dir gefällt High Gully. Wir werden wahrscheinlich das ganze Haus von Grund auf renovieren müssen, aber das wird sich lohnen, denn ich kann mir gut vorstellen, daß wir beide ständig dort oben leben und gemeinsam alt werden. Sicher, wir werden Ausflüge nach London oder Edinburgh unternehmen ... Ach, Liebling, wie oft habe ich während des Krieges an dieses Weihnachtsessen gedacht, als wir uns zum erstenmal begegnet sind und abends dann alle zusammen *The Toreador* im Gaiety Theatre gesehen haben. Die Lieder und die Musik klingen mir heute noch in den Ohren. Ach, war das ein schöner Abend. Und erinnerst du dich noch an das andere Mal, als wir mit deiner Familie im Royal Strand *A Chinese Honeymoon* angeschaut haben? Ich konnte nur mitkommen, weil Großvaters Hausarzt ihn für einige Tage zur Untersuchung ins Hospital eingewiesen hatte.«

»O ja, ich erinnere mich noch genau daran. Weißt du auch noch, wie Jason sich anschließend zu Hause als das kleine Cockneymädchen Fi Fi verkleidet und ihre Lieder geschmettert hat und wir alle um das Klavier herumstanden und aus vollem Halse mitgesungen haben? Übrigens, die Show ist damals über tausendmal gelaufen, und Fi Fis Songs wurden richtige Ohrwürmer. Jeder Kutscher hat sie vor sich hin gepfiffen.«

Eine Zeitlang hingen beide stumm ihren Erinnerungen nach, dann sagte Janice mit trauriger Stimme: »Ach ja, das war das schönste Weihnachten meines Lebens. Doch seitdem habe ich Weihnachten gehaßt. Ich mag es immer noch nicht. Aber da Jason jetzt Kinder hat, muß man schon allein ihretwegen ein fröhliches Gesicht machen.«

Das lange Schweigen, das daraufhin zwischen ihnen entstand, brach Robert schließlich mit der Bemerkung: »Wir könnten welche adoptieren, habe ich mir gerade überlegt.«

Sie nickte ihm lächelnd zu.

»Ja, ja«, sagte sie nach einer Weile. »Aber nicht gleich. Ich möchte dich doch gerne eine Zeitlang ganz für mich alleine haben.«

»Ach, Janice. Glaubst du, mir geht es anders? Wir müssen so schnell wie möglich heiraten.«

»Ja, Liebster«, entgegnete sie schlicht. »Ganz schnell.«

– 3 –

Jason nahm den Brief, den Steve ihm reichte, und las:

Liebe Mutter, lieber Vater,
ich werde Euch morgen vormittag gegen elf Uhr aufsuchen. Es wäre gut, wenn Jason auch anwesend sein könnte, da ich Euch etwas Wichtiges mitzuteilen habe.

In Liebe
Janice

»Nun, was hältst du davon?« erkundigte sich Steve, und Emily, die sehr aufrecht in ihrem Stuhl saß, setzte hinzu: »Was kann sie damit nur meinen? Weißt du etwas Genaueres?«

»Na ja«, machte er und lachte kurz auf. »Ich könnte mir schon denken, worum es geht. Sie lernt nämlich seit geraumer Zeit Autofahren.«

»Wie bitte? Warum das denn?«

»Um ein Auto lenken zu können, nehme ich mal an. Janice erklärt doch nie ihre Motive.«

»Und wie lange macht sie das schon?«

»Seit ein paar Monaten.«

»Das kann doch nicht sein. Als noch Krieg herrschte, hätte man ihr den Besitz eines Automobils gar nicht gestattet.«

»Soviel ich weiß, besitzt einer der Ärzte in ihrem Krankenhaus einen Wagen. Aber der setzt sich demnächst zur Ruhe und hat seiner Frau versprochen, diesen zu verkaufen, weil sie eine Heidenangst hat, in diesem Ding zu fahren. Ja, das hat Janice wohl auf die Idee gebracht, fahren zu lernen und ihm dann den Wagen abzukaufen.«

Steve stand auf und trat ans Fenster. Er sah eine Weile hinaus und meinte dann nachdenklich: »Ich glaube, da steckt mehr dahinter als ein Auto. Sie ist seit einiger Zeit ganz verändert, sie wirkt richtig glücklich.« Mit einer abrupten Bewegung fuhr er herum und musterte Jason mit einem durchdringenden Blick. »Dieser Direktor ist schon alt und hat eine Frau, sagst du? Bist du da ganz sicher?«

»Ja, das hat sie mir zumindest erzählt. Persönlich kenne ich ihn jedoch nicht.«

Steve wandte sich vom Fenster ab, ging auf Emily zu und blieb vor ihr stehen. »Es könnte doch sein«, sinnierte er, »daß sie einen Mann kennengelernt hat. Offenbar nicht diesen Doktor, aber vielleicht einen anderen. Vielleicht ist das die wichtige Neuigkeit, die sie uns mitteilen will.«

»Aber wozu diese Geheimniskrämerei? Du hast recht, mein Lieber, sie wirkte in letzter Zeit tatsächlich irgendwie verändert. Zunächst dachte ich, das liegt an der Aufregung wegen der beiden Stellenangebote; aber dann hat sie sich ja entschlossen, keines von beiden anzunehmen und in ihrem alten Krankenhaus zu bleiben. Ach, ach«, seufzte sie und erhob sich. Ihr Gesicht drückte höchste Anspannung aus, als sie sich jetzt an Jason wandte. »Weißt du, Jason, da ist noch etwas, das mir zu denken gibt: Sie war seit einer Woche nicht mehr hier bei uns. Sonst kam sie beinahe täglich auf einen Sprung vorbei. Irgend etwas stimmt da nicht. Ich weiß es genau.«

»Nein, meine Liebe, bis sie kommt und uns alles erzählt, weißt du gar nichts«, beschied ihr Steve und drückte sie sanft auf den Stuhl zurück. »Beruhige dich, meine Liebe. Beruhige dich!«

Emily sah zu ihm hoch. »Bist du denn ruhig?« wollte sie wissen, doch Steve wandte sich ab, ohne zu antworten. Nein, er war alles andere als ruhig. In ihm schwelte eine Angst, eine schreckliche Vorahnung, der nachzuspüren er sich fürchtete.

Fünf Minuten vor elf klingelte es an der Haustür. Alice, die die Tür öffnete, konnte gerade noch ausrufen: »Kommen Sie schnell herein, meine Liebe, Sie erfrieren ja da draußen«, dann preßte sie beim Anblick des Automobils, das vor dem Haus parkte, erschrocken die Hand auf den Mund. Es war ein wuchtiges, langgestrecktes Gefährt mit einem Stoffdach – und auf dem Beifahrersitz saß ein Mann.

»Sind Sie etwa mit dieser Höllenmaschine da gekommen?«

»Ja, Alice. Und ich bin sogar selbst gefahren.«

»Nein, das ist nicht wahr!«

»Wo sind sie?«

»Im Wohnzimmer. Master Jason ist auch da. Geben Sie mir Ihren Mantel.«

»Nein«, wehrte Janice leise ab und legte ihr die Hand auf die Schulter. »Ich bleibe nicht, Alice. Ich ... ich gehe fort.«

»Um Himmels willen, Miß!«

»Du wirst bald alles erfahren. Laß mich nur soviel sagen: Ich werde dich schrecklich vermissen, weil ich dich liebe. Du warst in all den Jahren wie eine zweite Mutter für mich.«

»Lieber Herr im Himmel, steh uns bei!«

Janice beugte sich vor und küßte Alice auf die tränenfeuchte Wange. »Laß uns bitte eine Weile allein, ja?« bat sie und ging dann mit entschlossenen Schritten auf die Wohnzimmertür zu. Dort verweilte sie einige Sekunden, bevor sie eintrat.

Janice fand ihre Eltern und Jason in gespannter Erwartungshaltung mitten im Zimmer stehend vor, und keiner von ihnen sprach ein Wort, bis Janice das Schweigen brach: »Könnt ihr euch bitte hinsetzen? Was ich euch zu sagen habe, ist schon schlimm genug, auch ohne daß ihr wie drei Ankläger vor mir steht.«

»Ankläger? Wovon sprichst du denn überhaupt? Komm erst einmal herein und setz dich. Warum hast du deinen Mantel noch an?«

»Ganz einfach deshalb, weil ich nicht lange bleibe, Vater. Bitte!« Sie warf erst Jason und dann ihrer Mutter einen flehenden Blick zu. »Ich kann nicht mit euch reden, wenn ihr hier vor mir steht, als stünde ich unter Anklage.«

»Hast du denn etwas verbrochen, weshalb man dich anklagen könnte?«

»Es mag euch vielleicht so vorkommen, ja. Aber *bitte, setzt euch doch endlich hin!*«

Schulterzuckend nahmen die drei nebeneinander auf dem Sofa Platz. Janice setzte sich auf den Stuhl, auf dem Emily zuvor gesessen hatte.

Nachdem sie sich ein paarmal geräuspert und nervös mit der Zunge ihre Lippen befeuchtet hatte, begann sie zu sprechen. »Also, ich will es kurz machen. Robert und ich sind uns wieder begegnet; am Waffenstillstandstag im Hospital. Er kam mit einem der Verwundetentransporte zu uns. Wir haben uns angesehen und wußten im selben Augenblick, daß wir uns nie hätten trennen dürfen.« Als sie sah, wie ihr Vater die Hand an die Stirn legte und den Kopf auf die Brust fallen ließ, setzte sie eilig hinzu: »Ich wußte, daß es ein Schock für euch sein würde, deshalb habe ich es bis heute für mich behalten. Wir beide verlassen London . . . und zwar jetzt gleich.«

»Nein! O Gott, nein!« kam es von Emily. »Das könnt ihr nicht machen. Das dürft ihr nicht!«

»Mutter«, begann Janice mit leiser, aber fester Stimme, »ich muß dir jetzt leider etwas sagen, auch wenn es dir weh tut: Ich habe diese Geschichte nicht begonnen. Und daß wir uns wiederbegegnet sind, war eine Laune des Schicksals. Wir haben uns vom ersten Augenblick an geliebt, und wir haben auch gewußt, daß wir uns trennen müssen, als wir einst im Mai die Wahrheit über unsere Herkunft erfuhren. Aber in all den vielen Jahren danach gab es keinen einzigen Tag, da ich nicht an ihn gedacht habe – und er an mich. Wir *haben* noch eine Zukunft vor uns, Mutter, und die wollen wir gemeinsam leben.«

»Mein liebes Kind, denk an die Konsequenzen, solange noch Zeit dazu ist«, warf Steve mit ernster Stimme ein, während er Anstalten machte aufzustehen.

»Bitte, Vater. Bleib sitzen«, rief sie und streckte abwehrend die Hand aus. Er aber fuhr ungerührt fort: »Ich wiederhole, denk an die Konsequenzen.«

»Die Konsequenzen, die du meinst, wird es nicht geben, dafür hat Robert auf Dauer Sorge getragen.«

Angesichts der drei reglosen Gestalten, die ob dieser so kühn und ungeschminkt vorgebrachten Erklärung indigniert zu Boden starrten, bemühte Emily sich jetzt um einen sanfteren Tonfall. »Die Welt hat sich verändert. Das brauche ich dir wohl nicht zu erzählen, Vater.«

»Aber Unrecht bleibt Unrecht«, brauste Steve auf. »Daran wird sich nie etwas ändern. Er ist dein Halbbruder, und das wird bald jeder Spatz vom Dach pfeifen.«

»Nicht, solange ihr darüber Schweigen bewahrt. Und ich habe euch noch etwas mitzuteilen: Seit gestern bin ich Mrs. Robert Anderson. Wir haben geheiratet.«

Emilys Kehle entrang sich ein gurgelnder Laut, der klang, als müsse sie sich übergeben, worauf Janice sie wütend anfuhr: »Ganz besonders du, Mutter, solltest versuchen, mich zu verstehen.«

Emily war aufgesprungen. »Das hast du nur gemacht, um mir weh zu tun«, schleuderte sie ihr entgegen. »Von dem Tag an, als wir dir die Wahrheit über deine Herkunft sagten, hast du dich von mir abgewandt.«

»Du weißt ganz genau, daß das nicht stimmt, Mutter. Zugegeben, diese Eröffnung war ein Schock für mich, aber wenn ich zurückblicke, muß ich sagen, daß ich mich damals angesichts der Umstände und meiner Gefühle für Robert sehr korrekt verhalten habe. Ich hätte genausogut meinen Gefühlen nachgeben können – und Robert ebenfalls. Nur aus Rücksicht auf unsere Familien und die Schande, die wir über sie gebracht hätten, haben wir uns getrennt. O ja, die Schande ... Ein Mann mußte sterben, damit die Wahrheit nicht ans Licht kam.«

Der Blick, mit dem Jason seine Schwester jetzt anstarrte, ließ Steve aufspringen. »Ja, Jason«, beeilte er sich zu erklären. »Ich habe ihr ein wenig davon erzählt, was damals geschehen ist. Wir hatten immer ein sehr vertrautes Verhältnis, und ich fand, sie habe ein Recht dazu, auch das zu erfahren.« Damit trat er vor Janice hin und nahm ihre Hände. »Ich kann dich verstehen, meine Liebe. Und ich wünsche dir alles Glück dieser Welt.«

Das war zuviel für Janice. So fest sie sich auch auf die Unterlippe biß, die heißen Tränen, die ihr in die Augen schossen, ließen sich nicht mehr aufhalten.

Steve schüttelte betroffen den Kopf. »Weißt du«, murmelte er, »das schlimmste ist, daß Mutter und ich dich damit verlieren. Nichts wird mehr so sein wie früher.«

»Das weiß ich, und ich bin sogar froh darüber. Die letzten Jahre waren für mich sehr einsame Jahre. Sicher, tagsüber kann man sich hinter seiner Fassade verstecken, aber nachts, wenn die Gedanken frei sind ... Ja, ich dachte, daß vor allem du, Vater, das verstanden hättest. In dem letzten Gedicht deines Weihnachtsbandes hast du mein Leben in gewisser Weise vorausgesehen und in Worte gekleidet: ›Eine Ehefrau sollte ich nicht werden, aber was ich brauchte, war ein Freund ...‹, hast du geschrieben. Aber ich hätte in all den Jahren mehr als nur einen Freund gebraucht. Nun, jetzt habe ich beides, einen Freund und – Ehemann, den ich sehr liebe ... wahnsinnig liebe.«

Es folgte ein langes Schweigen, das sie alle einhüllte wie eine schwarze Wolke, und es war schließlich Jason, der es mit bebender Stimme brach. »Wo ... wo geht ihr denn hin? Ich meine, wo werdet ihr leben? In London?«

»Nein, Jason. Wir werden das Londoner Haus zwar behalten, aber wohnen werden wir überwiegend auf High Gully, dem Gut in Schottland.«

Emily und Steve starrten diese Frau an, die ihre Tochter

war, die sie – jeder von ihnen auf seine eigene Weise – liebten und die jetzt so selbstverständlich von ihren Besitzungen sprach. Das allein entfernte sie schon von ihnen. Und dann sagte sie: »Er wartet draußen im Wagen. Möchtet ihr mit ihm sprechen?« Wie aus einem Mund kam die Antwort, die fast ein Schrei war: »Nein!«, und als Emily dann noch hinzusetzte: »Wie kannst du nur eine so schamlose Frage stellen!«, konnte Janice nicht mehr an sich halten. »Ausgerechnet *du* maßt dir an, über Schamlosigkeiten zu urteilen? Du stempelst ihn als *schamlos* ab?« brüllte sie. Ihre Brust hob und senkte sich heftig, als sie ihre Mutter mit aufgerissenen Augen anstarrte und dabei versuchte, die Wut, die in ihr brodelte, in Zaum zu halten. »Ich wußte, daß ich auf Opposition stoßen würde«, stieß sie hervor. »Aber mit dieser Reaktion habe ich weiß Gott nicht gerechnet. Diesmal hast du die Nabelschnur endgültig zerrissen.« Damit drehte sie sich um und wollte das Zimmer verlassen, doch Steve hielt sie am Arm fest. »Laß uns nicht auf diese Weise voneinander Abschied nehmen, meine Liebe«, sagte er mit sanfter Stimme. »Diese Mitteilung war ein Schock für uns, ja, das war sie fraglos ... doch wir werden uns damit abfinden, ganz bestimmt. Aber schließe uns nicht aus deinem Leben aus. Bitte! Besuche uns, wenn du wieder in der Stadt bist. Oder besser noch, schreibe uns. Ich bitte dich!«

Janice blickte in das gequälte Gesicht dieses Mannes, den sie ihren Vater nannte und den sie so sehr liebte und schätzte. Und plötzlich streckte sie ihre Arme nach ihm aus, hielt ihn fest umschlungen, und er hielt sie. Nach einer Weile ließ sie die Arme sinken und sah zu ihrer Mutter hinüber, die sich krampfhaft mit einer Hand am Kaminsims festhielt, bleich wie die Wand. Mit zögernden Schritten ging Janice auf sie zu, blieb vor ihr stehen, und dann musterten sich die beiden Frauen geraume Zeit lang schweigend, bis Janice leise zu sprechen begann. »Es tut mir leid, Mutter. Ich wollte dich nicht verletzen. Es ist nur ... ich fühlte mich so hilflos. Ja, vielleicht genauso hilflos, wie du dich damals gefühlt hast.«

Die Umarmung ihrer Mutter ließ die vertraute Wärme vermissen, die Janice zuvor bei ihrem Vater gespürt hatte. Ihre Augen füllten sich wieder mit Tränen, und als sie mit unsicheren Schritten aus dem Zimmer wankte, war Jason bereits aufgestanden, hatte den Arm um ihre Schultern gelegt und führte sie nun hinaus in die Halle, wo Alice noch genau an derselben Stelle stand wie zuvor und ihr wortlos die Tür öffnete.

Jason begleitete seine Schwester über die Straße zu ihrem Wagen. Und als er den Freund, den er so lange nicht gesehen hatte, auf dem Fahrersitz sitzen sah, bückte er sich unter das Stoffdach und sagte schlicht: »Hallo, Robert.« Und Robert antwortete ebenso schlicht: »Hallo, Jason.«

Dann öffnete er die Wagentür. Bevor Janice einstieg, drehte sie sich noch einmal zu ihm um und murmelte mit erstickter Stimme: »Ich danke dir, mein Lieber. Wir kommen bei dir vorbei, wenn wir das nächste Mal in London sind. Und vielleicht kommst du uns mit Rosie und den Kindern auch bald einmal in Schottland besuchen.«

»Ja, bestimmt.«

»Ach, Jason.« Sie umarmten sich lange, dann stieg Janice in den Wagen, und Jason schlug hinter ihr die Tür zu. Einem inneren Impuls folgend, steckte er dann noch einmal den Kopf unter das Stoffdach, sah Robert direkt an und sagte: »Paß gut auf sie auf, Robert. Und werdet glücklich miteinander. Bis bald.«

Robert und Janice waren zu keiner Antwort fähig. Robert startete den Motor, und Jason sah dem Wagen hinterher, bis er seinem Blick entschwunden war.

Als Jason ins Wohnzimmer zurückkam, traf er dort nur noch Steve an. »Versuche die Angelegenheit aus ihrer Sicht zu betrachten, Vater«, begann er. »Wenn du ihre Entscheidung akzeptierst, wirst du sie nicht verlieren. Sie wird zurückkommen. Was mich betrifft, so habe ich mit ihrer Entscheidung keine Probleme. Ich habe Robert damals gemocht und mag ihn auch heute noch.« Er machte eine Pause, ehe er fortfuhr: »Frag dich doch einmal ehrlich, was Janice die vergangenen Jahre vom Leben gehabt hat, besonders nachdem sie miterleben mußte, wie ich geheiratet und eine Familie gegründet habe. Ich finde, unter diesen Umständen hat sie sich wirklich sehr tapfer gehalten.« Mit diesen Worten wandte er sich ab und ging hinaus. Wo seine Mutter war, konnte er sich denken – sie saß bestimmt in ihrem Zimmer und weinte sich die Augen aus.

Doch kaum hatte er die Tür hinter sich geschlossen, da erschien Emily oben auf dem Treppenabsatz. Sie war auf dem Weg zurück ins Wohnzimmer, wo Steve sie mit einem verwunderten Blick empfing, als er sah, was sie in der Hand hielt – den alten, goldenen Strohhut.

Schweigend folgten ihr seine Blicke, als sie mit entschlossener Miene vor den Kamin trat, den Hut in beide Hände nahm und so lange an dem im Laufe der Jahre brüchig gewordenen Stroh riß und zerrte, bis sich die Krempe von der Krone löste. Steve hob erschrocken die Hand. »Laß mich bloß in Ruhe!« schrie sie wie von Sinnen, worauf er einen Schritt zurückwich, erschrocken und verwundert zugleich, denn einen solchen Ton hatte sie ihm gegenüber noch nie angeschlagen.

Achselzuckend ließ er sie gewähren und sah zu, wie sie den Hut in kleine Teile riß und diese nacheinander ins Feuer warf, wo sie sich augenblicklich entzündeten und unter Knistern und einem seltsam irisierenden Farbenspiel verglühten. Und als er schließlich fragte: »Warum hast du das getan? Sie . . . liebte diesen Hut, und er hat einmal dir gehört«, wiederholte sie bedeutungsvoll: »*Ja, ja. Er gehörte einmal mir.* Ich habe gerade entdeckt, daß sie schon vor geraumer Zeit ihre Kleider und Wäsche mitgenommen, den Hut aber hiergelassen hat . . . Sie wollte wohl seinem Bann entfliehen. Dieser Hut hatte etwas Böses. Ja, von Anfang an hat dieser Hut nur Unglück gebracht.«

»Nein, Emily. Nein.« Er zog sie beinahe gewaltsam vom Feuer weg. »Gib nicht diesem Hut die Schuld. Was wir aus unserem Leben machen, falls nicht ohnehin alles bereits vorbestimmt ist, liegt allein an uns selbst. Was immer auch geschah, der Hut hat damit nicht das geringste zu tun.«

»O doch! Das hat er.«

»Wie du meinst, meine Liebe«, seufzte er resigniert. »Aber jetzt ist er nur noch ein Haufen Asche, und wenn du glaubst, er hatte etwas Böses, so ist dieses Böse jetzt ebenfalls verbrannt. Vielleicht hat Janice ähnliches gespürt und ihn deshalb hiergelassen. Komm, setz dich hin. Was geschehen ist, ist geschehen. Wir müssen uns damit abfinden, denn ändern können wir es nicht.«

Emily ließ sich von Steve zum Sofa führen, und in der Geborgenheit seiner Umarmung schrie es in ihr auf: Ich wollte sie loswerden, um ihn ganz für mich allein zu haben. Und jetzt habe ich ihn für mich ... oder nicht? Aber zu welchem Preis!

Unwillkürlich wanderte ihr Blick zum Feuer zurück. Und dieser Hut hatte *doch* böse Kräfte. Bestimmt wurde er einst genau deshalb auf den Speicher verbannt, wo er weiß Gott wie viele Jahre gelegen hatte, der Macht beraubt, seine teuflischen Fäden zu spinnen.

Ein kleiner Tumult draußen vor der Tür schreckte sie beide aus ihren Gedanken auf. Es war Alice, die die Enkelkinder zur Ordnung rief. »Morgen ist Weihnachten, Emily«, bemerkte Steve leise. »Und wir müssen auch an die Kinder denken; sie brauchen dich.«

Unvermittelt warf Emily sich an seine Brust, und ihre Stimme war ein einziges Flehen. »Halte mich! Bitte! Halte mich ganz fest!« flüsterte sie. »Verlaß mich nie. Ich habe doch nur dich. Nur dich.« Und er hielt sie fest umschlungen, während er ihr leise ins Ohr raunte: »Und ich habe nur dich.«

Vielleicht war es der Ruf der Vergangenheit, der Robert den Wagen genau an der Straßenecke parken ließ, an der sie sich vor vielen Jahren getrennt hatten. Und plötzlich rief Janice, ihm ihre Hände entgegenstreckend, aus: »Halte sie einen Moment fest, mein geliebter Mann; halte sie fest und wisse, daß du meine einzige Liebe bist – immer warst und immer sein wirst. Die letzten Jahre waren die Hölle. Aber das zählt jetzt nicht mehr.«

Robert nahm ihr Gesicht in beide Hände, brachte es nahe an das seine und küßte sie, ohne sich um die indignierten Blicke eines Passanten zu kümmern, der sie ungeniert anstarrte. Es war ein harter, verzweifelter Kuß. »Und du bist meine einzige Liebe«, sagte er dann. »Ich habe dich vom ersten Augenblick an geliebt und werde dich immer lieben, bis an mein Lebensende.«

DRITTES BUCH

DIE FOLGEN

TEIL EINS
– 1936 –

– 1 –

»Wenn du dieses Haus verläßt und mich wieder ein Weihnachten allein läßt, dann schrei' ich die schmutzige Wahrheit in die Welt hinaus. Ich weiß, das habe ich schon oft gesagt, aber diesmal mache ich ernst. Hörst du mir überhaupt zu?«

»Ja, ich höre dir zu, und ich wiederhole, was *ich* dir schon oft gesagt habe: Du brauchst nicht allein zu sein; du kannst mit uns mitkommen wie früher auch.«

»Ha, wie früher!« zischte sie. »Als ich noch keine Ahnung von der Verderbtheit dieses sogenannten Ehepaares hatte.«

»Ich warne dich, Rosie, sieh dich vor!«

»Weshalb sollte ich mich wohl vorsehen? Ich wundere mich nur, daß du nicht dasselbe getan hast wie deine Schwester.«

Jasons Stimme blieb ruhig und gelassen. »Ja, wenn meine Mutter mich damals an dem Abend vor dem Ball in Oxford nicht buchstäblich in euer Haus getrieben hätte, damit ich dir einen Heiratsantrag mache, hätte ich das vielleicht auch getan – und wäre mit Sicherheit verdammt viel glücklicher geworden, als ich es jetzt bin. Und du sollst bei dieser Gelegenheit auch gleich noch etwas erfahren, was ich dir bisher nie gesagt habe: Bis zu diesem Abend hatte ich nicht die geringste Absicht, dich zu heiraten. Es war meine Mutter, die mir einredete, daß du mir gewisse Gefühle entgegenbringst, die ich nicht enttäuschen dürfte, und wie nett es doch wäre, wenn auf diese Weise unsere beiden Familien auf Dauer vereint würden . . . auf Dauer. Ja, wäre sie nicht gewesen, ich wäre wahrscheinlich den gleichen Weg gegangen, wie Janice es später getan hat. Ich hätte mit meiner Halbschwester zusammengelebt, denn sie hat mich vom ersten Augenblick an fasziniert. Und das hast du damals sehr wohl gemerkt.

Nur meiner Mutter zuliebe habe ich zugelassen, daß du deine raffinierten, giftigen Krallen in einen Jason Montane schlägst. Und wenn du dich recht erinnerst, habe ich unsere Hochzeit hinausgezögert, solange es nur irgend ging. Unter dem Vorwand, dir mehr bieten zu können, habe ich ein neues Studium angefangen, allein in der Hoffnung, du würdest in der Zwischenzeit die Geduld verlieren und mich aufgeben. Das hast du nicht gewußt, stimmt's?«

Der Ausdruck in dem Gesicht seiner Frau, die mit einem Glas Sherry in der Hand auf dem Sofa saß – die Karaffe stand in erreichbarer Nähe auf einem niedrigen Tischchen –, ließ ihn befürchten, daß sie drauf und dran war, ihm das Glas an den Kopf zu werfen. Doch statt dessen setzte sie es an ihre Lippen, stürzte den Inhalt in einem Zug hinunter und entgegnete dann mit eiskalter Stimme und zynischem Blick: »Seltsam, daß du es dann trotzdem nie hast erwarten können, mit mir ins Bett zu steigen«, worauf Jason nicht minder eisig erwiderte: »Das ist eine Facette der menschlichen Natur, die aber mit Liebe nur selten etwas zu tun hat.«

Sie rückte an die Sofakante vor und straffte die Schultern. »Du hast die Lebensumstände deiner Schwester jahrelang entschuldigt«, stieß sie zwischen zusammengebissenen Zähnen hervor, »und meine Kinder ständig nach Schottland geschleppt, damit sie sich dort mit ihr und ihm und ihren vier adoptierten Fratzen zusammentun. Aber dem nicht genug. Bei diesen Besuchen war zufällig auch stets die liebe Marian zugegen, nicht wahr? Nun, von heute ab ist es mit dieser Familienidylle jedenfalls endgültig vorbei.« Sie schüttelte verächtlich den Kopf. »Ich gebe dir noch eine letzte Chance. Ich werde unseren Kindern gegenüber schweigen und ihnen nichts von den verwerflichen Umständen dort oben erzählen. Meinetwegen sollen sie diese Leute weiterhin besuchen. Aber du bleibst hier!«

Jason stand stocksteif da und sah seiner Frau dabei zu, wie sie nach der Karaffe griff und sich das Glas vollschenkte. »Weißt du was, Rosie?« begann er dann mit betont gleichgültiger Stimme: »Ich schere mich einen Teufel darum, wem gegenüber du schweigst oder nicht. Von mir aus kannst du ihnen diese wunderschöne Geschichte gerne erzählen, denn für mich ist es eine wunderschöne Geschichte. Aus dir spricht nur die pure Eifersucht. Du neidest Janice und Robert das Glück, das sie gefunden haben. Und ich sage dir noch etwas: Für mich waren diese Besuche bei ihnen stets eine Flucht aus der Hölle in den Himmel. Seit du mit angehört hast, was nicht für deine Ohren bestimmt war, ekelst du mich an . . . und das da ebenfalls.« Sein Zeigefinger schoß auf die Karaffe zu. »Du bist eine Trinkerin. Und wenn ich zurückblicke, warst du das schon von Anfang unserer Ehe an. Wann immer wir eine kleine Meinungsverschiedenheit hatten, brauchtest du sofort ein Glas Sherry zur Beruhigung. Ach, was sage ich, eines war nie genug . . . zwei, drei, vier brauchtest du, und wenn ich dich darauf ansprach, hast du Stein und Bein geschworen, seit Tagen keinen Tropfen getrunken zu haben.«

Mit einem Satz war Rosie auf den Beinen. »Das ist der einzige Trost, den ich habe«, kreischte sie. »Der einzige Trost, den ich je hatte. Du und deine blutschänderische Schwester, ihr habt mich in den Alkohol getrieben; diese fette, dreckige, widerwärtige . . .« Jetzt riß Jason der Geduldsfaden. Er holte aus und machte dem hysterischen Gekreische seiner Frau mit einer schallenden Ohrfeige ein Ende, als im selben Augenblick die Tür aufging. Wie angewurzelt blieben ihre vier Kinder, alle reisefertig gekleidet, in der Türfüllung stehen, fassungslos ob der Szene, die sich da soeben vor ihren Augen abgespielt hatte.

Keiner sprach ein Wort. Rosie, eine Hand auf ihre glühende Wange gepreßt, starrte ihre Kinder an, die immer noch wie Wachsfiguren dastanden. Und selbst das eisige Schweigen, das die Luft im Raum gefrieren zu lassen schien, konnte ihre Wut nicht abkühlen. »Wußtet ihr eigentlich, daß der Mann eurer lieben Tante Janice ihr eigener Bruder ist?« schrie sie ihnen mit sich überschlagender Stimme entgegen.

»Robert ist nicht ihr Bruder, er ist ihr Halbbruder – und

der meine.« Jasons Stimme klang jetzt nicht weniger schrill als die ihre.

»Und Marian ist deine Halbschwester, und hinter der bist du auch einmal hergewesen«, brüllte Rosie zurück.

Als Jason zum zweitenmal die Hand erhob, schrie sein ältester Sohn von der Tür her: »Nein, Vater! Hör auf!«, worauf Jason auch sofort die Hand sinken ließ, ein paarmal kräftig schluckte und dann mit gepreßter Stimme flüsterte: »Geht bitte hinüber ins Arbeitszimmer. Ich komme gleich nach.«

Die vier jungen Leute rührten sich nicht, bis Freddie die Arme ausbreitete und seine Geschwister wie eine Schar Enten zur Tür hinausscheuchte, die Jason dann leise hinter ihnen schloß. Den Rücken an die schwere Eichentür gelehnt, den Blick auf seine Frau geheftet, erklärte er mit bebender Stimme: »Es ist aus, Rose. Ich verlasse dich. Du bist frei. Amüsier dich mit deiner Flasche und deiner Mutter. Ja, mit deiner Mutter, denn ihr beide gebt ein wahrhaft gutes Paar ab. Sie hat deinem Vater das Leben genauso zur Hölle gemacht wie du mir. Für ihn ist es leider zu spät, noch etwas zu verändern, aber nicht für mich. Ich bin jetzt fünfundfünfzig, und die Jahre, die mir noch bleiben, die will ich, wenn schon nicht glücklich, so doch wenigstens in Frieden verbringen. Die Kinder sind erwachsen. Sie gehen ihre eigenen Wege. Doch eines weiß ich, sie haben sich immer darauf gefreut, Weihnachten in Schottland zu verbringen, und es stets so eingerichtet, daß wir alle zusammen fahren konnten. Zumindest war es bis vor fünf Jahren so, als du absichtlich oder zufällig das Gespräch mit Marian mitgehört hast. Zurückblickend kann ich mir gut vorstellen, daß dir diese Neuigkeiten nur zupaß kamen, lieferten sie dir doch eine prächtige Ausrede dafür, noch tiefer ins Glas zu schauen als ohnehin schon. Also, nach den Feiertagen werde ich meinen Anwalt aufsuchen, um die Formalitäten einer Trennung und hoffentlich späteren Scheidung zu besprechen.«

»Ja, mach das. Nur zu«, zischte Rosie angriffslustig. »Du tust mir leid, Jason Montane. Das heute war nur eine Baga-

telle, aber bald wird es in den Schlagzeilen aller Zeitungen stehen, daß der große Anderson Steerman seine eigene Schwester geheiratet hat ... Ja, genau, Schwester werde ich sagen, und nicht Halbschwester. Was, glaubst du, wird die Geschäftswelt dann von deinem verehrten Halbbruder halten? Und jeder soll erfahren, daß sie Straßenkinder adoptiert haben, aus denen sie Gentlemen und Ladys machen wollen. Ha, wie die Geier werden sich die Zeitungsfritzen auf dieses gefundene Fressen stürzen!«

Sein Blick war kalt wie Stahl. »Ja, tu das«, sagte er. »Ich werde sie schon mal darauf vorbereiten, was sie erwartet. Aber vergiß bei deinen Machenschaften nicht, daß wir einen Krieg hinter uns haben und bald in einen zweiten verwickelt sein werden. Die Welt ändert sich, es leben Tausende von Paaren zusammen, die nichts über die Umstände ihrer Herkunft wissen, aber trotzdem glücklich sind. Ja, tu nur, was du glaubst, tun zu müssen. Es mag einige Dinge ans Licht bringen; vielleicht auch einige Ängste zunichte machen. Auf Wiedersehen, Rose.«

Er wandte sich zum Gehen. »Und was ist mit deiner Mutter, der alten Hexe?« brüllte sie ihm hinterher. »Lebt nebenan wie eine Gräfin mit ihrer geliebten Alice, ihrer Köchin, ihrer Haushälterin und ihrem Sohn, der ihr als einziger noch geblieben ist, denn deine ekelhafte Schwester hat sie ja seit Jahren nicht mehr gesehen. Sie hat ihre Tochter aus dem Haus getrieben, obgleich sie selbst es war, die diese ganze Geschichte in Szene gesetzt hat, nicht wahr? Deine Mutter war nichts anderes als eine gewöhnliche Prostituierte ... ja, eine Hure, das war sie.«

Jason preßte seine zu Fäusten geballten Hände gegeneinander, um nicht wieder in Versuchung zu geraten, zu einer Ohrfeige auszuholen, machte auf dem Absatz kehrt und stürzte aus dem Salon. Vor der Tür zum Arbeitszimmer blieb er einen Augenblick stehen, um sich zu sammeln, bevor er eintrat.

Die vier erwachsenen Kinder standen mit erwartungsvollen Gesichtern mitten im Raum. »Setzt euch«, forderte er sie auf. »Es wird nicht lange dauern ...«

Er brauchte etwa zehn Minuten, um ihnen eine kurze Zusammenfassung des Lebens ihrer Großmutter zu geben. Er erzählte ihnen von den Umständen seiner und Janices Geburt; daß dieser wunderbare Mensch, der vor zehn Jahren starb, gar nicht ihr Vater war, und daß ihr leiblicher Vater auch Onkel Roberts und Tante Marians Vater war. Er erzählte ihnen von Janice und Robert, die sich vom ersten Augenblick an ineinander verliebten und sich dann, als sie die Wahrheit erfuhren, aus Rücksicht auf ihre Familien trennten, sich nach siebzehn unglücklich verbrachten Jahren zufällig wieder begegnet waren, heimlich geheiratet hatten und, um keine Blutschande zu begehen, vier Kinder adoptierten. »Ihr werdet schwerlich ein glücklicheres Paar finden«, schloß er. »Und wenn ihr selbst einmal heiratet, könnt ihr dem Himmel danken, wenn ihr annähernd so glücklich werdet wie diese beiden.«

»Und Mutter wußte von alledem nichts?« erkundigte sich Jessie, seine älteste Tochter.

»Nein, jedenfalls so lange nicht, bis sie vor etwa fünf Jahren ein Gespräch zwischen mir und Tante Marian belauschte.«

»Hat sie deshalb angefangen zu trinken?« warf Gracie ein.

»Ach was«, entgegnete Freddie verächtlich. »Solange ich mich zurückerinnern kann, trinkt unsere Mutter doch schon.«

Jason sah seine Kinder der Reihe nach an. »Und was gedenkt ihr jetzt zu tun? Wollt ihr immer noch nach Schottland fahren«

»Aber natürlich!« rief Steven und nickte heftig mit dem Kopf. »Das hat doch nichts mit uns zu tun . . . ich meine, die Sache mit Tante Janice und Onkel Robert. Das sind zwei fantastische Menschen, der Meinung war ich immer schon, und ihr doch auch, oder?«

Jessie, Freddie und Gracie nickten beifällig, und Jessie setzte mit einem schiefen Lächeln hinzu: »Tante Janice war früher auch Krankenschwester wie ich jetzt, und ich kann nur hoffen, daß ich auch einmal jemandem wie Onkel Robert begegne – der auch noch so reich ist wie er.«

Jason gab seiner Tochter einen Klaps auf den Arm. »Vergiß das Geld. Die beiden wären auch ohne einen Penny glücklich geworden.«

»Wie du meinst«, gab Jessie mit einer Spur Zynismus in der Stimme zurück, der jedoch in der darauffolgenden Bemerkung von Gracie unterging. »Vielleicht hat mich Mama deshalb in letzter Zeit so oft aufgezogen«, murmelte sie kleinlaut. »Ich würde bald selbst zu einem Museumsstück verkommen, hält sie mir dauernd vor, obwohl sie sich anfangs so über meinen Job dort gefreut hat. Bestimmt sagt sie das nur, weil ich Tante Janice so ähnlich sehe.«

»Du könntest nach keinem feineren Menschen geraten, Gracie«, beruhigte sie ihr Vater liebevoll. »Und ich glaube, du liegst mit deiner Vermutung gar nicht so falsch.«

»Aber warum hat sich Mutter derartig über diese Sache aufgeregt, Vater?«

»Weiß du, Steven«, antwortete Jason, den Blick nun auf ihn gerichtet, »eure Mutter ist eine sehr eifersüchtige und besitzergreifende Frau. Sie schlägt ihrer Mutter nach, Großmutter Nelson. Ihr wißt doch, daß sie zwei Söhne hatte, von denen einer im Krieg gefallen ist; das war Harry. Nach seinem Tod sprach eure Großmutter nur noch von dem Sohn, den sie verloren hatte. ›Ach, wenn Harry doch noch lebte . . .‹, so ging es den ganzen Tag, bis ihr anderer Sohn es nicht mehr aushielt und nach Kanada auswanderte, wo er heute mit seiner Familie lebt. Großvater blieb allein mit ihr zurück, doch bei all dem Gejammer über den Sohn, den man ihr so früh genommen hatte, vergaß sie vollkommen, daß sie noch einen Ehemann hatte. Und das ging so über Jahre . . .« Hier unterbrach er sich und ließ seinen Blick noch einmal von einem zum anderen seiner Kinder schweifen. »Nun, ich gedenke nicht so zu enden wie euer Großvater. Er hätte sich schon vor Jahren zur Ruhe setzen können, aber seine Arbeit ist das einzige, was ihm noch geblieben ist. Doch ich meine, das Leben darf nicht nur aus Arbeit bestehen – es sollte auch Frieden und kleine Freuden für uns bereithalten ... für uns alle –, und deshalb trenne ich mich von eurer Mutter. Ich habe es ihr gerade vorhin mitgeteilt. Ja«, nickte er, »ich hätte schon vor Jahren einen Schlußstrich ziehen sollen, aber ich habe es aufgeschoben, bis ihr alt genug seid und auf eigenen Beinen steht.«

»Aber wo wirst du jetzt wohnen?« erkundigte sich Freddie besorgt.

»Überwiegend bei Tante Marian. Oh, nein!« Er machte eine abwehrende Handbewegung. »Versteht mich nicht falsch. Zwischen Tante Marian und mir ist nichts, auch wenn eure Mutter sich hartnäckig weigert, das zu glauben. Für mich ist Marian wie eine Schwester, obgleich ich immer betone, daß sie meine Halbschwester ist. Sie war glücklich verheiratet und hat ihren Mann im Krieg verloren. Außerdem lebt sie nicht allein; sie hat ihr Personal und Maggie, das alte Faktotum, das ihr Gesellschaft leistet.«

»Und was wird mit uns, Vater?« warf Jessie ein. »Was mich betrifft, ich habe ja im Krankenhaus mein Zimmer und komme ohnehin nur nach Hause, wenn ich Urlaub habe. Und Steven ist die meiste Zeit auf Reisen, nicht wahr?« Sie nickte ihrem Bruder zu. »Ja«, entgegnete dieser nach einer kleinen Pause. »Aber ich habe das Gefühl, ich muß ab und zu nach Hause kommen und sehen, wie es ihr geht.«

»Ich danke dir, Steven«, sagte Jason und legte ihm leise seufzend die Hand auf die Schulter. »Das ist eine große Beruhigung für mich.«

Dann meldete sich Freddie zu Wort. »Und ich habe noch ein Jahr in Cambridge vor mir. Selbstverständlich werde ich in den Trimesterferien nach Hause kommen, aber was danach wird, das kann ich noch nicht absehen. Bleibt also nur noch Gracie.«

Das hochgewachsene junge Mädchen stand auf und sagte mit einem Blick auf Steven: »Wenn du ab und zu kommst, Bruderherz, so wäre das schon eine große Hilfe.

Ich halte einstweilen die Stellung, und später sehen wir dann weiter.«

Es war Freddie, der jetzt wieder auf das eigentliche Problem zu sprechen kam. »Was wird, wenn Mama wirklich ernst macht und die Sache mit Tante Janice und Onkel Robert an die große Glocke hängt?«

»Nun«, meinte Jason, »damit müssen sich die beiden zu gegebener Zeit wohl oder übel auseinandersetzen. Man hört zwar nicht viel von solchen Ehen, aber es gibt sie, und oftmals wissen die Eheleute nicht einmal etwas von ihren Blutsbanden. Warum sollte es in diesem Fall nicht auch so gewesen sein?«

»Wie hat Mutter es denn eigentlich erfahren?« wollte Steven nun wissen.

»Wie gesagt, sie hat vor etwa fünf Jahren ein Gespräch zwischen Marian und mir mit angehört. Wir hatten uns damals zufällig auf der Straße getroffen. Es war Winter und eisig kalt, und ich habe Marian gefragt, ob sie nicht auf eine Tasse Tee zu uns nach Hause mitkommen möchte. Mutter hatte an jenem Nachmittag einen Termin beim Friseur. Wir saßen damals hier in diesem Zimmer und tranken Tee. Mutter muß hinter der Türe gestanden haben, die zum Eßzimmer führt. Ich weiß nicht, vielleicht ist sie früher zurückgekommen oder hat den Termin abgesagt, jedenfalls unterhielten wir uns über Tante Janice, die zu der Zeit gerade das vierte Kind adoptiert hatte. ›Sie braucht anscheinend immer ein Baby, das sie bemuttern kann, dabei ist sie jetzt schon neunundvierzig. Wenn sie die Möglichkeit gehabt hätte, eigene Kinder zu bekommen, hätte sie heute gewiß ein ganzes Dutzend‹, sagte Marian. ›Immerhin wachsen dort vier glückliche Kinder heran‹, gab ich zur Antwort, worauf sie entgegnete, daß sie Janice um ihren Mut beneide, Robert geheiratet zu haben. ›Weißt du eigentlich, Jason‹, hatte sie dann nach einer Pause hinzugesetzt, ›daß ich dich vom ersten Augenblick an gemocht habe? Und das war gewiß keine Jungmädchenschwärmerei. Nein, das muß wohl daran gelegen haben, daß in unseren Adern das gleiche Blut fließt, genau wie bei Janice und Robert.‹« Jason räusperte sich. »Und dann hat sie mich gefragt, ob ich sie unter diesen Umständen geheiratet hätte. ›Das kann ich nicht sagen‹, antwortete ich. ›Ich weiß nur, daß ich dich ebenfalls auf Anhieb mochte, aber damals hattest du ja nur deine Pferde im Kopf.‹ Nun, später hat sie dann Hector, einen Studienkameraden von Robert und mir aus Oxford, geheiratet. Sie waren ein glückliches Paar, die beiden, und nach Hectors Tod – er ist im Krieg gefallen – habe ich begonnen, sie hin und wieder einmal zu besuchen.« Er seufzte kurz auf. »In ihrem Haus fühlte ich mich immer unbeschreiblich wohl; die Atmosphäre dort war so friedlich, und ihre Gesellschaft tat mir einfach gut ... Marian war so normal, so gesund.«

Als Jason jetzt aufstand, erhoben sich die Kinder ebenfalls, und seine Stimme klang auf einmal ganz verändert, als er sagte: »Mir tut das alles furchtbar leid. Und ich habe mir die Entscheidung nicht leichtgemacht, das kann ich euch versichern, aber ich bin an einem Punkt angelangt, wo ich so nicht mehr weiterleben kann und will. Und ganz ehrlich unter uns gesagt: Eure Mutter ist Alkoholikerin. Ich habe schon vor einiger Zeit ihren Arzt gebeten, ihr zu einer Entziehungskur zu raten, aber leider ohne Erfolg. Wißt ihr, wie sie reagiert hat? Sie hat dem Arzt gedroht, ihn wegen übler Nachrede anzuzeigen! Heute bezeichnet man Alkoholismus ja als Krankheit, aber das Schlimme daran ist, daß diese Krankheit nicht nur das Leben des Betroffenen zerstört, sondern auch das der Angehörigen. Und es ist eine sehr egoistische Krankheit, denn die Leute trinken weiter, obwohl eine Heilung möglich ist.« Hier unterbrach er sich und erklärte dann in einem Tonfall, der andeutete, daß für ihn das Thema damit abgeschlossen war: »Also, was ist jetzt mit euch, seid ihr immer noch entschlossen, nach High Gully mitzukommen?«

Einer nach dem anderen nickte, und Freddie bekräftigte ihrer aller Entschluß mit den Worten: »Ich könnte mir ein Weihnachten woanders ohnehin nicht vorstellen. Es war immer so schön bei ihnen. Die beiden sind großartige Menschen. Und mit den Kindern – nun, mittlerweile sind sie ja keine Kinder mehr – hatten wir immer so viel Spaß. Ich finde es prima, daß sie alle wissen, daß sie adoptiert sind, und ihre Dankbarkeit so offen zeigen. Andererseits, wer wäre das nicht, bei dem Zuhause, das sie gefunden haben?«

»Das Wichtigste ist jetzt, daß ihr euch Tante Janice und Onkel Robert gegenüber genauso verhaltet wie immer, ganz gleich, wie jeder einzelne von euch die Situation beurteilt – und ein Urteil darüber steht euch selbstverständlich frei. Aber bedenkt dabei, daß ihr euer Leben noch vor euch habt und nicht wissen könnt, was in Sachen Liebe so alles auf euch zukommen kann. Und wenn ich Liebe sage, dann meine ich Liebe und nicht Verliebtheit oder Schwärmerei. Nun, ja«, seufzte er und warf den Kopf zur Seite, als wollte er den Gedanken an Liebe abschütteln, bevor er sagte: »Geht nicht mehr zu ihr hinein, sie wird euch nur anmeckern. Ich schaue noch schnell hinüber zu meiner Mutter und erkläre ihr, warum ihr euch nicht von ihr verabschiedet habt.« Er sah Steven an. »Hier sind die Fahrkarten. Setzt euch einstweilen schon mal ins Abteil, wenn der Zug da ist. Ich komme nach. Am besten, ihr nehmt euch jetzt gleich ein Taxi.«

»Viel Zeit hast du nicht mehr, Vater, der Zug geht um zehn.«

»Das weiß ich, Freddie. Aber ich möchte euch jetzt nicht hier im Haus haben und auch nicht nebenan.«

»Und was ist, wenn du es nicht rechtzeitig schaffst?«

»Um elf geht noch ein Zug. Aber keine Sorge, ich werde pünktlich da sein. Außerdem seid ihr ja alle alt genug und verreist nicht das erste Mal mit der Eisenbahn. So, und jetzt macht euch auf die Socken«, lachte Jason und scheuchte sie aus dem Zimmer und zur Haustür, wo das Gepäck schon bereitstand.

Vor dem Haus winkte Jason ein vorbeifahrendes Taxi heran, und als er zurückkam, starrten ihn seine Kinder recht verlegen an. Es war Gracie, die ihrer aller Gedanken aussprach: »Ach, lieber Vater, das wird schlimm für dich werden.«

Daß sie nicht ›für Mama‹ gesagt hatte, war Jason dabei nicht entgangen. Er strich ihr sanft über die Wange und meinte: »Weißt du, das ist nur eine Lektion von vielen im Leben, meine Liebe, die wir zu lernen haben. Mach dir keine Sorgen, das wird sich schon alles regeln.«

Er sah ihnen zu, wie sie nacheinander ins Taxi stiegen. Keiner von ihnen winkte – er auch nicht.

In der Diele nahm Jason seinen Koffer und ging dann den schmalen Korridor entlang in das Zimmer, das er von frühester Jugend an als Studierzimmer genutzt hatte. Als er es kurz darauf durch eine andere Tür verließ, stieß er auf dem Flur beinahe mit Hannah, dem Dienstmädchen, zusammen, das ein Tablett mit Frühstücksgeschirr in der Hand hatte. »Ist meine Mutter schon aufgestanden?« erkundigte er sich, worauf sie mit einem Blick zur Treppe hin antwortete: »Ja, seit etwa einer halben Stunde. Sie wird gleich herunterkommen.« Er nickte ihr einen Dank zu, stellte den Koffer unten an der Treppe ab und eilte die Stufen hinauf zum Schlafzimmer seiner Mutter.

Auf sein leises Klopfen hin öffnete Alice die Tür. »Oh, da sind Sie ja. Und, alles reisebereit? Wo ist denn die ganze Rasselbande, wir haben uns schon für den Überfall gewappnet.«

»Sie sind schon gefahren, Alice.«

»Was?« stieß sie verblüfft hervor. »Ohne sich von ihrer Großmutter zu verabschieden?« Sie machte ein schnalzendes Geräusch mit der Zunge, doch ehe sie ihre Mißbilligung in Worte fassen konnte, wiederholte er: »Ja, Alice, ohne sich von ihrer Großmutter zu verabschieden. Die Rasselbande ist mittlerweile erwachsen geworden.«

Alice musterte ihn aus zusammengekniffenen Augen – sie sah nicht mehr so gut – und begann nervös an dem Latz ihrer gestärkten Schürze zu zupfen, die sich über ihrem jetzt üppigen Busen spannte. Bis weit über die Fünfzig hatte Alice sich ihre schlanke Figur erhalten, doch jetzt, mit siebzig, war sie rund und füllig geworden, und nur ihre scharfe Zunge erinnerte noch an die Alice von früher.

Jason ging an ihr vorbei ins Schlafzimmer, und als er

seine Mutter dort nicht vorfand, nahm er an, daß sie sich noch im Ankleidezimmer nebenan befand. Er sparte es sich, nach ihr zu rufen, da er wußte, daß sie immer noch über ihr scharfes Gehör verfügte und ihn gewiß bereits hatte kommen hören. Eine erstaunliche Frau, dachte er bei sich. Dreiundachtzig war sie jetzt und geistig immer noch so rege wie früher. Nur körperlich hatte sie etwas abgebaut; wegen des Rheumas in ihrem rechten Knie war sie seit geraumer Zeit auf die Hilfe eines Gehstocks angewiesen.

Jetzt erschien Emily in der Tür des Ankleidezimmers, eine große, elegante, silberhaarige Erscheinung, die ihren locker geschnittenen Morgenmantel mit der Haltung einer Königin trug, die einem gewöhnlichen Sterblichen Audienz gewährt. Seit dem Tod seines Vaters – als solchen betrachtete er Steve immer noch –, der jetzt schon zehn Jahre zurücklag, hatte sie dieses hoheitsvolle Gebaren angenommen. Zum Erstaunen aller hatte sie an Steves Grab keine Träne vergossen, sich anschließend sechs Monate in ihren Räumlichkeiten verkrochen, um dann wie ein Schmetterling als völlig veränderte Person aus diesem Kokon wieder in die Welt zu treten – eine Emily, die ihre Vergangenheit gänzlich hinter sich gelassen zu haben schien.

»Bist du reisebereit, mein Lieber?«

»Ja, Mutter.«

»Und die Kinder?«

»Die sind schon zum Bahnhof gefahren.«

»Oh!« machte sie und schritt bedächtig, auf ihren Stock gestützt, zu ihrem Lehnstuhl, ließ sich graziös darauf nieder, behielt aber den Stock in der Hand. Dies war eine andere ihrer königlichen Posen. »Warum haben sie sich nicht von mir verabschiedet?« fragte sie mit ruhiger Stime. »Das tun sie doch sonst immer.«

»Das hat seinen Grund, Mutter«, erklärte er mit einem bedeutungsvollen Seitenblick auf Alice, der jeden anderen Dienstboten dazu veranlaßt hätte, umgehend den Raum zu verlassen. Nicht so Alice. Sie gehörte quasi zur Familie, war ihm stets eine zweite Mutter gewesen, und da Emily und sie unzertrennlich waren, sagte Jason, was er zu sagen hatte, aber betont leise. »Ich fahre nicht nur über Weihnachten weg, Mutter, ich verlasse dieses Haus für immer.«

Durch Emilys schlanken Körper fuhr ein sichtbarer Schauder, der sogar ihren Stock zum Zittern brachte. Und als sie nach einer angemessenen Pause fragte: »Warum?«, ließ er sich mit der Antwort ebenfalls Zeit. »Ich denke, du kennst den Grund dafür«, sagte er dann.

»Das kannst du nicht tun, Jason.«

»Und weshalb nicht?«

»Es . . . es wäre nicht recht.«

Jason atmete tief durch und zwang sich zur Ruhe. Am liebsten hätte er ihr ins Gesicht geschrien: »Ausgerechnet *du* maßt dir an, über Recht und Unrecht zu urteilen? Du, die eigentliche Verursacherin dieses dunklen Geheimnisses, unter dem Robert und Janice immer noch zu leiden haben? Du, die mich ganz bewußt in diese Ehe mit Rose getrieben hat?‹ Aber er schwieg. Doch als sie dann hinzusetzte: »Sie braucht dich, Jason«, da beugte er sich dann doch nahe zu ihr hinunter und fauchte: »Sie braucht mich nicht, sie hat ihre Flasche. Mit der hat sie sich schon vor unserer Hochzeit getröstet, und du hast das gewußt. Ich habe eben mit meinen Kindern gesprochen und ihnen erklärt, daß ich nicht so enden will wie Roses Vater, der Tag und Nacht arbeitet, nur um seinen Frieden zu haben. Und ich lasse mich nicht länger erpressen, denn mit Selbstmord zu drohen ist die schlimmste Form von Unterdrückung.«

Emily saß stocksteif in ihrem Stuhl. So hatte ihr Sohn noch nie mit ihr gesprochen. Doch sie war nicht allzu überrascht von seinen Gefühlen, da sie sicher war, daß ihm sehr wohl aufgefallen sein mußte, wie sehr sein Adoptivvater seine Stieftochter geliebt hatte, wahrscheinlich mehr als sie, seine eigene Frau, und daß er sich seit dem Tag, als Janice dieses Haus verlassen und ihren Halbbruder geheiratet hatte, innerlich nach ihr verzehrte.

Niemals hätte sie sich eingestanden, daß sie Rose insofern sehr ähnlich war, als sie beide die ungeteilte Liebe und Aufmerksamkeit eines Mannes gefordert hatten. Seit vielen Jahren trug sie schwer an dem nagenden Schuldgefühl, daß sie ihre Kinder – die Kinder des Mannes, den sie so abgrundtief haßte, dessen Geliebte sie freiwillig geworden war und durch den sie die Liebe erst richtig kennengelernt hatte – nie wirklich geliebt hatte.

»Das wird ewig auf deinem Gewissen lasten.«

»Ach, Mutter, ich bin bestimmt nicht der einzige, den sein Gewissen plagt, oder?«

Unwillkürlich wandte sie den Kopf ab. »Es tut mir leid, Mutter, aber die letzten Jahre mit Rose waren die Hölle.«

»Und wenn sie nun den Kindern die Wahrheit erzählt?« gab Emily nun leise zu bedenken, den Blick immer noch dem frostblinden Fenster zugewandt.

»Das hat sie bereits.«

Polternd fiel der Stock zu Boden, worauf Alice herbeieilte, ihn aufhob und ihrer Herrin wieder in die Hand gab. »Und ich nehme an, du hast ihnen die ganze Situation ausführlich erklärt«, fügte sie nach mehrmaligem Schlucken hinzu.

»Jawohl, das habe ich, und so schonend wie möglich.«

Emilys sonst so glattes Gesicht schien auf einmal um Jahre gealtert zu sein. Unzählige Falten ließen die Haut wie zerknittertes Papier erscheinen, und in ihrer Stimme schwang echtes Erstaunen mit, als sie fragte: »Und sie fahren trotzdem nach Schottland? Obwohl sie nun alles wissen?«

»Ja, Mutter, weil sie dort oben immer viel glücklicher waren als in ihrem eigenen Zuhause. Die Wahrheit war kein großer Schock für sie. Sie waren erstaunt, überrascht, aber keineswegs schockiert, denn sie empfinden eine tiefe Zuneigung zu Janice und Robert und deren Adoptivkindern. Weißt du, Mutter, ich sage dir jetzt etwas, was ich dir schon lange einmal sagen wollte: Du hast viel verloren und vieles verpaßt, seit du Janice aus deinem Leben geschlossen hast. Vater ist oft nach Schottland gefahren oder hat sie besucht, wenn sie mit ihrer Familie in London war. Darüber habt ihr nie gesprochen, nicht wahr? Weil du den Gedanken nicht ertragen konntest, daß er Janice liebte . . .«

»Mister Jason! Bitte! Hören Sie auf!« fiel ihm Alice plötzlich ins Wort.

Er sah sie erstaunt an. Sie zitterte vor Aufregung am ganzen Körper, als sie quasi über den Kopf ihrer Herrin hinweg, so als sei diese gar nicht anwesend, erklärte: »Sie hat viel mehr hinnehmen und erdulden müssen, als Sie ahnen. Es war nicht recht, was Miß Janice getan hat. Damals nicht – und heute auch nicht, gleichgültig wie Sie oder Ihre Kinder die Situation betrachten. Ich finde, Sie haben genug gesagt, wenn nicht bereits zu viel.«

Unter anderen Umständen hätte er Alice mit den Worten zurechtgewiesen: »Das geht zu weit! Du gehörst zwar zur Familie, aber das gibt dir noch lange nicht das Recht, so mit mir zu sprechen.« Doch statt dessen wandte er sich seiner Mutter zu. »Verzeih mir, Mutter«, begann er. »Ich hätte das nicht wieder aufrühren sollen; nicht jetzt, wo ich dich auch verlasse. Nein«, er schüttelte heftig mit dem Kopf, »nein, ich werde dich so oft wie möglich besuchen, denn was auch immer vorgefallen sein mag, ich liebe dich sehr, und auch Janice liebt dich. Wirklich. Sie erkundigt sich jedesmal, wenn wir uns sehen, nach dir und beteuert immer wieder, daß sie dich sehr vermißt.« Er ließ ihr Zeit, die letzten Worte auf sich wirken zu lassen, ehe er sagte: »So, jetzt muß ich aber aufbrechen.« Er beugte sich zu ihr hinab, küßte sie auf die Augenbrauen, und wie immer rümpfte er dabei die Nase ob des intensiven Lavendelgeruchs, der sie auch heute noch umgab und von dem er sich schon seit seiner frühesten Kindheit an abgestoßen fühlte.

Schon fast an der Tür, gebot ihm die leise, flehende Stimme seiner Mutter Einhalt. »Willst du es dir nicht noch einmal überlegen?«

Sie gab sich doch niemals geschlagen. Statt einer Antwort schüttelte er nur den Kopf, nickte Alice zu und verließ das Zimmer.

Er hatte noch nicht die Diele erreicht, als Alice ihm hinterhergelaufen kam und ihn mit der Frage »Wo werden Sie denn jetzt wohnen?« zum Stehenbleiben zwang.

Jason biß sich verlegen auf die Unterlippe, ehe er, um

einen lockeren Tonfall bemüht, antwortete: »Ach, nach den Feiertagen werde ich mich erst einmal bei Marian einquartieren. Und Robert wird mir sicherlich anbieten, in seinem Londoner Haus zu wohnen . . .«

»Tun Sie das nicht! Nein, Mister Jason, das würde sie zutiefst kränken. Nehmen Sie sich eine eigene Wohnung, aber ziehen Sie um Himmels willen nicht zu Marian oder zu Robert ins Haus.«

Seltsam, dachte er, während sein Blick auf Alices Gesicht haften blieb. Sie hatte sich in ihrem Verhalten so sehr seiner Mutter angeglichen, daß sie inzwischen auch schon deren Stimme nachahmte; und sie hatte sich auch deren Abneigung gegen Janice und Robert zu eigen gemacht. Früher hätte sie ganz anders auf diese Situation reagiert. »Gehen Sie zu Miß Janice«, hätte sie gesagt. »Bleiben Sie nicht allein. Es tut niemandem gut, allein zu sein.« Aber heute nicht mehr . . .

»Ich mache, was ich für richtig halte, Alice«, gab er schroff zurück. »Zum erstenmal seit dreißig Jahren werde ich genau das tun, was mir guttut. Verstehst du mich?« Ja, Alice verstand ihn, sagte aber nichts mehr, sondern hielt ihm aus alter Gewohnheit die Haustür auf. Jason nahm seinen Koffer und verließ das Haus, in dem er seit seiner Geburt gelebt hatte . . .

Fünf Minuten vor Abfahrt des Zuges erreichte Jason den Bahnsteig. »Das war knapp«, rief ihm Gracie entgegen, die den Kopf aus dem Fenster ihres reservierten Abteils gesteckt hatte und nach ihm Ausschau hielt.

Nachdem er seinen Koffer im Gepäcknetz verstaut hatte, setzte er sich zwischen Gracie und Steven auf den freien Platz. Keiner sprach ein Wort, alle schienen auf den Pfiff des Schaffners zu warten. Er kam, gefolgt vom Zischen und Stampfen der Maschinen, und erst als der Zug langsam aus dem Bahnhof rollte, brach Freddie das Schweigen. »War sie sehr gekränkt, Großmutter, meine ich?«

»Ja, das war sie.«

»Es muß immer alles nach ihrem Willen gehen, nicht

wahr? Sie braucht einen nur anzusehen, und schon gehorcht man ohne Widerrede. Wie oft habe ich mich schon gegen sie auflehnen wollen, es aber nie getan.«

Alle Blicke waren jetzt auf Freddie gerichtet; ihre Gesichter zeigten unterschiedliche Nuancen von Verblüffung, denn Freddie war immer derjenige von ihnen gewesen, der völlig unbeschwert durchs Leben zu segeln und sich nicht darum zu scheren schien, was andere sagten oder dachten. Und sie wunderten sich alle noch mehr, als er unvermittelt erklärte: »Ich habe Großmutter nie besonders gemocht; ich hatte immer das Gefühl, daß sie nur eine Rolle spielt und daß sich hinter ihrer Fassade kein freundlicher Mensch verbirgt.« Nach einem raschen Seitenblick auf seinen Vater fuhr er fort: »Jetzt kann ich das ja sagen, Vater, nachdem du schließlich die Konsequenzen gezogen hast, und gerade noch rechtzeitig, wie ich meine.«

Um Jasons Lippen spielte ein sanftes Lächeln, als er seinen Sohn, diesen unbekümmerten jungen Mann, ansah. Hätte Steven das zu ihm gesagt, hätte ihn das nicht verwundert, denn Steven war ein Macher, ein Denker. In seinem Beruf als Architekt hatte er es mit allen Arten von Menschen zu tun und ließ sich von Blendern so leicht nichts vormachen. Mit ihm hatte er viele intensive Gespräche geführt; nicht so hingegen mit Freddie. Aber wer wußte schon genau, was in den Köpfen der anderen so vor sich ging?

Jessie knuffte ihren Bruder in die Seite. »Du bist ein richtiger Geheimniskrämer, Freddie. Warum hast du mir deine Meinung über Großmutter immer verschwiegen?« Jessies Bemerkung löste ein wenig die betretene Stimmung im Abteil, und auf Freddies Antwort hin: »Am liebsten würdest du mich wohl festgeschnallt auf dem OP-Tisch liegen haben, wo du mich von den Haarwurzeln bis zu den Zehennägeln aufschnippeln und genau untersuchen kannst, wie?« setzte ein heiteres Kichern ein, das er allerdings mit seiner nächsten Frage sofort im Keim erstickte. »Was, glaubst du, Vater, wird Mama jetzt wegen der Sache mit Tante Janice und Onkel Robert unternehmen? Uns hat sie die Wahrheit ja förmlich ins Gesicht gespuckt. Meinst du, sie wird deren Kindern alles erzählen?« Der tiefe Seufzer, den Jason jetzt ausstieß, lenkte die Blicke unwillkürlich auf ihn. »Sehr gut möglich«, erwiderte er bedrückt. »Und der Presse wird sie es mit Sicherheit auch stecken.«

»Um Himmels willen!« rief Steven entsetzt. »Nein, das wird sie doch hoffentlich nicht tun!«

»Nun, das bleibt abzuwarten«, entgegnete Jason und fuhr dann um einen heiteren Tonfall bemüht fort: »Aber laßt uns das alles für eine Weile vergessen, ja? Wir sind jetzt auf dem Weg, um mit den Menschen Weihnachten zu feiern, die wir von ganzem Herzen lieben. Und dennoch, irgendwie habe ich das Gefühl, daß dies das letzte Weihnachten ist, das wir alle gemeinsam verbringen.

Um sieben Uhr fuhren sie in den Bahnhof von Stirling ein, wo sie von Robert empfangen wurden. Er umarmte die beiden Mädchen, klopfte den jungen Männern auf die Schulter und begrüßte seinen Halbbruder mit den Worten: »Sag bloß nie wieder etwas gegen den schottischen Fahrplan. Pünktlich auf die Minute!«

»Ja, aber bloß, weil wir alle kräftig mit angeschoben haben. Von Edinburgh aus hatten wir nämlich reichlich Verspätung«, gab Freddie lachend zurück.

»Erzähl das nur Johnny, wenn du dich traust. Der ist so stolz auf die schottische Pünktlichkeit.«

Johnny wartete auf dem Bahnhofsplatz neben dem großen Kombiwagen, ein baumlanger, hagerer Mann, die obligatorische Glengarry-Mütze tief in die Stirn gezogen, die er jetzt zur Begrüßung abnahm: »Na, haben Sie es wieder einmal hier heraus geschafft?« meinte er mit seiner krächzenden Stimme und setzte brummelnd hinzu: »Gott allein weiß, was euch immer wieder in diese gottverlassene, eiskalte Gegend treibt.«

»Verstau lieber das Gepäck im Kofferraum und schwing keine Volksreden«, knurrte Robert zurück. »Wenn dir diese gottverlassene Gegend nicht mehr genehm ist, dann weißt du ja, was du zu tun hast, nicht wahr?«

»O ja, ich weiß, was ich zu tun habe, und ich werde es dieser Tage endlich in Angriff nehmen. Sie werden schon sehen.«

»Kein Problem, die Trauerfahnen liegen schon gebügelt im Schrank.«

Lachend suchten sich die jungen Leute einen Platz in dem langen Gefährt, und nachdem alle saßen, legte der alte Johnny McBrien mit einer Fürsorglichkeit, die anrührend war, den beiden Mädchen eine dicke Wolldecke über die Knie. »Vielen Dank, Johnny«, sagte Gracie und zog die Decke bis zum Kinn hoch. »Ob Sie es glauben oder nicht, nur wenn ich hier oben bin, wird mir so richtig warm . . .«

»Ah, das nenn' ich Takt, Miß Gracie. Eine rare Tugend heutzutage.«

»Recht hast du, Johnny«, kam es von Robert, der auf dem Fahrersitz Platz genommen hatte. »Aber jetzt steig ein und mach die Tür zu.«

»Was, sitze ich nicht vorn?«

»Nein, du sitzt nicht vorne, das haben wir doch besprochen.«

»Demnächst mache ich meine . . .«, begann Johnny, doch seine Prophezeiung ging in dem Dröhnen des Motors unter, den Robert soeben angelassen hatte. »Johnny ändert sich auch nicht, wie?« bemerkte Jason, der neben Robert auf dem Beifahrersitz saß. »Nein, immer noch der alte Brummbär«, gab dieser zurück, worauf Jason meinte: »Sei froh, ohne ihn wärst du wirklich aufgeschmissen.«

»Ja, da hast du wohl recht. Ich war zwei, als mein Großvater mich zum erstenmal hierher mitnahm. Und da habe ich Johnny kennengelernt. Er war damals fünf und hat schon im Garten Unkraut gezupft. Bis auf die Kriegsjahre hat er sein ganzes Leben auf High Gully verbracht. Und weißt du übrigens, daß er im Krieg nicht eine einzige Schramme abgekriegt hat? Na ja, kein Wunder bei dem Dickschädel.«

»Kabbelt er sich immer noch mit Angus?«

»Na klar. Das wird nie aufhören. Für ihn ist Angus nicht mehr als ein gewöhnlicher Dienstbote. Der Gedanke, daß Angus mein Butler ist und bisweilen als mein Sekretär fungiert, der geht ihm total gegen den Strich.«

»Und wie geht es Janice?« erkundigte sich Jason.

»Prächtig, prächtig«, erwiderte Robert und änderte dann seinen Tonfall. »Aber ganz unter uns, ich hoffe, daß Queenie unser letztes Findelkind war. Die Kleine ist eine richtige Nervensäge, sage ich dir; unheimlich lieb zwar, aber ein Energiebündel ohnegleichen. Einen Sack Flöhe zu hüten ist nichts dagegen. Wir haben kürzlich ein neues Kindermädchen eingestellt, eine Miß Fanny Laidlaw. Ja, die weiß, wie man mit kratzbürstigen kleinen Wildkatzen umgeht. Einige Erfolge kann sie schon verbuchen.« Er lachte kurz auf. »Wir rutschen die Treppen nicht mehr auf dem Hosenboden runter, werfen aus Wut kein Spielzeug mehr an die Wand und klatschen auch nicht mehr den Löffel in den Pudding. Und abgesehen davon, daß sie ihr Handwerk wirklich versteht, hat sie auch noch einen guten Humor. Das ist in dieser einsamen Gegend, wo man im Winter, wenn der Schnee bis unter die Dachrinne reicht, oft wochenlang nur dieselben Gesichter sieht, ein großes Plus.« Robert unterbrach sich und warf Jason einen kurzen Seitenblick zu: »Und wie geht's bei euch zu Hause?«

Jason ließ sich mit der Antwort Zeit. »Ziemlich schlecht. Ich habe euch eine Menge zu erzählen. Der Kessel ist geplatzt, sozusagen.«

Der Wagen machte einen gefährlichen Schlenkerer, als Robert sich ruckartig zu Jason umdrehte. »Was meinst du damit?«

»Laß uns nach Weihnachten darüber sprechen, ja? Im Moment möchte ich nicht daran erinnert werden und uns mit dieser Geschichte das Fest verderben.«

Sie hatten inzwischen die Hauptstraße verlassen und waren in einen holprigen Feldweg eingebogen, der nach etwa fünfminütiger Fahrt an einem schweren Eisentor endete, das zwischen zwei wuchtigen Steinpfosten hing. Die Torflügel standen offen, und dahinter erstreckte sich eine von dichten Laubbäumen gesäumte Allee, die nach zwei scharfen Kurven in eine breite gekieste Auffahrt mündete. Das imposante Steingebäude, auf das sie jetzt langsam zurollten und das von großen Scheinwerfern angestrahlt wurde, wirkte dadurch noch eindrucksvoller als ohnehin und riß die Ankommenden zu begeisterten Ausrufen hin.

»Habt ihr jetzt endlich elektrischen Strom?«

»Ja, der wird uns zwar ins Armenhaus bringen, aber was soll's«, gab Robert lachend zurück.

Steven, der diesen Spruch schon öfter gehört hatte und ausgerechnet immer von den reichsten seiner Kunden, enthielt sich jeglichen Kommentars.

»Es sieht hinreißend aus«, jubelte Jessie, und Gracie fügte hinzu: »Wie ein Märchenschloß.«

»Eher wie eines dieser modernen Lichtspielhäuser« brummte Johnny dazwischen. »Bis jetzt haben es die Paraffinlampen auch getan.«

»Ja, bloß daß diese Lampen nicht so stinken und nicht soviel Dreck machen«, hielt Robert dagegen.

Kaum war der Wagen vor der ausladenden Freitreppe zum Stehen gekommen, öffnete sich auch schon die Haustür, und ein hochaufgeschossener junger Mann und ein Mädchen im Backfischalter kamen die Stufen heruntergestürmt, gefolgt von einem Jungen und einem kleinen Mädchen. Als letzte erschien die große, mütterliche Gestalt von Janice in der Tür, einer älteren Janice, die jedoch nichts von ihrer freundlichen, warmen Ausstrahlung verloren hatte.

»Los, herein mit euch«, dröhnte Roberts tiefe Stimme über den allgemeinen Begrüßungstumult hinweg. »Wenn ich nicht bald etwas Heißes in den Bauch bekomme, gefriere ich zum Eisblock.«

Es bedurfte keiner weiteren Aufforderung mehr, um die schwatzende Gruppe zu veranlassen, sich durch die schwere Eichentür in die Halle zu drängen, wo sie von Mrs. McGinney, der Haushälterin, die der Einfachheit halber Gin genannt wurde, Roberts Diener Angus und Fanny Laidlaw, die sich bescheiden im Hintergrund hielt, empfangen wurden. Robert, der draußen auf dem Treppenabsatz stehengeblieben war, drehte sich zu Johnny um und meinte in nun ganz fürsorglichem Tonfall: »Jetzt sieh zu, Johnny, daß du in deine Gemächer kommst. Laß dir was Heißes zu trinken bringen, und dann ab ins Bett mit dir. Und keine nächtlichen Kontrollgänge heute, verstanden? Die Jungen werden sich um alles kümmern. Also, Beine hoch und aufgewärmt, Mann!«

Und auch Johnnys Stimme klang jetzt anders, als er antwortete: »Und Sie sehen zu, Sir, daß Sie zu Ihrer Medizin kommen. So wie Sie aussehen, können Sie einen guten Schluck vertragen ... Nacht denn.«

»Gute Nacht, Johnny.«

Robert eilte die Treppe hinauf in die Diele, wo die Neuankömmlinge sich noch ihrer Mäntel und Stiefel entledigten oder schon vor dem Kamin standen und sich die Hände wärmten.

Jessie hatte sich auf einer samtbezogenen Sitzbank niedergelassen, die seitlich vor dem Kamin stand, und rief, den Kopf in den Nacken gelegt und den Blick auf die holzgetäfelte Decke gerichtet, begeistert in die Runde: »Oh, seht nur, diese wunderschönen Girlanden! Wo habt ihr die denn her?«

»Andrew hat sie gemacht.« Janice sah zu dem jungen Mann mit dem schmalen Gesicht hinüber, der neben Freddie auf dem Sofa saß, und meinte: »Andrew, wer denn sonst?« Und Gracie, die jetzt auch die Girlanden bemerkt hatte, setzte bewundernd hinzu. »Und diese kleinen Bilder auf den einzelnen Kettengliedern! Hast du die auch alle gemalt?«

»Na klar, Gracie. Hab' ja sonst nichts zu tun. Drei Monate habe ich daran hingepinselt.«

»Ach, der schwindelt doch«, krähte Alicia dazwischen. »Das hat er alles in ein paar Tagen gemacht.«

»Hurra!« brüllte Robert übermütig, als zwei Dienstmädchen mit Tabletts voller dampfender Steingutbecher in die Halle kamen, die sogleich unter fröhlichen Begrüßungen herumgereicht wurden.

Eine Stunde später, nachdem sich alle umgezogen, ein opulentes Nachtmahl zu sich genommen und dabei die Vorkommnisse der letzten Monate diskutiert hatten, schickte man sich allmählich an, auf die Zimmer zu gehen.

Doch vorher nahm Robert seinen Halbbruder beiseite. »Ich möchte mit dir reden, Jason. Gehen wir in mein Arbeitszimmer?«

Das sogenannte Arbeitszimmer war ein großer, hoher, mit erlesenen Möbeln ausgestatteter Raum mit dem obligatorischen Kamin, in dem ein loderndes Holzfeuer brannte und eine gemütliche Atmosphäre verbreitete. Auch hier hatte man wie im Eß- und Wohnzimmer die Wände nicht mit Holz vertäfelt, sondern die herrlichen, alten Natursteinmauern im Originalzustand belassen.

Daß Robert sich in einem Sessel niederließ, ohne Jason einen Stuhl anzubieten, kennzeichnete das Verhältnis der beiden, die sich wirklich als Brüder und nicht als Gastgeber und Gast verstanden.

Als Jason ihm gegenüber Platz genommen hatte, kam Robert ohne Umschweife auf ihr Gespräch im Wagen zurück. »Ich will nicht bis nach den Feiertagen warten, Jason«, begann er. »Da ist doch etwas Gröberes im Busch, nicht wahr?« Er griff nach der Zigarrenkiste, die auf einem kleinen Beistelltisch stand, klappte den Deckel auf und hielt sie Jason hin, der sich eine Zigarre aussuchte und dann ganz ruhig erklärte: »Ich habe sie verlassen.«

»Du meinst ... endgültig?« erkundigte sich Robert vorsichtig.

»Ja, endgültig. Und keinen Tag zu früh.« Jason hielt den Blick auf die Zigarre gerichtet, die er ganz automatisch zwischen den Handflächen rollte, und setzte dann mit gefurchter Stirn hinzu: »Das hätte ich schon vor Jahren tun sollen, beziehungsweise, ich hätte sie erst gar nie heiraten dürfen ... aber du weißt ja, wie das damals gelaufen ist. Ja, und heute hat sie mich einmal zuviel erpreßt.«

»Was meinst du mit ›erpreßt‹?«

»Nun, sie drohte mir damit, den Kindern die Wahrheit zu sagen, wenn ich sie noch ein Weihnachten allein lasse.«

»Nein! Das hat Rosie gesagt?«

»Genau das waren ihre Worte. Du kennst Rosie nicht. Niemand kennt sie – außer mir und den Kindern. Na ja, jedenfalls habe ich ihr daraufhin gesagt, sie solle tun, was sie nicht lassen könne; ich hätte die Nase jetzt gestrichen voll. Und dann hat sie den Kindern die ganze Geschichte im wahrsten Sinne des Wortes ins Gesicht gespuckt. Sie war mal wieder betrunken. Rosie ist Alkoholikerin, und das schon seit Jahren, obwohl sie das natürlich vehement abstreitet.«

Robert lehnte sich in seinem Sessel zurück. »Und, wie haben sie es aufgenommen?« fragte er zögernd.

»Nun, zunächst waren sie natürlich etwas vor den Kopf gestoßen, aber grundsätzlich hat sich bei ihnen in ihrer Einstellung zu euch nichts geändert. Dieses Haus, Janice und du, das war jahrelang ihr einziger Lichtblick, ihre einzige Freude. Jetzt sind sie erwachsen und gehen ihre eigenen Wege. Gracie ist die einzige, die noch zu Hause wohnen bleibt; zumindest für die nächste Zeit. Jessie hat ihr Zimmer im Krankenhaus, Freddie wohnt auf dem Campus, und Steven sucht sich eine eigene Wohnung.«

»Aber wie hat Rosie es denn erfahren?«

»Das geschah, kurz nachdem ihr Queenie aufgenommen habt. Marian und ich saßen damals bei uns zu Hause im Wohnzimmer und tranken Tee. Rosie hatte einen Termin bei ihrem Friseur. Wir haben uns über alte Zeiten unterhalten, auch über euch, und währenddessen kam Rosie unerwartet zurück und hat uns vom Eßzimmer aus belauscht, ohne daß wir es merkten.«

»Ach, deshalb ist sie wohl nicht mehr mitgekommen.«

»Ja, genau deshalb, Robert. Und seither drohte sie mir jedes Weihnachten damit, den Kindern die Wahrheit zu erzählen, falls ich wieder allein zu euch fahre. Nun, wie du weißt, bin ich die letzten beiden Jahre nicht mitgekommen, habe irgendwelche Ausreden erfunden – aber damit ist jetzt ein für allemal Schluß. Das Maß ist voll. Nur eines macht mir jetzt große Sorgen: Diesmal hat sie damit gedroht, eure Situation an die große Glocke zu hängen.«

»So, hat sie das? Nun –« Robert unterbrach sich, stand auf, nahm einen Kienspan aus dem bronzenen Kübel, der vor dem Kamin stand, und hielt ihn ins Feuer. Dann brannte er sich damit umständlich seine Zigarre an und reichte anschließend Jason den glühenden Span, bevor er weitersprach. »Wenn sie es sagt, dann wird sie es wohl auch tun. Ändern können wir daran wahrscheinlich nichts. Aber weißt du, uns beiden war immer klar, daß unsere Idylle irgendwann einmal gestört werden wird ... nicht zerstört, wohlgemerkt. Nein, das nicht!« Er klang jetzt sehr vehement. »Nein, zerstören lassen wir uns unser Glück nicht. Im Grunde kann uns niemand etwas anhaben. Wenn es sein muß, können wir unser restliches Leben hier auf High Gully verbringen, ohne das Gefühl haben zu müssen, allzuviel vom Leben zu verpassen. Meine Geschäfte kann ich auch von hier aus erledigen; ich muß nicht unbedingt nach London fahren. Abgesehen davon tut sich im Moment so einiges in der Welt. Was ich vorletzte Woche in Berlin sah, hat mich zutiefst erschüttert. Wenn ich blind wäre oder scherzen wollte, so würde ich diese Jugendbewegungen in Deutschland als Pfadfindergruppen abtun. Aber das sind keine Pfadfinder. Das sind junge Soldaten, die dort in Reih und Glied durch die Straßen marschieren, aggressiv, enthusiastisch und bereit, für ihr Vaterland zu sterben. Dieser Hitler meint es ernst, genauso ernst wie Hindenburg. Und das bedeutet Krieg.«

»Glaubst du das wirklich?«

»Ja. Ich wüßte nicht, wo es sonst hinführen sollte. Warum baut man denn eine Armee auf? Doch nicht damit die Soldaten im Sandkasten ein bißchen Krieg spielen können. Es ist die Vergeltung für das, was sie nach ihrer Niederlage im letzten Krieg einstecken mußten. Aber«, er sog an seiner Zigarre und stieß eine dicke Rauchwolke aus, »das ist internationale Politik; wir haben hier unseren eigenen kleinen Privatkrieg auszufechten. Mach dir keine Sorgen um uns, Jason. Das überstehen wir schon.«

»Und was ist mit euren Kindern?«

»Ach, ich denke, denen werden wir es bei passender Gelegenheit demnächst einmal erzählen. Aber im Augenblick machen wir uns mehr Sorgen um Andrew.«

»Ist sein Nasenbluten schlimmer geworden?«

»Nein, das nicht; es kommt immer noch sporadisch. Manchmal vergehen Monate, ohne daß er Beschwerden hat, aber dann fängt das Nasenbluten plötzlich an, und er blutet eine Woche oder länger ohne Unterlaß. Unser Hausarzt sagt, das verwachse sich mit dem Alter, und tröstet uns damit, daß es viele Menschen gibt, die zu Nasenbluten tendieren. Aber der Facharzt in Edinburgh, den wir kürzlich aufgesucht haben, der meinte, Andrews Nasenbluten könnte ein Anzeichen für eine sehr seltene Gefäßkrankheit sein, Teleangiektasie genannt. Er habe eine Patientin, die unter dieser Gefäßschwäche leide, sagte er, und die habe, genau wie Andrew, diese roten Punkte auf der Zunge.«

»Ach Gott! Der arme Andrew.«

»Glaub bloß nicht, daß du ihm mit Mitleid eine Freude machst. Der schmeißt dir sofort die Pinsel ins Gesicht, wenn er sich verhätschelt fühlt. Und da ist noch eine andere Sache, die uns Kopfzerbrechen macht: Er will nicht wieder zurück auf die Kunstakademie gehen.«

»Nein? Aber er macht sich doch dort so prima, hast du gesagt.«

»Ja, das schon. Aber er kommt mit einem der Lehrer überhaupt nicht zurecht, behauptet er. Scheinbar beleidigen Andrews Motive und die Wahl seiner Farben das Kunstverständnis dieses Herrn. Er malt seiner Ansicht nach zu frei, zu fantasievoll, nicht naturgetreu genug. Zugegeben, manchmal sind seine Farben wirklich schockierend.«

»Ach, reg dich nicht auf. Ich habe kürzlich mit Gracie eine neueröffnete Galerie besucht, und was ich da gesehen habe, hat mir echt den Atem verschlagen. Gut, von moderner Malerei verstehe ich nichts, aber was an einem kugelrunden Körper mit einem Glotzauge in der Mitte, drei Beinen und einem Arm schön sein soll, das geht über mein Begriffsvermögen.«

Robert lachte. »Das ist der neue Trend in der Kunst.

Weißt du, diese Trends schlagen ein wie der Blitz und verglühen auch ebenso schnell. Die ändern sich wie das Wetter und die Stimmungslagen der Künstler; mal himmelhoch jauchzend und dann zu Tode betrübt. Andrew brachte in den Sommerferien einen Studienkollegen von der Akademie mit nach Hause. Wir dachten immer, Andrew habe so seine Marotten, aber verglichen mit diesem Freund ist unser Andrew völlig normal. Der malte bis zum Morgengrauen, schlief dann und erschien mittags zum Frühstück. Aber Andrew und er haben sich prächtig verstanden. Ein kluger Kopf, dieser Bursche, kann dir den Burns Wort für Wort zitieren, aber in was für einem Dialekt. Er hat es zwar nicht gesagt, aber ich vermute stark, daß er, bevor seine Eltern nach Edinburgh zogen, im East End aufgewachsen ist.«

Es folgte ein Schweigen, währenddessen beide nachdenklich an ihren Zigarren sogen, dann nahm Robert das Gespräch wieder auf. »Andrew beschäftigen seit ein paar Monaten plötzlich die Umstände seiner Herkunft, und das macht Janice Sorgen. Und er fragt Alicia ständig, was sie darüber denkt, adoptiert worden zu sein. Nun, Alicia ist erst vierzehn, aber sie ist schon unheimlich reif für ihr Alter. Weißt du, was sie getan hat? Sie kam zu Janice und meinte: ›Ich frage nicht wegen mir, ich weiß, daß ich adoptiert worden bin, und es ist mir egal, wer mich geboren hat; was allein zählt, ist, daß du und Dad sich seither um mich gekümmert haben. Ich habe großes Glück gehabt, und die anderen auch, finde ich. Aber es geht mir um Andrew. Er ist anders: Er möchte unbedingt wissen, wo er herstammt und warum man ihn weggegeben hat. Er liebt euch‹, sagte sie. ›Und dazu hat er auch allen Grund.‹ Ja, das hat sie mit ihren vierzehn Jahren zu Janice gesagt.«

»Habt ihr jemals mit Andrew über seine Herkunft gesprochen?«

»Nein, denn das wenige, was wir wissen, hätte ihm nicht geholfen. Aber ich glaube, es ist ganz normal, daß ein junger Mensch wissen will, wer seine Eltern waren ... und gerade wir sollten das verstehen. Weißt du, eines ist seltsam«, fuhr er fort, »ich habe dich nie als Halbbruder betrachtet; du warst immer mein Bruder. Aber mit Janice ist es anders. Bei ihr denke ich überhaupt nicht an irgendwelche Blutsbande. Es ist, als hätten diese nie existiert; ich habe sie kennengelernt, mich in sie verliebt, und das war's. Und dennoch sind wir drei wie ein Dreieck miteinander verbunden.«

»Und da ist noch Marian; sie macht aus uns ein Viereck. Und vergiß nicht das Mädchen in Italien.«

»Ach ja, richtig. Aber die wollte mit der ganzen verworrenen Sache nichts zu tun haben und hat sich da rausgehalten. Gott sei Dank! Unser Vater muß ein richtiger Filou gewesen sein. Wer weiß, wie viele Halbgeschwister wir noch haben, von denen wir nichts wissen. Na, sei's drum«, stöhnte er und rutschte an die Stuhlkante vor. »Wie wär's jetzt mit einem Drink?«

»Gute Idee.«

Robert stand auf. »Über eines freue ich mich wirklich, Jason«, sagte er, während er zum Bartisch ging. »Und zwar darüber, wie deine Kinder mit der Situation umgehen; daß sie sich Janice oder mir gegenüber nichts haben anmerken lassen. Ach, übrigens, laß uns die Geschichte bis nach Weihnachten von Janice fernhalten, ja? Ich möchte ihr nicht das Fest verderben; sie hat sich so darauf gefreut, euch alle wiederzusehen.«

Als Jason das Glas aus der Hand seines Halbbruders entgegennahm, dachte er mit einem Anflug von Neid: Janice ist ihm immer noch das Wichtigste auf der Welt. Wäre das mit ihm und Rose doch auch so gewesen.

– 2 –

Am Abend des zweiten Weihnachtsfeiertages fand auf High Gully wie jedes Jahr ein großes Fest für alle Angestellten und Bediensteten statt. Johnny McBrien blies den Dudelsack, sein Erzfeind Angus Taylor begleitete ihn dabei auf der Flöte, und das gar nicht einmal schlecht, während Billy McKenna, der Förster, sich zwei Suppenlöffel zwischen die Finger geklemmt hatte und scheppernd den Takt dazu schlug.

Mit von der Partie waren die drei Gärtner, einer davon in Begleitung seiner Frau und seinen zwei Kindern; sämtliche Hausangestellten, das Kindermädchen und auch die Wäscherin, die im Dorf wohnte und ihre halbwüchsige Tochter mitgebracht hatte. Und natürlich Jason mit seinen Kindern, Robert und Janice mit ihren vieren und ihre besten Freunde, Francis und Margaret Culbert mit ihren Söhnen James und Glen sowie Kathy, ihrer Tochter.

Die Stimmung war recht ausgelassen. Musik, Gesänge und fröhliches Gelächter erfüllten das Haus, das unter dem Stampfen und Hüpfen der unermüdlichen Tänzer bebte. Obwohl man um neun Uhr ein überreichliches Festmahl zu sich genommen hatte und es jetzt schon auf ein Uhr morgens zuging, schien keiner der Anwesenden die geringsten Anzeichen von Müdigkeit zu zeigen. Nur Queenie, die Jüngste, hatte sich auf der Couch im Wohnzimmer eingeigelt und schlief tief und selig.

Andrew, der den ganzen Abend kaum einen Tanz ausgelassen hatte und jetzt völlig verschwitzt, aber dennoch weiterhin den Takt mitklatschend, in der offenen Tür stand, drehte sich auf einmal unvermittelt um und ging hinaus in den Korridor. Dort zog er ein Taschentuch aus der Hosentasche, drückte es gegen die Nase und stieß, nachdem er das Blut gesehen hatte, einen wütenden Fluch aus: »Verdammt und zugenäht!« Er durchquerte gerade die Diele, als Gracie ihm hinterherkam. »So ein Mist, Andrew, ausgerechnet heute!« meinte sie mitfühlend, als sie die Bescherung sah.

»Ach, es sind nur ein paar Tropfen«, murmelte er über den Rand des Taschentuchs hinweg.

»Soll ich dir einen kalten Waschlappen bringen?«

»Nein, danke, ich setz' mich kurz hin, dann wird es gleich aufhören. Geh nur wieder hinein.«

»Den Teufel werde ich tun.«

Sie folgte ihm in den Salon, als sie in der Halle das Telefon klingeln hörten. »Laß nur, ich geh' schon«, sagte sie.

Sie nahm den Hörer ab, meldete sich, aber am anderen Ende der Leitung blieb es still. Und als auf ihr wiederholtes »Hallo, wer spricht bitte?« immer noch keine Antwort erfolgte und sie gerade auflegen wollte, hörte sie jemanden mit schwerer Zunge lallen: »Andrew. Ich will Andrew.« Gracie stutzte. Die Stimme klang wie die ihrer Mutter. Unsinn, das war nicht ihre Mutter. »Einen Augenblick, bitte«, sagte sie und rannte ins Wohnzimmer. »Andrew, es ist für dich.«

»Ach, das wird Pat sein. Er wollte anrufen, ob er zu Silvester kommt.«

»Wie ein Mann hat sich das aber nicht angehört«, lag ihr auf der Zunge, aber sie sagte es nicht, sondern sah ihm nur hinterher, als er, das Taschentuch an die Nase gepreßt, zum Telefon ging und den Hörer aufnahm. »Ja, bitte?«

»Andrew . . . bist du das, Andrew?«

Er drehte sich zu Gracie um, die in der Tür zum Salon stand, und warf ihr einen verwunderten Blick zu, ehe er antwortete: »Ja, ich bin's, Andrew.«

»Mein lieber, lieber Andrew. Weißt du, wer dran ist? Deine liebe Tante . . . Rose.«

Andrew legte die Stirn in Falten und sah noch einmal zu Gracie hinüber. »Hallo, Tante Rose. Fröhliche Weihnachten!«

»Fröhliche Weihnachten wünscht er mir. Ha, fröhliche Weihnachten!« drang es jetzt schrill und gehässig an sein Ohr. »Warte nur, euch wird das fröhliche Weihnachten gleich vergehen. Jedem einzelnen von euch, und zwar für immer!«

Andrew nahm das Taschentuch weg – seine Nase hatte zu bluten aufgehört – und schüttelte langsam und völlig verblüfft den Kopf. Da lallte die Stimme wieder: »Du magst deine liebe Mutter und deinen lieben Vater wohl sehr, wie? Diese wun . . . der . . . baren . . . Menschen.« Und als ihre Stimme dann zu einem Kreischen anschwoll, hielt er automatisch den Hörer weiter vom Ohr weg: »Verdorben sind die bis in die Knochen! Wußtest du das? Verdorben! Schlecht! Böse! Inzest! Inzest! Sie sind nicht Mann und Frau. Wußtest du das, Andrew? Hörst du mich, Andrew? Sie sind Bruder und Schwester. Hast du das verstanden? Bruder und Schwester! Genauer gesagt, Halbgeschwister, aber das ist ja das gleiche. Dein lieber Vater und mein lieber Ehemann sind Halbbrüder und deine liebe Mutter ist ihre Halbschwester. Na, wie schmecken dir jetzt deine fröhlichen Weihnachten?«

Als Andrew die Hand ausstreckte und an der Mauer Halt suchte, stürzte Gracie zu ihm und flüsterte aufgeregt: »Was ist los? Wer ist das?« Andrew schloß die Augen, atmete tief durch und murmelte nach einer Weile: »Deine . . . deine Mutter.«

»Du lieber Gott! Nein!« Sie riß ihm den Hörer aus der Hand und brüllte in die Sprechmuschel: »Mama! Hör auf damit! Leg auf!«

»Ach, meine liebe Gracie. Amüsierst du dich gut?«

»Ja, Mama, ich amüsiere mich tatsächlich sehr gut. Wir alle amüsieren uns prächtig. Und was du da eben gesagt hast, das interessiert hier niemanden. Hörst du? Für uns hat sich dadurch nichts geändert. Geh wieder zurück zu deiner Flasche und denk darüber nach. Das Gift, das du verspritzt hast, hat uns nur noch enger mit Robert und Janice verbunden.« Sie knallte den Hörer auf die Gabel und lehnte sich dann mit der Stirn an die Mauer.

Andrew legte ihr liebevoll den Arm um die Schulter und sagte leise: »Komm weg hier.«

»Ich schäme mich so«, murmelte sie, als er sie ins Wohnzimmer führte.

»Sei nicht albern«, entrüstete er sich. »Weshalb solltest du dich schämen? Aber . . . warum tut sie das? Weißt du, was sie zu mir gesagt hat?«

»Ich kann es mir denken. Es ging um deine Eltern, nicht wahr?« Und plötzlich fuhr sie unvermittelt zu ihm herum, blinzelte sich die Tränen aus den Augen und herrschte ihn an: »Sie *sind* deine Eltern. Sie mögen ja Halbgeschwister sein, aber sie sind gute Menschen. Wenn du die ganze Geschichte hörst, wirst du erst verstehen, wie gut sie sind. S . . . s . . . sie hatten sich getrennt und siebzehn lange Jahre nicht gesehen!« stammelte sie.

»Siebzehn Jahre?«

»Ja, siebzehn Jahre; weil sie glaubten, sie dürften sich nicht lieben. Dann kam der Krieg und änderte so vieles, auch die Ansichten der Menschen, sagt Vater. Er kann dir die ganze Geschichte besser erzählen als ich. Aber eines ist sicher: Die beiden sind durch die Hölle gegangen, nur um zusammensein zu können. Für mich ist es bedeutungslos, daß sie miteinander verwandt sind, und meine Geschwister sehen es ebenso. Im Grunde hat uns das Wissen um diese Umstände nur noch enger zusammengeschweißt.«

»Aber warum tut sie das?« fragte er jetzt leise. »Warum hetzt sie jetzt gegen uns?«

»Weil Vater sie verläßt. Er hat ihr das, kurz bevor wir abgefahren sind, gesagt. Wir waren nicht glücklich zu Hause, keiner von uns. Mutter hängt seit Jahren an der Sherryflasche, und wir wußten das. ›Nur ein Gläschen Wein‹, sagt sie immer. ›Das macht doch nichts.‹ Aber oft trinkt sie mehr als eine Flasche am Tag. Ich sehe meine Mutter noch genau vor mir, wie sie im Wohnzimmer saß, ein Glas Sherry in der Hand, und uns wegen irgendeiner Lapalie zur Schnecke machte – meistens mich –, und Freddie hat dieselben Erinnerungen.«

Die nächste Frage, die Andrew ihr jetzt stellte, überraschte Gracie einigermaßen: »Sag mal, wie ist es denn so, in London zu arbeiten?«

Sie musterte ihn verwundert und erwiderte dann: »Nun, sehr interessant und sehr anstrengend. Es gibt so viel zu sehen. Aber es ist wie in jeder anderen Stadt auch, nehme ich an. Du findest überall nette und abscheuliche Menschen, ganz gleich, wo du hinschaust.«

»Ich würde gerne in London arbeiten.«

»Du meinst an der Slade-Akademie?«

»Nein, keine Schule mehr. Keine Schule.« Seine Worte überschlugen sich, so ereiferte er sich. »Nein, ich kann besser allein arbeiten ... wenn du verstehst, was ich meine. Keine Klassenzimmer mehr; keine aufgeblasenen Lehrer, die deine Bilder niedermachen und glauben, ihre Vorfahren hätten mit Michelangelo zusammen die Sixtinische Kapelle ausgemalt. Diese Typen bilden sich ein, alles über Kunst zu wissen, und belächeln unsereinen als dummen Schüler, der von dieser Materie keine Ahnung haben kann, weil er noch nicht fünfzig oder sechzig oder verrückt geworden ist wie Van Gogh. Nein, für mich ist damit endgültig Schluß! Ich denke mir, wenn ich ein Zimmer in London hätte oder ein kleines Atelier, dann könnte ich malen und vielleicht sogar vom Verkauf meiner Bilder leben.«

Den Blick auf ihn gerichtet, dachte Gracie an einige seiner wilden Gemälde: infernalische Farbkompositionen; Sonnenuntergänge, wie sie die Natur noch nirgends auf der Welt hervorgebracht hatte und die eher lodernden Feuerbrünsten glichen denn romantischen Abendstimmungen. Manchmal hatte sie beim Betrachten seiner Werke den Eindruck, daß tief in seinem Inneren ein unbezähmbarer Ärger schwelte. Und seine nächsten Worte schienen diesen Eindruck auch gleich zu bestätigen. »In gewisser Weise hast du Glück, Gracie«, sinnierte er. »Du weißt, wer du bist. Ich hingegen weiß das nicht. Ich liebe meine Eltern, und für mich sind es meine Eltern. Aber in Wirklichkeit sind sie es nicht; sie haben mich nicht gezeugt. Und seit langem schon brennt in mir das Bedürfnis, endlich zu erfahren, woher ich komme. Oft liege ich nachts wach im Bett und denke: Wer war meine Mutter? Wer war mein Vater? Bin ich so wie er? Oder wie sie? Von wem habe ich diese verdammte Blutkrankheit geerbt? Es ist nicht nur Nasenbluten; meine Zunge fängt auch schon an. Und gestern habe ich sogar an meiner Daumenspitze diese roten Punkte entdeckt. Es macht mich wütend, wenn sie sagen: ›Ach, das verwächst sich schon.‹ Einen Teufel tut es. Es wird immer schlimmer, das weiß ich. Aber inzwischen will ich malen. Ich möchte etwas auf die Leinwand bringen, was die Welt noch nie gesehen hat. Kannst du das verstehen?«

»Nicht ganz, ehrlich gesagt. Mir geht leider jegliche

künstlerische Begabung ab. Ich sehe mir gerne Bilder an, könnte aber nie selbst eines malen. Doch dein Bedürfnis, von zu Hause wegzugehen, das verstehe ich sehr gut, denn mir geht es ähnlich. Ich möchte auch weg. Der Gedanke, in Zukunft mit meiner egoistischen, besitzergreifenden Mutter in einem Haus leben zu müssen, der macht mich schon jetzt ganz krank. Aber ich bin die einzige, die ihr noch geblieben ist. Natürlich, da ist noch Großmutter, aber die ist genauso wie sie. Also, in gewisser Weise verstehe ich deine Gefühle.«

Die Ellbogen auf die Knie gestützt, saß er da, stierte ins Feuer und meinte ruhig: »Ich kann hier nicht länger bleiben, Gracie. Ich muß weg. Ich möchte meine Eltern nicht verletzen, aber es hilft nichts; ich muß gehen. Dies hier ist ein wundervolles Haus, ein wundervoller Platz. Ich lebe mit wundervollen Menschen zusammen, aber es kommt mir dennoch vor wie eine ... nun, wie eine Märchenwelt.« Er sah Gracie an und lächelte. »Ja, eine Eismärchenwelt. Als solche habe ich dies alles hier immer betrachtet, wenn ich in Edinburgh war und mich nach der Kälte gesehnt habe, dieser Eiseskälte hier und den gemütlichen Kaminfeuern im Haus. Aber« – er setzte sich jetzt aufrecht hin – »das hier ist nicht die Wirklichkeit; hier spielt sich nicht das wirkliche Leben ab. Und deshalb muß ich weg.«

Gracie starrte ihn eine Weile unverwandt an, ehe sie sagte: »Bitte erwähn Vater und den anderen gegenüber nichts von dem Anruf, zumindest nicht heute abend. Ich werde es ihnen morgen sagen.«

Sie standen beide auf, sahen sich einen Augenblick verständnisinnig an, dann meinte Andrew: »Komisch, ich vergesse immer, daß du älter bist als ich.«

»Ja, zwei Jahre. Und das ist schrecklich, nicht wahr?«

»Ja, in der Tat. Das ist schrecklich.« Er lächelte sie an. »Aber mit dir konnte ich immer über alles reden. Mit Steven nicht, und mit Freddie auch nicht, obwohl ich ihn sehr gern habe. Und auch mit Jessie nicht. Die kam mir schon immer alt vor ... aber das ist auch kein Wunder. Sie ist eine typische Krankenschwester, und wenn ich sie sehe, muß ich immer an unsere Hausmutter im Internat denken. Aber du, Gracie . . . du bist anders.«

Sie starrte ihn nur schweigend an, denn was sie gerne gesagt hätte, konnte sie ihm nicht sagen: »Natürlich bin ich anders, denn ich liebe dich schon, seit ich dich zum erstenmal gesehen habe. In gewisser Weise bin ich wie meine Mutter, eine Frau, die nur einen einzigen Mann lieben kann.«

Als Jason seiner Schwester die Neuigkeiten eröffnete, zeigte sich diese in keiner Weise überrascht. »Mit etwas in der Art rechne ich eigentlich schon, seit sie nicht mehr zu uns kommt. Aber das mit eurer Trennung tut mir leid. Ehrlich. Was willst du jetzt tun? Ich meine, wo wirst du denn zukünftig wohnen?«

»Ach, ich nehme mir eine Wohnung in London. Aber eigentlich würde ich gerne zu Marian ziehen. Es ist so friedlich dort, und trotzdem ist immer etwas los . . . und wenn nur jemand von einem Pferd getreten oder gebissen wird.«

Ja, daß Jason sich in Marians Gesellschaft wohl fühlte, das wußte Janice schon lange, und auch Roses böse Absichten überraschten sie nicht, machten ihr aber dennoch Sorgen. Deshalb wandte sie sich jetzt mit der Frage an Robert: »Was machen wir, wenn sie sich tatsächlich an die Presse wendet? Du mußt doch nächste Woche geschäftlich nach Holland. Und das ist sehr wichtig für dich.«

»Selbst wenn sie ihre Drohung wahr macht, wird es nicht mehr als eine 24-Stunden-Sensation sein, denn im Moment gibt es so viele interessantere Themen, in die die Presseleute ihre Zähne schlagen können.«

»Nun, ich weiß nicht«, bemerkte Jason nachdenklich und zog damit die Aufmerksamkeit von Janice und Robert auf sich. »Dein Name erscheint in letzter Zeit häufig auf der Titelseite, und angesichts des deutsch-holländischen Projektes könnte so eine Sache der Firma durchaus schaden.«

»Ja, das ist richtig. Aber die Firma besteht nicht mehr

nur aus einem Mann wie zu Großvaters Zeiten. Schlimmstenfalls wird man mich höflich bitten, mich aus dem Aufsichtsrat zurückzuziehen.«

»Das würden sie nicht wagen!« ereiferte sich Janice. »*Du* bist der Boß, es ist *dein* Geld und *deine* Arbeit, die sie dorthin gebracht haben, wo sie jetzt sind.«

»Ja, vielleicht früher. Vergiß nicht, meine Liebe, daß Geld heutzutage knapp ist und das Kapital von Märkten kontrolliert wird. Und denk an die Entlassungen, die in den letzten Jahren notwendig waren. Gut, die Lage bessert sich, und wir haben viele von den Leuten wieder einstellen können, aber die Wahrheit ist, daß es nur eine Vollbeschäftigung in diesem Land geben wird, wenn es zu einem neuen Krieg kommt.«

»Um Himmels willen, nein!«

Robert wandte sich jetzt an Jason. »Ja, da bin ich ganz deiner Meinung; davor möge uns der Himmel bewahren. Aber wie du selbst weißt, macht sich hier im Land seit einigen Jahren eine Unzufriedenheit breit, die in der Form früher nicht existiert hat. Nationalismus heißt das Schlagwort – die Menschen gehen auf die Straßen. Und schau doch nur die große Zahl von Juden an, die Deutschland im Augenblick verlassen.«

»Ach, ich glaube, die Juden sind schlau genug, um auf sich selbst aufzupassen; das waren sie bisher immer.«

Robert warf ihm ein tolerantes Lächeln zu und beendete das Thema mit einem Schulterzucken. Es war sinnlos, über seine Eindrücke zu sprechen, aber er war in den letzten Jahren genug in der Welt herumgekommen, um die Stimmungslage in einem Land beurteilen zu können. Und in erster Linie nicht die der Führungsschicht, sondern die Meinung der Leute auf der Straße.

»Über eines bin ich froh«, warf Janice ein, »und das ist, wie Andrew die Sache aufgenommen hat. Er war unheimlich lieb. Wenn das nicht passiert wäre, hat er gesagt, wäre er nicht hier bei uns gelandet, und er ist glücklich, daß es so gekommen ist. Ja, er hat es wirklich prima aufgenommen ... ach übrigens, er hatte heute morgen wieder Nasenbluten«, fügte sie hinzu, während sie zum Teewagen ging. Und über die Schulter hinweg fragte sie Robert: »Hat er dir erzählt, daß er für eine Weile in London leben möchte?«

»Ja. Ja, das hat er mir erzählt. Und ich habe ihm vorgeschlagen, in unserem Londoner Haus zu wohnen und sich im Speicher ein Atelier einzurichten. Unsere Leute dort würden sich sicher gerne um ihn kümmern; sie meinen ohnehin, daß wir viel zuwenig Gebrauch von dem Haus machen.«

»Aber was ist mit seinem Nasenbluten?«

»Nun, da ist er in London doch genau an der richtigen Adresse, nicht wahr . . . Oberschwester?«

Sie machte eine abwehrende Handbewegung. »Ja, möglich, aber ich glaube nicht, daß sie dort mehr über diese Krankheit wissen als in Edinburgh. Das einzige, was sie mit Sicherheit sagen können, ist, daß er kein Bluter ist. Aber ich bin überzeugt davon, wenn es sich um eine Erbkrankheit handelt, dann müssen mehr Menschen davon betroffen sein. Und diese werden bestimmt auch so behandelt, als hätten sie nur ganz normales Nasenbluten. Na ja, jedenfalls bin ich froh, daß er nach London geht; er ist reif für eine Veränderung. Und um die Wahrheit zu sagen, ich auch. Dann könnte ich mit euch nach London fahren und so lange bleiben, bis du von Holland zurückkommst.«

»Und die ganze Rasselbande nimmst du mit?« lachte Robert.

»Nein, die bleibt hier. Fanny wird mit ihnen schon zurechtkommen. Ich möchte eine Woche für mich haben und ein bißchen einkaufen gehen. Weißt du, Jason«, wandte sie sich lächelnd an ihren Bruder, »daß ich seit Jahren kein neues Kleid mehr bekommen habe. Das einzige, was es hier oben gibt, sind Schaffellmäntel. Und die halten ein Leben lang.«

»Na, das will ich auch hoffen. Meine Kinder haben sich über die Mäntel unheimlich gefreut. Aber denen gefällt überhaupt alles hier oben.« Er setzte sich in den Sessel, der vor dem großen Kamin stand, und schwieg, bis Janice ihm eine Tasse Tee reichte. Dann sah er zu ihr hoch und meinte nachdenklich: »Wie schade, daß man älter wird; daß man der Jugend entwächst. Und eines weiß ich bestimmt: Ich möchte keine neunzig Jahre alt werden; nicht einmal achtzig. Besonders nicht, wenn ich Mutter ansehe mit ihren dreiundachtzig, wie sie sich ans Leben klammert und so tut, als sei alles noch so wie zu der Zeit, als Vater noch lebte.«

Janice setzte sich neben Robert auf die Couch und erwiderte leise: »Sieht sie sehr alt aus?«

»An manchen Tagen wie hundert; aber wenn Alice sie für ihre allwöchentliche Ausfahrt hergerichtet hat, dann geht sie locker für sechzig durch. Unglaublich, diese Veränderung. Nur ihr Stock verrät sie ... Nein, das stimmt nicht. Es ist auch ihr Gesicht, das manchmal wirkt, als sei es aus Pergament. Man weiß nie, was sich hinter ihrer Maske abspielt. Früher habe ich sie geliebt. Genauer gesagt, bis zu dem Zeitpunkt, als du für sie aufgehört hast zu existieren. Ich kann mir nicht helfen, aber daß ausgerechnet sie sich gegen dich stellte, nach dem Leben, was sie geführt hat, das ist für mich die reinste Vermessenheit.«

»Hat sie jemals meinen Namen erwähnt?«

Jason machte eine lange Pause, ehe er antwortete. »Nein, zumindest nicht in meiner Gegenwart. Und Vater gegenüber auch nicht, glaube ich. Sie wußte sehr wohl, daß er dich jedesmal besuchte, wenn du in London warst. O ja, das wußte sie. Er hat dich über alles geliebt, Janice. Manchmal denke ich sogar, daß er dich mehr geliebt hat als Mutter und daß sie sich dessen auch bewußt war. Aber darüber würde sie niemals auch nur ein Wort verlieren. Sie ist eine seltsame Frau«, sinnierte er und wiegte dabei den Kopf hin und her. »Als ich ihr sagte, daß ich Rose verlassen würde, meinte sie, das dürfte ich nicht, sonst hätte ich sie quasi auf dem Gewissen. Es ist schon erstaunlich –« Er ließ seinen Blick zu Robert wandern und wiederholte dann: »Es ist *wirklich* erstaunlich, Robert, wie Menschen die Augen vor den Dingen verschließen können, die sie selbst getan haben. Mutter gibt sich heute so, als sei sie die tugendhafteste Frau auf Gottes Erdboden. Und daß wir hier so friedlich zusammensitzen, das betrachtet sie schlichtweg als Sünde.«

»Nun, hier sitzt einer, der dem lieben Gott für ihren Sündenfall von Herzen dankbar ist. Mehr kann ich dazu nicht sagen.« Damit zog Robert Janice zu sich heran, küßte sie ganz ungeniert und wiederholte: »Ja, Gott sei Dank hat sie gesündigt.«

– 3 –

Seit drei Tagen befand sich Andrew nun in London. Robert hatte telefonisch die Pattersons gebeten, einen der Speicherräume für ihn als Atelier herzurichten, und sich sogar die Mühe gemacht, Farben, Pinsel und Leinwände an die Londoner Adresse liefern zu lassen, so daß Andrew nur seine persönlichen Sachen von High Gully hatte mitnehmen müssen.

Es war Anfang Januar, und seit seiner Ankunft in London hatte Andrew noch kein einziges Mal einen Pinsel zur Hand genommen geschweige denn Skizzen angefertigt. Ihn beschäftigte immer noch der wahre Grund, weshalb er High Gully verlassen und den er Robert und Janice wohlweislich verschwiegen hatte. Obwohl, am Neujahrstag hatte er Janice ganz offen gefragt, ob sie wisse, wer seine Eltern seien.

Die Direktheit, mit der seine Frage kam, ließ keine Ausflüchte zu, und so erzählte Janice ihm das wenige, das sie wußte: Sie hatten ihn 1919 adoptiert; damals war er etwas über ein Jahr alt gewesen, genauer gesagt, er war am 6. Juni 1918 zur Welt gekommen. Was seine Mutter betraf, so war sie unsicher, wieviel sie ihm erzählen sollte. Soweit sie wußte, war sie eine zweiundzwanzigjährige Arbeiterin aus Bermondsey gewesen, die ihren Namen mit Birchcomb angab, drei Tage nach der Geburt heimlich aus dem Krankenhaus verschwand und ihren neugeborenen Sohn zurückließ. Das Krankenhauspersonal war damals sehr erstaunt darüber gewesen, denn sie hatte vorher den dringenden Wunsch geäußert, das Kind adoptieren zu lassen. Man nahm daher an, daß sie demnächst zurückkehren werde, und da Janice früher in diesem Krankenhaus gearbeitet hatte, erlaubte man ihr, den Jungen einstweilen in Pflege zu nehmen.

Nach kurzer Überlegung erzählte ihm Janice nur folgendes: »Deine Mutter hat dich aus unbekannten Gründen nach der Geburt im Krankenhaus zurückgelassen.«

Als er sie nach ihrem Namen fragte, zögerte sie kurz und meinte dann: »Die Behörden glauben, daß sie einen falschen Namen angegeben hat.« Und als er sie daraufhin nur stumm musterte, fuhr sie fort: »Birchcomb oder so ähnlich hat sie sich genannt. Ja, ein sehr ungewöhnlicher Name. Deshalb nahmen sie auch an, daß sie ihn nur erfunden hatte.«

»Weißt du, woher sie stammte?« hatte er dann wissen wollen. »War sie Ausländerin?«

»Nein, nein, bestimmt nicht. Sie glaubten, daß sie ... aus London kam.« Sie brachte es nicht übers Herz, ihm zu sagen, daß seine Mutter eine einfache Arbeiterin war, denn wer auch immer sie gewesen sein mochte, ihr Sohn hatte jedenfalls nichts Gewöhnliches an sich. Zwei Dinge hatte er jedoch mit Sicherheit geerbt: seine Blutkrankheit und seine künstlerische Ader. Letztere von seinem Vater, wie sie annahm, denn daß eine einfache Arbeiterin solche Qualitäten besaß, konnte sie sich nicht vorstellen. Ihrer Meinung nach mußte diese junge Frau eine Affäre mit irgendeinem Gentleman gehabt haben. Andrews letzte Frage zu diesem Thema lautete: »Bist du sicher, daß sie aus London stammte?« Worauf sie entgegnete: »Mit Bestimmtheit kann ich das nicht sagen, ich weiß nur, daß wir dich als Baby zu uns genommen und seither von Herzen geliebt haben.« Andrew ließ den Kopf sinken und sagte: »Ich weiß, und ich ... ich liebe euch beide sehr. Und ich danke euch für alles, was ihr für mich getan habt. Aber ich spüre immer eine ständige Unruhe, und deshalb glaube ich, tut mir ein Ortswechsel gut.«

Sie hatte ihm das Versprechen abgenommen, sofort das nächste Krankenhaus aufzusuchen, falls er Blutungen haben sollte, und sagte ihm, daß sein Vater sich deshalb mit einem Spezialisten aus Middlesex in Verbindung setzen wolle.

Und so saß er jetzt im Salon in demselben Lehnstuhl, in dem der Vater seines Adoptivvaters zu sitzen pflegte, und studierte Stadtpläne und Telefonverzeichnisse, die er auf dem kleinen Tisch vor sich ausgebreitet hatte. Es gab Birches und Birchtons und Birchams, aber keine Birchcombs; tatsächlich gab es nur sehr wenige Namen, die mit Birch- begannen. Hatte sie vielleicht nur undeutlich gesprochen und Bircham gemeint? Nun, was hatte er zu verlieren? Nichts. Also versuchte er es mit Bircham. Die Telefonnummer gehörte zu einer Adresse in Bermondsey.

Nachdem er Namen und Adresse hastig auf ein Stück Papier gekritzelt hatte, zog er sich im Ankleidezimmer um, fuhr mit der Bürste kurz durch sein volles schwarzes Haar und ging hinunter in die Diele, wo ihm Patterson in den Mantel half und sich höflich erkundigte: »Werden Sie zum Lunch zurück sein, Sir?«

»Nein, ich denke nicht.«

»Zum Dinner?« Der ältere Mann schob sein Kinn vor und lächelte, als ihm Andrew, ebenfalls lächelnd, erklärte: »Wie mein Vater zu sagen pflegt, Sie können mich erwarten, sobald Sie mich sehen.«

»Ja, richtig, das sind Mr. Andersons Worte. Immer in der Welt unterwegs, keine zwei Minuten an einem Ort – außer in High Gully. Wenn er einmal dort ist, dann ist es schwer, ihn von dort fortzulocken. Natürlich, das Wetter spielt dabei auch eine Rolle, nicht wahr, Sir?«

»Ja, ja, ganz bestimmt.«

»Soll ich den Kamin im Atelier brennen lassen, Sir?«

Andrew zögerte einen Augenblick mit der Antwort. »Ach, nein ... Ich habe eine Verabredung und weiß nicht, wie lange es dauern wird.«

»Sehr wohl, Sir. Sie nehmen doch einen Schirm mit, Sir?«

»Nein, Patterson.« Er beugte sich zu dem alten Butler hin und flüsterte mit verschwörerischer Miene: »Schirme, Gehstöcke und Handschuhe kann ich nicht ausstehen.«

»Ihre Abneigung gegen Schirm und Stock habe ich bemerkt, Sir«, entgegnete Patterson. »Aber Handschuhe sollten Sie doch tragen.«

»Die trage ich nur, wenn meine Mutter zugegen ist.«

In fröhlicher Stimmung verließ Andrew das Haus. Patterson blieb noch einen Moment in der Tür stehen, und als er sah, wie sein junger Herr die Straße entlangschlenderte, dachte er bei sich: genau wie Master Anderson. Ja, Mr. Robert hat seine Sache als Adoptivvater nicht schlecht gemacht. Ein netter, junger Bursche ist aus ihm geworden. Und die findet man heutzutage selten. O ja, die Zeiten ändern sich: die Jugend wird immer rüder, immer roher. Das Lächeln verschwand aus seinem Gesicht, als er die Tür nicht gerade sanft ins Schloß warf . . .

Abgesehen von den bekannten Sehenswürdigkeiten der Stadt, einigen Museen und Theatern hatte Andrew bislang wenig von London gesehen, und das Viertel, in dem er sich gerade befand, war ihm völlig fremd. Ungewöhnlich breite Doppelhaushälften drängten sich zwischen heruntergekommene Sozialbauten und ein großes Einkaufszentrum. Vor einem Laden am Ende der Straße hatte sich eine lange Warteschlange gebildet. Es roch nach gebratenem Fleisch, was offenbar der Grund für die Menschenansammlung war.

Obwohl das Viertel nach außen hin geschäftig wirkte, meinte Andrew doch untergründig eine Art trostloser Langeweile zu spüren. »Wo, bitte, finde ich Cranwell Terrace?« fragte er eine Frau, die ihm mit einer Einkaufstasche entgegenkam.

»Cranwell Terrace? Das ist gleich da drüben«, erklärte sie. »Die Straße geradeaus, dann links.«

Er bedankte sich, ging in die angegebene Richtung und stellte kurz darauf fest, daß Cranwell Terrace ebenfalls eine Reihe von Doppelhäusern darstellte, die nicht besonders exklusiv aussahen, doch jedes Haus besaß einen kleinen, eingezäunten Vorgarten, in dem hier und da ein Strauch oder eine Topfpflanze stand.

Das Haus Nummer 29 besaß sogar drei Blumentöpfe; die Immergrün darin ließen traurig die grauen Blätter hängen.

Er zögerte kurz, bevor er durch das niedrige Gartentor zur Haustür ging und anklopfte. Im Inneren des Hauses war Gelächter zu hören, dann ging die Tür auf, und ein großer, schlanker, sehr gutaussehender Mann fragte: »Ja, bitte? Was kann ich für Sie tun, mein Lieber?«

»Sind Sie Mr. Bircham?«

»Ja, das bin ich. Höchstpersönlich.«

Die blitzblauen Augen in dem wohlgeformten Gesicht des Mannes irritierten Andrew ein wenig. Vorsichtig begann er nun: »Ich . . . ich suche eine Mrs. Bircham.«

Der Mann beugte sich für Andrews Empfinden ein wenig zu nahe zu ihm hin, als er mit einem seltsamen Lächeln die Augen verdrehte, die Lippen zu einem Schmollmund schürzte und leicht gekränkt erwiderte: »Sie müssen sich in der Hausnummer geirrt haben, mein Lieber. Hier gibt es keine Mrs. Bircham.«

In diesem Augenblick erschien hinter ihm ein zweiter Mann, der nicht so freundlich aussah und sich in barschem Ton erkundigte: »Was will der denn?«

Der blauäugige Mann warf seinem Bekannten ein affektiertes Lächeln zu und meinte: »Dieser junge Mann möchte meine Frau sprechen.«

Beide Gesichter waren Andrew zugewandt, als der zweite Mann ihn fragte: »Worum geht es? Weshalb suchen Sie eine Mrs. Bircham?«

»Ich möchte etwas über . . . eine bestimmte Familie erfahren.«

Der kleinere und unfreundlichere Mann drängte jetzt den anderen zur Seite und musterte Andrew vom Scheitel bis zur Sohle. »Sind Sie sicher, daß Sie den richtigen Namen und die richtige Adresse haben?«

Andrew biß sich auf die Lippe. »Nun, Bircham kam dem Namen, den ich suche, am nächsten.«

»Wie, am nächsten?«

»Nun, eigentlich suche ich eine Frau namens Birchcomb. Da es im Adreßbuch aber niemanden dieses Namens gibt, nahm ich an, mich vielleicht verhört zu haben und . . . habe es eben bei Bircham versucht.«

Der Blauäugige meinte jetzt: »Und dabei geht es um Ihre Familie?«

»Ja, ja«, nickte Andrew. »Ich suche jemanden aus dieser Familie.«

»Birchcomb?« Die beiden Männer sahen sich an, während sie beinahe gleichzeitig den Namen vor sich hin murmelten. Dann sagte der größere: »Nein, das kann nicht sein. Auf jeden Fall nicht hier in dieser Gegend.« Und der andere setzte mit einer Kopfbewegung hinzu: »Dort hinten wohnen Leute mit Namen Birchcomb, dort in den Sozialwohnungen, aber«, jetzt erschien ein Lächeln auf seinem Gesicht, »aber ich denke, bei denen sind Sie auch an der falschen Adresse, mein Sohn. Ich kann mir nicht vorstellen, daß Sie mit dieser speziellen Birchcomb-Familie irgendeine Verbindung haben könnten.« Er trat einen Schritt zurück und machte eine einladende Handbewegung. »Möchten Sie nicht auf einen kleinen Plausch hereinkommen?«

Andrew sah unsicher von einem zum anderen. Gewiß, das waren zwei sehr nette, freundliche Männer, aber irgend etwas an ihnen kam ihm komisch vor. »Vielen Dank«, wehrte er deshalb höflich ab. »Ich bin ein wenig in Zeitdruck. Aber nochmals vielen Dank, Sie haben mir sehr geholfen.«

»Nichts zu danken, mein Lieber«, kam es von dem Blauäugigen.

Andrew verbeugte sich noch einmal, trat einen Schritt zurück und eilte zum Gartentor und hinaus auf die Straße, in der sicheren Gewißheit, daß die beiden Männer ihn beobachteten.

Mit schnellen Schritten ging er bis zum Ende der Straße,

bog dann in eine Seitenstraße ein und befand sich wiederum in einer völlig anderen Gegend. Er hielt kurz inne, holte tief Luft und murmelte vor sich hin: »Birchcomb. Aber welche Hausnummer?« Er blickte an der langen, grau verputzten Häuserfront entlang, an deren Ende er ein Gemüsegeschäft entdeckte.

Kaum war er vor dem Laden stehengeblieben, wurde er auch schon von dem Verkäufer angesprochen, der hinter einer Theke mit Obst stand: »Bitte, Sir?«

»Vielleicht . . . können Sie mir helfen?«

»Aber gerne, ganz zu Ihren Diensten, Sir. Was kann ich für Sie tun?«

»Ich suche eine Familie namens Birchcomb.«

Die zwei Frauen, die sich im Laden befanden, drehten sich auf dem Absatz um und musterten ihn mit neugierigen Blicken, und auch die Miene des Verkäufers änderte sich schlagartig, als er in zweifelndem Tonfall nachfragte: »Die Birchcombs suchen Sie?«

»Ja, die Birchcombs. Könnten Sie mir wohl freundlicherweise sagen, in welchem Haus sie wohnen?«

»Aber sicher, der Herr. Sehen Sie die kleine Gasse dort drüben? Der vierte Eingang ist es.«

Im Umdrehen hörte Andrew noch, wie eine der beiden Frauen, die ihn durch zusammengekniffene Augen argwöhnisch musterten, der anderen zutuschelte: »Nach dem, was letzte Nacht passiert ist, könnte das ein Detective sein. Die sind blutjung heutzutage.« Dann überquerte er die Straße, bog in die Gasse ein und zählte die Türen ab. An der vierten blieb er stehen.

Zögernd griff er nach dem verrosteten Türklopfer, hob ihn an, atmete einmal tief durch und ließ ihn dann fallen.

Es dauerte bestimmt zwei Minuten, bis die Tür geöffnet wurde. Vor ihm stand eine junge Frau.

Er hatte auf seinem Weg durch dieses Viertel viele verschiedene Ausdrücke auf den diversen Gesichtern der Menschen gesehen, die ihm an diesem Morgen begegnet waren, aber der Blick dieser jungen Frau ließ ihn erschaudern: aggressiv war zu milde ausgedrückt – sie glühte vor

Zorn. Ihr von einem wirren blonden Haarschopf umrahmtes Gesicht war dunkelrot. Ihr Alter konnte er nur schwer schätzen. Es mochte irgendwo zwischen fünfzehn und fünfundzwanzig liegen, doch der Stimme nach zu urteilen eher letzteres. »Ja? Was wollen Sie?« bellte sie ihn an.

»Verzeihung, daß ich störe, aber ich suche eine Mrs. Birchcomb.«

Ihre Augen verzogen sich zu Schlitzen, ihr lauernder Blick ähnelte dem der beiden Frauen im Laden, doch er konnte noch erkennen, daß sie dieselben blauen Augen hatte wie der freundliche Mann, an dessen Haus er vorhin geklopft hatte. »Und? Von welcher Behörde kommen Sie?«

»Behörde?« Er schüttelte den Kopf. »Ich komme von keiner Behörde. Ich bin auf der Suche nach einer Mrs. Birchcomb. Ich würde sie gern kurz sprechen.«

Ihr Tonfall änderte sich nicht. »Wie sprechen?« fuhr sie ihn an. »Sie hat nichts zu sagen. Sie hat damit nichts zu tun. Das hat sich gestern abend alles von alleine geregelt. Sie konnten ihm nichts anhaben wegen dem, was er getan hat, und hatten keinen Grund, hier einfach so reinzuplatzen.«

Jetzt war die Reihe an ihm, sie argwöhnisch zu mustern. »Ich glaube, hier liegt ein Mißverständnis vor. Wie gesagt, ich komme von keiner Behörde.«

»Was ist denn?« fragte die Frau, die hinter dem Mädchen im Türrahmen aufgetaucht war. Andrew kam unwillkürlich das Wort ›Schlampe‹ in den Sinn. Ihr braunes, zerzaustes Haar sah aus, als sei es schon seit geraumer Zeit nicht mehr mit einem Kamm in Berührung gekommen. Ihr rundes Gesicht mußte früher einmal hübsch gewesen sein. Sie war noch nicht alt, auf alle Fälle jünger als seine Mutter. Daß er bei diesem Vergleich Janice als seine Mutter betrachtete, war nur natürlich, auch wenn er auf der Suche nach seiner leiblichen Mutter war.

Die Frau schob jetzt das junge Mädchen zur Seite, baute sich vor ihm auf und flüsterte, während sie ihm direkt ins Gesicht sah: »Was wollen Sie?«

»Ich ...« Er unterbrach sich, drehte sich um und blickte die Straße hinauf und hinunter, auf der etliche Leute gingen, und sagte dann leise: »Es handelt sich um eine sehr ... private Angelegenheit. Darf ich hereinkommen?«

»Laß ihn nur«, warf das junge Mädchen ein. »Er ist keiner von denen.« Die beiden Frauen traten zur Seite, eine stumme Aufforderung für ihn, hereinzukommen.

Der abgestandene Geruch, der ihm entgegenschlug, als er das unaufgeräumte Zimmer betrat, und ein genauerer Blick auf die Frau machten ihm unmißverständlich klar, daß er niemals hätte hierherkommen dürfen, wußte er doch instinktiv, wer diese Frau war, und ihr Aussehen und diese Umgebung stießen ihn ab.

Jetzt bemerkte er auch die alte Frau, die weiter hinten in einer dunklen Ecke auf einem Holzstuhl saß. »Wer ist das, was will er? Sag ihm, er soll zum Teufel noch mal verschwinden«, keifte sie ihm in ihrem schweren Cockney-Dialekt entgegen. »Und wenn der von dem Krach hier wach wird«, sie machte eine Kopfbewegung nach oben, »dann ist hier gleich wieder die Hölle los. Wir haben die Schnauze voll.«

»Sei still, Gran! Halt deinen Mund!« kam es von der Jungen, die sich jetzt an ihre Mutter wandte. »Setz dich hin. Komm, setz dich, sonst fängt es wieder an.«

Und als ob ›es‹ wieder angefangen hätte, kramte die Frau jetzt ein zerknülltes Taschentuch aus der Tasche ihres schmuddeligen Morgenmantels und preßte es gegen ihre Nase.

Als Andrew das sah, hatte er das unangenehme Gefühl, sich gleich übergeben zu müssen.

»Setzen Sie sich.« Das Mädchen schob ihm einen Stuhl hin. Andrew warf ihr einen Blick zu und konzentrierte sich dann auf die Frau. »Haben Sie Nasenbluten?« erkundigte er sich, und bevor diese antworten konnte, sagte ihre Tochter: »Ja, sie hat Nasenbluten, und Magenbluten und den ganzen Kram. Sind Sie vom Krankenhaus? Sind Sie Arzt? Die sagen nämlich, man könne nichts dagegen machen, also warum ...?«

»Nein, ich bin kein Arzt. Aber ich blute auch, bislang jedoch nur meine Nase und die Zunge.«

Die Frau riß die Augen auf, starrte ihn wie hypnotisiert an, dann preßte sie ihre Hand auf den Mund und murmelte: »O mein Gott!«

Seine Stimme klang jetzt sehr steif. »Sie hatten ein Kind und haben es drei Tage nach der Geburt im Krankenhaus zurückgelassen, stimmt das?«

Sie antwortete nicht. Im Raum herrschte absolutes Schweigen. »Ich bin adoptiert worden, glücklicherweise, von lieben und fürsorglichen Eltern, aber trotzdem war es mir sehr wichtig herauszufinden, wer meine leiblichen Eltern waren und warum meine Mutter mich verlassen hat.«

»Weil sie verdammt noch mal nicht anders konnte.«

Die Frau und das Mädchen drehten sich gleichzeitig um und riefen in die Ecke, aus der die Stimme kam: »Sei still!«

Das Mädchen stellte sich neben ihre Mutter und musterte den ihrer Ansicht nach piekfein gekleideten jungen Mann, der, wie es sich anhörte, ihr . . . Bruder war. »Schafft ihn weg«, kreischte die alte Frau wieder und erhob sich von ihrem Stuhl. »Oder wollt ihr ihn wieder auf hundertachtzig bringen? Wenn er das erst spitzkriegt, dann war die Szene, die er gestern nacht geliefert hat, das reinste Wiegenfest.«

»Halt endlich den Mund, Gran!«

»Was? Wie redest du denn mit mir?«

Die junge Frau war schon bei ihrer Großmutter, hatte sie an den Schultern gepackt und drückte sie auf den Stuhl, während sie sie anzischte: »Wenn ihn hier irgend jemand auf hundertachtzig bringt, dann bist du das, du alte taube Hexe.«

»Warte nur, eines Tages . . .«

»Ja, eines Tages mache ich meine Drohung wahr und stecke dich in ein Heim. Du hast in diesem Haus genug Unheil angerichtet.«

»Bitte, Betty! Laß sie in Ruhe«, kam es jetzt flehend von der Frau auf der Couch. Und dann fuhr sie im selben Tonfall fort, den Blick auf Andrew gerichtet: »Bitte geh jetzt, ja? Komm am Wochenende wieder, da ist er weg.«

»Ach ja?«

Beim Klang dieser Stimme fuhren alle erschrocken zusammen, denn niemand hatte ihn kommen hören.

»Allmächtiger Gott!« flüsterte die Frau, als der grobschlächtige Mann langsam ins Zimmer kam, nur mit Hose und Hemd bekleidet, das offenstand und eine schwarzbehaarte Brust entblößte.

Bevor ihr Mann noch die Couch erreicht hatte, war die Frau aufgesprungen und flüsterte, den Blick auf Andrew gerichtet: »Gehen Sie jetzt.«

Andrew antwortete nicht und sah sie auch nicht an; seine Aufmerksamkeit galt im Augenblick ganz allein diesem Mann. Könnte das sein Vater sein? überlegte er. Vielleicht war er ja auch das Produkt eines Seitensprungs, was die panische Angst seiner Mutter erklären würde.

»Wer ist das? Wieder einer, der hier Stunk machen will?« schnauzte er seine Frau an und warf dann Andrew einen mißtrauischen Blick zu. »Hab'n Sie 'ne Erlaubnis, hier im Haus rumzuschnüffeln?« plusterte er sich auf, hielt dann unvermittelt inne und musterte Andrew von oben bis unten, wie es die anderen auch getan hatten, und seine Stimme klang leise, aber bedrohlich, als er fragte: »Was wollen Sie hier?«

Andrew antwortete nicht. Und abermals war es die alte Frau, die mit ihrer keifenden Stimme das feindselige Schweigen im Raum brach. »Friß es oder nich', Großmaul – das da ist deiner! Der, den sie dir verschwiegen hat, aus Angst, du würdest sie nich' heiraten, wenn du zurückkommst. Du wolltest keine Kinder, stimmt's? Hattest die Schnauze gestrichen voll von plärrenden Gören, nach den dreizehn Bastarden, mit denen du großgeworden bist . . .«

Als der Mann einen Schritt auf die alte Frau zutat, war das Mädchen schon zur Stelle und schrie, indem es den Arm ihres Vaters fest umklammert hielt: »Dad! Dad! Hör zu. Hör doch bitte erst mal zu!«

Der Mann schüttelte seine Tochter nicht ab, sondern

drehte sich nur betont langsam zu seiner Frau um. »Na, schieß los. Mal sehen, ob ich dir die Geschichte abkaufe.«

Die Frau schien für einen Moment Mut gefaßt zu haben, denn sie richtete sich auf und sah ihm direkt in die Augen, als sie erklärte: »Ja, es ist so, wie Mutter sagt. Ich wußte, daß du keine Kinder magst, und wenn du ihn gesehen hättest, als du zurückkamst« – sie nickte in Richtung Andrew –, »wäre das das Ende gewesen. Außerdem hättest du mir sowieso nicht geglaubt, daß es dein Kind ist. Du warst so rasend eifersüchtig damals. Aber eines kann ich dir sagen: Ich habe es hundertmal bereut, daß ich ihn dir verschwiegen habe. Jedenfalls ist das der Junge«, sie nickte in Andrews Richtung, »den ich drei Tage nach seiner Geburt im Krankenhaus zurückgelassen habe. Ja, drei Tage war er alt, und mir ist schier das Herz gebrochen damals. *Sie* hat mich dazu gezwungen«, fuhr sie mit einem kalten Blick auf ihre Mutter fort. »Sie wollte, daß ich heirate und ein anständiges Leben führe und nicht so ende wie ihre anderen Kinder. Ja, das hast du schlau eingefädelt, Mutter. Du brauchtest nur jemanden, der dich versorgt. Du hast dein ganzes Leben lang keinen Finger krumm gemacht.«

Der Mann sah erst seine Frau an und dann Andrew, und Speichel spritzte ihm von den Lippen, als er lospolterte: »Ich glaub' dir kein Wort. Gut, daß du ihn zur Welt gebracht hast, das mag ja sein. Aber meiner ist das bestimmt nicht! Schau ihn doch an mit seinen schwarzen Krauslokken und der kalkweißen Haut. Der sieht doch wie ein Mischling aus!«

Er stieß seine Frau, die gerade aufstehen wollte, mit solcher Wucht auf die Couch zurück, daß sie mit dem Kopf gegen die hölzerne Rückenlehne schlug und Andrew ihn anbrüllte: »Laß das!«

»*Was?* Was hast du da gesagt?«

»Du hast genau verstanden, was ich gesagt habe. Und ich sage dir noch etwas: Ich hätte viel lieber einen Schwarzen zum Vater gehabt als so einen ignoranten Schläger wie –« Die Faust, die daraufhin ohne Vorwarnung auf ihn zuschoß und mitten in seinem Gesicht landete, ließ Andrew augenblicklich verstummen. Stöhnend taumelte er rückwärts und konnte sich gerade noch am Kaminsims festhalten, weil ihm sonst die Beine weggesackt wären. Er lehnte sich mit dem Rücken an die Wand und wischte sich mit dem Handrücken das Blut von den Lippen, das jetzt ganz anders schmeckte als das Blut, das ihm sonst aus der Nase oder der Zunge lief. Und plötzlich spürte er eine Wut in sich aufsteigen, einen so abgrundtiefen Haß, wie er ihn noch nie empfunden hatte, und als er mit einem Satz vorsprang, war es nicht seine körperliche Kraft, sondern vielmehr der Überraschungseffekt, der den Mann zu Boden streckte, wo dieser regungslos liegenblieb, nachdem sein Kopf auf dem Holzboden aufgeschlagen war.

Mit gespreizten Beinen stand Andrew über ihm, als er von hinten an den Schultern weggezogen wurde und wie aus weiter Ferne eine Frau schreien hörte: »Bring ihn weg, Betty. Er bringt ihn sonst um! Bring ihn weg, schnell!«

Andrew merkte kaum, wie die junge Frau ihm ein Tuch in die Hand gab, das er sich ganz automatisch unter die Nase hielt, wie sie ihm in den Mantel half, an der Hand nahm und zur Haustür hinauszog.

Vor dem Haus dann nahm er fremde Stimmen wahr, verstand soviel wie: »Geht es etwa schon wieder los?« und »Paß nur auf, als nächste bist du dran«, worauf er Betty leise fluchen hörte: »Du schadenfrohe alte Kuh, du!« Dann zischte sie ihm zu: »Verdammt, warum bist du ausgerechnet heute gekommen und nicht am Dienstag? Da wäre er wieder weg gewesen. O mein Gott!« rief sie plötzlich erschrocken und blieb stehen. »Du blutest ja aus der Nase. Und deine Lippe ist aufgeplatzt. Komm, ich bring' dich in die Ambulanz.« Ohne eine Antwort abzuwarten, nahm sie seinen Arm, zerrte ihn förmlich die Straße entlang, um zahlreiche Ecken herum und durch kleine Gassen, bis sie das Krankenhaus erreichten. Dort ging sie mit ihm direkt in die Notaufnahme. Sie schien sich hier gut auszukennen, denn sie wies auf einen der Holzstühle, die an einer Wand ganz hinten aufgereiht waren, und meinte: »Setz dich einstweilen. Ich gehe und hole jemanden.«

Einige Minuten später kam sie mit einer Krankenschwester zurück, die Andrew nur mit einem flüchtigen Blick streifte. »Hier entlang«, kommandierte sie und brummte dann: »Alle Achtung! Sie haben aber schon früh am Tage angefangen.«

Im Behandlungszimmer untersuchte sie seine Lippe: »Die müssen wir nähen. Aber Ihre Nase blutet noch immer. Ein Wunder, daß er sie Ihnen nicht zu Brei geschlagen hat... oder sind Sie etwa gegen eine Mauer gelaufen?«

Seine Stimme hatte einen steifen Klang, als er entgegnete: »Ich neige zu Nasenbluten.«

Sie sah ihn einen Moment lang aufmerksam an, dann wanderte ihr Blick zu dem Mädchen und schien zu sagen: »Komische Familie, bei denen blickt auch keiner so richtig durch.« Laut sagte sie: »Warten Sie hier. Ich hole den Doktor.«

Andrew schloß die Augen, und als er den Kopf zurücklehnte, als suche er eine Stütze, legte sie ihm die Hand in den Nacken und sagte freundlich: »Ist dir schwindlig?« Und er murmelte: »Ja, ein bißchen.«

»Du kommst schon wieder auf die Beine; die sind recht gut hier«, erklärte sie mit einem wissenden Nicken, worauf er die Augen öffnete und entgegnete: »Das ist nett von dir.«

»Was! Nett von mir, daß ich dir das Leben gerettet habe? Er hätte dich umgebracht, das kannst du mir glauben. Ja, ganz bestimmt. Lieber Gott, halte bloß diesen Bananendampfer am Laufen.«

Es lag wohl an seiner Benommenheit, daß er sich keinen Reim auf diese letzten Worte machen konnte, die nichts mit ihrem sonstigen Gespräch zu tun zu haben schienen.

»Oh, da kommt ja der Doktor«, sagte sie dann und stand auf. »Die werden mich jetzt rausschicken, aber ich warte draußen auf dich. Keine Angst...«

Es war eine gute Dreiviertelstunde später, als sich die Tür zum Behandlungszimmer wieder öffnete und die Schwester Andrew zu Betty führte, die immer noch auf der Holzbank saß, mittlerweile sehr ungeduldig geworden, und die beiden mit der vorlauten Äußerung empfing: »Dacht' ich mir's doch, daß Sie ihn unters Messer legen.«

Die Schwester warf ihr einen mißbilligenden Blick zu und meinte: »Er hat eine Menge Blut verloren und braucht eine Weile Ruhe. Kannst du ihn nach Hause bringen?«

Bettys Blick wanderte von der Schwester zu Andrew. »Ach, der wird schon wieder«, warf sie lässig hin, nahm seinen Arm und wollte gehen, doch Andrew drehte sich noch einmal zu der Schwester um und bedankte sich höflich für die Hilfe. »Keine Ursache. Das machen wir von morgens bis abends. Aber Sie sollten sich die nächsten Tage das Lachen verbeißen, sonst platzt Ihre Lippe wieder auf«, entgegnete sie und lachte dabei selbst ein wenig.

»Wo wohnst du überhaupt?« erkundigte sich Betty, als sie das Krankenhaus verließen.

Wo er wohnte? Statt auf ihre Frage zu antworten, sagte er: »Mir ist immer noch ein bißchen schwindlig. Was meinst du, können wir irgendwo einen Kaffee trinken?«

»Natürlich. Um die Ecke gibt es ein Lokal. Komm.«

Als sie sich kurz darauf mit einer Henkeltasse voll Kaffee gegenübersaßen, meinte Betty unvermittelt: »Das ist ein Arbeiterlokal, aber der Kaffee ist gut. Trink aus.«

Nachdem er seinen Kaffee beinahe ohne abzusetzen geleert hatte, fragte sie: »Na, willst du noch einen?« Und als er antwortete: »Ja, gerne«, nahm sie seinen Becher und ging damit an die Theke. Er beobachtete sie, wie sie einen zweiten Kaffee bestellte, und fragte sich im stillen noch einmal, wo er denn überhaupt wohnte. Und die Antwort, die er sich darauf gab, lautete: 17, Melbourne Court. Aber wie lange war es schon her, daß er dort *gewohnt* hatte? Seit Verlassen des Hauses heute morgen hatte er eine völlig neue Welt kennengelernt, völlig andere Menschen. Obwohl er mit Leuten aus der Arbeiterschicht vertraut war – aus der das Personal in High Gully und dem Haus in London größtenteils stammte – und auf den Märkten gewesen war, hatte er sich doch nie Gedanken über das Leben dieser Menschen gemacht, das sie in diesen grauen Wohnblocks fristeten, in denen Schlägereien, Gekeife und unflätige Ausdrücke an der Tagesordnung zu sein schienen. Aber gewiß gab es auch Ausnahmen. Das Haus, in dem die beiden Männer lebten, wirkte zum Beispiel sehr ordentlich, und doch hatte diese beiden eine Aura umgeben, die auch sie in gewisser Weise von der Welt distanzierte, die Andrew bisher kennengelernt hatte. Und dann war da dieses junge Mädchen, das hier an der Theke stand und das man eigentlich als vulgär bezeichnen konnte. Ja, vulgär. Sie sah vulgär aus, hatte einen vulgären Wortschatz . . . und sie war seine Schwester. Dieser Gedanke ließ ihn unwillkürlich die Schultern straffen. Ja, sie war seine Schwester. Aber dieser Mann konnte keinesfalls sein Vater sein. Nein, ausgeschlossen. Ganz gleich, was er über diese Frau dachte, er mußte sie als seine Mutter begreifen und dieses Mädchen als seine Schwester, aber nicht diesen Mann. Er war nicht vulgär, nein, er war allerunterste Schicht.

Das Wort ›vulgär‹ wuchs in seinen Gedanken, bis es alles, was er an diesem Morgen erlebt hatte, überdeckte. Und gleichzeitig stellte er fest, daß er sich nicht dagegen sperrte. Seltsam, er hatte keineswegs das Bedürfnis, wegzurennen aus dieser Welt und sich nach High Gully zu flüchten. Er konnte sich mit einemmal gar nicht mehr vorstellen, jemals wieder in High Gully oder dem Londoner Haus zu leben. Was würden seine Eltern wohl von Betty halten? Oh, seine Mutter wäre gewiß sehr freundlich zu ihr; sie war zu jedermann freundlich. Und sein Vater würde sich über sie amüsieren, sie im stillen einer bestimmten Kategorie Mensch zuordnen und als Gentleman, der er war, ebenfalls höflich behandeln. Doch würden sie sie als seine Schwester akzeptieren? Was würde passieren, wenn er sie nach High Gully mitbrächte? Aber dazu würde es ohnehin nie kommen, da er nicht die Absicht hatte, jemals dorthin zurückzukehren.

Aber warum nicht? Lag es daran, daß er herausgefunden hatte, wer er war, und sich deshalb schämte? Nein, das war nicht der Grund. Er konnte das Gefühl, das sich seiner bemächtigt hatte, im Augenblick nicht benennen. Später, wenn sein Kopf wieder klar war, dann würde er dazu bestimmt in der Lage sein.

»Du solltest dich wirklich hinlegen«, unterbrach ihre Stimme seine Gedanken. »Soll ich jemanden für dich anrufen? Sag mal, wo kommst du denn überhaupt her?«

Sie hatte ihm einen frischen Becher Kaffee in die Hand gedrückt, und er trank erst einen Schluck, ehe er antwortete: »Aus Schottland.«

»Schottland? Du meinst, du bist gerade erst heruntergekommen nach London?« rief sie überrascht. »Bist du über Nacht gefahren?«

Er nickte kurz über den Rand seines Kaffeebechers hinweg.

»Du mußt ja todmüde sein. Und dann das hier. Du solltest dich wirklich hinlegen«, wiederholte sie. »Gehst du in ein Hotel? Hast du genug Geld? Nun, ich nehme an, ja. Aber sei vorsichtig in deinem Zustand. Kannst du dir ein gutes Hotel leisten?«

Wieder fiel ihm ihr starker Cockney-Akzent auf. Und, machte das etwas aus? Nein, überhaupt nichts. Wie alt mochte sie wohl sein? Jünger als er jedenfalls; siebzehn vielleicht, aber sie sprach und benahm sich wie eine Erwachsene. Sie hatte etwas. Was war es nur? Daß sie das Kommando führte? Nein, das war nicht der richtige Ausdruck; tüchtig war sie, das traf es eher.

»Hör zu!« riß ihn ihre Stimme zum zweitenmal aus seinen Gedanken. »Du mußt dich sofort hinlegen. Wenn mein Dad nicht da wäre, könntest du zu uns kommen, aber deinem Blick nach zu urteilen, warst du von unserem Heim nicht sehr angetan, genausowenig von meiner Mutter. Aber sie ist in Ordnung. Sie hat schwere Zeiten hinter sich. Außerdem ist sie ... anämisch, so heißt das, glaube ich. Die Leute denken, sie sei faul, aber sie ist nur schwach. Mein Vater denkt das auch. Ach, warum hat dieser verdammte Bananendampfer nicht schon gestern abgelegt!« Sie beugte sich zu ihm hin. »Weißt du, Dad arbeitet nämlich auf einem Bananenfrachter. Manchmal ist er monate-

lang unterwegs, kurvt in der ganzen Welt herum und sammelt Bananen ein.« Sie lachte kurz auf. »Wenn er nüchtern ist, kann er tolle Geschichten erzählen. Früher habe ich ihm stundenlang zugehört, wenn er von den verschiedenen Inseln erzählt hat, auf denen Bananen wachsen. Er war oft auf Jamaica.« Sie unterbrach sich. »Du hörst mir gar nicht zu, stimmt's? Bist meilenweit weg mit deinen Gedanken. Hör zu, du mußt irgendwo unterkommen, und ich muß morgen wieder malochen. Ich arbeite bei Woolworth; hab' aber heute blaugemacht. Nach letzter Nacht, weißt du, da kam ich einfach nicht aus den Federn heute morgen. Die Bullen haben das ganze Haus auf den Kopf gestellt, und nur, weil mein Dad in den letzten drei Wochen ziemlich viel Kohle ausgegeben hat – er verdient nicht schlecht auf dem Kahn – und irgendwer hier kürzlich einen Juwelier ausgeraubt hat. Er haßt die Polizei wie die Pest. Na ja, manche von den Typen sind wirklich richtige Scheißkerle . . .«

Daß sie dann plötzlich schwieg, kam ihm seltsam vor. Und dieses Schweigen bewirkte, daß er ihr wieder seine ungeteilte Aufmerksamkeit schenkte. Sie saß mit aufgestützten Ellbogen am Tisch, eine Hand umfaßte ihr Kinn, mit der anderen rührte sie versonnen in ihrem leeren Kaffeebecher. »Willie«, sagte sie dann unvermittelt. »Willie kann dir helfen. Er ist ein Freund von mir, besser gesagt, der Freund meiner Freundin Delia. Er hat den oberen Stock in Arthur Lynch's Lodging House übernommen, Trennwände eingezogen und vermietet jetzt Zimmer. Sechs Stück sind es insgesamt. Eines ist gerade frei geworden, weil Bobby und Keith nach Australien gegangen sind. Vielleicht entspricht es nicht ganz deinem Stil, aber im Moment hast du wohl keine andere Wahl. Also, komm jetzt.« Beim Aufstehen hielt sie plötzlich inne und sah ihn mit großen Augen an. »Sag mal, wie heißt du eigentlich?«

»Andrew.«

»Und weiter?«

»Maddison.« Warum er Maddison statt Anderson sagte, wußte er nicht; es war ihm gerade so eingefallen.

»Ich bin Betty, das weißt du ja mittlerweile. Aber jetzt laß uns gehen. Ich muß wieder zurück zu meiner Mutter. Denn wenn Dad heute abend wieder besoffen nach Hause kommt, dann fliegen wieder die Fetzen. Gott segne die Bananendampfer.«

Sie nahm ihn an der Hand wie ein kleines Kind, und Andrew ließ es geschehen. Sie gingen ungefähr zehn Minuten, bis sie zu einem Abbruchgelände kamen, das von einer dicken Staubwolke eingehüllt war. »Wie die Leute das aushalten, ist mir ein Rätsel«, bemerkte Betty und hustete. »Paß auf, wo du hintrittst, hier liegt überall spitzes Zeug rum.«

Und dann stieß sie plötzlich einen Schrei aus, der Andrew durch Mark und Bein ging. »Willie!« brüllte sie. »Willie, komm mal her!«

Durch den Staubschleier erkannte Andrew eine Gruppe Männer, die um eine Maschine herumstanden, und sah, wie sich einer von ihnen umdrehte und auf sie zukam. Von dem Wortschwall, den Betty daraufhin vom Stapel ließ, verstand Andrew nur die letzten Sätze. »Und das da ist mein Bruder, ob du es glaubst oder nicht. Um es kurz zu machen, meine Mama hat ihn gekriegt, als mein Vater auf See war. Es ist seiner, aber du weißt ja, was mein Dad von Kindern hält. Als ich ein Baby war, hat er mich einmal fast erwürgt, nur weil ich geweint hab'. Also, was ist, kann ich ihn raufbringen?«

»Klar. Win ist oben in der Küche, wie immer.«

Andrew sah zu dem bulligen, staubbedeckten Mann hoch, und als er sagte: »Tut mir leid, wenn ich Ihnen Umstände mache, Sir«, warf dieser Betty einen scharfen, fragenden Blick zu und erwiderte dann mit einem angedeuteten Lächeln: »Kein Problem, Sir. Kein Problem.«

»Danke, Willie. Ich bin froh, wenn ich ihn für fünf Minuten loswerde. Er war kurz bei uns, und es hätte bestimmt ein schlimmes Ende gefunden, wenn Dad rechtzeitig hochgekommen wär'.« Sie lachte ausgelassen. »Du wirst es nicht glauben, aber er hat meinen Dad umgenietet.«

»Nein! Niemals! Das gibt es nicht!«

»Doch, das ist die reine Wahrheit. Ich erzähl's dir heute abend ausführlich.«

Der Mann schüttelte grinsend den Kopf. »Alle Achtung! Sie haben Sep Birchcomb k. o. geschlagen. Kaum zu glauben!«

Betty zog Andrew an der Hand weg, und er ließ sich wieder bereitwillig von ihr führen. Doch dann blieb er unvermittelt stehen. »Ich . . . ich muß telefonieren.«

»Nach Hause?«

Er zögerte einen Augenblick. »Ja. Ja«, murmelte er dann.

»Um ihnen zu sagen, daß du gut angekommen bist? Ja, das kann ich verstehen, aber sag ihnen nicht, wie und wo du angekommen bist, sonst machen sie sich bestimmt Sorgen.« Und mehr zu sich selbst fuhr sie fort. »Denn sie haben sich wirklich Mühe gegeben mit dir. Aber jetzt komm. Bei Arthur Lynch gibt es ein Telefon.«

Nach wenigen Schritten, wie ihm schien, kamen sie zu einer Reihe wuchtiger Stadthäuser, die früher einmal reichen Kaufleuten gehört haben mußten. Daß der Stuck von den Wänden abbröckelte, bemerkte Andrew nicht, wohl aber den Geruch von abgestandenem Essen und beengt lebenden Menschen, der ihm in der Eingangshalle entgegenschlug.

Betty führte ihn nicht direkt die Treppe hinauf, sondern blieb vor einer halbhoch verglasten Theke stehen, die anscheinend die Rezeption darstellen sollte, und klopfte an die Scheibe. Es dauerte einige Minuten, bis ein Mann in der Türe dahinter erschien und die Scheibe zur Seite schob. »Kann mein Freund kurz das Telefon benutzen?« fragte Betty den Mann, der offenbar der Besitzer dieser Pension war.

Nachdem er Andrew einer eingehenden Musterung unterzogen, seine vornehme Kleidung und seinen ordentlichen Haarschnitt registriert hatte, wandte er sich wieder an Betty. »Wo will er denn hin?«

»Nach oben. Zwei Betten sind doch frei geworden, stimmt's?«

»Wie immer bestens informiert, unsere Miß Facey, wie? Was machst du denn immer so?«

»Hab' gerade die Bank von England geplündert, und der da schleppt für mich die Kohlen.«

»Eines Tages wird dir deine vorlaute Klappe noch zum Verhängnis werden, Mädchen; irgendeiner haut dir mal eins auf die Schnute.«

»Möglich, aber Sie sicher nicht, Mr. Lynch. Sie nicht. Kann er jetzt telefonieren, oder nicht?«

Er warf ihr einen grimmigen Blick zu, stellte dann aber den Apparat außen auf die Ablage vor der Glasscheibe und fragte Andrew: »Welche Nummer?«

»Danke, ich wähle selbst«, erwiderte er und sah den Mann auffordernd an. »Verzeihen Sie.«

»Was denn?«

»Es handelt sich um ein privates Gespräch.«

»O . . . h!« Er machte eine Verbeugung. »Pardon, Eure Lordschaft. Ich ziehe mich selbstverständlich sofort zurück, damit Ihr ungestört telefonieren könnt.«

Als der Mann hinter der Tür verschwunden war, sah Andrew Betty mit hochgezogenen Brauen an, worauf auch diese sich schulterzuckend entfernte, doch das wenige, das sie von Andrews Gespräch mitbekam, ließ sie sofort schalten: Er kam nicht aus Schottland; er hatte sie angelogen.

»Ich komme heute abend nicht nach Hause, Patterson. Wenn sie anrufen, sagen Sie ihnen bitte, ich übernachte bei einem Freund«, hörte sie ihn sagen. Und weiter: »Ja, vielleicht für ein oder zwei Tage. Vielen Dank, Patterson.«

Andrew legte den Hörer auf und sah zu Betty hinüber, die ihn mit einem seltsamen Blick anstarrte. Er konnte sich keinen Reim auf ihren veränderten Gesichtsausdruck machen, aber das kümmerte ihn auch nicht weiter. Er hatte im Augenblick nur den Wunsch, sich hinzulegen, und wenn es in diesem übelriechenden Haus war. Schweigend folgte er Betty zur Treppe, als Mr. Lynch hinter einer anderen Tür auftauchte und ihm einen überaus mißtrauischen Blick zuwarf. Auch er hatte gute Ohren.

Alles, was Andrew von dieser ersten Nacht in Lynch's Pension in Erinnerung blieb, war, daß er völlig erschöpft im dritten Stock dieses Hauses ankam, Betty ihn in einen großen Raum führte, an dessen einer Wand sich provisorische Holzkabinen aneinanderreihten. In der Mitte dieses Raumes stand ein großer Tisch mit verschiedenen Stühlen, und über allen unangenehmen Gerüchen dieses Hauses dominierte der eines Petroleumkochers. Er erinnerte sich noch schwach an den Mann, der aus einer Tür gehumpelt kam und zu dem Betty sagte: »Das ist ein Freund von mir, Win. Willie weiß Bescheid. Er ist verletzt und braucht Ruhe«, und an ihn gewandt: »Das ist Mr. James Winterbottom.«

Andrew wußte auch noch, daß er beinahe laut aufgelacht hätte. Sie nannten ihn Win, aber sein richtiger Name war Winterbottom, und er hatte ein zu kurzes Bein. Und als Win sagte: »Möchtet ihr einen Teller Suppe? Ganz frisch, hab' sie gerade gekocht«, entgegnete Bettty: »Danke, jetzt nicht. Vielleicht später, Win.«

»Wer hat ihn denn so zugerichtet?«

»Mein Dad . . . nun, zur Hälfte wenigstens.«

Betty half ihm aus Mantel und Jackett, und als sie ihm die Beine auf die niedrige Holzpritsche legte, murmelte sie: »Ich ziehe dir besser auch die Schuhe aus.«

Sie letzter Gedanke vor dem Einschlafen war: »Sie ist meine Schwester. Ich habe eine richtige, leibliche Schwester.«

Einmal wachte er kurz auf, als er eine vertraute Stimme sagen hörte: »Das ist Henry Hall«, und dachte noch, daß es fünf Uhr sein müßte, dann drehte er sich auf die andere Seite und schlief weiter.

Jetzt aber war er wach, hellwach. Er hatte das Gefühl, als platze ihm der Kopf, sein Wangenknochen brannte wie Feuer, der Tupfer steckte noch immer in seinem Nasenloch, und er mußte dringend auf die Toilette. Vorsichtig setzte er sich auf dem niedrigen Holzbett auf, blickte sich um und stellte fest, daß er sich in einer dieser Kabinen befand. Die Seitenwände bestanden aus zwei Meter hohen Gipsplatten, das Bett stand mit dem Kopfende direkt an einer vor vielen Jahren einmal tapezierten Wand, die Tür bildete ein Vorhang, der nicht ganz bis auf den Boden reichte. Sein Mantel und sein Jackett hingen an zwei Nägeln, die als Garderobe dienten, seine Schuhe standen unter dem Bett.

Kaum hatte sich Andrew von der Pritsche erhoben, mußte er heftig husten, und als er gerade dabei war, die Blutgerinnsel, die sich dabei gelöst hatten, in sein Taschentuch zu spucken, wurde der Vorhang von einem Schrank von Mann zur Seite gezogen.

»Hallo! Na, geht's wieder?« erkundigte sich der Mann, der Andrew entfernt bekannt vorkam.

»Ja, danke.«

»Und, blutet die Nae noch?«

»Nein, das Nasenbluten hat aufgehört.«

»Siehst aber immer noch ziemlich mitgenommen aus. Wie fühlst du dich?«

Andrew sah zu dem Mann hoch. »Lausig. Ja, lausig ist der richtige Ausdruck dafür», erwiderte er.

Der Mann lachte dröhnend und meinte dann: »Komm, trink erst mal 'ne Tasse Tee, das wird dir guttun.«

»Gibt ... gibt es hier einen Waschraum?«

»Ach, das meinst du. Ja, komm mit.« Als er sah, daß Andrew noch sehr wackelig auf den Beinen war, nahm er ihn beim Arm, wie Betty es getan hatte, und führte ihn in das sogenannte Wohnzimmer, in dem jetzt drei Männer um den großen Tisch herumsaßen. »Nimm keine Notiz von denen, die Vorstellung erledigen wir nachher«, meinte der große Mann schmunzelnd und führte ihn durch eine Tür am Ende des Raumes in eine Art Küche und von dort aus weiter in einen provisorischen Waschraum, in dem es eine Toilette gab und einen langen Tisch, auf dem eine Zinkwanne und darunter ein Wassereimer standen.

Andrew sparte sich den Vergleich mit dem komfortablen Badezimmer, das ihm keine zwei Meilen von hier zur Verfügung stand. Er zog überhaupt keine Vergleiche in dieser neuen, ihm völlig fremden Welt.

Nachdem er die Toilette benutzt, sich das Gesicht mit kaltem Wasser gewaschen und an einem nicht sehr sauberen Handtuch abgetrocknet hatte, fuhr er sich mit den Fingern durchs Haar. Sein Kamm steckte noch in seinem Jackett.

Als er wieder das Wohnzimmer betrat, kam ihm der große Mann entgegen und dröhnte aufgeräumt: »Komm, setz dich, dann stell ich dich den anderen vor. Win hat inzwischen Tee gemacht. Nimmst du Zucker?«

»Ja, bitte.«

»Einen, zwei, drei Löffel?«

»Nur einen, danke.«

Der Tee war stark, zu süß, Milch gab es keine, aber er trank ihn dennoch mit Genuß, während der große Mann ihn schweigend beobachtete. Nach einer Weile räusperte er sich: »So, los geht's. Eins gleich vorweg, wir sind hier alle per du. Ich weiß zwar nicht, wie lange du bleiben wirst, einen Tag, einen Monat oder ein Jahr, wie einige von uns, aber trotzdem möchten wir deinen Namen wissen und was du uns sonst von dir erzählen willst. Also, ich bin Willie Grabelly. Wir sind uns heute vormittag schon begegnet, und da hast du auch gesehen, was ich mache. Ich bin Abbruchspezialist, sozusagen«, erklärte er und lachte wieder. »Vogelfrei, aber nicht ungebunden. Und das »– er deutete auf einen Mann Ende Vierzig – »ist Dill, Dill Morgan. Er ist Maler. Aber kein Anstreicher, falls du das meinst, nein, er ist ein richtiger Maler.« Er machte eine Kopfbewegung zur Decke. »Dort oben hat er sein Atelier.« Andrew sah den Mann mit dem unbeweglichen Gesichtsausdruck an, der seine Anwesenheit nur mit einem kurzen Blick zur Kenntnis genommen und sich wieder seinem Toast zugewandt hatte. Doch Andrews Interesse für ihn war erwacht, und er sagte: »Ich . . . ich freue mich, dich kennenzulernen. Ich . . . ich male ebenfalls.«

Falls er eine freundliche Antwort erwartet hatte, so wurde er nicht nur enttäuscht, nein, er fühlte sich geradezu zurückgewiesen, als der Mann trocken erwiderte: »Jeder kann malen. Das ist das einzige natürliche Talent, das der liebe Gott und der Teufel uns haben angedeihen lassen.«

»Das ist so Dills Art, wenn er guter Stimmung ist. Dann kann er überaus höflich sein«, mischte sich der dritte Mann ein, der ungefähr in Andrews Alter war. »Also hüte dich vor ihm, wenn er schlechte Laune hat.«

Der Maler nahm von der spöttischen Bemerkung keinerlei Notiz, sondern beschäftigte sich weiter mit seinem Toast, während der große Mann mit der Vorstellung fortfuhr. »Und das ist Mickey Fenwick«, sagte er und grinste. »Er ist, was soll ich sagen, Mickey? – Geiger oder . . . Violinist?«

»Ja, das kannst du so sagen, Wil, denn das ist meine eigentliche Berufsbezeichnung. Straßenmusikant bin ich nur, weil bislang keiner mein Talent erkannt hat. Aber der Tag wird kommen . . .«

»Ja, ja, der Tag wird kommen«, wiederholte Wil, und sein Blick wurde beinahe zärtlich, als er jetzt den schmächtigen Mann ansah, dessen schwer zu schätzendes Alter irgendwo zwischen dreißig und fünfzig liegen mochte. »Und das ist Mr. James Winterbottom, kurz Win genannt. James ist auch Künstler, er kann kochen. Er versorgt uns mit Leckerbissen, die wir ansonsten nie auf den Teller bekommen würden.«

Andrew fiel auf, daß dieser grobschlächtige Mann, Willie Grabelly, anders sprach als die übrigen Männer. Nicht gerade Mittelschichtsenglisch, aber doch anders. Und was noch offensichtlicher war, er schien ein überaus freundlicher Mensch zu sein. »Ohne Win wären wir aufgeschmissen. Er hält das Haus sauber und bekocht uns, und das alles in seiner Freizeit. So, das wären wir. Und nun zu dir.«

Andrew bemerkte, daß ihm jetzt auch der Maler seine Aufmerksamkeit schenkte, als er die vier Augenpaare auf sich gerichtet sah. »Mein Name ist Andrew Anderson-Maddison«, begann er, entschlossen, ihnen die Wahrheit über sich zu erzählen, jedenfalls den ersten Teil.

»Komm schon, entscheide dich. Anderson oder Maddison.«

Andrew sah den Geiger an. »Maddison. Ich wurde im Alter von drei Tagen adoptiert, von sehr, sehr lieben Leuten. Doch seit ich vierzehn bin, frage ich mich ständig, wo ich herkomme und wer meine wirklichen Eltern sind. Deshalb habe ich mich auf die Suche nach ihnen gemacht und . . . kurz und gut, heute habe ich sie gefunden.«

»Und das sind die Birchcombs?« In der Stimme des großen Mannes schwang ein Anflug von Mitleid mit. »Ja, die Birchcombs«, bestätigte Andrew.

»Großer Gott, das war bestimmt ein Schock für dich, was?«

Andrews Blick wanderte zu Mickey: »Ja, das kann man sagen, besonders als ich den Mann kennenlernte, der angeblich mein Vater ist. Aber das kann ich nicht glauben. Bei meiner Mutter bin ich mir sicher, ja . . . von ihr habe ich nämlich diese Krankheit.« Er deutete auf seine Nase. »Eine seltene Form von Blutkrankheit, die erblich ist und an der auch sie leidet. Deshalb akzeptiere ich sie als meine Mutter – aber nicht diesen unflätigen Kerl. Er hat mich dermaßen beleidigt, daß ich ihn niedergeschlagen habe.«

Für einen Moment herrschte Schweigen, doch dann erhob sich ein schallendes Gelächter, in das sogar der kauzige Maler einstimmte. James Winterbottom starrte Andrew fassungslos an, während ihm die Tränen aus den Augenwinkeln rannen. »Weißt du, mein Sohn«, begann Willie, nachdem er sich ein wenig beruhigt hatte, »ich habe drei gestandene Polizisten dabei beobachtet, wie sie versuchten, diesen Brocken in eine grüne Minna zu bugsieren, und als er endlich drin war, hatte keiner von den dreien mehr seine Uniformjacke an. Und du willst uns allen Ernstes weismachen, daß du dich mit ihm geprügelt hast?«

Andrew erinnerte sich jetzt wieder an die unbändige Wut, die ihn bei dem Gedanken befallen hatte, daß dieser Grobian tatsächlich sein Vater sein könnte, und ihm in diesem Moment anscheinend die Kraft dazu gegeben hatte, es mit ihm aufzunehmen.

»Und was passierte, nachdem du zugeschlagen hast?« wollte der Maler wissen.

»Nun, zuerst hat er mir einen Fausthieb ins Gesicht verpaßt«, antwortete Andrew ruhig und deutete auf seine Lippe. »Daraufhin packte mich die Wut, ich habe mich auf ihn gestürzt, und wir sind beide zu Boden gegangen. Er blieb regungslos liegen, und Betty meinte daraufhin, ich solle machen, daß ich schleunigst wegkäme.«

»Ja, du solltest dich wirklich in nächster Zeit von ihm fernhalten, denn wenn der dich zu fassen kriegt, macht er mit Sicherheit Kleinholz aus dir.«

»Soviel ich gehört habe, heuert er morgen oder übermorgen wieder auf einem Bananenfrachter an.«

»Ba-na-nen-frachter? Hab' ich dich richtig verstanden?«

»Ja, er arbeitet auf einem Bananenfrachter, sagte Betty.«

»Nun, das erklärt einiges«, meinte Win. »Ich habe mich schon gewundert, warum sich diese zwei Kerle in letzter Zeit so aufgespielt haben; sie mußten genau gewußt haben, daß er bald wieder die Fliege macht.«

Der Maler murmelte irgend etwas von David und Goliath, Willie nickte zustimmend und meinte dann: »Na, ist ja auch egal. Sag mal, wie lange gedenkst du denn hierzubleiben? Länger als eine Nacht? Wenn ja, müssen wir dich in die Regeln einweisen: Zweieinhalb für die Miete; eigenes Bettzeug mitbringen und eigene Verpflegung kaufen. Wenn du aber mit uns essen willst, macht das fünf Shilling die Woche; Win kocht wie gesagt und kauft ein. Eigentlich gibt es nur eine Hausregel: kein Damenbesuch über Nacht. Selbstverständlich kannst du sie nachmittags mit auf ein Zimmer nehmen, das ist okay, aber nachts herrscht hier Ruhe.« Er setzte ein breites Grinsen auf und fuhr dann fort: »Also, wie lange hast du vor zu bleiben?«

»Ein paar Tage, eine Woche, vielleicht auch länger. Ich weiß es noch nicht.«

Die Frage, die ihm der Maler jetzt an den Kopf warf, brachte Andrew etwas aus dem Konzept: »Warum gehst du denn nicht zurück zu deiner Familie? Dort ist es dir doch offensichtlich nicht schlechtgegangen.«

Andrew starrte den Mann eine Weile verblüfft an. »Das ist meine Angelegenheit«, entgegnete er dann ruhig, nachdem er sich wieder gefangen hatte. »Ich muß mir erst über einiges klarwerden: über die Tatsache zum Beispiel, daß ich meine richtige Familie gefunden habe, die mir, wenn ich ehrlich bin, mit Ausnahme von Betty nicht besonders zusagt. Obwohl ich so etwas wie Zugehörigkeit zu ihnen empfinde, ein Gefühl, das ich bisher in dieser Form nicht kannte, und mir deshalb überlegen muß, ob ich bleiben oder wieder zurückgehen soll.«

Keiner sprach ein Wort, bis Wil schließlich tief Luft holte und das Gespräch wiederaufnahm: »Gut, jetzt wissen wir wenigstens, wer du bist. Noch etwas: Wir haben hier eine nette alte Frau, die uns für einen Shilling pro Nase die Wäsche wäscht.«

Andrew sagte dazu nichts; er hatte sich bisher nie um seine Wäsche kümmern müssen.

Dill Morgan erhob sich vom Tisch, wollte anscheinend gehen, drehte sich dann aber noch einmal zu Andrew um und sagte unvermittelt: »Du hast gesagt, du malst? Was meinst du damit?«

»Nun, daß ich eben male.«

»Professionell?«

»Ich war zwei Jahre in« – beinahe hätte er Edinburgh gesagt – »auf einer Kunstakademie.«

»Zwei Jahre? Warum hast du nicht weitergemacht? Normalerweise dauert es etwas länger, um das ... nun, das Standardniveau zu erreichen.«

»Ja, genau das wollte ich eben nicht. Deshalb bin ich ja gegangen. Mein Geschmack, was Farben betrifft, hat meinen Lehrern dort nicht gefallen.«

»Oh, das habe ich schon öfter gehört. Hör zu, ich habe dort oben einen Raum, falls du hier malen möchtest. Kommst du an deine Sachen ran?«

Andrew überlegte einen Augenblick. »Ja, an einen Teil.«

»Vielleicht möchtest du dann einmal raufkommen und dir ansehen, was ein gescheiterter Maler unter Kunst versteht.«

»Du bist kein gescheiterter Maler«, warf Willie ein. »Du brauchst dir nur einen anderen Händler zu suchen, der dir einen anständigen Preis für deine Bilder bezahlt, statt diesem Halsabschneider, den du jetzt hast.«

»So ist das Leben, Willie. So ist das Leben.«

Nacheinander erhoben sich jetzt alle vom Tisch, und als es klopfte, machte Win, der am nächsten an der Tür stand, auf und rief: »Hallo, Delia. Komm rein. Er ist noch nicht fertig; hat wie immer Volksreden gehalten.«

»Hallo, Win.« Sie schenkte ihm ein Lächeln, sah dann kurz zu Willie hinüber und meinte grinsend: »Warte nur, wenn du eines Tages fix und fertig unten an der Treppe stehst, falle ich auf der Stelle tot um.«

»Ja, meine Liebe, und ich werde dir dann ein wunderschönes Begräbnis ausrichten, das verspreche ich dir. Aber während ich mir den Mantel anziehe und mich für dich hübsch mache, kannst du ja unseren neuen Logiegast begrüßen.«

Das Mädchen drehte sich jetzt zu Andrew um, der ihr ein »Hallo« zuwarf, was sie mit einem »Hallo. Nett, dich kennenzulernen« und einem angedeuteten Nicken erwiderte.

Der Geiger lachte albern. »Nett, dich kennenzulernen«, äffte er Delias Begrüßung nach, worauf Dill Morgan ihm über den Mund fuhr: »Eines Tages wird dich deine Ignoranz noch einmal den Kragen kosten, das schwör' ich dir.«

Im selben Augenblick steckte Willie den Kopf durch den Vorhang seines Kabäuschens, warf sich in Pose und rief in die Runde: »Na, wie sehe ich aus, Leute?«

»Wie ein typischer Lehrling eben so aussieht«, gab Delia lachend zurück und wandte sich dann an Andrew: »Betty kann heute abend nicht mehr vorbeikommen; sie wird zu Hause gebraucht.«

»Ja, das kann ich mir denken. Wie geht es denn ihrem Schrank von Vater?« mischte sich Willie wieder ein.

Delia kräuselte ihre Lippen, die sich wie eine scharlachrote Frucht von ihrem olivfarbenen Teint abhoben, und meinte leichthin: »Scheint noch ein bißchen benebelt zu sein; kann es offenbar gar nicht fassen, daß ihm jemand die Lichter ausgeblasen hat. Die Platzwunde, die er sich dabei am Kopf geholt hat, blutet noch immer recht heftig. Immerhin hat er mich zum erstenmal nicht beleidigt und auch nicht das Zimmer verlassen, als ich vorhin dort war. Muß unter Schock stehen, der Gute.«

»Wartet nur, der fällt gleich in den nächsten, wenn ich mich erst mit ihm beschäftige«, knurrte Willie.

Willies Bemerkung wurde mit allgemeinem Lachen quittiert, nur Andrew blieb stumm. Er starrte das Mädchen an, das nur eine Armlänge von ihm entfernt stand: Sie war wunderschön. Noch nie in seinem Leben war er einer so schönen Frau begegnet. Gut, Mulatten hatte er schon viele gesehen – aber dieses Mädchen sah ganz anders aus. Ihre Haut hatte die Farbe dunkler Milchschokolade; ihre Nase war kerzengerade, ihre Lippen wunderbar geschwungen, und ihre Augen ... hatten etwas leicht Orientalisches. Das schwarze, krause Haar über der tiefen Stirn war genauso geschnitten wie Bettys blonder Wuschelkopf.

Als sie sich die Hand vor den Mund hielt, um ihr Lachen zu unterdrücken, bemerkte Andrew ihre weißen Handflächen und die langen, schlanken Finger mit den gepflegten Nägeln. Und dann ihren Körper unter dem Mantel, der ihre Haut nicht zu berühren schien. Wie ein Scheinwesen kam sie Andrew vor, unwirklich, wie sie da in diesem seltsamen Raum mitten unter diesen seltsamen Männern stand.

Er hatte nicht bemerkt, daß Willie hinter ihn getreten war, bis dieser ihm die Hand auf die Schulter legte und in freundlichem Tonfall, der jedoch eine Botschaft enthielt, zu ihm sagte: »Sie ist hübsch, nicht? Aber nicht zu haben, Freundchen. Sie steht unter meinem Schutz; ich bin ihr Liebster, ihr ein und alles, wie es in den Schnulzen heißt.«

»Und ich bin Maler«, entfuhr es Andrew. Es war ihm einfach so herausgerutscht. Er wußte, er hätte den Mund halten sollen. Er war neu hier, und alle waren sie freundlich zu ihm gewesen.

Keiner sagte ein Wort, bis Willie zu kichern anfing. »Da laust mich doch der Affe«, sagte er und meinte dann nach einem raschen Seitenblick auf Andrew zu Dill Morgan: »Jetzt haben wir noch einen von deiner Sorte. Wie alt, sagtest du, bist du?« Und als Dill grinsend entgegnete: »Zweiundvierzig, aber zehn Runden schaff' ich noch allemal«, erhob sich wieder schallendes Gelächter. Willie hatte inzwischen Delia untergehakt. »Komm, Süße, laß uns von hier verschwinden; ich verliere.«

Kaum hatte sich die Tür hinter den beiden geschlossen, ließ sich Andrew auf einen Stuhl fallen, und Win, der auf ihn zugehumpelt kam, fragte ihn: »Na, geht's dir wieder schlechter?«

»Nein, nein!« beeilte sich Andrew zu versichern, gab dann aber zu: »Nur mein Kopf brummt noch ein wenig.«

»Dann würd' ich mich in die Koje hauen, wenn ich du wäre. Morgen früh ist bestimmt wieder alles in Ordnung. Ach, übrigens, falls du in der Nacht aufwachst und etwas zu trinken suchst, zeig' ich dir schnell, wo die Sachen stehen. Komm mit.«

Win führte ihn am Arm weg. Der Maler und der Musiker warfen sich einen vielsagenden Blick zu, und Dill meinte in belanglosem Tonfall: »Der sieht Delia schon für sich Modell sitzen.«

»Ja, scheint mir auch so«, nickte Mickey Fenwick. »Der war ja wie . . . vom Donner gerührt. Aber das sind die meisten, wenn sie sie zum erstenmal sehen.«

»Na, ich hoffe, er verscherzt es sich nicht mit Willie, denn bei dem wird er nicht so ungeschoren davonkommen wie bei seinem Vater.«

»Der stammt aus einer erstklassigen Familie, scheint mir.«

»Ganz sicher. Aber wir brauchen nur abzuwarten, bis er alles ausspuckt. Das tun sie immer.«

»Ja, du hast recht, Dill«, entgegnete der Geiger, erfreut, daß der Maler seit langer Zeit einmal wieder zivilisiert mit ihm gesprochen hatte. Und ihm war noch etwas aufgefallen: Dill hatte Zuneigung zu dem Neuankömmling gefaßt;

er würde Andrew nicht so behandeln, wie er ihn behandelt hatte, nur weil er, wie er sagte, sein Talent wegwarf, indem er auf der Straße spielte, anstatt zu hungern, bis ihn ein Orchester aufnehmen würde.

– 4 –

Nachdem der Kellner die Teller abgeräumt hatte, zündete Jason sich eine Zigarette an und meinte dann zu Freddie und Gracie, die ihm gegenübersaßen: »Es tut mir aufrichtig leid, aber ihr wißt ja, es mußte sein.«

»Was wirst du tun, sobald eure Trennung offiziell ist?«

Jason drückte seine Zigarette aus, blickte von einem zum anderen und entgegnete dann ruhig: »Mit Maggie zusammenleben.«

»Maggie?« kam es von den beiden anderen wie aus einem Munde. »Du meinst Marians Maggie?« vergewisserte sich Gracie.

»Kennt ihr sonst noch eine Maggie?« Die Stimme ihres Vaters klang jetzt beinahe barsch. »Natürlich Marians Maggie.«

»Aber die ist . . . ist . . .«

Jasons Blick richtete sich auf Freddie. »Ja, sie ist so viel jünger als ich, fünfundzwanzig Jahre, um genau zu sein, aber wir lieben uns schon seit mindestens zehn Jahren. Im Gegensatz zu Janice und Robert haben wir beschlossen, es dabei zu belassen, denn es wäre nicht recht gewesen. Doch seit einem Jahr etwa denke ich mir, zum Teufel mit den Konventionen! Das Leben ist so kurz. Ich weiß, ich sehe nicht so aus, aber ich *bin* fünfundfünfzig, und Maggie hat trotz diverser Anträge nicht geheiratet, einfach deshalb, weil sie mich liebt.«

Bruder und Schwester starrten eine Weile verlegen auf die Tischdecke, und es war Gracie, die dann fragte: »Weiß . . . Tante Marian Bescheid?«

Jasons Lippen umspielte ein schwaches Lächeln. »O ja,

Tante Marian weiß Bescheid«, sagte er. »Sie wußte es von Anfang an und hat mich immer einen Narren geschimpft. Nun, als meine Halbschwester nahm sie sich das Recht heraus, dies etliche Male zu tun.«

»Du wirst also bei ihnen draußen wohnen?«

»Ja, Gracie. Wir werden Marian auf keinen Fall allein lassen, denn sie braucht uns beide. Und ich liebe diesen Ort; er ist so friedlich. Ich hätte es mit eurer Mutter nicht so lange ausgehalten, wenn ich dieses Refugium nicht gehabt hätte.«

Freddie lächelte seinen Vater an, als er mit der Bemerkung herausplatzte: »Ich wäre beinahe vor dir eingezogen.«

»Was?«

»Ich sagte, ich wäre beinahe vor dir eingezogen. Ich habe Maggie nämlich einen Antrag gemacht.«

»Du hast Maggie einen Antrag gemacht?« wiederholte Jason staunend. »Wann?«

»Hat sie dir das nicht erzählt?« Freddie runzelte die Stirn, als dächte er angestrengt nach. »Nun, ich habe ihr gesagt, daß ich mir unseres Altersunterschiedes sehr wohl bewußt sei, aber wenn sie drei Jahre warten wolle, bis ich sechzehn bin, stünde unserer Zukunft nichts im Wege.«

Jason senkte den Kopf und biß sich auf die Lippen, um nicht laut herauszulachen, als Freddie fortfuhr: »Und ich habe nicht aufgegeben.«

»Nein?«

»Nein, als ich dann endlich sechzehn war, habe ich ihr abermals mein Angebot unterbreitet, jedoch längst nicht mehr so enthusiastisch wie beim ersten Mal. Und ich war ungemein erleichtert, als sie mir zur Antwort gab, wir sollten lieber noch ein wenig warten, da sie mir plötzlich ungeheuer alt vorkam. Wie alt war sie damals eigentlich? Fünfundzwanzig?«

»Oh, Freddie, das ist wirklich lustig . . . und Maggie hat mir nie etwas davon erzählt. Wie ich sie kenne, hat sie diese Angelegenheit als etwas sehr Privates und Schönes betrachtet.«

Freddies Wangen röteten sich ein wenig. »Vielleicht«, sagte er nachdenklich und setzte dann hinzu: »Sie ist sehr attraktiv . . . und du kannst dich wirklich glücklich schätzen. Ich wünschte nur, es würde Mama nicht so unglücklich machen. Gestern morgen muß sie den Brief vom Anwalt bekommen haben, denn sie ist wieder völlig durchgedreht. Wir mußten Großvater bitten, ihr eine Spritze zu geben.« Er seufzte. »Ehrlich gesagt bin ich froh, daß in ein paar Tagen das neue Trimester anfängt. Aber die arme Gracie muß das die ganze Zeit aushalten. Weißt du, Vater, ich finde, das ist nicht fair! Und ich sage dir jetzt ganz offen, du hättest bei ihr bleiben sollen, bis sie freiwillig in ein Sanatorium gegangen wäre.«

»Freddie!« Jasons Stimme nahm jetzt einen bitteren Unterton an. »Ich bin viel zu lange geblieben. Das war mein Fehler. Jahrelang hat sie mir mit Selbstmord gedroht, mich mit der Flasche und weiß Gott was erpreßt.« Seine Stimme war laut geworden, und er blickte sich jetzt kurz im Restaurant um, bevor er sich über den Tisch beugte und flüsterte: »Hättest du mich lieber wegen Mordes vor Gericht sehen mögen? Denn dazu wäre es früher oder später gekommen, und das meine ich ganz im Ernst. Wie schon gesagt, ich habe die Trennung immer wieder hinausgeschoben, bis ihr alle auf eigenen Beinen steht, und noch darüber hinaus. Aber an Weihnachten, als sie euch derart gehässig die Wahrheit über Janice und Robert an den Kopf warf, da ist bei mir endgültig der Faden gerissen. Ich warte jetzt nur auf den Tag, da die ganze Geschichte in den Schlagzeilen erscheint, denn diesen vermeintlichen Triumph wird sie sich nicht nehmen lassen, diese Teufelin.«

»Oh, Vater!«

Als er sah, daß Gracie die Augen niedergeschlagen hatte, meinte er versöhnlich: »Ich kann mir nicht helfen, Gracie, für mich ist das die Wahrheit, wie ich sie sehe. Aber jetzt« – er warf einen Blick auf die Uhr und richtete sich auf – »muß ich mich sputen; mein Zug geht in einer halben Stunde.«

Sie fragten ihn nicht, wohin er fuhr, denn sie wußten es.

Wenig später, sie standen im Foyer des Restaurants, sagte Jason zu den beiden: »Ihr sollt wissen, daß ihr jederzeit willkommen seid. Platz ist dort genug für ein ganzes Regiment.«

Keiner der beiden lächelte oder bedankte sich für die Einladung. Doch draußen auf der Straße dann umarmte Gracie ihren Vaer. »Ich wünsche dir, daß du glücklich wirst«, flüsterte sie, und als er antwortete: »Danke, meine Liebe«, kippte seine Stimme ein wenig.

Anschließend schüttelte er Freddie die Hand, der wie immer sachlich blieb und sich an Tatsachen hielt. »Im Augenblick ist hier niemand sehr glücklich, nicht wahr?« meinte er. »Onkel Robert und Tante Janice machen sich schreckliche Sorgen um Andrew.«

»Ja, das weiß ich. Hat man wieder etwas von ihm gehört?»«

»Nein, nicht seitdem er seine Malutensilien, ein bißchen Wäsche und andere Kleinigkeiten eingepackt, ein Taxi bestellt und Patterson erklärt hat, daß er zu einem Künstlerkollegen ziehe. Patterson hat natürlich sofort Onkel Robert informiert, der auch umgehend nach London gefahren ist; aber er hat nicht die leiseste Spur von Andrew entdeckt. Und dann kam dieser seltsame Anruf.«

»Ja, dieser seltsame Anruf«, nickte Jason. »Aber die Hauptsache ist, daß er lebt. Weißt du, was ich glaube: Er hat seine Familie gesucht und sie auch gefunden; und vielleicht sind sie ja ebenfalls Künstler.«

»Aber warum verschweigt er es, wenn dem so wäre?«

»Das kann nur er selbst beantworten, Freddie. Ah, da kommt ein Taxi.«

Er hielt das Taxi an, stieg ein, und bevor er die Tür schloß, sah er Gracie und Freddie noch einmal an und sagte: »Denkt gut von mir, denn ich liebe euch beide sehr.« Damit fuhr er ab.

Jeder seinen eigenen Gedanken nachhängend, gingen die beiden schweigend nebeneinander her. Freddie dachte an die Freundin seines Vaters, die kaum älter war als Jessie. Gracies Gedanken gingen in eine andere Richtung: Sie dachte an Andrew und seinen Anruf in High Gully. Ihre Tante hatte ihr nicht erzählt, was Andrew gesagt hatte, aber Onkel Robert, denn er hatte den Anruf entgegengenommen. »Ich bin's, Vater«, hatte sich Andrew gemeldet, dann die obligatorischen Fragen seines Vaters, wie es ihm ginge, ob er bald heimkäme oder ihnen nicht seine Adresse geben möchte, kurz beantwortet und weitere Fragen mit der Bitte abgeschmettert, daß er gerne seine Mutter sprechen möchte. Ihr sagte er dann, daß er sie immer als seine Mutter betrachten werde, die niemand ersetzen könne; daß er sie schätze, liebe und ihr für alles danke, was sie für ihn getan habe. »Macht euch keine Sorgen um mich. Mir geht es gut, sehr gut sogar, und ich werde euch bald besuchen«, hatte er hinzugefügt und dann ohne ein Wort der Verabschiedung aufgelegt.

Sie vermißte Andrew. Manchmal sehnte sie sich schrecklich nach ihm. Seit Weihnachten hegte sie diese intensiven Gefühle für ihn. Die zwei Jahre, die sie älter war als er, würden nicht so sehr ins Gewicht fallen, sobald Andrew erst einmal neunzehn oder zwanzig war. Ihr Vater hingegen, überlegte sie jetzt, und ein Gefühl von Bitterkeit stieg in ihr auf, der war fest entschlossen, mit einer Frau zusammenzuleben, die fünfundzwanzig Jahre jünger war als er. Warum hatte sie sich überhaupt jemals um diese lächerlichen zwei Jahre geschert?

Zuweilen, wenn sie in London so durch die Straßen ging, bildete sie sich ein, ihn zu spüren, glaubte, er müsse irgendwo in der Nähe wohnen. Und eines wußte sie sicher: Er malte.

Freddie unterbrach ihre Gedanken mit der Bemerkung: »Bei uns geht es im Moment drunter und drüber; in beiden Häusern, meine ich. Komisch, als ich jünger war, hatte ich immer das Gefühl, als gehörten High Gully und unser Haus einer Familie ... unserer Familie. Aber Großmutter Montane habe ich seltsamerweise nie dazugerechnet. Ja, eigenartig, wie sie sich von allem, was hier vorgeht, fernhält. Nichts scheint sie in irgendeiner Weise zu berühren: wie eine Königinwitwe thront sie über allem.«

Weitere Kommentare über ihre Großmutter und deren königliches Gebaren verstummten in dem Augenblick, als Gracie die Haustür öffnete und besagte Großmutter in der Halle stand und ihnen entgegenbrüllte: »Wo seid ihr gewesen? Der Doktor ist oben.«

»Was ist denn passiert?«

Es war Alice, die – ihre Herrin am Arm stützend – an ihrer Stelle Freddies Frage beantwortete. »Ach, sie hat nur versucht, sich umzubringen«, erklärte sie und machte sich nicht die Mühe, den Vorwurf in ihrer Stimme zu verbergen. »Man dürfte sie nicht allein lassen; jemand sollte immer bei ihr sein.«

Die Ungerechtigkeit dieses versteckten Vorwurfs brachte Gracie in Rage. »Wenn Sie Ihre geneigte Aufmerksamkeit auch in diesem Hause walten ließen, Alice, wäre das schon eine große Hilfe.«

»Miß Gracie, wie sprechen Sie denn mit mir!«

»Ach, seien Sie doch still!« Gracie warf Mantel und Hut auf einen Stuhl und rannte, gefolgt von Freddie, die Treppe hinauf. Im Flur oben kam ihnen der Doktor entgegen. »Rufen Sie sofort einen Krankenwagen an«, sagte er zu Freddie. Auf einleitende Worte hatte er verzichtet. Freddie machte auf dem Absatz kehrt und stürzte die Treppe hinunter. Gracie folgte dem Doktor ins Schlafzimmer ihrer Mutter, wo sie angesichts des Chaos, das sich ihr hier bot, erschrocken nach Luft schnappte. In dem Zimmer sah es aus wie nach einer Schlacht: Stühle lagen auf dem Boden und Schubladen waren herausgerissen worden, deren Inhalt überall auf dem Fußboden verstreut lag.

»Wo ist Ihr Vater?« fragte der Doktor, während er sich über ihre Mutter beugte.

»Er ist zu . . . Freunden aufs Land gefahren.«

»Ich habe ihn mehrmals gewarnt, daß genau das passieren würde, falls er nicht etwas unternähme. Er hätte sie dazu überreden müssen, in ein Sanatorium zu gehen. Nun, wenn der Sherry sie nicht umbringen konnte, dieses Zeug schafft sie bestimmt.« Er deutete mit dem Kopf auf die vier kleinen, leeren Schnapsflaschen.

Als Freddie ins Zimmer kam und die Bescherung sah, entfuhr ihm ein entsetztes »O mein Gott!«, worauf der Doktor nur trocken meinte: »In diesem Fall kann Er uns auch nicht viel helfen. Kommt die Ambulanz?«

»Ja, der Krankenwagen muß jeden Augenblick hier sein.«

Der Doktor nahm noch einmal Roses Hand, um den Puls zu kontrollieren. »Gut, gut«, murmelte er vor sich hin, sah dann zu Gracie hoch und fragte: »Wissen Sie, was diese Kurzschlußhandlung ausgelöst haben könnte?«

Sie hätte erwidern können, daß ihre Mutter heute morgen einen Brief vom Anwalt erhalten habe, in dem ihr mitgeteilt wurde, daß ihr Mann die Scheidung eingereicht hatte. Doch als sie nur schweigend den Kopf schüttelte, brummte der Doktor leise: »Na ja, irgendwann mußte es so kommen; das hier geht schon zu lange. Ihre Mutter ist eine sehr sture Person.« Dann richtete er sich auf und wandte sich mit einem scharfen Blick an Freddie: »Ihr Vater, schaut der nicht ab und zu nach ihr?«

»Sie läßt doch niemanden zu sich«, erklärte Freddie und hätte gerne hinzugefügt: »Das wissen Sie doch mittlerweile selbst, Doktor.«

Als unten in der Halle Stimmen zu hören waren, wurde der Doktor sofort geschäftsmäßig, meinte im Kommandoton: »Räumen Sie den Krempel zur Seite« und stieß mit dem Fuß gegen eine Schublade. »Und machen Sie die Tür auf, damit die Sanitäter wissen, wo sie hinmüssen.«

Gracie hatte den Doktor noch nie sonderlich leiden können, aber in diesem Augenblick hätte sie ihm am liebsten entgegengeschleudert: »Sie tragen an diesen Umständen genausoviel Schuld wie alle anderen. Sie haben Ihre Autorität nie genug eingesetzt, weil Sie selbst eine Schwäche für Alkohol haben . . .«

Als die Sanitäter dann zehn Minuten später mit Rose das Haus verließen, brüllte Emily, die immer noch unten in der Halle stand, Freddie an: »Du holst sofort deinen Vater her. Hast du mich verstanden? Du weißt, wo er ist, also ruf ihn an. Skandalös ist das!«

Freddie verließ wortlos das Haus und knallte die Tür hinter sich zu. Und Alice nahm Emily am Arm. »Kommen Sie, meine Liebe. Kommen Sie.« Die vertraute, stets so vernünftige Stimme von Alice, auf die sich Emily immer noch stützte, sagte ihr, daß Rose im Grunde das gleiche getan hatte wie sie vor vielen Jahren, und aus demselben Grund: Diese Handlung war das hilflose Auflehnen gegen eine verloschene Liebe.

Langsam schlich Gracie den Krankenhausflur entlang; das Gefühl der Schuld lastete schwer auf ihren Schultern. Ihre Mutter hatte überlebt und würde nun weiter ihren rachsüchtigen Kampf ausfechten. Warum war sie nicht gestorben? Sie hätte gar nichts gemerkt. Sie hatte die letzten Jahre nur gelitten und war unglücklich gewesen und hatte dadurch ihre ganze Familie ebenfalls unglücklich gemacht.

Gracie konnte sich nicht erinnern, daß jemals Freude und Frohsinn in ihrem Zuhause geherrscht hatten; wohl aber konnte sie sich daran erinnern, immer mit dem Kopf unter dem Kopfkissen vergraben eingeschlafen zu sein, um die zankenden Stimmen aus dem Elternschlafzimmer nicht zu hören.

Der lange Flur mündete in eine große Halle, von der die Tür zum Wartezimmer abging. Sie fühlte sich schwach und mußte sich unbedingt hinsetzen, bis Freddie zurückkam, der in der Aufnahme war, um die Personalien ihrer Mutter anzugeben. Außer ihr befanden sich nur zwei andere Personen in dem Wartezimmer, und der Anblick einer der beiden ließ sie abrupt stehenbleiben. »*Andrew! Andrew!*«

Mit einem Satz fuhr Andrew herum. »Oh, wie schön, dich zu sehen!« rief Gracie aus, streifte das Mädchen neben ihm mit einem kurzen Blick und fuhr aufgeregt fort: »Hattest du wieder Nasenbluten? Ach, ich freue mich ja so, daß ich dich hier treffe. Wir haben uns alle solche Sorgen gemacht. Wenn ich Tante Janice und Onkel Robert erzähle . . .«

»Einen Moment mal, Gracie!« unterbrach er sie barsch, worauf sie einen Schritt zurückwich, dann aber unverdrossen weiterplapperte: »Verzeihung. Ich weiß, ich rede wie ein Wasserfall, aber so bin ich nun mal.« Sie warf noch einen Blick auf das Mädchen neben ihm und fragte sich im stillen, wer das wohl sein könnte. Sie war ziemlich durcheinander. »Freddie ist auch hier«, sagte sie, jetzt etwas ruhiger. »Er ist oben wegen der Personalien.«

»Personalien? Wer ist denn krank?«

Gracie schien plötzlich in sich zusammenzusacken. »Mutter«, kam es mit matter Stimme. »Sie . . . hat Tabletten geschluckt.«

»Um Himmels willen! Wann ist das passiert?«

»Heute abend.«

»Komm, setz dich.« Andrew deutete auf einen freien Stuhl neben sich. »Oh, ich vergaß, euch bekannt zu machen. Das ist Betty«, sagte er mit einem entschuldigenden Lächeln und legte seine Hand auf die des Mädchens. Gracie hatte das Gefühl, in ein tiefes, dunkles Loch zu fallen. Doch als sie ihn dann sagen hörte: »Du wirst überrascht sein, Gracie, sie ist meine Schwester, meine leibliche Schwester«, erhellte sich ihre Miene augenblicklich. Sie musterte die eigenartige junge Frau kurz, begrüßte sie dann aber mit einem höflichen Lächeln: »Wie geht es dir?«

»Ganz gut; wenn es endlich aufhört zu regnen, noch besser.«

Andrew drückte ihre Hand, die immer noch in der seinen lag. »Komm, Betty, hör auf mit diesen Albernheiten!«

Gracie sah den Jungen an, den sie liebte, den sie schon so lange liebte, und stellte fest, daß er kein Junge mehr war, sondern ein junger Mann.

Andrew lächelte sie an und forderte sie nochmals auf, sich hinzusetzen. »Was ich dir zu erzählen habe, ist eine lange Geschichte. Übrigens, ist dein Vater auch hier?«

Gracie schüttelte den Kopf. »Nein, er muß inzwischen bei Tante Marian sein. Wir haben zusammen zu Abend gegessen, und als wir heimkamen, war schon der Doktor da. Sie hat Schlaftabletten geschluckt.«

»Nein, wie furchtbar. Wie geht es ihr?«

»Den Umständen entsprechend gut, sagen die Ärzte«, erwiderte sie und setzte dann hastig hinzu: »Weißt du, ich habe die ganze Zeit gespürt, daß du hier irgendwo in der Nähe bist.«

Andrew drehte sich zu ihr um und sah sie an. Sie hatte sich verändert, fand er. Sie sah besorgt aus, aber irgendwie war sie hübscher geworden. Nein, hübsch war nicht das richtige Wort: Sie hatte ein wunderschönes Gesicht und eine ungemein freundliche Ausstrahlung. Daß ausgerechnet sie in diesem Wartezimmer auftauchen mußte! Ihm wurde wieder schwindelig. Und Freddie war auch hier. Er mußte mit ihnen beiden reden, dachte er, und im selben Augenblick hörte er auch schon Freddies aufgeregte Stimme. »Andrew! Andrew! Was machst du denn hier? Wo hast du denn die ganze Zeit gesteckt? Schön, dich endlich wiederzusehen. Ach, werden sich alle freuen, wenn ich ihnen erzähle . . .«

»Mir wäre es sehr lieb, wenn ihr beiden niemandem etwas erzählen würdet. Sollen wir nicht irgendwo einen Kaffee trinken gehen? Ich muß mit euch reden.«

Reichlich verdutzt starrten Freddie und Gracie im nächsten Augenblick Andrews seltsame Begleiterin an, als diese mit nicht gerade leiser Stimme dazwischenfuhr: »Du wirst nirgendwo hingehen, außer nach Hause und in dein Bett. Wenn es nach denen da drinnen ginge, hättest du überhaupt nicht aufstehen dürfen.« Daraufhin beugte sie sich vor, richtete den Blick auf Gracie und Freddie und setzte mit blitzenden Augen hinzu: »Habt ihr gehört, was ich gesagt habe? Er geht nirgendwo hin und wird auch keine Volksreden halten. Kapiert?«

»Betty, sei still! Du weißt nicht, worum es geht.«

»Ich weiß mehr, als du glaubst. Ich bin nicht auf den Kopf gefallen und kann dir mit Sicherheit sagen: Deine beiden Freunde hier wundern sich gerade gründlich, was zum Teufel du mit so einer wie mir hier zu suchen hast. Und ich glaube auch nicht, daß deine Freundin dir abkauft, daß ich deine Schwester bin.«

»Bitte, halt jetzt endlich die Luft an.« Andrews Stimme klang erschöpft, und als er die erstaunten Gesichter der beiden bemerkte, sagte er: »Ihr werdet euch schon an sie gewöhnen. Sie meint es im Grunde ja gut. Ach, Freddie, dir habe ich es ja noch nicht gesagt: Sie ist meine Schwester, meine richtige Schwester; keine adoptierte diesmal. Sie ist vielleicht ein wenig sonderbar, wie ihr seht, aber ansonsten schwer in Ordnung«, fügte er lächelnd hinzu, während er Betty einen Klaps auf die Schulter gab.

Gracie und Freddie starrten Andrew nur wortlos an. Dies hier war nicht der Andrew, den sie kannten. Seine Stimme war die gleiche, doch die Art und Weise, wie er sprach, und welche Ausdrücke er verwendete, war ihnen völlig fremd. Und noch etwas kam beiden unabhängig voneinander in den Sinn, ein kurzer, klar formulierter Gedanke: Andrew schien sich hier zu Hause zu fühlen, so als habe er sein ganzes Leben mit Leuten vom Schlag dieses Mädchens verbracht. Und es war ganz offensichtlich, daß er sich zu dieser seiner Schwester hingezogen fühlte. Nun, wenn es eine Schwester gab, dachte Gracie weiter, dann gab es sicherlich auch eine Mutter und einen Vater. Sie mußten der Sache auf den Grund gehen.

»Schau«, sagte sie daher, »in unserem Haus ist genügend Platz, warum kommst du . . .?«

Unvermittelt beugte Andrew sich vor und hielt sie am Handgelenk fest. »Ich habe einen Platz zum Wohnen und auch Leute, die sich um mich kümmern.«

»Gut, dann gehen wir eben zu dir.«

»Nein, das werdet ihr nicht. Nein, das geht nicht.«

»Warum nicht?« fuhr daraufhin das Mädchen dazwischen. »Warum denn nicht? Früher oder später werden sie dich ohnehin aufspüren.« Sie warf Freddie einen abschätzenden Blick zu. »Habe ich recht?«

»Nun ja, jetzt wollen wir ihn natürlich nicht mehr aus den Augen verlieren«, gab Freddie mit einem halben Lächeln zu. »Seine Familie, wir alle haben uns solche Sorgen um ihn gemacht, uns ständig gefragt, wo er wohl sein und wie es ihm wohl gehen mag.«

»Sie wußten, daß ich male. Das habe ich ihnen am Telefon gesagt«, warf Andrew ein. »Gut, meinetwegen könnt ihr auch mitkommen. Aber tut mir bitte den einen Gefallen. Erzählt Vater und Mutter nicht, wo ich wohne und was ich mache. Behaltet überhaupt bis auf weiteres für euch, daß ihr mich getroffen habt, ja?«

Freddie und Gracie sahen sich schweigend an, dann meinte Gracie leise: »Hast du vor, jemals nach Hause zurückzugehen?«

Andrew senkte den Blick. Die Antwort auf diese Frage fiel ihm nicht leicht. »Ich weiß nicht. Manchmal sehne ich mich nach dem Frieden dort, und dann wieder frage ich mich, wie ich diesen Frieden all die Jahre habe aushalten und den Drang unterdrücken können, diesen Hügeln und Bergen, dieser Ödnis und gleichzeitigen Schönheit zu entfliehen. Das Komische ist, daß mich die Schönheit dieser Landschaft nie berührt, nie zum Malen inspiriert hat.«

»Jetzt hör endlich mit dem Gequassel auf. Du mußt dich hinlegen; das hat auch der Doktor gesagt«, fiel ihm Betty ins Wort, und als sie ihm ihren Arm unter die Achsel schob, um ihm aufzuhelfen, wehrte er sich nicht dagegen.

Während sie gemeinsam den Warteraum verließen, drehte Andrew sich unvermittelt zu Gracie um und fragte erstaunt: »Willst du denn nicht bei deiner Mutter bleiben?«

»Das würde nichts bringen; der Doktor sagte, daß sie vor morgen früh bestimmt nicht aufwacht. Und dann sind wir wieder hier, und Vater auch . . . hoffe ich.« Die beiden letzten Worte kamen sehr leise über ihre Lippen.

Das staubige Treppenhaus mit den ausgetretenen Stufen, die verschiedenen Gerüche, die ihnen auf ihrem Weg nach oben entgegenwehten, und schließlich der Anblick dieses merkwürdigen, schal riechenden Raumes mit seinen nicht weniger merkwürdigen Bewohnern verschlugen Gracie und Freddie beinahe den Atem. Zwei der Männer saßen am Tisch und aßen, ein anderer stand am Tischende und schnitt sich Brot ab, und ein vierter, bulliger, völlig eingestaubter Mann war gerade dabei, den

Raum durch eine Tür an der gegenüberliegenden Seite zu verlassen. Doch alle hielten gleichzeitig in ihren Tätigkeiten inne, als die Gruppe den Raum betrat, und in ihren Augen stand dieselbe unausgesprochene Frage, die Betty in ihrer üblichen, schnoddrigen Art auch gleich beantwortete. »Glotzt nicht so blöde, die fressen kein rohes Fleisch«, schnappte sie.

Als Andrew auf den freien Stuhl am Tisch zuging, erhoben sich der Maler und der Geiger unverzüglich, und es war Mickey, der Gracie etwas verlegen seinen Stuhl hinschob, die sich daraufhin zögernd und mit einem kaum hörbaren »Vielen Dank« setzte.

Die Ellbogen auf dem Tisch, das Kinn auf die Handflächen gestützt, nuschelte Andrew: »Also, Betty, schieß mit der Vorstellung los.«

»Ich weiß doch nichts von denen«, gab sie zurück.

Andrew warf Willie einen Blick zu, der sich jetzt zu ihnen gesellt hatte, und fragte ihn: »Hast du jemals erlebt, daß Betty sich keine Geschichte ausdenken kann? Also, das sind meine Adoptivcousine und mein Adoptivcousin. Ihr Vater und meine Adoptivmutter sind Halbgeschwister.«

»Ach, und wie hätte ich das riechen sollen?«

»Ja, da hast du recht, das ist nicht leicht zu erraten.«

Es war Willie, der sich jetzt einschaltete: »Wie auch immer, jeder Freund von Andrew ist uns hier willkommen. Ich bin Willie Grabelly. Dies ist mein Haus, meine Wohnung oder Apartment, wie auch immer man diese Bude bezeichnen will. Ich bin hier geboren.« Dann schüttelte er den Kopf und sagte: »Nein, gehören tut es mir nicht, ich habe es nur gemietet. Aber da ich gern Gesellschaft habe und gern Leute herumkommandiere . . .« Hier machte er eine Pause und lachte. »Das ist nämlich mein Job, ich bin Vorarbeiter auf dem Bau. Aber ich baue keine Häuser, ich reiße sie ein. Also, jedenfalls habe ich einen Teil der Wohnung an Freunde vermietet.« Er nickte Gracie und Freddie zu. »Deshalb kommt euch das Ganze hier wahrscheinlich auch so komisch vor, diese Schlafräume und so. Aber wir sind alle gute Freunde. Dieser Gentleman« – und er deutete mit der Hand auf Dill – »ist Mr. Morgan. Er ist, wie euer Cousin hier, ebenfalls Maler.« Er beugte sich jetzt zu Dill und sagte lachend: »Aber eine andere Sorte Maler. Er wütet nicht so mit Farben herum wie unser Andrew.« Dann wandte er sich an Mickey: »Ob ihr es glaubt oder nicht, dieser Herr hier ist Violinist, und ein ausgesprochen guter dazu, und wenn es nach mir ginge, würde er schon lange in Henry Halls Band die erste Geige spielen«, erklärte er, worauf Mickey verlegen zu Boden blickte.

Als nächstes deutete er auf den schmächtigen Mann. »Und das hier ist Mr. Winterbottom, Koch, Flaschenspüler, Hans Dampf in allen Gassen, und er wollte euch gerade fragen, ob er euch eine Tasse Tee anbieten darf? Nicht wahr, Win?«

James Winterbottom setzte ein breites Lächeln auf und wandte sich dann an Freddie: »Ja, darf ich Ihnen eine Tasse Tee anbieten, Sir?«

»Vielen Dank.« Freddie sah zu Gracie hinüber, die das Lächeln des schmächtigen Mannes erwiderte, und sagte: »Ja, bitte. Ich hätte gerne eine Tasse Tee.«

»Gut, das war das. Wäre jetzt einer der Herrschaften vielleicht so freundlich, unserem ehrenwerten Gast einen Stuhl aus der Küche zu holen?«

»Nein, das ist nicht nötig«, entgegnete Freddie lachend. »Ich bin es gewohnt zu stehen.«

Jetzt meldete sich Betty wieder zu Wort. »So, nachdem die offizielle Vorstellung beendet ist, siehst du besser zu, daß du in die Koje kommst«, sagte sie an Andrew gewandt, der sich mit einem »Sehr wohl, Schwester« und »Würdet ihr mich bitte entschuldigen?« erhob.

Während sein Blick auf Freddie und Gracie verweilte, mit denen er praktisch groß geworden war, überlegte er, wie es kam, daß sie ihm plötzlich wie Fremde erschienen. Und gleichzeitig versuchten die beiden, in ihrem Gegenüber den Andrew auszumachen, den sie bisher gekannt hatten, doch außer den Mulltupfern in seiner Nase erinnerte nichts, aber auch gar nichts an den Andrew von früher.

Win brachte einen Hocker aus der Küche, stellte ihn neben Freddie hin, und Willie meinte: »Kommt, setzt euch an den Tisch, da redet es sich besser. Die zwei sind ohnehin fertig mit dem Essen, und was mich betrifft, ich gehe mir den Staub abwaschen. Wartet nur, wenn ich zurückkomme, wird mich keiner mehr erkennen. Ich habe nämlich eine Schwester, die ist Schönheitskönigin.« Und als Betty mit todernster Miene erkärte, daß ihre Tante Bauchtänzerin sei, brachen alle in schallendes Gelächter aus.

Andrew, der sich mit beiden Händen auf dem Tisch aufstützte, drehte sich lachend zu Freddie um, und als er sah, daß sich dieser die Hand vor den sperrangelweit offenstehenden Mund hielt, kicherte er: »Siehst du jetzt, was ich meine? Das ist eine völlig andere Welt hier.« Und als dann das Lachen langsam verstummte, ging Andrew ohne Bettys Hilfe, die er sanft beiseite gedrängt hatte, in seine Schlafkammer.

Daraufhin trat eine Gesprächspause ein, die Gracie mit ihrer natürlichen Gabe, derartige Situationen zu überspielen, und der Frage an Mickey überbrückte: »Und wo spielen Sie Geige, Mr. Fenwick?«

»Ach, überall, wo Menschen meine Kunst zu schätzen wissen. Vor Theatern auf der Straße . . .«

»Oh«, entfuhr es Gracie, dann lenkte sie rasch ein. »Ja, ich habe ein paar gute Musiker auf der Straße spielen hören. Raymond Cranbury zum Beispiel, den kennen Sie gewiß. Der hat auch auf der Straße angefangen . . . und jetzt macht er gerade eine Tournee durch Amerika.«

»Ja, natürlich. Aber wissen Sie, Miß, heutzutage gibt es nicht mehr viele exzentrische alte Herren, die Straßenmusikanten auflesen und auf die Akademie schicken. Auf so einen warte ich schon mein ganzes Leben.«

»Du bist noch jung, du hast noch Chancen«, tröstete ihn Dill.

Mickey warf dem wortkargen Dill einen dankbaren Blick zu, wollte etwas erwidern, wurde jedoch von Freddie unterbrochen, der versuchte, mit Dill ins Gespräch zu kommen. »Und Sie malen?« fragte er ihn.

»Ja«, kam die knappe Antwort, verbunden mit der Gegenfrage: »Und was machen Sie?«

Mit einem Kopfschütteln, das entschuldigend wirkte, erwiderte Freddie: »Eigentlich nichts ... ich meine, ich studiere in Oxford.«

Nach einer kurzen Pause erkundigte sich Dill: »Und welches Fach?«

»Mathematik.«

»Wollen Sie Lehrer werden?«

»Ehrlich gesagt weiß ich noch nicht genau, was ich später einmal beruflich machen werde.«

Und gleich darauf richteten sich alle Blicke auf Betty, die am Tischende saß und sich mit den Worten in die Unterhaltung einmischte: »Ich kann es auch gut mit den Zahlen. Im Zusammenrechnen bin ich absolut Spitze. Hatte früher sogar vor, ins Büro zu gehen.« Und als sie mit den Schultern zuckte und kurz schwieg, sagte Dill: »Du meinst, du bist gut in Arithmetik; aber Mathematik besteht nicht nur aus Addieren, Betty«, worauf sie zurückgab: »Na ja, aber um Zahlen geht es doch, oder?«

»Nein.« Dill schüttelte den Kopf.

»Also, vielleicht erkärt mir einer der hier anwesenden Schlaumeier freundlicherweise, worum es sonst geht.«

Freddie wollte schon zu einer langatmigen Ausführung über die Grundlagen der Mathematik ansetzen, beschied sich dann aber mit der Bemerkung: »Wissen Sie, Betty, Mathematik hat sehr viel damit zu tun, gewisse Abläufe zu analysieren, ihnen auf den Grund zu gehen, Formeln zu finden.«

»Wenn Sie gerne analysieren«, gab sie schlagfertig zurück, »dann sind Sie hier genau richtig. Sehen Sie sich zum Beispiel diesen blendend aussehenden Filmstar an.« Sie nickte Richtung Tür, in der gerade Willie auftauchte und sich mit den Fingern durchs nasse Haar fuhr. »Übrigens, zieh nicht dauernd Andrews Hemden an, die kriegst du über der Brust sowieso nicht zu«, rief sie ihm entgegen.

»Kümmer dich gefälligst um deine eigenen Angelegenheiten.«

»Mach ich ja. Ich bin schließlich für Andrews Wäsche zuständig.«

Und als ob Andrew das hitzige Wortgefecht mitverfolgt hätte, rief er jetzt aus seiner Kammer: »Gracie! Freddie! Kommt mal bitte.«

Sie erhoben sich hastig vom Tisch, und als sie sich hintereinander in den schmalen Gang zwischen der Holzpritsche und der improvisierten Trennwand gedrängt hatten, trauten sie ihren Augen kaum: Da lag Andrew, unter dem Kopf ein schmuddeliges Kissen und mit einer alten Wolldecke zugedeckt.

Als er ihre fassungslosen Gesichter sah, bedeutete Andrew ihnen mit einer Handbewegung, sich zu ihm herabzubeugen, und flüsterte dann: »Bitte, macht euch um mich keine Sorgen.« Dann wurde seine Stimme noch eine Spur leiser. »Ich kann euch nur sagen, ich habe mich in meinem ganzen Leben noch nie so frei und glücklich gefühlt wie hier. Ich weiß, das ist ein seltsamer Ort, aber alles anständige Leute hier, die dazu sehr freundlich sind und alle irgendwie ums Überleben kämpfen. Ihr beide . . . und auch ich, wir haben keine Ahnung von dieser Art Leben; aber ich bin dabei zu lernen. Es ist hart, primitiv und abscheulich bisweilen, aber hier herrscht eine Ehrlichkeit und Freundschaft, die mich fasziniert. Also, macht euch keine Gedanken über mich und . . . und haltet bitte euer Versprechen, der Familie gegenüber, was mich betrifft, Stillschweigen zu bewahren.«

»Willst du wirklich nie mehr zurückkommen?« wisperte Gracie jetzt mit kaum hörbarer Stimme, und Andrew flüsterte zurück: »Nein, leben werde ich nicht mehr mit ihnen, aber besuchen werde ich sie gewiß eines Tages.«

»Andrew, deine Eltern sind schon halb verrückt vor Sorge. Laß uns ihnen wenigstens erzählen, daß wir dich gesehen haben und daß es dir gutgeht«, gab Freddie zu bedenken.

»Nein. Nein. Die würden so lange bohren, bis sie wissen, wo ich bin. Zumindest Mutter. O ja, Mutter bestimmt.«

»Hast du wenigstens Geld?« kam es von Gracie, und er nickte ihr zu. »Ja, im Moment schon noch. Aber ich arbeite hart, und Dill hat mir angeboten, mich mit seinem Agenten bekannt zu machen, der zwar ein Halsabschneider sein muß, ihn aber zumindest am Leben erhält. Und, was noch viel wichtiger ist, von Dill habe ich in den letzten Monaten, was das Malen anbelangt, mehr gelernt als in den zwei Jahren in Edinburgh.« Er nahm ihre Hände und drückte sie: »Also, bleibt es dabei?«

Freddie und Gracie nickten. »Ja, es bleibt dabei«, sagte Freddie, »obwohl es mir gegen den Strich geht. Und noch etwas, können wir ab und zu einmal vorbeikommen und dich besuchen?«

»Aber natürlich, sooft ihr wollt. Ich gehe selten abends aus.« Andrews Blick schien ein wenig länger auf Gracie zu ruhen, als er hinzufügte: »Ja, das würde mich sehr freuen. Denn manchmal vermisse ich die alten Zeiten, das muß ich zugeben, besonders unter diesen Umständen.« Er deutete auf seine Nase. »Und Mutter hat immer so ein Getue darum gemacht. Aber sie ist ein guter Ersatz« – und er nickte in Richtung des halb geöffneten Vorhangs –, »Betty, meine ich. Ist sie nicht ein tolles Mädchen? Eine wunderbare Seele?« Seine Lippen verzogen sich zu einem breiten Lächeln. »Sie organisiert mein Leben perfekt.«

»Und das aller anderen auch, wie mir scheint«, kicherte Freddie leise.

»Ja, da magst du recht haben.« Er lächelte versonnen und sagte dann: »Sie wird euch zum Taxistand bringen.«

»Ach, wir wollen ihr keine Umstände machen.«

»Vielleicht wollen euch aber andere Leute Umstände machen. Das hier ist eine wilde Gegend.«

Beide schüttelten sie wieder den Kopf, dann beugte sich Gracie zu Andrew hinunter, gab ihm einen Kuß auf die Wange und sagte: »Gute Nacht, mein Lieber. Ich schaue ab und zu mal vorbei.«

»Ja, mach das.«

Als ob sie alles mitgehört hätte, stand Betty bereits im Mantel in der Küche, hatte sich einen Schal um ihren Haarschopf gewickelt und empfing die beiden mit der Frage: »Na, seid ihr fertig?«

»Ja. Ja.«

Nachdem Gracie und Freddie sich reihum verabschiedet und versprochen hatten, bald wiederzukommen, verließen sie zu dritt das Haus. Draußen auf der dunklen Straße flüsterte Betty ihnen dann zu: »Wenn uns eine Gruppe von Leuten entgegenkommt, bleibt dicht zusammen. Und wenn sie stehenbleiben, überlaßt das Reden mir.«

»Aber gewiß doch, Boß«, entgegnete Freddie lachend, worauf Betty zurückschoß: »Spar dir deinen verdammten Spott, solange du nicht weißt, worüber du spottest!«

Freddie verkniff sich eine Antwort, und als sie nach wenigen Minuten unbehelligt die Hauptstraße erreichten, war es Freddie und Gracie, als beträten sie wieder zivilisierten Boden.

Es war Betty, die ein Taxi heranwinkte, und bevor die beiden noch zu einer Verabschiedung ansetzen konnten, erklärte sie: »Ihr werdet doch, was Andrew anbelangt, dichthalten, oder? Der Typ ist nämlich schwer in Ordnung, fängt gerade ein neues Leben an. Und außerdem ist er mein Bruder, mein richtiger Bruder, nicht mein adoptierter.«

»Du kannst dich auf uns verlassen«, sagte Freddie. »Und . . . vielen Dank, daß du dich so nett um ihn kümmerst.«

»Ja, ich weiß, ich sollte eigentlich im Tierasyl arbeiten«, war ihre Antwort darauf.

Als das Taxi abgefahren war, blieb Betty noch eine Weile am Gehsteig stehen, dachte über die beiden nach und kam zu dem Schluß, daß sie ihn mehr mochte als sie. Sie war ein bißchen hochnäsig, fand sie, und hatte ganz offensichtlich ein Auge auf Andrew geworfen. Ja, sie brauchte nur an die Begegnung im Wartezimmer zu denken . . . wie überkandidelt die sich da aufgeführt hatte, wie eine Filmdiva.

– 5 –

Freddie war auf dem Weg zum Mittagessen und wollte sich anschließend mit seinem Vater treffen. Er schlenderte gerade an der National Gallery vorbei, als der Anblick des Mädchens, das dort die breite Freitreppe herunterkam, seinen Kopf herumfahren ließ.

Er war es gewohnt, durch London zu spazieren und dort allen möglichen Typen von Menschen zu begegnen. Und dieser Typ Frau war sehr verbreitet: übertrieben geschminkt, sehr auffällig gekleidet mit extrem kurzen oder langen Röcken, je nachdem, was die kurzlebige Mode gerade vorschrieb, und dazu in schreienden Farben. Und noch etwas hatten diese Frauen gemeinsam: eine ordinäre Stimme. Für ihn gehörten sie zum alltäglichen Londoner Stadtbild. Manche halfen bei Straßenhändlern aus, die meisten arbeiteten als Verkäuferinnen. Ja, sie waren so anders als ihre Mütter, aber die Zeiten hatten sich geändert, mit dem Radioempfänger und den Tonfilmen hatten auch die Farben Einzug ins Land gehalten.

Die hier trippelte die Stufen hinunter, als ginge sie aufs Tanzparkett. Aber welche Stufen! Das hier waren die Stufen der National Gallery. Was um alles in der Welt tat sie hier? Ausgerechnet sie!

Da sie ihn anscheinend nicht bemerkt hatte, rief er ihr ein Hallo zu.

Sie drehte sich um, sah ihn etwas erstaunt an und erkannte ihn dann. »Ach, du bist's.«

»Ja, ich bin's.« Er sah die Treppe hinauf. »Warst du in der National Gallery?«

Sie hob das Kinn in einer affektierten Geste und flötete dann: »Ja, Sir, ich komme gerade aus der National Gallery. Und Sie möchten jetzt bestimmt wissen, was ich dort gemacht habe, stimmt's? Ausgerechnet ich. Das wollten Sie mich doch fragen, habe ich recht?«

Freddie lachte. »Ja, das stimmt. Das wollte ich.«

»Gut, dann werde ich es Ihnen erzählen. Ich habe mir die Bilder angesehen. Denn in der National Gallery hängen jede Menge Bilder, falls Sie das nicht gewußt haben sollten, Sir.«

Er hob jetzt ebenfalls das Kinn und entgegnete geschraubt: »Doch, gnädiges Fräulein, das ist mir bekannt.«

Ihre Miene änderte sich schlagartig. »Äff mich nicht nach, das kann ich nicht leiden«, versetzte sie beleidigt.

»Na gut, Miß Birchcomb, lassen wir das. Aber verrate mir trotzdem, was du dort gemacht hast.«

»Also, Andrew und Dill unterhalten sich dauernd über Bilder, über diesen und jenen Maler und über diese Renais-sance, so spricht man es doch aus, oder?«

»Ja, genau so spricht man es aus.«

»Nun, ich hatte heute etwas Zeit ... heute ist nämlich mein Laryngitis-Tag.«

»Wie bitte?« Er sah sie verständnislos an.

»Ich mache blau, heißt das. Aber demnächst werde ich mir eine andere Krankheit zulegen, denn diese Kehlkopfentzündung gilt nicht als richtige Krankheit, und unsere Miß Walfischkorsett – ich meine unsere Abteilungsleiterin – wird langsam kiebig. Vielleicht verlege ich mich demnächst auf Hexenschuß, an dem leiden die anderen auch des öfteren«, lachte sie.

O Gott, diese Sprache, dieses Benehmen und diese grauenhafte Frisur! Sie könnte so hübsch aussehen, dachte er, aber in diesem Aufzug wirkte sie schlicht und einfach ordinär. Ja, sie war ordinär, im wahrsten Sinne des Wortes. Aber sie hatte noch etwas anderes an sich, eine gewisse Ausstrahlung, für die er kein Wort fand. Und sie kam aus der National Gallery ...

»Und, wie haben dir die Bilder gefallen?«

»Ach, weißt du, das ist schwer zu sagen«, antwortete sie jetzt sehr ernsthaft. »Manche Bilder hätte ich stundenlang anschauen können, bei anderen habe ich einen roten Kopf bekommen. Stell dir vor, auf zweien waren die Leute splitternackt! Weißt du, ich kann mir gut vorstellen, daß viele nicht der Kunst wegen dort hineingehen, sondern wegen der Gänsehaut, die ihnen bei solchen Bildern über den Rücken rieselt.«

»Ja, ich glaube, da hast du nicht so unrecht«, meinte er.

»Na, wie auch immer, ich wollte jedenfalls einmal wissen, was es mit dem allem auf sich hat, denn ich sitze oft dabei, wenn sich die beiden über Malerei unterhalten, und kann nicht mitreden.« Jetzt warf sie ihm einen schelmischen Blick zu. »Wir haben uns zwar erst zweimal gesehen, aber du hast bestimmt gemerkt, daß ich gerne mitrede, nicht wahr?«

»Ja, doch, den Eindruck hatte ich tatsächlich.«

»So, da sind wir«, sagte sie unvermittelt. »Ich muß hier abbiegen.«

»Warte! Hast du ... hast du den ganzen Nachmittag frei?«

»Ja, schon, aber ich muß mich um meine Mutter kümmern, ihr geht es nicht gut. Komisch, immer wenn Andrew Nasenbluten hat, kriegt sie es auch.«

»Besucht Andrew seine Mutter oft?«

»Nein.«

»Nein?«

»Du hast doch gehört, nein. Sie verstehen sich nicht besonders. Und mit meinem Vater hat er überhaupt nichts am Hut; sie hatten einen Streit, und Andrew hat ihn k. o. geschlagen. Kannst dir die Geschichte ja mal von ihm erzählen lassen. Aber Tatsache ist, daß er meine Mutter nicht sonderlich ins Herz geschlossen hat.«

»Aber ... er hat sie doch so lange gesucht. Ich dachte, er wollte ...«

»Ja, er wollte herausfinden, wer sie ist und wie sie ist. Aber was er gefunden hat, hat ihm nicht behagt. Seine Adoptivmutter muß wohl ein ganz anderer Typ Frau sein, nehme ich an.«

»Aber dich mag er doch sehr gern.«

»Ja, das weiß ich«, nickte sie, und auf ihrem Gesicht zeigte sich ein Lächeln, als sie sagte: »Ich ... ich komme ihm irgendwie wirklicher vor. Ich gehöre mehr zu ihm – und ich bin die einzige –, und mir geht es genauso. Ich habe einen Bruder bekommen und er eine Schwester.«

Freddie warf einen Blick auf seine Uhr. Es war halb eins.

»Ich bin am Verhungern«, stöhnte er dann. Ich werde etwas essen gehen. Kommst du mit?«

»In ein Restaurant?« Sie sah ihn mit großen Augen an.

»Ja, natürlich in ein Restaurant.«

Jetzt schüttelte sie den Kopf. »Nein, danke. So gehe ich nicht mit. Mein Haar sieht unmöglich aus. Ich wollte heute nachmittag zum Friseur. Nein, vielen Dank, so nicht.«

»Es muß ja nicht unbedingt ein Restaurant sein. Wo ißt du denn gewöhnlich?«

»Bei Jonathan. Fleischpastete mit Erbsen oder Eier mit Speck. Die Portionen sind groß, und schmecken tut es auch.«

»Also gut, dann laß uns zu diesem Jonathan gehen.«

Betty blieb stehen und musterte Freddie von oben bis unten. Er sah gut aus in seinem perfekt sitzenden Anzug und dem weichen Filzhut. Man sah auf den ersten Blick, daß er zu einer anderen Schicht gehörte. In dem Schnellimbiß war er genauso fehl am Platze wie sie in einem Restaurant.

»Gut, gehen wir. Aber wenn wir dort ein paar Mädchen aus meiner Abteilung treffen, Spaten und Schaufeln, mußt du dich auf einiges Getuschel gefaßt machen.«

»Das stört mich nicht. Aber was meinst du mit Spaten und Schaufeln?«

»Die Gartenabteilung im Untergeschoß. Wenn du das Maul so aufreißt, wie ich das zu tun pflege, oder nicht viel auf'm Kasten hast, dann schieben sie dich in die Gartenabteilung ab. O Gott, wie ich Gärten hasse! Und erst recht diese aufgetakelten Schnepfen, die nach einem leichten Spaten fragen, einem Damenspaten.«

»Gibt es tatsächlich Damenspaten?«

»Und ob. Halb so groß wie ein normaler Spaten sind die, genau passend für die zarte Hand einer Vorstadtlady. Die glauben, sie sind was Bess'res, schleichen sich wie Diebe in den Laden – ich arbeite bei Woolworth, mußt du wissen – und tun so, als hätten sie sich verlaufen, wenn sie einer Bekannten begegnen. Oh, diese breitärschigen Weiber mit ihren Landsitzen und Rosengärten –«

Als ihre Stimme abrupt abbrach, schloß Freddie einen Moment die Augen und hätte beinahe eine dieser Damen umgerannt, über die Betty sich gerade ereifert hatte. »Verzeihen Sie vielmals, Madam. Ist alles in Ordnung?« beeilte er sich zu entschuldigen.

Die Dame setzte nachsichtig lächelnd ihren Weg fort, und Freddie mußte einen Schritt zulegen, um Betty einzuholen, die einfach weitergegangen war. Mit gesenktem Kopf murmelte sie, als er an ihrer Seite war: »Tut mir leid.«

Er sagte nichts, denn er brachte vor unterdrücktem Lachen kein Wort heraus. Und plötzlich machten seine Gedanken einen Sprung, erinnerten ihn, daß seine Mutter gestern abend einen Selbstmordversuch verübt hatte und er sie anschließend im Krankenhaus besuchen mußte. Er schluckte ein paarmal kräftig, ehe er dann nachdenklich murmelte: »Mit dir kann ich so unbeschwert reden, du bist immer so . . .« Da fuhr ihr Kopf herum.

»Ja, ich . . . versuche witzig zu sein, weil das die Leute zum Lachen bringt und sie dann für einen Moment alle Trübsal vergessen«, sagte sie und blitzte ihn wütend an. »Aber das gerade war nicht witzig, das war unverschämt. Die Frau, die du beinahe umgerannt hast, die hat das vielleicht gehört und fühlt sich genauso gekränkt wie ich, wenn mich jemand als ordinär bezeichnet.« Den Blick stur geradeaus gerichtet, beschleunigte sie ihren Schritt. »Oh, ich weiß, was die Leute von mir denken: Ein bißchen ordinär und witzig, das ist Betty. Aber wenn du es genau wissen willst, ich will weder das eine noch das andere sein.«

Sie waren inzwischen in eine kleine Nebenstraße eingebogen, und da zog Freddie sie jetzt in einen Hauseingang, packte sie bei den Schultern und schüttelte sie. »Hör auf damit! Hör auf, dich zu sezieren . . . dich zu zerpflücken.«

»Genau das meine ich«, hielt sie ihm entgegen. »Du glaubst, ich bin so blöd und weiß nicht, was sezieren heißt, stimmt's? Sonst hättest du es mir doch nicht erklärt.«

»Das glaube ich keineswegs.« Er sprach jetzt sehr langsam und leise. »Und ich finde auch nicht, daß du ordinär bist.« Während er das sagte, wurde ihm auf einmal bewußt, daß das nicht richtig gelogen war, und falls doch, daß es jedenfalls keine Rolle spielte. Die nächsten Worte sprudelten jetzt einfach so aus ihm heraus. »Wie du schon sagtest, wir sehen uns heute erst zum zweiten Mal, aber mir kommt es so vor, als kenne ich dich schon ewig. Ich höre dir gern zu . . . und ich glaube, daß sich hinter deiner äußeren Fassade ein ganz schlaues Köpfchen verbirgt.«

Warum kam ihm plötzlich Helen Clayton in den Sinn, eine Kommilitonin aus Oxford, mit der er sich immer so gut hatte unterhalten können? Sie befanden sich intellektuell auf einer Ebene. Er mochte Helen und hatte sich erst kürzlich gefragt, wie sehr er sie eigentlich mochte. Denn er konnte sich nicht vorstellen, sein Leben mit einer Frau zu verbringen, die ihm geistig nicht gewachsen war. Und bis gestern hatte er sich sogar auf seine Rückkehr nach Oxford gefreut, in erster Linie wegen der langen Gespräche, die er dann wieder mit ihr würde führen können. Und jetzt hörte er sich sagen: »Schade, daß ich nächste Woche schon wieder zurück muß . . . nach Oxford. Wir haben uns gar nicht richtig kennenlernen können. Aber fünf Tage bleiben uns ja noch.«

Er nahm ihre Hand und wechselte dann lachend das Thema: »Komm, auf zu Eiern mit Speck. Spaten und Schaufeln können warten.«

Sie antwortete nicht. Den Blick auf den Boden gerichtet, ging sie schweigend neben ihm her und nagte an ihrer Unterlippe.

Er hatte seinen Vater vom Bahnhof abgeholt und ihm noch mal etwas ausführlicher berichtet, was er ihm bereits am Abend zuvor am Telefon mitgeteilt hatte, und war einigermaßen erstaunt gewesen, daß er nur wenig dazu gesagt hatte; tatsächlich war er überhaupt sehr schweigsam gewesen.

Und jetzt standen sie beide in dem schmalen Krankenzimmer neben ihrem Bett. Die Tür war geschlossen, doch Roses Stimme mußte bis hinaus auf den Korridor gedrungen sein, denn eine Schwester steckte plötzlich den Kopf zur Tür herein und fragte: »Alles in Ordnung?« Jason nickte. »Ja, Schwester, alles in Ordnung.« Und mit einem Blick auf Rose fügte er hinzu: »Nur das übliche Familiengeplänkel.«

»Du wirst damit nicht durchkommen. Ich habe dir keinen Grund geliefert, weswegen du eine Trennung fordern könntest.«

»Und wie steht es mit der Verweigerung ehelicher Pflichten? Und zwar nicht nur die letzten sechs Jahre, sondern auch schon in den Jahren zuvor? Und Alkoholikerin bist du auch.«

»Ich bin keine Alkoholikerin.«

Jason und Freddie warfen gleichzeitig einen Blick zur Tür, dann sagte Jason leise, aber bestimmt: »Sei nicht albern, Frau. Was, glaubst du, hat dich hierhergebracht? Soviel ich verstanden habe, waren es nicht die Tabletten, sondern der Alkohol, den du vorher getrunken hast. Und du hast beide Dosen sehr genau berechnet; nur um mir Angst einzujagen, wie? Mich wieder zu erpressen? Aber alles, was ich dazu zu sagen habe, ist: Mach es das nächste Mal gründlich. Die Zeiten freundlicher Reden sind vorbei. Es ist dein Leben, Rose. Entweder befolgst du ab jetzt die Ratschläge der Ärzte und machst endlich eine Entziehungskur, oder du säufst dich zu Tode, was nicht mehr lange dauern wird, denn nach Aussage der Ärzte ist deine Leber schon reichlich angegriffen.«

»Ich zwing' dich schon noch in die Knie«, zischte sie, und als sie hinzusetzte: »Du bist als Bastard geboren und einer geblieben«, drehte sich Jason wortlos um, und nur Freddies Hand, die ihn am Arm festhielt, hinderte ihn daran, auf der Stelle das Zimmer zu verlassen. Doch Rose zeterte inzwischen unbeeindruckt weiter: »Was willst du denn machen, wenn deine Trennung rechtsgültig ist, mein Lieber? Mit deiner Halbschwester zusammenleben? Du hast schon immer ein Faible für sie gehabt, stimmt's? Deine Zwillingsschwester genießt offenbar noch immer ihr unzüchtiges, verkommenes Glück, aber das werde ich zerstören, darauf kannst du Gift nehmen. Ich habe dir vor einigen Wochen gesagt, daß es nur an dir liegt, ob ich diesen Skandal an die Öffentlichkeit bringe oder nicht. Und es liegt immer noch an dir.«

Da schoß Jason herum und starrte sie mit versteinerter Miene an. »Das kannst du dir schenken, Rose, denn sie sind bereits auf deine Vergeltungsaktion vorbereitet. Aber wenn du es dennoch tust, sieh zu, daß du nüchtern bist, denn die Zeitungsleute könnten dich sonst vielleicht nicht ernst nehmen.«

Rose stützte sich in den Kissen auf und brüllte: »Ich werde dir einen Strich durch die Rechnung machen, Jason Montane, so oder so. Wenn ich gestorben bin, und den Zeitpunkt bestimme ich, wird dich mein Geist noch im Schlaf verfolgen.«

»Tu das, Rose. Tu, was immer dich glücklich macht«, war Jasons Antwort, dann verließ er das Zimmer. Freddie fühlte sich hin- und hergerissen zwischen diesen beiden Menschen, die seine Eltern waren. Der Anblick seiner Mutter, die leichenblaß, das Gesicht zu einer Fratze verzerrt, in ihrem Bett lag, erfüllte Freddie mit Mitleid, und gleichzeitig verstand er aber auch, unter welcher nervlichen Anspannung sein Vater jahrelang gestanden haben mußte.

Er trat wieder ans Bett zurück und versuchte, die zukkenden Hände seiner Mutter festzuhalten, doch sie entzog sich ihm mit der bissigen Bemerkung: »Du bist auch auf seiner Seite, habe ich recht? Natürlich habe ich recht, sonst hättest du mich nie allein gelassen. Du kennst ihn nicht. Du glaubst, er ist nett und freundlich. Nein, er ist grausam. Gleichgültigkeit ist die schlimmste Grausamkeit, die man jemandem zufügen kann. Seit jeher hat er ausschließlich an seine Halbschwester Marian gedacht und immer wieder ihre Nähe gesucht. O ja.«

»Nein, Mutter, hat er nie. Das weiß ich genau.«

Mit einemmal lag sie ganz still. »Was heißt das, du weißt es genau?«

»Nun, ich weiß, daß er Tante Marian niemals solche Gedanken entgegengebracht hat.«

Ihre Augen wurden jetzt sehr schmal. »Wem denn dann?«

Er schüttelte den Kopf. »Ich . . . ich weiß es nicht.«

»Doch, du weißt es schon!«

»Nein, Mama. Ich weiß es nicht. Und jetzt beruhige dich, bitte.« Er beugte sich über sie. »Sei so gut und befolge den Rat der Ärzte, es ist nur zu deinem eigenen Besten. Nach der Kur wirst du eine ganz neue Frau sein.«

»Geh! Geh mir aus den Augen. Du glaubst mir auch nicht. Warum sollte ich eine neue Frau werden wollen? Ich trinke doch nicht. Ein Glas Sherry hin und wieder, das ist doch etwas anderes als trinken, oder?«

Als eine Schwester in der Tür erschien, verabschiedete er sich hastig. »Ist gut, Mama. Reg dich nicht auf. Du brauchst Ruhe . . . Ich komme morgen wieder.« Und damit eilte er hinaus.

Jason wartete am Haupteingang auf ihn. Sie tauschten einen langen Blick, und erst draußen auf der Straße fragte Jason seinen Sohn, ob er nicht irgendwo eine Tasse Tee mit ihm trinken wolle.

Eine Weile gingen sie schweigend nebeneinander her, dann hörte Freddie seinen Vater murmeln: »Wenn ich mir vorstelle, wie sie früher war, so sanft und freundlich, puppenhaft, beinahe unterwürfig war sie . . .« Jetzt sah er seinen Sohn genau an. »Denk immer daran, Freddie«, sagte er mit ernster Stimme, »Frauen haben zwei Gesichter: Sobald sie den Verdacht haben, dich nicht mehr ganz zu besitzen, verwandeln sie sich in Teufel. Und noch etwas: Bevor du eine Frau heiratest, frag dich genau, ob du es mit ihr auch dann noch vierundzwanzig Stunden am Tag aushalten kannst, wenn es hart auf hart kommt. Und wenn die Antwort ja ist, dann frage dich: Wie lange?« Er seufzte ein paarmal tief und fuhr dann fort: »Versichere dich, daß du sie willst und daß du sie brauchst . . . in jeder Beziehung, denn wisse, eine Frau, die dir keine Freundin sein kann, wird bald deine Feindin sein.«

Puppenhaft, sanft, unterwürfig . . . in Freddis Gedanken entstand das Bild von Betty. An ihr war nichts Puppenhaftes. O nein. Noch hatte er bisher Ansätze von Sanftheit bei ihr entdeckt. Und was die Unterwürfigkeit betraf, so konnte er sich nicht vorstellen, daß es je einem Mann gelänge, sie nach seinen Wünschen zu verändern. Und doch hatte sie etwas, das ... Nun, aber was?

Er konnte die Anziehung, die sie auf ihn ausübte, nicht in Worte fassen; er wußte nur, daß er sich nach ihrer Gesellschaft sehnte, ihr zuhören wollte, die Atmosphäre liebte, die sie schaffen konnte.

Doch wenn er jetzt an den Eindruck dachte, den Betty nach außen hin vermittelte, fand er es sehr bedauerlich, daß sie sich nicht ändern würde, denn sie sah einfach furchtbar aus, das mußte er zugeben – und er hatte sie für morgen abend ins Kino eingeladen ...

TEIL ZWEI

– 1937 –

– 1 –

Es war im Juni 1937. Freddie hatte sein Studium in Oxford als Bester seines Jahrgangs abgeschlossen, und am Tag darauf versammelten sich alle Geschwister in Jasons Wohnung, um den großartigen Erfolg ihres Bruders gebührend zu feiern. »Etwas Besseres, als daß Onkel Robert dich bei Steerman's aufnimmt, hätte dir wirklich nicht passieren können«, sagte Steven. »Die Firma gehörte früher zum Konzern seines Großvaters, wie ich gehört habe, und er besitzt immer noch etliche Anteile daran. Du hast wirklich Glück gehabt, Junge, denn Jobs für Akademiker sind heutzutage sehr dünn gesät.«

»Die Chancen sind immerhin größer als vergangenes Jahr«, warf sein Vater ein, worauf Steven meinte: »Ja, aber nur für Lehrer. Und dann kommen immer noch hundert Bewerber auf eine Stelle.«

»Das wird sich alles ändern, wenn der Krieg anfängt.«

»Wie meinst du das, Jessie?« kam es von Freddie.

»Nun, die Ärzte behaupten«, erwiderte sie mit einem halben Lächeln, »daß es Krieg geben wird. Das sei so sicher wie die Tatsache, daß immer wieder Epidemien ausbrechen, sagen sie. Doktor Jones und Doktor Paisley haben anscheinend schon im letzten Krieg in unserem Krankenhaus gearbeitet und erinnern sich, daß damals die gleiche Atmosphäre geherrscht habe wie heute, was die Presse und die Meinung der Leute auf der Straße anbelangt. Sie trauen Deutschland nicht, und das ist kein Wunder, wenn man hört, was dieser Mr. Hitler so lauthals von sich gibt. Aber wie dem auch sei«, sie streckte die Hand aus und tätschelte Freddie, der ihr auf der Couch gegenübersaß, das Knie, »wir sind alle furchtbar stolz auf dich. Selbst der alte Steven hier, den schier der Neid frißt.«

»Du spinnst ja, Jessie! Ich bin nicht neidisch. Ich freue mich unheimlich für ihn. Wirklich.« Er klopfte Freddie auf die Schulter. »Das weißt du doch, oder? Diese Krankenschwester hier ist eine alte Stichlerin.«

»Wieso denn? Du hast doch immer gesagt, daß du auch gern in Oxford studiert hättest.«

»Ja, aber daß ich es nicht getan habe, war meine eigene Entscheidung, und ich habe eine gute Wahl getroffen, nicht wahr, Vater?«

»Aber ganz bestimmt. Man braucht doch nur deine Position und deinen Verdienst anzuschauen. Wo schicken sie dich denn als nächstes hin?«

»Nach Italien, glaube ich. Da ist so ein Typ, der möchte sich exakt das gleiche Haus bauen lassen wie das, in dem er seinen letzten Urlaub verbracht hat. Manche Leute haben wirklich mehr Geld als Verstand. Aber solange er mir dadurch Arbeit bringt, soll es mir recht sein. Doch jetzt etwas ganz anderes«, wechselte er unvermittelt das Thema. »Es geht um Andrew. Ich bin der Meinung, daß es nicht richtig ist, die da oben weiter im Dunkeln über seinen Verbleib zu lassen. Tante Janice war in einem fürchterlichen Zustand, als ich sie das letztemal sah. Sein Anruf liegt jetzt bald drei Monate zurück, und sie kann nicht begreifen, warum er sich nicht mehr meldet. Und, ehrlich gesagt, begreife ich das auch nicht, zumal er zu uns Kontakt hält – dich ausgenommen, Vater.«

»Nun, in diesem Fall muß ich sagen, daß du ein bißchen schwer von Begriff bist«, mischte sich Jessie ein. »Wir haben doch gesehen, wie er wohnt und mit wem er Umgang hat. Und mehr noch, du hast seine Mutter kennengelernt und diese alte Schreckschraube von Großmutter. Und nicht zu vergessen diese temperamentvolle Betty«, lachte sie und zwinkerte Freddie zu. »Bist du immer noch mit ihr befreundet?«

»Ja, Jessie. Und ich habe auch weiterhin vor, unsere Freundschaft zu pflegen«, erwiderte Freddie kühl.

Überraschenderweise zog diese Antwort keinerlei Kommentar der anderen nach sich. Sie schwiegen, denn Freddies Stimme verriet mehr als seine Worte, und nach einer kurzen Pause erfuhren sie auch, worum es ging.

»Da ich jetzt einer gesicherten Zukunft entgegenblicke, werde ich Betty fragen, ob sie meine Frau werden möchte.«

Jason starrte ihn mit offenem Mund an; Steven machte große Augen; Jessie lachte, ein freundliches Lachen zwar, doch mit einem Schuß Belustigung versetzt, als sie sagte: »Also, Freddie, das geht doch wohl ein bißchen zu weit, findest du nicht? Okay, okay« – sie streckte abwehrend eine Hand aus –, »ich habe sie kennengelernt, und sie ist nett und hat fraglos Persönlichkeit. Aber bei aller Liebe, sie ist eine waschechte Cockney aus dem East End. Gut, diese Leute werden als das Salz der Erde bezeichnet, aber doch eher unter ihresgleichen . . .«

Noch ehe sie den Satz beenden konnte, war Freddie aufgesprungen. »Hör auf, Jessie!« herrschte er sie an. »Wo sie herstammt, ist mir völlig gleichgültig. Ich kann dir nur eines sagen: Sie ist mir mehr wert als alle Menschen, denen ich bis jetzt begegnet bin.«

»Ist ja gut, Freddie, wir haben verstanden«, brüllte Jason mit sanfter Stimme, doch Freddie fuhr ihm brüllend über den Mund: »Nichts ist gut, Vater. Und alles, was ich dir und Jessie und Gracie sagen kann, ist, daß ihr verdammt glücklich sein könnt, daß ihr nie so ein hartes Leben habt führen müssen. Ihr wärt untergegangen; für so ein Leben hättet *ihr* nicht genug Mumm gehabt.«

»Bitte! Bitte!« Jason kam um den Tisch herum. »Laßt uns um Himmels willen nicht auch noch untereinander streiten. Draußen herrscht schon genug Unfrieden. Und dir muß ich sagen, Freddie, wenn du deine Schwestern kritisierst und Vergleiche bezüglich Mut anstellst, den ich mit Stehvermögen und Geduld gleichsetze, dann schau dir bitte Gracie an: Sie ist diejenige, die jeden Abend nach Hause geht und dieses Chaos dort aushalten muß, denn daß eure Mutter wieder angefangen hat zu trinken, ist leider nicht zu leugnen . . . Und du, Steven, du würdest doch auch nicht wieder zu Hause wohnen wollen, oder?«

»Nein, Vater. Nein, ich könnte das nicht ertragen«, erwiderte Steven leise und wandte sich mit gesenktem Kopf ab.

»Nun, bleibst noch du, Jessie«, meinte Jason schroff.

»Was ist mit dir? Nachdem du dein Examen bestanden hast, könntest du dir jetzt außerhalb des Hospitals eine Wohnung nehmen. Nun, wie steht es damit?«

Jessie wandte sich wortlos ab.

Und jetzt sah Jason Freddie an. »Du warst nur fünf Tage hier und tönst bereits, daß du dich nach einer Wohnung umsehen willst. Nun, ich finde, du bist der letzte, der über Mut reden sollte.«

Freddie ließ das Kinn auf die Brust sinken. »Ja, du hast recht, Vater. Doch um auf das Thema zurückzukommen, ich werde Betty heiraten ... das heißt, falls sie mich will.«

»Was? Du hast sie noch gar nicht gefragt?« Gracie machte ein erstauntes Gesicht.

»Nein«, gab er zurück und sah Gracie an. »Und wie ich Betty kenne, wird sie, wenn ich ihr den Antrag mache, erst einmal laut lachen und dann das gleiche sagen, was ihr alle denkt, daß wir nicht zusammenpassen und die Idee absolut lächerlich sei. Denn im Gegensatz zu uns weiß sie, wer sie ist, und findet sich damit ab. Wie dem auch sei, wenn du, Vater, erwägst, eine fünfundzwanzig Jahre jüngere Frau zu heiraten, so wüßte ich nicht, welche Einwände du gegen meine Entscheidung geltend machen könntest, ein Mädchen meines Alters, aber aus einer niedrigeren Schicht zu heiraten, denn es ist gut möglich, daß beide ganz in Ordnung sind.«

»Du meine Güte, jetzt geht er aber ans Eingemachte«, schaltete sich Steven ein. »Fehlt nur, daß ich auch noch eine Bombe platzen lasse. Und das kann eines Tages ohne weiteres geschehen, denn auf meinen Reisen bin ich einigen wunderschönen, dunkelhäutigen Ladys begegnet.«

»Mag sein«, meinte Freddie mit einem breiten Grinsen zu seinem Bruder. »Aber ich wette mit dir, so eine wie die Freundin des bulligen Maurers ist dir noch nicht über den Weg gelaufen. Sie ist Mulattin, aber so schön, daß dir die Luft wegbleibt.« Und Gracie, ebenfalls bemüht, die Spannung zu brechen, setzte hinzu: »Ja, du solltest sie dir wirklich einmal anschauen. Vorsorglich werden wir gleich einen Krankenwagen bestellen, falls Willie deine Blicke mißverstehen sollte ... So, ich glaube, ich koche uns jetzt einmal eine Tasse Tee, das heißt, falls du überhaupt welchen im Haus hast, Dad. Machst du dir überhaupt jemals etwas zu essen oder zu trinken hier?«

»Doch. Manchmal.«

Als Freddie mit Gracie in die Küche gegangen war, erhob sich Jessie, trat ans Fenster, warf einen kurzen Blick hinaus und wandte sich dann zu Jason und Steven um. »Er will tatsächlich dieses vulgäre Weib heiraten. Sie kann mich nicht ausstehen, weil sie genau weiß, daß ich sie schon beim erstenmal durchschaut habe. Sie ist derselbe Schlag Frau wie die, die bei uns im Krankenhaus die Fußböden schrubben – schnoddrig und vorlaut, eine echte Cockney-Pflanze aus dem East End eben.«

»Du tust gut daran, deine Ansichten für dich zu behalten«, beschied ihr Steven, während Jason seine Tochter ansah und plötzlich merkte, daß er sie nie so richtig gemocht hatte ... sie war ihrer Mutter zu ähnlich.

Sie saßen in einer stillen Ecke im Park. Die Sonne schien. Betty beobachtete eine Horde Kinder, die mit einem jungen Hund über die Wiese tollten, und meinte unvermittelt: »Du mußt dich großartig fühlen, jetzt, da du das Examen bestanden und einen guten Job in Aussicht hast.«

»Weich mir nicht aus, Betty. Ich habe dir eine Frage gestellt, eine ernste Frage, und ich wiederhole noch einmal: Magst du mich?«

Ihr ganzer Körper fuhr herum, und sie brüllte ihn förmlich an: »Natürlich mag ich dich. Meinst du, ich würde sonst meine verdammte Zeit hier mit dir vertrödeln?«

»Fang nicht wieder an zu fluchen. Das hast du jetzt die ganze Zeit nicht getan.«

»Ja, weil ich keinen Grund dazu hatte. Aber jetzt redest du Blödsinn, und das regt mich auf.«

»Ich habe nicht den Eindruck, daß ich Blödsinn rede. Ich habe dir nur die einfache Frage gestellt, ob du mich magst.«

»Und ich habe sie beantwortet. Zufrieden?«

»Nein, ganz und gar nicht, Betty. Komm, steig von deinem hohen Roß herunter und leg die Waffen nieder. Du weißt ganz genau, was jetzt kommt, und willst dich bloß davor schützen, hab' ich recht?«

»Nun«, meinte sie jetzt eine Spur leiser und nickte ihm zu. »Du weißt genau, daß das, was du zu sagen beabsichtigst, zu nichts führen wird. So dumm bist du doch nicht.«

Er nahm ihre Hände und zog sie zu sich heran, und als ihre Gesichter sich beinahe berührten, sah er ihr tief in die Augen und flüsterte: »Ich liebe dich, Betty. Ich möchte in deiner Nähe sein. Ich möchte dich heiraten. Oh«, fügte er rasch hinzu, als sie versuchte, sich ihm zu entziehen, »nicht sofort. Vielleicht in ein, zwei Jahren, wenn ich weiß, wie das mit meinem Job läuft und ich ein Heim gründen kann ... ein Heim mit dir? Verstehst du? Denn du magst mich mehr, als du zugibst, stimmt's? Schau mich an.«

Sie sah ihn nicht an, sondern ließ den Kopf auf die Brust fallen und versuchte, sich von ihm frei zu machen. »Betty! Bitte! Um Himmels willen, nun wein doch nicht. Ich hätte nie gedacht ...«

Sie suchte nach ihrem Taschentuch, putzte sich die Nase und meinte dann schniefend: »Nein, du kannst dir nicht vorstellen, daß ich weinen kann, stimmt's? Weil du mich überhaupt nicht richtig kennst. Für dich bin ich nur die witzige Ulknudel, das ordinäre Flittchen, das du ganz unterhaltsam und sympathisch findest.«

»Nein! Nein!« Er hatte sie jetzt an den Schultern gefaßt. »Du weißt genau, daß das nicht stimmt. Komm schon, hör bitte auf zu weinen. Ich wollte dich wirklich nicht kränken.«

Jetzt sah sie ihn wieder an. »Ja, eben. Du kannst dir nicht vorstellen, daß ich weine. Aber ich sage Ihnen eines, Mr. Montane, ich weine sehr oft. Es vergeht kaum eine Nacht, in der ich nicht weine ...«

»Ich werde dich nie zum Weinen bringen, Betty.«

»Ach, du. Wegen dir weine ich doch die ganze Zeit,

weil all das hier« – sie schüttelte heftig den Kopf und breitete die Arme aus – »zu nichts führen wird. Und das weißt du ganz genau; du spielst doch nur ein Spiel.«

»Nein, das tue ich nicht.« Seine Stimme wurde laut. »Und daß es zu nichts führt, stimmt auch nicht.« Er drehte sie an den Schultern zu sich herum. »Schau, du würdest doch nicht wegen nichts in Tränen ausbrechen, oder? Ich habe dir gesagt, was ich für dich empfinde, aber ich kann mich nicht richtig ausdrücken, wie tief diese Gefühle sind. Und ich frage dich jetzt ganz schlicht und einfach, ob du mich liebst oder glaubst, mich je lieben zu können?«

Wieder ließ sie den Kopf sinken, ihr ganzer Körper sackte diesmal zusammen, und als sie sich an seine Brust fallen ließ, hielt er sie ganz fest und strich sanft über ihr weiches, silbriges Haar, das sie jetzt nicht mehr auftoupierte und mit viel Haarspray in bizarren Formen hielt wie früher. Er sah sie eine Weile an, nahm dann ganz zärtlich ihr Kinn, hob es an, bis ihre Lippen auf gleicher Höhe waren, und küßte sie.

Es war ihr erster Kuß. Und es war ein schneller Kuß. Als sich ihre Blicke dann trafen, meinte sie mit einem leisen Seufzer: »Ich passe nicht zu dir, Freddie. Und was glaubst du, was deine Familie sagen wird. Dein Vater mag mich vielleicht akzeptieren, weil er gerade selbst sein Leben geändert hat, wie du mir erzählt hast, aber deine Schwester, die Krankenschwester, die niemals. Wir konnten uns vom ersten Moment an nicht riechen. Sie sah mich an, als hätte ich die Krätze. Deinen älteren Bruder kenne ich nicht. Und Gracie, ja, die mag mich, weil Andrew mich mag. Was immer Andrew macht, das heißt sie gut, denn sie ist total vernarrt von ihm.«

»Vernarrt *in ihn*«, verbesserte er mit einem nachsichtigen Lächeln.

»A ... h«, machte sie. »Siehst du, genau das meine ich.«

Statt einer Antwort zog er sie wieder zu sich heran und küßte sie. »Das ist nur am Anfang so hart«, grinste er. »Nach einer Weile gewöhnst du dich dran.«

»Du willst also, daß ich mich ändere.« Es klang ein wenig traurig. »Aber ich glaube nicht, daß ich mich je ändern kann, ich meine, nicht auf Dauer. Zugegeben, ich kann ganz gut schauspielern, aber eben nur für kurze Zeit.«

»Ja, das weiß ich, meine Liebe, und ich mag dich auch genau so, wie du bist. Aber« – er beugte sich so weit vor, daß ihre Nasen sich berührten – »du bist ein kluges Mädchen und wirst ab jetzt bstimmt immer ›verknallt in ihn‹ sagen.«

»Du!« zischte sie und gab ihm einen Klaps. »Du alter Klugscheißer!«

Er sah verlegen zu Boden und biß sich auf die Lippen. »O Betty, du bist wirklich einzigartig, weißt du das?«

»Ja, ja, ich weiß«, entgegnete sie lachend. »So eine wie mich graben sie nicht so schnell wieder aus. Aber jetzt mal im Ernst, Freddie. Wir beide sind so verschieden wie Tag und Nacht, und dabei brauchen wir nicht einmal den Mund aufzumachen. Nein, nein« – sie wedelte mit dem Zeigefinger vor seiner Nase herum –, »dich mit mir einzulassen kann bedeuten, daß du dich langsam, aber sicher von deiner Familie entfernen wirst. O ja, das kann passieren. Und warte, ich bin noch nicht fertig. Da ist auch noch mein kleiner Haufen. Ich kann meine Mutter nicht sich selbst überlassen. Ich mag sie, oder besser gesagt, ich empfinde so was wie Mitleid für sie, denn sie hat es in ihrem Leben verdammt noch mal nicht einfach gehabt. Ich muß mich um sie kümmern. Und meine Großmutter, gut, die könnte ich ohne mit der Wimper zu zucken morgen in ein Altersheim stecken. Die hat ihr ganzes Leben lang nur an sich gedacht – und an ihre Ehrbarkeit. Ja, deshalb hat sie Mutter ja auch zu dieser Ehe mit Dad gezwungen. Und der arme kleine Andrew mußte zusehen, wo er blieb. Das war verflucht mies von ihr.«

»Aber hast du mir nicht erzählt, daß dein Vater geschrieben hat, daß das seine letzte Fahrt auf einem Bananendampfer war?« gab er hastig zu bedenken. »Er wird sich doch wohl von jetzt an um deine Mutter kümmern, oder?«

»Ja, wenn er Wort hält, der alte Sprücheklopfer. Weißt du, eines ist wirklich seltsam: Obwohl er ein Angeber ist, ein brutaler Schläger und alle schlechten Eigenschaften hat, die man sich vorstellen kann, liebt er meine Mutter über alles. Deshalb konnte er, glaube ich, auch den Gedanken nicht ertragen, einen Sohn zu haben. Eine weitere Tochter wäre nicht so schlimm gewesen, aber ein Sohn ist für ihn ein Konkurrent, ein Mann, der in seinem Re . . . vier wildert.«

»O Betty!« entfuhr es ihm.

»Ja, ich lese viel, wenn ich die Zeit dazu finde«, sagte sie leise. »Nur mit der Aussprache hapert es öfter. Weißt du, ich höre nie Leute in der Sprache reden, die ich lese.«

Freddie zog sie wieder in die Arme. »O Betty, du bist die aufrichtigste Person unter Gottes Himmel«, murmelte er ihr ins Ohr und fügte dann hinzu: »Mach dir keine Sorgen um deine Mutter. Wenn die Zeit gekommen ist, wird uns schon eine Lösung einfallen . . . ach, Betty, ich liebe dich. Ich liebe dich sehr. Ein Wunder, daß ich meine Prüfungen überhaupt so gut geschafft habe, nachdem du mir dauernd im Kopf herumgegangen bist.«

»Oh«, machte sie und zog eine Schnute. »Habe ich etwa deine a-na-ly-tischen . . . richtig? . . . Betrachtungen gestört?«

Sein Lachen mußte man auch noch in den entferntesten Ecken des Parks gehört haben. »Ja, Miß Birchcomb, Sie haben meine analytischen Betrachtungen empfindlich gestört«, kicherte er. Und als er sie dann auf Armeslänge von sich weghielt und sie liebevoll betrachtete, wußte er, daß sie nicht nur wunderschön, humorvoll und freundlich war, sondern überdies sehr klug.

Jetzt griff er spontan nach ihren Händen, zog sie hoch und rief: »Komm! Laß uns zu den Kindern gehen. Und nachher analysieren wir genau, warum wir das getan haben.«

Sie erhob keine Einwände, lachte nur hellauf, und dann liefen sie Hand in Hand über die große Wiese, fröhlich und unbeschwert wie zwei Backfische, die gerade ihre Zukunft geplant haben und es kaum noch erwarten können, diese auch zu leben.

– 2 –

Robert legte den Hörer auf und sah Janice an. »Das war Jason«, sagte er und klang dabei recht aufgeregt. »Er hat herausgefunden, wo Andrew wohnt; das heißt, er weiß es schon länger, hatte aber versprochen, es uns nicht zu erzählen. Doch jetzt glaubt er, wir sollten Bescheid wissen. Andrew war im Krankenhaus . . . wegen inneren Blutungen.«

»O mein Gott!« Janice schloß die Augen und wandte sich ab. »Ist er noch dort?«

»Soviel ich weiß, nicht. Er lebt mit einer Gruppe von Leuten zusammen und scheint sehr glücklich zu sein.«

Janice drehte sich wieder zu Robert um. »Wir müssen sofort zu ihm.«

»Nein, nein.« Er machte eine abwehrende Geste. »Ich werde allein gehen; Jason meinte, wenn wir beide kämen, wäre das vielleicht zuviel für ihn. Und was den Ort anbelangt, wo er jetzt lebt, nun, da gab er sich sehr geheimnisvoll. Er braucht Pflege, meint Jason, und obwohl die Leute sehr besorgt um ihn sind, scheint er untertags doch sehr viel allein zu sein. Ich fahre noch heute abend; ich werde den Spätzug nehmen.«

Janice trat vor Robert hin, hielt sich an den Revers seines Sakkos fest und senkte dann den Blick, als sie sagte: »Es wäre wunderschön, ihn wieder hier zu haben. Ich habe ihn so sehr vermißt und mir solche Sorgen um ihn gemacht. Er hätte sterben können, und wir hätten es vielleicht nie erfahren.«

»Nein, er wäre nicht gestorben, Liebes«, beruhigte er sie und streichelte ihr über den Kopf. »Nicht in London, wo es so viele Hospitäler gibt. Doktor Braken hat dir doch versichert, daß man an diesen Blutungen nicht stirbt, solange die Möglichkeit besteht, sie zu stoppen. Freilich, an innere Blutungen hat er dabei wahrscheinlich nicht gedacht.«

»Kann ich nicht doch mitkommen?« bettelte Janice.

»Nein, Liebes. Du bleibst besser hier. Jason war in diesem Punkt sehr bestimmt. Obwohl er mir versicherte, daß es ihm an nichts fehle, ließ er doch anklingen, daß uns Andrews Lebensumstände etwas erstaunen würden und du erst einmal zu Hause bleiben solltest.«

»Robert, Jason vergißt, daß ich Krankenschwester war«, hielt Janice dagegen, »und es in meinem Beruf mit den verschiedensten Menschen zu tun gehabt habe.«

»Das mag ja sein, Liebes, aber die hast du nicht so geliebt, wie du Andrew geliebt hast. Und Jason weiß, daß Andrew unser erstes Kind war und du besonders an ihm hängst. Wir sollten Gott dafür danken, daß wir jetzt endlich wissen, wo er ist. Komm, sei so lieb und pack meine Tasche. Ich werde Phil bitten, mich zum Bahnhof zu bringen.«

»Wirst du Patterson mitnehmen?«

»Nein, wozu denn?«

»Nun, hast du nicht gesagt, daß übermorgen eine Aufsichtsratssitzung stattfindet und das alljährliche Bankett?«

»Also gut, Frau, dann geh jetzt bitte zu Patterson und sage ihm, daß er mir meinen Koffer packen soll, ja?«

Sie wußte, daß Jason recht hatte, und insistierte nicht weiter. »Wäre es nicht schön, wenn Andrew mit uns allen hier Weihnachten feiern würde?« meinte sie dann.

»Verlaß dich da mal lieber nicht drauf, Liebes. Warte ab. Andrew fühlt sich anscheinend recht wohl, wo er jetzt lebt, und möchte Weihnachten vielleicht mit seinen Freunden verbringen. Damit müssen wir uns gegebenenfalls abfinden.«

Achtzehn Stunden später tauchte im Scheinwerferlicht des Taxis die graue Fassade des heruntergekommenen Hauses auf, dessen Adresse Jason dem Fahrer angegeben hatte.

Der üble Geruch, der Robert in der Eingangshalle entgegenschlug, brachte ihm unvermittelt seine eigenen Worte ins Bewußtsein: »Wenn er sich dort so wohl fühlt, möchte er Weihnachten vielleicht mit seinen Freunden verbringen . . .«

Das ganze Haus roch förmlich nach Armut und

Schmutz, und als sie schließlich im zweiten Stock angelangt waren, warf Jason seinem Halbbruder einen vielsagenden Blick zu und flüsterte: »Ich habe dich gewarnt, Robert. Aber trotzdem, halte dich mit deinem Urteil zurück.«

Sie blieben vor einer Tür stehen, hinter der sie Gelächter und Stimmen hörten, und Jason mußte zweimal klopfen, bevor ihnen jemand aufmachte. Es war James Winterbottom. »Oh, guten Abend, Sir«, begrüßte er zuerst Robert, dann wanderte sein Blick weiter zu Jason. »Kommen Sie herein. Kommen Sie herein.«

Der seltsame Raum versetzte Robert einen wahren Schock, doch noch mehr schockierte ihn der Anblick der Männer, die mit Andrew an dem langen Holztisch saßen.

Als er Robert sah, sprang Andrew mit einem Satz auf, doch ehe er etwas sagen konnte, stellte Jason klar: »Ich werde mich nicht dafür entschuldigen. Es war an der Zeit.«

Robert machte zögernd ein paar Schritte in den Raum, ging dann zu dem Tisch und sagte, indem er den jungen Mann ansah, den er als seinen Sohn betrachtete: »Hallo, Andrew.«

»Hal . . . lo, Vater.«

Auf das Wort ›Vater‹ hin geriet diese sonderbare Gesellschaft in Bewegung, Stühle wurde nach hinten geschoben, und es war diesmal nicht Willie, der die Situation in die Hand nahm, sondern Dill.

Den Blick auf Robert gerichtet, forderte er diesen freundlich auf, Platz zu nehmen, sah dann Jason an und sagte: »Und Sie ebenfalls, Sir.«

»Vielen Dank«, entgegnete Robert, als ihm ein junger Mann lächelnd einen Stuhl hinschob und vorschlug: »Wir sollten uns vorstellen, meine Herren. Ich bin Mickey Fenwick, und das ist Mr. Morgan.« Er deutete auf Dill. »Unser Freund hier, das ist Mr. James Winterbottom.« Dann nickte er Willie zu und fuhr fort: »Und dieser Herr hier, das ist unser Boß und der Besitzer dieser Wohnung. Und nun zu den Damen.« Er zeigte zuerst auf Betty. »Miß Betty Birchcomb und . . . Miß Delia Moore.«

Roberts Blick wanderte von dem schlanken, blonden Mädchen zu der ebenfalls schlanken und atemberaubend schönen Mulattin. Er nickte den beiden lächelnd zu, nahm dann auf dem angebotenen Stuhl Platz und wandte sich dann an Andrew: »Ich freue mich, dich wiederzusehen, Andrew, und in so netter Gesellschaft.«

»Ich freue mich auch, Vater. Ist lange her. Wie geht es Mutter?«

»Oh, ihr geht es gut. Sie ist mit den üblichen Weihnachtsvorbereitungen beschäftigt; Alicia und John kommen bald aus dem Internat zurück, und«, er feuchtete sich seine Lippen an, »sie hat große Sehnsucht nach dir.« Dann sagte er mit einem Blick auf die versammelte Runde: »Nehmen Sie doch bitte wieder Platz, meine Herren, sonst fühle ich mich als Eindringling ... der ich ja wohl auch bin. Aber ich bin Jason ungeheuer dankbar«, fuhr er mit einem Seitenblick auf seinen Halbbruder fort, »daß er das Versprechen, das er Freddie gegeben hatte, gebrochen hat. Das war das beste, was er seit langem für mich getan hat.«

Er rutschte mit seinem Stuhl näher an den Tisch heran. »Sie haben gerade Karten gespielt, wie ich sehe. Es tut mir leid, daß ich sie dabei unterbrochen habe.« Er machte eine kleine Pause. »Arbeiten Sie alle hier in der Stadt?«

Jetzt machte Willie sein Recht als Hausherr geltend und antwortete: »Ja, Sir; aber jeder auf seine Weise. Ich bin gelernter Maurer. Im Augenblick arbeite ich für eine Abbruchfirma. Und wie Dill schon sagte, das hier ist meine Wohnung. Es macht mir Spaß, sie mit Freunden zu teilen, und ganz besonders mit Andrew, der sich«, setzte er lachend hinzu, »für einen Maler hält. Aber wie ich schon zu ihm sagte, ich halte ihn eher für einen Schmierfinken.« Das konnte Dill so nicht stehenlassen, und er lockerte die durch den unerwarteten Besuch entstandene gespannte Atmosphäre mit der flapsigen Bemerkung auf: »Ach, Willie, du würdest ein gutes Bild auch dann nicht erkennen, wenn man es dir aufs Gesicht malen würde.« Und seine Aufmerksamkeit wieder auf Jason und Robert richtend, setzte er hinzu: »Ich bin ebenfalls Maler, bevorzuge jedoch eine andere Stilrichtung. Andrew ist mir in gewisser Weise um Lichtjahre voraus: Er gehört sozusagen zur Avantgarde.« Er tauschte mit Andrew ein verschwörerisches Grinsen, bevor er weitersprach.

»Unser Mickey ist Violinist – im Augenblick leider ohne Orchester. Und Win, unser Mr. James Winterbottom, der sorgt für unser aller leibliches Wohl und auch dafür, daß wir uns hinter den Ohren waschen, zumindest einmal im Monat.« Darauf setzte vereinzeltes Gelächter ein. »Also, wir fünf Männer leben hier in Frieden und Freundschaft zusammen, das heißt, solange diese beiden Damen sich nicht einmischen.« Diese Bemerkung wurde wieder mit Gelächter quittiert. Er deutete mit dem Finger auf Betty und sah dann Robert an. »Betty ist, das wird Sie sicher überraschen zu erfahren, Andrews Schwester.«

Als Robert daraufhin mit einem Ruck herumfuhr und das blonde Mädchen anstarrte, hielt Betty seinem Blick ohne mit der Wimper zu zucken stand. »Ja, das ist richtig. Ich bin Andrews leibliche Schwester«, konstatierte sie mit fester Stimme, die Betonung wie immer auf ›leibliche‹ Schwester gerichtet.

»Oh!« brachte Robert nur hervor, faßte sich aber gleich wieder. »Ich . . . ich freue mich, Sie kennenzulernen.« Er stand auf, ging zu ihr hinüber und streckte ihr seine Hand entgegen, die Betty nach kurzem Zögern auch nahm. Und mit einem Blick auf Andrew meinte er: »Dann hast du deine Familie also gefunden?«

»Ja, Vater.«

»Ist es eine große Familie?«

»Nein, Betty ist außer mir das einzige Kind.«

Bevor Dill die Vorstellung seiner Freunde beenden konnte, schaltete sich Willie ins Gespräch. »Und das ist mein Mädchen«, verkündete er stolz und legte Delia seine große Hand auf die Schulter.

Robert tauschte auch mit ihr einen Händedruck, und als er dabei in ihre dunklen, klaren Augen blickte, reduzierten sich seine Gedanken auf zwei Worte: Mein Gott! Die beinahe unwirkliche Schönheit dieses schlanken Mädchens, das ganz offensichtlich zu diesem Schrank von Mann gehörte, verwirrte ihn, und der Besitzanspruch, den Willie allein durch den Klang seiner Stimme geltend gemacht hatte, war eine Warnung, die er sehr wohl verstanden hatte.

Mickey sah sich zu der taktvollen Bemerkung veranlaßt, daß die beiden Mädchen nicht hier wohnten. »Wir haben zwar unser Bestes versucht, sie in unsere einfache Behausung zu locken«, setzte er grinsend hinzu, »aber beide waren sie sich einig, daß sie einen Salon vorzögen.« Dem schallenden Gelächter folgte ein längeres Schweigen, das Robert brach, indem er sich erhob und über den Tisch hinweg zu Andrew sagte: »Wäre es dir recht, wenn ich morgen früh noch einmal vorbeikäme . . . ich meine, bist du dann zu Hause?«

»Ja, Vater, selbstverständlich.« Andrew erhob sich ebenfalls, ging um den Tisch herum zu Robert, und als er dann vor ihm stand, dachte er: Ach, wenn du doch mein richtiger Vater wärst und nicht dieser Schläger! Und einher mit diesem Gedanken ging die plötzliche Erkenntnis, daß er diesen Mann liebte, ihn bewunderte und verehrte, und gleichzeitig hatte er das Bedürfnis, ihn zu bitten: »Bring mich nach Hause. Ich möchte meine Mutter sehen.«

Seit er in diesem Haus lebte, hatte er einmal pro Woche seiner leiblichen Mutter einen Besuch abgestattet, aber seine Gefühle ihr gegenüber hatten sich seit der ersten Begegnung nicht verändert: Er fühlte sich in ihrer Gegenwart genauso unwohl wie sie und hatte zudem den Eindruck gewonnen, als wäre es ihr lieber gewesen, wenn er überhaupt nie wieder in ihr Leben getreten wäre. Kürzlich hatte sie ihm quasi vorgehalten, daß er für die Veränderung verantwortlich sei, die seit kurzem mit Betty vorging. »Sie wird allmählich zu groß für ihre Schuhe«, hatte sie gesagt und bedeutungsvoll hinzugefügt: »Man muß wissen, wo man hingehört. Wenn man versucht, etwas anderes zu sein, als man ist, gibt man sich am Ende selbst auf.« Nein, er mochte seine richtige Mutter nicht. Aber diese große, zärtliche und liebevolle Frau oben in Schottland, die liebte er; ähnlich wie er Gracie liebte, nur mit dem Unterschied, daß seine Liebe zu Gracie von einem unsagbar verzehrenden Verlangen erfüllt war.

»Gut, dann sehen wir uns morgen früh. So gegen zehn?«

»Ja, Vater, gegen zehn.«

Jason, der seit den ersten Worten nichts mehr gesagt hatte, erhob sich jetzt ebenfalls. Er nickte den Anwesenden ein allgemeines gute Nacht zu, sie nickten zurück, und als Robert hinzufügte: »Ich würde Sie alle gerne noch einmal besuchen, wenn es recht ist«, folgte erneut ein kurzes Schweigen, dann antwortete Dill: »Ja, Sir. Sie sind uns jederzeit willkommen.«

Im Flur sah Andrew seinen Vater an und sagte mit belegter Stimme: »Ich . . . ich freue mich, daß du gekommen bist.«

»Und ich mich auch, Andrew. O ja, ich mich auch.«

»Vater?«

»Ja?«

»Bitte, bring Mutter nicht mit hierher.«

»Ach, sie würde so gerne kommen. Ihr wird das nichts ausmachen.«

Andrew senkte den Kopf und murmelte: »Na gut, ich überlaß es dir.«

Die beiden Männer klopften Andrew auf die Schulter, drehten sich dann um und gingen die Treppe hinunter . . .

Andrew ließ einige Minuten verstreichen, bevor er zu den anderen zurückkehrte, und es war Willie, der ihn mit der Bemerkung empfing: »Nun, das war die zweite Überraschung heute. Und die dritte kommt bestimmt. Aber wenn du mich fragst, Andrew, gehört dir gründlich der Kopf untersucht. Daß du bei uns eingezogen bist, nachdem du dein Leben vorher mit Leuten wie diesen, die gerade hier waren, verbracht hast, das geht wirklich über meinen Verstand. Na ja, ob du bleiben oder gehen willst, ist natürlich deine Privatsache. Nur soviel: Wenn ich du wäre, ich wüßte, was ich täte. Doch im Januar mußt du dir auf jeden Fall eine neue Bleibe suchen wie wir alle, denn das Haus hier wird abgerissen. Und ich kann mir nicht vorstellen, daß der alte Lynch ein anderes Haus findet, zumindest nicht eines, in dem wir so leben und arbeiten können wie hier.«

Keiner sagte ein Wort; Willie legte Delia die Hand auf den Arm und zog sie fast vom Stuhl. »Komm, Schatz, wir gehen.«

Nachdem die beiden die Wohnung verlassen hatten, löste sich die Runde langsam auf; Dill ging hinauf in sein Atelier, Win in die Küche, wohin Mickey ihm folgte. Andrew und Betty blieben allein am Tisch sitzen und vermieden es, sich anzusehen, bis Andrew sagte: »Es mußte früher oder später so kommen, Betty. Dieser Krankenhausaufenthalt hat schon darauf hingedeutet. Es war das erste Mal, daß ich Magenbluten hatte ... und ich wußte zeitweise gar nicht, wo ich war, bis sie mir die Bluttransfusion gaben. Und sie haben mir auch gesagt, daß das wieder passieren kann ...«

»Ich weiß.« Sie trommelte mit den Fingerkuppen auf die Tischplatte. »Ich ... ich werde dich vermissen. Wenn ich nur nicht arbeiten müßte, dann könnte ich mich um dich kümmern.«

Er griff nach ihrer Hand. »Du hast doch gehört, was Willie gesagt hat. Anfang Januar müssen wir alle ausziehen, und bis dahin sind es nur noch fünf Wochen. Für uns ist es nicht so schlimm wie für die anderen. Du hast ein Zuhause, ich habe ein Zuhause und Delia auch. Aber die anderen vier ... für die wird es nicht einfach werden, etwas anderes zu finden. Mickey hat jetzt schon Schwierigkeiten, seine Miete zusammenzukratzen. Gut, Dill kann von seinen Bildern leben, aber auch nur, weil es hier so billig ist. Woanders müßte er zwei- bis dreimal soviel Miete bezahlen. Win verdient genug. Und Willie ... nun, der könnte Delia doch heiraten und bei ihrer Familie leben.«

»Ich habe dir doch gesagt, daß ihr Vater ihn nicht mag. Wenn er einen sicheren Job hätte, wäre das etwas anderes. Aber hier gibt es nicht mehr so viele Häuser, die abgerissen werden müssen. Aber trotzdem, die beiden schaffen es schon, da bin ich mir sicher.« Betty seufzte leise. »Aber du wirst irgendwo da oben in den Bergen sitzen, und ich werde dich wohl kaum jemals wiedersehen.«

»Komm, sei nicht albern! Natürlich siehst du mich wieder. Du kommst mich besuchen.«

»Du spinnst wohl?«

»Ohne dich wird Freddie ohnehin nicht mehr rauffahren. Das weiß ich.«

»Dann bekommen sie gleich noch einen Schock.«

»Ich habe dir schon ein dutzendmal gesagt, du sollst dich nicht selbst so herabsetzen, denn das tut auch keiner mit dir.«

»Du hast doch keine Ahnung, wovon du redest. Schau dir doch nur Freddies Schwester an, diese Jessie.«

»Ach die, die hat die Nase schon immer oben getragen. Jessie schlägt ihrer Mutter nach und ihrer Großmutter. Ehrlich gesagt, ich habe Jessie noch nie leiden können.«

»Aber du liebst Gracie?«

Sie sahen sich an, und ihre Blicke hielten sich, als er mit leiser Stimme erklärte: »Ja. Ich liebe Gracie. Aber wie könnte ich jemals sie oder eine andere Frau heiraten und diese verdammte Krankheit weitervererben? Deine Mutter hat sie mir vererbt . . .«

»Moment mal«, unterbrach sie ihn. »Sie ist genauso deine Mutter wie meine, vergiß das nicht.«

Andrew wandte verlegen den Blick ab. »Ja, ich weiß«, räumte er ein. »Aber wir vertragen uns nicht. Es ist, als stünde eine Mauer zwischen uns.«

»Natürlich. Die Umgebung, in der du groß geworden bist, die hat diese Mauer aufgebaut. Und sie weiß, daß sie deine Erwartungen nie erfüllen kann. Aber tröste dich, was das Heiraten anbelangt, da hast du eh nicht viel zu melden. Gracie wird dich heiraten; sie ist eine Frau, die weiß, was sie will, und das auch durchsetzt.«

Jetzt legte Betty ihre Hand auf die seine und sagte mit einfühlsamer Stimme: »Außerdem mußt du deine Krankheit nicht unbedingt weitergeben; du kannst es so machen wie deine Eltern, als sie herausfanden, daß sie keine Kinder haben können. Ich weiß ja nicht, an wem es lag, aber ich finde es sehr klug, daß sie sich von Anfang an dafür entschieden haben, Kinder zu adoptieren. Du und Gracie, ihr könntet es auch so machen.«

Andrew warf Betty einen skeptischen Blick zu. »Hat Freddie dir nicht erzählt, aus welchem Grund sie uns adoptiert haben?«

»Nein, hat er nicht. Gibt es einen bestimmten Grund dafür?«

»Ja, den gibt es, und ich werde ihn dir irgendwann einmal erklären. Aber nicht jetzt. Du hast heute schon genug Überraschungen erlebt. Ach, übrigens, habt ihr schon einen Termin für eure Hochzeit festgesetzt?«

»Einen Termin? Nein, natürlich nicht. Er ist doch erst seit ein paar Monaten in diesem Job. Sie haben viel mit Deutschland zu tun, aber Freddie meint, daß momentan nichts . . . sicher ist. Wie auch immer, es werden bestimmt noch Jahre vergehen, bis wir heiraten können, denn ich muß mich um meine Mutter kümmern, zumindest so lange, bis mein Vater wieder zurückkommt.«

»Du mußt immer jemanden haben, um den du dich kümmern kannst, wie?«

Dazu sagte sie nichts, sondern meinte nur: »Wann, glaubst du, wirst du uns verlassen?«

»Oh«, machte er und zuckte mit den Schultern. »Nicht sofort. In einer Woche vielleicht. Ich möchte Weihnachten gern in Schottland sein.«

»Ich werde dich vermissen.«

»Und ich dich, Betty. O ja, ich werde dich sehr vermissen, denn du hast mein Leben verändert. Du hast mir die Last von den Schultern genommen, die ich so viele Jahre mit mir herumgeschleppt habe. Die Last, nicht zu wissen, wer ich bin. Aber jetzt weiß ich es.«

»Und du schämst dich nicht?«

»Schämen? Aber nein! Ich bin unendlich dankbar für dieses Wissen und für die Erfahrungen, die ich hier im letzten Jahr gemacht habe. Sonst hätte ich mein Leben weiterhin damit zugebracht, zu grübeln und dumpf vor mich hin zu brüten. Jetzt bin ich frei. Selbst meine verdammte Blutkrankheit belastet mich nicht mehr so sehr wie früher.« Betty lehnte ihren Kopf an seine Wange und lachte. »Ach, was bin ich froh, daß du auch manchmal fluchst«, kicherte sie.

– 3 –

Sobald Dill in der Tür erschien, kam Win aus seiner Schlafkammer gekrochen, und Mickey ließ mitten in einem Stück von Liszt den Bogen sinken. Beide sahen ihn mit erwartungsvoller Miene an und fragten: »Und, wie ist es gelaufen?«

Dill war kaum wiederzuerkennen in seinem marineblauen Anzug und den auf Hochglanz polierten Schuhen. »Wie es gelaufen ist?« wiederholte er die Frage. »Nun, wie erwartet, meine lieben Freunde. Ganz wie erwartet.« Und als er sich ächzend auf den nächstbesten Stuhl fallen ließ, sagte Win: »Möchtest du eine Tasse Tee?«

»Ja, gerne, aber das hat noch Zeit. Setz dich erst mal hin.«

Win tat, wie ihm geheißen, und warf Dill dann einen grinsenden Blick zu. »So glücklich habe ich dich seit Jahren nicht mehr erlebt.«

»Nun, Geld macht eben doch glücklich.«

»Soll das heißen, du hast den Job?« fragte Mickey.

»Ja, Mickey, genau das soll es heißen.«

»Und für wie lange?«

»Ein Jahr, vielleicht auch zwei. Bis mir die Ideen ausgehen.«

»Und du machst Wandgemälde?«

»Ja, Wandgemälde. Zu dem Block gehören zwölf Häuser, drei davon sind schon ausgeweidet. Nur die Treppenhäuser haben sie gelassen, wegen der alten, schmiedeeisernen Geländer. Die meisten Wände sind bereits neu verputzt. Aber alles der Reihe nach. Zuerst wurde ich in ein Büro geführt, wo ich anscheinend nicht erwartet wurde. Der Typ, der dort in einer Wolke von Toilettenwasser hinter dem Schreibtisch thronte, hat mich angestarrt, als käme ich vom Mond. Aber ihr hättet sehen sollen, welche Veränderung mit ihm vorging, sobald ich ihm erklärte, daß ich eine Verabredung mit Mr. Anderson hätte. Dienstbeflissen sprang er auf, und seine Stimme klang auf einmal ganz devot, als er mich aufforderte, doch bitte Platz zu nehmen. Und als dann Mr. Anderson zur Tür hereinkam und mich mit ›Hallo, Dill!‹ begrüßte, fiel dem Mann endgültig die Klappe herunter.

Gemeinsam mit drei Herren vom Bauamt und einem von Mr. Andersons Angestellten begaben wir uns dann ins Nachbarhaus, damit ich die Wände begutachten konnte. Als Mr. Anderson meinte, ich bräuchte sicherlich ein Gerüst, sollte mich aber bitte selbst um alles kümmern, weil ich besser wüßte, was ich benötigte, fühlte ich mich schon sehr geschmeichelt. Und als er meinen Vorschlag, einige von Andrews farbenfrohen Bildern in dem recht düsteren Treppenhaus aufzuhängen, mit der Begründung ablehnte, er wolle die Häuser in einer einheitlichen Linie gestaltet wissen, da schlug mein Künstlerherz noch eine Oktave höher. Im zweiten Haus dann, das ähnlich gebaut war wie das erste, fragte er mich, ob ich bereits eine andere Wohnung gefunden hätte, und als ich dies verneinte, bot er mir doch tatsächlich an, mich einstweilen in der ehemaligen Hausmeisterwohnung im Souterrain einzurichten.« Dills bis dahin fröhliche Miene wurde wieder ernst. »Aber eines muß ich sagen«, fuhr er fort, »obwohl ich diesen Mr. Anderson sehr mag – er ist einer von den Menschen, die ohne großes Aufhebens Gutes tun –, ist mir doch dieses Dienern, dieses Katzbuckeln seiner Untergebenen ganz schön in die Nase gestiegen. Ja, eines weiß ich jetzt: Gott, wer immer das auch sein mag, hat keine Macht. Nur Geld besitzt Macht. Wenn du Geld hast, kannst du anschaffen, und die Leute kriechen vor dir auf dem Boden. Wißt ihr, mir wird ein wenig übel bei dem Gedanken, daß ich vor zwanzig Jahren noch große Protestreden gegen die Macht des Geldes geführt habe und mich heute nicht mehr darum schere. O nein, heute schaue ich einem geschenkten Gaul nicht mehr ins Maul, und besonders diesem nicht, denn der hat ein prächtiges Gebiß.« Er kommentierte seine letzte Bemerkung mit einem bitteren Lachen. »Jedenfalls habe ich zusätzlich zu einem Job auch noch eine Bleibe. Und was für eine! Steckdosen in allen Räumen, die teilweise sogar möbliert sind, und eine voll eingerichtete Küche. Und dann hat Mr. Anderson auch noch einen seiner Angestellten beauftragt, den Installateur kommen zu lassen, damit dieser die Abzüge der Gasheizung überprüft. Stellt euch vor, dieser Mann, der offenbar schon mit einem goldenen Löffel im Mund auf die Welt gekommen ist und heute in Saus und Braus lebt – wie wir ja bald alle feststellen werden –, der denkt an so etwas Banales wie Abzüge. Nun, ich bin zu dem Schluß gekommen, daß dieser Mr. Anderson ein sehr feiner Mann mit einem sehr menschlichen Charakter ist. Er war Offizier und muß im Krieg so einiges mitgemacht haben, was ihn offenbar sehr geprägt hat. Jedenfalls fange ich im Januar an zu arbeiten, und ich kann nur sagen, ich danke Gott dafür, daß er Betty einen Bruder geschenkt hat, und noch dazu so einen wie Andrew, der die Nase nicht oben trägt und auf uns als Gesindel herunterschaut, was ja auch hätte der Fall sein können.«

»Ich freue mich für dich«, sagte Mickey, und das kam aus tiefstem Herzen. »Wenigstens einer von uns, der untergebracht ist.«

»Es können auch zwei oder drei sein«, meinte Dill. »Ich soll nämlich Helfer engagieren, die mir die Farbtöpfe tragen. Denn daß ich als Künstler die Pötte selber schleppe, kommt selbstverständlich nicht in Frage«, setzte er grinsend hinzu. »Nun, was ist, willst du den Job?«

»Ich?«

»Komm, stell dich nicht dümmer, als du bist. Du siehst doch, daß ich mit dir rede und nicht mit Win.«

Mickey biß sich verlegen auf die Unterlippe. »Danke, Dill. Tausend Dank. Ich gebe ehrlich zu, daß ich mich schon unter den Brücken habe kampieren sehen, wie viele meiner Kollegen.«

»Gut. Und nun zu der Einladung, Win. Wie steht es damit?«

»Oh, es macht mir nichts aus, hierzubleiben, Dill.«

»Nein, das kommt nicht in Frage. Alle oder keiner, wie bei den drei Musketieren.«

»Aber ich kann nicht, Mann! Weihnachten ist bei uns die Hölle los, und mein Boß hat mir klar und deutlich zu verstehen gegeben, daß ich gerne fahren könne, er habe ein Dutzend andere an der Hand, die nur auf meinen Job warten.«

»Ach, komm! Sag ihm, er soll sich mit seinem verdammten Job zum Teufel scheren. Glaub doch nicht, daß die Leute sich um diesen Job reißen, wo sie stundenlang am Spülstein stehen und dreckige Töpfe schrubben müssen. Und außer dir ist ihm ohnehin keiner lange geblieben. Also, sag ihm, er kann dich mal. Wenn nicht, bleiben wir alle hier. Willie ist übrigens derselben Meinung. Und vergiß nicht, wir haben schon alles arrangiert, also verpatz uns die Sache nicht. Bettys Mutter hat seit drei Monaten kein Nasenbluten mehr gehabt und besteht darauf, daß Betty mitfährt. Ich denke, unsere liebe Mrs. Anderson hat in diesem Fall etwas nachgeholfen. Und dann Delia. Mein Gott, wenn ihr sehr verehrter Herr Papa sie schon einmal einen Moment aus den Augen läßt, so grenzt das an ein Wunder! Zugegeben, er hat keine Mühen gescheut, um herauszufinden, was das für seltsame Leute sind, die ausgerechnet die Bewohner von Arthur Lynch's Lodging House zu sich auf ihr Landgut einladen. Also, Mr. James Winterbottom, mach uns bitte keinen Strich durch die Rechnung. Verstanden? Du sagst ihm heute abend noch Bescheid, denn übermorgen geht's los. Außerdem, du kennst doch Andrew; den kriegen seine Eltern nur von hier weg, wenn wir alle mitkommen.«

James Winterbottom erhob sich langsam von seinem Stuhl und schlurfte in die Küche, wobei er sein Bein noch mehr nachzog als sonst.

»Er wäre tatsächlich ganz allein hiergeblieben, Mickey«, sagte Dill leise.

»Ganz allein wäre er nicht gewesen, Dill, denn in dem Fall wäre ich auch nicht gefahren.«

Der Blick, den die beiden Männer daraufhin tauschten, bis vor kurzem noch wortkarg der eine, unsicher und verängstigt der andere, berührte sie unangenehm, begriffen sie sich doch beide als Versager.

– 4 –

Als die Bewohner von Arthur Lynch's Lodging House mit Betty und Delia die von hohen Schneewällen gesäumte Einfahrt entlangchauffiert wurden und schließlich vor High Gully hielten, das sich wie ein Märchenschloß vor ihnen erhob, blieb ihnen vor Erstaunen beinahe der Mund offenstehen. Und als sie später in die weihnachtlich dekorierte Halle gebeten wurden, in der sie die gemütliche Wärme eines prasselnden Kaminfeuers empfing, fanden sie keine Worte mehr.

Um der überschwenglichen Freude, mit der Janice, die Haushälterin und die drei Dienstmädchen Andrew begrüßten, wenigstens vorübergehend Einhalt zu gebieten, mußte Robert laut und deutlich dazwischenrufen: »Und was ist mit uns? Werden wir nicht willkommen geheißen?«

Nach einer Weile, als das Stimmengewirr ein wenig verebbt war, hörte man wieder Roberts tiefe Stimme: »Wir sind durchgefroren bis auf die Knochen und am Verhungern und Verdursten. Und wenn du, meine liebe Ginny, nicht in einer halben Stunde das Essen auf den Tisch gezaubert hast, bist du entlassen.«

»Sehr wohl, Mr. Robert. Sehr wohl. Dann gehe ich am besten gleich meine Koffer packen«, kam es daraufhin von Ginny, worauf alles schallend lachte. »Bring die heißen Getränke herein, Kathy«, bat Janice, bevor sie sich an ihre

Gäste wandte, die ein wenig hilflos beieinanderstanden. »Bitte, fühlen Sie sich wie zu Hause. Und erwarten Sie nicht von mir oder irgend jemand anderem, daß er Sie verhätschelt; hier müssen Sie sich überwiegend um sich selbst kümmern.«

Sie bemerkten, daß die große, elegante Dame den Arm um Andrews Schultern gelegt hatte und Andrew seinen Arm um ihre Hüfte. »Mutter hat recht«, sagte Andrew jetzt. »In dieser Hütte ist jeder für sich selbst verantwortlich; wartet nur, heute abend werden euch die Beine weh tun, vom vielen Herumrennen, das kann ich euch jetzt schon versichern.«

An Gracie und Freddie gewandt, meinte Janice: »Um euch muß ich mich ja nicht kümmern, ihr wißt, wo eure Zimmer sind. Aber du, Freddie, du könntest mir einen Gefallen tun. Ich habe unsere Freunde – sie sagte nicht ›Andrews Freunde‹ – im Westflügel einquartiert. Sehr warm ist es dort zwar auch nicht, aber immerhin wärmer als in eurer Ecke. Jeweils ein Zimmer für zwei Personen. Also, sei bitte so nett und führe sie nach oben und laß sie die Zimmer . . . Ach, da kommen ja Kathy und Lynn mit unseren Lebensrettern.«

Als alle einen Becher mit heißem Punsch in der Hand hielten, war es Dill, der sich freiwillig zum Sprecher der Gruppe ernannt hatte und jetzt das Wort ergriff: »Ich . . . ich möchte Ihnen auch im Namen meiner Freunde sehr herzlich für Ihre Einladung danken, Ma'am. Wir freuen uns . . . nein, das ist nicht der richtige Ausdruck dafür . . . es ist uns allen ein großes Vergnügen, hier bei Ihnen zu sein.«

»Und wir freuen uns, daß Sie alle gekommen sind. Sie sind Dill, nicht wahr?«

»Ja, Ma'am, ich bin Dill. Und das hier sind Mickey, Win und Willie und Betty und Delia.«

Janice sah die beiden Mädchen lächelnd an. »Es wird wohl noch eine Weile vergehen, bis ich mir Ihre Namen gemerkt habe«, sagte sie freundlich und wandte sich dann an den jungen Mann, den sie als ihren Sohn betrachtete:

»Andrew, dir lasse ich jetzt gleich ein heißes Bad ein. Zehn Minuten, dann ist alles bereit. Und du, Gracie, du kommst mit mir!«

Andrew stieß einen tiefen Seufzer aus und sah dabei seine Freunde der Reihe nach an. »Wie um alles in der Welt konntest du nur dieses Haus verlassen?« murmelte Win und schüttelte dabei den Kopf.

»Das weiß ich auch nicht, Win. Ich weiß nur, daß ich froh bin, es getan zu haben, denn sonst hätte ich euren verrückten Haufen niemals kennengelernt. Eure Bekanntschaft zu machen, das war wirklich das Beste, was mir im Leben passieren konnte. Daß es eine solche Kameradschaft und Liebe gibt, das hätte ich mir nie träumen lassen.« Er beugte sich vor und nahm Bettys Hand. »Ich weiß jetzt, daß ich den Rest meines Lebens hier verbringen werde und dafür dankbar sein sollte. Ich *bin* auch dankbar, obwohl ich eines schon jetzt weiß: Ich werde euch alle schrecklich vermissen. Aber ich sage euch, und das werden euch auch Vater und Mutter sagen, daß ihr alle hier jederzeit herzlich willkommen seid. Dieses Haus ist auch euer Haus, und ihr könnt bleiben, solange ihr wollt, obgleich ich auch mit diesem Angebot die Freundlichkeit niemals wettmachen kann, mit der ihr mich aufgenommen habt.«

Jetzt meldete sich Freddie. »Wenn ihr alle aufgewärmt seid, dann laßt uns mal nach oben gehen. Aber seid gewarnt, es dauert bestimmt zwei Tage, bis ihr euch in diesen alten Gemäuern so einigermaßen auskennt. Also, los geht's.«

Die breite Holztreppe mündete in eine Galerie, von der aus man die ganze Halle überblicken konnte. »Das ist sozusagen die Hauptetage«, erklärte Freddie im Tonfall eines Fremdenführers. »Mein Zimmer liegt an diesem Ende hier, Gracies gleich daneben. Andrew wohnt auf der gegenüberliegenden Seite, neben Onkel Roberts und Tante Janices Schlafzimmer. Soweit ist es noch kinderleicht. So, und jetzt weiter.« Er ging rechts die Galerie entlang und bog dann in einen Korridor ein. »Aufgepaßt, alle

Mann! Hier sind drei Steinstufen, fallt nicht drüber!« rief er noch, aber zu spät. Willie war schon über die erste Stufe gestolpert, und auf sein unterdrücktes ›Verflucht!‹ hin meinte Freddie lachend: »Immer bei der Arbeit, Willie, was? Dieses Gebäude ist aber noch nicht zum Abbruch freigegeben.«

Ihr Weg führte sie an etlichen Türen vorbei, bevor der Korridor dann in eine kleinere Diele mündete: »Wie viele Zimmer gibt es hier eigentlich?« erkundigte Win sich verblüfft.

»Genau kann ich dir das auch nicht sagen. Diese alte Burg steht schon seit ewigen Zeiten, und jeder Bewohner hat seither ein Stück angebaut.«

Janice hatte drei Schlafzimmer für die Gäste herrichten lassen, die diese jetzt unter begeisterten ›Ohs‹, ›Ahs‹ und ›Mein Gott, hast du jemals so was gesehn?‹ besichtigten.

In den Zimmern brannte bereits ein Kaminfeuer, und am Fußende der beiden Einzelbetten stand jeweils ein Lehnstuhl, dessen Samtbezug farblich zu den Vorhängen und den Bettüberwürfen paßte. Die Kleiderschränke und Toilettentische aus dunklem Mahagoniholz waren so wuchtig, daß Willie ganz richtig bemerkte: »Allein der Schrank würde schon unsere halbe Wohnstube ausfüllen.«

Nachdem sie jeweils zu zweit ihre Zimmer bezogen hatten, schloß Delia mit einem tiefen Seufzer die Tür und meinte zu Betty: »Ist das nicht wie im Märchen? Und wie freundlich sie alle sind, so ganz normal . . . obwohl sie so reich sind. Und diese vielen Dienstboten, die überhaupt nicht wie solche behandelt werden. Nein, das ist wirklich nicht von dieser Welt, findest du nicht auch?«

Betty hatte sich in einen Polsterstuhl vor den Kamin gesetzt und hielt, obgleich ihr gar nicht kalt war, die Hände ans Feuer. Ja, es ist wie im Märchen, dachte sie bei sich. Und es ist richtig, daß alle hier so unglaublich freundlich sind. Aber das macht die Kluft zwischen Freddie und mir nur noch größer. Sie sind so freundlich, daß man im Grunde nicht genau weiß, was sie über einen denken. Aber das wird man ja sehen . . .

Die Männer saßen zu sechst im Raucherzimmer. »Sind wir wirklich erst vierundzwanzig Stunden hier?« sinnierte Win laut vor sich hin. »Mir kommt es vor, als wären es schon Wochen und als kenne ich diese Leute hier seit ewigen Zeiten.« Und dann setzte er mit einem Lachen hinzu: »Die Köchin wird gar nicht damit fertig, in welchem Affenzahn ich die Teller wegspüle, und daß ich zudem auch noch kochen kann. Vorhin hat sie mich gefragt, ob ich hier arbeiten möchte. Und als ich sagte, daß mir das Spaß machen würde, meinte sie, wenn es nach ihr ginge, wäre ich schon engagiert. Und ich wette, ich bekomme den Job. Den Rest meines Lebens in diesem Haus zu arbeiten, ja, das wär's! Andrew, dich frage ich jetzt noch einmal: Wie in drei Teufels Namen konntest du nur dieses Paradies verlassen?« Und ohne eine Antwort abzuwarten, fuhr er fort: »Komisch, die Männer draußen, die kommen mir gar nicht wie richtige Arbeiter vor.«

»Vielleicht, weil du kein Wort von dem verstehst, was sie reden«, neckte ihn Willie.

»O doch«, beharrte Win. »Man gewöhnt sich ziemlich schnell an den Dialekt. Phil, der große Typ, Kilcullen heißt er, nicht wahr?« Er warf Andrew einen fragenden Blick zu, und dieser nickte bestätigend. »Ja, dieser Kilcullen, der beklagte sich, daß er mich nicht versteht. Ich rede wie alle englischen Ausländer, meinte er doch glatt.«

Während Andrew dem Geplauder seiner Freunde lauschte, verfolgte er das Schwingen des Pendels in der Kaminuhr, und als diese sieben schlug, meinte er unvermittelt: »Jetzt müßte gerade der Zug ankommen. Na, wenn es so weiterschneit wie bisher, wird die Herfahrt für die anderen die reinste Rutschpartie werden.«

»»Wart ihr schon einmal eingeschneit?« erkundigte sich Dill, und Andrew erwiderte: »Aber sicher. Wochenlang sogar.«

»Wirklich?« Wins Augen blitzten erwartungsfroh, worauf Freddie ihm grinsend beschied, daß er sich bloß keine falschen Hoffnungen machen solle.

»Schade, genau darauf hatte ich insgeheim gehofft. Etwas Besseres könnte uns doch nicht passieren«, meinte Win und fügte dann leise hinzu: »Aber Wunder geschehen immer wieder, wie mein Großvater zu sagen pflegte. Ich kann mich noch gut an ihn erinnern. Er hatte einen so dichten, langen weißen Bart, daß ich meine ganze Faust darin verstecken konnte. Und noch etwas hat er mir eingetrichtert: ›Gib nie die Hoffnung auf, mein Junge‹, hat er gesagt. ›Ob du im Sterben liegst oder im Gefängnis sitzt, die Hoffnung darfst du niemals aufgeben.‹« Und als er jetzt blinzelte, als erwache er aus einem Traum, und den Kopf sinken ließ, wurde den anderen plötzlich bewußt, daß dieser Mann, den sie schon so viele Jahre kannten, gerade zum erstenmal von seiner Familie gesprochen hatte.

Um das angespannte Schweigen, das Wins Bemerkung folgte, aufzulockern, erkundigte sich Dill, was die Mädchen machten.

»Oh, Delia und Gracie traf ich eben auf dem Weg ins Kinderzimmer, wahrscheinlich wollen sie mit Nanny ein Schwätzchen halten«, sagte Andrew. »Und Betty sah ich mit Mutter in deren privaten Ruheraum verschwinden. Dort anzuklopfen könnt ihr euch sparen; man wird euch nicht einlassen, außer ihr seid ausdrücklich dorthin beordert worden. Und das geschieht nur dann, wenn man eine Gardinenpredigt zu erwarten hat. So war es wenigstens früher.« Er lachte kurz auf, um im nächsten Moment zu fluchen: »Verdammt und zugenäht!« Und als Freddie ihm ein Taschentuch reichte, meinte er: »Hol bloß nicht meine Mutter. Es sind nur ein paar Tropfen; nicht der Rede wert. Aber trotzdem ist es besser, wenn ich jetzt auf mein Zimmer gehe, nur für den Fall, Mutter platzt hier doch unversehens herein.«

»Ich komme mit«, erbot sich Freddie und stand mit Andrew auf.

»Ich begreife nicht, wie er das aushält«, wunderte sich Willie, nachdem die beiden gegangen waren. »Mich würde dieses ewige Nasenbluten zum Wahnsinn treiben. Und es laugt ihn auch ganz schön aus, kann ich mir vorstellen.«

»Ja, das haben wir doch alle miterlebt«, fiel Dill ein. »Und Willie, nichts gegen deine Wohnung, aber rückblikkend wundere ich mich wirklich, wie er es in diesem Schlafkabäuschen ausgehalten hat.«

»Ja, genau das habe ich mich auch oft gefragt«, pflichtete ihm Willie heftig nickend bei.

»Sagt mal«, meinte Win und gab dem Gespräch eine ganz andere Richtung. »Ist euch auch aufgefallen, daß Betty irgendwie ganz anders ist als sonst? Ich weiß gar nicht, ob sie sich hier wohl fühlt oder nicht. Sie ist für ihre Verhältnisse so merkwürdig still.«

»Betty ist viel tiefgründiger, als wir alle glauben«, kam es leise von Dill. »Sie weiß, daß Großzügigkeit diesen Leuten hier nicht weh tut, aber sie läßt sich eben nicht gerne etwas schenken, nicht Betty.«

Etwa zur gleichen Zeit öffnete Janice die Tür zu ihrem Zimmer und bat Betty herein. »Ah, tut das gut, einmal ein paar Minuten zu verschnaufen. Das hier ist sozusagen mein stilles Kämmerlein, und nur im Falle einer mittleren Katastrophe darf jemand es wagen, mich hier zu stören.« Sie schenkte Betty ein liebenswürdiges Lächeln und meinte noch: »Und die passieren hier leider ziemlich oft. Aber bitte setzen Sie sich, meine Liebe.«

Janice selbst nahm in einem Polstersessel Platz, lehnte sich entspannt zurück und atmete tief durch, bevor sie im leichten Plauderton begann: »Seltsam, dieser Raum. Nicht das leiseste Geräusch dringt hier von außen herein, obwohl die Mauern nicht dicker sind als die übrigen im Haus. Soviel ich weiß, war dieses Zimmer früher einmal die Privatdomäne von Roberts Großmutter. Hier hat sie sich von der Londoner Ballsaison erholt, als es eine solche noch gab.«

Als Betty darauf nichts erwiderte, fuhr Janice fort: »Ich habe viel von Ihnen gehört, Betty, aber anscheinend war das alles übertrieben oder einfach nicht wahr.«

Janice lachte hellauf, doch als sie sah, wie Bettys Blick sich verdüsterte, erklärte sie rasch: »Andrew hat uns immer wieder vorgeschwärmt, wie ungeheuer lustig und unterhaltsam Sie seien, eine richtige Ulknudel ist diese Betty, hat er gesagt, und dabei so außerordentlich liebenswürdig und zuvorkommend. Was die beiden letzten Attribute betrifft«, erklärte sie lächelnd, »so kann ich ihm da nur beipflichten. Aber darf ich Sie fragen, warum wir bis jetzt noch nichts von Ihrer Ausgelassenheit haben spüren dürfen?«

»Weil ich mich hier fehl am Platze fühle.«

Janice brauchte einige Sekunden, um diese aufrichtige, unverblümte Antwort zu verdauen. »Die anderen aber nicht«, entgegnete sie dann.

»Ich bin nicht die anderen, Ma'am, und langsam gehen mir die Augen auf. Sie wissen ja, daß Freddie mich heiraten möchte. Und ich war beinahe soweit zuzustimmen, weil er einfach nicht lockergelassen hat. Aber jetzt, da ich hier bin und das alles so sehe, Ihre Art zu leben . . .«

»Aber meine liebe Betty, wir sind doch ganz normale Leute.«

»Ja, Sie geben sich so, und das ist sehr nett von Ihnen. Ja, *nett* ist der richtige Ausdruck. Sie sind wirklich unheimlich nett zu uns, aber insgeheim fragen Sie sich doch alle, warum er sich ausgerechnet so eine wie mich ausgesucht hat, stimmt's?«

Janice rutschte an die Sesselkante vor und beugte sich näher zu Betty hin. »Wissen Sie, was ich jetzt am liebsten tun würde?« Sie ließ ihren Blick eine Weile auf Betty ruhen, ehe sie fortfuhr: »Sie schütteln. Diesen verfluchten Snobismus aus Ihnen herausschütteln.«

»Was? Ich und snobistisch?«

»Ja, ganz recht, meine Liebe, das sind Sie. Und lassen Sie mich Ihnen versichern, daß in Ihrer Gesellschaftsschicht genausoviel Snobismus existiert wie in der Schicht, in der Sie sich gerade zu befinden glauben. Wissen Sie, ich habe nicht immer hier gelebt. Ich habe früher im East End in einem Hospital gearbeitet und mich jahrelang von meinen Stationsschwestern herumkommandieren lassen müssen. Und glauben Sie mir, es gibt nichts Schlimmeres als eine diensteifrige Oberschwester. Aber abgesehen davon habe ich viele East Ender persönlich kennengelernt. Mein Vater war Arzt und hatte viele Jahre lang eine Klinik im East End. Damals habe ich entdeckt, daß diese Leute in Clans zu leben pflegten und mitunter stolzer auf ihre Familie oder ihren Clan waren, als es die Schotten hier oben jemals sein können. Hier oben wurde nämlich das wahre Clanleben praktiziert. Man braucht nur in den Geschichtsbüchern nachzuschlagen, dann weiß man, wie viele Morde hier von den verschiedenen Clans begangen wurden. Meiner Meinung nach ist auch der Clan eine Form von Snobismus. Ja, das kann man so sagen, denke ich.« Sie nicke mehrmals mit dem Kopf und meinte dann: »Gut, ich befinde mich nicht in Ihrer Lage, doch ich kann Sie verstehen, wenn Sie das Gefühl haben, sich auf der anderen Seite des Ufers zu befinden. Aber Sie haben jemanden gefunden, der Sie von ganzem Herzen liebt und entschlossen ist, Sie zu heiraten. Jetzt liegt es an Ihnen. Wenn Sie ihn aus falschem Stolz abweisen . . .«

»Nein, Ma'am, was Sie ansprechen, ist kein falscher Stolz, sondern die schlichte Gewißheit, daß ich seinem Lebensstandard nicht gewachsen bin. Und seit ich hier bin, hat sich diese Gewißheit nur noch verstärkt. Würde ich ihn heiraten, müßte ich mich ändern, und ich habe Leute immer verabscheut, die etwas vorgetäuscht haben, was sie nicht waren. Ich weiß, daß ich meine innere Einstellung nicht ändern kann und immer Theater spielen müßte.«

Janice setzte eine ernste Miene auf, als sie Betty jetzt erklärte: »Was glauben Sie, Betty, habe ich die letzten zwanzig Jahre getan? Genau das: Theater gespielt, den Schein gewahrt, so getan als ob. Wie gesagt, mein Vater war Arzt, und ich bin in der sogenannten Mittelschicht großgeworden, genauer gesagt, im unteren Drittel der Mittelschicht. Und obwohl ich die Chance gehabt hatte, in meinem Beruf als Krankenschwester die Position einer Oberin einzunehmen, habe ich mich genau wie Sie davor gefürchtet, in eine andere Schicht aufzusteigen.« Janice beugte sich jetzt vor und griff nach Bettys Hand. »Begehen Sie nicht denselben Fehler, den mein Mann und ich gemacht haben, indem wir uns trennten. Siebzehn lange Jahre haben wir uns nicht gesehen. Wir hatten einen Grund dazu, einen familiären Grund. Wir waren zu eng miteinander verwandt.« Sie ließ die letzten Worte ein paar Sekunden im Raum stehen. »Wir sind nämlich Halbgeschwister«, fuhr sie dann fort. »Ja, sehen Sie mich ruhig mit großen Augen an, meine Liebe. Mein Gott, wie ich diese siebzehn leeren, freudlosen Jahre bedauert habe, bis uns endlich klar wurde, wie lächerlich unsere Entscheidung damals gewesen war. Wir haben nur dieses eine Leben, und das muß einem wirklich ganz bewußt sein. Gut, wir beide wissen nichts voneinander, aber ich gebe Ihnen den guten Rat, bleiben Sie, wer Sie sind. Obwohl es manchmal Situationen gibt, wo man ein bißchen Theater spielen muß. Mein Gatte ist ein sehr hohes Tier, besonders im Ausland, und manchmal muß ich eben die Grande Dame spielen, und das tue ich. Aber diese Grande Dame, die bin ich nicht, das ist nur eine Fassade. Im Grunde meines Herzens bin ich die kleine Schwesternschülerin geblieben, die sich vor der Oberin beinahe in die Hosen gemacht hat.«

Die beiden Frauen sahen sich offen und unverwandt in die Augen und lächelten dann. »Machen Sie von nun an aus allem ein Spiel, meine Liebe, und bewahren Sie Ihr wahres Ich für Freddie, denn dieses Ich war es, in das er sich verliebt hat. Er hat sehr offen mit mir über Sie gesprochen, und abgesehen davon, daß er Sie liebt, bewundert er Ihre Aufrichtigkeit und Ihre anderen Qualitäten sehr. Und was mich betrifft, so stehe ich tief in Ihrer Schuld, Betty, denn Andrew hat mir zu verstehen gegeben, daß er ohne Sie nicht weit gekommen wäre. Er weiß, wenn Sie ihn damals nach der Schlägerei mit Ihrem Vater nicht rechtzeitig aus Ihrem Haus gebracht hätten, so hätte ihn dieser wahrscheinlich krankenhausreif geschlagen, und er wäre einen oder zwei Tage später wieder hier oben gelandet. Ich war schrecklich bestürzt, als Andrew uns verließ, aber heute weiß ich, daß das das Beste für ihn war. Sie haben ihm das Gefühl der Zugehörigkeit gegeben, das er in diesem Haus leider nie so hat erfahren können. Jetzt geht es ihm viel besser. Er hat das Leben von einer ganz anderen Seite erfahren und wunderbare Menschen kennengelernt. So, meine Liebe, genug der langen Reden. Seien Sie von jetzt an Sie selbst.« Sie nickte Betty lächelnd zu. »Ich möchte Sie gerne so erleben, wie Andrew Sie mir beschrieben hat. Und ich gebe Ihnen den guten Rat: Heiraten Sie Freddie. Aber gleichzeitig möchte ich Sie vor zwei Menschen warnen, vor denen Sie sich in acht nehmen sollten: Freddies Mutter, die, wie Sie sicher wissen, eine Trinkerin ist; und seine Schwester Jessie. Apropos Snobismus . . .« Janice rümpfte die Nase und machte eine abfällige Kopfbewegung. »Sie ist auch Krankenschwester geworden wie ich damals. Aber ganz unter uns, meine Liebe« – sie senkte jetzt ihre Stimme zu einem vertraulichen Flüstern –, »Jessie ist genau das, was man gemeinhin als Kriecherin bezeichnet. Und ich kann nur sagen, Gott stehe den armen Schwestern bei, wenn Jessie jemals Oberschwester oder Oberin wird. Ach, es ist schon komisch, daß man manche Menschen vom ersten Augenblick an nicht leiden kann. Aber sie ist meine Nichte und wirklich die einzige aus Jasons Familie, mit der ich nicht zurechtkomme. Vielleicht deshalb . . . weil sie zu sehr ihrer Mutter und ihrer Großmutter ähnelt.«

Janice wollte eigentlich noch etwas hinzusetzen, als das dumpfe Dröhnen des Gongs durchs Haus schallte. »Aha, es ist soweit! Der Gong bedeutet aber nicht, daß es in einer halben Stunde etwas zu essen gibt. Er sagt nur, daß die Köchin den Braten aus dem Rohr geholt hat«, erklärte sie lachend, während sie sich erhob. »Und falls das Ergebnis der Inspektion zu ihrer Zufriedenheit ausfällt, können wir tatsächlich bald essen. Wenn nicht, müssen wir noch etwas länger warten. Kommen Sie, meine Liebe.« Janice legte Betty die Hand auf die Schulter, und diese blickte zu der großen, grauhaarigen Frau hoch, in der sie jetzt nicht mehr die Grande Dame sah, sondern eine weise und mütterliche Frau, und sagte: »Als Sie mich hier in dieses Zimmer führten, wußte ich nicht, wer ich war oder was ich tun sollte. Aber jetzt beim Hinausgehen weiß ich plötzlich, daß ich immer die Betty bleiben werde, komme, was immer wolle.« Sie räusperte sich kurz und flüsterte dann: »Danke, Ma'am.«

Janice überging Bettys Dank und meinte nur: »Kommen Sie mit, ich muß einen Blick ins Kinderzimmer werfen und in die Küche. Anschließend ziehe ich mich um, und dann ist die halbe Stunde ohnehin vorbei.«

»Kann ich Ihnen irgend etwas helfen?«

»Ja, das können Sie.« Sie standen jetzt im Korridor. Janice gab Betty einen kleinen Klaps auf die Schulter und meinte: »Gehen Sie zu Ihren Freunden, und sagen Sie ihnen, daß Sie wieder die alte Betty sind.«

»Oh, oh!« machte Betty. »Wenn ich ihnen das sage, pakken sie mich auf der Stelle ein und schleppen mich nach Hause, damit ich ihnen eine Vorstellung liefere.«

Es war spät am Weihnachtsabend, und die Party war in vollem Gange, die gleichzeitig auch eine Abschiedsparty für Kathy Ferguson, das Küchenmädchen, war, das am nächsten Morgen mit ihrem zukünftigen Ehemann, Billy McKenna, nach Glasgow fahren wollte, um dort zu heiraten und sich anschließend nach Amerika einzuschiffen.

Man hatte die Möbel aus der Halle und dem Salon zur Seite geschoben, um den Tänzern mehr Platz zu schaffen, und die Musikanten mit ihren Flöten und Fiedeln spielten schon den ganzen Abend ohne Unterlaß. Mickey hatte erst nach eindringlichem Bitten und wiederholter Aufforderung seine Geige zur Hand genommen, und seine musikalische Darbietung hatte Robert und Jason derart beeindruckt, daß sie beide spontan beschlossen, etwas für diesen begabten jungen Mann zu tun.

Und auch Maggie hatte sich als angenehme Überraschung erwiesen. Ihr Beitrag zur Unterhaltung der Gäste bestand darin, einige gekonnte Imitationen von berühmten Filmschauspielerinnen zum besten zu geben, die mit großem Applaus quittiert wurden; doch als sie dann mit viel Witz den schottischen Dialekt auf die Schippe nahm, bebte das ganze Haus vor schallendem Gelächter. Und es entging auch niemandem, daß Steven, wie schon seit einiger Zeit, auch an diesem Abend wieder Miß Fanny Laidlaw, dem Kindermädchen, seine besondere Aufmerksamkeit schenkte.

Und als Delia mit samtweicher Altstimme, die selbst ihren stürmischen Geliebten und Beschützer überraschte, einige Lieder vorgetragen hatte, konnte man wohl in ganz Schottland keine fröhlichere und ausgelassenere Festrunde finden. Und dann klingelte das Telefon. Es hatte mehrere Male geläutet, bevor ein vorbeieilendes Dienstmädchen den Hörer abnahm und in die Sprechmuschel brüllte: »Wer spricht da? Was sagten Sie . . . Dr. Nelson? Oh, Mr. Jasons Schwiegervater. Ja. Ja, ich hole ihn sofort. Verzeihung, aber ich kann Sie bei diesem Krach hier kaum verstehen.«

Sie legte den Hörer neben den Apparat und rannte kopfschüttelnd in den Salon. Es dauerte eine Weile, bis sie Jason unter den vielen Tänzern ausgemacht hatte, der Betty um die Hüften gefaßt hatte und sie im Kreis herumwirbelte. »Mr. Jason . . . Mr. Jason, Sie werden am Telefon verlangt«, rief Lorna ihm zu. »Von Ihrem Schwiegervater.«

»Was sagten Sie, Lorna?« rief Jason zurück und hielt sich die Hand ans Ohr.

»Telefon, Sir. Ihr Schwiegervater möchte Sie sprechen.«

»Oh«, machte Jason, streckte die Hände aus und hielt Betty an den Schultern fest. »Setzen Sie sich hin, ich werde meine Wette schon gewinnen und Sie in Grund und Boden tanzen.«

In der Halle meinte Lorna, er solle besser den Apparat im Studierzimmer des Herrn benutzen, da es dort ein wenig ruhiger sei.

»Ja, danke, Lorna«, entgegnete er und eilte den Korridor entlang in Roberts Zimmer. Und als er die schwere Holztür hinter sich geschlossen hatte, die die Musik und das Gelächter nur noch als leises Murmeln in den Raum dringen ließ, lehnte er sich einen Augenblick mit dem Rücken dagegen und lächelte in sich hinein. Diese letzten Tage waren die fröhlichsten und unbeschwertesten gewesen, die er seit langem erlebt hatte. Es war ein wunderschönes Weihnachten gewesen, und es war ihm gelungen, alle Probleme in den Hintergrund zu drängen und den Aufenthalt hier in vollen Zügen zu genießen.

Leise aufseufzend setzte er sich in den Ledersessel vor dem Schreibtisch und nahm den Hörer auf. »Ja, bitte?«

»Bist du das, Jason?«

»Ja, Schwiegervater. Tut mir leid, daß es etwas gedauert hat, aber hier geht es hoch her. Wir sind am Feiern . . . Was sagtest du?«

»Ich sagte, hör mir bitte zu.«

Unwillkürlich verschwand das Lächeln aus Jasons Gesicht. »Ich höre.«

Es folgte ein Räuspern und dann: »Sie ist tot!«

Jason sagte lange nichts. »Was?« fragte er dann leise.

»Ich sagte, Rose ist tot.«

Er rief nicht ›Nein! O nein!‹ und verdrängte das ›Gott sei Dank!‹, das sich ihm innerlich aus tiefster Seele entrang, sondern erkundigte sich nur ganz schlicht: »Was ist passiert?«

»Das übliche. Sie hat es ja oft genug angedroht.«

»Und wann ist es passiert?«

»Ich weiß es nicht genau. Sie war schon etliche Stunden tot, als ich sie fand, und das auch nur, weil Mrs. Morton zu mir kam und sagte, sie komme nicht zur Hintertür hinein. Sie hatte über die Feiertage frei und war nur täglich eine Stunde zum Aufräumen gekommen. Rose hatte ihr morgens immer die Hintertür aufgesperrt. Die beiden Nächte zuvor hatte Mrs. Morton im Haus geschlafen, doch letzte Nacht, sagte sie, sei sie nach Hause gegangen, weil mit Rose alles in Ordnung zu sein schien. Das Komische daran ist, Jason, daß Rose in letzter Zeit fast nichts getrunken hat. Gut, es gab einige Ausrutscher, doch die waren nicht tragisch. Und da ist noch etwas, was ich dir sagen muß. Ich fand auf der Kommode in der Halle drei Briefe. Sie waren an verschiedene Zeitungen adressiert. Und ich weiß nicht, ob sie schon vorher an andere Zeitungen geschrieben hat.«

»O mein Gott!«

»Ja, genau das gleiche habe ich auch gedacht, als ich einen der Briefe aufgemacht habe. Es war ein sehr langer und sehr aufschlußreicher Brief. Jedenfalls, du brauchst dich nicht zu beeilen; es gibt nichts, was du hier tun könntest. Ihr Hausarzt war bereits da, hat den Totenschein ausgestellt und die Überführung in die Leichenhalle veranlaßt.«

»Es tut mir leid. Wirklich.«

»Laß nur, Jason. Ich verstehe schon. Es muß dir nicht allzusehr leid tun. Ich habe auch solche Jahre durchgemacht, wie du weißt. Du bist ja nicht blind gewesen. Die beiden waren schon ein Paar, Mutter und Tochter; eifersüchtig und besitzergreifend bis zum Gehtnichtmehr. Trinken ist eine Krankheit. Aber ich glaube, der Drang, einen anderen Menschen mit Haut und Haar besitzen zu müssen, ist noch viel schlimmer, da er oft die Sucht nach einem Ersatzobjekt auslöst. Aber wie gesagt, überstürze nichts; es reicht, wenn du zur Beisetzung hier bist. Und was diese Briefe anbelangt, die werde ich einstweilen an mich nehmen. Der Inhalt der beiden anderen entspricht sicherlich dem des ersten, und ich muß sagen, was ich da über Janice und Robert las, hat mich einigermaßen schockiert. Doch ich hatte ohnehin schon immer so meine Zweifel. Aber darüber unterhalten wir uns später einmal.«

»Wann wird die Beerdigung sein?«

»In vier Tagen, habe ich mir gedacht.«

»Gut, ich fahre morgen zurück, falls ich durchkomme. Es schneit hier Tag und Nacht.«

»Wie gesagt, überstürze nichts. Aber du wirst es den Kindern sagen müssen. Das beste wird sein, sie fahren gleich mit dir zurück.«

»Selbstverständlich.«

Die nächsten Worte kamen ganz langsam: »Ja, so ist das Leben. Aber es gibt nichts so Endgültiges wie den Tod, und der relativiert so manche Dinge.«

Dann war die Leitung tot. Jason legte den Hörer auf, ließ den Kopf in die Hände sinken und stieß einen tiefen Seufzer aus. Er hatte ein schlechtes Gewissen, weil ihm Roses

Tod nahezu gleichgültig war. Ja, allem Anschein nach hatte sie es darauf angelegt, ein Desaster zu hinterlassen. Aufgrund seiner internationalen Geschäftsverbindungen war Roberts Name im Augenblick in aller Munde. Und sie wußte genau, daß dies der günstigste Zeitpunkt war, um mit diesen Briefen an die Zeitungen seine Projekte wie Seifenblasen platzen zu lassen.

Seinem Schwiegervater hatte man damals erklärt, daß die Verlobung von Janice und Robert wegen gewisser Einwände seitens Roberts Großvater gelöst worden war. Jetzt hatte er eine ganz andere Version gelesen und war mit Recht verwirrt. Aber er war Arzt und ein sehr verständnisvoller Mensch.

Doch was war mit den Zeitungen?

Jason stand auf, ging zur Tür, und als er diese öffnete, schlug ihm der Lärm der Feiernden wie ein Orkan entgegen. Robert und Janice muß ich es wohl jetzt gleich sagen, dachte er, den anderen erst morgen. Diesen wunderbaren Abend darf man den jungen Leute nicht verderben. Da war Freddie, in Liebe erglüht für sein kleines Cockney-Mädchen; da waren Andrew und Gracie, die jeder für sich darauf warteten, daß der andere es aussprach; und da war Steven, sein aufrechter, nüchterner Ältester, der dem Kindermächen Fanny Laidlaw gerade so rührend den Hof machte. Nein, Roses Abgang durfte ihnen nicht diesen Abend verderben. Sie durfte seinen Kindern überhaupt nicht mehr das Leben verderben und das seine auch nicht.

Er war jetzt frei, konnte Maggie endlich heiraten, und das würde er auch so schnell wie möglich tun. O ja, er war kein Heuchler. Aber da waren immer noch Janice und Robert, deren Leben durch die Rache einer frustrierten Frau in ernste Gefahr geraten konnte. Rose war niemals glücklich gewesen. Selbst in den ersten Monaten ihrer Ehe nicht. Ja, sie habe zu lange auf ihn warten müssen, hatte sie ihm einmal vorgehalten, zu lange, weil es für alles einen richtigen Zeitpunkt gebe.

– 5 –

Alice begrüßte ihn an der Haustür; die Verbindungstür zwischen den beiden Häusern war auf Emilys Anordnung hin schon vor vielen Jahren geschlossen worden, gleich nach Steves Tod.

»Sie haben es also überstanden?«

»Ja, Alice, ich habe es überstanden.«

»Schrecklich, schrecklich. Eigentlich hätte immer jemand bei ihr sein müssen.«

»Eine Schwester oder Pflegerin, meinst du?«

»Nein, Master Jason«, zischte sie jetzt. »Ein Ehemann, wenn Sie mir die Freiheit erlauben, das zu sagen.«

»Nun, du hast dir im Laufe der Jahre schon zu viele Freiheiten herausgenommen, und ich wäre dir sehr dankbar, wenn du von nun an deine Meinungen für dich behalten würdest.«

Alice wiegte bedächtig den Kopf hin und her. »Ich werde zur gegebenen Zeit daran denken, Master Jason, jawohl . . . Ihre Mutter erwartet Sie.«

»Oben oder unten?« erkundigte er sich steif.

»Unten.«

»Danke.«

Ein Gefühl von Traurigkeit begleitete ihn, als er das Wohnzimmer betrat, denn dies war das erste Mal gewesen, daß er mit Alice die Klingen gekreuzt hatte. Sie hatte immer zur Familie gehört, war seit Anbeginn Mutters Zofe und Freundin gewesen und hatte immer wieder einmal diese Vertrauensstellung ausgenutzt, um offen ihre Meinung zu sagen. Aber jetzt war eben der falsche Zeitpunkt dafür gewesen.

Seine Mutter, die in ihrem gewohnten Stuhl vor dem brennenden Kamin saß, drehte sich zu ihm um und überspielte den Grund seines Besuches auf ihre charakteristische Weise, indem sie wie nebenbei bemerkte: »Es muß schrecklich kalt sein draußen. Ich finde immer, Graupelschauer ist schlimmer als Schnee. Möchtest du etwas trinken?«

»Ja, gerne, Mutter. Aber keinen Tee.«

»Oh. Etwas anderes habe ich nicht da.« Sie schüttelte vielsagend ihren Kopf. »Harte Getränke mußt du dir aus dem Eßzimmer holen.«

»Das eilt nicht«, erwiderte er, zog sich einen Stuhl ans Feuer und rieb sich die Hände. Emily beobachtete ihn eine Weile, ehe sie das eigentliche Gespräch begann: »Wir sind alle sehr erschüttert.«

»Wir sind nicht alle sehr erschüttert.« Er drehte sich ruckartig zu ihr um. »Nein, das sind wir nicht, Mutter. Du weißt ebensogut wie ich, daß sie sich mit ihrer Trinkerei ganz bewußt zugrunde gerichtet hat.«

»Du hättest bei ihr bleiben müssen.«

»Ich bin jahrelang bei ihr geblieben, Mutter, und habe ihre Wutanfälle, ihre Zänkereien und ihre schmutzigen Reden ertragen. Ja, was Schimpfwörter und Flüche anbelangt, konnte Rose es mit jedem dahergelaufenen Straßenbengel aufnehmen.«

»Das ... das kann ich nicht glauben.«

»Weil du es nicht glauben willst.«

»Jedenfalls, sie war deine Frau, und du hattest ihr gegenüber eine Verpflichtung, und ich finde, es war falsch –«

Jetzt fuhr Jason aus seinem Sessel hoch und funkelte seine Mutter mit blitzenden Augen an. »Ich sage dir jetzt etwas, was ich vielleicht bedauern werde, aber ich muß es sagen. Du bist die letzte Person, die sich anmaßen sollte, über richtig oder falsch zu entscheiden, denn alles, was hier geschehen ist, begann ursprünglich mit deiner Liebesaffäre, aus der Janice und ich hervorgegangen sind, und später deinem rücksichtslosen Bestreben, mich in diese Ehe mit Rose zu treiben, die ich jahrelang hinauszuzögern versucht habe, wie du sehr wohl weißt. Und auch dein angeblicher Schock, als Janice Robert heiratete, hat mit zu der Entwicklung der Dinge beigetragen. Aber es war weniger dieser Schock, der dir verbot, sie zu besuchen, als die Tatsache, daß Vater Janice liebte und sie ohne dein Wissen besuchte, sooft es ihm möglich war. Irgendwann bist du dahintergekommen, oder die liebe Alice hat es für dich ausspioniert. Und du konntest den Gedanken nicht ertragen, daß irgend jemand dir deinen Platz in Steves Herzen streitig machte. Im Grunde deines Herzens bist du genau wie Rose und ihre Mutter. Menschenfresser seid ihr. Dir tut Rose leid, nicht wahr? Das hast du gesagt. Gut, dann werde ich dir jetzt etwas erzählen. Wenn ihr Vater nicht einen der Briefe geöffnet hätte, die Rose an verschiedene Zeitungen hatte schicken wollen, könntest du deinen Namen jetzt fettgedruckt in den Schlagzeilen aller großen Zeitungen des Landes lesen. Und der Artikel hätte in allen Einzelheiten deine Affäre als Geliebte eines wohlbekannten Geschäftsmannes breitgetreten, die von der ersten Geliebten dieses Mannes verprügelt, von diesem dann vergewaltigt wurde und anschließend Zwillinge zur Welt brachte, et cetera, et cetera ... Sie hat nichts ausgelassen, die gute Rose. Im Grunde tut es mir leid, daß mein Schwiegervater diese Briefe gefunden hat, doch andererseits bin ich froh, denn sie hatte damit nur bezweckt, Janice und Robert vor aller Welt bloßzustellen. Also, erzähl mir nicht, ich hätte etwas Schlechtes getan. Während du hier in all deiner stillen Pracht sitzt, die Welt um dich herum aussperrst und nur noch in der Vergangenheit lebst, könntest du einmal über meine Worte nachdenken. Du hast das alles in Gang gesetzt. Janice sagte mir, daß du früher gerne einen Hut für dein Schicksal verantwortlich gemacht hast, weil dieser angeblich erst die Aufmerksamkeit gewisser Leute auf dich lenkte.«

Als Jason sah, wie seine Mutter sich mit einem verzweifelten Seufzer an den Hals griff, drehte er sich rasch von ihr weg. O Gott! Er hatte das alles gar nicht sagen wollen.

Als er hörte, wie sie an dem Klingelstrang zog, wandte er sich ihr wieder zu. Ihre Miene war absolut teilnahmslos. Und als Alice kurz darauf in der Tür erschien, bat sie diese mit ruhiger Stimme: »Bring uns bitte die Whisky-Karaffe, Alice, und zwei Gläser.«

Es verstrichen einige Minuten, ehe Emily das Gespräch wiederaufnahm. »Das hast du mir schon seit langem sagen wollen, Jason, nicht wahr? Und glaube mir, seit damals ist nicht ein Tag vergangen, an dem ich nicht selbst darüber nachgedacht habe. Aber dennoch bleibe ich dabei, daß du Rose nicht hättest verlassen dürfen, ganz gleich, welche Fehler sie gehabt haben mochte, denn sie hat dich geliebt.«

»Rose hat mich nie geliebt, Mutter. Sie wollte mich nur besitzen, wollte jemanden, der ihr gehörte, der sich ausschließlich mit ihr befaßte und ansonsten mit niemand anderem, schon gar nicht mit einer anderen Frau. Denk doch nur an all die Hausmädchen, die sie entlassen hat, sobald sie merkte, daß wir ein paar Worte miteinander wechselten. Die flogen augenblicklich raus. Und das ging so lange, bis ich es nicht mehr ausgehalten habe.«

Als sie darauf nur kühl erwiderte: »Dein Vater hätte das ausgehalten«, schrie er beinahe: »Er war nicht mein Vater!«

»Dessen bin ich mir sehr wohl bewußt, Jason. O ja, denn ich sehe in dir Züge deines leiblichen Vaters.«

»Das kannst du mir nicht erzählen, Mutter. Er war ein fauler, nichtsnutziger Hurenbock – vergiß nicht, ich habe ihn kennengelernt –, und bis jetzt kann ich keine Gemeinsamkeiten mit ihm feststellen, da ich weder seinen umwerfenden Charme besitze noch das Bedürfnis, eine Frau mit Gewalt zu nehmen. Und jetzt gebe ich dir noch eine Gelegenheit, mich zu verurteilen, Mutter. Ich werde so bald wie möglich wieder heiraten. Diesmal eine Frau, die fünfundzwanzig Jahre jünger ist als ich. Ja, da staunst du, was? Und ich sage dir noch etwas. Ich habe die Beziehung zu Rose jahrelang aufrechterhalten, um sie nicht zu verletzen, obwohl mein Herz und meine Gefühle an einer anderen Frau hingen. Aber irgendwann kommt der Zeitpunkt, da ist das Maß voll.«

»Ja, Jason, da gebe ich dir voll und ganz recht. Bei mir ist diese Grenze erreicht, und ich glaube, ich habe für heute genug.«

Er sah sie an und entschuldigte sich nicht, denn die Frau, die da vor ihm saß, war keine alte Dame von vierundachtzig Jahren, sondern immer noch die dominante, alle Fäden in der Hand haltende Mutter, wie er sie seit jeher kannte. Auf diese Erkenntnis hin wandte er sich abrupt von ihr ab, eilte ohne ein weiteres Wort zur Tür, wo er beinahe mit Alice zusammenstieß, die gerade mit der Karaffe und zwei Gläsern hereinkam.

Als die Haustür mit einem lauten Knall ins Schloß fiel, sagte Emily: »Schenk zwei Gläser ein, Alice, und laß uns auf die Vergangenheit trinken, denn das ist alles, was uns jetzt noch bleibt.«

EPILOG

– 1941 –

Sie lag in ihrem Bett, lauschte dem Pfeifen der Flakgeschütze und dem dumpfen Dröhnen der Bomben und fragte sich ganz ungerührt, wann wohl eine von diesen ihr Haus treffen würde. Sie hoffte, recht bald, denn sie war müde.

Sie vermißte Alice. Oh, wie sie Alice vermißte. War es wirklich erst eine Woche her, seit diese sie verlassen hatte? Und die anderen wollten sie jetzt in ein Altenheim stekken, damit sich jemand um sie kümmerte. Aber wer könnte sich schon so um sie kümmern wie Alice? Warum war sie nur so schnell gegangen? Sie hätte sie nicht verlassen dürfen. Es gab so etwas wie Willensstärke, und sie selbst verstand es, diese zu nutzen. Sie hätte es Alice auch beibringen sollen. Und wieder eine Bombe, diesmal jedoch weiter weg.

Sie wünschte, Steve würde kommen. Vergangene Nacht wäre er beinahe gekommen. Sie hatte gesehen, wie er die Tür öffnete. Er war aber nicht eingetreten. Und die Tage waren lang, und sie erfuhr keine Neuigkeiten mehr. Alice hatte sie immer mit den letzten Neuigkeiten versorgt; die meisten stammten von dem Dienstmädchen nebenan. Warum hatte sie Jason damals, nach seiner Hochzeit mit Rose, nur das Nachbarhaus überschrieben? Jetzt wohnte er nicht mehr nebenan. Er lebte mit diesem jungen Ding zusammen, und noch dazu im Haus seiner Halbschwester. Eine Schande war das! Die halten alle zusammen wie Pech und Schwefel. Und dann dieses ordinäre Stück nebenan; wie die aufgestiegen ist! Alice kannte die Menschen, wußte, zu welcher Schicht sie gehörten, und ihrer Meinung nach stammte diese kleine Blondine aus der Gosse. Und jetzt war sie mit Freddie verheiratet, und ihm gehörte jetzt das Haus. Er arbeitete im Kriegsministerium, hatte Alice erzählt, und sei mit einer Art Geheimauftrag betraut. Und seine Frau unterhielt in seinem Haus Tag und Nacht irgendwelche Männer, das Radio und das

Grammophon plärrten ohne Unterlaß. Angeblich waren das alles Verwundete. Manche humpelten auf Krücken. Aber am Tanzen schien sie das nicht zu hindern. Die Blonde trage eine Uniform, hatte Alice gesagt. Und einer von ihren Freunden sei zudem mit einer Mulattin verheiratet. Unmöglich! Und dann die junge Gracie, die oben im Norden in diesem alten Herrenhaus lebte und nun mit einem der Adoptivsöhne von Janice verheiratet war, der auch noch an einer Erbkrankheit litt! Das sollte verboten werden. Ja, so was dürfte man einfach nicht erlauben. Aber das war längst nicht alles. Nein, keineswegs. Einen Tag vor ihrem Tod hatte Alice ihr noch erzählt, daß sie eine ganze Horde Leute das Haus nebenan hatte betreten sehen und daß die dann drüben tanzten und lachten, bis die Bomben fielen und dann alle aus dem Haus rannten. Es sei eine Abschiedsparty für irgendeinen Musikanten gewesen, einen Fiedler oder so etwas Ähnliches, hatte Alice erzählt, der auf dem Weg zu einem Truppenbetreuungscamp war. Und da war auch noch so ein Krüppel dabei, der in High Gully als Koch arbeitete, sagte Alice. Den hatte man eigens zu dieser Party nach London geschickt, und auf dem Rückweg sollte er dann eine Gruppe Kinder mit hinaufnehmen.

Natürlich, die gute Janice wollte wieder einmal ihren Namen in den Zeitungen lesen, weil sie Flüchtlinge aufnahm. Genau wie vor einigen Jahren, als dieser Hitler die Juden vertrieben hatte. Damals war ihr Haus voll von Juden gewesen.

Die einzige, die sie noch besuchte, war Jessie. Aus Jessie hatte sie sich noch nie viel gemacht, denn die wollte immer alles haben, was sie sah. Und Alice sagte, Jessie habe ein Auge auf ein oder zwei Schmuckstücke geworfen, die auf ihrer Frisierkommode lagen. Und es hatte noch am Morgen des Tages, bevor Alice dann nachmittags ihren Herzanfall erlitt, etlichen Aufruhr gegeben, als sie entdeckte, daß einige Schmuckstücke fehlten, und feststellte, daß die einzige Besucherin, die das Schlafzimmer betreten hatte, Jessie gewesen war.

Aber das war nun nicht mehr wichtig. Nichts war mehr wichtig, außer Steve. Sie sehnte sich so nach Steve. John war vorher kurz bei ihr gewesen. Auch er hatte sich verändert. Er treibe sich ständig irgendwo herum, hatte Alice ihr empört erzählt, und das in seinem Alter.

Ja, das war ein anderes Haus, das weggegeben zu haben sie jetzt im nachhinein bereute. Wenn John einmal stirbt, wird es sein Sohn erben, der irgendwo in Amerika lebt. Ihr Haus hatte sie eigentlich Alice zugedacht, doch diese war vor ihr gegangen. Und nachdem es kein anderes Testament gab, würde es einmal Jason erben. Nun, dagegen hatte sie nichts einzuwenden, nicht ernsthaft, denn er kam sie relativ oft besuchen. Aber er war es gewesen, der die Idee mit dem Altenheim aufgebracht hatte.

Das Flakfeuer hatte aufgehört. Warum haben wir, wenn wir schon diese sogenannte Luftschlacht um England gewonnen haben, dann nicht diese Deutschen aufhalten können? Die Angriffe waren seither nur schlimmer geworden; sie kamen jetzt Nacht für Nacht.

Hoffentlich bombardierten sie nicht dieses Haus, kam es ihr plötzlich in den Sinn, denn dann würde man sie unter Schutt und Staub begraben finden. Und sie legte sehr viel Wert auf ihr Aussehen. Freilich, diese Woche war es nicht einfach gewesen, sich herzurichten, ohne Alices Hilfe. Aber was redete sie da? Alice stand doch neben ihrem Bett.

»Wo um alles in der Welt bist du gewesen?« fragte sie sie. Aber Alice antwortete nicht; sie stand einfach nur da und sah sie an. »Ich dachte schon, du hättest mich im Stich gelassen«, fuhr sie fort. »Dabei weißt du doch, daß ich ohne dich nicht auskomme. Wir waren so viele Jahre zusammen. Seit damals, als ich dich als meine Zofe anstellte. Und du warst so glücklich, nicht wahr? Und ich erinnere mich noch genau, wie du sagtest, du würdest dein ganzes Leben bei mir bleiben. Und du hast doch nie dein Wort gebrochen, Alice. Hast du den Master gesehen? Er sollte bereits zurück sein. Ich werde ihm sagen, daß ich jetzt, da du wieder hier bist, nicht ins Altenheim gehen muß.« Mit einem tiefen Seufzer sank sie in die Kissen. »Es war ein langes Leben, Alice. Und man hat mir für so vieles die Schuld gegeben. aber das weißt du ja alles, Alice. Wenn ich von Anfang an anders gehandelt hätte, wäre das alles nie so gekommen. Janice säße jetzt nicht im schottischen Hochland in ihrem großartigen Landhaus. Jason hätte nicht diese hohe Position im Ministerium, und seine Kinder würden nicht alle ihr eigenes Leben führen. Das Leben beginnt mit einem Zufall, ist es nicht so, Alice? Dem zufälligen Finden eines Hutes. Denn genau das war der Anfang von allem, dieser Hut, den wir damals auf dem Speicher gefunden haben. Jemand muß sich entweder vor ihm gefürchtet oder ihn sehr geliebt haben, denn er war sehr sorgsam verpackt gewesen. Er hatte Macht, dieser Hut, und ich habe ihn verbrannt. An dem Tag, als Janice mich wegen ihres Halbbruders verließ, habe ich ihn verbrannt. Ich bin doch immer aufrichtig zu dir gewesen, Alice, nicht wahr? Deshalb gestehe ich dir auch jetzt, daß ich im Grunde meines Herzens froh war, daß sie gegangen ist, denn ab da hatte ich meinen Steve wieder ganz für mich allein. Er war wieder mein. Zumindest ... zumindest habe ich das geglaubt ...« –

»Ach, da bist du ja, mein Liebster. Gerade habe ich mit Alice über dich gesprochen und zu ihr gesagt, daß du wieder allein mir gehörst, seit Janice Robert geheiratet hat. Aber du hast Janice immer ganz fest in deinem Herzen bewahrt, und das hat mir sehr weh getan. Du dachtest, ich wüßte nichts von deinen Besuchen und deiner Sehnsucht nach ihr, nicht wahr? Sie war nicht deine leibliche Tochter. Sie war nicht mit dir verwandt. Und obgleich du immer beteuert hast, daß du sie wie eine Tochter liebst, wußte ich, daß das so nicht stimmte. Und deshalb war ich eifersüchtig. Sie wollen mich in ein Altenheim stecken, Steve. Worüber lächelst du? Ich weiß, es hat lange gedauert, aber ich wußte immer, daß du eines Tages zurückkommen wirst. Das habe ich auch eben noch Alice erzählt. Hat Alice dir gesagt, daß ich auf dich warte? Alice kennt mich in- und auswendig, viel besser, als du mich je gekannt hast.

Ach, mein Liebster, ich bin so müde, so unendlich müde. Die Bomben haben aufgehört, und auch die Flakgeschütze schweigen. Gehst du zu Bett, Steve? Ah, das ist schön. Leg dich einfach neben mich und halte meine Hand. Alice wird das Licht ausmachen.«

QUELLENVERZEICHNIS

ERBIN AUS LEIDENSCHAFT/*The Obsession*

Aus dem Englischen von Elisabeth Prada
(Der Titel erschien bereits in der Allgemeinen Reihe
mit der Band.-Nr. 01/10292.)

GOLDENER SCHATTEN/*The Golden Straw*

Aus dem Englischen von Christine Roth
(Der Titel erschien bereits in der Allgemeinen Reihe
mit der Band.-Nr. 01/9967.)